ZGB, OR, SchKG, BV und weitere Erlasse

ZGB, OR, SchKG, BV und weitere Erlasse

Kaufmännische Ausgabe

mit Anmerkungen von Ernst J. Schneiter

12. Auflage / Ausgabe 2015/16

Empfohlen von edupool.ch
Vereinigung kaufmännischer Weiterbildungszentren

orell füssli Verlag

Stand der Gesetzgebung: 1. Januar 2015

12., aktualisierte Auflage, 2015/16

www.ofv.ch

Die im Buch enthaltenen Erlasse der Schweizerischen Eidgenossenschaft basieren auf Daten der Schweizerischen Bundeskanzlei. Diese Ausgabe ist nicht amtlich. Massgebend ist allein die Veröffentlichung durch die Bundeskanzlei.

Druck: CPI – Ebner & Spiegel, Ulm

ISBN 978-3-280-07335-3

Bibliografische Information der Deutschen Nationalbibliothek: Die Deutsche Nationalbibliothek verzeichnet diese Publikation in der Deutschen Nationalbibliografie; detaillierte bibliografische Daten sind im Internet unter http://dnb.d-nb.de abrufbar.

Vorwort

Die vorliegende kaufmännische Ausgabe bezweckt, den Kandidatinnen und Kandidaten an Lehrabschluss-, Semester-, Berufs- oder Diplomprüfungen das Auffinden der einschlägigen Gesetzesgrundlagen zu erleichtern. Dank dem praktischen Randregister finden sich auch juristische Laien bald in den wichtigsten Gesetzen zurecht.

Ein entschlacktes Stichwortregister, welches sich nach den Bedürfnissen von Laien richtet, dient als weitere Orientierungshilfe. Die ausgewählten Fussnoten mit Querverweisen und Begriffserläuterungen helfen Anfängern und Fortgeschrittenen gleichermassen bei der Rechtsanwendung im Alltag.

Gestützt auf eine langjährige Erfahrung als Lehrer, Lehrbuch- und Prüfungsautor, darf der Unterzeichner in Anspruch nehmen, das juristische Potenzial von Kaufleuten und Lernenden auf verschiedenen Stufen der beruflichen Ausbildung zu kennen. Die Beiträge zu den amtlichen Gesetzestexten stützen sich auf diese Erfahrung und den Erfahrungsaustausch im Kollegium und in Prüfungsgremien.

Die kaufmännische Ausgabe enthält ab der 12. Auflage die neue Vergütungsverordnung (Ausführungbestimmungen der sogenannten «Abzocker-Initiative») und nur noch das neue Rechnungslegungsrecht. Auf den Abdruck des früheren Rechnungslegungsrechts wird verzichtet, da bis Ende 2015 nur noch für Konzerne anwendbar.

Weiterhin soll – aus schulpolitischen Gründen – die kaufmännische Ausgabe jedes Jahr jeweils im Frühjahr auf dem aktuellen Stand erscheinen.

Bern, Frühjahr 2015

Ernst J. Schneiter
lic. und mag. rer. pol.

Inhaltsübersicht

Die Schluss- und Übergangsbestimmungen von ZGB und OR sind nicht abgedruckt, diejenigen von der BV nur teilweise.

Inhaltsverzeichnis

ZGB: Familienrecht 71

ZGB

SchKG

Abkürzungsverzeichnis

••	Bestimmungen, die weder zu Ungunsten des Arbeitnehmers noch des Arbeitgebers abänderbar sind (OR Art. 361)
•	Bestimmungen, die nicht zu Ungunsten des Arbeitnehmers abänderbar sind (OR Art. 362)
Abs.	Absatz
AG	Aktiengesellschaft
Allg. Best.	Allgemeine Bestimmungen
ArG	Arbeitsgesetz (SR 822.11)
Art.	Artikel
AS	Amtliche Sammlung des Bundesrechts
BBG	Berufsbildungsgesetz (SR 412.10)
BBl	Bundesblatt
Bes. Best.	Besondere Bestimmungen
BG	Bundesgesetz
BGE	Bundesgerichtsentscheid
BRB	Bundesratsbeschluss
Bst.	Buchstabe
BV	Bundesverfassung der Schweizerischen Eidgenossenschaft (SR 101)
bzw.	beziehungsweise
d.h.	das heisst
EOG	Erwerbsersatzgesetz (SR 834.1)
f. / ff.	folgender / folgende (Artikel)
FusG	Fusionsgesetz (SR 221.301)
GAV	Gesamtarbeitsvertrag
GmbH	Gesellschaft mit beschränkter Haftung
HR	Handelsregister
HRegV	Handelsregisterverordnung (SR 221.411)
i.d.R.	in der Regel
i.V.m.	in Verbindung mit
KKG	Konsumkreditgesetz (SR 221.214.1)
NAV	Normalarbeitsvertrag
od. dgl.	oder dergleichen
OR	Obligationenrecht (SR 220)
PrHG	Produktehaftpflichtgesetz (SR 221.112.944)
PS	Partizipationsschein
RAG	Revisionsaufsichtsgesetz (SR 221.302)
SchKG	Bundesgesetz über Schuldbetreibung und Konkurs (SR 281.1)
SHAB	Schweizerisches Handelsamtsblatt
sog.	sogenannt
SR	Systematische Sammlung des Bundesrechts
StGB	Strafgesetzbuch (SR 311.0)
SVG	Strassenverkehrsgesetz (SR 741.01)

URG	Urheberrechtsgesetz (SR 231.1)
usw.	und so weiter
UVG	Unfallversicherungsgesetz (SR 832.20)
u. dgl.	und dergleichen
v.a.	vor allem
VegüV	Verordnung gegen übermässige Vergütungen bei börsenkotierten Aktiengesellschaften (SR 221.331)
vgl.	vergleiche (im Sinne von analog, ähnlich oder Gegenteil)
VMWG	Verordnung über die Miete und Pacht von Wohn- und Geschäftsräumen (SR 221.213.11)
VO	Verordnung
VVG	Bundesgesetz über den Versicherungsvertrag (SR 221.229.1)
z.B.	zum Beispiel
z.T.	zum Teil
ZGB	Zivilgesetzbuch (SR 210)
Ziff.	Ziffer
ZPO	Zivilprozessordnung (SR 272)

ZGB: Einleitung

Inhaltsübersicht

Schweizerisches Zivilgesetzbuch (ZGB)

vom 10. Dezember 1907 (Stand am 1. Juli 2014)
SR 210

Die Bundesversammlung der Schweizerischen Eidgenossenschaft,
gestützt auf Artikel 64 der Bundesverfassung
nach Einsicht in eine Botschaft des Bundesrates vom 28. Mai 1904,
beschliesst:

Einleitung

Art. 1

A. Anwendung des Rechts

[1] Das Gesetz[1] findet auf alle Rechtsfragen Anwendung, für die es nach Wortlaut oder Auslegung eine Bestimmung enthält.

[2] Kann dem Gesetz keine Vorschrift entnommen werden, so soll das Gericht nach Gewohnheitsrecht und, wo auch ein solches fehlt, nach der Regel entscheiden, die es als Gesetzgeber aufstellen würde.[2]

[3] Es folgt dabei bewährter Lehre[3] und Überlieferung[4].

Art. 2

B. Inhalt der Rechtsverhältnisse

I. Handeln nach Treu und Glauben

[1] Jedermann hat in der Ausübung seiner Rechte und in der Erfüllung seiner Pflichten nach Treu und Glauben zu handeln.

[2] Der offenbare Missbrauch eines Rechtes findet keinen Rechtsschutz.[5]

Art. 3

II. Guter Glaube

[1] Wo das Gesetz[6] eine Rechtswirkung an den guten Glauben einer Person geknüpft hat, ist dessen Dasein zu vermuten.

[2] Wer bei der Aufmerksamkeit, wie sie nach den Umständen von ihm verlangt werden darf, nicht gutgläubig sein konnte, ist nicht berechtigt, sich auf den guten Glauben zu berufen.

Art. 4

III. Gerichtliches Ermessen

Wo das Gesetz das Gericht auf sein Ermessen[7] oder auf die Würdigung der Umstände oder auf wichtige Gründe[8] verweist, hat es seine Entscheidung nach Recht und Billigkeit[9] zu treffen.

1 Im materiellen Sinn
2 Richterrecht, richterliche Lückenfüllung
3 Wissenschaftliche Lehrmeinungen
4 Z.B. Bundesgerichtsentscheide
5 Vertrauensprinzip
6 Z.B. ZGB 933, guter Glaube = Unkenntnis eines Rechtsmangels
7 Tatbestands- und Rechtsfolgeermessen
8 Z.B. OR 337
9 Natürliche Gerechtigkeit

Art. 5

C. Verhältnis zu den Kantonen
I. Kantonales Zivilrecht und Ortsübung

1 Soweit das Bundesrecht die Geltung kantonalen Rechtes vorbehält, sind die Kantone befugt, zivilrechtliche Bestimmungen aufzustellen oder aufzuheben.

2 Wo das Gesetz auf die Übung oder den Ortsgebrauch verweist, gilt das bisherige kantonale Recht als deren Ausdruck, solange nicht eine abweichende Übung nachgewiesen ist.

Art. 6

II. Öffentliches Recht der Kantone

1 Die Kantone werden in ihren öffentlich-rechtlichen Befugnissen durch das Bundeszivilrecht nicht beschränkt.

2 Sie können in den Schranken ihrer Hoheit den Verkehr mit gewissen Arten von Sachen beschränken oder untersagen oder die Rechtsgeschäfte über solche Sachen als ungültig bezeichnen.

Art. 7

D. Allgemeine Bestimmungen des Obligationenrechtes

Die allgemeinen Bestimmungen des Obligationenrechtes über die Entstehung, Erfüllung und Aufhebung der Verträge finden auch Anwendung auf andere zivilrechtliche Verhältnisse.

Art. 8

E. Beweisregeln
I. Beweislast

Wo das Gesetz es nicht anders bestimmt, hat derjenige das Vorhandensein einer behaupteten Tatsache zu beweisen, der aus ihr Rechte ableitet.

Art. 9

II. Beweis mit öffentlicher Urkunde

1 Öffentliche Register[1] und öffentliche Urkunden erbringen für die durch sie bezeugten Tatsachen vollen Beweis, solange nicht die Unrichtigkeit ihres Inhaltes nachgewiesen ist.

2 Dieser Nachweis ist an keine besondere Form gebunden.

Art. 10

Aufgehoben.

1 Handelsregister, Grundbuch

ZGB: Personenrecht

Inhaltsübersicht

Natürliche Personen

Juristische Personen

Erster Teil: Das Personenrecht

Erster Titel: Die natürlichen Personen

Erster Abschnitt: Das Recht der Persönlichkeit

A. Persönlichkeit im Allgemeinen
I. Rechtsfähigkeit

Art. 11

[1] Rechtsfähig ist jedermann.[1]

[2] Für alle Menschen besteht demgemäss in den Schranken der Rechtsordnung die gleiche Fähigkeit, Rechte und Pflichten zu haben.

II. Handlungsfähigkeit
1. Inhalt

Art. 12

Wer handlungsfähig ist, hat die Fähigkeit, durch seine Handlungen Rechte und Pflichten zu begründen.

2. Voraussetzungen
a. Im Allgemeinen

Art. 13

Die Handlungsfähigkeit besitzt, wer volljährig und urteilsfähig ist.[2]

b. Volljährigkeit

Art. 14

Volljährig ist, wer das 18. Lebensjahr zurückgelegt hat.

c. …

Art. 15

Aufgehoben.

d. Urteilsfähigkeit

Art. 16

Urteilsfähig im Sinne dieses Gesetzes ist jede Person, der nicht wegen ihres Kindesalters, infolge geistiger Behinderung, psychischer Störung, Rausch oder ähnlicher Zustände die Fähigkeit mangelt, vernunftgemäss zu handeln.

III. Handlungsunfähigkeit
1. Im Allgemeinen

Art. 17

Handlungsunfähig sind urteilsunfähige Personen, Minderjährige sowie Personen unter umfassender Beistandschaft.[3]

2. Fehlen der Urteilsfähigkeit

Art. 18

Wer nicht urteilsfähig ist, vermag unter Vorbehalt der gesetzlichen Ausnahmen durch seine Handlungen keine rechtliche Wirkung herbeizuführen.[4]

3. Urteilsfähige handlungsunfähige Personen
a. Grundsatz

Art. 19

[1] Urteilsfähige handlungsunfähige Personen können nur mit Zustimmung ihres gesetzlichen Vertreters[5] Verpflichtungen eingehen oder Rechte aufgeben.

[2] Ohne diese Zustimmung vermögen sie Vorteile zu erlangen[6], die unentgeltlich sind, sowie geringfügige Angelegenheiten des täglichen Lebens zu besorgen.

[3] Sie werden aus unerlaubten Handlungen schadenersatzpflichtig.[7]

1 Rechtssubjekte, vgl. auch ZGB 53
2 Vgl. ZGB 14 und 16
3 ZGB 398
4 Z.B. OR 54
5 Elternteil oder Beistand
6 Z.B. nach OR 241, Ausnahmen von der Handlungsunfähigkeit
7 Deliktsfähigkeit nach OR 41 ff.

Art. 19a

b. Zustimmung des gesetzlichen Vertreters

1 Sofern das Gesetz nichts anderes bestimmt, kann der gesetzliche Vertreter die Zustimmung ausdrücklich oder stillschweigend im Voraus geben oder das Geschäft nachträglich genehmigen.

2 Der andere Teil wird frei, wenn die Genehmigung nicht innerhalb einer angemessenen Frist erfolgt, die er selber ansetzt oder durch das Gericht ansetzen lässt.

Art. 19b

c. Fehlen der Zustimmung

1 Erfolgt die Genehmigung des gesetzlichen Vertreters nicht, so kann jeder Teil die vollzogenen Leistungen zurückfordern. Die handlungsunfähige Person haftet jedoch nur insoweit, als die Leistung in ihrem Nutzen verwendet worden ist oder als sie zur Zeit der Rückforderung noch bereichert ist oder sich böswillig der Bereicherung entäussert hat.

2 Hat die handlungsunfähige Person den andern Teil zur irrtümlichen Annahme ihrer Handlungsfähigkeit verleitet, so ist sie ihm für den verursachten Schaden verantwortlich.

Art. 19c

4. Höchstpersönliche Rechte

1 Urteilsfähige handlungsunfähige Personen üben die Rechte, die ihnen um ihrer Persönlichkeit willen zustehen[1], selbstständig aus; vorbehalten bleiben Fälle, in welchen das Gesetz die Zustimmung des gesetzlichen Vertreters vorsieht.

2 Für urteilsunfähige Personen handelt der gesetzliche Vertreter, sofern nicht ein Recht so eng mit der Persönlichkeit verbunden ist, dass jede Vertretung ausgeschlossen ist.

Art. 19d

IIIbis. Einschränkung der Handlungsfähigkeit

Die Handlungsfähigkeit kann durch eine Massnahme des Erwachsenenschutzes[2] eingeschränkt werden.

Art. 20

IV. Verwandtschaft und Schwägerschaft

1. Verwandtschaft

1 Der Grad der Verwandtschaft bestimmt sich nach der Zahl der sie vermittelnden Geburten.

2 In gerader Linie sind zwei Personen miteinander verwandt, wenn die eine von der andern abstammt, und in der Seitenlinie, wenn sie von einer dritten Person abstammen und unter sich nicht in gerader Linie verwandt sind.

Art. 21

2. Schwägerschaft

1 Wer mit einer Person verwandt ist, ist mit deren Ehegatten, deren eingetragener Partnerin oder deren eingetragenem Partner in der gleichen Linie und in dem gleichen Grade verschwägert.

2 Die Schwägerschaft wird durch die Auflösung der Ehe oder der eingetragenen Partnerschaft, die sie begründet hat, nicht aufgehoben.

1 Persönlichkeitsgüter wie Leib und Leben, Ehre usw.
2 Vgl. ZGB 360 ff.

Art. 22

V. Heimat und Wohnsitz
1. Heimatangehörigkeit

1 Die Heimat einer Person bestimmt sich nach ihrem Bürgerrecht.

2 Das Bürgerrecht wird durch das öffentliche Recht bestimmt.

3 Wenn einer Person das Bürgerrecht an mehreren Orten zusteht, so ist für ihre Heimatangehörigkeit der Ort entscheidend, wo sie zugleich ihren Wohnsitz hat oder zuletzt gehabt hat, und mangels eines solchen Wohnsitzes der Ort, dessen Bürgerrecht von ihr oder ihren Vorfahren zuletzt erworben worden ist.

Art. 23

2. Wohnsitz
a. Begriff

1 Der Wohnsitz[1] einer Person befindet sich an dem Orte, wo sie sich mit der Absicht dauernden Verbleibens aufhält; der Aufenthalt zum Zweck der Ausbildung oder die Unterbringung einer Person in einer Erziehungs- oder Pflegeeinrichtung, einem Spital oder einer Strafanstalt begründet für sich allein keinen Wohnsitz.

2 Niemand kann an mehreren Orten zugleich seinen Wohnsitz haben.

3 Die geschäftliche Niederlassung wird von dieser Bestimmung nicht betroffen.

Art. 24

b. Wechsel im Wohnsitz oder Aufenthalt

1 Der einmal begründete Wohnsitz einer Person bleibt bestehen bis zum Erwerbe eines neuen Wohnsitzes.

2 Ist ein früher begründeter Wohnsitz nicht nachweisbar oder ist ein im Ausland begründeter Wohnsitz aufgegeben und in der Schweiz kein neuer begründet worden, so gilt der Aufenthaltsort als Wohnsitz.

Art. 25

c. Wohnsitz Minderjähriger

1 Als Wohnsitz des Kindes unter elterlicher Sorge gilt der Wohnsitz der Eltern oder, wenn die Eltern keinen gemeinsamen Wohnsitz haben, der Wohnsitz des Elternteils, unter dessen Obhut das Kind steht; in den übrigen Fällen gilt sein Aufenthaltsort als Wohnsitz.

2 Bevormundete Kinder haben ihren Wohnsitz am Sitz der Kindesschutzbehörde.

Art. 26

d. Wohnsitz Volljähriger unter umfassender Beistandschaft

Volljährige unter umfassender Beistandschaft haben ihren Wohnsitz am Sitz der Erwachsenenschutzbehörde.

Art. 27

B. Schutz der Persönlichkeit
I. Vor übermässiger Bindung

1 Auf die Rechts- und Handlungsfähigkeit kann niemand ganz oder zum Teil verzichten.

2 Niemand kann sich seiner Freiheit entäussern oder sich in ihrem Gebrauch in einem das Recht oder die Sittlichkeit verletzenden Grade beschränken.[2]

Art. 28

II. Gegen Verletzungen
1. Grundsatz

1 Wer in seiner Persönlichkeit widerrechtlich verletzt wird, kann zu seinem Schutz gegen jeden, der an der Verletzung mitwirkt, das Gericht anrufen.

1 Vgl. SchKG 46
2 Z.B. Knebelungsvertrag

2 Eine Verletzung ist widerrechtlich, wenn sie nicht durch Einwilligung des Verletzten, durch ein überwiegendes privates oder öffentliches Interesse oder durch Gesetz gerechtfertigt ist.

Art. 28a

2. Klage
a. Im Allgemeinen

1 Der Kläger kann dem Gericht beantragen:
1. eine drohende Verletzung zu verbieten;
2. eine bestehende Verletzung zu beseitigen;
3. die Widerrechtlichkeit einer Verletzung festzustellen, wenn sich diese weiterhin störend auswirkt.

2 Er kann insbesondere verlangen, dass eine Berichtigung oder das Urteil Dritten mitgeteilt oder veröffentlicht wird.

3 Vorbehalten bleiben die Klagen auf Schadenersatz und Genugtuung sowie auf Herausgabe eines Gewinns entsprechend den Bestimmungen über die Geschäftsführung ohne Auftrag.

Art. 28b[1]

b. Gewalt, Drohungen oder Nachstellungen

1 Zum Schutz gegen Gewalt, Drohungen oder Nachstellungen kann die klagende Person dem Gericht beantragen, der verletzenden Person insbesondere zu verbieten:
1. sich ihr anzunähern oder sich in einem bestimmten Umkreis ihrer Wohnung aufzuhalten;
2. sich an bestimmten Orten, namentlich bestimmten Strassen, Plätzen oder Quartieren, aufzuhalten;
3. mit ihr Kontakt aufzunehmen, namentlich auf telefonischem, schriftlichem oder elektronischem Weg, oder sie in anderer Weise zu belästigen.

2 Lebt die klagende Person mit der verletzenden Person in einer Wohnung zusammen, so kann sie dem Gericht zudem beantragen, die verletzende Person für eine bestimmte Zeit aus der Wohnung auszuweisen. Aus wichtigen Gründen kann diese Frist einmal verlängert werden.

3 Das Gericht kann, sofern dies nach den gesamten Umständen als gerechtfertigt erscheint, der klagenden Person:
1. für die ausschliessliche Benützung der Wohnung eine angemessene Entschädigung der verletzenden Person auferlegen; oder
2. mit Zustimmung des Vermieters die Rechte und Pflichten aus einem Mietvertrag allein übertragen.

4 Die Kantone bezeichnen eine Stelle, die im Krisenfall die sofortige Ausweisung der verletzenden Person aus der gemeinsamen Wohnung verfügen kann, und regeln das Verfahren.

Art. 28c–28f

Aufgehoben.

Art. 28g

4. Recht auf Gegendarstellung
a. Grundsatz

1 Wer durch Tatsachendarstellungen in periodisch erscheinenden Medien, insbesondere Presse, Radio und Fernsehen, in seiner Persönlichkeit unmittelbar betroffen ist, hat Anspruch auf Gegendarstellung.

1 Revisionsziel Schutz vor Gewalt, Drohungen und Nachstellungen

2 Kein Anspruch auf Gegendarstellung besteht, wenn über öffentliche Verhandlungen einer Behörde wahrheitsgetreu berichtet wurde und die betroffene Person an den Verhandlungen teilgenommen hat.

Art. 28h

b. Form und Inhalt

1 Der Text der Gegendarstellung ist in knapper Form auf den Gegenstand der beanstandeten Darstellung zu beschränken.

2 Die Gegendarstellung kann verweigert werden, wenn sie offensichtlich unrichtig ist oder wenn sie gegen das Recht oder die guten Sitten verstösst.

Art. 28i

c. Verfahren

1 Der Betroffene muss den Text der Gegendarstellung innert 20 Tagen, nachdem er von der beanstandeten Tatsachendarstellung Kenntnis erhalten hat, spätestens jedoch drei Monate nach der Verbreitung, an das Medienunternehmen absenden.

2 Das Medienunternehmen teilt dem Betroffenen unverzüglich mit, wann es die Gegendarstellung veröffentlicht oder weshalb es sie zurückweist.

Art. 28k

d. Veröffentlichung

1 Die Gegendarstellung ist sobald als möglich zu veröffentlichen, und zwar so, dass sie den gleichen Personenkreis wie die beanstandete Tatsachendarstellung erreicht.

2 Die Gegendarstellung ist als solche zu kennzeichnen; das Medienunternehmen darf dazu nur die Erklärung beifügen, ob es an seiner Tatsachendarstellung festhält oder auf welche Quellen es sich stützt.

3 Die Veröffentlichung der Gegendarstellung erfolgt kostenlos.

Art. 28l

e. Anrufung des Gerichts

1 Verhindert das Medienunternehmen die Ausübung des Gegendarstellungsrechts, verweigert es die Gegendarstellung oder veröffentlicht es diese nicht korrekt, so kann der Betroffene das Gericht anrufen.

2–4 *Aufgehoben.*

Art. 29

III. Recht auf den Namen

1. Namensschutz

1 Wird jemandem die Führung seines Namens bestritten, so kann er auf Feststellung seines Rechtes klagen.[1]

2 Wird jemand dadurch beeinträchtigt, dass ein anderer sich seinen Namen anmasst, so kann er auf Unterlassung dieser Anmassung sowie bei Verschulden auf Schadenersatz[2] und, wo die Art der Beeinträchtigung es rechtfertigt, auf Leistung einer Geldsumme als Genugtuung klagen.

Art. 30

2. Namensänderung

a. Im Allgemeinen

1 Die Regierung des Wohnsitzkantons kann einer Person die Änderung des Namens bewilligen, wenn achtenswerte Gründe vorliegen.

2 *Aufgehoben.*

3 Wer durch Namensänderung verletzt wird, kann sie binnen Jahresfrist, nachdem er von ihr Kenntnis erlangt hat, gerichtlich anfechten.

1 Vgl. ZGB 270
2 Vgl. OR 41 ff.

Art. 30a

b. Bei Tod eines Ehegatten

Stirbt ein Ehegatte, so kann der andere, wenn er bei der Eheschliessung seinen Namen geändert hat, jederzeit gegenüber der Zivilstandsbeamtin oder dem Zivilstandsbeamten erklären, dass er wieder seinen Ledignamen tragen will.

Art. 31

C. Anfang und Ende der Persönlichkeit

I. Geburt und Tod

1 Die Persönlichkeit beginnt mit dem Leben nach der vollendeten Geburt und endet mit dem Tode.

2 Vor der Geburt ist das Kind unter dem Vorbehalt rechtsfähig, dass es lebendig geboren wird.[1]

Art. 32

II. Beweis

1. Beweislast

1 Wer zur Ausübung eines Rechtes sich darauf beruft, dass eine Person lebe oder gestorben sei oder zu einer bestimmten Zeit gelebt oder eine andere Person überlebt habe, hat hiefür den Beweis zu erbringen.

2 Kann nicht bewiesen werden, dass von mehreren gestorbenen Personen die eine die andere überlebt habe, so gelten sie als gleichzeitig gestorben.

Art. 33

2. Beweismittel

a. Im Allgemeinen

1 Der Beweis für die Geburt oder den Tod einer Person wird mit den Zivilstandsurkunden geführt.

2 Fehlen solche oder sind die vorhandenen als unrichtig erwiesen, so kann der Beweis auf andere Weise erbracht werden.

Art. 34

b. Anzeichen des Todes

Der Tod einer Person kann, auch wenn niemand die Leiche gesehen hat, als erwiesen betrachtet werden, sobald die Person unter Umständen verschwunden ist, die ihren Tod als sicher erscheinen lassen.

Art. 35

III. Verschollenerklärung

1. Im Allgemeinen

1 Ist der Tod einer Person höchst wahrscheinlich, weil sie in hoher Todesgefahr verschwunden oder seit langem nachrichtlos abwesend ist, so kann sie das Gericht auf das Gesuch derer, die aus ihrem Tode Rechte ableiten, für verschollen erklären.

2 *Aufgehoben.*

Art. 36

2. Verfahren

1 Das Gesuch kann nach Ablauf von mindestens einem Jahre seit dem Zeitpunkte der Todesgefahr oder von fünf Jahren seit der letzten Nachricht angebracht werden.

2 Das Gericht hat jedermann, der Nachrichten über den Verschwundenen oder Abwesenden geben kann, in angemessener Weise öffentlich aufzufordern, sich binnen einer bestimmten Frist zu melden.

3 Diese Frist ist auf mindestens ein Jahr seit der erstmaligen Auskündung anzusetzen.

Art. 37

3. Wegfallen des Gesuches

Meldet sich innerhalb der Frist der Verschwundene oder Abwesende, oder laufen Nachrichten über ihn ein, oder wird der Zeitpunkt seines Todes nachgewiesen, so fällt das Gesuch dahin.

1 Vgl. ZGB 544 und 605

Art. 38

4. Wirkung

[1] Läuft während der angesetzten Zeit keine Meldung ein, so wird der Verschwundene oder Abwesende für verschollen erklärt, und es können die aus seinem Tode abgeleiteten Rechte geltend gemacht werden, wie wenn der Tod bewiesen wäre.

[2] Die Wirkung der Verschollenerklärung wird auf den Zeitpunkt der Todesgefahr oder der letzten Nachricht zurückbezogen.

[3] Die Verschollenerklärung löst die Ehe auf.

Zweiter Abschnitt: Die Beurkundung des Personenstandes

Art. 39

A. Register
I. Allgemeines

[1] Zur Beurkundung des Personenstandes werden elektronische Register geführt.

[2] Zum Personenstand gehören insbesondere:

1. die eine Person unmittelbar betreffenden Zivilstandstatsachen wie die Geburt, die Heirat, der Tod;
2. die personen- und familienrechtliche Stellung einer Person wie die Volljährigkeit, die Abstammung, die Ehe;
3. die Namen;
4. die Kantons- und Gemeindebürgerrechte;
5. die Staatsangehörigkeit.

Art. 40

II. Meldepflicht

[1] Der Bundesrat bestimmt die Personen und Behörden, die verpflichtet sind, die zur Beurkundung des Personenstandes nötigen Angaben zu melden.

[2] Er kann vorsehen, dass Verstösse gegen die Meldepflicht mit Busse geahndet werden.

[3] *Aufgehoben*.

Art. 41

III. Nachweis nicht streitiger Angaben

[1] Wenn Angaben über den Personenstand durch Urkunden zu belegen sind, kann die kantonale Aufsichtsbehörde den Nachweis durch Abgabe einer Erklärung vor der Zivilstandsbeamtin oder dem Zivilstandsbeamten bewilligen, sofern es sich nach hinreichenden Bemühungen als unmöglich oder unzumutbar erweist, die Urkunden zu beschaffen, und die Angaben nicht streitig sind.

[2] Die Zivilstandsbeamtin oder der Zivilstandsbeamte ermahnt die erklärende Person zur Wahrheit und weist sie auf die Straffolgen einer falschen Erklärung hin.

Art. 42

IV. Bereinigung
1. Durch das Gericht

[1] Wer ein schützenswertes persönliches Interesse glaubhaft macht, kann beim Gericht auf Eintragung von streitigen Angaben über den Personenstand, auf Berichtigung oder auf Löschung einer Eintragung klagen. Das Gericht hört die betroffenen kantonalen Aufsichtsbehörden an und stellt ihnen das Urteil zu.

[2] Die kantonalen Aufsichtsbehörden sind ebenfalls klageberechtigt.

Art. 43

2. Durch die Zivilstandsbehörden

Die Zivilstandsbehörden beheben von Amtes wegen Fehler, die auf einem offensichtlichen Versehen oder Irrtum beruhen.

Art. 43a

V. Datenschutz und Bekanntgabe der Daten

[1] Der Bundesrat sorgt auf dem Gebiet der Beurkundung des Personenstandes für den Schutz der Persönlichkeit und der Grundrechte der Personen, über die Daten bearbeitet werden.

[2] Er regelt die Bekanntgabe von Daten an Private, die ein unmittelbares schutzwürdiges Interesse nachweisen können.

[3] Er bestimmt die Behörden ausserhalb des Zivilstandswesens, denen die zur Erfüllung ihrer gesetzlichen Aufgaben nötigen Daten regelmässig oder auf Anfrage bekannt gegeben werden. Vorbehalten bleiben die Vorschriften über die Bekanntgabe nach einem kantonalen Gesetz.

[3bis] Die Zivilstandsbehörden sind verpflichtet, alle Straftaten, die sie bei ihrer amtlichen Tätigkeit feststellen, der zuständigen Behörde anzuzeigen.

[4] Auf Daten, die für die Überprüfung der Identität einer Person notwendig sind, haben im Abrufverfahren Zugriff:

1. die ausstellenden Behörden nach dem Bundesgesetz vom 22. Juni 2001 über die Ausweise für Schweizer Staatsangehörige;
2. die für die Führung des automatisierten Polizeifahndungssystem nach Artikel 15 des Bundesgesetzes vom 13. Juni 2008 über die polizeilichen Informationssysteme des Bundes zuständige Stelle des Bundes und die Filtrierstellen der im Fahndungssystem ausschreibenden kantonalen und städtischen Polizeikorps;
3. die für die Führung des automatisierten Strafregisters nach Artikel 359 des Strafgesetzbuches zuständige Stelle des Bundes;
4. die für die Nachforschungen nach vermissten Personen zuständige Stelle des Bundes.

Natürliche Personen

Art. 44

B. Organisation

I. Zivilstandsbehörden

1. Zivilstandsbeamtinnen und Zivilstandsbeamte

[1] Die Zivilstandsbeamtinnen und Zivilstandsbeamten erfüllen insbesondere folgende Aufgaben:

1. Sie führen die Register.
2. Sie erstellen die Mitteilungen und Auszüge.
3. Sie führen das Vorbereitungsverfahren der Eheschliessung durch und vollziehen die Trauung.
4. Sie nehmen Erklärungen zum Personenstand entgegen.

[2] Der Bundesrat kann ausnahmsweise eine Vertreterin oder einen Vertreter der Schweiz im Ausland mit diesen Aufgaben betrauen.

Art. 45

2. Aufsichtsbehörden

[1] Jeder Kanton bestellt die Aufsichtsbehörde.

[2] Diese Behörde erfüllt insbesondere folgende Aufgaben:

1. Sie beaufsichtigt die Zivilstandsämter.
2. Sie unterstützt und berät die Zivilstandsämter.
3. Sie wirkt bei der Registerführung und beim Vorbereitungsverfahren der Eheschliessung mit.
4. Sie erlässt Verfügungen über die Anerkennung und die Eintragung im Ausland eingetretener Zivilstandstatsachen sowie ausländischer Entscheidungen, die den Personenstand betreffen.
5. Sie sorgt für die Aus- und Weiterbildung der im Zivilstandswesen tätigen Personen.

3 Der Bund übt die Oberaufsicht aus. Er kann gegen Verfügungen der Zivilstandsbeamtinnen und Zivilstandsbeamten sowie der Aufsichtsbehörden die kantonalen Rechtsmittel einlegen.

Art. 45a

Ia. Zentrale Datenbank

1 Der Bund betreibt für die Kantone eine zentrale Datenbank.

2 Die Datenbank wird von den Kantonen finanziert. Die Kosten werden nach der Einwohnerzahl aufgeteilt.

3 Der Bundesrat regelt im Rahmen des Gesetzes und unter Mitwirkung der Kantone:

1. das Verfahren der Zusammenarbeit;
2. die Zugriffsrechte der Zivilstandsbehörden;
3. die zur Sicherstellung des Datenschutzes und der Datensicherheit erforderlichen organisatorischen und technischen Massnahmen;
4. die Archivierung.

Art. 46

II. Haftung

1 Wer durch die im Zivilstandswesen tätigen Personen in Ausübung ihrer amtlichen Tätigkeit widerrechtlich verletzt wird, hat Anspruch auf Schadenersatz und, wo die Schwere der Verletzung es rechtfertigt, auf Genugtuung.

2 Haftbar ist der Kanton; er kann auf die Personen, welche die Verletzung absichtlich oder grobfahrlässig verursacht haben, Rückgriff nehmen.

3 Auf Personen, die vom Bund angestellt sind, findet das Verantwortlichkeitsgesetz vom 14. März 1958 Anwendung.

Art. 47

III. Disziplinarmassnahmen

1 Vorsätzliche oder fahrlässige Amtspflichtverletzungen der auf den Zivilstandsämtern tätigen Personen werden von der kantonalen Aufsichtsbehörde mit Disziplinarmassnahmen geahndet.

2 Die Disziplinarmassnahme besteht in einem Verweis, in Busse bis zu 1000 Franken oder, in schweren Fällen, in Amtsenthebung.

3 Vorbehalten bleibt die strafrechtliche Verfolgung.

Art. 48

C. Ausführungsbestimmungen

I. Bundesrecht

1 Der Bundesrat erlässt die Ausführungsbestimmungen.

2 Er regelt namentlich:[1]

1. die zu führenden Register und die einzutragenden Angaben;
2. die Verwendung der Versichertennummer nach Artikel 50c des Bundesgesetzes vom 20. Dezember 1946 über die Alters- und Hinterlassenenversicherung zum Zweck des elektronischen Datenaustauschs zwischen amtlichen Personenregistern;
3. die Registerführung;
4. die Aufsicht.

3 Zur Sicherstellung eines fachlich zuverlässigen Vollzugs kann der Bundesrat Mindestanforderungen an die Aus- und Weiterbildung der im Zivilstandswesen tätigen Personen sowie an den Beschäftigungsgrad der Zivilstandsbeamtinnen und Zivilstandsbeamten erlassen.

1 Revisionsziel Verwendung der Versichertennummer (AHV-Nummer)

4 Er legt die im Zivilstandswesen zu erhebenden Gebühren fest.

5 Er bestimmt, unter welchen Voraussetzungen es zulässig ist, auf elektronischem Weg:

1. Zivilstandsfälle zu melden;
2. Erklärungen zum Personenstand abzugeben;
3. Mitteilungen und Registerauszüge zuzustellen.

Art. 49

II. Kantonales Recht

1 Die Kantone legen die Zivilstandskreise fest.

2 Sie erlassen im Rahmen des Bundesrechts die nötigen Ausführungsbestimmungen.

3 Die kantonalen Vorschriften, ausgenommen diejenigen über die Besoldung der im Zivilstandswesen tätigen Personen, bedürfen zu ihrer Gültigkeit der Genehmigung des Bundes.

Art. 50–51

Aufgehoben.

Zweiter Titel: Die juristischen Personen

Erster Abschnitt: Allgemeine Bestimmungen

Art. 52

A. Persönlichkeit

1 Die körperschaftlich organisierten Personenverbindungen[1] und die einem besondern Zwecke gewidmeten und selbständigen Anstalten[2] erlangen das Recht der Persönlichkeit durch die Eintragung in das Handelsregister.

2 Keiner Eintragung bedürfen die öffentlich-rechtlichen Körperschaften und Anstalten, die Vereine, die nicht wirtschaftliche Zwecke verfolgen, die kirchlichen Stiftungen und die Familienstiftungen.

3 Personenverbindungen und Anstalten zu unsittlichen oder widerrechtlichen Zwecken können das Recht der Persönlichkeit nicht erlangen.[3]

Art. 53

B. Rechtsfähigkeit

Die juristischen Personen sind aller Rechte und Pflichten fähig, die nicht die natürlichen Eigenschaften des Menschen, wie das Geschlecht, das Alter oder die Verwandtschaft zur notwendigen Voraussetzung haben.

Art. 54

C. Handlungsfähigkeit
I. Voraussetzung

Die juristischen Personen sind handlungsfähig, sobald die nach Gesetz und Statuten hiefür unentbehrlichen Organe bestellt sind.[4]

Art. 55

II. Betätigung

1 Die Organe sind berufen, dem Willen der juristischen Person Ausdruck zu geben.

2 Sie verpflichten die juristische Person sowohl durch den Abschluss von Rechtsgeschäften[5] als durch ihr sonstiges Verhalten.

1 Z.B. AG, GmbH, Genossenschaft
2 Z.B. Stiftung nach ZGB 80, Ausnahmen ZGB 87
3 Vgl. OR 643
4 Vgl. ZGB 12, 64 und 83
5 Z.B. OR 1 ff.

3 Für ihr Verschulden sind die handelnden Personen ausserdem persönlich verantwortlich.[1]

Art. 56

D. Sitz

Der Sitz der juristischen Personen befindet sich, wenn ihre Statuten es nicht anders bestimmen, an dem Orte, wo ihre Verwaltung geführt wird.

Art. 57

E. Aufhebung
I. Vermögensverwendung

1 Wird eine juristische Person aufgehoben, so fällt ihr Vermögen, wenn das Gesetz, die Statuten, die Stiftungsurkunde oder die zuständigen Organe es nicht anders bestimmen, an das Gemeinwesen (Bund, Kanton, Gemeinde), dem sie nach ihrer Bestimmung angehört hat.

2 Das Vermögen ist dem bisherigen Zwecke möglichst entsprechend zu verwenden.

3 Wird eine juristische Person wegen Verfolgung unsittlicher oder widerrechtlicher Zwecke aufgehoben, so fällt das Vermögen an das Gemeinwesen, auch wenn etwas anderes bestimmt worden ist.

Art. 58

II. Liquidation

Das Verfahren bei der Liquidation des Vermögens der juristischen Personen richtet sich nach den Vorschriften, die für die Genossenschaften aufgestellt sind.

Art. 59

F. Vorbehalt des öffentlichen und des Gesellschafts- und Genossenschaftsrechtes

1 Für die öffentlich-rechtlichen und kirchlichen Körperschaften und Anstalten bleibt das öffentliche Recht des Bundes und der Kantone vorbehalten.

2 Personenverbindungen, die einen wirtschaftlichen Zweck verfolgen, stehen unter den Bestimmungen über die Gesellschaften und Genossenschaften.

3 Allmendgenossenschaften und ähnliche Körperschaften verbleiben unter den Bestimmungen des kantonalen Rechtes.

Zweiter Abschnitt: Die Vereine

Art. 60

A. Gründung
I. Körperschaftliche Personenverbindung

1 Vereine, die sich einer politischen, religiösen, wissenschaftlichen, künstlerischen, wohltätigen, geselligen oder andern nicht wirtschaftlichen Aufgabe widmen, erlangen die Persönlichkeit, sobald der Wille, als Körperschaft zu bestehen, aus den Statuten ersichtlich ist.

2 Die Statuten müssen in schriftlicher Form errichtet sein und über den Zweck des Vereins, seine Mittel und seine Organisation Aufschluss geben.

Art. 61

II. Eintragung ins Handelsregister

1 Sind die Vereinsstatuten angenommen und ist der Vorstand bestellt, so ist der Verein befugt, sich in das Handelsregister[2] eintragen zu lassen.

2 Der Verein ist zur Eintragung verpflichtet, wenn er:

1. für seinen Zweck ein nach kaufmännischer Art geführtes Gewerbe betreibt;
2. revisionspflichtig ist.[3]

[1] Vgl. OR 41 ff.
[2] Vgl. ZGB 52 und OR 934
[3] Vgl. ZGB 69b

3 Der Anmeldung sind die Statuten und das Verzeichnis der Vorstandsmitglieder beizufügen.

Art. 62

III. Vereine ohne Persönlichkeit

Vereine, denen die Persönlichkeit nicht zukommt, oder die sie noch nicht erlangt haben, sind den einfachen Gesellschaften[1] gleichgestellt.

Art. 63

IV. Verhältnis der Statuten zum Gesetz

1 Soweit die Statuten über die Organisation und über das Verhältnis des Vereins zu seinen Mitgliedern keine Vorschriften aufstellen, finden die nachstehenden Bestimmungen Anwendung.

2 Bestimmungen, deren Anwendung von Gesetzes wegen vorgeschrieben ist, können durch die Statuten nicht abgeändert werden.[2]

Art. 64

B. Organisation

I. Vereinsversammlung

1. Bedeutung und Einberufung

1 Die Versammlung der Mitglieder bildet das oberste Organ des Vereins.

2 Sie wird vom Vorstand einberufen.

3 Die Einberufung erfolgt nach Vorschrift der Statuten und überdies von Gesetzes wegen, wenn ein Fünftel der Mitglieder die Einberufung verlangt.

Art. 65

2. Zuständigkeit

1 Die Vereinsversammlung beschliesst über die Aufnahme und den Ausschluss von Mitgliedern, wählt den Vorstand und entscheidet in allen Angelegenheiten, die nicht andern Organen des Vereins übertragen sind.

2 Sie hat die Aufsicht über die Tätigkeit der Organe und kann sie jederzeit abberufen, unbeschadet der Ansprüche, die den Abberufenen aus bestehenden Verträgen zustehen.

3 Das Recht der Abberufung besteht, wenn ein wichtiger Grund sie rechtfertigt, von Gesetzes wegen.

Art. 66

3. Vereinsbeschluss

a. Beschlussfassung

1 Vereinsbeschlüsse werden von der Vereinsversammlung gefasst.

2 Die schriftliche Zustimmung aller Mitglieder zu einem Antrag ist einem Beschlusse der Vereinsversammlung gleichgestellt.

Art. 67

b. Stimmrecht und Mehrheit

1 Alle Mitglieder haben in der Vereinsversammlung das gleiche Stimmrecht.

2 Die Vereinsbeschlüsse werden mit Mehrheit der Stimmen der anwesenden Mitglieder gefasst.

3 Über Gegenstände, die nicht gehörig angekündigt sind, darf ein Beschluss nur dann gefasst werden, wenn die Statuten es ausdrücklich gestatten.

Art. 68

c. Ausschliessung vom Stimmrecht

Jedes Mitglied ist von Gesetzes wegen vom Stimmrechte ausgeschlossen bei der Beschlussfassung über ein Rechtsgeschäft oder einen Rechtsstreit zwischen ihm, seinem Ehegatten oder einer mit ihm in gerader Linie verwandten Person einerseits und dem Vereine anderseits.

1 Vgl. OR 530 ff.
2 Vgl. ZGB 64 Abs. 3, 65 Abs. 3, 68, 69a ff., 70, 75 ff.

Art. 69

II. Vorstand
1. Rechte und Pflichten im Allgemeinen

Der Vorstand hat das Recht und die Pflicht, nach den Befugnissen, die die Statuten ihm einräumen, die Angelegenheiten des Vereins zu besorgen und den Verein zu vertreten.

Art. 69a

2. Buchführung

Der Vorstand führt die Geschäftsbücher des Vereins. Die Vorschriften des Obligationenrechts über die kaufmännische Buchführung und Rechnungslegung gelten sinngemäss.[1]

Art. 69b

III. Revisionsstelle

1 Der Verein muss seine Buchführung durch eine Revisionsstelle ordentlich prüfen lassen, wenn zwei der nachstehenden Grössen in zwei aufeinander folgenden Geschäftsjahren überschritten werden:

1. Bilanzsumme von 10 Millionen Franken;
2. Umsatzerlös von 20 Millionen Franken;
3. 50 Vollzeitstellen im Jahresdurchschnitt.

2 Der Verein muss seine Buchführung durch eine Revisionsstelle eingeschränkt prüfen lassen, wenn ein Vereinsmitglied, das einer persönlichen Haftung oder einer Nachschusspflicht unterliegt, dies verlangt.

3 Die Vorschriften des Obligationenrechts über die Revisionsstelle bei Aktiengesellschaften sind entsprechend anwendbar.[2]

4 In den übrigen Fällen sind die Statuten und die Vereinsversammlung in der Ordnung der Revision frei.

Art. 69c

IV. Mängel in der Organisation

1 Fehlt dem Verein eines der vorgeschriebenen Organe, so kann ein Mitglied oder ein Gläubiger dem Gericht beantragen, die erforderlichen Massnahmen zu ergreifen.

2 Das Gericht kann dem Verein insbesondere eine Frist zur Wiederherstellung des rechtmässigen Zustandes ansetzen und, wenn nötig, einen Sachwalter ernennen.

3 Der Verein trägt die Kosten der Massnahmen. Das Gericht kann den Verein verpflichten, den ernannten Personen einen Vorschuss zu leisten.

4 Liegt ein wichtiger Grund vor, so kann der Verein vom Gericht die Abberufung von Personen verlangen, die dieses eingesetzt hat.

Art. 70

C. Mitgliedschaft
I. Ein- und Austritt

1 Der Eintritt von Mitgliedern kann jederzeit erfolgen.

2 Der Austritt ist von Gesetzes wegen zulässig, wenn er mit Beobachtung einer halbjährigen Frist auf das Ende des Kalenderjahres oder, wenn eine Verwaltungsperiode vorgesehen ist, auf deren Ende angesagt wird.

3 Die Mitgliedschaft ist weder veräusserlich noch vererblich.

Art. 71

II. Beitragspflicht

Beiträge können von den Mitgliedern verlangt werden, sofern die Statuten dies vorsehen.

1 Vgl. OR 957
2 Vgl. OR 727

Art. 72

III. Ausschliessung

[1] Die Statuten können die Gründe bestimmen, aus denen ein Mitglied ausgeschlossen werden darf, sie können aber auch die Ausschliessung ohne Angabe der Gründe gestatten.

[2] Eine Anfechtung der Ausschliessung wegen ihres Grundes ist in diesen Fällen nicht statthaft.

[3] Enthalten die Statuten hierüber keine Bestimmung, so darf die Ausschliessung nur durch Vereinsbeschluss und aus wichtigen Gründen erfolgen.

Art. 73

IV. Stellung ausgeschiedener Mitglieder

[1] Mitglieder, die austreten oder ausgeschlossen werden, haben auf das Vereinsvermögen keinen Anspruch.

[2] Für die Beiträge haften sie nach Massgabe der Zeit ihrer Mitgliedschaft.

Art. 74

V. Schutz des Vereinszweckes

Eine Umwandlung des Vereinszweckes kann keinem Mitgliede aufgenötigt werden.

Art. 75

VI. Schutz der Mitgliedschaft

Beschlüsse, die das Gesetz oder die Statuten verletzen, kann jedes Mitglied, das nicht zugestimmt hat, von Gesetzes wegen binnen Monatsfrist, nachdem es von ihnen Kenntnis erhalten hat, beim Gericht anfechten.

Art. 75a

C^bis. Haftung

Für die Verbindlichkeiten des Vereins haftet das Vereinsvermögen. Es haftet ausschliesslich, sofern die Statuten nichts anderes bestimmen.

Art. 76

D. Auflösung
I. Auflösungsarten
1. Vereinsbeschluss

Die Auflösung des Vereins kann jederzeit durch Vereinsbeschluss herbeigeführt werden.

Art. 77

2. Von Gesetzes wegen

Die Auflösung erfolgt von Gesetzes wegen, wenn der Verein zahlungsunfähig ist, sowie wenn der Vorstand nicht mehr statutengemäss bestellt werden kann.

Art. 78

3. Urteil

Die Auflösung erfolgt durch das Gericht auf Klage der zuständigen Behörde oder eines Beteiligten, wenn der Zweck des Vereins widerrechtlich oder unsittlich ist.

Art. 79

II. Löschung des Registereintrages

Ist der Verein im Handelsregister eingetragen, so hat der Vorstand oder das Gericht dem Registerführer die Auflösung behufs Löschung des Eintrages mitzuteilen.

Dritter Abschnitt: Die Stiftungen

Art. 80

A. Errichtung
I. Im Allgemeinen

Zur Errichtung einer Stiftung bedarf es der Widmung eines Vermögens für einen besondern Zweck.[1]

Art. 81

II. Form der Errichtung

1 Die Stiftung wird durch eine öffentliche Urkunde[2] oder durch eine Verfügung von Todes wegen errichtet.

2 Die Eintragung in das Handelsregister erfolgt auf Grund der Stiftungsurkunde und nötigenfalls nach Anordnung der Aufsichtsbehörde unter Angabe der Mitglieder der Verwaltung.

3 Die Behörde, welche die Verfügung von Todes wegen eröffnet, teilt dem Handelsregisterführer die Errichtung der Stiftung mit.

Art. 82

III. Anfechtung

Eine Stiftung kann von den Erben oder den Gläubigern des Stifters gleich einer Schenkung angefochten werden.

Art. 83

B. Organisation
I. Im Allgemeinen

Die Organe der Stiftung und die Art der Verwaltung werden durch die Stiftungsurkunde festgestellt.

Art. 83a

II. Buchführung

Das oberste Stiftungsorgan führt die Geschäftsbücher der Stiftung. Die Vorschriften des Obligationenrechts über die kaufmännische Buchführung und Rechnungslegung gelten sinngemäss.[3]

Art. 83b

III. Revisionsstelle
1. Revisionspflicht und anwendbares Recht

1 Das oberste Stiftungsorgan bezeichnet eine Revisionsstelle.

2 Die Aufsichtsbehörde kann eine Stiftung von der Pflicht befreien, eine Revisionsstelle zu bezeichnen. Der Bundesrat legt die Voraussetzungen der Befreiung fest.

3 Soweit für Stiftungen keine besonderen Vorschriften bestehen, sind die Vorschriften des Obligationenrechts über die Revisionsstelle bei Aktiengesellschaften entsprechend anwendbar.[4]

4 Ist die Stiftung zu einer eingeschränkten Revision verpflichtet, so kann die Aufsichtsbehörde eine ordentliche Revision verlangen, wenn dies für die zuverlässige Beurteilung der Vermögens- und Ertragslage der Stiftung notwendig ist.

Art. 83c

2. Verhältnis zur Aufsichtsbehörde

Die Revisionsstelle übermittelt der Aufsichtsbehörde eine Kopie des Revisionsberichts sowie aller wichtigen Mitteilungen an die Stiftung.

Art. 83d

IV. Mängel in der Organisation

1 Ist die vorgesehene Organisation nicht genügend, fehlt der Stiftung eines der vorgeschriebenen Organe oder ist eines dieser Organe nicht rechtmässig zusam-

1 Z.B. BVG-Stiftung vgl. auch ZGB 89
2 Durch Urkundsperson (Notar)
3 Vgl. OR 957
4 Vgl. OR 727

mengesetzt, so muss die Aufsichtsbehörde die erforderlichen Massnahmen ergreifen. Sie kann insbesondere:

1. der Stiftung eine Frist ansetzen, binnen derer der rechtmässige Zustand wieder herzustellen ist; oder
2. das fehlende Organ oder einen Sachwalter ernennen.

2 Kann eine zweckdienliche Organisation nicht gewährleistet werden, so hat die Aufsichtsbehörde das Vermögen einer anderen Stiftung mit möglichst gleichartigem Zweck zuzuwenden.

3 Die Stiftung trägt die Kosten der Massnahmen. Die Aufsichtsbehörde kann die Stiftung verpflichten, den ernannten Personen einen Vorschuss zu leisten.

4 Liegt ein wichtiger Grund vor, so kann die Stiftung von der Aufsichtsbehörde die Abberufung von Personen verlangen, die diese eingesetzt hat.

Art. 84

C. Aufsicht

1 Die Stiftungen stehen unter der Aufsicht des Gemeinwesens (Bund, Kanton, Gemeinde), dem sie nach ihrer Bestimmung angehören.

1bis Die Kantone können die ihren Gemeinden angehörenden Stiftungen der kantonalen Aufsichtsbehörde unterstellen.

2 Die Aufsichtsbehörde hat dafür zu sorgen, dass das Stiftungsvermögen seinen Zwecken gemäss verwendet wird.

Art. 84a

Cbis. Massnahmen bei Überschuldung und Zahlungsunfähigkeit

1 Besteht begründete Besorgnis, dass die Stiftung überschuldet[1] ist oder ihre Verbindlichkeiten längerfristig nicht mehr erfüllen kann, so stellt das oberste Stiftungsorgan auf Grund der Veräusserungswerte eine Zwischenbilanz auf und legt sie der Revisionsstelle zur Prüfung vor. Verfügt die Stiftung über keine Revisionsstelle, so legt das oberste Stiftungsorgan die Zwischenbilanz der Aufsichtsbehörde vor.

2 Stellt die Revisionsstelle fest, dass die Stiftung überschuldet ist oder ihre Verbindlichkeiten längerfristig nicht erfüllen kann, so legt sie die Zwischenbilanz der Aufsichtsbehörde vor.

3 Die Aufsichtsbehörde hält das oberste Stiftungsorgan zur Einleitung der erforderlichen Massnahmen an. Bleibt dieses untätig, so trifft die Aufsichtsbehörde die nötigen Massnahmen.

4 Nötigenfalls beantragt die Aufsichtsbehörde vollstreckungsrechtliche Massnahmen; die aktienrechtlichen Bestimmungen[2] über die Eröffnung oder den Aufschub des Konkurses sind sinngemäss anwendbar.

Art. 84b

Aufgehoben.

Art. 85

D. Umwandlung der Stiftung
I. Änderung der Organisation

Die zuständige Bundes- oder Kantonsbehörde kann auf Antrag der Aufsichtsbehörde und nach Anhörung des obersten Stiftungsorgans die Organisation der Stiftung ändern, wenn die Erhaltung des Vermögens oder die Wahrung des Stiftungszwecks die Änderung dringend erfordert.

1 Vgl. OR 725
2 Vgl. OR 725a

Art. 86

II. Änderung des Zweckes

1. Auf Antrag der Aufsichtsbehörde oder des obersten Stiftungsorgans

1 Die zuständige Bundes- oder Kantonsbehörde kann auf Antrag der Aufsichtsbehörde oder des obersten Stiftungsorgans den Zweck der Stiftung ändern, wenn deren ursprünglicher Zweck eine ganz andere Bedeutung oder Wirkung erhalten hat, so dass die Stiftung dem Willen des Stifters offenbar entfremdet worden ist.

2 Unter den gleichen Voraussetzungen können Auflagen oder Bedingungen, die den Stiftungszweck beeinträchtigen, aufgehoben oder abgeändert werden.

Art. 86a

2. Auf Antrag des Stifters oder auf Grund seiner Verfügung von Todes wegen

1 Die zuständige Bundes- oder Kantonsbehörde ändert den Zweck einer Stiftung auf Antrag des Stifters oder auf Grund von dessen Verfügung von Todes wegen, wenn in der Stiftungsurkunde eine Zweckänderung vorbehalten worden ist und seit der Errichtung der Stiftung oder seit der letzten vom Stifter verlangten Änderung mindestens zehn Jahre verstrichen sind.

2 Verfolgt die Stiftung einen öffentlichen oder gemeinnützigen Zweck nach Artikel 56 Buchstabe g des Bundesgesetzes vom 14. Dezember 1990 über die direkte Bundessteuer, so muss der geänderte Zweck ebenfalls öffentlich oder gemeinnützig sein.

3 Das Recht auf Änderung des Stiftungszwecks ist unvererblich und unübertragbar. Ist der Stifter eine juristische Person, so erlischt dieses Recht spätestens 20 Jahre nach der Errichtung der Stiftung.

4 Haben mehrere Personen die Stiftung errichtet, so können sie die Änderung des Stiftungszwecks nur gemeinsam verlangen.

5 Die Behörde, welche die Verfügung von Todes wegen eröffnet, teilt der zuständigen Aufsichtsbehörde die Anordnung zur Änderung des Stiftungszwecks mit.

Art. 86b

III. Unwesentliche Änderungen der Stiftungsurkunde

Die Aufsichtsbehörde kann nach Anhörung des obersten Stiftungsorgans unwesentliche Änderungen der Stiftungsurkunde vornehmen, sofern dies aus triftigen sachlichen Gründen als geboten erscheint und keine Rechte Dritter beeinträchtigt.

Art. 87

E. Familienstiftungen und kirchliche Stiftungen

1 Die Familienstiftungen und die kirchlichen Stiftungen sind unter Vorbehalt des öffentlichen Rechtes der Aufsichtsbehörde nicht unterstellt.

1bis Sie sind von der Pflicht befreit, eine Revisionsstelle zu bezeichnen.

2 Über Anstände privatrechtlicher Natur entscheidet das Gericht.

Art. 88

F. Aufhebung und Löschung im Register

I. Aufhebung durch die zuständige Behörde

1 Die zuständige Bundes- oder Kantonsbehörde hebt die Stiftung auf Antrag oder von Amtes wegen auf, wenn:

1. deren Zweck unerreichbar geworden ist und die Stiftung durch eine Änderung der Stiftungsurkunde nicht aufrechterhalten werden kann; oder
2. deren Zweck widerrechtlich oder unsittlich geworden ist.

2 Familienstiftungen und kirchliche Stiftungen werden durch das Gericht aufgehoben.

II. Antrags- und Klagerecht, Löschung im Register

Art. 89

1 Zur Antragsstellung oder zur Klage auf Aufhebung der Stiftung berechtigt ist jede Person, die ein Interesse hat.

2 Die Aufhebung ist dem Registerführer zur Löschung des Eintrags anzumelden.

G. Personalfürsorgestiftungen

Art. 89a

1 Für Personalfürsorgeeinrichtungen, die gemäss Artikel 331 des Obligationenrechts in Form der Stiftung errichtet worden sind, gelten überdies noch folgende Bestimmungen.

2 Die Stiftungsorgane haben den Begünstigten über die Organisation, die Tätigkeit und die Vermögenslage der Stiftung den erforderlichen Aufschluss zu erteilen.

3 Leisten die Arbeitnehmer Beiträge an die Stiftung, so sind sie an der Verwaltung wenigstens nach Massgabe dieser Beiträge zu beteiligen; soweit möglich haben die Arbeitnehmer ihre Vertretung aus dem Personal des Arbeitgebers zu wählen.

4 *Aufgehoben.*

5 Die Begünstigten können auf Ausrichtung von Leistungen der Stiftung klagen, wenn sie Beiträge an diese entrichtet haben oder wenn ihnen nach den Stiftungsbestimmungen ein Rechtsanspruch auf Leistungen zusteht.

6 Für Personalfürsorgestiftungen, die auf dem Gebiet der Alters-, Hinterlassenen- und Invalidenvorsorge tätig sind, gelten überdies die folgenden Bestimmungen des Bundesgesetzes vom 25. Juni 1982 über die berufliche Alters-, Hinterlassenen- und Invalidenvorsorge über:

1. die Definition und Grundsätze der beruflichen Vorsorge sowie des versicherbaren Lohnes oder des versicherbaren Einkommens (Art. 1, 33a und 33b),
2. die zusätzlichen Einkäufe für den Vorbezug der Altersleistung (Art. 13a Abs. 8),
3. die Begünstigten bei Hinterlassenenleistungen (Art. 20a),

3a. die provisorische Weiterversicherung und Aufrechterhaltung des Leistungsanspruchs bei Herabsetzung oder Aufhebung der Rente der Invalidenversicherung (Art. 26a),

4. die Anpassung der reglementarischen Leistungen an die Preisentwicklung (Art. 36 Abs. 2–4),
5. die Verjährung von Ansprüchen und die Aufbewahrung von Vorsorgeunterlagen (Art. 41),

5a. die Verwendung, Bearbeitung und Bekanntgabe der Versichertennummer der Alters- und Hinterlassenenversicherung (Art. 48 Abs. 4, Art. 85a Bst. f und Art. 86a Abs. 2 Bst. b^{bis}),

6. die Verantwortlichkeit (Art. 52),
7. die Zulassung und die Aufgaben der Kontrollorgane (Art. 52a–52e),
8. die Integrität und Loyalität der Verantwortlichen, die Rechtsgeschäfte mit Nahestehenden und die Interessenkonflikte (Art. 51b, 51c und 53a),
9. die Teil- oder Gesamtliquidation (Art. 53b–53d),
10. die Auflösung von Verträgen (Art. 53e und 53f),
11. den Sicherheitsfonds (Art. 56 Abs. 1 Bst. c und Abs. 2–5, Art. 56a, 57 und 59),
12. die Aufsicht und die Oberaufsicht (Art. 61–62a und 64–64c),
13. *aufgehoben,*

14. die finanzielle Sicherheit (Art. 65 Abs. 1, 3 und 4, Art. 66 Abs. 4, Art. 67 und Art. 72a–72g),
15. die Transparenz (Art. 65a),
16. die Rückstellungen (Art. 65b),
17. die Versicherungsverträge zwischen Vorsorgeeinrichtungen und Versicherungseinrichtungen (Art. 68 Abs. 3 und 4),
18. die Vermögensverwaltung (Art. 71),
19. die Rechtspflege (Art. 73 und 74),
20. die Strafbestimmungen (Art. 75–79),
21. den Einkauf (Art. 79b),
22. den versicherbaren Lohn und das versicherbare Einkommen (Art. 79c),
23. die Information der Versicherten (Art. 86b).

Zweiter Titel^bis: Die Sammelvermögen

Art. 89b

A. Fehlende Verwaltung

1 Ist bei öffentlicher Sammlung für gemeinnützige Zwecke nicht für die Verwaltung oder Verwendung des Sammelvermögens gesorgt, so ordnet die zuständige Behörde das Erforderliche an.

2 Sie kann für das Sammelvermögen einen Sachwalter oder eine Sachwalterin ernennen oder es einem Verein oder einer Stiftung mit möglichst gleichartigem Zweck zuwenden.

3 Auf die Sachwalterschaft sind die Vorschriften über die Beistandschaften im Erwachsenenschutz sinngemäss anwendbar.

Art. 89c

B. Zuständigkeit

1 Zuständig ist der Kanton, in dem das Sammelvermögen in seinem Hauptbestandteil verwaltet worden ist.

2 Sofern der Kanton nichts anderes bestimmt, ist die Behörde zuständig, die die Stiftungen beaufsichtigt.

ZGB: Familienrecht

Inhaltsübersicht

Zweiter Teil: Das Familienrecht

Erste Abteilung: Das Eherecht

Dritter Titel: Die Eheschliessung

Erster Abschnitt: Das Verlöbnis

Art. 90

A. Verlobung

1 Das Verlöbnis[1] wird durch das Eheversprechen begründet.

2 Minderjährige werden ohne Zustimmung des gesetzlichen Vertreters durch ihre Verlobung nicht verpflichtet.

3 Aus dem Verlöbnis entsteht kein klagbarer Anspruch auf Eingehung der Ehe.

Art. 91

B. Auflösung des Verlöbnisses
I. Geschenke

1 Mit Ausnahme der gewöhnlichen Gelegenheitsgeschenke können die Verlobten Geschenke, die sie einander gemacht haben, bei Auflösung des Verlöbnisses zurückfordern, es sei denn, das Verlöbnis sei durch Tod aufgelöst worden.

2 Sind die Geschenke nicht mehr vorhanden, so richtet sich die Rückerstattung nach den Bestimmungen über die ungerechtfertigte Bereicherung.[2]

Art. 92

II. Beitragspflicht

Hat einer der Verlobten im Hinblick auf die Eheschliessung in guten Treuen Veranstaltungen getroffen, so kann er bei Auflösung des Verlöbnisses vom andern einen angemessenen Beitrag verlangen, sofern dies nach den gesamten Umständen nicht als unbillig erscheint.

Art. 93

III. Verjährung

Die Ansprüche aus dem Verlöbnis verjähren mit Ablauf eines Jahres nach der Auflösung.

Zweiter Abschnitt: Die Ehevoraussetzungen

Art. 94

A. Ehefähigkeit

1 Um die Ehe eingehen zu können, müssen die Brautleute das 18. Altersjahr zurückgelegt haben und urteilsfähig[3] sein.

2 *Aufgehoben.*

Art. 95

B. Ehehindernisse
I. Verwandtschaft

1 Die Eheschliessung ist zwischen Verwandten in gerader Linie sowie zwischen Geschwistern oder Halbgeschwistern, gleichgültig ob sie miteinander durch Abstammung oder durch Adoption verwandt sind, verboten.

2 Die Adoption hebt das Ehehindernis der Verwandtschaft zwischen dem Adoptivkind und seinen Nachkommen einerseits und seiner angestammten Familie anderseits nicht auf.

1 Familienrechtlicher Vertrag mit beschränkten Rechtswirkungen
2 Vgl. OR 62 ff.
3 Vgl. ZGB 16

Art. 96

II. Frühere Ehe

Wer eine neue Ehe eingehen will, hat den Nachweis zu erbringen, dass die frühere Ehe für ungültig erklärt oder aufgelöst[1] worden ist.

Dritter Abschnitt: Vorbereitung der Eheschliessung und Trauung

Art. 97

A. Grundsätze

1 Die Ehe wird nach dem Vorbereitungsverfahren vor der Zivilstandsbeamtin oder dem Zivilstandsbeamten geschlossen.

2 Die Verlobten können sich im Zivilstandskreis ihrer Wahl trauen lassen.

3 Eine religiöse Eheschliessung[2] darf vor der Ziviltrauung nicht durchgeführt werden.

Art. 97a

A^{bis}. Umgehung des Ausländerrechts

1 Die Zivilstandsbeamtin oder der Zivilstandsbeamte tritt auf das Gesuch nicht ein, wenn die Braut oder der Bräutigam offensichtlich keine Lebensgemeinschaft begründen, sondern die Bestimmungen über Zulassung und Aufenthalt von Ausländerinnen und Ausländern umgehen will.

2 Die Zivilstandsbeamtin oder der Zivilstandsbeamte hört die Brautleute an und kann bei anderen Behörden oder bei Drittpersonen Auskünfte einholen.

Art. 98

B. Vorbereitungsverfahren

I. Gesuch

1 Die Verlobten stellen das Gesuch um Durchführung des Vorbereitungsverfahrens beim Zivilstandsamt des Wohnortes der Braut oder des Bräutigams.

2 Sie müssen persönlich erscheinen. Falls sie nachweisen, dass dies für sie offensichtlich unzumutbar ist, wird die schriftliche Durchführung des Vorbereitungsverfahrens bewilligt.

3 Sie haben ihre Personalien mittels Dokumenten zu belegen und beim Zivilstandsamt persönlich zu erklären, dass sie die Ehevoraussetzungen erfüllen; sie legen die nötigen Zustimmungen vor.

4 Verlobte, die nicht Schweizerbürgerinnen oder Schweizerbürger sind, müssen während des Vorbereitungsverfahrens ihren rechtmässigen Aufenthalt in der Schweiz nachweisen.

Art. 99

II. Durchführung und Abschluss des Vorbereitungsverfahrens

1 Das Zivilstandsamt prüft, ob:

1. das Gesuch ordnungsgemäss eingereicht worden ist;
2. die Identität der Verlobten feststeht; und
3. die Ehevoraussetzungen[3] erfüllt sind, insbesondere ob keine Umstände vorliegen, die erkennen lassen, dass das Gesuch offensichtlich nicht dem freien Willen der Verlobten entspricht.

2 Sind diese Anforderungen erfüllt, teilt es den Verlobten den Abschluss des Vorbereitungsverfahrens sowie die gesetzlichen Fristen für die Trauung mit.

1 Durch Scheidung oder Tod
2 Kirchliche Trauung
3 Vgl. ZGB 94 ff.

[3] Es legt im Einvernehmen mit den Verlobten im Rahmen der kantonalen Vorschriften den Zeitpunkt der Trauung fest oder stellt auf Antrag eine Ermächtigung zur Trauung in einem andern Zivilstandskreis aus.

[4] Das Zivilstandsamt teilt der zuständigen Behörde die Identität von Verlobten mit, die ihren rechtmässigen Aufenthalt in der Schweiz nicht nachgewiesen haben.

Art. 100

III. Fristen

[1] Die Trauung kann frühestens zehn Tage und spätestens drei Monate, nachdem der Abschluss des Vorbereitungsverfahrens mitgeteilt wurde, stattfinden.

[2] Ist einer der Verlobten in Todesgefahr und ist zu befürchten, dass die Trauung bei Beachtung der Frist von zehn Tagen nicht mehr möglich ist, so kann die Zivilstandsbeamtin oder der Zivilstandsbeamte auf ärztliche Bestätigung hin die Frist abkürzen oder die Trauung unverzüglich vornehmen.

Art. 101

C. Trauung
I. Ort

[1] Die Trauung findet im Trauungslokal des Zivilstandskreises statt, den die Verlobten gewählt haben.

[2] Ist das Vorbereitungsverfahren in einem andern Zivilstandskreis durchgeführt worden, so müssen die Verlobten eine Trauungsermächtigung vorlegen.

[3] Weisen die Verlobten nach, dass es für sie offensichtlich unzumutbar ist, sich in das Trauungslokal zu begeben, so kann die Trauung an einem andern Ort stattfinden.

Art. 102

II. Form

[1] Die Trauung ist öffentlich und findet in Anwesenheit von zwei volljährigen und urteilsfähigen Zeuginnen oder Zeugen statt.

[2] Die Zivilstandsbeamtin oder der Zivilstandsbeamte richtet an die Braut und an den Bräutigam einzeln die Frage, ob sie miteinander die Ehe eingehen wollen.

[3] Bejahen die Verlobten die Frage, wird die Ehe durch ihre beidseitige Zustimmung als geschlossen erklärt.

Art. 103

D. Ausführungsbestimmungen

Der Bundesrat und, im Rahmen ihrer Zuständigkeit, die Kantone erlassen die nötigen Ausführungsbestimmungen.

Vierter Abschnitt: Die Eheungültigkeit

Art. 104

A. Grundsatz

Die vor der Zivilstandsbeamtin oder dem Zivilstandsbeamten geschlossene Ehe kann nur aus einem in diesem Abschnitt vorgesehenen Grund für ungültig erklärt werden.

Art. 105

B. Unbefristete Ungültigkeit
I. Gründe

Ein Ungültigkeitsgrund liegt vor, wenn:

1. zur Zeit der Eheschliessung einer der Ehegatten[1] bereits verheiratet ist und die frühere Ehe nicht durch Scheidung oder Tod des Partners aufgelöst worden ist;

[1] Bezieht sich auf Personen beider Geschlechter

2. zur Zeit der Eheschliessung einer der Ehegatten nicht urteilsfähig ist und seither nicht wieder urteilsfähig geworden ist;[1]
3. die Eheschliessung infolge Verwandtschaft unter den Ehegatten verboten ist.
4. einer der Ehegatten nicht eine Lebensgemeinschaft begründen, sondern die Bestimmungen über Zulassung und Aufenthalt von Ausländerinnen und Ausländern umgehen will.
5. ein Ehegatte die Ehe nicht aus freiem Willen geschlossen hat;
6. einer der Ehegatten minderjährig ist, es sei denn, die Weiterführung der Ehe entspricht den überwiegenden Interessen dieses Ehegatten.

Art. 106

II. Klage

1 Die Klage ist von der zuständigen kantonalen Behörde am Wohnsitz der Ehegatten von Amtes wegen zu erheben; überdies kann jedermann klagen, der ein Interesse hat. Soweit dies mit ihren Aufgaben vereinbar ist, melden die Behörden des Bundes und der Kantone der für die Klage zuständigen Behörde, wenn sie Anlass zur Annahme haben, dass ein Ungültigkeitsgrund vorliegt.

2 Nach Auflösung der Ehe wird deren Ungültigkeit nicht mehr von Amtes wegen verfolgt; es kann aber jedermann, der ein Interesse hat, die Ungültigerklärung verlangen.

3 Die Klage kann jederzeit eingereicht werden.

Art. 107

C. Befristete Ungültigkeit
I. Gründe

Ein Ehegatte kann verlangen, dass die Ehe für ungültig erklärt wird, wenn er:
1. bei der Trauung aus einem vorübergehenden Grund nicht urteilsfähig war;
2. sich aus Irrtum hat trauen lassen, sei es, dass er die Ehe selbst oder die Trauung mit der betreffenden Person nicht gewollt hat;
3. die Ehe geschlossen hat, weil er über wesentliche persönliche Eigenschaften des anderen absichtlich getäuscht worden ist;
4. *Aufgehoben.*

Art. 108

II. Klage

1 Die Ungültigkeitsklage ist innerhalb von sechs Monaten seit Kenntnis des Ungültigkeitsgrundes oder seit dem Wegfall der Drohung einzureichen, in jedem Fall aber vor Ablauf von fünf Jahren seit der Eheschliessung.

2 Das Klagerecht geht nicht auf die Erben über; ein Erbe kann jedoch an der bereits erhobenen Klage festhalten.

Art. 109

D. Wirkungen des Urteils

1 Die Ungültigkeit einer Ehe wird erst wirksam, nachdem das Gericht die Ungültigerklärung ausgesprochen hat; bis zum Urteil hat die Ehe mit Ausnahme der erbrechtlichen Ansprüche, die der überlebende Ehegatte in jedem Fall verliert, alle Wirkungen einer gültigen Ehe.

2 Für die Wirkungen der gerichtlichen Ungültigerklärung auf die Ehegatten und die Kinder gelten sinngemäss die Bestimmungen über die Scheidung.

3 Die Vaterschaftsvermutung[2] des Ehemannes entfällt, wenn die Ehe für ungültig erklärt worden ist, weil sie dazu diente, die Bestimmungen über Zulassung und Aufenthalt von Ausländerinnen und Ausländern zu umgehen.

1 Problematik der Scheinehen
2 Vgl. ZGB 255, 262

Art. 110
Aufgehoben.

Vierter Titel: Die Ehescheidung und die Ehetrennung

Erster Abschnitt: Die Scheidungsvoraussetzungen

Art. 111

A. Scheidung auf gemeinsames Begehren
I. Umfassende Einigung

1 Verlangen die Ehegatten gemeinsam die Scheidung und reichen sie eine vollständige Vereinbarung über die Scheidungsfolgen mit den nötigen Belegen und mit gemeinsamen Anträgen hinsichtlich der Kinder ein, so hört das Gericht sie getrennt und zusammen an. Die Anhörung kann aus mehreren Sitzungen bestehen.

2 Hat sich das Gericht davon überzeugt, dass das Scheidungsbegehren und die Vereinbarung auf freiem Willen und reiflicher Überlegung beruhen und die Vereinbarung mit den Anträgen hinsichtlich der Kinder genehmigt werden kann, so spricht das Gericht die Scheidung aus.

Art. 112

II. Teileinigung

1 Die Ehegatten können gemeinsam die Scheidung verlangen und erklären, dass das Gericht die Scheidungsfolgen beurteilen soll, über die sie sich nicht einig sind.

2 Das Gericht hört sie wie bei der umfassenden Einigung zum Scheidungsbegehren, zu den Scheidungsfolgen, über die sie sich geeinigt haben, sowie zur Erklärung, dass die übrigen Folgen gerichtlich zu beurteilen sind, an.

3 *Aufgehoben.*

Art. 113
Aufgehoben.

Art. 114

B. Scheidung auf Klage eines Ehegatten
I. Nach Getrenntleben

Ein Ehegatte kann die Scheidung verlangen, wenn die Ehegatten bei Eintritt der Rechtshängigkeit der Klage oder bei Wechsel zur Scheidung auf Klage mindestens zwei Jahre getrennt gelebt haben.

Art. 115

II. Unzumutbarkeit

Vor Ablauf der zweijährigen Frist kann ein Ehegatte die Scheidung verlangen, wenn ihm die Fortsetzung der Ehe aus schwerwiegenden Gründen, die ihm nicht zuzurechnen sind, nicht zugemutet werden kann.

Art. 116
Aufgehoben.

Zweiter Abschnitt: Die Ehetrennung

Art. 117

A. Voraussetzungen und Verfahren

1 Die Ehegatten können die Trennung unter den gleichen Voraussetzungen wie bei der Scheidung verlangen.

2 *Aufgehoben.*

3 Das Recht, die Scheidung zu verlangen, wird durch das Trennungsurteil nicht berührt.

Art. 118

B. Trennungsfolgen

1 Mit der Trennung tritt von Gesetzes wegen Gütertrennung[1] ein.

2 Im übrigen finden die Bestimmungen über Massnahmen zum Schutz der ehelichen Gemeinschaft sinngemäss Anwendung.[2]

Dritter Abschnitt: Die Scheidungsfolgen

Art. 119

A. Name

Der Ehegatte, der seinen Namen bei der Eheschliessung geändert hat, behält diesen Namen nach der Scheidung; er kann aber jederzeit gegenüber der Zivilstandsbeamtin oder dem Zivilstandsbeamten erklären, dass er wieder seinen Ledignamen tragen will.

Art. 120

B. Güterrecht und Erbrecht

1 Für die güterrechtliche Auseinandersetzung gelten die Bestimmungen über das Güterrecht.[3]

2 Geschiedene Ehegatten haben zueinander kein gesetzliches Erbrecht und können aus Verfügungen von Todes wegen, die sie vor der Rechtshängigkeit des Scheidungsverfahrens errichtet haben, keine Ansprüche erheben.

Art. 121

C. Wohnung der Familie

1 Ist ein Ehegatte wegen der Kinder oder aus anderen wichtigen Gründen auf die Wohnung der Familie angewiesen, so kann das Gericht ihm die Rechte und Pflichten aus dem Mietvertrag allein übertragen, sofern dies dem anderen billigerweise zugemutet werden kann.[4]

2 Der bisherige Mieter haftet solidarisch für den Mietzins bis zum Zeitpunkt, in dem das Mietverhältnis gemäss Vertrag oder Gesetz endet oder beendet werden kann, höchstens aber während zweier Jahre; wird er für den Mietzins belangt, so kann er den bezahlten Betrag ratenweise in der Höhe des monatlichen Mietzinses mit den Unterhaltsbeiträgen, die er dem anderen Ehegatten schuldet, verrechnen.

3 Gehört die Wohnung der Familie einem Ehegatten, so kann das Gericht dem anderen unter den gleichen Voraussetzungen und gegen angemessene Entschädigung oder unter Anrechnung auf Unterhaltsbeiträge ein befristetes Wohnrecht einräumen. Wenn wichtige neue Tatsachen es erfordern, ist das Wohnrecht einzuschränken oder aufzuheben.

1 Vgl. ZGB 247 ff.
2 Vgl. ZGB 171 ff.
3 Vgl. ZGB 181 ff.
4 Vgl. ZGB 169

Art. 122

D. Berufliche Vorsorge
I. Vor Eintritt eines Vorsorgefalls
1. Teilung der Austrittsleistungen

[1] Gehört ein Ehegatte oder gehören beide Ehegatten einer Einrichtung der beruflichen Vorsorge[1] an und ist bei keinem Ehegatten ein Vorsorgefall eingetreten, so hat jeder Ehegatte Anspruch auf die Hälfte der nach dem Freizügigkeitsgesetz vom 17. Dezember 1993 für die Ehedauer zu ermittelnden Austrittsleistung des anderen Ehegatten.

[2] Stehen den Ehegatten gegenseitig Ansprüche zu, so ist nur der Differenzbetrag zu teilen.

Art. 123

2. Verzicht und Ausschluss

[1] Ein Ehegatte kann in der Vereinbarung auf seinen Anspruch ganz oder teilweise verzichten, wenn eine entsprechende Alters- und Invalidenvorsorge auf andere Weise gewährleistet ist.

[2] Das Gericht kann die Teilung ganz oder teilweise verweigern, wenn sie aufgrund der güterrechtlichen Auseinandersetzung oder der wirtschaftlichen Verhältnisse nach der Scheidung offensichtlich unbillig wäre.

Art. 124

II. Nach Eintritt eines Vorsorgefalls oder bei Unmöglichkeit der Teilung

[1] Ist bei einem oder bei beiden Ehegatten ein Vorsorgefall bereits eingetreten oder können aus andern Gründen Ansprüche aus der beruflichen Vorsorge, die während der Dauer der Ehe erworben worden sind, nicht geteilt werden, so ist eine angemessene Entschädigung geschuldet.

[2] Das Gericht kann den Schuldner verpflichten, die Entschädigung sicherzustellen, wenn es die Umstände rechtfertigen.

Art. 125

E. Nachehelicher Unterhalt
I. Voraussetzungen

[1] Ist einem Ehegatten nicht zuzumuten, dass er für den ihm gebührenden Unterhalt unter Einschluss einer angemessenen Altersvorsorge selbst aufkommt, so hat ihm der andere einen angemessenen Beitrag zu leisten.

[2] Beim Entscheid, ob ein Beitrag zu leisten sei und gegebenenfalls in welcher Höhe und wie lange, sind insbesondere zu berücksichtigen:

1. die Aufgabenteilung während der Ehe;
2. die Dauer der Ehe;
3. die Lebensstellung während der Ehe;
4. das Alter und die Gesundheit der Ehegatten;
5. Einkommen und Vermögen der Ehegatten;
6. der Umfang und die Dauer der von den Ehegatten noch zu leistenden Betreuung der Kinder;
7. die berufliche Ausbildung und die Erwerbsaussichten der Ehegatten sowie der mutmassliche Aufwand für die berufliche Eingliederung der anspruchsberechtigten Person;
8. die Anwartschaften aus der eidgenössischen Alters- und Hinterlassenenversicherung und aus der beruflichen oder einer anderen privaten oder staatlichen Vorsorge einschliesslich des voraussichtlichen Ergebnisses der Teilung der Austrittsleistungen.

[1] Pensionskasse

3 Ein Beitrag kann ausnahmsweise versagt oder gekürzt werden, wenn er offensichtlich unbillig wäre, insbesondere weil die berechtigte Person:
1. ihre Pflicht, zum Unterhalt der Familie beizutragen, grob verletzt hat;
2. ihre Bedürftigkeit mutwillig herbeigeführt hat;
3. gegen die verpflichtete Person oder eine dieser nahe verbundenen Person eine schwere Straftat begangen hat.

Art. 126

II. Modalitäten des Unterhaltsbeitrages

1 Das Gericht setzt als Unterhaltsbeitrag eine Rente fest und bestimmt den Beginn der Beitragspflicht.

2 Rechtfertigen es besondere Umstände, so kann anstelle einer Rente eine Abfindung festgesetzt werden.

3 Das Gericht kann den Unterhaltsbeitrag von Bedingungen abhängig machen.

Art. 127

III. Rente
1. Besondere Vereinbarungen

Die Ehegatten können in der Vereinbarung die Änderung der darin festgesetzten Rente ganz oder teilweise ausschliessen.

Art. 128

2. Anpassung an die Teuerung

Das Gericht kann anordnen, dass der Unterhaltsbeitrag sich bei bestimmten Veränderungen der Lebenskosten ohne weiteres erhöht oder vermindert.

Art. 129

3. Abänderung durch Urteil

1 Bei erheblicher und dauernder Veränderung der Verhältnisse kann die Rente herabgesetzt, aufgehoben oder für eine bestimmte Zeit eingestellt werden; eine Verbesserung der Verhältnisse der berechtigten Person ist nur dann zu berücksichtigen, wenn im Scheidungsurteil eine den gebührenden Unterhalt deckende Rente festgesetzt werden konnte.

2 Die berechtigte Person kann für die Zukunft eine Anpassung der Rente an die Teuerung verlangen, wenn das Einkommen der verpflichteten Person nach der Scheidung unvorhergesehenerweise gestiegen ist.

3 Die berechtigte Person kann innerhalb von fünf Jahren seit der Scheidung die Festsetzung einer Rente oder deren Erhöhung verlangen, wenn im Urteil festgehalten worden ist, dass keine zur Deckung des gebührenden Unterhalts ausreichende Rente festgesetzt werden konnte, die wirtschaftlichen Verhältnisse der verpflichteten Person sich aber entsprechend verbessert haben.

Art. 130

4. Erlöschen von Gesetzes wegen

1 Die Beitragspflicht erlischt mit dem Tod der berechtigten oder der verpflichteten Person.

2 Vorbehältlich einer anderen Vereinbarung entfällt sie auch bei Wiederverheiratung der berechtigten Person.

Art. 131

IV. Vollstreckung
1. Inkassohilfe und Vorschüsse

1 Erfüllt die verpflichtete Person die Unterhaltspflicht nicht, so hat die Kindesschutzbehörde oder eine andere vom kantonalen Recht bezeichnete Stelle der berechtigten Person auf Gesuch hin bei der Vollstreckung des Unterhaltsanspruchs in geeigneter Weise und in der Regel unentgeltlich zu helfen.

2 Dem öffentlichen Recht bleibt vorbehalten, die Ausrichtung von Vorschüssen zu regeln, wenn die verpflichtete Person ihrer Unterhaltspflicht nicht nachkommt.

3 Soweit das Gemeinwesen für den Unterhalt der berechtigten Person aufkommt, geht der Unterhaltsanspruch mit allen Rechten auf das Gemeinwesen über.

Art. 132

2. Anweisungen an die Schuldner und Sicherstellung

1 Vernachlässigt die verpflichtete Person die Erfüllung der Unterhaltspflicht, so kann das Gericht ihre Schuldner anweisen, die Zahlungen ganz oder teilweise an die berechtigte Person zu leisten.

2 Vernachlässigt die verpflichtete Person beharrlich die Erfüllung der Unterhaltspflicht oder ist anzunehmen, dass sie Anstalten zur Flucht trifft oder ihr Vermögen verschleudert oder beiseite schafft, so kann sie verpflichtet werden, für die künftigen Unterhaltsbeiträge angemessene Sicherheit zu leisten.

Art. 133

F. Kinder
I. Elternrechte und -pflichten

1 Das Gericht regelt die Elternrechte und -pflichten nach den Bestimmungen über die Wirkungen des Kindesverhältnisses.[1] Insbesondere regelt es:

1. die elterliche Sorge;
2. die Obhut;
3. den persönlichen Verkehr (Art. 273) oder die Betreuungsanteile; und
4. den Unterhaltsbeitrag.

2 Es beachtet alle für das Kindeswohl wichtigen Umstände. Es berücksichtigt einen gemeinsamen Antrag der Eltern und, soweit tunlich, die Meinung des Kindes.

3 Es kann den Unterhaltsbeitrag über den Eintritt der Volljährigkeit hinaus festlegen.

Art. 134

II. Veränderung der Verhältnisse

1 Auf Begehren eines Elternteils, des Kindes oder der Kindesschutzbehörde ist die Zuteilung der elterlichen Sorge neu zu regeln, wenn dies wegen wesentlicher Veränderung der Verhältnisse zum Wohl des Kindes geboten ist.

2 Die Voraussetzungen für eine Änderung der übrigen Elternrechte und -pflichten richten sich nach den Bestimmungen über die Wirkungen des Kindesverhältnisses.[2]

3 Sind sich die Eltern einig, so ist die Kindesschutzbehörde für die Neuregelung der elterlichen Sorge, der Obhut und die Genehmigung eines Unterhaltsvertrages zuständig. In den übrigen Fällen entscheidet das für die Abänderung des Scheidungsurteils zuständige Gericht.

4 Hat das Gericht über die Änderung der elterlichen Sorge, der Obhut oder des Unterhaltsbeitrages für das minderjährige Kind zu befinden, so regelt es nötigenfalls auch den persönlichen Verkehr oder die Betreuungsanteile neu; in den andern Fällen entscheidet die Kindesschutzbehörde über die Änderung des persönlichen Verkehrs oder der Betreuungsanteile.

1 Vgl. ZGB 270 ff.
2 Vgl. ZGB 270 ff.

Vierter Abschnitt: …

Art. 135–149
Aufgehoben.

Art. 150–158
Aufgehoben.

Fünfter Titel: Die Wirkungen der Ehe im Allgemeinen

Art. 159

A. Eheliche Gemeinschaft; Rechte und Pflichten der Ehegatten

1 Durch die Trauung werden die Ehegatten zur ehelichen Gemeinschaft verbunden.[1]
2 Sie verpflichten sich gegenseitig, das Wohl der Gemeinschaft in einträchtigem Zusammenwirken zu wahren und für die Kinder gemeinsam zu sorgen.
3 Sie schulden einander Treue und Beistand.

Art. 160

B. Name

1 Jeder Ehegatte behält seinen Namen.

2 Die Brautleute können aber gegenüber der Zivilstandsbeamtin oder dem Zivilstandsbeamten erklären, dass sie den Ledignamen der Braut oder des Bräutigams als gemeinsamen Familiennamen tragen wollen.

3 Behalten die Brautleute ihren Namen, so bestimmen sie, welchen ihrer Ledignamen ihre Kinder tragen sollen. In begründeten Fällen kann die Zivilstandsbeamtin oder der Zivilstandsbeamte die Brautleute von dieser Pflicht befreien.

Art. 161

C. Bürgerrecht

Jeder Ehegatte behält sein Kantons- und Gemeindebürgerrecht.

Art. 162

D. Eheliche Wohnung

Die Ehegatten bestimmen gemeinsam die eheliche Wohnung.

Art. 163

E. Unterhalt der Familie

I. Im Allgemeinen

1 Die Ehegatten sorgen gemeinsam, ein jeder nach seinen Kräften, für den gebührenden Unterhalt der Familie.

2 Sie verständigen sich über den Beitrag, den jeder von ihnen leistet, namentlich durch Geldzahlungen, Besorgen des Haushaltes, Betreuen der Kinder oder durch Mithilfe im Beruf oder Gewerbe des andern.

3 Dabei berücksichtigen sie die Bedürfnisse der ehelichen Gemeinschaft und ihre persönlichen Umstände.

Art. 164

II. Betrag zur freien Verfügung

1 Der Ehegatte, der den Haushalt besorgt, die Kinder betreut oder dem andern im Beruf oder Gewerbe hilft, hat Anspruch darauf, dass der andere ihm regelmässig einen angemessenen Betrag zur freien Verfügung ausrichtet.

2 Bei der Festsetzung des Betrages sind eigene Einkünfte des berechtigten Ehegatten und eine verantwortungsbewusste Vorsorge für Familie, Beruf oder Gewerbe zu berücksichtigen.

1 In den meisten rechtlichen Belangen gleich: registrierte Partnerschaft

Art. 165

III. Ausserordentliche Beiträge eines Ehegatten

1 Hat ein Ehegatte im Beruf oder Gewerbe des andern erheblich mehr mitgearbeitet, als sein Beitrag an den Unterhalt der Familie verlangt, so hat er dafür Anspruch auf angemessene Entschädigung.

2 Dies gilt auch, wenn ein Ehegatte aus seinem Einkommen oder Vermögen an den Unterhalt der Familie bedeutend mehr beigetragen hat, als er verpflichtet war.

3 Ein Ehegatte kann aber keine Entschädigung fordern, wenn er seinen ausserordentlichen Beitrag aufgrund eines Arbeits-, Darlehens- oder Gesellschaftsvertrages oder eines andern Rechtsverhältnisses geleistet hat.

Art. 166

F. Vertretung der ehelichen Gemeinschaft

1 Jeder Ehegatte vertritt während des Zusammenlebens die eheliche Gemeinschaft für die laufenden Bedürfnisse der Familie.

2 Für die übrigen Bedürfnisse der Familie kann ein Ehegatte die eheliche Gemeinschaft nur vertreten:

1. wenn er vom andern oder vom Gericht dazu ermächtigt worden ist;
2. wenn das Interesse der ehelichen Gemeinschaft keinen Aufschub des Geschäftes duldet und der andere Ehegatte wegen Krankheit, Abwesenheit oder ähnlichen Gründen nicht zustimmen kann.

3 Jeder Ehegatte verpflichtet sich durch seine Handlungen persönlich und, soweit diese nicht für Dritte erkennbar über die Vertretungsbefugnis hinausgehen, solidarisch auch den andern Ehegatten.

Art. 167

G. Beruf und Gewerbe der Ehegatten

Bei der Wahl und Ausübung seines Berufes oder Gewerbes nimmt jeder Ehegatte auf den andern und das Wohl der ehelichen Gemeinschaft Rücksicht.

Art. 168

H. Rechtsgeschäfte der Ehegatten

I. Im Allgemeinen

Jeder Ehegatte kann mit dem andern oder mit Dritten Rechtsgeschäfte abschliessen, sofern das Gesetz nichts anderes bestimmt.

Art. 169

II. Wohnung der Familie

1 Ein Ehegatte kann nur mit der ausdrücklichen Zustimmung des andern einen Mietvertrag kündigen, das Haus oder die Wohnung der Familie veräussern oder durch andere Rechtsgeschäfte die Rechte an den Wohnräumen der Familie beschränken.[1]

2 Kann der Ehegatte diese Zustimmung nicht einholen oder wird sie ihm ohne triftigen Grund verweigert, so kann er das Gericht anrufen.

Art. 170

J. Auskunftspflicht

1 Jeder Ehegatte kann vom andern Auskunft über dessen Einkommen, Vermögen und Schulden verlangen.

2 Auf sein Begehren kann das Gericht den andern Ehegatten oder Dritte verpflichten, die erforderlichen Auskünfte zu erteilen und die notwendigen Urkunden vorzulegen.

3 Vorbehalten bleibt das Berufsgeheimnis der Rechtsanwälte, Notare, Ärzte, Geistlichen und ihrer Hilfspersonen.

[1] Vgl. OR 266m und 273a (Beschränkung der Handlungsfähigkeit)

K. Schutz der ehelichen Gemeinschaft
I. Beratungsstellen

Art. 171

Die Kantone sorgen dafür, dass sich die Ehegatten bei Eheschwierigkeiten gemeinsam oder einzeln an Ehe- oder Familienberatungsstellen wenden können.

II. Gerichtliche Massnahmen
1. Im Allgemeinen

Art. 172

1 Erfüllt ein Ehegatte seine Pflichten gegenüber der Familie nicht oder sind die Ehegatten in einer für die eheliche Gemeinschaft wichtigen Angelegenheit uneinig, so können sie gemeinsam oder einzeln das Gericht um Vermittlung anrufen.

2 Das Gericht mahnt die Ehegatten an ihre Pflichten und versucht, sie zu versöhnen; es kann mit ihrem Einverständnis Sachverständige beiziehen oder sie an eine Ehe- oder Familienberatungsstelle weisen.

3 Wenn nötig, trifft das Gericht auf Begehren eines Ehegatten die vom Gesetz vorgesehenen Massnahmen. Die Bestimmung über den Schutz der Persönlichkeit gegen Gewalt, Drohungen oder Nachstellungen ist sinngemäss anwendbar.[1]

2. Während des Zusammenlebens
a. Geldleistungen

Art. 173

1 Auf Begehren eines Ehegatten setzt das Gericht die Geldbeiträge an den Unterhalt der Familie fest.

2 Ebenso setzt es auf Begehren eines Ehegatten den Betrag für den Ehegatten fest, der den Haushalt besorgt, die Kinder betreut oder dem andern im Beruf oder Gewerbe hilft.

3 Die Leistungen können für die Zukunft und für das Jahr vor Einreichung des Begehrens gefordert werden.

b. Entzug der Vertretungsbefugnis

Art. 174

1 Überschreitet ein Ehegatte seine Befugnis zur Vertretung der ehelichen Gemeinschaft oder erweist er sich als unfähig, sie auszuüben, so kann ihm das Gericht auf Begehren des andern die Vertretungsbefugnis ganz oder teilweise entziehen.

2 Der Ehegatte, der das Begehren stellt, darf Dritten den Entzug nur durch persönliche Mitteilung bekannt geben.

3 Gutgläubigen Dritten gegenüber ist der Entzug nur wirksam, wenn er auf Anordnung des Gerichts veröffentlicht worden ist.

3. Aufhebung des gemeinsamen Haushaltes
a. Gründe

Art. 175

Ein Ehegatte ist berechtigt, den gemeinsamen Haushalt für solange aufzuheben, als seine Persönlichkeit, seine wirtschaftliche Sicherheit oder das Wohl der Familie durch das Zusammenleben ernstlich gefährdet ist.

b. Regelung des Getrenntlebens

Art. 176

1 Ist die Aufhebung des gemeinsamen Haushaltes begründet, so muss das Gericht auf Begehren eines Ehegatten:

1. die Geldbeiträge, die der eine Ehegatte dem andern schuldet, festsetzen;
2. die Benützung der Wohnung und des Hausrates regeln;
3. die Gütertrennung anordnen, wenn es die Umstände rechtfertigen.

2 Diese Begehren kann ein Ehegatte auch stellen, wenn das Zusammenleben unmöglich ist, namentlich weil der andere es grundlos ablehnt.

1 Vgl. ZGB 28b

[3] Haben die Ehegatten minderjährige Kinder, so trifft das Gericht nach den Bestimmungen über die Wirkungen des Kindesverhältnisses die nötigen Massnahmen.[1]

Art. 177

4. Anweisungen an die Schuldner

Erfüllt ein Ehegatte seine Unterhaltspflicht gegenüber der Familie nicht, so kann das Gericht dessen Schuldner anweisen, ihre Zahlungen ganz oder teilweise dem andern Ehegatten zu leisten.

Art. 178

5. Beschränkungen der Verfügungsbefugnis

[1] Soweit es die Sicherung der wirtschaftlichen Grundlagen der Familie oder die Erfüllung einer vermögensrechtlichen Verpflichtung aus der ehelichen Gemeinschaft erfordert, kann das Gericht auf Begehren eines Ehegatten die Verfügung über bestimmte Vermögenswerte von dessen Zustimmung abhängig machen.

[2] Das Gericht trifft die geeigneten sichernden Massnahmen.

[3] Untersagt es einem Ehegatten, über ein Grundstück zu verfügen, lässt es dies von Amtes wegen im Grundbuch anmerken.

Art. 179

6. Änderung der Verhältnisse

[1] Ändern sich die Verhältnisse, so passt das Gericht auf Begehren eines Ehegatten die Massnahmen an oder hebt sie auf, wenn ihr Grund weggefallen ist. Die Bestimmungen über die Änderung der Verhältnisse bei Scheidung gelten sinngemäss.

[2] Nehmen die Ehegatten das Zusammenleben wieder auf, so fallen die für das Getrenntleben angeordneten Massnahmen mit Ausnahme der Gütertrennung und der Kindesschutzmassnahmen dahin.

Art. 180

Aufgehoben.

Sechster Titel: Das Güterrecht der Ehegatten

Erster Abschnitt: Allgemeine Vorschriften

Art. 181

A. Ordentlicher Güterstand

Die Ehegatten unterstehen den Vorschriften über die Errungenschaftsbeteiligung, sofern sie nicht durch Ehevertrag etwas anderes vereinbaren oder der ausserordentliche Güterstand eingetreten ist.

Art. 182

B. Ehevertrag
I. Inhalt des Vertrages

[1] Ein Ehevertrag kann vor oder nach der Heirat geschlossen werden.

[2] Die Brautleute oder Ehegatten können ihren Güterstand nur innerhalb der gesetzlichen Schranken wählen, aufheben oder ändern.

Art. 183

II. Vertragsfähigkeit

[1] Wer einen Ehevertrag schliessen will, muss urteilsfähig sein.[2]

[2] Minderjährige sowie volljährige Personen unter einer Beistandschaft, die den Abschluss eines Ehevertrags umfasst, bedürfen der Zustimmung ihres gesetzlichen Vertreters.

1 Vgl. ZGB 252 ff.
2 Vgl. ZGB 16

Art. 184

III. Form des Vertrages

Der Ehevertrag muss öffentlich beurkundet und von den vertragschliessenden Personen sowie gegebenenfalls vom gesetzlichen Vertreter unterzeichnet werden.

Art. 185

C. Ausserordentlicher Güterstand
I. Auf Begehren eines Ehegatten
1. Anordnung

1 Die Gütertrennung wird auf Begehren eines Ehegatten vom Gericht angeordnet, wenn ein wichtiger Grund dafür vorliegt.

2 Ein wichtiger Grund liegt namentlich vor:

1. wenn der andere Ehegatte überschuldet ist oder sein Anteil am Gesamtgut gepfändet wird;[1]
2. wenn der andere Ehegatte die Interessen des Gesuchstellers oder der Gemeinschaft gefährdet;
3. wenn der andere Ehegatte in ungerechtfertigter Weise die erforderliche Zustimmung zu einer Verfügung über das Gesamtgut verweigert;
4. wenn der andere Ehegatte dem Gesuchsteller die Auskunft über sein Einkommen, sein Vermögen und seine Schulden oder über das Gesamtgut verweigert;
5. wenn der andere Ehegatte dauernd urteilsunfähig ist.[2]

3 Ist ein Ehegatte dauernd urteilsunfähig, so kann sein gesetzlicher Vertreter auch aus diesem Grund die Anordnung der Gütertrennung verlangen.

Art. 186

2. …

Aufgehoben.

Art. 187

3. Aufhebung

1 Die Ehegatten können jederzeit durch Ehevertrag wieder ihren früheren oder einen andern Güterstand vereinbaren.

2 Ist der Grund der Gütertrennung weggefallen, so kann das Gericht auf Begehren eines Ehegatten die Wiederherstellung des früheren Güterstandes anordnen.

Art. 188

II. Bei Konkurs und Pfändung
1. Bei Konkurs

Wird über einen Ehegatten, der in Gütergemeinschaft lebt, der Konkurs[3] eröffnet, so tritt von Gesetzes wegen Gütertrennung ein.

Art. 189

2. Bei Pfändung
a. Anordnung

Ist ein Ehegatte, der in Gütergemeinschaft lebt, für eine Eigenschuld betrieben und sein Anteil am Gesamtgut gepfändet worden, so kann die Aufsichtsbehörde in Betreibungssachen beim Gericht die Anordnung der Gütertrennung verlangen.[4]

Art. 190

b. Begehren

1 Das Begehren richtet sich gegen beide Ehegatten.

2 *Aufgehoben.*

Art. 191

3. Aufhebung

1 Sind die Gläubiger befriedigt, so kann das Gericht auf Begehren eines Ehegatten die Wiederherstellung der Gütergemeinschaft anordnen.

2 Die Ehegatten können durch Ehevertrag Errungenschaftsbeteiligung vereinbaren.

1 Vgl. SchKG 68b
2 Vgl. ZGB 16
3 Vgl. SchKG 159 ff.
4 Vgl. SchKG 13, 67 ff.

Art. 192

III. Güterrechtliche Auseinandersetzung

Tritt Gütertrennung ein, so gelten für die güterrechtliche Auseinandersetzung die Bestimmungen des bisherigen Güterstandes, sofern das Gesetz nichts anderes bestimmt.

Art. 193

D. Schutz der Gläubiger

1 Durch Begründung oder Änderung des Güterstandes oder durch güterrechtliche Auseinandersetzungen kann ein Vermögen, aus dem bis anhin die Gläubiger eines Ehegatten oder der Gemeinschaft Befriedigung verlangen konnten, dieser Haftung nicht entzogen werden.

2 Ist ein solches Vermögen auf einen Ehegatten übergegangen, so hat er die Schulden zu bezahlen, kann sich aber von dieser Haftung so weit befreien, als er nachweist, dass das empfangene Vermögen hiezu nicht ausreicht.

Art. 194

E. …

Aufgehoben.

Art. 195

F. Verwaltung des Vermögens eines Ehegatten durch den andern

1 Hat ein Ehegatte dem andern ausdrücklich oder stillschweigend die Verwaltung seines Vermögens überlassen, so gelten die Bestimmungen über den Auftrag,[1] sofern nichts anderes vereinbart ist.

2 Die Bestimmungen über die Tilgung von Schulden zwischen Ehegatten bleiben vorbehalten.

Art. 195a

G. Inventar

1 Jeder Ehegatte kann jederzeit vom andern verlangen, dass er bei der Aufnahme eines Inventars ihrer Vermögenswerte mit öffentlicher Urkunde mitwirkt.

2 Ein solches Inventar wird als richtig vermutet, wenn es binnen eines Jahres seit Einbringen der Vermögenswerte errichtet wurde.

Zweiter Abschnitt: Der ordentliche Güterstand der Errungenschaftsbeteiligung

Art. 196

A. Eigentumsverhältnisse

I. Zusammensetzung

Der Güterstand der Errungenschaftsbeteiligung umfasst die Errungenschaft und das Eigengut jedes Ehegatten.

Art. 197

II. Errungenschaft

1 Errungenschaft sind die Vermögenswerte, die ein Ehegatte während der Dauer des Güterstandes entgeltlich erwirbt.

2 Die Errungenschaft eines Ehegatten umfasst insbesondere:

1. seinen Arbeitserwerb;
2. die Leistungen von Personalfürsorgeeinrichtungen, Sozialversicherungen und Sozialfürsorgeeinrichtungen;
3. die Entschädigungen wegen Arbeitsunfähigkeit;
4. die Erträge seines Eigengutes;
5. Ersatzanschaffungen für Errungenschaft.[2]

[1] Vgl. OR 394 ff.
[2] Auch Lottogewinne

Art. 198

III. Eigengut
1. Nach Gesetz

Eigengut sind von Gesetzes wegen:

1. die Gegenstände, die einem Ehegatten ausschliesslich zum persönlichen Gebrauch dienen;
2. die Vermögenswerte, die einem Ehegatten zu Beginn des Güterstandes gehören oder ihm später durch Erbgang oder sonstwie unentgeltlich zufallen;
3. Genugtuungsansprüche;
4. Ersatzanschaffungen für Eigengut.

Art. 199

2. Nach Ehevertrag

[1] Die Ehegatten können durch Ehevertrag Vermögenswerte der Errungenschaft, die für die Ausübung eines Berufes oder den Betrieb eines Gewerbes bestimmt sind, zu Eigengut erklären.

[2] Überdies können die Ehegatten durch Ehevertrag vereinbaren, dass Erträge aus dem Eigengut nicht in die Errungenschaft fallen.

Art. 200

IV. Beweis

[1] Wer behauptet, ein bestimmter Vermögenswert sei Eigentum des einen oder andern Ehegatten, muss dies beweisen.

[2] Kann dieser Beweis nicht erbracht werden, so wird Miteigentum beider Ehegatten angenommen.

[3] Alles Vermögen eines Ehegatten gilt bis zum Beweis des Gegenteils als Errungenschaft.

Art. 201

B. Verwaltung, Nutzung und Verfügung

[1] Innerhalb der gesetzlichen Schranken verwaltet und nutzt jeder Ehegatte seine Errungenschaft und sein Eigengut und verfügt darüber.

[2] Steht ein Vermögenswert im Miteigentum beider Ehegatten, so kann kein Ehegatte ohne Zustimmung des andern über seinen Anteil verfügen, sofern nichts anderes vereinbart ist.

Art. 202

C. Haftung gegenüber Dritten

Jeder Ehegatte haftet für seine Schulden mit seinem gesamten Vermögen.

Art. 203

D. Schulden zwischen Ehegatten

[1] Der Güterstand hat keinen Einfluss auf die Fälligkeit von Schulden zwischen Ehegatten.

[2] Bereitet indessen die Zahlung von Geldschulden oder die Erstattung geschuldeter Sachen dem verpflichteten Ehegatten ernstliche Schwierigkeiten, welche die eheliche Gemeinschaft gefährden, so kann er verlangen, dass ihm Fristen eingeräumt werden; die Forderung ist sicherzustellen, wenn es die Umstände rechtfertigen.

Art. 204

E. Auflösung des Güterstandes und Auseinandersetzung
I. Zeitpunkt der Auflösung

[1] Der Güterstand wird mit dem Tod eines Ehegatten oder mit der Vereinbarung eines andern Güterstandes aufgelöst.

[2] Bei Scheidung, Trennung, Ungültigerklärung der Ehe oder gerichtlicher Anordnung der Gütertrennung wird die Auflösung des Güterstandes auf den Tag zurückbezogen, an dem das Begehren eingereicht worden ist.

Art. 205

II. Rücknahme von Vermögenswerten und Regelung der Schulden
1. Im Allgemeinen

1 Jeder Ehegatte nimmt seine Vermögenswerte zurück, die sich im Besitz des andern Ehegatten befinden.

2 Steht ein Vermögenswert im Miteigentum und weist ein Ehegatte ein überwiegendes Interesse nach, so kann er neben den übrigen gesetzlichen Massnahmen verlangen, dass ihm dieser Vermögenswert gegen Entschädigung des andern Ehegatten ungeteilt zugewiesen wird.

3 Die Ehegatten regeln ihre gegenseitigen Schulden.

Art. 206

2. Mehrwertanteil des Ehegatten

1 Hat ein Ehegatte zum Erwerb, zur Verbesserung oder zur Erhaltung von Vermögensgegenständen des andern ohne entsprechende Gegenleistung beigetragen und besteht im Zeitpunkt der Auseinandersetzung ein Mehrwert, so entspricht seine Forderung dem Anteil seines Beitrages und wird nach dem gegenwärtigen Wert der Vermögensgegenstände berechnet; ist dagegen ein Minderwert eingetreten, so entspricht die Forderung dem ursprünglichen Beitrag.

2 Ist einer dieser Vermögensgegenstände vorher veräussert worden, so berechnet sich die Forderung nach dem bei der Veräusserung erzielten Erlös und wird sofort fällig.

3 Die Ehegatten können durch schriftliche Vereinbarung den Mehrwertanteil ausschliessen oder ändern.

Art. 207

III. Berechnung des Vorschlages jedes Ehegatten
1. Ausscheidung der Errungenschaft und des Eigengutes

1 Errungenschaft und Eigengut jedes Ehegatten werden nach ihrem Bestand im Zeitpunkt der Auflösung des Güterstandes ausgeschieden.

2 Die Kapitalleistung, die ein Ehegatte von einer Vorsorgeeinrichtung oder wegen Arbeitsunfähigkeit erhalten hat, wird im Betrag des Kapitalwertes der Rente, die dem Ehegatten bei Auflösung des Güterstandes zustünde, dem Eigengut zugerechnet.

Art. 208

2. Hinzurechnung

1 Zur Errungenschaft hinzugerechnet werden:

1. unentgeltliche Zuwendungen, die ein Ehegatte während der letzten fünf Jahre vor Auflösung des Güterstandes ohne Zustimmung des andern Ehegatten gemacht hat, ausgenommen die üblichen Gelegenheitsgeschenke;
2. Vermögensentäusserungen, die ein Ehegatte während der Dauer des Güterstandes vorgenommen hat, um den Beteiligungsanspruch des andern zu schmälern.

2 *Aufgehoben.*

Art. 209

3. Ersatzforderungen zwischen Errungenschaft und Eigengut

1 Sind Schulden der Errungenschaft aus dem Eigengut oder Schulden des Eigengutes aus der Errungenschaft eines Ehegatten bezahlt worden, so besteht bei der güterrechtlichen Auseinandersetzung eine Ersatzforderung.

2 Eine Schuld belastet die Vermögensmasse, mit welcher sie sachlich zusammenhängt, im Zweifel aber die Errungenschaft.

3 Haben Mittel der einen Vermögensmasse zum Erwerb, zur Verbesserung oder zur Erhaltung von Vermögensgegenständen der andern beigetragen und ist ein Mehr- oder ein Minderwert eingetreten, so entspricht die Ersatzforderung dem

Anteil des Beitrages und wird nach dem Wert der Vermögensgegenstände im Zeitpunkt der Auseinandersetzung oder der Veräusserung berechnet.

Art. 210

4. Vorschlag

1 Was vom Gesamtwert der Errungenschaft, einschliesslich der hinzugerechneten Vermögenswerte und der Ersatzforderungen, nach Abzug der auf ihr lastenden Schulden verbleibt, bildet den Vorschlag.

2 Ein Rückschlag wird nicht berücksichtigt.

Art. 211

IV. Wertbestimmung
1. Verkehrswert

Bei der güterrechtlichen Auseinandersetzung sind die Vermögensgegenstände zu ihrem Verkehrswert einzusetzen.

Art. 212

2. Ertragswert
a. Im Allgemeinen

1 Ein landwirtschaftliches Gewerbe, das ein Ehegatte als Eigentümer selber weiterbewirtschaftet oder für das der überlebende Ehegatte oder ein Nachkomme begründet Anspruch auf ungeteilte Zuweisung erhebt, ist bei Berechnung des Mehrwertanteils und der Beteiligungsforderung zum Ertragswert einzusetzen.

2 Der Eigentümer des landwirtschaftlichen Gewerbes oder seine Erben können gegenüber dem andern Ehegatten als Mehrwertanteil oder als Beteiligungsforderung nur den Betrag geltend machen, den sie bei Anrechnung des Gewerbes zum Verkehrswert erhielten.

3 Die erbrechtlichen Bestimmungen über die Bewertung und über den Anteil der Miterben am Gewinn gelten sinngemäss.

Art. 213

b. Besondere Umstände

1 Der Anrechnungswert kann angemessen erhöht werden, wenn besondere Umstände es rechtfertigen.

2 Als besondere Umstände gelten insbesondere die Unterhaltsbedürfnisse des überlebenden Ehegatten, der Ankaufspreis des landwirtschaftlichen Gewerbes einschliesslich der Investitionen oder die Vermögensverhältnisse des Ehegatten, dem das landwirtschaftliche Gewerbe gehört.

Art. 214

3. Massgebender Zeitpunkt

1 Massgebend für den Wert der bei der Auflösung des Güterstandes vorhandenen Errungenschaft ist der Zeitpunkt der Auseinandersetzung.

2 Für Vermögenswerte, die zur Errungenschaft hinzugerechnet werden, ist der Zeitpunkt massgebend, in dem sie veräussert worden sind.

Art. 215

V. Beteiligung am Vorschlag
1. Nach Gesetz

1 Jedem Ehegatten oder seinen Erben steht die Hälfte des Vorschlages des andern zu.

2 Die Forderungen werden verrechnet.

Art. 216

2. Nach Vertrag
a. Im Allgemeinen

1 Durch Ehevertrag kann eine andere Beteiligung am Vorschlag vereinbart werden.

2 Solche Vereinbarungen dürfen die Pflichtteilsansprüche[1] der nichtgemeinsamen Kinder und deren Nachkommen nicht beeinträchtigen.

1 Vgl. ZGB 470 ff.

Art. 217

b. Bei Scheidung, Trennung, Ungültigerklärung der Ehe oder gerichtlicher Gütertrennung

Bei Scheidung, Trennung, Ungültigerklärung der Ehe oder gerichtlicher Anordnung der Gütertrennung gelten Vereinbarungen über die Änderung der gesetzlichen Beteiligung am Vorschlag nur, wenn der Ehevertrag dies ausdrücklich vorsieht.

Art. 218

VI. Bezahlung der Beteiligungsforderung und des Mehrwertanteils
1. Zahlungsaufschub

1 Bringt die sofortige Bezahlung der Beteiligungsforderung und des Mehrwertanteils den verpflichteten Ehegatten in ernstliche Schwierigkeiten, so kann er verlangen, dass ihm Zahlungsfristen eingeräumt werden.

2 Die Beteiligungsforderung und der Mehrwertanteil sind, soweit die Parteien nichts anderes vereinbaren, vom Abschluss der Auseinandersetzung an zu verzinsen und, wenn es die Umstände rechtfertigen, sicherzustellen.

Art. 219

2. Wohnung und Hausrat

1 Damit der überlebende Ehegatte seine bisherige Lebensweise beibehalten kann, wird ihm auf sein Verlangen am Haus oder an der Wohnung, worin die Ehegatten gelebt haben und die dem verstorbenen Ehegatten gehört hat, die Nutzniessung oder ein Wohnrecht auf Anrechnung zugeteilt; vorbehalten bleibt eine andere ehevertragliche Regelung.

2 Unter den gleichen Voraussetzungen kann er die Zuteilung des Eigentums am Hausrat verlangen.

3 Wo die Umstände es rechtfertigen, kann auf Verlangen des überlebenden Ehegatten oder der andern gesetzlichen Erben des Verstorbenen statt der Nutzniessung oder des Wohnrechts das Eigentum am Haus oder an der Wohnung eingeräumt werden.

4 An Räumlichkeiten, in denen der Erblasser einen Beruf ausübte oder ein Gewerbe betrieb und die ein Nachkomme zu dessen Weiterführung benötigt, kann der überlebende Ehegatte diese Rechte nicht beanspruchen; die Vorschriften des bäuerlichen Erbrechts bleiben vorbehalten.

Art. 220

3. Klage gegen Dritte

1 Deckt das Vermögen des verpflichteten Ehegatten oder seine Erbschaft bei der güterrechtlichen Auseinandersetzung die Beteiligungsforderung nicht, so können der berechtigte Ehegatte oder seine Erben Zuwendungen, die der Errungenschaft hinzuzurechnen sind, bis zur Höhe des Fehlbetrages bei den begünstigten Dritten einfordern.

2 Das Klagerecht erlischt ein Jahr nachdem der Ehegatte oder seine Erben von der Verletzung ihrer Rechte Kenntnis erhalten haben, in jedem Fall aber zehn Jahre nach der Auflösung des Güterstandes.

3 Im Übrigen gelten die Bestimmungen über die erbrechtliche Herabsetzungsklage sinngemäss.

Dritter Abschnitt: Die Gütergemeinschaft

Art. 221

A. Eigentumsverhältnisse
I. Zusammensetzung

Der Güterstand der Gütergemeinschaft umfasst das Gesamtgut und das Eigengut jedes Ehegatten.

Art. 222

II. Gesamtgut
1. Allgemeine Gütergemeinschaft

[1] Die allgemeine Gütergemeinschaft vereinigt das Vermögen und die Einkünfte der Ehegatten zu einem Gesamtgut, mit Ausnahme der Gegenstände, die von Gesetzes wegen Eigengut sind.

[2] Das Gesamtgut gehört beiden Ehegatten ungeteilt.

[3] Kein Ehegatte kann über seinen Anteil am Gesamtgut verfügen.

Art. 223

2. Beschränkte Gütergemeinschaften
a. Errungenschaftsgemeinschaft

[1] Die Ehegatten können durch Ehevertrag die Gemeinschaft auf die Errungenschaft beschränken.

[2] Die Erträge des Eigengutes fallen in das Gesamtgut.

Art. 224

b. Andere Gütergemeinschaften

[1] Die Ehegatten können durch Ehevertrag bestimmte Vermögenswerte oder Arten von Vermögenswerten, wie Grundstücke, den Arbeitserwerb eines Ehegatten oder Vermögenswerte, mit denen dieser einen Beruf ausübt oder ein Gewerbe betreibt, von der Gemeinschaft ausschliessen.

[2] Sofern nichts anderes vereinbart ist, fallen die Erträge dieser Vermögenswerte nicht in das Gesamtgut.

Art. 225

III. Eigengut

[1] Eigengut entsteht durch Ehevertrag, durch Zuwendung Dritter oder von Gesetzes wegen.

[2] Von Gesetzes wegen umfasst das Eigengut jedes Ehegatten die Gegenstände, die ihm ausschliesslich zum persönlichen Gebrauch dienen, sowie die Genugtuungsansprüche.

[3] Was ein Ehegatte als Pflichtteil zu beanspruchen hat, kann ihm von seinen Verwandten nicht als Eigengut zugewendet werden, sofern der Ehevertrag vorsieht, dass diese Vermögenswerte Gesamtgut sind.

Art. 226

IV. Beweis

Alle Vermögenswerte gelten als Gesamtgut, solange nicht bewiesen ist, dass sie Eigengut eines Ehegatten sind.

Art. 227

B. Verwaltung und Verfügung
I. Gesamtgut
1. Ordentliche Verwaltung

[1] Die Ehegatten verwalten das Gesamtgut im Interesse der ehelichen Gemeinschaft.

[2] Jeder Ehegatte kann in den Schranken der ordentlichen Verwaltung die Gemeinschaft verpflichten und über das Gesamtgut verfügen.

Art. 228

2. Ausserordentliche Verwaltung

[1] Die Ehegatten können ausser für die ordentliche Verwaltung nur gemeinsam oder der eine nur mit Einwilligung des andern die Gemeinschaft verpflichten und über das Gesamtgut verfügen.

[2] Dritte dürfen diese Einwilligung voraussetzen, sofern sie nicht wissen oder wissen sollten, dass sie fehlt.

[3] Die Bestimmungen über die Vertretung der ehelichen Gemeinschaft bleiben vorbehalten.[1]

[1] Vgl. ZGB 166

Art. 229

3. Beruf oder Gewerbe der Gemeinschaft

Übt ein Ehegatte mit Zustimmung des andern mit Mitteln des Gesamtgutes allein einen Beruf aus oder betreibt er allein ein Gewerbe, so kann er alle Rechtsgeschäfte vornehmen, die diese Tätigkeiten mit sich bringen.

Art. 230

4. Ausschlagung und Annahme von Erbschaften

1 Ohne Zustimmung des andern kann ein Ehegatte weder eine Erbschaft, die ins Gesamtgut fallen würde, ausschlagen noch eine überschuldete Erbschaft annehmen.

2 Kann der Ehegatte diese Zustimmung nicht einholen oder wird sie ihm ohne triftigen Grund verweigert, so kann er das Gericht anrufen.

Art. 231

5. Verantwortlichkeit und Verwaltungskosten

1 Für Handlungen, die das Gesamtgut betreffen, ist jeder Ehegatte bei Auflösung des Güterstandes gleich einem Beauftragten verantwortlich.[1]

2 Die Kosten der Verwaltung werden dem Gesamtgut belastet.

Art. 232

II. Eigengut

1 Innerhalb der gesetzlichen Schranken verwaltet jeder Ehegatte sein Eigengut und verfügt darüber.

2 Fallen die Erträge in das Eigengut, werden die Kosten der Verwaltung diesem belastet.

Art. 233

C. Haftung gegenüber Dritten
I. Vollschulden

Jeder Ehegatte haftet mit seinem Eigengut und dem Gesamtgut:

1. für Schulden, die er in Ausübung seiner Befugnisse zur Vertretung der ehelichen Gemeinschaft oder zur Verwaltung des Gesamtgutes eingeht;
2. für Schulden, die er in Ausübung eines Berufes oder Gewerbes eingeht, sofern für diese Mittel des Gesamtgutes verwendet werden oder deren Erträge ins Gesamtgut fallen;
3. für Schulden, für die auch der andere Ehegatte persönlich einzustehen hat;
4. für Schulden, bei welchen die Ehegatten mit dem Dritten vereinbart haben, dass das Gesamtgut neben dem Eigengut des Schuldners haftet.

Art. 234

II. Eigenschulden

1 Für alle übrigen Schulden haftet ein Ehegatte nur mit seinem Eigengut und der Hälfte des Wertes des Gesamtgutes.

2 Vorbehalten bleiben die Ansprüche wegen Bereicherung der Gemeinschaft.[2]

Art. 235

D. Schulden zwischen Ehegatten

1 Der Güterstand hat keinen Einfluss auf die Fälligkeit von Schulden zwischen Ehegatten.

2 Bereitet indessen die Zahlung von Geldschulden oder die Erstattung geschuldeter Sachen dem verpflichteten Ehegatten ernstliche Schwierigkeiten, welche die eheliche Gemeinschaft gefährden, so kann er verlangen, dass ihm Fristen eingeräumt werden; die Forderung ist sicherzustellen, wenn es die Umstände rechtfertigen.

1 Vgl. OR 398 f.
2 Vgl. OR 62 ff.

E. Auflösung des Güterstandes und Auseinandersetzung
I. Zeitpunkt der Auflösung

Art. 236

1 Der Güterstand wird mit dem Tod eines Ehegatten, mit der Vereinbarung eines andern Güterstandes oder mit der Konkurseröffnung über einen Ehegatten aufgelöst.

2 Bei Scheidung, Trennung, Ungültigerklärung der Ehe oder gerichtlicher Anordnung der Gütertrennung wird die Auflösung des Güterstandes auf den Tag zurückbezogen, an dem das Begehren eingereicht worden ist.

3 Für die Zusammensetzung des Gesamtgutes und des Eigengutes ist der Zeitpunkt der Auflösung des Güterstandes massgebend.

II. Zuweisung zum Eigengut

Art. 237

Die Kapitalleistung, die ein Ehegatte von einer Vorsorgeeinrichtung oder wegen Arbeitsunfähigkeit erhalten hat und die Gesamtgut geworden ist, wird im Betrag des Kapitalwertes der Rente, die dem Ehegatten bei Auflösung des Güterstandes zustünde, dem Eigengut zugerechnet.

III. Ersatzforderungen zwischen Gesamtgut und Eigengut

Art. 238

1 Bei der güterrechtlichen Auseinandersetzung bestehen zwischen dem Gesamtgut und dem Eigengut jedes Ehegatten Ersatzforderungen, wenn Schulden, die die eine Vermögensmasse belasten, mit Mitteln der andern bezahlt worden sind.

2 Eine Schuld belastet die Vermögensmasse, mit welcher sie zusammenhängt, im Zweifel aber das Gesamtgut.

IV. Mehrwertanteil

Art. 239

Hat das Eigengut eines Ehegatten oder das Gesamtgut zum Erwerb, zur Verbesserung oder zur Erhaltung eines Vermögensgegenstandes einer andern Vermögensmasse beigetragen, so gelten sinngemäss die Bestimmungen über den Mehrwertanteil bei der Errungenschaftsbeteiligung.[1]

V. Wertbestimmung

Art. 240

Massgebend für den Wert des bei Auflösung des Güterstandes vorhandenen Gesamtgutes ist der Zeitpunkt der Auseinandersetzung.

VI. Teilung
1. Bei Tod oder Vereinbarung eines andern Güterstandes

Art. 241

1 Wird die Gütergemeinschaft durch Tod eines Ehegatten oder durch Vereinbarung eines andern Güterstandes aufgelöst, so steht jedem Ehegatten oder seinen Erben die Hälfte des Gesamtgutes zu.

2 Durch Ehevertrag kann eine andere Teilung vereinbart werden.

3 Solche Vereinbarungen dürfen die Pflichtteilsansprüche[2] der Nachkommen nicht beeinträchtigen.

2. In den übrigen Fällen

Art. 242

1 Bei Scheidung, Trennung, Ungültigerklärung der Ehe oder Eintritt der gesetzlichen oder gerichtlichen Gütertrennung nimmt jeder Ehegatte vom Gesamtgut zurück, was unter der Errungenschaftsbeteiligung sein Eigengut wäre.

2 Das übrige Gesamtgut fällt den Ehegatten je zur Hälfte zu.

3 Vereinbarungen über die Änderung der gesetzlichen Teilung gelten nur, wenn der Ehevertrag dies ausdrücklich vorsieht.

1 Vgl. ZGB 206
2 Vgl. ZGB 470 ff.

Art. 243

VII. Durchführung der Teilung
1. Eigengut

Wird die Gütergemeinschaft durch Tod eines Ehegatten aufgelöst, so kann der überlebende Ehegatte verlangen, dass ihm auf Anrechnung überlassen wird, was unter der Errungenschaftsbeteiligung sein Eigengut wäre.

Art. 244

2. Wohnung und Hausrat

1 Gehören das Haus oder die Wohnung, worin die Ehegatten gelebt haben, oder Hausratsgegenstände zum Gesamtgut, so kann der überlebende Ehegatte verlangen, dass ihm das Eigentum daran auf Anrechnung zugeteilt wird.

2 Wo die Umstände es rechtfertigen, kann auf Verlangen des überlebenden Ehegatten oder der andern gesetzlichen Erben des Verstorbenen statt des Eigentums die Nutzniessung[1] oder ein Wohnrecht[2] eingeräumt werden.

3 Wird die Gütergemeinschaft nicht durch Tod aufgelöst, kann jeder Ehegatte diese Begehren stellen, wenn er ein überwiegendes Interesse nachweist.

Art. 245

3. Andere Vermögenswerte

Weist ein Ehegatte ein überwiegendes Interesse nach, so kann er verlangen, dass ihm auch andere Vermögenswerte auf Anrechnung zugeteilt werden.

Art. 246

4. Andere Teilungsvorschriften

Im Übrigen gelten die Bestimmungen über die Teilung von Miteigentum[3] und die Durchführung der Erbteilung[4] sinngemäss.

Vierter Abschnitt: Die Gütertrennung

Art. 247

A. Verwaltung, Nutzung und Verfügung
I. Im Allgemeinen

Innerhalb der gesetzlichen Schranken verwaltet und nutzt jeder Ehegatte sein Vermögen und verfügt darüber.

Art. 248

II. Beweis

1 Wer behauptet, ein bestimmter Vermögenswert sei Eigentum des einen oder andern Ehegatten, muss dies beweisen.[5]

2 Kann dieser Beweis nicht erbracht werden, so wird Miteigentum beider Ehegatten angenommen.

Art. 249

B. Haftung gegenüber Dritten

Jeder Ehegatte haftet für seine Schulden mit seinem gesamten Vermögen.

Art. 250

C. Schulden zwischen Ehegatten

1 Der Güterstand hat keinen Einfluss auf die Fälligkeit von Schulden zwischen Ehegatten.

2 Bereitet indessen die Zahlung von Geldschulden oder die Erstattung geschuldeter Sachen dem verpflichteten Ehegatten ernstliche Schwierigkeiten, welche die eheliche

1 Vgl. ZGB 745
2 Vgl. ZGB 776
3 Vgl. ZGB 650
4 Vgl. ZGB 602 ff.
5 Vgl. ZGB 930

Gemeinschaft gefährden, so kann er verlangen, dass ihm Fristen eingeräumt werden; die Forderung ist sicherzustellen, wenn es die Umstände rechtfertigen.

Art. 251

D. Zuweisung bei Miteigentum

Steht ein Vermögenswert im Miteigentum und weist ein Ehegatte ein überwiegendes Interesse nach, so kann er bei Auflösung des Güterstandes neben den übrigen gesetzlichen Massnahmen verlangen, dass ihm dieser Vermögenswert gegen Entschädigung des andern Ehegatten ungeteilt zugewiesen wird.

Zweite Abteilung: Die Verwandtschaft

Siebenter Titel: Die Entstehung des Kindesverhältnisses

Erster Abschnitt: Allgemeine Bestimmungen

Art. 252

A. Entstehung des Kindesverhältnisses im Allgemeinen

1 Das Kindesverhältnis entsteht zwischen dem Kind und der Mutter mit der Geburt.

2 Zwischen dem Kind und dem Vater wird es kraft der Ehe der Mutter begründet oder durch Anerkennung oder durch das Gericht festgestellt.

3 Ausserdem entsteht das Kindesverhältnis durch Adoption.[1]

Art. 253

Aufgehoben.

Art. 254

Aufgehoben.

Zweiter Abschnitt: Die Vaterschaft des Ehemannes

Art. 255

A. Vermutung

1 Ist ein Kind während der Ehe geboren, so gilt der Ehemann als Vater.

2 Stirbt der Ehemann, so gilt er als Vater, wenn das Kind innert 300 Tagen nach seinem Tod geboren wird oder bei späterer Geburt nachgewiesenermassen vor dem Tod des Ehemannes gezeugt worden ist.

3 Wird der Ehemann für verschollen[2] erklärt, so gilt er als Vater, wenn das Kind vor Ablauf von 300 Tagen seit dem Zeitpunkt der Todesgefahr oder der letzten Nachricht geboren worden ist.

Art. 256

B. Anfechtung
I. Klagerecht

1 Die Vermutung der Vaterschaft kann beim Gericht angefochten werden:

1. vom Ehemann;
2. vom Kind, wenn während seiner Minderjährigkeit der gemeinsame Haushalt der Ehegatten aufgehört hat.

2 Die Klage des Ehemannes richtet sich gegen das Kind und die Mutter, die Klage des Kindes gegen den Ehemann und die Mutter.

[1] Vgl. ZGB 264 ff.
[2] Vgl. ZGB 35 ff.

3 Der Ehemann hat keine Klage, wenn er der Zeugung durch einen Dritten zugestimmt hat. Für das Anfechtungsrecht des Kindes bleibt das Fortpflanzungsmedizingesetz vom 18. Dezember 1998 vorbehalten.

Art. 256a

II. Klagegrund
1. Bei Zeugung während der Ehe

1 Ist ein Kind während der Ehe gezeugt worden, so hat der Kläger nachzuweisen, dass der Ehemann nicht der Vater ist.

2 Ist das Kind frühestens 180 Tage nach Abschluss und spätestens 300 Tage nach Auflösung der Ehe durch Tod geboren, so wird vermutet, dass es während der Ehe gezeugt worden ist.

Art. 256b

2. Bei Zeugung vor der Ehe oder während Aufhebung des Haushaltes

1 Ist ein Kind vor Abschluss der Ehe oder zu einer Zeit gezeugt worden, da der gemeinsame Haushalt aufgehoben war, so ist die Anfechtung nicht weiter zu begründen.

2 Die Vaterschaft des Ehemannes wird jedoch auch in diesem Fall vermutet, wenn glaubhaft gemacht wird, dass er um die Zeit der Empfängnis der Mutter beigewohnt hat.

Art. 256c

III. Klagefrist

1 Der Ehemann hat die Klage binnen Jahresfrist einzureichen, seitdem er die Geburt und die Tatsache erfahren hat, dass er nicht der Vater ist oder dass ein Dritter der Mutter um die Zeit der Empfängnis beigewohnt hat, in jedem Fall aber vor Ablauf von fünf Jahren seit der Geburt.

2 Die Klage des Kindes ist spätestens ein Jahr nach Erreichen der Volljährigkeit[1] zu erheben.

3 Nach Ablauf der Frist wird eine Anfechtung zugelassen, wenn die Verspätung mit wichtigen Gründen entschuldigt wird.

Art. 257

C. Zusammentreffen zweier Vermutungen

1 Ist ein Kind vor Ablauf von 300 Tagen seit der Auflösung der Ehe durch Tod geboren und hat die Mutter inzwischen eine neue Ehe geschlossen, so gilt der zweite Ehemann als Vater.

2 Wird diese Vermutung beseitigt, so gilt der erste Ehemann als Vater.

Art. 258

D. Klage der Eltern

1 Ist der Ehemann vor Ablauf der Klagefrist gestorben oder urteilsunfähig geworden, so kann die Anfechtungsklage von seinem Vater oder seiner Mutter erhoben werden.

2 Die Bestimmungen über die Anfechtung durch den Ehemann finden entsprechende Anwendung.

3 Die einjährige Klagefrist beginnt frühestens mit der Kenntnis des Todes oder der Urteilsunfähigkeit des Ehemannes.

Art. 259

E. Heirat der Eltern

1 Heiraten die Eltern einander, so finden auf das vorher geborene Kind die Bestimmungen über das während der Ehe geborene entsprechende Anwendung, sobald die Vaterschaft des Ehemannes durch Anerkennung oder Urteil festgestellt ist.

1 Vgl. ZGB 14

[2] Die Anerkennung kann angefochten werden:
1. von der Mutter;
2. vom Kind, oder nach seinem Tode von den Nachkommen, wenn während seiner Minderjährigkeit der gemeinsame Haushalt der Ehegatten aufgehört hat oder die Anerkennung erst nach Vollendung seines zwölften Altersjahres ausgesprochen worden ist;
3. von der Heimat- oder Wohnsitzgemeinde des Ehemannes;
4. vom Ehemann.

[3] Die Vorschriften über die Anfechtung der Anerkennung finden entsprechende Anwendung.

Dritter Abschnitt: Anerkennung und Vaterschaftsurteil

Art. 260

A. Anerkennung
I. Zulässigkeit und Form

[1] Besteht das Kindesverhältnis nur zur Mutter, so kann der Vater das Kind anerkennen.

[2] Ist der Anerkennende minderjährig, steht er unter umfassender Beistandschaft oder hat die Erwachsenenschutzbehörde eine entsprechende Anordnung getroffen, so ist die Zustimmung seines gesetzlichen Vertreters notwendig.

[3] Die Anerkennung erfolgt durch Erklärung vor dem Zivilstandsbeamten oder durch letztwillige Verfügung oder, wenn eine Klage auf Feststellung der Vaterschaft hängig ist, vor dem Gericht.

Art. 260a

II. Anfechtung
1. Klagerecht

[1] Die Anerkennung kann von jedermann, der ein Interesse hat, beim Gericht angefochten werden, namentlich von der Mutter, vom Kind und nach seinem Tode von den Nachkommen sowie von der Heimat- oder Wohnsitzgemeinde des Anerkennenden.

[2] Dem Anerkennenden steht diese Klage nur zu, wenn er das Kind unter dem Einfluss einer Drohung mit einer nahen und erheblichen Gefahr für das Leben, die Gesundheit, die Ehre oder das Vermögen seiner selbst oder einer ihm nahestehenden Person oder in einem Irrtum über seine Vaterschaft anerkannt hat.

[3] Die Klage richtet sich gegen den Anerkennenden und das Kind, soweit diese nicht selber klagen.

Art. 260b

2. Klagegrund

[1] Der Kläger hat zu beweisen, dass der Anerkennende nicht der Vater des Kindes ist.

[2] Mutter und Kind haben diesen Beweis jedoch nur zu erbringen, wenn der Anerkennende glaubhaft macht, dass er der Mutter um die Zeit der Empfängnis beigewohnt habe.

Art. 260c

3. Klagefrist

[1] Die Klage ist binnen Jahresfrist einzureichen, seitdem der Kläger von der Anerkennung und von der Tatsache Kenntnis erhielt, dass der Anerkennende nicht der Vater ist oder dass ein Dritter der Mutter um die Zeit der Empfängnis beigewohnt hat, oder seitdem er den Irrtum entdeckte oder seitdem die Drohung wegfiel, in jedem Fall aber vor Ablauf von fünf Jahren seit der Anerkennung.

2 Die Klage des Kindes kann in jedem Fall bis zum Ablauf eines Jahres nach Erreichen der Volljährigkeit erhoben werden.

3 Nach Ablauf der Frist wird eine Anfechtung zugelassen, wenn die Verspätung mit wichtigen Gründen entschuldigt wird.

Art. 261

B. Vaterschaftsklage
I. Klagerecht

1 Sowohl die Mutter als das Kind können auf Feststellung des Kindesverhältnisses zwischen dem Kind und dem Vater klagen.

2 Die Klage richtet sich gegen den Vater oder, wenn er gestorben ist, nacheinander gegen seine Nachkommen, Eltern oder Geschwister oder, wenn solche fehlen, gegen die zuständige Behörde seines letzten Wohnsitzes.

3 Ist der Vater gestorben, so wird seiner Ehefrau zur Wahrung ihrer Interessen die Einreichung der Klage vom Gericht mitgeteilt.

Art. 262

II. Vermutung

1 Hat der Beklagte in der Zeit vom 300. bis zum 180. Tag vor der Geburt des Kindes der Mutter beigewohnt, so wird seine Vaterschaft vermutet.

2 Diese Vermutung gilt auch, wenn das Kind vor dem 300. oder nach dem 180. Tag vor der Geburt gezeugt worden ist und der Beklagte der Mutter um die Zeit der Empfängnis beigewohnt hat.

3 Die Vermutung fällt weg, wenn der Beklagte nachweist, dass seine Vaterschaft ausgeschlossen oder weniger wahrscheinlich ist als die eines Dritten.

Art. 263

III. Klagefrist

1 Die Klage kann vor oder nach der Niederkunft angebracht werden, ist aber einzureichen:

1. von der Mutter vor Ablauf eines Jahres seit der Geburt;
2. vom Kind vor Ablauf eines Jahres nach Erreichen der Volljährigkeit.

2 Besteht schon ein Kindesverhältnis zu einem andern Mann, so kann die Klage in jedem Fall innerhalb eines Jahres seit dem Tag, da es beseitigt ist, angebracht werden.

3 Nach Ablauf der Frist wird eine Klage zugelassen, wenn die Verspätung mit wichtigen Gründen entschuldigt wird.

Vierter Abschnitt: Die Adoption

Art. 264

A. Adoption Minderjähriger
1. Allgemeine Voraussetzungen

Ein Kind darf adoptiert werden, wenn ihm die künftigen Adoptiveltern während wenigstens eines Jahres Pflege und Erziehung erwiesen haben und nach den gesamten Umständen zu erwarten ist, die Begründung eines Kindesverhältnisses diene seinem Wohl, ohne andere Kinder der Adoptiveltern in unbilliger Weise zurückzusetzen.

Art. 264a

II. Gemeinschaftliche Adoption

1 Ehegatten können nur gemeinschaftlich adoptieren; anderen Personen ist die gemeinschaftliche Adoption nicht gestattet.

2 Die Ehegatten müssen 5 Jahre verheiratet sein oder das 35. Altersjahr zurückgelegt haben.

[3] Eine Person darf das Kind ihres Ehegatten adoptieren, wenn die Ehegatten seit mindestens fünf Jahren verheiratet sind.

Art. 264b

III. Einzeladoption

[1] Eine unverheiratete Person darf allein adoptieren, wenn sie das 35. Altersjahr zurückgelegt hat.

[2] Eine verheiratete Person, die das 35. Altersjahr zurückgelegt hat, darf allein adoptieren, wenn sich die gemeinschaftliche Adoption als unmöglich erweist, weil der Ehegatte dauernd urteilsunfähig oder seit mehr als 2 Jahren mit unbekanntem Aufenthalt abwesend, oder wenn die Ehe seit mehr als 3 Jahren gerichtlich getrennt ist.

Art. 265

IV. Alter und Zustimmung des Kindes

[1] Das Kind muss wenigstens 16 Jahre jünger sein als die Adoptiveltern.

[2] Ist das Kind urteilsfähig, so ist zur Adoption seine Zustimmung notwendig.

[3] Ist es bevormundet, so kann, auch wenn es urteilsfähig ist, die Adoption nur mit Zustimmung der Kindesschutzbehörde erfolgen.

Art. 265a

V. Zustimmung der Eltern

1. Form

[1] Die Adoption bedarf der Zustimmung des Vaters und der Mutter des Kindes.

[2] Die Zustimmung ist bei der Kindesschutzbehörde am Wohnsitz oder Aufenthaltsort der Eltern oder des Kindes mündlich oder schriftlich zu erklären und im Protokoll vorzumerken.

[3] Sie ist gültig, selbst wenn die künftigen Adoptiveltern nicht genannt oder noch nicht bestimmt sind.

Art. 265b

2. Zeitpunkt

[1] Die Zustimmung darf nicht vor Ablauf von sechs Wochen seit der Geburt des Kindes erteilt werden.

[2] Sie kann binnen sechs Wochen seit ihrer Entgegennahme widerrufen werden.

[3] Wird sie nach einem Widerruf erneuert, so ist sie endgültig.

Art. 265c

3. Absehen von der Zustimmung

a. Voraussetzungen

Von der Zustimmung eines Elternteils kann abgesehen werden,

1. wenn er unbekannt, mit unbekanntem Aufenthalt länger abwesend oder dauernd urteilsunfähig ist,
2. wenn er sich um das Kind nicht ernstlich gekümmert hat.

Art. 265d

b. Entscheid

[1] Wird das Kind zum Zwecke späterer Adoption untergebracht und fehlt die Zustimmung eines Elternteils, so entscheidet die Kindesschutzbehörde am Wohnsitz des Kindes, auf Gesuch einer Vermittlungsstelle oder der Adoptiveltern und in der Regel vor Beginn der Unterbringung, ob von dieser Zustimmung abzusehen sei.

[2] In den andern Fällen ist hierüber anlässlich der Adoption zu entscheiden.

[3] Wird von der Zustimmung eines Elternteils abgesehen, weil er sich um das Kind nicht ernstlich gekümmert hat, so ist ihm der Entscheid schriftlich mitzuteilen.

Art. 266

B. Adoption einer volljährigen Person

1 Fehlen Nachkommen, so darf eine volljährige Person adoptiert werden:

1. wenn sie infolge körperlicher oder geistiger Gebrechen dauernd hilfsbedürftig ist und die Adoptiveltern ihr während wenigstens fünf Jahren Pflege erwiesen haben,
2. wenn ihr während ihrer Minderjährigkeit die Adoptiveltern wenigstens fünf Jahre lang Pflege und Erziehung erwiesen haben,
3. wenn andere wichtige Gründe vorliegen und die zu adoptierende Person während wenigstens fünf Jahren mit den Adoptiveltern in Hausgemeinschaft gelebt hat.

2 Eine verheiratete Person kann nur mit Zustimmung ihres Ehegatten adoptiert werden.

3 Im Übrigen sind die Bestimmungen über die Adoption Minderjähriger sinngemäss anwendbar.

Art. 267

C. Wirkung
I. Im Allgemeinen

1 Das Adoptivkind erhält die Rechtsstellung eines Kindes der Adoptiveltern.

2 Das bisherige Kindesverhältnis erlischt; vorbehalten bleibt es zum Elternteil, der mit dem Adoptierenden verheiratet ist.

3 Bei der Adoption kann dem Kind ein neuer Vorname gegeben werden.

Art. 267a

II. Bürgerrecht

1 Das minderjährige Kind erhält anstelle seines bisherigen Kantons- und Gemeindebürgerrechts dasjenige des Adoptivelternteils, dessen Namen es trägt.

2 Adoptiert ein Ehegatte das minderjährige Kind des andern, so hat dieses das Kantons- und Gemeindebürgerrecht des Elternteils, dessen Namen es trägt.

Art. 268

D. Verfahren
I. Im Allgemeinen

1 Die Adoption wird von der zuständigen kantonalen Behörde am Wohnsitz der Adoptiveltern ausgesprochen.

2 Ist das Adoptionsgesuch eingereicht, so hindert Tod oder Eintritt der Urteilsunfähigkeit des Adoptierenden die Adoption nicht, sofern deren Voraussetzungen im Übrigen nicht berührt werden.

3 Wird das Kind nach Einreichung des Gesuches volljährig, so bleiben die Bestimmungen über die Adoption Minderjähriger anwendbar, wenn deren Voraussetzungen vorher erfüllt waren.

Art. 268a

II. Untersuchung

1 Die Adoption darf erst nach umfassender Untersuchung aller wesentlichen Umstände, nötigenfalls unter Beizug von Sachverständigen, ausgesprochen werden.

2 Namentlich sind die Persönlichkeit und die Gesundheit der Adoptiveltern und des Adoptivkindes, ihre gegenseitige Beziehung, die erzieherische Eignung, die wirtschaftliche Lage, die Beweggründe und die Familienverhältnisse der Adoptiveltern sowie die Entwicklung des Pflegeverhältnisses abzuklären.

3 Haben die Adoptiveltern Nachkommen, so ist deren Einstellung zur Adoption zu würdigen.

Art. 268b

D^{bis}. Adoptionsgeheimnis

Die Adoptiveltern dürfen ohne ihre Zustimmung den Eltern des Kindes nicht bekanntgegeben werden.

Art. 268c

D^ter. Auskunft über die Personalien der leiblichen Eltern

1 Hat das Kind das 18. Lebensjahr vollendet, so kann es jederzeit Auskunft über die Personalien seiner leiblichen Eltern verlangen; vorher kann es Auskunft verlangen, wenn es ein schutzwürdiges Interesse hat.

2 Bevor die Behörde oder Stelle, welche über die gewünschten Angaben verfügt, Auskunft erteilt, informiert sie wenn möglich die leiblichen Eltern. Lehnen diese den persönlichen Kontakt ab, so ist das Kind darüber zu informieren und auf die Persönlichkeitsrechte der leiblichen Eltern aufmerksam zu machen.

3 Die Kantone bezeichnen eine geeignete Stelle, welche das Kind auf Wunsch beratend unterstützt.

Art. 269

E. Anfechtung
I. Gründe
1. Fehlen der Zustimmung

1 Ist eine Zustimmung ohne gesetzlichen Grund nicht eingeholt worden, so können die Zustimmungsberechtigten die Adoption beim Gericht anfechten, sofern dadurch das Wohl des Kindes nicht ernstlich beeinträchtigt wird.

2 Den Eltern steht diese Klage jedoch nicht zu, wenn sie den Entscheid ans Bundesgericht weiterziehen können.

Art. 269a

2. Andere Mängel

1 Leidet die Adoption an anderen schwerwiegenden Mängeln, so kann jedermann, der ein Interesse hat, namentlich auch die Heimat- oder Wohnsitzgemeinde, sie anfechten.

2 Die Anfechtung ist jedoch ausgeschlossen, wenn der Mangel inzwischen behoben ist oder ausschliesslich Verfahrensvorschriften betrifft.

Art. 269b

II. Klagefrist

Die Klage ist binnen sechs Monaten seit Entdeckung des Anfechtungsgrundes und in jedem Falle binnen zwei Jahren seit der Adoption zu erheben.

Art. 269c

F. Adoptivkindervermittlung

1 Der Bund übt die Aufsicht über die Vermittlung von Kindern zur Adoption aus.

2 Wer diese Vermittlung berufsmässig oder im Zusammenhang mit seinem Beruf betreibt, bedarf einer Bewilligung; die Vermittlung durch die Kindesschutzbehörde bleibt vorbehalten.

3 Der Bundesrat erlässt die Ausführungsbestimmungen und regelt die Mitwirkung der für die Aufnahme von Kindern zum Zweck späterer Adoption zuständigen kantonalen Behörde bei der Abklärung der Bewilligungsvoraussetzungen und bei der Aufsicht.

4 *Aufgehoben.*

Achter Titel: Die Wirkungen des Kindesverhältnisses

Erster Abschnitt: Die Gemeinschaft der Eltern und Kinder

Art. 270

A. Name
I. Kind verheirateter Eltern

1 Sind die Eltern miteinander verheiratet und tragen sie verschiedene Namen, so erhält das Kind denjenigen ihrer Ledignamen, den sie bei der Eheschliessung zum Namen ihrer gemeinsamen Kinder bestimmt haben.

2 Die Eltern können innerhalb eines Jahres seit der Geburt des ersten Kindes gemeinsam verlangen, dass das Kind den Ledignamen des andern Elternteils trägt.

3 Tragen die Eltern einen gemeinsamen Familiennamen, so erhält das Kind diesen Namen.

Art. 270a

II. Kind unverheirateter Eltern

1 Steht die elterliche Sorge einem Elternteil zu, so erhält das Kind dessen Ledignamen. Steht die elterliche Sorge den Eltern gemeinsam zu, so bestimmen sie, welchen ihrer Ledignamen ihre Kinder tragen sollen.

2 Wird die gemeinsame elterliche Sorge nach der Geburt des ersten Kindes begründet, so können die Eltern innerhalb eines Jahres seit deren Begründung gegenüber der Zivilstandbeamtin oder dem Zivilstandbeamten erklären, dass das Kind den Ledignamen des anderen Elternteils trägt. Diese Erklärung gilt für alle gemeinsamen Kinder, unabhängig von der Zuteilung der elterlichen Sorge.

3 Steht die elterliche Sorge keinem Elternteil zu, so erhält das Kind den Ledignamen der Mutter.

4 Änderungen bei der Zuteilung der elterlichen Sorge bleiben ohne Auswirkungen auf den Namen. Vorbehalten bleiben die Bestimmungen über die Namensänderung.

Art. 270b

III. Zustimmung des Kindes

Hat das Kind das zwölfte Altersjahr vollendet, so kann sein Name nur geändert werden, wenn es zustimmt.

Art. 271

B. Bürgerrecht

1 Das Kind erhält das Kantons- und Gemeindebürgerrecht des Elternteils, dessen Namen es trägt.

2 Erwirbt das Kind während der Minderjährigkeit den Namen des anderen Elternteils, so erhält es dessen Kantons- und Gemeindebürgerrecht anstelle des bisherigen.

Art. 272

C. Beistand und Gemeinschaft

Eltern und Kinder sind einander allen Beistand, alle Rücksicht und Achtung schuldig, die das Wohl der Gemeinschaft erfordert.

Art. 273

D. Persönlicher Verkehr

I. Eltern und Kinder

1. Grundsatz

1 Eltern, denen die elterliche Sorge oder Obhut nicht zusteht, und das minderjährige Kind haben gegenseitig Anspruch auf angemessenen persönlichen Verkehr.

2 Die Kindesschutzbehörde kann Eltern, Pflegeeltern oder das Kind ermahnen und ihnen Weisungen erteilen, wenn sich die Ausübung oder Nichtausübung des persönlichen Verkehrs für das Kind nachteilig auswirkt oder wenn eine Ermahnung oder eine Weisung aus anderen Gründen geboten ist.

3 Der Vater oder die Mutter können verlangen, dass ihr Anspruch auf persönlichen Verkehr geregelt wird.

Art. 274

2. Schranken

1 Der Vater und die Mutter haben alles zu unterlassen, was das Verhältnis des Kindes zum anderen Elternteil beeinträchtigt oder die Aufgabe der erziehenden Person erschwert.

2 Wird das Wohl des Kindes durch den persönlichen Verkehr gefährdet, üben die Eltern ihn pflichtwidrig aus, haben sie sich nicht ernsthaft um das Kind gekümmert oder liegen andere wichtige Gründe vor, so kann ihnen das Recht auf persönlichen Verkehr verweigert oder entzogen werden.

3 Haben die Eltern der Adoption ihres Kindes zugestimmt oder kann von ihrer Zustimmung abgesehen werden, so erlischt das Recht auf persönlichen Verkehr, sobald das Kind zum Zwecke künftiger Adoption untergebracht wird.

Art. 274a

II. Dritte

1 Liegen ausserordentliche Umstände vor, so kann der Anspruch auf persönlichen Verkehr auch andern Personen, insbesondere Verwandten, eingeräumt werden, sofern dies dem Wohle des Kindes dient.

2 Die für die Eltern aufgestellten Schranken des Besuchsrechtes gelten sinngemäss.

Art. 275

III. Zuständigkeit

1 Für Anordnungen über den persönlichen Verkehr ist die Kindesschutzbehörde am Wohnsitz des Kindes zuständig und, sofern sie Kindesschutzmassnahmen getroffen hat oder trifft, diejenige an seinem Aufenthaltsort.

2 Regelt das Gericht nach den Bestimmungen über die Ehescheidung und den Schutz der ehelichen Gemeinschaft die elterliche Sorge, die Obhut oder den Unterhaltsbeitrag, so regelt es auch den persönlichen Verkehr.

3 Bestehen noch keine Anordnungen über den Anspruch von Vater und Mutter, so kann der persönliche Verkehr nicht gegen den Willen der Person ausgeübt werden, welcher die elterliche Sorge oder Obhut zusteht.

Art. 275a

E. Information und Auskunft

1 Eltern ohne elterliche Sorge sollen über besondere Ereignisse im Leben des Kindes benachrichtigt und vor Entscheidungen, die für die Entwicklung des Kindes wichtig sind, angehört werden.

2 Sie können bei Drittpersonen, die an der Betreuung des Kindes beteiligt sind, wie namentlich bei Lehrkräften, Ärztinnen und Ärzten, in gleicher Weise wie der Inhaber der elterlichen Sorge Auskünfte über den Zustand und die Entwicklung des Kindes einholen.

3 Die Bestimmungen über die Schranken des persönlichen Verkehrs und die Zuständigkeit gelten sinngemäss.

Zweiter Abschnitt: Die Unterhaltspflicht der Eltern

Art. 276

A. Gegenstand und Umfang

1 Die Eltern haben für den Unterhalt des Kindes aufzukommen, inbegriffen die Kosten von Erziehung, Ausbildung und Kindesschutzmassnahmen.

2 Der Unterhalt wird durch Pflege und Erziehung oder, wenn das Kind nicht unter der Obhut der Eltern steht, durch Geldzahlung geleistet.

3 Die Eltern sind von der Unterhaltspflicht in dem Mass befreit, als dem Kinde zugemutet werden kann, den Unterhalt aus seinem Arbeitserwerb oder andern Mitteln zu bestreiten.

Art. 277

B. Dauer

1 Die Unterhaltspflicht der Eltern dauert bis zur Volljährigkeit des Kindes.

2 Hat es dann noch keine angemessene Ausbildung, so haben die Eltern, soweit es ihnen nach den gesamten Umständen zugemutet werden darf, für seinen Unterhalt aufzukommen, bis eine entsprechende Ausbildung ordentlicherweise abgeschlossen werden kann.

Art. 278

C. Verheiratete Eltern

[1] Während der Ehe tragen die Eltern die Kosten des Unterhaltes nach den Bestimmungen des Eherechts.

[2] Jeder Ehegatte hat dem andern in der Erfüllung der Unterhaltspflicht gegenüber vorehelichen Kindern in angemessener Weise beizustehen.

Art. 279

D. Klage
I. Klagerecht

[1] Das Kind kann gegen den Vater oder die Mutter oder gegen beide klagen auf Leistung des Unterhalts für die Zukunft und für ein Jahr vor Klageerhebung.

[2–3] *Aufgehoben.*

Art. 280–284

Aufgehoben.

Art. 285

IV. Bemessung des Unterhaltsbeitrages

[1] Der Unterhaltsbeitrag soll den Bedürfnissen des Kindes sowie der Lebensstellung und Leistungsfähigkeit der Eltern entsprechen und ausserdem Vermögen und Einkünfte des Kindes sowie den Beitrag des nicht obhutsberechtigten Elternteils an der Betreuung des Kindes berücksichtigen.

[2] Kinderzulagen, Sozialversicherungsrenten und ähnliche für den Unterhalt des Kindes bestimmte Leistungen, die dem Unterhaltspflichtigen zustehen, sind zusätzlich zum Unterhaltsbeitrag zu zahlen, soweit das Gericht es nicht anders bestimmt.

[2bis] Erhält der Unterhaltspflichtige infolge Alter oder Invalidität nachträglich Sozialversicherungsrenten oder ähnliche für den Unterhalt des Kindes bestimmte Leistungen, die Erwerbseinkommen ersetzen, so hat er diese Beträge dem Kind zu zahlen; der bisherige Unterhaltsbeitrag vermindert sich von Gesetzes wegen im Umfang dieser neuen Leistungen.

[3] Der Unterhaltsbeitrag ist zum voraus auf die Termine zu entrichten, die das Gericht festsetzt.

Art. 286

V. Veränderung der Verhältnisse

[1] Das Gericht kann anordnen, dass der Unterhaltsbeitrag sich bei bestimmten Veränderungen der Bedürfnisse des Kindes oder der Leistungsfähigkeit der Eltern oder der Lebenskosten ohne weiteres erhöht oder vermindert.

[2] Bei erheblicher Veränderung der Verhältnisse setzt das Gericht den Unterhaltsbeitrag auf Antrag eines Elternteils oder des Kindes neu fest oder hebt ihn auf.

[3] Bei nicht vorhergesehenen ausserordentlichen Bedürfnissen des Kindes kann das Gericht die Eltern zur Leistung eines besonderen Beitrags verpflichten.

Art. 287

E. Verträge über die Unterhaltspflicht
I. Periodische Leistungen

[1] Unterhaltsverträge werden für das Kind erst mit der Genehmigung durch die Kindesschutzbehörde verbindlich.

[2] Vertraglich festgelegte Unterhaltsbeiträge können geändert werden, soweit dies nicht mit Genehmigung der Kindesschutzbehörde ausgeschlossen worden ist.

[3] Wird der Vertrag in einem gerichtlichen Verfahren geschlossen, so ist für die Genehmigung das Gericht zuständig.

Art. 288

II. Abfindung

[1] Die Abfindung des Kindes für seinen Unterhaltsanspruch kann vereinbart werden, wenn sein Interesse es rechtfertigt,

[2] Die Vereinbarung wird für das Kind erst verbindlich:

1. wenn die Kindesschutzbehörde, oder bei Abschluss in einem gerichtlichen Verfahren, das Gericht die Genehmigung erteilt hat, und
2. wenn die Abfindungssumme an die dabei bezeichnete Stelle entrichtet worden ist.

Art. 289

F. Erfüllung
I. Gläubiger

[1] Der Anspruch auf Unterhaltsbeiträge steht dem Kind zu und wird, solange das Kind minderjährig ist, durch Leistung an dessen gesetzlichen Vertreter oder den Inhaber der Obhut erfüllt.

[2] Kommt jedoch das Gemeinwesen für den Unterhalt auf, so geht der Unterhaltsanspruch mit allen Rechten auf das Gemeinwesen über.

Art. 290

II. Vollstreckung
1. Geeignete Hilfe

Erfüllt der Vater oder die Mutter die Unterhaltspflicht nicht, so hat die Kindesschutzbehörde oder eine andere vom kantonalen Recht bezeichnete Stelle auf Gesuch dem anderen Elternteil bei der Vollstreckung des Unterhaltsanspruches in geeigneter Weise und unentgeltlich zu helfen.

Art. 291

2. Anweisungen an die Schuldner

Wenn die Eltern die Sorge für das Kind vernachlässigen, kann das Gericht ihre Schuldner anweisen, die Zahlungen ganz oder zum Teil an den gesetzlichen Vertreter des Kindes zu leisten.

Art. 292

III. Sicherstellung

Vernachlässigen die Eltern beharrlich die Erfüllung ihrer Unterhaltspflicht, oder ist anzunehmen, dass sie Anstalten zur Flucht treffen oder ihr Vermögen verschleudern oder beiseite schaffen, so kann das Gericht sie verpflichten, für die künftigen Unterhaltsbeiträge angemessene Sicherheit zu leisten.

Art. 293

G. Öffentliches Recht

[1] Das öffentliche Recht bestimmt, unter Vorbehalt der Unterstützungspflicht der Verwandten,[1] wer die Kosten des Unterhaltes zu tragen hat, wenn weder die Eltern noch das Kind sie bestreiten können.

[2] Ausserdem regelt das öffentliche Recht die Ausrichtung von Vorschüssen für den Unterhalt des Kindes, wenn die Eltern ihrer Unterhaltspflicht nicht nachkommen.

Art. 294

H. Pflegeeltern

[1] Pflegeeltern haben Anspruch auf ein angemessenes Pflegegeld, sofern nichts Abweichendes vereinbart ist oder sich eindeutig aus den Umständen ergibt.

[2] Unentgeltlichkeit ist zu vermuten, wenn Kinder von nahen Verwandten oder zum Zweck späterer Adoption aufgenommen werden.

Art. 295

J. Ansprüche der unverheirateten Mutter

[1] Die Mutter kann spätestens bis ein Jahr nach der Geburt gegen den Vater oder dessen Erben auf Ersatz klagen:

1. für die Entbindungskosten;

[1] Vgl. ZGB 328

2. für die Kosten des Unterhaltes während mindestens vier Wochen vor und mindestens acht Wochen nach der Geburt;
3. für andere infolge der Schwangerschaft oder der Entbindung notwendig gewordene Auslagen unter Einschluss der ersten Ausstattung des Kindes.

2 Aus Billigkeit kann das Gericht teilweisen oder vollständigen Ersatz der entsprechenden Kosten zusprechen, wenn die Schwangerschaft vorzeitig beendigt wird.

3 Leistungen Dritter, auf welche die Mutter nach Gesetz oder Vertrag Anspruch hat, sind anzurechnen, soweit es die Umstände rechtfertigen.

Dritter Abschnitt: Die elterliche Sorge

Art. 296

A. Grundsätze

1 Die elterliche Sorge dient dem Wohl des Kindes.

2 Die Kinder stehen, solange sie minderjährig sind, unter der gemeinsamen elterlichen Sorge von Vater und Mutter.

3 Minderjährigen Eltern sowie Eltern unter umfassender Beistandschaft steht keine elterliche Sorge zu. Werden die Eltern volljährig, so kommt ihnen die elterliche Sorge zu. Wird die umfassende Beistandschaft aufgehoben, so entscheidet die Kindesschutzbehörde entsprechend dem Kindeswohl über die Zuteilung der elterlichen Sorge.

Art. 297

A^{bis}. Tod eines Elternteils

1 Üben die Eltern die elterliche Sorge gemeinsam aus und stirbt ein Elternteil, so steht die elterliche Sorge dem überlebenden Elternteil zu.

2 Stirbt der Elternteil, dem die elterliche Sorge allein zustand, so überträgt die Kindesschutzbehörde die elterliche Sorge auf den überlebenden Elternteil oder bestellt dem Kind einen Vormund, je nachdem, was zur Wahrung des Kindeswohls besser geeignet ist.

Art. 298

A^{ter}. Scheidung und andere eherechtliche Verfahren

1 In einem Scheidungs- oder Eheschutzverfahren überträgt das Gericht einem Elternteil die alleinige elterliche Sorge, wenn dies zur Wahrung des Kindeswohls nötig ist.

2 Es kann sich auch auf eine Regelung der Obhut, des persönlichen Verkehrs oder der Betreuungsanteile beschränken, wenn keine Aussicht besteht, dass sich die Eltern diesbezüglich einigen.

3 Es fordert die Kindesschutzbehörde auf, dem Kind einen Vormund zu bestellen, wenn weder die Mutter noch der Vater für die Übernahme der elterlichen Sorge in Frage kommt.

Art. 298a

A^{quater}. Anerkennung und Vaterschaftsurteil

I. Gemeinsame Erklärung der Eltern

1 Sind die Eltern nicht miteinander verheiratet und anerkennt der Vater das Kind oder wird das Kindesverhältnis durch Urteil festgestellt und die gemeinsame elterliche Sorge nicht bereits im Zeitpunkt des Urteils verfügt, so kommt die gemeinsame elterliche Sorge aufgrund einer gemeinsamen Erklärung der Eltern zustande.

2 In der Erklärung bestätigen die Eltern, dass sie:
1. bereit sind, gemeinsam die Verantwortung für das Kind zu übernehmen; und

2. sich über die Obhut und den persönlichen Verkehr oder die Betreuungsanteile sowie über den Unterhaltsbeitrag für das Kind verständigt haben.

3 Vor der Abgabe der Erklärung können sich die Eltern von der Kindesschutzbehörde beraten lassen.

4 Geben die Eltern die Erklärung zusammen mit der Anerkennung ab, so richten sie sie an das Zivilstandsamt. Eine spätere Erklärung haben sie an die Kindesschutzbehörde am Wohnsitz des Kindes zu richten.

5 Bis die Erklärung vorliegt, steht die elterliche Sorge allein der Mutter zu.

Art. 298b

II. Entscheid der Kindesschutzbehörde

1 Weigert sich ein Elternteil, die Erklärung über die gemeinsame elterliche Sorge abzugeben, so kann der andere Elternteil die Kindesschutzbehörde am Wohnsitz des Kindes anrufen.

2 Die Kindesschutzbehörde verfügt die gemeinsame elterliche Sorge, sofern nicht zur Wahrung des Kindeswohls an der alleinigen elterlichen Sorge der Mutter festzuhalten oder die alleinige elterliche Sorge dem Vater zu übertragen ist.

3 Zusammen mit dem Entscheid über die elterliche Sorge regelt die Kindesschutzbehörde die übrigen strittigen Punkte. Vorbehalten bleibt die Klage auf Leistung des Unterhalts.

4 Ist die Mutter minderjährig oder steht sie unter umfassender Beistandschaft, so weist die Kindesschutzbehörde die elterliche Sorge dem Vater zu oder bestellt dem Kind einen Vormund, je nachdem, was zur Wahrung des Kindeswohls besser geeignet ist.

Art. 298c

III. Vaterschaftsklage

Heisst das Gericht eine Vaterschaftsklage[1] gut, so verfügt es die gemeinsame elterliche Sorge, sofern nicht zur Wahrung des Kindeswohls an der alleinigen elterlichen Sorge der Mutter festzuhalten oder die alleinige elterliche Sorge dem Vater zu übertragen ist.

Art. 298d

IV. Veränderung der Verhältnisse

1 Auf Begehren eines Elternteils, des Kindes oder von Amtes wegen regelt die Kindesschutzbehörde die Zuteilung der elterlichen Sorge neu, wenn dies wegen wesentlicher Änderung der Verhältnisse zur Wahrung des Kindeswohls nötig ist.

2 Sie kann sich auf die Regelung der Obhut, des persönlichen Verkehrs oder der Betreuungsanteile beschränken.

Art. 299

A^{quinquies}. Stiefeltern

Jeder Ehegatte hat dem andern in der Ausübung der elterlichen Sorge gegenüber dessen Kindern in angemessener Weise beizustehen und ihn zu vertreten, wenn es die Umstände erfordern.

Art. 300

A^{sexies}. Pflegeeltern

1 Wird ein Kind Dritten zur Pflege anvertraut, so vertreten sie, unter Vorbehalt abweichender Anordnungen, die Eltern in der Ausübung der elterlichen Sorge, soweit es zur gehörigen Erfüllung ihrer Aufgabe angezeigt ist.

2 Vor wichtigen Entscheidungen sollen die Pflegeeltern angehört werden.

1 Vgl. ZGB 261 ff.

Art. 301

B. Inhalt
I. Im Allgemeinen

[1] Die Eltern leiten im Blick auf das Wohl des Kindes seine Pflege und Erziehung und treffen unter Vorbehalt seiner eigenen Handlungsfähigkeit die nötigen Entscheidungen.

[1bis] Der Elternteil, der das Kind betreut, kann allein entscheiden, wenn:

1. die Angelegenheit alltäglich oder dringlich ist;
2. der andere Elternteil nicht mit vernünftigem Aufwand zu erreichen ist.

[2] Das Kind schuldet den Eltern Gehorsam; die Eltern gewähren dem Kind die seiner Reife entsprechende Freiheit der Lebensgestaltung und nehmen in wichtigen Angelegenheiten, soweit tunlich, auf seine Meinung Rücksicht.

[3] Das Kind darf ohne Einwilligung der Eltern die häusliche Gemeinschaft nicht verlassen; es darf ihnen auch nicht widerrechtlich entzogen werden.

[4] Die Eltern geben dem Kind den Vornamen.

Art. 301a

II. Bestimmung des Aufenthaltsortes

[1] Die elterliche Sorge schliesst das Recht ein, den Aufenthaltsort des Kindes zu bestimmen.

[2] Üben die Eltern die elterliche Sorge gemeinsam aus und will ein Elternteil den Aufenthaltsort des Kindes wechseln, so bedarf dies der Zustimmung des andern Elternteils oder der Entscheidung des Gerichts oder der Kindesschutzbehörde, wenn:

a. der neue Aufenthaltsort im Ausland liegt; oder
b. der Wechsel des Aufenthaltsortes erhebliche Auswirkungen auf die Ausübung der elterlichen Sorge und den persönlichen Verkehr durch den andern Elternteil hat.

[3] Übt ein Elternteil die elterliche Sorge allein aus und will er den Aufenthaltsort des Kindes wechseln, so muss er den anderen Elternteil rechtzeitig darüber informieren.

[4] Dieselbe Informationspflicht hat ein Elternteil, der seinen eigenen Wohnsitz wechseln will.

[5] Soweit dies erforderlich ist, verständigen sich die Eltern unter Wahrung des Kindeswohls über eine Anpassung der Regelung der elterlichen Sorge, der Obhut, des persönlichen Verkehrs und des Unterhaltsbeitrages. Können sie sich nicht einigen, entscheidet das Gericht oder die Kindesschutzbehörde.

Art. 302

III. Erziehung

[1] Die Eltern haben das Kind ihren Verhältnissen entsprechend zu erziehen und seine körperliche, geistige und sittliche Entfaltung zu fördern und zu schützen.

[2] Sie haben dem Kind, insbesondere auch dem körperlich oder geistig gebrechlichen, eine angemessene, seinen Fähigkeiten und Neigungen soweit möglich entsprechende allgemeine und berufliche Ausbildung zu verschaffen.

[3] Zu diesem Zweck sollen sie in geeigneter Weise mit der Schule und, wo es die Umstände erfordern, mit der öffentlichen und gemeinnützigen Jugendhilfe zusammenarbeiten.

Art. 303

IV. Religiöse Erziehung

[1] Über die religiöse Erziehung verfügen die Eltern.

[2] Ein Vertrag, der diese Befugnis beschränkt, ist ungültig.

[3] Hat ein Kind das 16. Altersjahr zurückgelegt, so entscheidet es selbständig über sein religiöses Bekenntnis.

V. Vertretung
1. Dritten gegenüber
a. Im Allgemeinen

Art. 304

1 Die Eltern haben von Gesetzes wegen die Vertretung des Kindes gegenüber Drittpersonen im Umfang der ihnen zustehenden elterlichen Sorge.

2 Sind beide Eltern Inhaber der elterlichen Sorge, so dürfen gutgläubige Drittpersonen voraussetzen, dass jeder Elternteil im Einvernehmen mit dem andern handelt.

3 Die Eltern dürfen in Vertretung des Kindes keine Bürgschaften eingehen, keine Stiftungen errichten und keine Schenkungen vornehmen, mit Ausnahme der üblichen Gelegenheitsgeschenke.

b. Rechtsstellung des Kindes

Art. 305

1 Das urteilsfähige Kind unter elterlicher Sorge kann im Rahmen des Personenrechts durch eigenes Handeln Rechte und Pflichten begründen und höchstpersönliche Rechte[1] ausüben.

2 Für Verpflichtungen des Kindes haftet sein Vermögen ohne Rücksicht auf die elterlichen Vermögensrechte.

2. Innerhalb der Gemeinschaft

Art. 306

1 Urteilsfähige Kinder, die unter elterlicher Sorge stehen, können mit Zustimmung der Eltern für die Gemeinschaft handeln, verpflichten damit aber nicht sich selbst, sondern die Eltern.

2 Sind die Eltern am Handeln verhindert oder haben sie in einer Angelegenheit Interessen, die denen des Kindes widersprechen, so ernennt die Kindesschutzbehörde einen Beistand oder regelt diese Angelegenheit selber.

3 Bei Interessenkollision entfallen von Gesetzes wegen die Befugnisse der Eltern in der entsprechenden Angelegenheit.

C. Kindesschutz
I. Geeignete Massnahmen

Art. 307

1 Ist das Wohl des Kindes gefährdet und sorgen die Eltern nicht von sich aus für Abhilfe oder sind sie dazu ausserstande, so trifft die Kindesschutzbehörde die geeigneten Massnahmen zum Schutz des Kindes.

2 Die Kindesschutzbehörde ist dazu auch gegenüber Kindern verpflichtet, die bei Pflegeeltern untergebracht sind oder sonst ausserhalb der häuslichen Gemeinschaft der Eltern leben.

3 Sie kann insbesondere die Eltern, die Pflegeeltern oder das Kind ermahnen, ihnen bestimmte Weisungen für die Pflege, Erziehung oder Ausbildung erteilen und eine geeignete Person oder Stelle bestimmen, der Einblick und Auskunft zu geben ist.

II. Beistandschaft

Art. 308

1 Erfordern es die Verhältnisse, so ernennt die Kindesschutzbehörde dem Kind einen Beistand, der die Eltern in ihrer Sorge um das Kind mit Rat und Tat unterstützt.

2 Sie kann dem Beistand besondere Befugnisse übertragen, namentlich die Vertretung des Kindes bei der Feststellung der Vaterschaft, bei der Wahrung seines Unterhaltsanspruches und anderer Rechte und die Überwachung des persönlichen Verkehrs.

3 Die elterliche Sorge kann entsprechend beschränkt werden.

[1] Vgl. ZGB 19c

Art. 309

Aufgehoben.

Art. 310

III. Aufhebung des Aufenthaltsbestimmungsrechts

1 Kann der Gefährdung des Kindes nicht anders begegnet werden, so hat die Kindesschutzbehörde es den Eltern oder, wenn es sich bei Dritten befindet, diesen wegzunehmen und in angemessener Weise unterzubringen.

2 Die gleiche Anordnung trifft die Kindesschutzbehörde auf Begehren der Eltern oder des Kindes, wenn das Verhältnis so schwer gestört ist, dass das Verbleiben des Kindes im gemeinsamen Haushalt unzumutbar geworden ist und nach den Umständen nicht anders geholfen werden kann.

3 Hat ein Kind längere Zeit bei Pflegeeltern gelebt, so kann die Kindesschutzbehörde den Eltern seine Rücknahme untersagen, wenn diese die Entwicklung des Kindes ernstlich zu gefährden droht.

Art. 311

IV. Entziehung der elterlichen Sorge

1. Von Amtes wegen

1 Sind andere Kindesschutzmassnahmen erfolglos geblieben oder erscheinen sie von vornherein als ungenügend, so entzieht die Kindesschutzbehörde die elterliche Sorge:

1. wenn die Eltern wegen Unerfahrenheit, Krankheit, Gebrechen, Abwesenheit, Gewalttätigkeit oder ähnlichen Gründen ausserstande sind, die elterliche Sorge pflichtgemäss auszuüben;
2. wenn die Eltern sich um das Kind nicht ernstlich gekümmert oder ihre Pflichten gegenüber dem Kinde gröblich verletzt haben.

2 Wird beiden Eltern die Sorge entzogen, so erhalten die Kinder einen Vormund.[1]

3 Die Entziehung ist, wenn nicht ausdrücklich das Gegenteil angeordnet wird, gegenüber allen, auch den später geborenen Kindern wirksam.

Art. 312

2. Mit Einverständnis der Eltern

Die Kindesschutzbehörde entzieht die elterliche Sorge:

1. wenn die Eltern aus wichtigen Gründen darum nachsuchen;
2. wenn sie in eine künftige Adoption des Kindes durch ungenannte Dritte eingewilligt haben.

Art. 313

V. Änderung der Verhältnisse

1 Verändern sich die Verhältnisse, so sind die Massnahmen zum Schutz des Kindes der neuen Lage anzupassen.

2 Die elterliche Sorge darf in keinem Fall vor Ablauf eines Jahres nach ihrer Entziehung wiederhergestellt werden.

Art. 314

VI. Verfahren

1. Im Allgemeinen

1 Die Bestimmungen über das Verfahren vor der Erwachsenenschutzbehörde sind sinngemäss anwendbar.

2 Die Kindesschutzbehörde kann in geeigneten Fällen die Eltern zu einem Mediationsversuch auffordern.

[1] Vgl. ZGB 379 ff.

3 Errichtet die Kindesschutzbehörde eine Beistandschaft, so hält sie im Entscheiddispositiv die Aufgaben des Beistandes und allfällige Beschränkungen der elterlichen Sorge fest.

Art. 314a

2. Anhörung des Kindes

1 Das Kind wird durch die Kindesschutzbehörde oder durch eine beauftragte Drittperson in geeigneter Weise persönlich angehört, soweit nicht sein Alter oder andere wichtige Gründe dagegen sprechen.

2 Im Protokoll der Anhörung werden nur die für den Entscheid wesentlichen Ergebnisse festgehalten. Die Eltern werden über diese Ergebnisse informiert.

3 Das urteilsfähige Kind kann die Verweigerung der Anhörung mit Beschwerde anfechten.

Art. 314a^bis

3. Vertretung des Kindes

1 Die Kindesschutzbehörde ordnet wenn nötig die Vertretung des Kindes an und bezeichnet als Beistand eine in fürsorgerischen und rechtlichen Fragen erfahrene Person.

2 Die Kindesschutzbehörde prüft die Anordnung der Vertretung insbesondere, wenn:

1. die Unterbringung des Kindes Gegenstand des Verfahrens ist;
2. die Beteiligten bezüglich der Regelung der elterlichen Sorge oder bezüglich wichtiger Fragen des persönlichen Verkehrs unterschiedliche Anträge stellen.

3 Der Beistand des Kindes kann Anträge stellen und Rechtsmittel einlegen.

Art. 314b

4. Unterbringung in einer geschlossenen Einrichtung oder psychiatrischen Klinik

1 Muss das Kind in einer geschlossenen Einrichtung oder in einer psychiatrischen Klinik untergebracht werden, so sind die Bestimmungen des Erwachsenenschutzes über die fürsorgerische Unterbringung sinngemäss anwendbar.

2 Ist das Kind urteilsfähig, so kann es selber das Gericht anrufen.

Art. 315

VII. Zuständigkeit

1. Im Allgemeinen

1 Die Kindesschutzmassnahmen werden von der Kindesschutzbehörde am Wohnsitz des Kindes angeordnet.

2 Lebt das Kind bei Pflegeeltern oder sonst ausserhalb der häuslichen Gemeinschaft der Eltern oder liegt Gefahr im Verzug, so sind auch die Behörden am Ort zuständig, wo sich das Kind aufhält.

3 Trifft die Behörde am Aufenthaltsort eine Kindesschutzmassnahme, so benachrichtigt sie die Wohnsitzbehörde.

Art. 315a

2. In eherechtlichen Verfahren

a. Zuständigkeit des Gerichts

1 Hat das Gericht, das für die Ehescheidung oder den Schutz der ehelichen Gemeinschaft zuständig ist, die Beziehungen der Eltern zu den Kindern zu gestalten, so trifft es auch die nötigen Kindesschutzmassnahmen und betraut die Kindesschutzbehörde mit dem Vollzug.

2 Bestehende Kindesschutzmassnahmen können auch vom Gericht den neuen Verhältnissen angepasst werden.

3 Die Kindesschutzbehörde bleibt jedoch befugt:

1. ein vor dem gerichtlichen Verfahren eingeleitetes Kindesschutzverfahren weiterzuführen;

2. die zum Schutz des Kindes sofort notwendigen Massnahmen anzuordnen, wenn sie das Gericht voraussichtlich nicht rechtzeitig treffen kann.

Art. 315b

b. Abänderung gerichtlicher Anordnungen

[1] Zur Abänderung gerichtlicher Anordnungen über die Kindeszuteilung und den Kindesschutz ist das Gericht zuständig:

1. während des Scheidungsverfahrens;
2. im Verfahren zur Abänderung des Scheidungsurteils gemäss den Vorschriften über die Ehescheidung;
3. im Verfahren zur Änderung von Eheschutzmassnahmen; die Vorschriften über die Ehescheidung sind sinngemäss anwendbar.

[2] In den übrigen Fällen ist die Kindesschutzbehörde zuständig.

Art. 316

VIII. Pflegekinderaufsicht

[1] Wer Pflegekinder aufnimmt, bedarf einer Bewilligung der Kindesschutzbehörde oder einer andern vom kantonalen Recht bezeichneten Stelle seines Wohnsitzes und steht unter deren Aufsicht.

[1bis] Wird ein Pflegekind zum Zweck der späteren Adoption aufgenommen, so ist eine einzige kantonale Behörde zuständig.

[2] Der Bundesrat erlässt Ausführungsvorschriften.

Art. 317

IX. Zusammenarbeit in der Jugendhilfe

Die Kantone sichern durch geeignete Vorschriften die zweckmässige Zusammenarbeit der Behörden und Stellen auf dem Gebiet des zivilrechtlichen Kindesschutzes, des Jugendstrafrechts und der übrigen Jugendhilfe.

Vierter Abschnitt: Das Kindesvermögen

Art. 318

A. Verwaltung

[1] Die Eltern haben, solange ihnen die elterliche Sorge zusteht, das Recht und die Pflicht, das Kindesvermögen zu verwalten.

[2] Stirbt ein Elternteil, so hat der überlebende Elternteil der Kindesschutzbehörde ein Inventar über das Kindesvermögen einzureichen.

[3] Erachtet es die Kindesschutzbehörde nach Art und Grösse des Kindesvermögens und nach den persönlichen Verhältnissen der Eltern für angezeigt, so ordnet sie die Inventaraufnahme oder die periodische Rechnungsstellung und Berichterstattung an.

Art. 319

B. Verwendung der Erträge

[1] Die Eltern dürfen die Erträge des Kindesvermögens für Unterhalt, Erziehung und Ausbildung des Kindes und, soweit es der Billigkeit entspricht, auch für die Bedürfnisse des Haushaltes verwenden.

[2] Ein Überschuss fällt ins Kindesvermögen.

Art. 320

C. Anzehrung des Kindesvermögens

[1] Abfindungen, Schadenersatz und ähnliche Leistungen dürfen in Teilbeträgen entsprechend den laufenden Bedürfnissen für den Unterhalt des Kindes verbraucht werden.

2 Erweist es sich für die Bestreitung der Kosten des Unterhalts, der Erziehung oder der Ausbildung als notwendig, so kann die Kindesschutzbehörde den Eltern gestatten, auch das übrige Kindesvermögen in bestimmten Beträgen anzugreifen.

Art. 321

D. Freies Kindesvermögen
I. Zuwendungen

1 Die Eltern dürfen Erträge des Kindesvermögens nicht verbrauchen, wenn es dem Kind mit dieser ausdrücklichen Auflage oder unter der Bestimmung zinstragender Anlage oder als Spargeld zugewendet worden ist.

2 Die Verwaltung durch die Eltern ist nur dann ausgeschlossen, wenn dies bei der Zuwendung ausdrücklich bestimmt wird.

Art. 322

II. Pflichtteil

1 Durch Verfügung von Todes wegen kann auch der Pflichtteil[1] des Kindes von der elterlichen Verwaltung ausgenommen werden.

2 Überträgt der Erblasser die Verwaltung einem Dritten, so kann die Kindesschutzbehörde diesen zur periodischen Rechnungsstellung und Berichterstattung anhalten.

Art. 323

III. Arbeitserwerb, Berufs- und Gewerbevermögen

1 Was das Kind durch eigene Arbeit erwirbt und was es von den Eltern aus seinem Vermögen zur Ausübung eines Berufes oder eines eigenen Gewerbes herausbekommt, steht unter seiner Verwaltung und Nutzung.

2 Lebt das Kind mit den Eltern in häuslicher Gemeinschaft, so können sie verlangen, dass es einen angemessenen Beitrag an seinen Unterhalt leistet.

Art. 324

E. Schutz des Kindesvermögens
I. Geeignete Massnahmen

1 Ist die sorgfältige Verwaltung nicht hinreichend gewährleistet, so trifft die Kindesschutzbehörde die geeigneten Massnahmen zum Schutz des Kindesvermögens.

2 Sie kann namentlich Weisungen für die Verwaltung erteilen und, wenn die periodische Rechnungsstellung und Berichterstattung nicht ausreichen, die Hinterlegung oder Sicherheitsleistung anordnen.

3 Auf das Verfahren und die Zuständigkeit finden die Bestimmungen über den Kindesschutz entsprechende Anwendung.

Art. 325

II. Entziehung der Verwaltung

1 Kann der Gefährdung des Kindesvermögens auf andere Weise nicht begegnet werden, so überträgt die Kindesschutzbehörde die Verwaltung einem Beistand.

2 Die Kindesschutzbehörde trifft die gleiche Anordnung, wenn Kindesvermögen, das nicht von den Eltern verwaltet wird, gefährdet ist.

3 Ist zu befürchten, dass die Erträge oder die für den Verbrauch bestimmten oder freigegebenen Beträge des Kindesvermögens nicht bestimmungsgemäss verwendet werden, so kann die Kindesschutzbehörde auch deren Verwaltung einem Beistand übertragen.

1 Vgl. ZGB 471

Art. 326

F. Ende der Verwaltung
I. Rückerstattung

Endet die elterliche Sorge oder Verwaltung, so haben die Eltern das Kindesvermögen aufgrund einer Abrechnung dem volljährigen Kind oder seinem gesetzlichen Vertreter herauszugeben.

Art. 327

II. Verantwortlichkeit

1 Für die Rückleistung sind die Eltern gleich einem Beauftragten[1] verantwortlich.

2 Für das, was sie in guten Treuen veräussert haben, ist der Erlös zu erstatten.

3 Für die Beträge, die sie befugtermassen für das Kind oder den Haushalt verwendet haben, schulden sie keinen Ersatz.

Fünfter Abschnitt: Minderjährige unter Vormundschaft

Art. 327a

A. Grundsatz

Steht ein Kind nicht unter elterlicher Sorge, so ernennt ihm die Kindesschutzbehörde einen Vormund.

Art. 327b

B. Rechtsstellung
I. Des Kindes

Das Kind unter Vormundschaft hat die gleiche Rechtsstellung wie das Kind unter elterlicher Sorge.

Art. 327c

II. Des Vormunds

1 Dem Vormund stehen die gleichen Rechte zu wie den Eltern.

2 Die Bestimmungen des Erwachsenenschutzes, namentlich über die Ernennung des Beistands, die Führung der Beistandschaft und die Mitwirkung der Erwachsenenschutzbehörde, sind sinngemäss anwendbar.

3 Muss das Kind in einer geschlossenen Einrichtung oder in einer psychiatrischen Klinik untergebracht werden, so sind die Bestimmungen des Erwachsenenschutzes über die fürsorgerische Unterbringung sinngemäss anwendbar.

Neunter Titel: Die Familiengemeinschaft

Erster Abschnitt: Die Unterstützungspflicht

Art. 328

A. Unterstützungspflichtige

1 Wer in günstigen Verhältnissen lebt, ist verpflichtet, Verwandte in auf- und absteigender Linie zu unterstützen, die ohne diesen Beistand in Not geraten würden.

2 Die Unterhaltspflicht der Eltern und des Ehegatten, der eingetragenen Partnerin oder des eingetragenen Partners bleibt vorbehalten.

Art. 329

B. Umfang und Geltendmachung des Anspruches

1 Der Anspruch auf Unterstützung ist gegen die Pflichtigen in der Reihenfolge ihrer Erbberechtigung[2] geltend zu machen und geht auf die Leistung, die zum Lebensunterhalt des Bedürftigen erforderlich und den Verhältnissen des Pflichtigen angemessen ist.

1 Vgl. OR 394 ff.
2 Vgl. ZGB 457 ff.

2 Erscheint die Heranziehung eines Pflichtigen wegen besonderer Umstände als unbillig, so kann das Gericht die Unterstützungspflicht ermässigen oder aufheben.

3 Die Bestimmungen über die Unterhaltsklage des Kindes und über den Übergang seines Unterhaltsanspruches auf das Gemeinwesen finden entsprechende Anwendung.

Art. 330

C. Unterhalt von Findelkindern

1 Findelkinder werden von der Gemeinde unterhalten, in der sie eingebürgert worden sind.

2 Wird die Abstammung eines Findelkindes festgestellt, so kann diese Gemeinde die unterstützungspflichtigen Verwandten und in letzter Linie das unterstützungspflichtige Gemeinwesen zum Ersatz der Auslagen anhalten, die sein Unterhalt ihr verursacht hat.

Zweiter Abschnitt: Die Hausgewalt

Art. 331

A. Voraussetzung

1 Haben Personen, die in gemeinsamem Haushalte leben, nach Vorschrift des Gesetzes oder nach Vereinbarung oder Herkommen ein Familienhaupt, so steht diesem die Hausgewalt zu.

2 Die Hausgewalt erstreckt sich auf alle Personen, die als Verwandte und Verschwägerte oder auf Grund eines Vertragsverhältnisses als Arbeitnehmer oder in ähnlicher Stellung in dem gemeinsamen Haushalte leben.

Art. 332

B. Wirkung

I. Hausordnung und Fürsorge

1 Die Ordnung, der die Hausgenossen unterstellt sind, hat auf die Interessen aller Beteiligten in billiger Weise Rücksicht zu nehmen.

2 Insbesondere soll den Hausgenossen für ihre Ausbildung, ihre Berufsarbeit und für die Pflege der religiösen Bedürfnisse die nötige Freiheit gewährt werden.

3 Die von den Hausgenossen eingebrachten Sachen hat das Familienhaupt mit der gleichen Sorgfalt zu verwahren und gegen Schaden sicherzustellen wie die eigenen.

Art. 333

II. Verantwortlichkeit

1 Verursacht ein Hausgenosse, der minderjährig oder geistig behindert ist, unter umfassender Beistandschaft steht oder an einer psychischen Störung leidet, einen Schaden, so ist das Familienhaupt dafür haftbar, insofern es nicht darzutun vermag, dass es das übliche und durch die Umstände gebotene Mass von Sorgfalt in der Beaufsichtigung beobachtet hat.

2 Das Familienhaupt ist verpflichtet, dafür zu sorgen, dass aus dem Zustand eines Hausgenossen mit einer geistigen Behinderung oder einer psychischen Störung weder für diesen selbst noch für andere Gefahr oder Schaden erwächst.

3 Nötigenfalls soll es bei der zuständigen Behörde zwecks Anordnung der erforderlichen Vorkehrungen Anzeige machen.

Art. 334

III. Forderung der Kinder und Grosskinder

1. Voraussetzungen

1 Volljährige Kinder oder Grosskinder, die ihren Eltern oder Grosseltern in gemeinsamem Haushalt ihre Arbeit oder ihre Einkünfte zugewendet haben, können hierfür eine angemessene Entschädigung verlangen.

2 Im Streitfalle entscheidet das Gericht über die Höhe der Entschädigung, ihre Sicherung und die Art und Weise der Bezahlung.

Art. 334bis

2. Geltendmachung

1 Die den Kindern oder Grosskindern zustehende Entschädigung kann mit dem Tode des Schuldners geltend gemacht werden.

2 Schon zu Lebzeiten des Schuldners kann sie geltend gemacht werden, wenn gegen ihn eine Pfändung erfolgt oder über ihn der Konkurs eröffnet wird, wenn der gemeinsame Haushalt aufgehoben wird oder wenn der Betrieb in andere Hände übergeht.

3 Sie unterliegt keiner Verjährung, muss aber spätestens bei der Teilung der Erbschaft des Schuldners geltend gemacht werden.

Dritter Abschnitt: Das Familienvermögen

Art. 335

A. Familienstiftungen

1 Ein Vermögen kann mit einer Familie dadurch verbunden werden, dass zur Bestreitung der Kosten der Erziehung, Ausstattung oder Unterstützung von Familienangehörigen oder zu ähnlichen Zwecken eine Familienstiftung[1] nach den Regeln des Personenrechts oder des Erbrechts errichtet wird.

2 Die Errichtung von Familienfideikommissen ist nicht mehr gestattet.

Art. 336

B. Gemeinderschaften
I. Begründung
1. Befugnis

Ein Vermögen kann mit einer Familie dadurch verbunden werden, dass Verwandte entweder eine Erbschaft ganz oder zum Teil als Gemeinderschaftsgut fortbestehen lassen, oder dass sie Vermögen zu einer Gemeinderschaft zusammenlegen.

Art. 337

2. Form

Der Vertrag über die Begründung einer Gemeinderschaft bedarf zu seiner Gültigkeit der öffentlichen Beurkundung und der Unterschrift aller Gemeinder oder ihrer Vertreter.

Art. 338

II. Dauer

1 Die Gemeinderschaft kann auf bestimmte oder unbestimmte Zeit geschlossen werden.

2 Ist sie auf unbestimmte Zeit geschlossen, so kann sie jeder Gemeinder auf sechs Monate kündigen.

3 Bei landwirtschaftlichem Betriebe des Gesamtgutes ist eine Kündigung nur auf einen dem Ortsgebrauch entsprechenden Frühjahrs- oder Herbsttermin zulässig.

Art. 339

III. Wirkung
1. Art der Gemeinderschaft

1 Die Gemeinderschaft verbindet die Gemeinder zu gemeinsamer wirtschaftlicher Tätigkeit.

2 Sie sind mangels anderer Anordnung zu gleichen Rechten an der Gemeinderschaft beteiligt.

3 Sie können während der Gemeinderschaft weder eine Teilung beanspruchen noch über ihre Gemeinschaftsanteile verfügen.

1 Vgl. ZGB 52 und 80

Art. 340

2. Leitung und Vertretung
a. Im Allgemeinen

[1] Die Angelegenheiten der Gemeinderschaft werden von allen Gemeindern gemeinsam geordnet.

[2] Jeder von ihnen kann ohne Mitwirkung der übrigen gewöhnliche Verwaltungshandlungen vornehmen.

Art. 341

b. Befugnis des Hauptes

[1] Die Gemeinder können eines der Glieder als Haupt der Gemeinderschaft bezeichnen.

[2] Das Haupt der Gemeinderschaft hat die Vertretung im Umfang ihrer Angelegenheiten und leitet deren wirtschaftliche Tätigkeit.

[3] Die Ausschliessung der andern von der Vertretung ist jedoch gutgläubigen Dritten gegenüber nur dann wirksam, wenn der Vertreter im Handelsregister eingetragen ist.

Art. 342

3. Gemeinschaftsgut und persönliches Vermögen

[1] Die Vermögenswerte der Gemeinderschaft stehen im Gesamteigentum aller Gemeinder.

[2] Für die Schulden haften die Gemeinder solidarisch.

[3] Was ein einzelner Gemeinder neben dem Gemeinschaftsgut an Vermögen besitzt oder während der Gemeinschaft durch Erbgang oder auf andere Weise unentgeltlich für sich allein erwirbt, ist, wenn es nicht anders verabredet wird, sein persönliches Vermögen.

Art. 343

IV. Aufhebung
1. Gründe

Die Aufhebung der Gemeinderschaft erfolgt:

1. nach Vereinbarung oder Kündigung;
2. mit Ablauf der Zeit, für die eine Gemeinderschaft begründet worden ist, insofern sie nicht stillschweigend fortgesetzt wird;
3. wenn der gepfändete Anteil eines Gemeinders am Gemeinschaftsgute zur Verwertung gelangt ist;
4. wenn ein Gemeinder in Konkurs geraten ist;
5. auf Verlangen eines Gemeinders aus wichtigen Gründen.

Art. 344

2. Kündigung, Zahlungsunfähigkeit, Heirat

[1] Kündigt ein Gemeinder die Gemeinderschaft, oder ist einer der Gemeinder in Konkurs geraten, oder gelangt der gepfändete Anteil eines Gemeinders zur Verwertung, so können die übrigen die Gemeinderschaft miteinander fortsetzen, indem sie den Ausscheidenden oder seine Gläubiger abfinden.

[2] Verheiratet sich ein Gemeinder, so kann er ohne Kündigung die Abfindung beanspruchen.

Art. 345

3. Tod eines Gemeinders

[1] Stirbt ein Gemeinder, so können die Erben, die nicht in der Gemeinderschaft stehen, nur die Abfindung beanspruchen.

[2] Hinterlässt er erbberechtigte Nachkommen, so können diese mit Zustimmung der übrigen Gemeinder an Stelle des Erblassers in die Gemeinderschaft eintreten.

Art. 346

4. Teilungsregel

[1] Die Teilung des Gemeinschaftsgutes oder die Abfindung eines ausscheidenden Gemeinders findet nach der Vermögenslage statt, wie sie beim Eintritt des Aufhebungsgrundes vorhanden ist.

[2] Ihre Durchführung darf nicht zur Unzeit verlangt werden.

Art. 347

V. Ertragsgemeinderschaft
1. Inhalt

[1] Die Gemeinder können die Bewirtschaftung des Gemeinschaftsgutes und die Vertretung einem einzigen unter ihnen übertragen, mit der Bestimmung, dass dieser jedem der Gemeinder jährlich einen Anteil vom Reingewinn zu entrichten hat.

[2] Dieser Anteil ist, wenn keine andere Abrede getroffen wird, nach dem Durchschnittsertrage des Gemeinschaftsgutes für eine angemessene längere Periode in billiger Weise festzusetzen, unter Berücksichtigung der Leistungen des Übernehmers.

Art. 348

2. Besondere Aufhebungsgründe

[1] Wird das Gemeinschaftsgut von dem Übernehmer nicht ordentlich bewirtschaftet, oder kommt dieser seinen Verpflichtungen gegenüber den Gemeindern nicht nach, so kann die Gemeinderschaft aufgehoben werden.

[2] Auf Verlangen eines Gemeinders kann das Gericht aus wichtigen Gründen dessen Eintritt in die Wirtschaft des Übernehmers verfügen, unter Berücksichtigung der Vorschriften über die erbrechtliche Teilung.

[3] Im Übrigen steht die Ertragsgemeinderschaft unter den Regeln der Gemeinderschaft mit gemeinsamer Wirtschaft.

Art. 349–358

Aufgehoben.

Art. 359

Aufgehoben.

Dritte Abteilung: Der Erwachsenenschutz

Zehnter Titel: Die eigene Vorsorge und Massnahmen von Gesetzes wegen

Erster Abschnitt: Die eigene Vorsorge

Erster Unterabschnitt: Der Vorsorgeauftrag

Art. 360

A. Grundsatz

[1] Eine handlungsfähige Person[1] kann eine natürliche oder juristische Person beauftragen, im Fall ihrer Urteilsunfähigkeit die Personensorge oder die Vermögenssorge zu übernehmen oder sie im Rechtsverkehr zu vertreten.

1 Vgl. ZGB 13

2 Sie muss die Aufgaben, die sie der beauftragten Person übertragen will, umschreiben und kann Weisungen für die Erfüllung der Aufgaben erteilen.

3 Sie kann für den Fall, dass die beauftragte Person für die Aufgaben nicht geeignet ist, den Auftrag nicht annimmt oder ihn kündigt, Ersatzverfügungen treffen.

Art. 361

B. Errichtung und Widerruf
I. Errichtung

1 Der Vorsorgeauftrag ist eigenhändig zu errichten[1] oder öffentlich zu beurkunden.

2 Der eigenhändige Vorsorgeauftrag ist von der auftraggebenden Person von Anfang bis Ende von Hand niederzuschreiben, zu datieren und zu unterzeichnen.

3 Das Zivilstandsamt trägt auf Antrag die Tatsache, dass eine Person einen Vorsorgeauftrag errichtet hat, und den Hinterlegungsort in die zentrale Datenbank ein. Der Bundesrat erlässt die nötigen Bestimmungen, namentlich über den Zugang zu den Daten.

Art. 362

II. Widerruf

1 Die auftraggebende Person kann ihren Vorsorgeauftrag jederzeit in einer der Formen widerrufen, die für die Errichtung vorgeschrieben sind.

2 Sie kann den Vorsorgeauftrag auch dadurch widerrufen, dass sie die Urkunde vernichtet.

3 Errichtet sie einen neuen Vorsorgeauftrag, ohne einen früheren ausdrücklich aufzuheben, so tritt der neue Vorsorgeauftrag an die Stelle des früheren, sofern er nicht zweifellos eine blosse Ergänzung darstellt.

Art. 363

C. Feststellung der Wirksamkeit und Annahme

1 Erfährt die Erwachsenenschutzbehörde, dass eine Person urteilsunfähig geworden ist, und ist ihr nicht bekannt, ob ein Vorsorgeauftrag vorliegt, so erkundigt sie sich beim Zivilstandsamt.

2 Liegt ein Vorsorgeauftrag vor, so prüft die Erwachsenenschutzbehörde, ob:

1. dieser gültig errichtet worden ist;
2. die Voraussetzungen für seine Wirksamkeit eingetreten sind;
3. die beauftragte Person für ihre Aufgaben geeignet ist; und
4. weitere Massnahmen des Erwachsenenschutzes erforderlich sind.

3 Nimmt die beauftragte Person den Vorsorgeauftrag an, so weist die Behörde sie auf ihre Pflichten nach den Bestimmungen des Obligationenrechts über den Auftrag hin und händigt ihr eine Urkunde aus, die ihre Befugnisse wiedergibt.

Art. 364

D. Auslegung und Ergänzung

Die beauftragte Person kann die Erwachsenenschutzbehörde um Auslegung des Vorsorgeauftrags und dessen Ergänzung in Nebenpunkten ersuchen.

Art. 365

E. Erfüllung

1 Die beauftragte Person vertritt im Rahmen des Vorsorgeauftrags die auftraggebende Person und nimmt ihre Aufgaben nach den Bestimmungen des Obligationenrechts über den Auftrag sorgfältig wahr.

2 Müssen Geschäfte besorgt werden, die vom Vorsorgeauftrag nicht erfasst sind, oder hat die beauftragte Person in einer Angelegenheit Interessen, die denen der

1 Qualifizierte Schriftlichkeit

betroffenen Person widersprechen, so benachrichtigt die beauftragte Person unverzüglich die Erwachsenenschutzbehörde.

3 Bei Interessenkollision entfallen von Gesetzes wegen die Befugnisse der beauftragten Person.

Art. 366

F. Entschädigung und Spesen

1 Enthält der Vorsorgeauftrag keine Anordnung über die Entschädigung der beauftragten Person, so legt die Erwachsenenschutzbehörde eine angemessene Entschädigung fest, wenn dies mit Rücksicht auf den Umfang der Aufgaben als gerechtfertigt erscheint oder wenn die Leistungen der beauftragten Person üblicherweise entgeltlich sind.

2 Die Entschädigung und die notwendigen Spesen werden der auftraggebenden Person belastet.

Art. 367

G. Kündigung

1 Die beauftragte Person kann den Vorsorgeauftrag jederzeit mit einer zweimonatigen Kündigungsfrist durch schriftliche Mitteilung an die Erwachsenenschutzbehörde kündigen.

2 Aus wichtigen Gründen kann sie den Auftrag fristlos kündigen.

Art. 368

H. Einschreiten der Erwachsenenschutzbehörde

1 Sind die Interessen der auftraggebenden Person gefährdet oder nicht mehr gewahrt, so trifft die Erwachsenenschutzbehörde von Amtes wegen oder auf Antrag einer nahestehenden Person die erforderlichen Massnahmen.

2 Sie kann insbesondere der beauftragten Person Weisungen erteilen, diese zur Einreichung eines Inventars, zur periodischen Rechnungsablage und zur Berichterstattung verpflichten oder ihr die Befugnisse teilweise oder ganz entziehen.

Art. 369

I. Wiedererlangen der Urteilsfähigkeit

1 Wird die auftraggebende Person wieder urteilsfähig[1], so verliert der Vorsorgeauftrag seine Wirksamkeit von Gesetzes wegen.

2 Werden dadurch die Interessen der auftraggebenden Person gefährdet, so ist die beauftragte Person verpflichtet, so lange für die Fortführung der ihr übertragenen Aufgaben zu sorgen, bis die auftraggebende Person ihre Interessen selber wahren kann.

3 Aus Geschäften, welche die beauftragte Person vornimmt, bevor sie vom Erlöschen ihres Auftrags erfährt, wird die auftraggebende Person verpflichtet, wie wenn der Auftrag noch bestehen würde.

1 Vgl. ZGB 16

Zweiter Unterabschnitt: Die Patientenverfügung

Art. 370

A. Grundsatz

1 Eine urteilsfähige Person[1] kann in einer Patientenverfügung festlegen, welchen medizinischen Massnahmen sie im Fall ihrer Urteilsunfähigkeit zustimmt oder nicht zustimmt.

2 Sie kann auch eine natürliche Person bezeichnen, die im Fall ihrer Urteilsunfähigkeit mit der behandelnden Ärztin oder dem behandelnden Arzt die medizinischen Massnahmen besprechen und in ihrem Namen entscheiden soll. Sie kann dieser Person Weisungen erteilen.

3 Sie kann für den Fall, dass die bezeichnete Person für die Aufgaben nicht geeignet ist, den Auftrag nicht annimmt oder ihn kündigt, Ersatzverfügungen treffen.

Art. 371

B. Errichtung und Widerruf

1 Die Patientenverfügung ist schriftlich zu errichten, zu datieren und zu unterzeichnen.

2 Wer eine Patientenverfügung errichtet hat, kann diese Tatsache und den Hinterlegungsort auf der Versichertenkarte eintragen lassen. Der Bundesrat erlässt die nötigen Bestimmungen, namentlich über den Zugang zu den Daten.

3 Die Bestimmung über den Widerruf des Vorsorgeauftrags ist sinngemäss anwendbar.

Art. 372

C. Eintritt der Urteilsunfähigkeit

1 Ist die Patientin oder der Patient urteilsunfähig und ist nicht bekannt, ob eine Patientenverfügung vorliegt, so klärt die behandelnde Ärztin oder der behandelnde Arzt dies anhand der Versichertenkarte ab. Vorbehalten bleiben dringliche Fälle.

2 Die Ärztin oder der Arzt entspricht der Patientenverfügung, ausser wenn diese gegen gesetzliche Vorschriften verstösst oder wenn begründete Zweifel bestehen, dass sie auf freiem Willen beruht oder noch dem mutmasslichen Willen der Patientin oder des Patienten entspricht.

3 Die Ärztin oder der Arzt hält im Patientendossier fest, aus welchen Gründen der Patientenverfügung nicht entsprochen wird.

Art. 373

D. Einschreiten der Erwachsenenschutzbehörde

1 Jede der Patientin oder dem Patienten nahestehende Person kann schriftlich die Erwachsenenschutzbehörde anrufen und geltend machen, dass:

1. der Patientenverfügung nicht entsprochen wird;
2. die Interessen der urteilsunfähigen Person gefährdet oder nicht mehr gewahrt sind;
3. die Patientenverfügung nicht auf freiem Willen beruht.

2 Die Bestimmung über das Einschreiten der Erwachsenenschutzbehörde beim Vorsorgeauftrag ist sinngemäss anwendbar.

[1] Vgl. ZGB 16

Zweiter Abschnitt: Massnahmen von Gesetzes wegen für urteilsunfähige Personen

Erster Unterabschnitt: Vertretung durch den Ehegatten, die eingetragene Partnerin oder den eingetragenen Partner

Art. 374

A. Voraussetzungen und Umfang des Vertretungsrechts

1 Wer als Ehegatte, eingetragene Partnerin oder eingetragener Partner mit einer Person, die urteilsunfähig wird, einen gemeinsamen Haushalt führt oder ihr regelmässig und persönlich Beistand leistet, hat von Gesetzes wegen ein Vertretungsrecht, wenn weder ein Vorsorgeauftrag noch eine entsprechende Beistandschaft besteht.

2 Das Vertretungsrecht umfasst:

1. alle Rechtshandlungen, die zur Deckung des Unterhaltsbedarfs üblicherweise erforderlich sind;
2. die ordentliche Verwaltung des Einkommens und der übrigen Vermögenswerte; und
3. nötigenfalls die Befugnis, die Post zu öffnen und zu erledigen.

3 Für Rechtshandlungen im Rahmen der ausserordentlichen Vermögensverwaltung muss der Ehegatte, die eingetragene Partnerin oder der eingetragene Partner die Zustimmung der Erwachsenenschutzbehörde einholen.

Art. 375

B. Ausübung des Vertretungsrechts

Auf die Ausübung des Vertretungsrechts sind die Bestimmungen des Obligationenrechts über den Auftrag[1] sinngemäss anwendbar.

Art. 376

C. Einschreiten der Erwachsenenschutzbehörde

1 Bestehen Zweifel, ob die Voraussetzungen für eine Vertretung erfüllt sind, so entscheidet die Erwachsenenschutzbehörde über das Vertretungsrecht und händigt gegebenenfalls dem Ehegatten, der eingetragenen Partnerin oder dem eingetragenen Partner eine Urkunde aus, welche die Befugnisse wiedergibt.

2 Sind die Interessen der urteilsunfähigen Person gefährdet oder nicht mehr gewahrt, so entzieht die Erwachsenenschutzbehörde dem Ehegatten, der eingetragenen Partnerin oder dem eingetragenen Partner auf Antrag einer nahestehenden Person oder von Amtes wegen die Vertretungsbefugnisse teilweise oder ganz oder errichtet eine Beistandschaft.

Zweiter Unterabschnitt: Vertretung bei medizinischen Massnahmen

Art. 377

A. Behandlungsplan

1 Hat sich eine urteilsunfähige Person zur Behandlung nicht in einer Patientenverfügung geäussert, so plant die behandelnde Ärztin oder der behandelnde Arzt unter Beizug der zur Vertretung bei medizinischen Massnahmen berechtigten Person die erforderliche Behandlung.

2 Die Ärztin oder der Arzt informiert die vertretungsberechtigte Person über alle Umstände, die im Hinblick auf die vorgesehenen medizinischen Massnahmen

[1] Vgl. OR 394 ff.

wesentlich sind, insbesondere über deren Gründe, Zweck, Art, Modalitäten, Risiken, Nebenwirkungen und Kosten, über Folgen eines Unterlassens der Behandlung sowie über allfällige alternative Behandlungsmöglichkeiten.

3 Soweit möglich wird auch die urteilsunfähige Person in die Entscheidfindung einbezogen.

4 Der Behandlungsplan wird der laufenden Entwicklung angepasst.

Art. 378

B. Vertretungsberechtigte Person

1 Die folgenden Personen sind der Reihe nach berechtigt, die urteilsunfähige Person zu vertreten und den vorgesehenen ambulanten oder stationären Massnahmen die Zustimmung zu erteilen oder zu verweigern:

1. die in einer Patientenverfügung oder in einem Vorsorgeauftrag bezeichnete Person;
2. der Beistand oder die Beiständin mit einem Vertretungsrecht bei medizinischen Massnahmen;
3. wer als Ehegatte, eingetragene Partnerin oder eingetragener Partner einen gemeinsamen Haushalt mit der urteilsunfähigen Person führt oder ihr regelmässig und persönlich Beistand leistet;
4. die Person, die mit der urteilsunfähigen Person einen gemeinsamen Haushalt führt und ihr regelmässig und persönlich Beistand leistet;
5. die Nachkommen, wenn sie der urteilsunfähigen Person regelmässig und persönlich Beistand leisten;
6. die Eltern, wenn sie der urteilsunfähigen Person regelmässig und persönlich Beistand leisten;
7. die Geschwister, wenn sie der urteilsunfähigen Person regelmässig und persönlich Beistand leisten.

2 Sind mehrere Personen vertretungsberechtigt, so dürfen die gutgläubige Ärztin oder der gutgläubige Arzt voraussetzen, dass jede im Einverständnis mit den anderen handelt.

3 Fehlen in einer Patientenverfügung Weisungen, so entscheidet die vertretungsberechtigte Person nach dem mutmasslichen Willen und den Interessen der urteilsunfähigen Person.

Art. 379

C. Dringliche Fälle

In dringlichen Fällen ergreift die Ärztin oder der Arzt medizinische Massnahmen nach dem mutmasslichen Willen und den Interessen der urteilsunfähigen Person.

Art. 380

D. Behandlung einer psychischen Störung

Die Behandlung einer psychischen Störung einer urteilsunfähigen Person in einer psychiatrischen Klinik richtet sich nach den Bestimmungen über die fürsorgerische Unterbringung.

Art. 381

E. Einschreiten der Erwachsenenschutzbehörde

1 Die Erwachsenenschutzbehörde errichtet eine Vertretungsbeistandschaft[1], wenn keine vertretungsberechtigte Person vorhanden ist oder das Vertretungsrecht ausüben will.

1 Vgl. ZGB 394

2 Sie bestimmt die vertretungsberechtigte Person oder errichtet eine Vertretungsbeistandschaft, wenn:
1. unklar ist, wer vertretungsberechtigt ist;
2. die vertretungsberechtigten Personen unterschiedliche Auffassungen haben; oder
3. die Interessen der urteilsunfähigen Person gefährdet oder nicht mehr gewahrt sind.

3 Sie handelt auf Antrag der Ärztin oder des Arztes oder einer anderen nahestehenden Person oder von Amtes wegen.

Dritter Unterabschnitt: Aufenthalt in Wohn- oder Pflegeeinrichtungen

Art. 382

A. Betreuungsvertrag

1 Wird eine urteilsunfähige Person für längere Dauer in einer Wohn- oder Pflegeeinrichtung betreut, so muss schriftlich in einem Betreuungsvertrag festgelegt werden, welche Leistungen die Einrichtung erbringt und welches Entgelt dafür geschuldet ist.

2 Bei der Festlegung der von der Einrichtung zu erbringenden Leistungen werden die Wünsche der betroffenen Person so weit wie möglich berücksichtigt.

3 Die Zuständigkeit für die Vertretung der urteilsunfähigen Person beim Abschluss, bei der Änderung oder bei der Aufhebung des Betreuungsvertrags richtet sich sinngemäss nach den Bestimmungen über die Vertretung bei medizinischen Massnahmen.[1]

Art. 383

B. Einschränkung der Bewegungsfreiheit

I. Voraussetzungen

1 Die Wohn- oder Pflegeeinrichtung darf die Bewegungsfreiheit der urteilsunfähigen Person nur einschränken, wenn weniger einschneidende Massnahmen nicht ausreichen oder von vornherein als ungenügend erscheinen und die Massnahme dazu dient:
1. eine ernsthafte Gefahr für das Leben oder die körperliche Integrität der betroffenen Person oder Dritter abzuwenden; oder
2. eine schwerwiegende Störung des Gemeinschaftslebens zu beseitigen.

2 Vor der Einschränkung der Bewegungsfreiheit wird der betroffenen Person erklärt, was geschieht, warum die Massnahme angeordnet wurde, wie lange diese voraussichtlich dauert und wer sich während dieser Zeit um sie kümmert. Vorbehalten bleiben Notfallsituationen.

3 Die Einschränkung der Bewegungsfreiheit wird so bald wie möglich wieder aufgehoben und auf jeden Fall regelmässig auf ihre Berechtigung hin überprüft.

Art. 384

II. Protokollierung und Information

1 Über jede Massnahme zur Einschränkung der Bewegungsfreiheit wird Protokoll geführt. Dieses enthält insbesondere den Namen der anordnenden Person, den Zweck, die Art und die Dauer der Massnahme.

1 Vgl. ZGB 377 ff.

2 Die zur Vertretung bei medizinischen Massnahmen berechtigte Person wird über die Massnahme zur Einschränkung der Bewegungsfreiheit informiert und kann das Protokoll jederzeit einsehen.

3 Ein Einsichtsrecht steht auch den Personen zu, welche die Wohn- oder Pflegeeinrichtung beaufsichtigen.

Art. 385

III. Einschreiten der Erwachsenenschutzbehörde

1 Die betroffene oder eine ihr nahestehende Person kann gegen eine Massnahme zur Einschränkung der Bewegungsfreiheit jederzeit schriftlich die Erwachsenenschutzbehörde am Sitz der Einrichtung anrufen.

2 Stellt die Erwachsenenschutzbehörde fest, dass die Massnahme nicht den gesetzlichen Vorgaben entspricht, so ändert sie die Massnahme, hebt sie auf oder ordnet eine behördliche Massnahme des Erwachsenenschutzes an. Nötigenfalls benachrichtigt sie die Aufsichtsbehörde der Einrichtung.

3 Jedes Begehren um Beurteilung durch die Erwachsenenschutzbehörde wird dieser unverzüglich weitergeleitet.

Art. 386

C. Schutz der Persönlichkeit

1 Die Wohn- oder Pflegeeinrichtung schützt die Persönlichkeit der urteilsunfähigen Person und fördert so weit wie möglich Kontakte zu Personen ausserhalb der Einrichtung.

2 Kümmert sich niemand von ausserhalb der Einrichtung um die betroffene Person, so benachrichtigt die Wohn- oder Pflegeeinrichtung die Erwachsenenschutzbehörde.

3 Die freie Arztwahl ist gewährleistet, soweit nicht wichtige Gründe dagegen sprechen.

Art. 387

D. Aufsicht über Wohn- und Pflegeeinrichtungen

Die Kantone unterstellen Wohn- und Pflegeeinrichtungen, in denen urteilsunfähige Personen betreut werden, einer Aufsicht, soweit nicht durch bundesrechtliche Vorschriften bereits eine Aufsicht gewährleistet ist.

Elfter Titel: Die behördlichen Massnahmen

Erster Abschnitt: Allgemeine Grundsätze

Art. 388

A. Zweck

1 Die behördlichen Massnahmen des Erwachsenenschutzes stellen das Wohl und den Schutz hilfsbedürftiger Personen sicher.

2 Sie sollen die Selbstbestimmung der betroffenen Person so weit wie möglich erhalten und fördern.

Art. 389

B. Subsidiarität und Verhältnismässigkeit

1 Die Erwachsenenschutzbehörde ordnet eine Massnahme an, wenn:

1. die Unterstützung der hilfsbedürftigen Person durch die Familie, andere nahestehende Personen oder private oder öffentliche Dienste nicht ausreicht oder von vornherein als ungenügend erscheint;
2. bei Urteilsunfähigkeit der hilfsbedürftigen Person keine oder keine ausreichende eigene Vorsorge getroffen worden ist und die Massnahmen von Gesetzes wegen nicht genügen.

2 Jede behördliche Massnahme muss erforderlich und geeignet sein.

Zweiter Abschnitt: Die Beistandschaften

Erster Unterabschnitt: Allgemeine Bestimmungen

Art. 390

A. Voraussetzungen

[1] Die Erwachsenenschutzbehörde errichtet eine Beistandschaft, wenn eine volljährige[1] Person:

1. wegen einer geistigen Behinderung, einer psychischen Störung oder eines ähnlichen in der Person liegenden Schwächezustands ihre Angelegenheiten nur teilweise oder gar nicht besorgen kann;
2. wegen vorübergehender Urteilsunfähigkeit oder Abwesenheit in Angelegenheiten, die erledigt werden müssen, weder selber handeln kann noch eine zur Stellvertretung berechtigte Person bezeichnet hat.

[2] Die Belastung und der Schutz von Angehörigen und Dritten sind zu berücksichtigen.

[3] Die Beistandschaft wird auf Antrag der betroffenen oder einer nahestehenden Person oder von Amtes wegen errichtet.

Art. 391

B. Aufgabenbereiche

[1] Die Erwachsenenschutzbehörde umschreibt die Aufgabenbereiche der Beistandschaft entsprechend den Bedürfnissen der betroffenen Person.

[2] Die Aufgabenbereiche betreffen die Personensorge, die Vermögenssorge oder den Rechtsverkehr.

[3] Ohne Zustimmung der betroffenen Person darf der Beistand oder die Beiständin nur dann deren Post öffnen oder deren Wohnräume betreten, wenn die Erwachsenenschutzbehörde die Befugnis dazu ausdrücklich erteilt hat.

Art. 392

C. Verzicht auf eine Beistandschaft

Erscheint die Errichtung einer Beistandschaft wegen des Umfangs der Aufgaben als offensichtlich unverhältnismässig, so kann die Erwachsenenschutzbehörde:

1. von sich aus das Erforderliche vorkehren, namentlich die Zustimmung zu einem Rechtsgeschäft erteilen;
2. einer Drittperson für einzelne Aufgaben einen Auftrag erteilen; oder
3. eine geeignete Person oder Stelle bezeichnen, der für bestimmte Bereiche Einblick und Auskunft zu geben sind.

Zweiter Unterabschnitt: Die Arten von Beistandschaften

Art. 393

A. Begleitbeistandschaft

[1] Eine Begleitbeistandschaft wird mit Zustimmung der hilfsbedürftigen Person errichtet, wenn diese für die Erledigung bestimmter Angelegenheiten begleitende Unterstützung braucht.

[2] Die Begleitbeistandschaft schränkt die Handlungsfähigkeit[2] der betroffenen Person nicht ein.

[1] Vgl. ZGB 14
[2] Vgl. ZGB 12

Art. 394

B. Vertretungsbeistandschaft
I. Im Allgemeinen

1 Eine Vertretungsbeistandschaft wird errichtet, wenn die hilfsbedürftige Person bestimmte Angelegenheiten nicht erledigen kann und deshalb vertreten werden muss.

2 Die Erwachsenenschutzbehörde kann die Handlungsfähigkeit der betroffenen Person entsprechend einschränken.

3 Auch wenn die Handlungsfähigkeit nicht eingeschränkt ist, muss die betroffene Person sich die Handlungen des Beistands oder der Beiständin anrechnen oder gefallen lassen.

Art. 395

II. Vermögensverwaltung

1 Errichtet die Erwachsenenschutzbehörde eine Vertretungsbeistandschaft für die Vermögensverwaltung, so bestimmt sie die Vermögenswerte, die vom Beistand oder von der Beiständin verwaltet werden sollen. Sie kann Teile des Einkommens oder das gesamte Einkommen, Teile des Vermögens oder das gesamte Vermögen oder das gesamte Einkommen und Vermögen unter die Verwaltung stellen.

2 Die Verwaltungsbefugnisse umfassen auch die Ersparnisse aus dem verwalteten Einkommen oder die Erträge des verwalteten Vermögens, wenn die Erwachsenenschutzbehörde nichts anderes verfügt.

3 Ohne die Handlungsfähigkeit der betroffenen Person einzuschränken, kann ihr die Erwachsenenschutzbehörde den Zugriff auf einzelne Vermögenswerte entziehen.

4 Untersagt die Erwachsenenschutzbehörde der betroffenen Person, über ein Grundstück zu verfügen, so lässt sie dies im Grundbuch anmerken.

Art. 396

C. Mitwirkungsbeistandschaft

1 Eine Mitwirkungsbeistandschaft wird errichtet, wenn bestimmte Handlungen der hilfsbedürftigen Person zu deren Schutz der Zustimmung des Beistands oder der Beiständin bedürfen.

2 Die Handlungsfähigkeit der betroffenen Person wird von Gesetzes wegen entsprechend eingeschränkt.

Art. 397

D. Kombination von Beistandschaften

Die Begleit-, die Vertretungs- und die Mitwirkungsbeistandschaft können miteinander kombiniert werden.

Art. 398

E. Umfassende Beistandschaft

1 Eine umfassende Beistandschaft[1] wird errichtet, wenn eine Person, namentlich wegen dauernder Urteilsunfähigkeit, besonders hilfsbedürftig ist.

2 Sie bezieht sich auf alle Angelegenheiten der Personensorge, der Vermögenssorge und des Rechtsverkehrs.

3 Die Handlungsfähigkeit der betroffenen Person entfällt von Gesetzes wegen.

1 Früher Vormundschaft

Dritter Unterabschnitt: Ende der Beistandschaft

Art. 399

1 Die Beistandschaft endet von Gesetzes wegen mit dem Tod der betroffenen Person.

2 Die Erwachsenenschutzbehörde hebt eine Beistandschaft auf Antrag der betroffenen oder einer nahestehenden Person oder von Amtes wegen auf, sobald für die Fortdauer kein Grund mehr besteht.

Vierter Unterabschnitt: Der Beistand oder die Beiständin

Art. 400

A. Ernennung
I. Allgemeine Voraussetzungen

1 Die Erwachsenenschutzbehörde ernennt als Beistand oder Beiständin eine natürliche Person, die für die vorgesehenen Aufgaben persönlich und fachlich geeignet ist, die dafür erforderliche Zeit einsetzen kann und die Aufgaben selber wahrnimmt. Bei besonderen Umständen können mehrere Personen ernannt werden.

2 Die ernannte Person ist verpflichtet, die Beistandschaft zu übernehmen, wenn nicht wichtige Gründe dagegen sprechen.

3 Die Erwachsenenschutzbehörde sorgt dafür, dass der Beistand oder die Beiständin die erforderliche Instruktion, Beratung und Unterstützung erhält.

Art. 401

II. Wünsche der betroffenen Person oder ihr nahestehender Personen

1 Schlägt die betroffene Person eine Vertrauensperson als Beistand oder Beiständin vor, so entspricht die Erwachsenenschutzbehörde ihrem Wunsch, wenn die vorgeschlagene Person für die Beistandschaft geeignet und zu deren Übernahme bereit ist.

2 Sie berücksichtigt, soweit tunlich, Wünsche der Angehörigen oder anderer nahestehender Personen.

3 Lehnt die betroffene Person eine bestimmte Person als Beistand oder Beiständin ab, so entspricht die Erwachsenenschutzbehörde, soweit tunlich, diesem Wunsch.

Art. 402

III. Übertragung des Amtes auf mehrere Personen

1 Überträgt die Erwachsenenschutzbehörde eine Beistandschaft mehreren Personen, so legt sie fest, ob das Amt gemeinsam ausgeübt wird oder wer für welche Aufgaben zuständig ist.

2 Die gemeinsame Rührung einer Beistandschaft wird mehreren Personen nur mit ihrem Einverständnis übertragen.

Art. 403

B. Verhinderung und Interessenkollision

1 Ist der Beistand oder die Beiständin am Handeln verhindert oder widersprechen die Interessen des Beistands oder der Beiständin in einer Angelegenheit denjenigen der betroffenen Person, so ernennt die Erwachsenenschutzbehörde einen Ersatzbeistand oder eine Ersatzbeiständin oder regelt diese Angelegenheit selber.

2 Bei Interessenkollision entfallen von Gesetzes wegen die Befugnisse des Beistands oder der Beiständin in der entsprechenden Angelegenheit.

Art. 404

C. Entschädigung und Spesen

1 Der Beistand oder die Beiständin hat Anspruch auf eine angemessene Entschädigung und auf Ersatz der notwendigen Spesen aus dem Vermögen der betroffe-

nen Person. Bei einem Berufsbeistand oder einer Berufsbeiständin fallen die Entschädigung und der Spesenersatz an den Arbeitgeber.

2 Die Erwachsenenschutzbehörde legt die Höhe der Entschädigung fest. Sie berücksichtigt dabei insbesondere den Umfang und die Komplexität der dem Beistand oder der Beiständin übertragenen Aufgaben.

3 Die Kantone erlassen Ausführungsbestimmungen und regeln die Entschädigung und den Spesenersatz, wenn diese nicht aus dem Vermögen der betroffenen Person bezahlt werden können.

Fünfter Unterabschnitt: Die Führung der Beistandschaft

Art. 405

A. Übernahme des Amtes

1 Der Beistand oder die Beiständin verschafft sich die zur Erfüllung der Aufgaben nötigen Kenntnisse und nimmt persönlich mit der betroffenen Person Kontakt auf.

2 Umfasst die Beistandschaft die Vermögensverwaltung, so nimmt der Beistand oder die Beiständin in Zusammenarbeit mit der Erwachsenenschutzbehörde unverzüglich ein Inventar der zu verwaltenden Vermögenswerte auf.

3 Wenn die Umstände es rechtfertigen, kann die Erwachsenenschutzbehörde die Aufnahme eines öffentlichen Inventars anordnen. Dieses hat für die Gläubiger die gleiche Wirkung wie das öffentliche Inventar des Erbrechts.[1]

4 Dritte sind verpflichtet, alle für die Aufnahme des Inventars erforderlichen Auskünfte zu erteilen.

Art. 406

B. Verhältnis zur betroffenen Person

1 Der Beistand oder die Beiständin erfüllt die Aufgaben im Interesse der betroffenen Person, nimmt, soweit tunlich, auf deren Meinung Rücksicht und achtet deren Willen, das Leben entsprechend ihren Fähigkeiten nach eigenen Wünschen und Vorstellungen zu gestalten.

2 Der Beistand oder die Beiständin strebt danach, ein Vertrauensverhältnis mit der betroffenen Person aufzubauen und den Schwächezustand zu lindern oder eine Verschlimmerung zu verhüten.

Art. 407

C. Eigenes Handeln der betroffenen Person

Die urteilsfähige betroffene Person kann, auch wenn ihr die Handlungsfähigkeit entzogen worden ist, im Rahmen des Personenrechts durch eigenes Handeln Rechte und Pflichten begründen[2] und höchstpersönliche Rechte ausüben.

Art. 408

D. Vermögensverwaltung

I. Aufgaben

1 Der Beistand oder die Beiständin verwaltet die Vermögenswerte sorgfältig und nimmt alle Rechtsgeschäfte vor, die mit der Verwaltung zusammenhängen.

2 Insbesondere kann der Beistand oder die Beiständin:

1. mit befreiender Wirkung die von Dritten geschuldete Leistung für die betroffene Person entgegennehmen;
2. soweit angezeigt Schulden bezahlen;
3. die betroffene Person nötigenfalls für die laufenden Bedürfnisse vertreten.

1 Vgl. ZGB 580
2 Beschränkte Handlungsunfähigkeit

[3] Der Bundesrat erlässt Bestimmungen über die Anlage und die Aufbewahrung des Vermögens.

Art. 409

II. Beträge zur freien Verfügung

Der Beistand oder die Beiständin stellt der betroffenen Person aus deren Vermögen angemessene Beträge zur freien Verfügung.

Art. 410

III. Rechnung

[1] Der Beistand oder die Beiständin führt Rechnung und legt sie der Erwachsenenschutzbehörde in den von ihr angesetzten Zeitabständen, mindestens aber alle zwei Jahre, zur Genehmigung vor.

[2] Der Beistand oder die Beiständin erläutert der betroffenen Person die Rechnung und gibt ihr auf Verlangen eine Kopie.

Art. 411

E. Berichterstattung

[1] Der Beistand oder die Beiständin erstattet der Erwachsenenschutzbehörde so oft wie nötig, mindestens aber alle zwei Jahre, einen Bericht über die Lage der betroffenen Person und die Ausübung der Beistandschaft.

[2] Der Beistand oder die Beiständin zieht bei der Erstellung des Berichts die betroffene Person, soweit tunlich, bei und gibt ihr auf Verlangen eine Kopie.

Art. 412

F. Besondere Geschäfte

[1] Der Beistand oder die Beiständin darf in Vertretung der betroffenen Person keine Bürgschaften eingehen, keine Stiftungen errichten und keine Schenkungen vornehmen, mit Ausnahme der üblichen Gelegenheitsgeschenke.

[2] Vermögenswerte, die für die betroffene Person oder für ihre Familie einen besonderen Wert haben, werden wenn immer möglich nicht veräussert.

Art. 413

G. Sorgfalts- und Verschwiegenheitspflicht

[1] Der Beistand oder die Beiständin hat bei der Erfüllung der Aufgaben die gleiche Sorgfaltspflicht wie eine beauftragte Person nach den Bestimmungen des Obligationenrechts.

[2] Der Beistand oder die Beiständin ist zur Verschwiegenheit verpflichtet, soweit nicht überwiegende Interessen entgegenstehen.

[3] Dritte sind über die Beistandschaft zu orientieren, soweit dies zur gehörigen Erfüllung der Aufgaben des Beistands oder der Beiständin erforderlich ist.

Art. 414

H. Änderung der Verhältnisse

Der Beistand oder die Beiständin informiert die Erwachsenenschutzbehörde unverzüglich über Umstände, die eine Änderung der Massnahme erfordern oder eine Aufhebung der Beistandschaft ermöglichen.

Sechster Unterabschnitt: Die Mitwirkung der Erwachsenenschutzbehörde

Art. 415

A. Prüfung der Rechnung und des Berichts

[1] Die Erwachsenenschutzbehörde prüft die Rechnung und erteilt oder verweigert die Genehmigung; wenn nötig, verlangt sie eine Berichtigung.

[2] Sie prüft den Bericht und verlangt, wenn nötig, dessen Ergänzung.

[3] Sie trifft nötigenfalls Massnahmen, die zur Wahrung der Interessen der betroffenen Person angezeigt sind.

Art. 416

B. Zustimmungsbedürftige Geschäfte
I. Von Gesetzes wegen

1 Für folgende Geschäfte, die der Beistand oder die Beiständin in Vertretung der betroffenen Person vornimmt, ist die Zustimmung der Erwachsenenschutzbehörde erforderlich:

1. Liquidation des Haushalts, Kündigung des Vertrags[1] über Räumlichkeiten, in denen die betroffene Person wohnt;
2. Dauerverträge über die Unterbringung[2] der betroffenen Person;
3. Annahme oder Ausschlagung einer Erbschaft, wenn dafür eine ausdrückliche Erklärung erforderlich ist, sowie Erbverträge und Erbteilungsverträge;
4. Erwerb, Veräusserung, Verpfändung und andere dingliche Belastung von Grundstücken sowie Erstellen von Bauten, das über ordentliche Verwaltungshandlungen hinausgeht;
5. Erwerb, Veräusserung und Verpfändung anderer Vermögenswerte sowie Errichtung einer Nutzniessung daran, wenn diese Geschäfte nicht unter die Führung der ordentlichen Verwaltung und Bewirtschaftung fallen;
6. Aufnahme und Gewährung von erheblichen Darlehen, Eingehung von wechselrechtlichen Verbindlichkeiten;
7. Leibrenten- und Verpfründungsverträge sowie Lebensversicherungen, soweit diese nicht im Rahmen der beruflichen Vorsorge mit einem Arbeitsvertrag zusammenhängen;
8. Übernahme oder Liquidation eines Geschäfts, Eintritt in eine Gesellschaft mit persönlicher Haftung oder erheblicher Kapitalbeteiligung;
9. Erklärung der Zahlungsunfähigkeit, Prozessführung, Abschluss eines Vergleichs, eines Schiedsvertrags oder eines Nachlassvertrags, unter Vorbehalt vorläufiger Massnahmen des Beistands oder der Beiständin in dringenden Fällen.

2 Die Zustimmung der Erwachsenenschutzbehörde ist nicht erforderlich, wenn die urteilsfähige betroffene Person ihr Einverständnis erteilt und ihre Handlungsfähigkeit durch die Beistandschaft nicht eingeschränkt ist.

3 Immer der Zustimmung der Erwachsenenschutzbehörde bedürfen Verträge zwischen dem Beistand oder der Beiständin und der betroffenen Person, ausser diese erteilt einen unentgeltlichen Auftrag.

Art. 417

II. Auf Anordnung

Die Erwachsenenschutzbehörde kann aus wichtigen Gründen anordnen, dass ihr weitere Geschäfte zur Zustimmung unterbreitet werden.

Art. 418

III. Fehlen der Zustimmung

Ist ein Geschäft ohne die erforderliche Zustimmung der Erwachsenenschutzbehörde abgeschlossen worden, so hat es für die betroffene Person nur die Wirkung, die nach der Bestimmung des Personenrechts über das Fehlen der Zustimmung des gesetzlichen Vertreters[3] vorgesehen ist.

1 I.d.R. Mietvertrag
2 Vgl. ZGB 382 ff.
3 Vgl. ZGB 19, 305

Siebter Unterabschnitt: Einschreiten der Erwachsenenschutzbehörde

Art. 419

Gegen Handlungen oder Unterlassungen des Beistands oder der Beiständin sowie einer Drittperson oder Stelle, der die Erwachsenenschutzbehörde einen Auftrag erteilt hat, kann die betroffene oder eine ihr nahestehende Person und jede Person, die ein rechtlich geschütztes Interesse hat, die Erwachsenenschutzbehörde anrufen.

Achter Unterabschnitt: Besondere Bestimmungen für Angehörige

Art. 420

Werden der Ehegatte, die eingetragene Partnerin oder der eingetragene Partner, die Eltern, ein Nachkomme, ein Geschwister, die faktische Lebenspartnerin oder der faktische Lebenspartner der betroffenen Person als Beistand oder Beiständin eingesetzt, so kann die Erwachsenenschutzbehörde sie von der Inventarpflicht, der Pflicht zur periodischen Berichterstattung und Rechnungsablage und der Pflicht, für bestimmte Geschäfte die Zustimmung einzuholen, ganz oder teilweise entbinden, wenn die Umstände es rechtfertigen.

Neunter Unterabschnitt: Das Ende des Amtes des Beistands oder der Beiständin

Art. 421

A. Von Gesetzes wegen

Das Amt des Beistands oder der Beiständin endet von Gesetzes wegen:

1. mit Ablauf einer von der Erwachsenenschutzbehörde festgelegten Amtsdauer, sofern keine Bestätigung im Amt erfolgt;
2. mit dem Ende der Beistandschaft;
3. mit dem Ende des Arbeitsverhältnisses als Berufsbeistand oder Berufsbeiständin;
4. im Zeitpunkt, in dem der Beistand oder die Beiständin verbeiständet oder urteilsunfähig wird oder stirbt.

Art. 422

B. Entlassung

I. Auf Begehren des Beistands oder der Beiständin

1 Der Beistand oder die Beiständin[1] hat frühestens nach vier Jahren Amtsdauer Anspruch auf Entlassung.

2 Vorher kann der Beistand oder die Beiständin die Entlassung aus wichtigen Gründen verlangen.

Art. 423

II. Übrige Fälle

1 Die Erwachsenenschutzbehörde entlässt den Beistand oder die Beiständin, wenn:

1. die Eignung für die Aufgaben nicht mehr besteht;
2. ein anderer wichtiger Grund für die Entlassung vorliegt.

2 Die Entlassung kann von der betroffenen oder einer ihr nahestehenden Person beantragt werden.

[1] Vgl. ZGB 390 ff.

Art. 424

C. Weiterführung der Geschäfte

Der Beistand oder die Beiständin ist verpflichtet, nicht aufschiebbare Geschäfte weiterzuführen, bis der Nachfolger oder die Nachfolgerin das Amt übernimmt, sofern die Erwachsenenschutzbehörde nichts anderes anordnet. Diese Bestimmung gilt nicht für den Berufsbeistand oder die Berufsbeiständin.

Art. 425

D. Schlussbericht und Schlussrechnung

1 Endet das Amt, so erstattet der Beistand oder die Beiständin der Erwachsenenschutzbehörde den Schlussbericht und reicht gegebenenfalls die Schlussrechnung ein. Die Erwachsenenschutzbehörde kann den Berufsbeistand oder die Berufsbeiständin von dieser Pflicht entbinden, wenn das Arbeitsverhältnis endet.

2 Die Erwachsenenschutzbehörde prüft und genehmigt den Schlussbericht und die Schlussrechnung auf die gleiche Weise wie die periodischen Berichte und Rechnungen.

3 Sie stellt den Schlussbericht und die Schlussrechnung der betroffenen Person oder deren Erben und gegebenenfalls der neuen Beiständin oder dem neuen Beistand zu und weist diese Personen gleichzeitig auf die Bestimmungen über die Verantwortlichkeit hin.

4 Sie teilt ihnen zudem mit, ob sie den Beistand oder die Beiständin entlastet oder die Genehmigung des Schlussberichts oder der Schlussrechnung verweigert hat.

Dritter Abschnitt: Die fürsorgerische Unterbringung

Art. 426

A. Die Massnahmen

I. Unterbringung zur Behandlung oder Betreuung

1 Eine Person, die an einer psychischen Störung oder an geistiger Behinderung leidet oder schwer verwahrlost ist, darf in einer geeigneten Einrichtung untergebracht werden, wenn die nötige Behandlung oder Betreuung nicht anders erfolgen kann.

2 Die Belastung und der Schutz von Angehörigen und Dritten sind zu berücksichtigen.

3 Die betroffene Person wird entlassen, sobald die Voraussetzungen für die Unterbringung nicht mehr erfüllt sind.

4 Die betroffene oder eine ihr nahestehende Person kann jederzeit um Entlassung ersuchen. Über dieses Gesuch ist ohne Verzug zu entscheiden.

Art. 427

II. Zurückbehaltung freiwillig Eingetretener

1 Will eine Person, die an einer psychischen Störung leidet und freiwillig in eine Einrichtung eingetreten ist, diese wieder verlassen, so kann sie von der ärztlichen Leitung der Einrichtung für höchstens drei Tage zurückbehalten werden, wenn sie:

1. sich selbst an Leib und Leben gefährdet; oder
2. das Leben oder die körperliche Integrität Dritter ernsthaft gefährdet.

2 Nach Ablauf der Frist kann die betroffene Person die Einrichtung verlassen, wenn nicht ein vollstreckbarer Unterbringungsentscheid vorliegt.

3 Die betroffene Person wird schriftlich darauf aufmerksam gemacht, dass sie das Gericht anrufen kann.

B. Zuständigkeit für die Unterbringung und die Entlassung
I. Erwachsenenschutz

Art. 428

1 Für die Anordnung der Unterbringung und die Entlassung ist die Erwachsenenschutzbehörde zuständig.

2 Sie kann im Einzelfall die Zuständigkeit für die Entlassung der Einrichtung übertragen.

II. Ärztinnen und Ärzte
1. Zuständigkeit

Art. 429

1 Die Kantone können Ärzte und Ärztinnen bezeichnen, die neben der Erwachsenenschutzbehörde eine Unterbringung während einer vom kantonalen Recht festgelegten Dauer anordnen dürfen. Die Dauer darf höchstens sechs Wochen betragen.

2 Die ärztliche Unterbringung fällt spätestens nach Ablauf der festgelegten Dauer dahin, sofern nicht ein vollstreckbarer Unterbringungsentscheid der Erwachsenenschutzbehörde vorliegt.

3 Über die Entlassung entscheidet die Einrichtung.

2. Verfahren

Art. 430

1 Die Ärztin oder der Arzt untersucht persönlich die betroffene Person und hört sie an.

2 Der Unterbringungsentscheid enthält mindestens folgende Angaben:

1. Ort und Datum der Untersuchung;
2. Name der Ärztin oder des Arztes;
3. Befund, Gründe und Zweck der Unterbringung;
4. die Rechtsmittelbelehrung.

3 Das Rechtsmittel hat keine aufschiebende Wirkung, sofern die Ärztin oder der Arzt oder das zuständige Gericht nichts anderes verfügt.

4 Ein Exemplar des Unterbringungsentscheids wird der betroffenen Person ausgehändigt; ein weiteres Exemplar wird der Einrichtung bei der Aufnahme der betroffenen Person vorgelegt.

5 Die Ärztin oder der Arzt informiert, sofern möglich, eine der betroffenen Person nahestehende Person schriftlich über die Unterbringung und die Befugnis, das Gericht anzurufen.

C. Periodische Überprüfung

Art. 431

1 Die Erwachsenenschutzbehörde überprüft spätestens sechs Monate nach Beginn der Unterbringung, ob die Voraussetzungen noch erfüllt sind und ob die Einrichtung weiterhin geeignet ist.

2 Sie führt innerhalb von weiteren sechs Monaten eine zweite Überprüfung durch. Anschliessend führt sie die Überprüfung so oft wie nötig, mindestens aber jährlich durch.

D. Vertrauensperson

Art. 432

Jede Person, die in einer Einrichtung untergebracht wird, kann eine Person ihres Vertrauens beiziehen, die sie während des Aufenthalts und bis zum Abschluss aller damit zusammenhängenden Verfahren unterstützt.

E. Medizinische Massnahmen bei einer psychischen Störung
I. Behandlungsplan

Art. 433

[1] Wird eine Person zur Behandlung einer psychischen Störung in einer Einrichtung untergebracht, so erstellt die behandelnde Ärztin oder der behandelnde Arzt unter Beizug der betroffenen Person und gegebenenfalls ihrer Vertrauensperson einen schriftlichen Behandlungsplan.

[2] Die Ärztin oder der Arzt informiert die betroffene Person und deren Vertrauensperson über alle Umstände, die im Hinblick auf die in Aussicht genommenen medizinischen Massnahmen wesentlich sind, insbesondere über deren Gründe, Zweck, Art, Modalitäten, Risiken und Nebenwirkungen, über Folgen eines Unterlassens der Behandlung sowie über allfällige alternative Behandlungsmöglichkeiten.

[3] Der Behandlungsplan wird der betroffenen Person zur Zustimmung unterbreitet. Bei einer urteilsunfähigen Person ist eine allfällige Patientenverfügung zu berücksichtigen.

[4] Der Behandlungsplan wird der laufenden Entwicklung angepasst.

II. Behandlung ohne Zustimmung

Art. 434

[1] Fehlt die Zustimmung der betroffenen Person, so kann die Chefärztin oder der Chefarzt der Abteilung die im Behandlungsplan vorgesehenen medizinischen Massnahmen schriftlich anordnen, wenn:

1. ohne Behandlung der betroffenen Person ein ernsthafter gesundheitlicher Schaden droht oder das Leben oder die körperliche Integrität Dritter ernsthaft gefährdet ist;
2. die betroffene Person bezüglich ihrer Behandlungsbedürftigkeit urteilsunfähig ist; und
3. keine angemessene Massnahme zur Verfügung steht, die weniger einschneidend ist.

[2] Die Anordnung wird der betroffenen Person und ihrer Vertrauensperson verbunden mit einer Rechtsmittelbelehrung schriftlich mitgeteilt.

III. Notfälle

Art. 435

[1] In einer Notfallsituation können die zum Schutz der betroffenen Person oder Dritter unerlässlichen medizinischen Massnahmen sofort ergriffen werden.

[2] Ist der Einrichtung bekannt, wie die Person behandelt werden will, so wird deren Wille berücksichtigt.

IV. Austrittsgespräch

Art. 436

[1] Besteht eine Rückfallgefahr, so versucht die behandelnde Ärztin oder der behandelnde Arzt mit der betroffenen Person vor deren Entlassung Behandlungsgrundsätze für den Fall einer erneuten Unterbringung in der Einrichtung zu vereinbaren.

[2] Das Austrittsgespräch ist zu dokumentieren.

V. Kantonales Recht

Art. 437

[1] Die Kantone regeln die Nachbetreuung.

[2] Sie können ambulante Massnahmen vorsehen.

Art. 438

F. Massnahmen zur Einschränkung der Bewegungsfreiheit

Auf Massnahmen, die die Bewegungsfreiheit der betroffenen Personen in der Einrichtung einschränken, sind die Bestimmungen über die Einschränkung der Bewegungsfreiheit in Wohn- oder Pflegeeinrichtungen sinngemäss anwendbar. Vorbehalten bleibt die Anrufung des Gerichts.

Art. 439

G. Anrufung des Gerichts

1 Die betroffene oder eine ihr nahestehende Person kann in folgenden Fällen schriftlich das zuständige Gericht anrufen:

1. bei ärztlich angeordneter Unterbringung;
2. bei Zurückbehaltung durch die Einrichtung;
3. bei Abweisung eines Entlassungsgesuchs durch die Einrichtung;
4. bei Behandlung einer psychischen Störung ohne Zustimmung;
5. bei Massnahmen zur Einschränkung der Bewegungsfreiheit.

2 Die Frist zur Anrufung des Gerichts beträgt zehn Tage seit Mitteilung des Entscheids. Bei Massnahmen zur Einschränkung der Bewegungsfreiheit kann das Gericht jederzeit angerufen werden.

3 Das Verfahren richtet sich sinngemäss nach den Bestimmungen über das Verfahren vor der gerichtlichen Beschwerdeinstanz.

4 Jedes Begehren um gerichtliche Beurteilung ist unverzüglich an das zuständige Gericht weiterzuleiten.

Zwölfter Titel: Organisation

Erster Abschnitt: Behörden und örtliche Zuständigkeit

Art. 440

A. Erwachsenenschutzbehörde

1 Die Erwachsenenschutzbehörde ist eine Fachbehörde. Sie wird von den Kantonen bestimmt.

2 Sie fällt ihre Entscheide mit mindestens drei Mitgliedern. Die Kantone können für bestimmte Geschäfte Ausnahmen vorsehen.

3 Sie hat auch die Aufgaben der Kindesschutzbehörde.

Art. 441

B. Aufsichtsbehörde

1 Die Kantone bestimmen die Aufsichtsbehörden.

2 Der Bundesrat kann Bestimmungen über die Aufsicht erlassen.

Art. 442

C. Örtliche Zuständigkeit

1 Zuständig ist die Erwachsenenschutzbehörde am Wohnsitz[1] der betroffenen Person. Ist ein Verfahren rechtshängig, so bleibt die Zuständigkeit bis zu dessen Abschluss auf jeden Fall erhalten.

2 Ist Gefahr im Verzug, so ist auch die Behörde am Ort zuständig, wo sich die betroffene Person aufhält. Trifft diese Behörde eine Massnahme, so benachrichtigt sie die Wohnsitzbehörde.

1 Vgl. ZGB 23

3 Für eine Beistandschaft wegen Abwesenheit ist auch die Behörde des Ortes zuständig, wo das Vermögen in seinem Hauptbestandteil verwaltet worden oder der betroffenen Person zugefallen ist.

4 Die Kantone sind berechtigt, für ihre Bürgerinnen und Bürger, die Wohnsitz im Kanton haben, statt der Wohnsitzbehörde die Behörde des Heimatortes zuständig zu erklären, sofern auch die Unterstützung bedürftiger Personen ganz oder teilweise der Heimatgemeinde obliegt.

5 Wechselt eine Person, für die eine Massnahme besteht, ihren Wohnsitz, so übernimmt die Behörde am neuen Ort die Massnahme ohne Verzug, sofern keine wichtigen Gründe dagegen sprechen.

Zweiter Abschnitt: Verfahren

Erster Unterabschnitt: Vor der Erwachsenenschutzbehörde

Art. 443

A. Melderechte und -pflichten

1 Jede Person kann der Erwachsenenschutzbehörde Meldung erstatten, wenn eine Person hilfsbedürftig erscheint. Vorbehalten bleiben die Bestimmungen über das Berufsgeheimnis.

2 Wer in amtlicher Tätigkeit von einer solchen Person erfährt, ist meldepflichtig. Die Kantone können weitere Meldepflichten vorsehen.

Art. 444

B. Prüfung der Zuständigkeit

1 Die Erwachsenenschutzbehörde prüft ihre Zuständigkeit von Amtes wegen.

2 Hält sie sich nicht für zuständig, so überweist sie die Sache unverzüglich der Behörde, die sie als zuständig erachtet.

3 Zweifelt sie an ihrer Zuständigkeit, so pflegt sie einen Meinungsaustausch mit der Behörde, deren Zuständigkeit in Frage kommt.

4 Kann im Meinungsaustausch keine Einigung erzielt werden, so unterbreitet die zuerst befasste Behörde die Frage ihrer Zuständigkeit der gerichtlichen Beschwerdeinstanz.

Art. 445

C. Vorsorgliche Massnahmen

1 Die Erwachsenenschutzbehörde trifft auf Antrag einer am Verfahren beteiligten Person oder von Amtes wegen alle für die Dauer des Verfahrens notwendigen vorsorglichen Massnahmen. Sie kann insbesondere eine Massnahme des Erwachsenenschutzes vorsorglich anordnen.

2 Bei besonderer Dringlichkeit kann sie vorsorgliche Massnahmen sofort ohne Anhörung der am Verfahren beteiligten Personen treffen. Gleichzeitig gibt sie diesen Gelegenheit zur Stellungnahme; anschliessend entscheidet sie neu.

3 Gegen Entscheide über vorsorgliche Massnahmen kann innert zehn Tagen nach deren Mitteilung Beschwerde erhoben werden.

Art. 446

D. Verfahrensgrundsätze

1 Die Erwachsenenschutzbehörde erforscht den Sachverhalt von Amtes wegen.

2 Sie zieht die erforderlichen Erkundigungen ein und erhebt die notwendigen Beweise. Sie kann eine geeignete Person oder Stelle mit Abklärungen beauftragen. Nötigenfalls ordnet sie das Gutachten einer sachverständigen Person an.

3 Sie ist nicht an die Anträge der am Verfahren beteiligten Personen gebunden.

4 Sie wendet das Recht von Amtes wegen an.

Art. 447

E. Anhörung

[1] Die betroffene Person wird persönlich angehört, soweit dies nicht als unverhältnismässig erscheint.

[2] Im Fall einer fürsorgerischen Unterbringung hört die Erwachsenenschutzbehörde die betroffene Person in der Regel als Kollegium an.

Art. 448

F. Mitwirkungspflichten und Amtshilfe

[1] Die am Verfahren beteiligten Personen und Dritte sind zur Mitwirkung bei der Abklärung des Sachverhalts verpflichtet. Die Erwachsenenschutzbehörde trifft die zur Wahrung schutzwürdiger Interessen erforderlichen Anordnungen. Nötigenfalls ordnet sie die zwangsweise Durchsetzung der Mitwirkungspflicht an.

[2] Ärztinnen und Ärzte, Zahnärztinnen und Zahnärzte, Apothekerinnen und Apotheker und Hebammen sowie ihre Hilfspersonen sind nur dann zur Mitwirkung verpflichtet, wenn die geheimnisberechtigte Person sie dazu ermächtigt hat oder die vorgesetzte Stelle sie auf Gesuch der Erwachsenenschutzbehörde vom Berufsgeheimnis entbunden hat.

[3] Nicht zur Mitwirkung verpflichtet sind Geistliche, Rechtsanwältinnen und Rechtsanwälte, Verteidigerinnen und Verteidiger, Mediatorinnen und Mediatoren sowie ehemalige Beiständinnen und Beistände, die für das Verfahren ernannt wurden.

[4] Verwaltungsbehörden und Gerichte geben die notwendigen Akten heraus, erstatten Bericht und erteilen Auskünfte, soweit nicht schutzwürdige Interessen entgegenstehen.

Art. 449

G. Begutachtung in einer Einrichtung

[1] Ist eine psychiatrische Begutachtung unerlässlich und kann diese nicht ambulant durchgeführt werden, so weist die Erwachsenenschutzbehörde die betroffene Person zur Begutachtung in eine geeignete Einrichtung ein.

[2] Die Bestimmungen über das Verfahren bei fürsorgerischer Unterbringung sind sinngemäss anwendbar.

Art. 449a

H. Anordnung einer Vertretung

Die Erwachsenenschutzbehörde ordnet wenn nötig die Vertretung der betroffenen Person an und bezeichnet als Beistand oder Beiständin eine in fürsorgerischen und rechtlichen Fragen erfahrene Person.

Art. 449b

I. Akteneinsicht

[1] Die am Verfahren beteiligten Personen haben Anspruch auf Akteneinsicht, soweit nicht überwiegende Interessen entgegenstehen.

[2] Wird einer am Verfahren beteiligten Person die Einsichtnahme in ein Aktenstück verweigert, so wird auf dieses nur abgestellt, wenn ihr die Behörde von seinem für die Sache wesentlichen Inhalt mündlich oder schriftlich Kenntnis gegeben hat.

Art. 449c

J. Mitteilungspflicht

Die Erwachsenenschutzbehörde macht dem Zivilstandsamt Mitteilung, wenn:

1. sie eine Person wegen dauernder Urteilsunfähigkeit unter umfassende Beistandschaft stellt;
2. für eine dauernd urteilsunfähige Person ein Vorsorgeauftrag wirksam wird.

Zweiter Unterabschnitt: Vor der gerichtlichen Beschwerdeinstanz

Art. 450

A. Beschwerdeobjekt und Beschwerdebefugnis

1 Gegen Entscheide der Erwachsenenschutzbehörde kann Beschwerde beim zuständigen Gericht erhoben werden.

2 Zur Beschwerde befugt sind:

1. die am Verfahren beteiligten Personen;
2. die der betroffenen Person nahestehenden Personen;
3. Personen, die ein rechtlich geschütztes Interesse an der Aufhebung oder Änderung des angefochtenen Entscheids haben.

3 Die Beschwerde ist beim Gericht schriftlich und begründet einzureichen.

Art. 450a

B. Beschwerdegründe

1 Mit der Beschwerde kann gerügt werden:

1. Rechtsverletzung;
2. unrichtige oder unvollständige Feststellung des rechtserheblichen Sachverhalts;
3. Unangemessenheit.

2 Ferner kann wegen Rechtsverweigerung und Rechtsverzögerung Beschwerde geführt werden.

Art. 450b

C. Beschwerdefrist

1 Die Beschwerdefrist beträgt dreissig Tage seit Mitteilung des Entscheids. Diese Frist gilt auch für beschwerdeberechtigte Personen, denen der Entscheid nicht mitgeteilt werden muss.

2 Bei einem Entscheid auf dem Gebiet der fürsorgerischen Unterbringung beträgt die Beschwerdefrist zehn Tage seit Mitteilung des Entscheids.

3 Wegen Rechtsverweigerung und Rechtsverzögerung kann jederzeit Beschwerde geführt werden.

Art. 450c

D. Aufschiebende Wirkung

Die Beschwerde hat aufschiebende Wirkung, sofern die Erwachsenenschutzbehörde oder die gerichtliche Beschwerdeinstanz nichts anderes verfügt.

Art. 450d

E. Vernehmlassung der Vorinstanz und Wiedererwägung

1 Die gerichtliche Beschwerdeinstanz gibt der Erwachsenenschutzbehörde Gelegenheit zur Vernehmlassung.

2 Statt eine Vernehmlassung einzureichen, kann die Erwachsenenschutzbehörde den Entscheid in Wiedererwägung ziehen.

Art. 450e

F. Besondere Bestimmungen bei fürsorgerischer Unterbringung

1 Die Beschwerde gegen einen Entscheid auf dem Gebiet der fürsorgerischen Unterbringung muss nicht begründet werden.

2 Die Beschwerde hat keine aufschiebende Wirkung, sofern die Erwachsenenschutzbehörde oder die gerichtliche Beschwerdeinstanz nichts anderes verfügt.

3 Bei psychischen Störungen muss gestützt auf das Gutachten einer sachverständigen Person entschieden werden.

4 Die gerichtliche Beschwerdeinstanz hört die betroffene Person in der Regel als Kollegium an. Sie ordnet wenn nötig deren Vertretung an und bezeichnet als Bei-

stand oder Beiständin eine in fürsorgerischen und rechtlichen Fragen erfahrene Person.
5 Sie entscheidet in der Regel innert fünf Arbeitstagen seit Eingang der Beschwerde.

Dritter Unterabschnitt: Gemeinsame Bestimmung

Art. 450f

Im Übrigen sind die Bestimmungen der Zivilprozessordnung sinngemäss anwendbar, soweit die Kantone nichts anderes bestimmen.

Vierter Unterabschnitt: Vollstreckung

Art. 450g

1 Die Erwachsenenschutzbehörde vollstreckt die Entscheide auf Antrag oder von Amtes wegen.
2 Hat die Erwachsenenschutzbehörde oder die gerichtliche Beschwerdeinstanz im Entscheid bereits Vollstreckungsmassnahmen angeordnet, so kann dieser direkt vollstreckt werden.
3 Die mit der Vollstreckung betraute Person kann nötigenfalls polizeiliche Hilfe beanspruchen. Unmittelbare Zwangsmassnahmen sind in der Regel vorgängig anzudrohen.

Dritter Abschnitt: Verhältnis zu Dritten und Zusammenarbeitspflicht

Art. 451

A. Verschwiegenheitspflicht und Auskunft

1 Die Erwachsenenschutzbehörde ist zur Verschwiegenheit verpflichtet, soweit nicht überwiegende Interessen entgegenstehen.
2 Wer ein Interesse glaubhaft macht, kann von der Erwachsenenschutzbehörde Auskunft über das Vorliegen und die Wirkungen einer Massnahme des Erwachsenenschutzes verlangen.

Art. 452

B. Wirkung der Massnahmen gegenüber Dritten

1 Eine Massnahme des Erwachsenenschutzes kann Dritten, auch wenn sie gutgläubig sind, entgegengehalten werden.
2 Schränkt die Beistandschaft die Handlungsfähigkeit der betroffenen Person ein, so ist den Schuldnern mitzuteilen, dass ihre Leistung nur befreiende Wirkung hat, wenn sie diese dem Beistand oder der Beiständin erbringen. Vorher kann die Beistandschaft gutgläubigen Schuldnern nicht entgegengehalten werden.
3 Hat eine Person, für die eine Massnahme des Erwachsenenschutzes besteht, andere zur irrtümlichen Annahme ihrer Handlungsfähigkeit verleitet, so ist sie ihnen für den dadurch verursachten Schaden verantwortlich.

Art. 453

C. Zusammenarbeitspflicht

1 Besteht die ernsthafte Gefahr, dass eine hilfsbedürftige Person sich selbst gefährdet oder ein Verbrechen oder Vergehen begeht, mit dem sie jemanden körperlich, seelisch oder materiell schwer schädigt, so arbeiten die Erwachsenenschutzbehörde, die betroffenen Stellen und die Polizei zusammen.

[2] Personen, die dem Amts- oder Berufsgeheimnis unterstehen, sind in einem solchen Fall berechtigt, der Erwachsenenschutzbehörde Mitteilung zu machen.

Vierter Abschnitt: Verantwortlichkeit

Art. 454

A. Grundsatz

[1] Wer im Rahmen der behördlichen Massnahmen des Erwachsenenschutzes durch widerrechtliches Handeln oder Unterlassen verletzt wird, hat Anspruch auf Schadenersatz und, sofern die Schwere der Verletzung es rechtfertigt, auf Genugtuung.

[2] Der gleiche Anspruch besteht, wenn sich die Erwachsenenschutzbehörde oder die Aufsichtsbehörde in den anderen Bereichen des Erwachsenenschutzes widerrechtlich verhalten hat.

[3] Haftbar ist der Kanton; gegen die Person, die den Schaden verursacht hat, steht der geschädigten Person kein Ersatzanspruch zu.

[4] Für den Rückgriff des Kantons auf die Person, die den Schaden verursacht hat, ist das kantonale Recht massgebend.

Art. 455

B. Verjährung

[1] Der Anspruch auf Schadenersatz oder Genugtuung verjährt ein Jahr nach dem Tag, an dem die geschädigte Person Kenntnis vom Schaden erhalten hat, jedenfalls aber zehn Jahre nach dem Tag der schädigenden Handlung.

[2] Wird der Anspruch aus einer strafbaren Handlung hergeleitet, für die das Strafrecht eine längere Verjährungsfrist vorschreibt, so gilt diese Frist.

[3] Beruht die Verletzung auf der Anordnung oder Durchführung einer Dauermassnahme, so beginnt die Verjährung des Anspruchs gegenüber dem Kanton nicht vor dem Wegfall der Dauermassnahme oder ihrer Weiterführung durch einen anderen Kanton.

Art. 456

C. Haftung nach Auftragsrecht

Die Haftung der vorsorgebeauftragten Person sowie diejenige des Ehegatten, der eingetragenen Partnerin oder des eingetragenen Partners einer urteilsunfähigen Person oder des Vertreters oder der Vertreterin bei medizinischen Massnahmen, soweit es sich nicht um den Beistand oder die Beiständin handelt, richtet sich nach den Bestimmungen des Obligationenrechts über den Auftrag.

ZGB: Erbrecht

Inhaltsübersicht

Erben

Erbgang

Dritter Teil: Das Erbrecht

Erste Abteilung: Die Erben

Dreizehnter Titel: Die gesetzlichen Erben

Art. 457

A. Verwandte Erben
I. Nachkommen

1 Die nächsten Erben eines Erblassers sind seine Nachkommen.[1]

2 Die Kinder erben zu gleichen Teilen.

3 An die Stelle vorverstorbener Kinder treten ihre Nachkommen, und zwar in allen Graden nach Stämmen.

Art. 458

II. Elterlicher Stamm

1 Hinterlässt der Erblasser keine Nachkommen, so gelangt die Erbschaft an den Stamm der Eltern.

2 Vater und Mutter erben nach Hälften.

3 An die Stelle von Vater oder Mutter, die vorverstorben sind, treten ihre Nachkommen, und zwar in allen Graden nach Stämmen.[2]

4 Fehlt es an Nachkommen auf einer Seite, so fällt die ganze Erbschaft an die Erben der andern Seite.

Art. 459

III. Grosselterlicher Stamm

1 Hinterlässt der Erblasser weder Nachkommen noch Erben des elterlichen Stammes, so gelangt die Erbschaft an den Stamm der Grosseltern.

2 Überleben die Grosseltern der väterlichen und die der mütterlichen Seite den Erblasser, so erben sie auf jeder Seite zu gleichen Teilen.

3 An die Stelle eines vorverstorbenen Grossvaters oder einer vorverstorbenen Grossmutter treten ihre Nachkommen, und zwar in allen Graden nach Stämmen.[3]

4 Ist der Grossvater oder die Grossmutter auf der väterlichen oder der mütterlichen Seite vorverstorben, und fehlt es auch an Nachkommen des Vorverstorbenen, so fällt die ganze Hälfte an die vorhandenen Erben der gleichen Seite.

5 Fehlt es an Erben der väterlichen oder der mütterlichen Seite, so fällt die ganze Erbschaft an die Erben der andern Seite.

Art. 460

IV. Umfang der Erbberechtigung

Mit dem Stamm der Grosseltern hört die Erbberechtigung der Verwandten auf.

Art. 461

Aufgehoben.

Art. 462

B. Überlebende Ehegatten und überlebende eingetragene Partnerinnen oder Partner

Überlebende Ehegatten und überlebende eingetragene Partnerinnen oder Partner erhalten:

1. wenn sie mit Nachkommen zu teilen haben, die Hälfte der Erbschaft;
2. wenn sie mit Erben des elterlichen Stammes zu teilen haben, drei Viertel der Erbschaft;

1 Vgl. ZGB 252 ff.
2 Vgl. ZGB 20
3 Vgl. ZGB 20

3. wenn auch keine Erben des elterlichen Stammes vorhanden sind, die ganze Erbschaft.

Art. 463–465

C. …

Aufgehoben.

Art. 466

D. Gemeinwesen

Hinterlässt der Erblasser keine Erben, so fällt die Erbschaft an den Kanton, in dem der Erblasser den letzten Wohnsitz gehabt hat, oder an die Gemeinde, die von der Gesetzgebung dieses Kantons als berechtigt bezeichnet wird.

Vierzehnter Titel: Die Verfügungen von Todes wegen

Erster Abschnitt: Die Verfügungsfähigkeit

Art. 467

A. Letztwillige Verfügung

Wer urteilsfähig[1] ist und das 18. Altersjahr zurückgelegt hat, ist befugt, unter Beobachtung der gesetzlichen Schranken und Formen über sein Vermögen letztwillig zu verfügen.[2]

Art. 468

B. Erbvertrag

1 Wer urteilsfähig ist und das 18. Altersjahr zurückgelegt hat, kann als Erblasser einen Erbvertrag[3] abschliessen.

2 Personen unter einer Beistandschaft[4], die den Abschluss eines Erbvertrags umfasst, bedürfen der Zustimmung ihres gesetzlichen Vertreters.

Art. 469

C. Mangelhafter Wille

1 Verfügungen, die der Erblasser unter dem Einfluss von Irrtum, arglistiger Täuschung, Drohung oder Zwang errichtet hat, sind ungültig.[5]

2 Sie erlangen jedoch Gültigkeit, wenn sie der Erblasser nicht binnen Jahresfrist aufhebt, nachdem er von dem Irrtum oder von der Täuschung Kenntnis erhalten hat oder der Einfluss von Zwang oder Drohung weggefallen ist.

3 Enthält eine Verfügung einen offenbaren Irrtum in Bezug auf Personen oder Sachen, und lässt sich der wirkliche Wille des Erblassers mit Bestimmtheit feststellen, so ist die Verfügung in diesem Sinne richtig zu stellen.

Zweiter Abschnitt: Die Verfügungsfreiheit

Art. 470

A. Verfügbarer Teil

I. Umfang der Verfügungsbefugnis

1 Wer Nachkommen, Eltern, den Ehegatten, eine eingetragene Partnerin oder einen eingetragenen Partner hinterlässt, kann bis zu deren Pflichtteil[6] über sein Vermögen von Todes wegen verfügen.

2 Wer keine der genannten Erben hinterlässt, kann über sein ganzes Vermögen von Todes wegen verfügen.

1 Vgl. ZGB 16
2 Testierfähigkeit, vgl. ZGB 481
3 Vgl. ZGB 494 ff.
4 Vgl. ZGB 390 ff.
5 Vgl. OR 23 ff. und ZGB 519
6 Vgl. ZGB 471

Art. 471

II. Pflichtteil

Der Pflichtteil beträgt:

1. für einen Nachkommen drei Viertel des gesetzlichen Erbanspruches;
2. für jedes der Eltern die Hälfte;
3. für den überlebenden Ehegatten, die eingetragene Partnerin oder den eingetragenen Partner die Hälfte.

Art. 472

III. …

Aufgehoben.

Art. 473

IV. Begünstigung des Ehegatten

1 Der Erblasser kann dem überlebenden Ehegatten durch Verfügung von Todes wegen gegenüber den gemeinsamen Nachkommen die Nutzniessung an dem ganzen ihnen zufallenden Teil der Erbschaft zuwenden.[1]

2 Diese Nutzniessung tritt an die Stelle des dem Ehegatten neben diesen Nachkommen zustehenden gesetzlichen Erbrechts. Neben dieser Nutzniessung beträgt der verfügbare Teil[2] einen Viertel des Nachlasses.

3 Im Falle der Wiederverheiratung entfällt die Nutzniessung auf jenem Teil der Erbschaft, der im Zeitpunkt des Erbganges nach den ordentlichen Bestimmungen über den Pflichtteil der Nachkommen nicht hätte mit der Nutzniessung belastet werden können.

Art. 474

V. Berechnung des verfügbaren Teils

1. Schuldenabzug

1 Der verfügbare Teil berechnet sich nach dem Stande des Vermögens zur Zeit des Todes des Erblassers.

2 Bei der Berechnung sind die Schulden des Erblassers, die Auslagen für das Begräbnis, für die Siegelung und Inventaraufnahme sowie die Ansprüche der Hausgenossen auf Unterhalt während eines Monats von der Erbschaft abzuziehen.

Art. 475

2. Zuwendungen unter Lebenden

Die Zuwendungen unter Lebenden[3] werden insoweit zum Vermögen hinzugerechnet, als sie der Herabsetzungsklage[4] unterstellt sind.

Art. 476

3. Versicherungsansprüche

Ist ein auf den Tod des Erblassers gestellter Versicherungsanspruch mit Verfügung unter Lebenden[5] oder von Todes wegen zugunsten eines Dritten begründet oder bei Lebzeiten des Erblassers unentgeltlich auf einen Dritten übertragen worden, so wird der Rückkaufswert des Versicherungsanspruches im Zeitpunkt des Todes des Erblassers zu dessen Vermögen gerechnet.

Art. 477

B. Enterbung

I. Gründe

Der Erblasser ist befugt, durch Verfügung von Todes wegen einem Erben den Pflichtteil[6] zu entziehen:

1 Vgl. ZGB 745
2 Disponible Quote
3 Vgl. ZGB 527
4 Vgl. ZGB 522
5 Z.B. Lebensversicherung mit Begünstigtem
6 Vgl. ZGB 471

1. wenn der Erbe gegen den Erblasser oder gegen eine diesem nahe verbundene Person eine schwere Straftat begangen hat;
2. wenn er gegenüber dem Erblasser oder einem von dessen Angehörigen die ihm obliegenden familienrechtlichen Pflichten schwer verletzt hat.[1]

Art. 478

II. Wirkung

1 Der Enterbte kann weder an der Erbschaft teilnehmen noch die Herabsetzungsklage geltend machen.[2]

2 Der Anteil des Enterbten fällt, sofern der Erblasser nicht anders verfügt hat, an die gesetzlichen Erben des Erblassers, wie wenn der Enterbte den Erbfall nicht erlebt hätte.

3 Die Nachkommen des Enterbten behalten ihr Pflichtteilsrecht, wie wenn der Enterbte den Erbfall nicht erlebt hätte.[3]

Art. 479

III. Beweislast

1 Eine Enterbung ist nur dann gültig, wenn der Erblasser den Enterbungsgrund in seiner Verfügung angegeben hat.

2 Ficht der Enterbte die Enterbung wegen Unrichtigkeit dieser Angabe an, so hat der Erbe oder Bedachte, der aus der Enterbung Vorteil zieht, deren Richtigkeit zu beweisen.

3 Kann dieser Nachweis nicht erbracht werden oder ist ein Enterbungsgrund nicht angegeben, so wird die Verfügung insoweit aufrecht erhalten, als sich dies mit dem Pflichtteil des Enterbten verträgt, es sei denn, dass der Erblasser die Verfügung in einem offenbaren Irrtum über den Enterbungsgrund getroffen hat.

Art. 480

IV. Enterbung eines Zahlungsunfähigen

1 Bestehen gegen einen Nachkommen des Erblassers Verlustscheine[4], so kann ihm der Erblasser die Hälfte seines Pflichtteils entziehen, wenn er diese den vorhandenen und später geborenen Kindern desselben zuwendet.

2 Diese Enterbung fällt jedoch auf Begehren des Enterbten dahin, wenn bei der Eröffnung des Erbganges Verlustscheine nicht mehr bestehen, oder wenn deren Gesamtbetrag einen Vierteil des Erbteils nicht übersteigt.

Dritter Abschnitt: Die Verfügungsarten

Art. 481

A. Im Allgemeinen

1 Der Erblasser kann in den Schranken der Verfügungsfreiheit über sein Vermögen mit letztwilliger Verfügung[5] oder mit Erbvertrag[6] ganz oder teilweise verfügen.

2 Der Teil, über den er nicht verfügt hat, fällt an die gesetzlichen Erben.

1 Vgl. ZGB 159 ff., 267, 328
2 Vgl. ZGB 560 und 522 ff.
3 Vgl. ZGB 541
4 Vgl. SchKG 149
5 Vgl. ZGB 498 ff.
6 Vgl. ZGB 512

Art. 482

B. Auflagen und Bedingungen

1 Der Erblasser kann seinen Verfügungen Auflagen oder Bedingungen[1] anfügen, deren Vollziehung, sobald die Verfügung zur Ausführung gelangt ist, jedermann verlangen darf, der an ihnen ein Interesse hat.

2 Unsittliche oder rechtswidrige Auflagen und Bedingungen machen die Verfügung ungültig.

3 Sind sie lediglich für andere Personen lästig oder sind sie unsinnig, so werden sie als nicht vorhanden betrachtet.

4 Wird ein Tier mit einer Zuwendung von Todes wegen bedacht, so gilt die entsprechende Verfügung als Auflage, für das Tier tiergerecht zu sorgen.

Art. 483

C. Erbeinsetzung

1 Der Erblasser kann für die ganze Erbschaft oder für einen Bruchteil einen oder mehrere Erben einsetzen.

2 Als Erbeinsetzung ist jede Verfügung zu betrachten, nach der ein Bedachter die Erbschaft insgesamt oder zu einem Bruchteil erhalten soll.

Art. 484

D. Vermächtnis

I. Inhalt

1 Der Erblasser kann einem Bedachten, ohne ihn als Erben einzusetzen, einen Vermögensvorteil als Vermächtnis[2] zuwenden.

2 Er kann ihm eine einzelne Erbschaftssache oder die Nutzniessung an der Erbschaft im ganzen oder zu einem Teil vermachen oder die Erben oder Vermächtnisnehmer beauftragen, ihm Leistungen aus dem Werte der Erbschaft zu machen oder ihn von Verbindlichkeiten zu befreien.

3 Vermacht der Erblasser eine bestimmte Sache, so wird der Beschwerte, wenn sich diese in der Erbschaft nicht vorfindet und kein anderer Wille des Erblassers aus der Verfügung ersichtlich ist, nicht verpflichtet.

Art. 485

II. Verpflichtung des Beschwerten

1 Die Sache ist dem Bedachten in dem Zustande und in der Beschaffenheit, mit Schaden und mit Zuwachs, frei oder belastet auszuliefern, wie sie sich zur Zeit der Eröffnung des Erbganges vorfindet.

2 Für Aufwendungen, die der Beschwerte seit der Eröffnung des Erbganges auf die Sache gemacht hat, sowie für Verschlechterungen, die seither eingetreten sind, steht er in den Rechten und Pflichten eines Geschäftsführers ohne Auftrag.

Art. 486

III. Verhältnis zur Erbschaft

1 Übersteigen die Vermächtnisse den Betrag der Erbschaft oder der Zuwendung an den Beschwerten oder den verfügbaren Teil, so kann ihre verhältnismässige Herabsetzung[3] verlangt werden.

2 Erleben die Beschwerten den Tod des Erblassers nicht, oder sind sie erbunwürdig[4], oder erklären sie die Ausschlagung[5], so bleiben die Vermächtnisse gleichwohl in Kraft.

1 Vgl. OR 151 ff.
2 Sog. Legat, vgl. ZGB 543
3 Vgl. ZGB 522
4 Vgl. ZGB 540
5 Vgl. ZGB 566 ff.

3 Hat der Erblasser ein Vermächtnis zugunsten eines der gesetzlichen oder eingesetzten Erben aufgestellt, so kann dieser es auch dann beanspruchen, wenn er die Erbschaft ausschlägt.

E. Ersatzverfügung

Art. 487

Der Erblasser kann in seiner Verfügung eine oder mehrere Personen bezeichnen, denen die Erbschaft oder das Vermächtnis für den Fall des Vorabsterbens oder der Ausschlagung des Erben oder Vermächtnisnehmers zufallen soll.

F. Nacherbeneinsetzung
I. Bezeichnung des Nacherben

Art. 488

1 Der Erblasser ist befugt, in seiner Verfügung den eingesetzten Erben als Vorerben zu verpflichten, die Erbschaft einem andern als Nacherben auszuliefern.

2 Dem Nacherben kann eine solche Pflicht nicht auferlegt werden.

3 Die gleichen Bestimmungen gelten für das Vermächtnis.

II. Zeitpunkt der Auslieferung

Art. 489

1 Als Zeitpunkt der Auslieferung ist, wenn die Verfügung es nicht anders bestimmt, der Tod des Vorerben zu betrachten.

2 Wird ein anderer Zeitpunkt genannt, und ist dieser zur Zeit des Todes des Vorerben noch nicht eingetreten, so geht die Erbschaft gegen Sicherstellung auf die Erben des Vorerben über.

3 Kann der Zeitpunkt aus irgendeinem Grunde nicht mehr eintreten, so fällt die Erbschaft vorbehaltlos an die Erben des Vorerben.

III. Sicherungsmittel

Art. 490

1 In allen Fällen der Nacherbeneinsetzung hat die zuständige Behörde die Aufnahme eines Inventars anzuordnen.

2 Die Auslieferung der Erbschaft an den Vorerben erfolgt, sofern ihn der Erblasser nicht ausdrücklich von dieser Pflicht befreit hat, nur gegen Sicherstellung, die bei Grundstücken durch Vormerkung der Auslieferungspflicht im Grundbuch geleistet werden kann.

3 Vermag der Vorerbe diese Sicherstellung nicht zu leisten, oder gefährdet er die Anwartschaft des Nacherben, so ist die Erbschaftsverwaltung anzuordnen.

IV. Rechtsstellung
1. Des Vorerben

Art. 491

1 Der Vorerbe erwirbt die Erbschaft wie ein anderer eingesetzter Erbe.

2 Er wird Eigentümer der Erbschaft unter der Pflicht zur Auslieferung.

2. Des Nacherben

Art. 492

1 Der Nacherbe erwirbt die Erbschaft des Erblassers, wenn er den für die Auslieferung bestimmten Zeitpunkt erlebt hat.

2 Erlebt er diesen Zeitpunkt nicht, so verbleibt die Erbschaft, wenn der Erblasser nicht anders verfügt hat, dem Vorerben.

3 Erlebt der Vorerbe den Tod des Erblassers nicht, oder ist er erbunwürdig, oder schlägt er die Erbschaft aus, so fällt sie an den Nacherben.

V. Urteilsunfähige Nachkommen

Art. 492a

1 Ist ein Nachkomme dauernd urteilsunfähig und hinterlässt er weder Nachkommen noch einen Ehegatten, so kann der Erblasser eine Nacherbeneinsetzung auf den Überrest anordnen.

[2] Die Nacherbeneinsetzung fällt von Gesetzes wegen dahin, wenn der Nachkomme wider Erwarten urteilsfähig wird.

Art. 493

G. Stiftungen

[1] Der Erblasser ist befugt, den verfügbaren Teil seines Vermögens ganz oder teilweise für irgendeinen Zweck als Stiftung[1] zu widmen.

[2] Die Stiftung ist jedoch nur dann gültig, wenn sie den gesetzlichen Vorschriften entspricht.

Art. 494

H. Erbverträge
I. Erbeinsetzungs- und Vermächtnisvertrag

[1] Der Erblasser kann sich durch Erbvertrag einem andern gegenüber verpflichten, ihm oder einem Dritten seine Erbschaft oder ein Vermächtnis zu hinterlassen.

[2] Er kann über sein Vermögen frei verfügen.

[3] Verfügungen von Todes wegen oder Schenkungen, die mit seinen Verpflichtungen aus dem Erbvertrag nicht vereinbar sind, unterliegen jedoch der Anfechtung.

Art. 495

II. Erbverzicht
1. Bedeutung

[1] Der Erblasser kann mit einem Erben einen Erbverzichtvertrag oder Erbauskauf abschliessen.

[2] Der Verzichtende fällt beim Erbgang als Erbe ausser Betracht.

[3] Wo der Vertrag nicht etwas anderes anordnet, wirkt der Erbverzicht auch gegenüber den Nachkommen des Verzichtenden.

Art. 496

2. Lediger Anfall

[1] Sind im Erbvertrag bestimmte Erben an Stelle des Verzichtenden eingesetzt, so fällt der Verzicht dahin, wenn diese die Erbschaft aus irgendeinem Grunde nicht erwerben.

[2] Ist der Verzicht zugunsten von Miterben erfolgt, so wird vermutet, dass er nur gegenüber den Erben des Stammes, der sich vom nächsten ihnen gemeinsamen Vorfahren ableitet, ausgesprochen sei und gegenüber entfernteren Erben nicht bestehe.

Art. 497

3. Rechte der Erbschaftsgläubiger

Ist der Erblasser zur Zeit der Eröffnung des Erbganges zahlungsunfähig, und werden seine Gläubiger von den Erben nicht befriedigt, so können der Verzichtende und seine Erben insoweit in Anspruch genommen werden, als sie für den Erbverzicht innerhalb der letzten fünf Jahre vor dem Tode des Erblassers aus dessen Vermögen eine Gegenleistung erhalten haben und hieraus zur Zeit des Erbganges noch bereichert sind.

[1] Vgl. ZGB 80 ff. und 335

Vierter Abschnitt: Die Verfügungsformen

Art. 498

A. Letztwillige Verfügungen
I. Errichtung
1. Im Allgemeinen

Der Erblasser kann eine letztwillige Verfügung[1] entweder mit öffentlicher Beurkundung[2] oder eigenhändig[3] oder durch mündliche Erklärung[4] errichten.

Art. 499

2. Öffentliche Verfügung
a. Errichtungsform

Die öffentliche letztwillige Verfügung erfolgt unter Mitwirkung von zwei Zeugen vor dem Beamten, Notar oder einer anderen Urkundsperson, die nach kantonalem Recht mit diesen Geschäften betraut sind.

Art. 500

b. Mitwirkung des Beamten

1 Der Erblasser hat dem Beamten seinen Willen mitzuteilen, worauf dieser die Urkunde aufsetzt oder aufsetzen lässt und dem Erblasser zu lesen gibt.

2 Die Urkunde ist vom Erblasser zu unterschreiben.

3 Der Beamte hat die Urkunde zu datieren und ebenfalls zu unterschreiben.

Art. 501

c. Mitwirkung der Zeugen

1 Der Erblasser hat unmittelbar nach der Datierung und Unterzeichnung den zwei Zeugen in Gegenwart des Beamten zu erklären, dass er die Urkunde gelesen habe und dass sie seine letztwillige Verfügung enthalte.

2 Die Zeugen haben auf der Urkunde mit ihrer Unterschrift zu bestätigen, dass der Erblasser vor ihnen diese Erklärung abgegeben und dass er sich nach ihrer Wahrnehmung dabei im Zustande der Verfügungsfähigkeit[5] befunden habe.

3 Es ist nicht erforderlich, dass die Zeugen vom Inhalt der Urkunde Kenntnis erhalten.

Art. 502

d. Errichtung ohne Lesen und Unterschrift des Erblassers

1 Wenn der Erblasser die Urkunde nicht selbst liest und unterschreibt, so hat sie ihm der Beamte in Gegenwart der beiden Zeugen vorzulesen, und der Erblasser hat daraufhin zu erklären, die Urkunde enthalte seine Verfügung.

2 Die Zeugen haben in diesem Falle nicht nur die Erklärung des Erblassers und ihre Wahrnehmung über seine Verfügungsfähigkeit zu bezeugen, sondern auch mit ihrer Unterschrift zu bestätigen, dass die Urkunde in ihrer Gegenwart dem Erblasser vom Beamten vorgelesen worden sei.

Art. 503

e. Mitwirkende Personen

1 Personen, die nicht handlungsfähig sind, die sich infolge eines strafgerichtlichen Urteils nicht im Besitz der bürgerlichen Ehren und Rechte befinden, oder die des Schreibens und Lesens unkundig sind, sowie die Verwandten in gerader Linie und Geschwister des Erblassers und deren Ehegatten und der Ehegatte des Erblassers selbst können bei der Errichtung der öffentlichen Verfügung weder als beurkundender Beamter noch als Zeugen mitwirken.

1 Einseitiges Rechtsgeschäft von Todes wegen (Testament)
2 Vgl. ZGB 499 ff.
3 Vgl. ZGB 505
4 Vgl. ZGB 506
5 Vgl. ZGB 467

2 Der beurkundende Beamte und die Zeugen sowie die Verwandten in gerader Linie und die Geschwister oder Ehegatten dieser Personen dürfen in der Verfügung nicht bedacht werden.

Art. 504

f. Aufbewahrung der Verfügung

Die Kantone haben dafür zu sorgen, dass die mit der Beurkundung betrauten Beamten die Verfügungen im Original oder in einer Abschrift entweder selbst aufbewahren oder einer Amtsstelle zur Aufbewahrung übergeben.

Art. 505

3. Eigenhändige Verfügung

1 Die eigenhändige letztwillige Verfügung ist vom Erblasser von Anfang bis zu Ende mit Einschluss der Angabe von Jahr, Monat und Tag der Errichtung von Hand niederzuschreiben sowie mit seiner Unterschrift zu versehen.[1]

2 Die Kantone haben dafür zu sorgen, dass solche Verfügungen offen oder verschlossen einer Amtsstelle zur Aufbewahrung übergeben werden können.

Art. 506

4. Mündliche Verfügung
a. Verfügung

1 Ist der Erblasser infolge ausserordentlicher Umstände, wie nahe Todesgefahr, Verkehrssperre, Epidemien oder Kriegsereignisse verhindert, sich einer der andern Errichtungsformen zu bedienen, so ist er befugt, eine mündliche letztwillige Verfügung zu errichten.

2 Zu diesem Zwecke hat er seinen letzten Willen vor zwei Zeugen zu erklären und sie zu beauftragen, seiner Verfügung die nötige Beurkundung zu verschaffen.

3 Für die Zeugen gelten die gleichen Ausschliessungsvorschriften wie bei der öffentlichen Verfügung.

Art. 507

b. Beurkundung

1 Die mündliche Verfügung ist sofort von einem der Zeugen unter Angabe von Ort, Jahr, Monat und Tag der Errichtung in Schrift zu verfassen, von beiden Zeugen zu unterschreiben und hierauf mit der Erklärung, dass der Erblasser ihnen im Zustande der Verfügungsfähigkeit unter den obwaltenden besonderen Umständen diesen seinen letzten Willen mitgeteilt habe, ohne Verzug bei einer Gerichtsbehörde niederzulegen.

2 Die beiden Zeugen können stattdessen die Verfügung mit der gleichen Erklärung bei einer Gerichtsbehörde zu Protokoll geben.

3 Errichtet der Erblasser die mündliche Verfügung im Militärdienst, so kann ein Offizier mit Hauptmanns- oder höherem Rang die Gerichtsbehörde ersetzen.

Art. 508

c. Verlust der Gültigkeit

Wird es dem Erblasser nachträglich möglich, sich einer der andern Verfügungsformen zu bedienen, so verliert nach 14 Tagen, von diesem Zeitpunkt an gerechnet, die mündliche Verfügung ihre Gültigkeit.

Art. 509

II. Widerruf und Vernichtung
1. Widerruf

1 Der Erblasser kann seine letztwillige Verfügung jederzeit in einer der Formen widerrufen, die für die Errichtung vorgeschrieben sind.

2 Der Widerruf kann die Verfügung ganz oder zum Teil beschlagen.

1 Qualifizierte Schriftlichkeit

Art. 510

2. Vernichtung

[1] Der Erblasser kann seine letztwillige Verfügung dadurch widerrufen, dass er die Urkunde vernichtet.

[2] Wird die Urkunde durch Zufall oder aus Verschulden anderer vernichtet, so verliert die Verfügung unter Vorbehalt der Ansprüche auf Schadenersatz gleichfalls ihre Gültigkeit, insofern ihr Inhalt nicht genau und vollständig festgestellt werden kann.

Art. 511

3. Spätere Verfügung

[1] Errichtet der Erblasser eine letztwillige Verfügung, ohne eine früher errichtete ausdrücklich aufzuheben, so tritt sie an die Stelle der früheren Verfügung, soweit sie sich nicht zweifellos als deren blosse Ergänzung darstellt.

[2] Ebenso wird eine letztwillige Verfügung über eine bestimmte Sache dadurch aufgehoben, dass der Erblasser über die Sache nachher eine Verfügung trifft, die mit jener nicht vereinbar ist.

Art. 512

B. Erbverträge
I. Errichtung

[1] Der Erbvertrag[1] bedarf zu seiner Gültigkeit der Form der öffentlichen letztwilligen Verfügung.

[2] Die Vertragschliessenden haben gleichzeitig dem Beamten ihren Willen zu erklären und die Urkunde vor ihm und den zwei Zeugen zu unterschreiben.

Art. 513

II. Aufhebung
1. Unter Lebenden
a. Durch Vertrag und letztwillige Verfügung

[1] Der Erbvertrag kann von den Vertragschliessenden jederzeit durch schriftliche Übereinkunft aufgehoben werden.

[2] Der Erblasser kann einseitig einen Erbeinsetzungs- oder Vermächtnisvertrag aufheben, wenn sich der Erbe oder Bedachte nach dem Abschluss des Vertrages dem Erblasser gegenüber eines Verhaltens schuldig macht, das einen Enterbungsgrund darstellt.

[3] Die einseitige Aufhebung hat in einer der Formen zu erfolgen, die für die Errichtung der letztwilligen Verfügungen vorgeschrieben sind.

Art. 514

b. Durch Rücktritt vom Vertrag

Wer auf Grund eines Erbvertrages Leistungen unter Lebenden zu fordern hat, kann, wenn sie nicht vertragsgemäss erfüllt oder sichergestellt werden, nach den Bestimmungen des Obligationenrechtes[2] den Rücktritt erklären.

Art. 515

2. Vorabsterben des Erben

[1] Erlebt der Erbe oder Vermächtnisnehmer den Tod des Erblassers nicht, so fällt der Vertrag dahin.

[2] Ist der Erblasser zur Zeit des Todes des Erben aus dem Vertrage bereichert, so können die Erben des Verstorbenen, wenn es nicht anders bestimmt ist, diese Bereicherung herausverlangen.[3]

1 Vgl. ZGB 494 und 499 ff.
2 Vgl. OR 107 ff.
3 Vgl. OR 62 ff.

Art. 516

C. Verfügungsbeschränkung

Tritt für den Erblasser nach Errichtung einer Verfügung von Todes wegen eine Beschränkung der Verfügungsfreiheit ein, so wird die Verfügung nicht aufgehoben, wohl aber der Herabsetzungsklage unterstellt.

Fünfter Abschnitt: Die Willensvollstrecker

Art. 517

A. Erteilung des Auftrages

[1] Der Erblasser kann in einer letztwilligen Verfügung eine oder mehrere handlungsfähige Personen mit der Vollstreckung seines Willens beauftragen.

[2] Dieser Auftrag ist ihnen von Amtes wegen mitzuteilen, und sie haben sich binnen 14 Tagen, von dieser Mitteilung an gerechnet, über die Annahme des Auftrages zu erklären, wobei ihr Stillschweigen als Annahme gilt.

[3] Sie haben Anspruch auf angemessene Vergütung für ihre Tätigkeit.

Art. 518

B. Inhalt des Auftrages

[1] Die Willensvollstrecker stehen, soweit der Erblasser nichts anderes verfügt, in den Rechten und Pflichten des amtlichen Erbschaftsverwalters.

[2] Sie haben den Willen des Erblassers zu vertreten und gelten insbesondere als beauftragt, die Erbschaft zu verwalten, die Schulden des Erblassers zu bezahlen, die Vermächtnisse auszurichten und die Teilung nach den vom Erblasser getroffenen Anordnungen oder nach Vorschrift des Gesetzes auszuführen.

[3] Sind mehrere Willensvollstrecker bestellt, so stehen ihnen diese Befugnisse unter Vorbehalt einer anderen Anordnung des Erblassers gemeinsam zu.

Sechster Abschnitt: Die Ungültigkeit und Herabsetzung der Verfügungen

Art. 519

A. Ungültigkeitsklage

I. Bei Verfügungsunfähigkeit, mangelhaftem Willen, Rechtswidrigkeit und Unsittlichkeit

[1] Eine Verfügung von Todes wegen wird auf erhobene Klage für ungültig erklärt:

1. wenn sie vom Erblasser zu einer Zeit errichtet worden ist, da er nicht verfügungsfähig war;
2. wenn sie aus mangelhaftem Willen hervorgegangen ist;
3. wenn ihr Inhalt oder eine ihr angefügte Bedingung unsittlich oder rechtswidrig ist.

[2] Die Ungültigkeitsklage kann von jedermann erhoben werden, der als Erbe oder Bedachter ein Interesse daran hat, dass die Verfügung für ungültig erklärt werde.

Art. 520

II. Bei Formmangel

1. Im Allgemeinen

[1] Leidet die Verfügung an einem Formmangel, so wird sie auf erhobene Klage für ungültig erklärt.[1]

[2] Liegt die Formwidrigkeit in der Mitwirkung von Personen, die selber oder deren Angehörige in der Verfügung bedacht sind, so werden nur diese Zuwendungen für ungültig erklärt.[2]

1 Vgl. ZGB 498 ff.
2 Vgl. ZGB 503

3 Für das Recht zur Klage gelten die gleichen Vorschriften wie im Falle der Verfügungsunfähigkeit.[1]

Art. 520a

2. Bei eigenhändiger letztwilliger Verfügung

Liegt der Mangel einer eigenhändigen letztwilligen Verfügung darin, dass Jahr, Monat oder Tag nicht oder unrichtig angegeben sind, so kann sie nur dann für ungültig erklärt werden, wenn sich die erforderlichen zeitlichen Angaben nicht auf andere Weise feststellen lassen und das Datum für die Beurteilung der Verfügungsfähigkeit, der Reihenfolge mehrerer Verfügungen oder einer anderen, die Gültigkeit der Verfügung betreffenden Frage notwendig ist.

Art. 521

III. Verjährung

1 Die Ungültigkeitsklage verjährt mit Ablauf eines Jahres, von dem Zeitpunkt an gerechnet, da der Kläger von der Verfügung und dem Ungültigkeitsgrund Kenntnis erhalten hat, und in jedem Falle mit Ablauf von zehn Jahren, vom Tage der Eröffnung der Verfügung an gerechnet.

2 Gegenüber einem bösgläubigen Bedachten verjährt sie im Falle der Verfügungsunfähigkeit des Erblassers oder der Rechtswidrigkeit oder Unsittlichkeit unter allen Umständen erst mit dem Ablauf von 30 Jahren.

3 Einredeweise kann die Ungültigkeit einer Verfügung jederzeit geltend gemacht werden.

Art. 522

B. Herabsetzungsklage

I. Voraussetzungen

1. Im Allgemeinen

1 Hat der Erblasser seine Verfügungsbefugnis[2] überschritten, so können die Erben, die nicht dem Werte nach ihren Pflichtteil erhalten, die Herabsetzung der Verfügung auf das erlaubte Mass verlangen.

2 Enthält die Verfügung Bestimmungen über die Teile der gesetzlichen Erben, so sind sie, wenn kein anderer Wille des Erblassers aus der Verfügung ersichtlich ist, als blosse Teilungsvorschriften aufzufassen.

Art. 523

2. Begünstigung der Pflichtteilsberechtigten

Enthält eine Verfügung von Todes wegen Zuwendungen an mehrere pflichtteilsberechtigte Erben im Sinne einer Begünstigung, so findet bei Überschreitung der Verfügungsbefugnis unter den Miterben eine Herabsetzung im Verhältnis der Beträge statt, die ihnen über ihren Pflichtteil hinaus zugewendet sind.

Art. 524

3. Rechte der Gläubiger

1 Die Konkursverwaltung eines Erben oder dessen Gläubiger die zur Zeit des Erbganges Verlustscheine besitzen, können, wenn der Erblasser den verfügbaren Teil zum Nachteil des Erben überschritten hat und dieser auf ihre Aufforderung hin die Herabsetzungsklage nicht anhebt, innerhalb der dem Erben gegebenen Frist die Herabsetzung verlangen, soweit dies zu ihrer Deckung erforderlich ist.

2 Die gleiche Befugnis besteht auch gegenüber einer Enterbung, die der Enterbte nicht anficht.

[1] Vgl. ZGB 519
[2] Vgl. ZGB 470 ff.

Art. 525

II. Wirkung
1. Herabsetzung im Allgemeinen

[1] Die Herabsetzung erfolgt für alle eingesetzten Erben und Bedachten im gleichen Verhältnis, soweit nicht aus der Verfügung ein anderer Wille des Erblassers ersichtlich ist.

[2] Wird die Zuwendung an einen Bedachten, der zugleich mit Vermächtnissen beschwert ist, herabgesetzt, so kann er unter dem gleichen Vorbehalt verlangen, dass auch diese Vermächtnisse verhältnismässig herabgesetzt werden.

Art. 526

2. Vermächtnis einer einzelnen Sache

Gelangt das Vermächtnis einer einzelnen Sache, die ohne Schädigung ihres Wertes nicht geteilt werden kann, zur Herabsetzung, so kann der Bedachte entweder gegen Vergütung des Mehrbetrages die Sache selbst oder anstatt der Sache den verfügbaren Betrag beanspruchen.

Art. 527

3. Bei Verfügungen unter Lebenden
a. Fälle

Der Herabsetzung unterliegen wie die Verfügungen von Todes wegen:

1. die Zuwendungen auf Anrechnung an den Erbteil, als Heiratsgut, Ausstattung oder Vermögensabtretung, wenn sie nicht der Ausgleichung unterworfen sind;
2. die Erbabfindungen und Auskaufsbeträge;
3. die Schenkungen, die der Erblasser frei widerrufen konnte, oder die er während der letzten fünf Jahre vor seinem Tode ausgerichtet hat, mit Ausnahme der üblichen Gelegenheitsgeschenke;
4. die Entäusserung von Vermögenswerten, die der Erblasser offenbar zum Zwecke der Umgehung der Verfügungsbeschränkung vorgenommen hat.

Art. 528

b. Rückleistung

[1] Wer sich in gutem Glauben befindet, ist zu Rückleistungen nur insoweit verbunden, als er zur Zeit des Erbganges aus dem Rechtsgeschäfte mit dem Erblasser noch bereichert ist.

[2] Muss sich der durch Erbvertrag Bedachte eine Herabsetzung gefallen lassen, so ist er befugt, von der dem Erblasser gemachten Gegenleistung einen entsprechenden Betrag zurückzufordern.

Art. 529

4. Versicherungsansprüche

Versicherungsansprüche auf den Tod des Erblassers, die durch Verfügung unter Lebenden oder von Todes wegen zugunsten eines Dritten begründet oder bei Lebzeiten des Erblassers unentgeltlich auf einen Dritten übertragen worden sind, unterliegen der Herabsetzung mit ihrem Rückkaufswert.

Art. 530

5. Bei Nutzniessung und Renten

Hat der Erblasser seine Erbschaft mit Nutzniessungsansprüchen und Renten derart beschwert, dass deren Kapitalwert nach der mutmasslichen Dauer der Leistungspflicht den verfügbaren Teil der Erbschaft übersteigt, so können die Erben entweder eine verhältnismässige Herabsetzung der Ansprüche oder, unter Überlassung des verfügbaren Teiles der Erbschaft an die Bedachten, deren Ablösung verlangen.

Art. 531

6. Bei Nacherbeneinsetzung

Eine Nacherbeneinsetzung[1] ist gegenüber einem pflichtteilsberechtigten Erben im Umfang des Pflichtteils ungültig; vorbehalten bleibt die Bestimmung über urteilsunfähige Nachkommen.

Art. 532

III. Durchführung

Der Herabsetzung unterliegen in erster Linie die Verfügungen von Todes wegen und sodann die Zuwendungen unter Lebenden, und zwar diese in der Weise, dass die spätern vor den frühern herabgesetzt werden, bis der Pflichtteil hergestellt ist.

Art. 533

IV. Verjährung

1 Die Herabsetzungsklage verjährt mit Ablauf eines Jahres von dem Zeitpunkt an gerechnet, da die Erben von der Verletzung ihrer Rechte Kenntnis erhalten haben, und in jedem Fall mit Ablauf von zehn Jahren, die bei den letztwilligen Verfügungen von dem Zeitpunkte der Eröffnung, bei den andern Zuwendungen aber vom Tode des Erblassers an gerechnet werden.

2 Ist durch Ungültigerklärung einer späteren Verfügung eine frühere gültig geworden, so beginnen die Fristen mit diesem Zeitpunkte.

3 Einredeweise kann der Herabsetzungsanspruch jederzeit geltend gemacht werden.

Siebenter Abschnitt: Klagen aus Erbverträgen

Art. 534

A. Ansprüche bei Ausrichtung zu Lebzeiten des Erblassers

1 Überträgt der Erblasser sein Vermögen bei Lebzeiten auf den Vertragserben, so kann dieser ein öffentliches Inventar aufnehmen lassen.

2 Hat der Erblasser nicht alles Vermögen übertragen oder nach der Übertragung Vermögen erworben, so bezieht sich der Vertrag unter Vorbehalt einer andere Anordnung nur auf das übertragene Vermögen.

3 Soweit die Übergabe bei Lebzeiten stattgefunden hat, gehen Rechte und Pflichten aus dem Vertrag unter Vorbehalt einer anderen Anordnung auf die Erben des eingesetzten Erben über.

Art. 535

B. Ausgleichung beim Erbverzicht

I. Herabsetzung

1 Hat der Erblasser dem verzichtenden Erben bei Lebzeiten Leistungen gemacht, die den verfügbaren Teil seiner Erbschaft übersteigen, so können die Miterben die Herabsetzung verlangen.

2 Der Herabsetzung unterliegt die Verfügung jedoch nur für den Betrag, um den sie den Pflichtteil des Verzichtenden übersteigt.

3 Die Anrechnung der Leistungen erfolgt nach den gleichen Vorschriften wie bei der Ausgleichung.

Art. 536

II. Rückleistung

Wird der Verzichtende auf Grund der Herabsetzung zu einer Rückleistung an die Erbschaft verpflichtet, so hat er die Wahl, entweder diese Rückleistung auf sich zu nehmen oder die ganze Leistung in die Teilung einzuwerfen und an dieser teilzunehmen, als ob er nicht verzichtet hätte.

[1] Vgl. ZGB 488 ff.

Zweite Abteilung: Der Erbgang

Fünfzehnter Titel: Die Eröffnung des Erbganges

Art. 537

A. Voraussetzung auf Seite des Erblassers

[1] Der Erbgang wird durch den Tod des Erblassers eröffnet.

[2] Insoweit den Zuwendungen und Teilungen, die bei Lebzeiten des Erblassers erfolgt sind, erbrechtliche Bedeutung zukommt, werden sie nach dem Stande der Erbschaft berücksichtigt, wie er beim Tode des Erblassers vorhanden ist.

Art. 538

B. Ort der Eröffnung

[1] Die Eröffnung des Erbganges erfolgt für die Gesamtheit des Vermögens am letzten Wohnsitze des Erblassers.

[2] *Aufgehoben.*

Art. 539

C. Voraussetzungen auf Seite des Erben
I. Fähigkeit
1. Rechtsfähigkeit

[1] Jedermann ist fähig[1], Erbe zu sein und aus Verfügungen von Todes wegen zu erwerben, sobald er nicht nach Vorschrift des Gesetzes erbunfähig ist.

[2] Zuwendungen mit Zweckbestimmung an eine Mehrheit von Personen insgesamt werden, wenn dieser das Recht der Persönlichkeit nicht zukommt, von allen Zugehörigen unter der vom Erblasser aufgestellten Zweckbestimmung erworben oder gelten, wo dieses nicht angeht, als Stiftung.

Art. 540

2. Erbunwürdigkeit
a. Gründe

[1] Unwürdig, Erbe zu sein oder aus einer Verfügung von Todes wegen irgendetwas zu erwerben, ist:

1. wer vorsätzlich und rechtswidrig den Tod des Erblassers herbeigeführt oder herbeizuführen versucht hat;
2. wer den Erblasser vorsätzlich und rechtswidrig in einen Zustand bleibender Verfügungsunfähigkeit gebracht hat;
3. wer den Erblasser durch Arglist, Zwang oder Drohung dazu gebracht oder daran verhindert hat, eine Verfügung von Todes wegen zu errichten oder zu widerrufen;
4. wer eine Verfügung von Todes wegen vorsätzlich und rechtswidrig unter Umständen, die dem Erblasser deren Erneuerung nicht mehr ermöglichten, beseitigt oder ungültig gemacht hat.

[2] Durch Verzeihung des Erblassers wird die Erbunwürdigkeit aufgehoben.

Art. 541

b. Wirkung auf Nachkommen

[1] Die Unfähigkeit besteht nur für den Unwürdigen selbst.

[2] Seine Nachkommen beerben den Erblasser, wie wenn er vor dem Erblasser gestorben wäre.

Art. 542

II. Erleben des Erbganges
1. Als Erbe

[1] Um die Erbschaft erwerben zu können, muss der Erbe den Erbgang in erbfähigem Zustand erleben.

[2] Stirbt ein Erbe, nachdem er den Erbgang erlebt hat, so vererbt sich sein Recht an der Erbschaft auf seine Erben.

[1] Vgl. ZGB 11

Art. 543

2. Als Vermächtnisnehmer

[1] Der Vermächtnisnehmer erwirbt den Anspruch auf das Vermächtnis, wenn er den Erbgang in erbfähigem Zustand erlebt hat.

[2] Stirbt er vor dem Erblasser, so fällt sein Vermächtnis, wenn kein anderer Wille aus der Verfügung nachgewiesen werden kann, zugunsten desjenigen weg, der zur Ausrichtung verpflichtet gewesen wäre.

Art. 544

3. Das Kind vor der Geburt

[1] Das Kind ist vom Zeitpunkt der Empfängnis an unter dem Vorbehalt erbfähig, dass es lebendig geboren wird.[1]

[1bis] Erfordert es die Wahrung seiner Interessen, so errichtet die Kindesschutzbehörde eine Beistandschaft.

[2] Wird das Kind tot geboren, so fällt es für den Erbgang ausser Betracht.

Art. 545

4. Nacherben

[1] Auf dem Wege der Nacherbeneinsetzung oder des Nachvermächtnisses kann die Erbschaft oder eine Erbschaftssache einer Person zugewendet werden, die zur Zeit des Erbfalles noch nicht lebt.

[2] Ist kein Vorerbe genannt, so gelten die gesetzlichen Erben als Vorerben.

Art. 546

D. Verschollenheit
I. Beerbung eines Verschollenen
1. Erbgang gegen Sicherstellung

[1] Wird jemand für verschollen[2] erklärt, so haben die Erben oder Bedachten vor der Auslieferung der Erbschaft für die Rückgabe des Vermögens an besser Berechtigte oder an den Verschollenen selbst Sicherheit zu leisten.

[2] Diese Sicherheit ist im Falle des Verschwindens in hoher Todesgefahr auf fünf Jahre und im Falle der nachrichtlosen Abwesenheit auf 15 Jahre zu leisten, in keinem Falle aber länger als bis zu dem Tage, an dem der Verschollene 100 Jahre alt wäre.

[3] Die fünf Jahre werden vom Zeitpunkte der Auslieferung der Erbschaft und die 15 Jahre von der letzten Nachricht an gerechnet.

Art. 547

2. Aufhebung der Verschollenheit und Rückerstattung

[1] Kehrt der Verschollene zurück, oder machen besser Berechtigte ihre Ansprüche geltend, so haben die Eingewiesenen die Erbschaft nach den Besitzesregeln herauszugeben.

[2] Den besser Berechtigten haften sie, wenn sie in gutem Glauben sind, nur während der Frist der Erbschaftsklage.

Art. 548

II. Erbrecht des Verschollenen

[1] Kann für den Zeitpunkt des Erbganges Leben oder Tod eines Erben nicht nachgewiesen werden, weil dieser verschwunden ist, so wird sein Anteil unter amtliche Verwaltung gestellt.

[2] Die Personen, denen bei Nichtvorhandensein des Verschwundenen sein Erbteil zugefallen wäre, haben das Recht, ein Jahr seit dem Verschwinden in hoher Todesgefahr oder fünf Jahre seit der letzten Nachricht über den Verschwundenen beim Gericht um die Verschollenerklärung und, nachdem diese erfolgt ist, um die Aushändigung des Anteils nachzusuchen.

[1] Vgl. ZGB 31 und 393
[2] Vgl. ZGB 35 ff.

[3] Die Auslieferung des Anteils erfolgt nach den Vorschriften über die Auslieferung an die Erben eines Verschollenen.

Art. 549

III. Verhältnis der beiden Fälle zueinander

[1] Haben die Erben des Verschollenen die Einweisung in sein Vermögen bereits erwirkt, so können sich seine Miterben, wenn ihm eine Erbschaft anfällt, hierauf berufen und die angefallenen Vermögenswerte herausverlangen, ohne dass es einer neuen Verschollenerklärung bedarf.

[2] Ebenso können die Erben des Verschollenen sich auf die Verschollenerklärung berufen, die von seinen Miterben erwirkt worden ist.

Art. 550

IV. Verfahren von Amtes wegen

[1] Stand das Vermögen oder der Erbteil eines Verschwundenen während zehn Jahren in amtlicher Verwaltung, oder hätte dieser ein Alter von 100 Jahren erreicht, so wird auf Verlangen der zuständigen Behörde die Verschollenerklärung von Amtes wegen durchgeführt.

[2] Melden sich alsdann innerhalb der Auskündungsfrist keine Berechtigten, so fallen die Vermögenswerte an das erbberechtigte Gemeinwesen oder, wenn der Verschollene niemals in der Schweiz gewohnt hat, an den Heimatkanton.

[3] Gegenüber dem Verschollenen selbst und den besser Berechtigten besteht die gleiche Pflicht zur Rückerstattung wie für die eingewiesenen Erben.

Sechzehnter Titel: Die Wirkung des Erbganges

Erster Abschnitt: Die Sicherungsmassregeln

Art. 551

A. Im Allgemeinen

[1] Die zuständige Behörde hat von Amtes wegen die zur Sicherung des Erbganges nötigen Massregeln zu treffen.

[2] Solche Massregeln sind insbesondere in den vom Gesetze vorgesehenen Fällen die Siegelung der Erbschaft, die Aufnahme des Inventars, die Anordnung der Erbschaftsverwaltung und die Eröffnung der letztwilligen Verfügungen.

[3] *Aufgehoben.*

Art. 552

B. Siegelung der Erbschaft

Die Siegelung der Erbschaft wird in den Fällen angeordnet, für die das kantonale Recht sie vorsieht.

Art. 553

C. Inventar

[1] Die Aufnahme eines Inventars wird angeordnet, wenn:

1. ein minderjähriger Erbe unter Vormundschaft steht oder zu stellen ist;
2. ein Erbe dauernd und ohne Vertretung abwesend ist;
3. einer der Erben oder die Erwachsenenschutzbehörde es verlangt;
4. ein volljähriger Erbe unter umfassender Beistandschaft steht oder unter sie zu stellen ist.

[2] Sie erfolgt nach den Vorschriften des kantonalen Rechtes und ist in der Regel binnen zwei Monaten seit dem Tode des Erblassers durchzuführen.

[3] Die Aufnahme eines Inventars kann durch die kantonale Gesetzgebung für weitere Fälle vorgeschrieben werden.

D. Erbschaftsverwaltung
I. Im Allgemeinen

Art. 554

[1] Die Erbschaftsverwaltung wird angeordnet:

1. wenn ein Erbe dauernd und ohne Vertretung abwesend ist, sofern es seine Interessen erfordern;
2. wenn keiner der Ansprecher sein Erbrecht genügend nachzuweisen vermag oder das Vorhandensein eines Erben ungewiss ist;
3. wenn nicht alle Erben des Erblassers bekannt sind;
4. wo das Gesetz sie für besondere Fälle vorsieht.[1]

[2] Hat der Erblasser einen Willensvollstrecker bezeichnet, so ist diesem die Verwaltung zu übergeben.

[3] Stand die verstorbene Person unter einer Beistandschaft, welche die Vermögensverwaltung umfasst, so obliegt dem Beistand auch die Erbschaftsverwaltung, sofern nichts anderes angeordnet wird.

II. Bei unbekannten Erben

Art. 555

[1] Ist die Behörde im ungewissen, ob der Erblasser Erben hinterlassen hat oder nicht, oder ob ihr alle Erben bekannt sind, so sind die Berechtigten in angemessener Weise öffentlich aufzufordern, sich binnen Jahresfrist zum Erbgange zu melden.

[2] Erfolgt während dieser Frist keine Anmeldung und sind der Behörde keine Erben bekannt, so fällt die Erbschaft unter Vorbehalt der Erbschaftsklage an das erbberechtigte Gemeinwesen.

E. Eröffnung der letztwilligen Verfügung
I. Pflicht zur Einlieferung

Art. 556

[1] Findet sich beim Tode des Erblassers eine letztwillige Verfügung vor, so ist sie der Behörde unverweilt einzuliefern, und zwar auch dann, wenn sie als ungültig erachtet wird.

[2] Der Beamte, bei dem die Verfügung protokolliert oder hinterlegt ist, sowie jedermann, der eine Verfügung in Verwahrung genommen oder unter den Sachen des Erblassers vorgefunden hat, ist bei persönlicher Verantwortlichkeit verbunden, dieser Pflicht nachzukommen, sobald er vom Tode des Erblassers Kenntnis erhalten hat.

[3] Nach der Einlieferung hat die Behörde, soweit tunlich nach Anhörung der Beteiligten, entweder die Erbschaft einstweilen den gesetzlichen Erben zu überlassen oder die Erbschaftsverwaltung anzuordnen.

II. Eröffnung

Art. 557

[1] Die Verfügung des Erblassers muss binnen Monatsfrist nach der Einlieferung von der zuständigen Behörde eröffnet werden.

[2] Zu der Eröffnung werden die Erben, soweit sie den Behörden bekannt sind, vorgeladen.

[3] Hinterlässt der Erblasser mehr als eine Verfügung, so sind sie alle der Behörde einzuliefern und von ihr zu eröffnen.

III. Mitteilung an die Beteiligten

Art. 558

[1] Alle an der Erbschaft Beteiligten erhalten auf Kosten der Erbschaft eine Abschrift der eröffneten Verfügung, soweit diese sie angeht.

[1] Vgl. ZGB 490, 548 und 556

2 An Bedachte unbekannten Aufenthalts erfolgt die Mitteilung durch eine angemessene öffentliche Auskündung.

Art. 559

IV. Auslieferung der Erbschaft

1 Nach Ablauf eines Monats seit der Mitteilung an die Beteiligten wird den eingesetzten Erben, wenn die gesetzlichen Erben oder die aus einer früheren Verfügung Bedachten nicht ausdrücklich deren Berechtigung bestritten haben, auf ihr Verlangen von der Behörde eine Bescheinigung[1] darüber ausgestellt, dass sie unter Vorbehalt der Ungültigkeitsklage und der Erbschaftsklage als Erben anerkannt seien.

2 Zugleich wird gegebenen Falles der Erbschaftsverwalter angewiesen, ihnen die Erbschaft auszuliefern.

Zweiter Abschnitt: Der Erwerb der Erbschaft

Art. 560

A. Erwerb
I. Erben

1 Die Erben erwerben die Erbschaft als Ganzes mit dem Tode des Erblassers kraft Gesetzes.

2 Mit Vorbehalt der gesetzlichen Ausnahmen gehen die Forderungen, das Eigentum, die beschränkten dinglichen Rechte und der Besitz des Erblassers ohne weiteres auf sie über, und die Schulden des Erblassers werden zu persönlichen Schulden der Erben.[2]

3 Der Erwerb der eingesetzten Erben wird auf den Zeitpunkt der Eröffnung des Erbganges zurückbezogen, und es haben die gesetzlichen Erben ihnen die Erbschaft nach den Besitzesregeln herauszugeben.

Art. 561

II. …

Aufgehoben.

Art. 562

III. Vermächtnisnehmer
1. Erwerb

1 Die Vermächtnisnehmer haben gegen die Beschwerten oder, wenn solche nicht besonders genannt sind, gegen die gesetzlichen oder eingesetzten Erben einen persönlichen Anspruch.

2 Wenn aus der Verfügung nichts anderes hervorgeht, so wird der Anspruch fällig, sobald der Beschwerte die Erbschaft angenommen hat oder sie nicht mehr ausschlagen kann.

3 Kommen die Erben ihrer Verpflichtung nicht nach, so können sie zur Auslieferung der vermachten Erbschaftssachen, oder wenn irgendeine Handlung den Gegenstand der Verfügung bildet, zu Schadenersatz[3] angehalten werden.

Art. 563

2. Gegenstand

1 Ist dem Bedachten eine Nutzniessung[4] oder eine Rente oder eine andere zeitlich wiederkehrende Leistung vermacht, so bestimmt sich sein Anspruch, wo es

1 Erbgangsbescheinigung, Erbschein
2 Erben treten in die Aktiven und Passiven der Erbschaft ein
3 Vgl. OR 97
4 Vgl. ZGB 745

nicht anders angeordnet ist, nach den Vorschriften des Sachen- und Obligationenrechtes.

2 Ist ein Versicherungsanspruch auf den Tod des Erblassers vermacht, so kann ihn der Bedachte unmittelbar geltend machen.

Art. 564

3. Verhältnis von Gläubiger und Vermächtnisnehmer

1 Die Gläubiger des Erblassers gehen mit ihren Ansprüchen den Vermächtnisnehmern vor.

2 Die Gläubiger des Erben stehen, wenn dieser die Erbschaft vorbehaltlos erworben hat, den Gläubigern des Erblassers gleich.

Art. 565

4. Herabsetzung

1 Zahlen die Erben nach Ausrichtung der Vermächtnisse Erbschaftsschulden, von denen sie vorher keine Kenntnis hatten, so sind sie befugt, die Vermächtnisnehmer insoweit zu einer verhältnismässigen Rückleistung anzuhalten, als sie die Herabsetzung der Vermächtnisse hätten beanspruchen können.

2 Die Vermächtnisnehmer können jedoch höchstens im Umfange der zur Zeit der Rückforderung noch vorhandenen Bereicherung in Anspruch genommen werden.

Art. 566

B. Ausschlagung
I. Erklärung
1. Befugnis

1 Die gesetzlichen und die eingesetzten Erben haben die Befugnis, die Erbschaft, die ihnen zugefallen ist, auszuschlagen.

2 Ist die Zahlungsunfähigkeit des Erblassers im Zeitpunkt seines Todes amtlich festgestellt oder offenkundig, so wird die Ausschlagung vermutet.

Art. 567

2. Befristung
a. Im Allgemeinen

1 Die Frist zur Ausschlagung beträgt drei Monate.

2 Sie beginnt für die gesetzlichen Erben, soweit sie nicht nachweisbar erst später von dem Erbfall Kenntnis erhalten haben, mit dem Zeitpunkte, da ihnen der Tod des Erblassers bekannt geworden, und für die eingesetzten Erben mit dem Zeitpunkte, da ihnen die amtliche Mitteilung von der Verfügung des Erblassers zugekommen ist.

Art. 568

b. Bei Inventaraufnahme

Ist ein Inventar als Sicherungsmassregel aufgenommen worden, so beginnt die Frist zur Ausschlagung für alle Erben mit dem Tage, an dem die Behörde ihnen von dem Abschlusse des Inventars Kenntnis gegeben hat.

Art. 569

3. Übergang der Ausschlagungsbefugnis

1 Stirbt ein Erbe vor der Ausschlagung oder Annahme der Erbschaft, so geht die Befugnis zur Ausschlagung auf seine Erben über.

2 Die Frist zur Ausschlagung beginnt für diese Erben mit dem Zeitpunkte, da sie von dem Anfall der Erbschaft an ihren Erblasser Kenntnis erhalten, und endigt frühestens mit dem Ablauf der Frist, die ihnen gegenüber ihrem eigenen Erblasser für die Ausschlagung gegeben ist.

3 Schlagen die Erben aus und gelangt die Erbschaft an andere Erben, die vorher nicht berechtigt waren, so beginnt für diese die Frist mit dem Zeitpunkte, da sie von der Ausschlagung Kenntnis erhalten haben.

Art. 570

4. Form

[1] Die Ausschlagung ist von dem Erben bei der zuständigen Behörde mündlich oder schriftlich zu erklären.

[2] Sie muss unbedingt und vorbehaltlos geschehen.

[3] Die Behörde hat über die Ausschlagungen ein Protokoll zu führen.

Art. 571

II. Verwirkung der Ausschlagungsbefugnis

[1] Erklärt der Erbe während der angesetzten Frist die Ausschlagung nicht, so hat er die Erbschaft vorbehaltlos erworben.

[2] Hat ein Erbe sich vor Ablauf der Frist in die Angelegenheiten der Erbschaft eingemischt oder Handlungen vorgenommen, die nicht durch die blosse Verwaltung der Erbschaft und durch den Fortgang der Geschäfte des Erblassers gefordert waren, oder hat er Erbschaftssachen sich angeeignet oder verheimlicht, so kann er die Erbschaft nicht mehr ausschlagen.

Art. 572

III. Ausschlagung eines Miterben

[1] Hinterlässt der Erblasser keine Verfügung von Todes wegen und schlägt einer unter mehreren Erben die Erbschaft aus, so vererbt sich sein Anteil, wie wenn er den Erbfall nicht erlebt hätte.

[2] Hinterlässt der Erblasser eine Verfügung von Todes wegen, so gelangt der Anteil, den ein eingesetzter Erbe ausschlägt, wenn kein anderer Wille des Erblassers aus der Verfügung ersichtlich ist, an dessen nächsten gesetzlichen Erben.

Art. 573

IV. Ausschlagung aller nächsten Erben

1. Im Allgemeinen

[1] Wird die Erbschaft von allen nächsten gesetzlichen Erben ausgeschlagen, so gelangt sie zur Liquidation durch das Konkursamt.

[2] Ergibt sich in der Liquidation nach Deckung der Schulden ein Überschuss, so wird dieser den Berechtigten überlassen, wie wenn keine Ausschlagung stattgefunden hätte.[1]

Art. 574

2. Befugnis der überlebenden Ehegatten

Haben die Nachkommen die Erbschaft ausgeschlagen, so wird der überlebende Ehegatte von der Behörde hievon in Kenntnis gesetzt und kann binnen Monatsfrist die Annahme erklären.

Art. 575

3. Ausschlagung zugunsten nachfolgender Erben

[1] Die Erben können bei der Ausschlagung verlangen, dass die auf sie folgenden Erben noch angefragt werden, bevor die Erbschaft liquidiert wird.

[2] In diesem Falle ist seitens der Behörde den folgenden Erben von der Ausschlagung der vorgehenden Kenntnis zu geben, und wenn darauf jene Erben nicht binnen Monatsfrist die Annahme der Erbschaft erklären, so ist sie auch von ihnen ausgeschlagen.

Art. 576

V. Fristverlängerung

Aus wichtigen Gründen kann die zuständige Behörde den gesetzlichen und den eingesetzten Erben eine Fristverlängerung gewähren oder eine neue Frist ansetzen.

[1] Vgl. ZGB 457 ff. und 597

Art. 577

VI. Ausschlagung eines Vermächtnisses

Schlägt ein Vermächtnisnehmer das Vermächtnis aus, so fällt es zugunsten des Beschwerten weg, wenn kein anderer Wille des Erblassers aus der Verfügung ersichtlich ist.

Art. 578

VII. Sicherung für die Gläubiger des Erben

1 Hat ein überschuldeter Erbe die Erbschaft zu dem Zwecke ausgeschlagen, dass sie seinen Gläubigern entzogen bleibe, so können diese oder die Konkursverwaltung die Ausschlagung binnen sechs Monaten anfechten, wenn ihre Forderungen nicht sichergestellt werden.

2 Wird ihre Anfechtung gutgeheissen, so gelangt die Erbschaft zur amtlichen Liquidation.[1]

3 Ein Überschuss dient in erster Linie zur Befriedigung der anfechtenden Gläubiger und fällt nach Deckung der übrigen Schulden an die Erben, zu deren Gunsten ausgeschlagen wurde.

Art. 579

VIII. Haftung im Falle der Ausschlagung

1 Schlagen die Erben eines zahlungsunfähigen Erblassers die Erbschaft aus, so haften sie dessen Gläubigern gleichwohl insoweit, als sie vom Erblasser innerhalb der letzten fünf Jahre vor seinem Tode Vermögenswerte empfangen haben, die bei der Erbteilung der Ausgleichung unterworfen sein würden.

2 Die landesübliche Ausstattung bei der Verheiratung sowie die Kosten der Erziehung und Ausbildung werden von dieser Haftung nicht getroffen.

3 Gutgläubige Erben haften nur, soweit sie noch bereichert sind.

Dritter Abschnitt: Das öffentliche Inventar

Art. 580

A. Voraussetzung

1 Jeder Erbe, der die Befugnis hat, die Erbschaft auszuschlagen, ist berechtigt, ein öffentliches Inventar zu verlangen.

2 Das Begehren muss binnen Monatsfrist in der gleichen Form wie die Ausschlagung bei der zuständigen Behörde angebracht werden.[2]

3 Wird es von einem der Erben gestellt, so gilt es auch für die übrigen.

Art. 581

B. Verfahren
I. Inventar

1 Das öffentliche Inventar wird durch die zuständige Behörde nach den Vorschriften des kantonalen Rechtes errichtet und besteht in der Anlegung eines Verzeichnisses der Vermögenswerte und Schulden der Erbschaft, wobei alle Inventarstücke mit einer Schätzung zu versehen sind.

2 Wer über die Vermögensverhältnisse des Erblassers Auskunft geben kann, ist bei seiner Verantwortlichkeit verpflichtet, der Behörde alle von ihr verlangten Aufschlüsse zu erteilen.

3 Insbesondere haben die Erben der Behörde die ihnen bekannten Schulden des Erblassers mitzuteilen.

1 Vgl. ZGB 593 ff.
2 Vgl. ZGB 570

Art. 582

II. Rechnungsruf

[1] Mit der Aufnahme des Inventars verbindet die Behörde einen Rechnungsruf, durch den auf dem Wege angemessener öffentlicher Auskündung die Gläubiger und Schuldner des Erblassers mit Einschluss der Bürgschaftsgläubiger aufgefordert werden, binnen einer bestimmten Frist ihre Forderungen und Schulden anzumelden.

[2] Die Gläubiger sind dabei auf die Folgen der Nichtanmeldung aufmerksam zu machen.

[3] Die Frist ist auf mindestens einen Monat, vom Tage der ersten Auskündung an gerechnet, anzusetzen.

Art. 583

III. Aufnahme von Amtes wegen

[1] Forderungen und Schulden, die aus öffentlichen Büchern oder aus den Papieren des Erblassers ersichtlich sind, werden von Amtes wegen in das Inventar aufgenommen.

[2] Die Aufnahme ist den Schuldnern und Gläubigern anzuzeigen.

Art. 584

IV. Ergebnis

[1] Nach Ablauf der Auskündungsfrist wird das Inventar geschlossen und hierauf während wenigstens eines Monats zur Einsicht der Beteiligten aufgelegt.

[2] Die Kosten werden von der Erbschaft und, wo diese nicht ausreicht, von den Erben getragen, die das Inventar verlangt haben.

Art. 585

C. Verhältnis der Erben während des Inventars

I. Verwaltung

[1] Während der Dauer des Inventars dürfen nur die notwendigen Verwaltungshandlungen vorgenommen werden.

[2] Gestattet die Behörde die Fortsetzung des Geschäftes des Erblassers durch einen Erben, so sind dessen Miterben befugt, Sicherstellung zu verlangen.

Art. 586

II. Betreibung, Prozesse, Verjährung

[1] Die Betreibung für die Schulden des Erblassers ist während der Dauer des Inventars ausgeschlossen.

[2] Eine Verjährung läuft nicht.

[3] Prozesse können mit Ausnahme von dringenden Fällen weder fortgesetzt noch angehoben werden.

Art. 587

D. Wirkung

I. Frist zur Erklärung

[1] Nach Abschluss des Inventars wird jeder Erbe aufgefordert, sich binnen Monatsfrist über den Erwerb der Erbschaft zu erklären.

[2] Wo die Umstände es rechtfertigen, kann die zuständige Behörde zur Einholung von Schätzungen, zur Erledigung von streitigen Ansprüchen u. dgl. eine weitere Frist einräumen.

Art. 588

II. Erklärung

[1] Der Erbe kann während der angesetzten Frist ausschlagen oder die amtliche Liquidation verlangen oder die Erbschaft unter öffentlichem Inventar oder vorbehaltlos annehmen.

[2] Gibt er keine Erklärung ab, so hat er die Erbschaft unter öffentlichem Inventar angenommen.

Art. 589

III. Folgen der Annahme unter öffentlichem Inventar

1. Haftung nach Inventar

1 Übernimmt ein Erbe die Erbschaft unter öffentlichem Inventar, so gehen die Schulden des Erblassers, die im Inventar verzeichnet sind, und die Vermögenswerte auf ihn über.

2 Der Erwerb der Erbschaft mit Rechten und Pflichten wird auf den Zeitpunkt der Eröffnung des Erbganges zurückbezogen.

3 Für die Schulden, die im Inventar verzeichnet sind, haftet der Erbe sowohl mit der Erbschaft als mit seinem eigenen Vermögen.

Art. 590

2. Haftung ausser Inventar

1 Den Gläubigern des Erblassers, deren Forderungen aus dem Grunde nicht in das Inventar aufgenommen worden sind, weil sie deren Anmeldung versäumt haben, sind die Erben weder persönlich noch mit der Erbschaft haftbar.

2 Haben die Gläubiger ohne eigene Schuld die Anmeldung zum Inventar unterlassen, oder sind deren Forderungen trotz Anmeldung in das Verzeichnis nicht aufgenommen worden, so haftet der Erbe, soweit er aus der Erbschaft bereichert ist.

3 In allen Fällen können die Gläubiger ihre Forderungen geltend machen, soweit sie durch Pfandrecht an Erbschaftssachen gedeckt sind.

Art. 591

E. Haftung für Bürgschaftsschulden

Bürgschaftsschulden des Erblassers werden im Inventar besonders aufgezeichnet und können gegen den Erben, auch wenn er die Erbschaft annimmt, nur bis zu dem Betrage geltend gemacht werden, der bei der konkursmässigen Tilgung aller Schulden aus der Erbschaft auf die Bürgschaftsschulden fallen würde.[1]

Art. 592

F. Erwerb durch das Gemeinwesen

Fällt eine Erbschaft an das Gemeinwesen, so wird von Amtes wegen ein Rechnungsruf vorgenommen, und es haftet das Gemeinwesen für die Schulden der Erbschaft nur im Umfange der Vermögenswerte, die es aus der Erbschaft erworben hat.

Vierter Abschnitt: Die amtliche Liquidation

Art. 593

A. Voraussetzung

I. Begehren eines Erben

1 Jeder Erbe ist befugt, anstatt die Erbschaft auszuschlagen[2] oder unter öffentlichem Inventar anzunehmen, die amtliche Liquidation zu verlangen.

2 Solange jedoch ein Miterbe die Annahme erklärt, kann dem Begehren keine Folge gegeben werden.

3 Im Falle der amtlichen Liquidation werden die Erben für die Schulden der Erbschaft nicht haftbar.

Art. 594

II. Begehren der Gläubiger des Erblassers

1 Haben die Gläubiger des Erblassers begründete Besorgnis, dass ihre Forderungen nicht bezahlt werden, und werden sie auf ihr Begehren nicht befriedigt oder sichergestellt, so können sie binnen drei Monaten, vom Tode des Erblassers oder der

1 Vgl. SchKG 219 f.
2 Vgl. ZGB 566

Eröffnung der Verfügung an gerechnet, die amtliche Liquidation der Erbschaft verlangen.

2 Die Vermächtnisnehmer können unter der gleichen Voraussetzung zu ihrer Sicherstellung vorsorgliche Massregeln verlangen.

Art. 595

B. Verfahren
I. Verwaltung

1 Die amtliche Liquidation wird von der zuständigen Behörde oder in deren Auftrag von einem oder mehreren Erbschaftsverwaltern durchgeführt.

2 Sie beginnt mit der Aufnahme eines Inventars, womit ein Rechnungsruf verbunden wird.

3 Der Erbschaftsverwalter steht unter der Aufsicht der Behörde, und die Erben sind befugt, bei dieser gegen die von ihm beabsichtigten oder getroffenen Massregeln Beschwerde zu erheben.

Art. 596

II. Ordentliche Liquidation

1 Zum Zwecke der Liquidation sind die laufenden Geschäfte des Erblassers zu beendigen, seine Verpflichtungen zu erfüllen, seine Forderungen einzuziehen, die Vermächtnisse nach Möglichkeit auszurichten, die Rechte und Pflichten des Erblassers, soweit nötig, gerichtlich festzustellen und sein Vermögen zu versilbern.

2 Die Veräusserung von Grundstücken des Erblassers erfolgt durch öffentliche Versteigerung[1] und darf nur mit Zustimmung aller Erben aus freier Hand stattfinden.

3 Die Erben können verlangen, dass ihnen die Sachen und Gelder der Erbschaft, die für die Liquidation entbehrlich sind, schon während derselben ganz oder teilweise ausgeliefert werden.

Art. 597

III. Konkursamtliche Liquidation

Ist die Erbschaft überschuldet, so erfolgt die Liquidation durch das Konkursamt nach den Vorschriften des Konkursrechtes.[2]

Fünfter Abschnitt: Die Erbschaftsklage

Art. 598

A. Voraussetzung

1 Wer auf eine Erbschaft oder auf Erbschaftssachen als gesetzlicher oder eingesetzter Erbe ein besseres Recht zu haben glaubt als der Besitzer, ist befugt, sein Recht mit der Erbschaftsklage geltend zu machen.

2 *Aufgehoben.*

Art. 599

B. Wirkung

1 Wird die Klage gutgeheissen, so hat der Besitzer[3] die Erbschaft oder die Erbschaftssachen nach den Besitzesregeln an den Kläger herauszugeben.

2 Auf die Ersitzung an Erbschaftssachen kann sich der Beklagte gegenüber der Erbschaftsklage nicht berufen.

1 Vgl. OR 229 ff.
2 Vgl. SchKG 221 ff.
3 Vgl. ZGB 938 ff.

Art. 600

C. Verjährung

1 Die Erbschaftsklage verjährt gegenüber einem gutgläubigen[1] Beklagten mit Ablauf eines Jahres, von dem Zeitpunkte an gerechnet, da der Kläger von dem Besitz des Beklagten und von seinem eigenen bessern Recht Kenntnis erhalten hat, in allen Fällen aber mit dem Ablauf von zehn Jahren, vom Tode des Erblassers oder dem Zeitpunkte der Eröffnung seiner letztwilligen Verfügung an gerechnet.

2 Gegenüber einem bösgläubigen Beklagten beträgt die Verjährungsfrist stets 30 Jahre.

Art. 601

D. Klage der Vermächtnisnehmer

Die Klage des Vermächtnisnehmers verjährt mit dem Ablauf von zehn Jahren, von der Mitteilung der Verfügung oder vom Zeitpunkt an gerechnet, auf den das Vermächtnis später fällig wird.

Siebenzehnter Titel: Die Teilung der Erbschaft

Erster Abschnitt: Die Gemeinschaft vor der Teilung

Art. 602

A. Wirkung des Erbganges

I. Erbengemeinschaft

1 Beerben mehrere Erben den Erblasser, so besteht unter ihnen, bis die Erbschaft geteilt wird, infolge des Erbganges eine Gemeinschaft[2] aller Rechte und Pflichten der Erbschaft.

2 Sie werden Gesamteigentümer der Erbschaftsgegenstände und verfügen unter Vorbehalt der vertraglichen oder gesetzlichen Vertretungs- und Verwaltungsbefugnisse über die Rechte der Erbschaft gemeinsam.

3 Auf Begehren eines Miterben kann die zuständige Behörde für die Erbengemeinschaft bis zur Teilung eine Vertretung bestellen.

Art. 603

II. Haftung der Erben

1 Für die Schulden des Erblassers werden die Erben solidarisch[3] haftbar.

2 Die angemessene Entschädigung[4], die den Kindern oder Grosskindern für Zuwendungen an den mit dem Erblasser gemeinsam geführten Haushalt geschuldet wird, ist zu den Erbschaftsschulden zu rechnen, soweit dadurch nicht eine Überschuldung der Erbschaft entsteht.

Art. 604

B. Teilungsanspruch

1 Jeder Miterbe kann zu beliebiger Zeit die Teilung der Erbschaft verlangen, soweit er nicht durch Vertrag oder Vorschrift des Gesetzes zur Gemeinschaft verpflichtet ist.

2 Auf Ansuchen eines Erben kann das Gericht vorübergehend eine Verschiebung der Teilung der Erbschaft oder einzelner Erbschaftssachen anordnen, wenn deren sofortige Vornahme den Wert der Erbschaft erheblich schädigen würde.

1 Vgl. ZGB 3
2 Vgl. ZGB 560
3 Vgl. OR 143 ff.
4 Vgl. ZGB 334 f.

3 Den Miterben eines zahlungsunfähigen Erben steht die Befugnis zu, zur Sicherung ihrer Ansprüche sofort nach dem Erbgange vorsorgliche Massregeln zu verlangen.

Art. 605

C. Verschiebung der Teilung

1 Ist beim Erbgang auf ein noch nicht geborenes Kind[1] Rücksicht zu nehmen, so muss die Teilung bis zum Zeitpunkte seiner Geburt verschoben werden.

2 Ebenso lange hat die Mutter, soweit dies für ihren Unterhalt erforderlich ist, Anspruch auf den Genuss am Gemeinschaftsvermögen.

Art. 606

D. Anspruch der Hausgenossen

Erben, die zur Zeit des Todes des Erblassers in dessen Haushaltung ihren Unterhalt erhalten haben, können verlangen, dass ihnen nach dem Tode des Erblassers der Unterhalt noch während eines Monats auf Kosten der Erbschaft zuteil werde.

Zweiter Abschnitt: Die Teilungsart

Art. 607

A. Im Allgemeinen

1 Gesetzliche Erben[2] haben sowohl unter sich als mit eingesetzten Erben nach den gleichen Grundsätzen zu teilen.

2 Sie können, wo es nicht anders angeordnet ist, die Teilung frei vereinbaren.

3 Miterben, die sich im Besitze von Erbschaftssachen befinden oder Schuldner des Erblassers sind, haben hierüber bei der Teilung genauen Aufschluss zu geben.

Art. 608

B. Ordnung der Teilung
I. Verfügung des Erblassers

1 Der Erblasser ist befugt, durch Verfügung von Todes wegen[3] seinen Erben Vorschriften über die Teilung und Bildung der Teile zu machen.

2 Unter Vorbehalt der Ausgleichung bei einer Ungleichheit der Teile, die der Erblasser nicht beabsichtigt hat, sind diese Vorschriften für die Erben verbindlich.

3 Ist nicht ein anderer Wille des Erblassers aus der Verfügung ersichtlich, so gilt die Zuweisung einer Erbschaftssache an einen Erben als eine blosse Teilungsvorschrift und nicht als Vermächtnis.

Art. 609

II. Mitwirkung der Behörde

1 Auf Verlangen eines Gläubigers, der den Anspruch eines Erben auf eine angefallene Erbschaft erworben oder gepfändet hat, oder der gegen ihn Verlustscheine besitzt, hat die Behörde an Stelle dieses Erben bei der Teilung mitzuwirken.

2 Dem kantonalen Recht bleibt es vorbehalten, noch für weitere Fälle eine amtliche Mitwirkung bei der Teilung vorzusehen.

Art. 610

C. Durchführung der Teilung
I. Gleichberechtigung der Erben

1 Die Erben haben bei der Teilung, wenn keine andern Vorschriften Platz greifen, alle den gleichen Anspruch auf die Gegenstände der Erbschaft.

2 Sie haben einander über ihr Verhältnis zum Erblasser alles mitzuteilen, was für die gleichmässige und gerechte Verteilung der Erbschaft in Berücksichtigung fällt.

1 Vgl. ZGB 393 und 544
2 Vgl. ZGB 457 ff.
3 Vgl. ZGB 498 ff.

3 Jeder Miterbe kann verlangen, dass die Schulden des Erblassers vor der Teilung der Erbschaft getilgt oder sichergestellt werden.

Art. 611

II. Bildung von Losen

1 Die Erben bilden aus den Erbschaftssachen so viele Teile oder Lose, als Erben oder Erbstämme sind.

2 Können sie sich nicht einigen, so hat auf Verlangen eines der Erben die zuständige Behörde unter Berücksichtigung des Ortsgebrauches, der persönlichen Verhältnisse und der Wünsche der Mehrheit der Miterben die Lose zu bilden.

3 Die Verteilung der Lose erfolgt nach Vereinbarung oder durch Losziehung unter den Erben.

Art. 612

III. Zuweisung und Verkauf einzelner Sachen

1 Eine Erbschaftssache, die durch Teilung an ihrem Werte wesentlich verlieren würde, soll einem der Erben ungeteilt zugewiesen werden.

2 Können die Erben sich über die Teilung oder Zuweisung einer Sache nicht einigen, so ist die Sache zu verkaufen und der Erlös zu teilen.

3 Auf Verlangen eines Erben hat der Verkauf auf dem Wege der Versteigerung stattzufinden, wobei, wenn die Erben sich nicht einigen, die zuständige Behörde entscheidet, ob die Versteigerung öffentlich oder nur unter den Erben stattfinden soll.[1]

Art. 612a

IV. Zuweisung der Wohnung und des Hausrates an den überlebenden Ehegatten

1 Befinden sich das Haus oder die Wohnung, worin die Ehegatten gelebt haben, oder Hausratsgegenstände in der Erbschaft, so kann der überlebende Ehegatte verlangen, dass ihm das Eigentum daran auf Anrechnung zugeteilt wird.

2 Wo die Umstände es rechtfertigen, kann auf Verlangen des überlebenden Ehegatten oder der andern gesetzlichen Erben des Verstorbenen statt des Eigentums die Nutzniessung oder ein Wohnrecht eingeräumt werden.

3 An Räumlichkeiten, in denen der Erblasser einen Beruf ausübte oder ein Gewerbe betrieb und die ein Nachkomme zu dessen Weiterführung benötigt, kann der überlebende Ehegatte diese Rechte nicht beanspruchen; die Vorschriften des bäuerlichen Erbrechts bleiben vorbehalten.

4 Die gleiche Regelung gilt bei eingetragener Partnerschaft sinngemäss.

Art. 613

D. Besondere Gegenstände

I. Zusammengehörende Sachen, Familienschriften

1 Gegenstände, die ihrer Natur nach zusammengehören, sollen, wenn einer der Erben gegen die Teilung Einspruch erhebt, nicht voneinander getrennt werden.

2 Familienschriften und Gegenstände, die für die Familie einen besonderen Erinnerungswert haben, sollen, sobald ein Erbe widerspricht, nicht veräussert werden.

3 Können sich die Erben nicht einigen, so entscheidet die zuständige Behörde über die Veräusserung oder die Zuweisung mit oder ohne Anrechnung, unter Berücksichtigung des Ortsgebrauches und, wo ein solcher nicht besteht, der persönlichen Verhältnisse der Erben.

1 Vgl. OR 229 ff.

Art. 613a

I.bis Landwirtschaftliches Inventar

Stirbt der Pächter eines landwirtschaftlichen Gewerbes und führt einer seiner Erben die Pacht allein weiter, so kann dieser verlangen, dass ihm das gesamte Inventar (Vieh, Gerätschaften, Vorräte usw.) unter Anrechnung auf seinen Erbteil zum Nutzwert zugewiesen wird.

Art. 614

II. Forderungen des Erblassers an Erben

Forderungen, die der Erblasser an einen der Erben gehabt hat, sind bei der Teilung diesem anzurechnen.

Art. 615

III. Verpfändete Erbschaftssachen

Erhält ein Erbe bei der Teilung eine Erbschaftssache, die für Schulden des Erblassers verpfändet ist, so wird ihm auch die Pfandschuld überbunden.

Art. 616

Aufgehoben.

Art. 617

IV. Grundstücke
1. Übernahme
a. Anrechnungswert

Grundstücke sind den Erben zum Verkehrswert anzurechnen, der ihnen im Zeitpunkt der Teilung zukommt.

Art. 618

b. Schatzungsverfahren

1 Können sich die Erben über den Anrechnungswert nicht verständigen, so wird er durch amtlich bestellte Sachverständige geschätzt.

2 *Aufgehoben.*

Art. 619

V. Landwirtschaftliche Gewerbe und Grundstücke

Für die Übernahme und Anrechnung von landwirtschaftlichen Gewerben und Grundstücken gilt das Bundesgesetz vom 4. Oktober 1991 über das bäuerliche Bodenrecht.

Art. 620–625

Aufgehoben.

Dritter Abschnitt: Die Ausgleichung

Art. 626

A. Ausgleichungspflicht der Erben

1 Die gesetzlichen Erben sind gegenseitig verpflichtet, alles zur Ausgleichung zu bringen, was ihnen der Erblasser bei Lebzeiten auf Anrechnung an ihren Erbanteil zugewendet hat.[1]

2 Was der Erblasser seinen Nachkommen als Heiratsgut, Ausstattung oder durch Vermögensabtretung, Schulderlass u. dgl. zugewendet hat, steht, sofern der Erblasser nicht ausdrücklich das Gegenteil verfügt, unter der Ausgleichungspflicht.

1 Vgl. ZGB 527 Ziff. 1

B. Ausgleichung bei Wegfallen von Erben

Art. 627

[1] Fällt ein Erbe vor oder nach dem Erbgang weg, so geht seine Ausgleichungspflicht auf die Erben über, die an seine Stelle treten.

[2] Nachkommen eines Erben sind in Bezug auf die Zuwendungen, die dieser erhalten hat, auch dann zur Ausgleichung verpflichtet, wenn die Zuwendungen nicht auf sie übergegangen sind.

C. Berechnungsart
I. Einwerfung oder Anrechnung

Art. 628

[1] Die Erben haben die Wahl, die Ausgleichung durch Einwerfung in Natur oder durch Anrechnung dem Werte nach vorzunehmen, und zwar auch dann, wenn die Zuwendungen den Betrag des Erbanteils übersteigen.

[2] Vorbehalten bleiben abweichende Anordnungen des Erblassers sowie die Ansprüche der Miterben auf Herabsetzung der Zuwendungen.

II. Verhältnis zum Erbanteil

Art. 629

[1] Übersteigen die Zuwendungen den Betrag eines Erbanteiles, so ist der Überschuss unter Vorbehalt des Herabsetzungsanspruches der Miterben nicht auszugleichen, wenn nachweisbar der Erblasser den Erben damit begünstigen wollte.

[2] Diese Begünstigung wird vermutet bei den Ausstattungen, die den Nachkommen bei ihrer Verheiratung in üblichem Umfange zugewendet worden sind.

III. Ausgleichungswert

Art. 630

[1] Die Ausgleichung erfolgt nach dem Werte der Zuwendungen zur Zeit des Erbganges oder, wenn die Sache vorher veräussert worden ist, nach dem dafür erzielten Erlös.

[2] Verwendungen und Schaden sowie bezogene Früchte sind unter den Erben nach den Besitzesregeln[1] in Anschlag zu bringen.

D. Erziehungskosten

Art. 631

[1] Die Auslagen des Erblassers für die Erziehung und Ausbildung einzelner Kinder sind, wenn kein anderer Wille des Erblassers nachgewiesen wird, der Ausgleichungspflicht nur insoweit unterworfen, als sie das übliche Mass übersteigen.[2]

[2] Kindern, die noch in der Ausbildung stehen oder die gebrechlich sind, ist bei der Teilung ein angemessener Vorausbezug einzuräumen.

E. Gelegenheitsgeschenke

Art. 632

Übliche Gelegenheitsgeschenke stehen nicht unter der Ausgleichungspflicht.

Art. 633

Aufgehoben.

1 Vgl. ZGB 938 ff.
2 Vgl. ZGB 302

Vierter Abschnitt: Abschluss und Wirkung der Teilung

Art. 634

A. Abschluss des Vertrages
I. Teilungsvertrag

[1] Die Teilung wird für die Erben verbindlich mit der Aufstellung und Entgegennahme der Lose oder mit dem Abschluss des Teilungsvertrages.

[2] Der Teilungsvertrag bedarf zu seiner Gültigkeit der schriftlichen Form.[1]

Art. 635

II. Vertrag über angefallene Erbanteile

[1] Verträge unter den Miterben über Abtretung der Erbanteile bedürfen zu ihrer Gültigkeit der schriftlichen Form.[2]

[2] Werden sie von einem Erben mit einem Dritten abgeschlossen, so geben sie diesem kein Recht auf Mitwirkung bei der Teilung, sondern nur einen Anspruch auf den Anteil, der dem Erben aus der Teilung zugewiesen wird.

Art. 636

III. Verträge vor dem Erbgang

[1] Verträge, die ein Erbe über eine noch nicht angefallene Erbschaft ohne Mitwirkung und Zustimmung des Erblassers mit einem Miterben oder einem Dritten abschliesst, sind nicht verbindlich.

[2] Leistungen, die auf Grund solcher Verträge gemacht worden sind, können zurückgefordert werden.

Art. 637

B. Haftung der Miterben unter sich
I. Gewährleistung

[1] Nach Abschluss der Teilung haften die Miterben einander für die Erbschaftssachen wie Käufer und Verkäufer.[3]

[2] Sie haben einander den Bestand der Forderungen, die ihnen bei der Teilung zugewiesen werden, zu gewährleisten und haften einander, soweit es sich nicht um Wertpapiere mit Kurswert handelt, für die Zahlungsfähigkeit des Schuldners im angerechneten Forderungsbetrag wie einfache Bürgen.

[3] Die Klage aus der Gewährleistungspflicht verjährt mit Ablauf eines Jahres nach der Teilung oder nach dem Zeitpunkt, auf den die Forderungen später fällig werden.

Art. 638

II. Anfechtung der Teilung

Die Anfechtung des Teilungsvertrages erfolgt nach den Vorschriften über die Anfechtung der Verträge im Allgemeinen.[4]

Art. 639

C. Haftung gegenüber Dritten
I. Solidare Haftung

[1] Für die Schulden des Erblassers sind die Erben den Gläubigern auch nach der Teilung solidarisch[5] und mit ihrem ganzen Vermögen haftbar, solange die Gläubiger in eine Teilung oder Übernahme der Schulden nicht ausdrücklich oder stillschweigend eingewilligt haben.

[2] Die solidare Haftung der Miterben verjährt mit Ablauf von fünf Jahren nach der Teilung oder nach dem Zeitpunkt, auf den die Forderung später fällig geworden ist.

1 Vgl. OR 12 ff.
2 Vgl. OR 12 ff.
3 Vgl. OR 171 und 192 ff.
4 Vgl. OR 23 ff.
5 Vgl. OR 143 ff.

Art. 640

II. Rückgriff auf die Miterben

1 Hat ein Erbe eine Schuld des Erblassers bezahlt, die ihm bei der Teilung nicht zugewiesen worden ist, oder hat er von einer Schuld mehr bezahlt, als er übernommen, so ist er befugt, auf seine Miterben Rückgriff zu nehmen.

2 Dieser Rückgriff richtet sich zunächst gegen den, der die bezahlte Schuld bei der Teilung übernommen hat.

3 Im Übrigen haben die Erben mangels anderer Abrede die Schulden unter sich im Verhältnis der Erbanteile zu tragen.

ZGB: Sachenrecht

Inhaltsübersicht

Vierter Teil: Das Sachenrecht

Erste Abteilung: Das Eigentum

Achtzehnter Titel: Allgemeine Bestimmungen

Art. 641

A. Inhalt des Eigentums
I. Im Allgemeinen

1 Wer Eigentümer[1] einer Sache ist, kann in den Schranken der Rechtsordnung[2] über sie nach seinem Belieben verfügen.

2 Er hat das Recht[3], sie von jedem, der sie ihm vorenthält, herauszuverlangen und jede ungerechtfertigte Einwirkung abzuwehren.

Art. 641a

II. Tiere

1 Tiere sind keine Sachen.[4]

2 Soweit für Tiere keine besonderen Regelungen bestehen, gelten für sie die auf Sachen anwendbaren Vorschriften.

Art. 642

B. Umfang des Eigentums
I. Bestandteile

1 Wer Eigentümer einer Sache ist, hat das Eigentum an allen ihren Bestandteilen.

2 Bestandteil einer Sache ist alles, was nach der am Orte üblichen Auffassung zu ihrem Bestande gehört und ohne ihre Zerstörung, Beschädigung oder Veränderung nicht abgetrennt werden kann.

Art. 643

II. Natürliche Früchte

1 Wer Eigentümer einer Sache ist, hat das Eigentum auch an ihren natürlichen Früchten.

2 Natürliche Früchte sind die zeitlich wiederkehrenden Erzeugnisse und die Erträgnisse, die nach der üblichen Auffassung von einer Sache ihrer Bestimmung gemäss gewonnen werden.

3 Bis zur Trennung sind die natürlichen Früchte Bestandteil der Sache.

Art. 644

III. Zugehör
1. Umschreibung

1 Die Verfügung über eine Sache bezieht sich, wenn keine Ausnahme gemacht wird, auch auf ihre Zugehör.[5]

2 Zugehör sind die beweglichen Sachen, die nach der am Orte üblichen Auffassung oder nach dem klaren Willen des Eigentümers der Hauptsache dauernd für deren Bewirtschaftung, Benutzung oder Verwahrung bestimmt und durch Verbindung, Anpassung oder auf andere Weise in die Beziehung zur Hauptsache gebracht sind, in der sie ihr zu dienen haben.

3 Ist eine Sache Zugehör, so vermag eine vorübergehende Trennung von der Hauptsache ihr diese Eigenschaft nicht zu nehmen.

Art. 645

2. Ausschluss

Zugehör sind niemals solche bewegliche Sachen, die dem Besitzer der Hauptsache nur zum vorübergehenden Gebrauche oder zum Verbrauche dienen, oder

1 Umfassendes Verfügungsrecht
2 Vgl. ZGB 2
3 Absolutes Recht
4 Trotzdem kein Rechtssubjekt. Stellung zwischen Person und Sache.
5 Vgl. ZGB 805 und 892

die zu der Eigenart der Hauptsache in keiner Beziehung stehen, sowie solche, die nur zur Aufbewahrung oder zum Verkauf oder zur Vermietung mit der Hauptsache in Verbindung gebracht sind.

Art. 646

C. Gemeinschaftliches Eigentum
I. Miteigentum
1. Verhältnis der Miteigentümer

1 Haben mehrere Personen eine Sache nach Bruchteilen[1] und ohne äusserliche Abteilung in ihrem Eigentum, so sind sie Miteigentümer.[2]

2 Ist es nicht anders festgestellt, so sind sie Miteigentümer zu gleichen Teilen.

3 Jeder Miteigentümer hat für seinen Anteil die Rechte und Pflichten eines Eigentümers, und es kann dieser Anteil von ihm veräussert und verpfändet und von seinen Gläubigern gepfändet werden.

Art. 647

2. Nutzungs- und Verwaltungsordnung

1 Die Miteigentümer können eine von den gesetzlichen Bestimmungen abweichende Nutzungs- und Verwaltungsordnung vereinbaren und darin vorsehen, dass diese mit Zustimmung der Mehrheit aller Miteigentümer geändert werden kann.

1bis Eine Änderung von Bestimmungen der Nutzungs- und Verwaltungsordnung über die Zuteilung ausschliesslicher Nutzungsrechte bedarf zudem der Zustimmung der direkt betroffenen Miteigentümer.

2 Nicht aufheben oder beschränken können sie die jedem Miteigentümer zustehenden Befugnisse:

1. zu verlangen, dass die für die Erhaltung des Wertes und der Gebrauchsfähigkeit der Sache notwendigen Verwaltungshandlungen durchgeführt und nötigenfalls vom Gericht angeordnet werden;
2. von sich aus auf Kosten aller Miteigentümer die Massnahmen zu ergreifen, die sofort getroffen werden müssen, um die Sache vor drohendem oder wachsendem Schaden zu bewahren.

Art. 647a

3. Gewöhnliche Verwaltungshandlungen

1 Zu den gewöhnlichen Verwaltungshandlungen ist jeder Miteigentümer befugt, insbesondere zur Vornahme von Ausbesserungen, Anbau- und Erntearbeiten, zur kurzfristigen Verwahrung und Aufsicht sowie zum Abschluss der dazu dienenden Verträge und zur Ausübung der Befugnisse, die sich aus ihnen und aus den Miet-, Pacht- und Werkverträgen ergeben, einschliesslich der Bezahlung und Entgegennahme von Geldbeträgen für die Gesamtheit.

2 Mit Zustimmung der Mehrheit aller Miteigentümer kann die Zuständigkeit zu diesen Verwaltungshandlungen unter Vorbehalt der Bestimmungen des Gesetzes über die notwendigen und dringlichen Massnahmen anders geregelt werden.

Art. 647b

4. Wichtigere Verwaltungshandlungen

1 Mit Zustimmung der Mehrheit aller Miteigentümer, die zugleich den grösseren Teil der Sache vertritt, können wichtigere Verwaltungshandlungen durchgeführt werden, insbesondere die Änderung der Kulturart oder Benutzungsweise, der Abschluss und die Auflösung von Miet- und Pachtverträgen, die Beteiligung an Bodenverbesserungen und die Bestellung eines Verwalters, dessen Zuständigkeit nicht auf gewöhnliche Verwaltungshandlungen beschränkt ist.

1 Quoten
2 Abgrenzung: ZGB 652

2 Vorbehalten bleiben die Bestimmungen über die notwendigen baulichen Massnahmen.

Art. 647c

5. Bauliche Massnahmen
a. Notwendige

Unterhalts-, Wiederherstellungs- und Erneuerungsarbeiten, die für die Erhaltung des Wertes und der Gebrauchsfähigkeit der Sache nötig sind, können mit Zustimmung der Mehrheit aller Miteigentümer ausgeführt werden, soweit sie nicht als gewöhnliche Verwaltungshandlungen von jedem einzelnen vorgenommen werden dürfen.

Art. 647d

b. Nützliche

1 Erneuerungs- und Umbauarbeiten, die eine Wertsteigerung oder Verbesserung der Wirtschaftlichkeit oder Gebrauchsfähigkeit der Sache bezwecken, bedürfen der Zustimmung der Mehrheit aller Miteigentümer, die zugleich den grösseren Teil der Sache vertritt.

2 Änderungen, die einem Miteigentümer den Gebrauch oder die Benutzung der Sache zum bisherigen Zweck erheblich und dauernd erschweren oder unwirtschaftlich machen, können nicht ohne seine Zustimmung durchgeführt werden.

3 Verlangt die Änderung von einem Miteigentümer Aufwendungen, die ihm nicht zumutbar sind, insbesondere weil sie in einem Missverhältnis zum Vermögenswert seines Anteils stehen, so kann sie ohne seine Zustimmung nur durchgeführt werden, wenn die übrigen Miteigentümer seinen Kostenanteil auf sich nehmen, soweit er den ihm zumutbaren Betrag übersteigt.

Art. 647e

c. Der Verschönerung und Bequemlichkeit dienende

1 Bauarbeiten, die lediglich der Verschönerung, der Ansehnlichkeit der Sache oder der Bequemlichkeit im Gebrauch dienen, dürfen nur mit Zustimmung aller Miteigentümer ausgeführt werden.

2 Werden solche Arbeiten mit Zustimmung der Mehrheit aller Miteigentümer, die zugleich den grösseren Teil der Sache vertritt, angeordnet, so können sie auch gegen den Willen eines nicht zustimmenden Miteigentümers ausgeführt werden, sofern dieser durch sie in seinem Nutzungs- und Gebrauchsrecht nicht dauernd beeinträchtigt wird, und die übrigen Miteigentümer ihm für eine bloss vorübergehende Beeinträchtigung Ersatz leisten und seinen Kostenanteil übernehmen.

Art. 648

6. Verfügung über die Sache

1 Jeder Miteigentümer ist befugt, die Sache insoweit zu vertreten, zu gebrauchen und zu nutzen, als es mit den Rechten der andern verträglich ist.

2 Zur Veräusserung oder Belastung der Sache sowie zur Veränderung ihrer Zweckbestimmung bedarf es der Übereinstimmung aller Miteigentümer, soweit diese nicht einstimmig eine andere Ordnung vereinbart haben.

3 Bestehen Grundpfandrechte oder Grundlasten an Miteigentumsanteilen, so können die Miteigentümer die Sache selbst nicht mehr mit solchen Rechten belasten.

Art. 649

7. Tragung der Kosten und Lasten

1 Die Verwaltungskosten, Steuern und anderen Lasten, die aus dem Miteigentum erwachsen oder auf der gemeinschaftlichen Sache ruhen, werden von den Miteigentümern, wo es nicht anders bestimmt ist, im Verhältnis ihrer Anteile getragen.

2 Hat ein Miteigentümer solche Ausgaben über diesen Anteil hinaus getragen, so kann er von den anderen nach dem gleichen Verhältnis Ersatz verlangen.

Art. 649a

8. Verbindlichkeit von Regelungen und Anmerkung im Grundbuch

1 Die von den Miteigentümern vereinbarte Nutzungs- und Verwaltungsordnung und die von ihnen gefassten Verwaltungsbeschlüsse sowie die gerichtlichen Urteile und Verfügungen sind auch für den Rechtsnachfolger eines Miteigentümers und für den Erwerber eines dinglichen Rechtes an einem Miteigentumsanteil verbindlich.

2 Sie können bei Miteigentumsanteilen an Grundstücken im Grundbuch angemerkt werden.

Art. 649b

9. Ausschluss aus der Gemeinschaft

a. Miteigentümer

1 Der Miteigentümer kann durch gerichtliches Urteil aus der Gemeinschaft ausgeschlossen werden, wenn durch sein Verhalten oder das Verhalten von Personen, denen er den Gebrauch der Sache überlassen oder für die er einzustehen hat, Verpflichtungen gegenüber allen oder einzelnen Mitberechtigten so schwer verletzt werden, dass diesen die Fortsetzung der Gemeinschaft nicht zugemutet werden kann.

2 Umfasst die Gemeinschaft nur zwei Miteigentümer, so steht jedem das Klagerecht zu; im übrigen bedarf es zur Klage, wenn nichts anderes vereinbart ist, der Ermächtigung durch einen Mehrheitsbeschluss aller Miteigentümer mit Ausnahme des Beklagten.

3 Erkennt das Gericht auf Ausschluss des Beklagten, so verurteilt es ihn zur Veräusserung seines Anteils und ordnet für den Fall, dass der Anteil nicht binnen der angesetzten Frist veräussert wird, dessen öffentliche Versteigerung nach den Vorschriften über die Zwangsverwertung von Grundstücken an unter Ausschluss der Bestimmungen über die Auflösung des Miteigentumsverhältnisses.

Art. 649c

b. Andere Berechtigte

Die Bestimmungen über den Ausschluss eines Miteigentümers sind auf den Nutzniesser und auf den Inhaber eines anderen dinglichen oder vorgemerkten persönlichen Nutzungsrechtes an einem Miteigentumsanteil sinngemäss anwendbar.

Art. 650

10. Aufhebung

a. Anspruch auf Teilung

1 Jeder Miteigentümer hat das Recht, die Aufhebung des Miteigentums zu verlangen, wenn sie nicht durch ein Rechtsgeschäft, durch Aufteilung zu Stockwerkeigentum oder durch die Bestimmung der Sache für einen dauernden Zweck ausgeschlossen ist.

2 Die Aufhebung kann auf höchstens 50 Jahre durch eine Vereinbarung ausgeschlossen werden; diese bedarf für Grundstücke zu ihrer Gültigkeit der öffentlichen Beurkundung und kann im Grundbuch vorgemerkt werden.

3 Die Aufhebung darf nicht zur Unzeit verlangt werden.

Art. 651

b. Art der Teilung

1 Die Aufhebung erfolgt durch körperliche Teilung, durch Verkauf aus freier Hand oder auf dem Wege der Versteigerung[1] mit Teilung des Erlöses oder durch Übertragung der ganzen Sache auf einen oder mehrere der Miteigentümer unter Auskauf der übrigen.[2]

1 Vgl. OR 229 ff.
2 Vgl. ZGB 682

2 Können sich die Miteigentümer über die Art der Aufhebung nicht einigen, so wird nach Anordnung des Gerichts die Sache körperlich geteilt oder, wenn dies ohne wesentliche Verminderung ihres Wertes nicht möglich ist, öffentlich oder unter den Miteigentümern versteigert.

3 Mit der körperlichen Teilung kann bei ungleichen Teilen eine Ausgleichung der Teile in Geld verbunden werden.

Art. 651a

c. Tiere des häuslichen Bereichs

1 Bei Tieren, die im häuslichen Bereich und nicht zu Vermögens- oder Erwerbszwecken gehalten werden, spricht das Gericht im Streitfall[1] das Alleineigentum derjenigen Partei zu, die in tierschützerischer Hinsicht dem Tier die bessere Unterbringung gewährleistet.

2 Das Gericht kann die Person, die das Tier zugesprochen erhält, zur Leistung einer angemessenen Entschädigung an die Gegenpartei verpflichten; es bestimmt deren Höhe nach freiem Ermessen.

3 Es trifft die nötigen vorsorglichen Massnahmen, namentlich in Bezug auf die vorläufige Unterbringung des Tieres.

Art. 652

II. Gesamteigentum
1. Voraussetzung

Haben mehrere Personen, die durch Gesetzesvorschrift oder Vertrag zu einer Gemeinschaft verbunden sind, eine Sache kraft ihrer Gemeinschaft zu Eigentum, so sind sie Gesamteigentümer, und es geht das Recht eines jeden auf die ganze Sache.[2]

Art. 653

2. Wirkung

1 Die Rechte und Pflichten der Gesamteigentümer richten sich nach den Regeln, unter denen ihre gesetzliche oder vertragsmässige Gemeinschaft steht.

2 Besteht keine andere Vorschrift, so bedarf es zur Ausübung des Eigentums und insbesondere zur Verfügung über die Sache des einstimmigen Beschlusses aller Gesamteigentümer.

3 Solange die Gemeinschaft dauert, ist ein Recht auf Teilung oder die Verfügung über einen Bruchteil der Sache ausgeschlossen.[3]

Art. 654

3. Aufhebung

1 Die Aufhebung erfolgt mit der Veräusserung der Sache oder dem Ende der Gemeinschaft.

2 Die Teilung geschieht, wo es nicht anders bestimmt ist, nach den Vorschriften über das Miteigentum.[4]

Art. 654a

III. Gemeinschaftliches Eigentum an landwirtschaftlichen Gewerben und Grundstücken

Für die Aufhebung von gemeinschaftlichem Eigentum an landwirtschaftlichen Gewerben und Grundstücken gilt zudem das Bundesgesetz vom 4. Oktober 1991 über das bäuerliche Bodenrecht.

1 Z.B. bei Scheidung
2 Abgrenzung ZGB 646; Beispiel: Einfache Gesellschaft nach OR 530 ff.
3 Vgl. ZGB 646 und 650
4 Vgl. ZGB 651

Neunzehnter Titel: Das Grundeigentum

Erster Abschnitt: Gegenstand, Erwerb und Verlust des Grundeigentums

Art. 655

A. Gegenstand
I. Grundstücke

1 Gegenstand des Grundeigentums sind die Grundstücke.[1]

2 Grundstücke im Sinne dieses Gesetzes sind:

1. die Liegenschaften;
2. die in das Grundbuch aufgenommenen selbständigen[2] und dauernden Rechte;
3. die Bergwerke;
4. die Miteigentumsanteile an Grundstücken.[3]

3 Als selbstständiges und dauerndes Recht kann eine Dienstbarkeit an einem Grundstück in das Grundbuch aufgenommen werden, wenn sie:

1. weder zugunsten eines berechtigten Grundstücks noch ausschliesslich zugunsten einer bestimmten Person errichtet ist; und
2. auf wenigstens 30 Jahre oder auf unbestimmte Zeit begründet ist.

Art. 655a

II. Unselbstständiges Eigentum

1 Ein Grundstück kann mit einem anderen Grundstück derart verknüpft werden, dass der jeweilige Eigentümer des Hauptgrundstücks auch Eigentümer des dazugehörenden Grundstücks ist. Dieses teilt das rechtliche Schicksal des Hauptgrundstücks und kann nicht gesondert veräussert, verpfändet oder belastet werden.

2 Erfolgt die Verknüpfung zu einem dauernden Zweck, so können das gesetzliche Vorkaufsrecht der Miteigentümer und der Aufhebungsanspruch nicht geltend gemacht werden.

Art. 656

B. Erwerb
I. Eintragung

1 Zum Erwerbe des Grundeigentums bedarf es der Eintragung in das Grundbuch.[4]

2 Bei Aneignung, Erbgang, Enteignung, Zwangsvollstreckung oder gerichtlichem Urteil erlangt indessen der Erwerber schon vor der Eintragung das Eigentum, kann aber im Grundbuch erst dann über das Grundstück verfügen, wenn die Eintragung erfolgt ist.

Art. 657

II. Erwerbsarten
1. Übertragung

1 Der Vertrag auf Eigentumsübertragung[5] bedarf zu seiner Verbindlichkeit der öffentlichen Beurkundung.

2 Die Verfügung von Todes wegen und der Ehevertrag bedürfen der im Erbrecht und im ehelichen Güterrecht vorgeschriebenen Formen.[6]

Art. 658

2. Aneignung

1 Die Aneignung eines im Grundbuch eingetragenen Grundstückes kann nur stattfinden, wenn dieses nach Ausweis des Grundbuches herrenlos ist.

1 Rechnungslegung: Immobile Sachanlagen
2 Übertragbar (veräusserlich und vererblich), z.B. Baurecht
3 Z.B. Stockwerkeigentum
4 Verfügungsgeschäft
5 Vgl. OR 216 ff.
6 Vgl. ZGB 179 ff. und 498 ff.

² Die Aneignung von Land, das nicht im Grundbuch aufgenommen ist, steht unter den Bestimmungen über die herrenlosen Sachen.

Art. 659

3. Bildung neuen Landes

¹ Entsteht durch Anschwemmung, Anschüttung, Bodenverschiebung, Veränderungen im Lauf oder Stand eines öffentlichen Gewässers oder in anderer Weise aus herrenlosem Boden der Ausbeutung fähiges Land, so gehört es dem Kanton, in dessen Gebiet es liegt.

² Es steht den Kantonen frei, solches Land den Anstössern zu überlassen.

³ Vermag jemand nachzuweisen, dass Bodenteile seinem Eigentume entrissen worden sind, so kann er sie binnen angemessener Frist zurückholen.

Art. 660

4. Bodenverschiebung
a. im Allgemeinen

¹ Bodenverschiebungen von einem Grundstück auf ein anderes bewirken keine Veränderung der Grenzen.

² Bodenteile und andere Gegenstände, die hiebei von dem einen Grundstück auf das andere gelangt sind, unterliegen den Bestimmungen über die zugeführten Sachen oder die Sachverbindungen.

Art. 660a

b. dauernde

¹ Der Grundsatz, wonach Bodenverschiebungen keine Änderung der Grenzen bewirken, gilt nicht für Gebiete mit dauernden Bodenverschiebungen, wenn diese Gebiete vom Kanton als solche bezeichnet worden sind.

² Bei der Bezeichnung der Gebiete ist die Beschaffenheit der betroffenen Grundstücke zu berücksichtigen.

³ Die Zugehörigkeit eines Grundstücks zu einem solchen Gebiet ist in geeigneter Weise den Beteiligten mitzuteilen und im Grundbuch anzumerken.

Art. 660b

c. Neufestsetzung der Grenze

¹ Wird eine Grenze wegen einer Bodenverschiebung unzweckmässig, so kann jeder betroffene Grundeigentümer verlangen, dass sie neu festgesetzt wird.

² Ein Mehr- oder Minderwert ist auszugleichen.

Art. 661

5. Ersitzung
a. Ordentliche Ersitzung

Ist jemand ungerechtfertigt im Grundbuch als Eigentümer eingetragen, so kann sein Eigentum, nachdem er das Grundstück in gutem Glauben[1] zehn Jahre lang ununterbrochen und unangefochten besessen hat, nicht mehr angefochten werden.

Art. 662

b. Ausserordentliche Ersitzung

¹ Besitzt jemand ein Grundstück, das nicht im Grundbuch aufgenommen ist, ununterbrochen und unangefochten während 30 Jahren als sein Eigentum, so kann er verlangen, dass er als Eigentümer eingetragen werde.

² Unter den gleichen Voraussetzungen steht dieses Recht dem Besitzer eines Grundstückes zu, dessen Eigentümer aus dem Grundbuch nicht ersichtlich ist oder bei Beginn der Ersitzungsfrist von 30 Jahren tot oder für verschollen erklärt war.

[1] Vgl. ZGB 3

[3] Die Eintragung darf jedoch nur auf Verfügung des Gerichts erfolgen, nachdem binnen einer durch amtliche Auskündung angesetzten Frist kein Einspruch erhoben oder der erfolgte Einspruch abgewiesen worden ist.

Art. 663

c. Fristen

Für die Berechnung der Fristen, die Unterbrechung und den Stillstand der Ersitzung finden die Vorschriften über die Verjährung von Forderungen entsprechende Anwendung.[1]

Art. 664

6. Herrenlose und öffentliche Sachen

[1] Die herrenlosen und die öffentlichen Sachen stehen unter der Hoheit des Staates, in dessen Gebiet sie sich befinden.

[2] An den öffentlichen Gewässern sowie an dem der Kultur nicht fähigen Lande, wie Felsen und Schutthalden, Firnen und Gletschern, und den daraus entspringenden Quellen besteht unter Vorbehalt anderweitigen Nachweises kein Privateigentum.

[3] Das kantonale Recht stellt über die Aneignung des herrenlosen Landes, die Ausbeutung und den Gemeingebrauch der öffentlichen Sachen, wie der Strassen und Plätze, Gewässer und Flussbetten die erforderlichen Bestimmungen auf.

Art. 665

III. Recht auf Eintragung

[1] Der Erwerbsgrund[2] gibt dem Erwerber gegen den Eigentümer einen persönlichen Anspruch auf Eintragung und bei Weigerung des Eigentümers das Recht auf gerichtliche Zusprechung des Eigentums.

[2] Bei Aneignung, Erbgang, Enteignung, Zwangsvollstreckung oder Urteil des Gerichts kann der Erwerber die Eintragung von sich aus erwirken.

[3] Änderungen am Grundeigentum, die von Gesetzes wegen durch Gütergemeinschaft oder deren Auflösung eintreten, werden auf Anmeldung eines Ehegatten hin im Grundbuch eingetragen.

Art. 666

C. Verlust

[1] Das Grundeigentum geht unter mit der Löschung des Eintrages sowie mit dem vollständigen Untergang des Grundstückes.

[2] Der Zeitpunkt, auf den im Falle der Enteignung der Verlust eintritt, wird durch das Enteignungsrecht des Bundes und der Kantone bestimmt.

Art. 666a

D. Richterliche Massnahmen

I. Bei unauffindbarem Eigentümer

[1] Lässt sich der im Grundbuch eingetragene Eigentümer nicht identifizieren, ist sein Wohnort unbekannt oder ist von einem oder mehreren seiner Erben der Name oder Wohnort unbekannt, so kann das Gericht auf Antrag die erforderlichen Massnahmen anordnen.

[2] Insbesondere kann das Gericht einen Vertreter ernennen. Es legt auf Antrag den Umfang der Vertretungsmacht fest. Bestimmt es nichts anderes, so beschränkt sich diese auf erhaltende Massnahmen.

[3] Antrag auf Anordnung von Massnahmen stellen kann:

1. jede Person, die ein schutzwürdiges Interesse hat;
2. das Grundbuchamt am Ort des Grundstücks.

[1] Vgl. OR 127 ff.
[2] Z.B. Kaufvertrag

[4] Die Anordnung von Massnahmen unterbricht die Frist für eine ausserordentliche Ersitzung nicht.

Art. 666b

II. Bei Fehlen der vorgeschriebenen Organe

Verfügt eine im Grundbuch als Eigentümerin eingetragene juristische Person oder andere Rechtsträgerin nicht mehr über die vorgeschriebenen Organe, so kann jede Person, die ein schutzwürdiges Interesse hat, oder das Grundbuchamt am Ort des Grundstücks dem Gericht beantragen, die erforderlichen grundstücksbezogenen Massnahmen anzuordnen.

Zweiter Abschnitt: Inhalt und Beschränkung des Grundeigentums

Art. 667

A. Inhalt
I. Umfang

[1] Das Eigentum an Grund und Boden erstreckt sich nach oben und unten auf den Luftraum und das Erdreich, soweit für die Ausübung des Eigentums ein Interesse besteht.

[2] Es umfasst unter Vorbehalt der gesetzlichen Schranken alle Bauten und Pflanzen sowie die Quellen.

Art. 668

II. Abgrenzung
1. Art der Abgrenzung

[1] Die Grenzen werden durch die Grundbuchpläne und durch die Abgrenzungen auf dem Grundstücke selbst angegeben.

[2] Widersprechen sich die bestehenden Grundbuchpläne und die Abgrenzungen, so wird die Richtigkeit der Grundbuchpläne vermutet.

[3] Die Vermutung gilt nicht für die vom Kanton bezeichneten Gebiete mit Bodenverschiebungen.

Art. 669

2. Abgrenzungspflicht

Jeder Grundeigentümer ist verpflichtet, auf das Begehren seines Nachbarn zur Feststellung einer ungewissen Grenze mitzuwirken, sei es bei Berichtigung der Grundbuchpläne oder bei Anbringung von Grenzzeichen.

Art. 670

3. Miteigentum an Vorrichtungen zur Abgrenzung

Stehen Vorrichtungen zur Abgrenzung zweier Grundstücke, wie Mauern, Hecken, Zäune, auf der Grenze, so wird Miteigentum[1] der beiden Nachbarn vermutet.

Art. 671

III. Bauten auf dem Grundstück
1. Boden- und Baumaterial
a. Eigentumsverhältnis

[1] Verwendet jemand zu einem Bau auf seinem Boden fremdes Material oder eigenes Material auf fremdem Boden, so wird es Bestandteil des Grundstückes.

[2] Der Eigentümer des Materials ist jedoch, wenn die Verwendung ohne seinen Willen stattgefunden hat, berechtigt, auf Kosten des Grundeigentümers die Trennung des Materials und dessen Herausgabe zu verlangen, insoweit dies ohne unverhältnismässige Schädigung möglich ist.

[3] Unter der gleichen Voraussetzung kann der Grundeigentümer, wenn die Verwendung ohne seinen Willen stattgefunden hat, auf Kosten des Bauenden die Wegschaffung des Materials verlangen.

[1] Vgl. ZGB 646 ff.

Art. 672

b. Ersatz

1 Findet keine Trennung des Materials vom Boden statt, so hat der Grundeigentümer für das Material eine angemessene Entschädigung zu leisten.

2 Bei bösem Glauben des bauenden Grundeigentümers kann das Gericht auf vollen Schadenersatz erkennen.

3 Bei bösem Glauben des bauenden Materialeigentümers kann es auch nur dasjenige zusprechen, was der Bau für den Grundeigentümer allermindestens wert ist.

Art. 673

c. Zuweisung des Grundeigentums

Übersteigt der Wert des Baues offenbar den Wert des Bodens, so kann derjenige, der sich in gutem Glauben befindet, verlangen, dass das Eigentum an Bau und Boden gegen angemessene Entschädigung dem Materialeigentümer zugewiesen werde.

Art. 674

2. Überragende Bauten

1 Bauten und andere Vorrichtungen, die von einem Grundstücke auf ein anderes überragen, verbleiben Bestandteil des Grundstückes, von dem sie ausgehen, wenn dessen Eigentümer auf ihren Bestand ein dingliches Recht hat.

2 Das Recht auf den Überbau kann als Dienstbarkeit[1] in das Grundbuch eingetragen werden.

3 Ist ein Überbau unberechtigt, und erhebt der Verletzte, trotzdem dies für ihn erkennbar geworden ist, nicht rechtzeitig Einspruch, so kann, wenn es die Umstände rechtfertigen, dem Überbauenden, der sich in gutem Glauben befindet, gegen angemessene Entschädigung das dingliche Recht auf den Überbau oder das Eigentum am Boden zugewiesen werden.

Art. 675

3. Baurecht

1 Bauwerke und andere Vorrichtungen, die auf fremdem Boden eingegraben, aufgemauert oder sonstwie dauernd auf oder unter der Bodenfläche mit dem Grundstücke verbunden sind, können einen besonderen Eigentümer haben, wenn ihr Bestand als Dienstbarkeit in das Grundbuch eingetragen ist.

2 Die Bestellung eines Baurechtes an einzelnen Stockwerken eines Gebäudes ist ausgeschlossen.

Art. 676

4. Leitungen

1 Leitungen zur Versorgung und Entsorgung, die sich ausserhalb des Grundstücks befinden, dem sie dienen, gehören, wo es nicht anders geordnet ist, dem Eigentümer des Werks und zum Werk, von dem sie ausgehen oder dem sie zugeführt werden.

2 Soweit nicht das Nachbarrecht Anwendung findet, erfolgt die dingliche Belastung der fremden Grundstücke mit solchen Leitungen durch die Errichtung einer Dienstbarkeit.

3 Die Dienstbarkeit entsteht mit der Erstellung der Leitung, wenn diese äusserlich wahrnehmbar ist. Andernfalls entsteht sie mit der Eintragung in das Grundbuch.

Art. 677

5. Fahrnisbauten

1 Hütten, Buden, Baracken u. dgl. behalten, wenn sie ohne Absicht bleibender Verbindung auf fremdem Boden aufgerichtet sind, ihren besondern Eigentümer.

2 Ihr Bestand wird nicht in das Grundbuch eingetragen.

1 Vgl. ZGB 730 ff.

Art. 678

IV. Einpflanzungen auf dem Grundstück

[1] Verwendet jemand fremde Pflanzen auf eigenem Grundstücke, oder eigene Pflanzen auf fremdem Grundstücke, so entstehen die gleichen Rechte und Pflichten, wie beim Verwenden von Baumaterial oder bei Fahrnisbauten.

[2] Eine dem Baurecht entsprechende Dienstbarkeit für einzelne Pflanzen und Anlagen von Pflanzen kann auf mindestens zehn und auf höchstens 100 Jahre errichtet werden.

[3] Der belastete Eigentümer kann vor Ablauf der vereinbarten Dauer die Ablösung der Dienstbarkeit verlangen, wenn er mit dem Dienstbarkeitsberechtigten einen Pachtvertrag über die Nutzung des Bodens abgeschlossen hat und dieser Vertrag beendigt wird. Das Gericht bestimmt die vermögensrechtlichen Folgen unter Würdigung aller Umstände.

Art. 679

V. Verantwortlichkeit des Grundeigentümers
1. Bei Überschreitung des Eigentumsrechts

[1] Wird jemand dadurch, dass ein Grundeigentümer sein Eigentumsrecht überschreitet, geschädigt oder mit Schaden bedroht, so kann er auf Beseitigung der Schädigung oder auf Schutz gegen drohenden Schaden und auf Schadenersatz klagen.[1]

[2] Entzieht eine Baute oder eine Einrichtung einem Nachbargrundstück bestimmte Eigenschaften, so bestehen die vorstehend genannten Ansprüche nur, wenn bei der Erstellung der Baute oder Einrichtung die damals geltenden Vorschriften nicht eingehalten wurden.

Art. 679a

2. Bei rechtmässiger Bewirtschaftung des Grundstücks

Fügt ein Grundeigentümer bei rechtmässiger Bewirtschaftung seines Grundstücks, namentlich beim Bauen, einem Nachbarn vorübergehend übermässige und unvermeidliche Nachteile zu und verursacht er dadurch einen Schaden, so kann der Nachbar vom Grundeigentümer lediglich Schadenersatz verlangen.

Art. 680

B. Beschränkungen
I. Im Allgemeinen

[1] Die gesetzlichen Eigentumsbeschränkungen bestehen ohne Eintrag im Grundbuch.

[2] Ihre Aufhebung oder Abänderung durch Rechtsgeschäft bedarf zur Gültigkeit der öffentlichen Beurkundung und der Eintragung in das Grundbuch.

[3] Ausgeschlossen ist die Aufhebung oder Abänderung von Eigentumsbeschränkungen öffentlich-rechtlichen Charakters.

Art. 681

II. Veräusserungsbeschränkungen; gesetzliche Vorkaufsrechte
1. Grundsätze

[1] Gesetzliche Vorkaufsrechte können auch bei der Zwangsversteigerung ausgeübt werden, aber nur an der Steigerung selbst und zu den Bedingungen, zu welchen das Grundstück dem Ersteigerer zugeschlagen wird; im übrigen können die gesetzlichen Vorkaufsrechte unter den Voraussetzungen geltend gemacht werden, die für die vertraglichen Vorkaufsrechte gelten.

[2] Das Vorkaufsrecht entfällt, wenn das Grundstück an eine Person veräussert wird, der ein Vorkaufsrecht im gleichen oder in einem vorderen Rang zusteht.

[3] Gesetzliche Vorkaufsrechte können weder vererbt noch abgetreten werden. Sie gehen den vertraglichen Vorkaufsrechten vor.

[1] Vgl. OR 58

Art. 681a

2. Ausübung

[1] Der Verkäufer muss die Vorkaufsberechtigten über den Abschluss und den Inhalt des Kaufvertrags in Kenntnis setzen.

[2] Will der Vorkaufsberechtigte sein Recht ausüben, so muss er es innert dreier Monate seit Kenntnis von Abschluss und Inhalt des Vertrages geltend machen. Nach Ablauf von zwei Jahren seit der Eintragung des neuen Eigentümers in das Grundbuch kann das Recht nicht mehr geltend gemacht werden.

[3] Der Vorkaufsberechtigte kann seinen Anspruch innerhalb dieser Fristen gegenüber jedem Eigentümer des Grundstücks geltend machen.

Art. 681b

3. Abänderung, Verzicht

[1] Die Vereinbarung, mit welcher ein gesetzliches Vorkaufsrecht ausgeschlossen oder abgeändert wird, bedarf zu ihrer Gültigkeit der öffentlichen Beurkundung. Sie kann im Grundbuch vorgemerkt werden, wenn das Vorkaufsrecht dem jeweiligen Eigentümer eines andern Grundstücks zusteht.

[2] Nach Eintritt des Vorkaufsfalls kann der Berechtigte schriftlich auf die Ausübung eines gesetzlichen Vorkaufsrechts verzichten.

Art. 682

4. Im Miteigentums- und im Baurechtsverhältnis

[1] Miteigentümer haben ein Vorkaufsrecht gegenüber jedem Nichtmiteigentümer, der einen Anteil erwirbt. Machen mehrere Miteigentümer ihr Vorkaufsrecht geltend, so wird ihnen der Anteil im Verhältnis ihrer bisherigen Miteigentumsanteile zugewiesen.

[2] Ein Vorkaufsrecht gegenüber jedem Erwerber haben auch der Eigentümer eines Grundstückes, das mit einem selbständigen und dauernden Baurecht belastet ist, an diesem Recht und der Inhaber dieses Rechts am belasteten Grundstück, soweit dieses durch die Ausübung seines Rechtes in Anspruch genommen wird.

[3] *Aufgehoben.*

Art. 682a

5. Vorkaufsrecht an landwirtschaftlichen Gewerben und Grundstücken

Für die Vorkaufsrechte an landwirtschaftlichen Gewerben und Grundstücken gilt zudem das Bundesgesetz vom 4. Oktober 1991 über das bäuerliche Bodenrecht.

Art. 683

Aufgehoben.

Art. 684

III. Nachbarrecht

1. Übermässige Einwirkungen

[1] Jedermann ist verpflichtet, bei der Ausübung seines Eigentums, wie namentlich bei dem Betrieb eines Gewerbes auf seinem Grundstück, sich aller übermässigen Einwirkung auf das Eigentum der Nachbarn zu enthalten.

[2] Verboten sind insbesondere alle schädlichen und nach Lage und Beschaffenheit der Grundstücke oder nach Ortsgebrauch nicht gerechtfertigten Einwirkungen durch Luftverunreinigung, üblen Geruch, Lärm, Schall, Erschütterung, Strahlung oder durch den Entzug von Besonnung oder Tageslicht.

Art. 685

2. Graben und Bauen

a. Regel

[1] Bei Grabungen und Bauten darf der Eigentümer die nachbarlichen Grundstücke nicht dadurch schädigen, dass er ihr Erdreich in Bewegung bringt oder gefährdet oder vorhandene Vorrichtungen beeinträchtigt.

[2] Auf Bauten, die den Vorschriften des Nachbarrechtes zuwiderlaufen, finden die Bestimmungen betreffend überragende Bauten Anwendung.

Art. 686

b. Kantonale Vorschriften

[1] Die Kantone sind befugt, die Abstände festzusetzen, die bei Grabungen und Bauten zu beobachten sind.

[2] Es bleibt ihnen vorbehalten, weitere Bauvorschriften aufzustellen.

Art. 687

3. Pflanzen
a. Regel

[1] Überragende Äste und eindringende Wurzeln kann der Nachbar, wenn sie sein Eigentum schädigen und auf seine Beschwerde hin nicht binnen angemessener Frist beseitigt werden, kappen und für sich behalten.

[2] Duldet ein Grundeigentümer das Überragen von Ästen auf bebauten oder überbauten Boden, so hat er ein Recht auf die an ihnen wachsenden Früchte (Anries).

[3] Auf Waldgrundstücke, die aneinander grenzen, finden diese Vorschriften keine Anwendung.

Art. 688

b. Kantonale Vorschriften

Die Kantone sind befugt, für Anpflanzungen je nach der Art des Grundstückes und der Pflanzen bestimmte Abstände vom nachbarlichen Grundstück vorzuschreiben oder den Grundeigentümer zu verpflichten, das Übergreifen von Ästen oder Wurzeln fruchttragender Bäume zu gestatten und für diese Fälle das Anries zu regeln oder aufzuheben.

Art. 689

4. Wasserablauf

[1] Jeder Grundeigentümer ist verpflichtet, das Wasser, das von dem oberhalb liegenden Grundstück natürlicherweise abfliesst, aufzunehmen, wie namentlich Regenwasser, Schneeschmelze und Wasser von Quellen, die nicht gefasst sind.

[2] Keiner darf den natürlichen Ablauf zum Schaden des Nachbarn verändern.

[3] Das für das untere Grundstück nötige Abwasser darf diesem nur insoweit entzogen werden, als es für das obere Grundstück unentbehrlich ist.

Art. 690

5. Entwässerungen

[1] Bei Entwässerungen hat der Eigentümer des unterhalb liegenden Grundstückes das Wasser, das ihm schon vorher auf natürliche Weise zugeflossen ist, ohne Entschädigung abzunehmen.

[2] Wird er durch die Zuleitung geschädigt, so kann er verlangen, dass der obere Eigentümer die Leitung auf eigene Kosten durch das untere Grundstück weiter führe.

Art. 691

6. Durchleitungen
a. Pflicht zur Duldung

[1] Jeder Grundeigentümer ist verpflichtet, die Durchleitung von Röhren und Leitungen zur Versorgung und Entsorgung gegen volle Entschädigung zu gestatten, wenn ein anderes Grundstück sonst nicht oder nur mit unverhältnismässigen Kosten erschlossen werden kann.

[2] Das Recht auf Durchleitung aus Nachbarrecht kann in den Fällen nicht beansprucht werden, in denen das kantonale Recht oder das Bundesrecht auf den Weg der Enteignung verweist.

[3] Verlangt es der Berechtigte oder der Belastete, so werden die Durchleitungen auf Kosten des Berechtigten als Dienstbarkeit in das Grundbuch eingetragen. Das Durchleitungsrecht kann einem gutgläubigen Erwerber auch ohne Eintragung entgegengehalten werden.

Art. 692

b. Wahrung der Interessen des Belasteten

1 Der belastete Grundeigentümer hat Anspruch darauf, dass auf seine Interessen in billiger Weise Rücksicht genommen werde.

2 Wo ausserordentliche Umstände es rechtfertigen, kann er bei oberirdischen Leitungen verlangen, dass ihm das Stück Land, über das diese Leitungen geführt werden sollen, in angemessenem Umfange gegen volle Entschädigung abgenommen werde.

Art. 693

c. Änderung der Verhältnisse

1 Ändern sich die Verhältnisse, so kann der Belastete eine seinen Interessen entsprechende Verlegung der Leitung verlangen.

2 Die Kosten der Verlegung hat in der Regel der Berechtigte zu tragen.

3 Wo besondere Umstände es rechtfertigen, kann jedoch ein angemessener Teil der Kosten dem Belasteten auferlegt werden.

Art. 694

7. Wegrechte
a. Notweg

1 Hat ein Grundeigentümer keinen genügenden Weg von seinem Grundstück auf eine öffentliche Strasse, so kann er beanspruchen, dass ihm die Nachbarn gegen volle Entschädigung einen Notweg einräumen.

2 Der Anspruch richtet sich in erster Linie gegen den Nachbarn, dem die Gewährung des Notweges der früheren Eigentums- und Wegeverhältnisse wegen am ehesten zugemutet werden darf, und im weitern gegen denjenigen, für den der Notweg am wenigsten schädlich ist.

3 Bei der Festsetzung des Notweges ist auf die beidseitigen Interessen Rücksicht zu nehmen.

Art. 695

b. Andere Wegrechte

Den Kantonen bleibt es vorbehalten, über die Befugnis des Grundeigentümers, zum Zwecke der Bewirtschaftung oder Vornahme von Ausbesserungen und Bauten das nachbarliche Grundstück zu betreten, sowie über das Streck- oder Tretrecht, den Tränkweg, Winterweg, Brachweg, Holzlass, Reistweg u. dgl. nähere Vorschriften aufzustellen.

Art. 696

c. Anmerkung im Grundbuch

1 Wegrechte, die das Gesetz unmittelbar begründet, bestehen ohne Eintragung zu Recht.

2 Sie werden jedoch, wenn sie von bleibendem Bestande sind, im Grundbuche angemerkt.

Art. 697

8. Einfriedung

1 Die Kosten der Einfriedigung eines Grundstückes trägt dessen Eigentümer, unter Vorbehalt der Bestimmungen über das Miteigentum an Grenzvorrichtungen.

2 In Bezug auf die Pflicht und die Art der Einfriedigung bleibt das kantonale Recht vorbehalten.

Art. 698

9. Unterhaltspflicht

An die Kosten der Vorrichtungen zur Ausübung der nachbarrechtlichen Befugnisse haben die Grundeigentümer im Verhältnis ihres Interesses beizutragen.

Art. 699

IV. Recht auf Zutritt und Abwehr
1. Zutritt

[1] Das Betreten von Wald und Weide und die Aneignung wildwachsender Beeren, Pilze u. dgl. sind in ortsüblichem Umfange jedermann gestattet, soweit nicht im Interesse der Kulturen seitens der zuständigen Behörde einzelne bestimmt umgrenzte Verbote erlassen werden.

[2] Über das Betreten fremden Eigentums zur Ausübung von Jagd und Fischerei kann das kantonale Recht nähere Vorschriften aufstellen.

Art. 700

2. Wegschaffung zugeführter Sachen u. dgl.

[1] Werden Sachen durch Wasser, Wind, Lawinen oder andere Naturgewalt oder zufällige Ereignisse auf ein fremdes Grundstück gebracht, oder geraten Tiere, wie Gross- und Kleinvieh, Bienenschwärme, Geflügel und Fische auf fremden Boden, so hat der Grundeigentümer dem Berechtigten deren Aufsuchung und Wegschaffung zu gestatten.

[2] Für den hieraus entstehenden Schaden kann er Ersatz verlangen[1] und hat hiefür an diesen Sachen ein Retentionsrecht.[2]

Art. 701

3. Abwehr von Gefahr und Schaden

[1] Kann jemand einen drohenden Schaden oder eine gegenwärtige Gefahr nur dadurch von sich oder andern abwenden, dass er in das Grundeigentum eines Dritten eingreift, so ist dieser verpflichtet, den Eingriff zu dulden, sobald Gefahr oder Schaden ungleich grösser sind als die durch den Eingriff entstehende Beeinträchtigung.

[2] Für den hieraus entstehenden Schaden ist angemessener Ersatz zu leisten.

Art. 702

V. Öffentlich-rechtliche Beschränkungen
1. Im Allgemeinen

Dem Bunde, den Kantonen und den Gemeinden bleibt es vorbehalten, Beschränkungen des Grundeigentums zum allgemeinen Wohl aufzustellen, wie namentlich betreffend die Bau-, Feuer- und Gesundheitspolizei, das Forst- und Strassenwesen, den Reckweg, die Errichtung von Grenzmarken und Vermessungszeichen, die Bodenverbesserungen, die Zerstückelung der Güter, die Zusammenlegung von ländlichen Fluren und von Baugebiet, die Erhaltung von Altertümern und Naturdenkmälern, die Sicherung der Landschaften und Aussichtspunkte vor Verunstaltung und den Schutz von Heilquellen.

Art. 703

2. Bodenverbesserungen

[1] Können Bodenverbesserungen, wie Gewässerkorrektionen, Entwässerungen, Bewässerungen, Aufforstungen, Weganlagen, Güterzusammenlegungen u. dgl. nur durch ein gemeinschaftliches Unternehmen ausgeführt werden, und hat die Mehrheit der beteiligten Grundeigentümer, denen zugleich mehr als die Hälfte des beteiligten Bodens gehört, dem Unternehmen zugestimmt, so sind die übrigen Grundeigentümer zum Beitritt verpflichtet. Die an der Beschlussfassung nicht mitwirkenden Grundeigentümer gelten als zustimmend. Der Beitritt ist im Grundbuch anzumerken.

[2] Die Kantone ordnen das Verfahren. Sie haben insbesondere für Güterzusammenlegungen eine einlässliche Ordnung zu treffen.

1 Vgl. OR 56
2 Vgl. ZGB 895 ff.

3 Die kantonale Gesetzgebung kann die Durchführung solcher Bodenverbesserungen noch weiter erleichtern und die entsprechenden Vorschriften auf Baugebiete und Gebiete mit dauernden Bodenverschiebungen anwendbar erklären.

Art. 704

C. Rechte an Quellen und Brunnen
I. Quelleneigentum und Quellenrecht

1 Quellen sind Bestandteile der Grundstücke und können nur zugleich mit dem Boden, dem sie entspringen, zu Eigentum erworben werden.

2 Das Recht an Quellen auf fremdem Boden wird als Dienstbarkeit durch Eintragung in das Grundbuch begründet.

3 Das Grundwasser ist den Quellen gleichgestellt.

Art. 705

II. Ableitung von Quellen

1 Durch das kantonale Recht kann zur Wahrung des allgemeinen Wohles die Fortleitung von Quellen geordnet, beschränkt oder untersagt werden.

2 Ergeben sich hieraus Anstände unter Kantonen, so entscheidet darüber endgültig der Bundesrat.

Art. 706

III. Abgraben von Quellen
1. Schadenersatz

1 Werden Quellen und Brunnen, die in erheblicher Weise benutzt oder zum Zwecke der Verwertung gefasst worden sind, zum Nachteil des Eigentümers oder Nutzungsberechtigten durch Bauten, Anlagen oder Vorkehrungen anderer Art abgegraben, beeinträchtigt oder verunreinigt, so kann dafür Schadenersatz verlangt werden.

2 Ist der Schaden weder absichtlich noch fahrlässig zugefügt oder trifft den Beschädigten selbst ein Verschulden, so bestimmt das Gericht nach seinem Ermessen, ob, in welchem Umfange und in welcher Weise Ersatz zu leisten ist.

Art. 707

2. Wiederherstellung

1 Werden Quellen und Brunnen, die für die Bewirtschaftung oder Bewohnung eines Grundstückes oder für Trinkwasserversorgungen unentbehrlich sind, abgegraben oder verunreinigt, so kann, soweit überhaupt möglich, die Wiederherstellung des früheren Zustandes verlangt werden.

2 In den andern Fällen kann diese Wiederherstellung nur verlangt werden, wo besondere Umstände sie rechtfertigen.

Art. 708

IV. Quellengemeinschaft

1 Bilden benachbarte Quellen verschiedener Eigentümer als Ausfluss eines gemeinsamen Sammelgebietes zusammen eine Quellengruppe, so kann jeder Eigentümer beantragen, dass sie gemeinschaftlich gefasst und den Berechtigten im Verhältnis der bisherigen Quellenstärke zugeleitet werden.

2 Die Kosten der gemeinschaftlichen Anlage tragen die Berechtigten im Verhältnis ihres Interesses.

3 Widersetzt sich einer der Berechtigten, so ist jeder von ihnen zur ordnungsgemässen Fassung und Ableitung seiner Quelle auch dann befugt, wenn die Stärke der anderen Quellen dadurch beeinträchtigt wird, und hat hiefür nur insoweit Ersatz zu leisten, als seine Quelle durch die neuen Vorrichtungen verstärkt worden ist.

Art. 709

V. Benutzung von Quellen

Den Kantonen bleibt es vorbehalten, zu bestimmen, in welchem Umfange Quellen, Brunnen und Bäche, die sich in Privateigentum befinden, auch von den

Nachbarn und von andern Personen zum Wasserholen, Tränken u. dgl. benutzt werden dürfen.

Art. 710

VI. Notbrunnen

1 Entbehrt ein Grundstück des für Haus und Hof notwendigen Wassers und lässt sich dieses ohne ganz unverhältnismässige Mühe und Kosten nicht von anderswo herleiten, so kann der Eigentümer vom Nachbarn, der ohne eigene Not ihm solches abzugeben vermag, gegen volle Entschädigung die Abtretung eines Anteils an Brunnen oder Quellen verlangen.

2 Bei der Festsetzung des Notbrunnens ist vorzugsweise auf das Interesse des zur Abgabe Verpflichteten Rücksicht zu nehmen.

3 Ändern sich die Verhältnisse, so kann eine Abänderung der getroffenen Ordnung verlangt werden.

Art. 711

VII. Pflicht zur Abtretung
1. Des Wassers

1 Sind Quellen, Brunnen oder Bäche ihrem Eigentümer von keinem oder im Verhältnis zu ihrer Verwertbarkeit von ganz geringem Nutzen, so kann vom Eigentümer verlangt werden, dass er sie gegen volle Entschädigung für Trinkwasserversorgungen, Hydrantenanlagen oder andere Unternehmungen des allgemeinen Wohles abtrete.

2 Diese Entschädigung kann in der Zuleitung von Wasser aus der neuen Anlage bestehen.

Art. 712

2. Des Bodens

Eigentümer von Trinkwasserversorgungen können auf dem Wege der Enteignung die Abtretung des umliegenden Bodens verlangen, soweit es zum Schutz ihrer Quellen gegen Verunreinigung notwendig ist.

Dritter Abschnitt: Das Stockwerkeigentum

Art. 712a

A. Inhalt und Gegenstand
I. Inhalt

1 Stockwerkeigentum ist der Miteigentumsanteil[1] an einem Grundstück, der dem Miteigentümer das Sonderrecht gibt, bestimmte Teile eines Gebäudes ausschliesslich zu benutzen und innen auszubauen.

2 Der Stockwerkeigentümer ist in der Verwaltung, Benutzung und baulichen Ausgestaltung seiner eigenen Räume frei, darf jedoch keinem anderen Stockwerkeigentümer die Ausübung des gleichen Rechtes erschweren und die gemeinschaftlichen Bauteile, Anlagen und Einrichtungen in keiner Weise beschädigen oder in ihrer Funktion und äusseren Erscheinung beeinträchtigen.

3 Er ist verpflichtet, seine Räume so zu unterhalten, wie es zur Erhaltung des Gebäudes in einwandfreiem Zustand und gutem Aussehen erforderlich ist.

Art. 712b

II. Gegenstand

1 Gegenstand des Sonderrechts können einzelne Stockwerke oder Teile von Stockwerken sein, die als Wohnungen oder als Einheiten von Räumen zu geschäftlichen oder anderen Zwecken mit eigenem Zugang in sich abgeschlossen sein müssen, aber getrennte Nebenräume umfassen können.

1 Vgl. ZGB 646 ff.

2 Dem Stockwerkeigentümer können nicht zu Sonderrecht zugeschieden werden:

1. der Boden der Liegenschaft und das Baurecht, kraft dessen gegebenenfalls das Gebäude erstellt wird;
2. die Bauteile, die für den Bestand, die konstruktive Gliederung und Festigkeit des Gebäudes oder der Räume anderer Stockwerkeigentümer von Bedeutung sind oder die äussere Gestalt und das Aussehen des Gebäudes bestimmen;
3. die Anlagen und Einrichtungen, die auch den andern Stockwerkeigentümern für die Benutzung ihrer Räume dienen.

3 Andere Bestandteile des Gebäudes können im Begründungsakt und in gleicher Form auch durch nachherige Vereinbarung der Stockwerkeigentümer als gemeinschaftlich erklärt werden; ist dies nicht geschehen, so gilt die Vermutung, dass sie zu Sonderrecht ausgeschieden sind.

Art. 712c

III. Verfügung

1 Von Gesetzes wegen hat der Stockwerkeigentümer kein Vorkaufsrecht gegenüber jedem Dritten, der einen Anteil erwirbt, doch kann es im Begründungsakt oder durch nachherige Vereinbarung errichtet und im Grundbuch vorgemerkt werden.

2 In gleicher Weise kann bestimmt werden, dass die Veräusserung eines Stockwerkes, dessen Belastung mit einer Nutzniessung oder einem Wohnrecht sowie die Vermietung nur rechtsgültig ist, wenn die übrigen Stockwerkeigentümer dagegen nicht auf Grund eines von ihnen gefassten Beschlusses binnen 14 Tagen seit der ihnen gemachten Mitteilung Einsprache erhoben haben.

3 Die Einsprache ist unwirksam, wenn sie ohne wichtigen Grund erhoben worden ist.

Art. 712d

B. Begründung und Untergang

I. Begründungsakt

1 Das Stockwerkeigentum wird durch Eintragung im Grundbuch begründet.

2 Die Eintragung kann verlangt werden:

1. auf Grund eines Vertrages der Miteigentümer über die Ausgestaltung ihrer Anteile zu Stockwerkeigentum;
2. auf Grund einer Erklärung des Eigentümers der Liegenschaft oder des Inhabers eines selbständigen und dauernden Baurechtes über die Bildung von Miteigentumsanteilen und deren Ausgestaltung zu Stockwerkeigentum.

3 Das Rechtsgeschäft bedarf zu seiner Gültigkeit der öffentlichen Beurkundung oder, wenn es eine Verfügung von Todes wegen oder ein Erbteilungsvertrag ist, der im Erbrecht vorgeschriebenen Form.

Art. 712e

II. Räumliche Ausscheidung und Wertquoten

1 Im Begründungsakt sind die räumliche Ausscheidung und der Anteil jedes Stockwerks am Wert der Liegenschaft oder des Baurechts in Bruchteilen mit einem gemeinsamen Nenner anzugeben.

2 Änderungen der Wertquoten bedürfen der Zustimmung aller unmittelbar Beteiligten und der Genehmigung der Versammlung der Stockwerkeigentümer; doch hat jeder Stockwerkeigentümer Anspruch auf Berichtigung, wenn seine Quote aus Irrtum unrichtig festgesetzt wurde oder infolge von baulichen Veränderungen des Gebäudes oder seiner Umgebung unrichtig geworden ist.

Art. 712f

III. Untergang

[1] Das Stockwerkeigentum endigt mit dem Untergang der Liegenschaft oder des Baurechtes und mit der Löschung im Grundbuch.

[2] Die Löschung kann auf Grund einer Aufhebungsvereinbarung und ohne solche von einem Stockwerkeigentümer, der alle Anteile in seiner Hand vereinigt, verlangt werden, bedarf jedoch der Zustimmung der an den einzelnen Stockwerken dinglich berechtigten Personen, deren Rechte nicht ohne Nachteil auf das ganze Grundstück übertragen werden können.

[3] Die Aufhebung kann von jedem Stockwerkeigentümer verlangt werden, wenn das Gebäude:

1. zu mehr als der Hälfte des Wertes zerstört und der Wiederaufbau nicht ohne eine für ihn schwer tragbare Belastung möglich ist; oder
2. seit mehr als 50 Jahren in Stockwerkeigentum aufgeteilt ist und wegen des schlechten baulichen Zustandes nicht mehr bestimmungsgemäss genutzt werden kann.

[4] Die Stockwerkeigentümer, welche die Gemeinschaft fortsetzen wollen, können die Aufhebung durch Abfindung der übrigen abwenden.

Art. 712g

C. Verwaltung und Benutzung

I. Die anwendbaren Bestimmungen

[1] Für die Zuständigkeit zu Verwaltungshandlungen und baulichen Massnahmen gelten die Bestimmungen über das Miteigentum.

[2] Soweit diese Bestimmungen es nicht selber ausschliessen, können sie durch eine andere Ordnung ersetzt werden, jedoch nur im Begründungsakt oder mit einstimmigem Beschluss aller Stockwerkeigentümer.

[3] Im übrigen kann jeder Stockwerkeigentümer verlangen, dass ein Reglement über die Verwaltung und Benutzung aufgestellt und im Grundbuch angemerkt werde, das zu seiner Verbindlichkeit der Annahme durch Beschluss mit der Mehrheit der Stockwerkeigentümer, die zugleich zu mehr als der Hälfte anteilsberechtigt ist, bedarf und mit dieser Mehrheit, auch wenn es im Begründungsvertrag aufgestellt worden ist, geändert werden kann.

[4] Eine Änderung der reglementarischen Zuteilung ausschliesslicher Nutzungsrechte bedarf zudem der Zustimmung der direkt betroffenen Stockwerkeigentümer.

Art. 712h

II. Gemeinschaftliche Kosten und Lasten

1. Bestand und Verteilung

[1] Die Stockwerkeigentümer haben an die Lasten des gemeinschaftlichen Eigentums und an die Kosten der gemeinschaftlichen Verwaltung Beiträge nach Massgabe ihrer Wertquoten zu leisten.

[2] Solche Lasten und Kosten sind namentlich:

1. die Auslagen für den laufenden Unterhalt, für Reparaturen und Erneuerungen der gemeinschaftlichen Teile des Grundstückes und Gebäudes sowie der gemeinschaftlichen Anlagen und Einrichtungen;
2. die Kosten der Verwaltungstätigkeit einschliesslich der Entschädigung des Verwalters;
3. die den Stockwerkeigentümern insgesamt auferlegten öffentlich-rechtlichen Beiträge und Steuern;
4. die Zins- und Amortisationszahlungen an Pfandgläubiger, denen die Liegenschaft haftet oder denen sich die Stockwerkeigentümer solidarisch verpflichtet haben.

[3] Dienen bestimmte gemeinschaftliche Bauteile, Anlagen oder Einrichtungen einzelnen Stockwerkeinheiten nicht oder nur in ganz geringem Masse, so ist dies bei der Verteilung der Kosten zu berücksichtigen.

Art. 712i

2. Haftung für Beiträge
a. Gesetzliches Pfandrecht

[1] Die Gemeinschaft hat für die auf die letzten drei Jahre entfallenden Beitragsforderungen Anspruch gegenüber jedem jeweiligen Stockwerkeigentümer auf Errichtung eines Pfandrechtes an dessen Anteil.

[2] Die Eintragung kann vom Verwalter oder, wenn ein solcher nicht bestellt ist, von jedem dazu durch Mehrheitsbeschluss oder durch das Gericht ermächtigten Stockwerkeigentümer und vom Gläubiger, für den die Beitragsforderung gepfändet ist, verlangt werden.

[3] Im Übrigen sind die Bestimmungen über die Errichtung des Bauhandwerkerpfandrechts sinngemäss anwendbar.

Art. 712k

b. Retentionsrecht

Die Gemeinschaft hat für die auf die letzten drei Jahre entfallenden Beitragsforderungen an den beweglichen Sachen, die sich in den Räumen eines Stockwerkeigentümers befinden und zu deren Einrichtung oder Benutzung gehören, ein Retentionsrecht wie ein Vermieter.

Art. 712l

III. Handlungsfähigkeit der Gemeinschaft

[1] Unter ihrem eigenen Namen erwirbt die Gemeinschaft das sich aus ihrer Verwaltungstätigkeit ergebende Vermögen, wie namentlich die Beitragsforderungen und die aus ihnen erzielten verfügbaren Mittel, wie den Erneuerungsfonds.

[2] Die Gemeinschaft der Stockwerkeigentümer kann unter ihrem Namen klagen und betreiben sowie beklagt und betrieben werden.

Art. 712m

D. Organisation
I. Versammlung der Stockwerkeigentümer
1. Zuständigkeit und rechtliche Stellung

[1] Ausser den in andern Bestimmungen genannten hat die Versammlung der Stockwerkeigentümer insbesondere die folgenden Befugnisse:

1. in allen Verwaltungsangelegenheiten, die nicht dem Verwalter zustehen, zu entscheiden;
2. den Verwalter zu bestellen und die Aufsicht über dessen Tätigkeit zu führen;
3. einen Ausschuss oder einen Abgeordneten zu wählen, dem sie Verwaltungsangelegenheiten übertragen kann, wie namentlich die Aufgabe, dem Verwalter beratend zur Seite zu stehen, dessen Geschäftsführung zu prüfen und der Versammlung darüber Bericht zu erstatten und Antrag zu stellen;
4. jährlich den Kostenvoranschlag, die Rechnung und die Verteilung der Kosten unter den Eigentümern zu genehmigen;
5. über die Schaffung eines Erneuerungsfonds für Unterhalts- und Erneuerungsarbeiten zu befinden;
6. das Gebäude gegen Feuer und andere Gefahren zu versichern und die üblichen Haftpflichtversicherungen abzuschliessen, ferner den Stockwerkeigentümer, der seine Räume mit ausserordentlichen Aufwendungen baulich ausgestaltet hat, zur Leistung eines zusätzlichen Prämienanteils zu verpflichten, wenn er nicht eine Zusatzversicherung auf eigene Rechnung abschliesst.

2 Soweit das Gesetz nicht besondere Bestimmungen enthält, finden auf die Versammlung der Stockwerkeigentümer und auf den Ausschuss die Vorschriften über die Organe des Vereins und über die Anfechtung von Vereinsbeschlüssen Anwendung.[1]

Art. 712n

2. Einberufung und Leitung

1 Die Versammlung der Stockwerkeigentümer wird vom Verwalter einberufen und geleitet, wenn sie nicht anders beschlossen hat.

2 Die Beschlüsse sind zu protokollieren, und das Protokoll ist vom Verwalter oder von dem den Vorsitz führenden Stockwerkeigentümer aufzubewahren.

Art. 712o

3. Ausübung des Stimmrechtes

1 Mehrere Personen, denen ein Stockwerk gemeinschaftlich zusteht, haben nur eine Stimme, die sie durch einen Vertreter abgeben.

2 Ebenso haben sich der Eigentümer und der Nutzniesser eines Stockwerkes über die Ausübung des Stimmrechtes zu verständigen, ansonst der Nutzniesser in allen Fragen der Verwaltung mit Ausnahme der bloss nützlichen oder der Verschönerung und Bequemlichkeit dienenden baulichen Massnahmen als stimmberechtigt gilt.

Art. 712p

4. Beschlussfähigkeit

1 Die Versammlung der Stockwerkeigentümer ist beschlussfähig, wenn die Hälfte aller Stockwerkeigentümer, die zugleich zur Hälfte anteilsberechtigt ist, mindestens aber zwei Stockwerkeigentümer, anwesend oder vertreten sind.

2 Für den Fall der ungenügenden Beteiligung ist eine zweite Versammlung einzuberufen, die nicht vor Ablauf von zehn Tagen seit der ersten stattfinden darf.

3 Die zweite Versammlung ist beschlussfähig, wenn der dritte Teil aller Stockwerkeigentümer, mindestens aber zwei, anwesend oder vertreten sind.

Art. 712q

II. Der Verwalter
1. Bestellung

1 Kommt die Bestellung des Verwalters durch die Versammlung der Stockwerkeigentümer nicht zustande, so kann jeder Stockwerkeigentümer die Ernennung des Verwalters durch das Gericht verlangen.

2 Das gleiche Recht steht auch demjenigen zu, der ein berechtigtes Interesse daran hat, wie dem Pfandgläubiger und dem Versicherer.

Art. 712r

2. Abberufung

1 Durch Beschluss der Versammlung der Stockwerkeigentümer kann der Verwalter unter Vorbehalt allfälliger Entschädigungsansprüche jederzeit abberufen werden.

2 Lehnt die Versammlung der Stockwerkeigentümer die Abberufung des Verwalters unter Missachtung wichtiger Gründe ab, so kann jeder Stockwerkeigentümer binnen Monatsfrist die gerichtliche Abberufung verlangen.

3 Ein Verwalter, der vom Gericht eingesetzt wurde, kann ohne dessen Bewilligung vor Ablauf der Zeit, für die er eingesetzt ist, nicht abberufen werden.

[1] Vgl. ZGB 64 ff.

Art. 712s

3. Aufgaben
a. Ausführung der Bestimmungen und Beschlüsse über die Verwaltung und Benutzung

[1] Der Verwalter vollzieht alle Handlungen der gemeinschaftlichen Verwaltung gemäss den Vorschriften des Gesetzes und des Reglementes sowie gemäss den Beschlüssen der Versammlung der Stockwerkeigentümer und trifft von sich aus alle dringlichen Massnahmen zur Abwehr oder Beseitigung von Schädigungen.

[2] Er verteilt die gemeinschaftlichen Kosten und Lasten auf die einzelnen Stockwerkeigentümer, stellt ihnen Rechnung, zieht ihre Beiträge ein und besorgt die Verwaltung und bestimmungsgemässe Verwendung der vorhandenen Geldmittel.

[3] Er wacht darüber, dass in der Ausübung der Sonderrechte und in der Benutzung der gemeinschaftlichen Teile des Grundstückes und Gebäudes sowie der gemeinschaftlichen Einrichtungen die Vorschriften des Gesetzes, des Reglementes und der Hausordnung befolgt werden.

Art. 712t

b. Vertretung nach aussen

[1] Der Verwalter vertritt in allen Angelegenheiten der gemeinschaftlichen Verwaltung, die in den Bereich seiner gesetzlichen Aufgaben fallen, sowohl die Gemeinschaft als auch die Stockwerkeigentümer nach aussen.

[2] Zur Führung eines anzuhebenden oder vom Gegner eingeleiteten Zivilprozesses bedarf der Verwalter ausserhalb des summarischen Verfahrens der vorgängigen Ermächtigung durch die Versammlung der Stockwerkeigentümer, unter Vorbehalt dringender Fälle, in denen die Ermächtigung nachgeholt werden kann.

[3] An die Stockwerkeigentümer insgesamt gerichtete Erklärungen, Aufforderungen, Urteile und Verfügungen können durch Zustellung an den Verwalter an seinem Wohnsitz oder am Ort der gelegenen Sache wirksam mitgeteilt werden.

Zwanzigster Titel: Das Fahrniseigentum

Art. 713

A. Gegenstand

Gegenstand des Fahrniseigentums sind die ihrer Natur nach beweglichen körperlichen Sachen sowie die Naturkräfte, die der rechtlichen Herrschaft unterworfen werden können und nicht zu den Grundstücken[1] gehören.

Art. 714

B. Erwerbsarten
I. Übertragung
1. Besitzübergang

[1] Zur Übertragung des Fahrniseigentums bedarf es des Überganges des Besitzes[2] auf den Erwerber.

[2] Wer in gutem Glauben eine bewegliche Sache zu Eigentum übertragen erhält, wird, auch wenn der Veräusserer zur Eigentumsübertragung nicht befugt ist, deren Eigentümer, sobald er nach den Besitzesregeln[3] im Besitze der Sache geschützt ist.

Art. 715

2. Eigentumsvorbehalt
a. Im Allgemeinen

[1] Der Vorbehalt des Eigentums an einer dem Erwerber übertragenen beweglichen Sache ist nur dann wirksam, wenn er an dessen jeweiligem Wohnort in einem vom Betreibungsbeamten zu führenden öffentlichen Register[4] eingetragen ist.

[2] Beim Viehhandel ist jeder Eigentumsvorbehalt ausgeschlossen.

1 Vgl. ZGB 655
2 Vgl. ZGB 919, tatsächliche Gewalt
3 Vgl. ZGB 933 ff.
4 Eigentumsvorbehaltsregister

Art. 716

b. Bei Abzahlungsgeschäften

Gegenstände, die mit Eigentumsvorbehalt übertragen worden sind, kann der Eigentümer nur unter der Bedingung zurückverlangen, dass er die vom Erwerber geleisteten Abzahlungen unter Abzug eines angemessenen Mietzinses und einer Entschädigung für Abnützung zurückerstattet.

Art. 717

3. Erwerb ohne Besitz

[1] Bleibt die Sache infolge eines besondern Rechtsverhältnisses beim Veräusserer, so ist der Eigentumsübergang Dritten gegenüber unwirksam, wenn damit ihre Benachteiligung oder eine Umgehung der Bestimmungen über das Faustpfand beabsichtigt worden ist.

[2] Das Gericht entscheidet hierüber nach seinem Ermessen.

Art. 718

II. Aneignung

1. Herrenlose Sachen

Eine herrenlose Sache wird dadurch zu Eigentum erworben, dass jemand sie mit dem Willen, ihr Eigentümer zu werden, in Besitz nimmt.

Art. 719

2. Herrenlos werdende Tiere

[1] Gefangene Tiere werden herrenlos, wenn sie die Freiheit wieder erlangen und ihr Eigentümer ihnen nicht unverzüglich und ununterbrochen nachforscht und sie wieder einzufangen bemüht ist.

[2] Gezähmte Tiere werden herrenlos, sobald sie wieder in den Zustand der Wildheit geraten und nicht mehr zu ihrem Herrn zurückkehren.

[3] Bienenschwärme werden dadurch, dass sie auf fremden Boden gelangen, nicht herrenlos.

Art. 720

III. Fund

1. Bekanntmachung, Nachfrage

a. Im Allgemeinen

[1] Wer eine verlorene Sache findet, hat den Eigentümer davon zu benachrichtigen und, wenn er ihn nicht kennt, entweder der Polizei den Fund anzuzeigen oder selbst für eine den Umständen angemessene Bekanntmachung und Nachfrage zu sorgen.

[2] Zur Anzeige an die Polizei ist er verpflichtet, wenn der Wert der Sache offenbar 10 Franken übersteigt.

[3] Wer eine Sache in einem bewohnten Hause oder in einer dem öffentlichen Gebrauch oder Verkehr dienenden Anstalt findet, hat sie dem Hausherrn, Mieter oder den mit der Aufsicht betrauten Personen abzuliefern.

Art. 720a

b. Bei Tieren

[1] Wer ein verlorenes Tier findet, hat unter Vorbehalt von Artikel 720 Absatz 3 den Eigentümer davon zu benachrichtigen und, wenn er ihn nicht kennt, den Fund anzuzeigen.

[2] Die Kantone bezeichnen die Stelle, welcher der Fund anzuzeigen ist.

Art. 721

2. Aufbewahrung, Versteigerung

[1] Die gefundene Sache ist in angemessener Weise aufzubewahren.

[2] Sie darf mit Genehmigung der zuständigen Behörde nach vorgängiger Auskündung öffentlich versteigert[1] werden, wenn sie einen kostspieligen Unterhalt erfordert oder raschem Verderben ausgesetzt ist, oder wenn die Polizei oder eine öffentliche Anstalt sie schon länger als ein Jahr aufbewahrt hat.

[3] Der Steigerungserlös tritt an die Stelle der Sache.

[1] Vgl. OR 229 ff.

Art. 722

3. Eigentumserwerb, Herausgabe

1 Wer seinen Pflichten als Finder[1] nachkommt, erwirbt, wenn während fünf Jahren von der Bekanntmachung oder Anzeige an der Eigentümer nicht festgestellt werden kann, die Sache zu Eigentum.

1bis Bei Tieren, die im häuslichen Bereich und nicht zu Vermögens- oder Erwerbszwecken gehalten werden, beträgt die Frist zwei Monate.

1ter Vertraut der Finder das Tier einem Tierheim mit dem Willen an, den Besitz daran endgültig aufzugeben, so kann das Tierheim nach Ablauf von zwei Monaten, seitdem ihm das Tier anvertraut wurde, frei über das Tier verfügen.

2 Wird die Sache zurückgegeben, so hat der Finder Anspruch auf Ersatz aller Auslagen sowie auf einen angemessenen Finderlohn.

3 Bei Fund in einem bewohnten Hause oder in einer dem öffentlichen Gebrauch oder Verkehr dienenden Anstalt wird der Hausherr, der Mieter oder die Anstalt als Finder betrachtet, hat aber keinen Finderlohn zu beanspruchen.

Art. 723

4. Schatz

1 Wird ein Wertgegenstand aufgefunden, von dem nach den Umständen mit Sicherheit anzunehmen ist, dass er seit langer Zeit vergraben oder verborgen war und keinen Eigentümer mehr hat, so wird er als Schatz angesehen.

2 Der Schatz fällt unter Vorbehalt der Bestimmung über Gegenstände von wissenschaftlichem Wert an den Eigentümer des Grundstückes oder der beweglichen Sache, in der er aufgefunden worden ist.

3 Der Finder hat Anspruch auf eine angemessene Vergütung, die jedoch die Hälfte des Wertes des Schatzes nicht übersteigen darf.

Art. 724

5. Wissenschaftliche Gegenstände

1 Herrenlose Naturkörper oder Altertümer von wissenschaftlichem Wert sind Eigentum des Kantons, in dessen Gebiet sie gefunden worden sind.

1bis Ohne Genehmigung der zuständigen kantonalen Behörden können solche Sachen nicht veräussert werden. Sie können weder ersessen noch gutgläubig erworben werden. Der Herausgabeanspruch verjährt nicht.

2 Der Eigentümer, in dessen Grundstück solche Gegenstände aufgefunden werden, ist verpflichtet, ihre Ausgrabung zu gestatten gegen Ersatz des dadurch verursachten Schadens.

3 Der Finder und im Falle des Schatzes auch der Eigentümer haben Anspruch auf eine angemessene Vergütung, die jedoch den Wert der Gegenstände nicht übersteigen soll.

Art. 725

IV. Zuführung

1 Werden jemandem durch Wasser, Wind, Lawinen oder andere Naturgewalt oder zufällige Ereignisse bewegliche Sachen zugeführt, oder geraten fremde Tiere in seinen Gewahrsam, so hat er die Rechte und Pflichten eines Finders.[2]

2 Fliegt ein Bienenschwarm in einen fremden bevölkerten Bienenstock, so fällt er ohne Entschädigungspflicht dem Eigentümer dieses Stockes zu.[3]

1 Vgl. ZGB 720
2 Vgl. ZGB 720
3 Vgl. ZGB 700 und 719

Art. 726

V. Verarbeitung

1 Hat jemand eine fremde Sache verarbeitet oder umgebildet, so gehört die neue Sache, wenn die Arbeit kostbarer ist als der Stoff, dem Verarbeiter, andernfalls dem Eigentümer des Stoffes.

2 Hat der Verarbeiter nicht in gutem Glauben gehandelt, so kann das Gericht, auch wenn die Arbeit kostbarer ist, die neue Sache dem Eigentümer des Stoffes zusprechen.

3 Vorbehalten bleiben die Ansprüche auf Schadenersatz[1] und aus Bereicherung.[2]

Art. 727

VI. Verbindung und Vermischung

1 Werden bewegliche Sachen verschiedener Eigentümer so miteinander vermischt oder verbunden, dass sie ohne wesentliche Beschädigung oder unverhältnismässige Arbeit und Auslagen nicht mehr getrennt werden können, so entsteht für die Beteiligten Miteigentum[3] an der neuen Sache, und zwar nach dem Werte, den die einzelnen Teile zur Zeit der Verbindung haben.

2 Wird eine bewegliche Sache mit einer andern derart vermischt oder verbunden, dass sie als deren nebensächlicher Bestandteil erscheint, so gehört die ganze Sache dem Eigentümer des Hauptbestandteiles.

3 Vorbehalten bleiben die Ansprüche auf Schadenersatz[4] und aus Bereicherung.[5]

Art. 728

VII. Ersitzung

1 Hat jemand eine fremde bewegliche Sache ununterbrochen und unangefochten während fünf Jahren in gutem Glauben als Eigentum in seinem Besitze, so wird er durch Ersitzung Eigentümer.

1bis Bei Tieren, die im häuslichen Bereich und nicht zu Vermögens- oder Erwerbszwecken gehalten werden, beträgt die Frist zwei Monate.

1ter Unter Vorbehalt gesetzlicher Ausnahmen beträgt die Ersitzungsfrist für Kulturgüter im Sinne von Artikel 2 Absatz 1 des Kulturgütertransfergesetzes vom 20. Juni 2003 30 Jahre.

2 Unfreiwilliger Verlust des Besitzes unterbricht die Ersitzung nicht, wenn der Besitzer binnen Jahresfrist oder mittels einer während dieser Frist erhobenen Klage die Sache wieder erlangt.

3 Für die Berechnung der Fristen, die Unterbrechung und den Stillstand der Ersitzung finden die Vorschriften über die Verjährung von Forderungen entsprechende Anwendung.[6]

Art. 729

C. Verlust

Das Fahrniseigentum geht, trotz Verlust des Besitzes, erst dadurch unter, dass der Eigentümer sein Recht aufgibt, oder dass in der Folge ein anderer das Eigentum erwirbt.

1 Vgl. OR 41 ff.
2 Vgl. OR 62 ff.
3 Vgl. ZGB 646
4 Vgl. OR 41 ff.
5 Vgl. OR 62 ff.
6 Vgl. OR 127 ff.

Zweite Abteilung: Die beschränkten dinglichen Rechte

Einundzwanzigster Titel: Die Dienstbarkeiten und Grundlasten

Erster Abschnitt: Die Grunddienstbarkeiten

Art. 730

A. Gegenstand

1 Ein Grundstück[1] kann zum Vorteil eines andern Grundstückes in der Weise belastet werden, dass sein Eigentümer sich bestimmte Eingriffe des Eigentümers dieses andern Grundstückes gefallen lassen muss oder zu dessen Gunsten nach gewissen Richtungen sein Eigentumsrecht nicht ausüben darf.

2 Eine Verpflichtung zur Vornahme von Handlungen kann mit der Grunddienstbarkeit nur nebensächlich verbunden sein. Für den Erwerber des berechtigten oder belasteten Grundstücks ist eine solche Verpflichtung nur verbindlich, wenn sie sich aus dem Eintrag im Grundbuch ergibt.

Art. 731

B. Errichtung und Untergang
I. Errichtung
1. Eintragung

1 Zur Errichtung einer Grunddienstbarkeit bedarf es der Eintragung in das Grundbuch.[2]

2 Für Erwerb und Eintragung gelten, soweit es nicht anders geordnet ist, die Bestimmungen über das Grundeigentum.[3]

3 Die Ersitzung ist nur zu Lasten von Grundstücken möglich, an denen das Eigentum ersessen werden kann.

Art. 732

2. Rechtsgeschäft

1 Das Rechtsgeschäft über Errichtung einer Grunddienstbarkeit bedarf zu seiner Gültigkeit der öffentlichen Beurkundung.

2 Beschränkt sich die Ausübung einer Dienstbarkeit auf einen Teil des Grundstücks und ist die örtliche Lage im Rechtsgrundausweis nicht genügend bestimmbar umschrieben, so ist sie in einem Auszug des Planes für das Grundbuch zeichnerisch darzustellen.

Art. 733

3. Errichtung zu eigenen Lasten

Der Eigentümer ist befugt, auf seinem Grundstück zugunsten eines andern ihm gehörigen Grundstückes eine Dienstbarkeit zu errichten.

Art. 734

II. Untergang
1. Im Allgemeinen

Jede Grunddienstbarkeit geht unter mit der Löschung des Eintrages sowie mit dem vollständigen Untergang des belasteten oder des berechtigten Grundstückes.

Art. 735

2. Vereinigung

1 Wird der Berechtigte Eigentümer des belasteten Grundstückes, so kann er die Dienstbarkeit löschen lassen.

2 Solange die Löschung nicht erfolgt ist, bleibt die Dienstbarkeit als dingliches Recht bestehen.

[1] Vgl. ZGB 655
[2] Vgl. ZGB 958 ff.
[3] Vgl. ZGB 656 ff.

Art. 736

3. Ablösung durch das Gericht

[1] Hat eine Dienstbarkeit für das berechtigte Grundstück alles Interesse verloren, so kann der Belastete ihre Löschung verlangen.

[2] Ist ein Interesse des Berechtigten zwar noch vorhanden, aber im Vergleich zur Belastung von unverhältnismässig geringer Bedeutung, so kann die Dienstbarkeit gegen Entschädigung ganz oder teilweise abgelöst werden.

Art. 737

C. Inhalt
I. Umfang
1. Im Allgemeinen

[1] Der Berechtigte ist befugt, alles zu tun, was zur Erhaltung und Ausübung der Dienstbarkeit nötig ist.

[2] Er ist jedoch verpflichtet, sein Recht in möglichst schonender Weise auszuüben.

[3] Der Belastete darf nichts vornehmen, was die Ausübung der Dienstbarkeit verhindert oder erschwert.

Art. 738

2. Nach dem Eintrag

[1] Soweit sich Rechte und Pflichten aus dem Eintrage deutlich ergeben, ist dieser für den Inhalt der Dienstbarkeit massgebend.

[2] Im Rahmen des Eintrages kann sich der Inhalt der Dienstbarkeit aus ihrem Erwerbsgrund oder aus der Art ergeben, wie sie während längerer Zeit unangefochten und in gutem Glauben ausgeübt worden ist.

Art. 739

3. Bei verändertem Bedürfnis

Ändern sich die Bedürfnisse des berechtigten Grundstückes, so darf dem Verpflichteten eine Mehrbelastung nicht zugemutet werden.

Art. 740

4. Nach kantonalem Recht und Ortsgebrauch

Der Inhalt der Wegrechte, wie Fussweg, gebahnter Weg, Fahrweg, Zelgweg, Winterweg, Holzweg, ferner der Weiderechte, Holzungsrechte, Tränkerechte, Wässerungsrechte u. dgl. wird, soweit sie für den einzelnen Fall nicht geordnet sind, durch das kantonale Recht und den Ortsgebrauch bestimmt.

Art. 740a

5. Bei mehreren Berechtigten

[1] Sind mehrere Berechtigte gestützt auf dieselbe Dienstbarkeit an einer gemeinschaftlichen Vorrichtung beteiligt und ist nichts anderes vereinbart, so sind die für Miteigentümer geltenden Regelungen sinngemäss anwendbar.

[2] Das Recht, durch Verzicht auf die Dienstbarkeit aus der Gemeinschaft auszuscheiden, kann durch Vereinbarung in der für den Dienstbarkeitsvertrag vorgesehenen Form auf höchstens 30 Jahre ausgeschlossen werden. Die Vereinbarung kann im Grundbuch vorgemerkt werden.

Art. 741

II. Last des Unterhaltes

[1] Gehört zur Ausübung der Dienstbarkeit eine Vorrichtung, so hat sie der Berechtigte zu unterhalten.

[2] Dient die Vorrichtung auch den Interessen des Belasteten, so tragen beide die Last des Unterhalts im Verhältnis ihrer Interessen. Eine abweichende Vereinbarung ist für den Erwerber des berechtigten und den Erwerber des belasteten Grundstücks verbindlich, wenn sie sich aus den Belegen des Grundbuchs erschliessen lässt.

Art. 742

III. Verlegung der Belastung

1 Wird durch die Ausübung der Grunddienstbarkeit nur ein Teil des Grundstückes in Anspruch genommen, so kann der Eigentümer, wenn er ein Interesse nachweist und die Kosten übernimmt, die Verlegung auf eine andere, für den Berechtigten nicht weniger geeignete Stelle verlangen.

2 Hiezu ist er auch dann befugt, wenn die Dienstbarkeit im Grundbuch auf eine bestimmte Stelle gelegt worden ist.

3 Aufgehoben.

Art. 743

IV. Teilung eines Grundstücks

1 Wird das berechtigte oder das belastete Grundstück geteilt, so besteht die Dienstbarkeit auf allen Teilen weiter.

2 Beschränkt sich die Ausübung der Dienstbarkeit nach den Belegen oder den Umständen auf einzelne Teile, so ist sie auf den nicht betroffenen Teilen zu löschen.

3 Das Bereinigungsverfahren richtet sich nach den Vorschriften über die Löschung und Änderung der Grundbucheinträge.

Art. 744

Aufgehoben.

Zweiter Abschnitt: Nutzniessung und andere Dienstbarkeiten

Art. 745

A. Nutzniessung

I. Gegenstand

1 Die Nutzniessung[1] kann an beweglichen Sachen, an Grundstücken, an Rechten oder an einem Vermögen bestellt werden.

2 Sie verleiht dem Berechtigten, wo es nicht anders bestimmt ist, den vollen Genuss[2] des Gegenstandes.

3 Die Ausübung der Nutzniessung an einem Grundstück kann auf einen bestimmten Teil eines Gebäudes oder auf einen bestimmten Teil des Grundstücks beschränkt werden.

Art. 746

II. Entstehung

1. Im Allgemeinen

1 Zur Bestellung einer Nutzniessung ist bei beweglichen Sachen oder Forderungen die Übertragung auf den Erwerber[3] und bei Grundstücken die Eintragung in das Grundbuch erforderlich.

2 Für den Erwerb bei beweglichen Sachen und bei Grundstücken sowie für die Eintragung gelten, soweit es nicht anders geordnet ist, die Bestimmungen über das Eigentum.

Art. 747

2. …

Aufgehoben.

Art. 748

III. Untergang

1. Gründe

1 Die Nutzniessung geht unter mit dem vollständigen Untergang ihres Gegenstandes und überdies bei Grundstücken mit der Löschung des Eintrages, wo dieser zur Bestellung notwendig war.

1 Vgl. ZGB 473, 655 und 713
2 Früchte und Erträgnisse, Zinsen usw., vgl. ZGB 755
3 Vgl. ZGB 919

[2] Andere Untergangsgründe, wie Zeitablauf, Verzicht oder Tod des Berechtigten, geben bei Grundstücken dem Eigentümer nur einen Anspruch auf Löschung des Eintrages.
[3] Die gesetzliche Nutzniessung hört auf mit dem Wegfall ihres Grundes.

Art. 749

2. Dauer

[1] Die Nutzniessung endigt mit dem Tode des Berechtigten und für juristische Personen mit deren Auflösung.
[2] Sie kann jedoch für diese höchstens 100 Jahre dauern.

Art. 750

3. Ersatz bei Untergang

[1] Der Eigentümer ist nicht verpflichtet, die untergegangene Sache wieder herzustellen.
[2] Stellt er sie her, so ist auch die Nutzniessung wieder hergestellt.
[3] Wird für die untergegangene Sache ein Ersatz geleistet, wie bei der Enteignung und der Versicherung, so besteht die Nutzniessung an dem Ersatzgegenstande weiter.

Art. 751

4. Rückleistung
a. Pflicht

Ist die Nutzniessung beendigt, so hat der Besitzer dem Eigentümer den Gegenstand zurückzugeben.

Art. 752

b. Verantwortlichkeit

[1] Der Nutzniesser haftet für den Untergang und den Minderwert der Sache, insofern er nicht nachweist, dass dieser Schaden ohne sein Verschulden eingetreten ist.
[2] Aufgebrauchte Gegenstände, deren Verbrauch nicht zur Nutzung gehört, hat er zu ersetzen.
[3] Den Minderwert der Gegenstände, der durch den ordnungsgemässen Gebrauch der Sache eingetreten ist, hat er nicht zu ersetzen.

Art. 753

c. Verwendungen

[1] Hat der Nutzniesser Verwendungen gemacht oder Neuerungen vorgenommen, zu denen er nicht verpflichtet war, so kann er bei der Rückleistung Ersatz verlangen wie ein Geschäftsführer ohne Auftrag.
[2] Vorrichtungen, die er erstellt hat, für die ihm aber der Eigentümer keinen Ersatz leisten will, kann er wegnehmen, ist aber verpflichtet, den vorigen Stand wieder herzustellen.

Art. 754

5. Verjährung der Ersatzansprüche

Die Ersatzansprüche des Eigentümers wegen Veränderung oder Wertverminderung der Sache sowie die Ansprüche des Nutzniessers auf Ersatz von Verwendungen oder auf Wegnahme von Vorrichtungen verjähren mit Ablauf eines Jahres seit der Rückleistung der Sache.

Art. 755

IV. Inhalt
1. Rechte des Nutzniessers
a. Im Allgemeinen

[1] Der Nutzniesser hat das Recht auf den Besitz, den Gebrauch und die Nutzung[1] der Sache.
[2] Er besorgt deren Verwaltung.
[3] Bei der Ausübung dieses Rechtes hat er nach den Regeln einer sorgfältigen Wirtschaft zu verfahren.

[1] Früchte und Erträgnisse, Zinsen usw., vgl. ZGB 756 und 757

Art. 756

b. Natürliche Früchte

[1] Natürliche Früchte gehören dem Nutzniesser, wenn sie während der Zeit seiner Berechtigung reif geworden sind.

[2] Wer das Feld bestellt, hat für seine Verwendungen gegen den, der die reifen Früchte erhält, einen Anspruch auf angemessene Entschädigung, die jedoch den Wert der reifen Früchte nicht übersteigen soll.

[3] Bestandteile, die nicht Erzeugnisse oder Erträgnisse sind, verbleiben dem Eigentümer der Sache.

Art. 757

c. Zinse

Zinse von Nutzniessungskapitalien und andere periodische Leistungen gehören dem Nutzniesser von dem Tage an, da sein Recht beginnt, bis zu dem Zeitpunkte, da es aufhört, auch wenn sie erst später fällig werden.

Art. 758

d. Übertragbarkeit

[1] Die Nutzniessung kann, wenn es sich nicht um ein höchst persönliches Recht handelt, zur Ausübung auf einen andern übertragen werden.

[2] Der Eigentümer ist befugt, seine Rechte diesem gegenüber unmittelbar geltend zu machen.

Art. 759

2. Rechte des Eigentümers
a. Aufsicht

Der Eigentümer kann gegen jeden widerrechtlichen oder der Sache nicht angemessenen Gebrauch Einspruch erheben.

Art. 760

b. Sicherstellung

[1] Der Eigentümer ist befugt, von dem Nutzniesser Sicherheit zu verlangen, sobald er eine Gefährdung seiner Rechte nachweist.

[2] Ohne diesen Nachweis und schon vor der Übergabe der Sache kann er Sicherheit verlangen, wenn verbrauchbare Sachen oder Wertpapiere den Gegenstand der Nutzniessung bilden.

[3] Für die Sicherstellung bei Wertpapieren genügt deren Hinterlegung.

Art. 761

c. Sicherstellung bei Schenkung und gesetzlicher Nutzniessung

[1] Der Anspruch auf Sicherstellung besteht nicht gegenüber demjenigen, der den Gegenstand dem Eigentümer unter Vorbehalt der Nutzniessung geschenkt hat.

[2] Bei der gesetzlichen Nutzniessung steht der Anspruch unter der besondern Ordnung des Rechtsverhältnisses.

Art. 762

d. Folge der Nichtleistung der Sicherheit

Leistet der Nutzniesser während einer ihm hiefür angesetzten angemessenen Frist die Sicherheit nicht oder lässt er trotz Einspruches des Eigentümers von einem widerrechtlichen Gebrauch der Sache nicht ab, so hat das Gericht ihm den Besitz des Gegenstandes bis auf weiteres zu entziehen und eine Beistandschaft anzuordnen.

Art. 763

3. Inventarpflicht

Der Eigentümer und der Nutzniesser haben das Recht, jederzeit zu verlangen, dass über die Gegenstände der Nutzniessung auf gemeinsame Kosten ein Inventar mit öffentlicher Beurkundung aufgenommen werde.

Art. 764

4. Lasten

a. Erhaltung der Sache

[1] Der Nutzniesser hat den Gegenstand in seinem Bestande zu erhalten und Ausbesserungen und Erneuerungen, die zum gewöhnlichen Unterhalte gehören, von sich aus vorzunehmen.

[2] Werden wichtigere Arbeiten oder Vorkehrungen zum Schutze des Gegenstandes nötig, so hat der Nutzniesser den Eigentümer davon zu benachrichtigen und ihre Vornahme zu gestatten.

[3] Schafft der Eigentümer nicht Abhilfe, so ist der Nutzniesser befugt, auf Kosten des Eigentümers sich selbst zu helfen.

Art. 765

b. Unterhalt und Bewirtschaftung

[1] Die Auslagen für den gewöhnlichen Unterhalt und die Bewirtschaftung der Sache, die Zinse für die darauf haftenden Kapitalschulden sowie die Steuern und Abgaben trägt im Verhältnisse zu der Dauer seiner Berechtigung der Nutzniesser.

[2] Werden die Steuern und Abgaben beim Eigentümer erhoben, so hat ihm der Nutzniesser in dem gleichen Umfange Ersatz zu leisten.

[3] Alle andern Lasten trägt der Eigentümer, er darf aber, falls der Nutzniesser ihm auf Verlangen die nötigen Geldmittel nicht unentgeltlich vorschiesst, Gegenstände der Nutzniessung hiefür verwerten.

Art. 766

c. Zinspflicht bei Nutzniessung an einem Vermögen

Steht ein Vermögen in Nutzniessung, so hat der Nutzniesser die Kapitalschulden zu verzinsen, kann aber, wo die Umstände es rechtfertigen, verlangen, von dieser Zinspflicht dadurch befreit zu werden, dass nach Tilgung der Schulden die Nutzniessung auf den verbleibenden Überschuss der Vermögenswerte beschränkt wird.

Art. 767

d. Versicherung

[1] Der Nutzniesser hat den Gegenstand zugunsten des Eigentümers gegen Feuer und andere Gefahren zu versichern, soweit diese Versicherung nach ortsüblicher Auffassung zu den Pflichten einer sorgfältigen Wirtschaft gerechnet wird.

[2] Die Versicherungsprämien hat in diesem Falle, sowie wenn eine bereits versicherte Sache in Nutzniessung kommt, für die Zeit seiner Nutzniessung der Nutzniesser zu tragen.

Art. 768

V. Besondere Fälle

1. Grundstücke

a. Früchte

[1] Der Nutzniesser eines Grundstückes hat darauf zu achten, dass es durch die Art der Nutzniessung nicht über das gewöhnliche Mass in Anspruch genommen wird.

[2] Soweit Früchte über dieses Mass hinaus bezogen worden sind, gehören sie dem Eigentümer.

Art. 769

b. Wirtschaftliche Bestimmung

[1] Der Nutzniesser darf an der wirtschaftlichen Bestimmung des Grundstückes keine Veränderungen vornehmen, die für den Eigentümer von erheblichem Nachteil sind.

[2] Die Sache selbst darf er weder umgestalten noch wesentlich verändern.

[3] Die Neuanlage von Steinbrüchen, Mergelgruben, Torfgräbereien u. dgl. ist ihm nur nach vorgängiger Anzeige an den Eigentümer und unter der Voraussetzung gestattet, dass die wirtschaftliche Bestimmung des Grundstückes dadurch nicht wesentlich verändert wird.

Art. 770

c. Wald

[1] Ist ein Wald Gegenstand der Nutzniessung, so kann der Nutzniesser die Nutzung insoweit beanspruchen, als ein ordentlicher Wirtschaftsplan dies rechtfertigt.

[2] Sowohl der Eigentümer als der Nutzniesser können die Einhaltung eines Planes verlangen, der ihre Rechte nicht beeinträchtigt.

[3] Erfolgt im Falle von Sturm, Schneeschaden, Brand, Insektenfrass oder aus andern Gründen eine erhebliche Übernutzung, so soll sie allmählich wieder eingespart oder der Wirtschaftsplan den neuen Verhältnissen angepasst werden, der Erlös der Übernutzung aber wird zinstragend angelegt und dient zur Ausgleichung des Ausfalles.

Art. 771

d. Bergwerke

Auf die Nutzniessung an Gegenständen, deren Nutzung in der Gewinnung von Bodenbestandteilen besteht, wie namentlich an Bergwerken, finden die Bestimmungen über die Nutzniessung am Walde entsprechende Anwendung.

Art. 772

2. Verbrauchbare und geschätzte Sachen

[1] An verbrauchbaren Sachen erhält der Nutzniesser, wenn es nicht anders bestimmt ist, das Eigentum, wird aber für den Wert, den sie bei Beginn der Nutzniessung hatten, ersatzpflichtig.

[2] Werden andere bewegliche Sachen unter einer Schätzung übergeben, so kann der Nutzniesser, wenn es nicht anders bestimmt ist, frei über sie verfügen, wird aber, wenn er von diesem Rechte Gebrauch macht, ersatzpflichtig.

[3] Der Ersatz kann bei landwirtschaftlichen Einrichtungen, Herden, Warenlagern u. dgl. in Gegenständen gleicher Art und Güte geleistet werden.

Art. 773

3. Forderungen

a. Inhalt

[1] Stehen Forderungen in Nutzniessung, so kann der Nutzniesser deren Ertrag einziehen.

[2] Kündigungen an den Schuldner sowie Verfügungen über Wertpapiere müssen vom Gläubiger und vom Nutzniesser ausgehen, Kündigungen des Schuldners gegenüber beiden erfolgen.

[3] Der Gläubiger und der Nutzniesser haben gegeneinander ein Recht auf Zustimmung zu den Massregeln, die im Falle der Gefährdung der Forderung zu einer sorgfältigen Verwaltung gehören.

Art. 774

b. Rückzahlungen und Neuanlage

[1] Ist der Schuldner nicht ermächtigt, dem Gläubiger oder dem Nutzniesser die Rückzahlung zu leisten, so hat er entweder an beide gemeinsam zu zahlen oder zu hinterlegen.

[2] Der Gegenstand der Leistung, wie namentlich zurückbezahltes Kapital, unterliegt der Nutzniessung.

[3] Sowohl der Gläubiger als der Nutzniesser haben Anspruch auf sichere und zinstragende Neuanlage der Kapitalien.

Art. 775

c. Recht auf Abtretung

[1] Der Nutzniesser hat das Recht, binnen drei Monaten nach Beginn der Nutzniessung die Abtretung der seiner Nutzniessung unterstellten Forderungen und Wertpapiere zu verlangen.

2 Erfolgt deren Abtretung, so wird er dem bisherigen Gläubiger für den Wert, den sie zur Zeit der Abtretung haben, ersatzpflichtig und hat in diesem Betrage Sicherheit zu leisten, insofern nicht hierauf verzichtet wird.

3 Der Übergang erfolgt, wenn kein Verzicht vorliegt, erst mit der Sicherstellung.

Art. 776

B. Wohnrecht
I. Im Allgemeinen

1 Das Wohnrecht besteht in der Befugnis, in einem Gebäude oder in einem Teile eines solchen Wohnung zu nehmen.

2 Es ist unübertragbar und unvererblich.

3 Es steht, soweit das Gesetz es nicht anders ordnet, unter den Bestimmungen über die Nutzniessung.[1]

Art. 777

II. Ansprüche des Wohnungsberechtigten

1 Das Wohnrecht wird im Allgemeinen nach den persönlichen Bedürfnissen des Berechtigten bemessen.

2 Er darf aber, falls das Recht nicht ausdrücklich auf seine Person beschränkt ist, seine Familienangehörigen und Hausgenossen zu sich in die Wohnung aufnehmen.

3 Ist das Wohnrecht auf einen Teil eines Gebäudes beschränkt, so kann der Berechtigte die zum gemeinschaftlichen Gebrauch bestimmten Einrichtungen mitbenutzen.

Art. 778

III. Lasten

1 Steht dem Berechtigten ein ausschliessliches Wohnrecht zu, so trägt er die Lasten des gewöhnlichen Unterhaltes.

2 Hat er nur ein Mitbenutzungsrecht, so fallen die Unterhaltskosten dem Eigentümer zu.

Art. 779

C. Baurecht
I. Gegenstand und Aufnahme in das Grundbuch

1 Ein Grundstück kann mit der Dienstbarkeit belastet werden, dass jemand das Recht erhält, auf oder unter der Bodenfläche ein Bauwerk zu errichten oder beizubehalten.[2]

2 Dieses Recht ist, wenn es nicht anders vereinbart wird, übertragbar und vererblich.

3 Ist das Baurecht selbständig und dauernd, so kann es als Grundstück in das Grundbuch aufgenommen werden.[3]

Art. 779a

II. Rechtsgeschäft

1 Das Rechtsgeschäft über die Errichtung eines Baurechts bedarf zu seiner Gültigkeit der öffentlichen Beurkundung.

2 Sollen der Baurechtszins und allfällige weitere vertragliche Bestimmungen im Grundbuch vorgemerkt werden, so bedürfen sie zu ihrer Gültigkeit ebenfalls der öffentlichen Beurkundung.

Art. 779b

III. Inhalt, Umfang und Vormerkung

1 Die vertraglichen Bestimmungen über den Inhalt und Umfang des Baurechtes, wie namentlich über Lage, Gestalt, Ausdehnung und Zweck der Bauten sowie über die Benutzung nicht überbauter Flächen, die mit seiner Ausübung in An-

1 Vgl. ZGB 745 ff.
2 Vgl. ZGB 675
3 Vgl. ZGB 655

spruch genommen werden, sind für jeden Erwerber des Baurechtes und des belasteten Grundstückes verbindlich.

2 Weitere vertragliche Bestimmungen können im Grundbuch vorgemerkt werden, falls die Parteien dies vereinbaren.

Art. 779c

IV. Folgen des Ablaufs der Dauer

1. Heimfall

Geht das Baurecht unter, so fallen die bestehenden Bauwerke dem Grundeigentümer heim, indem sie zu Bestandteilen seines Grundstückes werden.

Art. 779d

2. Entschädigung

1 Der Grundeigentümer hat dem bisherigen Bauberechtigten für die heimfallenden Bauwerke eine angemessene Entschädigung zu leisten, die jedoch den Gläubigern, denen das Baurecht verpfändet war, für ihre noch bestehenden Forderungen haftet und ohne ihre Zustimmung dem bisherigen Bauberechtigten nicht ausbezahlt werden darf.

2 Wird die Entschädigung nicht bezahlt oder sichergestellt, so kann der bisherige Bauberechtigte oder ein Gläubiger, dem das Baurecht verpfändet war, verlangen, dass an Stelle des gelöschten Baurechtes ein Grundpfandrecht mit demselben Rang zur Sicherung der Entschädigungsforderung eingetragen werde.

3 Die Eintragung muss spätestens drei Monate nach dem Untergang des Baurechtes erfolgen.

Art. 779e

Aufgehoben.

Art. 779f

V. Vorzeitiger Heimfall

1. Voraussetzungen

Wenn der Bauberechtigte in grober Weise sein dingliches Recht überschreitet oder vertragliche Verpflichtungen verletzt, so kann der Grundeigentümer den vorzeitigen Heimfall herbeiführen, indem er die Übertragung des Baurechts mit allen Rechten und Lasten auf sich selber verlangt.

Art. 779g

2. Ausübung des Heimfallsrechtes

1 Das Heimfallsrecht kann nur ausgeübt werden, wenn für die heimfallenden Bauwerke eine angemessene Entschädigung geleistet wird, bei deren Bemessung das schuldhafte Verhalten des Bauberechtigten als Herabsetzungsgrund berücksichtigt werden kann.

2 Die Übertragung des Baurechtes auf den Grundeigentümer erfolgt erst, wenn die Entschädigung bezahlt oder sichergestellt ist.

Art. 779h

3. Andere Anwendungsfälle

Den Vorschriften über die Ausübung des Heimfallsrechtes unterliegt jedes Recht, das sich der Grundeigentümer zur vorzeitigen Aufhebung oder Rückübertragung des Baurechtes wegen Pflichtverletzung des Bauberechtigten vorbehalten hat.

Art. 779i

VI. Haftung für den Baurechtszins

1. Anspruch auf Errichtung eines Pfandrechts

1 Zur Sicherung des Baurechtszinses hat der Grundeigentümer gegenüber dem jeweiligen Bauberechtigten Anspruch auf Errichtung eines Pfandrechtes an dem in das Grundbuch aufgenommenen Baurecht im Höchstbetrag von drei Jahresleistungen.

[2] Ist die Gegenleistung nicht in gleichmässigen Jahresleistungen festgesetzt, so besteht der Anspruch auf das gesetzliche Pfandrecht für den Betrag, der bei gleichmässiger Verteilung auf drei Jahre entfällt.

Art. 779k

2. Eintragung

[1] Das Pfandrecht kann jederzeit eingetragen werden, solange das Baurecht besteht, und ist von der Löschung im Zwangsverwertungsverfahren ausgenommen.

[2] Im Übrigen sind die Bestimmungen über die Errichtung des Bauhandwerkerpfandrechtes sinngemäss anwendbar.

Art. 779l

VII. Höchstdauer

[1] Das Baurecht kann als selbständiges Recht auf höchstens 100 Jahre begründet werden.

[2] Es kann jederzeit in der für die Begründung vorgeschriebenen Form auf eine neue Dauer von höchstens 100 Jahren verlängert werden, doch ist eine zum voraus eingegangene Verpflichtung hiezu nicht verbindlich.

Art. 780

D. Quellenrecht

[1] Das Recht an einer Quelle auf fremdem Grundstück belastet das Quellengrundstück mit der Dienstbarkeit der Aneignung und Ableitung des Quellwassers.[1]

[2] Es ist, wenn es nicht anders vereinbart wird, übertragbar und vererblich.

[3] Ist das Quellenrecht selbständig und dauernd, so kann es als Grundstück in das Grundbuch aufgenommen werden.[2]

Art. 781

E. Andere Dienstbarkeiten

[1] Dienstbarkeiten anderen Inhaltes können zugunsten einer beliebigen Person oder Gemeinschaft an Grundstücken bestellt werden, so oft diese in bestimmter Hinsicht jemandem zum Gebrauch dienen können, wie für die Abhaltung von Schiessübungen oder für Weg und Steg.

[2] Sie sind, soweit es nicht anders vereinbart wird, unübertragbar, und es bestimmt sich ihr Inhalt nach den gewöhnlichen Bedürfnissen der Berechtigten.

[3] Im Übrigen stehen sie unter den Bestimmungen über die Grunddienstbarkeiten.

Art. 781a

F. Richterliche Massnahmen

Für im Grundbuch eingetragene Berechtigte einer Dienstbarkeit gelten die Bestimmungen über die richterlichen Massnahmen bei Unauffindbarkeit des Eigentümers oder bei Fehlen der vorgeschriebenen Organe einer juristischen Person oder anderen Rechtsträgerin sinngemäss.

Dritter Abschnitt: Die Grundlasten

Art. 782

A. Gegenstand

[1] Durch die Grundlast wird der jeweilige Eigentümer eines Grundstückes zu einer Leistung an einen Berechtigten verpflichtet, für die er ausschliesslich mit dem Grundstücke haftet.

[2] Als Berechtigter kann der jeweilige Eigentümer eines andern Grundstückes bezeichnet sein.

1 Vgl. ZGB 704
2 Vgl. ZGB 655

3 Unter Vorbehalt der öffentlich-rechtlichen Grundlasten kann eine Grundlast nur eine Leistung zum Inhalt haben, die sich aus der wirtschaftlichen Natur des belasteten Grundstücks ergibt oder die für die wirtschaftlichen Bedürfnisse eines berechtigten Grundstücks bestimmt ist.

B. Errichtung und Untergang
I. Errichtung
1. Eintragung und Erwerbsart

Art. 783

1 Die Grundlast bedarf zu ihrer Errichtung der Eintragung in das Grundbuch.

2 Bei der Eintragung ist ein bestimmter Betrag als ihr Gesamtwert in Landesmünze anzugeben, und zwar bei zeitlich wiederkehrenden Leistungen mangels anderer Abrede der zwanzigfache Betrag der Jahresleistung.

3 Für Erwerb und Eintragung gelten, wo es nicht anders geordnet ist, die Bestimmungen über das Grundeigentum.

2. Öffentlich-rechtliche Grundlasten

Art. 784

Für die Entstehung der öffentlich-rechtlichen Grundlasten und deren Wirkung gegenüber gutgläubigen Dritten sind die Bestimmungen über die gesetzlichen Pfandrechte des kantonalen Rechts sinngemäss anwendbar.

Art. 785

Aufgehoben.

II. Untergang
1. Im Allgemeinen

Art. 786

1 Die Grundlast geht unter mit der Löschung des Eintrages sowie mit dem vollständigen Untergang des belasteten Grundstückes.

2 Aus Verzicht oder Ablösung oder aus andern Untergangsgründen erhält der Belastete gegenüber dem Berechtigten einen Anspruch auf Löschung des Eintrages.

2. Ablösung
a. Durch den Gläubiger

Art. 787

1 Der Gläubiger kann die Ablösung der Grundlast verlangen nach Abrede und ferner:

1. wenn das belastete Grundstück geteilt wird und er die Verlegung der Schuld auf die Teilstücke nicht akzeptiert;
2. wenn der Eigentümer den Wert des Grundstückes vermindert und zum Ersatz dafür keine andern Sicherheiten bietet;
3. wenn der Schuldner mit drei Jahresleistungen im Rückstand ist.

2 Verlangt er die Ablösung wegen Teilung des Grundstücks, so muss er die Grundlast innert Monatsfrist, nachdem die Verlegung rechtskräftig geworden ist, auf ein Jahr kündigen.

b. Durch den Schuldner

Art. 788

1 Der Schuldner kann die Ablösung verlangen nach Abrede und ferner:

1. wenn der Vertrag, auf dem die Grundlast beruht, vom Berechtigten nicht innegehalten wird;
2. nach dreissigjährigem Bestande der Grundlast, und zwar auch dann, wenn eine längere Dauer oder die Unablösbarkeit verabredet worden ist.

2 Erfolgt die Ablösung nach dreissigjährigem Bestande, so hat ihr in allen Fällen eine Kündigung auf Jahresfrist voranzugehen.

3 Ausgeschlossen ist diese Ablösung, wenn die Grundlast mit einer unablösbaren Grunddienstbarkeit verbunden ist.

Art. 789

c. Ablösungsbetrag

Die Ablösung erfolgt um den Betrag, der im Grundbuch als Gesamtwert der Grundlast eingetragen ist, unter Vorbehalt des Nachweises, dass die Grundlast in Wirklichkeit einen geringeren Wert hat.

Art. 790

3. Verjährung

1 Die Grundlast ist keiner Verjährung unterworfen.

2 Die einzelne Leistung unterliegt der Verjährung von dem Zeitpunkte an, da sie zur persönlichen Schuld des Pflichtigen wird.

Art. 791

C. Inhalt
I. Gläubigerrecht

1 Der Gläubiger der Grundlast hat keine persönliche Forderung gegen den Schuldner, sondern nur ein Recht auf Befriedigung aus dem Werte des belasteten Grundstückes.

2 Die einzelne Leistung wird jedoch mit Ablauf von drei Jahren seit Eintritt ihrer Fälligkeit zur persönlichen Schuld, für die das Grundstück nicht mehr haftet.

Art. 792

II. Schuldpflicht

1 Wechselt das Grundstück den Eigentümer, so wird der Erwerber ohne weiteres Schuldner der Grundlast.

2 Wird das Grundstück geteilt, so werden die Eigentümer der Teilstücke Schuldner der Grundlast. Die Schuld wird nach den Bestimmungen über die Grundpfandverschreibung auf die Teilstücke verlegt.

Zweiundzwanzigster Titel: Das Grundpfand

Erster Abschnitt: Allgemeine Bestimmungen

Art. 793

A. Voraussetzungen
I. Arten

1 Das Grundpfand wird als Grundpfandverschreibung[1] oder als Schuldbrief[2] bestellt.

2 Die Bestellung anderer Arten des Grundpfandes ist nicht gestattet.

Art. 794

II. Gestalt der Forderung
1. Betrag

1 Bei der Bestellung des Grundpfandes ist in allen Fällen ein bestimmter Betrag der Forderung in Landesmünze anzugeben.

2 Ist der Betrag der Forderung unbestimmt, so wird ein Höchstbetrag angegeben, bis zu dem das Grundstück für alle Ansprüche des Gläubigers haftet.

Art. 795

2. Zinse

1 Die Zinspflicht kann innerhalb der gegen Missbräuche im Zinswesen aufgestellten Schranken[3] in beliebiger Weise festgesetzt werden.

2 Die kantonale Gesetzgebung kann den Höchstbetrag des Zinsfusses bestimmen, der für Forderungen zulässig ist, für die ein Grundstück zu Pfand gesetzt wird.

1 Vgl. ZGB 824
2 Vgl. ZGB 842
3 Vgl. OR 73

Art. 796

III. Grundstück
1. Verpfändbarkeit

[1] Das Grundpfand wird nur auf Grundstücke errichtet, die in das Grundbuch aufgenommen sind.

[2] Die Kantone sind befugt, die Verpfändung von öffentlichem Grund und Boden, von Allmenden oder Weiden, die sich im Eigentum von Körperschaften befinden, sowie von damit verbundenen Nutzungsrechten besonderen Vorschriften zu unterstellen oder sie zu untersagen.

Art. 797

2. Bestimmtheit
a. Bei einem Grundstück

[1] Bei der Errichtung des Grundpfandes ist das Grundstück, das verpfändet wird, bestimmt anzugeben.

[2] Teile eines Grundstückes können, solange dessen Teilung im Grundbuch nicht erfolgt ist, nicht verpfändet werden.

Art. 798

b. Bei mehreren Grundstücken

[1] Auf mehrere Grundstücke kann für eine Forderung ein Grundpfandrecht errichtet werden, wenn sie dem nämlichen Eigentümer gehören oder im Eigentum solidarisch verpflichteter Schuldner stehen.

[2] In allen andern Fällen ist bei der Verpfändung mehrerer Grundstücke für die nämliche Forderung ein jedes von ihnen mit einem bestimmten Teilbetrag zu belasten.

[3] Diese Belastung erfolgt, wenn es nicht anders vereinbart ist, nach dem Wertverhältnis der Grundstücke.

Art. 798a

3. Landwirtschaftliche Grundstücke

Für die Verpfändung von landwirtschaftlichen Grundstücken gilt zudem das Bundesgesetz vom 4. Oktober 1991 über das bäuerliche Bodenrecht.

Art. 799

B. Errichtung und Untergang
I. Errichtung
1. Eintragung

[1] Das Grundpfand entsteht unter Vorbehalt der gesetzlichen Ausnahmen mit der Eintragung in das Grundbuch.

[2] Das Rechtsgeschäft auf Errichtung eines Grundpfandes bedarf zu seiner Gültigkeit der öffentlichen Beurkundung.

Art. 800

2. Bei gemeinschaftlichem Eigentum

[1] Steht ein Grundstück in Miteigentum[1], so kann jeder Eigentümer seinen Anteil verpfänden.

[2] Steht ein Grundstück in Gesamteigentum[2], so kann es nur insgesamt und im Namen aller Eigentümer verpfändet werden.

Art. 801

II. Untergang

[1] Das Grundpfand geht unter mit der Löschung des Eintrages sowie mit dem vollständigen Untergang des Grundstückes.

[2] Der Untergang infolge von Enteignung steht unter dem Enteignungsrecht des Bundes und der Kantone.

1 Vgl. ZGB 646 ff.
2 Vgl. ZGB 652 ff.

Art. 802

III. Grundpfänder bei Güterzusammenlegung
1. Verlegung der Pfandrechte

1 Bei Güterzusammenlegungen, die unter Mitwirkung oder Aufsicht öffentlicher Behörden durchgeführt werden, sind die Grundpfandrechte, die auf den abzutretenden Grundstücken lasten, im bisherigen Range auf die zum Ersatze zugewiesenen Grundstücke zu übertragen.

2 Tritt ein Grundstück an die Stelle von mehreren einzelnen, die für verschiedene Forderungen verpfändet oder von denen nicht alle belastet sind, so werden die Pfandrechte unter tunlichster Wahrung ihres bisherigen Ranges auf das Grundstück in seinem neuen Umfange gelegt.

Art. 803

2. Kündigung durch den Schuldner

Der Schuldner ist befugt, Pfandrechte auf Grundstücken, die in eine Güterzusammenlegung einbezogen sind, auf den Zeitpunkt der Durchführung dieser Unternehmung mit einer Kündigungsfrist von drei Monaten abzulösen.

Art. 804

3. Entschädigung in Geld

1 Wird für verpfändete Grundstücke eine Entschädigung in Geld entrichtet, so ist der Betrag an die Gläubiger nach ihrer Rangordnung, oder bei gleicher Rangordnung nach der Grösse ihrer Forderung abzutragen.

2 An den Schuldner dürfen solche Beträge ohne Zustimmung der Gläubiger nicht ausbezahlt werden, sobald sie mehr als den zwanzigsten Teil der Pfandforderung betragen, oder sobald das neue Grundstück nicht mehr hinreichende Sicherheit darbietet.

Art. 805

C. Wirkung
I. Umfang der Pfandhaft

1 Das Grundpfandrecht belastet das Grundstück mit Einschluss aller Bestandteile und aller Zugehör.[1]

2 Werden bei der Verpfändung Sachen als Zugehör ausdrücklich angeführt und im Grundbuch angemerkt, wie Maschinen und Hotelmobiliar, so gelten sie als Zugehör, solange nicht dargetan ist, dass ihnen diese Eigenschaft nach Vorschrift des Gesetzes nicht zukommen kann.

3 Vorbehalten bleiben die Rechte Dritter an der Zugehör.

Art. 806

II. Miet- und Pachtzinse

1 Ist das verpfändete Grundstück vermietet oder verpachtet[2], so erstreckt sich die Pfandhaft auch auf die Miet- oder Pachtzinsforderungen, die seit Anhebung der Betreibung auf Verwertung des Grundpfandes oder seit der Eröffnung des Konkurses über den Schuldner bis zur Verwertung auflaufen.[3]

2 Den Zinsschuldnern gegenüber ist diese Pfandhaft erst wirksam, nachdem ihnen von der Betreibung Mitteilung gemacht oder der Konkurs veröffentlicht worden ist.

3 Rechtsgeschäfte des Grundeigentümers über noch nicht verfallene Miet- oder Pachtzinsforderungen sowie die Pfändung durch andere Gläubiger sind gegenüber einem Grundpfandgläubiger, der vor der Fälligkeit der Zinsforderung Betreibung auf Verwertung des Unterpfandes angehoben hat, nicht wirksam.

1 Vgl. ZGB 644
2 Vgl. OR 275
3 Vgl. SchKG 151 ff.

Art. 807

III. Verjährung

Forderungen, für die ein Grundpfand eingetragen ist, unterliegen keiner Verjährung.

Art. 808

IV. Sicherungsbefugnisse
1. Massregeln bei Wertverminderung
a. Untersagung und Selbsthilfe

1 Vermindert der Eigentümer den Wert der Pfandsache, so kann ihm der Gläubiger durch das Gericht jede weitere schädliche Einwirkung untersagen lassen.

2 Der Gläubiger kann vom Gericht ermächtigt werden, die zweckdienlichen Vorkehrungen zu treffen, und kann solche auch ohne Ermächtigung vornehmen, wenn Gefahr im Verzug ist.

3 Er kann für die Kosten der Vorkehrungen vom Eigentümer Ersatz verlangen und hat dafür an dem Grundstück ein Pfandrecht. Dieses Pfandrecht entsteht ohne Eintragung im Grundbuch und geht jeder eingetragenen Belastung vor.

4 Ist der Betrag des Pfandrechts höher als 1000 Franken und wird dieses nicht innert vier Monaten nach Abschluss der Vorkehrungen in das Grundbuch eingetragen, so kann es Dritten, die sich in gutem Glauben auf das Grundbuch verlassen, nicht entgegengehalten werden.

Art. 809

b. Sicherung, Wiederherstellung, Abzahlung

1 Ist eine Wertverminderung eingetreten, so kann der Gläubiger vom Schuldner die Sicherung seiner Ansprüche oder die Wiederherstellung des früheren Zustandes verlangen.

2 Droht die Gefahr einer Wertverminderung, so kann er die Sicherung verlangen.

3 Wird dem Verlangen innerhalb einer vom Gericht angesetzten Frist nicht entsprochen, so kann der Gläubiger eine zu seiner Sicherung ausreichende Abzahlung der Schuld beanspruchen.

Art. 810

2. Unverschuldete Wertverminderung

1 Wertverminderungen, die ohne Verschulden des Eigentümers eintreten, geben dem Gläubiger nur insoweit ein Recht auf Sicherstellung oder Abzahlung, als der Eigentümer für den Schaden gedeckt wird.

2 Der Gläubiger kann jedoch Vorkehrungen zur Beseitigung oder Abwehr der Wertverminderung treffen. Er hat für deren Kosten an dem Grundstück ohne Schuldpflicht des Eigentümers ein Pfandrecht. Dieses Pfandrecht entsteht ohne Eintragung im Grundbuch und geht jeder eingetragenen Belastung vor.

3 Ist der Betrag des Pfandrechts höher als 1000 Franken und wird dieses nicht innert vier Monaten nach Abschluss der Vorkehrungen in das Grundbuch eingetragen, so kann es Dritten, die sich in gutem Glauben auf das Grundbuch verlassen, nicht entgegengehalten werden.

Art. 811

3. Abtrennung kleiner Stücke

Wird ein Teil des Grundstückes, der auf weniger als den zwanzigsten Teil der Pfandforderung zu werten ist, veräussert, so kann der Gläubiger die Entlassung dieses Stückes aus der Pfandhaft nicht verweigern, sobald eine verhältnismässige Abzahlung geleistet wird oder der Rest des Grundstückes ihm hinreichende Sicherheit bietet.

Art. 812

V. Weitere Belastung

1 Ein Verzicht des Eigentümers auf das Recht, weitere Lasten auf das verpfändete Grundstück zu legen, ist unverbindlich.

2 Wird nach der Errichtung des Grundpfandrechtes eine Dienstbarkeit[1] oder Grundlast[2] auf das Grundstück gelegt, ohne dass der Pfandgläubiger zugestimmt hat, so geht das Grundpfandrecht der späteren Belastung vor, und diese wird gelöscht, sobald bei der Pfandverwertung[3] ihr Bestand den vorgehenden Pfandgläubiger schädigt.

3 Der aus der Dienstbarkeit oder Grundlast Berechtigte hat jedoch gegenüber nachfolgenden Eingetragenen für den Wert der Belastung Anspruch auf vorgängige Befriedigung aus dem Erlöse.

Art. 813

VI. Pfandstelle
1. Wirkung der Pfandstellen

1 Die pfandrechtliche Sicherung ist auf die Pfandstelle beschränkt, die bei der Eintragung angegeben wird.

2 Grundpfandrechte können in zweitem oder beliebigem Rang errichtet werden, sobald ein bestimmter Betrag als Vorgang[4] bei der Eintragung vorbehalten wird.

Art. 814

2. Pfandstellen untereinander

1 Sind Grundpfandrechte verschiedenen Ranges auf ein Grundstück errichtet, so hat bei Löschung eines Grundpfandes der nachfolgende Grundpfandgläubiger keinen Anspruch darauf, in die Lücke nachzurücken.

2 An Stelle des getilgten vorgehenden Grundpfandes darf ein anderes errichtet werden.

3 Vereinbarungen über das Nachrücken von Grundpfandgläubigern haben nur dann dingliche Wirkung, wenn sie vorgemerkt sind.

Art. 815

3. Leere Pfandstellen

Ist ein Grundpfandrecht ohne Vorhandensein eines vorgehenden in späterem Rang errichtet, hat der Schuldner über einen vorgehenden Pfandtitel nicht verfügt, oder beträgt die vorgehende Forderung weniger, als eingetragen ist, so wird bei der Pfandverwertung der Erlös aus dem Pfande ohne Rücksicht auf die leeren Pfandstellen den wirklichen Pfandgläubigern nach ihrem Range zugewiesen.

Art. 816

VII. Befriedigung aus dem Pfande
1. Art der Befriedigung

1 Der Gläubiger hat ein Recht darauf, im Falle der Nichtbefriedigung sich aus dem Erlöse des Grundstückes bezahlt zu machen.

2 Die Abrede, wonach das Grundpfand dem Gläubiger, wenn er nicht befriedigt wird, als Eigentum zufallen soll, ist ungültig.[5]

3 Sind mehrere Grundstücke für die gleiche Forderung verpfändet, so ist die Betreibung auf Pfandverwertung gleichzeitig gegen alle zu richten, die Verwertung aber nach Anordnung des Betreibungsamtes nur soweit nötig durchzuführen.

Art. 817

2. Verteilung des Erlöses

1 Der Erlös aus dem Verkaufe des Grundstückes wird unter die Grundpfandgläubiger nach ihrem Range verteilt.[6]

2 Gläubiger gleichen Ranges haben unter sich Anspruch auf gleichmässige Befriedigung.

1 Vgl. ZGB 730
2 Vgl. ZGB 782
3 Vgl. SchKG 142
4 Vgl. ZGB 817
5 Vgl. Verfallsvertrag ZGB 894
6 Vgl. SchKG 146, 157 und 219

Art. 818

3. Umfang der Sicherung

[1] Das Grundpfandrecht bietet dem Gläubiger Sicherheit:

1. für die Kapitalforderung;
2. für die Kosten der Betreibung und die Verzugszinse;
3. für drei zur Zeit der Konkurseröffnung oder des Pfandverwertungsbegehrens verfallene Jahreszinse und den seit dem letzten Zinstag laufenden Zins; beim Schuldbrief sind nur die tatsächlich geschuldeten Zinsen pfandgesichert.

[2] Der ursprünglich vereinbarte Zins darf nicht zum Nachteil nachgehender Grundpfandgläubiger über fünf vom Hundert erhöht werden.

Art. 819

4. Sicherung für erhaltende Auslagen

[1] Hat der Pfandgläubiger zur Erhaltung der Pfandsache notwendige Auslagen gemacht, insbesondere die vom Eigentümer geschuldeten Versicherungsprämien bezahlt, so hat er dafür an dem Grundstück ein Pfandrecht. Dieses Pfandrecht entsteht ohne Eintragung im Grundbuch und geht jeder eingetragenen Belastung vor.

[2] Ist der Betrag des Pfandrechts höher als 1000 Franken und wird dieses nicht innert vier Monaten nach Vornahme der Ersatzhandlung in das Grundbuch eingetragen, so kann es Dritten, die sich in gutem Glauben auf das Grundbuch verlassen, nicht entgegengehalten werden.

Art. 820

VIII. Pfandrecht bei Bodenverbesserungen
1. Vorrang

[1] Wird ein ländliches Grundstück durch eine Bodenverbesserung, die unter Mitwirkung öffentlicher Behörden zur Durchführung gelangt, im Werte erhöht, so kann der Eigentümer für seinen Kostenanteil zur Sicherung seines Gläubigers ein Pfandrecht in das Grundbuch eintragen lassen, das allen andern eingetragenen Belastungen vorgeht.

[2] Wird eine solche Bodenverbesserung ohne staatliche Subvention durchgeführt, so kann der Eigentümer dieses Pfandrecht für höchstens zwei Dritteile seines Kostenanteiles eintragen lassen.

Art. 821

2. Tilgung der Schuld und des Pfandrechtes

[1] Wird die Bodenverbesserung ohne staatliche Subvention durchgeführt, so ist die Pfandschuld durch Annuitäten von wenigstens 5 Prozent der eingetragenen Pfandsumme zu tilgen.

[2] Das Pfandrecht erlischt für die Forderung und für jede Annuität nach Ablauf von drei Jahren seit Eintritt der Fälligkeit, und es rücken die nachfolgenden Pfandgläubiger nach.

Art. 822

IX. Anspruch auf die Versicherungssumme

[1] Eine fällig gewordene Versicherungssumme darf nur mit Zustimmung aller Grundpfandgläubiger an den Eigentümer des versicherten Grundstückes ausbezahlt werden.

[2] Gegen angemessene Sicherstellung ist sie jedoch dem Eigentümer zum Zwecke der Wiederherstellung des Unterpfandes herauszugeben.

[3] Im Übrigen bleiben die Vorschriften der Kantone über die Feuerversicherung vorbehalten.

Art. 823

X. Unauffindbarer Gläubiger

Lässt sich ein Grundpfandgläubiger nicht identifizieren oder ist sein Wohnort unbekannt, so kann das Gericht in den Fällen, in denen das Gesetz eine persönliche Betätigung des Gläubigers vorsieht und eine solche dringend erforderlich ist, auf Antrag des Schuldners oder anderer Beteiligter die erforderlichen Massnahmen anordnen.

Zweiter Abschnitt: Die Grundpfandverschreibung

Art. 824

A. Zweck und Gestalt

1 Durch die Grundpfandverschreibung kann eine beliebige, gegenwärtige oder zukünftige oder bloss mögliche Forderung pfandrechtlich sichergestellt werden.

2 Das verpfändete Grundstück braucht nicht Eigentum des Schuldners zu sein.

Art. 825

B. Errichtung und Untergang

I. Errichtung

1 Die Grundpfandverschreibung wird auch bei Forderungen mit unbestimmtem oder wechselndem Betrage auf eine bestimmte Pfandstelle errichtet und behält ungeachtet aller Schwankungen ihren Rang nach dem Eintrag.

2 Über die errichtete Pfandverschreibung wird auf Verlangen des Gläubigers ein Auszug aus dem Grundbuch ausgestellt, dem jedoch nur die Eigenschaft eines Beweismittels und nicht eines Wertpapiers zukommt.

3 An Stelle dieses Beweismittels kann die Bescheinigung der Eintragung auf der Vertragsurkunde treten.

Art. 826

II. Untergang

1. Recht auf Löschung

Ist die Forderung untergegangen, so kann der Eigentümer des belasteten Grundstückes vom Gläubiger verlangen dass er die Löschung des Eintrages bewillige.

Art. 827

2. Stellung des Eigentümers

1 Ist der Grundeigentümer nicht Schuldner der Pfandforderung[1], so kann er das Pfandrecht unter den gleichen Voraussetzungen ablösen, unter denen der Schuldner zur Tilgung der Forderung befugt ist.

2 Befriedigt er den Gläubiger, so geht das Forderungsrecht auf ihn über.[2]

Art. 828

3. Einseitige Ablösung

a. Voraussetzung und Geltendmachung

1 Das kantonale Recht kann den Erwerber eines Grundstückes, der nicht persönlich für die darauf lastenden Schulden haftbar ist, ermächtigen, solange keine Betreibung erfolgt ist, die Grundpfandrechte, wenn sie den Wert des Grundstückes übersteigen, abzulösen, indem er den Gläubigern den Erwerbspreis oder bei unentgeltlichem Erwerbe den Betrag herausbezahlt, auf den er das Grundstück wertet.

2 Er hat die beabsichtigte Ablösung den Gläubigern schriftlich mit halbjähriger Kündigung mitzuteilen.

3 Der Ablösungsbetrag wird unter die Gläubiger nach ihrem Range verteilt.

1 Vgl. ZGB 824
2 Vgl. OR 110

Art. 829

b. Öffentliche Versteigerung

[1] Bei dieser Ablösung haben die Gläubiger das Recht, binnen Monatsfrist nach der Mitteilung des Erwerbes gegen Vorschuss der Kosten eine öffentliche Versteigerung[1] des Unterpfandes zu verlangen, die nach öffentlicher Bekanntmachung binnen eines weitern Monats, nachdem sie verlangt wurde, vorzunehmen ist.

[2] Wird hiebei ein höherer Preis erzielt, so gilt dieser als Ablösungsbetrag.

[3] Die Kosten der Versteigerung hat im Falle der Erzielung eines höheren Preises der Erwerber, andernfalls der Gläubiger, der sie verlangt hat, zu tragen.

Art. 830

c. Amtliche Schätzung

Das kantonale Recht kann an Stelle der öffentlichen Versteigerung eine amtliche Schätzung vorsehen, deren Betrag als Ablösungssumme zu gelten hat.

Art. 831

4. Kündigung

Eine Kündigung der Forderung durch den Gläubiger ist gegenüber dem Eigentümer der Pfandsache, der nicht Schuldner ist, nur dann wirksam, wenn sie gegenüber Schuldner und Eigentümer erfolgt.

Art. 832

C. Wirkung
I. Eigentum und Schuldnerschaft
1. Veräusserung

[1] Wird das mit einer Grundpfandverschreibung belastete Grundstück veräussert, so bleibt die Haftung des Grundpfandes und des Schuldners, wenn es nicht anders verabredet ist, unverändert.

[2] Hat aber der neue Eigentümer die Schuldpflicht für die Pfandforderung übernommen, so wird der frühere Schuldner frei, wenn der Gläubiger diesem gegenüber nicht binnen Jahresfrist schriftlich erklärt, ihn beibehalten zu wollen.

Art. 833

2. Zerstückelung

[1] Wird ein Teil des mit einem Grundpfande belasteten Grundstückes oder eines von mehreren verpfändeten Grundstücken desselben Eigentümers veräussert, oder das Unterpfand zerstückelt, so ist die Pfandhaft mangels anderer Abrede derart zu verteilen, dass jeder der Teile nach seinem Werte verhältnismässig belastet wird.

[2] Will ein Gläubiger diese Verteilung nicht annehmen, so kann er binnen Monatsfrist, nachdem sie rechtskräftig geworden ist, verlangen, dass seine Pfandforderung innerhalb eines Jahres getilgt werde.

[3] Haben die Erwerber die Schuldpflicht für die auf ihren Grundstücken lastenden Pfandforderungen übernommen, so wird der frühere Schuldner frei, wenn der Gläubiger diesem gegenüber nicht binnen Jahresfrist schriftlich erklärt, ihn beibehalten zu wollen.

Art. 834

3. Anzeige der Schuldübernahme

[1] Von der Übernahme der Schuld durch den Erwerber hat der Grundbuchverwalter dem Gläubiger Kenntnis zu geben.

[2] Die Jahresfrist für die Erklärung des Gläubigers läuft von dieser Mitteilung an.

Art. 835

II. Übertragung der Forderung

Die Übertragung der Forderung[2], für die eine Grundpfandverschreibung errichtet ist, bedarf zu ihrer Gültigkeit keiner Eintragung in das Grundbuch.

[1] Vgl. OR 229 ff.
[2] Vgl. OR 164 ff.

Art. 836

D. Gesetzliches Grundpfandrecht
I. Des kantonalen Rechts

1 Räumt das kantonale Recht dem Gläubiger für Forderungen, die in unmittelbarem Zusammenhang mit dem belasteten Grundstück stehen, einen Anspruch auf ein Pfandrecht ein, so entsteht dieses mit der Eintragung in das Grundbuch.

2 Entstehen gesetzliche Pfandrechte im Betrag von über 1000 Franken aufgrund des kantonalen Rechts ohne Eintragung im Grundbuch und werden sie nicht innert vier Monaten nach der Fälligkeit der zugrunde liegenden Forderung, spätestens jedoch innert zwei Jahren seit der Entstehung der Forderung in das Grundbuch eingetragen, so können sie nach Ablauf der Eintragungsfrist Dritten, die sich in gutem Glauben auf das Grundbuch verlassen, nicht mehr entgegengehalten werden.

3 Einschränkendere Regelungen des kantonalen Rechts bleiben vorbehalten.

Art. 837

II. Des Bundesprivatrechts
1. Fälle

1 Der Anspruch auf Errichtung eines gesetzlichen Grundpfandrechtes besteht:

1. für die Forderung des Verkäufers an dem verkauften Grundstück;[1]
2. für die Forderung der Miterben[2] und Gemeinder aus Teilung an den Grundstücken, die der Gemeinschaft gehörten;
3. für die Forderungen der Handwerker oder Unternehmer, die auf einem Grundstück zu Bauten oder anderen Werken, zu Abbrucharbeiten, zum Gerüstbau, zur Baugrubensicherung oder dergleichen Material und Arbeit oder Arbeit allein geliefert haben, an diesem Grundstück, sei es, dass sie den Grundeigentümer, einen Handwerker oder Unternehmer, einen Mieter, einen Pächter oder eine andere am Grundstück berechtigte Person zum Schuldner haben.[3]

2 Ist ein Mieter, ein Pächter oder eine andere am Grundstück berechtigte Person Schuldner von Forderungen der Handwerker oder Unternehmer, so besteht der Anspruch nur, wenn der Grundeigentümer seine Zustimmung zur Ausführung der Arbeiten erteilt hat.

3 Auf gesetzliche Grundpfandrechte nach diesem Artikel kann der Berechtigte nicht zum Voraus verzichten.

Art. 838

2. Verkäufer, Miterben und Gemeinder

Die Eintragung des Pfandrechtes des Verkäufers, der Miterben oder Gemeinder muss spätestens drei Monate nach der Übertragung des Eigentums erfolgen.

Art. 839

3. Handwerker und Unternehmer
a. Eintragung

1 Das Pfandrecht der Handwerker und Unternehmer kann von dem Zeitpunkte an, da sie sich zur Arbeitsleistung verpflichtet haben, in das Grundbuch eingetragen werden.

2 Die Eintragung hat bis spätestens vier Monate nach der Vollendung der Arbeit zu erfolgen.

3 Sie darf nur erfolgen, wenn die Pfandsumme vom Eigentümer anerkannt oder gerichtlich festgestellt ist, und kann nicht verlangt werden, wenn der Eigentümer für die angemeldete Forderung hinreichende Sicherheit leistet.

1 Vgl. OR 211 ff.
2 Vgl. ZGB 637
3 Vgl. ZGB 839 ff.

4 Handelt es sich beim Grundstück unbestrittenermassen um Verwaltungsvermögen und ergibt sich die Schuldpflicht des Eigentümers nicht aus vertraglichen Verpflichtungen, so haftet er den Handwerkern oder Unternehmern für die anerkannten oder gerichtlich festgestellten Forderungen nach den Bestimmungen über die einfache Bürgschaft, sofern die Forderung ihm gegenüber spätestens vier Monate nach Vollendung der Arbeit schriftlich unter Hinweis auf die gesetzliche Bürgschaft geltend gemacht worden war.

5 Ist strittig, ob es sich um ein Grundstück im Verwaltungsvermögen handelt, so kann der Handwerker oder Unternehmer bis spätestens vier Monate nach der Vollendung seiner Arbeit eine vorläufige Eintragung des Pfandrechts im Grundbuch verlangen.

6 Steht aufgrund eines Urteils fest, dass das Grundstück zum Verwaltungsvermögen gehört, so ist die vorläufige Eintragung des Pfandrechts zu löschen. An seine Stelle tritt die gesetzliche Bürgschaft, sofern die Voraussetzungen nach Absatz 4 erfüllt sind. Die Frist gilt mit der vorläufigen Eintragung des Pfandrechts als gewahrt.

Art. 840

b. Rang

Gelangen mehrere gesetzliche Pfandrechte der Handwerker und Unternehmer zur Eintragung, so haben sie, auch wenn sie von verschiedenem Datum sind, untereinander den gleichen Anspruch auf Befriedigung aus dem Pfande.

Art. 841

c. Vorrecht

1 Kommen die Forderungen der Handwerker und Unternehmer bei der Pfandverwertung zu Verlust, so ist der Ausfall aus dem den Wert des Bodens übersteigenden Verwertungsanteil der vorgehenden Pfandgläubiger zu ersetzen, sofern das Grundstück durch ihre Pfandrechte in einer für sie erkennbaren Weise zum Nachteil der Handwerker und Unternehmer belastet worden ist.

2 Veräussert der vorgehende Pfandgläubiger seinen Pfandtitel, so hat er den Handwerkern und Unternehmern für dasjenige, was ihnen dadurch entzogen wird, Ersatz zu leisten.

3 Sobald der Beginn des Werkes auf Anzeige eines Berechtigten im Grundbuch angemerkt ist, dürfen bis zum Ablauf der Eintragungsfrist Pfandrechte nur als Grundpfandverschreibungen eingetragen werden.

Dritter Abschnitt: Der Schuldbrief

Art. 842

A. Allgemeine Vorschriften

I. Zweck; Verhältnis zur Forderung aus dem Grundverhältnis

1 Durch den Schuldbrief[1] wird eine persönliche Forderung begründet, die grundpfändlich sichergestellt ist.

2 Die Schuldbriefforderung tritt neben die zu sichernde Forderung, die dem Gläubiger gegenüber dem Schuldner aus dem Grundverhältnis gegebenenfalls zusteht, wenn nichts anderes vereinbart ist.

3 Der Schuldner kann sich bezüglich der Schuldbriefforderung gegenüber dem Gläubiger sowie gegenüber Rechtsnachfolgern, die sich nicht in gutem Glauben befinden, auf die sich aus dem Grundverhältnis ergebenden persönlichen Einreden berufen.

1 Lautend auf Inhaber oder Namen (auch Eigentümer)

Art. 843

II. Arten

Der Schuldbrief wird entweder als Register-Schuldbrief oder als Papier-Schuldbrief ausgestaltet.

Art. 844

III. Stellung des Eigentümers

1 Die Stellung des Eigentümers der Pfandsache, der nicht Schuldner ist, bestimmt sich nach den Vorschriften über die Grundpfandverschreibung.

2 Die Einreden des Schuldners stehen beim Schuldbrief auch dem Eigentümer der Pfandsache zu.[1]

Art. 845

IV. Veräusserung. Teilung

Für die Folgen der Veräusserung und der Teilung des Grundstücks gelten die Bestimmungen über die Grundpfandverschreibung.

Art. 846

V. Schuldbriefforderung und Nebenvereinbarungen

1. Im Allgemeinen

1 Die Schuldbriefforderung darf sich weder auf das Grundverhältnis beziehen noch Bedingungen[2] oder Gegenleistungen enthalten.

2 Der Schuldbrief kann schuldrechtliche Nebenvereinbarungen über Verzinsung, Abzahlung und Kündigung sowie andere die Schuldbriefforderung betreffende Nebenbestimmungen enthalten. Eine Verweisung auf eine separate Vereinbarung ist zulässig.

Art. 847

2. Kündigung

1 Der Schuldbrief kann vom Gläubiger oder vom Schuldner mit halbjährlicher Kündigungsfrist auf Ende jeden Monats gekündigt werden, wenn nichts anderes vereinbart ist.

2 Eine solche Vereinbarung darf für den Gläubiger keine kürzere Kündigungsfrist als drei Monate vorsehen, ausser wenn sich der Schuldner mit der Zahlung der Amortisationen oder der Zinsen in Verzug befindet.

Art. 848

VI. Schutz des guten Glaubens

Die Schuldbriefforderung und das Pfandrecht bestehen dem Eintrag gemäss für jede Person zu Recht, die sich in gutem Glauben[3] auf das Grundbuch verlassen hat.

Art. 849

VII. Einreden des Schuldners

1 Der Schuldner kann nur Einreden geltend machen, die sich aus dem Eintrag im Grundbuch ergeben, ihm persönlich gegen den ihn belangenden Gläubiger zustehen oder aus dem Pfandtitel beim Papierschuldbrief hervorgehen.

2 Vereinbarungen, die Nebenbestimmungen zur Schuldbriefforderung enthalten, können einem gutgläubigen Erwerber des Schuldbriefs nur entgegengehalten werden, wenn sie sich aus dem Grundbuch und beim Papier-Schuldbrief zudem aus dem Titel ergeben.

Art. 850

VIII. Bevollmächtigte Person

1 Bei der Errichtung eines Schuldbriefs kann einer Person eine Vollmacht erteilt werden. Diese Person hat die Zahlungen zu leisten und zu empfangen, Mitteilungen entgegenzunehmen, Pfandentlassungen zu gewähren und im Allgemeinen

1 Vgl. ZGB 827 ff.
2 Vgl. OR 151 ff.
3 Vgl. ZGB 3

die Rechte der Gläubiger wie des Schuldners und Eigentümers mit aller Sorgfalt und Unparteilichkeit zu wahren.

2 Der Name der bevollmächtigten Person ist im Grundbuch und auf dem Pfandtitel aufzuführen.

3 Fällt die Vollmacht dahin und können sich die Beteiligten nicht einigen, so trifft das Gericht die nötigen Anordnungen.

Art. 851

IX. Zahlungsort

1 Der Schuldner hat alle Zahlungen am Wohnsitz des Gläubigers[1] zu leisten, wenn nichts anderes vereinbart ist.

2 Ist der Wohnsitz des Gläubigers nicht bekannt oder zum Nachteil des Schuldners verlegt worden, so kann sich dieser durch Hinterlegung bei der zuständigen Behörde am eigenen Wohnsitz oder am früheren Wohnsitz des Gläubigers befreien.

Art. 852

X. Änderungen im Rechtsverhältnis

1 Ändert sich das Rechtsverhältnis zugunsten des Schuldners, namentlich durch Abzahlung der Schuld, so kann der Schuldner vom Gläubiger verlangen, dass dieser der Einschreibung der Änderung in das Grundbuch zustimmt.

2 Beim Papier-Schuldbrief vermerkt das Grundbuchamt diese Änderung auf dem Titel.

3 Ohne diese Einschreibung oder diesen Vermerk auf dem Titel muss sich ein gutgläubiger Erwerber des Schuldbriefs die Wirkung der Änderung im Rechtsverhältnis nicht entgegenhalten lassen.

Art. 853

XI. Tilgung

Ist die Schuldbriefforderung getilgt, so kann der Schuldner vom Gläubiger verlangen, dass dieser:

1. der Übertragung des Register-Schuldbriefs auf den Namen des Schuldners zustimmt; oder
2. den Pfandtitel des Papier-Schuldbriefs unentkräftet herausgibt.

Art. 854

XII. Untergang

1. Wegfall des Gläubigers

1 Ist kein Gläubiger vorhanden oder verzichtet der Gläubiger auf das Pfandrecht, so hat der Schuldner die Wahl, den Eintrag im Grundbuch löschen oder stehen zu lassen.

2 Der Schuldner ist auch befugt, den Schuldbrief weiterzuverwenden.

Art. 855

2. Löschung

Der Papier-Schuldbrief darf im Grundbuch nicht gelöscht werden, bevor der Pfandtitel entkräftet oder durch das Gericht für kraftlos erklärt worden ist.

Art. 856

XIII. Aufrufung des Gläubigers

1 Ist der Gläubiger eines Schuldbriefs seit zehn Jahren unbekannt und sind während dieser Zeit keine Zinse gefordert worden, so kann der Eigentümer des verpfändeten Grundstücks verlangen, dass der Gläubiger durch das Gericht öffentlich aufgefordert wird, sich innert sechs Monaten zu melden.

[1] Vgl. OR 74 Abs. 2 Ziff. 1

2 Meldet sich der Gläubiger nicht innert dieser Frist und ergibt die Untersuchung mit hoher Wahrscheinlichkeit, dass die Forderung nicht mehr zu Recht besteht, so wird auf Anordnung des Gerichts:

1. beim Register-Schuldbrief das Pfandrecht im Grundbuch gelöscht; oder
2. der Papier-Schuldbrief für kraftlos erklärt und das Pfandrecht im Grundbuch gelöscht.

Art. 857

B. Register-Schuldbrief
I. Errichtung

1 Der Register-Schuldbrief entsteht mit der Eintragung in das Grundbuch.

2 Er wird auf den Namen des Gläubigers oder des Grundeigentümers eingetragen.

Art. 858

II. Übertragung

1 Die Übertragung des Register-Schuldbriefs erfolgt durch Eintragung des neuen Gläubigers in das Grundbuch aufgrund einer schriftlichen Erklärung des bisherigen Gläubigers.

2 Befreiende Wirkung haben nur Leistungen des Schuldners an die Person, die im Zeitpunkt der Zahlung als Gläubiger im Grundbuch eingetragen ist.

Art. 859

III. Verpfändung, Pfändung und Nutzniessung

1 Die Verpfändung des Register-Schuldbriefs erfolgt durch Eintragung des Fahrnispfandgläubigers in das Grundbuch aufgrund einer schriftlichen Erklärung des im Grundbuch eingetragenen Gläubigers.

2 Die Pfändung erfolgt durch Einschreibung der Verfügungsbeschränkung in das Grundbuch.

3 Die Nutzniessung entsteht mit der Einschreibung in das Grundbuch.

Art. 860

C. Papier-Schuldbrief
I. Errichtung
1. Eintragung

1 Bei der Errichtung eines Papier-Schuldbriefs wird neben der Eintragung in das Grundbuch stets ein Pfandtitel[1] ausgestellt.

2 Als Gläubiger des Papier-Schuldbriefs kann der Inhaber oder eine bestimmte Person, namentlich der Grundeigentümer selbst[2], bezeichnet werden.

3 Der Eintrag hat schon vor der Ausstellung des Pfandtitels Schuldbriefwirkung.

Art. 861

2. Pfandtitel

1 Der Papier-Schuldbrief wird durch das Grundbuchamt ausgestellt.

2 Er bedarf zu seiner Gültigkeit der Unterschrift des Grundbuchverwalters. Im Übrigen wird seine Form durch den Bundesrat bestimmt.

3 Er darf dem Gläubiger oder dessen Beauftragtem nur mit ausdrücklicher Einwilligung des Schuldners und des Eigentümers des belasteten Grundstücks ausgehändigt werden.

Art. 862

II. Schutz des guten Glaubens

1 Der formrichtig als Papier-Schuldbrief erstellte Pfandtitel besteht seinem Wortlaut gemäss für jede Person zu Recht, die sich in gutem Glauben[3] auf ihn verlassen hat.

2 Entspricht der Wortlaut des Pfandtitels nicht dem Eintrag oder fehlt ein Eintrag, so ist das Grundbuch massgebend.[4]

1 Wertpapier, vgl. OR 965 ff. und ZGB 863
2 Eigentümerschuldbrief, vgl. ZGB 842
3 Vgl. ZGB 3
4 Vgl. ZGB 973 und 975

3 Der gutgläubige Erwerber des Titels hat jedoch nach den Vorschriften über das Grundbuch Anspruch auf Schadenersatz.[1]

Art. 863

III. Rechte des Gläubigers
1. Geltendmachung

1 Die Schuldbriefforderung kann nur in Verbindung mit dem Besitz des Pfandtitels veräussert, verpfändet oder überhaupt geltend gemacht werden.[2]

2 Vorbehalten bleibt die Geltendmachung der Forderung in den Fällen, in denen der Titel für kraftlos erklärt wird oder noch gar nicht ausgestellt worden ist.[3]

Art. 864

2. Übertragung

1 Zur Übertragung der Schuldbriefforderung bedarf es der Übergabe des Pfandtitels an den Erwerber.[4]

2 Lautet der Titel auf den Namen einer Person, so bedarf es ausserdem des Übertragungsvermerkes auf dem Titel unter Angabe des Erwerbers.

Art. 865

IV. Kraftloserklärung

1 Ist ein Pfandtitel abhanden gekommen oder ohne Tilgungsabsicht vernichtet worden, so kann der Gläubiger verlangen, dass das Gericht den Pfandtitel für kraftlos erklärt und der Schuldner zur Zahlung verpflichtet wird oder für die noch nicht fällige Forderung ein neuer Titel ausgefertigt wird.

2 Die Kraftloserklärung erfolgt mit Auskündung auf sechs Monate nach den Vorschriften über die Amortisation der Inhaberpapiere.[5]

3 In gleicher Weise kann der Schuldner die Kraftloserklärung verlangen, wenn ein abbezahlter Titel vermisst wird.

Art. 866–874

Aufgehoben.

Vierter Abschnitt: Ausgabe von Anleihenstiteln mit Grundpfandrecht

Art. 875

A. Obligationen für Anleihen mit Pfandrecht

Anleihensobligationen[6], die auf den Namen der Gläubiger oder auf den Inhaber lauten, können mit einem Grundpfand sichergestellt werden:

1. durch Errichtung einer Grundpfandverschreibung oder eines Schuldbriefes für das ganze Anleihen und die Bezeichnung eines Stellvertreters für die Gläubiger und den Schuldner;
2. durch die Errichtung eines Grundpfandrechtes für das ganze Anleihen zugunsten der Ausgabestelle und Bestellung eines Pfandrechtes an dieser Grundpfandforderung für die Obligationsgläubiger.

Art. 876–883

Aufgehoben.

1 Vgl. ZGB 955
2 Vgl. ZGB 901 und OR 967 ff.
3 Vgl. ZGB 865
4 Vgl. ZGB 714 und 919
5 Vgl. OR 971 ff. und 981 ff.
6 Vgl. OR 1156 ff.

Dreiundzwanzigster Titel: Das Fahrnispfand

Erster Abschnitt: Faustpfand und Retentionsrecht

Art. 884

A. Faustpfand
I. Bestellung
1. Besitz des Gläubigers

1 Fahrnis kann, wo das Gesetz keine Ausnahme macht, nur dadurch verpfändet werden, dass dem Pfandgläubiger der Besitz[1] an der Pfandsache übertragen wird.

2 Der gutgläubige Empfänger der Pfandsache erhält das Pfandrecht, soweit nicht Dritten Rechte aus früherem Besitze zustehen, auch dann, wenn der Verpfänder nicht befugt war, über die Sache zu verfügen.

3 Das Pfandrecht ist nicht begründet, solange der Verpfänder die ausschliessliche Gewalt über die Sache behält.

Art. 885

2. Viehverpfändung

1 Zur Sicherung von Forderungen von Geldinstituten und Genossenschaften, die von der zuständigen Behörde ihres Wohnsitzkantons ermächtigt sind, solche Geschäfte abzuschliessen, kann ein Pfandrecht an Vieh ohne Übertragung des Besitzes bestellt werden durch Eintragung in ein Verschreibungsprotokoll und Anzeige an das Betreibungsamt.[2]

2 Der Bundesrat regelt die Führung des Protokolls.

3 Für die Eintragungen im Protokoll und die damit verbundenen Verrichtungen können die Kantone Gebühren erheben; sie bezeichnen die Kreise, in denen die Protokolle geführt werden, und die Beamten, die mit deren Führung betraut sind.

Art. 886

3. Nachverpfändung

Ein nachgehendes Faustpfand wird dadurch bestellt, dass der Faustpfandgläubiger schriftlich von der Nachverpfändung benachrichtigt und angewiesen wird, nach seiner Befriedigung das Pfand an den nachfolgenden Gläubiger herauszugeben.

Art. 887

4. Verpfändung durch den Pfandgläubiger

Der Gläubiger kann die Pfandsache nur mit Zustimmung des Verpfänders weiter verpfänden.[3]

Art. 888

II. Untergang
1. Besitzesverlust

1 Das Faustpfandrecht geht unter, sobald der Gläubiger die Pfandsache nicht mehr besitzt und auch von dritten Besitzern nicht zurückverlangen kann.

2 Es hat keine Wirkung, solange sich das Pfand mit Willen des Gläubigers in der ausschliesslichen Gewalt des Verpfänders befindet.

Art. 889

2. Rückgabepflicht

1 Ist das Pfandrecht infolge der Tilgung der Forderung oder aus anderem Grunde untergegangen, so hat der Gläubiger die Pfandsache an den Berechtigten herauszugeben.

2 Vor seiner vollen Befriedigung ist er nicht verpflichtet, das Pfand ganz oder zum Teil herauszugeben.

1 Vgl. ZGB 919 ff.
2 Vgl. ZGB 715
3 Vgl. ZGB 890 Abs. 2

Art. 890

3. Haftung des Gläubigers

[1] Der Gläubiger haftet für den aus der Wertverminderung oder aus dem Untergang der verpfändeten Sache entstandenen Schaden, sofern er nicht nachweist, dass dieser ohne sein Verschulden eingetreten ist.

[2] Hat der Gläubiger das Pfand eigenmächtig veräussert oder weiter verpfändet, so haftet er für allen hieraus entstandenen Schaden.

Art. 891

III. Wirkung

1. Rechte des Gläubigers

[1] Der Gläubiger hat im Falle der Nichtbefriedigung ein Recht darauf, sich aus dem Erlös des Pfandes bezahlt zu machen.[1]

[2] Das Pfandrecht bietet ihm Sicherheit für die Forderung mit Einschluss der Vertragszinse, der Betreibungskosten und der Verzugszinse.[2]

Art. 892

2. Umfang der Pfandhaft

[1] Das Pfandrecht belastet die Pfandsache mit Einschluss der Zugehör.[3]

[2] Die natürlichen Früchte der Pfandsache hat der Gläubiger, wenn es nicht anders verabredet ist, an den Eigentümer herauszugeben, sobald sie aufhören, Bestandteil der Sache zu sein.[4]

[3] Früchte, die zur Zeit der Pfandverwertung Bestandteil der Pfandsache sind, unterliegen der Pfandhaft.

Art. 893

3. Rang der Pfandrechte

[1] Haften mehrere Pfandrechte auf der gleichen Sache, so werden die Gläubiger nach ihrem Range befriedigt.[5]

[2] Der Rang der Pfandrechte wird durch die Zeit ihrer Errichtung bestimmt.

Art. 894

4. Verfallsvertrag

Jede Abrede, wonach die Pfandsache dem Gläubiger, wenn er nicht befriedigt wird, als Eigentum zufallen soll, ist ungültig.[6]

Art. 895[7]

B. Retentionsrecht

I. Voraussetzungen

[1] Bewegliche Sachen und Wertpapiere, die sich mit Willen des Schuldners im Besitze des Gläubigers befinden, kann dieser bis zur Befriedigung für seine Forderung zurückbehalten, wenn die Forderung fällig ist und ihrer Natur nach mit dem Gegenstande der Retention in Zusammenhang steht.

[2] Unter Kaufleuten besteht dieser Zusammenhang, sobald der Besitz sowohl als die Forderung aus ihrem geschäftlichen Verkehr herrühren[8].

[3] Der Gläubiger hat das Retentionsrecht, soweit nicht Dritten Rechte aus früherem Besitze zustehen, auch dann, wenn die Sache, die er in gutem Glauben empfangen hat, nicht dem Schuldner gehört.

1 Vgl. ZGB 816 und 818
2 Vgl. SchKG 151 ff.
3 Vgl. ZGB 644
4 Vgl. ZGB 642 ff.
5 Vgl. ZGB 817
6 Vgl. ZGB 816 und OR 20
7 Besitz: ZGB 919; Fälligkeit: OR 75 und ZGB 897; Gegenstand: Retentionsobjekt; Wirkung: ZGB 898
8 Kaufmännisches Retentionsobjekt

Art. 896

II. Ausnahmen

1 An Sachen, deren Natur eine Verwertung nicht zulässt, kann das Retentionsrecht nicht ausgeübt werden.

2 Ebenso ist die Retention ausgeschlossen, wenn ihr eine vom Gläubiger übernommene Verpflichtung, oder eine vom Schuldner vor oder bei der Übergabe der Sache erteilte Vorschrift oder die öffentliche Ordnung[1] entgegensteht.

Art. 897

III. Bei Zahlungsunfähigkeit

1 Bei Zahlungsunfähigkeit des Schuldners hat der Gläubiger das Retentionsrecht auch dann, wenn seine Forderung nicht fällig ist.[2]

2 Ist die Zahlungsunfähigkeit erst nach der Übergabe der Sache eingetreten oder dem Gläubiger bekannt geworden, so kann dieser die Retention auch dann ausüben, wenn ihr eine von ihm vorher übernommene Verpflichtung oder eine besondere Vorschrift des Schuldners entgegensteht.

Art. 898

IV. Wirkung

1 Kommt der Schuldner seiner Verpflichtung nicht nach, so kann der Gläubiger, wenn er nicht hinreichend sichergestellt wird, die zurückbehaltene Sache nach vorgängiger Benachrichtigung des Schuldners wie ein Faustpfand[3] verwerten.

2 Zur Verwertung zurückbehaltener Namenpapiere hat in Vertretung des Schuldners der Betreibungs- oder der Konkursbeamte das Erforderliche vorzunehmen.

Zweiter Abschnitt: Das Pfandrecht an Forderungen und andern Rechten

Art. 899

A. Im Allgemeinen

1 Forderungen und andere Rechte können verpfändet werden, wenn sie übertragbar sind.[4]

2 Das Pfandrecht an ihnen steht, wo es nicht anders geordnet ist, unter den Bestimmungen über das Faustpfand.[5]

Art. 900

B. Errichtung
I. Bei Forderungen mit oder ohne Schuldschein

1 Zur Verpfändung einer Forderung, für die keine Urkunde oder nur ein Schuldschein besteht, bedarf es der schriftlichen Abfassung des Pfandvertrages[6] und gegebenenfalls der Übergabe des Schuldscheines.

2 Der Pfandgläubiger und der Verpfänder können den Schuldner von der Pfandbestellung benachrichtigen.

3 Zur Verpfändung anderer Rechte bedarf es neben einem schriftlichen Pfandvertrag der Beobachtung der Form, die für die Übertragung vorgesehen ist.

Art. 901

II. Bei Wertpapieren

1 Bei Inhaberpapieren genügt zur Verpfändung die Übertragung der Urkunde an den Pfandgläubiger.

1 Vgl. SchKG 92
2 Vgl. OR 83
3 Gesetzliches Pfandrecht, vgl. SchKG 151 ff.
4 Vgl. OR 164 ff.
5 Vgl. ZGB 884 ff.
6 Vgl. OR 12 ff.

[2] Bei andern Wertpapieren bedarf es der Übergabe der Urkunde in Verbindung mit einem Indossament oder mit einer Abtretungserklärung.[1]

[3] Die Verpfändung von Bucheffekten[2] richtet sich ausschliesslich nach dem Bucheffektengesetz vom 3. Oktober 2008.

Art. 902

III. Bei Warenpapieren

[1] Bestehen für Waren Wertpapiere, die sie vertreten, so wird durch Verpfändung der Wertpapiere ein Pfandrecht an der Ware bestellt.

[2] Besteht neben einem Warenpapier noch ein besonderer Pfandschein (Warrant), so genügt zur Pfandbestellung die Verpfändung des Pfandscheines, sobald auf dem Warenpapier selbst die Verpfändung mit Forderungsbetrag und Verfalltag eingetragen ist.

Art. 903

IV. Nachverpfändung

Ein nachgehendes Forderungspfandrecht ist nur gültig, wenn der vorgehende Pfandgläubiger vom Gläubiger der Forderung oder vom nachgehenden Pfandgläubiger von der Nachverpfändung schriftlich benachrichtigt wird.

Art. 904

C. Wirkung
I. Umfang der Pfandhaft

[1] Beim Pfandrecht an einer verzinslichen Forderung oder an einer Forderung mit andern zeitlich wiederkehrenden Nebenleistungen, wie Dividenden, gilt, wenn es nicht anders vereinbart ist, nur der laufende Anspruch als mitverpfändet, und der Gläubiger hat keinen Anspruch auf die verfallenen Leistungen.

[2] Bestehen jedoch besondere Papiere für solche Nebenrechte, so gelten diese, wenn es nicht anders vereinbart ist, insoweit für mitverpfändet, als das Pfandrecht an ihnen formrichtig bestellt ist.

Art. 905

II. Vertretung verpfändeter Aktien und Stammanteile von Gesellschaften mit beschränkter Haftung

[1] Verpfändete Aktien werden in der Generalversammlung durch die Aktionäre und nicht durch die Pfandgläubiger vertreten.[3]

[2] Verpfändete Stammanteile einer Gesellschaft mit beschränkter Haftung werden in der Gesellschafterversammlung durch die Gesellschafter und nicht durch die Pfandgläubiger vertreten.[4]

Art. 906

III. Verwaltung und Abzahlung

[1] Erfordert die sorgfältige Verwaltung die Kündigung und Einziehung der verpfändeten Forderung, so darf deren Gläubiger sie vornehmen und der Pfandgläubiger verlangen, dass sie vorgenommen werde.

[2] Zahlungen darf der Schuldner, sobald er von der Verpfändung benachrichtigt ist, an den einen nur mit Einwilligung des andern entrichten.

[3] Wo diese fehlt, hat er den geschuldeten Betrag zu hinterlegen.

1 Vgl. OR 967 ff.
2 Bei einer Stelle verwahrte Wertpapiere und Wertrechte (vgl. OR 973a ff.)
3 Vgl. OR 689
4 Vgl. OR 806

Dritter Abschnitt: Das Versatzpfand

Art. 907

A. Versatzanstalt
I. Erteilung der Gewerbebefugnis

1 Wer das Pfandleihgewerbe[1] betreiben will, bedarf hiezu einer Bewilligung der kantonalen Regierung.

2 Die Kantone können bestimmen, dass diese Bewilligung nur an öffentliche Anstalten des Kantons oder der Gemeinden sowie an gemeinnützige Unternehmungen erteilt werden soll.

3 Die Kantone können von den Anstalten Gebühren erheben.

Art. 908

II. Dauer

1 Die Bewilligung wird an private Anstalten nur auf eine bestimmte Zeit erteilt, kann aber erneuert werden.

2 Sie kann jederzeit widerrufen werden, wenn die Anstalt die Bestimmungen, denen ihr Betrieb unterstellt ist, nicht beobachtet.

Art. 909

B. Versatzpfandrecht
I. Errichtung

Das Versatzpfand wird dadurch begründet, dass der Pfandgegenstand der Anstalt übergeben und hiefür ein Versatzschein ausgestellt wird.

Art. 910

II. Wirkung
1. Verkauf des Pfandes

1 Ist das Pfand auf den vereinbarten Termin nicht ausgelöst worden, so kann die Anstalt nach vorgängiger öffentlicher Aufforderung zur Einlösung den Pfandgegenstand amtlich verkaufen lassen.

2 Eine persönliche Forderung kann die Anstalt nicht geltend machen.

Art. 911

2. Recht auf den Überschuss

1 Ergibt sich aus dem Kauferlös ein Überschuss über die Pfandsumme, so hat der Berechtigte Anspruch auf dessen Herausgabe.

2 Mehrere Forderungen gegen denselben Schuldner dürfen bei Berechnung des Überschusses als ein Ganzes behandelt werden.

3 Der Anspruch auf den Überschuss verjährt in fünf Jahren nach dem Verkauf der Sache.

Art. 912

III. Auslösung des Pfandes
1. Recht auf Auslösung

1 Das Pfand kann von dem Berechtigten gegen Rückgabe des Versatzscheines ausgelöst werden, solange der Verkauf nicht stattgefunden hat.

2 Kann er den Schein nicht beibringen, so ist er nach Eintritt der Fälligkeit zur Auslösung des Pfandes befugt, wenn er sich über sein Recht ausweist.

3 Diese Befugnis steht dem Berechtigten nach Ablauf von sechs Monaten seit der Fälligkeit auch dann zu, wenn die Anstalt sich ausdrücklich vorbehalten hat, das Pfand nur gegen Rückgabe des Scheines auszulösen.

Art. 913

2. Rechte der Anstalt

1 Die Anstalt ist berechtigt, bei jeder Auslösung den Zins für den ganzen laufenden Monat zu verlangen.

2 Hat die Anstalt sich ausdrücklich vorbehalten, das Pfand gegen Rückgabe des Scheines an jedermann herauszugeben, so ist sie zu dieser Herausgabe befugt,

[1] Pfandleihanstalten

solange sie nicht weiss oder wissen sollte, dass der Inhaber auf unredliche Weise in den Besitz des Scheines gelangt ist.

Art. 914

C. Kauf auf Rückkauf

Der gewerbsmässige Kauf auf Rückkauf wird dem Versatzpfande gleichgestellt.

Art. 915

D. Ordnung des Gewerbes

1 Die Kantone können zur Ordnung des Pfandleihgewerbes weitere Vorschriften aufstellen.

2 *Aufgehoben.*

Vierter Abschnitt: Die Pfandbriefe

Art. 916–918

Aufgehoben.

Dritte Abteilung: Besitz und Grundbuch

Vierundzwanzigster Titel: Der Besitz

Art. 919

A. Begriff und Arten
I. Begriff

1 Wer die tatsächliche Gewalt[1] über eine Sache hat, ist ihr Besitzer.

2 Dem Sachbesitz wird bei Grunddienstbarkeiten und Grundlasten die tatsächliche Ausübung des Rechtes gleichgestellt.

Art. 920

II. Selbständiger und unselbständiger Besitz

1 Hat ein Besitzer die Sache einem andern zu einem beschränkten dinglichen oder einem persönlichen Recht übertragen, so sind sie beide Besitzer.

2 Wer eine Sache als Eigentümer besitzt, hat selbständigen, der andere unselbständigen Besitz.

Art. 921

III. Vorübergehende Unterbrechung

Eine ihrer Natur nach vorübergehende Verhinderung oder Unterlassung der Ausübung der tatsächlichen Gewalt hebt den Besitz nicht auf.

Art. 922

B. Übertragung
I. Unter Anwesenden

1 Der Besitz wird übertragen durch die Übergabe der Sache selbst oder der Mittel, die dem Empfänger die Gewalt[2] über die Sache verschaffen.

2 Die Übergabe ist vollzogen, sobald sich der Empfänger mit Willen des bisherigen Besitzers in der Lage befindet, die Gewalt über die Sache auszuüben.

Art. 923

II. Unter Abwesenden

Geschieht die Übergabe unter Abwesenden, so ist sie mit der Übergabe der Sache an den Empfänger oder dessen Stellvertreter[3] vollzogen.

1 Ähnlich Sachherrschaft und Gewahrsam
2 Z.B. Schlüssel
3 Vgl. OR 32 ff.

Art. 924

III. Ohne Übergabe

1 Ohne Übergabe kann der Besitz einer Sache erworben werden, wenn ein Dritter oder der Veräusserer selbst auf Grund eines besonderen Rechtsverhältnisses im Besitz der Sache verbleibt.

2 Gegenüber dem Dritten ist dieser Besitzesübergang erst dann wirksam, wenn ihm der Veräusserer davon Anzeige gemacht hat.

3 Der Dritte kann dem Erwerber die Herausgabe aus den gleichen Gründen verweigern, aus denen er sie dem Veräusserer hätte verweigern können.

Art. 925

IV. Bei Warenpapieren

1 Werden für Waren, die einem Frachtführer oder einem Lagerhaus übergeben sind, Wertpapiere[1] ausgestellt, die sie vertreten, so gilt die Übertragung einer solchen Urkunde als Übertragung der Ware selbst.

2 Steht jedoch dem gutgläubigen Empfänger des Warenpapiers ein gutgläubiger Empfänger der Ware gegenüber, so geht dieser jenem vor.

Art. 926

C. Bedeutung
I. Besitzesschutz
1. Abwehr von Angriffen

1 Jeder Besitzer darf sich verbotener Eigenmacht mit Gewalt erwehren.

2 Er darf sich, wenn ihm die Sache durch Gewalt oder heimlich entzogen wird, sofort des Grundstückes durch Vertreibung des Täters wieder bemächtigen und die bewegliche Sache dem auf frischer Tat betroffenen und unmittelbar verfolgten Täter wieder abnehmen.

3 Er hat sich dabei jeder nach den Umständen nicht gerechtfertigten Gewalt zu enthalten.

Art. 927

2. Klage aus Besitzesentziehung

1 Wer einem andern eine Sache durch verbotene Eigenmacht entzogen hat, ist verpflichtet, sie zurückzugeben, auch wenn er ein besseres Recht auf die Sache behauptet.

2 Wenn der Beklagte sofort sein besseres Recht nachweist und auf Grund desselben dem Kläger die Sache wieder abverlangen könnte, so kann er die Rückgabe verweigern.

3 Die Klage geht auf Rückgabe der Sache und Schadenersatz.

Art. 928

3. Klage aus Besitzesstörung

1 Wird der Besitz durch verbotene Eigenmacht gestört, so kann der Besitzer gegen den Störenden Klage erheben, auch wenn dieser ein Recht zu haben behauptet.

2 Die Klage geht auf Beseitigung der Störung, Unterlassung fernerer Störung und Schadenersatz.

Art. 929

4. Zulässigkeit und Verjährung der Klage

1 Die Klage aus verbotener Eigenmacht ist nur zulässig, wenn der Besitzer sofort, nachdem ihm der Eingriff und der Täter bekannt geworden sind, die Sache zurückfordert oder Beseitigung der Störung verlangt.

2 Die Klage verjährt nach Ablauf eines Jahres; das mit der Entziehung oder Störung zu laufen beginnt, auch wenn der Besitzer erst später von dem Eingriff und dem Täter Kenntnis erhalten hat.

[1] Z.B. Konnossement

Art. 930

II. Rechtsschutz
1. Vermutung des Eigentums

1 Vom Besitzer einer beweglichen Sache wird vermutet, dass er ihr Eigentümer[1] sei.

2 Für jeden früheren Besitzer besteht die Vermutung, dass er in der Zeit seines Besitzes Eigentümer der Sache gewesen ist.

Art. 931

2. Vermutung bei unselbständigem Besitz

1 Besitzt jemand eine bewegliche Sache, ohne Eigentümer sein zu wollen, so kann er die Vermutung des Eigentums dessen geltend machen, von dem er sie in gutem Glauben[2] empfangen hat.

2 Besitzt jemand eine bewegliche Sache mit dem Anspruche eines beschränkten dinglichen oder eines persönlichen Rechtes, so wird der Bestand dieses Rechtes vermutet, er kann aber demjenigen gegenüber, von dem er die Sache erhalten hat, diese Vermutung nicht geltend machen.

Art. 932

3. Klage gegen den Besitzer

Der Besitzer einer beweglichen Sache kann sich gegenüber jeder Klage auf die Vermutung zugunsten seines besseren Rechtes berufen, unter Vorbehalt der Bestimmungen über eigenmächtige Entziehung oder Störung des Besitzes.

Art. 933[3]

4. Verfügungs- und Rückforderungsrecht
a. Bei anvertrauten Sachen

Wer eine bewegliche Sache in gutem Glauben zu Eigentum oder zu einem beschränkten dinglichen Recht[4] übertragen erhält, ist in seinem Erwerbe auch dann zu schützen, wenn sie dem Veräusserer ohne jede Ermächtigung zur Übertragung anvertraut worden war.

Art. 934

b. Bei abhanden gekommenen Sachen

1 Der Besitzer, dem eine bewegliche Sache gestohlen wird oder verloren geht oder sonst wider seinen Willen abhanden kommt, kann sie während fünf Jahren jedem Empfänger abfordern. Vorbehalten bleibt Artikel 722.

1bis Das Rückforderungsrecht für Kulturgüter im Sinne von Artikel 2 Absatz 1 des Kulturgütertransfergesetzes vom 20. Juni 2003, die gegen den Willen des Eigentümers abhanden gekommen sind, verjährt ein Jahr, nachdem der Eigentümer Kenntnis erlangt hat, wo und bei wem sich das Kulturgut befindet, spätestens jedoch 30 Jahre nach dem Abhandenkommen.

2 Ist die Sache öffentlich versteigert[5] oder auf dem Markt oder durch einen Kaufmann[6], der mit Waren der gleichen Art handelt, übertragen worden, so kann sie dem ersten und jedem spätern gutgläubigen Empfänger nur gegen Vergütung[7] des von ihm bezahlten Preises abgefordert werden.

3 Die Rückleistung erfolgt im Übrigen nach den Vorschriften über die Ansprüche des gutgläubigen Besitzers.

1 Vgl. ZGB 641
2 Vgl. ZGB 3
3 Guter Glaube: vgl. ZGB 3; Eigentum: vgl. ZGB 714; anvertraut: z.B. geliehen, vermietet, verpfändet usw.
4 Z.B. Pfand
5 Vgl. OR 229 ff.
6 Vgl. OR 934
7 Lösungsrecht

Art. 935

c. Bei Geld- und Inhaberpapieren

Geld und Inhaberpapiere können, auch wenn sie dem Besitzer gegen seinen Willen abhanden gekommen sind, dem gutgläubigen Empfänger nicht abgefordert werden.

Art. 936

d. Bei bösem Glauben

1 Wer den Besitz einer beweglichen Sache nicht in gutem Glauben erworben[1] hat, kann von dem früheren Besitzer jederzeit auf Herausgabe belangt werden.

2 Hatte jedoch auch der frühere Besitzer nicht in gutem Glauben erworben, so kann er einem spätern Besitzer die Sache nicht abfordern.

Art. 937

5. Vermutung bei Grundstücken

1 Hinsichtlich der in das Grundbuch aufgenommenen Grundstücke besteht eine Vermutung des Rechtes und eine Klage aus dem Besitze nur für denjenigen, der eingetragen ist.

2 Wer jedoch über das Grundstück die tatsächliche Gewalt hat, kann wegen eigenmächtiger Entziehung oder Störung des Besitzes Klage erheben.

Art. 938

III. Verantwortlichkeit

1. Gutgläubiger Besitzer

a. Nutzung

1 Wer eine Sache in gutem Glauben besitzt, wird dadurch, dass er sie seinem vermuteten Rechte gemäss gebraucht und nutzt, dem Berechtigten nicht ersatzpflichtig.

2 Was hiebei untergeht oder Schaden leidet, braucht er nicht zu ersetzen.

Art. 939

b. Ersatzforderungen

1 Verlangt der Berechtigte die Auslieferung der Sache, so kann der gutgläubige Besitzer für die notwendigen und nützlichen Verwendungen Ersatz beanspruchen und die Auslieferung bis zur Ersatzleistung verweigern.

2 Für andere Verwendungen kann er keinen Ersatz verlangen, darf aber, wenn ihm ein solcher nicht angeboten wird, vor der Rückgabe der Sache, was er verwendet hat, wieder wegnehmen, soweit dies ohne Beschädigung der Sache selbst geschehen kann.

3 Die vom Besitzer bezogenen Früchte[2] sind auf die Forderung für die Verwendungen anzurechnen.

Art. 940

2. Bösgläubiger Besitzer

1 Wer eine Sache in bösem Glauben besitzt, muss sie dem Berechtigten herausgeben und für allen durch die Vorenthaltung verursachten Schaden sowie für die bezogenen oder versäumten Früchte Ersatz leisten.

2 Für Verwendungen hat er eine Forderung nur, wenn solche auch für den Berechtigten notwendig gewesen wären.

3 Solange der Besitzer nicht weiss, an wen er die Sache herausgeben soll, haftet er nur für den Schaden, den er verschuldet hat.

Art. 941

IV. Ersitzung

Der zur Ersitzung berechtigte Besitzer darf sich den Besitz seines Vorgängers anrechnen, insofern auch dessen Besitz zur Ersitzung tauglich gewesen ist.

1 Vgl. ZGB 714
2 Vgl. ZGB 643

Fünfundzwanzigster Titel: Das Grundbuch

Art. 942

A. Einrichtung
I. Bestand
1. Im Allgemeinen

[1] Über die Rechte an den Grundstücken wird ein Grundbuch[1] geführt.

[2] Das Grundbuch besteht aus dem Hauptbuch und den das Hauptbuch ergänzenden Plänen, Liegenschaftsverzeichnissen, Belegen, Liegenschaftsbeschreibungen und dem Tagebuche.

[3] Das Grundbuch kann auf Papier oder mittels Informatik geführt werden.

[4] Bei der Grundbuchführung mittels Informatik kommen die Rechtswirkungen den im System ordnungsgemäss gespeicherten und auf den Geräten des Grundbuchamtes durch technische Hilfsmittel in Schrift und Zahlen lesbaren oder in Plänen dargestellten Daten zu.

Art. 943

2. Aufnahme
a. Gegenstand

[1] Als Grundstücke werden in das Grundbuch aufgenommen:

1. die Liegenschaften;
2. die selbständigen und dauernden Rechte an Grundstücken;
3. die Bergwerke;
4. die Miteigentumsanteile an Grundstücken.

[2] Über die Voraussetzungen und über die Art der Aufnahme der selbständigen und dauernden Rechte, der Bergwerke und der Miteigentumsanteile an Grundstücken setzt eine Verordnung des Bundesrates das Nähere fest.

Art. 944

b. Ausnahmen

[1] Die nicht im Privateigentum stehenden und die dem öffentlichen Gebrauche dienenden Grundstücke werden in das Grundbuch nur aufgenommen, wenn dingliche Rechte daran zur Eintragung gebracht werden sollen oder die Kantone deren Aufnahme vorschreiben.

[2] Verwandelt sich ein aufgenommenes Grundstück in ein solches, das nicht aufzunehmen ist, so wird es vom Grundbuch ausgeschlossen.

[3] *Aufgehoben.*

Art. 945

3. Bücher
a. Hauptbuch

[1] Jedes Grundstück erhält im Hauptbuch ein eigenes Blatt und eine eigene Nummer.

[2] Das Verfahren, das bei Teilung eines Grundstückes oder bei Vereinigung mehrerer zu beobachten ist, wird durch eine Verordnung des Bundesrates festgesetzt.

Art. 946

b. Grundbuchblatt

[1] Auf jedem Blatt werden in besondern Abteilungen eingetragen:

1. das Eigentum;
2. die Dienstbarkeiten und Grundlasten, die mit dem Grundstück verbunden sind, oder die darauf ruhen;
3. die Pfandrechte, mit denen es belastet ist.

[1] Unterschieden werden: Eintragungen (ZGB 958); Vormerkungen (ZGB 959 ff.) und Anmerkungen (z.B. ZGB 946 Abs. 2, dienen als Beweis)

[2] Die Zugehör wird auf Begehren des Eigentümers angemerkt und darf, wenn dies erfolgt ist, nur mit Zustimmung aller aus dem Grundbuche ersichtlichen Berechtigten gestrichen werden.

Art. 947

c. Kollektivblätter

[1] Mit Einwilligung des Eigentümers können mehrere Grundstücke, auch wenn sie nicht unter sich zusammenhangen, auf ein einziges Blatt genommen werden.

[2] Die Eintragungen auf diesem Blatt gelten mit Ausnahme der Grunddienstbarkeiten für alle Grundstücke gemeinsam.

[3] Der Eigentümer kann jederzeit die Ausscheidung einzelner Grundstücke aus einem Kollektivblatte verlangen, unter Vorbehalt der daran bestehenden Rechte.

Art. 948

d. Tagebuch, Belege

[1] Die Anmeldungen zur Eintragung in das Grundbuch werden nach ihrer zeitlichen Reihenfolge ohne Aufschub in das Tagebuch eingeschrieben, unter Angabe der anmeldenden Person und ihres Begehrens.

[2] Die Belege, auf deren Vorlegung hin die Eintragungen in das Grundbuch vorgenommen werden, sind zweckmässig zu ordnen und aufzubewahren.

[3] An die Stelle der Belege kann in den Kantonen, die eine öffentliche Beurkundung durch den Grundbuchverwalter vornehmen lassen, ein Urkundenprotokoll treten, dessen Einschreibungen die öffentliche Beurkundung herstellen.

Art. 949

4. Verordnungen

a. Im Allgemeinen

[1] Der Bundesrat stellt die Formulare für das Grundbuch auf, erlässt die nötigen Verordnungen und kann zur Regelung des Grundbuchwesens die Führung von Hilfsregistern vorschreiben.

[2] Die Kantone sind ermächtigt, über die Eintragung der dinglichen Rechte an Grundstücken, die dem kantonalen Rechte unterstellt bleiben, besondere Vorschriften aufzustellen, die jedoch zu ihrer Gültigkeit der Genehmigung des Bundes bedürfen.

Art. 949a

b. Bei Führung des Grundbuchs mittels Informatik

[1] Ein Kanton, der das Grundbuch mittels Informatik führen will, bedarf einer Ermächtigung des Eidgenössischen Justiz- und Polizeidepartements.

[2] Der Bundesrat regelt:

1. das Ermächtigungsverfahren;
2. den Umfang und die technischen Einzelheiten der Grundbuchführung mittels Informatik, insbesondere den Vorgang, durch welchen die Eintragungen rechtswirksam werden;
3. ob und unter welchen Voraussetzungen der Geschäftsverkehr mit dem Grundbuchamt auf elektronischem Weg zulässig ist;
4. ob und unter welchen Voraussetzungen die ohne Interessennachweis einsehbaren Daten des Hauptbuches der Öffentlichkeit zur Verfügung gestellt werden;
5. den Zugriff auf die Daten, die Aufzeichnung der Abfragen sowie die Voraussetzungen für den Entzug der Zugriffsberechtigung bei missbräuchlicher Anwendung;
6. den Datenschutz;
7. die langfristige Sicherung und die Archivierung von Daten.

[3] Das Eidgenössische Justiz- und Polizeidepartement sowie das Eidgenössische Departement für Verteidigung, Bevölkerungsschutz und Sport legen für das Grundbuch und für die amtliche Vermessung Datenmodelle und einheitliche Schnittstellen fest.

Art. 950

5. Amtliche Vermessung

[1] Die Aufnahme und Beschreibung der einzelnen Grundstücke im Grundbuch erfolgt auf der Grundlage der amtlichen Vermessung, namentlich eines Plans für das Grundbuch.

[2] Das Geoinformationsgesetz vom 5. Oktober 2007 regelt die qualitativen und technischen Anforderungen an die amtliche Vermessung.

Art. 951

II. Grundbuchführung
1. Kreise
a. Zugehörigkeit

[1] Zur Führung des Grundbuches werden Kreise gebildet.

[2] Die Grundstücke werden in das Grundbuch des Kreises aufgenommen, in dem sie liegen.

Art. 952

b. Grundstücke in mehreren Kreisen

[1] Liegt ein Grundstück in mehreren Kreisen, so ist es in jedem Kreise in das Grundbuch aufzunehmen mit Verweisung auf das Grundbuch der übrigen Kreise.

[2] Die Anmeldungen und rechtsbegründenden Eintragungen erfolgen in dem Grundbuche des Kreises, in dem der grössere Teil des Grundstückes liegt.

[3] Die Eintragungen in diesem Grundbuch sind den andern Ämtern vom Grundbuchverwalter mitzuteilen.

Art. 953

2. Grundbuchämter

[1] Die Einrichtung der Grundbuchämter, die Umschreibung der Kreise, die Ernennung und Besoldung der Beamten sowie die Ordnung der Aufsicht erfolgt durch die Kantone.

[2] Die kantonalen Vorschriften, ausgenommen jene über die Ernennung und die Besoldung der Beamten, bedürfen der Genehmigung des Bundes.

Art. 954

3. Gebühren

[1] Für die Eintragungen in das Grundbuch und für die damit verbundenen Vermessungsarbeiten dürfen die Kantone Gebühren erheben.

[2] Für Eintragungen, die mit Bodenverbesserungen oder mit Bodenaustausch zum Zwecke der Abrundung landwirtschaftlicher Betriebe zusammenhangen, dürfen keine Gebühren erhoben werden.

Art. 955

III. Haftung

[1] Die Kantone sind für allen Schaden verantwortlich, der aus der Führung des Grundbuches entsteht.

[2] Sie haben Rückgriff auf die Beamten und Angestellten der Grundbuchverwaltung sowie die Organe der unmittelbaren Aufsicht, denen ein Verschulden zur Last fällt.

[3] Sie können von den Beamten und Angestellten Sicherstellung verlangen.

Art. 956

IV. Administrative Aufsicht

[1] Die Geschäftsführung der Grundbuchämter unterliegt der administrativen Aufsicht der Kantone.

[2] Der Bund übt die Oberaufsicht aus.

Art. 956a

V. Rechtsschutz
1. Beschwerdebefugnis

[1] Gegen eine vom Grundbuchamt erlassene Verfügung kann bei der vom Kanton bezeichneten Behörde Beschwerde geführt werden; als Verfügung gilt auch das unrechtmässige Verweigern oder Verzögern einer Amtshandlung.

[2] Zur Beschwerde berechtigt sind:

1. jede Person, die von einer Verfügung des Grundbuchamts besonders berührt ist und ein schutzwürdiges Interesse an deren Aufhebung oder Änderung hat;
2. die kantonale administrative Aufsichtsbehörde, sofern ihr das kantonale Recht die Beschwerdebefugnis einräumt;
3. die Oberaufsichtsbehörde des Bundes.

[3] Gegen eine im Hauptbuch vollzogene Eintragung, Änderung oder Löschung von dinglichen Rechten oder Vormerkungen kann keine Beschwerde mehr geführt werden.

Art. 956b

2. Beschwerdeverfahren

[1] Die Frist für Beschwerden an die kantonalen Beschwerdeinstanzen beträgt 30 Tage.

[2] Verweigert oder verzögert das Grundbuchamt eine bestimmte Amtshandlung, so kann dagegen jederzeit Beschwerde geführt werden.

Art. 957

Aufgehoben.

Art. 958

B. Eintragung
I. Grundbucheinträge
1. Eigentum und dingliche Rechte

In das Grundbuch werden folgende Rechte an Grundstücken eingetragen:

1. das Eigentum;
2. die Dienstbarkeiten und Grundlasten;
3. die Pfandrechte.

Art. 959

2. Vormerkungen
a. Persönliche Rechte

[1] Persönliche Rechte können im Grundbuche vorgemerkt werden, wenn deren Vormerkung durch das Gesetz ausdrücklich vorgesehen ist, wie bei Vor- und Rückkauf, Kaufsrecht, Pacht und Miete.[1]

[2] Sie erhalten durch die Vormerkung Wirkung gegenüber jedem später erworbenen Rechte.

Art. 960

b. Verfügungsbeschränkungen

[1] Verfügungsbeschränkungen können für einzelne Grundstücke vorgemerkt werden:

1. auf Grund einer amtlichen Anordnung zur Sicherung streitiger oder vollziehbarer Ansprüche;
2. auf Grund einer Pfändung;
3. auf Grund eines Rechtsgeschäftes, für das diese Vormerkung im Gesetz vorgesehen ist, wie für die Anwartschaft des Nacherben.

[2] Die Verfügungsbeschränkungen erhalten durch die Vormerkung Wirkung gegenüber jedem später erworbenen Rechte.

[1] Vgl. OR 216, 247, 261b und 290

Art. 961

c. Vorläufige Eintragung

[1] Vorläufige Eintragungen können vorgemerkt werden:

1. zur Sicherung behaupteter dinglicher Rechte;
2. im Falle der vom Gesetze zugelassenen Ergänzung des Ausweises.

[2] Sie geschehen mit Einwilligung aller Beteiligten oder auf Anordnung des Gerichts mit der Folge, dass das Recht für den Fall seiner späteren Feststellung vom Zeitpunkte der Vormerkung an dinglich wirksam wird.

[3] Über das Begehren entscheidet das Gericht und bewilligt, nachdem der Ansprecher seine Berechtigung glaubhaft gemacht hat, die Vormerkung, indem es deren Wirkung zeitlich und sachlich genau feststellt und nötigenfalls zur gerichtlichen Geltendmachung der Ansprüche eine Frist ansetzt.

Art. 961a

d. Eintragung nachgehender Rechte

Eine Vormerkung hindert die Eintragung eines im Rang nachgehenden Rechts nicht.

Art. 962

II. Anmerkungen

1. Von öffentlich-rechtlichen Beschränkungen

[1] Das Gemeinwesen oder ein anderer Träger einer öffentlichen Aufgabe muss eine für ein bestimmtes Grundstück verfügte Eigentumsbeschränkung des öffentlichen Rechts, die dem Eigentümer eine dauerhafte Nutzungs- oder Verfügungsbeschränkung oder grundstücksbezogene Pflicht auferlegt, im Grundbuch anmerken lassen.

[2] Fällt die Eigentumsbeschränkung dahin, so muss das Gemeinwesen oder der andere Träger einer öffentlichen Aufgabe die Löschung der Anmerkung im Grundbuch veranlassen. Bleibt das Gemeinwesen oder der andere Träger einer öffentlichen Aufgabe untätig, so kann das Grundbuchamt die Anmerkung von Amtes wegen löschen.

[3] Der Bundesrat legt fest, in welchen Gebieten des kantonalen Rechts die Eigentumsbeschränkungen im Grundbuch angemerkt werden müssen. Die Kantone können weitere Anmerkungen vorsehen. Sie erstellen eine Liste der Anmerkungstatbestände und teilen sie dem Bund mit.

Art. 962a

2. Von Vertretungen

Im Grundbuch können angemerkt werden:

1. der gesetzliche Vertreter auf sein Begehren oder auf Begehren der zuständigen Behörde;
2. der Erbschaftsverwalter, der Erbenvertreter, der amtliche Liquidator und der Willensvollstrecker auf ihr Begehren oder auf Begehren eines Erben oder der zuständigen Behörde;
3. der Vertreter eines unauffindbaren Eigentümers, Grundpfandgläubigers oder Dienstbarkeitsberechtigten auf sein Begehren oder auf Begehren des Gerichts;
4. der Vertreter einer juristischen Person oder anderen Rechtsträgerin bei Fehlen der vorgeschriebenen Organe auf sein Begehren oder auf Begehren des Gerichts;
5. der Verwalter der Stockwerkeigentümergemeinschaft auf sein Begehren oder auf Begehren der Stockwerkeigentümerversammlung oder des Gerichts.

Art. 963

III. Voraussetzung der Eintragung
1. Anmeldungen
a. Bei Eintragungen

[1] Die Eintragungen erfolgen auf Grund einer schriftlichen Erklärung des Eigentümers des Grundstückes, auf das sich die Verfügung bezieht.

[2] Keiner Erklärung des Eigentümers bedarf es, wenn der Erwerber sich auf eine Gesetzesvorschrift, auf ein rechtskräftiges Urteil oder eine dem Urteil gleichwertige Urkunde zu berufen vermag.

[3] Die mit der öffentlichen Beurkundung beauftragten Beamten können durch die Kantone angewiesen werden, die von ihnen beurkundeten Geschäfte zur Eintragung anzumelden.

Art. 964

b. Bei Löschungen

[1] Zur Löschung oder Abänderung eines Eintrages bedarf es einer schriftlichen Erklärung der aus dem Eintrage berechtigten Personen.

[2] Diese Erklärung kann mit der Unterzeichnung im Tagebuch abgegeben werden.

Art. 965

2. Ausweise
a. Gültiger Ausweis

[1] Grundbuchliche Verfügungen, wie Eintragung, Änderung, Löschung dürfen in allen Fällen nur auf Grund eines Ausweises über das Verfügungsrecht und den Rechtsgrund vorgenommen werden.

[2] Der Ausweis über das Verfügungsrecht liegt in dem Nachweise, dass der Gesuchsteller die nach Massgabe des Grundbuches verfügungsberechtigte Person ist oder von dieser eine Vollmacht erhalten hat.

[3] Der Ausweis über den Rechtsgrund liegt in dem Nachweise, dass die für dessen Gültigkeit erforderliche Form erfüllt ist.

Art. 966

b. Ergänzung des Ausweises

[1] Werden die Ausweise für eine grundbuchliche Verfügung nicht beigebracht, so ist die Anmeldung abzuweisen.

[2] Wenn jedoch der Rechtsgrund hergestellt ist und es sich nur um eine Ergänzung des Ausweises über das Verfügungsrecht handelt, so kann mit Einwilligung des Eigentümers oder auf gerichtliche Verfügung eine vorläufige Eintragung stattfinden.

Art. 967

IV. Art der Eintragung
1. Im Allgemeinen

[1] Die Eintragungen im Hauptbuche finden nach der Reihenfolge statt, in der die Anmeldungen angebracht oder die Beurkundungen oder Erklärungen vor dem Grundbuchverwalter unterzeichnet worden sind.[1]

[2] Über alle Eintragungen wird den Beteiligten auf ihr Verlangen ein Auszug ausgefertigt.

[3] Die Form der Eintragung und der Löschung sowie der Auszüge wird durch eine Verordnung des Bundesrates festgestellt.

Art. 968

2. Bei Dienstbarkeiten

Die Eintragung und Löschung der Grunddienstbarkeiten erfolgt auf dem Blatt des berechtigten und des belasteten Grundstückes.

Art. 969

V. Anzeigepflicht

[1] Der Grundbuchverwalter hat den Beteiligten von den grundbuchlichen Verfügungen, die ohne ihr Wissen erfolgen, Anzeige zu machen; insbesondere teilt er

[1] Vgl. ZGB 945

den Berechtigten, deren Vorkaufsrecht im Grundbuch vorgemerkt ist oder von Gesetzes wegen besteht und aus dem Grundbuch hervorgeht, den Erwerb des Eigentums durch einen Dritten mit.

2 Die Fristen, die für die Anfechtung solcher Verfügungen aufgestellt sind, nehmen ihren Anfang mit der Zustellung dieser Anzeige.

Art. 970

C. Öffentlichkeit des Grundbuchs
I. Auskunftserteilung und Einsichtnahme

1 Wer ein Interesse glaubhaft macht, hat Anspruch darauf, dass ihm Einsicht in das Grundbuch gewährt oder dass ihm daraus ein Auszug erstellt wird.[1]

2 Ohne ein solches Interesse ist jede Person berechtigt, Auskunft über folgende Daten des Hauptbuches zu erhalten:

1. die Bezeichnung des Grundstücks und die Grundstücksbeschreibung;
2. den Namen und die Identifikation des Eigentümers;
3. die Eigentumsform und das Erwerbsdatum.

3 Der Bundesrat bezeichnet weitere Angaben betreffend Dienstbarkeiten, Grundlasten und Anmerkungen, die ohne das Glaubhaftmachen eines Interesses öffentlich gemacht werden dürfen. Er beachtet dabei den Schutz der Persönlichkeit.

4 Die Einwendung, dass jemand eine Grundbucheintragung nicht gekannt habe, ist ausgeschlossen.

Art. 970a

II. Veröffentlichungen

1 Die Kantone können die Veröffentlichung des Erwerbs des Eigentums an Grundstücken vorsehen.

2 Nicht veröffentlichen dürfen sie die Gegenleistung bei einer Erbteilung, einem Erbvorbezug, einem Ehevertrag oder einer güterrechtlichen Auseinandersetzung.

Art. 971

D. Wirkung
I. Bedeutung der Nichteintragung

1 Soweit für die Begründung eines dinglichen Rechtes die Eintragung in das Grundbuch vorgesehen ist, besteht dieses Recht als dingliches nur, wenn es aus dem Grundbuche ersichtlich ist.

2 Im Rahmen des Eintrages kann der Inhalt eines Rechtes durch die Belege oder auf andere Weise nachgewiesen werden.

Art. 972

II. Bedeutung der Eintragung
1. Im Allgemeinen

1 Die dinglichen Rechte entstehen und erhalten ihren Rang und ihr Datum durch die Eintragung in das Hauptbuch.

2 Ihre Wirkung wird auf den Zeitpunkt der Einschreibung in das Tagebuch zurückbezogen, vorausgesetzt, dass die gesetzlichen Ausweise der Anmeldung beigefügt oder bei den vorläufigen Eintragungen nachträglich rechtzeitig beigebracht werden.

3 Wo nach kantonalem Recht die öffentliche Beurkundung durch den Grundbuchverwalter vermittelst Einschreibung in das Urkundenprotokoll erfolgt, tritt diese an die Stelle der Einschreibung in das Tagebuch.

Art. 973

2. Gegenüber gutgläubigen Dritten

1 Wer sich in gutem Glauben auf einen Eintrag im Grundbuch verlassen und daraufhin Eigentum oder andere dingliche Rechte erworben hat, ist in diesem Erwerbe zu schützen.

1 Grundsatz der beschränkten Öffentlichkeit

2 Diese Bestimmung gilt nicht für Grenzen von Grundstücken in den vom Kanton bezeichneten Gebieten mit Bodenverschiebungen.

Art. 974

3. Gegenüber bösgläubigen Dritten

1 Ist der Eintrag eines dinglichen Rechtes ungerechtfertigt, so kann sich der Dritte, der den Mangel kennt oder kennen sollte, auf den Eintrag nicht berufen.

2 Ungerechtfertigt ist der Eintrag, der ohne Rechtsgrund oder aus einem unverbindlichen Rechtsgeschäft erfolgt ist.

3 Wer durch einen solchen Eintrag in einem dinglichen Recht verletzt ist, kann sich unmittelbar gegenüber dem bösgläubigen Dritten auf die Mangelhaftigkeit des Eintrages berufen.

Art. 974a

E. Löschung und Änderung der Einträge

I. Bereinigung

1. Bei der Teilung des Grundstücks

1 Wird ein Grundstück geteilt, so müssen für jedes Teilstück die Dienstbarkeiten, Vormerkungen und Anmerkungen bereinigt werden.

2 Der Eigentümer des zu teilenden Grundstücks muss dem Grundbuchamt beantragen, welche Einträge zu löschen und welche auf die Teilstücke zu übertragen sind. Andernfalls ist die Anmeldung abzuweisen.

3 Betrifft ein Eintrag nach den Belegen oder den Umständen ein Teilstück nicht, so ist er darauf zu löschen. Das Verfahren richtet sich nach den Vorschriften über die Löschung eines Eintrags.

Art. 974b

2. Bei der Vereinigung von Grundstücken

1 Mehrere Grundstücke eines Eigentümers können nur vereinigt werden, wenn keine Grundpfandrechte oder Grundlasten von den einzelnen Grundstücken auf das vereinigte Grundstück übertragen werden müssen oder die Gläubiger dazu einwilligen.

2 Sind Dienstbarkeiten, Vormerkungen oder Anmerkungen zulasten der Grundstücke eingetragen, so können diese nur vereinigt werden, wenn die Berechtigten dazu einwilligen oder nach der Art der Belastung dadurch in ihren Rechten nicht beeinträchtigt werden.

3 Sind Dienstbarkeiten, Vormerkungen oder Anmerkungen zugunsten der Grundstücke eingetragen, so können diese nur vereinigt werden, wenn die Eigentümer der belasteten Grundstücke dazu einwilligen oder sich die Belastung durch die Vereinigung nicht vergrössert.

4 Die Bestimmungen über die Bereinigung bei der Teilung des Grundstücks sind sinngemäss anwendbar.

Art. 975

II. Bei ungerechtfertigtem Eintrag

1 Ist der Eintrag eines dinglichen Rechtes ungerechtfertigt, oder ein richtiger Eintrag in ungerechtfertigter Weise gelöscht oder verändert worden, so kann jedermann, der dadurch in seinen dinglichen Rechten verletzt ist, auf Löschung oder Abänderung des Eintrages klagen.

2 Vorbehalten bleiben die von gutgläubigen Dritten durch Eintragung erworbenen dinglichen Rechte und die Ansprüche auf Schadenersatz.

Art. 976

III. Erleichterte Löschung

1. Zweifelsfrei bedeutungslose Einträge

Das Grundbuchamt kann einen Eintrag von Amtes wegen löschen wenn dieser:

1. befristet ist und infolge Ablaufs der Frist seine rechtliche Bedeutung verloren hat;

2. ein unübertragbares oder unvererbliches Recht einer verstorbenen Person betrifft;
3. das Grundstück wegen der örtlichen Lage nicht betreffen kann;
4. ein untergegangenes Grundstück betrifft.

Art. 976a

2. Andere Einträge
a. Im Allgemeinen

[1] Hat ein Eintrag höchstwahrscheinlich keine rechtliche Bedeutung insbesondere weil er nach den Belegen oder den Umständen das Grundstück nicht betrifft, so kann jede dadurch belastete Person die Löschung verlangen.

[2] Hält das Grundbuchamt das Begehren für begründet, so teilt es der berechtigten Person mit, dass es den Eintrag löschen wird, wenn sie nicht innert 30 Tagen beim Grundbuchamt dagegen Einspruch erhebt.

Art. 976b

b. Bei Einspruch

[1] Erhebt die berechtigte Person Einspruch, so prüft das Grundbuchamt das Begehren um Löschung auf Antrag der belasteten Person erneut.

[2] Kommt das Grundbuchamt zum Schluss, dass dem Begehren trotz Einspruchs zu entsprechen ist, so teilt es der berechtigten Person mit dass es den Eintrag im Hauptbuch löschen wird, wenn sie nicht innert drei Monaten beim Gericht auf Feststellung klagt, dass der Eintrag eine rechtliche Bedeutung hat.

Art. 976c

3. Öffentliches Bereinigungsverfahren

[1] Haben sich in einem bestimmten Gebiet die Verhältnisse tatsächlich oder rechtlich verändert und ist deswegen eine grössere Zahl von Dienstbarkeiten, Vor- oder Anmerkungen ganz oder weitgehend hinfällig geworden oder ist die Lage nicht mehr bestimmbar, so kann die vom Kanton bezeichnete Behörde die Bereinigung in diesem Gebiet anordnen.

[2] Diese Anordnung ist auf den entsprechenden Grundbuchblättern anzumerken.

[3] Die Kantone regeln die Einzelheiten und das Verfahren. Sie können die Bereinigung weiter erleichtern oder vom Bundesrecht abweichende Vorschriften erlassen.

Art. 977

IV. Berichtigungen

[1] Berichtigungen darf der Grundbuchverwalter ohne schriftliche Einwilligung der Beteiligten nur auf Verfügung des Gerichts vornehmen.

[2] Statt einer Berichtigung kann der unrichtige Eintrag gelöscht und ein neuer Eintrag erwirkt werden.

[3] Die Berichtigung blosser Schreibfehler erfolgt von Amtes wegen nach Massgabe einer hierüber vom Bundesrate zu erlassenden Verordnung.

Schlusstitel: Anwendungs- und Einführungsbestimmungen

Die Bestimmungen des Schlusstitels sind nicht abgedruckt.

OR

Inhaltsverzeichnis

Allgemeine Bestimmungen

Einzelne Vertragsverhältnisse

Veräusserungsverträge

Verträge auf Gebrauchsüberlassung

Verträge auf Arbeitsleistung

Übrige Verträge

Handelsgesellschaften und die Genossenschaft

Handelsregister, Geschäftsfirmen und kaufmännische Buchführung

Wertpapiere

Bundesgesetz betreffend die Ergänzung des Schweizerischen Zivilgesetzbuches (Fünfter Teil: Obligationenrecht, OR)

vom 30. März 1911 (Stand am 1. Juli 2014)
SR 220

Die Bundesversammlung der Schweizerischen Eidgenossenschaft,

nach Einsicht in die Botschaften des Bundesrates vom 3. März 1905 und 1. Juni 1909,

beschliesst:

Das Obligationenrecht

Erste Abteilung: Allgemeine Bestimmungen

Erster Titel: Die Entstehung der Obligationen

Erster Abschnitt: Die Entstehung durch Vertrag

Art. 1

A. Abschluss des Vertrages
I. Übereinstimmende Willensäusserung
1. Im Allgemeinen

1 Zum Abschlusse eines Vertrages ist die übereinstimmende gegenseitige Willensäusserung[1] der Parteien erforderlich.

2 Sie kann eine ausdrückliche oder stillschweigende[2] sein.

Art. 2

2. Betreffend Nebenpunkte

1 Haben sich die Parteien über alle wesentlichen Punkte[3] geeinigt, so wird vermutet, dass der Vorbehalt von Nebenpunkten die Verbindlichkeit des Vertrages nicht hindern solle.

2 Kommt über die vorbehaltenen Nebenpunkte[4] eine Vereinbarung nicht zustande, so hat der Richter über diese nach der Natur des Geschäftes zu entscheiden.

3 Vorbehalten bleiben die Bestimmungen über die Form der Verträge.[5]

Art. 3

II. Antrag und Annahme
1. Antrag mit Annahmefrist

1 Wer einem andern den Antrag zum Abschlusse eines Vertrages stellt und für die Annahme eine Frist setzt, bleibt bis zu deren Ablauf an den Antrag gebunden.

2 Er wird wieder frei, wenn eine Annahmeerklärung nicht vor Ablauf dieser Frist bei ihm eingetroffen ist.[6]

1 Konsens (rechtsgeschäftlicher Vorgang)
2 Z.B. durch schlüssiges Verhalten (ohne erkennbare Willensäusserung vgl. OR 6)
3 I.d.R. Leistung und Gegenleistung der schuldrechtlichen Beziehung
4 Nebenpunkte können durch Parteiwillen zu Hauptpunkten werden
5 Vgl. OR 12 ff. (Vertragsurkunde)
6 Empfangsbedürftigkeit (Risiko des Eintreffens im Machtbereich des Empfängers) und Fristgerechtigkeit

Art. 4

2. Antrag ohne Annahmefrist
a. Unter Anwesenden

[1] Wird der Antrag ohne Bestimmung einer Frist an einen Anwesenden gestellt und nicht sogleich angenommen, so ist der Antragsteller nicht weiter gebunden.[1]

[2] Wenn die Vertragschliessenden oder ihre Bevollmächtigten sich persönlich des Telefons bedienen, so gilt der Vertrag als unter Anwesenden abgeschlossen.

Art. 5

b. Unter Abwesenden

[1] Wird der Antrag ohne Bestimmung einer Frist an einen Abwesenden gestellt, so bleibt der Antragsteller bis zu dem Zeitpunkte gebunden, wo er den Eingang der Antwort bei ihrer ordnungsmässigen und rechtzeitigen Absendung erwarten darf.[2]

[2] Er darf dabei voraussetzen, dass sein Antrag rechtzeitig angekommen sei.

[3] Trifft die rechtzeitig abgesandte Annahmeerklärung erst nach jenem Zeitpunkte bei dem Antragsteller ein, so ist dieser, wenn er nicht gebunden sein will, verpflichtet, ohne Verzug hievon Anzeige zu machen.

Art. 6

3. Stillschweigende Annahme

Ist wegen der besonderen Natur des Geschäftes[3] oder nach den Umständen eine ausdrückliche Annahme nicht zu erwarten, so gilt der Vertrag als abgeschlossen, wenn der Antrag nicht binnen angemessener Frist abgelehnt wird.

Art. 6a

3a. Zusendung unbestellter Sachen

[1] Die Zusendung einer unbestellten Sache ist kein Antrag.

[2] Der Empfänger ist nicht verpflichtet, die Sache zurückzusenden oder aufzubewahren.

[3] Ist eine unbestellte Sache offensichtlich irrtümlich zugesandt worden, so muss der Empfänger den Absender benachrichtigen.[4]

Art. 7

4. Antrag ohne Verbindlichkeit, Auskündung, Auslage

[1] Der Antragsteller wird nicht gebunden, wenn er dem Antrage eine die Behaftung ablehnende Erklärung beifügt, oder wenn ein solcher Vorbehalt sich aus der Natur des Geschäftes oder aus den Umständen ergibt.[5]

[2] Die Versendung von Tarifen, Preislisten u. dgl. bedeutet an sich keinen Antrag.

[3] Dagegen gilt die Auslage von Waren mit Angabe des Preises in der Regel als Antrag.

Art. 8

5. Preisausschreiben und Auslobung

[1] Wer durch Preisausschreiben oder Auslobung für eine Leistung eine Belohnung aussetzt, hat diese seiner Auskündung gemäss zu entrichten.

[2] Tritt er zurück, bevor die Leistung erfolgt ist, so hat er denjenigen, die auf Grund der Auskündung in guten Treuen Aufwendungen gemacht haben, hierfür bis höchstens zum Betrag der ausgesetzten Belohnung Ersatz zu leisten, sofern er nicht beweist, dass ihnen die Leistung doch nicht gelungen wäre.

1 Antrag wird unverbindlich
2 Einschliesslich einer angemessenen Bedenkzeit (Faustregel 10 Tage)
3 Z.B. bei Schenkungen, wenn ein Vertrauensverhältnis vorliegt, nach OR 395 usw.
4 Vgl. ZGB 2 und OR 41
5 Z.B. bei Inseraten

Art. 9

6. Widerruf des Antrages und der Annahme

1 Trifft der Widerruf[1] bei dem anderen Teile vor oder mit dem Antrage ein, oder wird er bei späterem Eintreffen dem andern zur Kenntnis gebracht, bevor dieser vom Antrag Kenntnis genommen hat, so ist der Antrag als nicht geschehen zu betrachten.

2 Dasselbe gilt für den Widerruf der Annahme.

Art. 10

III. Beginn der Wirkungen eines unter Abwesenden geschlossenen Vertrages

1 Ist ein Vertrag unter Abwesenden zustande gekommen, so beginnen seine Wirkungen[2] mit dem Zeitpunkte, wo die Erklärung der Annahme zur Absendung abgegeben wurde.

2 Wenn eine ausdrückliche Annahme nicht erforderlich ist, so beginnen die Wirkungen des Vertrages mit dem Empfange des Antrages.

Art. 11

B. Form der Verträge

I. Erfordernis und Bedeutung im Allgemeinen

1 Verträge bedürfen zu ihrer Gültigkeit nur dann einer besonderen Form[3], wenn das Gesetz eine solche vorschreibt.

2 Ist über Bedeutung und Wirkung einer gesetzlich vorgeschriebenen Form nicht etwas anderes bestimmt, so hängt von deren Beobachtung die Gültigkeit des Vertrages ab.

Art. 12

II. Schriftlichkeit

1. Gesetzlich vorgeschriebene Form

a. Bedeutung

Ist für einen Vertrag die schriftliche Form gesetzlich vorgeschrieben, so gilt diese Vorschrift auch für jede Abänderung, mit Ausnahme von ergänzenden Nebenbestimmungen, die mit der Urkunde nicht im Widerspruche stehen.

Art. 13

b. Erfordernisse

1 Ein Vertrag, für den die schriftliche Form gesetzlich vorgeschrieben ist, muss die Unterschriften aller Personen tragen, die durch ihn verpflichtet werden sollen.[4]

2 *Aufgehoben*.

Art. 14

c. Unterschrift

1 Die Unterschrift ist eigenhändig[5] zu schreiben.

2 Eine Nachbildung der eigenhändigen Schrift auf mechanischem Wege wird nur da als genügend anerkannt, wo deren Gebrauch im Verkehr üblich ist, insbesondere wo es sich um die Unterschrift auf Wertpapieren handelt, die in grosser Zahl ausgegeben werden.

2bis Der eigenhändigen Unterschrift gleichgestellt ist die qualifizierte elektronische Signatur, die auf einem qualifizierten Zertifikat einer anerkannten Anbieterin von Zertifizierungsdiensten im Sinne des Bundesgesetzes vom 19. Dezember 2003 über die elektronische Signatur beruht. Abweichende gesetzliche oder vertragliche Regelungen bleiben vorbehalten.

1 Rückzug des Verpflichtungswillens
2 V.a. Rechte und Pflichten
3 Einfache und qualifizierte Schriftlichkeit (öffentliche Beurkundung als besondere Qualifikation)
4 Vgl. OR 115
5 Beachte Unterschied zu handschriftlich

3 Für den Blinden ist die Unterschrift nur dann verbindlich, wenn sie beglaubigt ist, oder wenn nachgewiesen wird, dass er zur Zeit der Unterzeichnung den Inhalt der Urkunde gekannt hat.

Art. 15

d. Ersatz der Unterschrift

Kann eine Person nicht unterschreiben, so ist es, mit Vorbehalt der Bestimmungen über den Wechsel, gestattet, die Unterschrift durch ein beglaubigtes Handzeichen zu ersetzen oder durch eine öffentliche Beurkundung ersetzen zu lassen.

Art. 16

2. Vertraglich vorbehaltene Form

1 Ist für einen Vertrag, der vom Gesetze an keine Form gebunden ist, die Anwendung einer solchen vorbehalten worden, so wird vermutet, dass die Parteien vor Erfüllung der Form nicht verpflichtet sein wollen.

2 Geht eine solche Abrede auf schriftliche Form ohne nähere Bezeichnung, so gelten für deren Erfüllung die Erfordernisse der gesetzlich vorgeschriebenen Schriftlichkeit.

Art. 17

C. Verpflichtungsgrund

Ein Schuldbekenntnis ist gültig auch ohne die Angabe eines Verpflichtungsgrundes.[1]

Art. 18

D. Auslegung der Verträge, Simulation

1 Bei der Beurteilung eines Vertrages sowohl nach Form als nach Inhalt ist der übereinstimmende wirkliche Wille[2] und nicht die unrichtige Bezeichnung oder Ausdrucksweise zu beachten, die von den Parteien aus Irrtum oder in der Absicht gebraucht wird, die wahre Beschaffenheit des Vertrages zu verbergen.

2 Dem Dritten, der die Forderung im Vertrauen auf ein schriftliches Schuldbekenntnis erworben hat, kann der Schuldner die Einrede der Simulation nicht entgegensetzen.

Art. 19

E. Inhalt des Vertrages

I. Bestimmung des Inhaltes

1 Der Inhalt des Vertrages kann innerhalb der Schranken des Gesetzes[3] beliebig festgestellt werden.

2 Von den gesetzlichen Vorschriften abweichende Vereinbarungen sind nur[4] zulässig, wo das Gesetz nicht eine unabänderliche Vorschrift aufstellt oder die Abweichung nicht einen Verstoss gegen die öffentliche Ordnung, gegen die guten Sitten oder gegen das Recht der Persönlichkeit in sich schliesst.

Art. 20

II. Nichtigkeit

1 Ein Vertrag, der einen unmöglichen[5] oder widerrechtlichen Inhalt hat oder gegen die guten Sitten verstösst, ist nichtig.

2 Betrifft aber der Mangel bloss einzelne Teile des Vertrages[6], so sind nur diese nichtig, sobald nicht anzunehmen ist, dass er ohne den nichtigen Teil überhaupt nicht geschlossen worden wäre.

1 Abstraktes Rechtsgeschäft
2 Verpflichtungswille (nicht gegeben bei Scherzofferten, Schulbeispielen usw.)
3 Vgl. OR 20
4 Rechtssätze des Privatrechts sind vermutungsweise dispositiv
5 Anfängliche und objektive Unmöglichkeit vgl. auch OR 97 und 119
6 Teilnichtigkeit

Art. 21

III. Übervorteilung

[1] Wird ein offenbares Missverhältnis zwischen der Leistung und der Gegenleistung durch einen Vertrag begründet, dessen Abschluss von dem einen Teil durch Ausbeutung[1] der Notlage, der Unerfahrenheit oder des Leichtsinns des andern herbeigeführt worden ist, so kann der Verletzte innerhalb Jahresfrist erklären, dass er den Vertrag nicht halte, und das schon Geleistete zurückverlangen.[2]

[2] Die Jahresfrist beginnt mit dem Abschluss des Vertrages.

Art. 22

IV. Vorvertrag

[1] Durch Vertrag kann die Verpflichtung zum Abschluss eines künftigen Vertrages begründet werden.

[2] Wo das Gesetz zum Schutze der Vertragschliessenden für die Gültigkeit des künftigen Vertrages eine Form vorschreibt, gilt diese auch für den Vorvertrag.

Art. 23

F. Mängel des Vertragsabschlusses

I. Irrtum

1. Wirkung

Der Vertrag ist für denjenigen unverbindlich, der sich beim Abschluss in einem wesentlichen[3] Irrtum befunden hat.

Art. 24

2. Fälle des Irrtums

[1] Der Irrtum ist namentlich in folgenden Fällen ein wesentlicher:

1. wenn der Irrende einen andern Vertrag eingehen wollte als denjenigen, für den er seine Zustimmung erklärt hat;
2. wenn der Wille des Irrenden auf eine andere Sache oder, wo der Vertrag mit Rücksicht auf eine bestimmte Person abgeschlossen wurde, auf eine andere Person gerichtet war, als er erklärt hat;
3. wenn der Irrende eine Leistung von erheblich grösserem Umfange versprochen hat oder eine Gegenleistung von erheblich geringerem Umfange sich hat versprechen lassen, als es sein Wille war;
4. wenn der Irrtum einen bestimmten Sachverhalt betraf, der vom Irrenden nach Treu und Glauben im Geschäftsverkehr als eine notwendige Grundlage[4] des Vertrages betrachtet wurde.

[2] Bezieht sich dagegen der Irrtum nur auf den Beweggrund[5] zum Vertragsabschlusse, so ist er nicht wesentlich.

[3] Blosse Rechnungsfehler hindern die Verbindlichkeit des Vertrages nicht, sind aber zu berichtigen.

Art. 25

3. Geltendmachung gegen Treu und Glauben

[1] Die Berufung auf Irrtum ist unstatthaft, wenn sie Treu und Glauben[6] widerspricht.

[2] Insbesondere muss der Irrende den Vertrag gelten lassen[7], wie er ihn verstanden hat, sobald der andere sich hierzu bereit erklärt.

1 V.a. Kenntnis der Ausnahmesituation
2 Unerfahrenheit: KANN Folgen nicht sehen; Leichtsinn: WILL Folgen nicht sehen
3 Vgl. OR 24 Ziff.1–4
4 Grundlagenirrtum, Ziff. 1–3 Erklärungsirrtum
5 Motivirrtum
6 Vgl. ZGB 2
7 Einseitige Unverbindlichkeit

Art. 26

4. Fahrlässiger Irrtum

[1] Hat der Irrende, der den Vertrag nicht gegen sich gelten lässt, seinen Irrtum der eigenen Fahrlässigkeit zuzuschreiben, so ist er zum Ersatze des aus dem Dahinfallen des Vertrages erwachsenen Schadens[1] verpflichtet, es sei denn, dass der andere den Irrtum gekannt habe oder hätte kennen sollen.

[2] Wo es der Billigkeit entspricht, kann der Richter auf Ersatz weiteren Schadens erkennen.

Art. 27

5. Unrichtige Übermittlung

Wird beim Vertragsabschluss Antrag oder Annahme durch einen Boten oder auf andere Weise unrichtig übermittelt, so finden die Vorschriften über den Irrtum entsprechende Anwendung.

Art. 28

II. Absichtliche Täuschung

[1] Ist ein Vertragschliessender durch absichtliche Täuschung[2] seitens des andern zu dem Vertragsabschlusse verleitet worden, so ist der Vertrag für ihn auch dann nicht verbindlich, wenn der erregte Irrtum kein wesentlicher war.

[2] Die von einem Dritten verübte absichtliche Täuschung hindert die Verbindlichkeit für den Getäuschten nur, wenn der andere zur Zeit des Vertragsabschlusses die Täuschung gekannt hat oder hätte kennen sollen.

Art. 29

III. Furchterregung
1. Abschluss des Vertrages

[1] Ist ein Vertragschliessender von dem anderen oder von einem Dritten widerrechtlich[3] durch Erregung gegründeter Furcht[4] zur Eingehung eines Vertrages bestimmt worden, so ist der Vertrag für den Bedrohten unverbindlich.

[2] Ist die Drohung von einem Dritten ausgegangen, so hat, wo es der Billigkeit entspricht, der Bedrohte, der den Vertrag nicht halten will, dem anderen, wenn dieser die Drohung weder gekannt hat noch hätte kennen sollen, Entschädigung zu leisten.

Art. 30

2. Gegründete Furcht

[1] Die Furcht ist für denjenigen eine gegründete, der nach den Umständen annehmen muss, dass er oder eine ihm nahe verbundene Person an Leib und Leben, Ehre oder Vermögen mit einer nahen und erheblichen Gefahr bedroht sei.

[2] Die Furcht vor der Geltendmachung eines Rechtes[5] wird nur dann berücksichtigt, wenn die Notlage des Bedrohten benutzt worden ist, um ihm die Einräumung übermässiger Vorteile abzunötigen.

Art. 31

IV. Aufhebung des Mangels durch Genehmigung des Vertrages

[1] Wenn der durch Irrtum, Täuschung oder Furcht beeinflusste Teil binnen Jahresfrist weder dem anderen eröffnet, dass er den Vertrag nicht halte, noch eine schon erfolgte Leistung zurückfordert, so gilt der Vertrag als genehmigt.[6]

[2] Die Frist beginnt in den Fällen des Irrtums und der Täuschung mit der Entdeckung, in den Fällen der Furcht mit deren Beseitigung.

1 Vertrauensschaden, negatives Vertragsinteresse
2 Zivilrechtlicher Betrug: Vorspiegelung falscher Tatsachen
3 Vgl. OR 30 Abs. 2
4 Vgl. OR 30 Abs. 1
5 Z.B. Kündigung, Rücktritt, Strafanzeige, Betreibung usw.
6 Willensmängel werden geheilt

3 Die Genehmigung eines wegen Täuschung oder Furcht unverbindlichen Vertrages schliesst den Anspruch auf Schadenersatz nicht ohne weiteres aus.

Art. 32

G. Stellvertretung
I. Mit Ermächtigung
1. Im Allgemeinen
a. Wirkung der Vertretung

1 Wenn jemand, der zur Vertretung eines andern ermächtigt[1] ist, in dessen Namen[2] einen Vertrag abschliesst, so wird der Vertretene und nicht der Vertreter berechtigt und verpflichtet.

2 Hat der Vertreter bei dem Vertragsabschlusse sich nicht als solcher zu erkennen gegeben, so wird der Vertretene nur dann unmittelbar berechtigt oder verpflichtet, wenn der andere aus den Umständen auf das Vertretungsverhältnis schliessen musste, oder wenn es ihm gleichgültig war, mit wem er den Vertrag schliesse.[3]

3 Ist dies nicht der Fall, so bedarf es einer Abtretung der Forderung oder einer Schuldübernahme nach den hierfür geltenden Grundsätzen.

Art. 33

b. Umfang der Ermächtigung

1 Soweit die Ermächtigung, im Namen eines andern Rechtshandlungen vorzunehmen, aus Verhältnissen des öffentlichen Rechtes hervorgeht, ist sie nach den Vorschriften des öffentlichen Rechtes des Bundes und der Kantone zu beurteilen.

2 Ist die Ermächtigung durch Rechtsgeschäft[4] eingeräumt, so beurteilt sich ihr Umfang nach dessen Inhalt.

3 Wird die Ermächtigung vom Vollmachtgeber einem Dritten mitgeteilt, so beurteilt sich ihr Umfang diesem gegenüber nach Massgabe der erfolgten Kundgebung.

Art. 34

2. Auf Grund von Rechtsgeschäft
a. Beschränkung und Widerruf

1 Eine durch Rechtsgeschäft erteilte Ermächtigung kann vom Vollmachtgeber jederzeit beschränkt oder widerrufen werden, unbeschadet der Rechte, die sich aus einem unter den Beteiligten bestehenden anderen Rechtsverhältnis, wie Einzelarbeitsvertrag, Gesellschaftsvertrag, Auftrag, ergeben können.

2 Ein vom Vollmachtgeber zum voraus erklärter Verzicht auf dieses Recht ist ungültig.

3 Hat der Vertretene die Vollmacht ausdrücklich oder tatsächlich kundgegeben, so kann er deren gänzlichen oder teilweisen Widerruf gutgläubigen Dritten nur dann entgegensetzen, wenn er ihnen auch diesen Widerruf mitgeteilt hat.

Art. 35

b. Einfluss von Tod, Handlungsunfähigkeit u. a.

1 Die durch Rechtsgeschäft erteilte Ermächtigung erlischt, sofern nicht das Gegenteil bestimmt ist oder aus der Natur des Geschäfts hervorgeht, mit dem Verlust der entsprechenden Handlungsfähigkeit[5], dem Konkurs[6], dem Tod oder der Verschollenerklärung des Vollmachtgebers oder des Bevollmächtigten.

2 Die nämliche Wirkung hat die Auflösung einer juristischen Person oder einer in das Handelsregister eingetragenen Gesellschaft.

3 Die gegenseitigen persönlichen Ansprüche werden hievon nicht berührt.

1 Vollmacht
2 Gibt sich zu erkennen
3 Sog. indirekte Stellvertretung
4 Willensäusserung, Erklärung
5 Vgl. ZGB 12 ff.
6 Vgl. SchKG 171 ff.

Art. 36

c. Rückgabe der Vollmachtsurkunde

1 Ist dem Bevollmächtigten eine Vollmachtsurkunde ausgestellt worden, so ist er nach dem Erlöschen der Vollmacht zur Rückgabe oder gerichtlichen Hinterlegung der Urkunde verpflichtet.

2 Wird er von dem Vollmachtgeber oder seinen Rechtsnachfolgern hierzu nicht angehalten, so sind diese den gutgläubigen Dritten für den Schaden verantwortlich.

Art. 37

d. Zeitpunkt der Wirkung des Erlöschens der Vollmacht

1 Solange das Erlöschen der Vollmacht dem Bevollmächtigten nicht bekannt geworden ist, berechtigt und verpflichtet er den Vollmachtgeber oder dessen Rechtsnachfolger, wie wenn die Vollmacht noch bestehen würde.

2 Ausgenommen sind die Fälle, in denen der Dritte vom Erlöschen der Vollmacht Kenntnis hatte.

Art. 38

II. Ohne Ermächtigung

1. Genehmigung

1 Hat jemand, ohne dazu ermächtigt zu sein, als Stellvertreter einen Vertrag abgeschlossen, so wird der Vertretene nur dann Gläubiger oder Schuldner, wenn er den Vertrag genehmigt.

2 Der andere ist berechtigt, von dem Vertretenen innerhalb einer angemessenen Frist eine Erklärung über die Genehmigung zu verlangen und ist nicht mehr gebunden, wenn der Vertretene nicht binnen dieser Frist die Genehmigung erklärt.

Art. 39

2. Nichtgenehmigung

1 Wird die Genehmigung ausdrücklich oder stillschweigend abgelehnt, so kann derjenige, der als Stellvertreter gehandelt hat, auf Ersatz des aus dem Dahinfallen des Vertrages erwachsenen Schadens[1] belangt werden, sofern er nicht nachweist, dass der andere den Mangel der Vollmacht kannte oder hätte kennen sollen.

2 Bei Verschulden des Vertreters kann der Richter, wo es der Billigkeit entspricht, auf Ersatz weitern Schadens erkennen.

3 In allen Fällen bleibt die Forderung aus ungerechtfertigter Bereicherung[2] vorbehalten.

Art. 40

III. Vorbehalt besonderer Vorschriften

In Bezug auf die Vollmacht der Vertreter und Organe von Gesellschaften, der Prokuristen und anderer Handlungsbevollmächtigter bleiben die besonderen Vorschriften vorbehalten.

Art. 40a

H. Widerruf bei Haustürgeschäften und ähnlichen Verträgen

I. Geltungsbereich

1 Die nachfolgenden Bestimmungen sind auf Verträge über bewegliche Sachen und Dienstleistungen, die für den persönlichen oder familiären Gebrauch des Kunden bestimmt sind, anwendbar, wenn:

a. der Anbieter der Güter oder Dienstleistungen im Rahmen einer beruflichen oder gewerblichen Tätigkeit gehandelt hat und
b. die Leistung des Kunden 100 Franken übersteigt.

2 Die Bestimmungen gelten nicht für Versicherungsverträge.

1 Vertrauensschaden, negatives Vertragsinteresse
2 Vgl. OR 62 ff.

3 Bei wesentlicher Veränderung der Kaufkraft des Geldes passt der Bundesrat den in Absatz 1 Buchstabe b genannten Betrag entsprechend an.

Art. 40b

II. Grundsatz

Der Kunde kann seinen Antrag zum Vertragsabschluss oder seine Annahmeerklärung widerrufen, wenn ihm das Angebot gemacht wurde:

a. an seinem Arbeitsplatz, in Wohnräumen oder in deren unmittelbaren Umgebung;
b. in öffentlichen Verkehrsmitteln oder auf öffentlichen Strassen und Plätzen;
c. an einer Werbeveranstaltung, die mit einer Ausflugsfahrt oder einem ähnlichen Anlass verbunden war.

Art. 40c

III. Ausnahmen

Der Kunde hat kein Widerrufsrecht, wenn er:

a. die Vertragsverhandlungen ausdrücklich gewünscht hat;
b. seine Erklärung an einem Markt- oder Messestand abgegeben hat.

Art. 40d

IV. Orientierungspflicht des Anbieters

1 Der Anbieter muss den Kunden schriftlich über das Widerrufsrecht sowie über Form und Frist des Widerrufs unterrichten und ihm seine Adresse bekannt geben.

2 Diese Angaben müssen datiert sein und die Identifizierung des Vertrags ermöglichen.

3 Sie sind dem Kunden so zu übergeben, dass er sie kennt, wenn er den Vertrag beantragt oder annimmt.

Art. 40e

V. Widerruf
1. Form und Frist

1 Der Kunde muss dem Anbieter den Widerruf schriftlich erklären.

2 Die Widerrufsfrist beträgt sieben Tage und beginnt, sobald der Kunde:

a. den Vertrag beantragt oder angenommen hat und
b. von den Angaben nach Artikel 40d Kenntnis erhalten hat.

3 Der Beweis des Zeitpunkts, in dem der Kunde von den Angaben nach Artikel 40d Kenntnis erhalten hat, obliegt dem Anbieter.

4 Die Frist ist eingehalten, wenn die Widerrufserklärung am siebenten Tag der Post[1] übergeben wird.

Art. 40f

2. Folgen

1 Hat der Kunde widerrufen, so müssen die Parteien bereits empfangene Leistungen zurückerstatten.

2 Hat der Kunde eine Sache bereits gebraucht, so schuldet er dem Anbieter einen angemessenen Mietzins.

3 Hat der Anbieter eine Dienstleistung erbracht, so muss ihm der Kunde Auslagen und Verwendungen nach den Bestimmungen über den Auftrag (Art. 402) ersetzen.

4 Der Kunde schuldet dem Anbieter keine weitere Entschädigung.

Art. 40g

Aufgehoben.

1 Ausnahme zu OR 3

Zweiter Abschnitt: Die Entstehung durch unerlaubte Handlungen

Art. 41

A. Haftung im Allgemeinen
I. Voraussetzungen der Haftung

1 Wer einem andern widerrechtlich[1] Schaden[2] zufügt[3], sei es mit Absicht, sei es aus Fahrlässigkeit[4], wird ihm zum Ersatze verpflichtet.

2 Ebenso ist zum Ersatze verpflichtet, wer einem andern in einer gegen die guten Sitten verstossenden Weise absichtlich Schaden zufügt.

Art. 42

II. Festsetzung des Schadens

1 Wer Schadenersatz beansprucht, hat den Schaden zu beweisen.

2 Der nicht ziffernmässig nachweisbare Schaden ist nach Ermessen des Richters mit Rücksicht auf den gewöhnlichen Lauf der Dinge und auf die vom Geschädigten getroffenen Massnahmen abzuschätzen.

3 Bei Tieren, die im häuslichen Bereich und nicht zu Vermögens- oder Erwerbszwecken gehalten werden, können die Heilungskosten auch dann angemessen als Schaden geltend gemacht werden, wenn sie den Wert des Tieres übersteigen.

Art. 43

III. Bestimmung des Ersatzes

1 Art und Grösse des Ersatzes für den eingetretenen Schaden bestimmt der Richter, der hiebei sowohl die Umstände als die Grösse des Verschuldens zu würdigen hat.

1bis Im Falle der Verletzung oder Tötung eines Tieres, das im häuslichen Bereich und nicht zu Vermögens- oder Erwerbszwecken gehalten wird, kann er dem Affektionswert, den dieses für seinen Halter oder dessen Angehörige hatte, angemessen Rechnung tragen.

2 Wird Schadenersatz in Gestalt einer Rente zugesprochen, so ist der Schuldner gleichzeitig zur Sicherheitsleistung anzuhalten.

Art. 44

IV. Herabsetzungsgründe

1 Hat der Geschädigte in die schädigende Handlung eingewilligt, oder haben Umstände, für die er einstehen muss, auf die Entstehung oder Verschlimmerung des Schadens eingewirkt oder die Stellung des Ersatzpflichtigen sonst erschwert, so kann der Richter die Ersatzpflicht ermässigen oder gänzlich von ihr entbinden.

2 Würde ein Ersatzpflichtiger, der den Schaden weder absichtlich noch grobfahrlässig verursacht hat, durch Leistung des Ersatzes in eine Notlage versetzt, so kann der Richter auch aus diesem Grunde die Ersatzpflicht ermässigen.

Art. 45

V. Besondere Fälle
1. Tötung und Körperverletzung
a. Schadenersatz bei Tötung

1 Im Falle der Tötung eines Menschen sind die entstandenen Kosten, insbesondere diejenigen der Bestattung, zu ersetzen.

2 Ist der Tod nicht sofort eingetreten, so muss namentlich auch für die Kosten der versuchten Heilung und für die Nachteile der Arbeitsunfähigkeit Ersatz geleistet werden.

3 Haben andere Personen durch die Tötung ihren Versorger verloren, so ist auch für diesen Schaden Ersatz zu leisten.

1 Eingriff in ein geschütztes Rechtsgut
2 Vermögensminderung
3 Adäquater Kausalzusammenhang
4 Verschulden

Art. 46

b. Schadenersatz bei Körperverletzung

[1] Körperverletzung gibt dem Verletzten Anspruch auf Ersatz der Kosten, sowie auf Entschädigung für die Nachteile gänzlicher oder teilweiser Arbeitsunfähigkeit, unter Berücksichtigung der Erschwerung des wirtschaftlichen Fortkommens.

[2] Sind im Zeitpunkte der Urteilsfällung die Folgen der Verletzung nicht mit hinreichender Sicherheit festzustellen, so kann der Richter bis auf zwei Jahre, vom Tage des Urteils an gerechnet, dessen Abänderung vorbehalten.

Art. 47

c. Leistung von Genugtuung

Bei Tötung eines Menschen oder Körperverletzung kann der Richter unter Würdigung der besonderen Umstände dem Verletzten oder den Angehörigen des Getöteten eine angemessene Geldsumme als Genugtuung zusprechen.

Art. 48

2. …

Aufgehoben.

Art. 49

3. Bei Verletzung der Persönlichkeit

[1] Wer in seiner Persönlichkeit widerrechtlich verletzt wird, hat Anspruch auf Leistung einer Geldsumme als Genugtuung, sofern die Schwere der Verletzung es rechtfertigt und diese nicht anders wiedergutgemacht worden ist.

[2] Anstatt oder neben dieser Leistung kann der Richter auch auf eine andere Art der Genugtuung erkennen.

Art. 50

VI. Haftung mehrerer

1. Bei unerlaubter Handlung

[1] Haben mehrere den Schaden gemeinsam verschuldet, sei es als Anstifter, Urheber oder Gehilfen, so haften sie dem Geschädigten solidarisch.[1]

[2] Ob und in welchem Umfange die Beteiligten Rückgriff gegeneinander haben, wird durch richterliches Ermessen bestimmt.

[3] Der Begünstiger haftet nur dann und nur soweit für Ersatz, als er einen Anteil an dem Gewinn empfangen oder durch seine Beteiligung Schaden verursacht hat.

Art. 51

2. Bei verschiedenen Rechtsgründen

[1] Haften mehrere Personen aus verschiedenen Rechtsgründen, sei es aus unerlaubter Handlung, aus Vertrag oder aus Gesetzesvorschrift dem Verletzten für denselben Schaden, so wird die Bestimmung über den Rückgriff unter Personen, die einen Schaden gemeinsam verschuldet haben, entsprechend auf sie angewendet.

[2] Dabei trägt in der Regel derjenige in erster Linie den Schaden, der ihn durch unerlaubte Handlung verschuldet hat, und in letzter Linie derjenige, der ohne eigene Schuld und ohne vertragliche Verpflichtung nach Gesetzesvorschrift haftbar ist.

Art. 52

VII. Haftung bei Notwehr, Notstand und Selbsthilfe

[1] Wer in berechtigter Notwehr einen Angriff abwehrt, hat den Schaden, den er dabei dem Angreifer in seiner Person oder in seinem Vermögen zufügt, nicht zu ersetzen.

[2] Wer in fremdes Vermögen eingreift, um drohenden Schaden oder Gefahr von sich oder einem andern abzuwenden, hat nach Ermessen des Richters Schadenersatz zu leisten.

[1] Vgl. OR 143

3 Wer zum Zwecke der Sicherung eines berechtigten Anspruches sich selbst Schutz verschafft, ist dann nicht ersatzpflichtig, wenn nach den gegebenen Umständen amtliche Hilfe nicht rechtzeitig erlangt und nur durch Selbsthilfe eine Vereitelung des Anspruches oder eine wesentliche Erschwerung seiner Geltendmachung verhindert werden konnte.

Art. 53

VIII. Verhältnis zum Strafrecht

1 Bei der Beurteilung der Schuld oder Nichtschuld, Urteilsfähigkeit oder Urteilsunfähigkeit ist der Richter an die Bestimmungen über strafrechtliche Zurechnungsfähigkeit oder an eine Freisprechung durch das Strafgericht nicht gebunden.

2 Ebenso ist das strafgerichtliche Erkenntnis mit Bezug auf die Beurteilung der Schuld und die Bestimmung des Schadens für den Zivilrichter nicht verbindlich.

Art. 54

B. Haftung urteilsunfähiger Personen

1 Aus Billigkeit kann der Richter auch eine nicht urteilsfähige Person, die Schaden verursacht hat, zu teilweisem oder vollständigem Ersatze verurteilen.[1]

2 Hat jemand vorübergehend die Urteilsfähigkeit verloren und in diesem Zustand Schaden angerichtet, so ist er hierfür ersatzpflichtig, wenn er nicht nachweist, dass dieser Zustand ohne sein Verschulden eingetreten ist.[2]

Art. 55

C. Haftung des Geschäftsherrn

1 Der Geschäftsherr haftet für den Schaden, den seine Arbeitnehmer oder andere Hilfspersonen in Ausübung ihrer dienstlichen oder geschäftlichen Verrichtungen verursacht haben,[3] wenn er nicht nachweist,[4] dass er alle nach den Umständen gebotene Sorgfalt angewendet hat, um einen Schaden dieser Art zu verhüten, oder dass der Schaden auch bei Anwendung dieser Sorgfalt eingetreten wäre.

2 Der Geschäftsherr kann auf denjenigen, der den Schaden gestiftet hat, insoweit Rückgriff nehmen, als dieser selbst schadenersatzpflichtig ist.

Art. 56

D. Haftung für Tiere

I. Ersatzpflicht

1 Für den von einem Tier angerichteten Schaden haftet, wer dasselbe hält, wenn er nicht nachweist[5], dass er alle nach den Umständen gebotene Sorgfalt in der Verwahrung und Beaufsichtigung angewendet habe, oder dass der Schaden auch bei Anwendung dieser Sorgfalt eingetreten wäre.

2 Vorbehalten bleibt ihm der Rückgriff, wenn das Tier von einem andern oder durch das Tier eines andern gereizt worden ist.

3 *Aufgehoben.*

Art. 57

II. Pfändung des Tieres

1 Der Besitzer eines Grundstückes ist berechtigt, Dritten angehörige Tiere, die auf dem Grundstücke Schaden anrichten, zur Sicherung seiner Ersatzforderung einzufangen und in seinen Gewahrsam zu nehmen und, wo die Umstände es rechtfertigen, sogar zu töten.

2 Er ist jedoch verpflichtet, ohne Verzug dem Eigentümer davon Kenntnis zu geben und, sofern ihm dieser nicht bekannt ist, zu dessen Ermittlung das Nötige vorzukehren.

1 Ausnahme von der Deliktsunfähigkeit (vgl. ZGB 18)
2 Freies Handeln bei der Verursachung
3 Vertraglich vgl. OR 101
4 Befreiungsbeweis
5 Befreiungsbeweis

Art. 58

E. Haftung des Werkeigentümers
I. Ersatzpflicht

1 Der Eigentümer eines Gebäudes oder eines andern Werkes hat den Schaden zu ersetzen, den diese infolge von fehlerhafter Anlage oder Herstellung oder von mangelhafter Unterhaltung verursachen.[1]

2 Vorbehalten bleibt ihm der Rückgriff auf andere, die ihm hierfür verantwortlich sind.

Art. 59

II. Sichernde Massregeln

1 Wer von dem Gebäude oder Werke eines andern mit Schaden bedroht ist, kann von dem Eigentümer verlangen, dass er die erforderlichen Massregeln zur Abwendung der Gefahr treffe.

2 Vorbehalten bleiben die Anordnungen der Polizei zum Schutze von Personen und Eigentum.

Art. 59a

F. Haftung für Signaturschlüssel

1 Der Inhaber eines Signaturschlüssels haftet Drittpersonen für Schäden, die diese erleiden, weil sie sich auf das qualifizierte gültige Zertifikat einer anerkannten Anbieterin von Zertifizierungsdiensten im Sinne des Bundesgesetzes vom 19. Dezember 2003 über die elektronische Signatur verlassen haben.

2 Die Haftung entfällt, wenn der Inhaber des Signaturschlüssels glaubhaft darlegen kann, dass er die nach den Umständen notwendigen und zumutbaren Sicherheitsvorkehrungen getroffen hat, um den Missbrauch des Signaturschlüssels zu verhindern.

3 Der Bundesrat umschreibt die Sicherheitsvorkehrungen im Sinne von Absatz 2.

Art. 60

G. Verjährung

1 Der Anspruch auf Schadenersatz oder Genugtuung verjährt[2] in einem Jahre von dem Tage hinweg, wo der Geschädigte Kenntnis vom Schaden und von der Person des Ersatzpflichtigen erlangt hat, jedenfalls aber mit dem Ablaufe von zehn Jahren, vom Tage der schädigenden Handlung an gerechnet.

2 Wird jedoch die Klage aus einer strafbaren Handlung hergeleitet, für die das Strafrecht eine längere Verjährung vorschreibt, so gilt diese auch für den Zivilanspruch.

3 Ist durch die unerlaubte Handlung gegen den Verletzten eine Forderung begründet worden, so kann dieser die Erfüllung auch dann verweigern, wenn sein Anspruch aus der unerlaubten Handlung verjährt ist.

Art. 61

H. Verantwortlichkeit öffentlicher Beamter und Angestellter

1 Über die Pflicht von öffentlichen Beamten oder Angestellten, den Schaden, den sie in Ausübung ihrer amtlichen Verrichtungen verursachen, zu ersetzen oder Genugtuung zu leisten, können der Bund und die Kantone auf dem Wege der Gesetzgebung abweichende Bestimmungen aufstellen.

2 Für gewerbliche Verrichtungen von öffentlichen Beamten oder Angestellten können jedoch die Bestimmungen dieses Abschnittes durch kantonale Gesetze nicht geändert werden.

1 Nur Entlastungsbeweis möglich (vgl. Abs. 2)
2 Erzwingbarkeit geht unter. 1 Jahr relativ, 10 Jahre absolut

Dritter Abschnitt: Die Entstehung aus ungerechtfertigter Bereicherung

Art. 62

A. Voraussetzung
I. Im Allgemeinen

1 Wer in ungerechtfertigter Weise[1] aus dem Vermögen eines andern[2] bereichert worden ist, hat die Bereicherung[3] zurückzuerstatten.

2 Insbesondere tritt diese Verbindlichkeit dann ein, wenn jemand ohne jeden gültigen Grund oder aus einem nicht verwirklichten oder nachträglich weggefallenen Grund eine Zuwendung erhalten hat.[4]

Art. 63

II. Zahlung einer Nichtschuld

1 Wer eine Nichtschuld freiwillig bezahlt, kann das Geleistete nur dann zurückfordern, wenn er nachzuweisen vermag, dass er sich über die Schuldpflicht im Irrtum befunden hat.

2 Ausgeschlossen ist die Rückforderung, wenn die Zahlung für eine verjährte Schuld[5] oder in Erfüllung einer sittlichen Pflicht geleistet wurde.

3 Vorbehalten bleibt die Rückforderung einer bezahlten Nichtschuld nach Schuldbetreibungs- und Konkursrecht.

Art. 64

B. Umfang der Rückerstattung
I. Pflicht des Bereicherten

Die Rückerstattung kann insoweit nicht gefordert werden, als der Empfänger nachweisbar zur Zeit der Rückforderung nicht mehr bereichert ist, es sei denn, dass er sich der Bereicherung entäusserte und hiebei nicht in gutem Glauben[6] war oder doch mit der Rückerstattung rechnen musste.

Art. 65

II. Ansprüche aus Verwendungen

1 Der Empfänger hat Anspruch auf Ersatz der notwendigen und nützlichen Verwendungen, für letztere jedoch, wenn er beim Empfange nicht in gutem Glauben war, nur bis zum Betrage des zur Zeit der Rückerstattung noch vorhandenen Mehrwertes.

2 Für andere Verwendungen kann er keinen Ersatz verlangen, darf aber, wenn ihm ein solcher nicht angeboten wird, vor der Rückgabe der Sache, was er verwendet hat, wieder wegnehmen, soweit dies ohne Beschädigung der Sache selbst geschehen kann.

Art. 66

C. Ausschluss der Rückforderungen

Was in der Absicht, einen rechtswidrigen oder unsittlichen[7] Erfolg herbeizuführen, gegeben worden ist, kann nicht zurückgefordert werden.

Art. 67

D. Verjährung

1 Der Bereicherungsanspruch verjährt[8] mit Ablauf eines Jahres, nachdem der Verletzte von seinem Anspruch Kenntnis erhalten hat, in jedem Fall aber mit Ablauf von zehn Jahren seit der Entstehung des Anspruchs.

1 Vgl. Abs. 2
2 Entreicherung
3 Vermögenszuwachs
4 Vgl. nichtige und anfechtbare Verträge
5 Weil nur die Erzwingbarkeit, nicht die Obligation selber untergeht
6 Vgl. ZGB 3
7 Vgl. OR 20
8 Vgl. OR 60

2 Besteht die Bereicherung in einer Forderung an den Verletzten, so kann dieser die Erfüllung auch dann verweigern, wenn der Bereicherungsanspruch verjährt ist.

Zweiter Titel: Die Wirkung der Obligationen

Erster Abschnitt: Die Erfüllung der Obligationen

Art. 68

A. Allgemeine Grundsätze
I. Persönliche Leistung

Der Schuldner ist nur dann verpflichtet, persönlich zu erfüllen[1], wenn es bei der Leistung auf seine Persönlichkeit ankommt.

Art. 69

II. Gegenstand der Erfüllung
1. Teilzahlung

1 Der Gläubiger braucht eine Teilzahlung nicht anzunehmen, wenn die gesamte Schuld feststeht und fällig[2] ist.

2 Will der Gläubiger eine Teilzahlung annehmen, so kann der Schuldner die Zahlung des von ihm anerkannten Teiles der Schuld nicht verweigern.

Art. 70

2. Unteilbare Leistung

1 Ist eine unteilbare Leistung an mehrere Gläubiger zu entrichten, so hat der Schuldner an alle gemeinsam zu leisten, und jeder Gläubiger kann die Leistung an alle gemeinsam fordern.

2 Ist eine unteilbare Leistung von mehreren Schuldnern zu entrichten, so ist jeder Schuldner zu der ganzen Leistung verpflichtet.

3 Sofern sich aus den Umständen nicht etwas anderes ergibt, kann alsdann der Schuldner, der den Gläubiger befriedigt hat, von den übrigen Schuldnern verhältnismässigen Ersatz verlangen, und es gehen, soweit ihm ein solcher Anspruch zusteht, die Rechte des befriedigten Gläubigers auf ihn über.

Art. 71

3. Bestimmung nach der Gattung

1 Ist die geschuldete Sache nur der Gattung nach bestimmt, so steht dem Schuldner[3] die Auswahl zu, insofern sich aus dem Rechtsverhältnis nicht etwas anderes ergibt.

2 Er darf jedoch nicht eine Sache unter mittlerer Qualität anbieten.

Art. 72

4. Wahlobligation

Ist die Schuldpflicht in der Weise auf mehrere Leistungen gerichtet, dass nur die eine oder die andere erfolgen soll, so steht die Wahl dem Schuldner zu, insofern sich aus dem Rechtsverhältnis nicht etwas anderes ergibt.

Art. 73

5. Zinse

1 Geht die Schuldpflicht auf Zahlung von Zinsen und ist deren Höhe weder durch Vertrag noch durch Gesetz oder Übung bestimmt, so sind Zinse zu fünf vom Hundert für das Jahr zu bezahlen.

2 Dem öffentlichen Rechte bleibt es vorbehalten, Bestimmungen gegen Missbräuche im Zinswesen aufzustellen.

1 Vgl. OR 321
2 Vgl. OR 75
3 Schuldner der Sache

Art. 74

B. Ort der Erfüllung

1 Der Ort der Erfüllung[1] wird durch den ausdrücklichen oder aus den Umständen zu schliessenden Willen der Parteien bestimmt.

2 Wo nichts anderes bestimmt ist, gelten folgende Grundsätze:

1. Geldschulden sind an dem Orte zu zahlen, wo der Gläubiger zur Zeit der Erfüllung seinen Wohnsitz hat;[2]
2. wird eine bestimmte Sache[3] geschuldet, so ist diese da zu übergeben, wo sie sich zur Zeit des Vertragsabschlusses befand;
3. andere Verbindlichkeiten[4] sind an dem Orte zu erfüllen, wo der Schuldner zur Zeit ihrer Entstehung seinen Wohnsitz hatte.

3 Wenn der Gläubiger seinen Wohnsitz, an dem er die Erfüllung fordern kann, nach der Entstehung der Schuld ändert und dem Schuldner daraus eine erhebliche Belästigung erwächst, so ist dieser berechtigt, an dem ursprünglichen Wohnsitze zu erfüllen.

Art. 75

C. Zeit der Erfüllung
I. Unbefristete Verbindlichkeit

Ist die Zeit der Erfüllung weder durch Vertrag noch durch die Natur des Rechtsverhältnisses bestimmt, so kann die Erfüllung sogleich geleistet und gefordert werden.[5]

Art. 76

II. Befristete Verbindlichkeit
1. Monatstermin

1 Ist die Zeit auf Anfang oder Ende eines Monates festgesetzt, so ist darunter der erste oder der letzte Tag des Monates zu verstehen.

2 Ist die Zeit auf die Mitte eines Monates festgesetzt, so gilt der fünfzehnte dieses Monates.

Art. 77

2. Andere Fristbestimmung

1 Soll die Erfüllung einer Verbindlichkeit oder eine andere Rechtshandlung mit dem Ablaufe einer bestimmten Frist nach Abschluss des Vertrages erfolgen, so fällt ihr Zeitpunkt:

1. wenn die Frist nach Tagen bestimmt ist, auf den letzten Tag der Frist, wobei der Tag, an dem der Vertrag geschlossen wurde, nicht mitgerechnet und, wenn die Frist auf acht oder 15 Tage lautet, nicht die Zeit von einer oder zwei Wochen verstanden wird, sondern volle acht oder 15 Tage;
2. wenn die Frist nach Wochen bestimmt ist, auf denjenigen Tag der letzten Woche, der durch seinen Namen dem Tage des Vertragsabschlusses entspricht;
3. wenn die Frist nach Monaten oder einem mehrere Monate umfassenden Zeitraume (Jahr, halbes Jahr, Vierteljahr) bestimmt ist, auf denjenigen Tag des letzten Monates, der durch seine Zahl dem Tage des Vertragsabschlusses entspricht, und, wenn dieser Tag in dem letzten Monate fehlt, auf den letzten Tag dieses Monates.

[1] Vgl. OR 189
[2] Bringschulden
[3] Individuell bestimmt
[4] Z.B. Gattungsware
[5] Legaldefinition der Fälligkeit, Verzug vgl. OR 102

Der Ausdruck «halber Monat» wird einem Zeitraume von 15 Tagen gleichgeachtet, die, wenn eine Frist auf einen oder mehrere Monate und einen halben Monat lautet, zuletzt zu zählen sind.

2 In gleicher Weise wird die Frist auch dann berechnet, wenn sie nicht von dem Tage des Vertragsabschlusses, sondern von einem andern Zeitpunkte an zu laufen hat.

3 Soll die Erfüllung innerhalb einer bestimmten Frist geschehen, so muss sie vor deren Ablauf erfolgen.

Art. 78

3. Sonn- und Feiertage

1 Fällt der Zeitpunkt der Erfüllung oder der letzte Tag einer Frist auf einen Sonntag oder auf einen andern am Erfüllungsorte[1] staatlich anerkannten Feiertag[2], so gilt als Erfüllungstag oder als letzter Tag der Frist der nächstfolgende Werktag.

2 Abweichende Vereinbarungen bleiben vorbehalten.

Art. 79

III. Erfüllung zur Geschäftszeit

Die Erfüllung muss an dem festgesetzten Tage während der gewöhnlichen Geschäftszeit vollzogen und angenommen werden.

Art. 80

IV. Fristverlängerung

Ist die vertragsmässige Frist verlängert worden, so beginnt die neue Frist, sofern sich aus dem Vertrage nicht etwas anderes ergibt, am ersten Tage nach Ablauf der alten Frist.

Art. 81

V. Vorzeitige Erfüllung

1 Sofern sich nicht aus dem Inhalt oder der Natur des Vertrages oder aus den Umständen eine andere Willensmeinung der Parteien ergibt, kann der Schuldner schon vor dem Verfalltage erfüllen.

2 Er ist jedoch nicht berechtigt, einen Diskonto abzuziehen, es sei denn, dass Übereinkunft oder Übung einen solchen gestatten.

Art. 82

VI. Bei zweiseitigen Verträgen
1. Ordnung in der Erfüllung

Wer bei einem zweiseitigen Vertrage[3] den andern zur Erfüllung anhalten will, muss entweder bereits erfüllt haben oder die Erfüllung anbieten, es sei denn, dass er nach dem Inhalte oder der Natur des Vertrages erst später zu erfüllen hat.

Art. 83

2. Rücksicht auf einseitige Zahlungsunfähigkeit

1 Ist bei einem zweiseitigen Vertrag der eine Teil zahlungsunfähig geworden, wie namentlich, wenn er in Konkurs geraten oder fruchtlos gepfändet ist, und wird durch diese Verschlechterung der Vermögenslage der Anspruch des andern gefährdet, so kann dieser seine Leistung so lange zurückhalten, bis ihm die Gegenleistung sichergestellt wird.

2 Wird er innerhalb einer angemessenen Frist auf sein Begehren nicht sichergestellt, so kann er vom Vertrage zurücktreten.

Art. 84

D. Zahlung
I. Landeswährung

1 Geldschulden sind in gesetzlichen Zahlungsmitteln der geschuldeten Währung zu bezahlen.

1 Vgl. OR 74
2 Nach Bundesrecht i.d.R. auch Samstage
3 Vertrag mit gegenseitigen Leistungspflichten

2 Lautet die Schuld auf eine Währung, die am Zahlungsort nicht Landeswährung ist, so kann die geschuldete Summe nach ihrem Wert zur Verfallzeit dennoch in Landeswährung bezahlt werden, sofern nicht durch den Gebrauch des Wortes «effektiv» oder eines ähnlichen Zusatzes die wortgetreue Erfüllung des Vertrags ausbedungen ist.

Art. 85

II. Anrechnung
1. Bei Teilzahlung

1 Der Schuldner kann eine Teilzahlung nur insoweit auf das Kapital anrechnen, als er nicht mit Zinsen oder Kosten im Rückstande ist.

2 Sind dem Gläubiger für einen Teil seiner Forderung Bürgen gestellt, oder Pfänder oder andere Sicherheiten gegeben worden, so ist der Schuldner nicht berechtigt, eine Teilzahlung auf den gesicherten oder besser gesicherten Teil der Forderung anzurechnen.

Art. 86

2. Bei mehreren Schulden
a. Nach Erklärung des Schuldners oder des Gläubigers

1 Hat der Schuldner mehrere Schulden an denselben Gläubiger zu bezahlen, so ist er berechtigt, bei der Zahlung zu erklären, welche Schuld er tilgen will.

2 Mangelt eine solche Erklärung, so wird die Zahlung auf diejenige Schuld angerechnet, die der Gläubiger in seiner Quittung bezeichnet, vorausgesetzt, dass der Schuldner nicht sofort Widerspruch erhebt.

Art. 87

b. Nach Gesetzesvorschrift

1 Liegt weder eine gültige Erklärung über die Tilgung noch eine Bezeichnung in der Quittung vor, so ist die Zahlung auf die fällige Schuld anzurechnen, unter mehreren fälligen auf diejenige Schuld, für die der Schuldner zuerst betrieben worden ist, und hat keine Betreibung stattgefunden, auf die früher verfallene.

2 Sind sie gleichzeitig verfallen, so findet eine verhältnismässige Anrechnung statt.

3 Ist keine der mehreren Schulden verfallen, so wird die Zahlung auf die Schuld angerechnet, die dem Gläubiger am wenigsten Sicherheit darbietet.

Art. 88

III. Quittung und Rückgabe des Schuldscheines
1. Recht des Schuldners

1 Der Schuldner, der eine Zahlung leistet, ist berechtigt, eine Quittung und, falls die Schuld vollständig getilgt wird, auch die Rückgabe des Schuldscheines oder dessen Entkräftung zu fordern.

2 Ist die Zahlung keine vollständige oder sind in dem Schuldscheine auch andere Rechte des Gläubigers beurkundet, so kann der Schuldner ausser der Quittung nur die Vormerkung auf dem Schuldscheine verlangen.

Art. 89

2. Wirkung

1 Werden Zinse oder andere periodische Leistungen geschuldet, so begründet die für eine spätere Leistung ohne Vorbehalt ausgestellte Quittung die Vermutung, es seien die früher fällig gewordenen Leistungen entrichtet.

2 Ist eine Quittung für die Kapitalschuld ausgestellt, so wird vermutet, dass auch die Zinse bezahlt seien.

3 Die Rückgabe des Schuldscheines an den Schuldner begründet die Vermutung, dass die Schuld getilgt sei.

Art. 90

3. Unmöglichkeit der Rückgabe

1 Behauptet der Gläubiger, es sei der Schuldschein abhanden gekommen, so kann der Schuldner bei der Zahlung fordern, dass der Gläubiger die Entkräftung

des Schuldscheines[1] und die Tilgung der Schuld in einer öffentlichen oder beglaubigten Urkunde erkläre.

2 Vorbehalten bleiben die Bestimmungen über Kraftloserklärung[2] von Wertpapieren.

Art. 91

E. Verzug des Gläubigers
I. Voraussetzung

Der Gläubiger kommt in Verzug, wenn er die Annahme der gehörig[3] angebotenen Leistung oder die Vornahme der ihm obliegenden Vorbereitungshandlungen, ohne die der Schuldner zu erfüllen nicht imstande ist, ungerechtfertigterweise verweigert.

Art. 92

II. Wirkung
1. Bei Sachleistung
a. Recht zur Hinterlegung

1 Wenn der Gläubiger sich im Verzuge befindet, so ist der Schuldner berechtigt, die geschuldete Sache auf Gefahr und Kosten des Gläubigers zu hinterlegen[4] und sich dadurch von seiner Verbindlichkeit zu befreien.

2 Den Ort der Hinterlegung hat der Richter zu bestimmen, jedoch können Waren auch ohne richterliche Bestimmung in einem Lagerhause hinterlegt werden.

Art. 93

b. Recht zum Verkauf

1 Ist nach der Beschaffenheit der Sache oder nach der Art des Geschäftsbetriebes eine Hinterlegung nicht tunlich, oder ist die Sache dem Verderben ausgesetzt, oder erheischt sie Unterhaltungs- oder erhebliche Aufbewahrungskosten, so kann der Schuldner nach vorgängiger Androhung mit Bewilligung des Richters die Sache öffentlich verkaufen[5] lassen und den Erlös hinterlegen.

2 Hat die Sache einen Börsen- oder Marktpreis oder ist sie im Verhältnis zu den Kosten von geringem Werte, so braucht der Verkauf kein öffentlicher zu sein und kann vom Richter auch ohne vorgängige Androhung gestattet werden.

Art. 94

c. Recht zur Rücknahme

1 Der Schuldner ist so lange berechtigt, die hinterlegte Sache wieder zurückzunehmen, als der Gläubiger deren Annahme noch nicht erklärt hat oder als nicht infolge der Hinterlegung ein Pfandrecht aufgehoben worden ist.

2 Mit dem Zeitpunkte der Rücknahme tritt die Forderung mit allen Nebenrechten wieder in Kraft.

Art. 95

2. Bei andern Leistungen

Handelt es sich um die Verpflichtung zu einer andern als einer Sachleistung[6], so kann der Schuldner beim Verzug des Gläubigers nach den Bestimmungen über den Verzug des Schuldners vom Vertrage zurücktreten.

Art. 96

F. Andere Verhinderung der Erfüllung

Kann die Erfüllung der schuldigen Leistung aus einem andern in der Person des Gläubigers liegenden Grunde oder infolge einer unverschuldeten Ungewissheit über die Person des Gläubigers weder an diesen noch an einen Vertreter geschehen, so ist der Schuldner zur Hinterlegung oder zum Rücktritt berechtigt, wie beim Verzug des Gläubigers.

1 Mortifikation
2 Amortisation
3 Vgl. OR 97
4 Vgl. OR 472
5 Selbsthilfeverkauf, vgl. OR 215
6 V.a. Dienstleistung

Zweiter Abschnitt: Die Folgen der Nichterfüllung

Art. 97

A. Ausbleiben der Erfüllung
I. Ersatzpflicht des Schuldners
1. Im Allgemeinen

[1] Kann die Erfüllung der Verbindlichkeit überhaupt nicht oder nicht gehörig[1] bewirkt werden, so hat der Schuldner für den daraus entstehenden Schaden Ersatz zu leisten, sofern er nicht beweist[2], dass ihm keinerlei Verschulden[3] zur Last falle.

[2] Für die Vollstreckung gelten die Bestimmungen des Bundesgesetzes vom 11. April 1889 über Schuldbetreibung und Konkurs sowie der Zivilprozessordnung vom 19. Dezember 2008 (ZPO).

Art. 98

2. Bei Verbindlichkeit zu einem Tun oder Nichttun

[1] Ist der Schuldner zu einem Tun verpflichtet, so kann sich der Gläubiger, unter Vorbehalt seiner Ansprüche auf Schadenersatz, ermächtigen lassen, die Leistung auf Kosten des Schuldners vorzunehmen.

[2] Ist der Schuldner verpflichtet, etwas nicht zu tun, so hat er schon bei blossem Zuwiderhandeln den Schaden zu ersetzen.

[3] Überdies kann der Gläubiger die Beseitigung des rechtswidrigen Zustandes verlangen und sich ermächtigen lassen, diesen auf Kosten des Schuldners zu beseitigen.

Art. 99

II. Mass der Haftung und Umfang des Schadenersatzes
1. Im Allgemeinen

[1] Der Schuldner haftet im Allgemeinen für jedes Verschulden.

[2] Das Mass der Haftung richtet sich nach der besonderen Natur des Geschäftes und wird insbesondere milder beurteilt, wenn das Geschäft für den Schuldner keinerlei Vorteil bezweckt.

[3] Im übrigen finden die Bestimmungen über das Mass der Haftung bei unerlaubten Handlungen auf das vertragswidrige Verhalten entsprechende Anwendung.

Art. 100

2. Wegbedingung der Haftung

[1] Eine zum voraus getroffene Verabredung, wonach die Haftung für rechtswidrige Absicht oder grobe Fahrlässigkeit ausgeschlossen sein würde, ist nichtig.

[2] Auch ein zum voraus erklärter Verzicht auf Haftung für leichtes Verschulden kann nach Ermessen des Richters als nichtig betrachtet werden, wenn der Verzichtende zur Zeit seiner Erklärung im Dienst des anderen Teiles stand, oder wenn die Verantwortlichkeit aus dem Betriebe eines obrigkeitlich konzessionierten Gewerbes folgt.

[3] Vorbehalten bleiben die besonderen Vorschriften über den Versicherungsvertrag.

Art. 101

3. Haftung für Hilfspersonen

[1] Wer die Erfüllung einer Schuldpflicht oder die Ausübung eines Rechtes aus einem Schuldverhältnis, wenn auch befugterweise, durch eine Hilfsperson, wie Hausgenossen oder Arbeitnehmer vornehmen lässt, hat dem andern den Schaden[4] zu ersetzen, den die Hilfsperson in Ausübung ihrer Verrichtungen verursacht.

[2] Diese Haftung kann durch eine zum voraus getroffene Verabredung beschränkt oder aufgehoben werden.

1 Fragen: WER? WAS? WO? WANN?
2 Exkulpationsbeweis
3 Absicht und Fahrlässigkeit, vgl. auch OR 20 und 119
4 Ausservertraglich, vgl. OR 55

3 Steht aber der Verzichtende im Dienst des andern oder folgt die Verantwortlichkeit aus dem Betriebe eines obrigkeitlich konzessionierten Gewerbes, so darf die Haftung höchstens für leichtes Verschulden wegbedungen werden.

Art. 102

B. Verzug des Schuldners
I. Voraussetzung

1 Ist eine Verbindlichkeit fällig[1], so wird der Schuldner durch Mahnung[2] des Gläubigers in Verzug gesetzt.

2 Wurde für die Erfüllung ein bestimmter Verfalltag[3] verabredet[4], oder ergibt sich ein solcher infolge einer vorbehaltenen und gehörig vorgenommenen Kündigung, so kommt der Schuldner schon mit Ablauf dieses Tages in Verzug.

Art. 103

II. Wirkung
1. Haftung für Zufall

1 Befindet sich der Schuldner im Verzuge, so hat er Schadenersatz wegen verspäteter Erfüllung zu leisten und haftet auch für den Zufall.[5]

2 Er kann sich von dieser Haftung durch den Nachweis befreien, dass der Verzug ohne jedes Verschulden von seiner Seite eingetreten ist oder dass der Zufall auch bei rechtzeitiger Erfüllung den Gegenstand der Leistung zum Nachteile des Gläubigers betroffen hätte.

Art. 104

2. Verzugszinse
a. Im Allgemeinen

1 Ist der Schuldner mit der Zahlung einer Geldschuld[6] in Verzug[7], so hat er Verzugszinse zu fünf vom Hundert für das Jahr zu bezahlen, selbst wenn die vertragsmässigen Zinse weniger betragen.

2 Sind durch Vertrag höhere Zinse als fünf vom Hundert, sei es direkt, sei es durch Verabredung einer periodischen Bankprovision, ausbedungen worden, so können sie auch während des Verzuges gefordert werden.

3 Unter Kaufleuten[8] können für die Zeit, wo der übliche Bankdiskonto am Zahlungsorte fünf vom Hundert übersteigt, die Verzugszinse zu diesem höheren Zinsfusse berechnet werden.

Art. 105

b. Bei Zinsen, Renten, Schenkungen

1 Ein Schuldner, der mit der Zahlung von Zinsen oder mit der Entrichtung von Renten oder mit der Zahlung einer geschenkten Summe im Verzuge ist, hat erst vom Tage der Anhebung der Betreibung oder der gerichtlichen Klage an Verzugszinse zu bezahlen.

2 Eine entgegenstehende Vereinbarung ist nach den Grundsätzen über Konventionalstrafe zu beurteilen.

3 Von Verzugszinsen dürfen keine Verzugszinse berechnet werden.

1 Vgl. OR 75
2 Einseitiges, formfreies Rechtsgeschäft (Gestaltungsrecht) mit rechtsändernder Wirkung
3 Unterschiede zu Stichtag nach OR 108 Ziff. 3
4 Zweiseitiges Rechtsgeschäft
5 Nicht von den Parteien oder Hilfspersonen verschuldetes Ereignis
6 Rechtsfolgen bei anderen Schulden vgl. OR 107
7 Vgl. OR 102
8 Vgl. OR 934

Art. 106

3. Weiterer Schaden

[1] Hat der Gläubiger einen grösseren Schaden erlitten, als ihm durch die Verzugszinse vergütet wird, so ist der Schuldner zum Ersatze auch dieses Schadens verpflichtet, wenn er nicht beweist, dass ihm keinerlei Verschulden zur Last falle.

[2] Lässt sich dieser grössere Schaden zum voraus abschätzen, so kann der Richter den Ersatz schon im Urteil über den Hauptanspruch festsetzen.

Art. 107

4. Rücktritt und Schadenersatz
a. Unter Fristansetzung

[1] Wenn sich ein Schuldner bei zweiseitigen Verträgen[1] im Verzuge[2] befindet, so ist der Gläubiger berechtigt, ihm eine angemessene Frist zur nachträglichen Erfüllung anzusetzen oder durch die zuständige Behörde ansetzen zu lassen.

[2] Wird auch bis zum Ablaufe dieser Frist nicht erfüllt, so kann der Gläubiger immer noch auf Erfüllung nebst Schadenersatz wegen Verspätung klagen, statt dessen aber auch, wenn er es unverzüglich erklärt, auf die nachträgliche Leistung verzichten und entweder Ersatz des aus der Nichterfüllung entstandenen Schadens verlangen oder vom Vertrage zurücktreten.[3]

Art. 108

b. Ohne Fristansetzung

Die Ansetzung einer Frist zur nachträglichen Erfüllung ist nicht erforderlich:

1. wenn aus dem Verhalten des Schuldners hervorgeht, dass sie sich als unnütz erweisen würde;
2. wenn infolge Verzuges des Schuldners die Leistung für den Gläubiger nutzlos geworden ist;
3. wenn sich aus dem Vertrage die Absicht der Parteien ergibt, dass die Leistung genau zu einer bestimmten oder bis zu einer bestimmten Zeit[4] erfolgen soll.

Art. 109

c. Wirkung des Rücktritts

[1] Wer vom Vertrage zurücktritt, kann die versprochene Gegenleistung verweigern und das Geleistete zurückfordern.

[2] Überdies hat er Anspruch auf Ersatz des aus dem Dahinfallen des Vertrages erwachsenen Schadens[5], sofern der Schuldner nicht nachweist, dass ihm keinerlei Verschulden zur Last falle.

Dritter Abschnitt: Beziehungen zu dritten Personen

Art. 110

A. Eintritt eines Dritten

Soweit ein Dritter den Gläubiger befriedigt, gehen dessen Rechte von Gesetzes wegen auf ihn über:

1. wenn er eine für eine fremde Schuld verpfändete Sache[6] einlöst, an der ihm das Eigentum oder ein beschränktes dingliches Recht zusteht;

[1] Vertrag mit gegenseitigen Leistungspflichten
[2] Vgl. OR 102
[3] Gestaltungsrechte nach Ablauf der Nachfrist: Beharren, Verzichten, Rücktritt (jeweils mit Anspruch auf Schadenersatz), vgl. auch OR 109
[4] Stichtag beim Fixgeschäft, vgl. OR 190
[5] Vertrauensschaden, negatives Vertragsinteresse im Gegensatz zu Schadenersatz nach OR 107
[6] Sog. Drittpfand

2. wenn der Schuldner dem Gläubiger anzeigt, dass der Zahlende an die Stelle des Gläubigers treten soll.

Art. 111

B. Vertrag zu Lasten eines Dritten

Wer einem andern die Leistung eines Dritten verspricht, ist, wenn sie nicht erfolgt, zum Ersatze des hieraus entstandenen Schadens verpflichtet.

Art. 112

C. Vertrag zugunsten eines Dritten

I. Im Allgemeinen

1 Hat sich jemand, der auf eigenen Namen handelt, eine Leistung an einen Dritten zu dessen Gunsten versprechen lassen, so ist er berechtigt, zu fordern, dass an den Dritten geleistet werde.

2 Der Dritte oder sein Rechtsnachfolger kann selbständig die Erfüllung fordern, wenn es die Willensmeinung der beiden andern war, oder wenn es der Übung entspricht.

3 In diesem Falle kann der Gläubiger den Schuldner nicht mehr entbinden, sobald der Dritte dem letzteren erklärt hat, von seinem Rechte Gebrauch machen zu wollen.

Art. 113

II. Bei Haftpflichtversicherung

Wenn ein Dienstherr gegen die Folgen der gesetzlichen Haftpflicht versichert war und der Dienstpflichtige nicht weniger als die Hälfte an die Prämien geleistet hat, so steht der Anspruch aus der Versicherung ausschliesslich dem Dienstpflichtigen zu.

Dritter Titel: Das Erlöschen der Obligationen

Art. 114

A. Erlöschen der Nebenrechte

1 Geht eine Forderung infolge ihrer Erfüllung[1] oder auf andere Weise unter, so erlöschen alle ihre Nebenrechte, wie namentlich die Bürgschaften und Pfandrechte.

2 Bereits erlaufene Zinse können nur dann nachgefordert werden, wenn diese Befugnis des Gläubigers verabredet oder den Umständen zu entnehmen ist.

3 Vorbehalten bleiben die besonderen Vorschriften über das Grundpfandrecht, die Wertpapiere und den Nachlassvertrag.

Art. 115

B. Aufhebung durch Übereinkunft

Eine Forderung kann durch Übereinkunft[2] ganz oder zum Teil auch dann formlos aufgehoben werden, wenn zur Eingehung der Verbindlichkeit eine Form erforderlich oder von den Vertragschliessenden gewählt war.

Art. 116

C. Neuerung

I. Im Allgemeinen

1 Die Tilgung einer alten Schuld durch Begründung einer neuen wird nicht vermutet.

2 Insbesondere bewirkt die Eingehung einer Wechselverbindlichkeit mit Rücksicht auf eine bestehende Schuld oder die Ausstellung eines neuen Schuld- oder Bürgschaftsscheines, wenn es nicht anders vereinbart wird, keine Neuerung der bisherigen Schuld.

1 Vgl. OR 97
2 Aufhebungsvertrag

Art. 117

II. Beim Kontokorrentverhältnis

1 Die Einsetzung der einzelnen Posten in einen Kontokorrent hat keine Neuerung zur Folge.

2 Eine Neuerung ist jedoch anzunehmen, wenn der Saldo gezogen und anerkannt wird.

3 Bestehen für einen einzelnen Posten besondere Sicherheiten, so werden sie, unter Vorbehalt anderer Vereinbarung, durch die Ziehung und Anerkennung des Saldos nicht aufgehoben.

Art. 118

D. Vereinigung

1 Wenn die Eigenschaften des Gläubigers und des Schuldners in einer Person zusammentreffen[1], so gilt die Forderung als durch Vereinigung erloschen.

2 Wird die Vereinigung rückgängig, so lebt die Forderung wieder auf.

3 Vorbehalten bleiben die besondern Vorschriften über das Grundpfandrecht und die Wertpapiere.

Art. 119

E. Unmöglichwerden einer Leistung

1 Soweit durch Umstände, die der Schuldner nicht zu verantworten[2] hat, seine Leistung unmöglich geworden ist, gilt die Forderung als erloschen.

2 Bei zweiseitigen Verträgen[3] haftet der hiernach freigewordene Schuldner für die bereits empfangene Gegenleistung aus ungerechtfertigter Bereicherung[4] und verliert die noch nicht erfüllte Gegenforderung.

3 Ausgenommen sind die Fälle, in denen die Gefahr nach Gesetzesvorschrift[5] oder nach dem Inhalt des Vertrages vor der Erfüllung auf den Gläubiger übergeht.

Art. 120

F. Verrechnung

I. Voraussetzung

1. Im Allgemeinen

1 Wenn zwei Personen einander Geldsummen oder andere Leistungen, die ihrem Gegenstande nach gleichartig sind, schulden, so kann jede ihre Schuld, insofern beide Forderungen fällig sind, mit ihrer Forderung verrechnen.[6]

2 Der Schuldner kann die Verrechnung geltend machen, auch wenn seine Gegenforderung bestritten wird.

3 Eine verjährte Forderung kann zur Verrechnung gebracht werden, wenn sie zurzeit, wo sie mit der andern Forderung verrechnet werden konnte, noch nicht verjährt war.

Art. 121

2. Bei Bürgschaft

Der Bürge kann die Befriedigung des Gläubigers verweigern, soweit dem Hauptschuldner das Recht der Verrechnung zusteht.

Art. 122

3. Bei Verträgen zugunsten Dritter

Wer sich zugunsten eines Dritten verpflichtet hat, kann diese Schuld nicht mit Forderungen, die ihm gegen den andern zustehen, verrechnen.

1 Z.B. bei Geschäftsübernahmen (vgl. OR 181 ff.) und Erbschaften
2 Vgl. OR 20 und 97
3 Verträge mit gegenseitigen Leistungspflichten
4 Vgl. OR 62 ff.
5 Vgl. OR 185
6 Rechtsaufhebendes Gestaltungsrecht, wenn Forderungen gegenseitig, gleichartig und fällig sind (vgl. OR 573)

Art. 123

4. Im Konkurse des Schuldners

[1] Im Konkurse des Schuldners können die Gläubiger ihre Forderungen, auch wenn sie nicht fällig sind, mit Forderungen, die dem Gemeinschuldner ihnen gegenüber zustehen, verrechnen.

[2] Die Ausschliessung oder Anfechtung der Verrechnung im Konkurse des Schuldners steht unter den Vorschriften des Schuldbetreibungs- und Konkursrechts.

Art. 124

II. Wirkung der Verrechnung

[1] Eine Verrechnung tritt nur insofern ein, als der Schuldner dem Gläubiger zu erkennen gibt, dass er von seinem Rechte der Verrechnung Gebrauch machen wolle.

[2] Ist dies geschehen, so wird angenommen, Forderung und Gegenforderung seien, soweit sie sich ausgleichen, schon im Zeitpunkte getilgt worden, in dem sie zur Verrechnung geeignet einander gegenüberstanden.

[3] Vorbehalten bleiben die besonderen Übungen des kaufmännischen Kontokorrentverkehres.

Art. 125

III. Fälle der Ausschliessung

Wider den Willen des Gläubigers können durch Verrechnung nicht getilgt werden:

1. Verpflichtungen zur Rückgabe oder zum Ersatze hinterlegter, widerrechtlich entzogener oder böswillig vorenthaltener Sachen;
2. Verpflichtungen, deren besondere Natur die tatsächliche Erfüllung an den Gläubiger verlangt, wie Unterhaltsansprüche und Lohnguthaben, die zum Unterhalt des Gläubigers und seiner Familie unbedingt erforderlich sind;
3. Verpflichtungen gegen das Gemeinwesen aus öffentlichem Rechte.

Art. 126

IV. Verzicht

Auf die Verrechnung kann der Schuldner zum voraus Verzicht leisten.

Art. 127

G. Verjährung
I. Fristen
1. Zehn Jahre

Mit Ablauf von zehn Jahren verjähren[1] alle Forderungen, für die das Bundeszivilrecht nicht etwas anderes bestimmt.

Art. 128

2. Fünf Jahre

Mit Ablauf von fünf Jahren verjähren die Forderungen:

1. für Miet-, Pacht- und Kapitalzinse sowie für andere periodische Leistungen;
2. aus Lieferung von Lebensmitteln, für Beköstigung und für Wirtsschulden;
3. aus Handwerksarbeit, Kleinverkauf von Waren, ärztlicher Besorgung, Berufsarbeiten von Anwälten, Rechtsagenten, Prokuratoren und Notaren sowie aus dem Arbeitsverhältnis von Arbeitnehmern.

Art. 129

3. Unabänderlichkeit der Fristen

Die in diesem Titel aufgestellten Verjährungsfristen können durch Verfügung der Beteiligten nicht abgeändert werden.

[1] Untergang der Erzwingbarkeit, nicht der Obligation (bei vertraglicher Entstehung; ausservertraglich vgl. OR 60 und 67)

Art. 130

4. Beginn der Verjährung
a. Im Allgemeinen

1 Die Verjährung beginnt mit der Fälligkeit[1] der Forderung.

2 Ist eine Forderung auf Kündigung gestellt, so beginnt die Verjährung mit dem Tag, auf den die Kündigung zulässig ist.

Art. 131

b. Bei periodischen Leistungen

1 Bei Leibrenten und ähnlichen periodischen Leistungen beginnt die Verjährung für das Forderungsrecht im Ganzen mit dem Zeitpunkte, in dem die erste rückständige Leistung fällig war.

2 Ist das Forderungsrecht im Ganzen verjährt, so sind es auch die einzelnen Leistungen.

Art. 132

5. Berechnung der Fristen

1 Bei der Berechnung der Frist ist der Tag, von dem an die Verjährung läuft, nicht mitzurechnen und die Verjährung erst dann als beendigt zu betrachten, wenn der letzte Tag unbenützt verstrichen ist.

2 Im Übrigen gelten die Vorschriften für die Fristberechnungen bei der Erfüllung auch für die Verjährung.

Art. 133

II. Wirkung auf Nebenansprüche

Mit dem Hauptanspruche verjähren die aus ihm entspringenden Zinse und andere Nebenansprüche.

Art. 134

III. Hinderung und Stillstand der Verjährung

1 Die Verjährung beginnt nicht und steht still, falls sie begonnen hat:

1. für Forderungen der Kinder gegen die Eltern während der Dauer der elterlichen Sorge[2];
2. für Forderungen der urteilsunfähigen Person gegen die vorsorgebeauftragte Person, solange der Vorsorgeauftrag[3] wirksam ist;
3. für Forderungen der Ehegatten gegeneinander während der Dauer der Ehe;[4]

3bis. für Forderungen von eingetragenen Partnerinnen oder Partnern gegeneinander, während der Dauer ihrer eingetragenen Partnerschaft;

4. für Forderungen der Arbeitnehmer, die mit dem Arbeitgeber in Hausgemeinschaft leben, gegen diesen während der Dauer des Arbeitsverhältnisses;
5. solange dem Schuldner an der Forderung eine Nutzniessung zusteht;
6. solange eine Forderung vor einem schweizerischen Gerichte nicht geltend gemacht werden kann.

2 Nach Ablauf des Tages, an dem diese Verhältnisse zu Ende gehen, nimmt die Verjährung ihren Anfang oder, falls sie begonnen hatte, ihren Fortgang.

3 Vorbehalten bleiben die besondern Vorschriften des Schuldbetreibungs- und Konkursrechtes.

1 Vgl. OR 75
2 Vgl. ZGB 296 ff.
3 Vgl. ZGB 360 ff.
4 Vgl. ZGB 97 ff.

Art. 135

IV. Unterbrechung der Verjährung
1. Unterbrechungsgründe

Die Verjährung wird unterbrochen:

1. durch Anerkennung[1] der Forderung von seiten des Schuldners, namentlich auch durch Zins- und Abschlagszahlungen, Pfand- und Bürgschaftsbestellung;
2. durch Schuldbetreibung[2], durch Schlichtungsgesuch, durch Klage oder Einrede vor einem staatlichen Gericht oder einem Schiedsgericht sowie durch Eingabe im Konkurs[3].

Art. 136

2. Wirkung der Unterbrechung unter Mitverpflichteten

[1] Die Unterbrechung der Verjährung gegen einen Solidarschuldner oder den Mitschuldner einer unteilbaren Leistung wirkt auch gegen die übrigen Mitschuldner.

[2] Ist die Verjährung gegen den Hauptschuldner unterbrochen, so ist sie es auch gegen den Bürgen.

[3] Dagegen wirkt die gegen den Bürgen eingetretene Unterbrechung nicht gegen den Hauptschuldner.

Art. 137

3. Beginn einer neuen Frist
a. Bei Anerkennung und Urteil

[1] Mit der Unterbrechung[4] beginnt die Verjährung von neuem.

[2] Wird die Forderung durch Ausstellung einer Urkunde anerkannt oder durch Urteil des Richters festgestellt, so ist die neue Verjährungsfrist stets die zehnjährige.

Art. 138

b. Bei Handlungen des Gläubigers

[1] Wird die Verjährung durch Schlichtungsgesuch, Klage oder Einrede unterbrochen, so beginnt die Verjährung von Neuem zu laufen, wenn der Rechtsstreit vor der befassten Instanz abgeschlossen ist.

[2] Erfolgt die Unterbrechung durch Schuldbetreibung, so beginnt mit jedem Betreibungsakt die Verjährung von neuem.

[3] Geschieht die Unterbrechung durch Eingabe im Konkurse, so beginnt die neue Verjährung mit dem Zeitpunkte, in dem die Forderung nach dem Konkursrechte wieder geltend gemacht werden kann.

Art. 139

V. …

Aufgehoben.

Art. 140

VI. Verjährung bei Fahrnispfandrecht

Durch das Bestehen eines Fahrnispfandrechtes wird die Verjährung einer Forderung nicht ausgeschlossen, ihr Eintritt verhindert jedoch den Gläubiger nicht an der Geltendmachung des Pfandrechtes.

Art. 141

VII. Verzicht auf die Verjährung

[1] Auf die Verjährung kann nicht zum voraus verzichtet werden.

[2] Der Verzicht eines Solidarschuldners kann den übrigen Solidarschuldnern nicht entgegengehalten werden.

[3] Dasselbe gilt unter mehreren Schuldnern einer unteilbaren Leistung und für den Bürgen beim Verzicht des Hauptschuldners.

1 Rechtsgeschäftlich
2 Vgl. SchKG 38 Abs. 2
3 Vgl. SchKG 232
4 Vgl. OR 135

Art. 142

VIII. Geltendmachung

Der Richter darf die Verjährung nicht von Amtes wegen berücksichtigen.

Vierter Titel: Besondere Verhältnisse bei Obligationen

Erster Abschnitt: Die Solidarität

Art. 143

A. Solidarschuld
I. Entstehung

1 Solidarität unter mehreren Schuldnern entsteht, wenn sie erklären[1], dass dem Gläubiger gegenüber jeder einzeln für die Erfüllung der ganzen Schuld haften wolle.

2 Ohne solche Willenserklärung entsteht Solidarität nur in den vom Gesetze bestimmten Fällen.[2]

Art. 144

II. Verhältnis zwischen Gläubiger und Schuldner
1. Wirkung
a. Haftung der Schuldner

1 Der Gläubiger kann nach seiner Wahl von allen Solidarschuldnern je nur einen Teil oder das Ganze fordern.

2 Sämtliche Schuldner bleiben so lange verpflichtet, bis die ganze Forderung getilgt ist.

Art. 145

b. Einreden der Schuldner

1 Ein Solidarschuldner kann dem Gläubiger nur solche Einreden entgegensetzen, die entweder aus seinem persönlichen Verhältnisse zum Gläubiger oder aus dem gemeinsamen Entstehungsgrunde oder Inhalte der solidarischen Verbindlichkeit hervorgehen.

2 Jeder Solidarschuldner wird den andern gegenüber verantwortlich, wenn er diejenigen Einreden nicht geltend macht, die allen gemeinsam zustehen.

Art. 146

c. Persönliche Handlung des Einzelnen

Ein Solidarschuldner kann, soweit es nicht anders bestimmt ist, durch seine persönliche Handlung die Lage der andern nicht erschweren.

Art. 147

2. Erlöschen der Solidarschuld

1 Soweit ein Solidarschuldner durch Zahlung oder Verrechnung den Gläubiger befriedigt hat, sind auch die übrigen befreit.

2 Wird ein Solidarschuldner ohne Befriedigung des Gläubigers befreit, so wirkt die Befreiung zugunsten der andern nur so weit, als die Umstände oder die Natur der Verbindlichkeit es rechtfertigen.

Art. 148

III. Verhältnis unter den Solidarschuldnern
1. Beteiligung

1 Sofern sich aus dem Rechtsverhältnisse unter den Solidarschuldnern nicht etwas anderes ergibt, hat von der an den Gläubiger geleisteten Zahlung ein jeder einen gleichen Teil zu übernehmen.

2 Bezahlt ein Solidarschuldner mehr als seinen Teil, so hat er für den Mehrbetrag Rückgriff auf seine Mitschuldner.

3 Was von einem Mitschuldner nicht erhältlich ist, haben die übrigen gleichmässig zu tragen.

1 Rechtsgeschäftlich
2 Gesetzlich, z.B. OR 50, 51, 181, 308, 403, 478, 497, 544, 568, 645, 759, 779a, 792, 869, 918, 1044

Art. 149

2. Übergang der Gläubigerrechte

1 Auf den rückgriffsberechtigten Solidarschuldner gehen in demselben Masse, als er den Gläubiger befriedigt hat, dessen Rechte über.

2 Der Gläubiger ist dafür verantwortlich, dass er die rechtliche Lage des einen Solidarschuldners nicht zum Schaden der übrigen besser stelle.

Art. 150

B. Solidarforderung

1 Solidarität unter mehreren Gläubigern entsteht, wenn der Schuldner erklärt[1], jeden einzelnen auf die ganze Forderung berechtigen zu wollen sowie in den vom Gesetze[2] bestimmten Fällen.

2 Die Leistung an einen der Solidargläubiger befreit den Schuldner gegenüber allen.

3 Der Schuldner hat die Wahl, an welchen Solidargläubiger er bezahlen will, solange er nicht von einem rechtlich belangt worden ist.

Zweiter Abschnitt: Die Bedingungen

Art. 151

A. Aufschiebende Bedingung
I. Im Allgemeinen

1 Ein Vertrag, dessen Verbindlichkeit vom Eintritte einer ungewissen Tatsache abhängig gemacht wird, ist als bedingt anzusehen.[3]

2 Für den Beginn der Wirkungen ist der Zeitpunkt massgebend, in dem die Bedingung in Erfüllung geht, sofern nicht auf eine andere Absicht der Parteien geschlossen werden muss.

Art. 152

II. Zustand bei schwebender Bedingung

1 Der bedingt Verpflichtete darf, solange die Bedingung schwebt, nichts vornehmen, was die gehörige Erfüllung seiner Verbindlichkeit hindern könnte.

2 Der bedingt Berechtigte ist befugt, bei Gefährdung seiner Rechte dieselben Sicherungsmassregeln zu verlangen, wie wenn seine Forderung eine unbedingte wäre.

3 Verfügungen während der Schwebezeit sind, wenn die Bedingung eintritt, insoweit hinfällig, als sie deren Wirkung beeinträchtigen.

Art. 153

III. Nutzen in der Zwischenzeit

1 Ist die versprochene Sache dem Gläubiger vor Eintritt der Bedingung übergeben worden, so kann er, wenn die Bedingung erfüllt wird, den inzwischen bezogenen Nutzen behalten.

2 Wenn die Bedingung nicht eintritt, so hat er das Bezogene herauszugeben.

Art. 154

B. Auflösende Bedingung

1 Ein Vertrag, dessen Auflösung vom Eintritte einer Bedingung abhängig gemacht worden ist, verliert seine Wirksamkeit mit dem Zeitpunkte, wo die Bedingung in Erfüllung geht.[4]

2 Eine Rückwirkung findet in der Regel nicht statt.

1 Rechtsgeschäftlich
2 Gesetzlich, z.B. OR 262 und 399
3 Mit rechtsbegründender Wirkung
4 Bedingung mit rechtsaufhebender Wirkung

Art. 155

C. Gemeinsame Vorschriften
I. Erfüllung der Bedingung

Ist die Bedingung auf eine Handlung eines der Vertragschliessenden gestellt, bei der es auf dessen Persönlichkeit nicht ankommt, so kann sie auch von seinen Erben erfüllt werden.

Art. 156

II. Verhinderung wider Treu und Glauben

Eine Bedingung gilt als erfüllt, wenn ihr Eintritt von dem einen Teile wider Treu und Glauben[1] verhindert worden ist.

Art. 157

III. Unzulässige Bedingungen

Wird eine Bedingung in der Absicht beigefügt, eine widerrechtliche oder unsittliche Handlung oder Unterlassung zu befördern, so ist der bedingte Anspruch nichtig.

Dritter Abschnitt: Haft- und Reugeld. Lohnabzüge. Konventionalstrafe

Art. 158

A. Haft- und Reugeld

1 Das beim Vertragsabschlusse gegebene An- oder Draufgeld gilt als Haft-, nicht als Reugeld.[2]

2 Wo nicht Vertrag oder Ortsgebrauch etwas anderes bestimmen, verbleibt das Haftgeld dem Empfänger ohne Abzug von seinem Anspruche.

3 Ist ein Reugeld verabredet worden, so kann der Geber gegen Zurücklassung des bezahlten und der Empfänger gegen Erstattung des doppelten Betrages von dem Vertrage zurücktreten.

Art. 159

B. …

Aufgehoben.

Art. 160

C. Konventionalstrafe
I. Recht des Gläubigers
1. Verhältnis der Strafe zur Vertragserfüllung

1 Wenn für den Fall der Nichterfüllung oder der nicht richtigen Erfüllung eines Vertrages[3] eine Konventionalstrafe versprochen ist, so ist der Gläubiger mangels anderer Abrede nur berechtigt, entweder die Erfüllung oder die Strafe[4] zu fordern.

2 Wurde die Strafe für Nichteinhaltung der Erfüllungszeit oder des Erfüllungsortes versprochen, so kann sie nebst[5] der Erfüllung des Vertrages gefordert werden, solange der Gläubiger nicht ausdrücklich Verzicht leistet oder die Erfüllung vorbehaltlos annimmt.

3 Dem Schuldner bleibt der Nachweis vorbehalten, dass ihm gegen Erlegung der Strafe der Rücktritt[6] freistehen sollte.

Art. 161

2. Verhältnis der Strafe zum Schaden

1 Die Konventionalstrafe ist verfallen, auch wenn dem Gläubiger kein Schaden[7] erwachsen ist.

1 Vgl. ZGB 2
2 Reugeld = Preis für Vertragsrücktritt; Haftgeld = Kaution
3 Vgl. OR 97
4 Alternativ
5 Kumulativ
6 Exklusiv
7 Nur Vertragsverletzung muss bewiesen werden

2 Übersteigt der erlittene Schaden den Betrag der Strafe, so kann der Gläubiger den Mehrbetrag nur so weit einfordern, als er ein Verschulden nachweist.

Art. 162

3. Verfall von Teilzahlungen

1 Die Abrede, dass Teilzahlungen im Falle des Rücktrittes dem Gläubiger verbleiben sollen, ist nach den Vorschriften über die Konventionalstrafe zu beurteilen.

2 *Aufgehoben.*

Art. 163

II. Höhe, Ungültigkeit und Herabsetzung der Strafe

1 Die Konventionalstrafe kann von den Parteien in beliebiger Höhe bestimmt werden.

2 Sie kann nicht gefordert werden, wenn sie ein widerrechtliches oder unsittliches Versprechen bekräftigen soll und, mangels anderer Abrede, wenn die Erfüllung durch einen vom Schuldner nicht zu vertretenden Umstand unmöglich geworden ist.

3 Übermässig hohe Konventionalstrafen hat der Richter nach seinem Ermessen herabzusetzen.

Fünfter Titel: Die Abtretung von Forderungen und die Schuldübernahme

Art. 164

A. Abtretung von Forderungen
I. Erfordernisse
1. Freiwillige Abtretung
a. Zulässigkeit

1 Der Gläubiger kann eine ihm zustehende Forderung ohne Einwilligung des Schuldners[1] an einen andern abtreten, soweit nicht Gesetz, Vereinbarung oder Natur des Rechtsverhältnisses entgegenstehen.

2 Dem Dritten, der die Forderung im Vertrauen auf ein schriftliches Schuldbekenntnis erworben hat, das ein Verbot der Abtretung nicht enthält, kann der Schuldner die Einrede, dass die Abtretung durch Vereinbarung ausgeschlossen worden sei, nicht entgegensetzen.

Art. 165

b. Form des Vertrages

1 Die Abtretung bedarf zu ihrer Gültigkeit der schriftlichen Form.[2]

2 Die Verpflichtung zum Abschluss eines Abtretungsvertrages kann formlos begründet werden.

Art. 166

2. Übergang kraft Gesetzes oder Richterspruchs

Bestimmen Gesetz oder richterliches Urteil, dass eine Forderung auf einen andern übergeht, so ist der Übergang Dritten gegenüber wirksam, ohne dass es einer besondern Form oder auch nur einer Willenserklärung des bisherigen Gläubigers bedarf.

Art. 167

II. Wirkung der Abtretung
1. Stellung des Schuldners
a. Zahlung in gutem Glauben

Wenn der Schuldner, bevor ihm der Abtretende oder der Erwerber die Abtretung angezeigt hat, in gutem Glauben an den frühern Gläubiger oder, im Falle mehrfacher Abtretung, an einen im Rechte nachgehenden Erwerber Zahlung leistet, so ist er gültig befreit.

1 Gläubigerwechsel: stille Zession bei Unkenntnis, notifizierte Zession bei Kenntnis von der Abtretung beim Schuldner
2 Einfache Schriftlichkeit

Art. 168

b. Verweigerung der Zahlung und Hinterlegung

[1] Ist die Frage, wem eine Forderung zustehe, streitig, so kann der Schuldner die Zahlung verweigern und sich durch gerichtliche Hinterlegung befreien.

[2] Zahlt der Schuldner, obschon er von dem Streite Kenntnis hat, so tut er es auf seine Gefahr.

[3] Ist der Streit vor Gericht anhängig und die Schuld fällig, so kann jede Partei den Schuldner zur Hinterlegung anhalten.

Art. 169

c. Einreden des Schuldners

[1] Einreden[1], die der Forderung des Abtretenden entgegenstanden, kann der Schuldner auch gegen den Erwerber geltend machen, wenn sie schon zu der Zeit vorhanden waren, als er von der Abtretung Kenntnis erhielt.

[2] Ist eine Gegenforderung des Schuldners in diesem Zeitpunkt noch nicht fällig gewesen, so kann er sie dennoch zur Verrechnung bringen, wenn sie nicht später als die abgetretene Forderung fällig geworden ist.

Art. 170

2. Übergang der Vorzugs- und Nebenrechte, Urkunden und Beweismittel

[1] Mit der Forderung gehen die Vorzugs- und Nebenrechte über, mit Ausnahme derer, die untrennbar mit der Person des Abtretenden verknüpft sind.

[2] Der Abtretende ist verpflichtet, dem Erwerber die Schuldurkunde und alle vorhandenen Beweismittel auszuliefern und ihm die zur Geltendmachung der Forderung nötigen Aufschlüsse zu erteilen.

[3] Es wird vermutet, dass mit der Hauptforderung auch die rückständigen Zinse auf den Erwerber übergehen.

Art. 171

3. Gewährleistung

a. Im Allgemeinen

[1] Bei der entgeltlichen Abtretung haftet der Abtretende für den Bestand der Forderung zur Zeit der Abtretung.

[2] Für die Zahlungsfähigkeit des Schuldners dagegen haftet der Abtretende nur dann, wenn er sich dazu verpflichtet hat.

[3] Bei der unentgeltlichen Abtretung haftet der Abtretende auch nicht für den Bestand der Forderung.

Art. 172

b. Bei Abtretung zahlungshalber

Hat ein Gläubiger seine Forderung zum Zwecke der Zahlung abgetreten ohne Bestimmung des Betrages, zu dem sie angerechnet werden soll, so muss der Erwerber sich nur diejenige Summe anrechnen lassen[2], die er vom Schuldner erhält oder bei gehöriger Sorgfalt hätte erhalten können.

Art. 173

c. Umfang der Haftung

[1] Der Abtretende haftet vermöge der Gewährleistung nur für den empfangenen Gegenwert nebst Zinsen und überdies für die Kosten der Abtretung und des erfolglosen Vorgehens gegen den Schuldner.

[2] Geht eine Forderung von Gesetzes wegen auf einen andern über, so haftet der bisherige Gläubiger weder für den Bestand der Forderung noch für die Zahlungsfähigkeit des Schuldners.

1 Z.B. Einrede der Verjährung
2 Gegenteil: Abtretung an Zahlungs Statt

Art. 174

III. Besondere Bestimmungen

Wo das Gesetz für die Übertragung von Forderungen besondere Bestimmungen aufstellt, bleiben diese vorbehalten.

Art. 175

B. Schuldübernahme
I. Schuldner und Schuldübernehmer

1 Wer einem Schuldner verspricht[1], seine Schuld zu übernehmen, verpflichtet sich, ihn von der Schuld zu befreien, sei es durch Befriedigung des Gläubigers oder dadurch, dass er sich an seiner Statt mit Zustimmung des Gläubigers[2] zu dessen Schuldner macht.

2 Der Übernehmer kann zur Erfüllung dieser Pflicht vom Schuldner nicht angehalten werden, solange dieser ihm gegenüber den Verpflichtungen nicht nachgekommen ist, die dem Schuldübernahmevertrag zugrunde liegen.

3 Unterbleibt die Befreiung des alten Schuldners, so kann dieser vom neuen Schuldner Sicherheit verlangen.

Art. 176

II. Vertrag mit dem Gläubiger
1. Antrag und Annahme

1 Der Eintritt eines Schuldübernehmers in das Schuldverhältnis an Stelle und mit Befreiung des bisherigen Schuldners erfolgt durch Vertrag des Übernehmers mit dem Gläubiger.

2 Der Antrag des Übernehmers kann dadurch erfolgen, dass er, oder mit seiner Ermächtigung der bisherige Schuldner, dem Gläubiger von der Übernahme der Schuld Mitteilung macht.

3 Die Annahmeerklärung des Gläubigers kann ausdrücklich erfolgen oder aus den Umständen hervorgehen und wird vermutet, wenn der Gläubiger ohne Vorbehalt vom Übernehmer eine Zahlung annimmt oder einer anderen schuldnerischen Handlung zustimmt.

Art. 177

2. Wegfall des Antrags

1 Die Annahme durch den Gläubiger kann jederzeit erfolgen, der Übernehmer wie der bisherige Schuldner können jedoch dem Gläubiger für die Annahme eine Frist setzen, nach deren Ablauf die Annahme bei Stillschweigen des Gläubigers als verweigert gilt.

2 Wird vor der Annahme durch den Gläubiger eine neue Schuldübernahme verabredet und auch von dem neuen Übernehmer dem Gläubiger der Antrag gestellt, so wird der vorhergehende Übernehmer befreit.

Art. 178

III. Wirkung des Schuldnerwechsels
1. Nebenrechte

1 Die Nebenrechte werden vom Schuldnerwechsel, soweit sie nicht mit der Person des bisherigen Schuldners untrennbar verknüpft sind, nicht berührt.

2 Von Dritten bestellte Pfänder sowie die Bürgen haften jedoch dem Gläubiger nur dann weiter, wenn der Verpfänder oder der Bürge der Schuldübernahme zugestimmt hat.

Art. 179

2. Einreden

1 Die Einreden[3] aus dem Schuldverhältnis stehen dem neuen Schuldner zu wie dem bisherigen.

1 Interne Schuldübernahme
2 Externe Schuldübernahme
3 Z.B. Einrede der Verjährung

2 Die Einreden, die der bisherige Schuldner persönlich gegen den Gläubiger gehabt hat, kann der neue Schuldner diesem, soweit nicht aus dem Vertrag mit ihm etwas anderes hervorgeht, nicht entgegenhalten.

3 Der Übernehmer kann die Einreden, die ihm gegen den Schuldner aus dem der Schuldübernahme zugrunde liegenden Rechtsverhältnisse zustehen, gegen den Gläubiger nicht geltend machen.

Art. 180

IV. Dahinfallen des Schuldübernahmevertrages

1 Fällt ein Übernahmevertrag als unwirksam dahin, so lebt die Verpflichtung des frühern Schuldners mit allen Nebenrechten, unter Vorbehalt der Rechte gutgläubiger Dritter, wieder auf.

2 Ausserdem kann der Gläubiger von dem Übernehmer Ersatz des Schadens verlangen, der ihm hiebei infolge des Verlustes früher erlangter Sicherheiten od. dgl. entstanden ist, insoweit der Übernehmer nicht darzutun vermag, dass ihm an dem Dahinfallen der Schuldübernahme und an der Schädigung des Gläubigers keinerlei Verschulden zur Last falle.

Art. 181

V. Übernahme eines Vermögens oder eines Geschäftes

1 Wer ein Vermögen oder ein Geschäft mit Aktiven und Passiven übernimmt, wird den Gläubigern aus den damit verbundenen Schulden ohne weiteres verpflichtet, sobald von dem Übernehmer die Übernahme den Gläubigern mitgeteilt oder in öffentlichen Blättern[1] ausgekündigt worden ist.

2 Der bisherige Schuldner haftet jedoch solidarisch[2] mit dem neuen noch während dreier Jahre, die für fällige Forderungen mit der Mitteilung oder Auskündung und bei später fällig werdenden Forderungen mit Eintritt der Fälligkeit zu laufen beginnen.

3 Im übrigen hat diese Schuldübernahme die gleiche Wirkung wie die Übernahme einer einzelnen Schuld.

4 Die Übernahme des Vermögens oder des Geschäfts von Handelsgesellschaften, Genossenschaften, Vereinen, Stiftungen und Einzelunternehmen, die im Handelsregister eingetragen sind, richtet sich nach den Vorschriften des Fusionsgesetzes vom 3. Oktober 2003.

Art. 182

VI. …

Aufgehoben.

Art. 183

VII. Erbteilung und Grundstückkauf

Die besondern Bestimmungen betreffend die Schuldübernahme bei Erbteilung und bei Veräusserung verpfändeter Grundstücke bleiben vorbehalten.

1 Z.B. SHAB
2 Vgl. OR 143

Zweite Abteilung: Die einzelnen Vertragsverhältnisse

Sechster Titel: Kauf und Tausch

Erster Abschnitt: Allgemeine Bestimmungen

Art. 184

A. Rechte und Pflichten im Allgemeinen

1 Durch den Kaufvertrag verpflichtet sich der Verkäufer, dem Käufer den Kaufgegenstand zu übergeben und ihm das Eigentum daran zu verschaffen, und der Käufer, dem Verkäufer den Kaufpreis zu bezahlen.[1]

2 Sofern nicht Vereinbarung oder Übung entgegenstehen, sind Verkäufer und Käufer verpflichtet, ihre Leistungen gleichzeitig – Zug um Zug – zu erfüllen.[2]

3 Der Preis ist genügend bestimmt, wenn er nach den Umständen bestimmbar ist.

Art. 185

B. Nutzen und Gefahr

1 Sofern nicht besondere Verhältnisse oder Verabredungen eine Ausnahme begründen, gehen Nutzen[3] und Gefahr[4] der Sache mit dem Abschlusse des Vertrages[5] auf den Erwerber über.

2 Ist die veräusserte Sache nur der Gattung nach bestimmt, so muss sie überdies ausgeschieden[6] und, wenn sie versendet[7] werden soll, zur Versendung abgegeben sein.

3 Bei Verträgen, die unter einer aufschiebenden Bedingung[8] abgeschlossen sind, gehen Nutzen und Gefahr der veräusserten Sache erst mit dem Eintritte der Bedingung auf den Erwerber über.

Art. 186

C. Vorbehalt der kantonalen Gesetzgebung

Der kantonalen Gesetzgebung bleibt es vorbehalten, die Klagbarkeit von Forderungen aus dem Kleinvertriebe geistiger Getränke, einschliesslich der Forderung für Wirtszeche, zu beschränken oder auszuschliessen.

Zweiter Abschnitt: Der Fahrniskauf

Art. 187

A. Gegenstand

1 Als Fahrniskauf ist jeder Kauf anzusehen, der nicht eine Liegenschaft oder ein in das Grundbuch als Grundstück aufgenommenes Recht[9] zum Gegenstande hat.

2 Bestandteile eines Grundstückes, wie Früchte oder Material auf Abbruch oder aus Steinbrüchen, bilden den Gegenstand eines Fahrniskaufes, wenn sie nach ihrer Lostrennung auf den Erwerber als bewegliche Sachen übergehen sollen.

1 Hauptpunkte im Sinne von OR 2
2 Fälligkeit vgl. OR 75
3 Früchte und sonstige Vorteile
4 Risiko des Untergangs oder der Verschlechterung
5 Vgl. OR 1
6 Vgl. OR 71
7 Distanzkauf
8 Vgl.OR 151
9 Vgl. ZGB 655

B. Verpflichtungen des Verkäufers
I. Übergabe
1. Kosten der Übergabe

Art. 188

Sofern nicht etwas anderes vereinbart worden oder üblich ist, trägt der Verkäufer die Kosten der Übergabe, insbesondere des Messens und Wägens, der Käufer dagegen die der Beurkundung und der Abnahme.

2. Transportkosten

Art. 189

1 Muss die verkaufte Sache an einen anderen als den Erfüllungsort[1] versendet werden, so trägt der Käufer die Transportkosten, sofern nicht etwas anderes vereinbart oder üblich ist.

2 Ist Frankolieferung verabredet, so wird vermutet, der Verkäufer habe die Transportkosten übernommen.

3 Ist Franko- und zollfreie Lieferung verabredet, so gelten die Ausgangs-, Durchgangs- und Eingangszölle, die während des Transportes, nicht aber die Verbrauchssteuern, die bei Empfang der Sache erhoben werden, als mitübernommen.

3. Verzug in der Übergabe
a. Rücktritt im kaufmännischen Verkehr

Art. 190

1 Ist im kaufmännischen Verkehr[2] ein bestimmter Lieferungstermin verabredet und kommt der Verkäufer in Verzug[3], so wird vermutet, dass der Käufer auf die Lieferung verzichte[4] und Schadenersatz wegen Nichterfüllung beanspruche.

2 Zieht der Käufer vor, die Lieferung zu verlangen, so hat er es dem Verkäufer nach Ablauf des Termines unverzüglich anzuzeigen.

b. Schadenersatzpflicht und Schadenberechnung

Art. 191

1 Kommt der Verkäufer seiner Vertragspflicht nicht nach, so hat er den Schaden, der dem Käufer hieraus entsteht, zu ersetzen.

2 Der Käufer kann als seinen Schaden im kaufmännischen Verkehr die Differenz zwischen dem Kaufpreis und dem Preise, um den er sich einen Ersatz für die nicht gelieferte Sache in guten Treuen erworben hat[5], geltend machen.

3 Bei Waren, die einen Markt- oder Börsenpreis haben, kann er, ohne sich den Ersatz anzuschaffen, die Differenz zwischen dem Vertragspreise und dem Preise zur Erfüllungszeit als Schadenersatz verlangen.

II. Gewährleistung des veräusserten Rechtes
1. Verpflichtung zur Gewährleistung

Art. 192

1 Der Verkäufer hat dafür Gewähr zu leisten, dass nicht ein Dritter aus Rechtsgründen, die schon zur Zeit des Vertragsabschlusses bestanden haben, den Kaufgegenstand dem Käufer ganz oder teilweise entziehe.[6]

2 Kannte der Käufer zur Zeit des Vertragsabschlusses die Gefahr der Entwehrung, so hat der Verkäufer nur insofern Gewähr zu leisten, als er sich ausdrücklich dazu verpflichtet hat.

3 Eine Vereinbarung über Aufhebung oder Beschränkung der Gewährspflicht ist ungültig, wenn der Verkäufer das Recht des Dritten absichtlich verschwiegen hat.

1 Vgl. OR 74
2 Sachen für den Wiederverkauf bestimmt
3 Vgl. OR 102
4 Gestaltungsrecht nach OR 107
5 Deckungskauf
6 Z.T. unbedeutend wegen ZGB 933, vgl. auch OR 97

Art. 193

2. Verfahren
a. Streitverkündung

[1] Die Voraussetzungen und Wirkungen der Streitverkündung richten sich nach der ZPO.

[2] Ist die Streitverkündung ohne Veranlassung des Verkäufers unterblieben, so wird dieser von der Verpflichtung zur Gewährleistung insoweit befreit, als er zu beweisen vermag, dass bei rechtzeitig erfolgter Streitverkündung ein günstigeres Ergebnis des Prozesses zu erlangen gewesen wäre.

Art. 194

b. Herausgabe ohne richterliche Entscheidung

[1] Die Pflicht zur Gewährleistung besteht auch dann, wenn der Käufer, ohne es zur richterlichen Entscheidung kommen zu lassen, das Recht des Dritten in guten Treuen anerkannt oder sich einem Schiedsgericht unterworfen hat, sofern dieses dem Verkäufer rechtzeitig angedroht und ihm die Führung des Prozesses erfolglos angeboten worden war.

[2] Ebenso besteht sie, wenn der Käufer beweist, dass er zur Herausgabe der Sache verpflichtet war.

Art. 195

3. Ansprüche des Käufers
a. Bei vollständiger Entwehrung

[1] Ist die Entwehrung eine vollständige, so ist der Kaufvertrag als aufgehoben zu betrachten und der Käufer zu fordern berechtigt:

1. Rückerstattung des bezahlten Preises samt Zinsen unter Abrechnung der von ihm gewonnenen oder versäumten Früchte und sonstigen Nutzungen;
2. Ersatz der für die Sache gemachten Verwendungen, soweit er nicht von dem berechtigten Dritten erhältlich ist;
3. Ersatz aller durch den Prozess veranlassten gerichtlichen und aussergerichtlichen Kosten, mit Ausnahme derjenigen, die durch Streitverkündung vermieden worden wären;
4. Ersatz des sonstigen durch die Entwehrung unmittelbar verursachten Schadens.

[2] Der Verkäufer ist verpflichtet, auch den weitern Schaden zu ersetzen, sofern er nicht beweist, dass ihm keinerlei Verschulden zur Last falle.

Art. 196

b. Bei teilweiser Entwehrung

[1] Wenn dem Käufer nur ein Teil des Kaufgegenstandes entzogen wird, oder wenn die verkaufte Sache mit einer dinglichen Last beschwert ist, für die der Verkäufer einzustehen hat, so kann der Käufer nicht die Aufhebung des Vertrages, sondern nur Ersatz des Schadens verlangen, der ihm durch die Entwehrung verursacht wird.

[2] Ist jedoch nach Massgabe der Umstände anzunehmen, dass der Käufer den Vertrag nicht geschlossen haben würde, wenn er die teilweise Entwehrung vorausgesehen hätte, so ist er befugt, die Aufhebung des Vertrages zu verlangen.

[3] In diesem Falle muss er den Kaufgegenstand, soweit er nicht entwehrt worden ist, nebst dem inzwischen bezogenen Nutzen dem Verkäufer zurückgeben.

Art. 196a

c. Bei Kulturgütern

Für Kulturgüter im Sinne von Artikel 2 Absatz 1 des Kulturgütertransfergesetzes vom 20. Juni 2003 verjährt die Klage auf Gewährleistung des veräusserten Rechts ein Jahr, nachdem der Käufer den Mangel entdeckt hat, in jedem Fall jedoch 30 Jahre nach dem Vertragsabschluss.

Art. 197

III. Gewährleistung wegen Mängel der Kaufsache
1. Gegenstand der Gewährleistung
a. Im Allgemeinen

[1] Der Verkäufer haftet dem Käufer sowohl für die zugesicherten Eigenschaften[1] als auch dafür, dass die Sache nicht körperliche oder rechtliche Mängel[2] habe, die ihren Wert oder ihre Tauglichkeit zu dem vorausgesetzten Gebrauche aufheben oder erheblich mindern.

[2] Er haftet auch dann, wenn er die Mängel nicht gekannt hat.[3]

Art. 198

b. Beim Viehhandel

Beim Handel mit Vieh (Pferden, Eseln, Maultieren, Rindvieh, Schafen, Ziegen und Schweinen) besteht eine Pflicht zur Gewährleistung nur insoweit, als der Verkäufer sie dem Käufer schriftlich zugesichert oder den Käufer absichtlich getäuscht hat.

Art. 199

2. Wegbedingung

Eine Vereinbarung über Aufhebung oder Beschränkung der Gewährspflicht[4] ist ungültig, wenn der Verkäufer dem Käufer die Gewährsmängel arglistig verschwiegen hat.

Art. 200

3. Vom Käufer gekannte Mängel

[1] Der Verkäufer haftet nicht für Mängel, die der Käufer zur Zeit des Kaufes gekannt hat.

[2] Für Mängel, die der Käufer bei Anwendung gewöhnlicher Aufmerksamkeit hätte kennen sollen, haftet der Verkäufer nur dann, wenn er deren Nichtvorhandensein zugesichert hat.

Art. 201

4. Mängelrüge
a. Im Allgemeinen

[1] Der Käufer soll, sobald es nach dem üblichen Geschäftsgange tunlich ist, die Beschaffenheit der empfangenen Sache prüfen und, falls sich Mängel ergeben, für die der Verkäufer Gewähr zu leisten hat, diesem sofort Anzeige machen.[5]

[2] Versäumt dieses der Käufer, so gilt die gekaufte Sache als genehmigt, soweit es sich nicht um Mängel handelt, die bei der übungsgemässen Untersuchung nicht erkennbar waren.[6]

[3] Ergeben sich später solche Mängel, so muss die Anzeige sofort nach der Entdeckung erfolgen, widrigenfalls die Sache auch rücksichtlich dieser Mängel als genehmigt gilt.

Art. 202

b. Beim Viehhandel

[1] Enthält beim Handel mit Vieh die schriftliche Zusicherung keine Fristbestimmung und handelt es sich nicht um Gewährleistung für Trächtigkeit, so haftet der Verkäufer dem Käufer nur, wenn der Mangel binnen neun Tagen, von der Übergabe oder vom Annahmeverzug an gerechnet, entdeckt und angezeigt wird, und wenn binnen der gleichen Frist bei der zuständigen Behörde die Untersuchung des Tieres durch Sachverständige verlangt wird.

1 Garantie
2 Vorausgesetzte fehlende Eigenschaften
3 Kausalhaftung
4 Weist auf dispositiven Charakter von OR 197 hin
5 Prüfpflicht und Anzeigepflicht, vgl. OR 204
6 Versteckte Mängel

2 Das Gutachten der Sachverständigen wird vom Richter nach seinem Ermessen gewürdigt.

3 Im Übrigen wird das Verfahren durch eine Verordnung des Bundesrates geregelt.

Art. 203

5. Absichtliche Täuschung

Bei absichtlicher Täuschung des Käufers durch den Verkäufer findet eine Beschränkung der Gewährleistung wegen versäumter Anzeige nicht statt.

Art. 204

6. Verfahren bei Übersendung von anderem Ort

1 Wenn die von einem anderen Orte übersandte Sache[1] beanstandet wird und der Verkäufer an dem Empfangsorte keinen Stellvertreter hat, so ist der Käufer verpflichtet, für deren einstweilige Aufbewahrung zu sorgen, und darf sie dem Verkäufer nicht ohne weiteres zurückschicken.[2]

2 Er soll den Tatbestand ohne Verzug gehörig feststellen lassen, widrigenfalls ihm der Beweis obliegt, dass die behaupteten Mängel schon zur Zeit der Empfangnahme vorhanden gewesen seien.

3 Zeigt sich Gefahr, dass die übersandte Sache schnell in Verderbnis gerate, so ist der Käufer berechtigt und, soweit die Interessen des Verkäufers es erfordern, verpflichtet, sie unter Mitwirkung der zuständigen Amtsstelle des Ortes, wo sich die Sache befindet, verkaufen zu lassen, hat aber bei Vermeidung von Schadenersatz den Verkäufer so zeitig als tunlich hievon zu benachrichtigen.

Art. 205

7. Inhalt der Klage des Käufers

a. Wandelung oder Minderung

1 Liegt ein Fall der Gewährleistung wegen Mängel der Sache vor, so hat der Käufer die Wahl, mit der Wandelungsklage[3] den Kauf rückgängig zu machen oder mit der Minderungsklage Ersatz des Minderwertes[4] der Sache zu fordern.

2 Auch wenn die Wandelungsklage angestellt worden ist, steht es dem Richter frei, bloss Ersatz des Minderwertes zuzusprechen, sofern die Umstände es nicht rechtfertigen, den Kauf rückgängig zu machen.

3 Erreicht der geforderte Minderwert den Betrag des Kaufpreises, so kann der Käufer nur die Wandelung verlangen.

Art. 206

b. Ersatzleistung

1 Geht der Kauf auf die Lieferung einer bestimmten Menge vertretbarer Sachen, so hat der Käufer die Wahl, entweder die Wandelungs- oder die Minderungsklage anzustellen oder andere währhafte Ware derselben Gattung zu fordern.

2 Wenn die Sachen dem Käufer nicht von einem andern Orte her zugesandt worden sind[5], ist auch der Verkäufer berechtigt, sich durch sofortige Lieferung währhafter Ware derselben Gattung und Ersatz allen Schadens von jedem weiteren Anspruche des Käufers zu befreien.

Art. 207

c. Wandelung bei Untergang der Sache

1 Die Wandelung kann auch dann begehrt werden, wenn die Sache infolge ihrer Mängel oder durch Zufall untergegangen ist.

1 Distanzkauf
2 Aufbewahrungspflicht, vgl. OR 201
3 Rechtsaufhebendes Gestaltungsrecht
4 Mängelrabatt
5 Platzkauf

2 Der Käufer hat in diesem Falle nur das zurückzugeben, was ihm von der Sache verblieben ist.

3 Ist die Sache durch Verschulden des Käufers untergegangen, oder von diesem weiter veräussert oder umgestaltet worden, so kann er nur Ersatz des Minderwertes verlangen.

Art. 208

8. Durchführung der Wandelung
a. Im Allgemeinen

1 Wird der Kauf rückgängig gemacht, so muss der Käufer die Sache nebst dem inzwischen bezogenen Nutzen dem Verkäufer zurückgeben.

2 Der Verkäufer hat den gezahlten Verkaufspreis samt Zinsen zurückzuerstatten und überdies, entsprechend den Vorschriften über die vollständige Entwehrung, die Prozesskosten, die Verwendungen und den Schaden zu ersetzen, der dem Käufer durch die Lieferung fehlerhafter Ware unmittelbar verursacht worden ist.

3 Der Verkäufer ist verpflichtet, den weitern Schaden zu ersetzen, sofern er nicht beweist, dass ihm keinerlei Verschulden zur Last falle.

Art. 209

b. Bei einer Mehrheit von Kaufsachen

1 Sind von mehreren zusammen verkauften Sachen oder von einer verkauften Gesamtsache bloss einzelne Stücke fehlerhaft, so kann nur rücksichtlich dieser die Wandelung verlangt werden.

2 Lassen sich jedoch die fehlerhaften Stücke von den fehlerfreien ohne erheblichen Nachteil für den Käufer oder den Verkäufer nicht trennen, so muss die Wandelung sich auf den gesamten Kaufgegenstand erstrecken.

3 Die Wandelung der Hauptsache zieht, selbst wenn für die Nebensache ein besonderer Preis festgesetzt war, die Wandelung auch dieser, die Wandelung der Nebensache dagegen nicht auch die Wandelung der Hauptsache nach sich.

Art. 210

9. Verjährung

1 Die Klagen auf Gewährleistung wegen Mängel der Sache verjähren mit Ablauf von zwei Jahren nach deren Ablieferung an den Käufer, selbst wenn dieser die Mängel erst später entdeckt[1], es sei denn, dass der Verkäufer eine Haftung[2] auf längere Zeit übernommen hat.

2 Die Frist beträgt fünf Jahre, soweit Mängel einer Sache, die bestimmungsgemäss in ein unbewegliches Werk integriert worden ist, die Mangelhaftigkeit des Werkes verursacht haben.

3 Für Kulturgüter im Sinne von Artikel 2 Absatz 1 des Kulturgütertransfergesetzes vom 20. Juni 2003 verjährt die Klage ein Jahr, nachdem der Käufer den Mangel entdeckt hat, in jedem Fall jedoch 30 Jahre nach dem Vertragsabschluss.

4 Eine Vereinbarung über die Verkürzung der Verjährungsfrist ist ungültig, wenn:

a. sie die Verjährungsfrist auf weniger als zwei Jahre, bei gebrauchten Sachen auf weniger als ein Jahr verkürzt;
b. die Sache für den persönlichen oder familiären Gebrauch des Käufers bestimmt ist; und
c. der Verkäufer im Rahmen seiner beruflichen oder gewerblichen Tätigkeit handelt.

1 Versteckte Mängel
2 Vgl. OR 197

5 Die Einreden des Käufers wegen vorhandener Mängel bleiben bestehen, wenn innerhalb der Verjährungsfrist die vorgeschriebene Anzeige an den Verkäufer gemacht worden ist.

6 Der Verkäufer kann die Verjährung nicht geltend machen, wenn ihm eine absichtliche Täuschung des Käufers nachgewiesen wird. Dies gilt nicht für die 30-jährige Frist gemäss Absatz 3.

Art. 211

C. Verpflichtungen des Käufers

I. Zahlung des Preises und Annahme der Kaufsache

1 Der Käufer ist verpflichtet, den Preis nach den Bestimmungen des Vertrages zu bezahlen und die gekaufte Sache, sofern sie ihm von dem Verkäufer vertragsgemäss angeboten wird, anzunehmen.

2 Die Empfangnahme muss sofort geschehen, wenn nicht etwas anderes vereinbart oder üblich ist.[1]

Art. 212

II. Bestimmung des Kaufpreises

1 Hat der Käufer fest bestellt, ohne den Preis zu nennen, so wird vermutet, es sei der mittlere Marktpreis gemeint, der zurzeit und an dem Ort der Erfüllung gilt.

2 Ist der Kaufpreis nach dem Gewichte der Ware zu berechnen, so wird die Verpackung (Taragewicht) in Abzug gebracht.

3 Vorbehalten bleiben die besonderen kaufmännischen Übungen, nach denen bei einzelnen Handelsartikeln ein festbestimmter oder nach Prozenten berechneter Abzug vom Bruttogewicht erfolgt oder das ganze Bruttogewicht bei der Preisbestimmung angerechnet wird.

Art. 213

III. Fälligkeit und Verzinsung des Kaufpreises

1 Ist kein anderer Zeitpunkt bestimmt, so wird der Kaufpreis mit dem Übergange des Kaufgegenstandes in den Besitz des Käufers fällig.[2]

2 Abgesehen von der Vorschrift über den Verzug infolge Ablaufs eines bestimmten Verfalltages[3] wird der Kaufpreis ohne Mahnung verzinslich, wenn die Übung es mit sich bringt, oder wenn der Käufer Früchte oder sonstige Erträgnisse des Kaufgegenstandes beziehen kann.

Art. 214

IV. Verzug des Käufers

1. Rücktrittsrecht des Verkäufers

1 Ist die verkaufte Sache gegen Vorausbezahlung des Preises oder Zug um Zug[4] zu übergeben und befindet sich der Käufer mit der Zahlung des Kaufpreises im Verzuge, so hat der Verkäufer das Recht, ohne weiteres vom Vertrage zurückzutreten.

2 Er hat jedoch dem Käufer, wenn er von seinem Rücktrittsrecht Gebrauch machen will, sofort Anzeige zu machen.

3 Ist der Kaufgegenstand vor der Zahlung in den Besitz des Käufers übergegangen[5], so kann der Verkäufer nur dann wegen Verzuges des Käufers von dem Vertrage zurücktreten und die übergebene Sache zurückfordern, wenn er sich dieses Recht ausdrücklich vorbehalten[6] hat.

1 Vgl. OR 91
2 Vgl. OR 75
3 Vgl. OR 102
4 Vgl. OR 184
5 Kreditkauf
6 Rücktrittsvorbehalt, vgl. Eigentumsvorbehalt nach ZGB 715

Art. 215

2. Schadenersatz und Schadenberechnung

[1] Kommt der Käufer im kaufmännischen Verkehr seiner Zahlungspflicht nicht nach, so hat der Verkäufer das Recht, seinen Schaden nach der Differenz zwischen dem Kaufpreis und dem Preise zu berechnen, um den er die Sache in guten Treuen weiter verkauft[1] hat.

[2] Bei Waren, die einen Markt- oder Börsenpreis haben, kann er ohne einen solchen Verkauf die Differenz zwischen dem Vertragspreis und dem Markt- und Börsenpreis zur Erfüllungszeit als Schadenersatz verlangen.

Dritter Abschnitt: Der Grundstückkauf

Art. 216

A. Formvorschriften

[1] Kaufverträge, die ein Grundstück zum Gegenstande haben, bedürfen zu ihrer Gültigkeit der öffentlichen Beurkundung.[2]

[2] Vorverträge sowie Verträge, die ein Vorkaufs-, Kaufs- oder Rückkaufsrecht an einem Grundstück begründen, bedürfen zu ihrer Gültigkeit der öffentlichen Beurkundung.

[3] Vorkaufsverträge, die den Kaufpreis nicht zum voraus bestimmen, sind in schriftlicher Form gültig.

Art. 216a

Abis. Befristung und Vormerkung

Vorkaufs- und Rückkaufsrechte dürfen für höchstens 25 Jahre, Kaufsrechte für höchstens zehn Jahre vereinbart und im Grundbuch[3] vorgemerkt werden.

Art. 216b

Ater. Vererblichkeit und Abtretung

[1] Ist nichts anderes vereinbart, so sind vertragliche Vorkaufs-, Kaufs- und Rückkaufsrechte vererblich, aber nicht abtretbar.

[2] Ist die Abtretung nach Vertrag zulässig, so bedarf sie der gleichen Form wie die Begründung.

Art. 216c

Aquater. Vorkaufsrechte
I. Vorkaufsfall

[1] Das Vorkaufsrecht kann geltend gemacht werden, wenn das Grundstück verkauft wird, sowie bei jedem andern Rechtsgeschäft, das wirtschaftlich einem Verkauf gleichkommt (Vorkaufsfall).

[2] Nicht als Vorkaufsfall gelten namentlich die Zuweisung an einen Erben in der Erbteilung, die Zwangsversteigerung und der Erwerb zur Erfüllung öffentlicher Aufgaben.

Art. 216d

II. Wirkungen des Vorkaufsfalls, Bedingungen

[1] Der Verkäufer muss den Vorkaufsberechtigten über den Abschluss und den Inhalt des Kaufvertrags in Kenntnis setzen.

[2] Wird der Kaufvertrag aufgehoben, nachdem das Vorkaufsrecht ausgeübt worden ist oder wird eine erforderliche Bewilligung aus Gründen, die in der Person des Käufers liegen, verweigert, so bleibt dies gegenüber dem Vorkaufsberechtigten ohne Wirkung.

1 Selbsthilfeverkauf
2 Vgl. OR 11
3 Vgl. ZGB 959

[3] Sieht der Vorkaufsvertrag nichts anderes vor, so kann der Vorkaufsberechtigte das Grundstück zu den Bedingungen erwerben, die der Verkäufer mit dem Dritten vereinbart hat.

Art. 216e

III. Ausübung, Verwirkung

Will der Vorkaufsberechtigte sein Vorkaufsrecht ausüben, so muss er es innert dreier Monate gegenüber dem Verkäufer oder, wenn es im Grundbuch vorgemerkt ist, gegenüber dem Eigentümer geltend machen. Die Frist beginnt mit Kenntnis von Abschluss und Inhalt des Vertrags.

Art. 217

B. Bedingter Kauf und Eigentumsvorbehalt

[1] Ist ein Grundstückkauf bedingt[1] abgeschlossen worden, so erfolgt die Eintragung in das Grundbuch erst, wenn die Bedingung erfüllt ist.

[2] Die Eintragung eines Eigentumsvorbehaltes ist ausgeschlossen.

Art. 218

C. Landwirtschaftliche Grundstücke

Für die Veräusserung von landwirtschaftlichen Grundstücken gilt zudem das Bundesgesetz vom 4. Oktober 1991 über das bäuerliche Bodenrecht.

Art. 219

D. Gewährleistung

[1] Der Verkäufer eines Grundstückes hat unter Vorbehalt anderweitiger Abrede dem Käufer Ersatz zu leisten, wenn das Grundstück nicht das Mass besitzt, das im Kaufvertrag angegeben ist.

[2] Besitzt ein Grundstück nicht das im Grundbuch auf Grund amtlicher Vermessung angegebene Mass, so hat der Verkäufer dem Käufer nur dann Ersatz zu leisten, wenn er die Gewährleistung hiefür ausdrücklich übernommen hat.

[3] Die Pflicht zur Gewährleistung[2] für die Mängel eines Gebäudes verjährt mit dem Ablauf von fünf Jahren, vom Erwerb des Eigentums an gerechnet.

Art. 220

E. Nutzen und Gefahr

Ist für die Übernahme des Grundstückes durch den Käufer ein bestimmter Zeitpunkt vertraglich festgestellt, so wird vermutet, dass Nutzen und Gefahr[3] erst mit diesem Zeitpunkt auf den Käufer übergehen.

Art. 221

F. Verweisung auf den Fahrniskauf

Im Übrigen finden auf den Grundstückkauf die Bestimmungen über den Fahrniskauf[4] entsprechende Anwendung.

Vierter Abschnitt: Besondere Arten des Kaufes

Art. 222

A. Kauf nach Muster

[1] Bei dem Kaufe nach Muster ist derjenige, dem das Muster anvertraut wurde, nicht verpflichtet, die Identität des von ihm vorgewiesenen mit dem empfangenen Muster zu beweisen, sondern es genügt seine persönliche Versicherung vor Gericht und zwar auch dann, wenn das Muster zwar nicht mehr in der Gestalt, die es bei der Übergabe hatte, vorgewiesen wird, diese Veränderung aber die notwendige Folge der Prüfung des Musters ist.

1 Vgl. OR 151 ff.
2 Vgl. OR 197
3 Vgl. OR 185
4 Vgl. OR 187 ff.

2 In allen Fällen steht der Gegenpartei der Beweis der Unechtheit offen.

3 Ist das Muster bei dem Käufer, wenn auch ohne dessen Verschulden, verdorben oder zu Grunde gegangen, so hat nicht der Verkäufer zu beweisen, dass die Sache mustergemäss sei, sondern der Käufer das Gegenteil.

Art. 223

B. Kauf auf Probe oder auf Besicht
I. Bedeutung

1 Ist ein Kauf auf Probe[1] oder auf Besicht vereinbart, so steht es im Belieben des Käufers, ob er die Kaufsache genehmigen will oder nicht.

2 Solange die Sache nicht genehmigt ist, bleibt sie im Eigentum des Verkäufers, auch wenn sie in den Besitz[2] des Käufers übergegangen ist.

Art. 224

II. Prüfung beim Verkäufer

1 Ist die Prüfung bei dem Verkäufer vorzunehmen, so hört dieser auf, gebunden zu sein, wenn der Käufer nicht bis zum Ablaufe der vereinbarten oder üblichen Frist genehmigt.

2 In Ermangelung einer solchen Frist kann der Verkäufer nach Ablauf einer angemessenen Zeit den Käufer zur Erklärung über die Genehmigung auffordern und hört auf, gebunden zu sein, wenn der Käufer auf die Aufforderung hin sich nicht sofort erklärt.

Art. 225

III. Prüfung beim Käufer

1 Ist die Sache dem Käufer vor der Prüfung übergeben worden, so gilt der Kauf als genehmigt, wenn der Käufer nicht innerhalb der vertragsmässigen oder üblichen Frist oder in Ermangelung einer solchen sofort auf die Aufforderung des Verkäufers hin die Nichtannahme erklärt[3] oder die Sache zurückgibt.

2 Ebenso gilt der Kauf als genehmigt, wenn der Käufer den Preis ohne Vorbehalt ganz oder zum Teile bezahlt oder über die Sache in anderer Weise verfügt, als es zur Prüfung nötig ist.

C. Teilzahlungsgeschäfte
I. …

Art. 226

Aufgehoben.

Art. 226a[4]–226d

Aufgehoben.

Art. 226e

Aufgehoben.

Art. 226f–226k

Aufgehoben.

Art. 226l

Aufgehoben.

Art. 226m

Aufgehoben.

1 Z.B. Versandhandel
2 Vgl. ZGB 714 und 919
3 Fall der stillschweigenden Annahme ohne erkennbare Willensäusserung
4 Durch KKG aufgehoben per 01.01.2003

Art. 227

Aufgehoben.

Art. 227a–227i

Aufgehoben.

Art. 228

Aufgehoben.

Art. 229

D. Versteigerung

I. Abschluss des Kaufes

1 Auf einer Zwangsversteigerung[1] gelangt der Kaufvertrag dadurch zum Abschluss, dass der Versteigerungsbeamte den Gegenstand zuschlägt.

2 Der Kaufvertrag auf einer freiwilligen Versteigerung, die öffentlich ausgekündigt worden ist und an der jedermann bieten kann, wird dadurch abgeschlossen, dass der Veräusserer den Zuschlag erklärt.

3 Solange kein anderer Wille des Veräusserers kundgegeben ist, gilt der Leitende als ermächtigt, an der Versteigerung auf das höchste Angebot den Zuschlag zu erklären.

Art. 230

II. Anfechtung

1 Wenn in rechtswidriger oder gegen die guten Sitten verstossender Weise auf den Erfolg der Versteigerung eingewirkt[2] worden ist, so kann diese innert einer Frist von zehn Tagen von jedermann, der ein Interesse hat, angefochten werden.

2 Im Falle der Zwangsversteigerung ist die Anfechtung bei der Aufsichtsbehörde, in den andern Fällen beim Richter anzubringen.

Art. 231

III. Gebundenheit des Bietenden

1. Im Allgemeinen

1 Der Bietende ist nach Massgabe der Versteigerungsbedingungen an sein Angebot gebunden.

2 Er wird, falls diese nichts anderes bestimmen, frei, wenn ein höheres Angebot erfolgt oder sein Angebot nicht sofort nach dem üblichen Aufruf angenommen wird.

Art. 232

2. Bei Grundstücken

1 Die Zu- oder Absage muss bei Grundstücken an der Steigerung selbst erfolgen.

2 Vorbehalte, durch die der Bietende über die Steigerungsverhandlung hinaus bei seinem Angebote behaftet wird, sind ungültig, soweit es sich nicht um Zwangsversteigerung oder um einen Fall handelt, wo der Verkauf der Genehmigung durch eine Behörde bedarf.

Art. 233

IV. Barzahlung

1 Bei der Versteigerung hat der Erwerber, wenn die Versteigerungsbedingungen nichts anderes vorsehen, Barzahlung zu leisten.

2 Der Veräusserer kann sofort vom Kauf zurücktreten, wenn nicht Zahlung in bar oder gemäss den Versteigerungsbedingungen geleistet wird.

Art. 234

V. Gewährleistung

1 Bei Zwangsversteigerung findet, abgesehen von besonderen Zusicherungen[3] oder von absichtlicher Täuschung[4] der Bietenden, eine Gewährleistung nicht statt.

1 Vgl. SchKG 125 ff.
2 Vgl. OR 20
3 Vgl. OR 197
4 Vgl. OR 28

2 Der Ersteigerer erwirbt die Sache in dem Zustand und mit den Rechten und Lasten, die durch die öffentlichen Bücher oder die Versteigerungsbedingungen bekanntgegeben sind oder von Gesetzes wegen bestehen.

3 Bei freiwilliger öffentlicher Versteigerung haftet der Veräusserer wie ein anderer Verkäufer, kann aber in den öffentlich kundgegebenen Versteigerungsbedingungen die Gewährleistung mit Ausnahme der Haftung für absichtliche Täuschung von sich ablehnen.

Art. 235

VI. Eigentumsübergang

1 Der Ersteigerer erwirbt das Eigentum an einer ersteigerten Fahrnis mit deren Zuschlag, an einem ersteigerten Grundstück dagegen erst mit der Eintragung in das Grundbuch.

2 Die Versteigerungsbehörde hat dem Grundbuchverwalter auf Grundlage des Steigerungsprotokolls den Zuschlag sofort zur Eintragung anzuzeigen.

3 Vorbehalten bleiben die Vorschriften über den Eigentumserwerb bei Zwangsversteigerungen.

Art. 236

VII. Kantonale Vorschriften

Die Kantone können in den Schranken der Bundesgesetzgebung weitere Vorschriften über die öffentliche Versteigerung aufstellen.

Fünfter Abschnitt: Der Tauschvertrag

Art. 237

A. Verweisung auf den Kauf

Auf den Tauschvertrag finden die Vorschriften über den Kaufvertrag[1] in dem Sinne Anwendung, dass jede Vertragspartei mit Bezug auf die von ihr versprochene Sache als Verkäufer und mit Bezug auf die ihr zugesagte Sache als Käufer behandelt wird.

Art. 238

B. Gewährleistung

Wird die eingetauschte Sache entwehrt[2] oder wegen ihrer Mängel zurückgegeben[3], so hat die geschädigte Partei die Wahl, Schadenersatz zu verlangen oder die vertauschte Sache zurückzufordern.

Siebenter Titel: Die Schenkung

Art. 239

A. Inhalt der Schenkung

1 Als Schenkung gilt jede Zuwendung unter Lebenden, womit jemand aus seinem Vermögen einen andern ohne entsprechende Gegenleistung bereichert.

2 Wer auf sein Recht verzichtet, bevor er es erworben hat, oder eine Erbschaft ausschlägt, hat keine Schenkung gemacht.

3 Die Erfüllung einer sittlichen Pflicht wird nicht als Schenkung behandelt.

1 Vgl. OR 184 ff.
2 Vgl. OR 192
3 Vgl. OR 197 ff.

B. Persönliche Fähigkeit
I. Des Schenkers

Art. 240

[1] Wer handlungsfähig ist, kann über sein Vermögen schenkungsweise verfügen, soweit nicht das eheliche Güterrecht oder das Erbrecht[1] ihm Schranken auferlegen.

[2] Aus dem Vermögen eines Handlungsunfähigen dürfen nur übliche Gelegenheitsgeschenke ausgerichtet werden. Die Verantwortlichkeit des gesetzlichen Vertreters bleibt vorbehalten.

[3] *Aufgehoben.*

II. Des Beschenkten

Art. 241

[1] Eine Schenkung entgegennehmen und rechtsgültig erwerben kann auch ein Handlungsunfähiger, wenn er urteilsfähig ist.[2]

[2] Die Schenkung ist jedoch nicht erworben oder wird aufgehoben, wenn der gesetzliche Vertreter deren Annahme untersagt oder die Rückleistung anordnet.

C. Errichtung der Schenkung
I. Schenkung von Hand zu Hand

Art. 242

[1] Eine Schenkung von Hand zu Hand[3] erfolgt durch Übergabe der Sache vom Schenker an den Beschenkten.

[2] Bei Grundeigentum und dinglichen Rechten an Grundstücken kommt eine Schenkung erst mit der Eintragung in das Grundbuch zustande.

[3] Diese Eintragung setzt ein gültiges Schenkungsversprechen voraus.

II. Schenkungsversprechen

Art. 243

[1] Das Schenkungsversprechen[4] bedarf zu seiner Gültigkeit der schriftlichen Form.

[2] Sind Grundstücke oder dingliche Rechte an solchen Gegenstand der Schenkung, so ist zu ihrer Gültigkeit die öffentliche Beurkundung erforderlich.

[3] Ist das Schenkungsversprechen vollzogen, so wird das Verhältnis als Schenkung von Hand zu Hand beurteilt.

III. Bedeutung der Annahme

Art. 244

Wer in Schenkungsabsicht einem andern etwas zuwendet, kann, auch wenn er es tatsächlich aus seinem Vermögen ausgesondert hat, die Zuwendung bis zur Annahme seitens des Beschenkten jederzeit zurückziehen.

D. Bedingungen und Auflagen
I. Im Allgemeinen

Art. 245

[1] Mit einer Schenkung können Bedingungen[5] oder Auflagen[6] verbunden werden.

[2] Eine Schenkung, deren Vollziehbarkeit auf den Tod des Schenkers gestellt ist, steht unter den Vorschriften über die Verfügungen von Todes wegen.

II. Vollziehung der Auflagen

Art. 246

[1] Der Schenker kann die Vollziehung einer vom Beschenkten angenommenen Auflage nach dem Vertragsinhalt einklagen.

[2] Liegt die Vollziehung der Auflage im öffentlichen Interesse, so kann nach dem Tode des Schenkers die zuständige Behörde die Vollziehung verlangen.

1 Vgl. ZGB 527
2 Vgl. ZGB 16 und 19 Abs. 2
3 Vgl. OR 243
4 Vgl. OR 242
5 Vgl. OR 151
6 Zusätzliche Verpflichtung zu einem bestimmten Tun oder Unterlassen

³ Der Beschenkte darf die Vollziehung einer Auflage verweigern, insoweit der Wert der Zuwendung die Kosten der Auflage nicht deckt und ihm der Ausfall nicht ersetzt wird.

Art. 247

III. Verabredung des Rückfalls

¹ Der Schenker kann den Rückfall der geschenkten Sache an sich selbst vorbehalten für den Fall, dass der Beschenkte vor ihm sterben sollte.

² Dieses Rückfallsrecht kann bei Schenkung von Grundstücken oder dinglichen Rechten an solchen im Grundbuche vorgemerkt werden.

Art. 248

E. Verantwortlichkeit des Schenkers

¹ Der Schenker ist dem Beschenkten für den Schaden, der diesem aus der Schenkung erwächst, nur im Falle der absichtlichen oder der grobfahrlässigen Schädigung verantwortlich.

² Er hat ihm für die geschenkte Sache oder die abgetretene Forderung nur die Gewähr zu leisten, die er ihm versprochen[1] hat.

Art. 249

F. Aufhebung der Schenkung

I. Rückforderung der Schenkung

Bei der Schenkung von Hand zu Hand und bei vollzogenen Schenkungsversprechen kann der Schenker die Schenkung widerrufen und das Geschenkte, soweit der Beschenkte noch bereichert ist, zurückfordern:

1. wenn der Beschenkte gegen den Schenker oder gegen eine diesem nahe verbundene Person eine schwere Straftat begangen hat;
2. wenn er gegenüber dem Schenker oder einem von dessen Angehörigen die ihm obliegenden familienrechtlichen Pflichten schwer verletzt hat;
3. wenn er die mit der Schenkung verbundenen Auflagen in ungerechtfertigter Weise nicht erfüllt.

Art. 250

II. Widerruf und Hinfälligkeit des Schenkungsversprechens

¹ Bei dem Schenkungsversprechen kann der Schenker das Versprechen widerrufen und dessen Erfüllung verweigern:

1. aus den gleichen Gründen, aus denen das Geschenkte bei der Schenkung von Hand zu Hand zurückgefordert werden kann;
2. wenn seit dem Versprechen die Vermögensverhältnisse des Schenkers sich so geändert haben, dass die Schenkung ihn ausserordentlich schwer belasten würde;
3. wenn seit dem Versprechen dem Schenker familienrechtliche Pflichten erwachsen sind, die vorher gar nicht oder in erheblich geringerem Umfange bestanden haben.

² Durch Ausstellung eines Verlustscheines[2] oder Eröffnung des Konkurses[3] gegen den Schenker wird jedes Schenkungsversprechen aufgehoben.

Art. 251

III. Verjährung und Klagerecht der Erben

¹ Der Widerruf kann während eines Jahres erfolgen, von dem Zeitpunkt an gerechnet, wo der Schenker von dem Widerrufsgrund Kenntnis erhalten hat.

1 Keine gesetzliche Gewährspflicht, vgl. OR 197
2 Vgl. SchKG 149
3 Vgl. SchKG 171

2 Stirbt der Schenker vor Ablauf dieses Jahres, so geht das Klagerecht für den Rest der Frist auf dessen Erben über.

3 Die Erben des Schenkers können die Schenkung widerrufen, wenn der Beschenkte den Schenker vorsätzlich und rechtswidrig getötet oder am Widerruf verhindert hat.

Art. 252

IV. Tod des Schenkers

Hat sich der Schenker zu wiederkehrenden Leistungen verpflichtet, so erlischt die Verbindlichkeit mit seinem Tode, sofern es nicht anders bestimmt ist.

Achter Titel: Die Miete[1]

Erster Abschnitt: Allgemeine Bestimmungen

Art. 253

A. Begriff und Geltungsbereich

I. Begriff

Durch den Mietvertrag verpflichtet sich der Vermieter, dem Mieter eine Sache zum Gebrauch zu überlassen, und der Mieter, dem Vermieter dafür einen Mietzins zu leisten.

Art. 253a

II. Geltungsbereich

1. Wohn- und Geschäftsräume

1 Die Bestimmungen über die Miete von Wohn- und Geschäftsräumen gelten auch für Sachen, die der Vermieter zusammen mit diesen Räumen dem Mieter zum Gebrauch überlässt.

2 Sie gelten nicht für Ferienwohnungen, die für höchstens drei Monate gemietet werden.

3 Der Bundesrat erlässt die Ausführungsvorschriften.

Art. 253b

2. Bestimmungen über den Schutz vor missbräuchlichen Mietzinsen

1 Die Bestimmungen über den Schutz vor missbräuchlichen Mietzinsen (Art. 269 ff.) gelten sinngemäss für nichtlandwirtschaftliche Pacht- und andere Verträge, die im Wesentlichen die Überlassung von Wohn- oder Geschäftsräumen gegen Entgelt regeln.

2 Sie gelten nicht für die Miete von luxuriösen Wohnungen und Einfamilienhäusern mit sechs oder mehr Wohnräumen (ohne Anrechnung der Küche).

3 Die Bestimmungen über die Anfechtung missbräuchlicher Mietzinse gelten nicht für Wohnräume, deren Bereitstellung von der öffentlichen Hand gefördert wurde und deren Mietzinse durch eine Behörde kontrolliert werden.

Art. 254

B. Koppelungsgeschäfte

Ein Koppelungsgeschäft[2], das in Zusammenhang mit der Miete von Wohn- oder Geschäftsräumen steht, ist nichtig, wenn der Abschluss oder die Weiterführung des Mietvertrags davon abhängig gemacht wird und der Mieter dabei gegenüber dem Vermieter oder einem Dritten eine Verpflichtung übernimmt, die nicht unmittelbar mit dem Gebrauch der Mietsache zusammenhängt.

1 Vgl. VMWG (VO über die Miete und Pacht von Wohn- und Geschäftsräumen)
2 Zusätzliche sachfremde Verpflichtungen des Mieters, vgl. VMWG 3

Art. 255

C. Dauer des Mietverhältnisses

[1] Das Mietverhältnis kann befristet oder unbefristet sein.

[2] Befristet ist das Mietverhältnis, wenn es ohne Kündigung mit Ablauf der vereinbarten Dauer endigen soll.

[3] Die übrigen Mietverhältnisse gelten als unbefristet.

Art. 256

D. Pflichten des Vermieters
I. Im Allgemeinen

[1] Der Vermieter ist verpflichtet, die Sache zum vereinbarten Zeitpunkt in einem zum vorausgesetzten Gebrauch tauglichen Zustand zu übergeben und in demselben zu erhalten.

[2] Abweichende Vereinbarungen zum Nachteil des Mieters sind nichtig, wenn sie enthalten sind in:

a. vorformulierten Allgemeinen Geschäftsbedingungen;
b. Mietverträgen über Wohn- oder Geschäftsräume.

Art. 256a

II. Auskunftspflicht

[1] Ist bei Beendigung des vorangegangenen Mietverhältnisses ein Rückgabeprotokoll erstellt worden, so muss der Vermieter es dem neuen Mieter auf dessen Verlangen bei der Übergabe der Sache zur Einsicht vorlegen.

[2] Ebenso kann der Mieter verlangen, dass ihm die Höhe des Mietzinses des vorangegangenen Mietverhältnisses mitgeteilt wird.

Art. 256b

III. Abgaben und Lasten

Der Vermieter trägt die mit der Sache verbundenen Lasten und öffentlichen Abgaben.

Art. 257

E. Pflichten des Mieters
I. Zahlung des Mietzinses und der Nebenkosten
1. Mietzins

Der Mietzins ist das Entgelt, das der Mieter dem Vermieter für die Überlassung der Sache schuldet.

Art. 257a

2. Nebenkosten
a. Im Allgemeinen

[1] Die Nebenkosten sind das Entgelt für die Leistungen des Vermieters oder eines Dritten, die mit dem Gebrauch der Sache zusammenhängen.

[2] Der Mieter muss die Nebenkosten nur bezahlen, wenn er dies mit dem Vermieter besonders vereinbart hat.

Art. 257b

b. Wohn- und Geschäftsräume

[1] Bei Wohn- und Geschäftsräumen sind die Nebenkosten die tatsächlichen Aufwendungen des Vermieters für Leistungen, die mit dem Gebrauch zusammenhängen, wie Heizungs-, Warmwasser- und ähnliche Betriebskosten, sowie für öffentliche Abgaben, die sich aus dem Gebrauch der Sache ergeben.

[2] Der Vermieter muss dem Mieter auf Verlangen Einsicht in die Belege gewähren.

Art. 257c

3. Zahlungstermine

Der Mieter muss den Mietzins und allenfalls die Nebenkosten am Ende jedes Monats, spätestens aber am Ende der Mietzeit bezahlen, wenn kein anderer Zeitpunkt vereinbart oder ortsüblich ist.

Art. 257d

4. Zahlungsrückstand des Mieters

[1] Ist der Mieter nach der Übernahme der Sache mit der Zahlung fälliger Mietzinse oder Nebenkosten im Rückstand, so kann ihm der Vermieter schriftlich eine Zahlungsfrist setzen und ihm androhen, dass bei unbenütztem Ablauf der Frist

das Mietverhältnis gekündigt werde. Diese Frist beträgt mindestens zehn Tage, bei Wohn- und Geschäftsräumen mindestens 30 Tage.

2 Bezahlt der Mieter innert der gesetzten Frist nicht, so kann der Vermieter fristlos, bei Wohn- und Geschäftsräumen mit einer Frist von mindestens 30 Tagen auf Ende eines Monats kündigen.

Art. 257e

II. Sicherheiten durch den Mieter

1 Leistet der Mieter von Wohn- oder Geschäftsräumen eine Sicherheit in Geld oder in Wertpapieren, so muss der Vermieter sie bei einer Bank auf einem Sparkonto oder einem Depot, das auf den Namen des Mieters lautet, hinterlegen.

2 Bei der Miete von Wohnräumen darf der Vermieter höchstens drei Monatszinse als Sicherheit verlangen.

3 Die Bank darf die Sicherheit nur mit Zustimmung beider Parteien oder gestützt auf einen rechtskräftigen Zahlungsbefehl oder auf ein rechtskräftiges Gerichtsurteil herausgeben. Hat der Vermieter innert einem Jahr nach Beendigung des Mietverhältnisses keinen Anspruch gegenüber dem Mieter rechtlich geltend gemacht, so kann dieser von der Bank die Rückerstattung der Sicherheit verlangen.

4 Die Kantone können ergänzende Bestimmungen erlassen.

Art. 257f

III. Sorgfalt und Rücksichtnahme

1 Der Mieter muss die Sache sorgfältig gebrauchen.

2 Der Mieter einer unbeweglichen Sache muss auf Hausbewohner und Nachbarn Rücksicht nehmen.

3 Verletzt der Mieter trotz schriftlicher Mahnung des Vermieters seine Pflicht zu Sorgfalt oder Rücksichtnahme weiter, so dass dem Vermieter oder den Hausbewohnern die Fortsetzung des Mietverhältnisses nicht mehr zuzumuten ist so kann der Vermieter fristlos, bei Wohn- und Geschäftsräumen mit einer Frist von mindestens 30 Tagen auf Ende eines Monats kündigen.

4 Der Vermieter von Wohn- oder Geschäftsräumen kann jedoch fristlos kündigen, wenn der Mieter vorsätzlich der Sache schweren Schaden zufügt.

Art. 257g

IV. Meldepflicht

1 Der Mieter muss Mängel[1], die er nicht selber zu beseitigen hat, dem Vermieter melden.

2 Unterlässt der Mieter die Meldung, so haftet er für den Schaden, der dem Vermieter daraus entsteht.

Art. 257h

V. Duldungspflicht

1 Der Mieter muss Arbeiten an der Sache dulden, wenn sie zur Beseitigung von Mängeln oder zur Behebung oder Vermeidung von Schäden notwendig sind.

2 Der Mieter muss dem Vermieter gestatten, die Sache zu besichtigen, soweit dies für den Unterhalt, den Verkauf oder die Wiedervermietung notwendig ist.

3 Der Vermieter muss dem Mieter Arbeiten und Besichtigungen rechtzeitig anzeigen und bei der Durchführung auf die Interessen des Mieters Rücksicht nehmen; allfällige Ansprüche des Mieters auf Herabsetzung des Mietzinses (Art. 259d) und auf Schadenersatz (Art. 259e) bleiben vorbehalten.

1 Vgl. OR 197

Art. 258

F. Nichterfüllung oder mangelhafte Erfüllung des Vertrags bei Übergabe der Sache

[1] Übergibt der Vermieter die Sache nicht zum vereinbarten Zeitpunkt oder mit Mängeln, welche die Tauglichkeit zum vorausgesetzten Gebrauch ausschliessen oder erheblich beeinträchtigen, so kann der Mieter nach den Artikeln 107–109 über die Nichterfüllung von Verträgen vorgehen.

[2] Übernimmt der Mieter die Sache trotz dieser Mängel und beharrt er auf gehöriger Erfüllung des Vertrags, so kann er nur die Ansprüche geltend machen, die ihm bei Entstehung von Mängeln während der Mietdauer zustünden (Art. 259a–259i).

[3] Der Mieter kann die Ansprüche nach den Artikeln 259a–259i auch geltend machen, wenn die Sache bei der Übergabe Mängel hat:

a. welche die Tauglichkeit zum vorausgesetzten Gebrauch zwar vermindern, aber weder ausschliessen noch erheblich beeinträchtigen;
b. die der Mieter während der Mietdauer auf eigene Kosten beseitigen müsste (Art. 259).

Art. 259

G. Mängel während der Mietdauer

I. Pflicht des Mieters zu kleinen Reinigungen und Ausbesserungen

Der Mieter muss Mängel[1], die durch kleine, für den gewöhnlichen Unterhalt erforderliche Reinigungen oder Ausbesserungen behoben werden können, nach Ortsgebrauch auf eigene Kosten beseitigen.

Art. 259a

II. Rechte des Mieters

1. Im Allgemeinen

[1] Entstehen an der Sache Mängel, die der Mieter weder zu verantworten noch auf eigene Kosten zu beseitigen hat, oder wird der Mieter im vertragsgemässen Gebrauch der Sache gestört, so kann er verlangen, dass der Vermieter:

a. den Mangel beseitigt;
b. den Mietzins verhältnismässig herabsetzt;
c. Schadenersatz leistet;
d. den Rechtsstreit mit einem Dritten übernimmt.

[2] Der Mieter einer unbeweglichen Sache kann zudem den Mietzins hinterlegen.

Art. 259b

2. Beseitigung des Mangels

a. Grundsatz

Kennt der Vermieter einen Mangel und beseitigt er ihn nicht innert angemessener Frist, so kann der Mieter:

a. fristlos kündigen, wenn der Mangel die Tauglichkeit einer unbeweglichen Sache zum vorausgesetzten Gebrauch ausschliesst oder erheblich beeinträchtigt oder wenn der Mangel die Tauglichkeit einer beweglichen Sache zum vorausgesetzten Gebrauch vermindert;
b. auf Kosten des Vermieters den Mangel beseitigen lassen, wenn dieser die Tauglichkeit der Sache zum vorausgesetzten Gebrauch zwar vermindert, aber nicht erheblich beeinträchtigt.

Art. 259c

b. Ausnahme

Der Mieter hat keinen Anspruch auf Beseitigung des Mangels, wenn der Vermieter für die mangelhafte Sache innert angemessener Frist vollwertigen Ersatz leistet.

[1] Vgl. OR 197

Art. 259d

3. Herabsetzung des Mietzinses

Wird die Tauglichkeit der Sache zum vorausgesetzten Gebrauch beeinträchtigt oder vermindert, so kann der Mieter vom Vermieter verlangen, dass er den Mietzins vom Zeitpunkt, in dem er vom Mangel erfahren hat, bis zur Behebung des Mangels entsprechend herabsetzt.

Art. 259e

4. Schadenersatz

Hat der Mieter durch den Mangel Schaden erlitten, so muss ihm der Vermieter dafür Ersatz leisten, wenn er nicht beweist, dass ihn kein Verschulden trifft.

Art. 259f

5. Übernahme des Rechtsstreits

Erhebt ein Dritter einen Anspruch auf die Sache, der sich mit den Rechten des Mieters nicht verträgt, so muss der Vermieter auf Anzeige des Mieters hin den Rechtsstreit übernehmen.

Art. 259g

6. Hinterlegung des Mietzinses

a. Grundsatz

1 Verlangt der Mieter einer unbeweglichen Sache vom Vermieter die Beseitigung eines Mangels, so muss er ihm dazu schriftlich eine angemessene Frist setzen und kann ihm androhen, dass er bei unbenütztem Ablauf der Frist Mietzinse die künftig fällig werden bei einer vom Kanton bezeichneten Stelle hinterlegen wird. Er muss die Hinterlegung dem Vermieter schriftlich ankündigen.

2 Mit der Hinterlegung gelten die Mietzinse als bezahlt.

Art. 259h

b. Herausgabe der hinterlegten Mietzinse

1 Hinterlegte Mietzinse fallen dem Vermieter zu, wenn der Mieter seine Ansprüche gegenüber dem Vermieter nicht innert 30 Tagen seit Fälligkeit des ersten hinterlegten Mietzinses bei der Schlichtungsbehörde geltend gemacht hat.

2 Der Vermieter kann bei der Schlichtungsbehörde die Herausgabe der zu Unrecht hinterlegten Mietzinse verlangen, sobald ihm der Mieter die Hinterlegung angekündigt hat.

Art. 259i

c. Verfahren

Das Verfahren richtet sich nach der ZPO.

Art. 260

H. Erneuerungen und Änderungen

I. Durch den Vermieter

1 Der Vermieter kann Erneuerungen und Änderungen an der Sache nur vornehmen, wenn sie für den Mieter zumutbar sind und wenn das Mietverhältnis nicht gekündigt ist.

2 Der Vermieter muss bei der Ausführung der Arbeiten auf die Interessen des Mieters Rücksicht nehmen; allfällige Ansprüche des Mieters auf Herabsetzung des Mietzinses (Art. 259d) und auf Schadenersatz (Art. 259e) bleiben vorbehalten.

Art. 260a

II. Durch den Mieter

1 Der Mieter kann Erneuerungen und Änderungen an der Sache nur vornehmen, wenn der Vermieter schriftlich zugestimmt hat.

2 Hat der Vermieter zugestimmt, so kann er die Wiederherstellung des früheren Zustandes nur verlangen, wenn dies schriftlich vereinbart worden ist.

3 Weist die Sache bei Beendigung des Mietverhältnisses dank der Erneuerung oder Änderung, welcher der Vermieter zugestimmt hat, einen erheblichen Mehrwert auf, so kann der Mieter dafür eine entsprechende Entschädigung verlangen; weitergehende schriftlich vereinbarte Entschädigungsansprüche bleiben vorbehalten.

Art. 261

J. Wechsel des Eigentümers
I. Veräusserung der Sache

1 Veräussert der Vermieter die Sache nach Abschluss des Mietvertrags oder wird sie ihm in einem Schuldbetreibungs- oder Konkursverfahren entzogen, so geht das Mietverhältnis mit dem Eigentum an der Sache auf den Erwerber über.

2 Der neue Eigentümer kann jedoch:

a. bei Wohn- und Geschäftsräumen das Mietverhältnis mit der gesetzlichen Frist auf den nächsten gesetzlichen Termin kündigen wenn er einen dringenden Eigenbedarf für sich, nahe Verwandte oder Verschwägerte geltend macht;
b. bei einer anderen Sache das Mietverhältnis mit der gesetzlichen Frist auf den nächsten gesetzlichen Termin kündigen, wenn der Vertrag keine frühere Auflösung ermöglicht.

3 Kündigt der neue Eigentümer früher, als es der Vertrag mit dem bisherigen Vermieter gestattet hätte, so haftet dieser dem Mieter für allen daraus entstehenden Schaden.

4 Vorbehalten bleiben die Bestimmungen über die Enteignung.

Art. 261a

II. Einräumung beschränkter dinglicher Rechte

Die Bestimmungen über die Veräusserung der Sache sind sinngemäss anwendbar, wenn der Vermieter einem Dritten ein beschränktes dingliches Recht einräumt und dies einem Eigentümerwechsel gleichkommt.

Art. 261b

III. Vormerkung im Grundbuch

1 Bei der Miete an einem Grundstück kann verabredet werden, dass das Verhältnis im Grundbuch vorgemerkt wird.[1]

2 Die Vormerkung bewirkt, dass jeder neue Eigentümer dem Mieter gestatten muss, das Grundstück entsprechend dem Mietvertrag zu gebrauchen.

Art. 262

K. Untermiete

1 Der Mieter kann die Sache mit Zustimmung des Vermieters ganz oder teilweise untervermieten.

2 Der Vermieter kann die Zustimmung nur verweigern, wenn:

a. der Mieter sich weigert, dem Vermieter die Bedingungen der Untermiete bekanntzugeben;
b. die Bedingungen der Untermiete im Vergleich zu denjenigen des Hauptmietvertrags missbräuchlich sind;
c. dem Vermieter aus der Untermiete wesentliche Nachteile entstehen.

3 Der Mieter haftet dem Vermieter dafür, dass der Untermieter die Sache nicht anders gebraucht, als es ihm selbst gestattet ist. Der Vermieter kann den Untermieter unmittelbar dazu anhalten.

Art. 263

L. Übertragung der Miete auf einen Dritten

1 Der Mieter von Geschäftsräumen kann das Mietverhältnis mit schriftlicher Zustimmung des Vermieters auf einen Dritten übertragen.

2 Der Vermieter kann die Zustimmung nur aus wichtigem Grund verweigern.

3 Stimmt der Vermieter zu, so tritt der Dritte anstelle des Mieters in das Mietverhältnis ein.

1 Vgl. ZGB 959 ff.

4 Der Mieter ist von seinen Verpflichtungen gegenüber dem Vermieter befreit. Er haftet jedoch solidarisch[1] mit dem Dritten bis zum Zeitpunkt, in dem das Mietverhältnis gemäss Vertrag oder Gesetz endet oder beendet werden kann, höchstens aber für zwei Jahre.

Art. 264

M. Vorzeitige Rückgabe der Sache

1 Gibt der Mieter die Sache zurück, ohne Kündigungsfrist oder -termin einzuhalten, so ist er von seinen Verpflichtungen gegenüber dem Vermieter nur befreit, wenn er einen für den Vermieter zumutbaren neuen Mieter vorschlägt; dieser muss zahlungsfähig und bereit sein, den Mietvertrag zu den gleichen Bedingungen zu übernehmen.

2 Andernfalls muss er den Mietzins bis zu dem Zeitpunkt leisten, in dem das Mietverhältnis gemäss Vertrag oder Gesetz endet oder beendet werden kann.

3 Der Vermieter muss sich anrechnen lassen, was er:

a. an Auslagen erspart und

b. durch anderweitige Verwendung der Sache gewinnt oder absichtlich zu gewinnen unterlassen hat.

Art. 265

N. Verrechnung

Der Vermieter und der Mieter können nicht im Voraus auf das Recht verzichten, Forderungen und Schulden aus dem Mietverhältnis zu verrechnen.[2]

Art. 266

O. Beendigung des Mietverhältnisses

I. Ablauf der vereinbarten Dauer

1 Haben die Parteien eine bestimmte Dauer ausdrücklich oder stillschweigend vereinbart, so endet das Mietverhältnis ohne Kündigung mit Ablauf dieser Dauer.

2 Setzen die Parteien das Mietverhältnis stillschweigend fort, so gilt es als unbefristetes Mietverhältnis.

Art. 266a

II. Kündigungsfristen und -termine

1. Im Allgemeinen

1 Die Parteien können das unbefristete Mietverhältnis unter Einhaltung der gesetzlichen Fristen und Termine kündigen, sofern sie keine längere Frist oder keinen anderen Termin vereinbart haben.

2 Halten die Parteien die Frist oder den Termin nicht ein, so gilt die Kündigung für den nächstmöglichen Termin.

Art. 266b

2. Unbewegliche Sachen und Fahrnisbauten

Bei der Miete von unbeweglichen Sachen und Fahrnisbauten[3] können die Parteien mit einer Frist von drei Monaten auf einen ortsüblichen Termin oder, wenn es keinen Ortsgebrauch gibt, auf Ende einer sechsmonatigen Mietdauer kündigen.

Art. 266c

3. Wohnungen

Bei der Miete von Wohnungen können die Parteien mit einer Frist von drei Monaten auf einen ortsüblichen Termin oder, wenn es keinen Ortsgebrauch gibt, auf Ende einer dreimonatigen Mietdauer kündigen.

1 Vgl. OR 143
2 Vgl. OR 120
3 Vgl. ZGB 677

Art. 266d

4. Geschäftsräume

Bei der Miete von Geschäftsräumen können die Parteien mit einer Frist von sechs Monaten auf einen ortsüblichen Termin oder, wenn es keinen Ortsgebrauch gibt, auf Ende einer dreimonatigen Mietdauer kündigen.

Art. 266e

5. Möblierte Zimmer und Einstellplätze

Bei der Miete von möblierten Zimmern und von gesondert vermieteten Einstellplätzen oder ähnlichen Einrichtungen können die Parteien mit einer Frist von zwei Wochen auf Ende einer einmonatigen Mietdauer kündigen.

Art. 266f

6. Bewegliche Sachen

Bei der Miete von beweglichen Sachen können die Parteien mit einer Frist von drei Tagen auf einen beliebigen Zeitpunkt kündigen.

Art. 266g

III. Ausserordentliche Kündigung

1. Aus wichtigen Gründen

1 Aus wichtigen Gründen, welche die Vertragserfüllung für sie unzumutbar machen, können die Parteien das Mietverhältnis mit der gesetzlichen Frist auf einen beliebigen Zeitpunkt kündigen.

2 Der Richter bestimmt die vermögensrechtlichen Folgen der vorzeitigen Kündigung unter Würdigung aller Umstände.

Art. 266h

2. Konkurs des Mieters

1 Fällt der Mieter nach Übernahme der Sache in Konkurs[1], so kann der Vermieter für künftige Mietzinse Sicherheit verlangen. Er muss dafür dem Mieter und der Konkursverwaltung schriftlich eine angemessene Frist setzen.

2 Erhält der Vermieter innert dieser Frist keine Sicherheit, so kann er fristlos kündigen.

Art. 266i

3. Tod des Mieters

Stirbt der Mieter, so können seine Erben mit der gesetzlichen Frist auf den nächsten gesetzlichen Termin kündigen.

Art. 266k

4. Bewegliche Sachen

Der Mieter einer beweglichen Sache, die seinem privaten Gebrauch dient und vom Vermieter im Rahmen seiner gewerblichen Tätigkeit vermietet wird, kann mit einer Frist von mindestens 30 Tagen auf Ende einer dreimonatigen Mietdauer kündigen. Der Vermieter hat dafür keinen Anspruch auf Entschädigung.

Art. 266l

IV. Form der Kündigung bei Wohn- und Geschäftsräumen

1. Im Allgemeinen

1 Vermieter und Mieter von Wohn- und Geschäftsräumen müssen schriftlich kündigen.

2 Der Vermieter muss mit einem Formular kündigen[2], das vom Kanton genehmigt ist und das angibt, wie der Mieter vorzugehen hat, wenn er die Kündigung anfechten oder eine Erstreckung des Mietverhältnisses verlangen will.

1 Vgl. SchKG 171
2 Qualifizierte Schriftlichkeit

Art. 266m

2. Wohnung der Familie
a. Kündigung durch den Mieter

1 Dient die gemietete Sache als Wohnung der Familie, kann ein Ehegatte den Mietvertrag nur mit der ausdrücklichen Zustimmung[1] des anderen kündigen.

2 Kann der Ehegatte diese Zustimmung nicht einholen oder wird sie ihm ohne triftigen Grund verweigert, so kann er den Richter anrufen.

3 Die gleiche Regelung gilt bei eingetragenen Partnerschaften sinngemäss.

Art. 266n

b. Kündigung durch den Vermieter

Die Kündigung durch den Vermieter sowie die Ansetzung einer Zahlungsfrist mit Kündigungsandrohung (Art. 257d) sind dem Mieter und seinem Ehegatten, seiner eingetragenen Partnerin oder seinem eingetragenen Partner separat zuzustellen.

Art. 266o

3. Nichtigkeit der Kündigung

Die Kündigung ist nichtig, wenn sie den Artikeln 266l–266n nicht entspricht.

Art. 267

P. Rückgabe der Sache
I. Im Allgemeinen

1 Der Mieter muss die Sache in dem Zustand zurückgeben, der sich aus dem vertragsgemässen Gebrauch ergibt.

2 Vereinbarungen, in denen sich der Mieter im Voraus verpflichtet, bei Beendigung des Mietverhältnisses eine Entschädigung zu entrichten, die anderes als die Deckung des allfälligen Schadens einschliesst, sind nichtig.

Art. 267a

II. Prüfung der Sache und Meldung an den Mieter

1 Bei der Rückgabe muss der Vermieter den Zustand der Sache prüfen und Mängel, für die der Mieter einzustehen hat, diesem sofort melden.

2 Versäumt dies der Vermieter, so verliert er seine Ansprüche, soweit es sich nicht um Mängel handelt, die bei übungsgemässer Untersuchung nicht erkennbar waren.

3 Entdeckt der Vermieter solche Mängel später, so muss er sie dem Mieter sofort melden.

Art. 268

Q. Retentionsrecht des Vermieters
I. Umfang

1 Der Vermieter von Geschäftsräumen hat für einen verfallenen Jahreszins und den laufenden Halbjahreszins ein Retentionsrecht[2] an den beweglichen Sachen, die sich in den vermieteten Räumen befinden und zu deren Einrichtung oder Benutzung gehören.

2 Das Retentionsrecht des Vermieters umfasst die vom Untermieter eingebrachten Gegenstände insoweit, als dieser seinen Mietzins nicht bezahlt hat.

3 Ausgeschlossen ist das Retentionsrecht an Sachen, die durch die Gläubiger des Mieters nicht gepfändet[3] werden könnten.

Art. 268a

II. Sachen Dritter

1 Die Rechte Dritter an Sachen, von denen der Vermieter wusste oder wissen musste, dass sie nicht dem Mieter gehören[4], sowie an gestohlenen, verlorenen oder sonstwie abhanden gekommenen Sachen gehen dem Retentionsrecht des Vermieters vor.

1 Beschränkung der Handlungsfähigkeit, vgl. ZGB 12 ff. und 169
2 Vgl. ZGB 898
3 Vgl. SchKG 92
4 Z.B. Sachen unter Eigentumsvorbehalt, vgl. ZGB 715 (nur wenn mitgeteilt)

2 Erfährt der Vermieter erst während der Mietdauer, dass Sachen, die der Mieter eingebracht hat, nicht diesem gehören, so erlischt sein Retentionsrecht an diesen Sachen, wenn er den Mietvertrag nicht auf den nächstmöglichen Termin kündigt.

Art. 268b

III. Geltendmachung

1 Will der Mieter wegziehen oder die in den gemieteten Räumen befindlichen Sachen fortschaffen, so kann der Vermieter mit Hilfe der zuständigen Amtsstelle[1] so viele Gegenstände zurückhalten, als zur Deckung seiner Forderung notwendig sind.

2 Heimlich oder gewaltsam fortgeschaffte Gegenstände können innert zehn Tagen seit der Fortschaffung mit polizeilicher Hilfe in die vermieteten Räume zurückgebracht werden.

Zweiter Abschnitt: Schutz vor missbräuchlichen Mietzinsen und andern missbräuchlichen Forderungen des Vermieters bei der Miete von Wohn- und Geschäftsräumen

Art. 269

A. Missbräuchliche Mietzinse
I. Regel

Mietzinse sind missbräuchlich, wenn damit ein übersetzter Ertrag aus der Mietsache erzielt wird oder wenn sie auf einem offensichtlich übersetzten Kaufpreis beruhen.

Art. 269a

II. Ausnahmen

Mietzinse sind in der Regel nicht missbräuchlich, wenn sie insbesondere:

a. im Rahmen der orts- oder quartierüblichen Mietzinse liegen;
b. durch Kostensteigerungen oder Mehrleistungen des Vermieters begründet sind;
c. bei neueren Bauten im Rahmen der kostendeckenden Bruttorendite liegen;
d. lediglich dem Ausgleich einer Mietzinsverbilligung dienen, die zuvor durch Umlagerung marktüblicher Finanzierungskosten gewahrt wurde, und in einem dem Mieter im Voraus bekanntgegebenen Zahlungsplan festgelegt sind;
e. lediglich die Teuerung auf dem risikotragenden Kapital ausgleichen;
f. das Ausmass nicht überschreiten, das Vermieter- und Mieterverbände oder Organisationen, die ähnliche Interessen wahrnehmen, in ihren Rahmenverträgen empfehlen.

Art. 269b

B. Indexierte Mietzinse

Die Vereinbarung, dass der Mietzins einem Index folgt, ist nur gültig, wenn der Mietvertrag für mindestens fünf Jahre abgeschlossen und als Index der Landesindex der Konsumentenpreise vorgesehen wird.

Art. 269c

C. Gestaffelte Mietzinse

Die Vereinbarung, dass sich der Mietzins periodisch um einen bestimmten Betrag erhöht, ist nur gültig, wenn:

a. der Mietvertrag für mindestens drei Jahre abgeschlossen wird;
b. der Mietzins höchstens einmal jährlich erhöht wird; und
c. der Betrag der Erhöhung in Franken festgelegt wird.

1 Vgl. SchKG 283

Art. 269d

D. Mietzinserhöhungen und andere einseitige Vertragsänderungen durch den Vermieter

1 Der Vermieter kann den Mietzins jederzeit auf den nächstmöglichen Kündigungstermin erhöhen. Er muss dem Mieter die Mietzinserhöhung mindestens zehn Tage vor Beginn der Kündigungsfrist auf einem vom Kanton genehmigten Formular mitteilen und begründen.

2 Die Mietzinserhöhung ist nichtig, wenn der Vermieter:

a. sie nicht mit dem vorgeschriebenen Formular mitteilt;
b. sie nicht begründet;
c. mit der Mitteilung die Kündigung androht oder ausspricht.

3 Die Absätze 1 und 2 gelten auch, wenn der Vermieter beabsichtigt, sonstwie den Mietvertrag einseitig zu Lasten des Mieters zu ändern, namentlich seine bisherigen Leistungen zu vermindern oder neue Nebenkosten einzuführen.

Art. 270

E. Anfechtung des Mietzinses
I. Herabsetzungsbegehren
1. Anfangsmietzins

1 Der Mieter kann den Anfangsmietzins innert 30 Tagen nach Übernahme der Sache bei der Schlichtungsbehörde als missbräuchlich im Sinne der Artikel 269 und 269a anfechten und dessen Herabsetzung verlangen, wenn:

a. er sich wegen einer persönlichen oder familiären Notlage oder wegen der Verhältnisse auf dem örtlichen Markt für Wohn- und Geschäftsräume zum Vertragsabschluss gezwungen sah; oder
b. der Vermieter den Anfangsmietzins gegenüber dem früheren Mietzins für dieselbe Sache erheblich erhöht hat.

2 Im Falle von Wohnungsmangel können die Kantone für ihr Gebiet oder einen Teil davon die Verwendung des Formulars gemäss Artikel 269d beim Abschluss eines neuen Mietvertrags obligatorisch erklären.

Art. 270a

2. Während der Mietdauer

1 Der Mieter kann den Mietzins als missbräuchlich anfechten und die Herabsetzung auf den nächstmöglichen Kündigungstermin verlangen, wenn er Grund zur Annahme hat, dass der Vermieter wegen einer wesentlichen Änderung der Berechnungsgrundlagen, vor allem wegen einer Kostensenkung, einen nach den Artikeln 269 und 269a übersetzten Ertrag aus der Mietsache erzielt.

2 Der Mieter muss das Herabsetzungsbegehren schriftlich beim Vermieter stellen; dieser muss innert 30 Tagen Stellung nehmen. Entspricht der Vermieter dem Begehren nicht oder nur teilweise oder antwortet er nicht fristgemäss, so kann der Mieter innert 30 Tagen die Schlichtungsbehörde anrufen.

3 Absatz 2 ist nicht anwendbar, wenn der Mieter gleichzeitig mit der Anfechtung einer Mietzinserhöhung ein Herabsetzungsbegehren stellt.

Art. 270b

II. Anfechtung von Mietzinserhöhungen und andern einseitigen Vertragsänderungen

1 Der Mieter kann eine Mietzinserhöhung innert 30 Tagen, nachdem sie ihm mitgeteilt worden ist, bei der Schlichtungsbehörde als missbräuchlich im Sinne der Artikel 269 und 269a anfechten.

2 Absatz 1 gilt auch, wenn der Vermieter sonstwie den Mietvertrag einseitig zu Lasten des Mieters ändert, namentlich seine bisherigen Leistungen vermindert oder neue Nebenkosten einführt.

Art. 270c

III. Anfechtung indexierter Mietzinse

Unter Vorbehalt der Anfechtung des Anfangsmietzinses kann eine Partei vor der Schlichtungsbehörde nur geltend machen, dass die von der andern Partei verlangte Erhöhung oder Herabsetzung des Mietzinses durch keine entsprechende Änderung des Indexes gerechtfertigt sei.

Art. 270d

IV. Anfechtung gestaffelter Mietzinse

Unter Vorbehalt der Anfechtung des Anfangsmietzinses kann der Mieter gestaffelte Mietzinse nicht anfechten.

Art. 270e

F. Weitergeltung des Mietvertrages während des Anfechtungsverfahrens

Der bestehende Mietvertrag gilt unverändert weiter:

a. während des Schlichtungsverfahrens, wenn zwischen den Parteien keine Einigung zustandekommt, und
b. während des Gerichtsverfahrens, unter Vorbehalt vorsorglicher Massnahmen des Richters.

Dritter Abschnitt: Kündigungsschutz bei der Miete von Wohn- und Geschäftsräumen

Art. 271

A. Anfechtbarkeit der Kündigung

I. Im Allgemeinen

[1] Die Kündigung ist anfechtbar[1], wenn sie gegen den Grundsatz von Treu und Glauben verstösst.

[2] Die Kündigung muss auf Verlangen begründet werden.

Art. 271a

II. Kündigung durch den Vermieter

[1] Die Kündigung durch den Vermieter ist insbesondere anfechtbar, wenn sie ausgesprochen wird:

a. weil der Mieter nach Treu und Glauben Ansprüche aus dem Mietverhältnis geltend macht;
b. weil der Vermieter eine einseitige Vertragsänderung zu Lasten des Mieters oder eine Mietzinsanpassung durchsetzen will;
c. allein um den Mieter zum Erwerb der gemieteten Wohnung zu veranlassen;
d. während eines mit dem Mietverhältnis zusammenhängenden Schlichtungs- oder Gerichtsverfahrens, ausser wenn der Mieter das Verfahren missbräuchlich eingeleitet hat;
e. vor Ablauf von drei Jahren nach Abschluss eines mit dem Mietverhältnis zusammenhängenden Schlichtungs- oder Gerichtsverfahrens, in dem der Vermieter:
    1. zu einem erheblichen Teil unterlegen ist;
    2. seine Forderung oder Klage zurückgezogen oder erheblich eingeschränkt hat;
    3. auf die Anrufung des Richters verzichtet hat;
    4. mit dem Mieter einen Vergleich geschlossen oder sich sonstwie geeinigt hat;
f. wegen Änderungen in der familiären Situation des Mieters aus denen dem Vermieter keine wesentlichen Nachteile entstehen.

[1] Bei Formungültigkeit nichtig

2 Absatz 1 Buchstabe e ist auch anwendbar, wenn der Mieter durch Schriftstücke nachweisen kann, dass er sich mit dem Vermieter ausserhalb eines Schlichtungs- oder Gerichtsverfahrens über eine Forderung aus dem Mietverhältnis geeinigt hat.

3 Absatz 1 Buchstaben d und e sind nicht anwendbar bei Kündigungen:

a. wegen dringenden Eigenbedarfs des Vermieters für sich, nahe Verwandte oder Verschwägerte;[1]
b. wegen Zahlungsrückstand des Mieters (Art. 257d);
c. wegen schwerer Verletzung der Pflicht des Mieters zu Sorgfalt und Rücksichtnahme (Art. 257f Abs. 3 und 4);
d. infolge Veräusserung der Sache (Art. 261);
e. aus wichtigen Gründen (Art. 266g);
f. wegen Konkurs des Mieters (Art. 266h).

Art. 272

B. Erstreckung des Mietverhältnisses
I. Anspruch des Mieters

1 Der Mieter kann die Erstreckung eines befristeten oder unbefristeten Mietverhältnisses verlangen, wenn die Beendigung der Miete für ihn oder seine Familie eine Härte zur Folge hätte, die durch die Interessen des Vermieters nicht zu rechtfertigen wäre.

2 Bei der Interessenabwägung berücksichtigt die zuständige Behörde insbesondere:

a. die Umstände des Vertragsabschlusses und den Inhalt des Vertrags;
b. die Dauer des Mietverhältnisses;
c. die persönlichen, familiären und wirtschaftlichen Verhältnisse der Parteien und deren Verhalten;
d. einen allfälligen Eigenbedarf des Vermieters für sich, nahe Verwandte oder Verschwägerte sowie die Dringlichkeit dieses Bedarfs;
e. die Verhältnisse auf dem örtlichen Markt für Wohn- und Geschäftsräume.

3 Verlangt der Mieter eine zweite Erstreckung, so berücksichtigt die zuständige Behörde auch, ob er zur Abwendung der Härte alles unternommen hat, was ihm zuzumuten war.

Art. 272a

II. Ausschluss der Erstreckung

1 Die Erstreckung ist ausgeschlossen bei Kündigungen:

a. wegen Zahlungsrückstand des Mieters (Art. 257d);
b. wegen schwerer Verletzung der Pflicht des Mieters zu Sorgfalt und Rücksichtnahme (Art. 257f Abs. 3 und 4);
c. wegen Konkurs des Mieters (Art. 266h);
d. eines Mietvertrages, welcher im Hinblick auf ein bevorstehendes Umbau- oder Abbruchvorhaben ausdrücklich nur für die beschränkte Zeit bis zum Baubeginn oder bis zum Erhalt der erforderlichen Bewilligung abgeschlossen wurde.

2 Die Erstreckung ist in der Regel ausgeschlossen, wenn der Vermieter dem Mieter einen gleichwertigen Ersatz für die Wohn- oder Geschäftsräume anbietet.

Art. 272b

III. Dauer der Erstreckung

1 Das Mietverhältnis kann für Wohnräume um höchstens vier, für Geschäftsräume um höchstens sechs Jahre erstreckt werden. Im Rahmen der Höchstdauer können eine oder zwei Erstreckungen gewährt werden.

1 Vgl. ZGB 20 f.

2 Vereinbaren die Parteien eine Erstreckung des Mietverhältnisses, so sind sie an keine Höchstdauer gebunden, und der Mieter kann auf eine zweite Erstreckung verzichten.

Art. 272c

IV. Weitergeltung des Mietvertrags

1 Jede Partei kann verlangen, dass der Vertrag im Erstreckungsentscheid veränderten Verhältnissen angepasst wird.

2 Ist der Vertrag im Erstreckungsentscheid nicht geändert worden, so gilt er während der Erstreckung unverändert weiter; vorbehalten bleiben die gesetzlichen Anpassungsmöglichkeiten.

Art. 272d

V. Kündigung während der Erstreckung

Legt der Erstreckungsentscheid oder die Erstreckungsvereinbarung nichts anderes fest, so kann der Mieter das Mietverhältnis wie folgt kündigen:

a. bei Erstreckung bis zu einem Jahr mit einer einmonatigen Frist auf Ende eines Monats;
b. bei Erstreckung von mehr als einem Jahr mit einer dreimonatigen Frist auf einen gesetzlichen Termin.

Art. 273

C. Fristen und Verfahren

1 Will eine Partei die Kündigung anfechten, so muss sie das Begehren innert 30 Tagen nach Empfang der Kündigung der Schlichtungsbehörde einreichen.

2 Will der Mieter eine Erstreckung des Mietverhältnisses verlangen, so muss er das Begehren der Schlichtungsbehörde einreichen:

a. bei einem unbefristeten Mietverhältnis innert 30 Tagen nach Empfang der Kündigung;
b. bei einem befristeten Mietverhältnis spätestens 60 Tage vor Ablauf der Vertragsdauer.

3 Das Begehren um eine zweite Erstreckung muss der Mieter der Schlichtungsbehörde spätestens 60 Tage vor Ablauf der ersten einreichen.

4 Das Verfahren vor der Schlichtungsbehörde richtet sich nach der ZPO.

5 Weist die zuständige Behörde ein Begehren des Mieters betreffend Anfechtung der Kündigung ab, so prüft sie von Amtes wegen, ob das Mietverhältnis erstreckt werden kann.

Art. 273a

D. Wohnung der Familie

1 Dient die gemietete Sache als Wohnung der Familie, so kann auch der Ehegatte des Mieters die Kündigung anfechten, die Erstreckung des Mietverhältnisses verlangen oder die übrigen Rechte ausüben, die dem Mieter bei Kündigung zustehen.[1]

2 Vereinbarungen über die Erstreckung sind nur gültig, wenn sie mit beiden Ehegatten abgeschlossen werden.

3 Die gleiche Regelung gilt bei eingetragenen Partnerschaften sinngemäss.

1 Vgl. ZGB 169

Art. 273b

E. Untermiete

1 Dieser Abschnitt gilt für die Untermiete[1], solange das Hauptmietverhältnis nicht aufgelöst ist. Die Untermiete kann nur für die Dauer des Hauptmietverhältnisses erstreckt werden.

2 Bezweckt die Untermiete hauptsächlich die Umgehung der Vorschriften über den Kündigungsschutz, so wird dem Untermieter ohne Rücksicht auf das Hauptmietverhältnis Kündigungsschutz gewährt. Wird das Hauptmietverhältnis gekündigt, so tritt der Vermieter anstelle des Mieters in den Vertrag mit dem Untermieter ein.

Art. 273c

F. Zwingende Bestimmungen

1 Der Mieter kann auf Rechte, die ihm nach diesem Abschnitt zustehen, nur verzichten, wenn dies ausdrücklich vorgesehen ist.

2 Abweichende Vereinbarungen sind nichtig.

Vierter Abschnitt: …

Art. 274–274g

Aufgehoben.

Achter Titel[bis]: Die Pacht

Art. 275

A. Begriff und Geltungsbereich

I. Begriff

Durch den Pachtvertrag verpflichtet sich der Verpächter, dem Pächter eine nutzbare Sache oder ein nutzbares Recht zum Gebrauch und zum Bezug der Früchte oder Erträgnisse[2] zu überlassen, und der Pächter, dafür einen Pachtzins zu leisten.

Art. 276

II. Geltungsbereich

1. Wohn- und Geschäftsräume

Die Bestimmungen über die Pacht von Wohn- und Geschäftsräumen gelten auch für Sachen, die der Verpächter zusammen mit diesen Räumen dem Pächter zur Benutzung überlässt.

Art. 276a

2. Landwirtschaftliche Pacht

1 Für Pachtverträge über landwirtschaftliche Gewerbe oder über Grundstücke zur landwirtschaftlichen Nutzung gilt das Bundesgesetz vom 4. Oktober 1985 über die landwirtschaftliche Pacht, soweit es besondere Regelungen enthält.

2 Im Übrigen gilt das Obligationenrecht mit Ausnahme der Bestimmungen über die Pacht von Wohn- und Geschäftsräumen.

Art. 277

B. Inventaraufnahme

Umfasst die Pacht auch Geräte, Vieh oder Vorräte, so muss jede Partei der andern ein genaues, von ihr unterzeichnetes Verzeichnis dieser Gegenstände übergeben und sich an einer gemeinsamen Schätzung beteiligen.

1 Vgl. OR 262
2 Eigentumsübergang

C. Pflichten des Verpächters
I. Übergabe der Sache

Art. 278

[1] Der Verpächter ist verpflichtet, die Sache zum vereinbarten Zeitpunkt in einem zur vorausgesetzten Benutzung und Bewirtschaftung tauglichen Zustand zu übergeben.

[2] Ist bei Beendigung des vorangegangenen Pachtverhältnisses ein Rückgabeprotokoll erstellt worden, so muss der Verpächter es dem neuen Pächter auf dessen Verlangen bei der Übergabe der Sache zur Einsicht vorlegen.

[3] Ebenso kann der Pächter verlangen, dass ihm die Höhe des Pachtzinses des vorangegangenen Pachtverhältnisses mitgeteilt wird.

II. Hauptreparaturen

Art. 279

Der Verpächter ist verpflichtet, grössere Reparaturen an der Sache, die während der Pachtzeit notwendig werden, auf eigene Kosten vorzunehmen, sobald ihm der Pächter von deren Notwendigkeit Kenntnis gegeben hat.

III. Abgaben und Lasten

Art. 280

Der Verpächter trägt die mit der Sache verbundenen Lasten und öffentlichen Abgaben.

D. Pflichten des Pächters
I. Zahlung des Pachtzinses und der Nebenkosten
1. Im Allgemeinen

Art. 281

[1] Der Pächter muss den Pachtzins und allenfalls die Nebenkosten am Ende eines Pachtjahres, spätestens aber am Ende der Pachtzeit bezahlen, wenn kein anderer Zeitpunkt vereinbart oder ortsüblich ist.

[2] Für die Nebenkosten gilt Artikel 257a.

2. Zahlungsrückstand des Pächters

Art. 282

[1] Ist der Pächter nach der Übernahme der Sache mit der Zahlung fälliger Pachtzinse oder Nebenkosten im Rückstand, so kann ihm der Verpächter schriftlich eine Zahlungsfrist von mindestens 60 Tagen setzen und ihm androhen, dass bei unbenütztem Ablauf der Frist das Pachtverhältnis gekündigt werde.

[2] Bezahlt der Pächter innert der gesetzten Frist nicht, so kann der Verpächter das Pachtverhältnis fristlos, bei Wohn- und Geschäftsräumen mit einer Frist von mindestens 30 Tagen auf Ende eines Monats kündigen.

II. Sorgfalt, Rücksichtnahme und Unterhalt
1. Sorgfalt und Rücksichtnahme

Art. 283

[1] Der Pächter muss die Sache sorgfältig gemäss ihrer Bestimmung bewirtschaften, insbesondere für nachhaltige Ertragsfähigkeit sorgen.

[2] Der Pächter einer unbeweglichen Sache muss auf Hausbewohner und Nachbarn Rücksicht nehmen.

2. Ordentlicher Unterhalt

Art. 284

[1] Der Pächter muss für den ordentlichen Unterhalt der Sache sorgen.

[2] Er muss die kleineren Reparaturen nach Ortsgebrauch vornehmen sowie die Geräte und Werkzeuge von geringem Wert ersetzen, wenn sie durch Alter oder Gebrauch nutzlos geworden sind.

3. Pflichtverletzung

Art. 285

[1] Verletzt der Pächter trotz schriftlicher Mahnung des Verpächters seine Pflicht zu Sorgfalt, Rücksichtnahme oder Unterhalt weiter, so dass dem Verpächter oder den Hausbewohnern die Fortsetzung des Pachtverhältnisses nicht mehr zuzumu-

ten ist, so kann der Verpächter fristlos, bei Wohn- und Geschäftsräumen mit einer Frist von mindestens 30 Tagen auf Ende eines Monats kündigen.

2 Der Verpächter von Wohn- oder Geschäftsräumen kann jedoch fristlos kündigen, wenn der Pächter vorsätzlich der Sache schweren Schaden zufügt.

Art. 286

III. Meldepflicht

1 Sind grössere Reparaturen nötig oder masst sich ein Dritter Rechte am Pachtgegenstand an, so muss der Pächter dies dem Verpächter sofort melden.

2 Unterlässt der Pächter die Meldung, so haftet er für den Schaden, der dem Verpächter daraus entsteht.

Art. 287

IV. Duldungspflicht

1 Der Pächter muss grössere Reparaturen dulden, wenn sie zur Beseitigung von Mängeln oder zur Behebung oder Vermeidung von Schäden notwendig sind.

2 Der Pächter muss dem Verpächter gestatten, die Sache zu besichtigen, soweit dies für den Unterhalt, den Verkauf oder die Wiederverpachtung notwendig ist.

3 Der Verpächter muss dem Pächter Arbeiten und Besichtigungen rechtzeitig anzeigen und bei der Durchführung auf die Interessen des Pächters Rücksicht nehmen; für allfällige Ansprüche des Pächters auf Herabsetzung des Pachtzinses und auf Schadenersatz gilt das Mietrecht (Art. 259d und 259e) sinngemäss.

Art. 288

E. Rechte des Pächters bei Nichterfüllung des Vertrags und bei Mängeln

1 Das Mietrecht (Art. 258 und Art. 259a–259i) gilt sinngemäss, wenn:

a. der Verpächter die Sache nicht zum vereinbarten Zeitpunkt oder in einem mangelhaften Zustand übergibt;

b. Mängel an der Sache entstehen, die der Pächter weder zu verantworten noch auf eigene Kosten zu beseitigen hat, oder der Pächter in der vertragsgemässen Benutzung der Sache gestört wird.

2 Abweichende Vereinbarungen zum Nachteil des Pächters sind nichtig, wenn sie enthalten sind in:

a. vorformulierten Allgemeinen Geschäftsbedingungen;

b. Pachtverträgen über Wohn- und Geschäftsräume.

Art. 289

F. Erneuerungen und Änderungen

I. Durch den Verpächter

1 Der Verpächter kann Erneuerungen und Änderungen an der Sache nur vornehmen, wenn sie für den Pächter zumutbar sind und wenn das Pachtverhältnis nicht gekündigt ist.

2 Der Verpächter muss bei der Ausführung der Arbeiten auf die Interessen des Pächters Rücksicht nehmen; für allfällige Ansprüche des Pächters auf Herabsetzung des Pachtzinses und auf Schadenersatz gilt das Mietrecht (Art. 259d und 259e) sinngemäss.

Art. 289a

II. Durch den Pächter

1 Der Pächter braucht die schriftliche Zustimmung des Verpächters für:

a. Änderungen in der hergebrachten Bewirtschaftung, die über die Pachtzeit hinaus von wesentlicher Bedeutung sein können;

b. Erneuerungen und Änderungen an der Sache, die über den ordentlichen Unterhalt hinausgehen.

2 Hat der Verpächter zugestimmt, so kann er die Wiederherstellung des früheren Zustandes nur verlangen, wenn dies schriftlich vereinbart worden ist.

[3] Hat der Verpächter einer Änderung nach Absatz 1 Buchstabe a nicht schriftlich zugestimmt und macht der Pächter sie nicht innert angemessener Frist rückgängig, so kann der Verpächter fristlos, bei Wohn- und Geschäftsräumen mit einer Frist von mindestens 30 Tagen auf Ende eines Monats kündigen.

Art. 290

G. Wechsel des Eigentümers

Das Mietrecht (Art. 261–261b) gilt sinngemäss bei:

a. Veräusserung des Pachtgegenstandes;
b. Einräumung beschränkter dinglicher Rechte am Pachtgegenstand;
c. Vormerkung des Pachtverhältnisses im Grundbuch.

Art. 291

H. Unterpacht

[1] Der Pächter kann die Sache mit Zustimmung des Verpächters ganz oder teilweise unterverpachten oder vermieten.

[2] Der Verpächter kann die Zustimmung zur Vermietung einzelner zur Sache gehörender Räume nur verweigern, wenn:

a. der Pächter sich weigert, dem Verpächter die Bedingungen der Miete bekanntzugeben;
b. die Bedingungen der Miete im Vergleich zu denjenigen des Pachtvertrages missbräuchlich sind;
c. dem Verpächter aus der Vermietung wesentliche Nachteile entstehen.

[3] Der Pächter haftet dem Verpächter dafür, dass der Unterpächter oder der Mieter die Sache nicht anders benutzt, als es ihm selbst gestattet ist. Der Verpächter kann Unterpächter und Mieter unmittelbar dazu anhalten.

Art. 292

J. Übertragung der Pacht auf einen Dritten

Für die Übertragung der Pacht von Geschäftsräumen auf einen Dritten gilt Artikel 263 sinngemäss.

Art. 293

K. Vorzeitige Rückgabe der Sache

[1] Gibt der Pächter die Sache zurück, ohne Kündigungsfrist oder -termin einzuhalten, so ist er von seinen Verpflichtungen gegenüber dem Verpächter nur befreit, wenn er einen für den Verpächter zumutbaren neuen Pächter vorschlägt; dieser muss zahlungsfähig und bereit sein, den Pachtvertrag zu den gleichen Bedingungen zu übernehmen.

[2] Andernfalls muss er den Pachtzins bis zu dem Zeitpunkt leisten, in dem das Pachtverhältnis gemäss Vertrag oder Gesetz endet oder beendet werden kann.

[3] Der Verpächter muss sich anrechnen lassen, was er:

a. an Auslagen erspart und
b. durch anderweitige Verwendung der Sache gewinnt oder absichtlich zu gewinnen unterlassen hat.

Art. 294

L. Verrechnung

Für die Verrechnung von Forderungen und Schulden aus dem Pachtverhältnis gilt Artikel 265 sinngemäss.

Art. 295

M. Beendigung des Pachtverhältnisses
I. Ablauf der vereinbarten Dauer

1 Haben die Parteien eine bestimmte Dauer ausdrücklich oder stillschweigend vereinbart, so endet das Pachtverhältnis ohne Kündigung mit Ablauf dieser Dauer.

2 Setzen die Parteien das Pachtverhältnis stillschweigend fort, so gilt es zu den gleichen Bedingungen jeweils für ein weiteres Jahr, wenn nichts anderes vereinbart ist.

3 Die Parteien können das fortgesetzte Pachtverhältnis mit der gesetzlichen Frist auf das Ende eines Pachtjahres kündigen.

Art. 296

II. Kündigungsfristen und -termine

1 Die Parteien können das unbefristete Pachtverhältnis mit einer Frist von sechs Monaten auf einen beliebigen Termin kündigen, sofern durch Vereinbarung oder Ortsgebrauch nichts anderes bestimmt und nach Art des Pachtgegenstandes kein anderer Parteiwille anzunehmen ist.

2 Bei der unbefristeten Pacht von Wohn- und Geschäftsräumen können die Parteien mit einer Frist von mindestens sechs Monaten auf einen ortsüblichen Termin oder, wenn es keinen Ortsgebrauch gibt, auf Ende einer dreimonatigen Pachtdauer kündigen. Sie können eine längere Frist und einen anderen Termin vereinbaren.

3 Halten die Parteien die Frist oder den Termin nicht ein, so gilt die Kündigung für den nächstmöglichen Termin.

Art. 297

III. Ausserordentliche Beendigung
1. Aus wichtigen Gründen

1 Aus wichtigen Gründen, welche die Vertragserfüllung für sie unzumutbar machen, können die Parteien das Pachtverhältnis mit der gesetzlichen Frist auf einen beliebigen Zeitpunkt kündigen.

2 Der Richter bestimmt die vermögensrechtlichen Folgen der vorzeitigen Kündigung unter Würdigung aller Umstände.

Art. 297a

2. Konkurs des Pächters

1 Fällt der Pächter nach Übernahme der Sache in Konkurs, so endet das Pachtverhältnis mit der Konkurseröffnung.

2 Erhält jedoch der Verpächter für den laufenden Pachtzins und das Inventar hinreichende Sicherheiten, so muss er die Pacht bis zum Ende des Pachtjahres fortsetzen.

Art. 297b

3. Tod des Pächters

Stirbt der Pächter, so können sowohl seine Erben als auch der Verpächter mit der gesetzlichen Frist auf den nächsten gesetzlichen Termin kündigen.

Art. 298

IV. Form der Kündigung bei Wohn- und Geschäftsräumen

1 Verpächter und Pächter von Wohn- und Geschäftsräumen müssen schriftlich kündigen.

2 Der Verpächter muss mit einem Formular kündigen, das vom Kanton genehmigt ist und das angibt, wie der Pächter vorzugehen hat, wenn er die Kündigung anfechten oder eine Erstreckung des Pachtverhältnisses verlangen will.

3 Die Kündigung ist nichtig, wenn sie diesen Anforderungen nicht entspricht.

Art. 299

N. Rückgabe der Sache
I. Im Allgemeinen

1 Der Pächter gibt die Sache und das gesamte Inventar in dem Zustand zurück, in dem sie sich zum Zeitpunkt der Rückgabe befinden.

2 Für Verbesserungen kann der Pächter Ersatz fordern, wenn sie sich ergeben haben aus:

a. Anstrengungen, die über die gehörige Bewirtschaftung hinausgehen;
b. Erneuerungen oder Änderungen, denen der Verpächter schriftlich zugestimmt hat.

3 Für Verschlechterungen, die der Pächter bei gehöriger Bewirtschaftung hätte vermeiden können, muss er Ersatz leisten.

4 Vereinbarungen, in denen sich der Pächter im Voraus verpflichtet, bei Beendigung des Pachtverhältnisses eine Entschädigung zu entrichten, die anderes als die Deckung des allfälligen Schadens einschliesst, sind nichtig.

Art. 299a

II. Prüfung der Sache und Meldung an den Pächter

1 Bei der Rückgabe muss der Verpächter den Zustand der Sache prüfen und Mängel, für die der Pächter einzustehen hat, diesem sofort melden.

2 Versäumt dies der Verpächter, so verliert er seine Ansprüche, soweit es sich nicht um Mängel handelt, die bei übungsgemässer Untersuchung nicht erkennbar waren.

3 Entdeckt der Verpächter solche Mängel später, so muss er sie dem Pächter sofort melden.

Art. 299b

III. Ersatz von Gegenständen des Inventars

1 Wurde das Inventar bei der Übergabe der Sache geschätzt, so muss der Pächter bei Beendigung der Pacht ein nach Gattung und Schätzungswert gleiches Inventar zurückgeben oder den Minderwert ersetzen.

2 Der Pächter muss für fehlende Gegenstände keinen Ersatz leisten, wenn er nachweist, dass der Verlust auf ein Verschulden des Verpächters oder auf höhere Gewalt zurückzuführen ist.

3 Der Pächter kann für den Mehrwert, der sich aus seinen Aufwendungen und seiner Arbeit ergeben hat, Ersatz fordern.

Art. 299c

O. Retentionsrecht

Der Verpächter von Geschäftsräumen hat für einen verfallenen und einen laufenden Pachtzins das gleiche Retentionsrecht wie der Vermieter für Mietzinsforderungen (Art. 268 ff.).

Art. 300

P. Kündigungsschutz bei der Pacht von Wohn- und Geschäftsräumen

1 Für den Kündigungsschutz bei der Pacht von Wohn- und Geschäftsräumen gilt das Mietrecht (Art. 271–273c) sinngemäss.

2 Nicht anwendbar sind die Bestimmungen über die Wohnung der Familie (Art. 273a).

Art. 301

Q. Verfahren

Das Verfahren richtet sich nach der ZPO.

Art. 302

R. Viehpacht und Viehverstellung

I. Rechte und Pflichten des Einstellers

1 Bei der Viehpacht und Viehverstellung, die nicht mit einer landwirtschaftlichen Pacht verbunden sind, gehört die Nutzung des eingestellten Viehs dem Einsteller, wenn Vertrag oder Ortsgebrauch nichts anderes bestimmen.

2 Der Einsteller muss die Fütterung und Pflege des Viehs übernehmen sowie dem Verpächter oder Versteller einen Zins in Geld oder einen Teil des Nutzens entrichten.

Art. 303

II. Haftung

1 Bestimmen Vertrag oder Ortsgebrauch nichts anderes, so haftet der Einsteller für Schäden am eingestellten Vieh, wenn er nicht beweist, dass er die Schäden trotz sorgfältiger Hut und Pflege nicht vermeiden konnte.

2 Für ausserordentliche Pflegekosten kann der Einsteller vom Versteller Ersatz verlangen, wenn er sie nicht schuldhaft verursacht hat.

3 Der Einsteller muss schwerere Unfälle oder Erkrankungen dem Versteller so bald als möglich melden.

Art. 304

III. Kündigung

1 Ist der Vertrag auf unbestimmte Zeit abgeschlossen, so kann ihn jede Partei auf einen beliebigen Zeitpunkt kündigen, wenn Vertrag oder Ortsgebrauch nichts anderes bestimmen.

2 Die Kündigung soll jedoch in guten Treuen und nicht zur Unzeit erfolgen.

Neunter Titel: Die Leihe

Erster Abschnitt: Die Gebrauchsleihe

Art. 305

A. Begriff

Durch den Gebrauchsleihevertrag verpflichtet sich der Verleiher, dem Entlehner eine Sache zu unentgeltlichem[1] Gebrauche zu überlassen, und der Entlehner, dieselbe Sache nach gemachtem Gebrauche dem Verleiher zurückzugeben.

Art. 306

B. Wirkung

I. Gebrauchsrecht des Entlehners

1 Der Entlehner darf von der geliehenen Sache nur denjenigen Gebrauch machen, der sich aus dem Vertrage oder, wenn darüber nichts vereinbart ist, aus ihrer Beschaffenheit oder Zweckbestimmung ergibt.

2 Er darf den Gebrauch nicht einem andern überlassen.

3 Handelt der Entlehner diesen Bestimmungen zuwider, so haftet er auch für den Zufall[2], wenn er nicht beweist, dass dieser die Sache auch sonst getroffen hätte.

Art. 307

II. Kosten der Erhaltung

1 Der Entlehner trägt die gewöhnlichen Kosten für die Erhaltung der Sache, bei geliehenen Tieren insbesondere die Kosten der Fütterung.

2 Für ausserordentliche Verwendungen, die er im Interesse des Verleihers machen musste, kann er von diesem Ersatz fordern.

1 Vgl. OR 252
2 Vgl. OR 103

III. Haftung mehrerer Entlehner

Art. 308

Haben mehrere eine Sache gemeinschaftlich entlehnt, so haften sie solidarisch.[1]

C. Beendigung
I. Bei bestimmtem Gebrauch

Art. 309

1 Ist für die Gebrauchsleihe eine bestimmte Dauer nicht vereinbart, so endigt sie, sobald der Entlehner den vertragsmässigen Gebrauch gemacht hat oder mit Ablauf der Zeit, binnen deren dieser Gebrauch hätte stattfinden können.

2 Der Verleiher kann die Sache früher zurückfordern, wenn der Entlehner sie vertragswidrig gebraucht oder verschlechtert oder einem Dritten zum Gebrauche überlässt, oder wenn er selbst wegen eines unvorhergesehenen Falles der Sache dringend bedarf.

II. Bei unbestimmtem Gebrauch

Art. 310

Wenn der Verleiher die Sache zu einem weder der Dauer noch dem Zwecke nach bestimmten Gebrauche überlassen hat, so kann er sie beliebig zurückfordern.

III. Beim Tod des Entlehners

Art. 311

Die Gebrauchsleihe endigt mit dem Tode des Entlehners.

Zweiter Abschnitt: Das Darlehen

A. Begriff

Art. 312

Durch den Darlehensvertrag verpflichtet sich der Darleiher zur Übertragung des Eigentums an einer Summe Geldes oder an andern vertretbaren Sachen, der Borger dagegen zur Rückerstattung von Sachen der nämlichen Art in gleicher Menge und Güte.

B. Wirkung
I. Zinse
1. Verzinslichkeit

Art. 313

1 Das Darlehen ist im gewöhnlichen Verkehre[2] nur dann verzinslich, wenn Zinse verabredet sind.

2 Im kaufmännischen Verkehre sind auch ohne Verabredung Zinse zu bezahlen.

2. Zinsvorschriften

Art. 314

1 Wenn der Vertrag die Höhe des Zinsfusses nicht bestimmt, so ist derjenige Zinsfuss zu vermuten, der zurzeit und am Orte des Darlehensempfanges für die betreffende Art von Darlehen üblich war.

2 Mangels anderer Abrede sind versprochene Zinse als Jahreszinse zu entrichten.

3 Die vorherige Übereinkunft, dass die Zinse zum Kapital geschlagen und mit diesem weiter verzinst werden sollen, ist ungültig unter Vorbehalt von kaufmännischen Zinsberechnungen im Kontokorrent und ähnlichen Geschäftsformen, bei denen die Berechnung von Zinseszinsen üblich ist, wie namentlich bei Sparkassen.

II. Verjährung des Anspruchs auf Aushändigung und Annahme

Art. 315

Der Anspruch des Borgers auf Aushändigung und der Anspruch des Darleihers auf Annahme des Darlehens verjähren in sechs Monaten vom Eintritte des Verzuges an gerechnet.

[1] Vgl. OR 143
[2] Vgl. Handelsregister

Art. 316

III. Zahlungsunfähigkeit des Borgers

1 Der Darleiher kann die Aushändigung des Darlehens verweigern, wenn der Borger seit dem Vertragsabschlusse zahlungsunfähig geworden ist.

2 Diese Befugnis steht dem Darleiher auch dann zu, wenn die Zahlungsunfähigkeit schon vor Abschluss des Vertrages eingetreten, ihm aber erst nachher bekannt geworden ist.

Art. 317

C. Hingabe an Geldes Statt

1 Sind dem Borger statt der verabredeten Geldsumme Wertpapiere oder Waren gegeben worden, so gilt als Darlehenssumme der Kurswert oder der Marktpreis, den diese Papiere oder Waren zurzeit und am Orte der Hingabe hatten.

2 Eine entgegenstehende Übereinkunft ist nichtig.

Art. 318

D. Zeit der Rückzahlung

Ein Darlehen, für dessen Rückzahlung weder ein bestimmter Termin[1] noch eine Kündigungsfrist noch der Verfall auf beliebige Aufforderung hin vereinbart wurde, ist innerhalb sechs Wochen von der ersten Aufforderung an zurückzubezahlen.

Zehnter Titel: Der Arbeitsvertrag[2]

Erster Abschnitt: Der Einzelarbeitsvertrag

Art. 319

A. Begriff und Entstehung

I. Begriff

1 Durch den Einzelarbeitsvertrag verpflichtet sich der Arbeitnehmer auf bestimmte oder unbestimmte Zeit zur Leistung von Arbeit im Dienst des Arbeitgebers und dieser zur Entrichtung eines Lohnes, der nach Zeitabschnitten (Zeitlohn) oder nach der geleisteten Arbeit (Akkordlohn) bemessen wird.

2 Als Einzelarbeitsvertrag gilt auch der Vertrag, durch den sich ein Arbeitnehmer zur regelmässigen Leistung von stunden-, halbtage- oder tageweiser Arbeit (Teilzeitarbeit) im Dienst des Arbeitgebers verpflichtet.

Art. 320

II. Entstehung

1 Wird es vom Gesetz nicht anders bestimmt, so bedarf der Einzelarbeitsvertrag zu seiner Gültigkeit keiner besonderen Form.

2 Er gilt auch dann als abgeschlossen, wenn der Arbeitgeber Arbeit in seinem Dienst auf Zeit entgegennimmt, deren Leistung nach den Umständen nur gegen Lohn zu erwarten ist.

3 Leistet der Arbeitnehmer in gutem Glauben Arbeit im Dienste des Arbeitgebers auf Grund eines Arbeitsvertrages, der sich nachträglich als ungültig erweist, so haben beide Parteien die Pflichten aus dem Arbeitsverhältnis in gleicher Weise wie aus gültigem Vertrag zu erfüllen, bis dieses wegen Ungültigkeit des Vertrages vom einen oder andern aufgehoben wird.

1 Vgl. OR 102 Abs. 2

2 Im Folgenden sind diejenigen Bestimmungen, die zuungunsten des Arbeitgebers wie des Arbeitnehmers nicht abänderbar sind (OR 361), mit ••, diejenigen, die es nur zuungunsten des Arbeitnehmers nicht sind (OR 362), mit • bezeichnet.

B. Pflichten des Arbeitnehmers

I. Persönliche Arbeitspflicht

Art. 321

Der Arbeitnehmer hat die vertraglich übernommene Arbeit in eigener Person[1] zu leisten, sofern nichts anderes verabredet ist oder sich aus den Umständen ergibt.

II. Sorgfalts- und Treuepflicht

Art. 321a

1 Der Arbeitnehmer hat die ihm übertragene Arbeit sorgfältig auszuführen und die berechtigten Interessen des Arbeitgebers in guten Treuen zu wahren.

2 Er hat Maschinen, Arbeitsgeräte, technische Einrichtungen und Anlagen sowie Fahrzeuge des Arbeitgebers fachgerecht zu bedienen und diese sowie Material, die ihm zur Ausführung der Arbeit zur Verfügung gestellt werden, sorgfältig zu behandeln.

3 Während der Dauer des Arbeitsverhältnisses darf der Arbeitnehmer keine Arbeit gegen Entgelt für einen Dritten leisten, soweit er dadurch seine Treuepflicht verletzt, insbesondere den Arbeitgeber konkurrenziert.[2]

4 Der Arbeitnehmer darf geheim zu haltende Tatsachen, wie namentlich Fabrikations- und Geschäftsgeheimnisse, von denen er im Dienst des Arbeitgebers Kenntnis erlangt, während des Arbeitsverhältnisses nicht verwerten oder anderen mitteilen; auch nach dessen Beendigung bleibt er zur Verschwiegenheit verpflichtet, soweit es zur Wahrung der berechtigten Interessen des Arbeitgebers erforderlich ist.

III. Rechenschafts- und Herausgabepflicht

Art. 321b

1 Der Arbeitnehmer hat dem Arbeitgeber über alles, was er bei seiner vertraglichen Tätigkeit für diesen von Dritten erhält, wie namentlich Geldbeträge, Rechenschaft abzulegen und ihm alles sofort herauszugeben.

2 Er hat dem Arbeitgeber auch alles sofort herauszugeben, was er in Ausübung seiner vertraglichen Tätigkeit hervorbringt.

IV. Überstundenarbeit

Art. 321c

1 •• Wird gegenüber dem zeitlichen Umfang der Arbeit, der verabredet oder üblich oder durch Normalarbeitsvertrag oder Gesamtarbeitsvertrag bestimmt ist, die Leistung von Überstundenarbeit[3] notwendig, so ist der Arbeitnehmer dazu soweit verpflichtet, als er sie zu leisten vermag und sie ihm nach Treu und Glauben zugemutet werden kann.

2 Im Einverständnis mit dem Arbeitnehmer kann der Arbeitgeber die Überstundenarbeit innert eines angemessenen Zeitraumes durch Freizeit von mindestens gleicher Dauer ausgleichen.

3 Wird die Überstundenarbeit nicht durch Freizeit ausgeglichen und ist nichts anderes schriftlich verabredet oder durch Normalarbeitsvertrag oder Gesamtarbeitsvertrag bestimmt, so hat der Arbeitgeber für die Überstundenarbeit Lohn zu entrichten, der sich nach dem Normallohn samt einem Zuschlag von mindestens einem Viertel bemisst.

V. Befolgung von Anordnungen und Weisungen

Art. 321d

1 Der Arbeitgeber kann über die Ausführung der Arbeit und das Verhalten der Arbeitnehmer im Betrieb oder Haushalt allgemeine Anordnungen erlassen und ihnen besondere Weisungen erteilen.

1 Vgl. OR 68
2 Schwarzarbeit
3 Gegenüber normaler Arbeitszeit (Überzeit gemäss Arbeitsgesetz)

2 Der Arbeitnehmer hat die allgemeinen Anordnungen des Arbeitgebers und die ihm erteilten besonderen Weisungen nach Treu und Glauben zu befolgen.

Art. 321e

VI. Haftung des Arbeitnehmers

1 • Der Arbeitnehmer ist für den Schaden verantwortlich, den er absichtlich oder fahrlässig[1] dem Arbeitgeber zufügt.

2 • Das Mass der Sorgfalt, für die der Arbeitnehmer einzustehen hat, bestimmt sich nach dem einzelnen Arbeitsverhältnis, unter Berücksichtigung des Berufsrisikos, des Bildungsgrades oder der Fachkenntnisse, die zu der Arbeit verlangt werden, sowie der Fähigkeiten und Eigenschaften des Arbeitnehmers, die der Arbeitgeber gekannt hat oder hätte kennen sollen.

Art. 322

C. Pflichten des Arbeitgebers

I. Lohn

1. Art und Höhe im Allgemeinen

1 Der Arbeitgeber hat dem Arbeitnehmer den Lohn zu entrichten, der verabredet oder üblich oder durch Normalarbeitsvertrag oder Gesamtarbeitsvertrag bestimmt ist.

2 Lebt der Arbeitnehmer in Hausgemeinschaft mit dem Arbeitgeber, so bildet der Unterhalt im Hause mit Unterkunft und Verpflegung einen Teil des Lohnes, sofern nichts anderes verabredet oder üblich ist.

Art. 322a

2. Anteil am Geschäftsergebnis

1 Hat der Arbeitnehmer vertraglich Anspruch auf einen Anteil am Gewinn oder am Umsatz oder sonst am Geschäftsergebnis, so ist für die Berechnung des Anteils das Ergebnis des Geschäftsjahres massgebend, wie es nach den gesetzlichen Vorschriften und allgemein anerkannten kaufmännischen Grundsätzen festzustellen ist.

2 • Der Arbeitgeber hat dem Arbeitnehmer oder an dessen Stelle einem gemeinsam bestimmten oder vom Richter bezeichneten Sachverständigen die nötigen Aufschlüsse zu geben und Einsicht in die Geschäftsbücher zu gewähren, soweit dies zur Nachprüfung erforderlich ist.

3 • Ist ein Anteil am Gewinn des Unternehmens verabredet, so ist dem Arbeitnehmer überdies auf Verlangen eine Abschrift der Erfolgsrechnung zu übergeben.

Art. 322b

3. Provision

a. Entstehung

1 • Ist eine Provision des Arbeitnehmers auf bestimmten Geschäften verabredet, so entsteht der Anspruch darauf, wenn das Geschäft mit dem Dritten rechtsgültig abgeschlossen ist.

2 • Bei Geschäften mit gestaffelter Erfüllung sowie bei Versicherungsverträgen kann schriftlich verabredet werden, dass der Provisionsanspruch auf jeder Rate mit ihrer Fälligkeit oder ihrer Leistung entsteht.

3 Der Anspruch auf Provision fällt nachträglich dahin, wenn das Geschäft vom Arbeitgeber ohne sein Verschulden nicht ausgeführt wird oder wenn der Dritte seine Verbindlichkeiten nicht erfüllt; bei nur teilweiser Erfüllung tritt eine verhältnismässige Herabsetzung der Provision ein.

Art. 322c

b. Abrechnung

1 • Ist vertraglich nicht der Arbeitnehmer zur Aufstellung der Provisionsabrechnung verpflichtet, so hat ihm der Arbeitgeber auf jeden Fälligkeitstermin eine schriftliche Abrechnung, unter Angabe der provisionspflichtigen Geschäfte, zu übergeben.

1 I.d.R. nur grobe Fahrlässigkeit, vgl. Abs. 2; aber keine Erfolgshaftung im Gegensatz zu OR 363

2 • Der Arbeitgeber hat dem Arbeitnehmer oder an dessen Stelle einem gemeinsam bestimmten oder vom Richter bezeichneten Sachverständigen die nötigen Aufschlüsse zu geben und Einsicht in die für die Abrechnung massgebenden Bücher und Belege zu gewähren, soweit dies zur Nachprüfung erforderlich ist.

Art. 322d

4. Gratifikation

1 Richtet der Arbeitgeber neben dem Lohn bei bestimmten Anlässen, wie Weihnachten oder Abschluss des Geschäftsjahres, eine Sondervergütung[1] aus, so hat der Arbeitnehmer einen Anspruch darauf, wenn es verabredet ist.

2 Endigt das Arbeitsverhältnis, bevor der Anlass zur Ausrichtung der Sondervergütung eingetreten ist, so hat der Arbeitnehmer einen Anspruch auf einen verhältnismässigen Teil[2] davon, wenn es verabredet ist.

Art. 323

II. Ausrichtung des Lohnes
1. Zahlungsfristen und -termine

1 Sind nicht kürzere Fristen oder andere Termine verabredet oder üblich und ist durch Normalarbeitsvertrag oder Gesamtarbeitsvertrag nichts anderes bestimmt, so ist dem Arbeitnehmer der Lohn Ende jedes Monats auszurichten.

2 Ist nicht eine kürzere Frist verabredet oder üblich, so ist die Provision Ende jedes Monats auszurichten; erfordert jedoch die Durchführung von Geschäften mehr als ein halbes Jahr, so kann durch schriftliche Abrede die Fälligkeit der Provision für diese Geschäfte hinausgeschoben werden.

3 Der Anteil am Geschäftsergebnis ist auszurichten, sobald dieses festgestellt ist, spätestens jedoch sechs Monate nach Ablauf des Geschäftsjahres.

4 •• Der Arbeitgeber hat dem Arbeitnehmer nach Massgabe der geleisteten Arbeit den Vorschuss zu gewähren, dessen der Arbeitnehmer infolge einer Notlage bedarf und den der Arbeitgeber billigerweise zu gewähren vermag.

Art. 323a

2. Lohnrückbehalt

1 Sofern es verabredet oder üblich oder durch Normalarbeitsvertrag oder Gesamtarbeitsvertrag bestimmt ist, darf der Arbeitgeber einen Teil des Lohnes zurückbehalten.

2 Von dem am einzelnen Zahltag fälligen Lohn darf nicht mehr als ein Zehntel des Lohnes und im gesamten nicht mehr als der Lohn für eine Arbeitswoche zurückbehalten werden; jedoch kann ein höherer Lohnrückbehalt durch Normalarbeitsvertrag oder Gesamtarbeitsvertrag vorgesehen werden.

3 Ist nichts anderes verabredet oder üblich oder durch Normalarbeitsvertrag oder Gesamtarbeitsvertrag bestimmt, so gilt der zurückbehaltene Lohn als Sicherheit für die Forderungen des Arbeitgebers aus dem Arbeitsverhältnis und nicht als Konventionalstrafe.

Art. 323b

3. Lohnsicherung

1 Der Geldlohn ist dem Arbeitnehmer in gesetzlicher Währung innert der Arbeitszeit auszurichten, sofern nichts anderes verabredet oder üblich ist;
• dem Arbeitnehmer ist eine schriftliche Abrechnung zu übergeben.

2 •• Der Arbeitgeber darf Gegenforderungen mit der Lohnforderung nur soweit verrechnen, als diese pfändbar ist, jedoch dürfen Ersatzforderungen für absichtlich zugefügten Schaden unbeschränkt verrechnet werden.

1 13. Monatslohn i.d.R. Lohnbestandteil
2 Pro rata temporis

3 Abreden über die Verwendung des Lohnes im Interesse des Arbeitgebers sind nichtig.

Art. 324

III. Lohn bei Verhinderung an der Arbeitsleistung
1. bei Annahmeverzug des Arbeitgebers

1 • Kann die Arbeit infolge Verschuldens des Arbeitgebers nicht geleistet werden oder kommt er aus anderen Gründen mit der Annahme der Arbeitsleistung in Verzug, so bleibt er zur Entrichtung des Lohnes verpflichtet, ohne dass der Arbeitnehmer zur Nachleistung verpflichtet ist.

2 • Der Arbeitnehmer muss sich auf den Lohn anrechnen lassen, was er wegen Verhinderung an der Arbeitsleistung erspart oder durch anderweitige Arbeit erworben oder zu erwerben absichtlich unterlassen hat.

Art. 324a

2. bei Verhinderung des Arbeitnehmers
a. Grundsatz

1 • Wird der Arbeitnehmer aus Gründen, die in seiner Person liegen, wie Krankheit, Unfall, Erfüllung gesetzlicher Pflichten oder Ausübung eines öffentlichen Amtes, ohne sein Verschulden an der Arbeitsleistung verhindert, so hat ihm der Arbeitgeber für eine beschränkte Zeit den darauf entfallenden Lohn zu entrichten, samt einer angemessenen Vergütung für ausfallenden Naturallohn, sofern das Arbeitsverhältnis mehr als drei Monate gedauert hat[1] oder für mehr als drei Monate eingegangen ist.

2 Sind durch Abrede, Normalarbeitsvertrag oder Gesamtarbeitsvertrag nicht längere Zeitabschnitte bestimmt, so hat der Arbeitgeber im ersten Dienstjahr den Lohn für drei Wochen und nachher für eine angemessene längere Zeit[2] zu entrichten, je nach der Dauer des Arbeitsverhältnisses und den besonderen Umständen.

3 • Bei Schwangerschaft der Arbeitnehmerin hat der Arbeitgeber den Lohn im gleichen Umfang zu entrichten.

4 Durch schriftliche Abrede, Normalarbeitsvertrag oder Gesamtarbeitsvertrag kann eine von den vorstehenden Bestimmungen abweichende Regelung getroffen werden, wenn sie für den Arbeitnehmer mindestens gleichwertig ist.

Art. 324b

b. Ausnahmen

1 • Ist der Arbeitnehmer auf Grund gesetzlicher Vorschrift gegen die wirtschaftlichen Folgen unverschuldeter Arbeitsverhinderung aus Gründen, die in seiner Person liegen, obligatorisch versichert[3], so hat der Arbeitgeber den Lohn nicht zu entrichten, wenn die für die beschränkte Zeit geschuldeten Versicherungsleistungen mindestens vier Fünftel des darauf entfallenden Lohnes decken.

2 • Sind die Versicherungsleistungen geringer, so hat der Arbeitgeber die Differenz zwischen diesen und vier Fünfteln des Lohnes zu entrichten.

3 • Werden die Versicherungsleistungen erst nach einer Wartezeit gewährt, so hat der Arbeitgeber für diese Zeit mindestens vier Fünftel des Lohnes zu entrichten.

1 Unbefristete Arbeitsverhältnisse müssen 3 Monate gedauert haben
2 Nach Berner Skala: im 2. Jahr für 1 Monat, im 3. und 4. Jahr für 2 Monate, im 5. bis 9. Jahr für 3 Monate, im 10. bis 14. Jahr für 4 Monate usw.
3 V.a. Unfallversicherung (UVG) und Erwerbsersatz (EOG)

Art. 325

IV. Abtretung und Verpfändung von Lohnforderungen

1 Zur Sicherung familienrechtlicher Unterhalts- und Unterstützungspflichten kann der Arbeitnehmer künftige Lohnforderungen so weit abtreten oder verpfänden, als sie pfändbar[1] sind; auf Ansuchen eines Beteiligten setzt das Betreibungsamt am Wohnsitz des Arbeitnehmers den nach Artikel 93 des Schuldbetreibungs- und Konkursgesetzes vom 11. April 1889 unpfändbaren Betrag fest.

2 •• Die Abtretung und die Verpfändung künftiger Lohnforderungen zur Sicherung anderer Verbindlichkeiten sind nichtig.

Art. 326

V. Akkordlohnarbeit

1. Zuweisung von Arbeit

1 • Hat der Arbeitnehmer vertragsgemäss ausschliesslich Akkordlohnarbeit nur für einen Arbeitgeber zu leisten, so hat dieser genügend Arbeit zuzuweisen.

2 •• Ist der Arbeitgeber ohne sein Verschulden ausserstande, vertragsgemässe Akkordlohnarbeit zuzuweisen oder verlangen die Verhältnisse des Betriebes vorübergehend die Leistung von Zeitlohnarbeit, so kann dem Arbeitnehmer solche zugewiesen werden.

3 • Ist der Zeitlohn nicht durch Abrede, Normalarbeitsvertrag oder Gesamtarbeitsvertrag bestimmt, so hat der Arbeitgeber dem Arbeitnehmer den vorher durchschnittlich verdienten Akkordlohn zu entrichten.

4 • Kann der Arbeitgeber weder genügend Akkordlohnarbeit noch Zeitlohnarbeit zuweisen, so bleibt er gleichwohl verpflichtet, nach den Vorschriften über den Annahmeverzug den Lohn zu entrichten, den er bei Zuweisung von Zeitlohnarbeit zu entrichten hätte.

Art. 326a

2. Akkordlohn

1 • Hat der Arbeitnehmer vertraglich Akkordlohnarbeit zu leisten, so hat ihm der Arbeitgeber den Akkordlohnansatz vor Beginn der einzelnen Arbeit bekanntzugeben.

2 • Unterlässt der Arbeitgeber diese Bekanntgabe, so hat er den Lohn nach dem für gleichartige oder ähnliche Arbeiten festgesetzten Ansatz zu entrichten.

Art. 327

VI. Arbeitsgeräte, Material und Auslagen

1. Arbeitsgeräte und Material

1 Ist nichts anderes verabredet oder üblich, so hat der Arbeitgeber den Arbeitnehmer mit den Geräten und dem Material auszurüsten, die dieser zur Arbeit benötigt.

2 Stellt im Einverständnis mit dem Arbeitgeber der Arbeitnehmer selbst Geräte oder Material für die Ausführung der Arbeit zur Verfügung, so ist er dafür angemessen zu entschädigen, sofern nichts anderes verabredet oder üblich ist.

Art. 327a

2. Auslagen

a. Im Allgemeinen

1 • Der Arbeitgeber hat dem Arbeitnehmer alle durch die Ausführung der Arbeit notwendig entstehenden Auslagen zu ersetzen, bei Arbeit an auswärtigen Arbeitsorten auch die für den Unterhalt erforderlichen Aufwendungen.

2 Durch schriftliche Abrede, Normalarbeitsvertrag oder Gesamtarbeitsvertrag kann als Auslagenersatz eine feste Entschädigung, wie namentlich ein Taggeld oder eine pauschale Wochen- oder Monatsvergütung festgesetzt werden, durch die jedoch alle notwendig entstehenden Auslagen gedeckt werden müssen.

3 Abreden, dass der Arbeitnehmer die notwendigen Auslagen ganz oder teilweise selbst zu tragen habe, sind nichtig.

1 Vgl. SchKG 93 und 219

Art. 327b

b. Motorfahrzeug

1 • Benützt der Arbeitnehmer im Einverständnis mit dem Arbeitgeber für seine Arbeit ein von diesem oder ein von ihm selbst gestelltes Motorfahrzeug, so sind ihm die üblichen Aufwendungen für dessen Betrieb und Unterhalt nach Massgabe des Gebrauchs für die Arbeit zu vergüten.

2 Stellt der Arbeitnehmer im Einverständnis mit dem Arbeitgeber selbst ein Motorfahrzeug, so sind ihm überdies die öffentlichen Abgaben für das Fahrzeug, die Prämien für die Haftpflichtversicherung und eine angemessene Entschädigung für die Abnützung des Fahrzeugs nach Massgabe des Gebrauchs für die Arbeit zu vergüten.

3 *Aufgehoben.*

Art. 327c

c. Fälligkeit

1 Auf Grund der Abrechnung des Arbeitnehmers ist der Auslagenersatz jeweils zusammen mit dem Lohn auszurichten, sofern nicht eine kürzere Frist verabredet oder üblich ist.

2 • Hat der Arbeitnehmer zur Erfüllung der vertraglichen Pflichten regelmässig Auslagen zu machen, so ist ihm ein angemessener Vorschuss in bestimmten Zeitabständen, mindestens aber jeden Monat auszurichten.

Art. 328

VII. Schutz der Persönlichkeit des Arbeitnehmers

1. Im Allgemeinen

1 • Der Arbeitgeber hat im Arbeitsverhältnis die Persönlichkeit des Arbeitnehmers zu achten und zu schützen, auf dessen Gesundheit gebührend Rücksicht zu nehmen und für die Wahrung der Sittlichkeit zu sorgen. Er muss insbesondere dafür sorgen, dass Arbeitnehmerinnen und Arbeitnehmer nicht sexuell belästigt werden und dass den Opfern von sexuellen Belästigungen keine weiteren Nachteile entstehen.

2 • Er hat zum Schutz von Leben, Gesundheit und persönlicher Integrität der Arbeitnehmerinnen und Arbeitnehmer die Massnahmen zu treffen, die nach der Erfahrung notwendig, nach dem Stand der Technik anwendbar und den Verhältnissen des Betriebes oder Haushaltes angemessen sind, soweit es mit Rücksicht auf das einzelne Arbeitsverhältnis und die Natur der Arbeitsleistung ihm billigerweise zugemutet werden kann.

Art. 328a

2. Bei Hausgemeinschaft

1 • Lebt der Arbeitnehmer in Hausgemeinschaft mit dem Arbeitgeber, so hat dieser für ausreichende Verpflegung und einwandfreie Unterkunft zu sorgen.

2 • Wird der Arbeitnehmer ohne sein Verschulden durch Krankheit oder Unfall an der Arbeitsleistung verhindert, so hat der Arbeitgeber Pflege und ärztliche Behandlung für eine beschränkte Zeit zu gewähren, im ersten Dienstjahr für drei Wochen und nachher für eine angemessene längere Zeit, je nach der Dauer des Arbeitsverhältnisses und den besonderen Umständen.

3 • Bei Schwangerschaft und Niederkunft der Arbeitnehmerin hat der Arbeitgeber die gleichen Leistungen zu gewähren.

Art. 328b

3. Bei der Bearbeitung von Personendaten

• Der Arbeitgeber darf Daten über den Arbeitnehmer nur bearbeiten, soweit sie dessen Eignung für das Arbeitsverhältnis betreffen oder zur Durchführung des Arbeitsvertrages erforderlich sind. Im Übrigen gelten die Bestimmungen des Bundesgesetzes vom 19. Juni 1992 über den Datenschutz.

Art. 329

VIII. Freizeit, Ferien, Urlaub für Jugendarbeit und Mutterschaftsurlaub
1. Freizeit

1 • Der Arbeitgeber hat dem Arbeitnehmer jede Woche einen freien Tag zu gewähren, in der Regel den Sonntag oder, wo dies nach den Verhältnissen nicht möglich ist, einen vollen Werktag.

2 • Unter besonderen Umständen können dem Arbeitnehmer mit dessen Zustimmung ausnahmsweise mehrere freie Tage zusammenhängend oder statt eines freien Tages zwei freie Halbtage eingeräumt werden.

3 • Dem Arbeitnehmer sind im Übrigen die üblichen freien Stunden und Tage und nach erfolgter Kündigung die für das Aufsuchen einer anderen Arbeitsstelle erforderliche Zeit zu gewähren.

4 Bei der Bestimmung der Freizeit ist auf die Interessen des Arbeitgebers wie des Arbeitnehmers angemessen Rücksicht zu nehmen.

Art. 329a

2. Ferien
a. Dauer

1 • Der Arbeitgeber hat dem Arbeitnehmer jedes Dienstjahr wenigstens vier Wochen, dem Arbeitnehmer bis zum vollendeten 20. Altersjahr wenigstens fünf Wochen Ferien[1] zu gewähren.

2 *Aufgehoben.*

3 • Für ein unvollständiges Dienstjahr sind Ferien entsprechend der Dauer des Arbeitsverhältnisses im betreffenden Dienstjahr zu gewähren.

Art. 329b

b. Kürzung

1 Ist der Arbeitnehmer durch sein Verschulden während eines Dienstjahres insgesamt um mehr als einen Monat an der Arbeitsleistung verhindert, so kann der Arbeitgeber die Ferien für jeden vollen Monat der Verhinderung um einen Zwölftel kürzen.

2 • Beträgt die Verhinderung insgesamt nicht mehr als einen Monat im Dienstjahr und ist sie durch Gründe, die in der Person des Arbeitnehmers liegen, wie Krankheit, Unfall, Erfüllung gesetzlicher Pflichten, Ausübung eines öffentlichen Amtes oder Jugendurlaub, ohne Verschulden des Arbeitnehmers verursacht, so dürfen die Ferien vom Arbeitgeber nicht gekürzt werden.

3 • Die Ferien dürfen vom Arbeitgeber auch nicht gekürzt werden, wenn eine Arbeitnehmerin wegen Schwangerschaft bis zu zwei Monaten an der Arbeitsleistung verhindert ist oder weil sie die Mutterschaftsentschädigung im Sinne des Erwerbsersatzgesetzes vom 25. September 1952 (EOG) bezogen hat.

4 Durch Normalarbeitsvertrag oder Gesamtarbeitsvertrag kann eine von den Absätzen 2 und 3 abweichende Regelung getroffen werden, wenn sie für den Arbeitnehmer im Ganzen mindestens gleichwertig ist.

Art. 329c

c. Zusammenhang und Zeitpunkt

1 • Die Ferien sind in der Regel im Verlauf des betreffenden Dienstjahres zu gewähren; wenigstens zwei Ferienwochen müssen zusammenhängen.

2 • Der Arbeitgeber bestimmt den Zeitpunkt der Ferien und nimmt dabei auf die Wünsche des Arbeitnehmers soweit Rücksicht, als dies mit den Interessen des Betriebes oder Haushaltes vereinbar ist.

1 Vgl. OR 345a

Art. 329d

d. Lohn

1 • Der Arbeitgeber hat dem Arbeitnehmer für die Ferien den gesamten darauf entfallenden Lohn und eine angemessene Entschädigung für ausfallenden Naturallohn zu entrichten.

2 •• Die Ferien dürfen während der Dauer des Arbeitsverhältnisses nicht durch Geldleistungen oder andere Vergünstigungen abgegolten werden.

3 •• Leistet der Arbeitnehmer während der Ferien entgeltliche Arbeit für einen Dritten und werden dadurch die berechtigten Interessen des Arbeitgebers verletzt, so kann dieser den Ferienlohn verweigern und bereits bezahlten Ferienlohn zurückverlangen.

Art. 329e

3. Urlaub für ausserschulische Jugendarbeit

1 • Der Arbeitgeber hat dem Arbeitnehmer bis zum vollendeten 30. Altersjahr für unentgeltliche leitende, betreuende oder beratende Tätigkeit im Rahmen ausserschulischer Jugendarbeit in einer kulturellen oder sozialen Organisation sowie für die dazu notwendige Aus- und Weiterbildung jedes Dienstjahr Jugendurlaub bis zu insgesamt einer Arbeitswoche zu gewähren.

2 Der Arbeitnehmer hat während des Jugendurlaubs keinen Lohnanspruch. Durch Abrede, Normalarbeitsvertrag oder Gesamtarbeitsvertrag kann zugunsten des Arbeitnehmers eine andere Regelung getroffen werden.

3 • Über den Zeitpunkt und die Dauer des Jugendurlaubs einigen sich Arbeitgeber und Arbeitnehmer; sie berücksichtigen dabei ihre beidseitigen Interessen. Kommt eine Einigung nicht zustande, dann muss der Jugendurlaub gewährt werden, wenn der Arbeitnehmer dem Arbeitgeber die Geltendmachung seines Anspruches zwei Monate im Voraus angezeigt hat. Nicht bezogene Jugendurlaubstage verfallen am Ende des Kalenderjahres.

4 Der Arbeitnehmer hat auf Verlangen des Arbeitgebers seine Tätigkeiten und Funktionen in der Jugendarbeit nachzuweisen.

Art. 329f

4. Mutterschaftsurlaub

• Nach der Niederkunft hat die Arbeitnehmerin Anspruch auf einen Mutterschaftsurlaub von mindestens 14 Wochen.

Art. 330

IX. Übrige Pflichten

1. Kaution

1 • Übergibt der Arbeitnehmer zur Sicherung seiner Verpflichtungen aus dem Arbeitsverhältnis dem Arbeitgeber eine Kaution, so hat sie dieser von seinem Vermögen getrennt zu halten und ihm dafür Sicherheit zu leisten.

2 Der Arbeitgeber hat die Kaution spätestens bei Beendigung des Arbeitsverhältnisses zurückzugeben, sofern nicht durch schriftliche Abrede der Zeitpunkt der Rückgabe hinausgeschoben ist.

3 • Macht der Arbeitgeber Forderungen aus dem Arbeitsverhältnis geltend und sind diese streitig, so kann er die Kaution bis zum Entscheid darüber insoweit zurückbehalten, muss aber auf Verlangen des Arbeitnehmers den zurückbehaltenen Betrag gerichtlich hinterlegen.

4 • Im Konkurs des Arbeitgebers kann der Arbeitnehmer die Rückgabe der von dem Vermögen des Arbeitgebers getrennt gehaltenen Kaution verlangen, unter Vorbehalt der Forderungen des Arbeitgebers aus dem Arbeitsverhältnis.

Art. 330a

2. Zeugnis

1 • Der Arbeitnehmer kann jederzeit vom Arbeitgeber ein Zeugnis verlangen, das sich über die Art und Dauer des Arbeitsverhältnisses sowie über seine Leistungen und sein Verhalten ausspricht.

2 • Auf besonderes Verlangen des Arbeitnehmers hat sich das Zeugnis auf Angaben über die Art und Dauer des Arbeitsverhältnisses zu beschränken.[1]

Art. 330b

3. Informationspflicht

1 Wurde das Arbeitsverhältnis auf unbestimmte Zeit oder für mehr als einen Monat eingegangen, so muss der Arbeitgeber spätestens einen Monat nach Beginn des Arbeitsverhältnisses den Arbeitnehmer schriftlich informieren über:

a. die Namen der Vertragsparteien;
b. das Datum des Beginns des Arbeitsverhältnisses;
c. die Funktion des Arbeitnehmers;
d. den Lohn und allfällige Lohnzuschläge;
e. die wöchentliche Arbeitszeit.

2 Werden Vertragselemente, die nach Absatz 1 mitteilungspflichtig sind, während des Arbeitsverhältnisses geändert, so sind die Änderungen dem Arbeitnehmer spätestens einen Monat nachdem sie wirksam geworden sind, schriftlich mitzuteilen.

Art. 331

D. Personalvorsorge
I. Pflichten des Arbeitgebers

1 •• Macht der Arbeitgeber Zuwendungen für die Personalvorsorge oder leisten die Arbeitnehmer Beiträge daran, so hat der Arbeitgeber diese Zuwendungen und Beiträge auf eine Stiftung, eine Genossenschaft oder eine Einrichtung des öffentlichen Rechtes zu übertragen.

2 •• Werden die Zuwendungen des Arbeitgebers und allfällige Beiträge des Arbeitnehmers zu dessen Gunsten für eine Kranken-, Unfall-, Lebens-, Invaliden- oder Todesfallversicherung bei einer der Versicherungsaufsicht unterstellten Unternehmung oder bei einer anerkannten Krankenkasse verwendet, so hat der Arbeitgeber die Übertragung gemäss vorstehendem Absatz nicht vorzunehmen, wenn dem Arbeitnehmer mit dem Eintritt des Versicherungsfalles ein selbständiges Forderungsrecht gegen den Versicherungsträger zusteht.

3 • Hat der Arbeitnehmer Beiträge an eine Vorsorgeeinrichtung zu leisten, so ist der Arbeitgeber verpflichtet, zur gleichen Zeit mindestens gleich hohe Beiträge wie die gesamten Beiträge aller Arbeitnehmer zu entrichten; er erbringt seine Beiträge aus eigenen Mitteln oder aus Beitragsreserven der Vorsorgeeinrichtung, die von ihm vorgängig hierfür geäufnet worden und gesondert ausgewiesen sind. Der Arbeitgeber muss den vom Lohn des Arbeitnehmers abgezogenen Beitragsanteil zusammen mit seinem Beitragsanteil spätestens am Ende des ersten Monats nach dem Kalender- oder Versicherungsjahr, für das die Beiträge geschuldet sind, an die Vorsorgeeinrichtung überweisen.

4 • Der Arbeitgeber hat dem Arbeitnehmer über die ihm gegen eine Vorsorgeeinrichtung oder einen Versicherungsträger zustehenden Forderungsrechte den erforderlichen Aufschluss zu erteilen.

5 Auf Verlangen der Zentralstelle 2. Säule ist der Arbeitgeber verpflichtet, ihr die Angaben zu liefern, die ihm vorliegen und die geeignet sind, die Berechtigten vergessener Guthaben oder die Einrichtungen, welche solche Guthaben führen, zu finden.

[1] Sog. Arbeitsbestätigung

Art. 331a

II. Beginn und Ende des Vorsorgeschutzes

1 • Der Vorsorgeschutz beginnt mit dem Tag, an dem das Arbeitsverhältnis anfängt, und endet an dem Tag, an welchem der Arbeitnehmer die Vorsorgeeinrichtung verlässt.

2 • Der Arbeitnehmer geniesst jedoch einen Vorsorgeschutz gegen Tod und Invalidität, bis er in ein neues Vorsorgeverhältnis eingetreten ist, längstens aber während eines Monats.

3 • Für den nach Beendigung des Vorsorgeverhältnisses gewährten Vorsorgeschutz kann die Vorsorgeeinrichtung vom Arbeitnehmer Risikobeiträge verlangen.

Art. 331b

III. Abtretung und Verpfändung

•• Die Forderung auf künftige Vorsorgeleistungen kann vor der Fälligkeit gültig weder abgetreten noch verpfändet werden.

Art. 331c

IV. Gesundheitliche Vorbehalte

Vorsorgeeinrichtungen dürfen für die Risiken Tod und Invalidität einen Vorbehalt aus gesundheitlichen Gründen machen. Dieser darf höchstens fünf Jahre betragen.

Art. 331d

V. Wohneigentumsförderung
1. Verpfändung

1 Der Arbeitnehmer kann bis drei Jahre vor Entstehung des Anspruchs auf Altersleistungen seinen Anspruch auf Vorsorgeleistungen oder einen Betrag bis zur Höhe seiner Freizügigkeitsleistung für Wohneigentum zum eigenen Bedarf verpfänden.

2 Die Verpfändung ist auch zulässig für den Erwerb von Anteilscheinen einer Wohnbaugenossenschaft oder ähnlicher Beteiligungen, wenn der Arbeitnehmer eine dadurch mitfinanzierte Wohnung selbst benutzt.

3 Die Verpfändung bedarf zu ihrer Gültigkeit der schriftlichen Anzeige an die Vorsorgeeinrichtung.

4 Arbeitnehmer, die das 50. Altersjahr überschritten haben, dürfen höchstens die Freizügigkeitsleistung, auf die sie im 50. Altersjahr Anspruch gehabt hätten, oder die Hälfte der Freizügigkeitsleistung im Zeitpunkt der Verpfändung als Pfand einsetzen.

5 Ist der Arbeitnehmer verheiratet, so ist die Verpfändung nur zulässig, wenn sein Ehegatte schriftlich zustimmt. Kann er die Zustimmung nicht einholen oder wird sie ihm verweigert, so kann er das Gericht anrufen. Die gleiche Regelung gilt bei eingetragenen Partnerschaften.

6 Wird das Pfand vor dem Vorsorgefall oder vor der Barauszahlung verwertet, so finden die Artikel 30d–30f und 83a des Bundesgesetzes vom 25. Juni 1982 über die berufliche Alters-, Hinterlassenen- und Invalidenvorsorge Anwendung.

7 Der Bundesrat bestimmt:

a. die zulässigen Verpfändungszwecke und den Begriff «Wohneigentum zum eigenen Bedarf»;
b. welche Voraussetzungen bei der Verpfändung von Anteilscheinen einer Wohnbaugenossenschaft oder ähnlicher Beteiligungen zu erfüllen sind.

Art. 331e

2. Vorbezug

1 Der Arbeitnehmer kann bis drei Jahre vor Entstehung des Anspruchs auf Altersleistungen von seiner Vorsorgeeinrichtung einen Betrag für Wohneigentum zum eigenen Bedarf geltend machen.

2 Arbeitnehmer dürfen bis zum 50. Altersjahr einen Betrag bis zur Höhe der Freizügigkeitsleistung beziehen. Versicherte, die das 50. Altersjahr überschritten haben,

dürfen höchstens die Freizügigkeitsleistung, auf die sie im 50. Altersjahr Anspruch gehabt hätten, oder die Hälfte der Freizügigkeitsleistung im Zeitpunkt des Bezuges in Anspruch nehmen.

3 Der Arbeitnehmer kann diesen Betrag auch für den Erwerb von Anteilscheinen einer Wohnbaugenossenschaft oder ähnlicher Beteiligungen verwenden, wenn er eine dadurch mitfinanzierte Wohnung selbst benutzt.

4 Mit dem Bezug wird gleichzeitig der Anspruch auf Vorsorgeleistungen entsprechend den jeweiligen Vorsorgereglementen und den technischen Grundlagen der Vorsorgeeinrichtung gekürzt. Um eine Einbusse des Vorsorgeschutzes durch eine Leistungskürzung bei Tod oder Invalidität zu vermeiden, bietet die Vorsorgeeinrichtung eine Zusatzversicherung an oder vermittelt eine solche.

5 Ist der Arbeitnehmer verheiratet, so ist der Bezug nur zulässig, wenn sein Ehegatte schriftlich zustimmt. Kann er die Zustimmung nicht einholen oder wird sie ihm verweigert, so kann er das Gericht anrufen. Die gleiche Regelung gilt bei eingetragenen Partnerschaften.

6 Werden Ehegatten vor Eintritt eines Vorsorgefalles geschieden, so gilt der Vorbezug als Freizügigkeitsleistung und wird nach den Artikeln 122 und 123 des Zivilgesetzbuches, nach Artikel 280 ZPO und Artikel 22 des Freizügigkeitsgesetzes vom 17. Dezember 1993 geteilt. Die gleiche Regelung gilt bei gerichtlicher Auflösung einer eingetragenen Partnerschaft.

7 Wird durch den Vorbezug oder die Verpfändung die Liquidität der Vorsorgeeinrichtung in Frage gestellt, so kann diese die Erledigung der entsprechenden Gesuche aufschieben. Sie legt in ihrem Reglement eine Prioritätenordnung für das Aufschieben dieser Vorbezüge beziehungsweise Verpfändungen fest. Der Bundesrat regelt die Einzelheiten.

8 Im Übrigen gelten die Artikel 30d–30f und 83a des Bundesgesetzes vom 25. Juni 1982 über die berufliche Alters-, Hinterlassenen- und Invalidenvorsorge.

Art. 331f

3. Einschränkungen während einer Unterdeckung der Vorsorgeeinrichtung

1 Die Vorsorgeeinrichtung kann in ihrem Reglement vorsehen, dass während der Dauer einer Unterdeckung die Verpfändung, der Vorbezug und die Rückzahlung zeitlich und betragsmässig eingeschränkt oder ganz verweigert werden können.

2 Der Bundesrat legt die Voraussetzungen fest, unter denen die Einschränkungen nach Absatz 1 zulässig sind, und bestimmt deren Umfang.

Art. 332

E. Rechte an Erfindungen und Designs

1 Erfindungen und Designs, die der Arbeitnehmer bei Ausübung seiner dienstlichen Tätigkeit und in Erfüllung seiner vertraglichen Pflichten macht oder an deren Hervorbringung er mitwirkt, gehören unabhängig von ihrer Schutzfähigkeit dem Arbeitgeber.

2 Durch schriftliche Abrede kann sich der Arbeitgeber den Erwerb von Erfindungen und Designs ausbedingen, die vom Arbeitnehmer bei Ausübung seiner dienstlichen Tätigkeit, aber nicht in Erfüllung seiner vertraglichen Pflichten gemacht werden.

3 Der Arbeitnehmer, der eine Erfindung oder ein Design gemäss Absatz 2 macht, hat davon dem Arbeitgeber schriftlich Kenntnis zu geben; dieser hat ihm innert sechs Monaten schriftlich mitzuteilen, ob er die Erfindung beziehungsweise das Design erwerben will oder sie dem Arbeitnehmer freigibt.

4 • Wird die Erfindung oder das Design dem Arbeitnehmer nicht freigegeben, so hat ihm der Arbeitgeber eine besondere angemessene Vergütung auszurichten; bei

deren Festsetzung sind alle Umstände zu berücksichtigen, wie namentlich der wirtschaftliche Wert der Erfindung beziehungsweise des Designs, die Mitwirkung des Arbeitgebers, die Inanspruchnahme seiner Hilfspersonen und Betriebseinrichtungen, sowie die Aufwendungen des Arbeitnehmers und seine Stellung im Betrieb.

Art. 332a

Aufgehoben.

Art. 333

F. Übergang des Arbeitsverhältnisses
1. Wirkungen

[1] Überträgt der Arbeitgeber den Betrieb oder einen Betriebsteil auf einen Dritten, so geht das Arbeitsverhältnis mit allen Rechten und Pflichten mit dem Tage der Betriebsnachfolge auf den Erwerber über, sofern der Arbeitnehmer den Übergang nicht ablehnt.

[1bis] Ist auf das übertragene Arbeitsverhältnis ein Gesamtarbeitsvertrag anwendbar, so muss der Erwerber diesen während eines Jahres einhalten, sofern er nicht vorher abläuft oder infolge Kündigung endet.

[2] Bei Ablehnung des Überganges wird das Arbeitsverhältnis auf den Ablauf der gesetzlichen Kündigungsfrist aufgelöst; der Erwerber des Betriebes und der Arbeitnehmer sind bis dahin zur Erfüllung des Vertrages verpflichtet.

[3] • Der bisherige Arbeitgeber und der Erwerber des Betriebes haften solidarisch für die Forderungen des Arbeitnehmers, die vor dem Übergang fällig geworden sind und die nachher bis zum Zeitpunkt fällig werden, auf den das Arbeitsverhältnis ordentlicherweise beendigt werden könnte oder bei Ablehnung des Überganges durch den Arbeitnehmer beendigt wird.

[4] Im übrigen ist der Arbeitgeber nicht berechtigt, die Rechte aus dem Arbeitsverhältnis auf einen Dritten zu übertragen, sofern nichts anderes verabredet ist oder sich aus den Umständen ergibt.

Art. 333a

2. Konsultation der Arbeitnehmervertretung

[1] Überträgt ein Arbeitgeber den Betrieb oder einen Betriebsteil auf einen Dritten, so hat er die Arbeitnehmervertretung oder, falls es keine solche gibt, die Arbeitnehmer rechtzeitig vor dem Vollzug des Übergangs zu informieren über:

a. den Grund des Übergangs;
b. die rechtlichen, wirtschaftlichen und sozialen Folgen des Übergangs für die Arbeitnehmer.

[2] Sind infolge des Übergangs Massnahmen beabsichtigt, welche die Arbeitnehmer betreffen, so ist die Arbeitnehmervertretung oder, falls es keine solche gibt, sind die Arbeitnehmer rechtzeitig vor dem Entscheid über diese Massnahmen zu konsultieren.

Art. 333b

3. Betriebsübergang bei Insolvenz

Wird der Betrieb oder der Betriebsteil während einer Nachlassstundung, im Rahmen eines Konkurses[1] oder eines Nachlassvertrages mit Vermögensabtretung[2] übertragen, so geht das Arbeitsverhältnis mit allen Rechten und Pflichten auf den Erwerber über, wenn dies mit dem Erwerber so vereinbart wurde und der Arbeitnehmer den Übergang nicht ablehnt. Im Übrigen gelten die Artikel 333, ausgenommen dessen Absatz 3, und 333a sinngemäss.

[1] Vgl. SchKG 171
[2] Vgl. SchKG 317

Art. 334

G. Beendigung des Arbeitsverhältnisses
I. Befristetes Arbeitsverhältnis

[1] Ein befristetes Arbeitsverhältnis endigt ohne Kündigung.

[2] Wird ein befristetes Arbeitsverhältnis nach Ablauf der vereinbarten Dauer stillschweigend fortgesetzt, so gilt es als unbefristetes Arbeitsverhältnis.

[3] •• Nach Ablauf von zehn Jahren kann jede Vertragspartei ein auf längere Dauer abgeschlossenes befristetes Arbeitsverhältnis jederzeit mit einer Kündigungsfrist von sechs Monaten auf das Ende eines Monats kündigen.

Art. 335

II. Unbefristetes Arbeitsverhältnis
1. Kündigung im Allgemeinen

[1] •• Ein unbefristetes Arbeitsverhältnis kann von jeder Vertragspartei gekündigt werden.

[2] •• Der Kündigende muss die Kündigung schriftlich begründen, wenn die andere Partei dies verlangt.

Art. 335a

2. Kündigungsfristen
a. Im Allgemeinen

[1] Für Arbeitgeber und Arbeitnehmer dürfen keine verschiedenen Kündigungsfristen festgesetzt werden; bei widersprechender Abrede gilt für beide die längere Frist.

[2] Hat der Arbeitgeber das Arbeitsverhältnis aus wirtschaftlichen Gründen gekündigt oder eine entsprechende Absicht kundgetan, so dürfen jedoch durch Abrede, Normalarbeitsvertrag oder Gesamtarbeitsvertrag für den Arbeitnehmer kürzere Kündigungsfristen vereinbart werden.

Art. 335b

b. während der Probezeit

[1] Das Arbeitsverhältnis kann während der Probezeit jederzeit mit einer Kündigungsfrist von sieben Tagen gekündigt werden; als Probezeit gilt der erste Monat eines Arbeitsverhältnisses.

[2] Durch schriftliche Abrede, Normalarbeitsvertrag oder Gesamtarbeitsvertrag können abweichende Vereinbarungen getroffen werden; die Probezeit darf jedoch auf höchstens drei Monate verlängert werden.

[3] Bei einer effektiven Verkürzung der Probezeit infolge Krankheit, Unfall oder Erfüllung einer nicht freiwillig übernommenen gesetzlichen Pflicht erfolgt eine entsprechende Verlängerung der Probezeit.

Art. 335c

c. nach Ablauf der Probezeit

[1] Das Arbeitsverhältnis kann im ersten Dienstjahr mit einer Kündigungsfrist von einem Monat, im zweiten bis und mit dem neunten Dienstjahr mit einer Frist von zwei Monaten und nachher mit einer Frist von drei Monaten je auf das Ende eines Monats gekündigt werden.

[2] Diese Fristen dürfen durch schriftliche Abrede, Normalarbeitsvertrag oder Gesamtarbeitsvertrag abgeändert werden; unter einen Monat dürfen sie jedoch nur durch Gesamtarbeitsvertrag und nur für das erste Dienstjahr herabgesetzt werden.

Art. 335d

IIbis. Massenentlassung
1. Begriff

Als Massenentlassung gelten Kündigungen, die der Arbeitgeber innert 30 Tagen in einem Betrieb aus Gründen ausspricht, die in keinem Zusammenhang mit der Person des Arbeitnehmers stehen, und von denen betroffen werden:

1. mindestens 10 Arbeitnehmer in Betrieben, die in der Regel mehr als 20 und weniger als 100 Arbeitnehmer beschäftigen;
2. mindestens 10 Prozent der Arbeitnehmer in Betrieben, die in der Regel mindestens 100 und weniger als 300 Arbeitnehmer beschäftigen;

3. mindestens 30 Arbeitnehmer in Betrieben, die in der Regel mindestens 300 Arbeitnehmer beschäftigen.

Art. 335e

2. Geltungsbereich

1 Die Bestimmungen über die Massenentlassung gelten auch für befristete Arbeitsverhältnisse, wenn diese vor Ablauf der vereinbarten Dauer enden.

2 Sie gelten nicht für Betriebseinstellungen infolge gerichtlicher Entscheide sowie bei Massenentlassung im Konkurs oder bei einem Nachlassvertrag mit Vermögensabtretung.

Art. 335f

3. Konsultation der Arbeitnehmervertretung

1 Beabsichtigt der Arbeitgeber, eine Massenentlassung vorzunehmen, so hat er die Arbeitnehmervertretung oder, falls es keine solche gibt, die Arbeitnehmer zu konsultieren.

2 Er gibt ihnen zumindest die Möglichkeit, Vorschläge zu unterbreiten, wie die Kündigungen vermieden oder deren Zahl beschränkt sowie ihre Folgen gemildert werden können.

3 Er muss der Arbeitnehmervertretung oder, falls es keine solche gibt, den Arbeitnehmern alle zweckdienlichen Auskünfte erteilen und ihnen auf jeden Fall schriftlich mitteilen:

a. die Gründe der Massenentlassung;
b. die Zahl der Arbeitnehmer, denen gekündigt werden soll;
c. die Zahl der in der Regel beschäftigten Arbeitnehmer;
d. den Zeitraum, in dem die Kündigungen ausgesprochen werden sollen.

4 Er stellt dem kantonalen Arbeitsamt eine Kopie der Mitteilung nach Absatz 3 zu.

Art. 335g

4. Verfahren

1 Der Arbeitgeber hat dem kantonalen Arbeitsamt jede beabsichtigte Massenentlassung schriftlich anzuzeigen und der Arbeitnehmervertretung oder, falls es keine solche gibt, den Arbeitnehmern eine Kopie dieser Anzeige zuzustellen.

2 Die Anzeige muss die Ergebnisse der Konsultation der Arbeitnehmervertretung (Art. 335f) und alle zweckdienlichen Angaben über die beabsichtigte Massenentlassung enthalten.

3 Das kantonale Arbeitsamt sucht nach Lösungen für die Probleme, welche die beabsichtigte Massenentlassung aufwirft. Die Arbeitnehmervertretung oder, falls es keine solche gibt, die Arbeitnehmer können ihm ihre Bemerkungen einreichen.

4 Ist das Arbeitsverhältnis im Rahmen einer Massenentlassung gekündigt worden, so endet es 30 Tage nach der Anzeige der beabsichtigten Massenentlassung an das kantonale Arbeitsamt, ausser wenn die Kündigung nach den vertraglichen oder gesetzlichen Bestimmungen auf einen späteren Termin wirksam wird.

Art. 335h

5. Sozialplan
a. Begriff und Grundsätze

1 Der Sozialplan ist eine Vereinbarung, in welcher der Arbeitgeber und die Arbeitnehmer die Massnahmen festlegen, mit denen Kündigungen vermieden, deren Zahl beschränkt sowie deren Folgen gemildert werden.

2 Er darf den Fortbestand des Betriebs nicht gefährden.

Art. 335i

b. Verhandlungspflicht

1 • Der Arbeitgeber muss mit den Arbeitnehmern Verhandlungen mit dem Ziel führen, einen Sozialplan aufzustellen, wenn er:

a. üblicherweise mindestens 250 Arbeitnehmer beschäftigt; und
b. beabsichtigt, innert 30 Tagen mindestens 30 Arbeitnehmern aus Gründen zu kündigen, die in keinem Zusammenhang mit ihrer Person stehen.

2 • Zeitlich verteilte Kündigungen, die auf dem gleichen betrieblichen Entscheid beruhen, werden zusammengezählt.

3 • Der Arbeitgeber verhandelt:

a. mit den am Gesamtarbeitsvertrag beteiligten Arbeitnehmerverbänden, wenn er Partei dieses Gesamtarbeitsvertrags ist;
b. mit der Arbeitnehmervertretung; oder
c. direkt mit den Arbeitnehmern, wenn es keine Arbeitnehmervertretung gibt.

4 • Die Arbeitnehmerverbände, die Arbeitnehmervertretung oder die Arbeitnehmer können zu den Verhandlungen Sachverständige heranziehen. Diese sind gegenüber betriebsfremden Personen zur Verschwiegenheit verpflichtet.

Art. 335j

c. Aufstellung durch ein Schiedsgericht

1 • Können sich die Parteien nicht auf einen Sozialplan einigen, so muss ein Schiedsgericht bestellt werden.

2 • Das Schiedsgericht stellt einen Sozialplan durch verbindlichen Schiedsspruch auf.

Art. 335k

d. Während eines Konkurs- oder eines Nachlassverfahrens

•• Die Bestimmungen über den Sozialplan (Art. 335h–335j) gelten nicht bei Massenentlassungen, die während eines Konkurs-[1] oder Nachlassverfahrens[2] erfolgen, das mit einem Nachlassvertrag abgeschlossen wird.

Art. 336

III. Kündigungsschutz
1. Missbräuchliche Kündigung
a. Grundsatz

1 •• Die Kündigung eines Arbeitsverhältnisses ist missbräuchlich, wenn eine Partei sie ausspricht:

a. wegen einer Eigenschaft, die der anderen Partei kraft ihrer Persönlichkeit zusteht, es sei denn, diese Eigenschaft stehe in einem Zusammenhang mit dem Arbeitsverhältnis oder beeinträchtige wesentlich die Zusammenarbeit im Betrieb;
b. weil die andere Partei ein verfassungsmässiges Recht ausübt, es sei denn, die Rechtsausübung verletze eine Pflicht aus dem Arbeitsverhältnis oder beeinträchtige wesentlich die Zusammenarbeit im Betrieb;
c. ausschliesslich um die Entstehung von Ansprüchen der anderen Partei aus dem Arbeitsverhältnis zu vereiteln;
d. weil die andere Partei nach Treu und Glauben Ansprüche aus dem Arbeitsverhältnis geltend macht;
e. weil die andere Partei schweizerischen obligatorischen Militär- oder Schutzdienst oder schweizerischen Zivildienst leistet oder eine nicht freiwillig übernommene gesetzliche Pflicht erfüllt.

1 Vgl. SchKG 171
2 Vgl. SchKG 293 ff.

2 • Die Kündigung des Arbeitsverhältnisses durch den Arbeitgeber ist im Weiteren missbräuchlich, wenn sie ausgesprochen wird:

a. weil der Arbeitnehmer einem Arbeitnehmerverband angehört oder nicht angehört oder weil er eine gewerkschaftliche Tätigkeit rechtmässig ausübt;

b. während der Arbeitnehmer gewählter Arbeitnehmervertreter in einer betrieblichen oder in einer dem Unternehmen angeschlossenen Einrichtung ist, und der Arbeitgeber nicht beweisen kann, dass er einen begründeten Anlass zur Kündigung hatte;

c. im Rahmen einer Massenentlassung, ohne dass die Arbeitnehmervertretung oder, falls es keine solche gibt, die Arbeitnehmer, konsultiert worden sind (Art. 335f).

3 Der Schutz eines Arbeitnehmervertreters nach Absatz 2 Buchstabe b, dessen Mandat infolge Übergangs des Arbeitsverhältnisses endet (Art. 333), besteht so lange weiter, als das Mandat gedauert hätte, falls das Arbeitsverhältnis nicht übertragen worden wäre.

Art. 336a

b. Sanktionen

1 •• Die Partei, die das Arbeitsverhältnis missbräuchlich kündigt, hat der anderen Partei eine Entschädigung auszurichten.[1]

2 •• Die Entschädigung wird vom Richter unter Würdigung aller Umstände festgesetzt, darf aber den Betrag nicht übersteigen, der dem Lohn des Arbeitnehmers für sechs Monate entspricht. Schadenersatzansprüche aus einem anderen Rechtstitel sind vorbehalten.

3 •• Ist die Kündigung nach Artikel 336 Absatz 2 Buchstabe c missbräuchlich, so darf die Entschädigung nicht mehr als den Lohn des Arbeitnehmers für zwei Monate betragen.

Art. 336b

c. Verfahren

1 •• Wer gestützt auf Artikel 336 und 336a eine Entschädigung geltend machen will, muss gegen die Kündigung längstens bis zum Ende der Kündigungsfrist beim Kündigenden schriftlich Einsprache erheben.

2 •• Ist die Einsprache gültig erfolgt und einigen sich die Parteien nicht über die Fortsetzung des Arbeitsverhältnisses, so kann die Partei, der gekündigt worden ist, ihren Anspruch auf Entschädigung geltend machen. Wird nicht innert 180 Tagen nach Beendigung des Arbeitsverhältnisses eine Klage anhängig gemacht, ist der Anspruch verwirkt.

Art. 336c

2. Kündigung zur Unzeit
a. durch den Arbeitgeber

1 • Nach Ablauf der Probezeit darf der Arbeitgeber das Arbeitsverhältnis nicht kündigen:

a. während die andere Partei schweizerischen obligatorischen Militär- oder Schutzdienst oder schweizerischen Zivildienst leistet, sowie, sofern die Dienstleistung mehr als elf Tage dauert, während vier Wochen vorher und nachher;

b. während der Arbeitnehmer ohne eigenes Verschulden durch Krankheit oder durch Unfall ganz oder teilweise an der Arbeitsleistung verhindert ist, und zwar im ersten Dienstjahr während 30 Tagen, ab zweitem bis und mit fünftem Dienstjahr während 90 Tagen und ab sechstem Dienstjahr während 180 Tagen;

[1] D.h. Kündigung ist gültig

c. während der Schwangerschaft und in den 16 Wochen nach der Niederkunft einer Arbeitnehmerin;
d. während der Arbeitnehmer mit Zustimmung des Arbeitgebers an einer von der zuständigen Bundesbehörde angeordneten Dienstleistung für eine Hilfsaktion im Ausland teilnimmt.

2 • Die Kündigung, die während einer der in Absatz 1 festgesetzten Sperrfristen erklärt wird, ist nichtig; ist dagegen die Kündigung vor Beginn einer solchen Frist erfolgt, aber die Kündigungsfrist bis dahin noch nicht abgelaufen, so wird deren Ablauf unterbrochen und erst nach Beendigung der Sperrfrist fortgesetzt.

3 • Gilt für die Beendigung des Arbeitsverhältnisses ein Endtermin, wie das Ende eines Monats oder einer Arbeitswoche, und fällt dieser nicht mit dem Ende der fortgesetzten Kündigungsfrist zusammen, so verlängert sich diese bis zum nächstfolgenden Endtermin.

Art. 336d

b. durch den Arbeitnehmer

1 •• Nach Ablauf der Probezeit darf der Arbeitnehmer das Arbeitsverhältnis nicht kündigen, wenn ein Vorgesetzter, dessen Funktionen er auszuüben vermag, oder der Arbeitgeber selbst unter den in Artikel 336c Absatz 1 Buchstabe a angeführten Voraussetzungen an der Ausübung der Tätigkeit verhindert ist und der Arbeitnehmer dessen Tätigkeit während der Verhinderung zu übernehmen hat.

2 •• Artikel 336c Absätze 2 und 3 sind entsprechend anwendbar.

Art. 337

IV. Fristlose Auflösung
1. Voraussetzungen
a. aus wichtigen Gründen

1 •• Aus wichtigen Gründen kann der Arbeitgeber wie der Arbeitnehmer jederzeit das Arbeitsverhältnis fristlos auflösen; er muss die fristlose Vertragsauflösung schriftlich begründen, wenn die andere Partei dies verlangt.

2 •• Als wichtiger Grund gilt namentlich jeder Umstand, bei dessen Vorhandensein dem Kündigenden nach Treu und Glauben die Fortsetzung des Arbeitsverhältnisses nicht mehr zugemutet werden darf.

3 Über das Vorhandensein solcher Umstände entscheidet der Richter nach seinem Ermessen, darf aber in keinem Fall die unverschuldete Verhinderung des Arbeitnehmers an der Arbeitsleistung als wichtigen Grund anerkennen.

Art. 337a

b. wegen Lohngefährdung

• Wird der Arbeitgeber zahlungsunfähig[1], so kann der Arbeitnehmer das Arbeitsverhältnis fristlos auflösen, sofern ihm für seine Forderungen aus dem Arbeitsverhältnis nicht innert angemessener Frist Sicherheit geleistet wird.

Art. 337b

2. Folgen
a. bei gerechtfertigter Auflösung

1 •• Liegt der wichtige Grund zur fristlosen Auflösung des Arbeitsverhältnisses im vertragswidrigen Verhalten einer Vertragspartei, so hat diese vollen Schadenersatz zu leisten, unter Berücksichtigung aller aus dem Arbeitsverhältnis entstehenden Forderungen.

2 In den andern Fällen bestimmt der Richter die vermögensrechtlichen Folgen der fristlosen Auflösung unter Würdigung aller Umstände nach seinem Ermessen.

1 Vgl. SchKG 171 und 190

Art. 337c

b. bei ungerechtfertigter Entlassung

1 • Entlässt der Arbeitgeber den Arbeitnehmer fristlos ohne wichtigen Grund, so hat dieser Anspruch auf Ersatz dessen, was er verdient hätte, wenn das Arbeitsverhältnis unter Einhaltung der Kündigungsfrist oder durch Ablauf der bestimmten Vertragszeit beendigt worden wäre.

2 Der Arbeitnehmer muss sich daran anrechnen lassen, was er infolge der Beendigung des Arbeitsverhältnisses erspart hat und was er durch anderweitige Arbeit verdient oder zu verdienen absichtlich unterlassen hat.

3 Der Richter kann den Arbeitgeber verpflichten, dem Arbeitnehmer eine Entschädigung zu bezahlen, die er nach freiem Ermessen unter Würdigung aller Umstände festlegt; diese Entschädigung darf jedoch den Lohn des Arbeitnehmers für sechs Monate nicht übersteigen.

Art. 337d

c. bei ungerechtfertigtem Nichtantritt oder Verlassen der Arbeitsstelle

1 •• Tritt der Arbeitnehmer ohne wichtigen Grund die Arbeitsstelle nicht an oder verlässt er sie fristlos, so hat der Arbeitgeber Anspruch auf eine Entschädigung, die einem Viertel des Lohnes für einen Monat entspricht; ausserdem hat er Anspruch auf Ersatz weiteren Schadens.

2 •• Ist dem Arbeitgeber kein Schaden oder ein geringerer Schaden erwachsen, als der Entschädigung gemäss dem vorstehenden Absatz entspricht, so kann sie der Richter nach seinem Ermessen herabsetzen.

3 •• Erlischt der Anspruch auf Entschädigung nicht durch Verrechnung, so ist er durch Klage oder Betreibung innert 30 Tagen seit dem Nichtantritt oder Verlassen der Arbeitsstelle geltend zu machen; andernfalls ist der Anspruch verwirkt.

4 *Aufgehoben.*

Art. 338

V. Tod des Arbeitnehmers oder des Arbeitgebers
1. Tod des Arbeitnehmers

1 • Mit dem Tod des Arbeitnehmers erlischt das Arbeitsverhältnis.

2 • Der Arbeitgeber hat jedoch den Lohn für einen weiteren Monat und nach fünfjähriger Dienstdauer für zwei weitere Monate, gerechnet vom Todestag an, zu entrichten, sofern der Arbeitnehmer den Ehegatten, die eingetragene Partnerin, den eingetragenen Partner oder minderjährige Kinder oder bei Fehlen dieser Erben andere Personen hinterlässt, denen gegenüber er eine Unterstützungspflicht erfüllt hat.

Art. 338a

2. Tod des Arbeitgebers

1 • Mit dem Tod des Arbeitgebers geht das Arbeitsverhältnis auf die Erben über; die Vorschriften betreffend den Übergang des Arbeitsverhältnisses bei Betriebsnachfolge sind sinngemäss anwendbar.

2 • Ist das Arbeitsverhältnis wesentlich mit Rücksicht auf die Person des Arbeitgebers eingegangen worden, so erlischt es mit dessen Tod; jedoch kann der Arbeitnehmer angemessenen Ersatz für den Schaden verlangen, der ihm infolge der vorzeitigen Beendigung des Arbeitsverhältnisses erwächst.

Art. 339

VI. Folgen der Beendigung des Arbeitsverhältnisses
1. Fälligkeit der Forderungen

1 •• Mit der Beendigung des Arbeitsverhältnisses werden alle Forderungen aus dem Arbeitsverhältnis fällig.

2 Für Provisionsforderungen auf Geschäften, die ganz oder teilweise nach Beendigung des Arbeitsverhältnisses erfüllt werden, kann durch schriftliche Abrede die Fälligkeit hinausgeschoben werden, jedoch in der Regel nicht mehr als sechs

Monate, bei Geschäften mit gestaffelter Erfüllung nicht mehr als ein Jahr und bei Versicherungsverträgen sowie Geschäften, deren Durchführung mehr als ein halbes Jahr erfordert, nicht mehr als zwei Jahre.

3 Die Forderung auf einen Anteil am Geschäftsergebnis wird fällig nach Massgabe von Artikel 323 Absatz 3.

Art. 339a

2. Rückgabepflichten

1 •• Auf den Zeitpunkt der Beendigung des Arbeitsverhältnisses hat jede Vertragspartei der andern alles herauszugeben, was sie für dessen Dauer von ihr oder von Dritten für deren Rechnung erhalten hat.

2 •• Der Arbeitnehmer hat insbesondere Fahrzeuge und Fahrausweise zurückzugeben sowie Lohn- oder Auslagenvorschüsse soweit zurückzuerstatten, als sie seine Forderungen übersteigen.

3 •• Vorbehalten bleiben die Retentionsrechte der Vertragsparteien.

Art. 339b

3. Abgangsentschädigung
a. Voraussetzungen

1 • Endigt das Arbeitsverhältnis eines mindestens 50 Jahre alten Arbeitnehmers nach 20 oder mehr Dienstjahren, so hat ihm der Arbeitgeber eine Abgangsentschädigung auszurichten.

2 • Stirbt der Arbeitnehmer während des Arbeitsverhältnisses, so ist die Entschädigung dem überlebenden Ehegatten, der eingetragenen Partnerin, dem eingetragenen Partner oder den minderjährigen Kindern oder bei Fehlen dieser Erben anderen Personen auszurichten, denen gegenüber er eine Unterstützungspflicht erfüllt hat.

Art. 339c

b. Höhe und Fälligkeit

1 Die Höhe der Entschädigung kann durch schriftliche Abrede, Normalarbeitsvertrag oder Gesamtarbeitsvertrag bestimmt werden, darf aber den Betrag nicht unterschreiten, der dem Lohn des Arbeitnehmers für zwei Monate entspricht.

2 Ist die Höhe der Entschädigung nicht bestimmt, so ist sie vom Richter unter Würdigung aller Umstände nach seinem Ermessen festzusetzen, darf aber den Betrag nicht übersteigen, der dem Lohn des Arbeitnehmers für acht Monate entspricht.

3 Die Entschädigung kann herabgesetzt werden oder wegfallen, wenn das Arbeitsverhältnis vom Arbeitnehmer ohne wichtigen Grund gekündigt oder vom Arbeitgeber aus wichtigem Grund fristlos aufgelöst wird, oder wenn dieser durch die Leistung der Entschädigung in eine Notlage versetzt würde.

4 Die Entschädigung ist mit der Beendigung des Arbeitsverhältnisses fällig, jedoch kann eine spätere Fälligkeit durch schriftliche Abrede, Normalarbeitsvertrag oder Gesamtarbeitsvertrag bestimmt oder vom Richter angeordnet werden.

Art. 339d

c. Ersatzleistungen

1 • Erhält der Arbeitnehmer Leistungen von einer Personalfürsorgeeinrichtung, so können sie von der Abgangsentschädigung abgezogen werden, soweit diese Leistungen vom Arbeitgeber oder aufgrund seiner Zuwendungen von der Personalfürsorgeeinrichtung finanziert worden sind.

2 • Der Arbeitgeber hat auch insoweit keine Entschädigung zu leisten, als er dem Arbeitnehmer künftige Vorsorgeleistungen verbindlich zusichert oder durch einen Dritten zusichern lässt.

Art. 340

VII. Konkurrenzverbot
1. Voraussetzungen

1 • Der handlungsfähige Arbeitnehmer kann sich gegenüber dem Arbeitgeber schriftlich verpflichten, nach Beendigung des Arbeitsverhältnisses sich jeder konkurrenzierenden Tätigkeit zu enthalten, insbesondere weder auf eigene Rechnung ein Geschäft zu betreiben, das mit dem des Arbeitgebers in Wettbewerb steht, noch in einem solchen Geschäft tätig zu sein oder sich daran zu beteiligen.

2 Das Konkurrenzverbot ist nur verbindlich, wenn das Arbeitsverhältnis dem Arbeitnehmer Einblick in den Kundenkreis oder in Fabrikations- und Geschäftsgeheimnisse gewährt und die Verwendung dieser Kenntnisse den Arbeitgeber erheblich schädigen könnte.

Art. 340a

2. Beschränkungen

1 • Das Verbot ist nach Ort, Zeit und Gegenstand angemessen zu begrenzen, so dass eine unbillige Erschwerung des wirtschaftlichen Fortkommens des Arbeitnehmers ausgeschlossen ist; es darf nur unter besonderen Umständen drei Jahre überschreiten.

2 Der Richter kann ein übermässiges Konkurrenzverbot[1] unter Würdigung aller Umstände nach seinem Ermessen einschränken; er hat dabei eine allfällige Gegenleistung des Arbeitgebers angemessen zu berücksichtigen.

Art. 340b

3. Folgen der Übertretung

1 •• Übertritt der Arbeitnehmer das Konkurrenzverbot, so hat er den dem Arbeitgeber erwachsenden Schaden zu ersetzen.

2 •• Ist bei Übertretung des Verbotes eine Konventionalstrafe[2] geschuldet und nichts anderes verabredet, so kann sich der Arbeitnehmer durch deren Leistung vom Verbot befreien; er bleibt jedoch für weiteren Schaden ersatzpflichtig.

3 Ist es besonders schriftlich verabredet, so kann der Arbeitgeber neben der Konventionalstrafe und dem Ersatz weiteren Schadens die Beseitigung des vertragswidrigen Zustandes verlangen[3], sofern die verletzten oder bedrohten Interessen des Arbeitgebers und das Verhalten des Arbeitnehmers dies rechtfertigen.

Art. 340c

4. Wegfall

1 • Das Konkurrenzverbot fällt dahin, wenn der Arbeitgeber nachweisbar kein erhebliches Interesse mehr hat, es aufrecht zu erhalten.

2 • Das Verbot fällt ferner dahin, wenn der Arbeitgeber das Arbeitsverhältnis kündigt, ohne dass ihm der Arbeitnehmer dazu begründeten Anlass gegeben hat, oder wenn es dieser aus einem begründeten, vom Arbeitgeber zu verantwortenden Anlass auflöst.

Art. 341

H. Unverzichtbarkeit und Verjährung

1 • Während der Dauer des Arbeitsverhältnisses und eines Monats nach dessen Beendigung kann der Arbeitnehmer auf Forderungen, die sich aus unabdingbaren Vorschriften des Gesetzes oder aus unabdingbaren Bestimmungen eines Gesamtarbeitsvertrages ergeben, nicht verzichten.[4]

1 I.d.R. mehr als 3 Monatslöhne
2 Vgl. OR 160 Abs. 3
3 Vgl. OR 160 Abs. 2
4 Saldoquittungen sind unverbindlich

2 Die allgemeinen Vorschriften über die Verjährung sind auf Forderungen aus dem Arbeitsverhältnis anwendbar.

Art. 342

I. Vorbehalt und zivilrechtliche Wirkungen des öffentlichen Rechts

1 Vorbehalten bleiben:

a. Vorschriften des Bundes, der Kantone und Gemeinden über das öffentlich-rechtliche Dienstverhältnis, soweit sie nicht die Artikel 331 Absatz 5 und 331a–331e betreffen;

b. öffentlich-rechtliche Vorschriften des Bundes und der Kantone über die Arbeit und die Berufsbildung.

2 •• Wird durch Vorschriften des Bundes oder der Kantone über die Arbeit und die Berufsbildung dem Arbeitgeber oder dem Arbeitnehmer eine öffentlich-rechtliche Verpflichtung auferlegt, so steht der andern Vertragspartei ein zivilrechtlicher Anspruch auf Erfüllung zu, wenn die Verpflichtung Inhalt des Einzelarbeitsvertrages sein könnte.

Art. 343

Aufgehoben.

Zweiter Abschnitt: Besondere Einzelarbeitsverträge

Art. 344

A. Der Lehrvertrag

I. Begriff und Entstehung

1. Begriff

Durch den Lehrvertrag[1] verpflichten sich der Arbeitgeber, die lernende Person für eine bestimmte Berufstätigkeit fachgemäss zu bilden, und die lernende Person, zu diesem Zweck Arbeit im Dienst des Arbeitgebers zu leisten.

Art. 344a

2. Entstehung und Inhalt

1 Der Lehrvertrag bedarf zu seiner Gültigkeit der schriftlichen Form.[2]

2 Der Vertrag hat die Art und die Dauer der beruflichen Bildung, den Lohn, die Probezeit, die Arbeitszeit und die Ferien zu regeln.

3 Die Probezeit darf nicht weniger als einen Monat und nicht mehr als drei Monate betragen. Haben die Vertragsparteien im Lehrvertrag keine Probezeit festgelegt, so gilt eine Probezeit von drei Monaten.

4 Die Probezeit kann vor ihrem Ablauf durch Abrede der Parteien und unter Zustimmung der kantonalen Behörde ausnahmsweise bis auf sechs Monate verlängert werden.

5 Der Vertrag kann weitere Bestimmungen enthalten, wie namentlich über die Beschaffung von Berufswerkzeugen, Beiträge an Unterkunft und Verpflegung, Übernahme von Versicherungsprämien oder andere Leistungen der Vertragsparteien.

6 Abreden, die die lernende Person im freien Entschluss über die berufliche Tätigkeit nach beendigter Lehre beeinträchtigen, sind nichtig.

1 Vgl. BG über die Berufsbildung (BBG)
2 Qualifizierte Schriftlichkeit, vgl. Abs. 2

Art. 345

II. Wirkungen
1. Besondere Pflichten der lernenden Person und ihrer gesetzlichen Vertretung

1 Die lernende Person hat alles zu tun, um das Lehrziel zu erreichen.

2 Die gesetzliche Vertretung der lernenden Person hat den Arbeitgeber in der Erfüllung seiner Aufgabe nach Kräften zu unterstützen und das gute Einvernehmen zwischen dem Arbeitgeber und der lernenden Person zu fördern.

Art. 345a

2. Besondere Pflichten des Arbeitgebers

1 • Der Arbeitgeber hat dafür zu sorgen, dass die Berufslehre unter der Verantwortung einer Fachkraft steht, welche die dafür nötigen beruflichen Fähigkeiten und persönlichen Eigenschaften besitzt.

2 • Er hat der lernenden Person ohne Lohnabzug die Zeit freizugeben, die für den Besuch der Berufsfachschule und der überbetrieblichen Kurse und für die Teilnahme an den Lehrabschlussprüfungen erforderlich ist.

3 • Er hat der lernenden Person bis zum vollendeten 20. Altersjahr für jedes Lehrjahr wenigstens fünf Wochen Ferien[1] zu gewähren.

4 • Er darf die lernende Person zu anderen als beruflichen Arbeiten und zu Akkordlohnarbeiten nur so weit einsetzen, als solche Arbeiten mit dem zu erlernenden Beruf in Zusammenhang stehen und die Bildung nicht beeinträchtigt wird.

Art. 346

III. Beendigung
1. Vorzeitige Auflösung

1 •• Das Lehrverhältnis kann während der Probezeit[2] jederzeit mit einer Kündigungsfrist von sieben Tagen gekündigt werden.

2 •• Aus wichtigen Gründen im Sinne von Artikel 337 kann das Lehrverhältnis namentlich fristlos aufgelöst werden, wenn:

a. der für die Bildung verantwortlichen Fachkraft die erforderlichen beruflichen Fähigkeiten oder persönlichen Eigenschaften zur Bildung der lernenden Person fehlen;
b. die lernende Person nicht über die für die Bildung unentbehrlichen körperlichen oder geistigen Anlagen verfügt oder gesundheitlich oder sittlich gefährdet ist; die lernende Person und gegebenenfalls deren gesetzliche Vertretung sind vorgängig anzuhören;
c. die Bildung nicht oder nur unter wesentlich veränderten Verhältnissen zu Ende geführt werden kann.

Art. 346a

2. Lehrzeugnis

1 • Nach Beendigung der Berufslehre hat der Arbeitgeber der lernenden Person ein Zeugnis auszustellen, das die erforderlichen Angaben über die erlernte Berufstätigkeit und die Dauer der Berufslehre enthält.

2 • Auf Verlangen der lernenden Person oder deren gesetzlichen Vertretung hat sich das Zeugnis auch über die Fähigkeiten, die Leistungen und das Verhalten der lernenden Person auszusprechen.

1 Vgl. OR 329a
2 Vgl. OR 344a Abs. 2

Art. 347

B. Der Handelsreisendenvertrag
I. Begriff und Entstehung
1. Begriff

1 Durch den Handelsreisendenvertrag verpflichtet sich der Handelsreisende, auf Rechnung des Inhabers eines Handels-, Fabrikations- oder andern nach kaufmännischer Art geführten Geschäftes gegen Lohn Geschäfte jeder Art ausserhalb der Geschäftsräume des Arbeitgebers zu vermitteln oder abzuschliessen.

2 Nicht als Handelsreisender gilt der Arbeitnehmer, der nicht vorwiegend eine Reisetätigkeit ausübt oder nur gelegentlich oder vorübergehend für den Arbeitgeber tätig ist, sowie der Reisende, der Geschäfte auf eigene Rechnung abschliesst.

Art. 347a

2. Entstehung und Inhalt

1 Das Arbeitsverhältnis ist durch schriftlichen Vertrag zu regeln, der namentlich Bestimmungen enthalten soll über

a. die Dauer und Beendigung des Arbeitsverhältnisses,
b. die Vollmachten des Handelsreisenden,
c. das Entgelt und den Auslagenersatz,
d. das anwendbare Recht und den Gerichtsstand, sofern eine Vertragspartei ihren Wohnsitz im Ausland hat.

2 Soweit das Arbeitsverhältnis nicht durch schriftlichen Vertrag geregelt ist, wird der im vorstehenden Absatz umschriebene Inhalt durch die gesetzlichen Vorschriften und durch die üblichen Arbeitsbedingungen bestimmt.

3 Die mündliche Abrede gilt nur für die Festsetzung des Beginns der Arbeitsleistung, der Art und des Gebietes der Reisetätigkeit sowie für weitere Bestimmungen, die mit den gesetzlichen Vorschriften und dem schriftlichen Vertrag nicht in Widerspruch stehen.

Art. 348

II. Pflichten und Vollmachten des Handelsreisenden
1. Besondere Pflichten

1 Der Handelsreisende hat die Kundschaft in der ihm vorgeschriebenen Weise zu besuchen, sofern nicht ein begründeter Anlass eine Änderung notwendig macht; ohne schriftliche Bewilligung des Arbeitgebers darf er weder für eigene Rechnung noch für Rechnung eines Dritten Geschäfte vermitteln oder abschliessen.

2 Ist der Handelsreisende zum Abschluss von Geschäften ermächtigt, so hat er die ihm vorgeschriebenen Preise und andern Geschäftsbedingungen einzuhalten und muss für Änderungen die Zustimmung des Arbeitgebers vorbehalten.

3 Der Handelsreisende hat über seine Reisetätigkeit regelmässig Bericht zu erstatten, die erhaltenen Bestellungen dem Arbeitgeber sofort zu übermitteln und ihn von erheblichen Tatsachen, die seinen Kundenkreis betreffen, in Kenntnis zu setzen.

Art. 348a

2. Delcredere

1 Abreden, dass der Handelsreisende für die Zahlung oder anderweitige Erfüllung der Verbindlichkeiten der Kunden einzustehen oder die Kosten der Einbringung von Forderungen ganz oder teilweise zu tragen hat, sind nichtig.

2 Hat der Handelsreisende Geschäfte mit Privatkunden abzuschliessen, so kann er sich schriftlich verpflichten, beim einzelnen Geschäft für höchstens einen Viertel des Schadens zu haften, der dem Arbeitgeber durch die Nichterfüllung der Verbindlichkeiten der Kunden erwächst, vorausgesetzt dass eine angemessene Delcredere-Provision verabredet wird.

3 Bei Versicherungsverträgen kann sich der reisende Versicherungsvermittler schriftlich verpflichten, höchstens die Hälfte der Kosten der Einbringung von

Forderungen zu tragen, wenn eine Prämie oder deren Teile nicht bezahlt werden und er deren Einbringung im Wege der Klage oder Zwangsvollstreckung verlangt.

Art. 348b

3. Vollmachten

1 Ist nichts anderes schriftlich verabredet, so ist der Handelsreisende nur ermächtigt, Geschäfte zu vermitteln.

2 Ist der Handelsreisende zum Abschluss von Geschäften ermächtigt, so erstreckt sich seine Vollmacht auf alle Rechtshandlungen, welche die Ausführung dieser Geschäfte gewöhnlich mit sich bringt; jedoch darf er ohne besondere Ermächtigung Zahlungen von Kunden nicht entgegennehmen und keine Zahlungsfristen bewilligen.

3 Artikel 34 des Bundesgesetzes vom 2. April 1908 über den Versicherungsvertrag bleibt vorbehalten.

Art. 349

III. Besondere Pflichten des Arbeitgebers
1. Tätigkeitskreis

1 Ist dem Handelsreisenden ein bestimmtes Reisegebiet oder ein bestimmter Kundenkreis zugewiesen und nichts anderes schriftlich verabredet, so gilt er als mit Ausschluss anderer Personen bestellt; jedoch bleibt der Arbeitgeber befugt, mit den Kunden im Gebiet oder Kundenkreis des Handelsreisenden persönlich Geschäfte abzuschliessen.

2 Der Arbeitgeber kann die vertragliche Bestimmung des Reisegebietes oder Kundenkreises einseitig abändern, wenn ein begründeter Anlass eine Änderung vor Ablauf der Kündigungsfrist notwendig macht; jedoch bleiben diesfalls Entschädigungsansprüche und das Recht des Handelsreisenden zur Auflösung des Arbeitsverhältnisses aus wichtigem Grund vorbehalten.

Art. 349a

2. Lohn
a. Im Allgemeinen

1 • Der Arbeitgeber hat dem Handelsreisenden Lohn zu entrichten, der aus einem festen Gehalt mit oder ohne Provision besteht.

2 Eine schriftliche Abrede, dass der Lohn ausschliesslich oder vorwiegend in einer Provision bestehen soll, ist gültig, wenn die Provision ein angemessenes Entgelt für die Tätigkeit des Handelsreisenden ergibt.

3 Für eine Probezeit von höchstens zwei Monaten kann durch schriftliche Abrede der Lohn frei bestimmt werden.

Art. 349b

b. Provision

1 Ist dem Handelsreisenden ein bestimmtes Reisegebiet oder ein bestimmter Kundenkreis ausschliesslich zugewiesen, so ist ihm die verabredete oder übliche Provision auf allen Geschäften auszurichten, die von ihm oder seinem Arbeitgeber mit Kunden in seinem Gebiet oder Kundenkreis abgeschlossen werden.

2 Ist dem Handelsreisenden ein bestimmtes Reisegebiet oder ein bestimmter Kundenkreis nicht ausschliesslich zugewiesen, so ist ihm die Provision nur auf den von ihm vermittelten oder abgeschlossenen Geschäften auszurichten.

3 • Ist im Zeitpunkt der Fälligkeit der Provision der Wert eines Geschäftes noch nicht genau bestimmbar, so ist die Provision zunächst auf dem vom Arbeitgeber geschätzten Mindestwert und der Rest spätestens bei Ausführung des Geschäftes auszurichten.

Art. 349c

c. Bei Verhinderung an der Reisetätigkeit

1 • Ist der Handelsreisende ohne sein Verschulden an der Ausübung der Reisetätigkeit verhindert und ist ihm auf Grund des Gesetzes oder des Vertrages der

Lohn gleichwohl zu entrichten, so bestimmt sich dieser nach dem festen Gehalt und einer angemessenen Entschädigung für den Ausfall der Provision.

2 Beträgt die Provision weniger als einen Fünftel des Lohnes, so kann schriftlich verabredet werden, dass bei unverschuldeter Verhinderung des Handelsreisenden an der Ausübung der Reisetätigkeit eine Entschädigung für die ausfallende Provision nicht zu entrichten ist.

3 •• Erhält der Handelsreisende bei unverschuldeter Verhinderung an der Reisetätigkeit gleichwohl den vollen Lohn, so hat er auf Verlangen des Arbeitgebers Arbeit in dessen Betrieb zu leisten, sofern er sie zu leisten vermag und sie ihm zugemutet werden kann.

Art. 349d

3. Auslagen

1 Ist der Handelsreisende für mehrere Arbeitgeber gleichzeitig tätig und ist die Verteilung des Auslagenersatzes nicht durch schriftliche Abrede geregelt, so hat jeder Arbeitgeber einen gleichen Kostenanteil zu vergüten.

2 Abreden, dass der Auslagenersatz ganz oder teilweise im festen Gehalt oder in der Provision eingeschlossen sein soll, sind nichtig.

Art. 349e

4. Retentionsrecht

1 • Zur Sicherung der fälligen Forderungen aus dem Arbeitsverhältnis, bei Zahlungsunfähigkeit des Arbeitgebers auch der nicht fälligen Forderungen, steht dem Handelsreisenden das Retentionsrecht an beweglichen Sachen und Wertpapieren sowie an Zahlungen von Kunden zu, die er auf Grund einer Inkassovollmacht entgegengenommen hat.

2 An Fahrausweisen, Preistarifen, Kundenverzeichnissen und andern Unterlagen kann das Retentionsrecht nicht ausgeübt werden.

Art. 350

IV. Beendigung
1. Besondere Kündigung

1 •• Beträgt die Provision mindestens einen Fünftel des Lohnes und unterliegt sie erheblichen saisonmässigen Schwankungen, so darf der Arbeitgeber dem Handelsreisenden, der seit Abschluss der letzten Saison bei ihm gearbeitet hat, während der Saison nur auf das Ende des zweiten der Kündigung folgenden Monats kündigen.

2 •• Unter den gleichen Voraussetzungen darf der Handelsreisende dem Arbeitgeber, der ihn bis zum Abschluss der Saison beschäftigt hat, bis zum Beginn der nächsten nur auf das Ende des zweiten der Kündigung folgenden Monats kündigen.

Art. 350a

2. Besondere Folgen

1 • Bei Beendigung des Arbeitsverhältnisses ist dem Handelsreisenden die Provision auf allen Geschäften auszurichten, die er abgeschlossen oder vermittelt hat, sowie auf allen Bestellungen, die bis zur Beendigung dem Arbeitgeber zugehen, ohne Rücksicht auf den Zeitpunkt ihrer Annahme und ihrer Ausführung.

2 •• Auf den Zeitpunkt der Beendigung des Arbeitsverhältnisses hat der Handelsreisende die ihm für die Reisetätigkeit zur Verfügung gestellten Muster und Modelle, Preistarife, Kundenverzeichnisse und andern Unterlagen zurückzugeben; das Retentionsrecht bleibt vorbehalten.

C. Der Heimarbeitsvertrag
I. Begriff und Entstehung
1. Begriff

Art. 351

Durch den Heimarbeitsvertrag verpflichtet sich der Heimarbeitnehmer[1], in seiner Wohnung oder in einem andern, von ihm bestimmten Arbeitsraum allein oder mit Familienangehörigen Arbeiten im Lohn für den Arbeitgeber auszuführen.

2. Bekanntgabe der Arbeitsbedingungen

Art. 351a

1 Vor jeder Ausgabe von Arbeit hat der Arbeitgeber dem Heimarbeitnehmer die für deren Ausführung erheblichen Bedingungen bekanntzugeben, namentlich die Einzelheiten der Arbeit, soweit sie nicht durch allgemein geltende Arbeitsbedingungen geregelt sind; er hat das vom Heimarbeitnehmer zu beschaffende Material und schriftlich die dafür zu leistende Entschädigung sowie den Lohn anzugeben.

2 Werden die Angaben über den Lohn und über die Entschädigung für das vom Heimarbeitnehmer zu beschaffende Material nicht vor der Ausgabe der Arbeit schriftlich bekanntgegeben, so gelten dafür die üblichen Arbeitsbedingungen.

II. Besondere Pflichten des Arbeitnehmers
1. Ausführung der Arbeit

Art. 352

1 Der Heimarbeitnehmer hat mit der übernommenen Arbeit rechtzeitig zu beginnen, sie bis zum verabredeten Termin fertigzustellen und das Arbeitserzeugnis dem Arbeitgeber zu übergeben.

2 Wird aus Verschulden des Heimarbeitnehmers die Arbeit mangelhaft ausgeführt, so ist er zur unentgeltlichen Verbesserung des Arbeitserzeugnisses verpflichtet, soweit dadurch dessen Mängel behoben werden können.

2. Material und Arbeitsgeräte

Art. 352a

1 Der Heimarbeitnehmer ist verpflichtet, Material und Geräte, die ihm vom Arbeitgeber übergeben werden, mit aller Sorgfalt zu behandeln, über deren Verwendung Rechenschaft abzulegen und den zur Arbeit nicht verwendeten Rest des Materials sowie die erhaltenen Geräte zurückzugeben.

2 Stellt der Heimarbeitnehmer bei der Ausführung der Arbeit Mängel an dem übergebenen Material oder an den erhaltenen Geräten fest, so hat er den Arbeitgeber sofort zu benachrichtigen und dessen Weisungen abzuwarten, bevor er die Ausführung der Arbeit fortsetzt.

3 • Hat der Heimarbeitnehmer Material oder Geräte, die ihm übergeben wurden, schuldhaft verdorben, so haftet er dem Arbeitgeber höchstens für den Ersatz der Selbstkosten.

III. Besondere Pflichten des Arbeitgebers
1. Abnahme des Arbeitserzeugnisses

Art. 353

1 • Der Arbeitgeber hat das Arbeitserzeugnis nach Ablieferung zu prüfen und Mängel spätestens innert einer Woche dem Heimarbeitnehmer bekanntzugeben.

2 • Unterlässt der Arbeitgeber die rechtzeitige Bekanntgabe der Mängel, so gilt die Arbeit als abgenommen.

2. Lohn
a. Ausrichtung des Lohnes

Art. 353a

1 • Steht der Heimarbeitnehmer ununterbrochen im Dienst des Arbeitgebers, so ist der Lohn für die geleistete Arbeit halbmonatlich oder mit Zustimmung des Heimarbeitnehmers am Ende jedes Monats, in den anderen Fällen jeweils bei Ablieferung des Arbeitserzeugnisses auszurichten.

1 Vgl. Heimarbeitsgesetz (SR 822.31)

2 • Bei jeder Lohnzahlung ist dem Heimarbeitnehmer eine schriftliche Abrechnung zu übergeben, in der für Lohnabzüge der Grund anzugeben ist.

Art. 353b

b. Lohn bei Verhinderung an der Arbeitsleistung

1 • Steht der Heimarbeitnehmer ununterbrochen im Dienst des Arbeitgebers, so ist dieser nach Massgabe der Artikel 324 und 324a zur Ausrichtung des Lohnes verpflichtet, wenn er mit der Annahme der Arbeitsleistung in Verzug kommt oder wenn der Heimarbeitnehmer aus Gründen, die in seiner Person liegen, ohne sein Verschulden an der Arbeitsleistung verhindert ist.

2 In den anderen Fällen ist der Arbeitgeber zur Ausrichtung des Lohnes nach Massgabe der Artikel 324 und 324a nicht verpflichtet.

Art. 354

IV. Beendigung

1 Wird dem Heimarbeitnehmer eine Probearbeit übergeben, so gilt das Arbeitsverhältnis zur Probe auf bestimmte Zeit eingegangen, sofern nichts anderes verabredet ist.

2 Steht der Heimarbeitnehmer ununterbrochen im Dienst des Arbeitgebers, so gilt das Arbeitsverhältnis als auf unbestimmte Zeit, in den anderen Fällen als auf bestimmte Zeit eingegangen, sofern nichts anderes verabredet ist.

Art. 355

D. Anwendbarkeit der allgemeinen Vorschriften

Auf den Lehrvertrag, den Handelsreisendenvertrag und den Heimarbeitsvertrag sind die allgemeinen Vorschriften über den Einzelarbeitsvertrag ergänzend anwendbar.

Dritter Abschnitt: Gesamtarbeitsvertrag und Normalarbeitsvertrag

Art. 356

A. Gesamtarbeitsvertrag

I. Begriff, Inhalt, Form und Dauer

1. Begriff und Inhalt

1 Durch den Gesamtarbeitsvertrag[1] stellen Arbeitgeber oder deren Verbände und Arbeitnehmerverbände[2] gemeinsam Bestimmungen[3] über Abschluss, Inhalt und Beendigung der einzelnen Arbeitsverhältnisse der[4] beteiligten Arbeitgeber und Arbeitnehmer auf.

2 Der Gesamtarbeitsvertrag kann auch andere Bestimmungen enthalten, soweit sie das Verhältnis zwischen Arbeitgebern und Arbeitnehmern betreffen, oder sich auf die Aufstellung solcher Bestimmungen beschränken.

3 Der Gesamtarbeitsvertrag kann ferner die Rechte und Pflichten[5] der Vertragsparteien unter sich sowie die Kontrolle und Durchsetzung der in den vorstehenden Absätzen genannten Bestimmungen regeln.

4 Sind an einem Gesamtarbeitsvertrag auf Arbeitgeber- oder Arbeitnehmerseite von Anfang an oder auf Grund des nachträglichen Beitritts eines Verbandes mit Zustimmung der Vertragsparteien mehrere Verbände beteiligt, so stehen diese im Verhältnis gleicher Rechte und Pflichten zueinander; abweichende Vereinbarungen sind nichtig.

1 GAV
2 I.d.R. Vereine nach ZGB 60 ff. (Gewerkschaften)
3 Normative Bestimmungen
4 Vgl. OR 356b
5 Z.B. schuldrechtliche Bestimmungen wie Konventionalstrafen bei Verletzung der Friedenspflicht

Art. 356a

2. Freiheit der Organisation und der Berufsausübung

1 Bestimmungen eines Gesamtarbeitsvertrages und Abreden zwischen den Vertragsparteien, durch die Arbeitgeber oder Arbeitnehmer zum Eintritt in einen vertragschliessenden Verband gezwungen werden sollen, sind nichtig.[1]

2 Bestimmungen eines Gesamtarbeitsvertrages und Abreden zwischen den Vertragsparteien, durch die Arbeitnehmer von einem bestimmten Beruf oder einer bestimmten Tätigkeit oder von einer hiefür erforderlichen Ausbildung ausgeschlossen oder darin beschränkt werden, sind nichtig.

3 Bestimmungen und Abreden im Sinne des vorstehenden Absatzes sind ausnahmsweise gültig, wenn sie durch überwiegende schutzwürdige Interessen, namentlich zum Schutz der Sicherheit und Gesundheit von Personen oder der Qualität der Arbeit gerechtfertigt sind; jedoch gilt nicht als schutzwürdig das Interesse, neue Berufsangehörige fernzuhalten.

Art. 356b

3. Anschluss

1 Einzelne Arbeitgeber und einzelne im Dienst beteiligter Arbeitgeber stehende Arbeitnehmer können sich mit Zustimmung der Vertragsparteien dem Gesamtarbeitsvertrag anschliessen und gelten als beteiligte Arbeitgeber und Arbeitnehmer.

2 Der Gesamtarbeitsvertrag kann den Anschluss näher regeln. Unangemessene Bedingungen des Anschlusses, insbesondere Bestimmungen über unangemessene Beiträge, können vom Richter nichtig erklärt oder auf das zulässige Mass beschränkt werden; jedoch sind Bestimmungen oder Abreden über Beiträge zugunsten einer einzelnen Vertragspartei nichtig.

3 Bestimmungen eines Gesamtarbeitsvertrages und Abreden zwischen den Vertragsparteien, durch die Mitglieder von Verbänden zum Anschluss gezwungen werden sollen, sind nichtig, wenn diesen Verbänden die Beteiligung am Gesamtarbeitsvertrag oder der Abschluss eines sinngemäss gleichen Vertrages nicht offensteht.

Art. 356c

4. Form und Dauer

1 Der Abschluss des Gesamtarbeitsvertrages, dessen Änderung und Aufhebung durch gegenseitige Übereinkunft, der Beitritt einer neuen Vertragspartei sowie die Kündigung bedürfen zu ihrer Gültigkeit der schriftlichen Form, ebenso die Anschlusserklärung einzelner Arbeitgeber und Arbeitnehmer und die Zustimmung der Vertragsparteien gemäss Artikel 356b Absatz 1 sowie die Kündigung des Anschlusses.

2 Ist der Gesamtarbeitsvertrag nicht auf bestimmte Zeit abgeschlossen und sieht er nichts anderes vor, so kann er von jeder Vertragspartei mit Wirkung für alle anderen Parteien nach Ablauf eines Jahres jederzeit auf sechs Monate gekündigt werden. Diese Bestimmung gilt sinngemäss auch für den Anschluss.

Art. 357

II. Wirkungen
1. auf die beteiligten Arbeitgeber und Arbeitnehmer

1 Die Bestimmungen des Gesamtarbeitsvertrages über Abschluss, Inhalt und Beendigung der einzelnen Arbeitsverhältnisse gelten während der Dauer des Vertrages unmittelbar für die beteiligten Arbeitgeber und Arbeitnehmer und können nicht wegbedungen werden, sofern der Gesamtarbeitsvertrag nichts anderes bestimmt.[2]

1 Vgl. Vereinigungsfreiheit
2 Zwingende Bestimmungen des GAV

² Abreden zwischen beteiligten Arbeitgebern und Arbeitnehmern, die gegen die unabdingbaren Bestimmungen verstossen, sind nichtig und werden durch die Bestimmungen des Gesamtarbeitsvertrages ersetzt; jedoch können abweichende Abreden zugunsten der Arbeitnehmer[1] getroffen werden.

Art. 357a

2. unter den Vertragsparteien

¹ Die Vertragsparteien sind verpflichtet, für die Einhaltung des Gesamtarbeitsvertrages zu sorgen; zu diesem Zweck haben Verbände auf ihre Mitglieder einzuwirken und nötigenfalls die statutarischen und gesetzlichen Mittel einzusetzen.

² Jede Vertragspartei ist verpflichtet, den Arbeitsfrieden zu wahren und sich insbesondere jeder Kampfmassnahme zu enthalten, soweit es sich um Gegenstände handelt, die im Gesamtarbeitsvertrag geregelt sind[2]; die Friedenspflicht gilt nur unbeschränkt[3], wenn dies ausdrücklich bestimmt ist.

Art. 357b

3. gemeinsame Durchführung

¹ In einem zwischen Verbänden abgeschlossenen Gesamtarbeitsvertrag können die Vertragsparteien vereinbaren, dass ihnen gemeinsam ein Anspruch auf Einhaltung des Vertrages gegenüber den beteiligten Arbeitgebern und Arbeitnehmern zusteht, soweit es sich um folgende Gegenstände handelt:

a. Abschluss, Inhalt und Beendigung des Arbeitsverhältnisses, wobei der Anspruch nur auf Feststellung geht;
b. Beiträge an Ausgleichskassen und andere das Arbeitsverhältnis betreffende Einrichtungen, Vertretung der Arbeitnehmer in den Betrieben und Wahrung des Arbeitsfriedens;
c. Kontrolle, Kautionen und Konventionalstrafen in Bezug auf Bestimmungen gemäss Buchstaben a und b.

² Vereinbarungen im Sinne des vorstehenden Absatzes können getroffen werden, wenn die Vertragsparteien durch die Statuten oder einen Beschluss des obersten Verbandsorgans ausdrücklich hiezu ermächtigt sind.

³ Auf das Verhältnis der Vertragsparteien unter sich sind die Vorschriften über die einfache Gesellschaft[4] sinngemäss anwendbar, wenn der Gesamtarbeitsvertrag nichts anderes bestimmt.

Art. 358

III. Verhältnis zum zwingenden Recht

Das zwingende Recht des Bundes und der Kantone geht den Bestimmungen des Gesamtarbeitsvertrages vor, jedoch können zugunsten der Arbeitnehmer abweichende Bestimmungen aufgestellt werden, wenn sich aus dem zwingenden Recht nichts anderes ergibt.

Art. 359

B. Normalarbeitsvertrag
I. Begriff und Inhalt

¹ Durch den Normalarbeitsvertrag[5] werden für einzelne Arten von Arbeitsverhältnissen Bestimmungen über deren Abschluss, Inhalt und Beendigung aufgestellt.

² Für das Arbeitsverhältnis der landwirtschaftlichen Arbeitnehmer und der Arbeitnehmer im Hausdienst haben die Kantone Normalarbeitsverträge zu erlassen, die

1 Relativ zwingende Bestimmungen
2 Relative Friedenspflicht
3 Absolute Friedenspflicht
4 Vgl. OR 530 ff.
5 NAV

namentlich die Arbeits- und Ruhezeit ordnen und die Arbeitsbedingungen der weiblichen und jugendlichen Arbeitnehmer regeln.

3 Artikel 358 ist auf den Normalarbeitsvertrag sinngemäss anwendbar.

Art. 359a

II. Zuständigkeit und Verfahren

1 Erstreckt sich der Geltungsbereich des Normalarbeitsvertrages auf das Gebiet mehrerer Kantone, so ist für den Erlass der Bundesrat, andernfalls der Kanton zuständig.

2 Vor dem Erlass ist der Normalarbeitsvertrag angemessen zu veröffentlichen und eine Frist anzusetzen, innert deren jedermann, der ein Interesse glaubhaft macht, schriftlich dazu Stellung nehmen kann; ausserdem sind Berufsverbände oder gemeinnützige Vereinigungen, die ein Interesse haben, anzuhören.

3 Der Normalarbeitsvertrag tritt in Kraft, wenn er nach den für die amtlichen Veröffentlichungen geltenden Vorschriften bekanntgemacht worden ist.

4 Für die Aufhebung und Abänderung eines Normalarbeitsvertrages gilt das gleiche Verfahren.

Art. 360

III. Wirkungen

1 Die Bestimmungen des Normalarbeitsvertrages gelten unmittelbar für die ihm unterstellten Arbeitsverhältnisse, soweit nichts anderes verabredet wird.

2 Der Normalarbeitsvertrag kann vorsehen, dass Abreden, die von einzelnen seiner Bestimmungen abweichen, zu ihrer Gültigkeit der schriftlichen Form bedürfen.

Art. 360a

IV. Mindestlöhne
1. Voraussetzungen

1 Werden innerhalb einer Branche oder einem Beruf die orts-, berufs- oder branchenüblichen Löhne wiederholt in missbräuchlicher Weise unterboten und liegt kein Gesamtarbeitsvertrag mit Bestimmungen über Mindestlöhne vor, der allgemein verbindlich erklärt werden kann, so kann die zuständige Behörde zur Bekämpfung oder Verhinderung von Missbräuchen auf Antrag der tripartiten Kommission nach Artikel 360b einen befristeten Normalarbeitsvertrag erlassen, der nach Regionen und gegebenenfalls Orten differenzierte Mindestlöhne vorsieht.

2 Die Mindestlöhne dürfen weder dem Gesamtinteresse zuwiderlaufen noch die berechtigten Interessen anderer Branchen oder Bevölkerungskreise beeinträchtigen. Sie müssen den auf regionalen oder betrieblichen Verschiedenheiten beruhenden Minderheitsinteressen der betroffenen Branchen oder Berufe angemessen Rechnung tragen.

Art. 360b

2. Tripartite Kommissionen

1 Der Bund und jeder Kanton setzen eine tripartite Kommission ein, die sich aus einer gleichen Zahl von Arbeitgeber- und Arbeitnehmervertretern sowie Vertretern des Staates zusammensetzt.

2 Bezüglich der Wahl ihrer Vertreter nach Absatz 1 steht den Arbeitgeber- und Arbeitnehmerverbänden ein Vorschlagsrecht zu.

3 Die Kommissionen beobachten den Arbeitsmarkt. Stellen sie Missbräuche im Sinne von Artikel 360a Absatz 1 fest, so suchen sie in der Regel eine direkte Verständigung mit den betroffenen Arbeitgebern. Gelingt dies innert zwei Monaten nicht, so beantragen sie der zuständigen Behörde den Erlass eines Normalarbeitsvertrages, der für die betroffenen Branchen oder Berufe Mindestlöhne vorsieht.

4 Ändert sich die Arbeitsmarktsituation in den betroffenen Branchen, so beantragt die tripartite Kommission der zuständigen Behörde die Änderung oder die Aufhebung des Normalarbeitsvertrags.

5 Um die ihnen übertragenen Aufgaben wahrzunehmen, haben die tripartiten Kommissionen in den Betrieben das Recht auf Auskunft und Einsichtnahme in alle Dokumente, die für die Durchführung der Untersuchung notwendig sind. Im Streitfall entscheidet eine vom Bund beziehungsweise vom Kanton bezeichnete Behörde.

6 Die tripartiten Kommissionen können beim Bundesamt für Statistik auf Gesuch die für ihre Abklärungen notwendigen Personendaten beziehen, die in Firmen-Gesamtarbeitsverträgen enthalten sind.

Art. 360c

3. Amtsgeheimnis

1 Die Mitglieder der tripartiten Kommissionen unterstehen dem Amtsgeheimnis; sie sind insbesondere über betriebliche und private Angelegenheiten, die ihnen in dieser Eigenschaft zur Kenntnis gelangen, zur Verschwiegenheit gegenüber Drittpersonen verpflichtet.

2 Die Pflicht zur Verschwiegenheit bleibt auch nach dem Ausscheiden aus der tripartiten Kommission bestehen.

Art. 360d

4. Wirkungen

1 Der Normalarbeitsvertrag nach Artikel 360a gilt auch für Arbeitnehmer, die nur vorübergehend in seinem örtlichen Geltungsbereich tätig sind, sowie für verliehene Arbeitnehmer.

2 Durch Abrede darf vom Normalarbeitsvertrag nach Artikel 360a nicht zu Ungunsten des Arbeitnehmers abgewichen werden.

Art. 360e

5. Klagerecht der Verbände

Den Arbeitgeber- und den Arbeitnehmerverbänden steht ein Anspruch auf gerichtliche Feststellung zu, ob ein Arbeitgeber den Normalarbeitsvertrag nach Artikel 360a einhält.

Art. 360f

6. Meldung

Erlässt ein Kanton in Anwendung von Artikel 360a einen Normalarbeitsvertrag, so stellt er dem zuständigen Bundesamt ein Exemplar zu.

Vierter Abschnitt: Zwingende Vorschriften

Art. 361

A. Unabänderlichkeit zuungunsten des Arbeitgebers und des Arbeitnehmers

1 Durch Abrede, Normalarbeitsvertrag oder Gesamtarbeitsvertrag darf von den folgenden Vorschriften weder zuungunsten des Arbeitgebers noch des Arbeitnehmers abgewichen werden:[1]

Artikel 321c: Absatz 1 (Überstundenarbeit)

Artikel 323: Absatz 4 (Vorschuss)

Artikel 323b: Absatz 2 (Verrechnung mit Gegenforderungen)

1 Durch •• gekennzeichnet

Artikel 325:	Absatz 2 (Abtretung und Verpfändung von Lohnforderungen)
Artikel 326:	Absatz 2 (Zuweisung von Arbeit)
Artikel 329d:	Absätze 2 und 3 (Ferienlohn)
Artikel 331:	Absätze 1 und 2 (Zuwendungen für die Personalfürsorge)
Artikel 331b:	(Abtretung und Verpfändung von Forderungen auf Vorsorgeleistungen)
…	
Artikel 334:	Absatz 3 (Kündigung beim langjährigen Arbeitsverhältnis)
Artikel 335:	(Kündigung des Arbeitsverhältnisses)
Artikel 335k:	(Sozialplan während eines Konkurs- oder eines Nachlassverfahrens)
Artikel 336:	Absatz 1 (Missbräuchliche Kündigung)
Artikel 336a:	(Entschädigung bei missbräuchlicher Kündigung)
Artikel 336b:	(Geltendmachung der Entschädigung)
Artikel 336d:	(Kündigung zur Unzeit durch den Arbeitnehmer)
Artikel 337:	Absätze 1 und 2 (Fristlose Auflösung aus wichtigen Gründen)
Artikel 337b:	Absatz 1 (Folgen bei gerechtfertigter Auflösung)
Artikel 337d:	(Folgen bei ungerechtfertigtem Nichtantritt oder Verlassen der Arbeitsstelle)
Artikel 339:	Absatz 1 (Fälligkeit der Forderungen)
Artikel 339a:	(Rückgabepflichten)
Artikel 340b:	Absätze 1 und 2 (Folgen der Übertretung des Konkurrenzverbotes)
Artikel 342:	Absatz 2 (Zivilrechtliche Wirkungen des öffentlichen Rechts)
…	
Artikel 346:	(Vorzeitige Auflösung des Lehrvertrages)
Artikel 349c:	Absatz 3 (Verhinderung an der Reisetätigkeit)
Artikel 350:	(Besondere Kündigung)
Artikel 350a:	Absatz 2 (Rückgabepflichten).

2 Abreden sowie Bestimmungen von Normalarbeitsverträgen und Gesamtarbeitsverträgen, die von den vorstehend angeführten Vorschriften zuungunsten des Arbeitgebers oder des Arbeitnehmers abweichen, sind nichtig.

Art. 362

B. Unabänderlichkeit zuungunsten des Arbeitnehmers

[1] Durch Abrede, Normalarbeitsvertrag oder Gesamtarbeitsvertrag darf von den folgenden Vorschriften zuungunsten der Arbeitnehmerin oder des Arbeitnehmers nicht abgewichen werden: [1]

Artikel 321e:	(Haftung des Arbeitnehmers)
Artikel 322a:	Absätze 2 und 3 (Anteil am Geschäftsergebnis)
Artikel 322b:	Absätze 1 und 2 (Entstehung des Provisionsanspruchs)
Artikel 322c:	(Provisionsabrechnung)
Artikel 323b:	Absatz 1 zweiter Satz (Lohnabrechnung)
Artikel 324:	(Lohn bei Annahmeverzug des Arbeitgebers)
Artikel 324a:	Absätze 1 und 3 (Lohn bei Verhinderung des Arbeitnehmers)
Artikel 324b:	(Lohn bei obligatorischer Versicherung des Arbeitnehmers)
Artikel 326:	Absätze 1, 3 und 4 (Akkordlohnarbeit)
Artikel 326a:	(Akkordlohn)
Artikel 327a:	Absatz 1 (Auslagenersatz im Allgemeinen)
Artikel 327b:	Absatz 1 (Auslagenersatz bei Motorfahrzeug)
Artikel 327c:	Absatz 2 (Vorschuss für Auslagen)
Artikel 328:	(Schutz der Persönlichkeit des Arbeitnehmers im Allgemeinen)
Artikel 328a:	(Schutz der Persönlichkeit bei Hausgemeinschaft)
Artikel 328b:	(Schutz der Persönlichkeit bei der Bearbeitung von Personendaten)
Artikel 329:	Absätze 1, 2 und 3 (Freizeit)
Artikel 329a:	Absätze 1 und 3 (Dauer der Ferien)
Artikel 329b:	Absätze 2 und 3 (Kürzung der Ferien)
Artikel 329c:	(Zusammenhang und Zeitpunkt der Ferien)
Artikel 329d:	Absatz 1 (Ferienlohn)
Artikel 329e:	Absätze 1 und 3 (Jugendurlaub)
Artikel 329f:	(Mutterschaftsurlaub)
Artikel 330:	Absätze 1, 3 und 4 (Kaution)
Artikel 330a:	(Zeugnis)
Artikel 331:	Absätze 3 und 4 (Beitragsleistung und Auskunftspflicht bei Personalfürsorge)
Artikel 331a:	(Beginn und Ende des Vorsorgeschutzes)
…	
Artikel 332:	Absatz 4 (Vergütung bei Erfindungen)

[1] Durch • gekennzeichnet

Artikel 333: Absatz 3 (Haftung bei Übergang des Arbeitsverhältnisses)
Artikel 335i: (Verhandlungspflicht zwecks Abschlusses eines Sozialplans)
Artikel 335j: (Aufstellung des Sozialplans durch ein Schiedsgericht)
Artikel 336: Absatz 2 (Missbräuchliche Kündigung durch den Arbeitgeber)
Artikel 336c: (Kündigung zur Unzeit durch den Arbeitgeber)
Artikel 337a: (Fristlose Auflösung wegen Lohngefährdung)
Artikel 337c: Absatz 1 (Folgen bei ungerechtfertigter Entlassung)
Artikel 338: (Tod des Arbeitnehmers)
Artikel 338a: (Tod des Arbeitgebers)
Artikel 339b: (Voraussetzungen der Abgangsentschädigung)
Artikel 339d: (Ersatzleistungen)
Artikel 340: Absatz 1 (Voraussetzungen des Konkurrenzverbotes)
Artikel 340a: Absatz 1 (Beschränkung des Konkurrenzverbotes)
Artikel 340c: (Wegfall des Konkurrenzverbotes)
Artikel 341: Absatz 1 (Unverzichtbarkeit)
Artikel 345a: (Pflichten des Arbeitgebers)
Artikel 346a: (Lehrzeugnis)
Artikel 349a: Absatz 1 (Lohn des Handelsreisenden)
Artikel 349b: Absatz 3 (Ausrichtung der Provision)
Artikel 349c: Absatz 1 (Lohn bei Verhinderung an der Reisetätigkeit)
Artikel 349e: Absatz 1 (Retentionsrecht des Handelsreisenden)
Artikel 350a: Absatz 1 (Provision bei Beendigung des Arbeitsverhältnisses)
Artikel 352a: Absatz 3 (Haftung des Heimarbeiters)
Artikel 353: (Abnahme des Arbeitserzeugnisses)
Artikel 353a: (Ausrichtung des Lohnes)
Artikel 353b: Absatz 1 (Lohn bei Verhinderung an der Arbeitsleistung).

2 Abreden sowie Bestimmungen von Normalarbeitsverträgen und Gesamtarbeitsverträgen, die von den vorstehend angeführten Vorschriften zuungunsten des Arbeitnehmers abweichen, sind nichtig.

Elfter Titel: Der Werkvertrag

Art. 363

A. Begriff

Durch den Werkvertrag verpflichtet sich der Unternehmer zur Herstellung eines Werkes[1] und der Besteller zur Leistung einer Vergütung.

Art. 364

B. Wirkungen
I. Pflichten des Unternehmers
1. Im Allgemeinen

1 Der Unternehmer haftet im Allgemeinen für die gleiche Sorgfalt[2] wie der Arbeitnehmer im Arbeitsverhältnis.

2 Er ist verpflichtet, das Werk persönlich auszuführen oder unter seiner persönlichen Leitung ausführen zu lassen, mit Ausnahme der Fälle, in denen es nach der Natur des Geschäftes auf persönliche Eigenschaften des Unternehmers nicht ankommt.

3 Er hat in Ermangelung anderweitiger Verabredung oder Übung für die zur Ausführung des Werkes nötigen Hilfsmittel, Werkzeuge und Gerätschaften auf seine Kosten zu sorgen.

Art. 365

2. Betreffend den Stoff

1 Soweit der Unternehmer die Lieferung des Stoffes übernommen hat, haftet er dem Besteller für die Güte desselben und hat Gewähr zu leisten wie ein Verkäufer.[3]

2 Den vom Besteller gelieferten Stoff hat der Unternehmer mit aller Sorgfalt zu behandeln, über dessen Verwendung Rechenschaft abzulegen und einen allfälligen Rest dem Besteller zurückzugeben.

3 Zeigen sich bei der Ausführung des Werkes Mängel[4] an dem vom Besteller gelieferten Stoffe oder an dem angewiesenen Baugrunde, oder ergeben sich sonst Verhältnisse, die eine gehörige oder rechtzeitige Ausführung[5] des Werkes gefährden, so hat der Unternehmer dem Besteller ohne Verzug davon Anzeige zu machen, widrigenfalls die nachteiligen Folgen ihm selbst zur Last fallen.

Art. 366

3. Rechtzeitige Vornahme und vertragsgemässe Ausführung der Arbeit

1 Beginnt der Unternehmer das Werk nicht rechtzeitig oder verzögert er die Ausführung in vertragswidriger Weise oder ist er damit ohne Schuld des Bestellers so sehr im Rückstande, dass die rechtzeitige Vollendung nicht mehr vorauszusehen ist, so kann der Besteller, ohne den Lieferungstermin abzuwarten, vom Vertrage zurücktreten.[6]

2 Lässt sich während der Ausführung des Werkes eine mangelhafte oder sonst vertragswidrige Erstellung durch Verschulden des Unternehmers bestimmt voraussehen, so kann ihm der Besteller eine angemessene Frist zur Abhilfe ansetzen oder ansetzen lassen mit der Androhung, dass im Unterlassungsfalle die Verbesserung oder die Fortführung des Werkes auf Gefahr und Kosten des Unternehmers einem Dritten übertragen werde.[7]

1 Bestimmter Erfolg (einheitliches Rechtsgut), nicht zwingend ein Werk im Sinne von OR 58
2 Vgl. OR 321e
3 Vgl. OR 192 und 197
4 Vgl. OR 197
5 Vgl. 4 Erfüllungsfragen: WER? WAS? WO? WANN?
6 Vgl. OR 107 und 109
7 Vgl. OR 98

Art. 367

4. Haftung für Mängel
a. Feststellung der Mängel

1 Nach Ablieferung des Werkes hat der Besteller, sobald es nach dem üblichen Geschäftsgange tunlich ist, dessen Beschaffenheit zu prüfen und den Unternehmer von allfälligen Mängeln in Kenntnis zu setzen.[1]

2 Jeder Teil ist berechtigt, auf seine Kosten eine Prüfung des Werkes durch Sachverständige und die Beurkundung des Befundes zu verlangen.

Art. 368

b. Recht des Bestellers bei Mängeln

1 Leidet das Werk an so erheblichen Mängeln oder weicht es sonst so sehr vom Vertrage ab, dass es für den Besteller unbrauchbar ist oder dass ihm die Annahme billigerweise nicht zugemutet werden kann, so darf er diese verweigern und bei Verschulden des Unternehmers Schadenersatz fordern.

2 Sind die Mängel oder die Abweichungen vom Vertrage minder erheblich, so kann der Besteller einen dem Minderwerte des Werkes entsprechenden Abzug am Lohne machen oder auch, sofern dieses dem Unternehmer nicht übermässige Kosten verursacht, die unentgeltliche Verbesserung des Werkes und bei Verschulden Schadenersatz verlangen.

3 Bei Werken, die auf dem Grund und Boden des Bestellers errichtet sind und ihrer Natur nach nur mit unverhältnismässigen Nachteilen entfernt werden können, stehen dem Besteller nur die im zweiten Absatz dieses Artikels genannten Rechte zu.

Art. 369

c. Verantwortlichkeit des Bestellers

Die dem Besteller bei Mangelhaftigkeit des Werkes gegebenen Rechte fallen dahin, wenn er durch Weisungen, die er entgegen den ausdrücklichen Abmahnungen des Unternehmers über die Ausführung erteilte, oder auf andere Weise die Mängel selbst verschuldet hat.

Art. 370

d. Genehmigung des Werkes

1 Wird das abgelieferte Werk vom Besteller ausdrücklich oder stillschweigend genehmigt, so ist der Unternehmer von seiner Haftpflicht befreit, soweit es sich nicht um Mängel handelt, die bei der Abnahme und ordnungsmässigen Prüfung nicht erkennbar waren oder vom Unternehmer absichtlich verschwiegen wurden.

2 Stillschweigende Genehmigung wird angenommen, wenn der Besteller die gesetzlich vorgesehene Prüfung und Anzeige unterlässt.

3 Treten die Mängel erst später zu Tage, so muss die Anzeige sofort nach der Entdeckung erfolgen, widrigenfalls das Werk auch rücksichtlich dieser Mängel als genehmigt gilt.

Art. 371

e. Verjährung

1 Die Ansprüche des Bestellers wegen Mängel des Werkes verjähren mit Ablauf von zwei Jahren nach der Abnahme des Werkes. Soweit jedoch Mängel eines beweglichen Werkes, das bestimmungsgemäss in ein unbewegliches Werk integriert worden ist, die Mangelhaftigkeit des Werkes verursacht haben, beträgt die Verjährungsfrist fünf Jahre.

2 Die Ansprüche des Bestellers eines unbeweglichen Werkes wegen allfälliger Mängel des Werkes verjähren gegen den Unternehmer sowie gegen den Archi-

[1] Vgl. OR 201 ff.

tekten oder den Ingenieur, die zum Zwecke der Erstellung Dienste geleistet haben, mit Ablauf von fünf Jahren seit der Abnahme des Werkes.

3 Im Übrigen kommen die Regeln für die Verjährung der entsprechenden Ansprüche des Käufers[1] sinngemäss zur Anwendung.

Art. 372

II. Pflichten des Bestellers
1. Fälligkeit der Vergütung

1 Der Besteller hat die Vergütung bei der Ablieferung des Werkes zu zahlen.[2]

2 Ist das Werk in Teilen zu liefern und die Vergütung nach Teilen bestimmt, so hat Zahlung für jeden Teil bei dessen Ablieferung zu erfolgen.

Art. 373

2. Höhe der Vergütung
a. Feste Übernahme

1 Wurde die Vergütung zum voraus genau bestimmt[3], so ist der Unternehmer verpflichtet, das Werk um diese Summe fertigzustellen, und darf keine Erhöhung fordern, selbst wenn er mehr Arbeit oder grössere Auslagen gehabt hat, als vorgesehen war.

2 Falls jedoch ausserordentliche Umstände, die nicht vorausgesehen werden konnten oder die nach den von beiden Beteiligten angenommenen Voraussetzungen ausgeschlossen waren, die Fertigstellung hindern oder übermässig erschweren, so kann der Richter nach seinem Ermessen eine Erhöhung des Preises oder die Auflösung des Vertrages bewilligen.

3 Der Besteller hat auch dann den vollen Preis zu bezahlen, wenn die Fertigstellung des Werkes weniger Arbeit verursacht, als vorgesehen war.

Art. 374

b. Festsetzung nach dem Wert der Arbeit

Ist der Preis zum voraus entweder gar nicht oder nur ungefähr bestimmt worden, so wird er nach Massgabe des Wertes der Arbeit und der Aufwendungen des Unternehmers festgesetzt.

Art. 375

C. Beendigung
I. Rücktritt wegen Überschreitung des Kostenansatzes

1 Wird ein mit dem Unternehmer verabredeter ungefährer Ansatz ohne Zutun des Bestellers unverhältnismässig[4] überschritten, so hat dieser sowohl während als nach der Ausführung des Werkes das Recht, vom Vertrag zurückzutreten.

2 Bei Bauten[5], die auf Grund und Boden des Bestellers errichtet werden, kann dieser eine angemessene Herabsetzung des Lohnes verlangen oder, wenn die Baute noch nicht vollendet ist, gegen billigen Ersatz der bereits ausgeführten Arbeiten dem Unternehmer die Fortführung entziehen und vom Vertrage zurücktreten.

Art. 376

II. Untergang des Werkes

1 Geht das Werk vor seiner Übergabe durch Zufall[6] zugrunde, so kann der Unternehmer weder Lohn für seine Arbeit noch Vergütung seiner Auslagen verlangen, ausser wenn der Besteller sich mit der Annahme im Verzug[7] befindet.

2 Der Verlust des zugrunde gegangenen Stoffes trifft in diesem Falle den Teil, der ihn geliefert hat.

1 Vgl. OR 210
2 Vgl. OR 75
3 Vereinbarung eines Pauschalbetrags
4 I.d.R. über 10 %
5 Vgl. ZGB 671
6 Vgl. OR 103 und 119
7 Vgl. OR 91 ff.

[3] Ist das Werk wegen eines Mangels des vom Besteller gelieferten Stoffes oder des angewiesenen Baugrundes oder infolge der von ihm vorgeschriebenen Art der Ausführung zugrunde gegangen, so kann der Unternehmer, wenn er den Besteller auf diese Gefahren rechtzeitig aufmerksam gemacht hat, die Vergütung der bereits geleisteten Arbeit und der im Lohne nicht eingeschlossenen Auslagen und, falls den Besteller ein Verschulden trifft, überdies Schadenersatz verlangen.

Art. 377

III. Rücktritt des Bestellers gegen Schadloshaltung

Solange das Werk unvollendet ist, kann der Besteller gegen Vergütung der bereits geleisteten Arbeit und gegen volle Schadloshaltung des Unternehmers jederzeit vom Vertrag zurücktreten.

Art. 378

IV. Unmöglichkeit der Erfüllung aus Verhältnissen des Bestellers

[1] Wird die Vollendung des Werkes durch einen beim Besteller eingetretenen Zufall unmöglich, so hat der Unternehmer Anspruch auf Vergütung der geleisteten Arbeit und der im Preise nicht inbegriffenen Auslagen.

[2] Hat der Besteller die Unmöglichkeit der Ausführung verschuldet, so kann der Unternehmer überdies Schadenersatz fordern.

Art. 379

V. Tod und Unfähigkeit des Unternehmers

[1] Stirbt der Unternehmer oder wird er ohne seine Schuld zur Vollendung des Werkes unfähig, so erlischt der Werkvertrag, wenn er mit Rücksicht auf die persönlichen Eigenschaften des Unternehmers[1] eingegangen war.

[2] Der Besteller ist verpflichtet, den bereits ausgeführten Teil des Werkes, soweit dieser für ihn brauchbar ist, anzunehmen und zu bezahlen.

Zwölfter Titel: Der Verlagsvertrag

Art. 380

A. Begriff

Durch den Verlagsvertrag verpflichten sich der Urheber eines literarischen oder künstlerischen Werkes oder seine Rechtsnachfolger (Verlaggeber), das Werk einem Verleger zum Zwecke der Herausgabe zu überlassen, der Verleger dagegen, das Werk zu vervielfältigen und in Vertrieb zu setzen.

Art. 381

B. Wirkungen

I. Übertragung des Urheberrechts und Gewährleistung

[1] Die Rechte des Urhebers werden insoweit und auf so lange dem Verleger übertragen, als es für die Ausführung des Vertrages erforderlich ist.

[2] Der Verlaggeber hat dem Verleger dafür einzustehen, dass er zur Zeit des Vertragsabschlusses zu der Verlagsgabe berechtigt war, und wenn das Werk schutzfähig ist, dass er das Urheberrecht daran hatte.

[3] Er hat, wenn das Werk vorher ganz oder teilweise einem Dritten in Verlag gegeben oder sonst mit seinem Wissen veröffentlicht war, dem Verleger vor dem Vertragsabschlusse hievon Kenntnis zu geben.

[1] Vgl. OR 364 Abs. 2

Art. 382

II. Verfügung des Verlaggebers

[1] Solange die Auflagen des Werkes, zu denen der Verleger berechtigt ist, nicht vergriffen sind, darf der Verlaggeber weder über das Werk im Ganzen noch über dessen einzelne Teile zum Nachteile des Verlegers anderweitig verfügen.

[2] Zeitungsartikel und einzelne kleinere Aufsätze in Zeitschriften darf der Verlaggeber jederzeit weiter veröffentlichen.

[3] Beiträge an Sammelwerke oder grössere Beiträge an Zeitschriften darf der Verlaggeber nicht vor Ablauf von drei Monaten nach dem vollständigen Erscheinen des Beitrages weiter veröffentlichen.

Art. 383

III. Bestimmung der Auflagen

[1] Wurde über die Anzahl der Auflagen nichts bestimmt, so ist der Verleger nur zu einer Auflage berechtigt.

[2] Die Stärke der Auflage wird, wenn darüber nichts vereinbart wurde, vom Verleger festgesetzt, er hat aber auf Verlangen des Verlaggebers wenigstens so viele Exemplare drucken zu lassen, als zu einem gehörigen Umsatz erforderlich sind, und darf nach Vollendung des ersten Druckes keine neuen Abdrücke veranstalten.

[3] Wurde das Verlagsrecht für mehrere Auflagen oder für alle Auflagen übertragen und versäumt es der Verleger, eine neue Auflage zu veranstalten, nachdem die letzte vergriffen ist, so kann ihm der Verlaggeber gerichtlich eine Frist zur Herstellung einer neuen Auflage ansetzen lassen, nach deren fruchtlosem Ablauf der Verleger sein Recht verwirkt.

Art. 384

IV. Vervielfältigung und Vertrieb

[1] Der Verleger ist verpflichtet, das Werk ohne Kürzungen, ohne Zusätze und ohne Abänderungen in angemessener Ausstattung zu vervielfältigen, für gehörige Bekanntmachung zu sorgen und die üblichen Mittel für den Absatz zu verwenden.

[2] Die Preisbestimmung hängt von dem Ermessen des Verlegers ab, doch darf er nicht durch übermässige Preisforderung den Absatz erschweren.

Art. 385

V. Verbesserungen und Berichtigungen

[1] Der Urheber behält das Recht, Berichtigungen und Verbesserungen vorzunehmen, wenn sie nicht die Verlagsinteressen verletzen oder die Verantwortlichkeit des Verlegers steigern, ist aber für unvorhergesehene Kosten, die dadurch verursacht werden, Ersatz schuldig.

[2] Der Verleger darf keine neue Ausgabe oder Auflage machen und keinen neuen Abdruck vornehmen, ohne zuvor dem Urheber Gelegenheit zu geben, Verbesserungen anzubringen.

Art. 386

VI. Gesamtausgaben und Einzelausgaben

[1] Ist die besondere Ausgabe mehrerer einzelner Werke desselben Urhebers zum Verlag überlassen worden, so gibt dieses dem Verleger nicht auch das Recht, eine Gesamtausgabe dieser Werke zu veranstalten.

[2] Ebenso wenig hat der Verleger, dem eine Gesamtausgabe sämtlicher Werke oder einer ganzen Gattung von Werken desselben Urhebers überlassen worden ist, das Recht, von den einzelnen Werken besondere Ausgaben zu veranstalten.

Art. 387

VII. Übersetzungsrecht

Das Recht, eine Übersetzung des Werkes zu veranstalten, bleibt, wenn nichts anderes mit dem Verleger vereinbart ist, ausschliesslich dem Verlaggeber vorbehalten.

Art. 388

VIII. Honorar des Verlaggebers
1. Höhe des Honorars

[1] Ein Honorar an den Verlaggeber gilt als vereinbart, wenn nach den Umständen die Überlassung des Werkes nur gegen ein Honorar zu erwarten war.

[2] Die Grösse desselben bestimmt der Richter auf das Gutachten von Sachverständigen.

[3] Hat der Verleger das Recht zu mehreren Auflagen, so wird vermutet, dass für jede folgende von ihm veranstaltete Auflage dieselben Honorar- und übrigen Vertragsbedingungen gelten, wie für die erste Auflage.

Art. 389

2. Fälligkeit Abrechnung und Freiexemplare

[1] Das Honorar wird fällig, sobald das ganze Werk oder, wenn es in Abteilungen (Bänden, Heften, Blättern) erscheint, sobald die Abteilung gedruckt ist und ausgegeben werden kann.

[2] Wird das Honorar ganz oder teilweise von dem erwarteten Absatze abhängig gemacht, so ist der Verleger zu übungsgemässer Abrechnung und Nachweisung des Absatzes verpflichtet.

[3] Der Verlaggeber hat mangels einer andern Abrede Anspruch auf die übliche Zahl von Freiexemplaren.

Art. 390

C. Beendigung
I. Untergang des Werkes

[1] Geht das Werk nach seiner Ablieferung an den Verleger durch Zufall unter, so ist der Verleger gleichwohl zur Zahlung des Honorars verpflichtet.

[2] Besitzt der Urheber noch ein zweites Exemplar des untergegangenen Werkes, so hat er es dem Verleger zu überlassen, andernfalls ist er verpflichtet, das Werk wieder herzustellen, wenn ihm dies mit geringer Mühe möglich ist.

[3] In beiden Fällen hat er Anspruch auf eine angemessene Entschädigung.

Art. 391

II. Untergang der Auflage

[1] Geht die vom Verleger bereits hergestellte Auflage des Werkes durch Zufall ganz oder zum Teile unter, bevor sie vertrieben worden ist, so ist der Verleger berechtigt, die untergegangenen Exemplare auf seine Kosten neu herzustellen, ohne dass der Verlaggeber ein neues Honorar dafür fordern kann.

[2] Der Verleger ist zur Wiederherstellung der untergegangenen Exemplare verpflichtet, wenn dies ohne unverhältnismässig hohe Kosten geschehen kann.

Art. 392

III. Endigungsgründe in der Person des Urhebers und des Verlegers

[1] Der Verlagsvertrag erlischt, wenn der Urheber vor der Vollendung des Werkes stirbt oder unfähig oder ohne sein Verschulden verhindert wird, es zu vollenden.

[2] Ausnahmsweise kann der Richter, wenn die ganze oder teilweise Fortsetzung des Vertragsverhältnisses möglich und billig erscheint, sie bewilligen und das Nötige anordnen.

[3] Gerät der Verleger in Konkurs, so kann der Verlaggeber das Werk einem anderen Verleger übertragen, wenn ihm nicht für Erfüllung der zur Zeit der Konkurseröffnung noch nicht verfallenen Verlagsverbindlichkeiten Sicherheit geleistet wird.

Art. 393

D. Bearbeitung eines Werkes nach Plan des Verlegers

1 Wenn einer oder mehrere Verfasser nach einem ihnen vom Verleger vorgelegten Plane die Bearbeitung eines Werkes übernehmen, so haben sie nur auf das bedungene Honorar Anspruch.

2 Das Urheberrecht am Werke steht dem Verleger zu.

Dreizehnter Titel: Der Auftrag

Erster Abschnitt: Der einfache Auftrag

Art. 394

A. Begriff

1 Durch die Annahme eines Auftrages verpflichtet sich der Beauftragte, die ihm übertragenen Geschäfte oder Dienste[1] vertragsgemäss zu besorgen.

2 Verträge über Arbeitsleistung, die keiner besondern Vertragsart dieses Gesetzes unterstellt sind, stehen unter den Vorschriften über den Auftrag.

3 Eine Vergütung ist zu leisten, wenn sie verabredet oder üblich ist.

Art. 395

B. Entstehung

Als angenommen gilt ein nicht sofort abgelehnter Auftrag, wenn er sich auf die Besorgung solcher Geschäfte bezieht, die der Beauftragte kraft obrigkeitlicher Bestellung oder gewerbsmässig betreibt oder zu deren Besorgung er sich öffentlich empfohlen hat.

Art. 396

C. Wirkungen

I. Umfang des Auftrages

1 Ist der Umfang des Auftrages nicht ausdrücklich bezeichnet worden, so bestimmt er sich nach der Natur des zu besorgenden Geschäftes.

2 Insbesondere ist in dem Auftrage auch die Ermächtigung[2] zu den Rechtshandlungen enthalten, die zu dessen Ausführung gehören.

3 Einer besonderen Ermächtigung bedarf der Beauftragte, wenn es sich darum handelt, einen Vergleich abzuschliessen, ein Schiedsgericht anzunehmen, wechselrechtliche Verbindlichkeiten einzugehen, Grundstücke zu veräussern oder zu belasten oder Schenkungen zu machen.

Art. 397

II. Verpflichtungen des Beauftragten

1. Vorschriftsgemässe Ausführung

1 Hat der Auftraggeber für die Besorgung des übertragenen Geschäftes eine Vorschrift gegeben, so darf der Beauftragte nur insofern davon abweichen, als nach den Umständen die Einholung einer Erlaubnis nicht tunlich und überdies anzunehmen ist, der Auftraggeber würde sie bei Kenntnis der Sachlage erteilt haben.

2 Ist der Beauftragte, ohne dass diese Voraussetzungen zutreffen, zum Nachteil des Auftraggebers von dessen Vorschriften abgewichen, so gilt der Auftrag nur dann als erfüllt, wenn der Beauftragte den daraus erwachsenen Nachteil auf sich nimmt.

Art. 397a

1bis. Meldepflicht

Wird der Auftraggeber voraussichtlich dauernd urteilsunfähig, so muss der Beauftragte die Erwachsenenschutzbehörde am Wohnsitz des Auftraggebers benachrichtigen, wenn eine solche Meldung zur Interessenwahrung angezeigt erscheint.

1 Z.B. Leistungen von Ärzten, Anwälten, Verwaltern usw. Abgrenzung vgl. OR 363
2 Vgl. OR 32 ff.

Art. 398

2. Haftung für getreue Ausführung
a. Im Allgemeinen

[1] Der Beauftragte haftet im Allgemeinen für die gleiche Sorgfalt wie der Arbeitnehmer im Arbeitsverhältnis.[1]

[2] Er haftet dem Auftraggeber für getreue und sorgfältige Ausführung des ihm übertragenen Geschäftes.

[3] Er hat das Geschäft persönlich zu besorgen, ausgenommen, wenn er zur Übertragung an einen Dritten ermächtigt oder durch die Umstände genötigt ist, oder wenn eine Vertretung übungsgemäss als zulässig betrachtet wird.

Art. 399

b. Bei Übertragung der Besorgung auf einen Dritten

[1] Hat der Beauftragte die Besorgung des Geschäftes unbefugterweise einem Dritten übertragen, so haftet er für dessen Handlungen, wie wenn es seine eigenen wären.

[2] War er zur Übertragung befugt, so haftet er nur für gehörige Sorgfalt bei der Wahl und Instruktion des Dritten.

[3] In beiden Fällen kann der Auftraggeber die Ansprüche, die dem Beauftragten gegen den Dritten zustehen, unmittelbar gegen diesen geltend machen.

Art. 400

3. Rechenschaftsablegung

[1] Der Beauftragte ist schuldig, auf Verlangen jederzeit über seine Geschäftsführung Rechenschaft abzulegen und alles, was ihm infolge derselben aus irgendeinem Grunde zugekommen ist, zu erstatten.

[2] Gelder mit deren Ablieferung er sich im Rückstande befindet, hat er zu verzinsen.[2]

Art. 401

4. Übergang der erworbenen Rechte

[1] Hat der Beauftragte für Rechnung des Auftraggebers in eigenem Namen Forderungsrechte gegen Dritte erworben, so gehen sie auf den Auftraggeber über, sobald dieser seinerseits allen Verbindlichkeiten aus dem Auftragsverhältnisse nachgekommen ist.[3]

[2] Dieses gilt auch gegenüber der Masse, wenn der Beauftragte in Konkurs gefallen ist.

[3] Ebenso kann der Auftraggeber im Konkurse des Beauftragten, unter Vorbehalt der Retentionsrechte[4] desselben, die beweglichen Sachen herausverlangen, die dieser in eigenem Namen, aber für Rechnung des Auftraggebers zu Eigentum erworben hat.

Art. 402

III. Verpflichtungen des Auftraggebers

[1] Der Auftraggeber ist schuldig, dem Beauftragten die Auslagen und Verwendungen, die dieser in richtiger Ausführung des Auftrages gemacht hat, samt Zinsen zu ersetzen und ihn von den eingegangenen Verbindlichkeiten zu befreien.

[2] Er haftet dem Beauftragten für den aus dem Auftrage erwachsenen Schaden, soweit er nicht zu beweisen vermag, dass der Schaden ohne sein Verschulden entstanden ist.

[1] Vgl. OR 321e, aber keine Erfolgshaftung wie in OR 363
[2] Vgl. OR 73
[3] Vgl. OR 32 Abs. 2 und 110
[4] Vgl. ZGB 895 ff.

Art. 403

IV. Haftung mehrerer

[1] Haben mehrere Personen gemeinsam einen Auftrag gegeben, so haften sie dem Beauftragten solidarisch.[1]

[2] Haben mehrere Personen einen Auftrag gemeinschaftlich übernommen, so haften sie solidarisch und können den Auftraggeber, soweit sie nicht zur Übertragung der Besorgung an einen Dritten ermächtigt sind, nur durch gemeinschaftliches Handeln verpflichten.

Art. 404

D. Beendigung
I. Gründe
1. Widerruf, Kündigung

[1] Der Auftrag kann von jedem Teile jederzeit widerrufen[2] oder gekündigt[3] werden.

[2] Erfolgt dies jedoch zur Unzeit, so ist der zurücktretende Teil zum Ersatze des dem anderen verursachten Schadens verpflichtet.

Art. 405

2. Tod, Handlungsunfähigkeit, Konkurs

[1] Der Auftrag erlischt, sofern nicht das Gegenteil vereinbart ist oder aus der Natur des Geschäfts hervorgeht, mit dem Verlust der entsprechenden Handlungsfähigkeit[4], dem Konkurs[5], dem Tod[6] oder der Verschollenerklärung des Auftraggebers oder des Beauftragten.

[2] Falls jedoch das Erlöschen des Auftrages die Interessen des Auftraggebers gefährdet, so ist der Beauftragte, sein Erbe oder sein Vertreter verpflichtet, für die Fortführung des Geschäftes zu sorgen, bis der Auftraggeber, sein Erbe oder sein Vertreter in der Lage ist, es selbst zu tun.

Art. 406

II. Wirkung des Erlöschens

Aus den Geschäften, die der Beauftragte führt, bevor er von dem Erlöschen des Auftrages Kenntnis erhalten hat, wird der Auftraggeber oder dessen Erbe verpflichtet, wie wenn der Auftrag noch bestanden hätte.

Erster Abschnitt^bis: Auftrag zur Ehe- oder zur Partnerschaftsvermittlung

Art. 406a

A. Begriff und anwendbares Recht

[1] Wer einen Auftrag zur Ehe- oder zur Partnerschaftsvermittlung annimmt, verpflichtet sich, dem Auftraggeber gegen eine Vergütung Personen für die Ehe oder für eine feste Partnerschaft zu vermitteln.

[2] Auf die Ehe- oder die Partnerschaftsvermittlung sind die Vorschriften über den einfachen Auftrag ergänzend anwendbar.

1 Vgl. OR 143
2 Rechtsfolge: kein Dauerschuldverhältnis
3 Rechtsfolge: Dauerschuldverhältnis aufgehoben
4 Vgl. ZGB 12 ff., 17
5 Vgl. SchKG 171
6 Vgl. OR 35

Art. 406b

B. Vermittlung von oder an Personen aus dem Ausland
I. Kosten der Rückreise

1 Reist die zu vermittelnde Person aus dem Ausland ein oder reist sie ins Ausland aus, so hat ihr der Beauftragte die Kosten der Rückreise zu vergüten, wenn diese innert sechs Monaten seit der Einreise erfolgt.

2 Der Anspruch der zu vermittelnden Person gegen den Beauftragten geht mit allen Rechten auf das Gemeinwesen über, wenn dieses für die Rückreisekosten aufgekommen ist.

3 Der Beauftragte kann vom Auftraggeber nur im Rahmen des im Vertrag vorgesehenen Höchstbetrags Ersatz für die Rückreisekosten verlangen.

Art. 406c

II. Bewilligungspflicht

1 Die berufsmässige Ehe- oder Partnerschaftsvermittlung von Personen oder an Personen aus dem Ausland bedarf der Bewilligung einer vom kantonalen Recht bezeichneten Stelle und untersteht deren Aufsicht.

2 Der Bundesrat erlässt die Ausführungsvorschriften und regelt namentlich:

a. die Voraussetzungen und die Dauer der Bewilligung;
b. die Sanktionen, die bei Zuwiderhandlungen gegen den Beauftragten verhängt werden;
c. die Pflicht des Beauftragten, die Kosten für die Rückreise der zu vermittelnden Personen sicherzustellen.

Art. 406d

C. Form und Inhalt

Der Vertrag bedarf zu seiner Gültigkeit der schriftlichen Form und hat folgende Angaben zu enthalten:

1. den Namen und Wohnsitz der Parteien;
2. die Anzahl und die Art der Leistungen, zu denen sich der Beauftragte verpflichtet, sowie die Höhe der Vergütung und der Kosten, die mit jeder Leistung verbunden sind, namentlich die Einschreibegebühr;
3. den Höchstbetrag der Entschädigung, die der Auftraggeber dem Beauftragten schuldet, wenn dieser bei der Vermittlung von oder an Personen aus dem Ausland die Kosten für die Rückreise getragen hat (Art. 406b);
4. die Zahlungsbedingungen;
5. das Recht des Auftraggebers, schriftlich und entschädigungslos innerhalb von sieben Tagen vom Vertrag zurückzutreten;
6. das Verbot für den Beauftragten, vor Ablauf der Frist von sieben Tagen eine Zahlung entgegenzunehmen;
7. das Recht des Auftraggebers, den Vertrag jederzeit entschädigungslos zu kündigen, unter Vorbehalt der Schadenersatzpflicht wegen Kündigung zur Unzeit.

Art. 406e

D. Inkrafttreten, Rücktritt

1 Der Vertrag tritt für den Auftraggeber erst sieben Tage nach Erhalt eines beidseitig unterzeichneten Vertragsdoppels in Kraft. Innerhalb dieser Frist kann der Auftraggeber dem Beauftragten schriftlich seinen Rücktritt vom Vertrag erklären. Ein im Voraus erklärter Verzicht auf dieses Recht ist unverbindlich. Die Postaufgabe der Rücktrittserklärung am siebten Tag der Frist genügt.

2 Vor Ablauf der Frist von sieben Tagen darf der Beauftragte vom Auftraggeber keine Zahlung entgegennehmen.

3 Tritt der Auftraggeber vom Vertrag zurück, so kann von ihm keine Entschädigung verlangt werden.

Art. 406f

E. Rücktrittserklärung und Kündigung

Die Rücktrittserklärung und die Kündigung bedürfen der Schriftform.

Art. 406g

F. Information und Datenschutz

1 Der Beauftragte informiert den Auftraggeber vor der Vertragsunterzeichnung und während der Vertragsdauer über besondere Schwierigkeiten, die im Hinblick auf die persönlichen Verhältnisse des Auftraggebers bei der Auftragserfüllung auftreten können.

2 Bei der Bearbeitung der Personendaten des Auftraggebers ist der Beauftragte zur Geheimhaltung verpflichtet; die Bestimmungen des Bundesgesetzes vom 19. Juni 1992 über den Datenschutz bleiben vorbehalten.

Art. 406h

G. Herabsetzung

Sind unverhältnismässig hohe Vergütungen oder Kosten vereinbart worden, so kann sie das Gericht auf Antrag des Auftraggebers auf einen angemessenen Betrag herabsetzen.

Zweiter Abschnitt: Der Kreditbrief und der Kreditauftrag

Art. 407

A. Kreditbrief

1 Kreditbriefe, durch die der Adressant den Adressaten mit oder ohne Angabe eines Höchstbetrages beauftragt, einer bestimmten Person die verlangten Beträge auszubezahlen, werden nach den Vorschriften über den Auftrag[1] und die Anweisung[2] beurteilt.

2 Wenn kein Höchstbetrag angegeben ist, so hat der Adressat bei Anforderungen, die den Verhältnissen der beteiligten Personen offenbar nicht entsprechen, den Adressanten zu benachrichtigen und bis zum Empfange einer Weisung desselben die Zahlung zu verweigern.

3 Der im Kreditbriefe enthaltene Auftrag gilt nur dann als angenommen, wenn die Annahme bezüglich eines bestimmten Betrages erklärt worden ist.

Art. 408

B. Kreditauftrag
I. Begriff und Form

1 Hat jemand den Auftrag erhalten und angenommen, in eigenem Namen und auf eigene Rechnung, jedoch unter Verantwortlichkeit des Auftraggebers, einem Dritten Kredit zu eröffnen oder zu erneuern, so haftet der Auftraggeber wie ein Bürge, sofern der Beauftragte die Grenzen des Kreditauftrages nicht überschritten hat.

2 Für diese Verbindlichkeit bedarf es der schriftlichen Erklärung des Auftraggebers.

Art. 409

II. Vertragsunfähigkeit des Dritten

Der Auftraggeber kann dem Beauftragten nicht die Einrede entgegensetzen, der Dritte sei zur Eingehung der Schuld persönlich unfähig gewesen.

Art. 410

III. Eigenmächtige Stundung

Die Haftpflicht des Auftraggebers erlischt, wenn der Beauftragte dem Dritten eigenmächtig Stundung gewährt oder es versäumt hat, gemäss den Weisungen des Auftraggebers gegen ihn vorzugehen.

[1] Vgl. OR 394 ff.
[2] Vgl. OR 466 ff.

Art. 411

IV. Kreditnehmer und Auftraggeber

Das Rechtsverhältnis des Auftraggebers zu dem Dritten, dem ein Kredit eröffnet worden ist, wird nach den Bestimmungen über das Rechtsverhältnis zwischen dem Bürgen und dem Hauptschuldner beurteilt.

Dritter Abschnitt: Der Mäklervertrag

Art. 412

A. Begriff und Form

1 Durch den Mäklervertrag erhält der Mäkler den Auftrag, gegen eine Vergütung, Gelegenheit zum Abschlusse eines Vertrages nachzuweisen[1] oder den Abschluss eines Vertrages zu vermitteln.[2]

2 Der Mäklervertrag steht im Allgemeinen unter den Vorschriften über den einfachen Auftrag.[3]

Art. 413

B. Mäklerlohn
I. Begründung

1 Der Mäklerlohn ist verdient, sobald der Vertrag infolge des Nachweises oder infolge der Vermittlung des Mäklers zustande gekommen ist.

2 Wird der Vertrag unter einer aufschiebenden Bedingung[4] geschlossen, so kann der Mäklerlohn erst verlangt werden, wenn die Bedingung eingetreten ist.

3 Soweit dem Mäkler im Vertrage für Aufwendungen Ersatz zugesichert ist, kann er diesen auch dann verlangen, wenn das Geschäft nicht zustande kommt.

Art. 414

II. Festsetzung

Wird der Betrag der Vergütung nicht festgesetzt, so gilt, wo eine Taxe besteht, diese und in Ermangelung einer solchen der übliche Lohn als vereinbart.

Art. 415

III. Verwirkung

Ist der Mäkler in einer Weise, die dem Vertrage widerspricht, für den andern tätig gewesen, oder hat er sich in einem Falle, wo es wider Treu und Glauben geht, auch von diesem Lohn versprechen lassen, so kann er von seinem Auftraggeber weder Lohn noch Ersatz für Aufwendungen beanspruchen.

Art. 416

IV. …

Aufgehoben.

Art. 417

V. Herabsetzung

Ist für den Nachweis der Gelegenheit zum Abschluss oder für die Vermittlung eines Einzelarbeitsvertrages oder eines Grundstückkaufes ein unverhältnismässig hoher Mäklerlohn vereinbart worden, so kann ihn der Richter auf Antrag des Schuldners auf einen angemessenen Betrag herabsetzen.

Art. 418

C. Vorbehalt kantonalen Rechtes

Es bleibt den Kantonen vorbehalten, über die Verrichtungen der Börsenmäkler, Sensale und Stellenvermittler besondere Vorschriften aufzustellen.

1 Nachweismäkler
2 Vermittlungsmäkler
3 Vgl. OR 394 ff.
4 Vgl. OR 151 ff.

Vierter Abschnitt: Der Agenturvertrag

Art. 418a

A. Allgemeines
I. Begriff

[1] Agent ist, wer die Verpflichtung übernimmt, dauernd[1] für einen oder mehrere Auftraggeber Geschäfte zu vermitteln oder in ihrem Namen und für ihre Rechnung abzuschliessen, ohne zu den Auftraggebern in einem Arbeitsverhältnis[2] zu stehen.

[2] Auf Agenten, die als solche bloss im Nebenberuf tätig sind, finden die Vorschriften dieses Abschnittes insoweit Anwendung, als die Parteien nicht schriftlich etwas anderes vereinbart haben. Die Vorschriften über das Delcredere, das Konkurrenzverbot und die Auflösung des Vertrages aus wichtigen Gründen dürfen nicht zum Nachteil des Agenten wegbedungen werden.

Art. 418b

II. Anwendbares Recht

[1] Auf den Vermittlungsagenten sind die Vorschriften über den Mäklervertrag, auf den Abschlussagenten diejenigen über die Kommission ergänzend anwendbar.

[2] *Aufgehoben.*

Art. 418c

B. Pflichten des Agenten
I. Allgemeines und Delcredere

[1] Der Agent hat die Interessen des Auftraggebers mit der Sorgfalt eines ordentlichen Kaufmannes zu wahren.

[2] Er darf, falls es nicht schriftlich anders vereinbart ist, auch für andere Auftraggeber tätig sein.

[3] Eine Verpflichtung, für die Zahlung oder anderweitige Erfüllung der Verbindlichkeiten des Kunden einzustehen oder die Kosten der Einbringung von Forderungen ganz oder teilweise zu tragen, kann er nur in schriftlicher Form übernehmen. Der Agent erhält dadurch einen unabdingbaren Anspruch auf ein angemessenes besonderes Entgelt.

Art. 418d

II. Geheimhaltungspflicht und Konkurrenzverbot

[1] Der Agent darf Geschäftsgeheimnisse des Auftraggebers, die ihm anvertraut oder auf Grund des Agenturverhältnisses bekannt geworden sind, auch nach Beendigung des Vertrages nicht verwerten oder anderen mitteilen.

[2] Auf ein vertragliches Konkurrenzverbot sind die Bestimmungen über den Dienstvertrag entsprechend anwendbar. Ist ein Konkurrenzverbot vereinbart, so hat der Agent bei Auflösung des Vertrages einen unabdingbaren Anspruch auf ein angemessenes besonderes Entgelt.

Art. 418e

C. Vertretungsbefugnis

[1] Der Agent gilt nur als ermächtigt, Geschäfte zu vermitteln, Mängelrügen und andere Erklärungen, durch die der Kunde sein Recht aus mangelhafter Leistung des Auftraggebers geltend macht oder sich vorbehält, entgegenzunehmen und die dem Auftraggeber zustehenden Rechte auf Sicherstellung des Beweises geltend zu machen.

[2] Dagegen gilt er nicht als ermächtigt, Zahlungen entgegenzunehmen, Zahlungsfristen zu gewähren oder sonstige Änderungen des Vertrages mit den Kunden zu vereinbaren.

1 Nicht nur einzelne Geschäfte
2 Vgl. OR 319 ff.

3 Die Artikel 34 und 44 Absatz 3 des Bundesgesetzes vom 2. April 1908 über den Versicherungsvertrag bleiben vorbehalten.

Art. 418f

D. Pflichten des Auftraggebers
I. Im Allgemeinen

1 Der Auftraggeber hat alles zu tun, um dem Agenten die Ausübung einer erfolgreichen Tätigkeit zu ermöglichen. Er hat ihm insbesondere die nötigen Unterlagen zur Verfügung zu stellen.

2 Er hat den Agenten unverzüglich zu benachrichtigen, wenn er voraussieht, dass Geschäfte nur in erheblich geringerem Umfange, als vereinbart oder nach den Umständen zu erwarten ist, abgeschlossen werden können oder sollen.

3 Ist dem Agenten ein bestimmtes Gebiet oder ein bestimmter Kundenkreis zugewiesen, so ist er, soweit nicht schriftlich etwas anderes vereinbart wurde, unter Ausschluss anderer Personen beauftragt.

Art. 418g

II. Provision
1. Vermittlungs- und Abschlussprovision
a. Umfang und Entstehung

1 Der Agent hat Anspruch auf die vereinbarte oder übliche Vermittlungs- oder Abschlussprovision für alle Geschäfte, die er während des Agenturverhältnisses vermittelt oder abgeschlossen hat, sowie, mangels gegenteiliger schriftlicher Abrede, für solche Geschäfte, die während des Agenturverhältnisses ohne seine Mitwirkung vom Auftraggeber abgeschlossen werden, sofern er den Dritten als Kunden für Geschäfte dieser Art geworben hat.

2 Der Agent, dem ein bestimmtes Gebiet oder ein bestimmter Kundenkreis ausschliesslich zugewiesen ist, hat Anspruch auf die vereinbarte oder, mangels Abrede, auf die übliche Provision für alle Geschäfte, die mit Kunden dieses Gebietes oder Kundenkreises während des Agenturverhältnisses abgeschlossen werden.

3 Soweit es nicht anders schriftlich vereinbart ist, entsteht der Anspruch auf die Provision, sobald das Geschäft mit dem Kunden rechtsgültig abgeschlossen ist.

Art. 418h

b. Dahinfallen

1 Der Anspruch des Agenten auf Provision fällt nachträglich insoweit dahin, als die Ausführung eines abgeschlossenen Geschäftes aus einem vom Auftraggeber nicht zu vertretenden Grunde unterbleibt.

2 Er fällt hingegen gänzlich dahin, wenn die Gegenleistung für die vom Auftraggeber bereits erbrachten Leistungen ganz oder zu einem so grossen Teil unterbleibt, dass dem Auftraggeber die Bezahlung einer Provision nicht zugemutet werden kann.

Art. 418i

c. Fälligkeit

Soweit nicht etwas anderes vereinbart oder üblich ist, wird die Provision auf das Ende des Kalenderhalbjahres, in dem das Geschäft abgeschlossen wurde, im Versicherungsgeschäft jedoch nach Massgabe der Bezahlung der ersten Jahresprämie fällig.

Art. 418k

d. Abrechnung

1 Ist der Agent nicht durch schriftliche Abrede zur Aufstellung einer Provisionsabrechnung verpflichtet, so hat ihm der Auftraggeber auf jeden Fälligkeitstermin eine schriftliche Abrechnung unter Angabe der provisionspflichtigen Geschäfte zu übergeben.

2 Auf Verlangen ist dem Agenten Einsicht in die für die Abrechnung massgebenden Bücher und Belege zu gewähren. Auf dieses Recht kann der Agent nicht zum voraus verzichten.

Art. 418l

2. Inkassoprovision

1 Soweit nicht etwas anderes vereinbart oder üblich ist, hat der Agent Anspruch auf eine Inkassoprovision für die von ihm auftragsgemäss eingezogenen und abgelieferten Beträge.

2 Mit Beendigung des Agenturverhältnisses fallen die Inkassoberechtigung des Agenten und sein Anspruch auf weitere Inkassoprovisionen dahin.

Art. 418m

III. Verhinderung an der Tätigkeit

1 Der Auftraggeber hat dem Agenten eine angemessene Entschädigung zu bezahlen, wenn er ihn durch Verletzung seiner gesetzlichen oder vertraglichen Pflichten schuldhaft daran verhindert, die Provision in dem vereinbarten oder nach den Umständen zu erwartenden Umfange zu verdienen. Eine gegenteilige Abrede ist ungültig.

2 Wird ein Agent, der für keinen andern Auftraggeber gleichzeitig tätig sein darf, durch Krankheit, schweizerischen obligatorischen Militärdienst oder ähnliche Gründe ohne sein Verschulden an seiner Tätigkeit verhindert, so hat er für verhältnismässig kurze Zeit Anspruch auf eine angemessene Entschädigung nach Massgabe des eingetretenen Verdienstausfalles, sofern das Agenturverhältnis mindestens ein Jahr gedauert hat. Auf dieses Recht kann der Agent nicht zum voraus verzichten.

Art. 418n

IV. Kosten und Auslagen

1 Soweit nicht etwas anderes vereinbart oder üblich ist, hat der Agent keinen Anspruch auf Ersatz für die im regelmässigen Betrieb seines Geschäftes entstandenen Kosten und Auslagen, wohl aber für solche, die er auf besondere Weisung des Auftraggebers oder als dessen Geschäftsführer ohne Auftrag auf sich genommen hat, wie Auslagen für Frachten und Zölle.

2 Die Ersatzpflicht ist vom Zustandekommen des Rechtsgeschäftes unabhängig.

Art. 418o

V. Retentionsrecht

1 Zur Sicherung der fälligen Ansprüche aus dem Agenturverhältnis, bei Zahlungsunfähigkeit des Auftraggebers auch der nicht fälligen Ansprüche, hat der Agent an den beweglichen Sachen und Wertpapieren, die er auf Grund des Agenturverhältnisses besitzt, sowie an den kraft einer Inkassovollmacht entgegengenommenen Zahlungen Dritter ein Retentionsrecht, auf das er nicht zum voraus verzichten kann.

2 An Preistarifen und Kundenverzeichnissen kann das Retentionsrecht nicht ausgeübt werden.

Art. 418p

E. Beendigung
I. Zeitablauf

1 Ist der Agenturvertrag auf eine bestimmte Zeit abgeschlossen, oder geht eine solche aus seinem Zweck hervor, so endigt er ohne Kündigung mit dem Ablauf dieser Zeit.

2 Wird ein auf eine bestimmte Zeit abgeschlossenes Agenturverhältnis nach Ablauf dieser Zeit für beide Teile stillschweigend fortgesetzt, so gilt der Vertrag als für die gleiche Zeit erneuert, jedoch höchstens für ein Jahr.

3 Hat der Auflösung des Vertrages eine Kündigung vorauszugehen, so gilt ihre beiderseitige Unterlassung als Erneuerung des Vertrages.

Art. 418q

II. Kündigung
1. Im Allgemeinen

1 Ist ein Agenturvertrag nicht auf bestimmte Zeit abgeschlossen, und geht eine solche auch nicht aus seinem Zwecke hervor, so kann er im ersten Jahr der Vertragsdauer beiderseits auf das Ende des der Kündigung folgenden Kalendermonates gekündigt werden. Die Vereinbarung einer kürzeren Kündigungsfrist bedarf der schriftlichen Form.

2 Wenn das Vertragsverhältnis mindestens ein Jahr gedauert hat, kann es mit einer Kündigungsfrist von zwei Monaten auf das Ende eines Kalendervierteljahres gekündigt werden. Es kann jedoch eine längere Kündigungsfrist oder ein anderer Endtermin vereinbart werden.

3 Für Auftraggeber und Agenten dürfen keine verschiedenen Kündigungsfristen vereinbart werden.

Art. 418r

2. Aus wichtigen Gründen

1 Aus wichtigen Gründen kann sowohl der Auftraggeber als auch der Agent jederzeit den Vertrag sofort auflösen.

2 Die Bestimmungen über den Dienstvertrag sind entsprechend anwendbar.

Art. 418s

III. Tod, Handlungsunfähigkeit, Konkurs

1 Das Agenturverhältnis erlischt durch den Tod und durch den Eintritt der Handlungsunfähigkeit des Agenten sowie durch den Konkurs des Auftraggebers.

2 Durch den Tod des Auftraggebers erlischt das Agenturverhältnis, wenn der Auftrag wesentlich mit Rücksicht auf dessen Person eingegangen worden ist.

Art. 418t

IV. Ansprüche des Agenten
1. Provision

1 Für Nachbestellungen eines vom Agenten während des Agenturverhältnisses geworbenen Kunden besteht, falls nicht etwas anderes vereinbart oder üblich ist, ein Anspruch auf Provision nur, wenn die Bestellungen vor Beendigung des Agenturvertrages eingelaufen sind.

2 Mit der Beendigung des Agenturverhältnisses werden sämtliche Ansprüche des Agenten auf Provision oder Ersatz fällig.

3 Für Geschäfte, die ganz oder teilweise erst nach Beendigung des Agenturverhältnisses zu erfüllen sind, kann eine spätere Fälligkeit des Provisionsanspruches schriftlich vereinbart werden.

Art. 418u

2. Entschädigung für die Kundschaft

1 Hat der Agent durch seine Tätigkeit den Kundenkreis des Auftraggebers wesentlich erweitert, und erwachsen diesem oder seinem Rechtsnachfolger aus der Geschäftsverbindung mit der geworbenen Kundschaft auch nach Auflösung des Agenturverhältnisses erhebliche Vorteile, so haben der Agent oder seine Erben, soweit es nicht unbillig ist, einen unabdingbaren Anspruch auf eine angemessene Entschädigung.

2 Dieser Anspruch beträgt höchstens einen Nettojahresverdienst aus diesem Vertragsverhältnis, berechnet nach dem Durchschnitt der letzten fünf Jahre oder, wenn das Verhältnis nicht so lange gedauert hat, nach demjenigen der ganzen Vertragsdauer.

3 Kein Anspruch besteht, wenn das Agenturverhältnis aus einem Grund aufgelöst worden ist, den der Agent zu vertreten hat.

Art. 418v

V. Rückgabepflichten

Jede Vertragspartei hat auf den Zeitpunkt der Beendigung des Agenturverhältnisses der andern alles herauszugeben, was sie von ihr für die Dauer des Vertrages oder von Dritten für ihre Rechnung erhalten hat. Vorbehalten bleiben die Retentionsrechte der Vertragsparteien.

Vierzehnter Titel: Die Geschäftsführung ohne Auftrag

Art. 419

A. Stellung des Geschäftsführers

I. Art der Ausführung

Wer für einen anderen ein Geschäft besorgt, ohne von ihm beauftragt[1] zu sein, ist verpflichtet, das unternommene Geschäft so zu führen, wie es dem Vorteile und der mutmasslichen Absicht des anderen entspricht.

Art. 420

II. Haftung des Geschäftsführers im Allgemeinen

1 Der Geschäftsführer haftet für jede Fahrlässigkeit.

2 Seine Haftpflicht ist jedoch milder zu beurteilen, wenn er gehandelt hat, um einen dem Geschäftsherrn drohenden Schaden abzuwenden.

3 Hat er die Geschäftsführung entgegen dem ausgesprochenen oder sonst erkennbaren Willen des Geschäftsherrn unternommen und war dessen Verbot nicht unsittlich oder rechtswidrig, so haftet er auch für den Zufall, sofern er nicht beweist, dass dieser auch ohne seine Einmischung eingetreten wäre.

Art. 421

III. Haftung des vertragsunfähigen Geschäftsführers

1 War der Geschäftsführer unfähig[2], sich durch Verträge zu verpflichten, so haftet er aus der Geschäftsführung nur, soweit er bereichert ist oder auf böswillige Weise sich der Bereicherung entäussert hat.

2 Vorbehalten bleibt eine weitergehende Haftung aus unerlaubten Handlungen.[3]

Art. 422

B. Stellung des Geschäftsherrn

I. Geschäftsführung im Interesse des Geschäftsherrn

1 Wenn die Übernahme einer Geschäftsbesorgung durch das Interesse des Geschäftsherrn geboten war, so ist dieser verpflichtet, dem Geschäftsführer alle Verwendungen, die notwendig oder nützlich und den Verhältnissen angemessen waren, samt Zinsen zu ersetzen und ihn in demselben Masse von den übernommenen Verbindlichkeiten zu befreien sowie für andern Schaden ihm nach Ermessen des Richters Ersatz zu leisten.

2 Diesen Anspruch hat der Geschäftsführer, wenn er mit der gehörigen Sorgfalt handelte, auch in dem Falle, wo der beabsichtigte Erfolg nicht eintritt.

3 Sind die Verwendungen dem Geschäftsführer nicht zu ersetzen, so hat er das Recht der Wegnahme nach den Vorschriften über die ungerechtfertigte Bereicherung.

Art. 423

II. Geschäftsführung im Interesse des Geschäftsführers

1 Wenn die Geschäftsführung nicht mit Rücksicht auf das Interesse des Geschäftsherrn unternommen wurde, so ist dieser gleichwohl berechtigt, die aus der Führung seiner Geschäfte entspringenden Vorteile sich anzueignen.

1 Vgl. OR 394 ff.
2 Vgl. ZGB 16
3 Vgl. OR 41 ff.

[2] Zur Ersatzleistung an den Geschäftsführer und zu dessen Entlastung ist der Geschäftsherr nur so weit verpflichtet, als er bereichert ist.[1]

Art. 424

III. Genehmigung der Geschäftsführung

Wenn die Geschäftsbesorgung nachträglich vom Geschäftsherrn gebilligt wird, so kommen die Vorschriften über den Auftrag zur Anwendung.[2]

Fünfzehnter Titel: Die Kommission

Art. 425

A. Einkaufs- und Verkaufskommission

I. Begriff

[1] Einkaufs- oder Verkaufskommissionär ist, wer gegen eine Kommissionsgebühr (Provision) in eigenem Namen für Rechnung eines anderen (des Kommittenten) den Einkauf oder Verkauf von beweglichen Sachen oder Wertpapieren zu besorgen übernimmt.[3]

[2] Für das Kommissionsverhältnis kommen die Vorschriften über den Auftrag[4] zur Anwendung, soweit nicht die Bestimmungen dieses Titels etwas anderes enthalten.

Art. 426

II. Pflichten des Kommissionärs

1. Anzeigepflicht, Versicherung

[1] Der Kommissionär hat dem Kommittenten die erforderlichen Nachrichten zu geben und insbesondere von der Ausführung des Auftrages sofort Anzeige zu machen.

[2] Er ist zur Versicherung des Kommissionsgutes nur verpflichtet, wenn er vom Kommittenten Auftrag dazu erhalten hat.

Art. 427

2. Behandlung des Kommissionsgutes

[1] Wenn das zum Verkaufe zugesandte Kommissionsgut sich in einem erkennbar mangelhaften Zustande befindet, so hat der Kommissionär die Rechte gegen den Frachtführer zu wahren, für den Beweis des mangelhaften Zustandes und soweit möglich für Erhaltung des Gutes zu sorgen und dem Kommittenten ohne Verzug Nachricht zu geben.[5]

[2] Versäumt der Kommissionär diese Pflichten, so ist er für den aus der Versäumnis entstandenen Schaden haftbar.[6]

[3] Zeigt sich Gefahr, dass das zum Verkaufe zugesandte Kommissionsgut schnell in Verderbnis gerate, so ist der Kommissionär berechtigt und, soweit die Interessen des Kommittenten es erfordern, auch verpflichtet, die Sache unter Mitwirkung der zuständigen Amtsstelle des Ortes, wo sie sich befindet, verkaufen zu lassen.[7]

Art. 428

3. Preisansatz des Kommittenten

[1] Hat der Verkaufskommissionär unter dem ihm gesetzten Mindestbetrag verkauft, so muss er dem Kommittenten den Preisunterschied vergüten, sofern er nicht be-

1 Vgl. OR 64
2 Vgl. OR 394 ff.
3 Kommissionär schliesst Vertrag mit Dritten, Eigentumsübergang zwischen Drittem und Kommittenten
4 Vgl. OR 394 ff.
5 Vgl. OR 440 ff.
6 Vgl. OR 97 ff.
7 Vgl. OR 93

weist, dass durch den Verkauf von dem Kommittenten Schaden abgewendet worden ist und eine Anfrage bei dem Kommittenten nicht mehr tunlich war.

2 Ausserdem hat er ihm im Falle seines Verschuldens allen weitern aus der Vertragsverletzung entstehenden Schaden zu ersetzen.

3 Hat der Kommissionär wohlfeiler gekauft, als der Kommittent vorausgesetzt, oder teurer verkauft, als er ihm vorgeschrieben hatte, so darf er den Gewinn nicht für sich behalten, sondern muss ihn dem Kommittenten anrechnen.

Art. 429

4. Vorschuss- und Kreditgewährung an Dritte

1 Der Kommissionär, der ohne Einwilligung[1] des Kommittenten einem Dritten Vorschüsse macht oder Kredit gewährt, tut dieses auf eigene Gefahr.

2 Soweit jedoch der Handelsgebrauch am Orte des Geschäftes das Kreditieren des Kaufpreises mit sich bringt, ist in Ermangelung einer anderen Bestimmung des Kommittenten auch der Kommissionär dazu berechtigt.

Art. 430

5. Delcredere-Stehen

1 Abgesehen von dem Falle, wo der Kommissionär unbefugterweise Kredit gewährt, hat er für die Zahlung oder anderweitige Erfüllung der Verbindlichkeiten des Schuldners nur dann einzustehen, wenn er sich hiezu verpflichtet hat, oder wenn das am Orte seiner Niederlassung Handelsgebrauch ist.

2 Der Kommissionär, der für den Schuldner einsteht, ist zu einer Vergütung (Delcredere-Provision) berechtigt.

Art. 431

III. Rechte des Kommissionärs

1. Ersatz für Vorschüsse und Auslagen

1 Der Kommissionär ist berechtigt, für alle im Interesse des Kommittenten gemachten Vorschüsse, Auslagen und andere Verwendungen Ersatz zu fordern und von diesen Beträgen Zinse zu berechnen.[2]

2 Er kann auch die Vergütung für die benutzten Lagerräume und Transportmittel, nicht aber den Lohn seiner Angestellten in Rechnung bringen.

Art. 432

2. Provision

a. Anspruch

1 Der Kommissionär ist zur Forderung der Provision berechtigt, wenn das Geschäft zur Ausführung gekommen oder aus einem in der Person des Kommittenten liegenden Grunde nicht ausgeführt worden ist.

2 Für Geschäfte, die aus einem andern Grunde nicht zur Ausführung gekommen sind, hat der Kommissionär nur den ortsüblichen Anspruch auf Vergütung für seine Bemühungen.

Art. 433

b. Verwirkung und Umwandlung in Eigengeschäft

1 Der Anspruch auf die Provision fällt dahin, wenn sich der Kommissionär einer unredlichen Handlungsweise gegenüber dem Kommittenten schuldig gemacht, insbesondere wenn er einen zu hohen Einkaufs oder einen zu niedrigen Verkaufspreis in Rechnung gebracht hat.

2 Überdies steht dem Kommittenten in den beiden letzterwähnten Fällen die Befugnis zu, den Kommissionär selbst als Verkäufer oder als Käufer in Anspruch zu nehmen.

1 Vgl. OR 397
2 Vgl. OR 73 und 402

Art. 434

3. Retentionsrecht

Der Kommissionär hat an dem Kommissionsgute sowie an dem Verkaufserlöse ein Retentionsrecht.[1]

Art. 435

4. Versteigerung des Kommissionsgutes

1 Wenn bei Unverkäuflichkeit des Kommissionsgutes oder bei Widerruf des Auftrages der Kommittent mit der Zurücknahme des Gutes oder mit der Verfügung darüber ungebührlich zögert, so ist der Kommissionär berechtigt, bei der zuständigen Amtsstelle des Ortes, wo die Sache sich befindet, die Versteigerung zu verlangen.

2 Die Versteigerung kann, wenn am Orte der gelegenen Sache weder der Kommittent noch ein Stellvertreter desselben anwesend ist, ohne Anhören der Gegenpartei angeordnet werden.

3 Der Versteigerung muss aber eine amtliche Mitteilung an den Kommittenten vorausgehen, sofern das Gut nicht einer schnellen Entwertung ausgesetzt ist.

Art. 436

5. Eintritt als Eigenhändler

a. Preisberechnung und Provision

1 Bei Kommissionen zum Einkauf oder zum Verkauf von Waren, Wechseln und anderen Wertpapieren, die einen Börsenpreis oder Marktpreis haben, ist der Kommissionär, wenn der Kommittent nicht etwas anderes bestimmt hat, befugt, das Gut, das er einkaufen soll, als Verkäufer selbst zu liefern, oder das Gut, das er zu verkaufen beauftragt ist, als Käufer für sich zu behalten.[2]

2 In diesen Fällen ist der Kommissionär verpflichtet, den zur Zeit der Ausführung des Auftrages geltenden Börsen- oder Marktpreis in Rechnung zu bringen und kann sowohl die gewöhnliche Provision als die bei Kommissionsgeschäften sonst regelmässig vorkommenden Unkosten berechnen.

3 Im Übrigen ist das Geschäft als Kaufvertrag[3] zu behandeln.

Art. 437

b. Vermutung des Eintrittes

Meldet der Kommissionär in den Fällen, wo der Eintritt als Eigenhändler zugestanden ist, die Ausführung des Auftrages, ohne eine andere Person als Käufer oder Verkäufer namhaft zu machen, so ist anzunehmen, dass er selbst die Verpflichtung eines Käufers oder Verkäufers auf sich genommen habe.

Art. 438

c. Wegfall des Eintrittsrechtes

Wenn der Kommittent den Auftrag widerruft und der Widerruf bei dem Kommissionär eintrifft, bevor dieser die Anzeige der Ausführung abgesandt hat, so ist der Kommissionär nicht mehr befugt, selbst als Käufer oder Verkäufer einzutreten.

Art. 439

B. Speditionsvertrag

Wer gegen Vergütung die Versendung oder Weitersendung von Gütern für Rechnung des Versenders, aber in eigenem Namen zu besorgen übernimmt (Spediteur), ist als Kommissionär zu betrachten, steht aber in Bezug auf den Transport der Güter unter den Bestimmungen über den Frachtvertrag.

1 Vgl. ZGB 895 ff.
2 Selbsteintritt
3 Vgl. OR 184 ff.

Sechzehnter Titel: Der Frachtvertrag

Art. 440

A. Begriff

1 Frachtführer ist, wer gegen Vergütung (Frachtlohn) den Transport von Sachen auszuführen übernimmt.

2 Für den Frachtvertrag kommen die Vorschriften über den Auftrag zur Anwendung, soweit nicht die Bestimmungen dieses Titels etwas anderes enthalten.

Art. 441

B. Wirkungen
I. Stellung des Absenders
1. Notwendige Angaben

1 Der Absender hat dem Frachtführer die Adresse des Empfängers und den Ort der Ablieferung, die Anzahl, die Verpackung, den Inhalt und das Gewicht der Frachtstücke, die Lieferungszeit und den Transportweg sowie bei wertvollen Gegenständen auch deren Wert genau zu bezeichnen.

2 Die aus Unterlassung oder Ungenauigkeit einer solchen Angabe entstehenden Nachteile fallen zu Lasten des Absenders.

Art. 442

2. Verpackung

1 Für gehörige Verpackung des Gutes hat der Absender zu sorgen.

2 Er haftet für die Folgen von äusserlich nicht erkennbaren Mängeln der Verpackung.

3 Dagegen trägt der Frachtführer die Folgen solcher Mängel, die äusserlich erkennbar waren, wenn er das Gut ohne Vorbehalt angenommen hat.

Art. 443

3. Verfügung über das reisende Gut

1 Solange das Frachtgut noch in Händen des Frachtführers ist, hat der Absender das Recht, dasselbe gegen Entschädigung des Frachtführers für Auslagen oder für Nachteile, die aus der Rückziehung erwachsen, zurückzunehmen, ausgenommen:

1. wenn ein Frachtbrief vom Absender ausgestellt und vom Frachtführer an den Empfänger übergeben worden ist;
2. wenn der Absender sich vom Frachtführer einen Empfangsschein hat geben lassen und diesen nicht zurückgeben kann;
3. wenn der Frachtführer an den Empfänger eine schriftliche Anzeige von der Ankunft des Gutes zum Zwecke der Abholung abgesandt hat;
4. wenn der Empfänger nach Ankunft des Gutes am Bestimmungsorte die Ablieferung verlangt hat.

2 In diesen Fällen hat der Frachtführer ausschliesslich die Anweisungen des Empfängers zu befolgen, ist jedoch hiezu, falls sich der Absender einen Empfangsschein hat geben lassen und das Gut noch nicht am Bestimmungsorte angekommen ist, nur dann verpflichtet, wenn dem Empfänger dieser Empfangsschein zugestellt worden ist.

Art. 444

II. Stellung des Frachtführers
1. Behandlung des Frachtgutes
a. Verfahren bei Ablieferungshindernissen

1 Wenn das Frachtgut nicht angenommen oder die Zahlung der auf demselben haftenden Forderungen nicht geleistet wird oder wenn der Empfänger nicht ermittelt werden kann, so hat der Frachtführer den Absender hievon zu benachrichtigen und inzwischen das Frachtgut auf Gefahr und Kosten des Absenders aufzubewahren oder bei einem Dritten zu hinterlegen.

2 Wird in einer den Umständen angemessenen Zeit weder vom Absender noch vom Empfänger über das Frachtgut verfügt, so kann der Frachtführer unter Mitwirkung der am Orte der gelegenen Sache zuständigen Amtsstelle das Frachtgut zugunsten des Berechtigten wie ein Kommissionär verkaufen lassen.

Art. 445

b. Verkauf

[1] Sind Frachtgüter schnellem Verderben ausgesetzt, oder deckt ihr vermutlicher Wert nicht die darauf haftenden Kosten, so hat der Frachtführer den Tatbestand ohne Verzug amtlich feststellen zu lassen und kann das Frachtgut in gleicher Weise wie bei Ablieferungshindernissen verkaufen lassen.

[2] Von der Anordnung des Verkaufes sind, soweit möglich, die Beteiligten zu benachrichtigen.

Art. 446

c. Verantwortlichkeit

Der Frachtführer hat bei Ausübung der ihm in Bezug auf die Behandlung des Frachtgutes eingeräumten Befugnisse die Interessen des Eigentümers bestmöglich zu wahren und haftet bei Verschulden für Schadenersatz.

Art. 447

2. Haftung des Frachtführers
a. Verlust und Untergang des Gutes

[1] Wenn ein Frachtgut verloren oder zugrunde gegangen ist, so hat der Frachtführer den vollen Wert zu ersetzen, sofern er nicht beweist, dass der Verlust oder Untergang durch die natürliche Beschaffenheit des Gutes oder durch ein Verschulden oder eine Anweisung des Absenders oder des Empfängers verursacht sei oder auf Umständen beruhe, die durch die Sorgfalt eines ordentlichen Frachtführers nicht abgewendet werden konnten.

[2] Als ein Verschulden des Absenders ist zu betrachten, wenn er den Frachtführer von dem besonders hohen Wert des Frachtgutes nicht unterrichtet hat.

[3] Verabredungen, wonach ein den vollen Wert übersteigendes Interesse oder weniger als der volle Wert zu ersetzen ist, bleiben vorbehalten.

Art. 448

b. Verspätung, Beschädigung, teilweiser Untergang

[1] Unter den gleichen Voraussetzungen und Vorbehalten wie beim Verlust des Gutes haftet der Frachtführer für allen Schaden, der aus Verspätung in der Ablieferung oder aus Beschädigung oder aus teilweisem Untergange des Gutes entstanden ist.

[2] Ohne besondere Verabredung kann ein höherer Schadenersatz als für gänzlichen Verlust nicht begehrt werden.

Art. 449

c. Haftung für Zwischenfrachtführer

Der Frachtführer haftet für alle Unfälle und Fehler, die auf dem übernommenen Transporte vorkommen, gleichviel, ob er den Transport bis zu Ende selbst besorgt oder durch einen anderen Frachtführer ausführen lässt, unter Vorbehalt des Rückgriffes gegen den Frachtführer, dem er das Gut übergeben hat.

Art. 450

3. Anzeigepflicht

Der Frachtführer hat sofort nach Ankunft des Gutes dem Empfänger Anzeige zu machen.

Art. 451

4. Retentionsrecht

[1] Bestreitet der Empfänger die auf dem Frachtgut haftende Forderung, so kann er die Ablieferung nur verlangen, wenn er den streitigen Betrag amtlich hinterlegt.

[2] Dieser Betrag tritt in Bezug auf das Retentionsrecht des Frachtführers an die Stelle des Frachtgutes.

Art. 452

5. Verwirkung der Haftungsansprüche

1 Durch vorbehaltlose Annahme des Gutes und Bezahlung der Fracht erlöschen alle Ansprüche gegen den Frachtführer, die Fälle von absichtlicher Täuschung und grober Fahrlässigkeit ausgenommen.

2 Ausserdem bleibt der Frachtführer haftbar für äusserlich nicht erkennbaren Schaden, falls der Empfänger solchen innerhalb der Zeit, in der ihm nach den Umständen die Prüfung möglich oder zuzumuten war, entdeckt und den Frachtführer sofort nach der Entdeckung davon benachrichtigt hat.

3 Diese Benachrichtigung muss jedoch spätestens acht Tage nach der Ablieferung stattgefunden haben.

Art. 453

6. Verfahren

1 In allen Streitfällen kann die am Orte der gelegenen Sache zuständige Amtsstelle auf Begehren eines der beiden Teile Hinterlegung des Frachtgutes in dritte Hand oder nötigenfalls nach Feststellung des Zustandes den Verkauf anordnen.

2 Der Verkauf kann durch Bezahlung oder Hinterlegung des Betrages aller angeblich auf dem Gute haftenden Forderungen abgewendet werden.

Art. 454

7. Verjährung der Ersatzklagen

1 Die Ersatzklagen gegen Frachtführer verjähren mit Ablauf eines Jahres, und zwar im Falle des Unterganges, des Verlustes oder der Verspätung von dem Tage hinweg, an dem die Ablieferung hätte geschehen sollen, im Falle der Beschädigung von dem Tage an, wo das Gut dem Adressaten übergeben worden ist.

2 Im Wege der Einrede können der Empfänger oder der Absender ihre Ansprüche immer geltend machen, sofern sie innerhalb Jahresfrist reklamiert haben und der Anspruch nicht infolge Annahme des Gutes verwirkt ist.

3 Vorbehalten bleiben die Fälle von Arglist und grober Fahrlässigkeit des Frachtführers.

Art. 455

C. Staatlich genehmigte und staatliche Transportanstalten

1 Transportanstalten, zu deren Betrieb es einer staatlichen Genehmigung bedarf, sind nicht befugt, die Anwendung der gesetzlichen Bestimmungen über die Verantwortlichkeit des Frachtführers zu ihrem Vorteile durch besondere Übereinkunft oder durch Reglemente im voraus auszuschliessen oder zu beschränken.

2 Jedoch bleiben abweichende Vertragsbestimmungen, die in diesem Titel als zulässig vorgesehen sind, vorbehalten.

3 Die besonderen Vorschriften für die Frachtverträge der Anbieterinnen von Postdiensten, der Eisenbahnen und Dampfschiffe bleiben vorbehalten.

Art. 456

D. Mitwirkung einer öffentlichen Transportanstalt

1 Ein Frachtführer oder Spediteur, der sich zur Ausführung des von ihm übernommenen Transportes einer öffentlichen Transportanstalt bedient oder zur Ausführung des von einer solchen übernommenen Transportes mitwirkt, unterliegt den für diese geltenden besonderen Bestimmungen über den Frachtverkehr.

2 Abweichende Vereinbarungen zwischen dem Frachtführer oder Spediteur und dem Auftraggeber bleiben jedoch vorbehalten.

3 Dieser Artikel findet keine Anwendung auf Camionneure.

Art. 457

E. Haftung des Spediteurs

Der Spediteur, der sich zur Ausführung des Vertrages einer öffentlichen Transportanstalt bedient, kann seine Verantwortlichkeit nicht wegen mangelnden Rückgriffes ablehnen, wenn er selbst den Verlust des Rückgriffes verschuldet hat.

Siebzehnter Titel: Die Prokura und andere Handlungsvollmachten

Art. 458

A. Prokura

I. Begriff und Bestellung

1 Wer von dem Inhaber[1] eines Handels-, Fabrikations- oder eines anderen nach kaufmännischer Art geführten Gewerbes ausdrücklich oder stillschweigend ermächtigt ist, für ihn das Gewerbe zu betreiben und «per procura» die Firma zu zeichnen, ist Prokurist.

2 Der Geschäftsherr hat die Erteilung der Prokura zur Eintragung in das Handelsregister[2] anzumelden, wird jedoch schon vor der Eintragung durch die Handlungen des Prokuristen verpflichtet.

3 Zur Betreibung anderer Gewerbe oder Geschäfte kann ein Prokurist nur durch Eintragung in das Handelsregister bestellt werden.

Art. 459

II. Umfang der Vollmacht

1 Der Prokurist gilt gutgläubigen Dritten[3] gegenüber als ermächtigt, den Geschäftsherrn durch Wechsel-Zeichnungen zu verpflichten und in dessen Namen alle Arten von Rechtshandlungen vorzunehmen, die der Zweck des Gewerbes oder Geschäftes des Geschäftsherrn mit sich bringen kann.

2 Zur Veräusserung und Belastung von Grundstücken ist der Prokurist nur ermächtigt, wenn ihm diese Befugnis ausdrücklich erteilt worden ist.

Art. 460

III. Beschränkbarkeit

1 Die Prokura kann auf den Geschäftskreis einer Zweigniederlassung[4] beschränkt werden.

2 Sie kann mehreren Personen zu gemeinsamer Unterschrift erteilt werden (Kollektiv-Prokura), mit der Wirkung, dass die Unterschrift des Einzelnen ohne die vorgeschriebene Mitwirkung der übrigen nicht verbindlich ist.

3 Andere Beschränkungen der Prokura haben gegenüber gutgläubigen Dritten keine rechtliche Wirkung.

Art. 461

IV. Löschung der Prokura

1 Das Erlöschen der Prokura ist in das Handelsregister einzutragen, auch wenn bei der Erteilung die Eintragung nicht stattgefunden hat.

2 Solange die Löschung nicht erfolgt und bekannt gemacht worden ist, bleibt die Prokura gegenüber gutgläubigen Dritten in Kraft.[5]

1 Vgl. OR 566, 721, 810, 945
2 Vgl. OR 927
3 Vgl. ZGB 3 und OR 933
4 Vgl. OR 935
5 Vgl. OR 933

Art. 462

B. Andere Handlungsvollmachten

1 Wenn der Inhaber eines Handels-, Fabrikations- oder eines andern nach kaufmännischer Art geführten Gewerbes jemanden ohne Erteilung der Prokura, sei es zum Betriebe des ganzen Gewerbes, sei es zu bestimmten Geschäften in seinem Gewerbe als Vertreter bestellt, so erstreckt sich die Vollmacht auf alle Rechtshandlungen, die der Betrieb eines derartigen Gewerbes oder die Ausführung derartiger Geschäfte gewöhnlich mit sich bringt.

2 Jedoch ist der Handlungsbevollmächtigte zum Eingehen von Wechselverbindlichkeiten, zur Aufnahme von Darlehen und zur Prozessführung nur ermächtigt, wenn ihm eine solche Befugnis ausdrücklich erteilt worden ist.

Art. 463

C. …

Aufgehoben.

Art. 464

D. Konkurrenzverbot

1 Der Prokurist, sowie der Handlungsbevollmächtigte, der zum Betrieb des ganzen Gewerbes bestellt ist oder in einem Arbeitsverhältnis zum Inhaber des Gewerbes steht, darf ohne Einwilligung des Geschäftsherrn weder für eigene Rechnung noch für Rechnung eines Dritten Geschäfte machen, die zu den Geschäftszweigen des Geschäftsherrn gehören.

2 Bei Übertretung dieser Vorschrift kann der Geschäftsherr Ersatz des verursachten Schadens fordern und die betreffenden Geschäfte auf eigene Rechnung übernehmen.

Art. 465

E. Erlöschen der Prokura und der andern Handlungsvollmachten

1 Die Prokura und die Handlungsvollmacht sind jederzeit widerruflich, unbeschadet der Rechte, die sich aus einem unter den Beteiligten bestehenden Einzelarbeitsvertrag, Gesellschaftsvertrag, Auftrag od. dgl. ergeben können.[1]

2 Der Tod des Geschäftsherrn oder der Eintritt seiner Handlungsunfähigkeit hat das Erlöschen der Prokura oder Handlungsvollmacht nicht zur Folge.

Achtzehnter Titel: Die Anweisung

Art. 466

A. Begriff

Durch die Anweisung wird der Angewiesene ermächtigt, Geld, Wertpapiere oder andere vertretbare Sachen auf Rechnung des Anweisenden an den Anweisungsempfänger zu leisten, und dieser, die Leistung von jenem in eigenem Namen zu erheben.

Art. 467

B. Wirkungen
I. Verhältnis des Anweisenden zum Anweisungsempfänger

1 Soll mit der Anweisung eine Schuld des Anweisenden an den Empfänger getilgt werden, so erfolgt die Tilgung erst durch die von dem Angewiesenen geleistete Zahlung.

2 Doch kann der Empfänger, der die Anweisung angenommen hat, seine Forderung gegen den Anweisenden nur dann wieder geltend machen, wenn er die Zahlung vom Angewiesenen gefordert und nach Ablauf der in der Anweisung bestimmten Zeit nicht erhalten hat.

1 Vgl. OR 34 ff.

[3] Der Gläubiger, der eine von seinem Schuldner ihm erteilte Anweisung nicht annehmen will, hat diesen bei Vermeidung von Schadenersatz ohne Verzug hievon zu benachrichtigen.

Art. 468

II. Verpflichtung des Angewiesenen

[1] Der Angewiesene, der dem Anweisungsempfänger die Annahme ohne Vorbehalt erklärt, wird ihm zur Zahlung verpflichtet und kann ihm nur solche Einreden entgegensetzen, die sich aus ihrem persönlichen Verhältnisse oder aus dem Inhalte der Anweisung selbst ergeben, nicht aber solche aus seinem Verhältnisse zum Anweisenden.

[2] Soweit der Angewiesene Schuldner des Anweisenden ist und seine Lage dadurch, dass er an den Anweisungsempfänger Zahlung leisten soll, in keiner Weise verschlimmert wird, ist er zur Zahlung an diesen verpflichtet.

[3] Vor der Zahlung die Annahme zu erklären, ist der Angewiesene selbst in diesem Falle nicht verpflichtet, es sei denn, dass er es mit dem Anweisenden vereinbart hätte.

Art. 469

III. Anzeigepflicht bei nicht erfolgter Zahlung

Verweigert der Angewiesene die vom Anweisungsempfänger geforderte Zahlung oder erklärt er zum voraus, an ihn nicht zahlen zu wollen, so ist dieser bei Vermeidung von Schadenersatz verpflichtet, den Anweisenden sofort zu benachrichtigen.

Art. 470

C. Widerruf

[1] Der Anweisende kann die Anweisung gegenüber dem Anweisungsempfänger widerrufen, wenn er sie nicht zur Tilgung seiner Schuld oder sonst zum Vorteile des Empfängers erteilt hat.

[2] Gegenüber dem Angewiesenen kann der Anweisende widerrufen, solange jener dem Empfänger seine Annahme nicht erklärt hat.

[2bis] Bestimmen die Regeln eines Zahlungssystems nichts anderes, so ist die Anweisung im bargeldlosen Zahlungsverkehr unwiderruflich, sobald der Überweisungsbetrag dem Konto des Anweisenden belastet worden ist.

[3] Wird über den Anweisenden der Konkurs eröffnet, so gilt die noch nicht angenommene Anweisung als widerrufen.

Art. 471

D. Anweisung bei Wertpapieren

[1] Schriftliche Anweisungen zur Zahlung an den jeweiligen Inhaber der Urkunde werden nach den Vorschriften dieses Titels beurteilt, in dem Sinne, dass dem Angewiesenen gegenüber jeder Inhaber als Anweisungsempfänger gilt, die Rechte zwischen dem Anweisenden und dem Empfänger dagegen nur für den jeweiligen Übergeber und Abnehmer begründet werden.

[2] Vorbehalten bleiben die besonderen Bestimmungen über den Check und die wechselähnlichen Anweisungen.

Neunzehnter Titel: Der Hinterlegungsvertrag

Art. 472

A. Hinterlegung im Allgemeinen
I. Begriff

1 Durch den Hinterlegungsvertrag verpflichtet sich der Aufbewahrer dem Hinterleger, eine bewegliche Sache, die dieser ihm anvertraut, zu übernehmen und sie an einem sicheren Orte aufzubewahren.

2 Eine Vergütung kann er nur dann fordern, wenn sie ausdrücklich bedungen worden ist oder nach den Umständen zu erwarten war.

Art. 473

II. Pflichten des Hinterlegers

1 Der Hinterleger haftet dem Aufbewahrer für die mit Erfüllung des Vertrages notwendig verbundenen Auslagen.

2 Er haftet ihm für den durch die Hinterlegung verursachten Schaden, sofern er nicht beweist, dass der Schaden ohne jedes Verschulden von seiner Seite entstanden sei.

Art. 474

III. Pflichten des Aufbewahrers
1. Verbot des Gebrauchs

1 Der Aufbewahrer darf die hinterlegte Sache ohne Einwilligung des Hinterlegers nicht gebrauchen.

2 Andernfalls schuldet er dem Hinterleger entsprechende Vergütung und haftet auch für den Zufall, sofern er nicht beweist, dass dieser die Sache auch sonst getroffen hätte.

Art. 475

2. Rückgabe
a. Recht des Hinterlegers

1 Der Hinterleger kann die hinterlegte Sache nebst allfälligem Zuwachs jederzeit zurückfordern, selbst wenn für die Aufbewahrung eine bestimmte Dauer vereinbart wurde.

2 Jedoch hat er dem Aufbewahrer den Aufwand zu ersetzen, den dieser mit Rücksicht auf die vereinbarte Zeit gemacht hat.

Art. 476

b. Rechte des Aufbewahrers

1 Der Aufbewahrer kann die hinterlegte Sache vor Ablauf der bestimmten Zeit nur dann zurückgeben, wenn unvorhergesehene Umstände ihn ausserstand setzen, die Sache länger mit Sicherheit oder ohne eigenen Nachteil aufzubewahren.

2 Ist keine Zeit für die Aufbewahrung bestimmt, so kann der Aufbewahrer die Sache jederzeit zurückgeben.

Art. 477

c. Ort der Rückgabe

Die hinterlegte Sache ist auf Kosten und Gefahr des Hinterlegers da zurückzugeben, wo sie aufbewahrt werden sollte.

Art. 478

3. Haftung mehrerer Aufbewahrer

Haben mehrere die Sache gemeinschaftlich zur Aufbewahrung erhalten, so haften sie solidarisch.

Art. 479

4. Eigentumsansprüche Dritter

1 Wird an der hinterlegten Sache von einem Dritten Eigentum beansprucht, so ist der Aufbewahrer dennoch zur Rückgabe an den Hinterleger verpflichtet, sofern nicht gerichtlich Beschlag auf die Sache gelegt oder die Eigentumsklage gegen ihn anhängig gemacht worden ist.

2 Von diesen Hindernissen hat er den Hinterleger sofort zu benachrichtigen.

Art. 480

IV. Sequester

Haben mehrere eine Sache, deren Rechtsverhältnisse streitig oder unklar sind, zur Sicherung ihrer Ansprüche bei einem Dritten (dem Sequester) hinterlegt, so darf dieser die Sache nur mit Zustimmung der Beteiligten oder auf Geheiss des Richters herausgeben.

Art. 481

B. Die Hinterlegung vertretbarer Sachen

1 Ist Geld mit der ausdrücklichen oder stillschweigenden Vereinbarung hinterlegt worden, dass der Aufbewahrer nicht dieselben Stücke, sondern nur die gleiche Geldsumme zurückzuerstatten habe, so geht Nutzen und Gefahr auf ihn über.

2 Eine stillschweigende Vereinbarung in diesem Sinne ist zu vermuten, wenn die Geldsumme unversiegelt und unverschlossen übergeben wurde.

3 Werden andere vertretbare Sachen oder Wertpapiere hinterlegt, so darf der Aufbewahrer über die Gegenstände nur verfügen, wenn ihm diese Befugnis vom Hinterleger ausdrücklich eingeräumt worden ist.

Art. 482

C. Lagergeschäft

I. Berechtigung zur Ausgabe von Warenpapieren

1 Ein Lagerhalter, der sich öffentlich zur Aufbewahrung von Waren anerbietet, kann von der zuständigen Behörde die Bewilligung erwirken, für die gelagerten Güter Warenpapiere auszugeben.

2 Die Warenpapiere sind Wertpapiere und lauten auf die Herausgabe der gelagerten Güter.

3 Sie können als Namen-, Ordre- oder Inhaberpapiere ausgestellt sein.

Art. 483

II. Aufbewahrungspflicht des Lagerhalters

1 Der Lagerhalter ist zur Aufbewahrung der Güter verpflichtet wie ein Kommissionär.

2 Er hat dem Einlagerer, soweit tunlich, davon Mitteilung zu machen, wenn Veränderungen an den Waren eintreten, die weitere Massregeln als rätlich erscheinen lassen.

3 Er hat ihm die Besichtigung der Güter und Entnahme von Proben während der Geschäftszeit sowie jederzeit die nötigen Erhaltungsmassregeln zu gestatten.

Art. 484

III. Vermengung der Güter

1 Eine Vermengung vertretbarer Güter mit andern der gleichen Art und Güte darf der Lagerhalter nur vornehmen, wenn ihm dies ausdrücklich gestattet ist.

2 Aus vermischten Gütern kann jeder Einlagerer eine seinem Beitrag entsprechende Menge herausverlangen.

3 Der Lagerhalter darf die verlangte Ausscheidung ohne Mitwirkung der anderen Einlagerer vornehmen.

Art. 485

IV. Anspruch des Lagerhalters

1 Der Lagerhalter hat Anspruch auf das verabredete oder übliche Lagergeld, sowie auf Erstattung der Auslagen, die nicht aus der Aufbewahrung selbst erwachsen sind, wie Frachtlohn, Zoll, Ausbesserung.

2 Die Auslagen sind sofort zu ersetzen, die Lagergelder je nach Ablauf von drei Monaten seit der Einlagerung und in jedem Fall bei der vollständigen oder teilweisen Zurücknahme des Gutes zu bezahlen.

3 Der Lagerhalter hat für seine Forderungen an dem Gute ein Retentionsrecht, solange er im Besitze des Gutes ist oder mit Warenpapier darüber verfügen kann.

Art. 486

V. Rückgabe der Güter

[1] Der Lagerhalter hat das Gut gleich einem Aufbewahrer zurückzugeben, ist aber an die vertragsmässige Dauer der Aufbewahrung auch dann gebunden, wenn infolge unvorhergesehener Umstände ein gewöhnlicher Aufbewahrer vor Ablauf der bestimmten Zeit zur Rückgabe berechtigt wäre.

[2] Ist ein Warenpapier ausgestellt, so darf und muss er das Gut nur an den aus dem Warenpapier Berechtigten herausgeben.

Art. 487

D. Gast- und Stallwirte

I. Haftung der Gastwirte

1. Voraussetzung und Umfang

[1] Gastwirte, die Fremde zur Beherbergung aufnehmen, haften für jede Beschädigung, Vernichtung oder Entwendung der von ihren Gästen eingebrachten Sachen, sofern sie nicht beweisen, dass der Schaden durch den Gast selbst oder seine Besucher, Begleiter oder Dienstleute oder durch höhere Gewalt oder durch die Beschaffenheit der Sache verursacht worden ist.

[2] Diese Haftung besteht jedoch, wenn dem Gastwirte oder seinen Dienstleuten kein Verschulden zur Last fällt, für die Sachen eines jeden einzelnen Gastes nur bis zum Betrage von 1000 Franken.

Art. 488

2. Haftung für Kostbarkeiten insbesondere

[1] Werden Kostbarkeiten, grössere Geldbeträge oder Wertpapiere dem Gastwirte nicht zur Aufbewahrung übergeben, so ist er für sie nur haftbar, wenn ihm oder seinen Dienstleuten ein Verschulden zur Last fällt.

[2] Hat er die Aufbewahrung übernommen oder lehnt er sie ab, so haftet er für den vollen Wert.

[3] Darf dem Gast die Übergabe solcher Gegenstände nicht zugemutet werden, so haftet der Gastwirt für sie wie für die andern Sachen des Gastes.

Art. 489

3. Aufhebung der Haftung

[1] Die Ansprüche des Gastes erlöschen, wenn er den Schaden nicht sofort nach dessen Entdeckung dem Gastwirte anzeigt.

[2] Der Wirt kann sich seiner Verantwortlichkeit nicht dadurch entziehen, dass er sie durch Anschlag in den Räumen des Gasthofes ablehnt oder von Bedingungen abhängig macht, die im Gesetze nicht genannt sind.

Art. 490

II. Haftung der Stallwirte

[1] Stallwirte haften für die Beschädigung, Vernichtung oder Entwendung der bei ihnen eingestellten oder von ihnen oder ihren Leuten auf andere Weise übernommenen Tiere und Wagen und der dazu gehörigen Sachen, sofern sie nicht beweisen, dass der Schaden durch den Einbringenden selbst oder seine Besucher, Begleiter oder Dienstleute oder durch höhere Gewalt oder durch die Beschaffenheit der Sache verursacht worden ist.

[2] Diese Haftung besteht jedoch, wenn dem Stallwirte oder seinen Dienstleuten kein Verschulden zur Last fällt, für die übernommenen Tiere, Wagen und dazu gehörigen Sachen eines jeden Einbringenden nur bis zum Betrage von 1000 Franken.

Art. 491

III. Retentionsrecht

[1] Gastwirte und Stallwirte haben an den eingebrachten Sachen ein Retentionsrecht für die Forderungen, die ihnen aus der Beherbergung und Unterkunft zustehen.

[2] Die Bestimmungen über das Retentionsrecht des Vermieters finden entsprechende Anwendung.

Zwanzigster Titel: Die Bürgschaft

Art. 492

A. Voraussetzungen
I. Begriff

1 Durch den Bürgschaftsvertrag[1] verpflichtet sich der Bürge gegenüber dem Gläubiger des Hauptschuldners, für die Erfüllung der Schuld einzustehen.

2 Jede Bürgschaft setzt eine zu Recht bestehende Hauptschuld[2] voraus. Für den Fall, dass die Hauptschuld wirksam werde, kann die Bürgschaft auch für eine künftige oder bedingte[3] Schuld eingegangen werden.

3 Wer für die Schuld aus einem wegen Irrtums oder Vertragsunfähigkeit für den Hauptschuldner unverbindlichen Vertrag einzustehen erklärt, haftet unter den Voraussetzungen und nach den Grundsätzen des Bürgschaftsrechts, wenn er bei der Eingehung seiner Verpflichtung den Mangel gekannt hat. Dies gilt in gleicher Weise, wenn jemand sich verpflichtet, für die Erfüllung einer für den Hauptschuldner verjährten Schuld einzustehen.

4 Soweit sich aus dem Gesetz nicht etwas anderes ergibt, kann der Bürge auf die ihm in diesem Titel eingeräumten Rechte nicht zum voraus verzichten.

Art. 493

II. Form

1 Die Bürgschaft bedarf zu ihrer Gültigkeit der schriftlichen Erklärung des Bürgen und der Angabe des zahlenmässig bestimmten Höchstbetrages seiner Haftung in der Bürgschaftsurkunde selbst.[4]

2 Die Bürgschaftserklärung natürlicher Personen bedarf ausserdem der öffentlichen Beurkundung, die den am Ort ihrer Vornahme geltenden Vorschriften entspricht. Wenn aber der Haftungsbetrag die Summe von 2000 Franken nicht übersteigt, so genügt die eigenschriftliche[5] Angabe des zahlenmässig bestimmten Haftungsbetrages und gegebenenfalls der solidarischen Haftung in der Bürgschaftsurkunde selbst.

3 Bürgschaften, die gegenüber der Eidgenossenschaft oder ihren öffentlich-rechtlichen Anstalten oder gegenüber einem Kanton für öffentlich-rechtliche Verpflichtungen, wie Zölle, Steuern u. dgl. oder für Frachten eingegangen werden, bedürfen in allen Fällen lediglich der schriftlichen Erklärung des Bürgen und der Angabe des zahlenmässig bestimmten Höchstbetrages seiner Haftung in der Bürgschaftsurkunde selbst.

4 Ist der Haftungsbetrag zur Umgehung der Form der öffentlichen Beurkundung in kleinere Beträge aufgeteilt worden, so ist für die Verbürgung der Teilbeträge die für den Gesamtbetrag vorgeschriebene Form notwendig.

5 Für nachträgliche Abänderungen der Bürgschaft, ausgenommen die Erhöhung des Haftungsbetrages und die Umwandlung einer einfachen Bürgschaft in eine solidarische, genügt die Schriftform. Wird die Hauptschuld von einem Dritten mit befreiender Wirkung für den Schuldner übernommen, so geht die Bürgschaft unter, wenn der Bürge dieser Schuldübernahme nicht schriftlich zugestimmt hat.

6 Der gleichen Form wie die Bürgschaft bedürfen auch die Erteilung einer besonderen Vollmacht zur Eingehung einer Bürgschaft und das Versprechen, dem Ver-

1 Vertrag zwischen Bürge und Gläubiger des Hauptschuldners
2 Bürgschaft ist akzessorisch
3 Vgl. OR 151 ff.
4 Qualifizierte Schriftlichkeit
5 Strengere Qualifikation, vgl. Abs. 1

tragsgegner oder einem Dritten Bürgschaft zu leisten. Durch schriftliche Abrede kann die Haftung auf denjenigen Teil der Hauptschuld beschränkt werden, der zuerst abgetragen wird.

7 Der Bundesrat kann die Höhe der Gebühren für die öffentliche Beurkundung beschränken.

Art. 494

III. Zustimmung des Ehegatten

1 Die Bürgschaft einer verheirateten Person bedarf zu ihrer Gültigkeit der im einzelnen Fall vorgängig oder spätestens gleichzeitig abgegebenen schriftlichen Zustimmung des Ehegatten[1], wenn die Ehe nicht durch richterliches Urteil getrennt ist.

2 *Aufgehoben.*

3 Für nachträgliche Abänderungen einer Bürgschaft ist die Zustimmung des andern Ehegatten nur erforderlich, wenn der Haftungsbetrag erhöht oder eine einfache Bürgschaft in eine Solidarbürgschaft umgewandelt werden soll, oder wenn die Änderung eine erhebliche Verminderung der Sicherheiten bedeutet.

4 Die gleiche Regelung gilt bei eingetragenen Partnerschaften sinngemäss.

Art. 495

B. Inhalt

I. Besonderheiten der einzelnen Bürgschaftsarten

1. Einfache Bürgschaft

1 Der Gläubiger kann den einfachen Bürgen erst dann zur Zahlung anhalten, wenn nach Eingehung der Bürgschaft der Hauptschuldner in Konkurs geraten ist oder Nachlassstundung erhalten hat oder vom Gläubiger unter Anwendung der erforderlichen Sorgfalt bis zur Ausstellung eines definitiven Verlustscheines[2] betrieben worden ist oder den Wohnsitz ins Ausland verlegt hat und in der Schweiz nicht mehr belangt werden kann, oder wenn infolge Verlegung seines Wohnsitzes im Ausland eine erhebliche Erschwerung der Rechtsverfolgung eingetreten ist.

2 Bestehen für die verbürgte Forderung Pfandrechte, so kann der einfache Bürge, solange der Hauptschuldner nicht in Konkurs geraten ist oder Nachlassstundung erhalten hat, verlangen, dass der Gläubiger sich vorerst an diese halte.

3 Hat sich der Bürge nur zur Deckung des Ausfalls verpflichtet (Schadlosbürgschaft), so kann er erst belangt werden, wenn gegen den Hauptschuldner ein definitiver Verlustschein vorliegt, oder wenn der Hauptschuldner den Wohnsitz ins Ausland verlegt hat und in der Schweiz nicht mehr belangt werden kann, oder wenn infolge Verlegung des Wohnsitzes im Ausland eine erhebliche Erschwerung der Rechtsverfolgung eingetreten ist. Ist ein Nachlassvertrag abgeschlossen worden, so kann der Bürge für den nachgelassenen Teil der Hauptschuld sofort nach Inkrafttreten des Nachlassvertrages belangt werden.

4 Gegenteilige Vereinbarungen bleiben vorbehalten.

Art. 496

2. Solidarbürgschaft

1 Wer sich als Bürge unter Beifügung des Wortes «solidarisch» oder mit andern gleichbedeutenden Ausdrücken verpflichtet, kann vor dem Hauptschuldner und vor der Verwertung der Grundpfänder belangt werden, sofern der Hauptschuldner mit seiner Leistung im Rückstand und erfolglos gemahnt[3] worden oder seine Zahlungsunfähigkeit offenkundig ist.

1 Beschränkung der Handlungsfähigkeit
2 Vgl. SchKG 149 (wichtigste Voraussetzung)
3 Vgl. OR 102

2 Vor der Verwertung der Faustpfand- und Forderungspfandrechte kann er nur belangt werden, soweit diese nach dem Ermessen des Richters voraussichtlich keine Deckung bieten, oder wenn dies so vereinbart worden oder der Hauptschuldner in Konkurs geraten ist oder Nachlassstundung erhalten hat.

Art. 497

3. Mitbürgschaft

1 Mehrere Bürgen, die gemeinsam die nämliche teilbare Hauptschuld verbürgt haben, haften für ihre Anteile als einfache Bürgen[1] und für die Anteile der übrigen als Nachbürgen.[2]

2 Haben sie mit dem Hauptschuldner oder unter sich Solidarhaft übernommen, so haftet jeder für die ganze Schuld. Der Bürge kann jedoch die Leistung des über seinen Kopfanteil hinausgehenden Betrages verweigern, solange nicht gegen alle solidarisch neben ihm haftenden Mitbürgen, welche die Bürgschaft vor oder mit ihm eingegangen haben und für diese Schuld in der Schweiz belangt werden können, Betreibung eingeleitet worden ist. Das gleiche Recht steht ihm zu, soweit seine Mitbürgen für den auf sie entfallenden Teil Zahlung geleistet oder Realsicherheit gestellt haben. Für die geleisteten Zahlungen hat der Bürge, wenn nicht etwas anderes vereinbart worden ist, Rückgriff auf die solidarisch neben ihm haftenden Mitbürgen, soweit nicht jeder von ihnen den auf ihn entfallenden Teil bereits geleistet hat. Dieser kann dem Rückgriff auf den Hauptschuldner vorausgehen.

3 Hat ein Bürge in der dem Gläubiger erkennbaren Voraussetzung, dass neben ihm für die gleiche Hauptschuld noch andere Bürgen sich verpflichten werden, die Bürgschaft eingegangen, so wird er befreit, wenn diese Voraussetzung nicht eintritt oder nachträglich ein solcher Mitbürge vom Gläubiger aus der Haftung entlassen oder seine Bürgschaft ungültig erklärt wird. In letzterem Falle kann der Richter, wenn es die Billigkeit verlangt, auch bloss auf angemessene Herabsetzung der Haftung erkennen.

4 Haben mehrere Bürgen sich unabhängig voneinander für die gleiche Hauptschuld verbürgt, so haftet jeder für den ganzen von ihm verbürgten Betrag. Der Zahlende hat jedoch, soweit nicht etwas anderes vereinbart ist, anteilmässigen Rückgriff auf die andern.

Art. 498

4. Nachbürgschaft und Rückbürgschaft

1 Der Nachbürge, der sich dem Gläubiger für die Erfüllung der von den Vorbürgen übernommenen Verbindlichkeit verpflichtet hat, haftet neben diesem in gleicher Weise wie der einfache Bürge neben dem Hauptschuldner.

2 Der Rückbürge ist verpflichtet, dem zahlenden Bürgen für den Rückgriff einzustehen, der diesem gegen den Hauptschuldner zusteht.

Art. 499

II. Gemeinsamer Inhalt
1. Verhältnis des Bürgen zum Gläubiger
a. Umfang der Haftung

1 Der Bürge haftet in allen Fällen nur bis zu dem in der Bürgschaftsurkunde angegebenen Höchstbetrag.

2 Bis zu diesem Höchstbetrage haftet der Bürge, mangels anderer Abrede, für:

1. den jeweiligen Betrag der Hauptschuld, inbegriffen die gesetzlichen Folgen eines Verschuldens oder Verzuges des Hauptschuldners, jedoch für den aus dem Da-

1 Vgl. OR 495
2 Vgl. OR 498

hinfallen des Vertrages entstehenden Schaden und für eine Konventionalstrafe nur dann, wenn dies ausdrücklich vereinbart worden ist;

2. die Kosten der Betreibung und Ausklagung des Hauptschuldners, soweit dem Bürgen rechtzeitig Gelegenheit gegeben war, sie durch Befriedigung des Gläubigers zu vermeiden, sowie gegebenenfalls die Kosten für die Herausgabe von Pfändern und die Übertragung von Pfandrechten;
3. vertragsmässige Zinse bis zum Betrage des laufenden und eines verfallenen Jahreszinses, oder gegebenenfalls für eine laufende und eine verfallene Annuität.

3 Wenn sich nicht etwas anderes aus dem Bürgschaftsvertrag oder aus den Umständen ergibt, haftet der Bürge nur für die nach der Unterzeichnung der Bürgschaft eingegangenen Verpflichtungen des Hauptschuldners.

Art. 500

b. Gesetzliche Verringerung des Haftungsbetrages

1 Bei Bürgschaften natürlicher Personen verringert sich der Haftungsbetrag, soweit nicht von vorneherein oder nachträglich etwas anderes vereinbart wird, jedes Jahr um drei Hundertstel, wenn aber diese Forderungen durch Grundpfand gesichert sind, um einen Hundertstel des ursprünglichen Haftungsbetrages. In jedem Falle verringert er sich bei Bürgschaften natürlicher Personen mindestens im gleichen Verhältnis wie die Hauptschuld.

2 Ausgenommen sind die gegenüber der Eidgenossenschaft oder ihren öffentlichrechtlichen Anstalten oder gegenüber einem Kanton eingegangenen Bürgschaften für öffentlich-rechtliche Verpflichtungen, wie Zölle, Steuern u. dgl. und für Frachten, sowie die Amts- und Dienstbürgschaften und die Bürgschaften für Verpflichtungen mit wechselndem Betrag, wie Kontokorrent, Sukzessivlieferungsvertrag, und für periodisch wiederkehrende Leistungen.

Art. 501

c. Belangbarkeit des Bürgen

1 Der Bürge kann wegen der Hauptschuld vor dem für ihre Bezahlung festgesetzten Zeitpunkt selbst dann nicht belangt werden, wenn die Fälligkeit durch den Konkurs des Hauptschuldners vorgerückt wird.[1]

2 Gegen Leistung von Realsicherheit kann der Bürge bei jeder Bürgschaftsart verlangen, dass der Richter die Betreibung gegen ihn einstellt, bis alle Pfänder verwertet sind und gegen den Hauptschuldner ein definitiver Verlustschein vorliegt oder ein Nachlassvertrag abgeschlossen worden ist.

3 Bedarf die Hauptschuld zu ihrer Fälligkeit der Kündigung durch den Gläubiger oder den Hauptschuldner, so beginnt die Frist für den Bürgen erst mit dem Tage zu laufen, an dem ihm diese Kündigung mitgeteilt wird.

4 Wird die Leistungspflicht eines im Ausland wohnhaften Hauptschuldners durch die ausländische Gesetzgebung aufgehoben oder eingeschränkt, wie beispielsweise durch Vorschriften über Verrechnungsverkehr oder durch Überweisungsverbote, so kann der in der Schweiz wohnhafte Bürge sich ebenfalls darauf berufen, soweit er auf diese Einrede nicht verzichtet hat.

Art. 502

d. Einreden

1 Der Bürge ist berechtigt und verpflichtet, dem Gläubiger die Einreden entgegenzusetzen, die dem Hauptschuldner oder seinen Erben zustehen und sich nicht auf

1 Vgl. SchKG 208

die Zahlungsunfähigkeit des Hauptschuldners stützen. Vorbehalten bleibt die Verbürgung einer für den Hauptschuldner wegen Irrtums oder Vertragsunfähigkeit unverbindlichen oder einer verjährten Schuld.

2 Verzichtet der Hauptschuldner auf eine ihm zustehende Einrede, so kann der Bürge sie trotzdem geltend machen.

3 Unterlässt es der Bürge, Einreden des Hauptschuldners geltend zu machen, so verliert er seinen Rückgriff insoweit, als er sich durch diese Einreden hätte befreien können, wenn er nicht darzutun vermag, dass er sie ohne sein Verschulden nicht gekannt hat.

4 Dem Bürgen, der eine wegen Spiel und Wette unklagbare Schuld[1] verbürgt hat, stehen, auch wenn er diesen Mangel kannte, die gleichen Einreden zu wie dem Hauptschuldner.

Art. 503

e. Sorgfalts- und Herausgabepflicht des Gläubigers

1 Vermindert der Gläubiger zum Nachteil des Bürgen bei der Eingehung der Bürgschaft vorhandene oder vom Hauptschuldner nachträglich erlangte und eigens für die verbürgte Forderung bestimmte Pfandrechte oder anderweitige Sicherheiten und Vorzugsrechte, so verringert sich die Haftung des Bürgen um einen dieser Verminderung entsprechenden Betrag, soweit nicht nachgewiesen wird, dass der Schaden weniger hoch ist. Die Rückforderung des zuviel bezahlten Betrages bleibt vorbehalten.

2 Bei der Amts- und Dienstbürgschaft ist der Gläubiger dem Bürgen überdies verantwortlich, wenn infolge Unterlassung der Aufsicht über den Arbeitnehmer, zu der er verpflichtet ist, oder der ihm sonst zumutbaren Sorgfalt die Schuld entstanden ist oder einen Umfang angenommen hat, den sie andernfalls nicht angenommen hätte.

3 Der Gläubiger hat dem Bürgen, der ihn befriedigt, die zur Geltendmachung seiner Rechte dienlichen Urkunden herauszugeben und die nötigen Aufschlüsse zu erteilen. Ebenso hat er ihm die bei der Eingehung der Bürgschaft vorhandenen oder vom Hauptschuldner nachträglich eigens für diese Forderung bestellten Pfänder und anderweitigen Sicherheiten herauszugeben oder die für ihre Übertragung erforderlichen Handlungen vorzunehmen. Die dem Gläubiger für andere Forderungen zustehenden Pfand- und Retentionsrechte bleiben vorbehalten, soweit sie denjenigen des Bürgen im Rang vorgehen.

4 Weigert sich der Gläubiger ungerechtfertigterweise, diese Handlungen vorzunehmen, oder hat er sich der vorhandenen Beweismittel oder der Pfänder und sonstigen Sicherheiten, für die er verantwortlich ist, böswillig oder grobfahrlässig entäussert, so wird der Bürge frei. Er kann das Geleistete zurückfordern und für den ihm darüber hinaus erwachsenen Schaden Ersatz verlangen.

Art. 504

f. Anspruch auf Zahlungsannahme

1 Ist die Hauptschuld fällig[2], sei es auch infolge Konkurses des Hauptschuldners, so kann der Bürge jederzeit verlangen, dass der Gläubiger von ihm Befriedigung annehme. Haften für eine Forderung mehrere Bürgen, so ist der Gläubiger auch zur Annahme einer blossen Teilzahlung verpflichtet, wenn sie mindestens so gross ist wie der Kopfanteil des zahlenden Bürgen.

1 Vgl. OR 513 ff.
2 Vgl. OR 75

2 Der Bürge wird frei, wenn der Gläubiger die Annahme der Zahlung ungerechtfertigterweise verweigert. In diesem Falle vermindert sich die Haftung allfälliger solidarischer Mitbürgen um den Betrag seines Kopfanteils.

3 Der Bürge kann den Gläubiger auch vor der Fälligkeit der Hauptschuld befriedigen, wenn dieser zur Annahme bereit ist. Der Rückgriff auf den Hauptschuldner kann aber erst nach Eintritt der Fälligkeit geltend gemacht werden.

Art. 505

g. Mitteilungspflicht des Gläubigers und Anmeldung im Konkurs und Nachlassverfahren des Schuldners

1 Ist der Hauptschuldner mit der Bezahlung von Kapital, von Zinsen für ein halbes Jahr oder einer Jahresamortisation sechs Monate im Rückstand, so hat der Gläubiger dem Bürgen Mitteilung zu machen. Auf Verlangen hat er ihm jederzeit über den Stand der Hauptschuld Auskunft zu geben.

2 Im Konkurs und beim Nachlassverfahren des Hauptschuldners hat der Gläubiger seine Forderung anzumelden und alles Weitere vorzukehren, was ihm zur Wahrung der Rechte zugemutet werden kann. Den Bürgen hat er vom Konkurs und von der Nachlassstundung zu benachrichtigen, sobald er von ihnen Kenntnis erhält.

3 Unterlässt der Gläubiger eine dieser Handlungen, so verliert er seine Ansprüche gegen den Bürgen insoweit, als diesem aus der Unterlassung ein Schaden entstanden ist.

Art. 506

2. Verhältnis des Bürgen zum Hauptschuldner

a. Recht auf Sicherstellung und Befreiung

Der Bürge kann vom Hauptschuldner Sicherstellung und, wenn die Hauptschuld fällig ist, Befreiung von der Bürgschaft verlangen:

1. wenn der Hauptschuldner den mit dem Bürgen getroffenen Abreden zuwiderhandelt, namentlich die auf einen bestimmten Zeitpunkt versprochene Entlastung des Bürgen nicht bewirkt;
2. wenn der Hauptschuldner in Verzug kommt oder durch Verlegung seines Wohnsitzes in einen andern Staat seine rechtliche Verfolgung erheblich erschwert;
3. wenn durch Verschlimmerung der Vermögensverhältnisse des Hauptschuldners, durch Entwertung von Sicherheiten oder durch Verschulden des Hauptschuldners die Gefahr für den Bürgen erheblich grösser geworden ist, als sie bei der Eingehung der Bürgschaft war.

Art. 507

b. Das Rückgriffsrecht des Bürgen. aa. Im Allgemeinen

1 Auf den Bürgen gehen in demselben Masse, als er den Gläubiger befriedigt hat, dessen Rechte über. Er kann sie sofort nach Eintritt der Fälligkeit geltend machen.[1]

2 Von den für die verbürgte Forderung haftenden Pfandrechten und andern Sicherheiten gehen aber, soweit nichts anderes vereinbart worden ist, nur diejenigen auf ihn über, die bei Eingehung der Bürgschaft vorhanden waren oder die vom Hauptschuldner nachträglich eigens für diese Forderung bestellt worden sind. Geht infolge bloss teilweiser Bezahlung der Schuld nur ein Teil eines Pfandrechtes auf den Bürgen über, so hat der dem Gläubiger verbleibende Teil vor demjenigen des Bürgen den Vorrang.

3 Vorbehalten bleiben die besonderen Ansprüche und Einreden aus dem zwischen Bürgen und Hauptschuldner bestehenden Rechtsverhältnis.

1 Vgl. OR 110

4 Wird ein für eine verbürgte Forderung bestelltes Pfand in Anspruch genommen, oder bezahlt der Pfandeigentümer freiwillig, so kann der Pfandeigentümer auf den Bürgen hiefür nur Rückgriff nehmen, wenn dies zwischen dem Pfandbesteller und dem Bürgen so vereinbart oder das Pfand von einem Dritten nachträglich bestellt worden ist.

5 Die Verjährung der Rückgriffsforderung beginnt mit dem Zeitpunkt der Befriedigung des Gläubigers durch den Bürgen zu laufen.

6 Für die Bezahlung einer unklagbaren Forderung oder einer für den Hauptschuldner wegen Irrtums oder Vertragsunfähigkeit unverbindlichen Schuld steht dem Bürgen kein Rückgriffsrecht auf den Hauptschuldner zu. Hat er jedoch die Haftung für eine verjährte Schuld im Auftrag des Hauptschuldners übernommen, so haftet ihm dieser nach den Grundsätzen über den Auftrag.[1]

Art. 508

bb. Anzeigepflicht des Bürgen

1 Bezahlt der Bürge die Hauptschuld ganz oder teilweise, so hat er dem Hauptschuldner Mitteilung zu machen.

2 Unterlässt er diese Mitteilung und bezahlt der Hauptschuldner, der die Tilgung nicht kannte und auch nicht kennen musste, die Schuld gleichfalls, so verliert der Bürge seinen Rückgriff auf ihn.

3 Die Forderung gegen den Gläubiger aus ungerechtfertigter Bereicherung bleibt vorbehalten.[2]

Art. 509

C. Beendigung der Bürgschaft

I. Dahinfallen von Gesetzes wegen

1 Durch jedes Erlöschen der Hauptschuld wird der Bürge befreit.

2 Vereinigen sich aber die Haftung als Hauptschuldner und diejenige aus der Bürgschaft in einer und derselben Person, so bleiben dem Gläubiger die ihm aus der Bürgschaft zustehenden besondern Vorteile gewahrt.

3 Jede Bürgschaft natürlicher Personen fällt nach Ablauf von 20 Jahren nach ihrer Eingehung dahin. Ausgenommen sind die gegenüber der Eidgenossenschaft oder ihren öffentlich-rechtlichen Anstalten oder gegenüber einem Kanton für öffentlich-rechtliche Verpflichtungen, wie Zölle, Steuern u. dgl., und für Frachten eingegangenen Bürgschaften sowie die Amts- und Dienstbürgschaften und die Bürgschaften für periodisch wiederkehrende Leistungen.

4 Während des letzten Jahres dieser Frist kann die Bürgschaft, selbst wenn sie für eine längere Frist eingegangen worden ist, geltend gemacht werden, sofern der Bürge sie nicht vorher verlängert oder durch eine neue Bürgschaft ersetzt hat.

5 Eine Verlängerung kann durch schriftliche Erklärung des Bürgen für höchstens weitere zehn Jahre vorgenommen werden. Diese ist aber nur gültig, wenn sie nicht früher als ein Jahr vor dem Dahinfallen der Bürgschaft abgegeben wird.

6 Wird die Hauptschuld weniger als zwei Jahre vor dem Dahinfallen der Bürgschaft fällig, und konnte der Gläubiger nicht auf einen frühern Zeitpunkt kündigen, so kann der Bürge bei jeder Bürgschaftsart ohne vorherige Inanspruchnahme des Hauptschuldners oder der Pfänder belangt werden. Dem Bürgen steht aber das Rückgriffsrecht auf den Hauptschuldner schon vor der Fälligkeit der Hauptschuld zu.

1 Vgl. OR 394 ff.
2 Vgl. OR 62 ff.

Art. 510

II. Bürgschaft auf Zeit; Rücktritt

1 Ist eine zukünftige Forderung verbürgt, so kann der Bürge die Bürgschaft, solange die Forderung nicht entstanden ist, jederzeit durch eine schriftliche Erklärung an den Gläubiger widerrufen, sofern die Vermögensverhältnisse des Hauptschuldners sich seit der Unterzeichnung der Bürgschaft wesentlich verschlechtert haben oder wenn sich erst nachträglich herausstellt, dass seine Vermögenslage wesentlich schlechter ist, als der Bürge in guten Treuen angenommen hatte. Bei einer Amts- oder Dienstbürgschaft ist der Rücktritt nicht mehr möglich, wenn das Amts- oder Dienstverhältnis zustande gekommen ist.

2 Der Bürge hat dem Gläubiger Ersatz zu leisten für den Schaden, der ihm daraus erwächst, dass er sich in guten Treuen auf die Bürgschaft verlassen hat.

3 Ist die Bürgschaft nur für eine bestimmte Zeit eingegangen, so erlischt die Verpflichtung des Bürgen, wenn der Gläubiger nicht binnen vier Wochen nach Ablauf der Frist seine Forderung rechtlich geltend macht und den Rechtsweg ohne erhebliche Unterbrechung verfolgt.

4 Ist in diesem Zeitpunkt die Forderung nicht fällig, so kann sich der Bürge nur durch Leistung von Realsicherheit von der Bürgschaft befreien.

5 Unterlässt er dies, so gilt die Bürgschaft unter Vorbehalt der Bestimmung über die Höchstdauer weiter, wie wenn sie bis zur Fälligkeit der Hauptschuld vereinbart worden wäre.

Art. 511

III. Unbefristete Bürgschaft

1 Ist die Bürgschaft auf unbestimmte Zeit eingegangen, so kann der Bürge nach Eintritt der Fälligkeit der Hauptschuld vom Gläubiger verlangen, dass er, soweit es für seine Belangbarkeit Voraussetzung ist, binnen vier Wochen die Forderung gegenüber dem Hauptschuldner rechtlich geltend macht, die Verwertung allfälliger Pfänder einleitet und den Rechtsweg ohne erhebliche Unterbrechung verfolgt.

2 Handelt es sich um eine Forderung, deren Fälligkeit durch Kündigung des Gläubigers herbeigeführt werden kann, so ist der Bürge nach Ablauf eines Jahres seit Eingehung der Bürgschaft zu dem Verlangen berechtigt, dass der Gläubiger die Kündigung vornehme und nach Eintritt der Fälligkeit seine Rechte im Sinne der vorstehenden Bestimmung geltend mache.

3 Kommt der Gläubiger diesem Verlangen nicht nach, so wird der Bürge frei.

Art. 512

IV. Amts- und Dienstbürgschaft

1 Eine auf unbestimmte Zeit eingegangene Amtsbürgschaft kann unter Wahrung einer Kündigungsfrist von einem Jahr auf das Ende einer Amtsdauer gekündigt werden.

2 Besteht keine bestimmte Amtsdauer, so kann der Amtsbürge die Bürgschaft je auf das Ende des vierten Jahres nach dem Amtsantritt unter Wahrung einer Kündigungsfrist von einem Jahr kündigen.

3 Bei einer auf unbestimmte Zeit eingegangenen Dienstbürgschaft steht dem Bürgen das gleiche Kündigungsrecht zu wie dem Amtsbürgen bei unbestimmter Amtsdauer.

4 Gegenteilige Vereinbarungen bleiben vorbehalten.

Einundzwanzigster Titel: Spiel und Wette

Art. 513

A. Unklagbarkeit der Forderung

1 Aus Spiel und Wette entsteht keine Forderung.[1]

2 Dasselbe gilt von Darlehen und Vorschüssen, die wissentlich zum Behufe des Spieles oder der Wette gemacht werden, sowie von Differenzgeschäften und solchen Lieferungsgeschäften über Waren oder Börsenpapiere, die den Charakter eines Spieles oder einer Wette haben.

Art. 514

B. Schuldverschreibungen und freiwillige Zahlung

1 Eine Schuldverschreibung oder Wechselverpflichtung, die der Spielende oder Wettende zur Deckung der Spiel- oder Wettsumme gezeichnet hat, kann trotz erfolgter Aushändigung, unter Vorbehalt der Rechte gutgläubiger Dritter aus Wertpapieren, nicht geltend gemacht werden.

2 Eine freiwillig geleistete Zahlung kann nur zurückgefordert werden, wenn die planmässige Ausführung des Spieles oder der Wette durch Zufall oder durch den Empfänger vereitelt worden ist, oder wenn dieser sich einer Unredlichkeit schuldig gemacht hat.

Art. 515

C. Lotterie- und Ausspielgeschäfte

1 Aus Lotterie- oder Ausspielgeschäften entsteht nur dann eine Forderung, wenn die Unternehmung von der zuständigen Behörde bewilligt worden ist.

2 Fehlt diese Bewilligung, so wird eine solche Forderung wie eine Spielforderung behandelt.

3 Für auswärts gestattete Lotterien oder Ausspielverträge wird in der Schweiz ein Rechtsschutz nur gewährt, wenn die zuständige schweizerische Behörde den Vertrieb der Lose bewilligt hat.

Art. 515a

D. Spiel in Spielbanken, Darlehen von Spielbanken

Aus Glücksspielen in Spielbanken entstehen klagbare Forderungen, sofern die Spielbank von der zuständigen Behörde genehmigt wurde.

Zweiundzwanzigster Titel: Der Leibrentenvertrag und die Verpfründung

Art. 516

A. Leibrentenvertrag
I. Inhalt

1 Die Leibrente kann auf die Lebenszeit des Rentengläubigers, des Rentenschuldners oder eines Dritten gestellt werden.

2 In Ermangelung einer bestimmten Verabredung wird angenommen, sie sei auf die Lebenszeit des Rentengläubigers versprochen.

3 Eine auf die Lebenszeit des Rentenschuldners oder eines Dritten gestellte Leibrente geht, sofern nicht etwas anderes verabredet ist, auf die Erben des Rentengläubigers über.

Art. 517

II. Form der Entstehung

Der Leibrentenvertrag bedarf zu seiner Gültigkeit der schriftlichen Form.

1 Unvollkommene, sanktionslose oder Naturalobligation

Art. 518

III. Rechte des Gläubigers
1. Geltendmachung des Anspruchs

[1] Die Leibrente ist halbjährlich und zum voraus zu leisten, wenn nicht etwas anderes vereinbart ist.

[2] Stirbt die Person, auf deren Lebenszeit die Leibrente gestellt ist, vor dem Ablaufe der Periode, für die zum voraus die Rente zu entrichten ist, so wird der volle Betrag geschuldet.

[3] Fällt der Leibrentenschuldner in Konkurs, so ist der Leibrentengläubiger berechtigt, seine Ansprüche in Form einer Kapitalforderung geltend zu machen, deren Wert durch das Kapital bestimmt wird, womit die nämliche Leibrente zur Zeit der Konkurseröffnung bei einer soliden Rentenanstalt bestellt werden könnte.

Art. 519

2. Übertragbarkeit

[1] Der Leibrentengläubiger kann, sofern nicht etwas anderes vereinbart ist, die Ausübung seiner Rechte abtreten.

[2] *Aufgehoben.*

Art. 520

IV. Leibrenten nach dem Gesetz über den Versicherungsvertrag

Die Bestimmungen dieses Gesetzes über den Leibrentenvertrag finden keine Anwendung auf Leibrentenverträge, die unter dem Bundesgesetz vom 2. April 1908 über den Versicherungsvertrag stehen, vorbehältlich der Vorschrift betreffend die Entziehbarkeit des Rentenanspruchs.

Art. 521

B. Verpfründung
I. Begriff

[1] Durch den Verpfründungsvertrag verpflichtet sich der Pfründer, dem Pfrundgeber ein Vermögen oder einzelne Vermögenswerte zu übertragen, und dieser, dem Pfründer Unterhalt und Pflege auf Lebenszeit zu gewähren.

[2] Ist der Pfrundgeber als Erbe des Pfründers eingesetzt, so steht das ganze Verhältnis unter den Bestimmungen über den Erbvertrag.

Art. 522

II. Entstehung
1. Form

[1] Der Verpfründungsvertrag bedarf zu seiner Gültigkeit, auch wenn keine Erbeinsetzung damit verbunden ist, derselben Form wie der Erbvertrag.

[2] Wird der Vertrag mit einer staatlich anerkannten Pfrundanstalt zu den von der zuständigen Behörde genehmigten Bedingungen abgeschlossen, so genügt die schriftliche Vereinbarung.

Art. 523

2. Sicherstellung

Hat der Pfründer dem Pfrundgeber ein Grundstück übertragen so steht ihm für seine Ansprüche das Recht auf ein gesetzliches Pfandrecht an diesem Grundstück gleich einem Verkäufer zu.

Art. 524

III. Inhalt

[1] Der Pfründer tritt in häusliche Gemeinschaft mit dem Pfrundgeber, und dieser ist verpflichtet, ihm zu leisten, was der Pfründer nach dem Wert des Geleisteten und nach den Verhältnissen, in denen er bishin gestanden hat, billigerweise erwarten darf.

[2] Er hat ihm Wohnung und Unterhalt in angemessener Weise zu leisten und schuldet ihm in Krankheitsfällen die nötige Pflege und ärztliche Behandlung.

[3] Pfrundanstalten können diese Leistungen in ihren Hausordnungen unter Genehmigung durch die zuständige Behörde als Vertragsinhalt allgemein verbindlich festsetzen.

Art. 525

IV. Anfechtung und Herabsetzung

1 Ein Verpfründungsvertrag kann von denjenigen Personen angefochten werden, denen ein gesetzlicher Unterstützungsanspruch gegen den Pfründer zusteht, wenn der Pfründer durch die Verpfründung sich der Möglichkeit beraubt, seiner Unterstützungspflicht nachzukommen.

2 Anstatt den Vertrag aufzuheben, kann der Richter den Pfrundgeber zu der Unterstützung der Unterstützungsberechtigten verpflichten unter Anrechnung dieser Leistungen auf das, was der Pfrundgeber vertragsgemäss dem Pfründer zu entrichten hat.

3 Vorbehalten bleiben ferner die Klage der Erben auf Herabsetzung und die Anfechtung durch die Gläubiger.

Art. 526

V. Aufhebung
1. Kündigung

1 Der Verpfründungsvertrag kann sowohl von dem Pfründer als dem Pfrundgeber jederzeit auf ein halbes Jahr gekündigt werden, wenn nach dem Vertrag die Leistung des einen dem Werte nach erheblich grösser ist, als die des andern, und der Empfänger der Mehrleistung nicht die Schenkungsabsicht des andern nachweisen kann.

2 Massgebend ist hiefür das Verhältnis von Kapital und Leibrente nach den Grundsätzen einer soliden Rentenanstalt.

3 Was im Zeitpunkt der Aufhebung bereits geleistet ist, wird unter gegenseitiger Verrechnung von Kapitalwert und Zins zurückerstattet.

Art. 527

2. Einseitige Aufhebung

1 Sowohl der Pfründer als der Pfrundgeber kann die Verpfründung einseitig aufheben, wenn infolge von Verletzung der vertraglichen Pflichten das Verhältnis unerträglich geworden ist oder wenn andere wichtige Gründe dessen Fortsetzung übermässig erschweren oder unmöglich machen.

2 Wird die Verpfründung aus einem solchen Grunde aufgehoben, so hat neben der Rückgabe des Geleisteten der schuldige Teil dem schuldlosen eine angemessene Entschädigung zu entrichten.

3 Anstatt den Vertrag vollständig aufzuheben, kann der Richter auf Begehren einer Partei oder von Amtes wegen die häusliche Gemeinschaft aufheben und dem Pfründer zum Ersatz dafür eine Leibrente zusprechen.

Art. 528

3. Aufhebung beim Tod des Pfrundgebers

1 Beim Tode des Pfrundgebers kann der Pfründer innerhalb Jahresfrist die Aufhebung des Pfrundverhältnisses verlangen.

2 In diesem Falle kann er gegen die Erben eine Forderung geltend machen, wie sie im Konkurse des Pfrundgebers ihm zustände.

Art. 529

VI. Unübertragbarkeit, Geltendmachung bei Konkurs und Pfändung

1 Der Anspruch des Pfründers ist nicht übertragbar.

2 Im Konkurse des Pfrundgebers besteht die Forderung des Pfründers in dem Betrage, womit die Leistung des Pfrundgebers dem Werte nach bei einer soliden Rentenanstalt in Gestalt einer Leibrente erworben werden könnte.

3 Bei der Betreibung auf Pfändung kann der Pfründer für diese Forderung ohne vorgängige Betreibung an der Pfändung teilnehmen.

Dreiundzwanzigster Titel: Die einfache Gesellschaft

Art. 530

A. Begriff

1 Gesellschaft[1] ist die vertragsmässige Verbindung von zwei oder mehreren Personen zur Erreichung eines gemeinsamen Zweckes mit gemeinsamen Kräften oder Mitteln.

2 Sie ist eine einfache Gesellschaft im Sinne dieses Titels, sofern dabei nicht die Voraussetzungen einer andern durch das Gesetz geordneten Gesellschaft[2] zutreffen.

Art. 531

B. Verhältnis der Gesellschafter unter sich

I. Beiträge

1 Jeder Gesellschafter hat einen Beitrag zu leisten, sei es in Geld, Sachen, Forderungen oder Arbeit.[3]

2 Ist nicht etwas anderes vereinbart, so haben die Gesellschafter gleiche Beiträge, und zwar in der Art und dem Umfange zu leisten, wie der vereinbarte Zweck es erheischt.

3 In Bezug auf die Tragung der Gefahr und die Gewährspflicht finden, sofern der einzelne Gesellschafter den Gebrauch einer Sache zu überlassen hat, die Grundsätze des Mietvertrages und, sofern er Eigentum zu übertragen hat, die Grundsätze des Kaufvertrages entsprechende Anwendung.

Art. 532

II. Gewinn und Verlust

1. Gewinnteilung

Jeder Gesellschafter ist verpflichtet, einen Gewinn, der seiner Natur nach der Gesellschaft zukommt, mit den andern Gesellschaftern zu teilen.

Art. 533

2. Gewinn- und Verlustbeteiligung

1 Wird es nicht anders vereinbart, so hat jeder Gesellschafter, ohne Rücksicht auf die Art und Grösse seines Beitrages, gleichen Anteil an Gewinn und Verlust.[4]

2 Ist nur der Anteil am Gewinne oder nur der Anteil am Verluste vereinbart, so gilt diese Vereinbarung für beides.

3 Die Verabredung, dass ein Gesellschafter, der zu dem gemeinsamen Zwecke Arbeit beizutragen hat, Anteil am Gewinne, nicht aber am Verluste haben soll, ist zulässig.

Art. 534

III. Gesellschaftsbeschlüsse

1 Gesellschaftsbeschlüsse werden mit Zustimmung aller Gesellschafter[5] gefasst.

2 Genügt nach dem Vertrage Stimmenmehrheit, so ist die Mehrheit nach der Personenzahl zu berechnen.

Art. 535

IV. Geschäftsführung

1 Die Geschäftsführung[6] steht allen Gesellschaftern zu, soweit sie nicht durch Vertrag oder Beschluss einem oder mehreren Gesellschaftern oder Dritten ausschliesslich übertragen ist.

1 Kein Rechtssubjekt, z.B. Konsortium, Syndikat, Wohngemeinschaft usw.
2 Einfache Gesellschaft als Grundform aller Gesellschaften
3 Innenverhältnis (Verhältnis der Gesellschafter unter sich)
4 Kopfprinzip, vgl. auch OR 537
5 Einstimmigkeitsprinzip (dispositiv, vgl. Abs. 2)
6 Vermutungsweise auch Vertretung, vgl. OR 543

2 Steht die Geschäftsführung entweder allen oder mehreren Gesellschaftern zu, so kann jeder von ihnen ohne Mitwirkung der übrigen handeln, es hat aber jeder andere zur Geschäftsführung befugte Gesellschafter das Recht, durch seinen Widerspruch die Handlung zu verhindern, bevor sie vollendet ist.

3 Zur Bestellung eines Generalbevollmächtigten[1] und zur Vornahme von Rechtshandlungen, die über den gewöhnlichen Betrieb der gemeinschaftlichen Geschäfte hinausgehen, ist, sofern nicht Gefahr im Verzuge liegt, die Einwilligung sämtlicher Gesellschafter erforderlich.

Art. 536

V. Verantwortlichkeit unter sich

1. Konkurrenzverbot

Kein Gesellschafter darf zu seinem besonderen Vorteile Geschäfte betreiben, durch die der Zweck der Gesellschaft vereitelt oder beeinträchtigt würde.

Art. 537

2. Ansprüche aus der Tätigkeit für die Gesellschaft

1 Für Auslagen oder Verbindlichkeiten, die ein Gesellschafter in den Angelegenheiten der Gesellschaft macht oder eingeht, sowie für Verluste, die er unmittelbar durch seine Geschäftsführung oder aus den untrennbar damit verbundenen Gefahren erleidet, sind ihm die übrigen Gesellschafter haftbar.[2]

2 Für die vorgeschossenen Gelder kann er vom Tage des geleisteten Vorschusses an Zinse fordern.[3]

3 Dagegen steht ihm für persönliche Bemühungen kein Anspruch auf besondere Vergütung zu.

Art. 538

3. Mass der Sorgfalt

1 Jeder Gesellschafter ist verpflichtet, in den Angelegenheiten der Gesellschaft den Fleiss und die Sorgfalt anzuwenden, die er in seinen eigenen anzuwenden pflegt.

2 Er haftet den übrigen Gesellschaftern für den durch sein Verschulden entstandenen Schaden, ohne dass er damit die Vorteile verrechnen könnte, die er der Gesellschaft in andern Fällen verschafft hat.

3 Der geschäftsführende Gesellschafter, der für seine Tätigkeit eine Vergütung bezieht, haftet nach den Bestimmungen über den Auftrag.[4]

Art. 539

VI. Entzug und Beschränkung der Geschäftsführung

1 Die im Gesellschaftsvertrage einem Gesellschafter eingeräumte Befugnis zur Geschäftsführung darf von den übrigen Gesellschaftern ohne wichtige Gründe weder entzogen noch beschränkt werden.

2 Liegen wichtige Gründe vor, so kann sie von jedem der übrigen Gesellschafter selbst dann entzogen werden, wenn der Gesellschaftsvertrag etwas anderes bestimmt.

3 Ein wichtiger Grund liegt namentlich vor, wenn der Geschäftsführer sich einer groben Pflichtverletzung schuldig gemacht oder die Fähigkeit zu einer guten Geschäftsführung verloren hat.

1 Vgl. OR 462
2 Gemäss Vertrag (Innenverhältnis)
3 Vgl. OR 73 und 104
4 Vgl. OR 398

Art. 540

VII. Geschäftsführende und nicht geschäftsführende Gesellschafter
1. Im Allgemeinen

1 Soweit weder in den Bestimmungen dieses Titels noch im Gesellschaftsvertrage etwas anderes vorgesehen ist, kommen auf das Verhältnis der geschäftsführenden Gesellschafter zu den übrigen Gesellschaftern die Vorschriften über Auftrag[1] zur Anwendung.

2 Wenn ein Gesellschafter, der nicht zur Geschäftsführung befugt ist, Gesellschaftsangelegenheiten besorgt, oder wenn ein zur Geschäftsführung befugter Gesellschafter seine Befugnis überschreitet, so finden die Vorschriften über die Geschäftsführung ohne Auftrag Anwendung[2].

Art. 541

2. Einsicht in die Gesellschaftsangelegenheiten

1 Der von der Geschäftsführung ausgeschlossene Gesellschafter hat das Recht, sich persönlich von dem Gange der Gesellschaftsangelegenheiten zu unterrichten, von den Geschäftsbüchern und Papieren der Gesellschaft Einsicht zu nehmen und für sich eine Übersicht über den Stand des gemeinschaftlichen Vermögens anzufertigen.

2 Eine entgegenstehende Vereinbarung ist nichtig.

Art. 542

VIII. Aufnahme neuer Gesellschafter und Unterbeteiligung

1 Ein Gesellschafter kann ohne die Einwilligung der übrigen Gesellschafter keinen Dritten in die Gesellschaft aufnehmen.

2 Wenn ein Gesellschafter einseitig einen Dritten an seinem Anteile beteiligt oder seinen Anteil an ihn abtritt, so wird dieser Dritte dadurch nicht zum Gesellschafter der übrigen und erhält insbesondere nicht das Recht, von den Gesellschaftsangelegenheiten Einsicht zu nehmen.

Art. 543

C. Verhältnis der Gesellschafter gegenüber Dritten
I. Vertretung

1 Wenn ein Gesellschafter zwar für Rechnung der Gesellschaft, aber in eigenem Namen mit einem Dritten Geschäfte abschliesst, so wird er allein dem Dritten gegenüber berechtigt und verpflichtet.

2 Wenn ein Gesellschafter im Namen der Gesellschaft oder sämtlicher Gesellschafter mit einem Dritten Geschäfte abschliesst, so werden die übrigen Gesellschafter dem Dritten gegenüber nur insoweit berechtigt und verpflichtet, als es die Bestimmungen über die Stellvertretung[3] mit sich bringen.

3 Eine Ermächtigung des einzelnen Gesellschafters, die Gesellschaft oder sämtliche Gesellschafter Dritten gegenüber zu vertreten, wird vermutet, sobald ihm die Geschäftsführung überlassen ist.[4]

Art. 544

II. Wirkung der Vertretung

1 Sachen, dingliche Rechte[5] oder Forderungen, die an die Gesellschaft übertragen oder für sie erworben sind, gehören den Gesellschaftern gemeinschaftlich[6] nach Massgabe des Gesellschaftsvertrages.

1 Vgl. OR 394 ff.
2 Vgl. OR 419 ff.
3 Vgl. OR 32 ff.
4 Aussenverhältnis (Verhältnis der Gesellschafter gegenüber Dritten)
5 Vgl. ZGB 958
6 Vgl. ZGB 652

2 Die Gläubiger eines Gesellschafters können, wo aus dem Gesellschaftsvertrage nichts anderes hervorgeht, zu ihrer Befriedigung nur den Liquidationsanteil ihres Schuldners in Anspruch nehmen.

3 Haben die Gesellschafter gemeinschaftlich oder durch Stellvertretung einem Dritten gegenüber Verpflichtungen eingegangen, so haften sie ihm solidarisch[1], unter Vorbehalt anderer Vereinbarung.

Art. 545

D. Beendigung der Gesellschaft

I. Auflösungsgründe

1. Im Allgemeinen

1 Die Gesellschaft wird aufgelöst:

1. wenn der Zweck, zu welchem sie abgeschlossen wurde, erreicht oder wenn dessen Erreichung unmöglich geworden ist;
2. wenn ein Gesellschafter stirbt und für diesen Fall nicht schon vorher vereinbart worden ist, dass die Gesellschaft mit den Erben fortbestehen soll;
3. wenn der Liquidationsanteil eines Gesellschafters zur Zwangsverwertung gelangt oder ein Gesellschafter in Konkurs[2] fällt oder unter umfassende Beistandschaft gestellt wird;
4. durch gegenseitige Übereinkunft;
5. durch Ablauf der Zeit, auf deren Dauer die Gesellschaft eingegangen worden ist;
6. durch Kündigung von seiten eines Gesellschafters, wenn eine solche im Gesellschaftsvertrage vorbehalten oder wenn die Gesellschaft auf unbestimmte Dauer oder auf Lebenszeit eines Gesellschafters eingegangen worden ist;
7. durch Urteil des Richters im Falle der Auflösung aus einem wichtigen Grund.

2 Aus wichtigen Gründen kann die Auflösung der Gesellschaft vor Ablauf der Vertragsdauer oder, wenn sie auf unbestimmte Dauer abgeschlossen worden ist, ohne vorherige Aufkündigung verlangt werden.

Art. 546

2. Gesellschaft auf unbestimmte Dauer

1 Ist die Gesellschaft auf unbestimmte Dauer oder auf Lebenszeit eines Gesellschafters geschlossen worden, so kann jeder Gesellschafter den Vertrag auf sechs Monate kündigen.[3]

2 Die Kündigung soll jedoch in guten Treuen und nicht zur Unzeit geschehen und darf, wenn jährliche Rechnungsabschlüsse vorgesehen sind, nur auf das Ende eines Geschäftsjahres erfolgen.

3 Wird eine Gesellschaft nach Ablauf der Zeit, für die sie eingegangen worden ist, stillschweigend fortgesetzt, so gilt sie als auf unbestimmte Zeit erneuert.

Art. 547

II. Wirkung der Auflösung auf die Geschäftsführung

1 Wird die Gesellschaft in anderer Weise als durch Kündigung aufgelöst, so gilt die Befugnis eines Gesellschafters zur Geschäftsführung zu seinen Gunsten gleichwohl als fortbestehend, bis er von der Auflösung Kenntnis hat oder bei schuldiger Sorgfalt haben sollte.

2 Wird die Gesellschaft durch den Tod eines Gesellschafters aufgelöst, so hat der Erbe des verstorbenen Gesellschafters den andern den Todesfall unverzüglich

1 Vgl. OR 143
2 Vgl. SchKG 171
3 Dispositiv

anzuzeigen und die von seinem Erblasser zu besorgenden Geschäfte in guten Treuen fortzusetzen, bis anderweitige Fürsorge getroffen ist.

3 Die andern Gesellschafter haben in gleicher Weise die Geschäfte einstweilen weiter zu führen.

Art. 548

III. Liquidation
1. Behandlung der Einlagen

1 Bei der Auseinandersetzung, die nach der Auflösung die Gesellschafter unter sich vorzunehmen haben, fallen die Sachen, die ein Gesellschafter zu Eigentum eingebracht hat, nicht an ihn zurück.

2 Er hat jedoch Anspruch auf den Wert, für den sie übernommen worden sind.

3 Fehlt es an einer solchen Wertbestimmung, so geht sein Anspruch auf den Wert, den die Sachen zur Zeit des Einbringens hatten.

Art. 549

2. Verteilung von Überschuss und Fehlbetrag

1 Verbleibt nach Abzug der gemeinschaftlichen Schulden, nach Ersatz der Auslagen und Verwendungen an einzelne Gesellschafter und nach Rückerstattung der Vermögensbeiträge ein Überschuss, so ist er unter die Gesellschafter als Gewinn zu verteilen.[1]

2 Ist nach Tilgung der Schulden und Ersatz der Auslagen und Verwendungen das gemeinschaftliche Vermögen nicht ausreichend, um die geleisteten Vermögensbeiträge zurückzuerstatten, so haben die Gesellschafter das Fehlende als Verlust zu tragen.

Art. 550

3. Vornahme der Auseinandersetzung

1 Die Auseinandersetzung nach Auflösung der Gesellschaft ist von allen Gesellschaftern gemeinsam vorzunehmen mit Einschluss derjenigen, die von der Geschäftsführung ausgeschlossen waren.

2 Wenn jedoch der Gesellschaftsvertrag sich nur auf bestimmte einzelne Geschäfte bezog, die ein Gesellschafter in eigenem Namen auf gemeinsame Rechnung zu besorgen hatte, so hat er diese Geschäfte auch nach Auflösung der Gesellschaft allein zu erledigen und den übrigen Gesellschaftern Rechnung abzulegen.

Art. 551

IV. Haftung gegenüber Dritten

An den Verbindlichkeiten gegenüber Dritten wird durch die Auflösung der Gesellschaft nichts geändert.[2]

Dritte Abteilung: Die Handelsgesellschaften und die Genossenschaft

Vierundzwanzigster Titel: Die Kollektivgesellschaft

Erster Abschnitt: Begriff und Errichtung

Art. 552

A. Kaufmännische Gesellschaft

1 Die Kollektivgesellschaft ist eine Gesellschaft[3], in der zwei oder mehrere natürliche Personen, ohne Beschränkung ihrer Haftung gegenüber den Gesellschaftsgläubigern, sich zum Zwecke vereinigen, unter einer gemeinsamen Firma ein Han-

1 Vgl. OR 533
2 Gesellschafter haften unbeschränkt und solidarisch
3 Im Gegensatz zur einfachen Gesellschaft ein eigenes Rechtssubjekt, vgl. OR 562

dels-, ein Fabrikations- oder ein anderes nach kaufmännischer Art geführtes Gewerbe zu betreiben.

2 Die Gesellschafter haben die Gesellschaft in das Handelsregister[1] eintragen zu lassen.

Art. 553

B. Nichtkaufmännische Gesellschaft

Betreibt eine solche Gesellschaft kein nach kaufmännischer Art geführtes Gewerbe, so entsteht sie als Kollektivgesellschaft erst[2], wenn sie sich in das Handelsregister eintragen lässt.

Art. 554

C. Registereintrag
I. Ort der Eintragung

Die Gesellschaft ist ins Handelsregister des Ortes einzutragen, an dem sie ihren Sitz hat.

Art. 555

II. Vertretung

In das Handelsregister können nur solche Anordnungen über die Vertretung eingetragen werden, die deren Beschränkung auf einen oder einzelne Gesellschafter oder eine Vertretung durch einen Gesellschafter in Gemeinschaft mit andern Gesellschaftern oder mit Prokuristen vorsehen.

Art. 556

III. Formelle Erfordernisse

1 Die Anmeldung der einzutragenden Tatsachen oder ihrer Veränderung muss von allen Gesellschaftern persönlich beim Handelsregisteramt unterzeichnet oder schriftlich mit beglaubigten Unterschriften eingereicht werden.

2 Die Gesellschafter, denen die Vertretung der Gesellschaft zustehen soll, haben die Firma und ihre Namen persönlich beim Handelsregisteramt zu zeichnen oder die Zeichnung in beglaubigter Form einzureichen.

Zweiter Abschnitt: Verhältnis der Gesellschafter unter sich

Art. 557

A. Vertragsfreiheit, Verweisung auf die einfache Gesellschaft

1 Das Rechtsverhältnis der Gesellschafter untereinander richtet sich zunächst nach dem Gesellschaftsvertrag.[3]

2 Soweit keine Vereinbarung getroffen ist, kommen die Vorschriften über die einfache Gesellschaft[4] zur Anwendung, jedoch mit den Abweichungen, die sich aus den nachfolgenden Bestimmungen ergeben.

Art. 558

B. Rechnungslegung

1 Für jedes Geschäftsjahr sind aufgrund der Jahresrechnung der Gewinn oder Verlust zu ermitteln und der Anteil jedes Gesellschafters zu berechnen.

2 Jedem Gesellschafter dürfen für seinen Kapitalanteil Zinse gemäss Vertrag gutgeschrieben werden, auch wenn durch den Verlust des Geschäftsjahres der Kapitalanteil vermindert ist. Mangels vertraglicher Abrede beträgt der Zinssatz vier vom Hundert.

1 Vgl. OR 927 ff.
2 Konstitutive Wirkung
3 Grundsätzlich formlos gültig
4 Vgl. OR 530 ff., insbesondere OR 533 (Gewinn- und Verlustverteilung)

3 Ein vertraglich festgesetztes Honorar[1] für die Arbeit eines Gesellschafters wird bei der Ermittlung von Gewinn und Verlust als Gesellschaftsschuld behandelt.[2]

Art. 559

C. Anspruch auf Gewinn, Zinse und Honorar

1 Jeder Gesellschafter hat das Recht, aus der Gesellschaftskasse Gewinn, Zinse und Honorar des abgelaufenen Geschäftsjahres zu entnehmen.

2 Zinse und Honorare dürfen, soweit dies der Vertrag vorsieht, schon während des Geschäftsjahres, Gewinne dagegen erst nach der Genehmigung des Geschäftsberichts bezogen werden.

3 Gewinne, Zinse und Honorare, die ein Gesellschafter nicht bezieht, werden nach der Genehmigung des Geschäftsberichts seinem Kapitalanteil zugeschrieben, sofern kein anderer Gesellschafter dagegen Einwendungen erhebt.

Art. 560

D. Verluste

1 Ist der Kapitalanteil durch Verluste vermindert worden, so behält der Gesellschafter seinen Anspruch auf Ausrichtung des Honorars und der vom verminderten Kapitalanteil zu berechnenden Zinse;[3] ein Gewinnanteil darf erst dann wieder ausbezahlt werden, wenn die durch den Verlust entstandene Verminderung ausgeglichen ist.

2 Die Gesellschafter sind weder verpflichtet, höhere Einlagen zu leisten, als dies im Vertrage vorgesehen ist, noch ihre durch Verlust verminderten Einlagen zu ergänzen.[4]

Art. 561

E. Konkurrenzverbot

Ohne Zustimmung der übrigen Gesellschafter darf ein Gesellschafter in dem Geschäftszweige der Gesellschaft weder für eigene noch für fremde Rechnung Geschäfte machen, noch an einer andern Unternehmung als unbeschränkt haftender Gesellschafter, als Kommanditär oder als Mitglied einer Gesellschaft mit beschränkter Haftung teilnehmen.

Dritter Abschnitt: Verhältnis der Gesellschaft zu Dritten

Art. 562

A. Im Allgemeinen

Die Gesellschaft kann unter ihrer Firma Rechte erwerben und Verbindlichkeiten eingehen, vor Gericht klagen und verklagt werden.

Art. 563

B. Vertretung
I. Grundsatz

Enthält das Handelsregister keine entgegenstehenden Eintragungen, so sind gutgläubige[5] Dritte zu der Annahme berechtigt, es sei jeder einzelne Gesellschafter zur Vertretung der Gesellschaft ermächtigt.[6]

1 Selbständiges Erwerbseinkommen
2 Privatkonto beim Fremdkapital
3 Vgl. OR 558
4 Keine gesetzliche Nachschusspflicht
5 Vgl. ZGB 3
6 Vgl. OR 555, Umfang OR 564

Art. 564

II. Umfang

[1] Die zur Vertretung befugten Gesellschafter sind ermächtigt, im Namen der Gesellschaft alle Rechtshandlungen vorzunehmen, die der Zweck der Gesellschaft mit sich bringen kann.

[2] Eine Beschränkung des Umfangs der Vertretungsbefugnis hat gegenüber gutgläubigen Dritten keine Wirkung.

Art. 565

III. Entziehung

[1] Die Vertretungsbefugnis kann einem Gesellschafter aus wichtigen Gründen entzogen werden.

[2] Macht ein Gesellschafter solche Gründe glaubhaft, so kann auf seinen Antrag der Richter, wenn Gefahr im Verzug liegt, die Vertretungsbefugnis vorläufig entziehen. Diese richterliche Verfügung ist im Handelsregister einzutragen.

Art. 566

IV. Prokura und Handlungsvollmacht

Die Prokura sowie eine Handlungsvollmacht[1] zum Betriebe des ganzen Gewerbes können nur mit Einwilligung aller zur Vertretung[2] befugten Gesellschafter bestellt, dagegen durch jeden von ihnen mit Wirkung gegen Dritte widerrufen werden.

Art. 567

V. Rechtsgeschäfte und Haftung aus unerlaubten Handlungen

[1] Die Gesellschaft wird durch die Rechtsgeschäfte, die ein zu ihrer Vertretung befugter Gesellschafter in ihrem Namen schliesst, berechtigt und verpflichtet.[3]

[2] Diese Wirkung tritt auch dann ein, wenn die Absicht, für die Gesellschaft zu handeln, aus den Umständen hervorgeht.

[3] Die Gesellschaft haftet für den Schaden aus unerlaubten Handlungen, die ein Gesellschafter in Ausübung seiner geschäftlichen Verrichtungen begeht.

Art. 568

C. Stellung der Gesellschaftsgläubiger

I. Haftung der Gesellschafter

[1] Die Gesellschafter haften für alle Verbindlichkeiten der Gesellschaft solidarisch und mit ihrem ganzen Vermögen.[4]

[2] Eine entgegenstehende Verabredung unter den Gesellschaftern[5] hat Dritten gegenüber keine Wirkung.

[3] Der einzelne Gesellschafter kann jedoch, auch nach seinem Ausscheiden, für Gesellschaftsschulden erst dann persönlich belangt werden, wenn er selbst in Konkurs[6] geraten oder wenn die Gesellschaft aufgelöst oder erfolglos betrieben worden ist. Die Haftung des Gesellschafters aus einer zugunsten der Gesellschaft eingegangenen Solidarbürgschaft bleibt vorbehalten.

Art. 569

II. Haftung neu eintretender Gesellschafter

[1] Wer einer Kollektivgesellschaft beitritt, haftet solidarisch mit den übrigen Gesellschaftern und mit seinem ganzen Vermögen auch für die vor seinem Beitritt entstandenen Verbindlichkeiten der Gesellschaft.

[2] Eine entgegenstehende Verabredung unter den Gesellschaftern hat Dritten gegenüber keine Wirkung.

[1] Vgl. OR 458 ff.
[2] Vgl. OR 555
[3] Vgl. OR 32
[4] Privatvermögen, Solidarität vgl. OR 143
[5] Innenverhältnis
[6] Vgl. SchKG 171

Art. 570

III. Konkurs der Gesellschaft

1 Die Gläubiger der Gesellschaft haben Anspruch darauf, aus dem Gesellschaftsvermögen unter Ausschluss der Privatgläubiger der einzelnen Gesellschafter befriedigt zu werden.

2 Die Gesellschafter können am Konkurse für ihre Kapitaleinlagen und laufenden Zinse nicht als Gläubiger teilnehmen,[1] wohl aber für ihre Ansprüche auf verfallene Zinse sowie auf Forderungen für Honorar oder für Ersatz von im Interesse der Gesellschaft gemachten Auslagen.

Art. 571

IV. Konkurs von Gesellschaft und Gesellschaftern

1 Der Konkurs der Gesellschaft hat den Konkurs der einzelnen Gesellschafter nicht zur Folge.

2 Ebenso wenig bewirkt der Konkurs eines Gesellschafters den Konkurs der Gesellschaft.

3 Die Rechte der Gesellschaftsgläubiger im Konkurse des einzelnen Gesellschafters richten sich nach den Vorschriften des Schuldbetreibungs- und Konkursgesetzes vom 11. April 1889.[2]

Art. 572

D. Stellung der Privatgläubiger eines Gesellschafters

1 Die Privatgläubiger eines Gesellschafters sind nicht befugt, das Gesellschaftsvermögen zu ihrer Befriedigung oder Sicherstellung in Anspruch zu nehmen.

2 Gegenstand der Zwangsvollstreckung ist nur, was dem Schuldner an Zinsen, Honorar, Gewinn und Liquidationsanteil aus dem Gesellschaftsverhältnis zukommt.

Art. 573

E. Verrechnung

1 Gegen eine Forderung der Gesellschaft kann der Schuldner eine Forderung, die ihm gegen einen einzelnen Gesellschafter zusteht, nicht zur Verrechnung bringen.[3]

2 Ebenso wenig kann ein Gesellschafter gegenüber seinem Gläubiger eine Forderung der Gesellschaft verrechnen.

3 Ist dagegen ein Gesellschaftsgläubiger gleichzeitig Privatschuldner eines Gesellschafters, so wird die Verrechnung sowohl zugunsten des Gesellschaftsgläubigers als auch des Gesellschafters zugelassen, sobald der Gesellschafter für eine Gesellschaftsschuld persönlich belangt werden kann.

Vierter Abschnitt: Auflösung und Ausscheiden

Art. 574

A. Im Allgemeinen

1 Die Gesellschaft wird aufgelöst durch die Eröffnung des Konkurses. Im Übrigen gelten für die Auflösung die Bestimmungen über die einfache Gesellschaft,[4] soweit sich aus den Vorschriften dieses Titels nicht etwas anderes ergibt.

2 Die Gesellschafter haben die Auflösung, abgesehen vom Falle des Konkurses, beim Handelsregisteramt anzumelden.[5]

1 Eigenkapital
2 Vgl. SchKG 218
3 Vgl. OR 120
4 Vgl. OR 530 ff.
5 Vgl. OR 939

3 Ist eine Klage auf Auflösung der Gesellschaft angebracht, so kann der Richter auf Antrag einer Partei vorsorgliche Massnahmen anordnen.

Art. 575

B. Kündigung durch Gläubiger eines Gesellschafters

1 Ist ein Gesellschafter in Konkurs geraten, so kann die Konkursverwaltung unter Beobachtung einer mindestens sechsmonatigen Kündigungsfrist die Auflösung der Gesellschaft verlangen, auch wenn die Gesellschaft auf bestimmte Dauer eingegangen wurde.

2 Das gleiche Recht steht dem Gläubiger eines Gesellschafters zu, der dessen Liquidationsanteil gepfändet hat.

3 Die Wirkung einer solchen Kündigung kann aber, solange die Auflösung im Handelsregister nicht eingetragen ist, von der Gesellschaft oder von den übrigen Gesellschaftern durch Befriedigung der Konkursmasse oder des betreibenden Gläubigers abgewendet werden.

Art. 576

C. Ausscheiden von Gesellschaftern

I. Übereinkommen

Sind die Gesellschafter vor der Auflösung übereingekommen, dass trotz des Ausscheidens eines oder mehrerer Gesellschafter die Gesellschaft unter den übrigen fortgesetzt werden soll, so endigt sie nur für die Ausscheidenden; im Übrigen besteht sie mit allen bisherigen Rechten und Verbindlichkeiten fort.[1]

Art. 577

II. Ausschliessung durch den Richter

Wenn die Auflösung der Gesellschaft aus wichtigen Gründen verlangt werden könnte und diese vorwiegend in der Person eines oder mehrerer Gesellschafter liegen, so kann der Richter auf deren Ausschliessung und auf Ausrichtung ihrer Anteile am Gesellschaftsvermögen erkennen, sofern alle übrigen Gesellschafter es beantragen.

Art. 578

III. Durch die übrigen Gesellschafter

Fällt ein Gesellschafter in Konkurs oder verlangt einer seiner Gläubiger, der dessen Liquidationsanteil gepfändet hat, die Auflösung der Gesellschaft, so können die übrigen Gesellschafter ihn ausschliessen und ihm seinen Anteil am Gesellschaftsvermögen ausrichten.

Art. 579

IV. Bei zwei Gesellschaftern

1 Sind nur zwei Gesellschafter vorhanden, so kann derjenige, der keine Veranlassung zur Auflösung gegeben hatte, unter den gleichen Voraussetzungen das Geschäft fortsetzen und dem andern Gesellschafter seinen Anteil am Gesellschaftsvermögen ausrichten.[2]

2 Das gleiche kann der Richter verfügen, wenn die Auflösung wegen eines vorwiegend in der Person des einen Gesellschafters liegenden wichtigen Grundes gefordert wird.

Art. 580

V. Festsetzung des Betrages

1 Der dem ausscheidenden Gesellschafter zukommende Betrag wird durch Übereinkunft festgesetzt.[3]

1 Vgl. OR 568 Abs. 3
2 Vgl. OR 181
3 Anhand der Übergabebilanz

[2] Enthält der Gesellschaftsvertrag darüber keine Bestimmung und können sich die Beteiligten nicht einigen, so setzt der Richter den Betrag in Berücksichtigung der Vermögenslage der Gesellschaft im Zeitpunkt des Ausscheidens und eines allfälligen Verschuldens des ausscheidenden Gesellschafters fest.

Art. 581

VI. Eintragung

Das Ausscheiden eines Gesellschafters sowie die Fortsetzung des Geschäftes durch einen Gesellschafter müssen in das Handelsregister eingetragen werden.

Fünfter Abschnitt: Liquidation

Art. 582

A. Grundsatz

Nach der Auflösung der Gesellschaft erfolgt ihre Liquidation gemäss den folgenden Vorschriften, sofern nicht eine andere Art der Auseinandersetzung von den Gesellschaftern vereinbart oder über das Vermögen der Gesellschaft der Konkurs[1] eröffnet ist.

Art. 583

B. Liquidatoren

[1] Die Liquidation wird von den zur Vertretung befugten Gesellschaftern besorgt, sofern in ihrer Person kein Hindernis besteht und soweit sich die Gesellschafter nicht auf andere Liquidatoren einigen.

[2] Auf Antrag eines Gesellschafters kann der Richter, sofern wichtige Gründe vorliegen, Liquidatoren abberufen und andere ernennen.

[3] Die Liquidatoren sind in das Handelsregister einzutragen, auch wenn dadurch die bisherige Vertretung der Gesellschaft nicht geändert wird.

Art. 584

C. Vertretung von Erben

Die Erben eines Gesellschafters haben für die Liquidation einen gemeinsamen Vertreter zu bezeichnen.

Art. 585

D. Rechte und Pflichten der Liquidatoren

[1] Die Liquidatoren haben die laufenden Geschäfte zu beendigen, die Verpflichtungen der aufgelösten Gesellschaft zu erfüllen, die Forderungen einzuziehen und das Vermögen der Gesellschaft, soweit es die Auseinandersetzung verlangt, zu versilbern.

[2] Sie haben die Gesellschaft in den zur Liquidation gehörenden Rechtsgeschäften zu vertreten, können für sie Prozesse führen, Vergleiche und Schiedsverträge abschliessen und, soweit es die Liquidation erfordert, auch neue Geschäfte eingehen.

[3] Erhebt ein Gesellschafter Widerspruch gegen einen von den Liquidatoren beschlossenen Verkauf zu einem Gesamtübernahmepreis, gegen die Ablehnung eines solchen Verkaufs oder gegen die beschlossene Art der Veräusserung von Grundstücken, so entscheidet auf Begehren des widersprechenden Gesellschafters der Richter.

[4] Die Gesellschaft haftet für Schaden aus unerlaubten Handlungen, die ein Liquidator in Ausübung seiner geschäftlichen Verrichtungen begeht.

[1] Vgl. SchKG 171

Art. 586

E. Vorläufige Verteilung

1 Die während der Liquidation entbehrlichen Gelder und Werte werden vorläufig auf Rechnung des endgültigen Liquidationsanteiles unter die Gesellschafter verteilt.

2 Zur Deckung streitiger oder noch nicht fälliger Verbindlichkeiten sind die erforderlichen Mittel zurückzubehalten.

Art. 587

F. Auseinandersetzung
I. Bilanz

1 Die Liquidatoren haben bei Beginn der Liquidation eine Bilanz aufzustellen.

2 Bei länger andauernder Liquidation sind jährliche Zwischenbilanzen zu errichten.

Art. 588

II. Rückzahlung des Kapitals und Verteilung des Überschusses

1 Das nach Tilgung der Schulden verbleibende Vermögen wird zunächst zur Rückzahlung des Kapitals an die Gesellschafter und sodann zur Entrichtung von Zinsen für die Liquidationszeit verwendet.

2 Ein Überschuss ist nach den Vorschriften über die Gewinnbeteiligung unter die Gesellschafter zu verteilen.

Art. 589

G. Löschung im Handelsregister

Nach Beendigung der Liquidation haben die Liquidatoren die Löschung der Firma im Handelsregister zu veranlassen.

Art. 590

H. Aufbewahrung der Bücher und Papiere

1 Die Bücher und Papiere der aufgelösten Gesellschaft werden während zehn Jahren nach der Löschung der Firma im Handelsregister an einem von den Gesellschaftern oder, wenn sie sich nicht einigen, vom Handelsregisteramt zu bezeichnenden Ort aufbewahrt.[1]

2 Die Gesellschafter und ihre Erben behalten das Recht, in die Bücher und Papiere Einsicht zu nehmen.

Sechster Abschnitt: Verjährung

Art. 591

A. Gegenstand und Frist

1 Die Forderungen von Gesellschaftsgläubigern gegen einen Gesellschafter für Verbindlichkeiten der Gesellschaft verjähren[2] in fünf Jahren nach der Veröffentlichung seines Ausscheidens oder der Auflösung der Gesellschaft im Schweizerischen Handelsamtsblatt, sofern nicht wegen der Natur der Forderung eine kürzere Verjährungsfrist gilt.

2 Wird die Forderung erst nach dieser Veröffentlichung fällig, so beginnt die Verjährung mit dem Zeitpunkt der Fälligkeit.

3 Auf Forderungen der Gesellschafter untereinander findet diese Verjährung keine Anwendung.

Art. 592

B. Besondere Fälle

1 Die fünfjährige Verjährung kann dem Gläubiger, der seine Befriedigung nur aus ungeteiltem Gesellschaftsvermögen sucht, nicht entgegengesetzt werden.

1 Vgl. OR 962
2 Vgl. OR 127 ff.

2 Übernimmt ein Gesellschafter das Geschäft mit Aktiven und Passiven, so kann er den Gläubigern die fünfjährige Verjährung nicht entgegenhalten. Dagegen tritt für die ausgeschiedenen Gesellschafter an Stelle der fünfjährigen die zweijährige Frist nach den Grundsätzen der Schuldübernahme; ebenso wenn ein Dritter das Geschäft mit Aktiven und Passiven übernimmt.[1]

Art. 593

C. Unterbrechung

Die Unterbrechung der Verjährung[2] gegenüber der fortbestehenden Gesellschaft oder einem andern Gesellschafter vermag die Verjährung gegenüber einem ausgeschiedenen Gesellschafter nicht zu unterbrechen.

Fünfundzwanzigster Titel: Die Kommanditgesellschaft

Erster Abschnitt: Begriff und Errichtung

Art. 594

A. Kaufmännische Gesellschaft

1 Eine Kommanditgesellschaft ist eine Gesellschaft, in der zwei oder mehrere Personen sich zum Zwecke vereinigen, ein Handels-, ein Fabrikations- oder ein anderes nach kaufmännischer Art geführtes Gewerbe unter einer gemeinsamen Firma in der Weise zu betreiben, dass wenigstens ein Mitglied unbeschränkt,[3] eines oder mehrere aber als Kommanditäre nur bis zum Betrag einer bestimmten Vermögenseinlage, der Kommanditsumme,[4] haften.

2 Unbeschränkt haftende Gesellschafter können nur natürliche Personen, Kommanditäre jedoch auch juristische Personen und Handelsgesellschaften sein.

3 Die Gesellschafter haben die Gesellschaft in das Handelsregister[5] eintragen zu lassen.

Art. 595

B. Nichtkaufmännische Gesellschaft

Betreibt eine solche Gesellschaft kein nach kaufmännischer Art geführtes Gewerbe, so entsteht sie als Kommanditgesellschaft erst, wenn sie sich in das Handelsregister eintragen lässt.[6]

Art. 596

C. Registereintrag
I. Ort der Eintragung und Sacheinlagen

1 Die Gesellschaft ist ins Handelsregister des Ortes einzutragen, an dem sie ihren Sitz hat.

2 *Aufgehoben.*

3 Soll die Kommanditsumme nicht oder nur teilweise in bar entrichtet werden, so ist die Sacheinlage in der Anmeldung ausdrücklich und mit bestimmtem Wertansatz zu bezeichnen und in das Handelsregister einzutragen.

1 Vgl. OR 181
2 Vgl. OR 135
3 Komplementär
4 Kommanditeinlage = einbezahlter oder eingebrachter Teil
5 Vgl. OR 927
6 Konstitutive Wirkung

Art. 597

II. Formelle Erfordernisse

1 Die Anmeldung der einzutragenden Tatsachen oder ihrer Veränderung muss von allen Gesellschaftern beim Handelsregisteramt unterzeichnet oder schriftlich mit beglaubigten Unterschriften eingereicht werden.

2 Die unbeschränkt haftenden Gesellschafter, denen die Vertretung der Gesellschaft zustehen soll, haben die Firma und ihre Namen persönlich beim Handelsregisteramt zu zeichnen oder die Zeichnung in beglaubigter Form einzureichen.

Zweiter Abschnitt: Verhältnis der Gesellschafter unter sich

Art. 598

A. Vertragsfreiheit. Verweisung auf die Kollektivgesellschaft

1 Das Rechtsverhältnis der Gesellschafter untereinander richtet sich zunächst nach dem Gesellschaftsvertrag.[1]

2 Soweit keine Vereinbarung getroffen ist, kommen die Vorschriften über die Kollektivgesellschaft[2] zur Anwendung, jedoch mit den Abweichungen, die sich aus den nachfolgenden Bestimmungen ergeben.

Art. 599

B. Geschäftsführung

Die Geschäftsführung der Gesellschaft wird durch den oder die unbeschränkt haftenden Gesellschafter besorgt.

Art. 600

C. Stellung des Kommanditärs

1 Der Kommanditär ist als solcher zur Führung der Geschäfte der Gesellschaft weder berechtigt noch verpflichtet.

2 Er ist auch nicht befugt, gegen die Vornahme einer Handlung der Geschäftsführung Widerspruch zu erheben, wenn diese Handlung zum gewöhnlichen Geschäftsbetrieb der Gesellschaft gehört.[3]

3 Er ist berechtigt, eine Abschrift der Erfolgsrechnung und der Bilanz zu verlangen und deren Richtigkeit unter Einsichtnahme in die Geschäftsbücher und Buchungsbelege zu prüfen oder durch einen unabhängigen Sachverständigen prüfen zu lassen; im Streitfalle bezeichnet der Richter den Sachverständigen.

Art. 601

D. Gewinn- und Verlustbeteiligung

1 Am Verlust nimmt der Kommanditär höchstens bis zum Betrage seiner Kommanditsumme teil.[4]

2 Fehlt es an Vereinbarungen über die Beteiligung des Kommanditärs am Gewinn und am Verlust, so entscheidet darüber der Richter nach freiem Ermessen.

3 Ist die Kommanditsumme nicht voll einbezahlt oder ist sie nach erfolgter Einzahlung vermindert worden, so dürfen ihr Zinse, Gewinne und allfällige Honorare nur so weit zugeschrieben werden, bis sie ihren vollen Betrag wieder erreicht hat.

1 Grundsätzlich formlos gültig
2 Vgl. OR 552 ff.
3 Vgl. OR 535 Abs. 2
4 Vgl. OR 609 und 611

Dritter Abschnitt: Verhältnis der Gesellschaft zu Dritten

Art. 602

A. Im Allgemeinen

Die Gesellschaft kann unter ihrer Firma Rechte erwerben und Verbindlichkeiten eingehen, vor Gericht klagen und verklagt werden.[1]

Art. 603

B. Vertretung

Die Gesellschaft wird nach den für die Kollektivgesellschaft geltenden Vorschriften durch den oder die unbeschränkt haftenden Gesellschafter vertreten.[2]

Art. 604

C. Haftung des unbeschränkt haftenden Gesellschafters

Der unbeschränkt haftende Gesellschafter kann für eine Gesellschaftsschuld erst dann persönlich belangt werden, wenn die Gesellschaft aufgelöst oder erfolglos betrieben worden ist.[3]

Art. 605

D. Haftung des Kommanditärs

I. Handlungen für die Gesellschaft

Schliesst der Kommanditär für die Gesellschaft Geschäfte ab, ohne ausdrücklich zu erklären, dass er nur als Prokurist[4] oder als Bevollmächtigter[5] handle, so haftet er aus diesen Geschäften gutgläubigen Dritten gegenüber gleich einem unbeschränkt haftenden Gesellschafter.

Art. 606

II. Mangelnder Eintrag

Ist die Gesellschaft vor der Eintragung in das Handelsregister im Verkehr aufgetreten, so haftet der Kommanditär für die bis zur Eintragung entstandenen Verbindlichkeiten Dritten gegenüber gleich einem unbeschränkt haftenden Gesellschafter, wenn er nicht beweist, dass ihnen die Beschränkung seiner Haftung bekannt war.

Art. 607

III. Name des Kommanditärs in der Firma

Ist der Name des Kommanditärs in die Firma der Gesellschaft aufgenommen worden, so haftet dieser den Gesellschaftsgläubigern wie ein unbeschränkt haftender Gesellschafter.[6]

Art. 608

IV. Umfang der Haftung

1 Der Kommanditär haftet Dritten gegenüber mit der im Handelsregister eingetragenen Kommanditsumme.

2 Hat er selbst oder hat die Gesellschaft mit seinem Wissen gegenüber Dritten eine höhere Kommanditsumme kundgegeben, so haftet er bis zu diesem Betrage.

3 Den Gläubigern steht der Nachweis offen, dass der Wertansatz von Sacheinlagen ihrem wirklichen Wert im Zeitpunkt ihres Einbringens nicht entsprochen hat.

Art. 609

V. Verminderung der Kommanditsumme

1 Wenn der Kommanditär die im Handelsregister eingetragene oder auf andere Art kundgegebene Kommanditsumme durch Vereinbarung mit den übrigen Gesellschaftern oder durch Bezüge vermindert, so wird diese Veränderung Dritten gegen-

1 Vgl. OR 562
2 Vgl. OR 563 ff.
3 Vgl. OR 568
4 Vgl. OR 458 ff.
5 Vgl. OR 462 ff.
6 Vgl. OR 568

über erst dann wirksam, wenn sie in das Handelsregister eingetragen und veröffentlicht worden ist.

2 Für die vor dieser Bekanntmachung entstandenen Verbindlichkeiten bleibt der Kommanditär mit der unverminderten Kommanditsumme haftbar.

Art. 610

VI. Klagerecht der Gläubiger

1 Während der Dauer der Gesellschaft haben die Gesellschaftsgläubiger kein Klagerecht gegen den Kommanditär.

2 Wird die Gesellschaft aufgelöst, so können die Gläubiger, die Liquidatoren oder die Konkursverwaltung verlangen, dass die Kommanditsumme in die Liquidations- oder Konkursmasse eingeworfen werde, soweit sie noch nicht geleistet oder soweit sie dem Kommanditär wieder zurückerstattet worden ist.

Art. 611

VII. Bezug von Zinsen und Gewinn

1 Auf Auszahlung von Zinsen und Gewinn hat der Kommanditär nur Anspruch, wenn und soweit die Kommanditsumme durch die Auszahlung nicht vermindert wird.

2 Der Kommanditär ist jedoch nicht verpflichtet, unrechtmässig bezogene Zinsen und Gewinne zurückzubezahlen. Artikel 64 findet Anwendung.

Art. 612

VIII. Eintritt in eine Gesellschaft

1 Wer einer Kollektiv- oder Kommanditgesellschaft als Kommanditär beitritt, haftet mit der Kommanditsumme auch für die vor seinem Beitritt entstandenen Verbindlichkeiten.

2 Eine entgegenstehende Verabredung unter den Gesellschaftern hat Dritten gegenüber keine Wirkung.

Art. 613

E. Stellung der Privatgläubiger

1 Die Privatgläubiger eines unbeschränkt haftenden Gesellschafters oder eines Kommanditärs sind nicht befugt, das Gesellschaftsvermögen zu ihrer Befriedigung oder Sicherstellung in Anspruch zu nehmen.

2 Gegenstand der Zwangsvollstreckung ist nur, was dem Schuldner an Zinsen, Gewinn und Liquidationsanteil sowie an allfälligem Honorar aus dem Gesellschaftsverhältnis zukommt.

Art. 614

F. Verrechnung

1 Ein Gesellschaftsgläubiger, der gleichzeitig Privatschuldner des Kommanditärs ist, kann diesem gegenüber eine Verrechnung nur dann beanspruchen, wenn der Kommanditär unbeschränkt haftet.

2 Im Übrigen richtet sich die Verrechnung nach den Vorschriften über die Kollektivgesellschaft.[1]

Art. 615

G. Konkurs

I. Im Allgemeinen

1 Der Konkurs[2] der Gesellschaft hat den Konkurs der einzelnen Gesellschafter nicht zur Folge.

2 Ebenso wenig bewirkt der Konkurs eines Gesellschafters den Konkurs der Gesellschaft.

1 Vgl. OR 573
2 Vgl. SchKG 171

Art. 616

II. Konkurs der Gesellschaft

[1] Im Konkurse der Gesellschaft wird das Gesellschaftsvermögen zur Befriedigung der Gesellschaftsgläubiger verwendet unter Ausschluss der Privatgläubiger der einzelnen Gesellschafter.

[2] Was der Kommanditär auf Rechnung seiner Kommanditsumme an die Gesellschaft geleistet hat, kann er nicht als Forderung anmelden.

Art. 617

III. Vorgehen gegen den unbeschränkt haftenden Gesellschafter

Wenn das Gesellschaftsvermögen zur Befriedigung der Gesellschaftsgläubiger nicht hinreicht, so sind diese berechtigt, für den ganzen unbezahlten Rest ihrer Forderungen aus dem Privatvermögen jedes einzelnen unbeschränkt haftenden Gesellschafters in Konkurrenz mit seinen Privatgläubigern Befriedigung zu suchen.

Art. 618

IV. Konkurs des Kommanditärs

Im Konkurse des Kommanditärs haben weder die Gesellschaftsgläubiger noch die Gesellschaft ein Vorzugsrecht vor den Privatgläubigern.

Vierter Abschnitt: Auflösung, Liquidation, Verjährung

Art. 619

[1] Für die Auflösung und Liquidation der Gesellschaft und für die Verjährung der Forderungen gegen die Gesellschafter gelten die gleichen Bestimmungen wie bei der Kollektivgesellschaft.[1]

[2] Fällt ein Kommanditär in Konkurs oder wird sein Liquidationsanteil gepfändet, so sind die für den Kollektivgesellschafter geltenden Bestimmungen entsprechend anwendbar. Dagegen haben der Tod und die Errichtung einer umfassenden Beistandschaft für den Kommanditär nicht die Auflösung der Gesellschaft zur Folge.

Sechsundzwanzigster Titel: Die Aktiengesellschaft

Erster Abschnitt: Allgemeine Bestimmungen

Art. 620

A. Begriff

[1] Die Aktiengesellschaft[2] ist eine Gesellschaft mit eigener Firma,[3] deren zum voraus bestimmtes Kapital (Aktienkapital) in Teilsummen (Aktien) zerlegt ist und für deren Verbindlichkeiten nur das Gesellschaftsvermögen haftet.

[2] Die Aktionäre sind nur zu den statutarischen Leistungen verpflichtet und haften für die Verbindlichkeiten der Gesellschaft nicht persönlich.

[3] Die Aktiengesellschaft kann auch für andere als wirtschaftliche Zwecke gegründet werden.

Art. 621

B. Mindestkapital

Das Aktienkapital muss mindestens 100 000 Franken betragen.[4]

1 Vgl. OR 574 ff.
2 Franz. Société anonyme
3 Vgl. OR 950
4 Vgl. OR 632 und 732 Abs. 5

Art. 622

C. Aktien
I. Arten

1 Die Aktien lauten auf den Namen[1] oder auf den Inhaber[2]. Als Bucheffekten[3] im Sinne des Bucheffektengesetzes vom 3. Oktober 2008 ausgegebene Aktien werden aktienrechtlich entweder als Namen- oder Inhaberaktien ausgestaltet.

2 Beide Arten von Aktien können in einem durch die Statuten bestimmten Verhältnis nebeneinander bestehen.

3 Die Statuten können bestimmen, dass Namenaktien später in Inhaberaktien oder Inhaberaktien in Namenaktien umgewandelt werden sollen oder dürfen.

4 Der Nennwert der Aktie muss mindestens 1 Rappen betragen.

5 Die Aktientitel müssen durch mindestens ein Mitglied des Verwaltungsrates unterschrieben sein. Die Gesellschaft kann bestimmen, dass auch auf Aktien, die in grosser Zahl ausgegeben werden, mindestens eine Unterschrift eigenhändig beigesetzt werden muss.

Art. 623

II. Zerlegung und Zusammenlegung

1 Die Generalversammlung ist befugt, durch Statutenänderung bei unverändert bleibendem Aktienkapital die Aktien in solche von kleinerem Nennwert zu zerlegen oder zu solchen von grösserem Nennwert zusammenzulegen.

2 Die Zusammenlegung von Aktien bedarf der Zustimmung des Aktionärs.

Art. 624

III. Ausgabebetrag

1 Die Aktien dürfen nur zum Nennwert oder zu einem diesen übersteigenden Betrage[4] ausgegeben werden. Vorbehalten bleibt die Ausgabe neuer Aktien, die an Stelle ausgefallener Aktien treten.

2–3 *Aufgehoben.*

Art. 625

D. Aktionäre

Eine Aktiengesellschaft kann durch eine[5] oder mehrere natürliche oder juristische Personen oder andere Handelsgesellschaften gegründet werden.

Art. 626

E. Statuten
I. Gesetzlich vorgeschriebener Inhalt

Die Statuten müssen Bestimmungen enthalten über:

1. die Firma[6] und den Sitz der Gesellschaft;
2. den Zweck der Gesellschaft;
3. die Höhe des Aktienkapitals und den Betrag der darauf geleisteten[7] Einlagen;
4. Anzahl, Nennwert und Art der Aktien;
5. die Einberufung der Generalversammlung und das Stimmrecht der Aktionäre;
6. die Organe[8] für die Verwaltung und für die Revision;
7. die Form der von der Gesellschaft ausgehenden Bekanntmachungen.

1 Ordrepapier, vgl. OR 684, 967 und 1145
2 Vgl. OR 978
3 Bei einer Stelle verwahrte Wertpapiere und Wertrechte (vgl. OR 973a ff.)
4 Agio, vgl. OR 671 Abs. 2 Ziff. 1
5 Altrechtlich drei
6 Vgl. OR 950
7 Liberiert
8 Vgl. OR 707 ff. und 727 ff.

Art. 627

II. Weitere Bestimmungen
1. Im Allgemeinen

Zu ihrer Verbindlichkeit bedürfen der Aufnahme in die Statuten Bestimmungen über:

1. Die Änderung der Statuten, soweit sie von den gesetzlichen Bestimmungen abweichen;
2. die Ausrichtung von Tantiemen;
3. die Zusicherung von Bauzinsen;
4. die Begrenzung der Dauer der Gesellschaft;
5. Konventionalstrafen bei nicht rechtzeitiger Leistung der Einlage;[1]
6. die genehmigte und die bedingte Kapitalerhöhung;[2]
7. die Zulassung der Umwandlung von Namenaktien in Inhaberaktien und umgekehrt;
8. die Beschränkung der Übertragbarkeit von Namenaktien;[3]
9. die Vorrechte einzelner Kategorien von Aktien, über Partizipationsscheine, Genussscheine und über die Gewährung besonderer Vorteile;
10. die Beschränkung des Stimmrechts[4] und des Rechts der Aktionäre, sich vertreten zu lassen;
11. die im Gesetz nicht vorgesehenen Fälle, in denen die Generalversammlung nur mit qualifizierter Mehrheit Beschluss fassen kann;
12. die Ermächtigung zur Übertragung der Geschäftsführung auf einzelne Mitglieder des Verwaltungsrates oder Dritte;[5]
13. die Organisation und die Aufgaben der Revisionsstelle, sofern dabei über die gesetzlichen Vorschriften hinausgegangen wird.
14. die Möglichkeit, in bestimmter Form ausgegebene Aktien in eine andere Form umzuwandeln, sowie eine Verteilung der dabei entstehenden Kosten, soweit sie von der Regelung des Bucheffektengesetzes vom 3. Oktober 2008 abweicht.

Art. 628

2. Im Besonderen Sacheinlagen, Sachübernahmen, besondere Vorteile

1 Leistet ein Aktionär eine Sacheinlage,[6] so müssen die Statuten den Gegenstand und dessen Bewertung sowie den Namen des Einlegers und die ihm zukommenden Aktien angeben.

2 Übernimmt die Gesellschaft von Aktionären oder einer diesen nahe stehenden Person Vermögenswerte oder beabsichtigt sie solche Sachübernahmen, so müssen die Statuten den Gegenstand, den Namen des Veräusserers und die Gegenleistung der Gesellschaft angeben.

3 Werden bei der Gründung zugunsten der Gründer oder anderer Personen besondere Vorteile ausbedungen, so sind die begünstigten Personen in den Statuten mit Namen aufzuführen, und es ist der gewährte Vorteil nach Inhalt und Wert genau zu bezeichnen.

4 Die Generalversammlung kann nach zehn Jahren Bestimmungen der Statuten über Sacheinlagen oder Sachübernahmen aufheben. Bestimmungen über Sach-

1 Vgl. OR 681 (Kaduzierung)
2 Vgl. OR 651 und 653
3 Vgl. OR 685a ff.
4 Vgl. OR 693 (Stimmrechtsaktien)
5 Vgl. OR 716b
6 Vgl. OR 634

übernahmen können auch aufgehoben werden, wenn die Gesellschaft endgültig auf die Sachübernahme verzichtet.

Art. 629

F. Gründung
I. Errichtungsakt
1. Inhalt

1 Die Gesellschaft wird errichtet, indem die Gründer in öffentlicher Urkunde erklären, eine Aktiengesellschaft zu gründen, darin die Statuten festlegen und die Organe bestellen.

2 In diesem Errichtungsakt zeichnen die Gründer die Aktien und stellen fest:

1. dass sämtliche Aktien gültig gezeichnet sind;
2. dass die versprochenen Einlagen dem gesamten Ausgabebetrag entsprechen;
3. dass die gesetzlichen und statutarischen Anforderungen an die Leistung der Einlagen erfüllt sind.

Art. 630

2. Aktienzeichnung

Die Zeichnung bedarf zu ihrer Gültigkeit:

1. der Angabe von Anzahl, Nennwert, Art, Kategorie und Ausgabebetrag der Aktien;
2. einer bedingungslosen Verpflichtung, eine dem Ausgabebetrag entsprechende Einlage zu leisten.

Art. 631

II. Belege

1 Im Errichtungsakt muss die Urkundsperson die Belege über die Gründung einzeln nennen und bestätigen, dass sie ihr und den Gründern vorgelegen haben.

2 Dem Errichtungsakt sind folgende Unterlagen beizulegen:

1. die Statuten;
2. der Gründungsbericht;
3. die Prüfungsbestätigung;
4. die Bestätigung über die Hinterlegung von Einlagen in Geld;
5. die Sacheinlageverträge;
6. bereits vorliegende Sachübernahmeverträge.

Art. 632

III. Einlagen
1. Mindesteinlage

1 Bei der Errichtung der Gesellschaft muss die Einlage für mindestens 20 Prozent des Nennwertes jeder Aktie geleistet sein.[1]

2 In allen Fällen müssen die geleisteten Einlagen mindestens 50 000 Franken betragen.

Art. 633

2. Leistung der Einlagen
a. Einzahlungen

1 Einlagen in Geld müssen bei einem dem Bankengesetz vom 8. November 1934 unterstellten Institut zur ausschliesslichen Verfügung der Gesellschaft hinterlegt werden.

2 Das Institut gibt den Betrag erst frei, wenn die Gesellschaft in das Handelsregister eingetragen ist.

1 Liberierung

Art. 634

b. Sacheinlagen

Sacheinlagen gelten nur dann als Deckung, wenn:

1. sie gestützt auf einen schriftlichen oder öffentlich beurkundeten Sacheinlagevertrag[1] geleistet werden;
2. die Gesellschaft nach ihrer Eintragung in das Handelsregister sofort als Eigentümerin darüber verfügen kann oder einen bedingungslosen Anspruch auf Eintragung in das Grundbuch erhält;
3. ein Gründungsbericht mit Prüfungsbestätigung vorliegt.

Art. 634a

c. Nachträgliche Leistung

[1] Der Verwaltungsrat beschliesst die nachträgliche Leistung von Einlagen[2] auf nicht voll liberierte Aktien.

[2] Die nachträgliche Leistung kann in Geld, durch Sacheinlage oder durch Verrechnung erfolgen.

Art. 635

3. Prüfung der Einlagen
a. Gründungsbericht

Die Gründer geben in einem schriftlichen Bericht Rechenschaft über:

1. die Art und den Zustand von Sacheinlagen oder Sachübernahmen und die Angemessenheit der Bewertung;
2. den Bestand und die Verrechenbarkeit der Schuld;
3. die Begründung und die Angemessenheit besonderer Vorteile zugunsten von Gründern oder anderen Personen.

Art. 635a

b. Prüfungsbestätigung

Ein zugelassener Revisor[3] prüft den Gründungsbericht und bestätigt schriftlich, dass dieser vollständig und richtig ist.

Art. 636–639

Aufgehoben.

Art. 640

G. Eintragung ins Handelsregister
I. Gesellschaft

Die Gesellschaft ist ins Handelsregister des Ortes einzutragen, an dem sie ihren Sitz hat.

Art. 641

II. Zweigniederlassungen

Zweigniederlassungen sind ins Handelsregister des Ortes einzutragen, an dem sie sich befinden.

Art. 642

III. Sacheinlagen, Sachübernahmen, besondere Vorteile

Der Gegenstand von Sacheinlagen und die dafür ausgegebenen Aktien, der Gegenstand von Sachübernahmen und die Gegenleistung der Gesellschaft sowie Inhalt und Wert besonderer Vorteile müssen ins Handelsregister eingetragen werden.

[1] Vgl. OR 628
[2] Vgl. OR 680 ff.
[3] Vgl. RAG 5

H. Erwerb der Persönlichkeit
I. Zeitpunkt; mangelnde Voraussetzungen

Art. 643

[1] Die Gesellschaft erlangt das Recht der Persönlichkeit erst durch die Eintragung in das Handelsregister.[1]

[2] Das Recht der Persönlichkeit wird durch die Eintragung auch dann erworben, wenn die Voraussetzungen der Eintragung tatsächlich nicht vorhanden waren.

[3] Sind jedoch bei der Gründung gesetzliche oder statutarische Vorschriften missachtet und dadurch die Interessen von Gläubigern oder Aktionären in erheblichem Masse gefährdet oder verletzt worden, so kann der Richter auf Begehren solcher Gläubiger oder Aktionäre die Auflösung der Gesellschaft verfügen.

[4] Das Klagerecht erlischt, wenn die Klage nicht spätestens drei Monate nach der Veröffentlichung im Schweizerischen Handelsamtsblatt angehoben wird.

II. Vor der Eintragung ausgegebene Aktien

Art. 644

[1] Die vor der Eintragung der Gesellschaft ausgegebenen Aktien sind nichtig; dagegen werden die aus der Aktienzeichnung hervorgehenden Verpflichtungen dadurch nicht berührt.

[2] Wer vor der Eintragung Aktien ausgibt, wird für allen dadurch verursachten Schaden haftbar.

III. Vor der Eintragung eingegangene Verpflichtungen

Art. 645

[1] Ist vor der Eintragung in das Handelsregister im Namen der Gesellschaft gehandelt worden, so haften die Handelnden persönlich und solidarisch.[2]

[2] Wurden solche Verpflichtungen ausdrücklich im Namen der zu bildenden Gesellschaft eingegangen und innerhalb einer Frist von drei Monaten nach der Eintragung in das Handelsregister von der Gesellschaft übernommen, so werden die Handelnden befreit, und es haftet nur die Gesellschaft.

Art. 646

Aufgehoben.

J. Statutenänderung

Art. 647

Jeder Beschluss der Generalversammlung oder des Verwaltungsrates über eine Änderung der Statuten muss öffentlich beurkundet und ins Handelsregister eingetragen werden.

Art. 648–649

Aufgehoben.

K. Erhöhung des Aktienkapitals
I. Ordentliche und genehmigte Kapitalerhöhung
1. Ordentliche Kapitalerhöhung

Art. 650

[1] Die Erhöhung des Aktienkapitals wird von der Generalversammlung beschlossen; sie ist vom Verwaltungsrat innerhalb von drei Monaten durchzuführen.

[2] Der Beschluss der Generalversammlung muss öffentlich beurkundet werden und angeben:

1. den gesamten Nennbetrag, um den das Aktienkapital erhöht werden soll, und den Betrag der darauf zu leistenden Einlagen;
2. Anzahl, Nennwert und Art der Aktien sowie Vorrechte einzelner Kategorien;[3]

1 Konstitutive Wirkung
2 Vgl. OR 530 ff.
3 Vorzugsaktien (mit Privileg gegenüber den Stammaktien)

3. den Ausgabebetrag oder die Ermächtigung an den Verwaltungsrat, diesen festzusetzen, sowie den Beginn der Dividendenberechtigung;
4. die Art der Einlagen, bei Sacheinlagen[1] deren Gegenstand und Bewertung sowie den Namen des Sacheinlegers und die ihm zukommenden Aktien;
5. bei Sachübernahmen den Gegenstand, den Namen des Veräusserers und die Gegenleistung der Gesellschaft;
6. Inhalt und Wert von besonderen Vorteilen sowie die Namen der begünstigten Personen;
7. eine Beschränkung der Übertragbarkeit neuer Namenaktien;[2]
8. eine Einschränkung oder Aufhebung des Bezugsrechtes und die Zuweisung nicht ausgeübter oder entzogener Bezugsrechte;[3]
9. die Voraussetzungen für die Ausübung vertraglich erworbener Bezugsrechte.

3 Wird die Kapitalerhöhung nicht innerhalb von drei Monaten ins Handelsregister eingetragen, so fällt der Beschluss der Generalversammlung dahin.

Art. 651

2. Genehmigte Kapitalerhöhung
a. Statutarische Grundlage

1 Die Generalversammlung kann durch Statutenänderung den Verwaltungsrat ermächtigen, das Aktienkapital innert einer Frist von längstens zwei Jahren zu erhöhen.

2 Die Statuten geben den Nennbetrag an, um den der Verwaltungsrat das Aktienkapital erhöhen kann. Das genehmigte Kapital darf die Hälfte des bisherigen Aktienkapitals nicht übersteigen.

3 Die Statuten enthalten überdies die Angaben, welche für die ordentliche Kapitalerhöhung verlangt werden, mit Ausnahme der Angaben über den Ausgabebetrag, die Art der Einlagen, die Sachübernahmen und den Beginn der Dividendenberechtigung.

4 Im Rahmen der Ermächtigung kann der Verwaltungsrat Erhöhungen des Aktienkapitals durchführen. Dabei erlässt er die notwendigen Bestimmungen, soweit sie nicht schon im Beschluss der Generalversammlung enthalten sind.

5 Vorbehalten bleiben die Vorschriften des Bankengesetzes vom 8. November 1934 über das Vorratskapital.

Art. 651a

b. Anpassung der Statuten

1 Nach jeder Kapitalerhöhung setzt der Verwaltungsrat den Nennbetrag des genehmigten Kapitals in den Statuten entsprechend herab.

2 Nach Ablauf der für die Durchführung der Kapitalerhöhung festgelegten Frist wird die Bestimmung über die genehmigte Kapitalerhöhung auf Beschluss des Verwaltungsrates aus den Statuten gestrichen.

Art. 652

3. Gemeinsame Vorschriften
a. Aktienzeichnung

1 Die Aktien werden in einer besonderen Urkunde (Zeichnungsschein) nach den für die Gründung geltenden Regeln gezeichnet.

2 Der Zeichnungsschein muss auf den Beschluss der Generalversammlung über die Erhöhung oder die Ermächtigung zur Erhöhung des Aktienkapitals und auf den Beschluss des Verwaltungsrates über die Erhöhung Bezug nehmen. Verlangt das

[1] Vgl. OR 634
[2] Vgl. OR 685a ff.
[3] Vgl. OR 652b

Gesetz einen Emissionsprospekt, so nimmt der Zeichnungsschein auch auf diesen Bezug.

3 Enthält der Zeichnungsschein keine Befristung, so endet seine Verbindlichkeit drei Monate nach der Unterzeichnung.

Art. 652a

b. Emissionsprospekt

1 Werden neue Aktien öffentlich zur Zeichnung angeboten, so gibt die Gesellschaft in einem Emissionsprospekt Aufschluss über:

1. den Inhalt der bestehenden Eintragung im Handelsregister, mit Ausnahme der Angaben über die zur Vertretung befugten Personen;
2. die bisherige Höhe und Zusammensetzung des Aktienkapitals unter Angabe von Anzahl, Nennwert und Art der Aktien sowie der Vorrechte einzelner Kategorien von Aktien;
3. Bestimmungen der Statuten über eine genehmigte oder eine bedingte Kapitalerhöhung;
4. die Anzahl der Genussscheine und den Inhalt der damit verbundenen Rechte;
5. die letzte Jahresrechnung und Konzernrechnung mit dem Revisionsbericht und, wenn der Bilanzstichtag mehr als sechs Monate zurückliegt, über die Zwischenabschlüsse;
6. die in den letzten fünf Jahren oder seit der Gründung ausgerichteten Dividenden;
7. den Beschluss über die Ausgabe neuer Aktien.

2 Öffentlich ist jede Einladung zur Zeichnung, die sich nicht an einen begrenzten Kreis von Personen richtet.

3 Bei Gesellschaften, die über keine Revisionsstelle verfügen, muss der Verwaltungsrat durch einen zugelassenen Revisor[1] einen Revisionsbericht erstellen lassen und über das Ergebnis der Revision im Emissionsprospekt Aufschluss geben.

Art. 652b

c. Bezugsrecht

1 Jeder Aktionär hat Anspruch auf den Teil der neu ausgegebenen Aktien, der seiner bisherigen Beteiligung entspricht.[2]

2 Der Beschluss der Generalversammlung über die Erhöhung des Aktienkapitals darf das Bezugsrecht nur aus wichtigen Gründen aufheben. Als wichtige Gründe gelten insbesondere die Übernahme von Unternehmen, Unternehmensteilen oder Beteiligungen sowie die Beteiligung der Arbeitnehmer. Durch die Aufhebung des Bezugsrechts darf niemand in unsachlicher Weise begünstigt oder benachteiligt werden.

3 Die Gesellschaft kann dem Aktionär, welchem sie ein Recht zum Bezug von Aktien eingeräumt hat, die Ausübung dieses Rechtes nicht wegen einer statutarischen Beschränkung der Übertragbarkeit von Namenaktien verwehren.

Art. 652c

d. Leistung der Einlagen

Soweit das Gesetz nichts anderes vorschreibt, sind die Einlagen nach den Bestimmungen über die Gründung[3] zu leisten.

1 Vgl. RAG 5
2 Bezugsverhältnis
3 Vgl. OR 632 ff.

Art. 652d

e. Erhöhung aus Eigenkapital

1 Das Aktienkapital kann auch durch Umwandlung von frei verwendbarem Eigenkapital[1] erhöht werden.

2 Die Deckung des Erhöhungsbetrags ist mit der Jahresrechnung in der von den Aktionären genehmigten Fassung und dem Revisionsbericht eines zugelassenen Revisors[2] nachzuweisen. Liegt der Bilanzstichtag mehr als sechs Monate zurück, so ist ein geprüfter Zwischenabschluss erforderlich.

Art. 652e

f. Kapitalerhöhungsbericht

Der Verwaltungsrat gibt in einem schriftlichen Bericht Rechenschaft über:

1. die Art und den Zustand von Sacheinlagen oder Sachübernahmen und die Angemessenheit der Bewertung;
2. den Bestand und die Verrechenbarkeit der Schuld;
3. die freie Verwendbarkeit von umgewandeltem Eigenkapital;
4. die Einhaltung des Generalversammlungsbeschlusses, insbesondere über die Einschränkung oder die Aufhebung des Bezugsrechtes und die Zuweisung nicht ausgeübter oder entzogener Bezugsrechte;
5. die Begründung und die Angemessenheit besonderer Vorteile zugunsten einzelner Aktionäre oder anderer Personen.

Art. 652f

g. Prüfungsbestätigung

1 Ein zugelassener Revisor[3] prüft den Kapitalerhöhungsbericht und bestätigt schriftlich, dass dieser vollständig und richtig ist.

2 Keine Prüfungsbestätigung ist erforderlich, wenn die Einlage auf das neue Aktienkapital in Geld erfolgt, das Aktienkapital nicht zur Vornahme einer Sachübernahme erhöht wird und die Bezugsrechte nicht eingeschränkt oder aufgehoben werden.

Art. 652g

h. Statutenänderung und Feststellungen

1 Liegen der Kapitalerhöhungsbericht und, sofern erforderlich, die Prüfungsbestätigung vor, so ändert der Verwaltungsrat die Statuten und stellt dabei fest:

1. dass sämtliche Aktien gültig gezeichnet sind;
2. dass die versprochenen Einlagen dem gesamten Ausgabebetrag entsprechen;
3. dass die Einlagen entsprechend den Anforderungen des Gesetzes, der Statuten oder des Generalversammlungsbeschlusses geleistet wurden.

2 Beschluss und Feststellungen sind öffentlich zu beurkunden. Die Urkundsperson hat die Belege, die der Kapitalerhöhung zugrunde liegen, einzeln zu nennen und zu bestätigen, dass sie dem Verwaltungsrat vorgelegen haben.

3 Der öffentlichen Urkunde sind die geänderten Statuten, der Kapitalerhöhungsbericht, die Prüfungsbestätigung sowie die Sacheinlageverträge und die bereits vorliegenden Sachübernahmeverträge beizulegen.

1 Freie Reserven
2 Vgl. RAG 5
3 Vgl. RAG 5

Art. 652h

i. Eintragung in das Handelsregister; Nichtigkeit vorher ausgegebener Aktien

1 Der Verwaltungsrat meldet die Statutenänderung und seine Feststellungen beim Handelsregister zur Eintragung an.

2 Einzureichen sind:

1. die öffentlichen Urkunden über die Beschlüsse der Generalversammlung und des Verwaltungsrates mit den Beilagen;
2. eine beglaubigte Ausfertigung der geänderten Statuten.

3 Aktien, die vor der Eintragung der Kapitalerhöhung ausgegeben werden, sind nichtig; die aus der Aktienzeichnung hervorgehenden Verpflichtungen werden dadurch nicht berührt.

Art. 653

II. Bedingte Kapitalerhöhung

1. Grundsatz

1 Die Generalversammlung kann eine bedingte Kapitalerhöhung beschliessen, indem sie in den Statuten den Gläubigern von neuen Anleihens- oder ähnlichen Obligationen gegenüber der Gesellschaft oder ihren Konzerngesellschaften sowie den Arbeitnehmern Rechte auf den Bezug neuer Aktien (Wandel- oder Optionsrechte)[1] einräumt.

2 Das Aktienkapital erhöht sich ohne weiteres in dem Zeitpunkt und in dem Umfang, als diese Wandel- oder Optionsrechte ausgeübt und die Einlagepflichten durch Verrechnung oder Einzahlung erfüllt werden.

3 Vorbehalten bleiben die Vorschriften des Bankengesetzes vom 8. November 1934 über das Wandlungskapital.

Art. 653a

2. Schranken

1 Der Nennbetrag, um den das Aktienkapital bedingt erhöht werden kann, darf die Hälfte des bisherigen Aktienkapitals nicht übersteigen.

2 Die geleistete Einlage muss mindestens dem Nennwert entsprechen.

Art. 653b

3. Statutarische Grundlage

1 Die Statuten müssen angeben:

1. den Nennbetrag der bedingten Kapitalerhöhung;
2. Anzahl, Nennwert und Art der Aktien;
3. den Kreis der Wandel- oder der Optionsberechtigten;
4. die Aufhebung der Bezugsrechte der bisherigen Aktionäre;
5. Vorrechte einzelner Kategorien von Aktien;
6. die Beschränkung der Übertragbarkeit neuer Namenaktien.

2 Werden die Anleihens- oder ähnlichen Obligationen, mit denen Wandel- oder Optionsrechte verbunden sind, nicht den Aktionären vorweg zur Zeichnung angeboten, so müssen die Statuten überdies angeben:

1. die Voraussetzungen für die Ausübung der Wandel- oder der Optionsrechte;
2. die Grundlagen, nach denen der Ausgabebetrag zu berechnen ist.

3 Wandel- oder Optionsrechte, die vor der Eintragung der Statutenbestimmung über die bedingte Kapitalerhöhung im Handelsregister eingeräumt werden, sind nichtig.

1 Gestaltungsrechte

Art. 653c

4. Schutz der Aktionäre

[1] Sollen bei einer bedingten Kapitalerhöhung Anleihens- oder ähnliche Obligationen, mit denen Wandel- oder Optionsrechte verbunden sind, ausgegeben werden, so sind diese Obligationen vorweg den Aktionären entsprechend ihrer bisherigen Beteiligung zur Zeichnung anzubieten.

[2] Dieses Vorwegzeichnungsrecht kann beschränkt oder aufgehoben werden, wenn ein wichtiger Grund vorliegt.

[3] Durch die für eine bedingte Kapitalerhöhung notwendige Aufhebung des Bezugsrechtes sowie durch eine Beschränkung oder Aufhebung des Vorwegzeichnungsrechtes darf niemand in unsachlicher Weise begünstigt oder benachteiligt werden.

Art. 653d

5. Schutz der Wandel- oder Optionsberechtigten

[1] Dem Gläubiger oder dem Arbeitnehmer, dem ein Wandel- oder ein Optionsrecht zum Erwerb von Namenaktien zusteht, kann die Ausübung dieses Rechtes nicht wegen einer Beschränkung der Übertragbarkeit von Namenaktien verwehrt werden, es sei denn, dass dies in den Statuten und im Emissionsprospekt vorbehalten wird.

[2] Wandel- oder Optionsrechte dürfen durch die Erhöhung des Aktienkapitals, durch die Ausgabe neuer Wandel- oder Optionsrechte oder auf andere Weise nur beeinträchtigt werden, wenn der Konversionspreis gesenkt oder den Berechtigten auf andere Weise ein angemessener Ausgleich gewährt wird, oder wenn die gleiche Beeinträchtigung auch die Aktionäre trifft.

Art. 653e

6. Durchführung der Kapitalerhöhung

a. Ausübung der Rechte; Einlage

[1] Wandel- oder Optionsrechte werden durch eine schriftliche Erklärung ausgeübt, die auf die Statutenbestimmung über die bedingte Kapitalerhöhung hinweist; verlangt das Gesetz einen Emissionsprospekt, so nimmt die Erklärung auch auf diesen Bezug.

[2] Die Leistung der Einlage durch Geld oder Verrechnung muss bei einem Bankinstitut erfolgen, das dem Bankengesetz vom 8. November 1934 unterstellt ist.

[3] Die Aktionärsrechte entstehen mit der Erfüllung der Einlagepflicht.

Art. 653f

b. Prüfungsbestätigung

[1] Ein zugelassener Revisionsexperte[1] prüft nach Abschluss jedes Geschäftsjahres, auf Verlangen des Verwaltungsrats schon vorher, ob die Ausgabe der neuen Aktien dem Gesetz, den Statuten und, wenn ein solcher erforderlich ist, dem Emissionsprospekt entsprochen hat.

[2] Er bestätigt dies schriftlich.

Art. 653g

c. Anpassung der Statuten

[1] Nach Eingang der Prüfungsbestätigung stellt der Verwaltungsrat in öffentlicher Urkunde Anzahl, Nennwert und Art der neu ausgegebenen Aktien sowie die Vorrechte einzelner Kategorien und den Stand des Aktienkapitals am Schluss des Geschäftsjahres oder im Zeitpunkt der Prüfung fest. Er nimmt die nötigen Statutenanpassungen vor.

[2] In der öffentlichen Urkunde stellt die Urkundsperson fest, dass die Prüfungsbestätigung die verlangten Angaben enthält.

[1] Vgl. RAG 4

Art. 653h

d. Eintragung in das Handelsregister

Der Verwaltungsrat meldet dem Handelsregister spätestens drei Monate nach Abschluss des Geschäftsjahres die Statutenänderung an und reicht die öffentliche Urkunde und die Prüfungsbestätigung ein.

Art. 653i

7. Streichung

1 Sind die Wandel- oder die Optionsrechte erloschen und wird dies von einem zugelassenen Revisionsexperten[1] in einem schriftlichen Prüfungsbericht bestätigt, so hebt der Verwaltungsrat die Statutenbestimmungen über die bedingte Kapitalerhöhung auf.

2 In der öffentlichen Urkunde stellt die Urkundsperson fest, dass der Prüfungsbericht die verlangten Angaben enthält.

Art. 654

III. Vorzugsaktien

1. Voraussetzungen

1 Die Generalversammlung kann nach Massgabe der Statuten oder auf dem Wege der Statutenänderung die Ausgabe von Vorzugsaktien beschliessen oder bisherige Aktien in Vorzugsaktien umwandeln.[2]

2 Hat eine Gesellschaft Vorzugsaktien ausgegeben, so können weitere Vorzugsaktien, denen Vorrechte gegenüber den bereits bestehenden Vorzugsaktien eingeräumt werden sollen, nur mit Zustimmung sowohl einer besonderen Versammlung der beeinträchtigten Vorzugsaktionäre als auch einer Generalversammlung sämtlicher Aktionäre ausgegeben werden. Eine abweichende Ordnung durch die Statuten bleibt vorbehalten.

3 Dasselbe gilt, wenn statutarische Vorrechte, die mit Vorzugsaktien verbunden sind, abgeändert oder aufgehoben werden sollen.

Art. 655

Aufgehoben.

Art. 656

2. Stellung der Vorzugsaktien

1 Die Vorzugsaktien geniessen gegenüber den Stammaktien die Vorrechte, die ihnen in den ursprünglichen Statuten oder durch Statutenänderung ausdrücklich eingeräumt sind. Sie stehen im Übrigen den Stammaktien gleich.

2 Die Vorrechte können sich namentlich auf die Dividende mit oder ohne Nachbezugsrecht, auf den Liquidationsanteil und auf die Bezugsrechte für den Fall der Ausgabe neuer Aktien erstrecken.

Art. 656a

L. Partizipationsscheine

I. Begriff; anwendbare Vorschriften

1 Die Statuten können ein Partizipationskapital vorsehen, das in Teilsummen (Partizipationsscheine)[3] zerlegt ist. Diese Partizipationsscheine werden gegen Einlage ausgegeben, haben einen Nennwert und gewähren kein Stimmrecht.

2 Die Bestimmungen über das Aktienkapital, die Aktie und den Aktionär gelten, soweit das Gesetz nichts anderes vorsieht, auch für das Partizipationskapital, den Partizipationsschein und den Partizipanten.

3 Die Partizipationsscheine sind als solche zu bezeichnen.

1 Vgl. RAG 4
2 Prioritätsaktien
3 PS

Art. 656b

II. Partizipations- und Aktienkapital

[1] Das Partizipationskapital darf das Doppelte des Aktienkapitals nicht übersteigen.

[2] Die Bestimmungen über das Mindestkapital und über die Mindestgesamteinlage finden keine Anwendung.

[3] In den Bestimmungen über die Einschränkungen des Erwerbs eigener Aktien, die allgemeine Reserve, die Einleitung einer Sonderprüfung gegen den Willen der Generalversammlung und über die Meldepflicht bei Kapitalverlust ist das Partizipationskapital dem Aktienkapital zuzuzählen.

[4] Eine genehmigte oder eine bedingte Erhöhung des Aktien- und des Partizipationskapitals darf insgesamt die Hälfte der Summe die bisherigen Aktien- und Partizipationskapitals nicht übersteigen.

[5] Partizipationskapital kann im Verfahren der genehmigten oder bedingten Kapitalerhöhung geschaffen werden.

Art. 656c

III. Rechtsstellung des Partizipanten

1. Im Allgemeinen

[1] Der Partizipant hat kein Stimmrecht und, sofern die Statuten nichts anderes bestimmen, keines der damit zusammenhängenden Rechte.

[2] Als mit dem Stimmrecht zusammenhängende Rechte gelten das Recht auf Einberufung einer Generalversammlung, das Teilnahmerecht, das Recht auf Auskunft, das Recht auf Einsicht und das Antragsrecht.

[3] Gewähren ihm die Statuten kein Recht auf Auskunft oder Einsicht oder kein Antragsrecht auf Einleitung einer Sonderprüfung (Art. 697a ff.), so kann der Partizipant Begehren um Auskunft oder Einsicht oder um Einleitung einer Sonderprüfung schriftlich zuhanden der Generalversammlung stellen.

Art. 656d

2. Bekanntgabe von Einberufung und Beschlüssen der Generalversammlung

[1] Den Partizipanten muss die Einberufung der Generalversammlung zusammen mit den Verhandlungsgegenständen und den Anträgen bekanntgegeben werden.

[2] Jeder Beschluss der Generalversammlung ist unverzüglich am Gesellschaftssitz und bei den eingetragenen Zweigniederlassungen zur Einsicht der Partizipanten aufzulegen. Die Partizipanten sind in der Bekanntgabe darauf hinzuweisen.

Art. 656e

3. Vertretung im Verwaltungsrat

Die Statuten können den Partizipanten einen Anspruch auf einen Vertreter im Verwaltungsrat einräumen.

Art. 656f

4. Vermögensrechte

a. Im Allgemeinen

[1] Die Statuten dürfen die Partizipanten bei der Verteilung des Bilanzgewinnes und des Liquidationsergebnisses sowie beim Bezug neuer Aktien nicht schlechter stellen als die Aktionäre.

[2] Bestehen mehrere Kategorien von Aktien, so müssen die Partizipationsscheine zumindest der Kategorie gleichgestellt sein, die am wenigsten bevorzugt ist.

[3] Statutenänderungen und andere Generalversammlungsbeschlüsse, welche die Stellung der Partizipanten verschlechtern, sind nur zulässig, wenn sie auch die Stellung der Aktionäre, denen die Partizipanten gleichstehen, entsprechend beeinträchtigen.

[4] Sofern die Statuten nichts anderes bestimmen, dürfen die Vorrechte und die statutarischen Mitwirkungsrechte von Partizipanten nur mit Zustimmung einer besonderen Versammlung der betroffenen Partizipanten und der Generalversammlung der Aktionäre beschränkt oder aufgehoben werden.

Art. 656g

b. Bezugsrechte

1 Wird ein Partizipationskapital geschaffen, so haben die Aktionäre ein Bezugsrecht wie bei der Ausgabe neuer Aktien.

2 Die Statuten können vorsehen, dass Aktionäre nur Aktien und Partizipanten nur Partizipationsscheine beziehen können, wenn das Aktien- und das Partizipationskapital gleichzeitig und im gleichen Verhältnis erhöht werden.

3 Wird das Partizipationskapital oder das Aktienkapital allein oder verhältnismässig stärker als das andere erhöht, so sind die Bezugsrechte so zuzuteilen, dass Aktionäre und Partizipanten am gesamten Kapital gleich wie bis anhin beteiligt bleiben können.

Art. 657

M. Genussscheine

1 Die Statuten können die Schaffung von Genussscheinen zugunsten von Personen vorsehen, die mit der Gesellschaft durch frühere Kapitalbeteiligung oder als Aktionär, Gläubiger, Arbeitnehmer oder in ähnlicher Weise verbunden sind. Sie haben die Zahl der ausgegebenen Genussscheine und den Inhalt der damit verbundenen Rechte anzugeben.

2 Durch die Genussscheine können den Berechtigten nur Ansprüche auf einen Anteil am Bilanzgewinn oder am Liquidationsergebnis oder auf den Bezug neuer Aktien verliehen werden.

3 Der Genussschein darf keinen Nennwert haben; er darf weder Partizipationsschein genannt noch gegen eine Einlage ausgegeben werden, die unter den Aktiven der Bilanz ausgewiesen wird.

4 Die Berechtigten bilden von Gesetzes wegen eine Gemeinschaft, für welche die Bestimmungen über die Gläubigergemeinschaft bei Anleihensobligationen sinngemäss gelten. Den Verzicht auf einzelne oder alle Rechte aus den Genussscheinen können jedoch nur die Inhaber der Mehrheit aller im Umlauf befindlichen Genussscheintitel verbindlich beschliessen.

5 Zugunsten der Gründer der Gesellschaft dürfen Genussscheine nur aufgrund der ursprünglichen Statuten geschaffen werden.

Art. 658

Aufgehoben.

Art. 659

N. Eigene Aktien

I. Einschränkung des Erwerbs

1 Die Gesellschaft darf eigene Aktien nur dann erwerben, wenn frei verwendbares Eigenkapital[1] in der Höhe der dafür nötigen Mittel vorhanden ist und der gesamte Nennwert dieser Aktien 10 Prozent des Aktienkapitals nicht übersteigt.

2 Werden im Zusammenhang mit einer Übertragbarkeitsbeschränkung[2] Namenaktien erworben, so beträgt die Höchstgrenze 20 Prozent. Die über 10 Prozent des Aktienkapitals hinaus erworbenen eigenen Aktien sind innert zweier Jahre zu veräussern oder durch Kapitalherabsetzung zu vernichten.

1 Freie Reserven
2 Vgl. OR 685b Abs. 4

Art. 659a

II. Folgen des Erwerbs

[1] Das Stimmrecht und die damit verbundenen Rechte eigener Aktien ruhen.

[2] Die Gesellschaft hat für die eigenen Aktien einen dem Anschaffungswert entsprechenden Betrag gesondert als Reserve auszuweisen.[1]

Art. 659b

III. Erwerb durch Tochtergesellschaften

[1] Ist eine Gesellschaft an Tochtergesellschaften mehrheitlich beteiligt, so gelten für den Erwerb ihrer Aktien durch diese Tochtergesellschaften die gleichen Einschränkungen und Folgen wie für den Erwerb eigener Aktien.

[2] Erwirbt eine Gesellschaft die Mehrheitsbeteiligung an einer anderen Gesellschaft, die ihrerseits Aktien der Erwerberin hält, so gelten diese Aktien als eigene Aktien der Erwerberin.

[3] Die Reservebildung obliegt der Gesellschaft, welche die Mehrheitsbeteiligung hält.

Zweiter Abschnitt: Rechte und Pflichten der Aktionäre

Art. 660

A. Recht auf Gewinn- und Liquidationsanteil

I. Im Allgemeinen

[1] Jeder Aktionär hat Anspruch auf einen verhältnismässigen Anteil am Bilanzgewinn,[2] soweit dieser nach dem Gesetz oder den Statuten zur Verteilung unter die Aktionäre bestimmt ist.

[2] Bei Auflösung der Gesellschaft hat der Aktionär, soweit die Statuten über die Verwendung des Vermögens der aufgelösten Gesellschaft nichts anderes bestimmen, das Recht auf einen verhältnismässigen Anteil am Ergebnis der Liquidation.

[3] Vorbehalten bleiben die in den Statuten für einzelne Kategorien von Aktien festgesetzten Vorrechte.

Art. 661

II. Berechnungsart

Die Anteile am Gewinn und am Liquidationsergebnis sind, sofern die Statuten nicht etwas anderes vorsehen, im Verhältnis der auf das Aktienkapital einbezahlten Beträge[3] zu berechnen.

Art. 662–663b

Aufgehoben.

Art. 663b^bis^

B. Geschäftsbericht

I. Zusätzliche Angaben bei Gesellschaften mit kotierten Aktien

1. Vergütungen

[1] Gesellschaften, deren Aktien an einer Börse kotiert[4] sind, haben im Anhang zur Bilanz anzugeben:

1. alle Vergütungen, die sie direkt oder indirekt an gegenwärtige Mitglieder des Verwaltungsrates ausgerichtet haben;
2. alle Vergütungen, die sie direkt oder indirekt an Personen ausgerichtet haben, die vom Verwaltungsrat ganz oder zum Teil mit der Geschäftsführung betraut sind (Geschäftsleitung);
3. alle Vergütungen, die sie direkt oder indirekt an gegenwärtige Mitglieder des Beirates ausgerichtet haben;

1 Vgl. OR 671a
2 Dividende
3 Nennwert nur, wenn vollständig liberiert
4 Zum offiziellen Börsenhandel zugelassen

4. Vergütungen, die sie direkt oder indirekt an frühere Mitglieder des Verwaltungsrates, der Geschäftsleitung und des Beirates ausgerichtet haben, sofern sie in einem Zusammenhang mit der früheren Tätigkeit als Organ der Gesellschaft stehen oder nicht marktüblich sind;
5. nicht marktübliche Vergütungen, die sie direkt oder indirekt an Personen ausgerichtet haben, die den in den Ziffern 1–4 genannten Personen nahe stehen.

2 Als Vergütungen gelten insbesondere:

1. Honorare, Löhne, Bonifikationen und Gutschriften;
2. Tantiemen, Beteiligungen am Umsatz und andere Beteiligungen am Geschäftsergebnis;
3. Sachleistungen;
4. die Zuteilung von Beteiligungen, Wandel- und Optionsrechten;
5. Abgangsentschädigungen;
6. Bürgschaften, Garantieverpflichtungen, Pfandbestellungen zugunsten Dritter und andere Sicherheiten;
7. der Verzicht auf Forderungen;
8. Aufwendungen, die Ansprüche auf Vorsorgeleistungen begründen oder erhöhen;
9. sämtliche Leistungen für zusätzliche Arbeiten.

3 Im Anhang zur Bilanz sind zudem anzugeben:

1. alle Darlehen und Kredite, die den gegenwärtigen Mitgliedern des Verwaltungsrates, der Geschäftsleitung und des Beirates gewährt wurden und noch ausstehen;
2. Darlehen und Kredite, die zu nicht marktüblichen Bedingungen an frühere Mitglieder des Verwaltungsrates, der Geschäftsleitung und des Beirates gewährt wurden und noch ausstehen;
3. Darlehen und Kredite, die zu nicht marktüblichen Bedingungen an Personen, die den in den Ziffern 1 und 2 genannten Personen nahe stehen, gewährt wurden und noch ausstehen.

4 Die Angaben zu Vergütungen und Krediten müssen umfassen:

1. den Gesamtbetrag für den Verwaltungsrat und den auf jedes Mitglied entfallenden Betrag unter Nennung des Namens und der Funktion des betreffenden Mitglieds;
2. den Gesamtbetrag für die Geschäftsleitung und den höchsten auf ein Mitglied entfallenden Betrag unter Nennung des Namens und der Funktion des betreffenden Mitglieds;
3. den Gesamtbetrag für den Beirat und den auf jedes Mitglied entfallenden Betrag unter Nennung des Namens und der Funktion des betreffenden Mitglieds.

5 Vergütungen und Kredite an nahe stehende Personen sind gesondert auszuweisen. Die Namen der nahe stehenden Personen müssen nicht angegeben werden. Im Übrigen finden die Vorschriften über die Angaben zu Vergütungen und Krediten an Mitglieder des Verwaltungsrates, der Geschäftsleitung und des Beirates entsprechende Anwendung.

Art. 663c

2. Beteiligungen

[1] Gesellschaften, deren Aktien an einer Börse kotiert[1] sind, haben im Anhang zur Bilanz bedeutende Aktionäre und deren Beteiligungen anzugeben, sofern diese ihnen bekannt sind oder bekannt sein müssten.

[2] Als bedeutende Aktionäre gelten Aktionäre und stimmrechtsverbundene Aktionärsgruppen,[2] deren Beteiligung 5 Prozent aller Stimmrechte übersteigt. Enthalten die Statuten eine tiefere prozentmässige Begrenzung der Namenaktien (Art. 685d Abs. 1), so gilt für die Bekanntgabepflicht diese Grenze.

[3] Anzugeben sind weiter die Beteiligungen an der Gesellschaft sowie die Wandel- und Optionsrechte jedes gegenwärtigen Mitglieds des Verwaltungsrates, der Geschäftsleitung und des Beirates mit Einschluss der Beteiligungen der ihm nahe stehenden Personen unter Nennung des Namens und der Funktion des betreffenden Mitglieds.

Art. 663d–669

Aufgehoben.

Art. 670

II. Bewertung, Aufwertung

[1] Ist die Hälfte des Aktienkapitals und der gesetzlichen Reserven infolge eines Bilanzverlustes nicht mehr gedeckt, so dürfen zur Beseitigung der Unterbilanz[3] Grundstücke oder Beteiligungen, deren wirklicher Wert über die Anschaffungs- oder Herstellungskosten gestiegen ist, bis höchstens zu diesem Wert aufgewertet werden. Der Aufwendungsbetrag ist gesondert als Aufwertungsreserve[4] auszuweisen.

[2] Die Aufwertung ist nur zulässig, wenn ein zugelassener Revisor[5] zuhanden der Generalversammlung schriftlich bestätigt, dass die gesetzlichen Bestimmungen eingehalten sind.

Art. 671

C. Reserven
I. Gesetzliche Reserven
1. Allgemeine Reserve

[1] 5 Prozent des Jahresgewinnes sind der allgemeinen Reserve zuzuweisen, bis diese 20 Prozent des einbezahlten Aktienkapitals erreicht.

[2] Dieser Reserve sind, auch nachdem sie die gesetzliche Höhe erreicht hat, zuzuweisen:

1. ein bei der Ausgabe von Aktien nach Deckung der Ausgabekosten über den Nennwert hinaus erzielter Mehrerlös,[6] soweit er nicht zu Abschreibungen oder zu Wohlfahrtszwecken verwendet wird;
2. was von den geleisteten Einzahlungen auf ausgefallene Aktien[7] übrigbleibt, nachdem ein allfälliger Mindererlös aus den dafür ausgegebenen Aktien gedeckt worden ist;
3. 10 Prozent der Beträge, die nach Bezahlung einer Dividende von 5 Prozent als Gewinnanteil ausgerichtet werden.[8]

1 Zum offiziellen Börsenhandel zugelassen
2 Z.B. mittels Aktionärsbindungsvertrag
3 Vgl. OR 725
4 Vgl. OR 671b
5 Vgl. RAG 5
6 Agio
7 Vgl. OR 681 (Kaduzierung)
8 5 % = Grunddividende; 10 % von Tantieme (vgl. OR Art. 677) und Zusatzdividende

3 Die allgemeine Reserve darf, soweit sie die Hälfte des Aktienkapitals nicht übersteigt, nur zur Deckung von Verlusten oder für Massnahmen verwendet werden, die geeignet sind, in Zeiten schlechten Geschäftsganges das Unternehmen durchzuhalten, der Arbeitslosigkeit entgegenzuwirken oder ihre Folgen zu mildern.

4 Die Bestimmungen in Absatz 2 Ziffer 3 und Absatz 3 gelten nicht für Gesellschaften, deren Zweck hauptsächlich in der Beteiligung an anderen Unternehmen besteht (Holdinggesellschaften).

5 *Aufgehoben.*

6 *Aufgehoben.*

Art. 671a

2. Reserve für eigene Aktien

Die Reserve für eigene Aktien[1] kann bei Veräusserung oder Vernichtung von Aktien im Umfang der Anschaffungswerte aufgehoben werden.

Art. 671b

3. Aufwertungsreserve

Die Aufwertungsreserve[2] kann nur durch Umwandlung in Aktienkapital sowie durch Wiederabschreibung oder Veräusserung der aufgewerteten Aktiven aufgelöst werden.

Art. 672

II. Statutarische Reserven
1. Im Allgemeinen

1 Die Statuten können bestimmen, dass der Reserve höhere Beträge als 5 Prozent des Jahresgewinnes zuzuweisen sind und dass die Reserve mehr als die vom Gesetz vorgeschriebenen 20 Prozent des einbezahlten Aktienkapitals betragen muss.[3]

2 Sie können die Anlage weiterer Reserven vorsehen und deren Zweckbestimmung und Verwendung festsetzen.

Art. 673

2. Zu Wohlfahrtszwecken für Arbeitnehmer

Die Statuten können insbesondere auch Reserven zur Gründung und Unterstützung von Wohlfahrtseinrichtungen für Arbeitnehmer des Unternehmens vorsehen.

Art. 674

III. Verhältnis des Gewinnanteils zu den Reserven

1 Die Dividende darf erst festgesetzt werden, nachdem die dem Gesetz und den Statuten entsprechenden Zuweisungen an die gesetzlichen und statutarischen Reserven abgezogen worden sind.

2 Die Generalversammlung kann die Bildung von Reserven beschliessen, die im Gesetz und in den Statuten nicht vorgesehen sind oder über deren Anforderungen hinausgehen, soweit

1. dies zu Wiederbeschaffungszwecken notwendig ist;
2. die Rücksicht auf das dauernde Gedeihen des Unternehmens oder auf die Ausrichtung einer möglichst gleichmässigen Dividende es unter Berücksichtigung der Interessen aller Aktionäre rechtfertigt.

3 Ebenso kann die Generalversammlung zur Gründung und Unterstützung von Wohlfahrtseinrichtungen für Arbeitnehmer des Unternehmens und zu anderen Wohlfahrtszwecken aus dem Bilanzgewinn auch dann Reserven bilden, wenn sie in den Statuten nicht vorgesehen sind.

1 Vgl. OR 659
2 Vgl. OR 670
3 Vgl. OR 671 Abs. 1

Art. 675

D. Dividenden, Bauzinse und Tantiemen
I. Dividenden

1 Zinse dürfen für das Aktienkapital nicht bezahlt werden.

2 Dividenden dürfen nur aus dem Bilanzgewinn[1] und aus hierfür gebildeten Reserven ausgerichtet werden.

Art. 676

II. Bauzinse

1 Für die Zeit, die Vorbereitung und Bau bis zum Anfang des vollen Betriebes des Unternehmens erfordern, kann den Aktionären ein Zins von bestimmter Höhe zu Lasten des Anlagekontos zugesichert werden. Die Statuten müssen in diesem Rahmen den Zeitpunkt bezeichnen, in dem die Entrichtung von Zinsen spätestens aufhört.

2 Wird das Unternehmen durch die Ausgabe neuer Aktien erweitert, so kann im Beschlusse über die Kapitalerhöhung den neuen Aktien eine bestimmte Verzinsung zu Lasten des Anlagekontos bis zu einem genau anzugebenden Zeitpunkt, höchstens jedoch bis zur Aufnahme des Betriebes der neuen Anlage zugestanden werden.

Art. 677

III. Tantiemen

Gewinnanteile an Mitglieder des Verwaltungsrates dürfen nur dem Bilanzgewinn entnommen werden und sind nur zulässig, nachdem die Zuweisung an die gesetzliche Reserve gemacht und eine Dividende von 5 Prozent[2] oder von einem durch die Statuten festgesetzten höheren Ansatz an die Aktionäre ausgerichtet worden ist.

Art. 678

E. Rückerstattung von Leistungen
I. Im Allgemeinen

1 Aktionäre und Mitglieder des Verwaltungsrates sowie diesen nahestehende Personen, die ungerechtfertigt und in bösem Glauben[3] Dividenden, Tantiemen, andere Gewinnanteile oder Bauzinse bezogen haben, sind zur Rückerstattung verpflichtet.

2 Sie sind auch zur Rückerstattung anderer Leistungen der Gesellschaft verpflichtet, soweit diese in einem offensichtlichen Missverhältnis zur Gegenleistung und zur wirtschaftlichen Lage der Gesellschaft stehen.

3 Der Anspruch auf Rückerstattung steht der Gesellschaft und dem Aktionär zu; dieser klagt auf Leistung an die Gesellschaft.

4 Die Pflicht zur Rückerstattung verjährt fünf Jahre nach Empfang der Leistung.[4]

Art. 679

II. Tantiemen im Konkurs

1 Im Konkurs der Gesellschaft müssen die Mitglieder des Verwaltungsrates alle Tantiemen, die sie in den letzten drei Jahren vor Konkurseröffnung erhalten haben, zurückerstatten, es sei denn, sie weisen nach, dass die Voraussetzungen zur Ausrichtung der Tantiemen nach Gesetz und Statuten erfüllt waren; dabei ist insbesondere nachzuweisen, dass die Ausrichtung aufgrund vorsichtiger Bilanzierung erfolgte.

2 *Aufgehoben*.

1 Jahresgewinn und Gewinnvortrag
2 Grunddividende
3 In Kenntnis des Rechtsmangels
4 Vgl. OR 127 ff.

Art. 680

F. Leistungspflicht des Aktionärs
I. Gegenstand

1 Der Aktionär kann auch durch die Statuten nicht verpflichtet werden, mehr zu leisten als den für den Bezug einer Aktie bei ihrer Ausgabe festgesetzten Betrag.[1]

2 Ein Recht, den eingezahlten Betrag zurückzufordern, steht dem Aktionär nicht zu.[2]

Art. 681

II. Verzugsfolgen
1. Nach Gesetz und Statuten

1 Ein Aktionär, der den Ausgabebetrag seiner Aktie nicht zur rechten Zeit einbezahlt, ist zur Zahlung von Verzugszinsen verpflichtet.

2 Der Verwaltungsrat ist überdies befugt, den säumigen Aktionär seiner Rechte aus der Zeichnung der Aktien und seiner geleisteten Teilzahlungen verlustig zu erklären[3] und an Stelle der ausgefallenen neue Aktien auszugeben. Wenn die ausgefallenen Titel bereits ausgegeben sind und nicht beigebracht werden können, so ist die Verlustigerklärung im Schweizerischen Handelsamtsblatt sowie in der von den Statuten vorgesehenen Form zu veröffentlichen.

3 Die Statuten können einen Aktionär für den Fall der Säumnis auch zur Entrichtung einer Konventionalstrafe verpflichten.

Art. 682

2. Aufforderung zur Leistung

1 Beabsichtigt der Verwaltungsrat, den säumigen Aktionär seiner Rechte aus der Zeichnung verlustig zu erklären oder von ihm die in den Statuten vorgesehene Konventionalstrafe zu fordern, so hat er im Schweizerischen Handelsamtsblatt sowie in der von den Statuten vorgesehenen Form mindestens dreimal eine Aufforderung zur Einzahlung zu erlassen, unter Ansetzung einer Nachfrist von mindestens einem Monat, von der letzten Veröffentlichung an gerechnet. Der Aktionär darf seiner Rechte aus der Zeichnung erst verlustig erklärt oder für die Konventionalstrafe belangt werden, wenn er auch innerhalb der Nachfrist die Einzahlung nicht leistet.

2 Bei Namenaktien tritt an die Stelle der Veröffentlichungen eine Zahlungsaufforderung und Ansetzung der Nachfrist an die im Aktienbuch eingetragenen Aktionäre durch eingeschriebenen Brief. In diesem Falle läuft die Nachfrist vom Empfang der Zahlungsaufforderung an.

3 Der säumige Aktionär haftet der Gesellschaft für den Betrag, der durch die Leistungen des neuen Aktionärs nicht gedeckt ist.

Art. 683

G. Ausgabe und Übertragung der Aktien
I. Inhaberaktien

1 Auf den Inhaber lautende Aktien dürfen erst nach der Einzahlung des vollen Nennwertes ausgegeben werden.

2 Vor der Volleinzahlung ausgegebene Aktien sind nichtig. Schadenersatzansprüche bleiben vorbehalten.

Art. 684

II. Namenaktien

1 Die Namenaktien sind, wenn nicht Gesetz oder Statuten es anders bestimmen, ohne Beschränkung übertragbar.[4]

2 Die Übertragung durch Rechtsgeschäft kann durch Übergabe des indossierten[5] Aktientitels an den Erwerber erfolgen.

1 Liberierungspflicht ist einzige Pflicht
2 Aktienkapital ist unbefristet
3 Kaduzierung
4 Vgl. OR 685a ff.
5 Ordre-, nicht Namenpapier (vgl. OR 967 Abs. 2)

Art. 685

H. Beschränkung der Übertragbarkeit
I. Gesetzliche Beschränkung

1 Nicht voll liberierte Namenaktien dürfen nur mit Zustimmung der Gesellschaft übertragen[1] werden, es sei denn, sie werden durch Erbgang, Erbteilung, eheliches Güterrecht oder Zwangsvollstreckung erworben.

2 Die Gesellschaft kann die Zustimmung nur verweigern, wenn die Zahlungsfähigkeit des Erwerbers zweifelhaft ist und die von der Gesellschaft geforderte Sicherheit nicht geleistet wird.

Art. 685a

II. Statutarische Beschränkung
1. Grundsätze

1 Die Statuten können bestimmen, dass Namenaktien nur mit Zustimmung der Gesellschaft übertragen werden dürfen.[2]

2 Diese Beschränkung gilt auch für die Begründung einer Nutzniessung.

3 Tritt die Gesellschaft in Liquidation, so fällt die Beschränkung der Übertragbarkeit dahin.

Art. 685b

2. Nicht börsenkotierte Namenaktien
a. Voraussetzungen der Ablehnung

1 Die Gesellschaft kann das Gesuch um Zustimmung ablehnen, wenn sie hierfür einen wichtigen, in den Statuten genannten Grund bekanntgibt oder wenn sie dem Veräusserer der Aktien anbietet, die Aktien für eigene Rechnung, für Rechnung anderer Aktionäre oder für Rechnung Dritter zum wirklichen Wert im Zeitpunkt des Gesuches zu übernehmen.

2 Als wichtige Gründe gelten Bestimmungen über die Zusammensetzung des Aktionärskreises, die im Hinblick auf den Gesellschaftszweck oder die wirtschaftliche Selbständigkeit des Unternehmens die Verweigerung rechtfertigen.

3 Die Gesellschaft kann überdies die Eintragung in das Aktienbuch verweigern, wenn der Erwerber nicht ausdrücklich erklärt, dass er die Aktien im eigenen Namen und auf eigene Rechnung erworben hat.

4 Sind die Aktien durch Erbgang, Erbteilung, eheliches Güterrecht oder Zwangsvollstreckung erworben worden, so kann die Gesellschaft das Gesuch um Zustimmung nur ablehnen, wenn sie dem Erwerber die Übernahme der Aktien zum wirklichen Wert anbietet.

5 Der Erwerber kann verlangen, dass der Richter am Sitz der Gesellschaft den wirklichen Wert bestimmt. Die Kosten der Bewertung trägt die Gesellschaft.

6 Lehnt der Erwerber das Übernahmeangebot nicht innert eines Monates nach Kenntnis des wirklichen Wertes ab, so gilt es als angenommen.

7 Die Statuten dürfen die Voraussetzungen der Übertragbarkeit nicht erschweren.

Art. 685c

b. Wirkung

1 Solange eine erforderliche Zustimmung zur Übertragung von Aktien nicht erteilt wird, verbleiben das Eigentum an den Aktien und alle damit verknüpften Rechte beim Veräusserer.[3]

2 Beim Erwerb von Aktien durch Erbgang, Erbteilung, eheliches Güterrecht oder Zwangsvollstreckung gehen das Eigentum und die Vermögensrechte sogleich, die Mitwirkungsrechte erst mit der Zustimmung der Gesellschaft auf den Erwerber über.[4]

1 Gesetzliche Übertragungsbeschränkung
2 Vinkulierte Namenaktien
3 Vermögensrechte und Mitwirkungsrechte bleiben beim alten Aktionär
4 Spaltung der Aktionärsrechte

3 Lehnt die Gesellschaft das Gesuch um Zustimmung innert dreier Monate nach Erhalt nicht oder zu Unrecht ab, so gilt die Zustimmung als erteilt.

Art. 685d

3. Börsenkotierte Namenaktien
a. Voraussetzungen der Ablehnung

1 Bei börsenkotierten Namenaktien kann die Gesellschaft einen Erwerber als Aktionär nur ablehnen, wenn die Statuten eine prozentmässige Begrenzung der Namenaktien vorsehen, für die ein Erwerber als Aktionär anerkannt werden muss, und diese Begrenzung überschritten wird.

2 Die Gesellschaft kann überdies die Eintragung in das Aktienbuch verweigern, wenn der Erwerber auf ihr Verlangen nicht ausdrücklich erklärt, dass er die Aktien im eigenen Namen und auf eigene Rechnung erworben hat.

3 Sind börsenkotierte Namenaktien durch Erbgang, Erbteilung oder eheliches Güterrecht erworben worden, kann der Erwerber nicht abgelehnt werden.

Art. 685e

b. Meldepflicht

Werden börsenkotierte Namenaktien börsenmässig verkauft, so meldet die Veräussererbank den Namen des Veräusserers und die Anzahl der verkauften Aktien unverzüglich der Gesellschaft.

Art. 685f

c. Rechtsübergang

1 Werden börsenkotierte Namenaktien börsenmässig erworben, so gehen die Rechte mit der Übertragung auf den Erwerber über. Werden börsenkotierte Namenaktien ausserbörslich erworben, so gehen die Rechte auf den Erwerber über, sobald dieser bei der Gesellschaft ein Gesuch um Anerkennung als Aktionär eingereicht hat.

2 Bis zur Anerkennung des Erwerbers durch die Gesellschaft kann dieser weder das mit den Aktien verknüpfte Stimmrecht noch andere mit dem Stimmrecht zusammenhängende Rechte ausüben.[1] In der Ausübung aller übrigen Aktionärsrechte, insbesondere auch des Bezugsrechts, ist der Erwerber nicht eingeschränkt.

3 Noch nicht von der Gesellschaft anerkannte Erwerber sind nach dem Rechtsübergang als Aktionär ohne Stimmrecht ins Aktienbuch einzutragen. Die entsprechenden Aktien gelten in der Generalversammlung als nicht vertreten.

4 Ist die Ablehnung widerrechtlich, so hat die Gesellschaft das Stimmrecht und die damit zusammenhängenden Rechte vom Zeitpunkt des richterlichen Urteils an anzuerkennen und dem Erwerber Schadenersatz zu leisten, sofern sie nicht beweist, dass ihr kein Verschulden zur Last fällt.

Art. 685g

d. Ablehnungsfrist

Lehnt die Gesellschaft das Gesuch des Erwerbers um Anerkennung innert 20 Tagen nicht ab, so ist dieser als Aktionär anerkannt.

Art. 686

4. Aktienbuch
a. Eintragung

1 Die Gesellschaft führt über die Namenaktien ein Aktienbuch,[2] in welches die Eigentümer und Nutzniesser mit Namen und Adresse eingetragen werden.

2 Die Eintragung in das Aktienbuch setzt einen Ausweis über den Erwerb der Aktie zu Eigentum oder die Begründung einer Nutzniessung voraus.

3 Die Gesellschaft muss die Eintragung auf dem Aktientitel bescheinigen.

1 Mitwirkungsrechte ruhen
2 Aktionärsregister

4 Im Verhältnis zur Gesellschaft gilt als Aktionär oder als Nutzniesser, wer im Aktienbuch eingetragen ist.

Art. 686a

b. Streichung

Die Gesellschaft kann nach Anhörung des Betroffenen Eintragungen im Aktienbuch streichen, wenn diese durch falsche Angaben des Erwerbers zustande gekommen sind. Dieser muss über die Streichung sofort informiert werden.

Art. 687

5. Nicht voll einbezahlte Namenaktien

1 Der Erwerber einer nicht voll einbezahlten Namenaktie ist der Gesellschaft gegenüber zur Einzahlung verpflichtet, sobald er im Aktienbuch eingetragen ist.

2 Veräussert der Zeichner die Aktie, so kann er für den nicht einbezahlten Betrag belangt werden, wenn die Gesellschaft binnen zwei Jahren seit ihrer Eintragung in das Handelsregister in Konkurs gerät und sein Rechtsnachfolger seines Rechtes aus der Aktie verlustig erklärt worden ist.

3 Der Veräusserer, der nicht Zeichner ist, wird durch die Eintragung des Erwerbers der Aktie im Aktienbuch von der Einzahlungspflicht befreit.

4 Solange Namenaktien nicht voll einbezahlt sind, ist auf jedem Titel der auf den Nennwert einbezahlte Betrag anzugeben.

Art. 688

III. Interimsscheine

1 Auf den Inhaber lautende Interimsscheine dürfen nur für Inhaberaktien ausgegeben werden, deren Nennwert voll einbezahlt ist. Vor der Volleinzahlung ausgegebene, auf den Inhaber lautende Interimsscheine sind nichtig. Schadenersatzansprüche bleiben vorbehalten.

2 Werden für Inhaberaktien auf den Namen lautende Interimsscheine ausgestellt, so können sie nur nach den für die Abtretung von Forderungen geltenden Bestimmungen übertragen werden, jedoch ist die Übertragung der Gesellschaft gegenüber erst wirksam, wenn sie ihr angezeigt wird.

3 Interimsscheine für Namenaktien müssen auf den Namen lauten. Die Übertragung solcher Interimsscheine richtet sich nach den für die Übertragung von Namenaktien geltenden Vorschriften.

Art. 689

J. Persönliche Mitgliedschaftsrechte

I. Teilnahme an der Generalversammlung

1. Grundsatz

1 Der Aktionär übt seine Rechte in den Angelegenheiten der Gesellschaft, wie Bestellung der Organe, Abnahme des Geschäftsberichtes und Beschlussfassung über die Gewinnverwendung, in der Generalversammlung aus.[1]

2 Er kann seine Aktien in der Generalversammlung selbst vertreten oder durch einen Dritten vertreten lassen, der unter Vorbehalt abweichender statutarischer Bestimmungen nicht Aktionär zu sein braucht.

Art. 689a

2. Berechtigung gegenüber der Gesellschaft

1 Die Mitgliedschaftsrechte aus Namenaktien kann ausüben, wer durch den Eintrag im Aktienbuch ausgewiesen oder vom Aktionär dazu schriftlich bevollmächtigt ist.

2 Die Mitgliedschaftsrechte aus Inhaberaktien kann ausüben, wer sich als Besitzer ausweist, indem er die Aktien vorlegt. Der Verwaltungsrat kann eine andere Art des Besitzesausweises anordnen.

1 Verpfändete Aktien, vgl. ZGB 905

Art. 689b

3. Vertretung des Aktionärs
a. Im Allgemeinen

[1] Wer Mitwirkungsrechte als Vertreter ausübt, muss die Weisungen des Vertretenen befolgen.

[2] Wer eine Inhaberaktie aufgrund einer Verpfändung, Hinterlegung oder leihweisen Überlassung besitzt, darf die Mitgliedschaftsrechte nur ausüben, wenn er vom Aktionär hierzu in einem besonderen Schriftstück bevollmächtigt wurde.

Art. 689c

b. Organvertreter

Schlägt die Gesellschaft den Aktionären ein Mitglied ihrer Organe oder eine andere abhängige Person für die Stimmrechtsvertretung an einer Generalversammlung vor, so muss sie zugleich eine unabhängige Person bezeichnen, die von den Aktionären mit der Vertretung beauftragt werden kann.

Art. 689d

c. Depotvertreter

[1] Wer als Depotvertreter Mitwirkungsrechte aus Aktien, die bei ihm hinterlegt sind, ausüben will, ersucht den Hinterleger vor jeder Generalversammlung um Weisungen für die Stimmabgabe.

[2] Sind Weisungen des Hinterlegers nicht rechtzeitig erhältlich, so übt der Depotvertreter das Stimmrecht nach einer allgemeinen Weisung des Hinterlegers aus; fehlt eine solche, so folgt er den Anträgen des Verwaltungsrates.

[3] Als Depotvertreter gelten die dem Bankengesetz vom 8. November 1934 unterstellten Institute sowie gewerbsmässige Vermögensverwalter.

Art. 689e

d. Bekanntgabe

[1] Organe, unabhängige Stimmrechtsvertreter und Depotvertreter geben der Gesellschaft Anzahl, Art, Nennwert und Kategorie der von ihnen vertretenen Aktien bekannt. Unterbleiben diese Angaben, so sind die Beschlüsse der Generalversammlung unter den gleichen Voraussetzungen anfechtbar wie bei unbefugter Teilnahme an der Generalversammlung.

[2] Der Vorsitzende teilt die Angaben gesamthaft für jede Vertretungsart der Generalversammlung mit. Unterlässt er dies, obschon ein Aktionär es verlangt hat, so kann jeder Aktionär die Beschlüsse der Generalversammlung mit Klage gegen die Gesellschaft anfechten.

Art. 690

4. Mehrere Berechtigte

[1] Steht eine Aktie in gemeinschaftlichem Eigentum, so können die Berechtigten die Rechte aus der Aktie nur durch einen gemeinsamen Vertreter ausüben.

[2] Im Falle der Nutzniessung an einer Aktie wird diese durch den Nutzniesser vertreten; er wird dem Eigentümer ersatzpflichtig, wenn er dabei dessen Interessen nicht in billiger Weise Rücksicht trägt.

Art. 691

II. Unbefugte Teilnahme

[1] Die Überlassung von Aktien zum Zwecke der Ausübung des Stimmrechts in der Generalversammlung ist unstatthaft, wenn damit die Umgehung einer Stimmrechtsbeschränkung beabsichtigt ist.

[2] Jeder Aktionär ist befugt, gegen die Teilnahme unberechtigter Personen beim Verwaltungsrat oder zu Protokoll der Generalversammlung Einspruch zu erheben.

[3] Wirken Personen, die zur Teilnahme an der Generalversammlung nicht befugt sind, bei einem Beschlusse mit, so kann jeder Aktionär, auch wenn er nicht Einspruch erhoben hat, diesen Beschluss anfechten, sofern die beklagte Gesellschaft nicht

nachweist, dass diese Mitwirkung keinen Einfluss auf die Beschlussfassung ausgeübt hatte.

Art. 692

III. Stimmrecht in der Generalversammlung
1. Grundsatz

[1] Die Aktionäre üben ihr Stimmrecht in der Generalversammlung nach Verhältnis des gesamten Nennwerts der ihnen gehörenden Aktien aus.[1]

[2] Jeder Aktionär hat, auch wenn er nur eine Aktie besitzt, zum mindesten eine Stimme. Doch können die Statuten die Stimmenzahl der Besitzer mehrerer Aktien beschränken.

[3] Bei der Herabsetzung des Nennwerts der Aktien im Fall einer Sanierung der Gesellschaft kann das Stimmrecht dem ursprünglichen Nennwert entsprechend beibehalten werden.

Art. 693

2. Stimmrechtsaktien

[1] Die Statuten können das Stimmrecht unabhängig vom Nennwert nach der Zahl der jedem Aktionär gehörenden Aktien festsetzen, so dass auf jede Aktie eine Stimme entfällt.

[2] In diesem Falle können Aktien, die einen kleineren Nennwert als andere Aktien der Gesellschaft haben, nur als Namenaktien ausgegeben werden und müssen voll liberiert sein. Der Nennwert der übrigen Aktien darf das Zehnfache des Nennwertes der Stimmrechtsaktien nicht übersteigen.

[3] Die Bemessung des Stimmrechts nach der Zahl der Aktien ist nicht anwendbar für:

1. die Wahl der Revisionsstelle;
2. die Ernennung von Sachverständigen zur Prüfung der Geschäftsführung oder einzelner Teile;
3. die Beschlussfassung über die Einleitung einer Sonderprüfung;
4. die Beschlussfassung über die Anhebung einer Verantwortlichkeitsklage.

Art. 694

3. Entstehung des Stimmrechts

Das Stimmrecht entsteht, sobald auf die Aktie der gesetzlich oder statutarisch festgesetzte Betrag einbezahlt ist.

Art. 695

4. Ausschliessung vom Stimmrecht

[1] Bei Beschlüssen über die Entlastung des Verwaltungsrates haben Personen, die in irgendeiner Weise an der Geschäftsführung teilgenommen haben, kein Stimmrecht.

[2] *Aufgehoben*.

Art. 696

IV. Kontrollrechte der Aktionäre
1. Bekanntgabe des Geschäftsberichtes

[1] Spätestens 20 Tage vor der ordentlichen Generalversammlung sind der Geschäftsbericht und der Revisionsbericht den Aktionären am Gesellschaftssitz zur Einsicht aufzulegen. Jeder Aktionär kann verlangen, dass ihm unverzüglich eine Ausfertigung dieser Unterlagen zugestellt wird.

[2] Namenaktionäre sind hierüber durch schriftliche Mitteilung zu unterrichten, Inhaberaktionäre durch Bekanntgabe im Schweizerischen Handelsamtsblatt sowie in der von den Statuten vorgeschriebenen Form.

[3] Jeder Aktionär kann noch während eines Jahres nach der Generalversammlung von der Gesellschaft den Geschäftsbericht in der von der Generalversammlung genehmigten Form sowie den Revisionsbericht verlangen.

[1] Kapitalbezogenheit

Art. 697

2. Auskunft und Einsicht

[1] Jeder Aktionär ist berechtigt, an der Generalversammlung vom Verwaltungsrat Auskunft über die Angelegenheiten der Gesellschaft und von der Revisionsstelle über Durchführung und Ergebnis ihrer Prüfung zu verlangen.

[2] Die Auskunft ist insoweit zu erteilen, als sie für die Ausübung der Aktionärsrechte erforderlich ist. Sie kann verweigert werden, wenn durch sie Geschäftsgeheimnisse oder andere schutzwürdige Interessen der Gesellschaft gefährdet werden.

[3] Die Geschäftsbücher und Korrespondenzen können nur mit ausdrücklicher Ermächtigung der Generalversammlung oder durch Beschluss des Verwaltungsrates und unter Wahrung der Geschäftsgeheimnisse eingesehen werden.

[4] Wird die Auskunft oder die Einsicht ungerechtfertigterweise verweigert, so ordnet das Gericht sie auf Antrag an.

Art. 697a

V. Recht auf Einleitung einer Sonderprüfung
1. Mit Genehmigung der Generalversammlung

[1] Jeder Aktionär kann der Generalversammlung beantragen, bestimmte Sachverhalte durch eine Sonderprüfung abklären zu lassen, sofern dies zur Ausübung der Aktionärsrechte erforderlich ist und er das Recht auf Auskunft oder das Recht auf Einsicht bereits ausgeübt hat.

[2] Entspricht die Generalversammlung dem Antrag, so kann die Gesellschaft oder jeder Aktionär innert 30 Tagen den Richter um Einsetzung eines Sonderprüfers ersuchen.

Art. 697b

2. Bei Ablehnung durch die Generalversammlung

[1] Entspricht die Generalversammlung dem Antrag nicht, so können Aktionäre, die zusammen mindestens 10 Prozent des Aktienkapitals oder Aktien im Nennwert von 2 Millionen Franken vertreten, innert dreier Monate den Richter ersuchen, einen Sonderprüfer einzusetzen.

[2] Die Gesuchsteller haben Anspruch auf Einsetzung eines Sonderprüfers, wenn sie glaubhaft machen, dass Gründer oder Organe Gesetz oder Statuten verletzt und damit die Gesellschaft oder die Aktionäre geschädigt haben.

Art. 697c

3. Einsetzung

[1] Der Richter entscheidet nach Anhörung der Gesellschaft und des seinerzeitigen Antragstellers.

[2] Entspricht der Richter dem Gesuch, so beauftragt er einen unabhängigen Sachverständigen mit der Durchführung der Prüfung. Er umschreibt im Rahmen des Gesuches den Prüfungsgegenstand.

[3] Der Richter kann die Sonderprüfung auch mehreren Sachverständigen gemeinsam übertragen.

Art. 697d

4. Tätigkeit

[1] Die Sonderprüfung ist innert nützlicher Frist und ohne unnötige Störung des Geschäftsganges durchzuführen.

[2] Gründer, Organe, Beauftragte, Arbeitnehmer, Sachwalter und Liquidatoren müssen dem Sonderprüfer Auskunft über erhebliche Tatsachen erteilen. Im Streitfall entscheidet der Richter.

[3] Der Sonderprüfer hört die Gesellschaft zu den Ergebnissen der Sonderprüfung an.

[4] Er ist zur Verschwiegenheit verpflichtet.

Art. 697e

5. Bericht

[1] Der Sonderprüfer berichtet einlässlich über das Ergebnis seiner Prüfung, wahrt aber das Geschäftsgeheimnis. Er legt seinen Bericht dem Richter vor.

[2] Der Richter stellt den Bericht der Gesellschaft zu und entscheidet auf ihr Begehren, ob Stellen des Berichtes das Geschäftsgeheimnis oder andere schutzwürdige Interessen der Gesellschaft verletzen und deshalb den Gesuchstellern nicht vorgelegt werden sollen.

[3] Er gibt der Gesellschaft und den Gesuchstellern Gelegenheit, zum bereinigten Bericht Stellung zu nehmen und Ergänzungsfragen zu stellen.

Art. 697f

6. Behandlung und Bekanntgabe

[1] Der Verwaltungsrat unterbreitet der nächsten Generalversammlung den Bericht und die Stellungnahmen dazu.

[2] Jeder Aktionär kann während eines Jahres nach der Generalversammlung von der Gesellschaft eine Ausfertigung des Berichtes und der Stellungnahmen verlangen.

Art. 697g

7. Kostentragung

[1] Entspricht der Richter dem Gesuch um Einsetzung eines Sonderprüfers, so überbindet er den Vorschuss und die Kosten der Gesellschaft. Wenn besondere Umstände es rechtfertigen, kann er die Kosten ganz oder teilweise den Gesuchstellern auferlegen.

[2] Hat die Generalversammlung der Sonderprüfung zugestimmt, so trägt die Gesellschaft die Kosten.

Art. 697h

Aufgehoben.

Dritter Abschnitt: Organisation der Aktiengesellschaft

Art. 698

A. Die Generalversammlung
I. Befugnisse

[1] Oberstes Organ der Aktiengesellschaft ist die Generalversammlung[1] der Aktionäre.

[2] Ihr stehen folgende unübertragbare Befugnisse zu:

1. die Festsetzung und Änderung der Statuten;
2. die Wahl der Mitglieder des Verwaltungsrates und der Revisionsstelle;
3. die Genehmigung des Lageberichts und der Konzernrechnung;
4. die Genehmigung der Jahresrechnung sowie die Beschlussfassung über die Verwendung des Bilanzgewinnes, insbesondere die Festsetzung der Dividende und der Tantieme;
5. die Entlastung[2] der Mitglieder des Verwaltungsrates;
6. die Beschlussfassung über die Gegenstände, die der Generalversammlung durch das Gesetz oder die Statuten vorbehalten sind.

[1] GV; VR, vgl. OR 707; Revisionsstelle, vgl. OR 727
[2] Décharge, wirkt grundsätzlich nur für die aus der betreffenden Rechnung ersichtlichen Vorgänge, vgl. OR 758

Art. 699

II. Einberufung und Traktandierung
1. Recht und Pflicht

1 Die Generalversammlung wird durch den Verwaltungsrat, nötigenfalls durch die Revisionsstelle einberufen. Das Einberufungsrecht steht auch den Liquidatoren und den Vertretern der Anleihensgläubiger zu.

2 Die ordentliche Versammlung findet alljährlich innerhalb sechs Monaten nach Schluss des Geschäftsjahres statt, ausserordentliche Versammlungen werden je nach Bedürfnis einberufen.

3 Die Einberufung einer Generalversammlung kann auch von einem oder mehreren Aktionären, die zusammen mindestens 10 Prozent des Aktienkapitals vertreten, verlangt werden. Aktionäre, die Aktien im Nennwerte von 1 Million Franken vertreten, können die Traktandierung eines Verhandlungsgegenstandes verlangen. Einberufung und Traktandierung werden schriftlich unter Angabe des Verhandlungsgegenstandes und der Anträge anbegehrt.

4 Entspricht der Verwaltungsrat diesem Begehren nicht binnen angemessener Frist, so hat der Richter auf Antrag der Gesuchsteller die Einberufung anzuordnen.

Art. 700

2. Form

1 Die Generalversammlung ist spätestens 20 Tage vor dem Versammlungstag in der durch die Statuten vorgeschriebenen Form einzuberufen.

2 In der Einberufung sind die Verhandlungsgegenstände sowie die Anträge des Verwaltungsrates und der Aktionäre bekanntzugeben, welche die Durchführung einer Generalversammlung oder die Traktandierung eines Verhandlungsgegenstandes verlangt haben.

3 Über Anträge zu nicht gehörig angekündigten Verhandlungsgegenständen können keine Beschlüsse gefasst werden; ausgenommen sind Anträge auf Einberufung einer ausserordentlichen Generalversammlung, auf Durchführung einer Sonderprüfung und auf Wahl einer Revisionsstelle infolge eines Begehrens eines Aktionärs.

4 Zur Stellung von Anträgen im Rahmen der Verhandlungsgegenstände und zu Verhandlungen ohne Beschlussfassung bedarf es keiner vorgängigen Ankündigung.

Art. 701

3. Universalversammlung

1 Die Eigentümer oder Vertreter sämtlicher Aktien können, falls kein Widerspruch erhoben wird, eine Generalversammlung ohne Einhaltung der für die Einberufung vorgeschriebenen Formvorschriften abhalten.

2 In dieser Versammlung kann über alle in den Geschäftskreis der Generalversammlung fallenden Gegenstände gültig verhandelt und Beschluss gefasst werden, solange die Eigentümer oder Vertreter sämtlicher Aktien anwesend sind.

Art. 702

III. Vorbereitende Massnahmen; Protokoll

1 Der Verwaltungsrat trifft die für die Feststellung der Stimmrechte erforderlichen Anordnungen.

2 Er sorgt für die Führung des Protokolls. Dieses hält fest:

1. Anzahl, Art, Nennwert und Kategorie der Aktien, die von den Aktionären, von den Organen, von unabhängigen Stimmrechtsvertretern und von Depotvertretern vertreten werden;
2. die Beschlüsse und die Wahlergebnisse;
3. die Begehren um Auskunft und die darauf erteilten Antworten;
4. die von den Aktionären zu Protokoll gegebenen Erklärungen.

3 Die Aktionäre sind berechtigt, das Protokoll einzusehen.

IV. Teilnahme der Mitglieder des Verwaltungsrates

Art. 702a

Die Mitglieder des Verwaltungsrates sind berechtigt, an der Generalversammlung teilzunehmen. Sie können Anträge stellen.

V. Beschlussfassung und Wahlen

1. Im Allgemeinen

Art. 703

Die Generalversammlung fast ihre Beschlüsse und vollzieht ihre Wahlen, soweit das Gesetz oder die Statuten es nicht anders bestimmen, mit der absoluten Mehrheit der vertretenen Aktienstimmen.[1]

2. Wichtige Beschlüsse

Art. 704

1 Ein Beschluss der Generalversammlung, der mindestens zwei Drittel der vertretenen Stimmen und die absolute Mehrheit der vertretenen Aktiennennwerte auf sich vereinigt, ist erforderlich für:

1. die Änderung des Gesellschaftszweckes;
2. die Einführung von Stimmrechtsaktien;
3. die Beschränkung der Übertragbarkeit von Namenaktien;
4. eine genehmigte oder eine bedingte Kapitalerhöhung oder die Schaffung von Vorratskapital gemäss Artikel 12 des Bankengesetzes vom 8. November 1934;
5. die Kapitalerhöhung aus Eigenkapital, gegen Sacheinlage oder zwecks Sachübernahme und die Gewährung von besonderen Vorteilen;
6. die Einschränkung oder Aufhebung des Bezugsrechtes;
7. die Verlegung des Sitzes der Gesellschaft;
8. die Auflösung der Gesellschaft.

2 Statutenbestimmungen, die für die Fassung bestimmter Beschlüsse grössere Mehrheiten als die vom Gesetz vorgeschriebenen festlegen, können nur mit dem vorgesehenen Mehr eingeführt werden.

3 Namenaktionäre, die einem Beschluss über die Zweckänderung oder die Einführung von Stimmrechtsaktien nicht zugestimmt haben, sind während sechs Monaten nach dessen Veröffentlichung im Schweizerischen Handelsamtsblatt an statutarische Beschränkungen der Übertragbarkeit der Aktien nicht gebunden.

VI. Abberufung des Verwaltungsrates und der Revisionsstelle

Art. 705

1 Die Generalversammlung ist berechtigt, die Mitglieder des Verwaltungsrates und der Revisionsstelle sowie allfällige von ihr gewählte Bevollmächtigte und Beauftragte abzuberufen.

2 Entschädigungsansprüche der Abberufenen bleiben vorbehalten.

VII. Anfechtung von Generalversammlungsbeschlüssen

1. Legitimation und Gründe

Art. 706

1 Der Verwaltungsrat und jeder Aktionär können Beschlüsse der Generalversammlung, die gegen das Gesetz oder die Statuten verstossen, beim Richter mit Klage gegen die Gesellschaft anfechten.

2 Anfechtbar sind insbesondere Beschlüsse, die

1. unter Verletzung von Gesetz oder Statuten Rechte von Aktionären entziehen oder beschränken;
2. in unsachlicher Weise Rechte von Aktionären entziehen oder beschränken;

[1] Stimmenthaltungen wirken wie Nein-Stimmen

3. eine durch den Gesellschaftszweck nicht gerechtfertigte Ungleichbehandlung oder Benachteiligung der Aktionäre bewirken;
4. die Gewinnstrebigkeit der Gesellschaft ohne Zustimmung sämtlicher Aktionäre aufheben.

3–4 *Aufgehoben.*

5 Das Urteil, das einen Beschluss der Generalversammlung aufhebt, wirkt für und gegen alle Aktionäre.

Art. 706a

2. Verfahren

1 Das Anfechtungsrecht erlischt, wenn die Klage nicht spätestens zwei Monate nach der Generalversammlung angehoben wird.

2 Ist der Verwaltungsrat Kläger, so bestellt der Richter einen Vertreter für die Gesellschaft.

3 *Aufgehoben.*

Art. 706b

VIII. Nichtigkeit

Nichtig sind insbesondere Beschlüsse der Generalversammlung, die:

1. das Recht auf Teilnahme an der Generalversammlung, das Mindeststimmrecht, die Klagerechte oder andere vom Gesetz zwingend gewährte Rechte des Aktionärs entziehen oder beschränken;
2. Kontrollrechte von Aktionären über das gesetzlich zulässige Mass hinaus beschränken oder
3. die Grundstrukturen der Aktiengesellschaft missachten oder die Bestimmungen zum Kapitalschutz verletzen.

Art. 707

B. Der Verwaltungsrat
I. Im Allgemeinen
1. Wählbarkeit

1 Der Verwaltungsrat der Gesellschaft besteht aus einem oder mehreren Mitgliedern.

2 *Aufgehoben.*

3 Ist an der Gesellschaft eine juristische Person oder eine Handelsgesellschaft beteiligt, so ist sie als solche nicht als Mitglied des Verwaltungsrates wählbar; dagegen können an ihrer Stelle ihre Vertreter[1] gewählt werden.

Art. 708

Aufgehoben.

Art. 709

2. Vertretung von Aktionärskategorien und -gruppen

1 Bestehen in Bezug auf das Stimmrecht oder die vermögensrechtlichen Ansprüche mehrere Kategorien von Aktien, so ist durch die Statuten den Aktionären jeder Kategorie die Wahl wenigstens eines Vertreters im Verwaltungsrat zu sichern.

2 Die Statuten können besondere Bestimmungen zum Schutz von Minderheiten oder einzelnen Gruppen von Aktionären vorsehen.

Art. 710

3. Amtsdauer

1 Die Mitglieder des Verwaltungsrates werden auf drei Jahre gewählt, sofern die Statuten nichts anderes bestimmen. Die Amtsdauer darf jedoch sechs Jahre nicht übersteigen.

2 Wiederwahl ist möglich.

1 Z.B. Verwaltungsrat

Art. 711

Aufgehoben.

Art. 712

II. Organisation
1. Präsident und Sekretär

[1] Der Verwaltungsrat bezeichnet seinen Präsidenten und den Sekretär. Dieser muss dem Verwaltungsrat nicht angehören.

[2] Die Statuten können bestimmen, dass der Präsident durch die Generalversammlung gewählt wird.

Art. 713

2. Beschlüsse

[1] Die Beschlüsse des Verwaltungsrates werden mit der Mehrheit der abgegebenen Stimmen gefasst. Der Vorsitzende hat den Stichentscheid, sofern die Statuten nichts anderes vorsehen.

[2] Beschlüsse können auch auf dem Wege der schriftlichen Zustimmung zu einem gestellten Antrag gefasst werden, sofern nicht ein Mitglied die mündliche Beratung verlangt.

[3] Über die Verhandlungen und Beschlüsse ist ein Protokoll zu führen, das vom Vorsitzenden und vom Sekretär unterzeichnet wird.

Art. 714

3. Nichtige Beschlüsse

Für die Beschlüsse des Verwaltungsrates gelten sinngemäss die gleichen Nichtigkeitsgründe wie für die Beschlüsse der Generalversammlung.[1]

Art. 715

4. Recht auf Einberufung

Jedes Mitglied des Verwaltungsrates kann unter Angabe der Gründe vom Präsidenten die unverzügliche Einberufung einer Sitzung verlangen.

Art. 715a

5. Recht auf Auskunft und Einsicht

[1] Jedes Mitglied des Verwaltungsrates kann Auskunft über alle Angelegenheiten der Gesellschaft verlangen.

[2] In den Sitzungen sind alle Mitglieder des Verwaltungsrates sowie die mit der Geschäftsführung betrauten Personen zur Auskunft verpflichtet.

[3] Ausserhalb der Sitzungen kann jedes Mitglied von den mit der Geschäftsführung betrauten Personen Auskunft über den Geschäftsgang und, mit Ermächtigung des Präsidenten, auch über einzelne Geschäfte verlangen.

[4] Soweit es für die Erfüllung einer Aufgabe erforderlich ist, kann jedes Mitglied dem Präsidenten beantragen, dass ihm Bücher und Akten vorgelegt werden.

[5] Weist der Präsident ein Gesuch auf Auskunft, Anhörung oder Einsicht ab, so entscheidet der Verwaltungsrat.

[6] Regelungen oder Beschlüsse des Verwaltungsrates, die das Recht auf Auskunft und Einsichtnahme der Verwaltungsräte erweitern, bleiben vorbehalten.

Art. 716

III. Aufgaben
1. Im Allgemeinen

[1] Der Verwaltungsrat kann in allen Angelegenheiten Beschluss fassen, die nicht nach Gesetz oder Statuten der Generalversammlung zugeteilt sind.

[2] Der Verwaltungsrat führt die Geschäfte der Gesellschaft, soweit er die Geschäftsführung nicht übertragen hat.[2]

[1] Vgl. OR 706b
[2] Vgl. OR 716b

Art. 716a

2. Unübertragbare Aufgaben

[1] Der Verwaltungsrat hat folgende unübertragbare und unentziehbare Aufgaben:

1. die Oberleitung der Gesellschaft und die Erteilung der nötigen Weisungen;
2. die Festlegung der Organisation;
3. die Ausgestaltung des Rechnungswesens, der Finanzkontrolle sowie der Finanzplanung, sofern diese für die Führung der Gesellschaft notwendig ist;
4. die Ernennung und Abberufung der mit der Geschäftsführung und der Vertretung betrauten Personen;
5. die Oberaufsicht über die mit der Geschäftsführung betrauten Personen, namentlich im Hinblick auf die Befolgung der Gesetze, Statuten, Reglemente und Weisungen;
6. die Erstellung des Geschäftsberichtes sowie die Vorbereitung der Generalversammlung und die Ausführung ihrer Beschlüsse;
7. die Benachrichtigung des Richters im Falle der Überschuldung.

[2] Der Verwaltungsrat kann die Vorbereitung und die Ausführung seiner Beschlüsse oder die Überwachung von Geschäften Ausschüssen oder einzelnen Mitgliedern zuweisen. Er hat für eine angemessene Berichterstattung an seine Mitglieder zu sorgen.

Art. 716b

3. Übertragung der Geschäftsführung

[1] Die Statuten können den Verwaltungsrat ermächtigen, die Geschäftsführung nach Massgabe eines Organisationsreglementes ganz oder zum Teil an einzelne Mitglieder[1] oder an Dritte[2] zu übertragen.[3]

[2] Dieses Reglement ordnet die Geschäftsführung, bestimmt die hierfür erforderlichen Stellen, umschreibt deren Aufgaben und regelt insbesondere die Berichterstattung. Der Verwaltungsrat orientiert Aktionäre und Gesellschaftsgläubiger, die ein schutzwürdiges Interesse glaubhaft machen, auf Anfrage hin schriftlich über die Organisation der Geschäftsführung.

[3] Soweit die Geschäftsführung nicht übertragen worden ist, steht sie allen Mitgliedern des Verwaltungsrates gesamthaft zu.

Art. 717

IV. Sorgfalts- und Treuepflicht

[1] Die Mitglieder des Verwaltungsrates sowie Dritte, die mit der Geschäftsführung befasst sind, müssen ihre Aufgaben mit aller Sorgfalt erfüllen und die Interessen der Gesellschaft in guten Treuen wahren.[4]

[2] Sie haben die Aktionäre unter gleichen Voraussetzungen gleich zu behandeln.

Art. 718

V. Vertretung
1. Im Allgemeinen

[1] Der Verwaltungsrat vertritt die Gesellschaft nach aussen. Bestimmen die Statuten oder das Organisationsreglement nichts anderes, so steht die Vertretungsbefugnis jedem Mitglied einzeln zu.

[2] Der Verwaltungsrat kann die Vertretung einem oder mehreren Mitgliedern (Delegierte) oder Dritten (Direktoren) übertragen.

[1] Z.B. Delegierter des VR, vgl. OR 718
[2] Direktoren, vgl. OR 718
[3] Vertretung, vgl. OR 718
[4] Vgl. OR 754 (Verantwortlichkeit)

3 Mindestens ein Mitglied des Verwaltungsrates muss zur Vertretung befugt sein.[1]

4 Die Gesellschaft muss durch eine Person vertreten werden können, die Wohnsitz in der Schweiz hat. Dieses Erfordernis kann durch ein Mitglied des Verwaltungsrates oder einen Direktor erfüllt werden.

Art. 718a

2. Umfang und Beschränkung

1 Die zur Vertretung befugten Personen können im Namen der Gesellschaft alle Rechtshandlungen vornehmen, die der Zweck der Gesellschaft mit sich bringen kann.[2]

2 Eine Beschränkung dieser Vertretungsbefugnis hat gegenüber gutgläubigen Dritten keine Wirkung; ausgenommen sind die im Handelsregister eingetragenen Bestimmungen über die ausschliessliche Vertretung der Hauptniederlassung oder einer Zweigniederlassung oder über die gemeinsame Vertretung der Gesellschaft.

Art. 718b

3. Verträge zwischen der Gesellschaft und ihrem Vertreter

Wird die Gesellschaft beim Abschluss eines Vertrages durch diejenige Person vertreten, mit der sie den Vertrag abschliesst, so muss der Vertrag schriftlich abgefasst werden. Dieses Erfordernis gilt nicht für Verträge des laufenden Geschäfts, bei denen die Leistung der Gesellschaft den Wert von 1000 Franken nicht übersteigt.

Art. 719

4. Zeichnung

Die zur Vertretung der Gesellschaft befugten Personen haben in der Weise zu zeichnen, dass sie der Firma der Gesellschaft ihre Unterschrift beifügen.

Art. 720

5. Eintragung

Die zur Vertretung der Gesellschaft befugten Personen sind vom Verwaltungsrat zur Eintragung in das Handelsregister anzumelden, unter Vorlegung einer beglaubigten Abschrift des Beschlusses. Sie haben ihre Unterschrift beim Handelsregisteramt[3] zu zeichnen oder die Zeichnung in beglaubigter Form einzureichen.

Art. 721

6. Prokuristen und Bevollmächtigte

Der Verwaltungsrat kann Prokuristen[4] und andere Bevollmächtigte[5] ernennen.

Art. 722

VI. Haftung der Organe

Die Gesellschaft haftet für den Schaden aus unerlaubten Handlungen, die eine zur Geschäftsführung oder zur Vertretung befugte Person in Ausübung ihrer geschäftlichen Verrichtungen begeht.[6]

Art. 723–724

Aufgehoben.

1 Vgl. OR 716b
2 Vgl. OR 459
3 Vgl. OR 927
4 Vgl. OR 458 ff.
5 Vgl. OR 462
6 Vgl. OR 41

Art. 725

VII. Kapitalverlust und Überschuldung
1. Anzeigepflichten

[1] Zeigt die letzte Jahresbilanz, dass die Hälfte des Aktienkapitals und der gesetzlichen Reserven[1] nicht mehr gedeckt ist, so beruft der Verwaltungsrat unverzüglich eine Generalversammlung ein und beantragt ihr Sanierungsmassnahmen.

[2] Wenn begründete Besorgnis einer Überschuldung besteht, muss eine Zwischenbilanz erstellt und diese einem zugelassenen Revisor[2] zur Prüfung vorgelegt werden. Ergibt sich aus der Zwischenbilanz, dass die Forderungen der Gesellschaftsgläubiger weder zu Fortführungs- noch zu Veräusserungswerten gedeckt sind, so hat der Verwaltungsrat den Richter zu benachrichtigen,[3] sofern nicht Gesellschaftsgläubiger im Ausmass dieser Unterdeckung im Rang hinter alle anderen Gesellschaftsgläubiger zurücktreten.

[3] Verfügt die Gesellschaft über keine Revisionsstelle, so obliegen dem zugelassenen Revisor die Anzeigepflichten der eingeschränkt prüfenden Revisionsstelle.[4]

Art. 725a

2. Eröffnung oder Aufschub des Konkurses

[1] Der Richter eröffnet auf die Benachrichtigung hin den Konkurs. Er kann ihn auf Antrag des Verwaltungsrates oder eines Gläubigers aufschieben, falls Aussicht auf Sanierung besteht; in diesem Falle trifft er Massnahmen zur Erhaltung des Vermögens.

[2] Der Richter kann einen Sachwalter bestellen und entweder dem Verwaltungsrat die Verfügungsbefugnis entziehen oder dessen Beschlüsse von der Zustimmung des Sachwalters abhängig machen. Er umschreibt die Aufgaben des Sachwalters.

[3] Der Konkursaufschub muss nur veröffentlicht werden, wenn dies zum Schutze Dritter erforderlich ist.[5]

Art. 726

VIII. Abberufung und Einstellung

[1] Der Verwaltungsrat kann die von ihm bestellten Ausschüsse, Delegierten, Direktoren und andern Bevollmächtigten und Beauftragten jederzeit abberufen.

[2] Die von der Generalversammlung bestellten Bevollmächtigten und Beauftragten können vom Verwaltungsrat jederzeit in ihren Funktionen eingestellt werden, unter sofortiger Einberufung einer Generalversammlung.

[3] Entschädigungsansprüche der Abberufenen oder in ihren Funktionen Eingestellten bleiben vorbehalten.

Art. 727

C. Revisionsstelle
I. Revisionspflicht
1. Ordentliche Revision

[1] Folgende Gesellschaften müssen ihre Jahresrechnung und gegebenenfalls ihre Konzernrechnung durch eine Revisionsstelle ordentlich[6] prüfen lassen:

1. Publikumsgesellschaften; als solche gelten Gesellschaften, die:
   a. Beteiligungspapiere an einer Börse kotiert haben,
   b. Anleihensobligationen ausstehend haben,
   c. mindestens 20 Prozent der Aktiven oder des Umsatzes zur Konzernrechnung einer Gesellschaft nach Buchstabe a oder b beitragen;

1 Unterbilanz mit gesetzlichen Folgen
2 Vgl. RAG 5
3 Bilanz deponieren, Richter entscheidet über Konkurs, vgl. SchKG 192
4 Vgl. OR 729
5 Auch Nachlassstundung gemäss SchKG 293 ff. (Gläubigerschutz)
6 Vgl. OR 728

2. Gesellschaften, die zwei der nachstehenden Grössen in zwei aufeinander folgenden Geschäftsjahren überschreiten:
   a. Bilanzsumme von 20 Millionen Franken,
   b. Umsatzerlös von 40 Millionen Franken,
   c. 250 Vollzeitstellen im Jahresdurchschnitt;
3. Gesellschaften, die zur Erstellung einer Konzernrechnung[1] verpflichtet sind.

[2] Eine ordentliche Revision muss auch dann vorgenommen werden, wenn Aktionäre, die zusammen mindestens 10 Prozent des Aktienkapitals vertreten, dies verlangen.

[3] Verlangt das Gesetz keine ordentliche Revision der Jahresrechnung, so können die Statuten vorsehen oder kann die Generalversammlung beschliessen, dass die Jahresrechnung ordentlich geprüft wird.

Art. 727a

2. Eingeschränkte Revision

[1] Sind die Voraussetzungen für eine ordentliche Revision[2] nicht gegeben, so muss die Gesellschaft ihre Jahresrechnung durch eine Revisionsstelle eingeschränkt[3] prüfen lassen.

[2] Mit der Zustimmung sämtlicher Aktionäre kann auf die eingeschränkte Revision verzichtet[4] werden, wenn die Gesellschaft nicht mehr als zehn Vollzeitstellen im Jahresdurchschnitt hat.

[3] Der Verwaltungsrat kann die Aktionäre schriftlich um Zustimmung ersuchen. Er kann für die Beantwortung eine Frist von mindestens 20 Tagen ansetzen und darauf hinweisen, dass das Ausbleiben einer Antwort als Zustimmung gilt.

[4] Haben die Aktionäre auf eine eingeschränkte Revision verzichtet, so gilt dieser Verzicht auch für die nachfolgenden Jahre. Jeder Aktionär hat jedoch das Recht, spätestens zehn Tage vor der Generalversammlung eine eingeschränkte Revision zu verlangen. Die Generalversammlung muss diesfalls die Revisionsstelle wählen.

[5] Soweit erforderlich passt der Verwaltungsrat die Statuten an und meldet dem Handelsregister die Löschung oder die Eintragung der Revisionsstelle an.

Art. 727b

II. Anforderungen an die Revisionsstelle
1. Bei ordentlicher Revision

[1] Publikumsgesellschaften[5] müssen als Revisionsstelle ein staatlich beaufsichtigtes Revisionsunternehmen nach den Vorschriften des Revisionsaufsichtsgesetzes vom 16. Dezember 2005 bezeichnen. Sie müssen Prüfungen, die nach den gesetzlichen Vorschriften durch einen zugelassenen Revisor oder einen zugelassenen Revisionsexperten vorzunehmen sind, ebenfalls von einem staatlich beaufsichtigten Revisionsunternehmen durchführen lassen.

[2] Die übrigen Gesellschaften, die zur ordentlichen Revision verpflichtet sind, müssen als Revisionsstelle einen zugelassenen Revisionsexperten nach den Vorschriften des Revisionsaufsichtsgesetzes vom 16. Dezember 2005 bezeichnen. Sie müssen Prüfungen, die nach den gesetzlichen Vorschriften durch einen zugelassenen Revisor vorzunehmen sind, ebenfalls von einem zugelassenen Revisionsexperten durchführen lassen.

1 Vgl. OR 963 ff.
2 Vgl. OR 728
3 Vgl. OR 729
4 Sog. Opting out
5 Vgl. OR 727 Abs. 1 Ziff. 1

Art. 727c

2. Bei eingeschränkter Revision

Die Gesellschaften, die zur eingeschränkten Revision[1] verpflichtet sind, müssen als Revisionsstelle einen zugelassenen Revisor[2] nach den Vorschriften des Revisionsaufsichtsgesetzes vom 16. Dezember 2005 bezeichnen.

Art. 728

III. Ordentliche Revision

1. Unabhängigkeit der Revisionsstelle

1 Die Revisionsstelle muss unabhängig sein und sich ihr Prüfungsurteil objektiv bilden. Die Unabhängigkeit darf weder tatsächlich noch dem Anschein nach beeinträchtigt sein.

2 Mit der Unabhängigkeit nicht vereinbar ist insbesondere:

1. die Mitgliedschaft im Verwaltungsrat, eine andere Entscheidfunktion in der Gesellschaft oder ein arbeitsrechtliches Verhältnis zu ihr;
2. eine direkte oder bedeutende indirekte Beteiligung am Aktienkapital oder eine wesentliche Forderung oder Schuld gegenüber der Gesellschaft;
3. eine enge Beziehung des leitenden Prüfers zu einem Mitglied des Verwaltungsrats, zu einer anderen Person mit Entscheidfunktion oder zu einem bedeutenden Aktionär;
4. das Mitwirken bei der Buchführung sowie das Erbringen anderer Dienstleistungen, durch die das Risiko entsteht, als Revisionsstelle eigene Arbeiten überprüfen zu müssen;
5. die Übernahme eines Auftrags, der zur wirtschaftlichen Abhängigkeit führt;
6. der Abschluss eines Vertrags zu nicht marktkonformen Bedingungen oder eines Vertrags, der ein Interesse der Revisionsstelle am Prüfergebnis begründet;
7. die Annahme von wertvollen Geschenken oder von besonderen Vorteilen.

3 Die Bestimmungen über die Unabhängigkeit gelten für alle an der Revision beteiligten Personen. Ist die Revisionsstelle eine Personengesellschaft oder eine juristische Person, so gelten die Bestimmungen über die Unabhängigkeit auch für die Mitglieder des obersten Leitungs- oder Verwaltungsorgans und für andere Personen mit Entscheidfunktion.

4 Arbeitnehmer der Revisionsstelle, die nicht an der Revision beteiligt sind, dürfen in der zu prüfenden Gesellschaft weder Mitglied des Verwaltungsrates sein noch eine andere Entscheidfunktion ausüben.

5 Die Unabhängigkeit ist auch dann nicht gegeben, wenn Personen die Unabhängigkeitsvoraussetzungen nicht erfüllen, die der Revisionsstelle, den an der Revision beteiligten Personen, den Mitgliedern des obersten Leitungs- oder Verwaltungsorgans oder anderen Personen mit Entscheidfunktion nahe stehen.

6 Die Bestimmungen über die Unabhängigkeit erfassen auch Gesellschaften, die mit der zu prüfenden Gesellschaft oder der Revisionsstelle unter einheitlicher Leitung stehen.

Art. 728a

2. Aufgaben der Revisionsstelle

a. Gegenstand und Umfang der Prüfung

1 Die Revisionsstelle prüft, ob:

1. die Jahresrechnung und gegebenenfalls die Konzernrechnung den gesetzlichen Vorschriften, den Statuten und dem gewählten Regelwerk entsprechen;

[1] Vgl. OR 729
[2] Vgl. RAG 5

2. der Antrag des Verwaltungsrats an die Generalversammlung über die Verwendung des Bilanzgewinnes den gesetzlichen Vorschriften und den Statuten entspricht;
3. ein internes Kontrollsystem existiert.

2 Die Revisionsstelle berücksichtigt bei der Durchführung und bei der Festlegung des Umfangs der Prüfung das interne Kontrollsystem.

3 Die Geschäftsführung des Verwaltungsrats ist nicht Gegenstand der Prüfung durch die Revisionsstelle.

Art. 728b

b. Revisionsbericht

1 Die Revisionsstelle erstattet dem Verwaltungsrat einen umfassenden Bericht mit Feststellungen über die Rechnungslegung, das interne Kontrollsystem sowie die Durchführung und das Ergebnis der Revision.

2 Die Revisionsstelle erstattet der Generalversammlung schriftlich einen zusammenfassenden Bericht über das Ergebnis der Revision. Dieser Bericht enthält:

1. eine Stellungnahme zum Ergebnis der Prüfung;
2. Angaben zur Unabhängigkeit;
3. Angaben zu der Person, welche die Revision geleitet hat, und zu deren fachlicher Befähigung;
4. eine Empfehlung, ob die Jahresrechnung und die Konzernrechnung mit oder ohne Einschränkung zu genehmigen oder zurückzuweisen ist.

3 Beide Berichte müssen von der Person unterzeichnet werden, die die Revision geleitet hat.

Art. 728c

c. Anzeigepflichten

1 Stellt die Revisionsstelle Verstösse gegen das Gesetz, die Statuten oder das Organisationsreglement fest, so meldet sie dies schriftlich dem Verwaltungsrat.

2 Zudem informiert sie die Generalversammlung über Verstösse gegen das Gesetz oder die Statuten, wenn:

1. diese wesentlich sind; oder
2. der Verwaltungsrat auf Grund der schriftlichen Meldung der Revisionsstelle keine angemessenen Massnahmen ergreift.

3 Ist die Gesellschaft offensichtlich überschuldet und unterlässt der Verwaltungsrat die Anzeige, so benachrichtigt die Revisionsstelle das Gericht.

Art. 729

IV. Eingeschränkte Revision (Review)

1. Unabhängigkeit der Revisionsstelle

1 Die Revisionsstelle muss unabhängig sein und sich ihr Prüfungsurteil objektiv bilden. Die Unabhängigkeit darf weder tatsächlich noch dem Anschein nach beeinträchtigt sein.

2 Das Mitwirken bei der Buchführung und das Erbringen anderer Dienstleistungen für die zu prüfende Gesellschaft sind zulässig. Sofern das Risiko der Überprüfung eigener Arbeiten entsteht, muss durch geeignete organisatorische und personelle Massnahmen eine verlässliche Prüfung sichergestellt werden.

Art. 729a

2. Aufgaben der Revisionsstelle

a. Gegenstand und Umfang der Prüfung

1 Die Revisionsstelle prüft, ob Sachverhalte vorliegen, aus denen zu schliessen ist, dass:

1. die Jahresrechnung nicht den gesetzlichen Vorschriften und den Statuten entspricht;

2. der Antrag des Verwaltungsrats an die Generalversammlung über die Verwendung des Bilanzgewinnes nicht den gesetzlichen Vorschriften und den Statuten entspricht.

[2] Die Prüfung beschränkt sich auf Befragungen, analytische Prüfungshandlungen und angemessene Detailprüfungen.

[3] Die Geschäftsführung des Verwaltungsrats ist nicht Gegenstand der Prüfung durch die Revisionsstelle.

Art. 729b

b. Revisionsbericht

[1] Die Revisionsstelle erstattet der Generalversammlung schriftlich einen zusammenfassenden Bericht über das Ergebnis der Revision. Dieser Bericht enthält:

1. einen Hinweis auf die eingeschränkte Natur der Revision;
2. eine Stellungnahme zum Ergebnis der Prüfung;
3. Angaben zur Unabhängigkeit und gegebenenfalls zum Mitwirken bei der Buchführung und zu anderen Dienstleistungen, die für die zu prüfende Gesellschaft erbracht wurden;
4. Angaben zur Person, welche die Revision geleitet hat, und zu deren fachlicher Befähigung.

[2] Der Bericht muss von der Person unterzeichnet werden, die die Revision geleitet hat.

Art. 729c

c. Anzeigepflicht

Ist die Gesellschaft offensichtlich überschuldet und unterlässt der Verwaltungsrat die Anzeige, so benachrichtigt die Revisionsstelle das Gericht.

Art. 730

V. Gemeinsame Bestimmungen
1. Wahl der Revisionsstelle

[1] Die Generalversammlung wählt die Revisionsstelle.

[2] Als Revisionsstelle können eine oder mehrere natürliche oder juristische Personen oder Personengesellschaften gewählt werden.

[3] Finanzkontrollen der öffentlichen Hand oder deren Mitarbeiter können als Revisionsstelle gewählt werden, wenn sie die Anforderungen dieses Gesetzes erfüllen. Die Vorschriften über die Unabhängigkeit gelten sinngemäss.

[4] Wenigstens ein Mitglied der Revisionsstelle muss seinen Wohnsitz, seinen Sitz oder eine eingetragene Zweigniederlassung in der Schweiz haben.

Art. 730a

2. Amtsdauer der Revisionsstelle

[1] Die Revisionsstelle wird für ein bis drei Geschäftsjahre gewählt. Ihr Amt endet mit der Abnahme der letzten Jahresrechnung. Eine Wiederwahl ist möglich.

[2] Bei der ordentlichen Revision darf die Person, die die Revision leitet, das Mandat längstens während sieben Jahren ausführen. Sie darf das gleiche Mandat erst nach einem Unterbruch von drei Jahren wieder aufnehmen.

[3] Tritt eine Revisionsstelle zurück, so hat sie den Verwaltungsrat über die Gründe zu informieren; dieser teilt sie der nächsten Generalversammlung mit.

[4] Die Generalversammlung kann die Revisionsstelle jederzeit mit sofortiger Wirkung abberufen.

Art. 730b

3. Auskunft und Geheimhaltung

[1] Der Verwaltungsrat übergibt der Revisionsstelle alle Unterlagen und erteilt ihr die Auskünfte, die sie für die Erfüllung ihrer Aufgaben benötigt, auf Verlangen auch schriftlich.

2 Die Revisionsstelle wahrt das Geheimnis über ihre Feststellungen, soweit sie nicht von Gesetzes wegen zur Bekanntgabe verpflichtet ist. Sie wahrt bei der Berichterstattung, bei der Erstattung von Anzeigen und bei der Auskunftserteilung an die Generalversammlung die Geschäftsgeheimnisse der Gesellschaft.

Art. 730c

4. Dokumentation und Aufbewahrung

1 Die Revisionsstelle muss sämtliche Revisionsdienstleistungen dokumentieren und Revisionsberichte sowie alle wesentlichen Unterlagen mindestens während zehn Jahren aufbewahren. Elektronische Daten müssen während der gleichen Zeitperiode wieder lesbar gemacht werden können.

2 Die Unterlagen müssen es ermöglichen, die Einhaltung der gesetzlichen Vorschriften in effizienter Weise zu prüfen.

Art. 731

5. Abnahme der Rechnung und Gewinnverwendung

1 Bei Gesellschaften, die verpflichtet sind, ihre Jahresrechnung und gegebenenfalls ihre Konzernrechnung durch eine Revisionsstelle prüfen zu lassen, muss der Revisionsbericht vorliegen, bevor die Generalversammlung die Jahresrechnung und die Konzernrechnung genehmigt und über die Verwendung des Bilanzgewinns beschliesst.

2 Wird eine ordentliche Revision durchgeführt, so muss die Revisionsstelle an der Generalversammlung anwesend sein. Die Generalversammlung kann durch einstimmigen Beschluss auf die Anwesenheit der Revisionsstelle verzichten.

3 Liegt der erforderliche Revisionsbericht nicht vor, so sind die Beschlüsse zur Genehmigung der Jahresrechnung und der Konzernrechnung sowie zur Verwendung des Bilanzgewinnes nichtig. Werden die Bestimmungen über die Anwesenheit der Revisionsstelle missachtet, so sind diese Beschlüsse anfechtbar.

Art. 731a

6. Besondere Bestimmungen

1 Die Statuten und die Generalversammlung können die Organisation der Revisionsstelle eingehender regeln und deren Aufgaben erweitern.

2 Der Revisionsstelle dürfen weder Aufgaben des Verwaltungsrates, noch Aufgaben, die ihre Unabhängigkeit beeinträchtigen, zugeteilt werden.

3 Die Generalversammlung kann zur Prüfung der Geschäftsführung oder einzelner Teile Sachverständige ernennen.

Art. 731b

D. Mängel in der Organisation der Gesellschaft

1 Fehlt der Gesellschaft eines der vorgeschriebenen Organe oder ist eines dieser Organe nicht rechtmässig zusammengesetzt, so kann ein Aktionär, ein Gläubiger oder der Handelsregisterführer dem Richter beantragen, die erforderlichen Massnahmen zu ergreifen. Der Richter kann insbesondere:

1. der Gesellschaft unter Androhung ihrer Auflösung eine Frist ansetzen, binnen derer der rechtmässige Zustand wieder herzustellen ist;
2. das fehlende Organ oder einen Sachwalter ernennen;
3. die Gesellschaft auflösen und ihre Liquidation nach den Vorschriften über den Konkurs anordnen.

2 Ernennt der Richter das fehlende Organ oder einen Sachwalter, so bestimmt er die Dauer, für die die Ernennung gültig ist. Er verpflichtet die Gesellschaft, die Kosten zu tragen und den ernannten Personen einen Vorschuss zu leisten.

3 Liegt ein wichtiger Grund vor, so kann die Gesellschaft vom Richter die Abberufung von Personen verlangen, die dieser eingesetzt hat.

Vierter Abschnitt: Herabsetzung des Aktienkapitals

Art. 732

A. Herabsetzungsbeschluss

1 Beabsichtigt eine Aktiengesellschaft, ihr Aktienkapital[1] herabzusetzen, ohne es gleichzeitig bis zur bisherigen Höhe durch neues, voll einzubezahlendes Kapital zu ersetzen, so hat die Generalversammlung eine entsprechende Änderung der Statuten zu beschliessen.

2 Sie darf einen solchen Beschluss nur fassen, wenn ein zugelassener Revisionsexperte[2] in einem Prüfungsbericht bestätigt, dass die Forderungen der Gläubiger trotz der Herabsetzung des Aktienkapitals voll gedeckt sind. Der Revisionsexperte muss an der Generalversammlung anwesend sein.

3 Im Beschluss ist das Ergebnis des Prüfungsberichts festzustellen und anzugeben, in welcher Art und Weise die Kapitalherabsetzung durchgeführt werden soll.

4 Ein aus der Kapitalherabsetzung allfällig sich ergebender Buchgewinn ist ausschliesslich zu Abschreibungen zu verwenden.

5 Das Aktienkapital darf nur unter 100 000 Franken herabgesetzt werden, sofern es gleichzeitig durch neues, voll einzubezahlendes Kapital in der Höhe von mindestens 100 000 Franken ersetzt wird.

Art. 732a

B. Vernichtung von Aktien im Fall einer Sanierung

1 Wird das Aktienkapital zum Zwecke der Sanierung auf null herabgesetzt und anschliessend wieder erhöht, so gehen die bisherigen Mitgliedschaftsrechte der Aktionäre mit der Herabsetzung unter. Ausgegebene Aktien müssen vernichtet werden.

2 Bei der Wiedererhöhung des Aktienkapitals steht den bisherigen Aktionären ein Bezugsrecht zu, das ihnen nicht entzogen werden kann.

Art. 733

C. Aufforderung an die Gläubiger

Hat die Generalversammlung die Herabsetzung des Aktienkapitals beschlossen, so veröffentlicht der Verwaltungsrat den Beschluss dreimal im Schweizerischen Handelsamtsblatt[3] und überdies in der in den Statuten vorgesehenen Form und gibt den Gläubigern bekannt, dass sie binnen zwei Monaten, von der dritten Bekanntmachung im Schweizerischen Handelsamtsblatt an gerechnet, unter Anmeldung ihrer Forderungen Befriedigung oder Sicherstellung verlangen können.

Art. 734

D. Durchführung der Herabsetzung

Die Herabsetzung des Aktienkapitals darf erst nach Ablauf der den Gläubigern gesetzten Frist und nach Befriedigung oder Sicherstellung der angemeldeten Gläubiger durchgeführt und erst in das Handelsregister eingetragen werden, wenn durch öffentliche Urkunde festgestellt ist, dass die Vorschriften dieses Abschnittes erfüllt sind. Der Urkunde ist der Prüfungsbericht beizulegen.

1 Vgl. OR 621 und 632
2 Vgl. RAG 4
3 Ausnahme vgl. OR 735

Art. 735

E. Herabsetzung im Fall einer Unterbilanz

Die Aufforderung an die Gläubiger und ihre Befriedigung oder Sicherstellung können unterbleiben, wenn das Aktienkapital zum Zwecke der Beseitigung einer durch Verluste entstandenen Unterbilanz[1] in einem diese letztere nicht übersteigenden Betrage herabgesetzt wird.

Fünfter Abschnitt: Auflösung der Aktiengesellschaft

Art. 736

A. Auflösung Im Allgemeinen

I. Gründe

Die Gesellschaft wird aufgelöst:

1. nach Massgabe der Statuten;
2. durch einen Beschluss der Generalversammlung, über den eine öffentliche Urkunde zu errichten ist;
3. durch die Eröffnung des Konkurses;[2]
4. durch Urteil des Richters, wenn Aktionäre, die zusammen mindestens zehn Prozent des Aktienkapitals vertreten, aus wichtigen Gründen die Auflösung verlangen. Statt derselben kann der Richter auf eine andere sachgemässe und den Beteiligten zumutbare Lösung erkennen;
5. in den übrigen vom Gesetze vorgesehenen Fällen.

Art. 737

II. Anmeldung beim Handelsregister

Erfolgt die Auflösung der Gesellschaft nicht durch Konkurs oder richterliches Urteil, so ist sie vom Verwaltungsrat zur Eintragung in das Handelsregister anzumelden.

Art. 738

III. Folgen

Die aufgelöste Gesellschaft tritt in Liquidation, unter Vorbehalt der Fälle der Fusion, der Aufspaltung und der Übertragung ihres Vermögens auf eine Körperschaft des öffentlichen Rechts.

Art. 739

B. Auflösung mit Liquidation

I. Zustand der Liquidation. Befugnisse

1 Tritt die Gesellschaft in Liquidation, so behält sie die juristische Persönlichkeit und führt ihre bisherige Firma, jedoch mit dem Zusatz «in Liquidation», bis die Auseinandersetzung auch mit den Aktionären durchgeführt ist.

2 Die Befugnisse der Organe der Gesellschaft werden mit dem Eintritt der Liquidation auf die Handlungen beschränkt, die für die Durchführung der Liquidation erforderlich sind, ihrer Natur nach jedoch nicht von den Liquidatoren vorgenommen werden können.

Art. 740

II. Bestellung und Abberufung der Liquidatoren

1. Bestellung

1 Die Liquidation wird durch den Verwaltungsrat besorgt, sofern sie nicht in den Statuten oder durch einen Beschluss der Generalversammlung anderen Personen übertragen wird.

2 Die Liquidatoren sind vom Verwaltungsrat zur Eintragung in das Handelsregister anzumelden, auch wenn die Liquidation vom Verwaltungsrat besorgt wird.

[1] Vgl. OR 725
[2] Vgl. SchKG 171

3 Wenigstens einer der Liquidatoren muss in der Schweiz wohnhaft und zur Vertretung berechtigt sein.

4 Wird die Gesellschaft durch richterliches Urteil aufgelöst, so bestimmt der Richter die Liquidatoren.

5 Im Falle des Konkurses besorgt die Konkursverwaltung die Liquidation nach den Vorschriften des Konkursrechtes. Die Organe der Gesellschaft behalten die Vertretungsbefugnis nur, soweit eine Vertretung durch sie noch notwendig ist.

Art. 741

2. Abberufung

1 Die Generalversammlung kann die von ihr ernannten Liquidatoren jederzeit abberufen.

2 Auf Antrag eines Aktionärs kann der Richter, sofern wichtige Gründe vorliegen, Liquidatoren abberufen und nötigenfalls andere ernennen.

Art. 742

III. Liquidationstätigkeit

1. Bilanz. Schuldenruf

1 Die Liquidatoren haben bei der Übernahme ihres Amtes eine Bilanz aufzustellen.

2 Die aus den Geschäftsbüchern ersichtlichen oder in anderer Weise bekannten Gläubiger sind durch besondere Mitteilung, unbekannte Gläubiger und solche mit unbekanntem Wohnort durch öffentliche Bekanntmachung im Schweizerischen Handelsamtsblatt und überdies in der von den Statuten vorgesehenen Form von der Auflösung der Gesellschaft in Kenntnis zu setzen und zur Anmeldung ihrer Ansprüche aufzufordern.

Art. 743

2. Übrige Aufgaben

1 Die Liquidatoren haben die laufenden Geschäfte zu beendigen, noch ausstehende Aktienbeträge nötigenfalls einzuziehen, die Aktiven zu verwerten und die Verpflichtungen der Gesellschaft, sofern die Bilanz und der Schuldenruf keine Überschuldung ergeben, zu erfüllen.

2 Sie haben, sobald sie eine Überschuldung feststellen, den Richter zu benachrichtigen; dieser hat die Eröffnung des Konkurses auszusprechen.

3 Sie haben die Gesellschaft in den zur Liquidation gehörenden Rechtsgeschäften zu vertreten, können für sie Prozesse führen, Vergleiche und Schiedsverträge abschliessen und, soweit erforderlich, auch neue Geschäfte eingehen.

4 Sie dürfen Aktiven auch freihändig verkaufen, wenn die Generalversammlung nichts anderes angeordnet hat.

5 Sie haben bei länger andauernder Liquidation jährliche Zwischenbilanzen aufzustellen.

6 Die Gesellschaft haftet für den Schaden aus unerlaubten Handlungen, die ein Liquidator in Ausübung seiner geschäftlichen Verrichtungen begeht.

Art. 744

3. Gläubigerschutz

1 Haben bekannte Gläubiger die Anmeldung unterlassen, so ist der Betrag ihrer Forderungen gerichtlich zu hinterlegen.

2 Ebenso ist für die nicht fälligen und die streitigen Verbindlichkeiten der Gesellschaft ein entsprechender Betrag zu hinterlegen, sofern nicht den Gläubigern eine gleichwertige Sicherheit bestellt oder die Verteilung des Gesellschaftsvermögens bis zur Erfüllung dieser Verbindlichkeiten ausgesetzt wird.

Art. 745

4. Verteilung des Vermögens

[1] Das Vermögen der aufgelösten Gesellschaft wird nach Tilgung ihrer Schulden, soweit die Statuten nichts anderes bestimmen, unter die Aktionäre nach Massgabe der einbezahlten Beträge und unter Berücksichtigung der Vorrechte einzelner Aktienkategorien verteilt.[1]

[2] Die Verteilung darf frühestens nach Ablauf eines Jahres vollzogen werden, von dem Tage an gerechnet, an dem der Schuldenruf zum dritten Mal ergangen ist.

[3] Eine Verteilung darf bereits nach Ablauf von drei Monaten erfolgen, wenn ein zugelassener Revisionsexperte[2] bestätigt, dass die Schulden getilgt sind und nach den Umständen angenommen werden kann, dass keine Interessen Dritter gefährdet werden.

Art. 746

IV. Löschen im Handelsregister

Nach Beendigung der Liquidation ist das Erlöschen der Firma von den Liquidatoren beim Handelsregisteramt anzumelden.

Art. 747

V. Aufbewahrung der Geschäftsbücher

Die Geschäftsbücher der aufgelösten Gesellschaft sind während zehn Jahren an einem sicheren Ort aufzubewahren, der von den Liquidatoren, und wenn sie sich nicht einigen, vom Handelsregisteramt zu bezeichnen ist.[3]

Art. 748–750

C. Auflösung ohne Liquidation

I. …

Aufgehoben.

Art. 751

II. Übernahme durch eine Körperschaft des öffentlichen Rechts

[1] Wird das Vermögen einer Aktiengesellschaft vom Bunde, von einem Kanton oder unter Garantie des Kantons von einem Bezirk oder von einer Gemeinde übernommen, so kann mit Zustimmung der Generalversammlung vereinbart werden, dass die Liquidation unterbleiben soll.

[2] Der Beschluss der Generalversammlung ist nach den Vorschriften über die Auflösung zu fassen und beim Handelsregisteramt anzumelden.

[3] Mit der Eintragung dieses Beschlusses ist der Übergang des Vermögens der Gesellschaft mit Einschluss der Schulden vollzogen, und es ist die Firma der Gesellschaft zu löschen.

Sechster Abschnitt: Verantwortlichkeit

Art. 752

A. Haftung

I. Für den Emissionsprospekt

Sind bei der Gründung einer Gesellschaft oder bei der Ausgabe von Aktien, Obligationen oder anderen Titeln in Emissionsprospekten oder ähnlichen Mitteilungen unrichtige, irreführende oder den gesetzlichen Anforderungen nicht entsprechende Angaben gemacht oder verbreitet worden, so haftet jeder, der absichtlich oder fahrlässig dabei mitgewirkt hat, den Erwerbern der Titel für den dadurch verursachten Schaden.

1 Vgl. ZGB 57
2 Vgl. RAG 4
3 Vgl. OR 962

Art. 753

II. Gründungshaftung

Gründer, Mitglieder des Verwaltungsrates und alle Personen, die bei der Gründung mitwirken, werden sowohl der Gesellschaft als den einzelnen Aktionären und Gesellschaftsgläubigern für den Schaden verantwortlich, wenn sie

1. absichtlich oder fahrlässig Sacheinlagen, Sachübernahmen oder die Gewährung besonderer Vorteile zugunsten von Aktionären oder anderen Personen in den Statuten, einem Gründungsbericht oder einem Kapitalerhöhungsbericht unrichtig oder irreführend angeben, verschweigen oder verschleiern, oder bei der Genehmigung einer solchen Massnahme in anderer Weise dem Gesetz zuwiderhandeln;
2. absichtlich oder fahrlässig die Eintragung der Gesellschaft in das Handelsregister aufgrund einer Bescheinigung oder Urkunde veranlassen, die unrichtige Angaben enthält;
3. wissentlich dazu beitragen, dass Zeichnungen zahlungsunfähiger Personen angenommen werden.

Art. 754

III. Haftung für Verwaltung, Geschäftsführung und Liquidation

1 Die Mitglieder des Verwaltungsrates und alle mit der Geschäftsführung oder mit der Liquidation befassten Personen sind sowohl der Gesellschaft als den einzelnen Aktionären und Gesellschaftsgläubigern für den Schaden verantwortlich, den sie durch absichtliche oder fahrlässige Verletzung ihrer Pflichten verursachen.[1]

2 Wer die Erfüllung einer Aufgabe befugterweise einem anderen Organ überträgt, haftet für den von diesem verursachten Schaden, sofern er nicht nachweist, dass er bei der Auswahl, Unterrichtung und Überwachung die nach den Umständen gebotene Sorgfalt angewendet hat.

Art. 755

IV. Revisionshaftung

1 Alle mit der Prüfung der Jahres- und Konzernrechnung, der Gründung, der Kapitalerhöhung oder Kapitalherabsetzung befassten Personen sind sowohl der Gesellschaft als auch den einzelnen Aktionären und Gesellschaftsgläubigern für den Schaden verantwortlich, den sie durch absichtliche oder fahrlässige Verletzung ihrer Pflichten verursachen.

2 Wurde die Prüfung von einer Finanzkontrolle der öffentlichen Hand oder von einem ihrer Mitarbeiter durchgeführt, so haftet das betreffende Gemeinwesen. Der Rückgriff auf die an der Prüfung beteiligten Personen richtet sich nach dem öffentlichen Recht.

Art. 756

B. Schaden der Gesellschaft

I. Ansprüche ausser Konkurs

1 Neben der Gesellschaft sind auch die einzelnen Aktionäre berechtigt, den der Gesellschaft verursachten Schaden einzuklagen. Der Anspruch des Aktionärs geht auf Leistung an die Gesellschaft.[2]

2 *Aufgehoben.*

Art. 757

II. Ansprüche im Konkurs

1 Im Konkurs der geschädigten Gesellschaft sind auch die Gesellschaftsgläubiger berechtigt, Ersatz des Schadens an die Gesellschaft zu verlangen. Zunächst steht

1 Vgl. OR 41 und 717 (unmittelbarer Schaden)
2 Vgl. OR 754 (mittelbarer Schaden)

es jedoch der Konkursverwaltung zu, die Ansprüche von Aktionären und Gesellschaftsgläubigern geltend zu machen.

2 Verzichtet die Konkursverwaltung auf die Geltendmachung dieser Ansprüche, so ist hierzu jeder Aktionär oder Gläubiger berechtigt. Das Ergebnis wird vorab zur Deckung der Forderungen der klagenden Gläubiger gemäss den Bestimmungen des Schuldbetreibungs- und Konkursgesetzes vom 11. April 1889 verwendet. Am Überschuss nehmen die klagenden Aktionäre im Ausmass ihrer Beteiligung an der Gesellschaft teil; der Rest fällt in die Konkursmasse.

3 Vorbehalten bleibt die Abtretung von Ansprüchen der Gesellschaft gemäss Artikel 260 des Schuldbetreibungs- und Konkursgesetzes vom 11. April 1889.

Art. 758

III. Wirkung des Entlastungsbeschlusses

1 Der Entlastungsbeschluss[1] der Generalversammlung wirkt nur für bekanntgegebene Tatsachen und nur gegenüber der Gesellschaft sowie gegenüber den Aktionären, die dem Beschluss zugestimmt oder die Aktien seither in Kenntnis des Beschlusses erworben haben.

2 Das Klagerecht der übrigen Aktionäre erlischt sechs Monate nach dem Entlastungsbeschluss.

Art. 759

C. Solidarität und Rückgriff

1 Sind für einen Schaden mehrere Personen ersatzpflichtig, so ist jede von ihnen insoweit mit den anderen solidarisch[2] haftbar, als ihr der Schaden aufgrund ihres eigenen Verschuldens und der Umstände persönlich zurechenbar ist.

2 Der Kläger kann mehrere Beteiligte gemeinsam für den Gesamtschaden einklagen und verlangen, dass der Richter im gleichen Verfahren die Ersatzpflicht jedes einzelnen Beklagten festsetzt.

3 Der Rückgriff unter mehreren Beteiligten wird vom Richter in Würdigung aller Umstände bestimmt.

Art. 760

D. Verjährung

1 Der Anspruch auf Schadenersatz gegen die nach den vorstehenden Bestimmungen verantwortlichen Personen verjährt[3] in fünf Jahren von dem Tage an, an dem der Geschädigte Kenntnis vom Schaden und von der Person des Ersatzpflichtigen erlangt hat, jedenfalls aber mit dem Ablaufe von zehn Jahren, vom Tage der schädigenden Handlung an gerechnet.

2 Wird die Klage aus einer strafbaren Handlung hergeleitet, für die das Strafrecht eine längere Verjährung vorschreibt, so gilt diese auch für den Zivilanspruch.

Art. 761

Aufgehoben.

1 Vgl. OR 698
2 Vgl. OR 143
3 Vgl. OR 127 ff.

Siebenter Abschnitt: Beteiligung von Körperschaften des öffentlichen Rechts

Art. 762

1 Haben Körperschaften des öffentlichen Rechts wie Bund, Kanton, Bezirk oder Gemeinde ein öffentliches Interesse an einer Aktiengesellschaft, so kann der Körperschaft in den Statuten der Gesellschaft das Recht eingeräumt werden, Vertreter in den Verwaltungsrat oder in die Revisionsstelle abzuordnen, auch wenn sie nicht Aktionärin ist.

2 Bei solchen Gesellschaften sowie bei gemischtwirtschaftlichen Unternehmungen, an denen eine Körperschaft des öffentlichen Rechts als Aktionär beteiligt ist, steht das Recht zur Abberufung der von ihr abgeordneten Mitglieder des Verwaltungsrates und der Revisionsstelle nur ihr selbst zu.

3 Die von einer Körperschaft des öffentlichen Rechts abgeordneten Mitglieder des Verwaltungsrates und der Revisionsstelle haben die gleichen Rechte und Pflichten wie die von der Generalversammlung gewählten.

4 Für die von einer Körperschaft des öffentlichen Rechts abgeordneten Mitglieder haftet die Körperschaft der Gesellschaft, den Aktionären und den Gläubigern gegenüber, unter Vorbehalt des Rückgriffs nach dem Recht des Bundes und der Kantone.

Achter Abschnitt: Ausschluss der Anwendung des Gesetzes auf öffentlich-rechtliche Anstalten

Art. 763

1 Auf Gesellschaften und Anstalten, wie Banken, Versicherungs- oder Elektrizitätsunternehmen, die durch besondere kantonale Gesetze gegründet worden sind und unter Mitwirkung öffentlicher Behörden verwaltet werden, kommen, sofern der Kanton die subsidiäre Haftung für deren Verbindlichkeiten übernimmt, die Bestimmungen über die Aktiengesellschaft auch dann nicht zur Anwendung, wenn das Kapital ganz oder teilweise in Aktien zerlegt ist und unter Beteiligung von Privatpersonen aufgebracht wird.

2 Auf Gesellschaften und Anstalten, die vor dem 1. Januar 1883 durch besondere kantonale Gesetze gegründet worden sind und unter Mitwirkung öffentlicher Behörden verwaltet werden, finden die Bestimmungen über die Aktiengesellschaft auch dann keine Anwendung, wenn der Kanton die subsidiäre Haftung für die Verbindlichkeiten nicht übernimmt.

Siebenundzwanzigster Titel: Die Kommanditaktiengesellschaft

Art. 764

A. Begriff

1 Die Kommanditaktiengesellschaft[1] ist eine Gesellschaft, deren Kapital in Aktien zerlegt ist und bei der ein oder mehrere Mitglieder den Gesellschaftsgläubigern unbeschränkt und solidarisch gleich einem Kollektivgesellschafter haftbar sind.[2]

1 In der Praxis bedeutungslos
2 Vgl. OR 568 ff.

2 Für die Kommanditaktiengesellschaft kommen, soweit nicht etwas anderes vorgesehen ist, die Bestimmungen über die Aktiengesellschaft zur Anwendung.

3 Wird ein Kommanditkapital nicht in Aktien zerlegt, sondern in Teile, die lediglich das Mass der Beteiligung mehrerer Kommanditäre regeln, so gelten die Vorschriften über die Kommanditgesellschaft.

Art. 765

B. Verwaltung

I. Bezeichnung und Befugnisse

1 Die unbeschränkt haftenden Mitglieder bilden die Verwaltung der Kommanditaktiengesellschaft. Ihnen steht die Geschäftsführung und die Vertretung zu. Sie sind in den Statuten zu nennen.

2 Der Name, der Wohnsitz, der Heimatort und die Funktion der Mitglieder der Verwaltung sowie der zur Vertretung befugten Personen sind ins Handelsregister einzutragen.

3 Für Änderungen im Bestande der unbeschränkt haftenden Mitglieder bedarf es der Zustimmung der bisherigen Mitglieder und der Änderung der Statuten.

Art. 766

II. Zustimmung zu Generalversammlungsbeschlüssen

Beschlüsse der Generalversammlung über Umwandlung des Gesellschaftszweckes, Erweiterung oder Verengerung des Geschäftsbereiches und Fortsetzung der Gesellschaft über die in den Statuten bestimmte Zeit hinaus bedürfen der Zustimmung der Mitglieder der Verwaltung.

Art. 767

III. Entziehung der Geschäftsführung und Vertretung

1 Den Mitgliedern der Verwaltung kann die Geschäftsführung und Vertretung unter den gleichen Voraussetzungen wie bei der Kollektivgesellschaft entzogen werden.

2 Mit der Entziehung endigt auch die unbeschränkte Haftbarkeit des Mitgliedes für die künftig entstehenden Verbindlichkeiten der Gesellschaft.

Art. 768

C. Aufsichtsstelle

I. Bestellung und Befugnisse

1 Die Kontrolle, in Verbindung mit der dauernden Überwachung der Geschäftsführung, ist einer Aufsichtsstelle zu übertragen, der durch die Statuten weitere Obliegenheiten zugewiesen werden können.

2 Bei der Bestellung der Aufsichtsstelle haben die Mitglieder der Verwaltung kein Stimmrecht.

3 Die Mitglieder der Aufsichtsstelle sind in das Handelsregister einzutragen.

Art. 769

II. Verantwortlichkeitsklage

1 Die Aufsichtsstelle kann namens der Gesellschaft die Mitglieder der Verwaltung zur Rechenschaft ziehen und vor Gericht belangen.

2 Bei arglistigem Verhalten von Mitgliedern der Verwaltung ist die Aufsichtsstelle zur Durchführung von Prozessen auch dann berechtigt, wenn ein Beschluss der Generalversammlung entgegensteht.

Art. 770

D. Auflösung

1 Die Gesellschaft wird beendigt durch das Ausscheiden, den Tod, die Handlungsunfähigkeit oder den Konkurs sämtlicher unbeschränkt haftender Gesellschafter.

2 Im übrigen gelten für die Auflösung der Kommanditaktiengesellschaft die gleichen Vorschriften wie für die Auflösung der Aktiengesellschaft; doch kann eine Auflösung durch Beschluss der Generalversammlung vor dem in den Statuten festgesetzten Termin nur mit Zustimmung der Verwaltung erfolgen.

3 *Aufgehoben*.

Art. 771

E. Kündigung

[1] Dem unbeschränkt haftenden Gesellschafter steht das Recht der Kündigung gleich einem Kollektivgesellschafter zu.

[2] Macht einer von mehreren unbeschränkt haftenden Gesellschaftern von seinem Kündigungsrechte Gebrauch, so wird die Gesellschaft, sofern die Statuten es nicht anders bestimmen, von den übrigen fortgesetzt.

Achtundzwanzigster Titel: Die Gesellschaft mit beschränkter Haftung

Erster Abschnitt: Allgemeine Bestimmungen

Art. 772

A. Begriff

[1] Die Gesellschaft mit beschränkter Haftung ist eine personenbezogene Kapitalgesellschaft, an der eine[1] oder mehrere Personen oder Handelsgesellschaften beteiligt sind. Ihr Stammkapital ist in den Statuten festgelegt. Für ihre Verbindlichkeiten haftet nur das Gesellschaftsvermögen.

[2] Die Gesellschafter sind mindestens mit je einem Stammanteil am Stammkapital beteiligt. Die Statuten können für sie Nachschuss-[2] und Nebenleistungspflichten[3] vorsehen.

Art. 773

B. Stammkapital

Das Stammkapital muss mindestens 20 000 Franken betragen.[4]

Art. 774

C. Stammanteile

[1] Der Nennwert der Stammanteile muss mindestens 100 Franken betragen. Im Falle einer Sanierung kann er bis auf einen Franken herabgesetzt werden.

[2] Die Stammanteile müssen mindestens zum Nennwert ausgegeben werden.

Art. 774a

D. Genussscheine

Die Statuten können die Schaffung von Genussscheinen vorsehen; die Vorschriften des Aktienrechts sind entsprechend anwendbar.[5]

Art. 775

E. Gesellschafter

Eine Gesellschaft mit beschränkter Haftung kann durch eine oder mehrere natürliche oder juristische Personen oder andere Handelsgesellschaften gegründet werden.

Art. 776

F. Statuten

I. Gesetzlich vorgeschriebener Inhalt

Die Statuten müssen Bestimmungen enthalten über:

1. die Firma[6] und den Sitz der Gesellschaft;
2. den Zweck der Gesellschaft;
3. die Höhe des Stammkapitals sowie die Anzahl und den Nennwert der Stammanteile;
4. die Form der von der Gesellschaft ausgehenden Bekanntmachungen.

1 Altrechtlich zwei
2 Vgl. OR 795
3 Vgl. OR 796
4 Vgl. OR 777c
5 Vgl. OR 657
6 Vgl. OR 950

Art. 776a

II. Bedingt notwendiger Inhalt

[1] Zu ihrer Verbindlichkeit bedürfen der Aufnahme in die Statuten Bestimmungen über:

1. die Begründung und die Ausgestaltung von Nachschuss-[1] und Nebenleistungspflichten[2];
2. die Begründung und die Ausgestaltung von Vorhand-, Vorkaufs- oder Kaufsrechten der Gesellschafter oder der Gesellschaft an den Stammanteilen;
3. Konkurrenzverbote der Gesellschafter;[3]
4. Konventionalstrafen zur Sicherung der Erfüllung gesetzlicher oder statutarischer Pflichten;
5. Vorrechte, die mit einzelnen Kategorien von Stammanteilen verbunden sind (Vorzugsstammanteile);[4]
6. Vetorechte von Gesellschaftern betreffend Beschlüsse der Gesellschafterversammlung;[5]
7. die Beschränkung des Stimmrechts und des Rechts der Gesellschafter, sich vertreten zu lassen;[6]
8. Genussscheine;[7]
9. statutarische Reserven;
10. Befugnisse der Gesellschafterversammlung, die dieser über die gesetzlichen Zuständigkeiten hinaus zugewiesen werden;
11. die Genehmigung bestimmter Entscheide der Geschäftsführer durch die Gesellschafterversammlung;
12. das Erfordernis der Zustimmung der Gesellschafterversammlung zur Bezeichnung von natürlichen Personen, die für Gesellschafter, die juristische Personen oder Handelsgesellschaften sind, das Recht zur Geschäftsführung ausüben;
13. die Befugnis der Geschäftsführer, Direktoren, Prokuristen sowie Handlungsbevollmächtigte zu ernennen;
14. die Ausrichtung von Tantiemen an die Geschäftsführer;
15. die Zusicherung von Bauzinsen;
16. die Organisation und die Aufgaben der Revisionsstelle,[8] sofern dabei über die gesetzlichen Vorschriften hinausgegangen wird;
17. die Gewährung eines statutarischen Austrittsrechts, die Bedingungen für dessen Ausübung und die auszurichtende Abfindung;
18. besondere Gründe für den Ausschluss von Gesellschaftern aus der Gesellschaft;
19. andere als die gesetzlichen Auflösungsgründe.

[1] Vgl. OR 795
[2] Vgl. OR 796
[3] Vgl. OR 803
[4] Vgl. OR 799
[5] Vgl. OR 807
[6] Vgl. OR 806
[7] Vgl. OR 774a
[8] Vgl. OR 818

[2] Zu ihrer Verbindlichkeit bedürfen ebenfalls der Aufnahme in die Statuten von den gesetzlichen Vorschriften abweichende Regelungen:
1. der Beschlussfassung über die nachträgliche Schaffung von neuen Vorzugsstammanteilen;
2. der Übertragung von Stammanteilen;
3. der Einberufung der Gesellschafterversammlung;
4. der Bemessung des Stimmrechts der Gesellschafter;
5. der Beschlussfassung in der Gesellschafterversammlung;
6. der Beschlussfassung der Geschäftsführer;
7. der Geschäftsführung und der Vertretung;
8. zu den Konkurrenzverboten der Geschäftsführer.

Art. 777

G. Gründung
I. Errichtungsakt

[1] Die Gesellschaft wird errichtet, indem die Gründer in öffentlicher Urkunde erklären, eine Gesellschaft mit beschränkter Haftung zu gründen, darin die Statuten festlegen und die Organe bestellen.

[2] In diesem Errichtungsakt zeichnen die Gründer die Stammanteile und stellen fest, dass:
1. sämtliche Stammanteile gültig gezeichnet sind;
2. die Einlagen dem gesamten Ausgabebetrag entsprechen;
3. die gesetzlichen und statutarischen Anforderungen an die Leistung der Einlagen erfüllt sind;
4. sie die statutarischen Nachschuss- oder Nebenleistungspflichten übernehmen.

Art. 777a

II. Zeichnung der Stammanteile

[1] Die Zeichnung der Stammanteile bedarf zu ihrer Gültigkeit der Angabe von Anzahl, Nennwert und Ausgabebetrag sowie gegebenenfalls der Kategorie der Stammanteile.

[2] In der Urkunde über die Zeichnung muss hingewiesen werden auf statutarische Bestimmungen über:
1. Nachschusspflichten;[1]
2. Nebenleistungspflichten;[2]
3. Konkurrenzverbote für die Gesellschafter;[3]
4. Vorhand-, Vorkaufs- und Kaufsrechte der Gesellschafter oder der Gesellschaft;
5. Konventionalstrafen.

Art. 777b

III. Belege

[1] Im Errichtungsakt muss die Urkundsperson die Belege über die Gründung einzeln nennen und bestätigen, dass sie ihr und den Gründern vorgelegen haben.

[2] Dem Errichtungsakt sind folgende Unterlagen beizulegen:
1. die Statuten;
2. der Gründungsbericht;
3. die Prüfungsbestätigung;
4. die Bestätigung über die Hinterlegung von Einlagen in Geld;

[1] Vgl. OR 795
[2] Vgl. OR 796
[3] Vgl. OR 803

5. die Sacheinlageverträge;
6. bereits vorliegende Sachübernahmeverträge.

Art. 777c

IV. Einlagen

1 Bei der Gründung muss für jeden Stammanteil eine dem Ausgabebetrag entsprechende Einlage vollständig geleistet werden.

2 Im Übrigen sind die Vorschriften des Aktienrechts[1] entsprechend anwendbar für:

1. die Angabe der Sacheinlagen, der Sachübernahmen und der besonderen Vorteile in den Statuten;
2. die Eintragung von Sacheinlagen, Sachübernahmen und von besonderen Vorteilen ins Handelsregister;
3. die Leistung und die Prüfung der Einlagen.

Art. 778

H. Eintragung ins Handelsregister
I. Gesellschaft

Die Gesellschaft ist ins Handelsregister[2] des Ortes einzutragen, an dem sie ihren Sitz hat.

Art. 778a

II. Zweigniederlassungen

Zweigniederlassungen sind ins Handelsregister des Ortes einzutragen, an dem sie sich befinden.

Art. 779

J. Erwerb der Persönlichkeit
I. Zeitpunkt; mangelnde Voraussetzungen

1 Die Gesellschaft erlangt das Recht der Persönlichkeit durch die Eintragung ins Handelsregister.[3]

2 Sie erlangt das Recht der Persönlichkeit auch dann, wenn die Voraussetzungen für die Eintragung tatsächlich nicht erfüllt sind.

3 Waren bei der Gründung gesetzliche oder statutarische Voraussetzungen nicht erfüllt und sind dadurch die Interessen von Gläubigern oder Gesellschaftern in erheblichem Masse gefährdet oder verletzt worden, so kann das Gericht auf Begehren einer dieser Personen die Auflösung der Gesellschaft verfügen.

4 Das Klagerecht erlischt drei Monate nach der Veröffentlichung der Gründung der Gesellschaft im Schweizerischen Handelsamtsblatt.

Art. 779a

II. Vor der Eintragung eingegangene Verpflichtungen

1 Personen, die vor der Eintragung ins Handelsregister im Namen der Gesellschaft handeln, haften dafür persönlich und solidarisch.[4]

2 Übernimmt die Gesellschaft innerhalb von drei Monaten nach ihrer Eintragung Verpflichtungen, die ausdrücklich in ihrem Namen eingegangen werden, so werden die Handelnden befreit, und es haftet nur die Gesellschaft.

Art. 780

K. Statutenänderung

Jeder Beschluss der Gesellschafterversammlung über eine Änderung der Statuten muss öffentlich beurkundet und ins Handelsregister eingetragen werden.

1 Vgl. OR 629 ff.
2 Vgl. OR 927
3 Vgl. ZGB 52 ff.
4 Vgl. OR 530 ff.

Art. 781

L. Erhöhung des Stammkapitals

[1] Die Gesellschafterversammlung kann die Erhöhung des Stammkapitals beschliessen.

[2] Die Ausführung des Beschlusses obliegt den Geschäftsführern.

[3] Die Zeichnung und die Einlagen richten sich nach den Vorschriften über die Gründung. Für den Zeichnungsschein sind zudem die Vorschriften über die Erhöhung des Aktienkapitals entsprechend anwendbar.[1] Ein öffentliches Angebot zur Zeichnung der Stammanteile ist ausgeschlossen.

[4] Die Erhöhung des Stammkapitals muss innerhalb von drei Monaten nach dem Beschluss der Gesellschafterversammlung beim Handelsregister zur Eintragung angemeldet werden; sonst fällt der Beschluss dahin.

[5] Im Übrigen sind die Vorschriften des Aktienrechts über die ordentliche Kapitalerhöhung entsprechend anwendbar für:

1. die Form und den Inhalt des Beschlusses der Gesellschafterversammlung;
2. das Bezugsrecht der Gesellschafter;
3. die Erhöhung des Stammkapitals aus Eigenkapital;
4. den Kapitalerhöhungsbericht und die Prüfungsbestätigung;
5. die Statutenänderung und die Feststellungen der Geschäftsführer;
6. die Eintragung der Erhöhung des Stammkapitals ins Handelsregister und die Nichtigkeit vorher ausgegebener Urkunden.

Art. 782

M. Herabsetzung des Stammkapitals

[1] Die Gesellschafterversammlung kann die Herabsetzung des Stammkapitals beschliessen.

[2] Das Stammkapital darf in keinem Fall unter 20000 Franken herabgesetzt werden.

[3] Zur Beseitigung einer durch Verluste entstandenen Unterbilanz darf das Stammkapital nur herabgesetzt werden, wenn die Gesellschafter die in den Statuten vorgesehenen Nachschüsse voll geleistet haben.

[4] Im Übrigen sind die Vorschriften über die Herabsetzung des Aktienkapitals entsprechend anwendbar.[2]

Art. 783

N. Erwerb eigener Stammanteile

[1] Die Gesellschaft darf eigene Stammanteile nur dann erwerben, wenn frei verwendbares Eigenkapital in der Höhe der dafür nötigen Mittel vorhanden ist und der gesamte Nennwert dieser Stammanteile zehn Prozent des Stammkapitals nicht übersteigt.

[2] Werden im Zusammenhang mit einer Übertragbarkeitsbeschränkung, einem Austritt oder einem Ausschluss Stammanteile erworben, so beträgt die Höchstgrenze 35 Prozent. Die über 10 Prozent des Stammkapitals hinaus erworbenen eigenen Stammanteile sind innerhalb von zwei Jahren zu veräussern oder durch Kapitalherabsetzung zu vernichten.

[3] Ist mit den Stammanteilen, die erworben werden sollen, eine Nachschusspflicht oder eine Nebenleistungspflicht verbunden, so muss diese vor deren Erwerb aufgehoben werden.

[4] Im Übrigen sind für den Erwerb eigener Stammanteile durch die Gesellschaft die Vorschriften über eigene Aktien entsprechend anwendbar.[3]

[1] Vgl. OR 650
[2] Vgl. OR 732 ff. (AG)
[3] Vgl. OR 659 ff. und 671a

Zweiter Abschnitt: Rechte und Pflichten der Gesellschafter

Art. 784

A. Stammanteile
I. Urkunde

[1] Wird über Stammanteile eine Urkunde ausgestellt, so kann diese nur als Beweisurkunde oder Namenpapier errichtet werden.

[2] In die Urkunde müssen dieselben Hinweise auf statutarische Rechte und Pflichten aufgenommen werden wie in die Urkunde über die Zeichnung der Stammanteile.

Art. 785

II. Übertragung
1. Abtretung
a. Form

[1] Die Abtretung von Stammanteilen sowie die Verpflichtung zur Abtretung bedürfen der schriftlichen Form.

[2] In den Abtretungsvertrag müssen dieselben Hinweise auf statutarische Rechte und Pflichten aufgenommen werden wie in die Urkunde über die Zeichnung der Stammanteile.

Art. 786

b. Zustimmungserfordernisse

[1] Die Abtretung von Stammanteilen bedarf der Zustimmung der Gesellschafterversammlung. Die Gesellschafterversammlung kann die Zustimmung ohne Angabe von Gründen verweigern.

[2] Von dieser Regelung können die Statuten abweichen, indem sie:

1. auf das Erfordernis der Zustimmung zur Abtretung verzichten;
2. die Gründe festlegen, die die Verweigerung der Zustimmung zur Abtretung rechtfertigen;
3. vorsehen, dass die Zustimmung zur Abtretung verweigert werden kann, wenn die Gesellschaft dem Veräusserer die Übernahme der Stammanteile zum wirklichen Wert anbietet;
4. die Abtretung ausschliessen;
5. vorsehen, dass die Zustimmung zur Abtretung verweigert werden kann, wenn die Erfüllung statutarischer Nachschuss- oder Nebenleistungspflichten zweifelhaft ist und eine von der Gesellschaft geforderte Sicherheit nicht geleistet wird.

[3] Schliessen die Statuten die Abtretung aus oder verweigert die Gesellschafterversammlung die Zustimmung zur Abtretung, so bleibt das Recht auf Austritt aus wichtigem Grund vorbehalten.

Art. 787

c. Rechtsübergang

[1] Ist für die Abtretung von Stammanteilen die Zustimmung der Gesellschafterversammlung erforderlich, so wird die Abtretung erst mit dieser Zustimmung rechtswirksam.

[2] Lehnt die Gesellschafterversammlung das Gesuch um Zustimmung zur Abtretung nicht innerhalb von sechs Monaten nach Eingang ab, so gilt die Zustimmung als erteilt.

Art. 788

2. Besondere Erwerbsarten

[1] Werden Stammanteile durch Erbgang, Erbteilung, eheliches Güterrecht oder Zwangsvollstreckung erworben, so gehen alle Rechte und Pflichten, die damit verbunden sind, ohne Zustimmung der Gesellschafterversammlung auf die erwerbende Person über.

[2] Für die Ausübung des Stimmrechts und der damit zusammenhängenden Rechte bedarf die erwerbende Person jedoch der Anerkennung der Gesellschafterversammlung als stimmberechtigter Gesellschafter.

3 Die Gesellschafterversammlung kann ihr die Anerkennung nur verweigern, wenn ihr die Gesellschaft die Übernahme der Stammanteile zum wirklichen Wert im Zeitpunkt des Gesuches anbietet. Das Angebot kann auf eigene Rechnung oder auf Rechnung anderer Gesellschafter oder Dritter erfolgen. Lehnt die erwerbende Person das Angebot nicht innerhalb eines Monates nach Kenntnis des wirklichen Wertes ab, so gilt es als angenommen.

4 Lehnt die Gesellschafterversammlung das Gesuch um Anerkennung nicht innerhalb von sechs Monaten ab Eingang ab, so gilt die Anerkennung als erteilt.

5 Die Statuten können auf das Erfordernis der Anerkennung verzichten.

Art. 789

3. Bestimmung des wirklichen Werts

1 Stellen das Gesetz oder die Statuten auf den wirklichen Wert der Stammanteile ab, so können die Parteien verlangen, dass dieser vom Gericht bestimmt wird.

2 Das Gericht verteilt die Kosten des Verfahrens und der Bewertung nach seinem Ermessen.

Art. 789a

4. Nutzniessung

1 Für die Bestellung einer Nutzniessung an einem Stammanteil sind die Vorschriften über die Übertragung der Stammanteile entsprechend anwendbar.[1]

2 Schliessen die Statuten die Abtretung aus, so ist auch die Bestellung einer Nutzniessung an den Stammanteilen ausgeschlossen.

Art. 789b

5. Pfandrecht

1 Die Statuten können vorsehen, dass die Bestellung eines Pfandrechts[2] an Stammanteilen der Zustimmung der Gesellschafterversammlung bedarf. Diese darf die Zustimmung nur verweigern, wenn ein wichtiger Grund vorliegt.

2 Schliessen die Statuten die Abtretung aus, so ist auch die Bestellung eines Pfandrechts an den Stammanteilen ausgeschlossen.

Art. 790

III. Anteilbuch

1 Die Gesellschaft führt über die Stammanteile ein Anteilbuch.

2 In das Anteilbuch sind einzutragen:

1. die Gesellschafter mit Namen und Adresse;
2. die Anzahl, der Nennwert sowie allenfalls die Kategorien der Stammanteile jedes Gesellschafters;
3. die Nutzniesser mit Namen und Adresse;
4. die Pfandgläubiger mit Namen und Adresse.

3 Gesellschafter, die nicht zur Ausübung des Stimmrechts und der damit zusammenhängenden Rechte befugt sind, müssen als Gesellschafter ohne Stimmrecht bezeichnet werden.

4 Den Gesellschaftern steht das Recht zu, in das Anteilbuch Einsicht zu nehmen.

Art. 791

IV. Eintragung ins Handelsregister

1 Die Gesellschafter sind mit Name, Wohnsitz und Heimatort sowie mit der Anzahl und dem Nennwert ihrer Stammanteile ins Handelsregister einzutragen.

2 Die Gesellschaft muss die Eintragung anmelden.

1 Vgl. OR 785 ff.
2 Vgl. ZGB 905

Art. 792

V. Gemeinschaftliches Eigentum

Steht ein Stammanteil mehreren Berechtigten ungeteilt zu, so:

1. haben diese gemeinsam eine Person zu bezeichnen, die sie vertritt; sie können die Rechte aus dem Stammanteil nur durch diese Person ausüben;
2. haften diese für Nachschusspflichten und Nebenleistungspflichten solidarisch.

Art. 793

B. Leistung der Einlagen

1 Die Gesellschafter sind zur Leistung einer dem Ausgabebetrag ihrer Stammanteile entsprechenden Einlage verpflichtet.

2 Die Einlagen dürfen nicht zurückerstattet werden.

Art. 794

C. Haftung der Gesellschafter

Für die Verbindlichkeiten der Gesellschaft haftet nur das Gesellschaftsvermögen.

Art. 795

D. Nachschüsse und Nebenleistungen

I. Nachschüsse

1. Grundsatz und Betrag

1 Die Statuten können die Gesellschafter zur Leistung von Nachschüssen verpflichten.[1]

2 Sehen die Statuten eine Nachschusspflicht vor, so müssen sie den Betrag der mit einem Stammanteil verbundenen Nachschusspflicht festlegen. Dieser darf das Doppelte des Nennwertes des Stammanteils nicht übersteigen.

3 Die Gesellschafter haften nur für die mit den eigenen Stammanteilen verbundenen Nachschüsse.

Art. 795a

2. Einforderung

1 Die Nachschüsse werden durch die Geschäftsführer eingefordert.

2 Sie dürfen nur eingefordert werden, wenn:

1. die Summe von Stammkapital und gesetzlichen Reserven nicht mehr gedeckt ist;
2. die Gesellschaft ihre Geschäfte ohne diese zusätzlichen Mittel nicht ordnungsgemäss weiterführen kann;
3. die Gesellschaft aus in den Statuten umschriebenen Gründen Eigenkapital benötigt.

3 Mit Eintritt des Konkurses[2] werden ausstehende Nachschüsse fällig.

Art. 795b

3. Rückzahlung

Geleistete Nachschüsse dürfen nur dann ganz oder teilweise zurückbezahlt werden, wenn der Betrag durch frei verwendbares Eigenkapital gedeckt ist und ein zugelassener Revisionsexperte[3] dies schriftlich bestätigt.

Art. 795c

4. Herabsetzung

1 Eine statutarische Nachschusspflicht darf nur dann herabgesetzt oder aufgehoben werden, wenn das Stammkapital und die gesetzlichen Reserven voll gedeckt sind.

2 Die Vorschriften über die Herabsetzung des Stammkapitals[4] sind entsprechend anwendbar.

1 Nachschüsse müssen auch ohne Konkurs geleistet werden
2 Vgl. SchKG 171
3 Vgl. RAG 4
4 Vgl. OR 782

Art. 795d

5. Fortdauer

1 Für Gesellschafter, die aus der Gesellschaft ausscheiden, besteht die Nachschusspflicht unter Vorbehalt der nachfolgenden Einschränkungen während dreier Jahre weiter. Der Zeitpunkt des Ausscheidens bestimmt sich nach der Eintragung ins Handelsregister.

2 Ausgeschiedene Gesellschafter müssen Nachschüsse nur leisten, wenn die Gesellschaft in Konkurs fällt.

3 Ihre Nachschusspflicht entfällt, soweit sie von einem Rechtsnachfolger erfüllt wurde.

4 Die Nachschusspflicht ausgeschiedener Gesellschafter darf nicht erhöht werden.

Art. 796

II. Nebenleistungen

1 Die Statuten können die Gesellschafter zu Nebenleistungen verpflichten.

2 Sie können nur Nebenleistungspflichten vorsehen, die dem Zweck der Gesellschaft, der Erhaltung ihrer Selbstständigkeit oder der Wahrung der Zusammensetzung des Kreises der Gesellschafter dienen.

3 Gegenstand und Umfang wie auch andere nach den Umständen wesentliche Punkte einer mit einem Stammanteil verbundenen Nebenleistungspflicht müssen in den Statuten bestimmt werden. Für die nähere Umschreibung kann auf ein Reglement der Gesellschafterversammlung verwiesen werden.

4 Statutarische Verpflichtungen zur Zahlung von Geld oder zur Leistung anderer Vermögenswerte unterstehen den Bestimmungen über Nachschüsse, wenn keine angemessene Gegenleistung vorgesehen wird und die Einforderung der Deckung des Eigenkapitalbedarfs der Gesellschaft dient.

Art. 797

III. Nachträgliche Einführung

Die nachträgliche Einführung oder Erweiterung statutarischer Nachschuss- oder Nebenleistungspflichten bedarf der Zustimmung aller davon betroffenen Gesellschafter.

Art. 798

E. Dividenden, Zinse, Tantiemen

I. Dividenden

1 Dividenden dürfen nur aus dem Bilanzgewinn und aus hierfür gebildeten Reserven ausgerichtet werden.[1]

2 Die Dividende darf erst festgesetzt werden, nachdem die dem Gesetz und den Statuten entsprechenden Zuweisungen an die gesetzlichen und statutarischen Reserven abgezogen worden sind.

3 Die Dividenden sind im Verhältnis des Nennwerts der Stammanteile festzusetzen; wurden Nachschüsse geleistet, so ist deren Betrag für die Bemessung der Dividenden dem Nennwert zuzurechnen; die Statuten können eine abweichende Regelung vorsehen.

Art. 798a

II. Zinsen

1 Für das Stammkapital und geleistete Nachschüsse dürfen keine Zinsen bezahlt werden.

2 Die Ausrichtung von Bauzinsen ist zulässig. Die Vorschrift des Aktienrechts über Bauzinse ist entsprechend anwendbar.[2]

1 Vgl. OR 801
2 Vgl. OR 675 ff.

Art. 798b

III. Tantiemen

Die Statuten können die Ausrichtung von Tantiemen an Geschäftsführer vorsehen. Die Vorschriften des Aktienrechts über Tantiemen sind entsprechend anwendbar.[1]

Art. 799

F. Vorzugsstammanteile

Für Vorzugsstammanteile sind die Vorschriften des Aktienrechts über Vorzugsaktien entsprechend anwendbar.[2]

Art. 800

G. Rückerstattung von Leistungen

Für die Rückerstattung von Leistungen der Gesellschaft an Gesellschafter, Geschäftsführer sowie diesen nahe stehende Personen sind die Vorschriften des Aktienrechts entsprechend anwendbar.[3]

Art. 801

H. Reserven

Für die Reserven sind die Vorschriften des Aktienrechts entsprechend anwendbar.

Art. 801a

J. Zustellung des Geschäftsberichts

1 Der Geschäftsbericht und der Revisionsbericht sind den Gesellschaftern spätestens zusammen mit der Einladung zur ordentlichen Gesellschafterversammlung zuzustellen.

2 Die Gesellschafter können verlangen, dass ihnen nach der Gesellschafterversammlung die von ihr genehmigte Fassung des Geschäftsberichts zugestellt wird.

Art. 802

K. Auskunfts- und Einsichtsrecht

1 Jeder Gesellschafter kann von den Geschäftsführern Auskunft über alle Angelegenheiten der Gesellschaft verlangen.

2 Hat die Gesellschaft keine Revisionsstelle, so kann jeder Gesellschafter in die Bücher und Akten uneingeschränkt Einsicht nehmen. Hat sie eine Revisionsstelle, so besteht ein Recht zur Einsichtnahme nur, soweit ein berechtigtes Interesse glaubhaft gemacht wird.

3 Besteht Gefahr, dass der Gesellschafter die erlangten Kenntnisse zum Schaden der Gesellschaft für gesellschaftsfremde Zwecke verwendet, so können die Geschäftsführer die Auskunft und die Einsichtnahme im erforderlichen Umfang verweigern; auf Antrag des Gesellschafters entscheidet die Gesellschafterversammlung.

4 Verweigert die Gesellschafterversammlung die Auskunft oder die Einsicht ungerechtfertigterweise, so ordnet sie das Gericht auf Antrag des Gesellschafters an.

Art. 803

L. Treuepflicht und Konkurrenzverbot

1 Die Gesellschafter sind zur Wahrung des Geschäftsgeheimnisses verpflichtet.

2 Sie müssen alles unterlassen, was die Interessen der Gesellschaft beeinträchtigt. Insbesondere dürfen sie nicht Geschäfte betreiben, die ihnen zum besonderen Vorteil gereichen und durch die der Zweck der Gesellschaft beeinträchtigt würde. Die Statuten können vorsehen, dass die Gesellschafter konkurrenzierende Tätigkeiten unterlassen müssen.

1 Vgl. OR 677
2 Vgl. OR 654
3 Vgl. OR 678

3 Die Gesellschafter dürfen Tätigkeiten ausüben, die gegen die Treuepflicht oder ein allfälliges Konkurrenzverbot verstossen, sofern alle übrigen Gesellschafter schriftlich zustimmen. Die Statuten können vorsehen, dass stattdessen die Zustimmung der Gesellschafterversammlung erforderlich ist.

4 Die besonderen Vorschriften über das Konkurrenzverbot von Geschäftsführern bleiben vorbehalten.

Dritter Abschnitt: Organisation der Gesellschaft

Art. 804

A. Gesellschafterversammlung
I. Aufgaben

1 Oberstes Organ der Gesellschaft ist die Gesellschafterversammlung.[1]

2 Der Gesellschafterversammlung stehen folgende unübertragbare Befugnisse zu:

1. die Änderung der Statuten;
2. die Bestellung und die Abberufung von Geschäftsführern;
3. die Bestellung und die Abberufung der Mitglieder der Revisionsstelle und des Konzernrechnungsprüfers;
4. die Genehmigung des Lageberichts und der Konzernrechnung;
5. die Genehmigung der Jahresrechnung sowie die Beschlussfassung über die Verwendung des Bilanzgewinnes, insbesondere die Festsetzung der Dividende und der Tantieme;
6. die Festsetzung der Entschädigung der Geschäftsführer;
7. die Entlastung der Geschäftsführer;
8. die Zustimmung zur Abtretung von Stammanteilen beziehungsweise die Anerkennung als stimmberechtigter Gesellschafter;
9. die Zustimmung zur Bestellung eines Pfandrechts an Stammanteilen, falls die Statuten dies vorsehen;
10. die Beschlussfassung über die Ausübung statutarischer Vorhand-, Vorkaufs- oder Kaufsrechte;
11. die Ermächtigung der Geschäftsführer zum Erwerb eigener Stammanteile durch die Gesellschaft oder die Genehmigung eines solchen Erwerbs;
12. die nähere Regelung von Nebenleistungspflichten in einem Reglement, falls die Statuten auf ein Reglement verweisen;
13. die Zustimmung zu Tätigkeiten der Geschäftsführer und der Gesellschafter, die gegen die Treuepflicht oder das Konkurrenzverbot verstossen, sofern die Statuten auf das Erfordernis der Zustimmung aller Gesellschafter verzichten;
14. die Beschlussfassung darüber, ob dem Gericht beantragt werden soll, ein Gesellschafter aus wichtigem Grund auszuschliessen;
15. der Ausschluss eines Gesellschafters aus in den Statuten vorgesehenen Gründen;
16. die Auflösung der Gesellschaft;
17. die Genehmigung von Geschäften der Geschäftsführer, für die die Statuten die Zustimmung der Gesellschafterversammlung fordern;
18. die Beschlussfassung über die Gegenstände, die das Gesetz oder die Statuten der Gesellschafterversammlung vorbehalten oder die ihr die Geschäftsführer vorlegen.

1 Vgl. OR 698 (AG); Geschäftsführung OR 809, Revisionsstelle OR 818

[3] Die Gesellschafterversammlung ernennt die Direktoren, die Prokuristen sowie die Handlungsbevollmächtigten.[1] Die Statuten können diese Befugnis auch den Geschäftsführern einräumen.

Art. 805

II. Einberufung und Durchführung

[1] Die Gesellschafterversammlung wird von den Geschäftsführern, nötigenfalls durch die Revisionsstelle, einberufen. Das Einberufungsrecht steht auch den Liquidatoren zu.

[2] Die ordentliche Versammlung findet alljährlich innerhalb von sechs Monaten nach Schluss des Geschäftsjahres statt. Ausserordentliche Versammlungen werden nach Massgabe der Statuten und bei Bedarf einberufen.

[3] Die Gesellschafterversammlung ist spätestens 20 Tage vor dem Versammlungstag einzuberufen. Die Statuten können diese Frist verlängern oder bis auf zehn Tage verkürzen. Die Möglichkeit einer Universalversammlung bleibt vorbehalten.

[4] Beschlüsse können auch schriftlich gefasst werden, sofern nicht ein Gesellschafter die mündliche Beratung verlangt.

[5] Im Übrigen sind die Vorschriften des Aktienrechts entsprechend anwendbar für:

1. die Einberufung;
2. das Einberufungs- und Antragsrecht der Gesellschafter;
3. die Verhandlungsgegenstände;
4. die Anträge;
5. die Universalversammlung;
6. die vorbereitenden Massnahmen;
7. das Protokoll;
8. die Vertretung der Gesellschafter;
9. die unbefugte Teilnahme.

Art. 806

III. Stimmrecht
1. Bemessung

[1] Das Stimmrecht der Gesellschafter bemisst sich nach dem Nennwert ihrer Stammanteile. Die Gesellschafter haben je mindestens eine Stimme. Die Statuten können die Stimmenzahl der Besitzer mehrerer Stammanteile beschränken.

[2] Die Statuten können das Stimmrecht unabhängig vom Nennwert so festsetzen, dass auf jeden Stammanteil eine Stimme entfällt. In diesem Fall müssen die Stammanteile mit dem tiefsten Nennwert mindestens einen Zehntel des Nennwerts der übrigen Stammanteile aufweisen.

[3] Die Bemessung des Stimmrechts nach der Zahl der Stammanteile ist nicht anwendbar für:

1. die Wahl der Mitglieder der Revisionsstelle;
2. die Ernennung von Sachverständigen zur Prüfung der Geschäftsführung oder einzelner Teile davon;
3. die Beschlussfassung über die Anhebung einer Verantwortlichkeitsklage.

Art. 806a

2. Ausschliessung vom Stimmrecht

[1] Bei Beschlüssen über die Entlastung der Geschäftsführer haben Personen, die in irgendeiner Weise an der Geschäftsführung teilgenommen haben, kein Stimmrecht.

[1] Vgl. OR 458 ff.

2 Bei Beschlüssen über den Erwerb eigener Stammanteile durch die Gesellschaft hat der Gesellschafter, der die Stammanteile abtritt, kein Stimmrecht.

3 Bei Beschlüssen über die Zustimmung zu Tätigkeiten der Gesellschafter, die gegen die Treuepflicht oder das Konkurrenzverbot verstossen, hat die betroffene Person kein Stimmrecht.

Art. 806b

3. Nutzniessung

Im Falle der Nutzniessung an einem Stammanteil stehen das Stimmrecht und die damit zusammenhängenden Rechte dem Nutzniesser zu. Dieser wird dem Eigentümer ersatzpflichtig, wenn er bei der Ausübung seiner Rechte nicht in billiger Weise auf dessen Interessen Rücksicht nimmt.

Art. 807

IV. Vetorecht

1 Die Statuten können Gesellschaftern ein Vetorecht gegen bestimmte Beschlüsse der Gesellschafterversammlung einräumen. Sie müssen die Beschlüsse umschreiben, für die das Vetorecht gilt.

2 Die nachträgliche Einführung eines Vetorechts bedarf der Zustimmung aller Gesellschafter.

3 Das Vetorecht kann nicht übertragen werden.

Art. 808

V. Beschlussfassung
1. Im Allgemeinen

Die Gesellschafterversammlung fasst ihre Beschlüsse und vollzieht ihre Wahlen mit der absoluten Mehrheit der vertretenen Stimmen[1], soweit das Gesetz oder die Statuten es nicht anders bestimmen.

Art. 808a

2. Stichentscheid

Der Vorsitzende der Gesellschafterversammlung hat den Stichentscheid. Die Statuten können eine andere Regelung vorsehen.

Art. 808b

3. Wichtige Beschlüsse

1 Ein Beschluss der Gesellschafterversammlung, der mindestens zwei Drittel der vertretenen Stimmen sowie die absolute Mehrheit des gesamten Stammkapitals auf sich vereinigt, mit dem ein ausübbares Stimmrecht verbunden ist, ist erforderlich für:

1. die Änderung des Gesellschaftszweckes;
2. die Einführung von stimmrechtsprivilegierten Stammanteilen;
3. die Erschwerung, den Ausschluss oder die Erleichterung der Übertragbarkeit der Stammanteile;
4. die Zustimmung zur Abtretung von Stammanteilen beziehungsweise die Anerkennung als stimmberechtigter Gesellschafter;
5. die Erhöhung des Stammkapitals;
6. die Einschränkung oder Aufhebung des Bezugsrechtes;
7. die Zustimmung zu Tätigkeiten der Geschäftsführer sowie der Gesellschafter, die gegen die Treuepflicht oder das Konkurrenzverbot verstossen;
8. den Antrag an das Gericht, einen Gesellschafter aus wichtigem Grund auszuschliessen;

1 Stimmenthaltungen wirken wie Nein-Stimmen

9. den Ausschluss eines Gesellschafters aus in den Statuten vorgesehenen Gründen;
10. die Verlegung des Sitzes der Gesellschaft;
11. die Auflösung der Gesellschaft.

2 Statutenbestimmungen, die für die Fassung bestimmter Beschlüsse grössere Mehrheiten als die vom Gesetz vorgeschriebenen festlegen, können nur mit dem vorgesehenen Mehr eingeführt werden.

Art. 808c

VI. Anfechtung von Beschlüssen der Gesellschafterversammlung

Für die Anfechtung der Beschlüsse der Gesellschafterversammlung sind die Vorschriften des Aktienrechts entsprechend anwendbar.[1]

Art. 809

B. Geschäftsführung und Vertretung

I. Bezeichnung der Geschäftsführer und Organisation

1 Alle Gesellschafter üben die Geschäftsführung gemeinsam aus. Die Statuten können die Geschäftsführung abweichend regeln.

2 Als Geschäftsführer können nur natürliche Personen eingesetzt werden. Ist an der Gesellschaft eine juristische Person oder eine Handelsgesellschaft beteiligt, so bezeichnet sie gegebenenfalls eine natürliche Person, die diese Funktion an ihrer Stelle ausübt. Die Statuten können dafür die Zustimmung der Gesellschafterversammlung verlangen.

3 Hat die Gesellschaft mehrere Geschäftsführer, so muss die Gesellschafterversammlung den Vorsitz regeln.

4 Hat die Gesellschaft mehrere Geschäftsführer, so entscheiden diese mit der Mehrheit der abgegebenen Stimmen. Der Vorsitzende hat den Stichentscheid. Die Statuten können eine andere Regelung der Beschlussfassung durch die Geschäftsführer vorsehen.

Art. 810

II. Aufgaben der Geschäftsführer

1 Die Geschäftsführer sind zuständig in allen Angelegenheiten, die nicht nach Gesetz oder Statuten der Gesellschafterversammlung zugewiesen sind.

2 Unter Vorbehalt der nachfolgenden Bestimmungen haben die Geschäftsführer folgende unübertragbare und unentziehbare Aufgaben:

1. die Oberleitung der Gesellschaft und die Erteilung der nötigen Weisungen;
2. die Festlegung der Organisation im Rahmen von Gesetz und Statuten;
3. die Ausgestaltung des Rechnungswesens und der Finanzkontrolle sowie der Finanzplanung, sofern diese für die Führung der Gesellschaft notwendig ist;
4. die Aufsicht über die Personen, denen Teile der Geschäftsführung übertragen sind, namentlich im Hinblick auf die Befolgung der Gesetze, Statuten, Reglemente und Weisungen;
5. die Erstellung des Geschäftsberichtes (Jahresrechnung, Jahresbericht und gegebenenfalls Konzernrechnung);
6. die Vorbereitung der Gesellschafterversammlung sowie die Ausführung ihrer Beschlüsse;
7. die Benachrichtigung des Gerichts im Falle der Überschuldung.

1 Vgl. OR 706

[3] Wer den Vorsitz der Geschäftsführung innehat, beziehungsweise der einzige Geschäftsführer hat folgende Aufgaben:

1. die Einberufung und Leitung der Gesellschafterversammlung;
2. Bekanntmachungen gegenüber den Gesellschaftern;
3. die Sicherstellung der erforderlichen Anmeldungen beim Handelsregister.

Art. 811

III. Genehmigung durch die Gesellschafterversammlung

[1] Die Statuten können vorsehen, dass die Geschäftsführer der Gesellschafterversammlung:

1. bestimmte Entscheide zur Genehmigung vorlegen müssen;
2. einzelne Fragen zur Genehmigung vorlegen können.

[2] Die Genehmigung der Gesellschafterversammlung schränkt die Haftung der Geschäftsführer nicht ein.

Art. 812

IV. Sorgfalts- und Treuepflicht; Konkurrenzverbot

[1] Die Geschäftsführer sowie Dritte, die mit der Geschäftsführung befasst sind, müssen ihre Aufgabe mit aller Sorgfalt erfüllen und die Interessen der Gesellschaft in guten Treuen wahren.

[2] Sie unterstehen der gleichen Treuepflicht wie die Gesellschafter.

[3] Sie dürfen keine konkurrenzierenden Tätigkeiten ausüben, es sei denn, die Statuten sehen etwas anderes vor oder alle übrigen Gesellschafter stimmen der Tätigkeit schriftlich zu. Die Statuten können vorsehen, dass stattdessen die Zustimmung durch die Gesellschafterversammlung erforderlich ist.

Art. 813

V. Gleichbehandlung

Die Geschäftsführer sowie Dritte, die mit der Geschäftsführung befasst sind, haben die Gesellschafter unter gleichen Voraussetzungen gleich zu behandeln.

Art. 814

VI. Vertretung

[1] Jeder Geschäftsführer ist zur Vertretung der Gesellschaft berechtigt.

[2] Die Statuten können die Vertretung abweichend regeln, jedoch muss mindestens ein Geschäftsführer zur Vertretung befugt sein. Für Einzelheiten können die Statuten auf ein Reglement verweisen.

[3] Die Gesellschaft muss durch eine Person vertreten werden können, die Wohnsitz in der Schweiz hat. Dieses Erfordernis kann durch einen Geschäftsführer oder einen Direktor erfüllt werden.

[4] Für den Umfang und die Beschränkung der Vertretungsbefugnis sowie für Verträge zwischen der Gesellschaft und der Person, die sie vertritt, sind die Vorschriften des Aktienrechts entsprechend anwendbar.[1]

[5] Die zur Vertretung der Gesellschaft befugten Personen haben in der Weise zu zeichnen, dass sie der Firma der Gesellschaft ihre Unterschrift beifügen.

[6] Sie müssen ins Handelsregister eingetragen werden. Sie haben ihre Unterschrift beim Handelsregisteramt zu zeichnen oder die Zeichnung in beglaubigter Form einzureichen.

1 Vgl. OR 718 ff.

Art. 815

VII. Abberufung von Geschäftsführern; Entziehung der Vertretungsbefugnis

1 Die Gesellschafterversammlung kann von ihr gewählte Geschäftsführer jederzeit abberufen.

2 Jeder Gesellschafter kann dem Gericht beantragen, einem Geschäftsführer die Geschäftsführungs- und Vertretungsbefugnis zu entziehen oder zu beschränken, wenn ein wichtiger Grund vorliegt, namentlich wenn die betreffende Person ihre Pflichten grob verletzt oder die Fähigkeit zu einer guten Geschäftsführung verloren hat.

3 Die Geschäftsführer können Direktoren, Prokuristen oder Handlungsbevollmächtigte[1] jederzeit in ihrer Funktion einstellen.

4 Sind diese Personen durch die Gesellschafterversammlung eingesetzt worden, so ist unverzüglich eine Gesellschafterversammlung einzuberufen.

5 Entschädigungsansprüche der abberufenen oder in ihren Funktionen eingestellten Personen bleiben vorbehalten.

Art. 816

VIII. Nichtigkeit von Beschlüssen

Für die Beschlüsse der Geschäftsführer gelten sinngemäss die gleichen Nichtigkeitsgründe wie für die Beschlüsse der Generalversammlung der Aktiengesellschaft.[2]

Art. 817

IX. Haftung

Die Gesellschaft haftet für den Schaden aus unerlaubten Handlungen, die eine zur Geschäftsführung oder zur Vertretung befugte Person in Ausübung ihrer geschäftlichen Verrichtungen begeht.[3]

Art. 818

C. Revisionsstelle

1 Für die Revisionsstelle sind die Vorschriften des Aktienrechts entsprechend anwendbar.[4]

2 Ein Gesellschafter, der einer Nachschusspflicht unterliegt, kann eine ordentliche Revision der Jahresrechnung[5] verlangen.

Art. 819

D. Mängel in der Organisation der Gesellschaft

Bei Mängeln in der Organisation der Gesellschaft sind die Vorschriften des Aktienrechts entsprechend anwendbar.[6]

Art. 820

E. Kapitalverlust und Überschuldung

1 Für die Anzeigepflichten bei Kapitalverlust und Überschuldung[7] der Gesellschaft sowie für die Eröffnung und den Aufschub des Konkurses sind die Vorschriften des Aktienrechts entsprechend anwendbar.

2 Das Gericht kann den Konkurs auf Antrag der Geschäftsführer oder eines Gläubigers aufschieben, namentlich wenn ausstehende Nachschüsse unverzüglich einbezahlt werden und Aussicht auf Sanierung besteht.

1 Vgl. OR 458 ff.
2 Vgl. OR 706b
3 Vgl. OR 41 und 812
4 Vgl. OR 727 ff.
5 Vgl. OR 728
6 Vgl. OR 643 und 731b
7 Vgl. OR 725

Vierter Abschnitt: Auflösung und Ausscheiden

Art. 821

A. Auflösung
I. Gründe

1 Die Gesellschaft mit beschränkter Haftung wird aufgelöst:

1. wenn ein in den Statuten vorgesehener Auflösungsgrund eintritt;
2. wenn die Gesellschafterversammlung dies beschliesst;
3. wenn der Konkurs[1] eröffnet wird;
4. in den übrigen vom Gesetz vorgesehenen Fällen.

2 Beschliesst die Gesellschafterversammlung die Auflösung, so bedarf der Beschluss der öffentlichen Beurkundung.

3 Jeder Gesellschafter kann beim Gericht die Auflösung der Gesellschaft aus wichtigem Grund verlangen. Das Gericht kann statt auf Auflösung auf eine andere sachgemässe und den Beteiligten zumutbare Lösung erkennen, so insbesondere auf die Abfindung des klagenden Gesellschafters zum wirklichen Wert seiner Stammanteile.

Art. 821a

II. Folgen

1 Für die Folgen der Auflösung sind die Vorschriften des Aktienrechts entsprechend anwendbar.[2]

2 Die Auflösung einer Gesellschaft muss ins Handelsregister eingetragen werden. Die Auflösung durch Urteil ist vom Gericht dem Handelsregister unverzüglich zu melden. Die Auflösung aus anderen Gründen muss die Gesellschaft beim Handelsregister anmelden.

Art. 822

B. Ausscheiden von Gesellschaftern
I. Austritt

1 Ein Gesellschafter kann aus wichtigem Grund beim Gericht auf Bewilligung des Austritts klagen.

2 Die Statuten können den Gesellschaftern ein Recht auf Austritt einräumen und dieses von bestimmten Bedingungen abhängig machen.

Art. 822a

II. Anschlussaustritt

1 Reicht ein Gesellschafter eine Klage auf Austritt aus wichtigem Grund ein oder erklärt ein Gesellschafter seinen Austritt gestützt auf ein statutarisches Austrittsrecht, so müssen die Geschäftsführer unverzüglich die übrigen Gesellschafter informieren.

2 Falls andere Gesellschafter innerhalb von drei Monaten nach Zugang dieser Mitteilung auf Austritt aus wichtigem Grund klagen oder ein statutarisches Austrittsrecht ausüben, sind alle austretenden Gesellschafter im Verhältnis des Nennwerts ihrer Stammanteile gleich zu behandeln. Wurden Nachschüsse geleistet, so ist deren Betrag dem Nennwert zuzurechnen.

Art. 823

III. Ausschluss

1 Liegt ein wichtiger Grund vor, so kann die Gesellschaft beim Gericht auf Ausschluss eines Gesellschafters klagen.

2 Die Statuten können vorsehen, dass die Gesellschafterversammlung Gesellschafter aus der Gesellschaft ausschliessen darf, wenn bestimmte Gründe vorliegen.

3 Die Vorschriften über den Anschlussaustritt sind nicht anwendbar.

1 Vgl. SchKG 171
2 Vgl. OR 736

Art. 824

IV. Vorsorgliche Massnahme

In einem Verfahren betreffend das Ausscheiden eines Gesellschafters kann das Gericht auf Antrag einer Partei bestimmen, dass einzelne oder alle mitgliedschaftlichen Rechte und Pflichten der betroffenen Person ruhen.

Art. 825

V. Abfindung

1. Anspruch und Höhe

1 Scheidet ein Gesellschafter aus der Gesellschaft aus, so hat er Anspruch auf eine Abfindung, die dem wirklichen Wert seiner Stammanteile entspricht.

2 Für das Ausscheiden auf Grund eines statutarischen Austrittsrechts können die Statuten die Abfindung abweichend festlegen.

Art. 825a

2. Auszahlung

1 Die Abfindung wird mit dem Ausscheiden fällig, soweit die Gesellschaft:

1. über verwendbares Eigenkapital verfügt;
2. die Stammanteile der ausscheidenden Person veräussern kann;
3. ihr Stammkapital unter Beachtung der entsprechenden Vorschriften herabsetzen darf.

2 Ein zugelassener Revisionsexperte[1] muss die Höhe des verwendbaren Eigenkapitals feststellen. Reicht dieses zur Auszahlung der Abfindung nicht aus, so muss er zudem zur Frage Stellung nehmen, wie weit das Stammkapital herabgesetzt werden könnte.

3 Für den nicht ausbezahlten Teil der Abfindung hat der ausgeschiedene Gesellschafter eine unverzinsliche nachrangige Forderung. Diese wird fällig, soweit im jährlichen Geschäftsbericht verwendbares Eigenkapital festgestellt wird.

4 Solange die Abfindung nicht vollständig ausbezahlt ist, kann der ausgeschiedene Gesellschafter verlangen, dass die Gesellschaft eine Revisionsstelle bezeichnet und die Jahresrechnung ordentlich revidieren lässt.

Art. 826

C. Liquidation

1 Jeder Gesellschafter hat Anspruch auf einen Anteil am Liquidationsergebnis, der dem Verhältnis der Nennwerte seiner Stammanteile zum Stammkapital entspricht. Wurden Nachschüsse geleistet und nicht zurückbezahlt, so ist deren Betrag den Stammanteilen der betreffenden Gesellschafter und dem Stammkapital zuzurechnen. Die Statuten können eine abweichende Regelung vorsehen.

2 Für die Auflösung der Gesellschaft mit Liquidation sind die Vorschriften des Aktienrechts entsprechend anwendbar.[2]

Fünfter Abschnitt: Verantwortlichkeit

Art. 827

Für die Verantwortlichkeit der Personen, die bei der Gründung mitwirken oder mit der Geschäftsführung, der Revision oder der Liquidation befasst sind, sind die Vorschriften des Aktienrechts entsprechend anwendbar.[3]

1 Vgl. RAG 4
2 Vgl. OR 739
3 Vgl. OR 752

Neunundzwanzigster Titel: Die Genossenschaft

Erster Abschnitt: Begriff und Errichtung

Art. 828

A. Genossenschaft des Obligationenrechts

1 Die Genossenschaft ist eine als Körperschaft[1] organisierte Verbindung einer nicht geschlossenen Zahl[2] von Personen oder Handelsgesellschaften, die in der Hauptsache die Förderung oder Sicherung bestimmter wirtschaftlicher Interessen ihrer Mitglieder in gemeinsamer Selbsthilfe[3] bezweckt.

2 Genossenschaften mit einem zum voraus festgesetzten Grundkapital sind unzulässig.

Art. 829

B. Genossenschaften des öffentlichen Rechts

Öffentlich-rechtliche Personenverbände stehen, auch wenn sie genossenschaftlichen Zwecken dienen, unter dem öffentlichen Recht des Bundes und der Kantone.

Art. 830

C. Errichtung
I. Erfordernisse
1. Im Allgemeinen

Die Genossenschaft entsteht nach Aufstellung der Statuten und deren Genehmigung in der konstituierenden Versammlung durch Eintragung in das Handelsregister.[4]

Art. 831

2. Zahl der Mitglieder

1 Bei der Gründung einer Genossenschaft müssen mindestens sieben Mitglieder beteiligt sein.

2 Sinkt in der Folge die Zahl der Genossenschafter unter diese Mindestzahl, so sind die Vorschriften des Aktienrechts über Mängel in der Organisation der Gesellschaft entsprechend anwendbar.

Art. 832

II. Statuten
1. Gesetzlich vorgeschriebener Inhalt

Die Statuten müssen Bestimmungen enthalten über:

1. den Namen (die Firma)[5] und den Sitz der Genossenschaft;
2. den Zweck der Genossenschaft;
3. eine allfällige Verpflichtung[6] der Genossenschafter zu Geld- oder andern Leistungen sowie deren Art und Höhe;
4. die Organe für die Verwaltung und für die Revision und die Art der Ausübung der Vertretung;
5. die Form der von der Genossenschaft ausgehenden Bekanntmachungen.

Art. 833

2. Weitere Bestimmungen

Zu ihrer Verbindlichkeit bedürfen der Aufnahme in die Statuten:

1. Vorschriften über die Schaffung eines Genossenschaftskapitals durch Genossenschaftsanteile (Anteilscheine);
2. Bestimmungen über nicht durch Einzahlung geleistete Einlagen auf das Genossenschaftskapital (Sacheinlagen), deren Gegenstand und deren Anrechnungsbetrag, sowie über die Person des einlegenden Genossenschafters;

1 Vgl. ZGB 52 ff., im Gegensatz zur AG personenbezogen
2 Vgl. OR 839 Abs. 2
3 Nichtmitgliedergeschäfte sind zulässig und üblich
4 Konstitutive Wirkung
5 Vgl. OR 950
6 Vgl. OR 869 ff.

3. Bestimmungen über Vermögenswerte, die bei der Gründung übernommen werden, über die hiefür zu leistende Vergütung und über die Person des Eigentümers der zu übernehmenden Vermögenswerte;
4. von den gesetzlichen Bestimmungen abweichende Vorschriften über den Eintritt in die Genossenschaft und über den Verlust der Mitgliedschaft;
5. Bestimmungen über die persönliche Haftung und die Nachschusspflicht der Genossenschafter;
6. von den gesetzlichen Bestimmungen abweichende Vorschriften über die Organisation, die Vertretung, die Abänderung der Statuten und über die Beschlussfassung der Generalversammlung;
7. Beschränkungen und Erweiterungen in der Ausübung des Stimmrechtes;
8. Bestimmungen über die Berechnung und die Verwendung des Reinertrages und des Liquidationsüberschusses.

Art. 834

III. Konstituierende Versammlung

1 Die Statuten sind schriftlich abzufassen und einer von den Gründern einzuberufenden Versammlung zur Beratung und Genehmigung vorzulegen.

2 Überdies ist ein schriftlicher Bericht der Gründer über allfällige Sacheinlagen und zu übernehmenden Vermögenswerte der Versammlung bekanntzugeben und von ihr zu beraten.

3 Diese Versammlung bestellt auch die notwendigen Organe.

4 Bis zur Eintragung der Genossenschaft in das Handelsregister kann die Mitgliedschaft nur durch Unterzeichnung der Statuten begründet werden.

Art. 835

IV. Eintragung ins Handelsregister
1. Gesellschaft

Die Gesellschaft ist ins Handelsregister des Ortes einzutragen, an dem sie ihren Sitz hat.

Art. 836

2. Zweigniederlassungen

Zweigniederlassungen sind ins Handelsregister des Ortes einzutragen, an dem sie sich befinden.

Art. 837

3. Verzeichnis der Genossenschafter

Genossenschaften, deren Statuten eine persönliche Haftung[1] oder Nachschusspflicht[2] vorsehen, müssen dem Handelsregisteramt ein Verzeichnis der Genossenschafter einreichen. Dieses wird nicht ins Handelsregister eingetragen, steht jedoch zur Einsicht offen.

Art. 838

V. Erwerb der Persönlichkeit

1 Die Genossenschaft erlangt das Recht der Persönlichkeit erst durch die Eintragung in das Handelsregister.[3]

2 Ist vor der Eintragung im Namen der Genossenschaft gehandelt worden, so haften die Handelnden persönlich und solidarisch.[4]

3 Wurden solche Verpflichtungen ausdrücklich im Namen der zu bildenden Genossenschaft eingegangen und innerhalb einer Frist von drei Monaten nach der Eintragung in das Handelsregister von der Genossenschaft übernommen, so werden die Handelnden befreit, und es haftet die Genossenschaft.

1 Vgl. OR 869 f.
2 Vgl. OR 871
3 Vgl. ZGB 52 ff.
4 Vgl. OR 530 ff.

Zweiter Abschnitt: Erwerb der Mitgliedschaft

Art. 839

A. Grundsatz

1 In eine Genossenschaft können jederzeit neue Mitglieder aufgenommen werden.

2 Die Statuten können unter Wahrung des Grundsatzes der nicht geschlossenen Mitgliederzahl[1] die nähern Bestimmungen über den Eintritt treffen; sie dürfen jedoch den Eintritt nicht übermässig erschweren.

Art. 840

B. Beitrittserklärung

1 Zum Beitritt bedarf es einer schriftlichen Erklärung.

2 Besteht bei einer Genossenschaft neben der Haftung des Genossenschaftsvermögens eine persönliche Haftung oder eine Nachschusspflicht der einzelnen Genossenschafter, so muss die Beitrittserklärung diese Verpflichtungen ausdrücklich[2] enthalten.

3 Über die Aufnahme neuer Mitglieder entscheidet die Verwaltung, soweit nicht nach den Statuten die blosse Beitrittserklärung genügt oder ein Beschluss der Generalversammlung nötig ist.

Art. 841

C. Verbindung mit einem Versicherungsvertrag

1 Ist die Zugehörigkeit zur Genossenschaft mit einem Versicherungsvertrag bei dieser Genossenschaft verknüpft, so wird die Mitgliedschaft erworben mit der Annahme des Versicherungsantrages durch das zuständige Organ.

2 Die von einer konzessionierten Versicherungsgenossenschaft mit den Mitgliedern abgeschlossenen Versicherungsverträge unterstehen in gleicher Weise wie die von ihr mit Dritten abgeschlossenen Versicherungsverträge den Bestimmungen des Bundesgesetzes vom 2. April 1908 über den Versicherungsvertrag.

Dritter Abschnitt: Verlust der Mitgliedschaft

Art. 842

A. Austritt

I. Freiheit des Austrittes

1 Solange die Auflösung der Genossenschaft nicht beschlossen ist, steht jedem Genossenschafter der Austritt frei.

2 Die Statuten können vorschreiben, dass der Austretende zur Bezahlung einer angemessenen Auslösungssumme verpflichtet ist, wenn nach den Umständen durch den Austritt der Genossenschaft ein erheblicher Schaden erwächst oder deren Fortbestand gefährdet wird.

3 Ein dauerndes Verbot oder eine übermässige Erschwerung des Austrittes durch die Statuten oder durch Vertrag sind ungültig.[3]

Art. 843

II. Beschränkung des Austrittes

1 Der Austritt kann durch die Statuten oder durch Vertrag auf höchstens fünf Jahre ausgeschlossen werden.

1 Vgl. OR 828, Prinzip der offenen Tür
2 Qualifizierte Schriftlichkeit
3 Vgl. OR 20

2 Auch während dieser Frist kann aus wichtigen Gründen der Austritt erklärt werden. Die Pflicht zur Bezahlung einer angemessenen Auslösungssumme unter den für den freien Austritt vorgesehenen Voraussetzungen bleibt vorbehalten.

Art. 844

III. Kündigungsfrist und Zeitpunkt des Austrittes

1 Der Austritt kann nur auf Schluss des Geschäftsjahres und unter Beobachtung einer einjährigen Kündigungsfrist stattfinden.

2 Den Statuten bleibt vorbehalten, eine kürzere Kündigungsfrist vorzuschreiben und den Austritt auch im Laufe des Geschäftsjahres zu gestatten.

Art. 845

IV. Geltendmachung im Konkurs und bei Pfändung

Falls die Statuten dem ausscheidenden Mitglied einen Anteil am Vermögen der Genossenschaft gewähren, kann ein dem Genossenschafter zustehendes Austrittsrecht in dessen Konkurse von der Konkursverwaltung oder, wenn dieser Anteil gepfändet wird, vom Betreibungsamt geltend gemacht werden.

Art. 846

B. Ausschliessung

1 Die Statuten können die Gründe bestimmen, aus denen ein Genossenschafter ausgeschlossen werden darf.

2 Überdies kann er jederzeit aus wichtigen Gründen ausgeschlossen werden.

3 Über die Ausschliessung entscheidet die Generalversammlung. Die Statuten können die Verwaltung als zuständig erklären, wobei dem Ausgeschlossenen ein Rekursrecht an die Generalversammlung zusteht. Dem Ausgeschlossenen steht innerhalb drei Monaten die Anrufung des Richters offen.

4 Das ausgeschlossene Mitglied kann unter den für den freien Austritt aufgestellten Voraussetzungen zur Entrichtung einer Auslösungssumme verhalten werden.

Art. 847

C. Tod des Genossenschafters

1 Die Mitgliedschaft erlischt mit dem Tode des Genossenschafters.

2 Die Statuten können jedoch bestimmen, dass die Erben ohne weiteres Mitglieder der Genossenschaft sind.

3 Die Statuten können ferner bestimmen, dass die Erben oder einer unter mehreren Erben auf schriftliches Begehren an Stelle des verstorbenen Genossenschafters als Mitglied anerkannt werden müssen.

4 Die Erbengemeinschaft hat für die Beteiligung an der Genossenschaft einen gemeinsamen Vertreter zu bestellen.

Art. 848

D. Wegfall einer Beamtung oder Anstellung oder eines Vertrages

Ist die Zugehörigkeit zu einer Genossenschaft mit einer Beamtung oder Anstellung verknüpft oder die Folge eines Vertragsverhältnisses, wie bei einer Versicherungsgenossenschaft, so fällt die Mitgliedschaft, sofern die Statuten es nicht anders ordnen, mit dem Aufhören der Beamtung oder Anstellung oder des Vertrages dahin.

Art. 849

E. Übertragung der Mitgliedschaft
I. Im Allgemeinen

1 Die Abtretung der Genossenschaftsanteile und, wenn über die Mitgliedschaft oder den Genossenschaftsanteil eine Urkunde ausgestellt worden ist, die Übertragung dieser Urkunde machen den Erwerber nicht ohne weiteres zum Genossenschafter.[1] Der Erwerber wird erst durch einen dem Gesetz und den Statuten entsprechenden Aufnahmebeschluss Genossenschafter.

2 Solange der Erwerber nicht als Genossenschafter aufgenommen ist, steht die Ausübung der persönlichen Mitgliedschaftsrechte dem Veräusserer zu.

3 Ist die Zugehörigkeit zu einer Genossenschaft mit einem Vertrage verknüpft, so können die Statuten bestimmen, dass die Mitgliedschaft mit der Übernahme des Vertrages ohne weiteres auf den Rechtsnachfolger übergeht.

Art. 850

II. Durch Übertragung von Grundstücken oder wirtschaftlichen Betrieben

1 Die Mitgliedschaft bei einer Genossenschaft kann durch die Statuten vom Eigentum an einem Grundstück oder vom wirtschaftlichen Betrieb eines solchen abhängig gemacht werden.

2 Die Statuten können für solche Fälle vorschreiben, dass mit der Veräusserung des Grundstückes oder mit der Übernahme des wirtschaftlichen Betriebes die Mitgliedschaft ohne weiteres auf den Erwerber oder den Übernehmer übergeht.

3 Die Bestimmung betreffend den Übergang der Mitgliedschaft bei Veräusserung des Grundstückes bedarf zu ihrer Gültigkeit gegenüber Dritten der Vormerkung im Grundbuche.

Art. 851

F. Austritt des Rechtsnachfolgers

Bei Übertragung und Vererbung der Mitgliedschaft gelten für den Rechtsnachfolger die gleichen Austrittsbedingungen wie für das frühere Mitglied.

Vierter Abschnitt: Rechte und Pflichten der Genossenschafter

Art. 852

A. Ausweis der Mitgliedschaft

1 Die Statuten können vorschreiben, dass für den Ausweis der Mitgliedschaft eine Urkunde ausgestellt wird.[2]

2 Dieser Ausweis kann auch im Anteilschein enthalten sein.

Art. 853

B. Genossenschaftsanteile

1 Bestehen bei einer Genossenschaft Anteilscheine, so hat jeder der Genossenschaft Beitretende mindestens einen Anteilschein zu übernehmen.

2 Die Statuten können bestimmen, dass bis zu einer bestimmten Höchstzahl mehrere Anteilscheine erworben werden dürfen.

3 Die Anteilscheine werden auf den Namen des Mitgliedes ausgestellt. Sie können aber nicht als Wertpapiere, sondern nur als Beweisurkunden errichtet werden.

Art. 854

C. Rechtsgleichheit

Die Genossenschafter stehen in gleichen Rechten und Pflichten, soweit sich aus dem Gesetz nicht eine Ausnahme ergibt.

1 Anteilschein ist kein Wertpapier (personenbezogen)
2 Vgl. OR 849

Art. 855

D. Rechte
I. Stimmrecht

Die Rechte, die den Genossenschaftern in den Angelegenheiten der Genossenschaft, insbesondere in Bezug auf die Führung der genossenschaftlichen Geschäfte und die Förderung der Genossenschaft zustehen, werden durch die Teilnahme an der Generalversammlung oder in den vom Gesetz vorgesehenen Fällen durch schriftliche Stimmabgabe (Urabstimmung) ausgeübt.[1]

Art. 856

II. Kontrollrecht der Genossenschafter
1. Bekanntgabe der Bilanz

1 Spätestens zehn Tage vor der Generalversammlung oder der Urabstimmung, die über die Genehmigung des Lageberichts, der Konzernrechnung und der Jahresrechnung zu entscheiden hat, sind diese mit dem Revisionsbericht zur Einsicht der Genossenschafter am Sitz der Genossenschaft aufzulegen.

2 Die Statuten können bestimmen, dass jeder Genossenschafter berechtigt ist, auf Kosten der Genossenschaft eine Abschrift der Betriebsrechnung und der Bilanz zu verlangen.

Art. 857

2. Auskunftserteilung

1 Die Genossenschafter können die Revisionsstelle auf zweifelhafte Ansätze aufmerksam machen und die erforderlichen Aufschlüsse verlangen.

2 Eine Einsichtnahme in die Geschäftsbücher und Korrespondenzen ist nur mit ausdrücklicher Ermächtigung der Generalversammlung oder durch Beschluss der Verwaltung und unter Wahrung des Geschäftsgeheimnisses gestattet.

3 Der Richter kann verfügen, dass die Genossenschaft dem Genossenschafter über bestimmte, für die Ausübung des Kontrollrechts erhebliche Tatsachen durch beglaubigte Abschrift aus ihren Geschäftsbüchern oder von Korrespondenzen Auskunft zu erteilen hat. Durch diese Verfügung dürfen die Interessen der Genossenschaft nicht gefährdet werden.

4 Das Kontrollrecht der Genossenschafter kann weder durch die Statuten noch durch Beschlüsse eines Genossenschaftsorgans aufgehoben oder beschränkt werden.

Art. 858

III. Allfällige Rechte auf den Reinertrag
1. …

Aufgehoben.

Art. 859

2. Verteilungsgrundsätze

1 Ein Reinertrag aus dem Betriebe der Genossenschaft fällt, wenn die Statuten es nicht anders bestimmen, in seinem ganzen Umfange in das Genossenschaftsvermögen.[2]

2 Ist eine Verteilung des Reinertrages unter die Genossenschafter vorgesehen, so erfolgt sie, soweit die Statuten es nicht anders ordnen, nach dem Masse der Benützung der genossenschaftlichen Einrichtungen durch die einzelnen Mitglieder.[3]

3 Bestehen Anteilscheine, so darf die auf sie entfallende Quote des Reinertrages den landesüblichen Zinsfuss für langfristige Darlehen ohne besondere Sicherheiten nicht übersteigen.

1 Kopfstimmprinzip; vgl. OR 880 und 885
2 Reserven
3 Umsatzbezogen

Art. 860

3. Pflicht zur Bildung und Äufnung eines Reservefonds

[1] Soweit der Reinertrag in anderer Weise als zur Äufnung des Genossenschaftsvermögens verwendet wird, ist davon jährlich ein Zwanzigstel einem Reservefonds zuzuweisen. Diese Zuweisung hat während mindestens 20 Jahren zu erfolgen; wenn Anteilscheine bestehen, hat die Zuweisung auf alle Fälle so lange zu erfolgen, bis der Reservefonds einen Fünftel des Genossenschaftskapitals ausmacht.[1]

[2] Durch die Statuten kann eine weitergehende Äufnung des Reservefonds vorgeschrieben werden.

[3] Soweit der Reservefonds die Hälfte des übrigen Genossenschaftsvermögens oder, wenn Anteilscheine bestehen, die Hälfte des Genossenschaftskapitals nicht übersteigt, darf er nur zur Deckung von Verlusten oder zu Massnahmen verwendet werden, die geeignet sind, in Zeiten schlechten Geschäftsganges die Erreichung des Genossenschaftszweckes sicherzustellen.

[4] *Aufgehoben.*

Art. 861

4. Reinertrag bei Kreditgenossenschaften

[1] Kreditgenossenschaften können in den Statuten von den Bestimmungen der vorstehenden Artikel abweichende Vorschriften über die Verteilung des Reinertrages erlassen, doch sind auch sie gehalten, einen Reservefonds zu bilden und den vorstehenden Bestimmungen gemäss zu verwenden.

[2] Dem Reservefonds ist alljährlich mindestens ein Zehntel des Reinertrages zuzuweisen, bis der Fonds die Höhe von einem Zehntel des Genossenschaftskapitals erreicht hat.

[3] Wird auf die Genossenschaftsanteile eine Quote des Reinertrages verteilt, die den landesüblichen Zinsfuss für langfristige Darlehen ohne besondere Sicherheiten übersteigt, so ist von dem diesen Zinsfuss übersteigenden Betrag ein Zehntel ebenfalls dem Reservefonds zuzuweisen.

Art. 862

5. Fonds zu Wohlfahrtszwecken

[1] Die Statuten können insbesondere auch Fonds zur Gründung und Unterstützung von Wohlfahrtseinrichtungen für Angestellte und Arbeiter des Unternehmens sowie für Genossenschafter vorsehen.

[2–4] *Aufgehoben.*

Art. 863

6. Weitere Reserveanlagen

[1] Die dem Gesetz und den Statuten entsprechenden Einlagen in Reserve- und andere Fonds sind in erster Linie von dem zur Verteilung gelangenden Reinertrag in Abzug zu bringen.

[2] Soweit die Rücksicht auf das dauernde Gedeihen des Unternehmens es als angezeigt erscheinen lässt, kann die Generalversammlung auch solche Reserveanlagen beschliessen, die im Gesetz oder in den Statuten nicht vorgesehen sind oder über deren Anforderungen hinausgehen.

[3] In gleicher Weise können zum Zwecke der Gründung und Unterstützung von Wohlfahrtseinrichtungen für Angestellte, Arbeiter und Genossenschafter sowie zu andern Wohlfahrtszwecken Beiträge aus dem Reinertrag auch dann ausgeschieden werden, wenn sie in den Statuten nicht vorgesehen sind; solche Beiträge stehen unter den Bestimmungen über die statutarischen Wohlfahrtsfonds.

[1] Vgl. OR 671 (AG)

Art. 864

IV. Abfindungsanspruch
1. Nach Massgabe der Statuten

[1] Die Statuten bestimmen, ob und welche Ansprüche an das Genossenschaftsvermögen den ausscheidenden Genossenschaftern oder deren Erben zustehen. Diese Ansprüche sind auf Grund des bilanzmässigen Reinvermögens im Zeitpunkt des Ausscheidens mit Ausschluss der Reserven zu berechnen.

[2] Die Statuten können dem Ausscheidenden oder seinen Erben ein Recht auf gänzliche oder teilweise Rückzahlung der Anteilscheine mit Ausschluss des Eintrittsgeldes zuerkennen. Sie können die Hinausschiebung der Rückzahlung bis auf die Dauer von drei Jahren nach dem Ausscheiden vorsehen.

[3] Die Genossenschaft bleibt indessen auch ohne statutarische Bestimmung hierüber berechtigt, die Rückzahlung bis auf drei Jahre hinauszuschieben, sofern ihr durch diese Zahlung ein erheblicher Schaden erwachsen oder ihr Fortbestand gefährdet würde. Ein allfälliger Anspruch der Genossenschaft auf Bezahlung einer angemessenen Auslösungssumme wird durch diese Bestimmung nicht berührt.

[4] Die Ansprüche des Ausscheidenden oder seiner Erben verjähren in drei Jahren vom Zeitpunkt an gerechnet, auf den die Auszahlung verlangt werden kann.

Art. 865

2. Nach Gesetz

[1] Enthalten die Statuten keine Bestimmung über einen Abfindungsanspruch, so können die ausscheidenden Genossenschafter oder ihre Erben keine Abfindung beanspruchen.

[2] Wird die Genossenschaft innerhalb eines Jahres nach dem Ausscheiden oder nach dem Tode eines Genossenschafters aufgelöst und wird das Vermögen verteilt, so steht dem Ausgeschiedenen oder seinen Erben der gleiche Anspruch zu wie den bei der Auflösung vorhandenen Genossenschaftern.

Art. 866

E. Pflichten
I. Treuepflicht

Die Genossenschafter sind verpflichtet, die Interessen der Genossenschaft in guten Treuen zu wahren.

Art. 867

II. Pflicht zu Beiträgen und Leistungen

[1] Die Statuten regeln die Beitrags- und Leistungspflicht.

[2] Sind die Genossenschafter zur Einzahlung von Genossenschaftsanteilen oder zu andern Beitragsleistungen verpflichtet, so hat die Genossenschaft diese Leistungen unter Ansetzung einer angemessenen Frist und mit eingeschriebenem Brief einzufordern.

[3] Wird auf die erste Aufforderung nicht bezahlt und kommt der Genossenschafter auch einer zweiten Zahlungsaufforderung innert Monatsfrist nicht nach, so kann er, sofern ihm dies mit eingeschriebenem Brief angedroht worden ist, seiner Genossenschaftsrechte verlustig erklärt werden.

[4] Sofern die Statuten es nicht anders ordnen, wird der Genossenschafter durch die Verlustigerklärung nicht von fälligen oder durch die Ausschliessung fällig werdenden Verpflichtungen befreit.

Art. 868

III. Haftung
1. Der Genossenschaft

Für die Verbindlichkeiten der Genossenschaft haftet das Genossenschaftsvermögen. Es haftet ausschliesslich, sofern die Statuten nichts anderes bestimmen.

Art. 869

2. Der Genossenschafter
a. Unbeschränkte Haftung

1 Die Statuten können, ausgenommen bei konzessionierten Versicherungsgenossenschaften, die Bestimmung aufstellen, dass nach dem Genossenschaftsvermögen die Genossenschafter persönlich unbeschränkt haften.

2 In diesem Falle haften, soweit die Gläubiger im Genossenschaftskonkurse zu Verlust kommen, die Genossenschafter für alle Verbindlichkeiten der Genossenschaft solidarisch[1] mit ihrem ganzen Vermögen. Diese Haftung wird bis zur Beendigung des Konkurses durch die Konkursverwaltung geltend gemacht.

Art. 870

b. Beschränkte Haftung

1 Die Statuten können, ausgenommen bei konzessionierten Versicherungsgenossenschaften, die Bestimmung aufstellen, dass die Genossenschafter über die Mitgliederbeiträge und Genossenschaftsanteile hinaus für die Verbindlichkeiten der Genossenschaft nach dem Genossenschaftsvermögen persönlich, jedoch nur bis zu einem bestimmten Betrage haften.

2 Wenn Genossenschaftsanteile bestehen, ist der Haftungsbetrag für die einzelnen Genossenschafter nach dem Betrag ihrer Genossenschaftsanteile zu bestimmen.

3 Die Haftung wird bis zur Beendigung des Konkurses durch die Konkursverwaltung geltend gemacht.

Art. 871

c. Nachschusspflicht

1 Die Statuten können die Genossenschafter an Stelle oder neben der Haftung zur Leistung von Nachschüssen verpflichten, die jedoch nur zur Deckung von Bilanzverlusten dienen dürfen.[2]

2 Die Nachschusspflicht kann unbeschränkt sein, sie kann aber auch auf bestimmte Beträge oder im Verhältnis zu den Mitgliederbeiträgen oder den Genossenschaftsanteilen beschränkt werden.

3 Enthalten die Statuten keine Bestimmungen über die Verteilung der Nachschüsse auf die einzelnen Genossenschafter, so richtet sich diese nach dem Betrag der Genossenschaftsanteile oder, wenn solche nicht bestehen, nach Köpfen.

4 Die Nachschüsse können jederzeit eingefordert werden. Im Konkurse der Genossenschaft steht die Einforderung der Nachschüsse der Konkursverwaltung zu.

5 Im Übrigen sind die Vorschriften über die Einforderung der Leistungen und über die Verlustigerklärung anwendbar.

Art. 872

d. Unzulässige Beschränkungen

Bestimmungen der Statuten, welche die Haftung auf bestimmte Zeit oder auf besondere Verbindlichkeiten oder auf einzelne Gruppen von Mitgliedern beschränken, sind ungültig.

Art. 873

e. Verfahren im Konkurs

1 Im Konkurs einer Genossenschaft mit persönlicher Haftung oder mit Nachschusspflicht der Genossenschafter hat die Konkursverwaltung gleichzeitig mit der Aufstellung des Kollokationsplanes die auf die einzelnen Genossenschafter entfallenden vorläufigen Haftungsanteile oder Nachschussbeträge festzustellen und einzufordern.

1 Vgl. OR 143
2 Vgl. OR 795 (GmbH)

2 Uneinbringliche Beträge sind auf die übrigen Genossenschafter im gleichen Verhältnis zu verteilen, Überschüsse nach endgültiger Feststellung der Verteilungsliste zurückzuerstatten. Der Rückgriff der Genossenschafter unter sich bleibt vorbehalten.

3 Die vorläufige Feststellung der Verpflichtungen der Genossenschafter und die Verteilungsliste können nach den Vorschriften des Schuldbetreibungs- und Konkursgesetzes vom 11. April 1889 durch Beschwerde angefochten werden.

4 Das Verfahren wird durch eine Verordnung des Bundesrates geregelt.

Art. 874

f. Änderung der Haftungsbestimmungen

1 Änderungen an den Haftungs- oder Nachschussverpflichtungen der Genossenschafter sowie die Herabsetzung oder Aufhebung der Anteilscheine können nur auf dem Wege der Statutenrevision vorgenommen werden.

2 Auf die Herabsetzung oder Aufhebung der Anteilscheine finden überdies die Bestimmungen über die Herabsetzung des Grundkapitals bei der Aktiengesellschaft Anwendung.[1]

3 Von einer Verminderung der Haftung oder der Nachschusspflicht werden die vor der Veröffentlichung der Statutenrevision entstandenen Verbindlichkeiten nicht betroffen.

4 Die Neubegründung oder Vermehrung der Haftung oder der Nachschusspflicht wirkt mit der Eintragung des Beschlusses zugunsten aller Gläubiger der Genossenschaft.

Art. 875

g. Haftung neu eintretender Genossenschafter

1 Wer in eine Genossenschaft mit persönlicher Haftung oder mit Nachschusspflicht der Genossenschafter eintritt, haftet gleich den andern Genossenschaftern auch für die vor seinem Eintritt entstandenen Verbindlichkeiten.

2 Eine entgegenstehende Bestimmung der Statuten oder Verabredung unter den Genossenschaftern hat Dritten gegenüber keine Wirkung.

Art. 876

h. Haftung nach Ausscheiden oder nach Auflösung

1 Wenn ein unbeschränkt oder beschränkt haftender Genossenschafter durch Tod oder in anderer Weise ausscheidet, dauert die Haftung für die vor seinem Ausscheiden entstandenen Verbindlichkeiten fort, sofern die Genossenschaft innerhalb eines Jahres oder einer statutarisch festgesetzten längern Frist seit der Eintragung des Ausscheidens in das Handelsregister in Konkurs gerät.

2 Unter den gleichen Voraussetzungen und für die gleichen Fristen besteht auch die Nachschusspflicht fort.

3 Wird eine Genossenschaft aufgelöst, so bleiben die Mitglieder in gleicher Weise haftbar oder zu Nachschüssen verpflichtet, falls innerhalb eines Jahres oder einer statutarisch festgesetzten längere Frist seit der Eintragung der Auflösung in das Handelsregister der Konkurs über die Genossenschaft eröffnet wird.

Art. 877

i. Anmeldung von Ein- und Austritt im Handelsregister

1 Sind die Genossenschafter für die Genossenschaftsschulden unbeschränkt oder beschränkt haftbar oder sind sie zu Nachschüssen verpflichtet, so hat die Verwaltung jeden Eintritt oder Austritt eines Genossenschafters innerhalb drei Monaten beim Handelsregisteramt anzumelden.

1 Vgl. OR 732 ff.

2 Überdies steht jedem austretenden oder ausgeschlossenen Mitgliede sowie den Erben eines Mitgliedes die Befugnis zu, die Eintragung des Austrittes, des Ausschlusses oder des Todesfalles von sich aus vornehmen zu lassen. Das Handelsregisteramt hat der Verwaltung der Genossenschaft von einer solchen Anmeldung sofort Kenntnis zu geben.

3 Die konzessionierten Versicherungsgenossenschaften sind von der Pflicht zur Anmeldung ihrer Mitglieder beim Handelsregisteramt befreit.

Art. 878

k. Verjährung der Haftung

1 Die Ansprüche der Gläubiger aus der persönlichen Haftung der einzelnen Genossenschafter können noch während der Dauer eines Jahres vom Schlusse des Konkursverfahrens an von jedem Gläubiger geltend gemacht werden, sofern sie nicht nach gesetzlicher Vorschrift schon vorher erloschen sind.

2 Der Rückgriff der Genossenschafter unter sich verjährt ebenfalls in einem Jahre vom Zeitpunkt der Zahlung an, für die er geltend gemacht wird.

Fünfter Abschnitt: Organisation der Genossenschaft

Art. 879

A. Generalversammlung
I. Befugnisse

1 Oberstes Organ[1] der Genossenschaft ist die Generalversammlung der Genossenschafter.[2]

2 Ihr stehen folgende unübertragbare Befugnisse zu:

1. die Festsetzung und Änderung der Statuten;
2. die Wahl der Verwaltung und der Revisionsstelle;
3. die Genehmigung des Lageberichts und der Konzernrechnung;
4. die Entlastung der Verwaltung;
5. die Beschlussfassung über die Gegenstände, die der Generalversammlung durch das Gesetz oder die Statuten vorbehalten sind.

Art. 880

II. Urabstimmung

Bei Genossenschaften, die mehr als 300 Mitglieder zählen oder bei denen die Mehrheit der Mitglieder aus Genossenschaften besteht, können die Statuten bestimmen, dass die Befugnisse der Generalversammlung ganz oder zum Teil durch schriftliche Stimmabgabe (Urabstimmung) der Genossenschafter ausgeübt werden.[3]

Art. 881

III. Einberufung
1. Recht und Pflicht

1 Die Generalversammlung wird durch die Verwaltung oder ein anderes nach den Statuten dazu befugtes Organ, nötigenfalls durch die Revisionsstelle einberufen. Das Einberufungsrecht steht auch den Liquidatoren und den Vertretern der Anleihensgläubiger zu.

2 Die Generalversammlung muss einberufen werden, wenn wenigstens der zehnte Teil der Genossenschafter oder, bei Genossenschaften von weniger als 30 Mitgliedern, mindestens drei Genossenschafter die Einberufung verlangen.

3 Entspricht die Verwaltung diesem Begehren nicht binnen angemessener Frist, so hat der Richter auf Antrag der Gesuchsteller die Einberufung anzuordnen.

1 Urabstimmung vgl. OR 880, Delegiertenversammlung vgl. OR 892
2 Vgl. OR 698 ff. (AG)
3 Vgl. OR 855

Art. 882

2. Form

1 Die Generalversammlung ist in der durch die Statuten vorgesehenen Form, jedoch mindestens fünf Tage vor dem Versammlungstag einzuberufen.

2 Bei Genossenschaften von über 30 Mitgliedern ist die Einberufung wirksam, sobald sie durch öffentliche Auskündigung erfolgt.

Art. 883

3. Verhandlungsgegenstände

1 Bei der Einberufung sind die Verhandlungsgegenstände, bei Abänderung der Statuten der wesentliche Inhalt der vorgeschlagenen Änderungen bekanntzugeben.

2 Über Gegenstände, die nicht in dieser Weise angekündigt worden sind, können Beschlüsse nicht gefasst werden, ausser über einen Antrag auf Einberufung einer weiteren Generalversammlung.

3 Zur Stellung von Anträgen und zu Verhandlungen ohne Beschlussfassung bedarf es der vorgängigen Ankündigung nicht.

Art. 884

4. Universalversammlung

Wenn und solange alle Genossenschafter in einer Versammlung anwesend sind, können sie, falls kein Widerspruch erhoben wird, Beschlüsse fassen, auch wenn die Vorschriften über die Einberufung nicht eingehalten wurden.[1]

Art. 885

IV. Stimmrecht

Jeder Genossenschafter hat in der Generalversammlung oder in der Urabstimmung eine Stimme.

Art. 886

V. Vertretung

1 Bei der Ausübung seines Stimmrechts in der Generalversammlung kann sich ein Genossenschafter durch einen andern Genossenschafter vertreten lassen, doch kann kein Bevollmächtigter mehr als einen Genossenschafter vertreten.

2 Bei Genossenschaften mit über 1000 Mitgliedern können die Statuten vorsehen, dass jeder Genossenschafter mehr als einen, höchstens aber neun andere Genossenschafter vertreten darf.

3 Den Statuten bleibt vorbehalten, die Vertretung durch einen handlungsfähigen[2] Familienangehörigen zulässig zu erklären.

Art. 887

VI. Ausschliessung vom Stimmrecht

1 Bei Beschlüssen über die Entlastung der Verwaltung haben Personen, die in irgendeiner Weise an der Geschäftsführung teilgenommen haben, kein Stimmrecht.

2 *Aufgehoben.*

Art. 888

VII. Beschlussfassung

1. Im Allgemeinen

1 Die Generalversammlung fasst ihre Beschlüsse und vollzieht ihre Wahlen, soweit das Gesetz oder die Statuten es nicht anders bestimmen, mit absoluter Mehrheit der abgegebenen Stimmen.[3] Dasselbe gilt für Beschlüsse und Wahlen, die auf dem Wege der Urabstimmung vorgenommen werden.

1 Vgl. OR 701 (AG)
2 Vgl. ZGB 13
3 Vgl. OR 703 (AG)

[2] Für die Auflösung der Genossenschaft sowie für die Abänderung der Statuten bedarf es einer Mehrheit von zwei Dritteln der abgegebenen Stimmen. Die Statuten können die Bedingungen für diese Beschlüsse noch erschweren.

Art. 889

2. Bei Erhöhung der Leistungen der Genossenschafter

[1] Beschlüsse über die Einführung oder die Vermehrung der persönlichen Haftung oder der Nachschusspflicht der Genossenschafter bedürfen der Zustimmung von drei Vierteilen sämtlicher Genossenschafter.

[2] Solche Beschlüsse sind für Genossenschafter, die nicht zugestimmt haben, nicht verbindlich, wenn sie binnen drei Monaten seit der Veröffentlichung des Beschlusses den Austritt erklären. Dieser Austritt ist wirksam auf den Zeitpunkt des Inkrafttretens des Beschlusses.

[3] Der Austritt darf in diesem Falle nicht von der Leistung einer Auslösungssumme abhängig gemacht werden.

Art. 890

VIII. Abberufung der Verwaltung und der Revisionsstelle

[1] Die Generalversammlung ist berechtigt, die Mitglieder der Verwaltung und der Revisionsstelle sowie andere von ihr gewählte Bevollmächtigte und Beauftragte abzuberufen.

[2] Auf den Antrag von wenigstens einem Zehntel der Genossenschafter kann der Richter die Abberufung verfügen, wenn wichtige Gründe vorliegen, insbesondere wenn die Abberufenen die ihnen obliegenden Pflichten vernachlässigt haben oder zu erfüllen ausserstande waren. Er hat in einem solchen Falle, soweit notwendig, eine Neuwahl durch die zuständigen Genossenschaftsorgane zu verfügen und für die Zwischenzeit die geeigneten Anordnungen zu treffen.

[3] Entschädigungsansprüche der Abberufenen bleiben vorbehalten.

Art. 891

IX. Anfechtung der Generalversammlungsbeschlüsse

[1] Die Verwaltung und jeder Genossenschafter können von der Generalversammlung oder in der Urabstimmung gefasste Beschlüsse, die gegen das Gesetz oder die Statuten verstossen, beim Richter mit Klage gegen die Genossenschaft anfechten. Ist die Verwaltung Klägerin, so bestimmt der Richter einen Vertreter für die Genossenschaft.

[2] Das Anfechtungsrecht erlischt, wenn die Klage nicht spätestens zwei Monate nach der Beschlussfassung angehoben wird.

[3] Das Urteil, das einen Beschluss aufhebt, wirkt für und gegen alle Genossenschafter.

Art. 892

X. Delegiertenversammlung

[1] Genossenschaften, die mehr als 300 Mitglieder zählen oder bei denen die Mehrheit der Mitglieder aus Genossenschaften besteht, können durch die Statuten die Befugnisse der Generalversammlung ganz oder zum Teil einer Delegiertenversammlung übertragen.

[2] Zusammensetzung, Wahlart und Einberufung der Delegiertenversammlung werden durch die Statuten geregelt.

[3] Jeder Delegierte hat in der Delegiertenversammlung eine Stimme, sofern die Statuten das Stimmrecht nicht anders ordnen.

[4] Im Übrigen gelten für die Delegiertenversammlung die gesetzlichen Vorschriften über die Generalversammlung.

Art. 893

XI. Ausnahmebestimmungen für Versicherungsgenossenschaften

1 Die konzessionierten Versicherungsgenossenschaften mit über 1000 Mitgliedern können durch die Statuten die Befugnisse der Generalversammlung ganz oder zum Teil der Verwaltung übertragen.

2 Unübertragbar sind die Befugnisse der Generalversammlung zur Einführung oder Vermehrung der Nachschusspflicht, zur Auflösung, zur Fusion, zur Spaltung und zur Umwandlung der Rechtsform der Genossenschaft.

Art. 894

B. Verwaltung
I. Wählbarkeit
1. Mitgliedschaft

1 Die Verwaltung der Genossenschaft[1] besteht aus mindestens drei Personen; die Mehrheit muss aus Genossenschaftern bestehen.

2 Ist an der Genossenschaft eine juristische Person oder eine Handelsgesellschaft beteiligt, so ist sie als solche nicht als Mitglied der Verwaltung wählbar; dagegen können an ihrer Stelle ihre Vertreter gewählt werden.

Art. 895

Aufgehoben.

Art. 896

II. Amtsdauer

1 Die Mitglieder der Verwaltung werden auf höchstens vier Jahre gewählt, sind aber, wenn die Statuten nicht etwas anderes bestimmen, wieder wählbar.

2 Bei den konzessionierten Versicherungsgenossenschaften finden für die Amtsdauer der Verwaltung die für die Aktiengesellschaft geltenden Vorschriften Anwendung.[2]

Art. 897

III. Verwaltungsausschuss

Die Statuten können einen Teil der Pflichten und Befugnisse der Verwaltung einem oder mehreren von dieser gewählten Verwaltungsausschüssen übertragen.

Art. 898

IV. Geschäftsführung und Vertretung
1. Im Allgemeinen

1 Die Statuten können die Generalversammlung oder die Verwaltung ermächtigen, die Geschäftsführung oder einzelne Zweige derselben und die Vertretung an eine oder mehrere Personen, Geschäftsführer oder Direktoren zu übertragen, die nicht Mitglieder der Genossenschaft zu sein brauchen.

2 Die Genossenschaft muss durch eine Person vertreten werden können, die Wohnsitz in der Schweiz hat. Dieses Erfordernis kann durch ein Mitglied der Verwaltung, einen Geschäftsführer oder einen Direktor erfüllt werden.

Art. 899

2. Umfang und Beschränkung

1 Die zur Vertretung befugten Personen sind ermächtigt, im Namen der Genossenschaft alle Rechtshandlungen vorzunehmen, die der Zweck der Genossenschaft mit sich bringen kann.[3]

2 Eine Beschränkung dieser Vertretungsbefugnis hat gegenüber gutgläubigen Dritten keine Wirkung, unter Vorbehalt der im Handelsregister eingetragenen Bestimmungen über die ausschliessliche Vertretung der Hauptniederlassung oder einer Zweigniederlassung oder über die gemeinsame Führung der Firma.

1 Vgl. OR 707 ff. (AG)
2 Vgl. OR 708 (AG)
3 Vgl. OR 458 ff.

³ Die Genossenschaft haftet für den Schaden aus unerlaubten Handlungen,[1] die eine zur Geschäftsführung oder zur Vertretung befugte Person in Ausübung ihrer geschäftlichen Verrichtungen begeht.

Art. 899a

3. Verträge zwischen der Genossenschaft und ihrem Vertreter

Wird die Genossenschaft beim Abschluss eines Vertrages durch diejenige Person vertreten, mit der sie den Vertrag abschliesst, so muss der Vertrag schriftlich abgefasst werden. Dieses Erfordernis gilt nicht für Verträge des laufenden Geschäfts, bei denen die Leistung der Gesellschaft den Wert von 1000 Franken nicht übersteigt.

Art. 900

4. Zeichnung

Die zur Vertretung der Genossenschaft befugten Personen haben in der Weise zu zeichnen, dass sie der Firma der Genossenschaft ihre Unterschrift beifügen.

Art. 901

5. Eintragung

Die zur Vertretung der Genossenschaft befugten Personen sind von der Verwaltung zur Eintragung in das Handelsregister anzumelden unter Vorlegung einer beglaubigten Abschrift des Beschlusses. Sie haben ihre Unterschrift beim Handelsregisteramt zu zeichnen oder die Zeichnung in beglaubigter Form einzureichen.

Art. 902

V. Pflichten
1. Im Allgemeinen

¹ Die Verwaltung hat die Geschäfte der Genossenschaft mit aller Sorgfalt zu leiten und die genossenschaftliche Aufgabe mit besten Kräften zu fördern.

² Sie ist insbesondere verpflichtet:

1. die Geschäfte der Generalversammlung vorzubereiten und deren Beschlüsse auszuführen;
2. die mit der Geschäftsführung und Vertretung Beauftragten im Hinblick auf die Beobachtung der Gesetze, der Statuten und allfälliger Reglemente zu überwachen und sich über den Geschäftsgang regelmässig unterrichten zu lassen.

³ Die Verwaltung ist dafür verantwortlich, dass ihre Protokolle und diejenigen der Generalversammlung, die notwendigen Geschäftsbücher sowie das Genossenschafterverzeichnis regelmässig geführt werden, dass die Betriebsrechnung und die Jahresbilanz nach den gesetzlichen Vorschriften aufgestellt und der Revisionsstelle zur Prüfung unterbreitet und die vorgeschriebenen Anzeigen an das Handelsregisteramt über Eintritt und Austritt der Genossenschafter gemacht werden.

Art. 903

2. Anzeigepflicht bei Überschuldung und bei Kapitalverlust

¹ Besteht begründete Besorgnis einer Überschuldung, so hat die Verwaltung sofort auf Grund der Veräusserungswerte eine Zwischenbilanz aufzustellen.[2]

² Zeigt die letzte Jahresbilanz und eine daraufhin zu errichtende Liquidationsbilanz oder zeigt eine Zwischenbilanz, dass die Forderungen der Genossenschaftsgläubiger durch die Aktiven nicht mehr gedeckt sind, so hat die Verwaltung den Richter zu benachrichtigen. Dieser hat die Konkurseröffnung auszusprechen, falls nicht die Voraussetzungen eines Aufschubes gegeben sind.

1 Vgl. OR 41 ff.
2 Vgl. OR 725 (AG)

3 Bei Genossenschaften mit Anteilscheinen hat die Verwaltung unverzüglich eine Generalversammlung einzuberufen und diese von der Sachlage zu unterrichten, wenn die letzte Jahresbilanz ergibt, dass die Hälfte des Genossenschaftskapitals nicht mehr gedeckt ist.

4 Bei Genossenschaften mit Nachschusspflicht muss der Richter erst benachrichtigt werden, wenn der durch die Bilanz ausgewiesene Verlust nicht innert drei Monaten durch Nachschüsse der Mitglieder gedeckt wird.

5 Auf Antrag der Verwaltung oder eines Gläubigers kann der Richter, falls Aussicht auf Sanierung besteht, die Konkurseröffnung aufschieben. In diesem Falle trifft er die zur Erhaltung des Vermögens geeigneten Massnahmen, wie Inventaraufnahme, Bestellung eines Sachwalters.

6 Bei konzessionierten Versicherungsgenossenschaften gelten die Ansprüche der Mitglieder aus Versicherungsverträgen als Gläubigerrechte.

Art. 904

VI. Rückerstattung entrichteter Zahlungen

1 Im Konkurse der Genossenschaft sind die Mitglieder der Verwaltung den Genossenschaftsgläubigern gegenüber zur Rückerstattung aller in den letzten drei Jahren vor Konkursausbruch als Gewinnanteile oder unter anderer Bezeichnung gemachten Bezüge verpflichtet, soweit diese ein angemessenes Entgelt für Gegenleistungen übersteigen und bei vorsichtiger Bilanzierung nicht hätten ausgerichtet werden sollen.

2 Die Rückerstattung ist ausgeschlossen, soweit sie nach den Bestimmungen über die ungerechtfertigte Bereicherung[1] nicht gefordert werden kann.

3 Der Richter entscheidet unter Würdigung aller Umstände nach freiem Ermessen.

Art. 905

VII. Einstellung und Abberufung

1 Die Verwaltung kann die von ihr bestellten Ausschüsse, Geschäftsführer, Direktoren und andern Bevollmächtigten und Beauftragten jederzeit abberufen.

2 Die von der Generalversammlung bestellten Bevollmächtigten und Beauftragten können von der Verwaltung jederzeit in ihren Funktionen eingestellt werden unter sofortiger Einberufung einer Generalversammlung.

3 Entschädigungsansprüche der Abberufenen oder in ihren Funktionen Eingestellten bleiben vorbehalten.

Art. 906

C. Revisionsstelle

I. Im Allgemeinen

1 Für die Revisionsstelle sind die Vorschriften des Aktienrechts[2] entsprechend anwendbar.

2 Eine ordentliche Revision der Jahresrechnung durch eine Revisionsstelle können verlangen:

1. 10 Prozent der Genossenschafter;
2. Genossenschafter, die zusammen mindestens 10 Prozent des Anteilscheinkapitals vertreten;
3. Genossenschafter, die einer persönlichen Haftung oder einer Nachschusspflicht unterliegen.

1 Vgl. OR 62 ff.
2 Vgl. OR 727 ff.

Art. 907

II. Prüfung des Genossenschafterverzeichnisses

Bei Genossenschaften mit persönlicher Haftung oder Nachschusspflicht der Genossenschafter hat die Revisionsstelle festzustellen, ob das Genossenschafterverzeichnis korrekt geführt wird. Verfügt die Genossenschaft über keine Revisionsstelle, so muss die Verwaltung das Genossenschafterverzeichnis durch einen zugelassenen Revisor[1] prüfen lassen.

Art. 908

D. Mängel in der Organisation

Bei Mängeln in der Organisation der Genossenschaft sind die Vorschriften des Aktienrechts entsprechend anwendbar.[2]

Art. 909 und 910

Aufgehoben.

Sechster Abschnitt: Auflösung der Genossenschaft

Art. 911

A. Auflösungsgründe

Die Genossenschaft wird aufgelöst:

1. nach Massgabe der Statuten;
2. durch einen Beschluss der Generalversammlung;
3. durch Eröffnung des Konkurses;
4. in den übrigen vom Gesetze vorgesehenen Fällen.

Art. 912

B. Anmeldung beim Handelsregister

Erfolgt die Auflösung der Genossenschaft nicht durch Konkurs, so ist sie von der Verwaltung zur Eintragung in das Handelsregister anzumelden.[3]

Art. 913

C. Liquidation, Verteilung des Vermögens

1 Die Genossenschaft wird, unter Vorbehalt der nachfolgenden Bestimmungen, nach den für die Aktiengesellschaft geltenden Vorschriften liquidiert.

2 Das nach Tilgung sämtlicher Schulden und Rückzahlung allfälliger Genossenschaftsanteile verbleibende Vermögen der aufgelösten Genossenschaft darf nur dann unter die Genossenschafter verteilt werden, wenn die Statuten eine solche Verteilung vorsehen.

3 Die Verteilung erfolgt in diesem Falle, wenn die Statuten nicht etwas anderes bestimmen, unter die zur Zeit der Auflösung vorhandenen Genossenschafter oder ihre Rechtsnachfolger nach Köpfen. Der gesetzliche Abfindungsanspruch der ausgeschiedenen Genossenschafter oder ihrer Erben bleibt vorbehalten.

4 Enthalten die Statuten keine Vorschrift über die Verteilung unter die Genossenschafter, so muss der Liquidationsüberschuss zu genossenschaftlichen Zwecken oder zur Forderung gemeinnütziger Bestrebungen verwendet werden.

5 Der Entscheid hierüber steht, wenn die Statuten es nicht anders ordnen, der Generalversammlung zu.

1 Vgl. RAG 5
2 Vgl. OR 643 und 731b
3 Vgl. OR 736 ff. (AG)

Art. 914

D. …

Aufgehoben.

Art. 915

E. Übernahme durch eine Körperschaft des öffentlichen Rechts

1 Wird das Vermögen einer Genossenschaft vom Bunde, von einem Kanton oder unter Garantie des Kantons von einem Bezirk oder von einer Gemeinde übernommen, so kann mit Zustimmung der Generalversammlung vereinbart werden, dass die Liquidation unterbleiben soll.

2 Der Beschluss der Generalversammlung ist nach den Vorschriften über die Auflösung zu fassen und beim Handelsregisteramt anzumelden.

3 Mit der Eintragung dieses Beschlusses ist der Übergang des Vermögens der Genossenschaft mit Einschluss der Schulden vollzogen, und es ist die Firma der Genossenschaft zu löschen.

Siebenter Abschnitt: Verantwortlichkeit

Art. 916

A. Haftung gegenüber der Genossenschaft

Alle mit der Verwaltung, Geschäftsführung, Revision oder Liquidation befassten Personen sind der Genossenschaft für den Schaden verantwortlich, den sie ihr durch absichtliche oder fahrlässige Verletzung der ihnen obliegenden Pflichten verursachen.[1]

Art. 917

B. Haftung gegenüber Genossenschaft, Genossenschaftern und Gläubigern

1 Die Mitglieder der Verwaltung und die Liquidatoren, welche die für den Fall der Überschuldung der Genossenschaft vom Gesetz aufgestellten Pflichten absichtlich oder fahrlässig verletzen, haften der Genossenschaft, den einzelnen Genossenschaftern und den Gläubigern für den entstandenen Schaden.

2 Der Ersatz des Schadens, der den Genossenschaftern und den Gläubigern nur mittelbar durch Schädigung der Genossenschaft verursacht wurde, ist nach den für die Aktiengesellschaft aufgestellten Vorschriften geltend zu machen.

Art. 918

C. Solidarität und Rückgriff

1 Sind mehrere Personen für denselben Schaden verantwortlich, so haften sie solidarisch.[2]

2 Der Rückgriff unter mehreren Beteiligten wird vom Richter nach dem Grade des Verschuldens des einzelnen bestimmt.

Art. 919

D. Verjährung

1 Der Anspruch auf Schadenersatz gegen die nach den vorstehenden Bestimmungen verantwortlichen Personen verjährt[3] in fünf Jahren von dem Tage an, an dem der Geschädigte Kenntnis vom Schaden und von der Person des Ersatzpflichtigen erlangt hat, jedenfalls aber mit dem Ablaufe von zehn Jahren, vom Tage der schädigenden Handlung an gerechnet.

2 Wird die Klage aus einer strafbaren Handlung hergeleitet, für die das Strafrecht eine längere Verjährung vorschreibt, so gilt diese auch für den Zivilanspruch.

1 Vgl. OR 41 und 902
2 Vgl. OR 143 ff.
3 Vgl. OR 60 bzw. 127 ff.

Art. 920

E. Bei Kredit- und Versicherungsgenossenschaften

Bei Kreditgenossenschaften und konzessionierten Versicherungsgenossenschaften richtet sich die Verantwortlichkeit nach den Bestimmungen des Aktienrechts.

Achter Abschnitt: Genossenschaftsverbände

Art. 921

A. Voraussetzungen

Drei oder mehr Genossenschaften können einen Genossenschaftsverband bilden und ihn als Genossenschaft ausgestalten.

Art. 922

B. Organisation

I. Delegiertenversammlung

1 Oberstes Organ des Genossenschaftsverbandes ist, sofern die Statuten es nicht anders ordnen, die Delegiertenversammlung.

2 Die Statuten bestimmen die Zahl der Delegierten der angeschlossenen Genossenschaften.

3 Jeder Delegierte hat, unter Vorbehalt anderer Regelung durch die Statuten, eine Stimme.

Art. 923

II. Verwaltung

Die Verwaltung wird, sofern die Statuten es nicht anders bestimmen, aus Mitgliedern der angeschlossenen Genossenschaften gebildet.

Art. 924

III. Überwachung. Anfechtung

1 Die Statuten können der Verwaltung des Verbandes das Recht einräumen, die geschäftliche Tätigkeit der angeschlossenen Genossenschaften zu überwachen.

2 Sie können der Verwaltung des Verbandes das Recht verleihen, Beschlüsse, die von den einzelnen angeschlossenen Genossenschaften gefasst worden sind, beim Richter durch Klage anzufechten.

Art. 925

IV. Ausschluss neuer Verpflichtungen

Der Eintritt in einen Genossenschaftsverband darf für die Mitglieder der eintretenden Genossenschaft keine Verpflichtungen zur Folge haben, denen sie nicht schon durch das Gesetz oder die Statuten ihrer Genossenschaft unterworfen sind.

Neunter Abschnitt: Beteiligung von Körperschaften des öffentlichen Rechts

Art. 926

1 Bei Genossenschaften, an denen Körperschaften des öffentlichen Rechts, wie Bund, Kanton, Bezirk oder Gemeinde, ein öffentliches Interesse besitzen, kann der Körperschaft in den Statuten der Genossenschaft das Recht eingeräumt werden, Vertreter in die Verwaltung oder in die Revisionsstelle abzuordnen.

2 Die von einer Körperschaft des öffentlichen Rechts abgeordneten Mitglieder haben die gleichen Rechte und Pflichten wie die von der Genossenschaft gewählten.

3 Die Abberufung der von einer Körperschaft des öffentlichen Rechts abgeordneten Mitglieder der Verwaltung und der Revisionsstelle steht nur der Körperschaft selbst zu. Diese haftet gegenüber der Genossenschaft, den Genossenschaftern und den Gläubiger für diese Mitglieder, unter Vorbehalt des Rückgriffs nach dem Rechte des Bundes und der Kantone.

Vierte Abteilung: Handelsregister, Geschäftsfirmen und kaufmännische Buchführung

Dreissigster Titel: Das Handelsregister

Art. 927

A. Zweck und Einrichtung
I. Im Allgemeinen

[1] In jedem Kanton wird ein Handelsregister geführt.

[2] Es steht den Kantonen frei, das Handelsregister bezirksweise zu führen.

[3] Die Kantone haben die Amtsstellen, denen die Führung des Handelsregisters obliegt, und eine kantonale Aufsichtsbehörde zu bestimmen.

Art. 928

II. Haftbarkeit

[1] Die Handelsregisterführer und die ihnen unmittelbar vorgesetzten Aufsichtsbehörden sind persönlich für allen Schaden haftbar, den sie selbst oder die von ihnen ernannten Angestellten durch ihr Verschulden verursachen.

[2] *Aufgehoben*.

[3] Wird der Schaden durch die haftbaren Beamten nicht gedeckt, so hat der Kanton den Ausfall zu tragen.

Art. 929

III. Verordnung des Bundesrates
1. Im Allgemeinen

[1] Der Bundesrat erlässt die Vorschriften über die Einrichtung, die Führung und die Beaufsichtigung des Handelsregisters sowie über das Verfahren, die Anmeldung zur Eintragung, die einzureichenden Belege und deren Prüfung, den Inhalt der Eintragungen, die Gebühren und die Beschwerdeführung.

[2] Die Gebühren sollen der wirtschaftlichen Bedeutung des Unternehmens angepasst sein.

Art. 929a

2. Bei Führung des Handelsregisters mittels Informatik

[1] Der Bundesrat erlässt die Vorschriften über die Führung des Handelsregisters mittels Informatik und den elektronischen Datenaustausch zwischen den Handelsregisterbehörden. Insbesondere kann er den Kantonen die Führung des Handelsregisters mittels Informatik, die Entgegennahme elektronisch eingereichter Belege, die elektronische Erfassung von Belegen und die elektronische Datenübermittlung vorschreiben.

[2] Der Bundesrat bestimmt, ob und unter welchen Voraussetzungen die elektronische Einreichung von Anmeldungen und Belegen beim Handelsregisteramt zulässig ist. Er kann Vorschriften zur elektronischen Aufbewahrung von Belegen erlassen und den Kantonen die Ausstellung beglaubigter Handelsregisterauszüge in elektronischer Form vorschreiben.

Art. 930

IV. Öffentlichkeit

Das Handelsregister mit Einschluss der Anmeldungen und der Belege ist öffentlich.

Art. 931

V. Handelsamtsblatt

[1] Die Eintragungen im Handelsregister werden, soweit nicht eine nur teilweise oder auszugsweise Bekanntmachung durch Gesetz oder Verordnung vorgeschrieben ist, ihrem ganzen Inhalte nach ohne Verzug durch das Schweizerische Handelsamtsblatt bekanntgemacht.

2 Ebenso haben alle vom Gesetze vorgeschriebenen Veröffentlichungen im Schweizerischen Handelsamtsblatt[1] zu erfolgen.

2bis Der Bundesrat kann die im Schweizerischen Handelsamtsblatt veröffentlichten Daten dem Publikum auch auf andere Art zur Verfügung stellen.

3 Der Bundesrat erlässt die Vorschriften über die Einrichtung des Schweizerischen Handelsamtsblattes.

Art. 931a

B. Eintragungen
I. Anmeldung

1 Bei juristischen Personen obliegt die Anmeldung zur Eintragung ins Handelsregister dem obersten Leitungs- oder Verwaltungsorgan. Spezialgesetzliche Vorschriften betreffend öffentlich-rechtliche Körperschaften und Anstalten bleiben vorbehalten.

2 Die Anmeldung muss von zwei Mitgliedern des obersten Leitungs- oder Verwaltungsorgans oder von einem Mitglied mit Einzelzeichnungsberechtigung unterzeichnet werden. Die Anmeldung ist beim Handelsregisteramt zu unterzeichnen oder mit den beglaubigten Unterschriften einzureichen.

Art. 932

II. Beginn der Wirksamkeit

1 Für die Bestimmung des Zeitpunktes der Eintragung in das Handelsregister ist die Einschreibung der Anmeldung in das Tagebuch[2] massgebend.

2 Gegenüber Dritten wird eine Eintragung im Handelsregister erst an dem nächsten Werktage wirksam, der auf den aufgedruckten Ausgabetag derjenigen Nummer des Schweizerischen Handelsamtsblattes folgt, in der die Eintragung veröffentlicht ist. Dieser Werktag ist auch der massgebende Tag für den Lauf einer Frist, die mit der Veröffentlichung der Eintragung beginnt.

3 Vorbehalten bleiben die besonderen gesetzlichen Vorschriften, nach denen unmittelbar mit der Eintragung auch Dritten gegenüber Rechtswirkungen verbunden sind oder Fristen zu laufen beginnen.

Art. 933

III. Wirkungen

1 Die Einwendung, dass jemand eine Dritten gegenüber wirksam gewordene Eintragung nicht gekannt habe, ist ausgeschlossen.[3]

2 Wurde eine Tatsache, deren Eintragung vorgeschrieben ist, nicht eingetragen, so kann sie einem Dritten nur entgegengehalten werden, wenn bewiesen wird, dass sie diesem bekannt war.

Art. 934

IV. Eintragung ins Handelsregister
1. Recht und Pflicht

1 Wer ein Handels-, Fabrikations- oder ein anderes nach kaufmännischer Art geführtes Gewerbe betreibt, ist verpflichtet, dieses am Ort der Hauptniederlassung ins Handelsregister eintragen zu lassen.

2 Wer unter einer Firma ein Gewerbe betreibt, das nicht eingetragen werden muss, hat das Recht, dieses am Ort der Hauptniederlassung ins Handelsregister eintragen zu lassen.

1 SHAB
2 Journal
3 Publizitätswirkung

Art. 935

2. Zweigniederlassungen

[1] Schweizerische Zweigniederlassungen von Firmen, deren Hauptsitz sich in der Schweiz befindet, sind an ihrem Sitz einzutragen, nachdem die Eintragung am Hauptsitz erfolgt ist.

[2] Die schweizerischen Zweigniederlassungen von Firmen mit Hauptsitz im Auslande sind einzutragen, und zwar in derselben Weise wie diejenigen schweizerischer Firmen, soweit das ausländische Recht keine Abweichung nötig macht. Für solche Zweigniederlassungen muss ein Bevollmächtigter mit Wohnsitz in der Schweiz und mit dem Rechte der geschäftlichen Vertretung bestellt werden.

Art. 936

3. Ausführungsbestimmungen

Der Bundesrat erlässt die näheren Vorschriften über die Pflicht zur Eintragung in das Handelsregister.[1]

Art. 936a

4. Unternehmens-Identifikationsnummer

[1] Die im Handelsregister eingetragenen Einzelunternehmen, Kollektiv- und Kommanditgesellschaften, Kapitalgesellschaften, Genossenschaften, Vereine, Stiftungen, Zweigniederlassungen und Institute des öffentlichen Rechts erhalten eine Unternehmens-Identifikationsnummer nach dem Bundesgesetz vom 18. Juni 2010 über die Unternehmens-Identifikationsnummer.

[2] Die Unternehmens-Identifikationsnummer bleibt während des Bestehens des Rechtsträgers unverändert, so insbesondere auch bei der Sitzverlegung, der Umwandlung und der Änderung des Namens oder der Firma.

[3] Der Bundesrat erlässt Ausführungsvorschriften. Er kann vorsehen, dass die Unternehmens-Identifikationsnummer nebst der Firma auf Briefen, Bestellscheinen und Rechnungen anzugeben ist.

Art. 937

V. Änderungen

Ist eine Tatsache im Handelsregister eingetragen, so muss auch jede Änderung dieser Tatsache eingetragen werden.

Art. 938

VI. Löschung
1. Pflicht zur Löschung

Wenn ein im Handelsregister eingetragenes Gewerbe zu bestehen aufhört oder auf eine andere Person übergeht, so sind die bisherigen Inhaber oder deren Erben verpflichtet, die Eintragung löschen zu lassen.

Art. 938a

2. Löschung von Amtes wegen

[1] Weist eine Gesellschaft keine Geschäftstätigkeit mehr auf und hat sie keine verwertbaren Aktiven mehr, so kann sie der Handelsregisterführer nach dreimaligem ergebnislosem Rechnungsruf im Handelsregister löschen.

[2] Macht ein Gesellschafter beziehungsweise ein Aktionär oder Genossenschafter oder ein Gläubiger ein Interesse an der Aufrechterhaltung der Eintragung geltend, so entscheidet der Richter.

[3] Der Bundesrat regelt die Einzelheiten.

Art. 938b

3. Organe und Vertretungsbefugnisse

[1] Scheiden im Handelsregister als Organ eingetragene Personen aus ihrem Amt aus, so muss die betroffene juristische Person unverzüglich deren Löschung verlangen.

[1] Handelsregisterverordnung

2 Die ausgeschiedenen Personen können ihre Löschung auch selbst anmelden. Der Registerführer teilt der juristischen Person die Löschung unverzüglich mit.

3 Diese Vorschriften sind für die Löschung eingetragener Zeichnungsberechtigter ebenfalls anwendbar.

Art. 939

VII. Konkurs von Handelsgesellschaften und Genossenschaften

1 Ist über eine Handelsgesellschaft oder über eine Genossenschaft der Konkurs[1] eröffnet worden, so hat der Handelsregisterführer nach Empfang der amtlichen Mitteilung des Konkurserkenntnisses die dadurch bewirkte Auflösung der Gesellschaft oder Genossenschaft in das Handelsregister einzutragen.

2 Wird der Konkurs widerrufen, so ist auf die amtliche Mitteilung des Widerrufs hin diese Eintragung im Handelsregister zu löschen.

3 Nach Schluss des Konkursverfahrens ist auf die amtliche Mitteilung des Schlusserkenntnisses hin die Gesellschaft oder Genossenschaft im Handelsregister zu löschen.

Art. 940

VIII. Pflichten des Registerführers

1. Prüfungspflicht

1 Der Registerführer hat zu prüfen, ob die gesetzlichen Voraussetzungen für die Eintragung erfüllt sind.

2 Bei der Eintragung juristischer Personen ist insbesondere zu prüfen, ob die Statuten keinen zwingenden Vorschriften widersprechen und den vom Gesetz verlangten Inhalt aufweisen.

Art. 941

2. Mahnung. Eintragung von Amtes wegen

Der Registerführer hat die Beteiligten zur Erfüllung der Anmeldungspflicht anzuhalten und nötigenfalls die vorgeschriebenen Eintragungen von Amtes wegen vorzunehmen.

Art. 941a

3. Überweisung an den Richter oder an die Aufsichtsbehörde

1 Bei Mängeln in der gesetzlich zwingend vorgeschriebenen Organisation der Gesellschaft stellt der Registerführer dem Richter den Antrag, die erforderlichen Massnahmen zu ergreifen.

2 Bei Mängeln in der gesetzlich zwingend vorgeschriebenen Organisation der Stiftung stellt der Registerführer der Aufsichtsbehörde den Antrag, die erforderlichen Massnahmen zu ergreifen.

3 Sind die zwingenden Vorschriften über die Revisionsstelle im Verein verletzt, so stellt der Registerführer dem Richter den Antrag, die erforderlichen Massnahmen zu ergreifen.

Art. 942

IX. Nichtbefolgung der Vorschriften

1. Haftung für Schaden

Wer zur Anmeldung einer Eintragung in das Handelsregister verpflichtet ist und diese absichtlich oder fahrlässig unterlässt, haftet für den dadurch verursachten Schaden.

Art. 943

2. Ordnungsbussen

1 Wenn das Gesetz die Beteiligung zur Anmeldung einer Eintragung verpflichtet, hat die Registerbehörde von Amtes wegen gegen die Fehlbaren mit Ordnungsbussen im Betrage von 10 bis 500 Franken einzuschreiten.

1 Vgl. SchKG 171

2 Die nämliche Busse ist gegen die Mitglieder der Verwaltung einer Aktiengesellschaft auszusprechen, die der Aufforderung zur Auflegung der Gewinn- und Verlustrechnung und der Bilanz beim Handelsregisteramt nicht nachkommen.

Einunddreissigster Titel: Die Geschäftsfirmen

Art. 944

A. Grundsätze der Firmenbildung

I. Allgemeine Bestimmungen

1 Jede Firma[1] darf, neben dem vom Gesetze vorgeschriebenen wesentlichen Inhalt, Angaben enthalten, die zur näheren Umschreibung der darin erwähnten Personen dienen oder auf die Natur des Unternehmens hinweisen oder eine Phantasiebezeichnung darstellen, vorausgesetzt, dass der Inhalt der Firma der Wahrheit[2] entspricht, keine Täuschungen verursachen kann und keinem öffentlichen Interesse zuwiderläuft.

2 Der Bundesrat kann Vorschriften darüber erlassen, in welchem Umfange nationale und territoriale Bezeichnungen bei der Bildung von Firmen verwendet werden dürfen.

Art. 945

II. Einzelunternehmen

1. Wesentlicher Inhalt

1 Wer als alleiniger Inhaber ein Geschäft betreibt, muss den wesentlichen Inhalt seiner Firma aus dem Familiennamen[3] mit oder ohne Vornamen bilden.

2 *Aufgehoben.*

3 Der Firma darf kein Zusatz beigefügt werden, der ein Gesellschaftsverhältnis andeutet.

Art. 946

2. Ausschliesslichkeit der eingetragenen Firma

1 Eine im Handelsregister eingetragene Einzelfirma darf von keinem andern Geschäftsinhaber an demselben Orte verwendet werden, selbst dann nicht, wenn er den gleichen Vor- und Familiennamen hat, mit dem die ältere Firma gebildet worden ist.[4]

2 Der neue Geschäftsinhaber hat in einem solchen Falle seinem Namen in der Firma einen Zusatz beizufügen, durch den diese deutlich von der älteren Firma unterschieden wird.

3 Gegenüber einer an einem andern Orte eingetragenen Einzelfirma bleiben die Ansprüche aus unlauterem Wettbewerb vorbehalten.

Art. 947

III. Gesellschaftsfirmen

1. Kollektiv-, Kommandit- und Kommanditaktiengesellschaft

a. Bildung der Firma

1 Die Firma einer Kollektivgesellschaft muss, sofern nicht sämtliche Gesellschafter namentlich aufgeführt werden, den Familiennamen wenigstens eines der Gesellschafter mit einem das Gesellschaftsverhältnis andeutenden Zusatz[5] enthalten.

2 Bei Aufnahme weiterer Gesellschafter kann die Kollektivgesellschaft ihre Firma unverändert beibehalten.

1 Geschäftsname
2 Firmenwahrheit
3 Nachname
4 Firmenausschliesslichkeit vgl. OR 951
5 Unter anderem: «& Co.» (deutsch), «& Cie» (französisch)

3 Die Firma einer Kommanditgesellschaft oder Kommanditaktiengesellschaft muss den Familiennamen wenigstens eines unbeschränkt haftenden Gesellschafters mit einem das Gesellschaftsverhältnis andeutenden Zusatz enthalten.

4 Die Namen anderer Personen als der unbeschränkt haftenden Gesellschafter dürfen in der Firma einer Kollektivgesellschaft, Kommanditgesellschaft oder Kommanditaktiengesellschaft nicht enthalten sein.

Art. 948

b. Änderung der Firma

1 Wenn eine Person, deren Familienname in der Firma einer Kollektivgesellschaft Kommanditgesellschaft oder Kommanditaktiengesellschaft enthalten ist, aus der Gesellschaft ausscheidet, so darf auch mit Einwilligung dieser Person oder ihrer Erben ihr Name in der Gesellschaftsfirma nicht beibehalten werden.

2 Ausnahmen können bewilligt werden, wenn das Gesellschaftsverhältnis durch eine verwandtschaftliche Beziehung ausgedrückt ist, solange wenigstens unter zwei unbeschränkt haftenden Gesellschaftern noch eine Verwandtschaft oder Schwägerschaft besteht und einer von ihnen den in der Firma enthaltenen Familiennamen trägt.

Art. 949

Aufgehoben.

Art. 950

2. Aktiengesellschaft, Gesellschaft mit beschränkter Haftung und Genossenschaft

Aktiengesellschaften, Gesellschaften mit beschränkter Haftung und Genossenschaften können unter Wahrung der allgemeinen Grundsätze der Firmenbildung ihre Firma frei wählen. In der Firma muss die Rechtsform angegeben werden.[1]

Art. 951

3. Ausschliesslichkeit der eingetragenen Firma

1 Die Vorschriften über die Ausschliesslichkeit der eingetragenen Firma von Einzelunternehmen gelten auch für die Firma der Kollektivgesellschaft, der Kommanditgesellschaft und der Kommanditaktiengesellschaft.

2 Die Firmen der Aktiengesellschaften, der Gesellschaften mit beschränkter Haftung und der Genossenschaften müssen sich von allen in der Schweiz bereits eingetragenen Firmen von Gesellschaften in einer dieser Rechtsformen deutlich unterscheiden.

Art. 952

IV. Zweigniederlassungen

1 Zweigniederlassungen müssen die gleiche Firma führen wie die Hauptniederlassung; sie dürfen jedoch ihrer Firma besondere Zusätze beifügen, sofern diese nur für die Zweigniederlassung zutreffen.

2 Die Firma der Zweigniederlassung eines Unternehmens, dessen Sitz sich im Auslande befindet, muss überdies den Ort der Hauptniederlassung, den Ort der Zweigniederlassung und die ausdrückliche Bezeichnung als solche enthalten.

Art. 953

V. Übernahme eines Geschäftes

1 Wer ein Geschäft übernimmt, ist an die Vorschriften gebunden, die für die Bildung und die Führung einer Firma aufgestellt sind.

1 I.d.R. «GmbH» und «AG» nicht ausgeschrieben

[2] Der Übernehmer darf jedoch mit ausdrücklicher oder stillschweigender Zustimmung der früheren Inhaber oder ihrer Erben die bisherige Firma weiterführen, sofern in einem Zusatz das Nachfolgeverhältnis zum Ausdruck gebracht und der neue Inhaber genannt wird.[1]

Art. 954

VI. Namensänderung

Die bisherige Firma kann beibehalten werden, wenn der darin enthaltene Name des Geschäftsinhabers oder eines Gesellschafters von Gesetzes wegen oder durch die zuständige Behörde geändert worden ist.

Art. 954a

B. Firmen- und Namensgebrauchspflicht

[1] In der Korrespondenz, auf Bestellscheinen und Rechnungen sowie in Bekanntmachungen muss die im Handelsregister eingetragene Firma oder der im Handelsregister eingetragene Name vollständig und unverändert angegeben werden.

[2] Zusätzlich können Kurzbezeichnungen, Logos, Geschäftsbezeichnungen, Enseignes und ähnliche Angaben verwendet werden.

Art. 955

C. Überwachung

Der Registerführer ist von Amtes wegen verpflichtet, die Beteiligten zur Beobachtung der Bestimmungen über die Firmenbildung anzuhalten.

Art. 956

D. Schutz der Firma

[1] Die im Handelsregister eingetragene und im Schweizerischen Handelsamtsblatt veröffentlichte Firma eines einzelnen Geschäftsinhabers oder einer Handelsgesellschaft oder Genossenschaft steht dem Berechtigten zu ausschliesslichem Gebrauche zu.

[2] Wer durch den unbefugten Gebrauch einer Firma beeinträchtigt wird, kann auf Unterlassung der weitern Führung der Firma und bei Verschulden auf Schadenersatz klagen.[2]

Zweiunddreissigster Titel: Kaufmännische Buchführung und Rechnungslegung

Erster Abschnitt: Allgemeine Bestimmungen

Art. 957

A. Pflicht zur Buchführung und Rechnungslegung

[1] Der Pflicht zur Buchführung und Rechnungslegung gemäss den nachfolgenden Bestimmungen unterliegen:[3]

1. Einzelunternehmen und Personengesellschaften, die einen Umsatzerlös von mindestens 500 000 Franken im letzten Geschäftsjahr erzielt haben;
2. juristische Personen.

[2] Lediglich über die Einnahmen und Ausgaben sowie über die Vermögenslage müssen Buch führen:[4]

1. Einzelunternehmen und Personengesellschaften mit weniger als 500 000 Franken Umsatzerlös im letzten Geschäftsjahr;

1 Z.B. Anton Altherr, (+ evtl. Sachbezeichnung), Inhaber Nino Neuherr
2 Firmenschutz der älteren Firma
3 Doppelte Buchhaltung mit Vorschriften
4 Einfache Buchhaltung (Praxis: wie bisher)

2. diejenigen Vereine und Stiftungen, die nicht verpflichtet sind, sich ins Handelsregister eintragen zu lassen;
3. Stiftungen, die nach Artikel 83b Absatz 2 ZGB von der Pflicht zur Bezeichnung einer Revisionsstelle befreit sind.

3 Für die Unternehmen nach Absatz 2 gelten die Grundsätze ordnungsmässiger Buchführung sinngemäss.

Art. 957a

B. Buchführung

1 Die Buchführung bildet die Grundlage der Rechnungslegung. Sie erfasst diejenigen Geschäftsvorfälle und Sachverhalte, die für die Darstellung der Vermögens-, Finanzierungs- und Ertragslage des Unternehmens (wirtschaftliche Lage) notwendig sind.

2 Sie folgt den Grundsätzen ordnungsmässiger Buchführung[1]. Namentlich sind zu beachten:

1. die vollständige, wahrheitsgetreue und systematische Erfassung der Geschäftsvorfälle und Sachverhalte;
2. der Belegnachweis für die einzelnen Buchungsvorgänge;
3. die Klarheit;
4. die Zweckmässigkeit mit Blick auf die Art und Grösse des Unternehmens;
5. die Nachprüfbarkeit.

3 Als Buchungsbeleg gelten alle schriftlichen Aufzeichnungen auf Papier oder in elektronischer oder vergleichbarer Form, die notwendig sind, um den einer Buchung zugrunde liegenden Geschäftsvorfall oder Sachverhalt nachvollziehen zu können.

4 Die Buchführung erfolgt in der Landeswährung oder in der für die Geschäftstätigkeit wesentlichen Währung.

5 Sie erfolgt in einer der Landessprachen oder in Englisch. Sie kann schriftlich, elektronisch oder in vergleichbarer Weise geführt werden.

Art. 958

C. Rechnungslegung

I. Zweck und Bestandteile

1 Die Rechnungslegung soll die wirtschaftliche Lage des Unternehmens so darstellen, dass sich Dritte ein zuverlässiges Urteil bilden können.

2 Die Rechnungslegung erfolgt im Geschäftsbericht. Dieser enthält die Jahresrechnung (Einzelabschluss), die sich aus der Bilanz, der Erfolgsrechnung und dem Anhang zusammensetzt. Die Vorschriften für grössere Unternehmen und Konzerne bleiben vorbehalten.

3 Der Geschäftsbericht muss innerhalb von sechs Monaten nach Ablauf des Geschäftsjahres erstellt und dem zuständigen Organ oder den zuständigen Personen zur Genehmigung vorgelegt werden. Er ist vom Vorsitzenden des obersten Leitungs- oder Verwaltungsorgans und der innerhalb des Unternehmens für die Rechnungslegung zuständigen Person zu unterzeichnen.[2]

1 Vgl. OR 958c
2 I.d.R. CEO und CFO

Art. 958a

II. Grundlagen der Rechnungslegung
1. Annahme der Fortführung

1 Die Rechnungslegung beruht auf der Annahme, dass das Unternehmen auf absehbare Zeit fortgeführt wird.[1]

2 Ist die Einstellung der Tätigkeit oder von Teilen davon in den nächsten zwölf Monaten ab Bilanzstichtag beabsichtigt oder voraussichtlich nicht abwendbar, so sind der Rechnungslegung für die betreffenden Unternehmensteile Veräusserungswerte zugrunde zu legen. Für die mit der Einstellung verbundenen Aufwendungen sind Rückstellungen zu bilden.

3 Abweichungen von der Annahme der Fortführung sind im Anhang zu vermerken; ihr Einfluss auf die wirtschaftliche Lage ist darzulegen.

Art. 958b

2. Zeitliche und sachliche Abgrenzung

1 Aufwände und Erträge müssen voneinander in zeitlicher und sachlicher Hinsicht abgegrenzt werden.

2 Sofern die Nettoerlöse aus Lieferungen und Leistungen oder die Finanzerträge 100 000 Franken nicht überschreiten, kann auf die zeitliche Abgrenzung verzichtet und stattdessen auf Ausgaben und Einnahmen abgestellt werden.

Art. 958c

III. Grundsätze ordnungsmässiger Rechnungslegung

1 Für die Rechnungslegung sind insbesondere die folgenden Grundsätze massgebend:

1. Sie muss klar und verständlich sein.
2. Sie muss vollständig sein.
3. Sie muss verlässlich sein.
4. Sie muss das Wesentliche enthalten.
5. Sie muss vorsichtig sein.[2]
6. Es sind bei der Darstellung und der Bewertung stets die gleichen Massstäbe zu verwenden.
7. Aktiven und Passiven sowie Aufwand und Ertrag dürfen nicht miteinander verrechnet werden.[3]

2 Der Bestand der einzelnen Positionen in der Bilanz und im Anhang ist durch ein Inventar oder auf andere Art nachzuweisen.

3 Die Rechnungslegung ist unter Wahrung des gesetzlichen Mindestinhalts den Besonderheiten des Unternehmens und der Branche anzupassen.

Art. 958d

IV. Darstellung, Währung und Sprache

1 Die Bilanz und die Erfolgsrechnung können in Konto- oder in Staffelform dargestellt werden. Positionen, die keinen oder nur einen unwesentlichen Wert aufweisen, brauchen nicht separat aufgeführt zu werden.[4]

2 In der Jahresrechnung sind neben den Zahlen für das Geschäftsjahr die entsprechenden Werte des Vorjahres anzugeben.

3 Die Rechnungslegung erfolgt in der Landeswährung oder in der für die Geschäftstätigkeit wesentlichen Währung. Wird nicht die Landeswährung verwendet, so müssen die Werte zusätzlich in der Landeswährung angegeben werden. Die ver-

1 Going-Concern-Prinzip
2 Widerspricht z.T. dem Prinzip «Fair presentation»
3 Bruttoprinzip
4 Ausnahme bezgl. Vollständigkeit

wendeten Umrechnungskurse sind im Anhang offenzulegen und gegebenenfalls zu erläutern.

4 Die Rechnungslegung erfolgt in einer der Landessprachen oder in Englisch.

Art. 958e

D. Offenlegung und Einsichtnahme

1 Jahresrechnung und Konzernrechnung sind nach der Genehmigung durch das zuständige Organ mit den Revisionsberichten entweder im Schweizerischen Handelsamtsblatt zu veröffentlichen oder jeder Person, die es innerhalb eines Jahres nach der Genehmigung verlangt, auf deren Kosten in einer Ausfertigung zuzustellen, wenn das Unternehmen:

1. Anleihensobligationen ausstehend hat; oder
2. Beteiligungspapiere an einer Börse kotiert[1] hat.

2 Die übrigen Unternehmen müssen den Gläubigern, die ein schutzwürdiges Interesse nachweisen, Einsicht in den Geschäftsbericht und in die Revisionsberichte gewähren. Im Streitfall entscheidet das Gericht.

Art. 958f

E. Führung und Aufbewahrung der Geschäftsbücher

1 Die Geschäftsbücher und die Buchungsbelege sowie der Geschäftsbericht und der Revisionsbericht sind während zehn Jahren aufzubewahren. Die Aufbewahrungsfrist beginnt mit dem Ablauf des Geschäftsjahres.

2 Der Geschäftsbericht und der Revisionsbericht sind schriftlich und unterzeichnet aufzubewahren.

3 Die Geschäftsbücher und die Buchungsbelege können auf Papier, elektronisch oder in vergleichbarer Weise aufbewahrt werden, soweit dadurch die Übereinstimmung mit den zugrunde liegenden Geschäftsvorfällen und Sachverhalten gewährleistet ist und wenn sie jederzeit wieder lesbar gemacht werden können.

4 Der Bundesrat erlässt die Vorschriften über die zu führenden Geschäftsbücher, die Grundsätze zu deren Führung und Aufbewahrung sowie über die verwendbaren Informationsträger.

Zweiter Abschnitt: Jahresrechnung

Art. 959

A. Bilanz

I. Zweck der Bilanz, Bilanzierungspflicht und Bilanzierungsfähigkeit

1 Die Bilanz stellt die Vermögens- und Finanzierungslage des Unternehmens am Bilanzstichtag dar. Sie gliedert sich in Aktiven und Passiven.

2 Als Aktiven müssen Vermögenswerte bilanziert werden, wenn aufgrund vergangener Ereignisse über sie verfügt werden kann, ein Mittelzufluss wahrscheinlich ist und ihr Wert verlässlich geschätzt werden kann. Andere Vermögenswerte dürfen nicht bilanziert werden.

3 Als Umlaufvermögen müssen die flüssigen Mittel bilanziert werden sowie andere Aktiven, die voraussichtlich innerhalb eines Jahres ab Bilanzstichtag oder innerhalb des normalen Geschäftszyklus zu flüssigen Mitteln werden oder anderweitig realisiert werden. Als Anlagevermögen müssen alle übrigen Aktiven bilanziert werden.

4 Als Passiven müssen das Fremd-[2] und das Eigenkapital bilanziert werden.

1 Zum offiziellen Börsenhandel zugelassen
2 Verbindlichkeiten gegenüber Gesellschaftsgläubigern (vgl. auch OR 725 Abs. 2)

[5] Verbindlichkeiten müssen als Fremdkapital bilanziert werden, wenn sie durch vergangene Ereignisse bewirkt wurden, ein Mittelabfluss wahrscheinlich ist und ihre Höhe verlässlich geschätzt werden kann.

[6] Als kurzfristig müssen die Verbindlichkeiten bilanziert werden, die voraussichtlich innerhalb eines Jahres ab Bilanzstichtag oder innerhalb des normalen Geschäftszyklus zur Zahlung fällig werden. Als langfristig müssen alle übrigen Verbindlichkeiten bilanziert werden.

[7] Das Eigenkapital ist der Rechtsform entsprechend auszuweisen und zu gliedern.

Art. 959a

II. Mindestgliederung

[1] Unter den Aktiven müssen ihrem Liquiditätsgrad entsprechend mindestens folgende Positionen einzeln und in der vorgegebenen Reihenfolge ausgewiesen werden:

1. Umlaufvermögen:
   a. flüssige Mittel und kurzfristig gehaltene Aktiven mit Börsenkurs,
   b. Forderungen aus Lieferungen und Leistungen,
   c. übrige kurzfristige Forderungen,
   d. Vorräte und nicht fakturierte Dienstleistungen,
   e. aktive Rechnungsabgrenzungen;
2. Anlagevermögen:
   a. Finanzanlagen,
   b. Beteiligungen,
   c. Sachanlagen,
   d. immaterielle Werte,
   e. nicht einbezahltes Grund-, Gesellschafter- oder Stiftungskapital.

[2] Unter den Passiven müssen ihrer Fälligkeit entsprechend mindestens folgende Positionen einzeln und in der vorgegebenen Reihenfolge ausgewiesen werden:

1. kurzfristiges Fremdkapital:
   a. Verbindlichkeiten aus Lieferungen und Leistungen,
   b. kurzfristige verzinsliche Verbindlichkeiten,
   c. übrige kurzfristige Verbindlichkeiten,
   d. passive Rechnungsabgrenzungen;
2. langfristiges Fremdkapital:
   a. langfristige verzinsliche Verbindlichkeiten,
   b. übrige langfristige Verbindlichkeiten,
   c. Rückstellungen sowie vom Gesetz vorgesehene ähnliche Positionen;
3. Eigenkapital:
   a. Grund-, Gesellschafter- oder Stiftungskapital, gegebenenfalls gesondert nach Beteiligungskategorien,
   b. gesetzliche Kapitalreserve,
   c. gesetzliche Gewinnreserve,
   d. freiwillige Gewinnreserven oder kumulierte Verluste als Minusposten,
   e. eigene Kapitalanteile als Minusposten.

[3] Weitere Positionen müssen in der Bilanz oder im Anhang einzeln ausgewiesen werden, sofern dies für die Beurteilung der Vermögens- oder Finanzierungslage durch Dritte wesentlich oder aufgrund der Tätigkeit des Unternehmens üblich ist.

4 Forderungen und Verbindlichkeiten gegenüber direkt oder indirekt Beteiligten und Organen sowie gegenüber Unternehmen, an denen direkt oder indirekt eine Beteiligung besteht, müssen jeweils gesondert in der Bilanz oder im Anhang ausgewiesen werden.

Art. 959b

B. Erfolgsrechnung; Mindestgliederung

1 Die Erfolgsrechnung stellt die Ertragslage des Unternehmens während des Geschäftsjahres dar. Sie kann als Produktionserfolgsrechnung oder als Absatzerfolgsrechnung dargestellt werden.

2 In der Produktionserfolgsrechnung (Gesamtkostenverfahren) müssen mindestens folgende Positionen je einzeln und in der vorgegebenen Reihenfolge ausgewiesen werden:

1. Nettoerlöse aus Lieferungen und Leistungen;
2. Bestandesänderungen an unfertigen und fertigen Erzeugnissen sowie an nicht fakturierten Dienstleistungen;
3. Materialaufwand;
4. Personalaufwand;
5. übriger betrieblicher Aufwand;
6. Abschreibungen und Wertberichtigungen auf Positionen des Anlagevermögens;
7. Finanzaufwand und Finanzertrag;
8. betriebsfremder Aufwand und betriebsfremder Ertrag;
9. ausserordentlicher, einmaliger oder periodenfremder Aufwand und Ertrag;
10. direkte Steuern;
11. Jahresgewinn oder Jahresverlust.

3 In der Absatzerfolgsrechnung (Umsatzkostenverfahren) müssen mindestens folgende Positionen je einzeln und in der vorgegebenen Reihenfolge ausgewiesen werden:

1. Nettoerlöse aus Lieferungen und Leistungen;
2. Anschaffungs- oder Herstellungskosten der verkauften Produkte und Leistungen;[1]
3. Verwaltungsaufwand und Vertriebsaufwand;
4. Finanzaufwand und Finanzertrag;
5. betriebsfremder Aufwand und betriebsfremder Ertrag;
6. ausserordentlicher, einmaliger oder periodenfremder Aufwand und Ertrag;
7. direkte Steuern;
8. Jahresgewinn oder Jahresverlust.

4 Bei der Absatzerfolgsrechnung müssen im Anhang zudem der Personalaufwand sowie in einer Position Abschreibungen und Wertberichtigungen auf Positionen des Anlagevermögens ausgewiesen werden.

5 Weitere Positionen müssen in der Erfolgsrechnung oder im Anhang einzeln ausgewiesen werden, sofern dies für die Beurteilung der Ertragslage durch Dritte wesentlich oder aufgrund der Tätigkeit des Unternehmens üblich ist.

1 Bestandesänderungen sind hier berücksichtigt

Art. 959c

C. Anhang

1 Der Anhang der Jahresrechnung ergänzt und erläutert die anderen Bestandteile der Jahresrechnung. Er enthält:

1. Angaben über die in der Jahresrechnung angewandten Grundsätze, soweit diese nicht vom Gesetz vorgeschrieben sind;
2. Angaben, Aufschlüsselungen und Erläuterungen zu Positionen der Bilanz und der Erfolgsrechnung;
3. den Gesamtbetrag der aufgelösten Wiederbeschaffungsreserven und der darüber hinausgehenden stillen Reserven, soweit dieser den Gesamtbetrag der neugebildeten derartigen Reserven übersteigt, wenn dadurch das erwirtschaftete Ergebnis wesentlich günstiger dargestellt wird;
4. weitere vom Gesetz verlangte Angaben.

2 Der Anhang muss weiter folgende Angaben enthalten, sofern diese nicht bereits aus der Bilanz oder der Erfolgsrechnung ersichtlich sind:

1. Firma oder Name sowie Rechtsform und Sitz des Unternehmens;
2. eine Erklärung darüber, ob die Anzahl Vollzeitstellen im Jahresdurchschnitt nicht über 10, über 50 beziehungsweise über 250 liegt;[1]
3. Firma, Rechtsform und Sitz der Unternehmen, an denen direkte oder wesentliche indirekte Beteiligungen bestehen, unter Angabe des Kapital- und des Stimmenanteils;
4. Anzahl eigener Anteile, die das Unternehmen selbst und die Unternehmen, an denen es beteiligt ist, halten;
5. Erwerb und Veräusserung eigener Anteile und die Bedingungen, zu denen sie erworben oder veräussert wurden;
6. der Restbetrag der Verbindlichkeiten aus kaufvertragsähnlichen Leasinggeschäften und anderen Leasingverpflichtungen, sofern diese nicht innert zwölf Monaten ab Bilanzstichtag auslaufen oder gekündigt werden können;
7. Verbindlichkeiten gegenüber Vorsorgeeinrichtungen;[2]
8. der Gesamtbetrag der für Verbindlichkeiten Dritter bestellten Sicherheiten;
9. je der Gesamtbetrag der zur Sicherung eigener Verbindlichkeiten verwendeten Aktiven sowie der Aktiven unter Eigentumsvorbehalt;
10. rechtliche oder tatsächliche Verpflichtungen, bei denen ein Mittelabfluss entweder als unwahrscheinlich erscheint oder in der Höhe nicht verlässlich geschätzt werden kann (Eventualverbindlichkeit);
11. Anzahl und Wert von Beteiligungsrechten oder Optionen auf solche Rechte für alle Leitungs- und Verwaltungsorgane sowie für die Mitarbeitenden;
12. Erläuterungen zu ausserordentlichen, einmaligen oder periodenfremden Positionen der Erfolgsrechnung;
13. wesentliche Ereignisse nach dem Bilanzstichtag;
14. bei einem vorzeitigen Rücktritt der Revisionsstelle: die Gründe, die dazu geführt haben.

3 Einzelunternehmen und Personengesellschaften können auf die Erstellung des Anhangs verzichten, wenn sie nicht zur Rechnungslegung nach den Vorschriften für grössere Unternehmen verpflichtet sind. Werden in den Vorschriften zur

1 Entscheidend für Art der Revision
2 Pensionskassen (BVG)

Mindestgliederung von Bilanz und Erfolgsrechnung zusätzliche Angaben gefordert und wird auf die Erstellung eines Anhangs verzichtet, so sind diese Angaben direkt in der Bilanz oder in der Erfolgsrechnung auszuweisen.

4 Unternehmen, die Anleihensobligationen ausstehend haben, müssen Angaben zu deren Beträgen, Zinssätzen, Fälligkeiten und zu den weiteren Konditionen machen.

Art. 960

D. Bewertung
I. Grundsätze

1 Aktiven und Verbindlichkeiten werden in der Regel einzeln bewertet, sofern sie wesentlich sind und aufgrund ihrer Gleichartigkeit für die Bewertung nicht üblicherweise als Gruppe zusammengefasst werden.

2 Die Bewertung muss vorsichtig erfolgen, darf aber die zuverlässige Beurteilung der wirtschaftlichen Lage des Unternehmens nicht verhindern.

3 Bestehen konkrete Anzeichen für eine Überbewertung von Aktiven oder für zu geringe Rückstellungen, so sind die Werte zu überprüfen und gegebenenfalls anzupassen.[1]

Art. 960a

II. Aktiven
1. Im Allgemeinen

1 Bei ihrer Ersterfassung müssen die Aktiven höchstens zu den Anschaffungs- oder Herstellungskosten bewertet werden.

2 In der Folgebewertung dürfen Aktiven nicht höher bewertet werden als zu den Anschaffungs- oder Herstellungskosten. Vorbehalten bleiben Bestimmungen für einzelne Arten von Aktiven.

3 Der nutzungs- und altersbedingte Wertverlust muss durch Abschreibungen, anderweitige Wertverluste müssen durch Wertberichtigungen berücksichtigt werden. Abschreibungen und Wertberichtigungen müssen nach den allgemein anerkannten kaufmännischen Grundsätzen vorgenommen werden. Sie sind direkt oder indirekt bei den betreffenden Aktiven zulasten der Erfolgsrechnung abzusetzen und dürfen nicht unter den Passiven ausgewiesen werden.

4 Zu Wiederbeschaffungszwecken sowie zur Sicherung des dauernden Gedeihens des Unternehmens dürfen zusätzliche Abschreibungen und Wertberichtigungen vorgenommen werden. Zu den gleichen Zwecken kann davon abgesehen werden, nicht mehr begründete Abschreibungen und Wertberichtigungen aufzulösen.

Art. 960b

2. Aktiven mit beobachtbaren Marktpreisen

1 In der Folgebewertung dürfen Aktiven mit Börsenkurs oder einem anderen beobachtbaren Marktpreis in einem aktiven Markt zum Kurs oder Marktpreis am Bilanzstichtag bewertet werden, auch wenn dieser über dem Nennwert oder dem Anschaffungswert liegt. Wer von diesem Recht Gebrauch macht, muss alle Aktiven der entsprechenden Positionen der Bilanz, die einen beobachtbaren Marktpreis aufweisen, zum Kurs oder Marktpreis am Bilanzstichtag bewerten. Im Anhang muss auf diese Bewertung hingewiesen werden. Der Gesamtwert der entsprechenden Aktiven muss für Wertschriften und übrige Aktiven mit beobachtbarem Marktpreis je gesondert offengelegt werden.[2]

1 Mögliche Pflichtverletzung
2 Insbesondere börsenkotierte Wertrechte (vgl. OR 973c)

2 Werden Aktiven zum Börsenkurs oder zum Marktpreis am Bilanzstichtag bewertet, so darf eine Wertberichtigung zulasten der Erfolgsrechnung gebildet werden, um Schwankungen im Kursverlauf Rechnung zu tragen. Solche Wertberichtigungen sind jedoch nicht zulässig, wenn dadurch sowohl der Anschaffungswert als auch der allenfalls tiefere Kurswert unterschritten würden. Der Betrag der Schwankungsreserven ist insgesamt in der Bilanz oder im Anhang gesondert auszuweisen.

Art. 960c

3. Vorräte und nicht fakturierte Dienstleistungen

1 Liegt in der Folgebewertung von Vorräten und nicht fakturierten Dienstleistungen der Veräusserungswert unter Berücksichtigung noch anfallender Kosten am Bilanzstichtag unter den Anschaffungs- oder Herstellungskosten, so muss dieser Wert eingesetzt werden.[1]

2 Als Vorräte gelten Rohmaterial, Erzeugnisse in Arbeit, fertige Erzeugnisse und Handelswaren.

Art. 960d

4. Anlagevermögen

1 Als Anlagevermögen gelten Werte, die in der Absicht langfristiger Nutzung oder langfristigen Haltens erworben werden.

2 Als langfristig gilt ein Zeitraum von mehr als zwölf Monaten.

3 Als Beteiligungen gelten Anteile am Kapital eines anderen Unternehmens, die langfristig gehalten werden und einen massgeblichen Einfluss vermitteln. Dieser wird vermutet, wenn die Anteile mindestens 20 Prozent der Stimmrechte gewähren.

Art. 960e

III. Verbindlichkeiten

1 Verbindlichkeiten müssen zum Nennwert eingesetzt werden.

2 Lassen vergangene Ereignisse einen Mittelabfluss in künftigen Geschäftsjahren erwarten, so müssen die voraussichtlich erforderlichen Rückstellungen zulasten der Erfolgsrechnung gebildet werden.

3 Rückstellungen dürfen zudem insbesondere gebildet werden für:

1. regelmässig anfallende Aufwendungen aus Garantieverpflichtungen;
2. Sanierungen von Sachanlagen;
3. Restrukturierungen;
4. die Sicherung des dauernden Gedeihens des Unternehmens.

4 Nicht mehr begründete Rückstellungen müssen nicht aufgelöst werden.

Dritter Abschnitt: Rechnungslegung für grössere Unternehmen

Art. 961

A. Zusätzliche Anforderungen an den Geschäftsbericht

Unternehmen, die von Gesetzes wegen zu einer ordentlichen Revision[2] verpflichtet sind, müssen:

1. zusätzliche Angaben im Anhang der Jahresrechnung machen;
2. als Teil der Jahresrechnung eine Geldflussrechnung erstellen;
3. einen Lagebericht verfassen.

1 Niederstwertprinzip
2 Vgl. OR 727

Art. 961a

B. Zusätzliche Angaben im Anhang zur Jahresrechnung

Im Anhang der Jahresrechnung müssen zusätzlich Angaben gemacht werden:

1. zu den langfristigen verzinslichen Verbindlichkeiten, aufgeteilt nach Fälligkeit innerhalb von einem bis fünf Jahren und nach fünf Jahren;
2. zum Honorar der Revisionsstelle je gesondert für Revisionsdienstleistungen und andere Dienstleistungen.

Art. 961b

C. Geldflussrechnung

Die Geldflussrechnung stellt die Veränderung der flüssigen Mittel aus der Geschäftstätigkeit, der Investitionstätigkeit und der Finanzierungstätigkeit je gesondert dar.

Art. 961c

D. Lagebericht

1 Der Lagebericht stellt den Geschäftsverlauf und die wirtschaftliche Lage des Unternehmens sowie gegebenenfalls des Konzerns am Ende des Geschäftsjahres unter Gesichtspunkten dar, die in der Jahresrechnung nicht zum Ausdruck kommen.

2 Der Lagebericht muss namentlich Aufschluss geben über:

1. die Anzahl Vollzeitstellen im Jahresdurchschnitt;
2. die Durchführung einer Risikobeurteilung;
3. die Bestellungs- und Auftragslage;
4. die Forschungs- und Entwicklungstätigkeit;
5. aussergewöhnliche Ereignisse;
6. die Zukunftsaussichten.

3 Der Lagebericht darf der Darstellung der wirtschaftlichen Lage in der Jahresrechnung nicht widersprechen.

Art. 961d

E. Erleichterung infolge Konzernrechnung

1 Auf die zusätzlichen Angaben im Anhang zur Jahresrechnung, die Geldflussrechnung und den Lagebericht kann verzichtet werden, wenn das Unternehmen selbst oder eine juristische Person, die das Unternehmen kontrolliert, eine Konzernrechnung nach einem anerkannten Standard zur Rechnungslegung erstellt.

2 Es können eine Rechnungslegung nach den Vorschriften dieses Abschnitts verlangen:

1. Gesellschafter, die mindestens 10 Prozent des Grundkapitals vertreten;
2. 10 Prozent der Genossenschafter oder 20 Prozent der Vereinsmitglieder;
3. jeder Gesellschafter oder jedes Mitglied, das einer persönlichen Haftung oder einer Nachschusspflicht unterliegt.

Vierter Abschnitt: Abschluss nach anerkanntem Standard zur Rechnungslegung

Art. 962

A. Im Allgemeinen

1 Es müssen zusätzlich zur Jahresrechnung nach diesem Titel einen Abschluss nach einem anerkannten Standard zur Rechnungslegung erstellen:

1. Gesellschaften, deren Beteiligungspapiere an einer Börse kotiert sind, wenn die Börse dies verlangt;
2. Genossenschaften mit mindestens 2000 Genossenschaftern;

3. Stiftungen, die von Gesetzes wegen zu einer ordentlichen Revision verpflichtet sind.

2 Es können zudem einen Abschluss nach einem anerkannten Standard verlangen:

1. Gesellschafter, die mindestens 20 Prozent des Grundkapitals vertreten;
2. 10 Prozent der Genossenschafter oder 20 Prozent der Vereinsmitglieder;
3. Gesellschafter oder Mitglieder, die einer persönlichen Haftung oder einer Nachschusspflicht unterliegen.

3 Die Pflicht zur Erstellung eines Abschlusses nach einem anerkannten Standard entfällt, wenn eine Konzernrechnung nach einem anerkannten Standard erstellt wird.

4 Das oberste Leitungs- oder Verwaltungsorgan ist für die Wahl des anerkannten Standards zuständig, sofern die Statuten, der Gesellschaftsvertrag oder die Stiftungsurkunde keine anderslautenden Vorgaben enthalten oder das oberste Organ den anerkannten Standard nicht festlegt.

Art. 962a

B. Anerkannte Standards zur Rechnungslegung

1 Wird ein Abschluss nach einem anerkannten Standard zur Rechnungslegung erstellt, so muss dieser im Abschluss angegeben werden.

2 Der gewählte anerkannte Standard muss in seiner Gesamtheit und für den ganzen Abschluss übernommen werden.

3 Die Einhaltung des anerkannten Standards muss durch einen zugelassenen Revisionsexperten geprüft werden. Es ist eine ordentliche Revision des Abschlusses durchzuführen.

4 Der Abschluss nach einem anerkannten Standard muss dem obersten Organ anlässlich der Genehmigung der Jahresrechnung vorgelegt werden, bedarf aber keiner Genehmigung.

5 Der Bundesrat bezeichnet die anerkannten Standards. Er kann die Voraussetzungen festlegen, die für die Wahl eines Standards oder den Wechsel von einem Standard zum andern erfüllt sein müssen.

Fünfter Abschnitt: Konzernrechnung

Art. 963

A. Pflicht zur Erstellung

1 Kontrolliert eine rechnungslegungspflichtige juristische Person ein oder mehrere rechnungslegungspflichtige Unternehmen, so muss sie im Geschäftsbericht für die Gesamtheit der kontrollierten Unternehmen eine konsolidierte Jahresrechnung (Konzernrechnung) erstellen.

2 Eine juristische Person kontrolliert ein anderes Unternehmen, wenn sie:

1. direkt oder indirekt über die Mehrheit der Stimmen im obersten Organ verfügt;
2. direkt oder indirekt über das Recht verfügt, die Mehrheit der Mitglieder des obersten Leitungs- oder Verwaltungsorgans zu bestellen oder abzuberufen; oder
3. aufgrund der Statuten, der Stiftungsurkunde, eines Vertrags oder vergleichbarer Instrumente einen beherrschenden Einfluss ausüben kann.

3 Ein nach Artikel 963b anerkannter Standard kann den Kreis der zu konsolidierenden Unternehmen definieren.

4 Vereine, Stiftungen und Genossenschaften können die Pflicht zur Erstellung einer Konzernrechnung an ein kontrolliertes Unternehmen übertragen, wenn das betreffende kontrollierte Unternehmen durch Stimmenmehrheit oder auf andere Weise sämtliche weiteren Unternehmen unter einheitlicher Leitung zusammenfasst und nachweist, dass es die Beherrschung tatsächlich ausübt.

Art. 963a

B. Befreiung von der Pflicht zur Erstellung

1 Eine juristische Person ist von der Pflicht zur Erstellung einer Konzernrechnung befreit, wenn sie:

1. zusammen mit den kontrollierten Unternehmen zwei der nachstehenden Grössen in zwei aufeinander folgenden Geschäftsjahren nicht überschreitet:
   a. Bilanzsumme von 20 Millionen Franken,
   b. Umsatzerlös von 40 Millionen Franken,
   c. 250 Vollzeitstellen im Jahresdurchschnitt;
2. von einem Unternehmen kontrolliert wird, dessen Konzernrechnung nach schweizerischen oder gleichwertigen ausländischen Vorschriften erstellt und ordentlich geprüft worden ist; oder
3. die Pflicht zur Erstellung einer Konzernrechnung an ein kontrolliertes Unternehmen nach Artikel 963 Absatz 4 übertragen hat.

2 Eine Konzernrechnung ist dennoch zu erstellen, wenn:

1. dies für eine möglichst zuverlässige Beurteilung der wirtschaftlichen Lage notwendig ist;
2. Gesellschafter, die mindestens 20 Prozent des Grundkapitals vertreten oder 10 Prozent der Genossenschafter oder 10 Prozent der Vereinsmitglieder dies verlangen;
3. ein Gesellschafter oder ein Vereinsmitglied, der oder das einer persönlichen Haftung oder einer Nachschusspflicht unterliegt, dies verlangt; oder
4. die Stiftungsaufsichtsbehörde dies verlangt.

3 Verzichtet eine juristische Person gemäss Absatz 1 Ziffer 2 auf die Erstellung der Konzernrechnung für den Unterkonzern, so muss sie die Konzernrechnung des Oberkonzerns nach den Vorschriften für die eigene Jahresrechnung bekannt machen.

Art. 963b

C. Anerkannte Standards zur Rechnungslegung

1 Die Konzernrechnung folgender Unternehmen muss nach einem anerkannten Standard zur Rechnungslegung erstellt werden:

1. Gesellschaften, deren Beteiligungspapiere an einer Börse kotiert sind, wenn die Börse dies verlangt;
2. Genossenschaften mit mindestens 2000 Genossenschaftern;
3. Stiftungen, die von Gesetzes wegen zu einer ordentlichen Revision verpflichtet sind.

2 Artikel 962a Absätze 1–3 und 5 ist sinngemäss anwendbar.

3 Die Konzernrechnung von übrigen Unternehmen untersteht den Grundsätzen ordnungsmässiger Rechnungslegung. Im Anhang zur Konzernrechnung nennt das Unternehmen die Bewertungsregeln. Weicht es davon ab, so weist es im Anhang darauf hin und vermittelt in anderer Weise die für den Einblick in die Vermögens-, Finanzierungs- und Ertragslage des Konzerns nötigen Angaben.

4 Eine Konzernrechnung ist dennoch nach einem anerkannten Standard zur Rechnungslegung zu erstellen, wenn:

1. Gesellschafter, die mindestens 20 Prozent des Grundkapitals vertreten oder 10 Prozent der Genossenschafter oder 20 Prozent der Vereinsmitglieder dies verlangen;
2. ein Gesellschafter oder ein Vereinsmitglied, der oder das einer persönlichen Haftung oder einer Nachschusspflicht unterliegt, dies verlangt; oder
3. die Stiftungsaufsichtsbehörde dies verlangt.

Art. 964

Aufgehoben.

Fünfte Abteilung: Die Wertpapiere

Dreiunddreissigster Titel: Die Namen-, Inhaber- und Ordrepapiere

Erster Abschnitt: Allgemeine Bestimmungen

Art. 965

A. Begriff des Wertpapiers

Wertpapier ist jede Urkunde,[1] mit der ein Recht derart verknüpft ist, dass es ohne die Urkunde weder geltend gemacht noch auf andere übertragen[2] werden kann.

Art. 966

B. Verpflichtung aus dem Wertpapier

1 Der Schuldner aus einem Wertpapier ist nur gegen Aushändigung der Urkunde zu leisten verpflichtet.[3]

2 Der Schuldner wird durch eine bei Verfall erfolgte Leistung an den durch die Urkunde ausgewiesenen Gläubiger befreit, wenn ihm nicht Arglist oder grobe Fahrlässigkeit zur Last fällt.

Art. 967

C. Übertragung des Wertpapiers
I. Allgemeine Form

1 Zur Übertragung des Wertpapiers zu Eigentum oder zu einem beschränkten dinglichen Recht bedarf es in allen Fällen der Übertragung des Besitzes[4] an der Urkunde.

2 Bei Ordrepapieren bedarf es überdies der Indossierung, bei Namenpapieren einer schriftlichen Erklärung, die nicht auf das Wertpapier selbst gesetzt werden muss.

3 Durch Gesetz oder Vertrag kann für die Übertragung die Mitwirkung anderer Personen, wie namentlich des Schuldners, vorgeschrieben werden.

Art. 968

II. Indossierung
1. Form

1 Die Indossierung[5] erfolgt in allen Fällen nach den Vorschriften über den Wechsel.

2 Das ausgefüllte Indossament gilt in Verbindung mit der Übergabe der Urkunde als genügende Form der Übertragung.

1 Materie mit Schriftzeichen über Leistungspflicht (Schuldurkunde)
2 Vgl. OR 967 (Inhaber-, Ordre- oder Namenpapier)
3 Gewöhnliche Schuldurkunde vgl. auch OR 90 (Mortifikation)
4 Vgl. ZGB 919
5 Vollindossament vgl. OR 1001, Blankoindossament vgl. OR 1002 Abs. 3

Art. 969

2. Wirkung

Mit der Indossierung und der Übergabe der indossierten Urkunde gehen bei allen übertragbaren Wertpapieren, soweit sich aus dem Inhalt oder der Natur der Urkunde nicht etwas anderes ergibt, die Rechte des Indossanten auf den Erwerber über.

Art. 970

D. Umwandlung

1 Ein Namen- oder Ordrepapier kann nur mit Zustimmung aller berechtigten und verpflichteten Personen in ein Inhaberpapier umgewandelt werden. Diese Zustimmung ist auf der Urkunde selbst zu erklären.

2 Der gleiche Grundsatz gilt für die Umwandlung von Inhaberpapieren in Namen- oder Ordrepapiere. Fehlt in diesem Falle die Zustimmung einer der berechtigten oder verpflichteten Personen, so ist die Umwandlung wirksam, jedoch nur zwischen dem Gläubiger, der sie vorgenommen hat, und seinem unmittelbaren Rechtsnachfolger.

Art. 971

E. Kraftloserklärung
I. Geltendmachung

1 Wird ein Wertpapier vermisst, so kann es durch den Richter kraftlos erklärt[1] werden.

2 Die Kraftloserklärung kann verlangen, wer zur Zeit des Verlustes oder der Entdeckung des Verlustes an dem Papier berechtigt ist.

Art. 972

II. Verfahren. Wirkung

1 Nach der Kraftloserklärung kann der Berechtigte sein Recht auch ohne die Urkunde geltend machen oder die Ausstellung einer neuen Urkunde verlangen.

2 Im übrigen kommen für das Verfahren und die Wirkung der Kraftloserklärung die bei den einzelnen Arten von Wertpapieren aufgestellten Bestimmungen zur Anwendung.

Art. 973

F. Besondere Vorschriften

Die besondern Vorschriften über die Wertpapiere, wie namentlich über den Wechsel, den Check und die Pfandtitel, bleiben vorbehalten.

Art. 973a

G. Sammelverwahrung, Globalurkunde und Wertrechte
I. Sammelverwahrung von Wertpapieren

1 Der Aufbewahrer ist befugt, vertretbare Wertpapiere mehrerer Hinterleger ungetrennt zu verwahren, es sei denn, ein Hinterleger verlangt ausdrücklich die gesonderte Verwahrung seiner Wertpapiere.

2 Werden vertretbare Wertpapiere einem Aufbewahrer zur Sammelverwahrung anvertraut, so erwirbt der Hinterleger mit der Einlieferung beim Aufbewahrer Miteigentum nach Bruchteilen an den zum Sammelbestand gehörenden Wertpapieren gleicher Gattung. Für die Bestimmung des Bruchteils ist der Nennwert, bei Wertpapieren ohne Nennwert die Stückzahl massgebend.

3 Der Hinterleger hat einen jederzeitigen, von der Mitwirkung oder Zustimmung der anderen Hinterleger unabhängigen Anspruch auf Herausgabe von Wertpapieren aus dem Sammelbestand im Umfang seines Bruchteils.

1 Amortisation

Art. 973b

II. Globalurkunde

1 Der Schuldner kann Globalurkunden ausgeben oder mehrere vertretbare Wertpapiere, die einem einzigen Aufbewahrer anvertraut sind, durch eine Globalurkunde ersetzen, sofern die Ausgabebedingungen oder die Gesellschaftsstatuten dies vorsehen oder die Hinterleger dazu ihre Zustimmung erteilt haben.

2 Die Globalurkunde ist ein Wertpapier gleicher Art wie die durch sie verkörperten Einzelrechte. Sie steht im Miteigentum der daran beteiligten Hinterleger, und zwar im Verhältnis ihrer Beteiligung. Für die Stellung und die Rechte der Miteigentümer an der Globalurkunde gilt Artikel 973a Absatz 2 sinngemäss.

Art. 973c

III. Wertrechte

1 Der Schuldner kann Rechte mit gleicher Funktion wie Wertpapiere (Wertrechte) ausgeben oder vertretbare Wertpapiere oder Globalurkunden, die einem einzigen Aufbewahrer anvertraut sind, durch Wertrechte ersetzen, sofern die Ausgabebedingungen oder die Gesellschaftsstatuten dies vorsehen oder die Hinterleger dazu ihre Zustimmung erteilt haben.

2 Der Schuldner führt über die von ihm ausgegebenen Wertrechte ein Buch, in das die Anzahl und Stückelung der ausgegebenen Wertrechte sowie die Gläubiger einzutragen sind. Das Buch ist nicht öffentlich.

3 Die Wertrechte entstehen mit Eintragung in das Buch und bestehen nur nach Massgabe dieser Eintragung.

4 Zur Übertragung von Wertrechten bedarf es einer schriftlichen Abtretungserklärung. Ihre Verpfändung richtet sich nach den Vorschriften über das Pfandrecht an Forderungen.

Zweiter Abschnitt: Die Namenpapiere

Art. 974

A. Begriff

Ein Wertpapier gilt als Namenpapier,[1] wenn es auf einen bestimmten Namen lautet und weder an Ordre gestellt noch gesetzlich als Ordrepapier erklärt ist.

Art. 975

B. Ausweis über das Gläubigerrecht

I. In der Regel

1 Der Schuldner ist nur demjenigen zu leisten verpflichtet, der Inhaber der Urkunde ist und der sich als die Person oder als Rechtsnachfolger der Person ausweist, auf welche die Urkunde lautet.

2 Leistet der Schuldner ohne diesen Ausweis, so wird er gegenüber einem Dritten, der seine Berechtigung nachweist, nicht befreit.

Art. 976

II. Beim hinkenden Inhaberpapier

Hat sich der Schuldner im Namenpapier das Recht vorbehalten,[2] jedem Inhaber der Urkunde leisten zu dürfen, so wird er durch die in gutem Glauben erfolgte Leistung an den Inhaber befreit, auch wenn er den Ausweis über das Gläubigerrecht nicht verlangt hat; er ist indessen nicht verpflichtet, an den Inhaber zu leisten.

1 Sehr selten, z.B. Kassenobligation, die auf einen Namen lautet
2 Legitimationsklausel

Art. 977

C. Kraftloserklärung

[1] Die Namenpapiere werden, wenn keine besondern Vorschriften aufgestellt sind, nach den für die Inhaberpapiere geltenden Bestimmungen kraftlos erklärt.

[2] Der Schuldner kann in der Urkunde eine vereinfachte Kraftloserklärung durch Herabsetzung der Zahl der öffentlichen Aufforderungen oder durch Verkürzung der Fristen vorsehen, oder sich das Recht vorbehalten, auch ohne Vorweisung der Urkunde und ohne Kraftloserklärung gültig zu leisten, wenn der Gläubiger die Entkräftung des Schuldscheins und die Tilgung der Schuld in einer öffentlichen oder beglaubigten Urkunde ausspricht.

Dritter Abschnitt: Die Inhaberpapiere

Art. 978

A. Begriff

[1] Ein Wertpapier gilt als Inhaberpapier, wenn aus dem Wortlaut oder der Form der Urkunde ersichtlich[1] ist, dass der jeweilige Inhaber als Berechtigter anerkannt wird.

[2] Der Schuldner darf jedoch nicht mehr bezahlen, wenn ein gerichtliches oder polizeiliches Zahlungsverbot an ihn erlassen worden ist.

Art. 979

B. Einreden des Schuldners

I. Im Allgemeinen

[1] Der Schuldner kann der Forderung aus einem Inhaberpapier nur solche Einreden entgegensetzen, die entweder gegen die Gültigkeit der Urkunde gerichtet sind oder aus der Urkunde selbst hervorgehen,[2] sowie solche, die ihm persönlich gegen den jeweiligen Gläubiger zustehen.

[2] Einreden, die sich auf die unmittelbaren Beziehungen des Schuldners zu einem früheren Inhaber gründen, sind zulässig, wenn der Inhaber bei dem Erwerb der Urkunde bewusst zum Nachteil des Schuldners gehandelt hat.

[3] Ausgeschlossen ist die Einrede, dass die Urkunde wider den Willen des Schuldners in den Verkehr gelangt sei.

Art. 980

II. Bei Inhaberzinscoupons

[1] Gegen die Forderung aus Inhaberzinscoupons kann der Schuldner die Einrede, dass die Kapitalschuld getilgt sei, nicht erheben.

[2] Der Schuldner ist aber berechtigt, bei Bezahlung der Kapitalschuld den Betrag der erst in Zukunft verfallenden Inhaberzinscoupons, die ihm nicht mit dem Haupttitel abgeliefert werden, bis nach Ablauf der für diese Coupons geltenden Verjährungsfrist zurückzubehalten, es sei denn, dass die nicht abgelieferten Coupons kraftlos erklärt worden sind oder dass deren Betrag sichergestellt wird.

Art. 981

C. Kraftloserklärung

I. Im Allgemeinen

1. Begehren

[1] Inhaberpapiere, wie Aktien, Obligationen, Genussscheine, Couponsbogen, Bezugsscheine für Couponsbogen, jedoch mit Ausschluss einzelner Coupons, werden auf Begehren des Berechtigten durch den Richter kraftlos erklärt.

[2] *Aufgehoben.*

[3] Der Gesuchsteller hat den Besitz und Verlust der Urkunde glaubhaft zu machen.

1 Wertpapierklausel
2 Abstrakte Schuldverpflichtung

4 Ist dem Inhaber eines mit Couponsbogen oder Bezugsschein versehenen Papiers bloss der Couponsbogen oder Bezugsschein abhanden gekommen, so genügt zur Begründung des Begehrens die Vorzeigung des Haupttitels.

Art. 982

2. Zahlungsverbot

1 Dem aus dem Wertpapier Verpflichteten kann auf Verlangen des Gesuchstellers die Einlösung unter Hinweis auf die Gefahr doppelter Zahlung verboten werden.

2 Soll ein Couponsbogen kraftlos erklärt werden, so findet auf die während des Verfahrens verfallenden einzelnen Coupons die Bestimmung über die Kraftloserklärung der Zinscoupons entsprechende Anwendung.

Art. 983

3. Aufgebot, Anmeldungsfrist

Erachtet der Richter die Darstellung des Gesuchstellers über seinen frühern Besitz und über den Verlust der Urkunde für glaubhaft, so fordert er durch öffentliche Bekanntmachung den unbekannten Inhaber auf, das Wertpapier innerhalb bestimmter Frist vorzulegen, widrigenfalls die Kraftloserklärung ausgesprochen werde. Die Frist ist auf mindestens sechs Monate festzusetzen; sie läuft vom Tage der ersten Bekanntmachung an.

Art. 984

4. Art der Bekanntmachung

1 Die Aufforderung zur Vorlegung der Urkunde ist dreimal im Schweizerischen Handelsamtsblatt zu veröffentlichen.

2 In besonderen Fällen kann der Richter noch in anderer Weise für angemessene Veröffentlichung sorgen.

Art. 985

5. Wirkung

a. Bei Vorlegung der Urkunde

1 Wird das abhanden gekommene Inhaberpapier vorgelegt, so setzt der Richter dem Gesuchsteller Frist zur Anhebung der Klage auf Herausgabe der Urkunde.

2 Klagt der Gesuchsteller nicht binnen dieser Frist, so gibt der Richter die Urkunde zurück und hebt das Zahlungsverbot auf.

Art. 986

b. Bei Nichtvorlegung

1 Wird das abhanden gekommene Inhaberpapier innert der angesetzten Frist nicht vorgelegt, so kann der Richter die Urkunde kraftlos erklären oder je nach Umständen weitere Anordnungen treffen.

2 Die Kraftloserklärung eines Inhaberpapiers ist sofort im Schweizerischen Handelsamtsblatt, nach Ermessen des Richters auch anderweitig zu veröffentlichen.

3 Nach der Kraftloserklärung ist der Gesuchsteller berechtigt, auf seine Kosten die Ausfertigung einer neuen Urkunde oder die Erfüllung der fälligen Leistung zu fordern.

Art. 987

II. Bei Coupons im besondern

1 Sind einzelne Coupons abhanden gekommen, so hat der Richter auf Begehren des Berechtigten zu verfügen, dass der Betrag bei Verfall oder, sofern der Coupon bereits verfallen ist, sofort gerichtlich hinterlegt werde.

2 Nach Ablauf von drei Jahren seit dem Verfalltage ist, wenn sich inzwischen kein Berechtigter gemeldet hat, der Betrag nach Verfügung des Richters an den Gesuchsteller herauszugeben.

Art. 988

III. Bei Banknoten und ähnlichen Papieren

Bei Banknoten und andern in grösserer Anzahl ausgegebenen, auf Sicht zahlbaren Inhaberpapieren, die zum Umlauf als Ersatzmittel für Geld bestimmt sind und auf feste Beträge lauten, findet eine Kraftloserklärung nicht statt.[1]

Art. 989

D. Schuldbrief

Vorbehalten bleiben die besonderen Bestimmungen über den Schuldbrief, der auf den Inhaber lautet.

Vierter Abschnitt: Der Wechsel

Art. 990

A. Wechselfähigkeit

Wer sich durch Verträge verpflichten kann, ist wechselfähig.[2]

Art. 991

B. Gezogener Wechsel

I. Ausstellung und Form des gezogenen Wechsels

1. Erfordernisse

Der gezogene Wechsel[3] enthält:

1. die Bezeichnung als Wechsel im Texte der Urkunde, und zwar in der Sprache, in der sie ausgestellt ist;
2. die unbedingte Anweisung, eine bestimmte Geldsumme zu zahlen;
3. den Namen dessen, der zahlen soll (Bezogener);
4. die Angabe der Verfallzeit;
5. die Angabe des Zahlungsortes;
6. den Namen dessen, an den oder an dessen Ordre gezahlt werden soll;
7. die Angabe des Tages und des Ortes der Ausstellung;
8. die Unterschrift des Ausstellers.

Art. 992

2. Fehlen von Erfordernissen

[1] Eine Urkunde, der einer der im vorstehenden Artikel bezeichneten Bestandteile fehlt, gilt nicht als gezogener Wechsel, vorbehaltlich der in den folgenden Absätzen bezeichneten Fälle.

[2] Ein Wechsel ohne Angabe der Verfallzeit gilt als Sichtwechsel.

[3] Mangels einer besonderen Angabe gilt der bei dem Namen des Bezogenen angegebene Ort als Zahlungsort und zugleich als Wohnort des Bezogenen.

[4] Ein Wechsel ohne Angabe des Ausstellungsortes gilt als ausgestellt an dem Orte, der bei dem Namen des Ausstellers angegeben ist.

Art. 993

3. Arten

[1] Der Wechsel kann an die eigene Ordre des Ausstellers lauten.

[2] Er kann auf den Aussteller selbst gezogen werden.

[3] Er kann für Rechnung eines Dritten gezogen werden.

Art. 994

4. Zahlstellen. Domizilwechsel

Der Wechsel kann bei einem Dritten, am Wohnorte des Bezogenen oder an einem anderen Orte zahlbar gestellt werden.

1 Banknoten sind deshalb keine Wertpapiere
2 Vgl. ZGB 12 ff.
3 Merkmale Eigenwechsel vgl. OR 1096; Merkmale Check vgl. OR 1100

Art. 995

5. Zinsversprechen

[1] In einem Wechsel, der auf Sicht oder auf eine bestimmte Zeit nach Sicht lautet, kann der Aussteller bestimmen, dass die Wechselsumme zu verzinsen ist. Bei jedem anderen Wechsel gilt der Zinsvermerk als nicht geschrieben.

[2] Der Zinsfuss ist im Wechsel anzugeben; fehlt diese Angabe, so gilt der Zinsvermerk als nicht geschrieben.

[3] Die Zinsen laufen vom Tage der Ausstellung des Wechsels, sofern nicht ein anderer Tag bestimmt ist.

Art. 996

6. Verschiedene Bezeichnung der Wechselsumme

[1] Ist die Wechselsumme in Buchstaben und in Ziffern angegeben, so gilt bei Abweichungen die in Buchstaben angegebene Summe.

[2] Ist die Wechselsumme mehrmals in Buchstaben oder mehrmals in Ziffern angegeben, so gilt bei Abweichungen die geringste Summe.

Art. 997

7. Unterschriften von Wechselunfähigen

Trägt ein Wechsel Unterschriften von Personen, die eine Wechselverbindlichkeit nicht eingehen können, gefälschte Unterschriften, Unterschriften erdichteter Personen oder Unterschriften, die aus irgendeinem anderen Grunde für die Personen, die unterschrieben haben oder mit deren Namen unterschrieben worden ist, keine Verbindlichkeit begründen, so hat dies auf die Gültigkeit der übrigen Unterschriften keinen Einfluss.

Art. 998

8. Unterschrift ohne Ermächtigung

Wer auf einem Wechsel seine Unterschrift als Vertreter eines anderen setzt, ohne hierzu ermächtigt zu sein, haftet selbst wechselmässig und hat, wenn er den Wechsel einlöst, dieselben Rechte, die der angeblich Vertretene haben würde. Das gleiche gilt von einem Vertreter, der seine Vertretungsbefugnis überschritten hat.

Art. 999

9. Haftung des Ausstellers

[1] Der Aussteller haftet für die Annahme und die Zahlung des Wechsels.

[2] Er kann die Haftung für die Annahme ausschliessen; jeder Vermerk, durch den er die Haftung für die Zahlung ausschliesst, gilt als nicht geschrieben.

Art. 1000

10. Blankowechsel

Wenn ein Wechsel, der bei der Begebung unvollständig war, den getroffenen Vereinbarungen zuwider ausgefüllt worden ist, so kann die Nichteinhaltung dieser Vereinbarungen dem Inhaber nicht entgegengesetzt werden, es sei denn, dass er den Wechsel in bösem Glauben erworben hat oder ihm beim Erwerb eine grobe Fahrlässigkeit zur Last fällt.

Art. 1001

II. Indossament
1. Übertragbarkeit

[1] Jeder Wechsel kann durch Indossament übertragen werden, auch wenn er nicht ausdrücklich an Ordre lautet.

[2] Hat der Aussteller in den Wechsel die Worte: «nicht an Ordre» oder einen gleichbedeutenden Vermerk aufgenommen, so kann der Wechsel nur in der Form und mit den Wirkungen einer gewöhnlichen Abtretung übertragen werden.

[3] Das Indossament kann auch auf den Bezogenen, gleichviel ob er den Wechsel angenommen hat oder nicht, auf den Aussteller oder auf jeden anderen Wechselverpflichteten lauten. Diese Personen können den Wechsel weiter indossieren.

Art. 1002

2. Erfordernisse

1 Das Indossament muss unbedingt sein. Bedingungen, von denen es abhängig gemacht wird, gelten als nicht geschrieben.

2 Ein Teilindossament ist nichtig.

3 Ein Indossament an den Inhaber gilt als Blankoindossament.

Art. 1003

3. Form

1 Das Indossament muss auf den Wechsel oder auf ein mit dem Wechsel verbundenes Blatt (Anhang, Allonge) gesetzt werden. Es muss von dem Indossanten unterschrieben werden.

2 Das Indossament braucht den Indossatar nicht zu bezeichnen und kann selbst in der blossen Unterschrift des Indossanten bestehen (Blankoindossament). In diesem letzteren Falle muss das Indossament, um gültig zu sein, auf die Rückseite des Wechsels oder auf den Anhang gesetzt werden.

Art. 1004

4. Wirkungen
a. Übertragungsfunktion

1 Das Indossament überträgt alle Rechte aus dem Wechsel.

2 Ist es ein Blankoindossament, so kann der Inhaber

1. das Indossament mit seinem Namen oder mit dem Namen eines anderen ausfüllen;
2. den Wechsel durch ein Blankoindossament oder an eine bestimmte Person weiter indossieren;
3. den Wechsel weiter begeben, ohne das Blankoindossament auszufüllen und ohne ihn zu indossieren.

Art. 1005

b. Garantiefunktion

1 Der Indossant haftet mangels eines entgegenstehenden Vermerk für die Annahme und die Zahlung.

2 Er kann untersagen, dass der Wechsel weiter indossiert wird; in diesem Falle haftet er denen nicht, an die der Wechsel weiter indossiert wird.

Art. 1006

c. Legitimation des Inhabers

1 Wer den Wechsel in Händen hat, gilt als rechtmässiger Inhaber, sofern er sein Recht durch eine ununterbrochene Reihe von Indossamenten nachweist, und zwar auch dann, wenn das letzte ein Blankoindossament ist. Ausgestrichene Indossamente gelten hiebei als nicht geschrieben. Folgt auf ein Blankoindossament ein weiteres Indossament, so wird angenommen, dass der Aussteller dieses Indossaments den Wechsel durch das Blankoindossament erworben hat.

2 Ist der Wechsel einem früheren Inhaber irgendwie abhanden gekommen, so ist der neue Inhaber, der sein Recht nach den Vorschriften des vorstehenden Absatzes nachweist, zur Herausgabe des Wechsels nur verpflichtet, wenn er ihn in bösem Glauben erworben hat oder ihm beim Erwerb eine grobe Fahrlässigkeit zur Last fällt.

Art. 1007

5. Einreden

Wer aus dem Wechsel in Anspruch genommen wird, kann dem Inhaber keine Einwendungen entgegensetzen, die sich auf seine unmittelbaren Beziehungen zu dem Aussteller oder zu einem früheren Inhaber gründen, es sei denn, dass der Inhaber bei dem Erwerb des Wechsels bewusst zum Nachteil des Schuldners gehandelt hat.

Art. 1008

6. Vollmachtsindossament

[1] Enthält das Indossament den Vermerk «Wert zur Einziehung», «zum Inkasso», «in Prokura» oder einen anderen nur eine Bevollmächtigung ausdrückenden Vermerk, so kann der Inhaber alle Rechte aus dem Wechsel geltend machen; aber er kann ihn nur durch ein weiteres Vollmachtsindossament übertragen.

[2] Die Wechselverpflichteten können in diesem Falle dem Inhaber nur solche Einwendungen entgegensetzen, die ihnen gegen den Indossanten zustehen.

[3] Die in dem Vollmachtsindossament enthaltene Vollmacht erlischt weder mit dem Tod noch mit dem Eintritt der Handlungsunfähigkeit des Vollmachtgebers.

Art. 1009

7. Offenes Pfandindossament

[1] Enthält das Indossament den Vermerk «Wert zur Sicherheit», «Wert zum Pfande» oder einen anderen eine Verpfändung ausdrückenden Vermerk, so kann der Inhaber alle Rechte aus dem Wechsel geltend machen; ein von ihm ausgestelltes Indossament hat aber nur die Wirkung eines Vollmachtsindossaments.

[2] Die Wechselverpflichteten können dem Inhaber keine Einwendungen entgegensetzen, die sich auf ihre unmittelbaren Beziehungen zu dem Indossanten gründen, es sei denn, dass der Inhaber bei dem Erwerb des Wechsels bewusst zum Nachteil des Schuldners gehandelt hat.

Art. 1010

8. Nachindossament

[1] Ein Indossament nach Verfall hat dieselben Wirkungen wie ein Indossament vor Verfall. Ist jedoch der Wechsel erst nach Erhebung des Protestes mangels Zahlung oder nach Ablauf der hiefür bestimmten Frist indossiert worden, so hat das Indossament nur die Wirkungen einer gewöhnlichen Abtretung.

[2] Bis zum Beweis des Gegenteils wird vermutet, dass ein nicht datiertes Indossament vor Ablauf der für die Erhebung des Protestes bestimmten Frist auf den Wechsel gesetzt worden ist.

Art. 1011

III. Annahme

1. Recht zur Vorlegung

Der Wechsel kann von dem Inhaber oder von jedem, der den Wechsel auch nur in Händen hat, bis zum Verfall dem Bezogenen an seinem Wohnorte zur Annahme vorgelegt werden.

Art. 1012

2. Gebot und Verbot der Vorlegung

[1] Der Aussteller kann in jedem Wechsel mit oder ohne Bestimmung einer Frist vorschreiben, dass der Wechsel zur Annahme vorgelegt werden muss.

[2] Er kann im Wechsel die Vorlegung zur Annahme untersagen wenn es sich nicht um einen Wechsel handelt, der bei einem Dritten oder an einem von dem Wohnort des Bezogenen verschiedenen Ort zahlbar ist oder der auf eine bestimmte Zeit nach Sicht lautet.

[3] Er kann auch vorschreiben, dass der Wechsel nicht vor einem bestimmten Tage zur Annahme vorgelegt werden darf.

[4] Jeder Indossant kann, wenn nicht der Aussteller die Vorlegung zur Annahme untersagt hat, mit oder ohne Bestimmung einer Frist vorschreiben, dass der Wechsel zur Annahme vorgelegt werden muss.

Art. 1013

3. Pflicht zur Vorlegung bei Nachsichtwechseln

[1] Wechsel, die auf eine bestimmte Zeit nach Sicht lauten, müssen binnen einem Jahre nach dem Tage der Ausstellung zur Annahme vorgelegt werden.

[2] Der Aussteller kann eine kürzere oder eine längere Frist bestimmen.

[3] Die Indossanten können die Vorlegungsfristen abkürzen.

Art. 1014

4. Nochmalige Vorlegung

[1] Der Bezogene kann verlangen, dass ihm der Wechsel am Tage nach der ersten Vorlegung nochmals vorgelegt wird. Die Beteiligten können sich darauf, dass diesem Verlangen nicht entsprochen worden ist, nur berufen, wenn das Verlangen im Protest vermerkt ist.

[2] Der Inhaber ist nicht verpflichtet, den zur Annahme vorgelegten Wechsel in der Hand des Bezogenen zu lassen.

Art. 1015

5. Form der Annahme

[1] Die Annahmeerklärung wird auf den Wechsel gesetzt. Sie wird durch das Wort «angenommen» oder ein gleichbedeutendes Wort ausgedrückt; sie ist vom Bezogenen zu unterschreiben. Die blosse Unterschrift des Bezogenen auf der Vorderseite des Wechsels gilt als Annahme.

[2] Lautet der Wechsel auf eine bestimmte Zeit nach Sicht oder ist er infolge eines besonderen Vermerks innerhalb einer bestimmten Frist zur Annahme vorzulegen, so muss die Annahmeerklärung den Tag bezeichnen, an dem sie erfolgt ist, sofern nicht der Inhaber die Angabe des Tages der Vorlegung verlangt. Ist kein Tag angegeben, so muss der Inhaber, um seine Rückgriffsrechte gegen die Indossanten und den Aussteller zu wahren, diese Unterlassung rechtzeitig durch einen Protest feststellen lassen.

Art. 1016

6. Einschränkungen der Annahme

[1] Die Annahme muss unbedingt sein; der Bezogene kann sie aber auf einen Teil der Wechselsumme beschränken.

[2] Wenn die Annahmeerklärung irgendeine andere Abweichung von den Bestimmungen des Wechsels enthält, so gilt die Annahme als verweigert. Der Annehmende haftet jedoch nach dem Inhalte seiner Annahmeerklärung.

Art. 1017

7. Domiziliat und Zahlstelle

[1] Hat der Aussteller im Wechsel einen von dem Wohnorte des Bezogenen verschiedenen Zahlungsort angegeben, ohne einen Dritten zu bezeichnen, bei dem die Zahlung geleistet werden soll, so kann der Bezogene bei der Annahmeerklärung einen Dritten bezeichnen. Mangels einer solchen Bezeichnung wird angenommen, dass sich der Annehmer verpflichtet hat, selbst am Zahlungsorte zu zahlen.

[2] Ist der Wechsel beim Bezogenen selbst zahlbar, so kann dieser in der Annahmeerklärung eine am Zahlungsorte befindliche Stelle bezeichnen, wo die Zahlung geleistet werden soll.

Art. 1018

8. Wirkung der Annahme

a. Im Allgemeinen

[1] Der Bezogene wird durch die Annahme verpflichtet, den Wechsel bei Verfall zu bezahlen.

[2] Mangels Zahlung hat der Inhaber, auch wenn er der Aussteller ist, gegen den Annehmer einen unmittelbaren Anspruch aus dem Wechsel auf alles, was auf Grund der Artikel 1045 und 1046 gefordert werden kann.

Art. 1019

b. Bei Streichung

[1] Hat der Bezogene die auf den Wechsel gesetzte Annahmeerklärung vor der Rückgabe des Wechsels gestrichen, so gilt die Annahme als verweigert. Bis zum Beweis des Gegenteils wird vermutet, dass die Streichung vor der Rückgabe des Wechsels erfolgt ist.

[2] Hat der Bezogene jedoch dem Inhaber oder einer Person, deren Unterschrift sich auf dem Wechsel befindet, die Annahme schriftlich mitgeteilt, so haftet er diesen nach dem Inhalt seiner Annahmeerklärung.

Art. 1020

IV. Wechselbürgschaft
1. Wechselbürgen

[1] Die Zahlung der Wechselsumme kann ganz oder teilweise durch Wechselbürgschaft gesichert werden.

[2] Diese Sicherheit kann von einem Dritten oder auch von einer Person geleistet werden, deren Unterschrift sich schon auf dem Wechsel befindet.

Art. 1021

2. Form

[1] Die Bürgschaftserklärung wird auf den Wechsel oder auf einen Anhang (Allonge) gesetzt.

[2] Sie wird durch die Worte «als Bürge» oder einen gleichbedeutenden Vermerk ausgedrückt; sie ist von dem Wechselbürgen zu unterschreiben.

[3] Die blosse Unterschrift auf der Vorderseite des Wechsels gilt als Bürgschaftserklärung, soweit es sich nicht um die Unterschrift des Bezogenen oder des Ausstellers handelt.

[4] In der Erklärung ist anzugeben, für wen die Bürgschaft geleistet wird; mangels einer solchen Angabe gilt sie für den Aussteller.

Art. 1022

3. Wirkungen

[1] Der Wechselbürge haftet in der gleichen Weise wie derjenige, für den er sich verbürgt hat.

[2] Seine Verpflichtungserklärung ist auch gültig, wenn die Verbindlichkeit, für die er sich verbürgt hat, aus einem andern Grund als wegen eines Formfehlers nichtig ist.

[3] Der Wechselbürge, der den Wechsel bezahlt, erwirbt die Rechte aus dem Wechsel gegen denjenigen, für den er sich verbürgt hat, und gegen alle, die diesem wechselmässig haften.

Art. 1023

V. Verfall
1. Im Allgemeinen

[1] Ein Wechsel kann gezogen werden:
auf Sicht;
auf eine bestimmte Zeit nach Sicht;
auf eine bestimmte Zeit nach der Ausstellung;
auf einen bestimmten Tag.

[2] Wechsel mit anderen oder mit mehreren aufeinanderfolgenden Verfallzeiten sind nichtig.

Art. 1024

2. Bei Sichtwechseln

[1] Der Sichtwechsel ist bei der Vorlegung fällig. Er muss binnen einem Jahre nach der Ausstellung zur Zahlung vorgelegt werden. Der Aussteller kann eine kürzere oder eine längere Frist bestimmen. Die Indossanten können die Vorlegungsfristen abkürzen.

[2] Der Aussteller kann vorschreiben, dass der Sichtwechsel nicht vor einem bestimmten Tage zur Zahlung vorgelegt werden darf. In diesem Fall beginnt die Vorlegungsfrist mit diesem Tage.

Art. 1025

3. Bei Nachsicht wechseln

[1] Der Verfall eines Wechsels, der auf eine bestimmte Zeit nach Sicht lautet, richtet sich nach dem in der Annahmeerklärung angegebenen Tage oder nach dem Tage des Protestes.

[2] Ist in der Annahmeerklärung ein Tag nicht angegeben und ein Protest nicht erhoben worden, so gilt dem Annehmer gegenüber der Wechsel als am letzten Tage der für die Vorlegung zur Annahme vorgesehenen Frist angenommen.

Art. 1026

4. Fristenberechnung

[1] Ein Wechsel, der auf einen oder mehrere Monate nach der Ausstellung oder nach Sicht lautet, verfällt an dem entsprechenden Tage des Zahlungsmonats. Fehlt dieser Tag, so ist der Wechsel am letzten Tage des Monats fällig.

[2] Lautet der Wechsel auf einen oder mehrere Monate und einen halben Monat nach der Ausstellung oder nach Sicht, so werden die ganzen Monate zuerst gezählt.

[3] Ist als Verfallzeit der Anfang, die Mitte oder das Ende eines Monats angegeben, so ist darunter der erste, der fünfzehnte oder der letzte Tag des Monats zu verstehen.

[4] Die Ausdrücke «acht Tage» oder «fünfzehn Tage» bedeuten nicht eine oder zwei Wochen, sondern volle acht oder fünfzehn Tage.

[5] Der Ausdruck «halber Monat» bedeutet fünfzehn Tage.

Art. 1027

5. Zeitberechnung nach altem Stil

[1] Ist ein Wechsel an einem bestimmten Tag an einem Orte zahlbar, dessen Kalender von dem des Ausstellungsortes abweicht, so ist für den Verfalltag der Kalender des Zahlungsortes massgebend.

[2] Ist ein zwischen zwei Orten mit verschiedenem Kalender gezogener Wechsel eine bestimmte Zeit nach der Ausstellung zahlbar, so wird der Tag der Ausstellung in den nach dem Kalender des Zahlungsortes entsprechenden Tag umgerechnet und hienach der Verfalltag ermittelt.

[3] Auf die Berechnung der Fristen für die Vorlegung von Wechseln findet die Vorschrift des vorstehenden Absatzes entsprechende Anwendung.

[4] Die Vorschriften dieses Artikels finden keine Anwendung wenn sich aus einem Vermerk im Wechsel oder sonst aus dessen Inhalt ergibt, dass etwas anderes beabsichtigt war.

Art. 1028

VI. Zahlung

1. Vorlegung zur Zahlung

[1] Der Inhaber eines Wechsels, der an einem bestimmten Tag oder bestimmte Zeit nach der Ausstellung oder nach Sicht zahlbar ist, hat den Wechsel am Zahlungstag oder an einem der beiden folgenden Werktage zur Zahlung vorzulegen.

[2] Die Einlieferung in eine von der Schweizerischen Nationalbank anerkannte Abrechnungsstelle steht der Vorlegung zur Zahlung gleich.

Art. 1029

2. Recht auf Quittung. Teilzahlung

[1] Der Bezogene kann vom Inhaber gegen Zahlung die Aushändigung des quittierten Wechsels verlangen.

[2] Der Inhaber darf eine Teilzahlung nicht zurückweisen.

[3] Im Falle der Teilzahlung kann der Bezogene verlangen, dass sie auf dem Wechsel vermerkt und ihm eine Quittung erteilt wird.

Art. 1030

3. Zahlung vor und bei Verfall

[1] Der Inhaber des Wechsels ist nicht verpflichtet, die Zahlung vor Verfall anzunehmen.

[2] Der Bezogene, der vor Verfall zahlt, handelt auf eigene Gefahr.

[3] Wer bei Verfall zahlt, wird von seiner Verbindlichkeit befreit, wenn ihm nicht Arglist oder grobe Fahrlässigkeit zur Last fällt. Er ist verpflichtet, die Ordnungsmässigkeit der Reihe der Indossamente, aber nicht die Unterschriften der Indossanten zu prüfen.

Art. 1031

4. Zahlung in fremder Währung

[1] Lautet der Wechsel auf eine Währung, die am Zahlungsorte nicht gilt, so kann die Wechselsumme in der Landeswährung nach dem Werte gezahlt werden, den sie am Verfalltage besitzt. Wenn der Schuldner die Zahlung verzögert, so kann der Inhaber wählen, ob die Wechselsumme nach dem Kurs des Verfalltages oder nach dem Kurs des Zahlungstages in die Landeswährung umgerechnet werden soll.

[2] Der Wert der fremden Währung bestimmt sich nach den Handelsgebräuchen des Zahlungsortes. Der Aussteller kann jedoch im Wechsel für die zu zahlende Summe einen Umrechnungskurs bestimmen.

[3] Die Vorschriften der beiden ersten Absätze finden keine Anwendung, wenn der Aussteller die Zahlung in einer bestimmten Währung vorgeschrieben hat (Effektivvermerk).

[4] Lautet der Wechsel auf eine Geldsorte, die im Lande der Ausstellung dieselbe Bezeichnung, aber einen anderen Wert hat als in dem der Zahlung, so wird vermutet, dass die Geldsorte des Zahlungsortes gemeint ist.

Art. 1032

5. Hinterlegung

Wird der Wechsel nicht innerhalb der im Artikel 1028 bestimmten Frist zur Zahlung vorgelegt, so kann der Schuldner die Wechselsumme bei der zuständigen Behörde auf Gefahr und Kosten des Inhabers hinterlegen.

Art. 1033

VII. Rückgriff mangels Annahme und mangels Zahlung

1. Rückgriff des Inhabers

[1] Der Inhaber kann gegen die Indossanten, den Aussteller und die anderen Wechselverpflichteten bei Verfall des Wechsels Rückgriff nehmen, wenn der Wechsel nicht bezahlt worden ist.

[2] Das gleiche Recht steht dem Inhaber schon vor Verfall zu:

1. wenn die Annahme ganz oder teilweise verweigert worden ist;
2. wenn über das Vermögen des Bezogenen, gleichviel ob er den Wechsel angenommen hat oder nicht, der Konkurs eröffnet worden ist oder wenn der Bezogene auch nur seine Zahlungen eingestellt hat oder wenn eine Zwangsvollstreckung in sein Vermögen fruchtlos verlaufen ist;
3. wenn über das Vermögen des Ausstellers eines Wechsels, dessen Vorlegung zur Annahme untersagt ist, der Konkurs eröffnet worden ist.

Art. 1034

2. Protest

a. Fristen und Erfordernisse

[1] Die Verweigerung der Annahme oder der Zahlung muss durch eine öffentliche Urkunde (Protest mangels Annahme oder mangels Zahlung) festgestellt werden.

[2] Der Protest mangels Annahme muss innerhalb der Frist erhoben werden, die für die Vorlegung zur Annahme gilt. Ist im Falle des Artikels 1014 Absatz 1 der Wech-

sel am letzten Tage der Frist zum ersten Male vorgelegt worden, so kann der Protest noch am folgenden Tage erhoben werden.

3 Der Protest mangels Zahlung muss bei einem Wechsel, der an einem bestimmten Tag oder bestimmte Zeit nach der Ausstellung oder nach Sicht zahlbar ist, an einem der beiden auf den Zahlungstag folgenden Werktage erhoben werden. Bei einem Sichtwechsel muss der Protest mangels Zahlung in den gleichen Fristen erhoben werden, wie sie im vorhergehenden Absatz für den Protest mangels Annahme vorgesehen sind.

4 Ist Protest mangels Annahme erhoben worden, so bedarf es weder der Vorlegung zur Zahlung noch des Protestes mangels Zahlung.

5 Hat der Bezogene, gleichviel ob er den Wechsel angenommen hat oder nicht, seine Zahlungen eingestellt, oder ist eine Zwangsvollstreckung in sein Vermögen fruchtlos verlaufen, so kann der Inhaber nur Rückgriff nehmen, nachdem der Wechsel dem Bezogenen zur Zahlung vorgelegt und Protest erhoben worden ist.

6 Ist über das Vermögen des Bezogenen, gleichviel ob er den Wechsel angenommen hat oder nicht, oder über das Vermögen des Ausstellers eines Wechsels, dessen Vorlegung zur Annahme untersagt ist, Konkurs eröffnet worden, so genügt es zur Ausübung des Rückgriffsrechts, dass der gerichtliche Beschluss über die Eröffnung des Konkurses vorgelegt wird.

Art. 1035

b. Zuständigkeit

Der Protest muss durch eine hierzu ermächtigte Urkundsperson oder Amtsstelle erhoben werden.

Art. 1036

c. Inhalt

1 Der Protest enthält:

1. den Namen der Person oder die Firma, für die und gegen die der Protest erhoben wird;
2. die Angabe, dass die Person oder die Firma, gegen die der Protest erhoben wird, ohne Erfolg zur Vornahme der wechselrechtlichen Leistung aufgefordert worden oder nicht anzutreffen gewesen ist oder dass ihr Geschäftslokal oder ihre Wohnung sich nicht hat ermitteln lassen;
3. die Angabe des Ortes und des Tages, an dem die Aufforderung vorgenommen oder ohne Erfolg versucht worden ist;
4. die Unterschrift der den Protest erhebenden Person oder Amtsstelle.

2 Wird eine Teilzahlung geleistet, so ist dies im Protest zu vermerken.

3 Verlangt der Bezogene, dem der Wechsel zur Annahme vorgelegt worden ist, die nochmalige Vorlegung am nächsten Tage, so ist auch dies im Protest zu vermerken.

Art. 1037

d. Form

1 Der Protest ist auf ein besonderes Blatt zu setzen, das mit dem Wechsel verbunden wird.

2 Wird der Protest unter Vorlegung mehrerer Ausfertigungen desselben Wechsels oder unter Vorlegung der Urschrift und einer Abschrift erhoben, so genügt die Verbindung des Protestes mit einer der Ausfertigungen oder dem Originalwechsel.

3 Auf den anderen Ausfertigungen oder der Abschrift ist zu vermerken, dass sich der Protest auf einer der übrigen Ausfertigungen oder auf der Urschrift befindet.

Art. 1038

e. Bei Teilannahme

Ist der Wechsel nur zu einem Teil der Wechselsumme angenommen worden und wird deshalb Protest erhoben, so ist eine Abschrift des Wechsels auszufertigen und der Protest auf diese Abschrift zu setzen.

Art. 1039

f. Gegen mehrere Personen

Muss eine wechselrechtliche Leistung von mehreren Verpflichteten verlangt werden, so ist über die Proteste nur eine Urkunde erforderlich.

Art. 1040

g. Abschrift der Protesturkunde

1 Die den Protest erhebende Urkundsperson oder Amtsstelle hat eine Abschrift der Protesturkunde zu erstellen.

2 Auf dieser Abschrift sind anzugeben:

1. der Betrag des Wechsels;
2. die Verfallzeit;
3. Ort und Tag der Ausstellung;
4. der Aussteller des Wechsels, der Bezogene sowie der Name der Person oder die Firma, an die oder an deren Ordre gezahlt werden soll;
5. wenn eine vom Bezogenen verschiedene Person oder Firma angegeben ist, durch die die Zahlung erfolgen soll, der Name dieser Person oder diese Firma;
6. die Notadressen und Ehrenannehmer.

3 Die Abschriften der Protesturkunden sind durch die den Protest erhebende Urkundsperson oder Amtsstelle in der Zeitfolge geordnet aufzubewahren.

Art. 1041

h. Mangelhafter Protest

Ist der Protest von einer zuständigen Urkundsperson oder Amtsstelle unterschrieben worden, so ist er auch dann gültig, wenn er nicht vorschriftsgemäss erhoben worden ist oder wenn die darin enthaltenen Angaben unrichtig sind.

Art. 1042

3. Benachrichtigung

1 Der Inhaber muss seinen unmittelbaren Vormann und den Aussteller von dem Unterbleiben der Annahme oder der Zahlung innerhalb der vier Werktage benachrichtigen, die auf den Tag der Protesterhebung oder, im Falle des Vermerks «ohne Kosten», auf den Tag der Vorlegung folgen. Jeder Indossant muss innerhalb zweier Werktage nach Empfang der Nachricht seinem unmittelbaren Vormanne von der Nachricht, die er erhalten hat, Kenntnis geben und ihm die Namen und Adressen derjenigen mitteilen, die vorher Nachricht gegeben haben, und so weiter in der Reihenfolge bis zum Aussteller. Die Fristen laufen vom Empfang der vorhergehenden Nachricht.

2 Wird nach Massgabe des vorhergehenden Absatzes einer Person, deren Unterschrift sich auf dem Wechsel befindet, Nachricht gegeben, so muss die gleiche Nachricht in derselben Frist ihrem Wechselbürgen gegeben werden.

3 Hat ein Indossant seine Adresse nicht oder in unleserlicher Form angegeben, so genügt es, dass sein unmittelbarer Vormann benachrichtigt wird.

4 Die Nachricht kann in jeder Form gegeben werden, auch durch die blosse Rücksendung des Wechsels.

5 Der zur Benachrichtigung Verpflichtete hat zu beweisen, dass er in der vorgeschriebenen Frist benachrichtigt hat. Die Frist gilt als eingehalten, wenn ein Schreiben, das die Benachrichtigung enthält, innerhalb der Frist zur Post gegeben worden ist.

[6] Wer die rechtzeitige Benachrichtigung versäumt, verliert nicht den Rückgriff; er haftet für den etwa durch seine Nachlässigkeit entstandenen Schaden, jedoch nur bis zur Höhe der Wechselsumme.

Art. 1043

4. Protesterlass

[1] Der Aussteller sowie jeder Indossant oder Wechselbürge kann durch den Vermerk «ohne Kosten», «ohne Protest» oder einen gleichbedeutenden auf den Wechsel gesetzten und unterzeichneten Vermerk den Inhaber von der Verpflichtung befreien, zum Zwecke der Ausübung des Rückgriffs Protest mangels Annahme oder mangels Zahlung erheben zu lassen.

[2] Der Vermerk befreit den Inhaber nicht von der Verpflichtung, den Wechsel rechtzeitig vorzulegen und die erforderlichen Nachrichten zu geben. Der Beweis, dass die Frist nicht eingehalten worden ist, liegt demjenigen ob, der sich dem Inhaber gegenüber darauf beruft.

[3] Ist der Vermerk vom Aussteller beigefügt, so wirkt er gegenüber allen Wechselverpflichteten; ist er von einem Indossanten oder einem Wechselbürgen beigefügt, so wirkt er nur diesen gegenüber. Lässt der Inhaber ungeachtet des vom Aussteller beigefügten Vermerks Protest erheben, so fallen ihm die Kosten zur Last. Ist der Vermerk von einem Indossanten oder einem Wechselbürgen beigefügt, so sind alle Wechselverpflichteten zum Ersatze der Kosten eines dennoch erhobenen Protestes verpflichtet.

Art. 1044

5. Solidarische Haftung der Wechselverpflichteten

[1] Alle die einen Wechsel ausgestellt, angenommen, indossiert oder mit einer Bürgschaftserklärung versehen haben, haften dem Inhaber als Gesamtschuldner.

[2] Der Inhaber kann jeden einzeln oder mehrere oder alle zusammen in Anspruch nehmen, ohne an die Reihenfolge gebunden zu sein, in der sie sich verpflichtet haben.

[3] Das gleiche Recht steht jedem Wechselverpflichteten zu, der den Wechsel eingelöst hat.

[4] Durch die Geltendmachung des Anspruches gegen einen Wechselverpflichteten verliert der Inhaber nicht seine Rechte gegen die anderen Wechselverpflichteten, auch nicht gegen die Nachmänner desjenigen, der zuerst in Anspruch genommen worden ist.

Art. 1045

6. Inhalt des Rückgriffs
a. Des Inhabers

[1] Der Inhaber kann im Wege des Rückgriffs verlangen:

1. die Wechselsumme, soweit der Wechsel nicht angenommen oder nicht eingelöst worden ist, mit den etwa bedungenen Zinsen;
2. Zinsen zu sechs vom Hundert seit dem Verfalltage;
3. die Kosten des Protestes und der Nachrichten sowie die anderen Auslagen;
4. eine Provision von höchstens einem Drittel Prozent.

[2] Wird der Rückgriff vor Verfall genommen, so werden von der Wechselsumme Zinsen abgezogen. Diese Zinsen werden auf Grund des öffentlich bekanntgemachten Diskontsatzes (Satz der Schweizerischen Nationalbank) berechnet, der am Tage des Rückgriffs am Wohnorte des Inhabers gilt.

Art. 1046

b. Des Einlösers

Wer den Wechsel eingelöst hat, kann von seinen Vormännern verlangen:

1. den vollen Betrag, den er gezahlt hat;
2. die Zinsen dieses Betrages zu sechs vom Hundert seit dem Tage der Einlösung;
3. seine Auslagen;
4. eine Provision von höchstens 2 Promille.

Art. 1047

c. Recht auf Aushändigung von Wechsel, Protest und Quittung

[1] Jeder Wechselverpflichtete, gegen den Rückgriff genommen wird oder genommen werden kann, ist berechtigt, zu verlangen, dass ihm gegen Entrichtung der Rückgriffssumme der Wechsel mit dem Protest und eine quittierte Rechnung ausgehändigt werden.

[2] Jeder Indossant, der den Wechsel eingelöst hat, kann sein Indossament und die Indossamente seiner Nachmänner ausstreichen.

Art. 1048

d. Bei Teilannahme

Bei dem Rückgriff nach einer Teilannahme kann derjenige, der den nicht angenommenen Teil der Wechselsumme entrichtet, verlangen, dass dies auf dem Wechsel vermerkt und ihm darüber Quittung erteilt wird. Der Inhaber muss ihm ferner eine beglaubigte Abschrift des Wechsels und den Protest aushändigen, um den weiteren Rückgriff zu ermöglichen.

Art. 1049

e. Rückwechsel

[1] Wer zum Rückgriff berechtigt ist, kann mangels eines entgegenstehenden Vermerks den Rückgriff dadurch nehmen, dass er auf einen seiner Vormänner einen neuen Wechsel (Rückwechsel) zieht, der auf Sicht lautet und am Wohnort dieses Vormannes zahlbar ist.

[2] Der Rückwechsel umfasst, ausser den in den Artikeln 1045 und 1046 angegebenen Beträgen, die Mäklergebühr und die Stempelgebühr für den Rückwechsel.

[3] Wird der Rückwechsel vom Inhaber gezogen, so richtet sich die Höhe der Wechselsumme nach dem Kurse, den ein vom Zahlungsorte des ursprünglichen Wechsels auf den Wohnort des Vormannes gezogener Sichtwechsel hat. Wird der Rückwechsel von einem Indossanten gezogen, so richtet sich die Höhe der Wechselsumme nach dem Kurse, den ein vom Wohnorte des Ausstellers des Rückwechsels auf den Wohnort des Vormannes gezogener Sichtwechsel hat.

Art. 1050

7. Präjudizierung

a. Im Allgemeinen

[1] Mit der Versäumung der Fristen

für die Vorlegung eines Wechsels, der auf Sicht oder auf eine bestimmte Zeit nach Sicht lautet,

für die Erhebung des Protestes mangels Annahme oder mangels Zahlung,

für die Vorlegung zur Zahlung im Falle des Vermerkes «ohne Kosten»

verliert der Inhaber seine Rechte gegen die Indossanten, den Aussteller und alle anderen Wechselverpflichteten, mit Ausnahme des Annehmers.

[2] Versäumt der Inhaber die vom Aussteller für die Vorlegung zur Annahme vorgeschriebene Frist, so verliert er das Recht, mangels Annahme und mangels Zahlung Rückgriff zu nehmen, sofern nicht der Wortlaut des Vermerkes ergibt, dass der Aussteller nur die Haftung für die Annahme hat ausschliessen wollen.

[3] Ist die Frist für die Vorlegung in einem Indossament enthalten, so kann sich nur der Indossant darauf berufen.

Art. 1051

b. Höhere Gewalt

1 Steht der rechtzeitigen Vorlegung des Wechsels oder der rechtzeitigen Erhebung des Protestes ein unüberwindliches Hindernis entgegen (gesetzliche Vorschrift eines Staates oder ein anderer Fall höherer Gewalt), so werden die für diese Handlungen bestimmten Fristen verlängert.

2 Der Inhaber ist verpflichtet, seinen unmittelbaren Vormann von dem Falle der höheren Gewalt unverzüglich zu benachrichtigen und die Benachrichtigung unter Beifügung des Tages und Ortes sowie seiner Unterschrift auf dem Wechsel oder einem Anhange zu vermerken; im übrigen finden die Vorschriften des Artikels 1042 Anwendung.

3 Fällt die höhere Gewalt weg, so muss der Inhaber den Wechsel unverzüglich zur Annahme oder zur Zahlung vorlegen und gegebenenfalls Protest erheben lassen.

4 Dauert die höhere Gewalt länger als 30 Tage nach Verfall, so kann Rückgriff genommen werden, ohne dass es der Vorlegung oder der Protesterhebung bedarf.

5 Bei Wechseln, die auf Sicht oder auf eine bestimmte Zeit nach Sicht lauten, läuft die dreissigtägige Frist von dem Tage, an dem der Inhaber seinen Vormann von dem Falle der höheren Gewalt benachrichtigt hat; diese Nachricht kann schon vor Ablauf der Vorlegungsfrist gegeben werden. Bei Wechseln, die auf bestimmte Zeit nach Sicht lauten, verlängert sich die dreissigtägige Frist um die im Wechsel angegebene Nachsichtfrist.

6 Tatsachen, die rein persönlich den Inhaber oder denjenigen betreffen, den er mit der Vorlegung des Wechsels oder mit der Protesterhebung beauftragt hat, gelten nicht als Fälle höherer Gewalt.

Art. 1052

c. Ungerechtfertigte Bereicherung

1 Soweit der Aussteller eines Wechsels und der Annehmer zum Schaden des Wechselinhabers ungerechtfertigt bereichert sind bleiben sie diesem verpflichtet, auch wenn ihre wechselmässige Verbindlichkeit durch Verjährung oder wegen Unterlassung der zur Erhaltung des Wechselanspruches gesetzlich vorgeschriebenen Handlungen erloschen ist.

2 Der Bereicherungsanspruch besteht auch gegen den Bezogenen, den Domiziliaten und die Person oder Firma, für deren Rechnung der Aussteller den Wechsel gezogen hat.

3 Ein solcher Anspruch besteht dagegen nicht gegen die Indossanten, deren wechselmässige Verbindlichkeit erloschen ist.

Art. 1053

VIII. Übergang der Deckung

1 Ist über den Aussteller eines Wechsels der Konkurs eröffnet worden, so geht ein allfälliger zivilrechtlicher Anspruch des Ausstellers gegen den Bezogenen auf Rückgabe der Deckung oder Erstattung gutgebrachter Beträge auf den Inhaber des Wechsels über.

2 Erklärt der Aussteller auf dem Wechsel, dass er seine Ansprüche aus dem Deckungsverhältnisse abtrete, so stehen diese dem jeweiligen Wechselinhaber zu.

3 Der Bezogene darf, sobald der Konkurs veröffentlicht oder ihm die Abtretung angezeigt ist, nur an den gehörig ausgewiesenen Inhaber gegen Rückgabe des Wechsels Zahlung leisten.

Art. 1054

IX. Ehreneintritt
1. Allgemeine Vorschriften

1 Der Aussteller sowie jeder Indossant oder Wechselbürge kann eine Person angeben, die im Notfall annehmen oder zahlen soll.

2 Der Wechsel kann unter den nachstehend bezeichneten Voraussetzungen zu Ehren eines jeden Wechselverpflichteten, gegen den Rückgriff genommen werden kann, angenommen oder bezahlt werden.

3 Jeder Dritte, auch der Bezogene, sowie jeder aus dem Wechsel bereits Verpflichtete, mit Ausnahme des Annehmers, kann einen Wechsel zu Ehren annehmen oder bezahlen.

4 Wer zu Ehren annimmt oder zahlt, ist verpflichtet, den Wechselverpflichteten, für den er eintritt, innerhalb zweier Werktage hiervon zu benachrichtigen. Hält er die Frist nicht ein, so haftet er für den etwa durch seine Nachlässigkeit entstandenen Schaden, jedoch nur bis zur Höhe der Wechselsumme.

Art. 1055

2. Ehrenannahme
a. Voraussetzungen. Stellung des Inhabers

1 Die Ehrenannahme ist in allen Fällen zulässig, in denen der Inhaber vor Verfall Rückgriff nehmen kann, es sei denn, dass es sich um einen Wechsel handelt, dessen Vorlegung zur Annahme untersagt ist.

2 Ist auf dem Wechsel eine Person angegeben, die im Notfall am Zahlungsort annehmen oder zahlen soll, so kann der Inhaber vor Verfall gegen denjenigen, der die Notadresse beigefügt hat, und gegen seine Nachmänner nur Rückgriff nehmen, wenn er den Wechsel der in der Notadresse bezeichneten Person vorgelegt hat und im Falle der Verweigerung der Ehrenannahme die Verweigerung durch einen Protest hat feststellen lassen.

3 In den anderen Fällen des Ehreneintritts kann der Inhaber die Ehrenannahme zurückweisen. Lässt er sie aber zu, so verliert er den Rückgriff vor Verfall gegen denjenigen, zu dessen Ehren die Annahme erklärt worden ist, und gegen dessen Nachmänner.

Art. 1056

b. Form

Die Ehrenannahme wird auf dem Wechsel vermerkt; sie ist von demjenigen, der zu Ehren annimmt, zu unterschreiben. In der Annahmeerklärung ist anzugeben, für wen die Ehrenannahme stattfindet; mangels einer solchen Angabe gilt sie für den Aussteller.

Art. 1057

c. Haftung des Ehrenannehmenden. Wirkung auf das Rückgriffsrecht

1 Wer zu Ehren annimmt, haftet dem Inhaber und den Nachmännern desjenigen, für den er eingetreten ist, in der gleichen Weise wie dieser selbst.

2 Trotz der Ehrenannahme können der Wechselverpflichtete, zu dessen Ehren der Wechsel angenommen worden ist, und seine Vormänner vom Inhaber gegen Erstattung des im Artikel 1045 angegebenen Betrags die Aushändigung des Wechsels und gegebenenfalls des erhobenen Protestes sowie einer quittierten Rechnung verlangen.

Art. 1058

3. Ehrenzahlung
a. Voraussetzungen

1 Die Ehrenzahlung ist in allen Fällen zulässig, in denen der Inhaber bei Verfall oder vor Verfall Rückgriff nehmen kann.

2 Die Ehrenzahlung muss den vollen Betrag umfassen, den der Wechselverpflichtete, für den sie stattfindet, zahlen müsste.

[3] Sie muss spätestens am Tage nach Ablauf der Frist für die Erhebung des Protestes mangels Zahlung stattfinden.

Art. 1059

b. Verpflichtung des Inhabers

[1] Ist der Wechsel von Personen zu Ehren angenommen, die ihren Wohnsitz am Zahlungsort haben, oder sind am Zahlungsort wohnende Personen angegeben, die im Notfall zahlen sollen, so muss der Inhaber spätestens am Tage nach Ablauf der Frist für die Erhebung des Protestes mangels Zahlung den Wechsel allen diesen Personen vorlegen und gegebenenfalls Protest wegen unterbliebener Ehrenzahlung erheben lassen.

[2] Wird der Protest nicht rechtzeitig erhoben, so werden derjenige, der die Notadresse angegeben hat oder zu dessen Ehren der Wechsel angenommen worden ist, und die Nachmänner frei.

Art. 1060

c. Folge der Zurückweisung

Weist der Inhaber die Ehrenzahlung zurück, so verliert er den Rückgriff gegen diejenigen, die frei geworden wären.

Art. 1061

d. Recht auf Aushändigung von Wechsel, Protest und Quittung

[1] Über die Ehrenzahlung ist auf dem Wechsel eine Quittung auszustellen, die denjenigen bezeichnet, für den gezahlt wird. Fehlt die Bezeichnung, so gilt die Zahlung für den Aussteller.

[2] Der Wechsel und der etwa erhobene Protest sind dem Ehrenzahler auszuhändigen.

Art. 1062

e. Übergang der Inhaberrechte. Mehrere Ehrenzahlungen

[1] Der Ehrenzahler erwirbt die Rechte aus dem Wechsel gegen den Wechselverpflichteten, für den er gezahlt hat, und gegen die Personen, die diesem aus dem Wechsel haften. Er kann jedoch den Wechsel nicht weiter indossieren.

[2] Die Nachmänner des Wechselverpflichteten, für den gezahlt worden ist, werden frei.

[3] Sind mehrere Ehrenzahlungen angeboten, so gebührt derjenigen der Vorzug, durch welche die meisten Wechselverpflichteten frei werden. Wer entgegen dieser Vorschrift in Kenntnis der Sachlage zu Ehren zahlt, verliert den Rückgriff gegen diejenigen, die sonst frei geworden wären.

Art. 1063

X. Ausfertigung mehrerer Stücke eines Wechsels (Duplikate), Wechselabschriften (Wechselkopien)

1. Ausfertigungen

a. Recht auf mehrere Ausfertigungen

[1] Der Wechsel kann in mehreren gleichen Ausfertigungen (Duplikaten) ausgestellt werden.

[2] Diese Ausfertigungen müssen im Texte der Urkunde mit fortlaufenden Nummern versehen sein; andernfalls gilt jede Ausfertigung als besonderer Wechsel.

[3] Jeder Inhaber eines Wechsels kann auf seine Kosten die Übergabe mehrerer Ausfertigungen verlangen, sofern nicht aus dem Wechsel zu ersehen ist, dass er in einer einzigen Ausfertigung ausgestellt worden ist. Zu diesem Zwecke hat sich der Inhaber an seinen unmittelbaren Vormann zu wenden, der wieder an seinen Vormann zurückgehen muss, und so weiter in der Reihenfolge bis zum Aussteller. Die Indossanten sind verpflichtet, ihre Indossamente auf den neuen Ausfertigungen zu wiederholen.

Art. 1064

b. Verhältnis der Ausfertigungen

[1] Wird eine Ausfertigung bezahlt, so erlöschen die Rechte aus allen Ausfertigungen, auch wenn diese nicht den Vermerk tragen, dass durch die Zahlung auf

eine Ausfertigung die anderen ihre Gültigkeit verlieren. Jedoch bleibt der Bezogene aus jeder angenommenen Ausfertigung, die ihm nicht zurückgegeben worden ist, verpflichtet.

2 Hat ein Indossant die Ausfertigungen an verschiedene Personen übertragen, so haften er und seine Nachmänner aus allen Ausfertigungen, die ihre Unterschrift tragen und nicht herausgegeben worden sind.

Art. 1065

c. Annahmevermerk

1 Wer eine Ausfertigung zur Annahme versendet, hat auf den anderen Ausfertigungen den Namen dessen anzugeben, bei dem sich die versendete Ausfertigung befindet. Dieser ist verpflichtet, sie dem rechtmässigen Inhaber einer anderen Ausfertigung auszuhändigen.

2 Wird die Aushändigung verweigert, so kann der Inhaber nur Rückgriff nehmen, nachdem er durch einen Protest hat feststellen lassen:

1. dass ihm die zur Annahme versendete Ausfertigung auf sein Verlangen nicht ausgehändigt worden ist;
2. dass die Annahme oder die Zahlung auch nicht auf eine andere Ausfertigung zu erlangen war.

Art. 1066

2. Abschriften
a. Form und Wirkung

1 Jeder Inhaber eines Wechsels ist befugt, Abschriften (Wechselkopien) davon herzustellen.

2 Die Abschrift muss die Urschrift mit den Indossamenten und allen anderen darauf befindlichen Vermerken genau wiedergeben. Es muss angegeben sein, wie weit die Abschrift reicht.

3 Die Abschrift kann auf dieselbe Weise und mit denselben Wirkungen indossiert und mit einer Bürgschaftserklärung versehen werden wie die Urschrift.

Art. 1067

b. Auslieferung der Urschrift

1 In der Abschrift ist der Verwahrer der Urschrift zu bezeichnen. Dieser ist verpflichtet, die Urschrift dem rechtmässigen Inhaber der Abschrift auszuhändigen.

2 Wird die Aushändigung verweigert, so kann der Inhaber gegen die Indossanten der Abschrift und gegen diejenigen, die eine Bürgschaftserklärung auf die Abschrift gesetzt haben, nur Rückgriff nehmen, nachdem er durch einen Protest hat feststellen lassen, dass ihm die Urschrift auf sein Verlangen nicht ausgehändigt worden ist.

3 Enthält die Urschrift nach dem letzten, vor Anfertigung der Abschrift daraufgesetzten Indossament den Vermerk «von hier ab gelten Indossamente nur noch auf der Abschrift» oder einen gleichbedeutenden Vermerk, so ist ein später auf die Urschrift gesetztes Indossament nichtig.

Art. 1068

XI. Änderungen des Wechsels

Wird der Text eines Wechsels geändert, so haften diejenigen, die nach der Änderung ihre Unterschrift auf den Wechsel gesetzt haben, entsprechend dem geänderten Text. Wer früher unterschrieben hat, haftet nach dem ursprünglichen Text.

Art. 1069

XII. Verjährung
1. Fristen

1 Die wechselmässigen Ansprüche gegen den Annehmer verjähren in drei Jahren vom Verfalltage.

[2] Die Ansprüche des Inhabers gegen die Indossanten und gegen den Aussteller verjähren in einem Jahre vom Tage des rechtzeitig erhobenen Protestes oder im Falle des Vermerks «ohne Kosten» vom Verfalltage.

[3] Die Ansprüche eines Indossanten gegen andere Indossanten und gegen den Aussteller verjähren in sechs Monaten von dem Tage, an dem der Wechsel vom Indossanten eingelöst oder ihm gegenüber gerichtlich geltend gemacht worden ist.

Art. 1070

2. Unterbrechung
a. Gründe

Die Verjährung wird durch Anhebung der Klage, durch Einreichung des Betreibungsbegehrens, durch Streitverkündung oder durch Eingabe im Konkurse unterbrochen.

Art. 1071

b. Wirkungen

[1] Die Unterbrechung der Verjährung wirkt nur gegen den Wechselverpflichteten, in Ansehung dessen die Tatsache eingetreten ist, welche die Unterbrechung bewirkt.

[2] Mit der Unterbrechung der Verjährung beginnt eine neue Verjährungsfrist von gleicher Dauer zu laufen.

Art. 1072

XIII. Kraftloserklärung
1. Vorsorgliche Massnahmen

[1] Derjenige, dem ein Wechsel abhanden gekommen ist, kann beim Richter verlangen, dass dem Bezogenen die Bezahlung des Wechsels verboten werde.

[2] Der Richter ermächtigt mit dem Zahlungsverbot den Bezogenen, am Verfalltage den Wechselbetrag zu hinterlegen, und bestimmt den Ort der Hinterlegung.

Art. 1073

2. Bekannter Inhaber

[1] Ist der Inhaber des Wechsels bekannt, so setzt der Richter dem Gesuchsteller eine angemessene Frist zur Anhebung der Klage auf Herausgabe des Wechsels.

[2] Klagt der Gesuchsteller nicht binnen dieser Frist, so hebt der Richter das dem Bezogenen auferlegte Zahlungsverbot auf.

Art. 1074

3. Unbekannter Inhaber
a. Pflichten des Gesuchstellers

[1] Ist der Inhaber des Wechsels unbekannt, so kann die Kraftloserklärung des Wechsels verlangt werden.

[2] Wer die Kraftloserklärung begehrt, hat den Besitz und Verlust des Wechsels glaubhaft zu machen und entweder eine Abschrift des Wechsels oder Angaben über dessen wesentlichen Inhalt beizubringen.

Art. 1075

b. Einleitung des Aufgebots

Erachtet der Richter die Darstellung des Gesuchstellers über den frühern Besitz und über den Verlust des Wechsels für glaubhaft, so fordert er durch öffentliche Bekanntmachung den Inhaber auf, innerhalb bestimmter Frist den Wechsel vorzulegen, widrigenfalls die Kraftloserklärung ausgesprochen werde.

Art. 1076

c. Fristen

[1] Die Vorlegungsfrist beträgt mindestens drei Monate und höchstens ein Jahr.

[2] Der Richter ist indessen an die Mindestdauer von drei Monaten nicht gebunden, wenn bei verfallenen Wechseln die Verjährung vor Ablauf der drei Monate eintreten würde.

[3] Die Frist läuft bei verfallenen Wechseln vom Tage der ersten öffentlichen Bekanntmachung, bei noch nicht verfallenen Wechseln vom Verfall an.

Art. 1077

d. Veröffentlichung

[1] Die Aufforderung zur Vorlegung des Wechsels ist dreimal im Schweizerischen Handelsamtsblatt zu veröffentlichen.

[2] In besondern Fällen kann der Richter noch in anderer Weise für angemessene Veröffentlichung sorgen.

Art. 1078

4. Wirkung
a. Bei Vorlegung des Wechsels

[1] Wird der abhanden gekommene Wechsel vorgelegt, so setzt der Richter dem Gesuchsteller eine Frist zur Anhebung der Klage auf Herausgabe des Wechsels.

[2] Klagt der Gesuchsteller nicht binnen dieser Frist, so gibt der Richter den Wechsel zurück und hebt das dem Bezogenen auferlegte Zahlungsverbot auf.

Art. 1079

b. Bei Nichtvorlegung

[1] Wird der abhanden gekommene Wechsel innert der angesetzten Frist nicht vorgelegt, so hat der Richter ihn kraftlos zu erklären.

[2] Nach der Kraftloserklärung des Wechsels kann der Gesuchsteller seinen wechselmässigen Anspruch noch gegen den Annehmenden geltend machen.

Art. 1080

5. Richterliche Verfügungen

[1] Der Richter kann schon vor der Kraftloserklärung dem Annehmer die Hinterlegung und gegen Sicherstellung selbst die Zahlung des Wechselbetrages zur Pflicht machen.

[2] Die Sicherheit haftet dem gutgläubigen Erwerber des Wechsels. Sie wird frei, wenn der Wechsel kraftlos erklärt wird oder die Ansprüche aus ihm sonst erlöschen.

Art. 1081

XIV. Allgemeine Vorschriften
1. Fristbestimmungen
a. Feiertage

[1] Verfällt der Wechsel an einem Sonntag oder einem anderen staatlich anerkannten Feiertag, so kann die Zahlung erst am nächsten Werktage verlangt werden. Auch alle anderen auf den Wechsel bezüglichen Handlungen, insbesondere die Vorlegung zur Annahme und die Protesterhebung, können nur an einem Werktage stattfinden.

[2] Fällt der letzte Tag einer Frist, innerhalb deren eine dieser Handlungen vorgenommen werden muss, auf einen Sonntag oder einen anderen staatlich anerkannten Feiertag, so wird die Frist bis zum nächsten Werktage verlängert. Feiertage, die in den Lauf einer Frist fallen, werden bei der Berechnung der Frist mitgezählt.

Art. 1082

b. Fristberechnung

Bei der Berechnung der gesetzlichen oder im Wechsel bestimmten Fristen wird der Tag, von dem sie zu laufen beginnen, nicht mitgezählt.

Art. 1083

c. Ausschluss von Respekttagen

Weder gesetzliche noch richterliche Respekttage werden anerkannt.

Art. 1084

2. Ort der Vornahme wechselrechtlicher Handlungen

[1] Die Vorlegung zur Annahme oder zur Zahlung, die Protesterhebung, das Begehren um Aushändigung einer Ausfertigung des Wechsels sowie alle übrigen bei einer bestimmten Person vorzunehmenden Handlungen müssen in deren Geschäftslokal oder in Ermangelung eines solchen in deren Wohnung vorgenommen werden.

[2] Geschäftslokal oder Wohnung sind sorgfältig zu ermitteln.

[3] Ist jedoch eine Nachfrage bei der Polizeibehörde oder Post stelle des Ortes ohne Erfolg geblieben, so bedarf es keiner weiteren Nachforschungen.

Art. 1085

3. Eigenhändige Unterschrift. Unterschrift des Blinden

[1] Wechselerklärungen müssen eigenhändig unterschrieben sein.

[2] Die Unterschrift kann nicht durch eine auf mechanischem Wege bewirkte Nachbildung der eigenhändigen Schrift, durch Handzeichen, auch wenn sie beglaubigt sind, oder durch eine öffentliche Beurkundung ersetzt werden.

[3] Die Unterschrift des Blinden muss beglaubigt sein.

Art. 1086

XV. Geltungsbereich der Gesetze

1. Wechselfähigkeit

[1] Die Fähigkeit einer Person, eine Wechselverbindlichkeit einzugehen, bestimmt sich nach dem Recht des Landes, dem sie angehört. Erklärt dieses Recht das Recht eines anderen Landes für massgebend, so ist das letztere Recht anzuwenden.

[2] Wer nach dem im vorstehenden Absatz bezeichneten Recht nicht wechselfähig ist, wird gleichwohl gültig verpflichtet, wenn die Unterschrift in dem Gebiet eines Landes abgegeben worden ist, nach dessen Recht er wechselfähig wäre.

Art. 1087

2. Form und Fristen der Wechselerklärungen

a. Im Allgemeinen

[1] Die Form einer Wechselerklärung bestimmt sich nach dem Recht des Landes, in dessen Gebiete die Erklärung unterschrieben worden ist.

[2] Wenn jedoch eine Wechselerklärung, die nach den Vorschriften des vorstehenden Absatzes ungültig ist, dem Recht des Landes entspricht, in dessen Gebiet eine spätere Wechselerklärung unterschrieben worden ist, so wird durch Mängel in der Form der ersten Wechselerklärung die Gültigkeit der späteren Wechselerklärung nicht berührt.

[3] Ebenso ist eine Wechselerklärung, die ein Schweizer im Ausland abgegeben hat, in der Schweiz gegenüber einem anderen Schweizer gültig, wenn sie den Formerfordernissen des schweizerischen Rechtes genügt.

Art. 1088

b. Handlungen zur Ausübung und Erhaltung des Wechselrechts

Die Form des Protestes und die Fristen für die Protesterhebung sowie die Form der übrigen Handlungen, die zur Ausübung oder Erhaltung der Wechselrechte erforderlich sind, bestimmen sich nach dem Recht des Landes, in dessen Gebiet der Protest zu erheben oder die Handlung vorzunehmen ist.

Art. 1089

c. Ausübung des Rückgriffs

Die Fristen für die Ausübung der Rückgriffsrechte werden für alle Wechselverpflichteten durch das Recht des Ortes bestimmt, an dem der Wechsel ausgestellt worden ist.

Art. 1090

3. Wirkung der Wechselerklärungen

a. Im Allgemeinen

[1] Die Wirkungen der Verpflichtungserklärungen des Annehmers eines gezogenen Wechsels und des Ausstellers eines eigenen Wechsels bestimmen sich nach dem Recht des Zahlungsorts.

[2] Die Wirkungen der übrigen Wechselerklärungen bestimmen sich nach dem Recht des Landes, in dessen Gebiete die Erklärungen unterschrieben worden sind.

Art. 1091

b. Teilannahme und Teilzahlung

Das Recht des Zahlungsortes bestimmt, ob die Annahme eines gezogenen Wechsels auf einen Teil der Summe beschränkt werden kann und ob der Inhaber verpflichtet oder nicht verpflichtet ist, eine Teilzahlung anzunehmen.

Art. 1092

c. Zahlung

Die Zahlung des Wechsels bei Verfall, insbesondere die Berechnung des Verfalltages und des Zahlungstages sowie die Zahlung von Wechseln, die auf eine fremde Währung lauten, bestimmen sich nach dem Recht des Landes, in dessen Gebiete der Wechsel zahlbar ist.

Art. 1093

d. Bereicherungsanspruch

Der Bereicherungsanspruch gegen den Bezogenen, den Domiziliaten und die Person oder Firma, für deren Rechnung der Aussteller den Wechsel gezogen hat, bestimmt sich nach dem Recht des Landes, in dessen Gebiet diese Personen ihren Wohnsitz haben.

Art. 1094

e. Übergang der Deckung

Das Recht des Ausstellungsortes bestimmt, ob der Inhaber eines gezogenen Wechsels die seiner Ausstellung zugrunde liegende Forderung erwirbt.

Art. 1095

f. Kraftloserklärung

Das Recht des Zahlungsortes bestimmt die Massnahmen, die bei Verlust oder Diebstahl eines Wechsels zu ergreifen sind.

Art. 1096

C. Eigener Wechsel

1. Erfordernisse

Der eigene Wechsel[1] enthält:

1. die Bezeichnung als Wechsel im Texte der Urkunde, und zwar in der Sprache, in der sie ausgestellt ist;
2. das unbedingte Versprechen, eine bestimmte Geldsumme zu zahlen;
3. die Angabe der Verfallzeit;
4. die Angabe des Zahlungsortes;
5. den Namen dessen, an den oder an dessen Ordre gezahlt werden soll;
6. die Angabe des Tages und des Ortes der Ausstellung;
7. die Unterschrift des Ausstellers.

Art. 1097

2. Fehlen von Erfordernissen

[1] Eine Urkunde, der einer der im vorstehenden Artikel bezeichneten Bestandteile fehlt, gilt nicht als eigener Wechsel, vorbehaltlich der in den folgenden Absätzen bezeichneten Fälle.

[2] Ein eigener Wechsel ohne Angabe der Verfallzeit gilt als Sichtwechsel.

[3] Mangels einer besonderen Angabe gilt der Ausstellungsort als Zahlungsort und zugleich als Wohnort des Ausstellers.

[4] Ein eigener Wechsel ohne Angabe des Ausstellungsortes gilt als ausgestellt an dem Orte, der bei dem Namen des Ausstellers angegeben ist.

Art. 1098

3. Verweisung auf den gezogenen Wechsel

[1] Für den eigenen Wechsel gelten, soweit sie nicht mit seinem Wesen in Widerspruch stehen, die für den gezogenen Wechsel gegebenen Vorschriften über:
das Indossament (Art. 1001–1010);
den Verfall (Art. 1023–1027);
die Zahlung (Art. 1028–1032);

[1] Merkmale gezogener Wechsel vgl. OR 991; Merkmale Check vgl. OR 1100

den Rückgriff mangels Zahlung (Art. 1033–1047, 1049–1051);
die Ehrenzahlung (Art. 1054, 1058–1062);
die Abschriften (Art. 1066 und 1067);
die Änderungen (Art. 1068);
die Verjährung (Art. 1069–1071);
die Kraftloserklärung (Art. 1072–1080);
die Feiertage, die Fristenberechnung, das Verbot der Respekttage, den Ort der Vornahme wechselrechtlicher Handlungen und die Unterschrift (Art. 1081–1085).

2 Ferner gelten für den eigenen Wechsel die Vorschriften über gezogene Wechsel, die bei einem Dritten oder an einem von dem Wohnort des Bezogenen verschiedenen Ort zahlbar sind (Art. 994 und 1017), über den Zinsvermerk (Art. 995), über die Abweichungen bei der Angabe der Wechselsumme (Art. 996), über die Folgen einer ungültigen Unterschrift (Art. 997) oder die Unterschrift einer Person, die ohne Vertretungsbefugnis handelt oder ihre Vertretungsbefugnis überschreitet (Art. 998), und über den Blankowechsel (Art. 1000).

3 Ebenso finden auf den eigenen Wechsel die Vorschriften über die Wechselbürgschaft Anwendung (Art. 1020–1022); im Falle des Artikels 1021 Absatz 4 gilt die Wechselbürgschaft, wenn die Erklärung nicht angibt, für wen sie geleistet wird, für den Aussteller des eigenen Wechsels.

Art. 1099

4. Haftung des Ausstellers. Vorlegung zur Sichtnahme

1 Der Aussteller eines eigenen Wechsels haftet in der gleichen Weise wie der Annehmer eines gezogenen Wechsels.

2 Eigene Wechsel, die auf eine bestimmte Zeit nach Sicht lauten, müssen dem Aussteller innerhalb der im Artikel 1013 bezeichneten Fristen zur Sicht vorgelegt werden. Die Sicht ist von dem Aussteller auf dem Wechsel unter Angabe des Tages und Beifügung der Unterschrift zu bestätigen. Die Nachsichtfrist läuft vom Tage des Sichtvermerks. Weigert sich der Aussteller, die Sicht unter Angabe des Tages zu bestätigen, so ist dies durch einen Protest festzustellen (Art. 1015); die Nachsichtfrist läuft dann vom Tage des Protestes.

Fünfter Abschnitt: Der Check

Art. 1100

I. Ausstellung und Form des Checks

1. Erfordernisse

Der Check[1] enthält:

1. die Bezeichnung als Check im Texte der Urkunde, und zwar in der Sprache, in der sie ausgestellt ist;
2. die unbedingte Anweisung, eine bestimmte Geldsumme zu zahlen;
3. den Namen dessen, der zahlen soll (Bezogener);
4. die Angabe des Zahlungsortes;
5. die Angabe des Tages und des Ortes der Ausstellung;
6. die Unterschrift des Ausstellers.

[1] Merkmale gezogener Wechsel vgl. OR 991, Merkmale Eigenwechsel vgl. OR 1096, Postcheck vgl. OR 1144

Art. 1101

2. Fehlen von Erfordernissen

[1] Eine Urkunde, in der einer der im vorstehenden Artikel bezeichneten Bestandteile fehlt, gilt nicht als Check, vorbehältlich der in den folgenden Absätzen bezeichneten Fälle.

[2] Mangels einer besonderen Angabe gilt der bei dem Namen des Bezogenen angegebene Ort als Zahlungsort. Sind mehrere Orte bei dem Namen des Bezogenen angegeben, so ist der Check an dem an erster Stelle angegebenen Orte zahlbar.

[3] Fehlt eine solche und jede andere Angabe, so ist der Check an dem Orte zahlbar, an dem der Bezogene seine Hauptniederlassung hat.

[4] Ein Check ohne Angabe des Ausstellungsortes gilt als ausgestellt an dem Orte, der bei dem Namen des Ausstellers angegeben ist.

Art. 1102

3. Passive Checkfähigkeit

[1] Auf Checks, die in der Schweiz zahlbar sind kann als Bezogener nur ein Bankier bezeichnet werden.

[2] Ein auf eine andere Person gezogener Check gilt nur als Anweisung.

Art. 1103

4. Deckungserfordernis

[1] Ein Check darf nur ausgestellt werden, wenn der Aussteller beim Bezogenen ein Guthaben besitzt und gemäss einer ausdrücklichen oder stillschweigenden Vereinbarung,[1] wonach der Aussteller das Recht hat, über dieses Guthaben mittels Checks zu verfügen. Die Gültigkeit der Urkunde als Check wird jedoch durch die Nichtbeachtung dieser Vorschriften nicht berührt.

[2] Kann der Aussteller beim Bezogenen nur über einen Teilbetrag verfügen, so ist der Bezogene zur Zahlung dieses Teilbetrages verpflichtet.

[3] Wer einen Check ausstellt, ohne bei dem Bezogenen für den angewiesenen Betrag verfügungsberechtigt zu sein, hat dem Inhaber des Checks ausser dem verursachten Schaden fünf vom Hundert des nicht gedeckten Betrages der angewiesenen Summe zu vergüten.

Art. 1104

5. Ausschluss der Annahme

Der Check kann nicht angenommen werden. Ein auf den Check gesetzter Annahmevermerk gilt als nicht geschrieben.

Art. 1105

6. Bezeichnung des Remittenten

[1] Der Check kann zahlbar gestellt werden:
an eine bestimmte Person, mit oder ohne den ausdrücklichen Vermerk «an Ordre»;
an eine bestimmte Person, mit dem Vermerk «nicht an Ordre» oder mit einem gleichbedeutenden Vermerk;
an den Inhaber.

[2] Ist dem Check eine bestimmte Person mit dem Zusatz «oder Überbringer» oder mit einem gleichbedeutenden Vermerk als Zahlungsempfänger bezeichnet, so gilt der Check als auf den Inhaber gestellt.

[3] Ein Check ohne Angabe des Nehmers gilt als zahlbar an den Inhaber.[2]

Art. 1106

7. Zinsvermerk

Ein in den Check aufgenommener Zinsvermerk gilt als nicht geschrieben.

[1] Checkvertrag
[2] Inhabercheck

Art. 1107

8. Zahlstellen. Domizilcheck

Der Check kann bei einem Dritten, am Wohnort des Bezogenen oder an einem andern Orte zahlbar gestellt werden, sofern der Dritte Bankier ist.

Art. 1108

II. Übertragung

1. Übertragbarkeit

1 Der auf eine bestimmte Person zahlbar gestellte Check mit oder ohne den ausdrücklichen Vermerk «an Ordre» kann durch Indossament übertragen werden.[1]

2 Der auf eine bestimmte Person zahlbar gestellte Check mit dem Vermerk «nicht an Ordre» oder mit einem gleichbedeutenden Vermerk kann nur in der Form und mit den Wirkungen einer gewöhnlichen Abtretung übertragen werden.

3 Das Indossament kann auch auf den Aussteller oder jeden anderen Checkverpflichteten lauten. Diese Personen können den Check weiter indossieren.

Art. 1109

2. Erfordernisse

1 Das Indossament muss unbedingt sein. Bedingungen,[2] von denen es abhängig gemacht wird, gelten als nicht geschrieben.

2 Ein Teilindossament ist nichtig.

3 Ebenso ist ein Indossament des Bezogenen nichtig.

4 Ein Indossament an den Inhaber gilt als Blankoindossament.

5 Das Indossament an den Bezogenen gilt nur als Quittung, es sei denn, dass der Bezogene mehrere Niederlassungen hat und das Indossament auf eine andere Niederlassung lautet als diejenige, auf die der Check gezogen worden ist.

Art. 1110

3. Legitimation des Inhabers

Wer einen durch Indossament übertragbaren Check in Händen hat, gilt als rechtmässiger Inhaber, sofern er sein Recht durch eine ununterbrochene Reihe von Indossamenten nachweist, und zwar auch dann, wenn das letzte ein Blankoindossament ist. Ausgestrichene Indossamente gelten hiebei als nicht geschrieben. Folgt auf ein Blankoindossament ein weiteres Indossament, so wird angenommen, dass der Aussteller dieses Indossaments den Check durch das Blankoindossament erworben hat.

Art. 1111

4. Inhabercheck

Ein Indossament auf einem Inhabercheck macht den Indossanten nach den Vorschriften über den Rückgriff haftbar, ohne aber die Urkunde in einen Ordrecheck umzuwandeln.

Art. 1112

5. Abhandengekommener Check

Ist der Check einem früheren Inhaber irgendwie abhanden gekommen, so ist der Inhaber, in dessen Hände der Check gelangt ist – sei es, dass es sich um einen Inhabercheck handelt, sei es, dass es sich um einen durch Indossament übertragbaren Check handelt und der Inhaber sein Recht gemäss Artikel 1110 nachweist –, zur Herausgabe des Checks nur verpflichtet, wenn er ihm in bösem Glauben erworben hat oder ihm beim Erwerb eine grobe Fahrlässigkeit zur Last fällt.

1 Gesetzliches Ordrepapier
2 Vgl. OR 151

Art. 1113

6. Rechte aus dem Nachindossament

[1] Ein Indossament, das nach Erhebung des Protests oder nach Vornahme einer gleichbedeutenden Feststellung oder nach Ablauf der Vorlegungsfrist auf den Check gesetzt wird, hat nur die Wirkungen einer gewöhnlichen Abtretung.

[2] Bis zum Beweis des Gegenteils wird vermutet, dass ein nicht datiertes Indossament vor Erhebung des Protests oder vor der Vornahme einer gleichbedeutenden Feststellung oder vor Ablauf der Vorlegungsfrist auf den Check gesetzt worden ist.

Art. 1114

III. Checkbürgschaft

[1] Die Zahlung der Checksumme kann ganz oder teilweise durch Checkbürgschaft gesichert werden.

[2] Diese Sicherheit kann von einem Dritten, mit Ausnahme des Bezogenen, oder auch von einer Person geleistet werden, deren Unterschrift sich schon auf dem Check befindet.

Art. 1115

IV. Vorlegung und Zahlung
1. Verfallzeit

[1] Der Check ist bei Sicht zahlbar. Jede gegenteilige Angabe gilt als nicht geschrieben.

[2] Ein Check, der vor Eintritt des auf ihm angegebenen Ausstellungstages zur Zahlung vorgelegt wird, ist am Tage der Vorlegung zahlbar.

Art. 1116

2. Vorlegung zur Zahlung

[1] Ein Check, der in dem Lande der Ausstellung zahlbar ist, muss binnen acht Tagen zur Zahlung vorgelegt werden.

[2] Ein Check, der in einem anderen Lande als dem der Ausstellung zahlbar ist, muss binnen 20 Tagen vorgelegt werden, wenn Ausstellungsort und Zahlungsort sich in demselben Erdteile befinden, und binnen 70 Tagen, wenn Ausstellungsort und Zahlungsort sich in verschiedenen Erdteilen befinden.

[3] Hiebei gelten die in einem Lande Europas ausgestellten und in einem an das Mittelmeer grenzenden Lande zahlbaren Checks, ebenso wie die in einem an das Mittelmeer grenzenden Lande ausgestellten und in einem Lande Europas zahlbaren Checks als Checks, die in demselben Erdteile ausgestellt und zahlbar sind.

[4] Die vorstehend erwähnten Fristen beginnen an dem Tage zu laufen, der in dem Check als Ausstellungstag angegeben ist.

Art. 1117

3. Zeitberechnung nach altem Stil

Ist ein Check auf einen Ort gezogen, dessen Kalender von dem des Ausstellungsortes abweicht, so wird der Tag der Ausstellung in den nach dem Kalender des Zahlungsortes entsprechenden Tag umgerechnet.

Art. 1118

4. Einlieferung in eine Abrechnungsstelle

Die Einlieferung in eine von der Schweizerischen Nationalbank anerkannte Abrechnungsstelle steht der Vorlegung zur Zahlung gleich.

Art. 1119

5. Widerruf
a. Im Allgemeinen

[1] Ein Widerruf des Checks ist erst nach Ablauf der Vorlegungsfrist wirksam.

[2] Wenn der Check nicht widerrufen ist, kann der Bezogene auch nach Ablauf der Vorlegungsfrist Zahlung leisten.

[3] Behauptet der Aussteller, dass der Check ihm oder einem Dritten abhanden gekommen sei, so kann er dem Bezogenen die Einlösung verbieten.

Art. 1120

b. Bei Tod, Handlungsunfähigkeit, Konkurs

Auf die Wirksamkeit des Checks ist es ohne Einfluss, wenn nach der Begebung des Checks der Aussteller stirbt oder handlungsunfähig wird oder wenn über sein Vermögen der Konkurs eröffnet wird.

Art. 1121

6. Prüfung der Indossamente

Der Bezogene, der einen durch Indossament übertragbaren Check einlöst, ist verpflichtet, die Ordnungsmässigkeit der Reihe der Indossamente, aber nicht die Unterschriften der Indossanten, zu prüfen.

Art. 1122

7. Zahlung in fremder Währung

1 Lautet der Check auf eine Währung, die am Zahlungsorte nicht gilt, so kann die Checksumme in der Landeswährung nach dem Werte gezahlt werden, den sie am Tage der Vorlegung besitzt. Wenn die Zahlung bei Vorlegung nicht erfolgt ist, so kann der Inhaber wählen, ob die Checksumme nach dem Kurs des Vorlegungstages oder nach dem Kurs des Zahlungstages in die Landeswährung umgerechnet werden soll.

2 Der Wert der fremden Währung bestimmt sich nach den Handelsgebräuchen des Zahlungsortes. Der Aussteller kann jedoch im Check für die zu zahlende Summe einen Umrechnungskurs bestimmen.

3 Die Vorschriften der beiden ersten Absätze finden keine Anwendung, wenn der Aussteller die Zahlung in einer bestimmten Währung vorgeschrieben hat (Effektivvermerk).

4 Lautet der Check auf eine Geldsorte, die im Lande der Ausstellung dieselbe Bezeichnung, aber einen andern Wert hat als in dem der Zahlung, so wird vermutet, dass die Geldsorte des Zahlungsortes gemeint ist.

Art. 1123

V. Gekreuzter Check und Verrechnungscheck

1. Gekreuzter Check

a. Begriff

1 Der Aussteller sowie jeder Inhaber können den Check mit den im Artikel 1124 vorgesehenen Wirkungen kreuzen.

2 Die Kreuzung erfolgt durch zwei gleichlaufende Striche auf der Vorderseite des Checks. Die Kreuzung kann allgemein oder besonders sein.

3 Die Kreuzung ist allgemein, wenn zwischen den beiden Strichen keine Angabe oder die Bezeichnung «Bankier» oder ein gleichbedeutender Vermerk steht; sie ist eine besondere, wenn der Name eines Bankiers zwischen die beiden Striche gesetzt ist.

4 Die allgemeine Kreuzung kann in eine besondere, nicht aber die besondere Kreuzung in eine allgemeine umgewandelt werden.

5 Die Streichung der Kreuzung oder des Namens des bezeichneten Bankiers gilt als nicht erfolgt.

Art. 1124

b. Wirkungen

1 Ein allgemein gekreuzter Check darf vom Bezogenen nur an einen Bankier oder an einen Kunden des Bezogenen bezahlt werden.

2 Ein besonders gekreuzter Check darf vom Bezogenen nur an den bezeichneten Bankier oder, wenn dieser selbst der Bezogene ist, an dessen Kunden bezahlt werden. Immerhin kann der bezeichnete Bankier einen andern Bankier mit der Einziehung des Checks betrauen.

3 Ein Bankier darf einen gekreuzten Check nur von einem seiner Kunden oder von einem anderen Bankier erwerben. Auch darf er ihn nicht für Rechnung anderer als der vorgenannten Personen einziehen.

4 Befinden sich auf einem Check mehrere besondere Kreuzungen, so darf der Check vom Bezogenen nur dann bezahlt werden, wenn nicht mehr als zwei Kreuzungen vorliegen und die eine zum Zwecke der Einziehung durch Einlieferung in eine Abrechnungsstelle erfolgt ist.

5 Der Bezogene oder der Bankier, der den vorstehenden Vorschriften zuwiderhandelt, haftet für den entstandenen Schaden, jedoch nur bis zur Höhe der Checksumme.

Art. 1125

2. Verrechnungscheck
a. Im Allgemeinen

1 Der Aussteller sowie jeder Inhaber eines Checks kann durch den quer über die Vorderseite gesetzten Vermerk «nur zur Verrechnung» oder durch einen gleichbedeutenden Vermerk untersagen, dass der Check bar bezahlt wird.

2 Der Bezogene darf in diesem Falle den Check nur im Wege der Gutschrift einlösen (Verrechnung, Überweisung, Ausgleichung). Die Gutschrift gilt als Zahlung.

3 Die Streichung des Vermerks «nur zur Verrechnung» gilt als nicht erfolgt.

4 Der Bezogene, der den vorstehenden Vorschriften zuwiderhandelt, haftet für den entstandenen Schaden, jedoch nur bis zur Höhe der Checksumme.

Art. 1126

b. Rechte des Inhabers bei Konkurs, Zahlungseinstellung, Zwangsvollstreckung

1 Der Inhaber eines Verrechnungschecks ist jedoch befugt, vom Bezogenen Barzahlung zu verlangen und bei Nichtzahlung Rückgriff zu nehmen, wenn über das Vermögen des Bezogenen der Konkurs eröffnet worden ist oder wenn er seine Zahlungen eingestellt hat oder wenn eine Zwangsvollstreckung in sein Vermögen fruchtlos verlaufen ist.

2 Dasselbe gilt, wenn der Inhaber infolge von Massnahmen, die auf Grund des Bankengesetzes vom 8. November 1934 getroffen worden sind, über die Gutschrift beim Bezogenen nicht verfügen kann.

Art. 1127

c. Rechte des Inhabers bei Verweigerung der Gutschrift oder der Ausgleichung

Der Inhaber eines Verrechnungschecks ist ferner berechtigt, Rückgriff zu nehmen, wenn er nachweist, dass der Bezogene die bedingungslose Gutschrift ablehnt oder dass der Check von der Abrechnungsstelle des Zahlungsortes als zur Ausgleichung von Verbindlichkeiten des Inhabers ungeeignet erklärt worden ist.

Art. 1128

VI. Rückgriff mangels Zahlung
1. Rückgriffsrechte des Inhabers

Der Inhaber kann gegen die Indossanten, den Aussteller und die anderen Checkverpflichteten Rückgriff[1] nehmen, wenn der rechtzeitig vorgelegte Check nicht eingelöst und die Verweigerung der Zahlung festgestellt worden ist:

1. durch eine öffentliche Urkunde (Protest) oder
2. durch eine schriftliche, datierte Erklärung des Bezogenen auf dem Check, die den Tag der Vorlegung angibt, oder
3. durch eine datierte Erklärung einer Abrechnungsstelle, dass der Check rechtzeitig eingeliefert und nicht bezahlt worden ist.

[1] Regress

Art. 1129

2. Protesterhebung. Fristen

[1] Der Protest oder die gleichbedeutende Feststellung muss vor Ablauf der Vorlegungsfrist vorgenommen werden.

[2] Ist die Vorlegung am letzten Tage der Frist erfolgt, so kann der Protest oder die gleichbedeutende Feststellung auch noch an dem folgenden Werktage vorgenommen werden.

Art. 1130

3. Inhalt der Rückgriffsforderung

Der Inhaber kann im Wege des Rückgriffs verlangen:

1. die Checksumme, soweit der Check nicht eingelöst worden ist;
2. Zinsen zu sechs vom Hundert seit dem Tage der Vorlegung;
3. die Kosten des Protestes oder der gleichbedeutenden Feststellung und der Nachrichten sowie die anderen Auslagen;
4. eine Provision von höchstens einem Drittel Prozent.

Art. 1131

4. Vorbehalt der höheren Gewalt

[1] Steht der rechtzeitigen Vorlegung des Checks oder der rechtzeitigen Erhebung des Protestes oder der Vornahme einer gleichbedeutenden Feststellung ein unüberwindliches Hindernis entgegen (gesetzliche Vorschrift eines Staates oder ein anderer Fall höherer Gewalt), so werden die für diese Handlungen bestimmten Fristen verlängert.

[2] Der Inhaber ist verpflichtet, seinen unmittelbaren Vormann von dem Falle der höheren Gewalt unverzüglich zu benachrichtigen und die Benachrichtigung unter Beifügung des Tages und Ortes sowie seiner Unterschrift auf dem Check oder einem Anhang zu vermerken; im übrigen finden die Vorschriften des Artikels 1042 Anwendung.

[3] Fällt die höhere Gewalt weg, so muss der Inhaber den Check unverzüglich zur Zahlung vorlegen und gegebenenfalls Protest erheben oder eine gleichbedeutende Feststellung vornehmen lassen.

[4] Dauert die höhere Gewalt länger als 15 Tage seit dem Tage, an dem der Inhaber selbst vor Ablauf der Vorlegungsfrist seinen Vormann von dem Falle der höheren Gewalt benachrichtigt hat, so kann Rückgriff genommen werden, ohne dass es der Vorlegung oder der Protesterhebung oder einer gleichbedeutenden Feststellung bedarf.

[5] Tatsachen, die rein persönlich den Inhaber oder denjenigen betreffen, den er mit der Vorlegung des Checks oder mit der Erhebung des Protestes oder mit der Herbeiführung einer gleichbedeutenden Feststellung beauftragt hat, gelten nicht als Fälle höherer Gewalt.

Art. 1132

VII. Gefälschter Check

Der aus der Einlösung eines falschen oder verfälschten Checks sich ergebende Schaden trifft den Bezogenen, sofern nicht dem in dem Check genannten Aussteller ein Verschulden zur Last fällt, wie namentlich eine nachlässige Verwahrung der ihm überlassenen Checkformulare.

Art. 1133

VIII. Ausfertigung mehrerer Stücke eines Checks

Checks, die nicht auf den Inhaber gestellt sind und in einem anderen Lande als dem der Ausstellung oder in einem überseeischen Gebiete des Landes der Ausstellung zahlbar sind, und umgekehrt, oder in dem überseeischen Gebiete eines Landes ausgestellt und zahlbar sind, oder in dem überseeischen Gebiete eines

Landes ausgestellt und in einem anderen überseeischen Gebiete desselben Landes zahlbar sind, können in mehreren gleichen Ausfertigungen ausgestellt werden. Diese Ausfertigungen müssen im Texte der Urkunde mit fortlaufenden Nummern versehen sein; andernfalls gilt jede Ausfertigung als besonderer Check.

Art. 1134

IX. Verjährung

[1] Die Rückgriffsansprüche des Inhabers gegen die Indossanten, den Aussteller und die anderen Checkverpflichteten verjähren in sechs Monaten vom Ablauf der Vorlegungsfrist.

[2] Die Rückgriffsansprüche eines Verpflichteten gegen einen andern Checkverpflichteten verjähren in sechs Monaten von dem Tage, an dem der Check von dem Verpflichteten eingelöst oder ihm gegenüber gerichtlich geltend gemacht worden ist.

Art. 1135

X. Allgemeine Vorschriften

1. Begriff des «Bankiers»

In diesem Abschnitt sind unter der Bezeichnung «Bankier» Firmen zu verstehen, die dem Bankengesetz vom 8. November 1934 unterstehen.

Art. 1136

2. Fristbestimmungen

a. Feiertage

[1] Die Vorlegung und der Protest eines Checks können nur an einem Werktage stattfinden.

[2] Fällt der letzte Tag einer Frist, innerhalb derer eine auf den Check bezügliche Handlung, insbesondere die Vorlegung, der Protest oder eine gleichbedeutende Feststellung vorgenommen werden muss, auf einen Sonntag oder einen anderen staatlich anerkannten Feiertag, so wird die Frist bis zum nächsten Werktag verlängert.

Feiertage, die in den Lauf einer Frist fallen, werden bei der Berechnung der Frist mitgezählt.

Art. 1137

b. Fristberechnung

Bei der Berechnung der in diesem Gesetz vorgesehenen Fristen wird der Tag, an dem sie zu laufen beginnen, nicht mitgezählt.

Art. 1138

XI. Geltungsbereich der Gesetze

1. Passive Checkfähigkeit

[1] Das Recht des Landes, in dem der Check zahlbar ist, bestimmt die Personen, auf die ein Check gezogen werden kann.

[2] Ist nach diesem Recht der Check im Hinblick auf die Person des Bezogenen nichtig, so sind gleichwohl die Verpflichtungen aus Unterschriften gültig, die in Ländern auf den Check gesetzt worden sind, deren Recht die Nichtigkeit aus einem solchen Grunde nicht vorsieht.

Art. 1139

2. Form und Fristen der Checkerklärungen

[1] Die Form einer Checkerklärung bestimmt sich nach dem Recht des Landes, in dessen Gebiete die Erklärung unterschrieben worden ist. Es genügt jedoch die Beobachtung der Form, die das Recht des Zahlungsortes vorschreibt.

[2] Wenn eine Checkerklärung, die nach den Vorschriften des vorstehenden Absatzes ungültig ist, dem Recht des Landes entspricht, in dessen Gebiet eine spätere Checkerklärung unterschrieben worden ist, so wird durch Mängel in der Form der ersten Checkerklärung die Gültigkeit der späteren Checkerklärung nicht berührt.

[3] Ebenso ist eine Checkerklärung, die ein Schweizer im Ausland abgegeben hat, in der Schweiz gegenüber einem anderen Schweizer gültig, wenn sie den Formerfordernissen des schweizerischen Rechts genügt.

Art. 1140

3. Wirkung der Checkerklärungen
a. Recht des Ausstellungsortes

Die Wirkungen der Checkerklärungen bestimmen sich nach dem Recht des Landes, in dessen Gebiete die Erklärungen unterschrieben worden sind.

Art. 1141

b. Recht des Zahlungsortes

Das Recht des Landes, in dessen Gebiet der Check zahlbar ist, bestimmt:

1. ob der Check notwendigerweise bei Sicht zahlbar ist oder ob er auf eine bestimmte Zeit nach Sicht gezogen werden kann und welches die Wirkungen sind, wenn auf dem Check ein späterer als der wirkliche Ausstellungstag angegeben ist;
2. die Vorlegungsfrist;
3. ob ein Check angenommen, zertifiziert, bestätigt oder mit einem Visum versehen werden kann, und welches die Wirkungen dieser Vermerke sind;
4. ob der Inhaber eine Teilzahlung verlangen kann und ob er eine solche annehmen muss;
5. ob ein Check gekreuzt oder mit dem Vermerk «nur zur Verrechnung» oder mit einem gleichbedeutenden Vermerk versehen werden kann, und welches die Wirkungen der Kreuzung oder des Verrechnungsvermerks oder eines gleichbedeutenden Vermerks sind;
6. ob der Inhaber besondere Rechte auf die Deckung hat und welches der Inhalt dieser Rechte ist;
7. ob der Aussteller den Check widerrufen oder gegen die Einlösung des Checks Widerspruch erheben kann;
8. die Massnahmen, die im Falle des Verlustes oder des Diebstahls des Checks zu ergreifen sind;
9. ob ein Protest oder eine gleichbedeutende Feststellung zur Erhaltung des Rückgriffs gegen die Indossanten, den Aussteller und die anderen Checkverpflichteten notwendig ist.

Art. 1142

c. Recht des Wohnsitzes

Der Bereicherungsanspruch gegen den Bezogenen oder den Domiziliaten bestimmt sich nach dem Recht des Landes, in dessen Gebiet diese Personen ihren Wohnsitz haben.

Art. 1143

XII. Anwendbarkeit des Wechselrechts

[1] Auf den Check finden die nachstehenden Bestimmungen des Wechselrechts Anwendung:

1. Artikel 990 über die Wechselfähigkeit;
2. Artikel 993 über Wechsel an eigene Ordre, auf den Aussteller und für Rechnung eines Dritten;
3. Artikel 996–1000 über verschiedene Bezeichnung der Wechselsumme, Unterschriften von Wechselunfähigen, Unterschrift ohne Ermächtigung, Haftung des Ausstellers und Blankowechsel;
4. Artikel 1003–1005 über das Indossament;

5. Artikel 1007 über die Wechseleinreden;
6. Artikel 1008 über die Rechte aus dem Vollmachtsindossament;
7. Artikel 1021 und 1022 über Form und Wirkungen der Wechselbürgschaft;
8. Artikel 1029 über das Recht auf Quittung und Teilzahlung;
9. Artikel 1035–1037 und 1039–1041 über den Protest;
10. Artikel 1042 über die Benachrichtigung;
11. Artikel 1043 über den Protesterlass;
12. Artikel 1044 über die solidarische Haftung der Wechselverpflichteten;
13. Artikel 1046 und 1047 über die Rückgriffsforderung bei Einlösung des Wechsels und das Recht auf Aushändigung von Wechsel, Protest und Quittung;
14. Artikel 1052 über den Bereicherungsanspruch;
15. Artikel 1053 über den Übergang der Deckung;
16. Artikel 1064 über das Verhältnis mehrerer Ausfertigungen;
17. Artikel 1068 über Änderungen;
18. Artikel 1070 und 1071 über die Unterbrechung der Verjährung;
19. Artikel 1072–1078 und 1079 Absatz 1 über die Kraftloserklärung;
20. Artikel 1083–1085 über den Ausschluss von Respekttagen, den Ort der Vornahme wechselrechtlicher Handlungen und die eigenhändige Unterschrift;
21. Artikel 1086, 1088 und 1089 über den Geltungsbereich der Gesetze in Bezug auf Wechselfähigkeit, Handlungen zur Ausübung und Erhaltung des Wechselrechts und Ausübung der Rückgriffsrechte.

2 In Wegfall kommen bei diesen Artikeln die Bestimmungen, die sich auf die Annahme des Wechsels beziehen.

3 Die Artikel 1042 Absatz 1, 1043 Absätze 1 und 3 und 1047 werden für die Anwendung auf den Check in dem Sinne ergänzt, dass an die Stelle des Protestes die gleichbedeutende Feststellung nach Artikel 1128 Ziffern 2 und 3 treten kann.

Art. 1144

XIII. Vorbehalt besondern Rechtes

Vorbehalten bleiben die besondern Bestimmungen über den Postcheck.

Sechster Abschnitt: Wechselähnliche und andere Ordrepapiere

Art. 1145

A. Im Allgemeinen
I. Voraussetzungen

Ein Wertpapier gilt als Ordrepapier, wenn es an Ordre lautet oder vom Gesetze als Ordrepapier erklärt ist.[1]

Art. 1146

II. Einreden des Schuldners

1 Wer aus einem Ordrepapier in Anspruch genommen wird, kann sich nur solcher Einreden bedienen, die entweder gegen die Gültigkeit der Urkunde gerichtet sind oder aus der Urkunde selbst hervorgehen, sowie solcher, die ihm persönlich gegen den jeweiligen Gläubiger zustehen.

2 Einreden, die sich auf die unmittelbaren Beziehungen des Schuldners zum Aussteller oder zu einem frühern Inhaber gründen, sind zulässig, wenn der Inhaber bei dem Erwerb des Ordrepapiers bewusst zum Nachteil des Schuldners gehandelt hat.

[1] Z.B. Namenaktien und Namenschuldbriefe

Art. 1147

B. Wechselähnliche Papiere
I. Anweisungen an Ordre
1. Im Allgemeinen

Anweisungen, die im Texte der Urkunde nicht als Wechsel bezeichnet sind, aber ausdrücklich an Ordre lauten und im übrigen den Erfordernissen des gezogenen Wechsels entsprechen, stehen den gezogenen Wechseln gleich.

Art. 1148

2. Keine Annahmepflicht

1 Die Anweisung an Ordre ist nicht zur Annahme vorzulegen.

2 Wird sie trotzdem vorgelegt, aber ihre Annahme verweigert, so steht dem Inhaber ein Rückgriffsrecht aus diesem Grunde nicht zu.

Art. 1149

3. Folgen der Annahme

1 Wird die Anweisung an Ordre freiwillig angenommen, so steht der Annehmer der Anweisung dem Annehmer des gezogenen Wechsels gleich.

2 Der Inhaber kann jedoch nicht vor Verfall Rückgriff nehmen, wenn über den Angewiesenen der Konkurs eröffnet worden ist oder wenn der Angewiesene seine Zahlungen eingestellt hat oder wenn eine Zwangsvollstreckung in sein Vermögen fruchtlos verlaufen ist.

3 Ebenso steht dem Inhaber der Rückgriff vor Verfall nicht zu, wenn über den Anweisenden der Konkurs eröffnet worden ist.

Art. 1150

4. Keine Wechselbetreibung

Die Bestimmungen des Schuldbetreibungs- und Konkursgesetzes vom 11. April 1889 betreffend die Wechselbetreibung finden auf die Anweisung an Ordre keine Anwendung.

Art. 1151

II. Zahlungsversprechen an Ordre

1 Zahlungsversprechen, die im Texte der Urkunde nicht als Wechsel bezeichnet sind, aber ausdrücklich an Ordre lauten und im übrigen den Erfordernissen des eigenen Wechsels entsprechen, stehen den eigenen Wechseln gleich.

2 Für das Zahlungsversprechen an Ordre gelten jedoch die Bestimmungen über die Ehrenzahlung nicht.

3 Die Bestimmungen des Schuldbetreibungs- und Konkursgesetzes vom 11. April 1889 betreffend die Wechselbetreibung finden auf das Zahlungsversprechen an Ordre keine Anwendung.

Art. 1152

C. Andere indossierbare Papiere

1 Urkunden, in denen der Zeichner sich verpflichtet, nach Ort, Zeit und Summe bestimmte Geldzahlungen zu leisten oder bestimmte Mengen vertretbarer Sachen zu liefern, können, wenn sie ausdrücklich an Ordre lauten, durch Indossament übertragen werden.

2 Für diese Urkunden sowie für andere indossierbare Papiere, wie Lagerscheine, Warrants, Ladescheine, gelten die Vorschriften des Wechselrechtes über die Form des Indossaments, die Legitimation des Inhabers, die Kraftloserklärung sowie über die Pflicht des Inhabers zur Herausgabe.

3 Dagegen sind die Bestimmungen über den Wechselrückgriff auf solche Papiere nicht anwendbar.

Siebenter Abschnitt: Die Warenpapiere

Art. 1153

A. Erfordernisse

Warenpapiere, die von einem Lagerhalter oder Frachtführer als Wertpapier ausgestellt werden, müssen enthalten:

1. den Ort und den Tag der Ausstellung und die Unterschrift des Ausstellers;
2. den Namen und den Wohnort des Ausstellers;
3. den Namen und den Wohnort des Einlagerers oder des Absenders;
4. die Bezeichnung der eingelagerten oder aufgegebenen Ware nach Beschaffenheit, Menge und Merkzeichen;
5. die Gebühren und Löhne, die zu entrichten sind oder die vorausbezahlt wurden;
6. die besondern Vereinbarungen, die von den Beteiligten über die Behandlung der Ware getroffen worden sind;
7. die Zahl der Ausfertigungen des Warenpapiers;
8. die Angabe des Verfügungsberechtigten mit Namen oder an Ordre oder als Inhaber.

Art. 1154

B. Der Pfandschein

[1] Wird von mehreren Warenpapieren eines für die Pfandbestellung bestimmt, so muss es als Pfandschein (Warrant) bezeichnet sein und im Übrigen der Gestalt eines Warenpapiers entsprechen.

[2] Auf den andern Ausfertigungen ist die Ausstellung des Pfandscheines anzugeben und jede vorgenommene Verpfändung mit Forderungsbetrag und Verfalltag einzutragen.

Art. 1155

C. Bedeutung der Formvorschriften

[1] Scheine, die über lagernde oder verfrachtete Waren ausgestellt werden, ohne den gesetzlichen Formvorschriften für Warenpapiere zu entsprechen, werden nicht als Wertpapiere anerkannt, sondern gelten nur als Empfangsscheine oder andere Beweisurkunden.

[2] Scheine, die von Lagerhaltern ausgegeben werden, ohne dass die zuständige Behörde die vom Gesetz verlangte Bewilligung erteilt hat, sind, wenn sie den gesetzlichen Formvorschriften entsprechen, als Wertpapiere anzuerkennen. Ihre Aussteller unterliegen einer von der zuständigen kantonalen Behörde zu verhängenden Ordnungsbusse bis zu 1000 Franken.

Vierunddreissigster Titel: Anleihensobligationen

Erster Abschnitt: Prospektzwang bei Ausgabe von Anleihensobligationen

Art. 1156

[1] Anleihensobligationen dürfen nur auf Grund eines Prospektes öffentlich zur Zeichnung aufgelegt oder an der Börse eingeführt werden.

[2] Die Bestimmungen über den Prospekt bei Ausgabe neuer Aktien finden entsprechende Anwendung; überdies soll der Prospekt die nähern Angaben enthalten über das Anleihen, insbesondere die Verzinsungs- und Rückzahlungsbedingungen, die für die Obligationen bestellten besondern Sicherheiten und gegebenenfalls die Vertretung der Anleihensgläubiger.

3 Sind Obligationen ohne Zugrundelegung eines diesen Vorschriften entsprechenden Prospektes ausgegeben worden, oder enthält dieser unrichtige oder den gesetzlichen Erfordernissen nicht entsprechende Angaben, so sind die Personen, die absichtlich oder fahrlässig mitgewirkt haben, solidarisch für den Schaden haftbar.

Zweiter Abschnitt: Gläubigergemeinschaft bei Anleihensobligationen

Art. 1157

A. Voraussetzungen

1 Sind Anleihensobligationen von einem Schuldner, der in der Schweiz seinen Wohnsitz oder eine geschäftliche Niederlassung hat, mit einheitlichen Anleihensbedingungen unmittelbar oder mittelbar durch öffentliche Zeichnung ausgegeben, so bilden die Gläubiger von Gesetzes wegen eine Gläubigergemeinschaft.

2 Sind mehrere Anleihen ausgegeben, so bilden die Gläubiger jedes Anleihens eine besondere Gläubigergemeinschaft.

3 Die Vorschriften dieses Abschnittes sind nicht anwendbar auf Anleihen des Bundes, der Kantone, der Gemeinden und anderer Körperschaften und Anstalten des öffentlichen Rechts.

Art. 1158

B. Anleihensvertreter

I. Bestellung

1 Vertreter, die durch die Anleihensbedingungen bestellt sind, gelten mangels gegenteiliger Bestimmung als Vertreter sowohl der Gläubigergemeinschaft wie des Schuldners.

2 Die Gläubigerversammlung kann einen oder mehrere Vertreter der Gläubigergemeinschaft wählen.

3 Mehrere Vertreter üben, wenn es nicht anders bestimmt ist, die Vertretung gemeinsam aus.

Art. 1159

II. Befugnisse

1. Im Allgemeinen

1 Der Vertreter hat die Befugnisse, die ihm durch das Gesetz, die Anleihensbedingungen oder die Gläubigerversammlung übertragen werden.

2 Er verlangt vom Schuldner, wenn die Voraussetzungen vorliegen, die Einberufung einer Gläubigerversammlung, vollzieht deren Beschlüsse und vertritt die Gemeinschaft im Rahmen der ihn übertragenen Befugnisse.

3 Soweit der Vertreter zur Geltendmachung von Rechten der Gläubiger ermächtigt ist, sind die einzelnen Gläubiger zur selbständigen Ausübung ihrer Rechte nicht befugt.

Art. 1160

2. Kontrolle des Schuldners

1 Solange der Schuldner sich mit der Erfüllung seiner Verpflichtungen aus dem Anleihen im Rückstande befindet, ist der Vertreter der Gläubigergemeinschaft befugt, vom Schuldner alle Aufschlüsse zu verlangen, die für die Gemeinschaft von Interesse sind.

2 Ist eine Aktiengesellschaft, Kommanditaktiengesellschaft, Gesellschaft mit beschränkter Haftung oder Genossenschaft Schuldnerin, so kann der Vertreter unter den gleichen Voraussetzungen an den Verhandlungen ihrer Organe mit beratender Stimme teilnehmen, soweit Gegenstände behandelt werden, welche die Interessen der Anleihensgläubiger berühren.

3 Der Vertreter ist zu solchen Verhandlungen einzuladen und hat Anspruch auf rechtzeitige Mitteilung der für die Verhandlungen massgebenden Grundlagen.

Art. 1161

3. Bei pfandgesicherten Anleihen

[1] Ist für ein Anleihen mit Grundpfandrecht oder mit Fahrnispfand ein Vertreter des Schuldners und der Gläubiger bestellt worden, so stehen ihm die gleichen Befugnisse zu wie dem Pfandhalter nach Grundpfandrecht.

[2] Der Vertreter hat die Rechte der Gläubiger, des Schuldners und des Eigentümers der Pfandsache mit aller Sorgfalt und Unparteilichkeit zu wahren.

Art. 1162

III. Dahinfallen der Vollmacht

[1] Die Gläubigerversammlung kann die Vollmacht, die sie einem Vertreter erteilt hat, jederzeit widerrufen oder abändern.

[2] Die Vollmacht eines durch die Anleihensbedingungen bestellten Vertreters kann durch einen Beschluss der Gläubigergemeinschaft mit Zustimmung des Schuldners jederzeit widerrufen oder abgeändert werden.

[3] Der Richter kann aus wichtigen Gründen auf Antrag eines Anleihensgläubigers oder des Schuldners die Vollmacht als erloschen erklären.

[4] Fällt die Vollmacht aus irgendeinem Grunde dahin, so trifft auf Verlangen eines Anleihensgläubigers oder des Schuldners der Richter die zum Schutze der Anleihensgläubiger und des Schuldners notwendigen Anordnungen.

Art. 1163

IV. Kosten

[1] Die Kosten einer in den Anleihensbedingungen vorgesehenen Vertretung sind vom Anleihensschuldner zu tragen.

[2] Die Kosten einer von der Gläubigergemeinschaft gewählten Vertretung werden aus den Leistungen des Anleihensschuldners gedeckt und allen Anleihensgläubigern nach Massgabe des Nennwertes der Obligationen, die sie besitzen, in Abzug gebracht.

Art. 1164

C. Gläubigerversammlung
I. Im Allgemeinen

[1] Die Gläubigergemeinschaft ist befugt, in den Schranken des Gesetzes die geeigneten Massnahmen zur Wahrung der gemeinsamen Interessen der Anleihensgläubiger, insbesondere gegenüber einer Notlage des Schuldners, zu treffen.

[2] Die Beschlüsse der Gläubigergemeinschaft werden von der Gläubigerversammlung gefasst und sind gültig, wenn die Voraussetzungen erfüllt sind, die das Gesetz im Allgemeinen oder für einzelne Massnahmen vorsieht.

[3] Soweit rechtsgültige Beschlüsse der Gläubigerversammlung entgegenstehen, können die einzelnen Anleihensgläubiger ihre Rechte nicht mehr selbständig geltend machen.

[4] Die Kosten der Einberufung und der Abhaltung der Gläubigerversammlung trägt der Schuldner.

Art. 1165

II. Einberufung
1. Im Allgemeinen

[1] Die Gläubigerversammlung wird durch den Schuldner einberufen.

[2] Der Schuldner ist verpflichtet, sie binnen 20 Tagen einzuberufen, wenn Anleihensgläubiger, denen zusammen der zwanzigste Teil des im Umlauf befindlichen Kapitals zusteht, oder der Anleihensvertreter die Einberufung schriftlich und unter Angabe des Zweckes und der Gründe verlangen.

[3] Entspricht der Schuldner diesem Begehren nicht, so kann das Gericht die Gesuchsteller ermächtigen, von sich aus eine Gläubigerversammlung einzuberufen. Zwingend zuständig ist das Gericht am gegenwärtigen oder letzten Sitz des Schuldners in der Schweiz.

[4] Hat oder hatte der Schuldner nur eine Niederlassung in der Schweiz, so ist das Gericht am Ort dieser Niederlassung zwingend zuständig.

Art. 1166

2. Stundung

[1] Vom Zeitpunkte der ordnungsmässigen Veröffentlichung der Einladung zur Gläubigerversammlung an bis zur rechtskräftigen Beendigung des Verfahrens vor der Nachlassbehörde bleiben die fälligen Ansprüche der Anleihensgläubiger gestundet.

[2] Diese Stundung gilt nicht als Zahlungseinstellung im Sinne des Schuldbetreibungs- und Konkursgesetzes vom 11. April 1889; eine Konkurseröffnung ohne vorgängige Betreibung kann nicht verlangt werden.

[3] Während der Dauer der Stundung ist der Lauf der Verjährungs- und Verwirkungsfristen, welche durch Betreibung unterbrochen werden können, für die fälligen Ansprüche der Anleihensgläubiger gehemmt.

[4] Missbraucht der Schuldner das Recht auf Stundung, so kann sie von der oberen kantonalen Nachlassbehörde auf Begehren eines Anleihensgläubigers aufgehoben werden.

Art. 1167

III. Abhaltung
1. Stimmrecht

[1] Stimmberechtigt ist der Eigentümer einer Obligation oder sein Vertreter, bei in Nutzniessung stehenden Obligationen jedoch der Nutzniesser oder sein Vertreter. Der Nutzniesser wird aber dem Eigentümer ersatzpflichtig, wenn er bei der Ausübung des Stimmrechts auf dessen Interessen nicht in billiger Weise Rücksicht nimmt.

[2] Obligationen, die im Eigentum oder in der Nutzniessung des Schuldners stehen, gewähren kein Stimmrecht. Sind hingegen Obligationen verpfändet, die dem Schuldner gehören, so steht das Stimmrecht dem Pfandgläubiger zu.

[3] Ein dem Schuldner an Obligationen zustehendes Pfandrecht oder Retentionsrecht schliesst das Stimmrecht ihres Eigentümers nicht aus.

Art. 1168

2. Vertretung einzelner Anleihensgläubiger

[1] Zur Vertretung von Anleihensgläubigern bedarf es, sofern die Vertretung nicht auf Gesetz beruht, einer schriftlichen Vollmacht.

[2] Die Ausübung der Vertretung der stimmberechtigten Anleihensgläubiger durch den Schuldner ist ausgeschlossen.

Art. 1169

IV. Verfahrensvorschriften

Der Bundesrat erlässt die Vorschriften über die Einberufung der Gläubigerversammlung, die Mitteilung der Tagesordnung, die Ausweise zur Teilnahme an der Gläubigerversammlung, die Leitung der Versammlung, die Beurkundung und die Mitteilung der Beschlüsse.

Art. 1170

D. Gemeinschaftsbeschlüsse
I. Eingriffe in die Gläubigerrechte
1. Zulässigkeit und erforderliche Mehrheit
a. Bei nur einer Gemeinschaft

[1] Eine Mehrheit von mindestens zwei Dritteln des im Umlauf befindlichen Kapitals ist zur Gültigkeit des Beschlusses erforderlich, wenn es sich um folgende Massnahmen handelt:

1. Stundung von Zinsen für die Dauer von höchstens fünf Jahren, mit der Möglichkeit der zweimaligen Verlängerung der Stundung um je höchstens fünf Jahre;
2. Erlass von höchstens fünf Jahreszinsen innerhalb eines Zeitraumes von sieben Jahren;

3. Ermässigung des Zinsfusses bis zur Hälfte des in den Anleihensbedingungen vereinbarten Satzes oder Umwandlung eines festen Zinsfusses in einen vom Geschäftsergebnis abhängigen Zinsfuss, beides für höchstens zehn Jahre, mit der Möglichkeit der Verlängerung um höchstens fünf Jahre;
4. Verlängerung der Amortisationsfrist um höchstens zehn Jahre durch Herabsetzung der Annuität oder Erhöhung der Zahl der Rückzahlungsquoten oder vorübergehende Einstellung dieser Leistungen, mit der Möglichkeit der Erstreckung um höchstens fünf Jahre;
5. Stundung eines fälligen oder binnen fünf Jahren verfallenden Anleihens oder von Teilbeträgen eines solchen auf höchstens zehn Jahre, mit der Möglichkeit der Verlängerung um höchstens fünf Jahre;
6. Ermächtigung zu einer vorzeitigen Rückzahlung des Kapitals;
7. Einräumung eines Vorgangspfandrechts für dem Unternehmen neu zugeführtes Kapital sowie Änderung an den für ein Anleihen bestellten Sicherheiten oder gänzlicher oder teilweiser Verzicht auf solche;
8. Zustimmung zu einer Änderung der Bestimmungen über Beschränkung der Obligationenausgabe im Verhältnis zum Aktienkapital;
9. Zustimmung zu einer gänzlichen oder teilweisen Umwandlung von Anleihensobligationen in Aktien.

2 Diese Massnahmen können miteinander verbunden werden.

Art. 1171

b. Bei mehreren Gemeinschaften

1 Bei einer Mehrheit von Gläubigergemeinschaften kann der Schuldner eine oder mehrere der im vorangehenden Artikel vorgesehenen Massnahmen den Gemeinschaften gleichzeitig unterbreiten, im ersten Falle mit dem Vorbehalte, dass die Massnahme nur gültig sein soll, falls sie von allen Gemeinschaften angenommen wird, im zweiten Falle mit dem weitern Vorbehalte, dass die Gültigkeit jeder Massnahme von der Annahme der übrigen abhängig ist.

2 Die Vorschläge gelten als angenommen, wenn sie die Zustimmung der Vertretung von mindestens zwei Dritteln des im Umlauf befindlichen Kapitals aller dieser Gläubigergemeinschaften zusammen gefunden haben, gleichzeitig von der Mehrheit der Gemeinschaften angenommen worden sind und in jeder Gemeinschaft mindestens die einfache Mehrheit des vertretenen Kapitals zugestimmt hat.

Art. 1172

c. Feststellung der Mehrheit

1 Für die Feststellung des im Umlauf befindlichen Kapitals fallen Anleihensobligationen, die kein Stimmrecht gewähren, ausser Betracht.

2 Erreicht ein Antrag in der Gläubigerversammlung nicht die erforderliche Stimmenzahl, so kann der Schuldner die fehlenden Stimmen durch schriftliche und beglaubigte Erklärungen binnen zwei Monaten nach dem Versammlungstage beim Leiter der Versammlung beibringen und dadurch einen gültigen Beschluss herstellen.

Art. 1173

2. Beschränkungen
a. Im Allgemeinen

1 Kein Anleihensgläubiger kann durch Gemeinschaftsbeschluss verpflichtet werden, andere als die in Artikel 1170 vorgesehenen Eingriffe in die Gläubigerrechte zu dulden oder Leistungen zu machen, die weder in den Anleihensbedingungen vorgesehen noch mit ihm bei der Begebung der Obligation vereinbart worden sind.

2 Zu einer Vermehrung der Gläubigerrechte ist die Gläubigergemeinschaft ohne Zustimmung des Schuldners nicht befugt.

Art. 1174

b. Gleichbehandlung

[1] Die einer Gemeinschaft angehörenden Gläubiger müssen alle gleichmässig von den Zwangsbeschlüssen betroffen werden, es sei denn, dass jeder etwa ungünstiger behandelte Gläubiger ausdrücklich zustimmt.

[2] Unter Pfandgläubigern darf die bisherige Rangordnung ohne deren Zustimmung nicht abgeändert werden. Vorbehalten bleibt Artikel 1170 Ziffer 7.

[3] Zusicherungen oder Zuwendungen an einzelne Gläubiger, durch die sie gegenüber andern der Gemeinschaft angehörenden Gläubigern begünstigt werden, sind ungültig.

Art. 1175

c. Status und Bilanz

Ein Antrag auf Ergreifung der in Artikel 1170 genannten Massnahmen darf vom Schuldner nur eingebracht und von der Gläubigerversammlung nur in Beratung gezogen werden auf Grund eines auf den Tag der Gläubigerversammlung aufgestellten Status oder einer ordnungsgemäss errichteten und gegebenenfalls von der Revisionsstelle als richtig bescheinigten Bilanz, die auf einen höchstens sechs Monate zurückliegenden Zeitpunkt abgeschlossen ist.

Art. 1176

3. Genehmigung
a. Im Allgemeinen

[1] Die Beschlüsse, die einen Eingriff in Gläubigerrechte enthalten, sind nur wirksam und für die nicht zustimmenden Anleihensgläubiger verbindlich, wenn sie von der oberen kantonalen Nachlassbehörde genehmigt worden sind.

[2] Der Schuldner hat sie dieser Behörde innerhalb eines Monats seit dem Zustandekommen zur Genehmigung zu unterbreiten.

[3] Die Zeit der Verhandlung wird öffentlich bekanntgemacht mit der Anzeige an die Anleihensgläubiger, dass sie ihre Einwendungen schriftlich oder in der Verhandlung auch mündlich anbringen können.

[4] Die Kosten des Genehmigungsverfahrens trägt der Schuldner.

Art. 1177

b. Voraussetzungen

Die Genehmigung darf nur verweigert werden:

1. wenn die Vorschriften über die Einberufung und das Zustandekommen der Beschlüsse der Gläubigerversammlung verletzt worden sind;
2. wenn der zur Abwendung einer Notlage des Schuldners gefasste Beschluss sich als nicht notwendig herausstellt;
3. wenn die gemeinsamen Interessen der Anleihensgläubiger nicht genügend gewahrt sind;
4. wenn der Beschluss auf unredliche Weise zustande gekommen ist.

Art. 1178

c. Weiterzug

[1] Wird die Genehmigung erteilt, so kann sie von jedem Anleihensgläubiger, der dem Beschluss nicht zugestimmt hat, innerhalb 30 Tagen beim Bundesgericht wegen Gesetzesverletzung oder Unangemessenheit angefochten werden, wobei das für die Rechtspflege in Schuldbetreibungs- und Konkurssachen vorgesehene Verfahren Anwendung findet.

[2] Ebenso kann der Entscheid, mit dem die Genehmigung verweigert wird, von einem Anleihensgläubiger, der dem Beschluss zugestimmt hat, oder vom Schuldner angefochten werden.

Art. 1179

d. Widerruf

[1] Stellt sich nachträglich heraus, dass der Beschluss der Gläubigerversammlung auf unredliche Weise zustande gekommen ist, so kann die obere kantonale Nachlassbehörde auf Begehren eines Anleihensgläubigers die Genehmigung ganz oder teilweise widerrufen.

[2] Das Begehren ist binnen sechs Monaten, nachdem der Anleihensgläubiger vom Anfechtungsgrunde Kenntnis erhalten hat, zu stellen.

[3] Der Widerruf kann vom Schuldner und von jedem Anleihensgläubiger innerhalb 30 Tagen beim Bundesgericht wegen Gesetzesverletzung oder Unangemessenheit in dem für die Rechtspflege in Schuldbetreibungs- und Konkurssachen vorgesehenen Verfahren angefochten werden. Ebenso kann die Verweigerung des Widerrufs von jedem Anleihensgläubiger, der den Widerruf verlangt hat, angefochten werden.

Art. 1180

II. Andere Beschlüsse
1. Vollmacht des Anleihensvertreters

[1] Die Zustimmung der Vertretung von mehr als der Hälfte des im Umlauf befindlichen Kapitals ist erforderlich für den Widerruf und für die Abänderung der einem Anleihensvertreter erteilten Vollmacht.

[2] Der gleichen Mehrheit bedarf ein Beschluss, durch welchen einem Anleihensvertreter Vollmacht zur einheitlichen Wahrung der Rechte der Anleihensgläubiger im Konkurs erteilt wird.

Art. 1181

2. Die übrigen Fälle

[1] Für Beschlüsse, die weder in die Gläubigerrechte eingreifen noch den Gläubigern Leistungen auferlegen, genügt die absolute Mehrheit der vertretenen Stimmen, soweit das Gesetz es nicht anders bestimmt oder die Anleihensbedingungen nicht strengere Bestimmungen aufstellen.

[2] Diese Mehrheit berechnet sich in allen Fällen nach dem Nennwert des in der Versammlung vertretenen stimmberechtigten Kapitals.

Art. 1182

3. Anfechtung

Beschlüsse im Sinne der Artikel 1180 und 1181, die das Gesetz oder vertragliche Vereinbarungen verletzen, können von jedem Anleihensgläubiger der Gemeinschaft, der nicht zugestimmt hat, binnen 30 Tagen, nachdem er von ihnen Kenntnis erhalten hat, beim Richter angefochten werden.

Art. 1183

E. Besondere Anwendungsfälle
I. Konkurs des Schuldners

[1] Gerät ein Anleihensschuldner in Konkurs, so beruft die Konkursverwaltung unverzüglich eine Versammlung der Anleihensgläubiger ein, die dem bereits ernannten oder einem von ihr zu ernennenden Vertreter die Vollmacht zur einheitlichen Wahrung der Rechte der Anleihensgläubiger im Konkursverfahren erteilt.

[2] Kommt kein Beschluss über die Erteilung einer Vollmacht zustande, so vertritt jeder Anleihensgläubiger seine Rechte selbständig.

Art. 1184

II. Nachlassvertrag

[1] Im Nachlassverfahren wird unter Vorbehalt der Vorschriften über die pfandversicherten Anleihen ein besonderer Beschluss der Anleihensgläubiger über die Stellungnahme zum Nachlassvertrag nicht gefasst, und es gelten für ihre Zustimmung ausschliesslich die Vorschriften des Schuldbetreibungs- und Konkursgesetzes vom 11. April 1889.

2 Auf die pfandversicherten Anleihensgläubiger kommen, soweit eine über die Wirkungen des Nachlassverfahrens hinausgehende Einschränkung ihrer Gläubigerrechte stattfinden soll, die Bestimmungen über die Gläubigergemeinschaft zur Anwendung.

Art. 1185

III. Anleihen von Eisenbahn- oder Schifffahrtsunternehmungen

1 Auf die Anleihensgläubiger einer Eisenbahn- oder Schifffahrtsunternehmung sind die Bestimmungen des gegenwärtigen Abschnittes unter Vorbehalt der nachfolgenden besondern Vorschriften anwendbar.

2 Das Gesuch um Einberufung einer Gläubigerversammlung ist an das Bundesgericht zu richten.

3 Für die Einberufung der Gläubigerversammlung, die Beurkundung, die Genehmigung und die Ausführung ihrer Beschlüsse ist das Bundesgericht zuständig.

4 Das Bundesgericht kann nach Eingang des Gesuches um Einberufung einer Gläubigerversammlung eine Stundung mit den in Artikel 1166 vorgesehenen Wirkungen anordnen.

Art. 1186

F. Zwingendes Recht

1 Die Rechte, die das Gesetz der Gläubigergemeinschaft und dem Anleihensvertreter zuweist, können durch die Anleihensbedingungen oder durch besondere Abreden zwischen den Gläubigen und dem Schuldner weder ausgeschlossen noch beschränkt werden.

2 Die erschwerenden Bestimmungen der Anleihensbedingungen über das Zustandekommen der Beschlüsse der Gläubigerversammlung bleiben vorbehalten.

Schluss- und Übergangsbestimmungen

Die Schluss- und Übergangsbestimmungen sind nicht abgedruckt.

SchKG

Inhaltsübersicht

Bundesgesetz über Schuldbetreibung und Konkurs (SchKG)

vom 11. April 1889 (Stand am 1. Januar 2014)
SR 281.1

Die Bundesversammlung der Schweizerischen Eidgenossenschaft,
gestützt auf Artikel 64 der Bundesverfassung
beschliesst:

Erster Titel: Allgemeine Bestimmungen

I. Organisation

Art. 1

A. Betreibungs- und Konkurskreise

[1] Das Gebiet jedes Kantons bildet für die Durchführung der Schuldbetreibungen und der Konkurse einen oder mehrere Kreise.

[2] Die Kantone bestimmen die Zahl und die Grösse dieser Kreise.

[3] Ein Konkurskreis kann mehrere Betreibungskreise[1] umfassen.

Art. 2

B. Betreibungs- und Konkursämter
1. Organisation

[1] In jedem Betreibungskreis besteht ein Betreibungsamt, das vom Betreibungsbeamten geleitet wird.

[2] In jedem Konkurskreis besteht ein Konkursamt, das vom Konkursbeamten geleitet wird.

[3] Jeder Betreibungs- und Konkursbeamte hat einen Stellvertreter, der ihn ersetzt, wenn er in Ausstand tritt oder an der Leitung des Amtes verhindert ist.

[4] Das Betreibungs- und das Konkursamt können zusammengelegt und vom gleichen Beamten geleitet werden.

[5] Die Kantone bestimmen im Übrigen die Organisation der Betreibungs- und der Konkursämter.

Art. 3

2. Besoldung

Die Besoldung[2] der Betreibungs- und der Konkursbeamten sowie ihrer Stellvertreter ist Sache der Kantone.

Art. 4

C. Rechtshilfe

[1] Die Betreibungs- und die Konkursämter nehmen auf Verlangen von Ämtern, ausseramtlichen Konkursverwaltungen, Sachwaltern und Liquidatoren eines andern Kreises Amtshandlungen vor.

[2] Mit Zustimmung des örtlich zuständigen Amtes können Betreibungs- und Konkursämter, ausseramtliche Konkursverwaltungen, Sachwalter und Liquidatoren auch ausserhalb ihres Kreises Amtshandlungen vornehmen. Für die Zustellung von

[1] Vgl. SchKG 2 Abs. 4
[2] Möglichkeit, die Gebühren direkt den Beamten zukommen zu lassen (Sportelsystem)

Betreibungsurkunden anders als durch die Post sowie für die Pfändung, die öffentliche Versteigerung und den Beizug der Polizei ist jedoch allein das Amt am Ort zuständig, wo die Handlung vorzunehmen ist.

Art. 4a

Cbis. Verfahren in einem sachlichen Zusammenhang

1 Bei Konkursen und Nachlassverfahren, die in einem sachlichen Zusammenhang stehen, koordinieren die beteiligten Zwangsvollstreckungsorgane, Aufsichtsbehörden und Gerichte ihre Handlungen soweit als möglich.

2 Die beteiligten Konkurs- und Nachlassgerichte sowie die Aufsichtsbehörden können im gegenseitigen Einvernehmen eine einheitliche Zuständigkeit für alle Verfahren bezeichnen.

Art. 5

D. Haftung
1. Grundsatz

1 Der Kanton haftet für den Schaden, den die Beamten und Angestellten, ihre Hilfspersonen, die ausseramtlichen Konkursverwaltungen, die Sachwalter, die Liquidatoren, die Aufsichts- und Gerichtsbehörden sowie die Polizei bei der Erfüllung der Aufgaben, die ihnen dieses Gesetz zuweist, widerrechtlich verursachen.

2 Der Geschädigte hat gegenüber dem Fehlbaren keinen Anspruch.

3 Für den Rückgriff des Kantons auf die Personen, die den Schaden verursacht haben, ist das kantonale Recht massgebend.

4 Wo die Schwere der Verletzung es rechtfertigt, besteht zudem Anspruch auf Genugtuung.

Art. 6

2. Verjährung

1 Der Anspruch auf Schadenersatz verjährt[1] in einem Jahr von dem Tage hinweg, an welchem der Geschädigte von der Schädigung Kenntnis erlangt hat, jedenfalls aber mit dem Ablauf von zehn Jahren von dem Tage der Schädigung an[2] gerechnet.

2 Wird jedoch der Schadenersatzanspruch aus einer strafbaren Handlung hergeleitet, für die das Strafrecht eine längere Verjährung vorschreibt, so gilt diese auch für ihn.

Art. 7

3. Zuständigkeit des Bundesgerichts

Wird eine Schadenersatzklage mit widerrechtlichem Verhalten der oberen kantonalen Aufsichtsbehörden oder des oberen kantonalen Nachlassgerichts begründet, so ist das Bundesgericht als einzige Instanz zuständig.

Art. 8

E. Protokolle und Register
1. Führung, Beweiskraft und Berichtigung

1 Die Betreibungs- und die Konkursämter führen über ihre Amtstätigkeiten sowie die bei ihnen eingehenden Begehren und Erklärungen Protokoll; sie führen die Register.

2 Die Protokolle und Register sind bis zum Beweis des Gegenteils für ihren Inhalt beweiskräftig.

3 Das Betreibungsamt berichtigt einen fehlerhaften Eintrag von Amtes wegen oder auf Antrag einer betroffenen Person.

1 Vgl. OR 127 ff.
2 Vgl. OR 60

Art. 8a

2. Einsichtsrecht

[1] Jede Person, die ein Interesse[1] glaubhaft macht, kann die Protokolle und Register der Betreibungs- und der Konkursämter einsehen und sich Auszüge daraus geben lassen.

[2] Ein solches Interesse ist insbesondere dann glaubhaft gemacht, wenn das Auskunftsgesuch in unmittelbarem Zusammenhang mit dem Abschluss oder der Abwicklung eines Vertrages erfolgt.

[3] Die Ämter geben Dritten von einer Betreibung keine Kenntnis, wenn:

a. die Betreibung nichtig ist oder aufgrund einer Beschwerde oder eines gerichtlichen Entscheids aufgehoben worden ist;

b. der Schuldner mit einer Rückforderungsklage obsiegt hat;

c. der Gläubiger die Betreibung zurückgezogen hat.

[4] Das Einsichtsrecht Dritter erlischt fünf Jahre nach Abschluss des Verfahrens. Gerichts- und Verwaltungsbehörden können im Interesse eines Verfahrens, das bei ihnen hängig ist, weiterhin Auszüge verlangen.

Art. 9

F. Aufbewahrung von Geld oder Wertsachen

Die Betreibungs- und die Konkursämter haben Geldsummen, Wertpapiere und Wertsachen, über welche nicht binnen drei Tagen nach dem Eingange verfügt wird, der Depositenanstalt[2] zu übergeben.

Art. 10

G. Ausstandspflicht

[1] Die Beamten und Angestellten der Betreibungs- und der Konkursämter sowie die Mitglieder der Aufsichtsbehörden dürfen keine Amtshandlungen vornehmen:

1. in eigener Sache;
2. in Sachen ihrer Ehegatten, eingetragenen Partnerinnen oder Partner oder von Personen, mit denen sie eine faktische Lebensgemeinschaft führen;

2bis. in Sachen von Verwandten und Verschwägerten in gerader Linie oder bis zum dritten Grade in der Seitenlinie;

3. in Sachen einer Person, deren gesetzliche Vertreter, Bevollmächtigte oder Angestellte sie sind;
4. in Sachen, in denen sie aus anderen Gründen befangen sein könnten.

[2] Der Betreibungs- oder der Konkursbeamte, der in Ausstand treten muss, übermittelt ein an ihn gerichtetes Begehren sofort seinem Stellvertreter und benachrichtigt davon den Gläubiger durch uneingeschriebenen Brief.

Art. 11

H. Verbotene Rechtsgeschäfte

Die Beamten und Angestellten der Betreibungs- und der Konkursämter dürfen über die vom Amt einzutreibenden Forderungen oder die von ihm zu verwertenden Gegenstände keine Rechtsgeschäfte auf eigene Rechnung abschliessen. Rechtshandlungen, die gegen diese Vorschrift verstossen, sind nichtig.[3]

1 Grundsatz der beschränkten Öffentlichkeit
2 I.d.R. Kantonalbank
3 Vgl. OR 20

Art. 12

I. Zahlungen an das Betreibungsamt

[1] Das Betreibungsamt hat Zahlungen für Rechnung des betreibenden Gläubigers entgegenzunehmen.

[2] Die Schuld erlischt durch die Zahlung an das Betreibungsamt.[1]

Art. 13

K. Aufsichtsbehörden
1. Kantonale
a. Bezeichnung

[1] Zur Überwachung der Betreibungs- und der Konkursämter hat jeder Kanton eine Aufsichtsbehörde zu bezeichnen.

[2] Die Kantone können überdies für einen oder mehrere Kreise untere Aufsichtsbehörden bestellen.

Art. 14

b. Geschäftsprüfung und Disziplinarmassnahmen

[1] Die Aufsichtsbehörde hat die Geschäftsführung jedes Amtes alljährlich mindestens einmal zu prüfen.

[2] Gegen einen Beamten oder Angestellten können folgende Disziplinarmassnahmen getroffen werden:

1. Rüge;
2. Geldbusse bis zu 1000 Franken;
3. Amtseinstellung für die Dauer von höchstens sechs Monaten;
4. Amtsentsetzung.

Art. 15

2. Bundesrat

[1] Der Bundesrat übt die Oberaufsicht über das Schuldbetreibungs- und Konkurswesen aus und sorgt für die gleichmässige Anwendung dieses Gesetzes.

[2] Er erlässt die zur Vollziehung dieses Gesetzes erforderlichen Verordnungen und Reglemente.

[3] Er kann an die kantonalen Aufsichtsbehörden Weisungen erlassen und von denselben jährliche Berichte verlangen.

[4] *Aufgehoben.*

[5] Er koordiniert die elektronische Kommunikation zwischen den Betreibungs- und Konkursämtern, den Grundbuch- und Handelsregisterämtern, den Gerichten und dem Publikum.

Art. 16

L. Gebühren

[1] Der Bundesrat setzt den Gebührentarif[2] fest.

[2] Die im Betreibungs- und Konkursverfahren errichteten Schriftstücke sind stempelfrei.

Art. 17

M. Beschwerde
1. An die Aufsichtsbehörde

[1] Mit Ausnahme der Fälle, in denen dieses Gesetz den Weg der gerichtlichen Klage[3] vorschreibt, kann gegen jede Verfügung eines Betreibungs- oder eines Konkursamtes bei der Aufsichtsbehörde wegen Gesetzesverletzung oder Unangemessenheit Beschwerde geführt werden.

1 Vgl. OR 114
2 Gebührenverordnung zum SchKG (SR 281.35)
3 Klage: Gericht; Beschwerde: vorgesetzte Behörde; Einsprache: gleiche Behörde (vgl. SchKG 278)

[2] Die Beschwerde muss binnen zehn Tagen seit dem Tage, an welchem der Beschwerdeführer von der Verfügung Kenntnis erhalten hat, angebracht werden.

[3] Wegen Rechtsverweigerung oder Rechtsverzögerung kann jederzeit Beschwerde geführt werden.

[4] Das Amt kann bis zu seiner Vernehmlassung die angefochtene Verfügung in Wiedererwägung ziehen. Trifft es eine neue Verfügung, so eröffnet es sie unverzüglich den Parteien und setzt die Aufsichtsbehörde in Kenntnis.

Art. 18

2. An die obere Aufsichtsbehörde

[1] Der Entscheid einer unteren Aufsichtsbehörde kann innert zehn Tagen nach der Eröffnung an die obere kantonale Aufsichtsbehörde weitergezogen werden.

[2] Wegen Rechtsverweigerung oder Rechtsverzögerung kann gegen eine untere Aufsichtsbehörde jederzeit bei der oberen kantonalen Aufsichtsbehörde Beschwerde geführt werden.

Art. 19

3. An das Bundesgericht

Die Beschwerde an das Bundesgericht richtet sich nach dem Bundesgerichtsgesetz vom 17. Juni 2005.

Art. 20

4. Beschwerdefristen bei Wechselbetreibung

Bei der Wechselbetreibung betragen die Fristen für Anhebung der Beschwerde und Weiterziehung derselben bloss fünf Tage; die Behörde hat die Beschwerde binnen fünf Tagen zu erledigen.

Art. 20a

5. Verfahren vor kantonalen Aufsichtsbehörden

[1] *Aufgehoben.*

[2] Für das Verfahren vor den kantonalen Aufsichtsbehörden gelten die folgenden Bestimmungen:

1. Die Aufsichtsbehörden haben sich in allen Fällen, in denen sie in dieser Eigenschaft handeln, als solche und gegebenenfalls als obere oder untere Aufsichtsbehörde zu bezeichnen.
2. Die Aufsichtsbehörde stellt den Sachverhalt von Amtes wegen fest. Sie kann die Parteien zur Mitwirkung anhalten und braucht auf deren Begehren nicht einzutreten, wenn sie die notwendige und zumutbare Mitwirkung verweigern.
3. Die Aufsichtsbehörde würdigt die Beweise frei; unter Vorbehalt von Artikel 22 darf sie nicht über die Anträge der Parteien hinausgehen.
4. Der Beschwerdeentscheid wird begründet, mit einer Rechtsmittelbelehrung versehen und den Parteien, dem betroffenen Amt und allfälligen weiteren Beteiligten schriftlich eröffnet.
5. Die Verfahren sind kostenlos. Bei böswilliger oder mutwilliger Prozessführung können einer Partei oder ihrem Vertreter Bussen bis zu 1500 Franken sowie Gebühren und Auslagen auferlegt werden.

[3] Im Übrigen regeln die Kantone das Verfahren.

Art. 21

6. Beschwerdeentscheid

Die Behörde, welche eine Beschwerde begründet erklärt, verfügt die Aufhebung oder die Berichtigung der angefochtenen Handlung; sie ordnet die Vollziehung von Handlungen an, deren Vornahme der Beamte unbegründetermassen verweigert oder verzögert.

Art. 22

N. Nichtige Verfügungen

1 Verstossen Verfügungen gegen Vorschriften, die im öffentlichen Interesse oder im Interesse von am Verfahren nicht beteiligten Personen erlassen worden sind, so sind sie nichtig. Unabhängig davon, ob Beschwerde geführt worden ist, stellen die Aufsichtsbehörden von Amtes wegen die Nichtigkeit einer Verfügung fest.

2 Das Amt kann eine nichtige Verfügung durch Erlass einer neuen Verfügung ersetzen. Ist bei der Aufsichtsbehörde ein Verfahren im Sinne von Absatz 1 hängig, so steht dem Amt diese Befugnis bis zur Vernehmlassung zu.

Art. 23

O. Kantonale Ausführungsbestimmungen
1. Richterliche Behörden

Die Kantone bezeichnen die richterlichen Behörden, welche für die in diesem Gesetze dem Richter zugewiesenen Entscheidungen zuständig sind.

Art. 24

2. Depositenanstalten

Die Kantone bezeichnen die Anstalten[1], welche gehalten sind, in den in diesem Gesetze vorgesehenen Fällen Depositen anzunehmen (Depositenanstalten). Sie haften für die von diesen Anstalten verwahrten Depositen.

Art. 25

3. …

Aufgehoben.

Art. 26

4. Öffentlich-rechtliche Folgen der fruchtlosen Pfändung und des Konkurses

1 Die Kantone können, soweit nicht Bundesrecht anwendbar ist, an die fruchtlose Pfändung und die Konkurseröffnung öffentlich-rechtliche Folgen (wie Unfähigkeit zur Bekleidung öffentlicher Ämter, zur Ausübung bewilligungspflichtiger Berufe und Tätigkeiten) knüpfen. Ausgeschlossen sind die Einstellung im Stimmrecht und im aktiven Wahlrecht sowie die Publikation der Verlustscheine.

2 Die Rechtsfolgen sind aufzuheben, wenn der Konkurs widerrufen wird, wenn sämtliche Verlustscheingläubiger befriedigt oder ihre Forderungen verjährt sind.

3 Kommt als einziger Gläubiger der Ehegatte, die eingetragene Partnerin oder der eingetragene Partner des Schuldners zu Verlust, so dürfen keine öffentlich-rechtlichen Folgen der fruchtlosen Pfändung oder des Konkurses ausgesprochen werden.

Art. 27

5. Gewerbsmässige Vertretung

1 Die Kantone können die gewerbsmässige Vertretung der am Zwangsvollstreckungsverfahren Beteiligten regeln. Sie können insbesondere:

1. vorschreiben, dass Personen, die diese Tätigkeit ausüben wollen, ihre berufliche Fähigkeit und ihre Ehrenhaftigkeit nachweisen müssen;
2. eine Sicherheitsleistung verlangen;
3. die Entschädigungen für die gewerbsmässige Vertretung festlegen.

2 Wer in einem Kanton zur gewerbsmässigen Vertretung zugelassen ist, kann die Zulassung in jedem Kanton verlangen, sofern seine berufliche Fähigkeit und seine Ehrenhaftigkeit in angemessener Weise geprüft worden sind.

3 Niemand kann verpflichtet werden, einen gewerbsmässigen Vertreter zu bestellen. Die Kosten der Vertretung dürfen nicht dem Schuldner überbunden werden.

1 I.d.R. Kantonalbanken

Art. 28

P. Bekanntmachung der kantonalen Organisation

1 Die Kantone geben dem Bundesrat die Betreibungs- und Konkurskreise, die Organisation der Betreibungs- und der Konkursämter sowie die Behörden an, die sie in Ausführung dieses Gesetzes bezeichnet haben.

2 Der Bundesrat sorgt für angemessene Bekanntmachung dieser Angaben.

Art. 29

Q. …

Aufgehoben.

Art. 30

R. Besondere Vollstreckungsverfahren

1 Dieses Gesetz gilt nicht für die Zwangsvollstreckung gegen Kantone, Bezirke und Gemeinden, soweit darüber besondere eidgenössische oder kantonale Vorschriften bestehen.

2 Vorbehalten bleiben ferner die Bestimmungen anderer Bundesgesetze über besondere Zwangsvollstreckungsverfahren.

Art. 30a

S. Völkerrechtliche Verträge und internationales Privatrecht

Die völkerrechtlichen Verträge und die Bestimmungen des Bundesgesetzes vom 18. Dezember 1987 über das Internationale Privatrecht (IPRG) sind vorbehalten.

II. Verschiedene Vorschriften

Art. 31

A. Fristen

1. Im Allgemeinen

Für die Berechnung, die Einhaltung und den Lauf der Fristen gelten die Bestimmungen der Zivilprozessordnung vom 19. Dezember 2008 (ZPO), sofern dieses Gesetz nichts anderes bestimmt.

Art. 32

2. Einhaltung

1 *Aufgehoben.*

2 Eine Frist ist auch dann gewahrt, wenn vor ihrem Ablauf ein unzuständiges Betreibungs- oder Konkursamt angerufen wird; dieses überweist die Eingabe unverzüglich dem zuständigen Amt.

3 *Aufgehoben.*

4 Bei schriftlichen Eingaben, die an verbesserlichen Fehlern leiden, ist Gelegenheit zur Verbesserung zu geben.

Art. 33

3. Änderung und Wiederherstellung

1 Die in diesem Gesetze aufgestellten Fristen können durch Vertrag nicht abgeändert werden.

2 Wohnt ein am Verfahren Beteiligter im Ausland oder ist er durch öffentliche Bekanntmachung anzusprechen, so kann ihm eine längere Frist eingeräumt oder eine Frist verlängert werden.

3 Ein am Verfahren Beteiligter kann darauf verzichten, die Nichteinhaltung einer Frist geltend zu machen, wenn diese ausschliesslich in seinem Interesse aufgestellt ist.

4 Wer durch ein unverschuldetes Hindernis davon abgehalten worden ist, innert Frist zu handeln, kann die Aufsichtsbehörde oder die in der Sache zuständige richterliche Behörde um Wiederherstellung der Frist ersuchen. Er muss, vom Wegfall des Hindernisses an, in der gleichen Frist wie der versäumten ein be-

gründetes Gesuch einreichen und die versäumte Rechtshandlung[1] bei der zuständigen Behörde nachholen.

Art. 33a

A^bis. Elektronische Eingaben

1 Eingaben können den Betreibungs- und Konkursämtern und den Aufsichtsbehörden elektronisch eingereicht werden.

2 Das Dokument, das die Eingabe und die Beilagen enthält, muss mit einer anerkannten elektronischen Signatur der Absenderin oder des Absenders versehen sein. Der Bundesrat bestimmt die Einzelheiten.

3 Die Betreibungs- und Konkursämter und die Aufsichtsbehörden können verlangen, dass die Eingabe und die Beilagen in Papierform nachgereicht wird.

Art. 34

B. Zustellung
1. Schriftlich und elektronisch

1 Die Zustellung von Mitteilungen, Verfügungen und Entscheiden der Betreibungs- und Konkursämter sowie der Aufsichtsbehörden erfolgen durch eingeschriebene Postsendung oder auf andere Weise gegen Empfangsbestätigung, sofern dieses Gesetz nichts anderes bestimmt.

2 Mit dem Einverständnis der betroffenen Person kann die Zustellung elektronisch erfolgen. Der Bundesrat bestimmt die Einzelheiten.

Art. 35

2. Durch öffentliche Bekanntmachung

1 Die öffentlichen Bekanntmachungen erfolgen im Schweizerischen Handelsamtsblatt und im betreffenden kantonalen Amtsblatt. Für die Berechnung von Fristen und für die Feststellung der mit der Bekanntmachung verbundenen Rechtsfolgen ist die Veröffentlichung im Schweizerischen Handelsamtsblatt massgebend.

2 Wenn die Verhältnisse es erfordern, kann die Bekanntmachung auch durch andere Blätter[2] oder auf dem Wege des öffentlichen Ausrufs geschehen.

Art. 36

C. Aufschiebende Wirkung

Eine Beschwerde, Weiterziehung oder Berufung hat nur auf besondere Anordnung der Behörde, an welche sie gerichtet ist, oder ihres Präsidenten aufschiebende Wirkung. Von einer solchen Anordnung ist den Parteien sofort Kenntnis zu geben.

Art. 37

D. Begriffe

1 Der Ausdruck «Grundpfandrecht» im Sinne dieses Gesetzes umfasst: die Grundpfandverschreibung, den Schuldbrief, die Grundpfandrechte des bisherigen Rechtes, die Grundlast und jedes Vorzugsrecht auf bestimmte Grundstücke sowie das Pfandrecht an der Zugehör eines Grundstücks.

2 Der Ausdruck «Faustpfand» begreift auch die Viehverpfändung, das Retentionsrecht[3] und das Pfandrecht an Forderungen und anderen Rechten.

3 Der Ausdruck «Pfand» umfasst sowohl das Grundpfand als das Fahrnispfand.

1 Z.B. versäumter Rechtsvorschlag
2 Z.B. Tagespresse
3 Vgl. ZGB 895

Zweiter Titel: Schuldbetreibung

I. Arten der Schuldbetreibung

Art. 38

A. Gegenstand der Schuldbetreibung und Betreibungsarten

1 Auf dem Wege der Schuldbetreibung werden die Zwangsvollstreckungen durchgeführt, welche auf eine Geldzahlung oder eine Sicherheitsleistung[1] gerichtet sind.

2 Die Schuldbetreibung beginnt mit der Zustellung des Zahlungsbefehles und wird entweder auf dem Wege der Pfändung[2] oder der Pfandverwertung[3] oder des Konkurses[4] fortgesetzt.

3 Der Betreibungsbeamte bestimmt, welche Betreibungsart anwendbar ist.

Art. 39

B. Konkursbetreibung
1. Anwendungsbereich

1 Die Betreibung wird auf dem Weg des Konkurses, und zwar als «Ordentliche Konkursbetreibung» (Art. 159–176) oder als «Wechselbetreibung» (Art. 177–189), fortgesetzt, wenn der Schuldner in einer der folgenden Eigenschaften im Handelsregister[5] eingetragen ist:

1. als Inhaber einer Einzelfirma (Art. 934 und 935 OR);
2. als Mitglied einer Kollektivgesellschaft (Art. 554 OR);
3. als unbeschränkt haftendes Mitglied einer Kommanditgesellschaft (Art. 596 OR);
4. als Mitglied der Verwaltung einer Kommanditaktiengesellschaft (Art. 765 OR);
5. *aufgehoben;*
6. als Kollektivgesellschaft (Art. 552 OR);
7. als Kommanditgesellschaft (Art. 594 OR);
8. als Aktien- oder Kommanditaktiengesellschaft (Art. 620 und 764 OR);
9. als Gesellschaft mit beschränkter Haftung (Art. 772 OR);
10. als Genossenschaft (Art. 828 OR);
11. als Verein (Art. 60 ZGB);
12. als Stiftung (Art. 80 ZGB).
13. Investmentgesellschaft mit variablem Kapital (Art. 36 Kollektivanlagengesetz vom 23. Juni 2006, KAG);
14. Kommanditgesellschaft für kollektive Kapitalanlagen (Art. 98 KAG).

2 *Aufgehoben.*

3 Die Eintragung äussert ihre Wirkung erst mit dem auf die Bekanntmachung im Schweizerischen Handelsamtsblatt folgenden Tage.

Art. 40

2. Wirkungsdauer des Handelsregistereintrages

1 Die Personen, welche im Handelsregister eingetragen waren, unterliegen, nachdem die Streichung durch das Schweizerische Handelsamtsblatt bekanntgemacht worden ist, noch während sechs Monaten der Konkursbetreibung.

1 Vgl. SchKG 69 Abs. 2 Ziff. 2; z.B. Pfand
2 Vgl. SchKG 89 ff.
3 Vgl. SchKG 151 ff.
4 Vgl. SchKG 159 ff.
5 Vgl. OR 927 ff.

[2] Stellt der Gläubiger vor Ablauf dieser Frist das Fortsetzungsbegehren oder verlangt er den Erlass eines Zahlungsbefehls für die Wechselbetreibung, so wird die Betreibung auf dem Weg des Konkurses fortgesetzt.

Art. 41

C. Betreibung auf Pfandverwertung

[1] Für pfandgesicherte Forderungen wird die Betreibung, auch gegen die der Konkursbetreibung unterliegenden Schuldner, durch Verwertung des Pfandes (Art. 151–158) fortgesetzt.

[1bis] Wird für eine pfandgesicherte Forderung Betreibung auf Pfändung oder Konkurs eingeleitet, so kann der Schuldner mit Beschwerde (Art. 17) verlangen, dass der Gläubiger vorerst das Pfand in Anspruch nehme.

[2] Für grundpfandgesicherte Zinse oder Annuitäten kann jedoch nach der Wahl des Gläubigers entweder die Pfandverwertung oder, je nach der Person des Schuldners, die Betreibung auf Pfändung oder auf Konkurs stattfinden. Vorbehalten bleiben ferner die Bestimmungen über die Wechselbetreibung (Art. 177 Abs. 1).

Art. 42

D. Betreibung auf Pfändung

[1] In allen andern Fällen wird die Betreibung auf dem Weg der Pfändung (Art. 89–150) fortgesetzt.

[2] Wird ein Schuldner ins Handelsregister eingetragen, so sind die hängigen Fortsetzungsbegehren dennoch durch Pfändung zu vollziehen, solange über ihn nicht der Konkurs eröffnet ist.

Art. 43

E. Ausnahmen von der Konkursbetreibung

Die Konkursbetreibung ist in jedem Fall ausgeschlossen für:

1. Steuern[1], Abgaben, Gebühren, Sporteln[2], Bussen und andere im öffentlichen Recht begründete Leistungen an öffentliche Kassen oder an Beamte;

1bis. Prämien der obligatorischen Unfallversicherung;

2. periodische familienrechtliche Unterhalts- und Unterstützungsbeiträge[3] sowie Unterhaltsbeiträge nach dem Partnerschaftsgesetz vom 18. Juni 2004;
3. Ansprüche auf Sicherheitsleistung.

Art. 44

F. Vorbehalt besonderer Bestimmungen

1. Verwertung beschlagnahmter Gegenstände

Die Verwertung von Gegenständen, welche aufgrund strafrechtlicher oder fiskalischer Gesetze oder aufgrund des Bundesgesetzes vom 1. Oktober 2010 über die Rückerstattung unrechtmässig erworbener Vermögenswerte politisch exponierter Personen mit Beschlag belegt sind, geschieht nach den zutreffenden eidgenössischen oder kantonalen Gesetzesbestimmungen.

Art. 45

2. Forderungen der Pfandleihanstalten

Für die Geltendmachung von Forderungen der Pfandleihanstalten gilt Artikel 910 des Zivilgesetzbuches (ZGB).

[1] Ausnahmen im Sinne von SchKG 190 Ziff. 2
[2] Beamteneinkommen aus Gebühren, vgl. SchKG 3
[3] Sog. Alimente

II. Ort der Betreibung

Art. 46

A. Ordentlicher Betreibungsort

1 Der Schuldner ist an seinem Wohnsitze[1] zu betreiben.

2 Die im Handelsregister eingetragenen juristischen Personen und Gesellschaften sind an ihrem Sitze, nicht eingetragene juristische Personen[2] am Hauptsitze ihrer Verwaltung zu betreiben.

3 Für die Schulden aus einer Gemeinderschaft kann in Ermangelung einer Vertretung jeder der Gemeinder am Orte der gemeinsamen wirtschaftlichen Tätigkeit betrieben werden.

4 Die Gemeinschaft der Stockwerkeigentümer[3] ist am Ort der gelegenen Sache zu betreiben.

Art. 47

Aufgehoben.

Art. 48

B. Besondere Betreibungsorte

1. Betreibungsort des Aufenthaltes

Schuldner, welche keinen festen Wohnsitz haben, können da betrieben werden, wo sie sich aufhalten.

Art. 49

2. Betreibungsort der Erbschaft

Die Erbschaft kann, solange die Teilung nicht erfolgt, eine vertragliche Gemeinderschaft nicht gebildet oder eine amtliche Liquidation nicht angeordnet ist, in der auf den Verstorbenen anwendbaren Betreibungsart an dem Ort betrieben werden, wo der Erblasser zur Zeit seines Todes betrieben werden konnte.

Art. 50

3. Betreibungsort des im Ausland wohnenden Schuldners

1 Im Auslande wohnende Schuldner, welche in der Schweiz eine Geschäftsniederlassung besitzen, können für die auf Rechnung der letztern eingegangenen Verbindlichkeiten am Sitze derselben betrieben werden.

2 Im Auslande wohnende Schuldner, welche in der Schweiz zur Erfüllung einer Verbindlichkeit ein Spezialdomizil gewählt haben, können für diese Verbindlichkeit am Orte desselben betrieben werden.

Art. 51

4. Betreibungsort der gelegenen Sache

1 Haftet für die Forderung ein Faustpfand[4], so kann die Betreibung entweder dort, wo sie nach den Artikeln 46–50 stattzufinden hat, oder an dem Ort, wo sich das Pfand oder dessen wertvollster Teil befindet, eingeleitet werden.

2 Für grundpfandgesicherte Forderungen[5] findet die Betreibung nur dort statt, wo das verpfändete Grundstück liegt. Wenn die Betreibung sich auf mehrere, in verschiedenen Betreibungskreisen gelegene Grundstücke bezieht, ist dieselbe in demjenigen Kreise zu führen, in welchem der wertvollste Teil der Grundstücke sich befindet.

1 Vgl. ZGB 23
2 Z.B. Vereine
3 Vgl. ZGB 712a ff.
4 Vgl. ZGB 884 ff.
5 Vgl. ZGB 793 ff.

Art. 52

5. Betreibungsort des Arrestes

Ist für eine Forderung Arrest[1] gelegt, so kann die Betreibung auch dort eingeleitet werden, wo sich der Arrestgegenstand befindet. Die Konkursandrohung und die Konkurseröffnung können jedoch nur dort erfolgen, wo ordentlicherweise die Betreibung stattzufinden hat.

Art. 53

C. Betreibungsort bei Wohnsitzwechsel

Verändert der Schuldner seinen Wohnsitz, nachdem ihm die Pfändung angekündigt oder nachdem ihm die Konkursandrohung oder der Zahlungsbefehl zur Wechselbetreibung zugestellt worden ist, so wird die Betreibung am bisherigen Orte fortgesetzt.

Art. 54

D. Konkursort bei flüchtigem Schuldner

Gegen einen flüchtigen Schuldner wird der Konkurs an dessen letztem Wohnsitze eröffnet.

Art. 55

E. Einheit des Konkurses

Der Konkurs kann in der Schweiz gegen den nämlichen Schuldner gleichzeitig nur an einem Orte eröffnet sein. Er gilt dort als eröffnet, wo er zuerst erkannt wird.

III. Geschlossene Zeiten, Betreibungsferien und Rechtsstillstand

Art. 56

A. Grundsätze und Begriffe

Ausser im Arrestverfahren[2] oder wenn es sich um unaufschiebbare Massnahmen zur Erhaltung von Vermögensgegenständen handelt, dürfen Betreibungshandlungen nicht vorgenommen werden:

1. in den geschlossenen Zeiten, nämlich zwischen 20 Uhr und 7 Uhr sowie an Sonntagen und staatlich anerkannten Feiertagen;
2. während der Betreibungsferien, nämlich sieben Tage vor und sieben Tage nach Ostern und Weihnachten sowie vom 15. Juli bis zum 31. Juli; in der Wechselbetreibung gibt es keine Betreibungsferien;
3. gegen einen Schuldner, dem der Rechtsstillstand (Art. 57–62) gewährt ist.

Art. 57

B. Rechtsstillstand

1. Wegen Militär-, Zivil- oder Schutzdienst

a. Dauer

[1] Für einen Schuldner, der sich im Militär-, Zivil- oder Schutzdienst befindet, besteht während der Dauer des Dienstes Rechtsstillstand.

[2] Hat der Schuldner vor der Entlassung oder Beurlaubung mindestens 30 Tage ohne wesentlichen Unterbruch Dienst geleistet, so besteht der Rechtsstillstand auch noch während der zwei auf die Entlassung oder Beurlaubung folgenden Wochen.

[3] Für periodische familienrechtliche Unterhalts- und Unterstützungsbeiträge kann der Schuldner auch während des Rechtsstillstandes betrieben werden.

[4] Schuldner, die aufgrund eines Arbeitsverhältnisses zum Bund oder zum Kanton Militär- oder Schutzdienst leisten, geniessen keinen Rechtsstillstand.

1 Vgl. SchKG 271 ff.
2 Vgl. SchKG 271 ff.

Art. 57a

b. Auskunftspflicht Dritter

1 Kann eine Betreibungshandlung nicht vorgenommen werden, weil der Schuldner sich im Militär-, Zivil- oder Schutzdienst befindet, so sind die zu seinem Haushalt gehörenden erwachsenen Personen und, bei Zustellung der Betreibungsurkunden in einem geschäftlichen Betrieb, die Arbeitnehmer oder gegebenenfalls der Arbeitgeber bei Straffolge (Art. 324 Ziff. 5 StGB) verpflichtet, dem Beamten die Dienstadresse und das Geburtsjahr des Schuldners mitzuteilen.

1bis Der Betreibungsbeamte macht die Betroffenen auf ihre Pflichten und auf die Straffolge bei deren Verletzung aufmerksam.

2 Die zuständige Kommandostelle gibt dem Betreibungsamt auf Anfrage die Entlassung oder Beurlaubung des Schuldners bekannt.

3 *Aufgehoben.*

Art. 57b

c. Haftung des Grundpfandes

1 Gegenüber einem Schuldner, der wegen Militär-, Zivil- oder Schutzdienstes Rechtsstillstand geniesst, verlängert sich die Haftung des Grundpfandes für die Zinse der Grundpfandschuld (Art. 818 Abs. 1 Ziff. 3 ZGB) um die Dauer des Rechtsstillstandes.

2 In der Betreibung auf Pfandverwertung ist der Zahlungsbefehl auch während des Rechtsstillstandes zuzustellen, wenn dieser drei Monate gedauert hat.

Art. 57c

d. Güterverzeichnis

1 Gegenüber einem Schuldner, der wegen Militär-, Zivil- oder Schutzdienstes Rechtsstillstand geniesst, kann der Gläubiger für die Dauer des Rechtsstillstandes verlangen, dass das Betreibungsamt ein Güterverzeichnis mit den in Artikel 164 bezeichneten Wirkungen aufnimmt. Der Gläubiger hat indessen den Bestand seiner Forderung und ihre Gefährdung durch Handlungen des Schuldners oder Dritter glaubhaft zu machen, die auf eine Begünstigung einzelner Gläubiger zum Nachteil anderer oder auf eine allgemeine Benachteiligung der Gläubiger hinzielen.

2 Die Aufnahme des Güterverzeichnisses kann durch Sicherstellung der Forderung des antragstellenden Gläubigers abgewendet werden.

Art. 57d

e. Aufhebung durch den Richter

Der Rechtsstillstand wegen Militär- oder Schutzdienstes kann vom Rechtsöffnungsrichter auf Antrag eines Gläubigers allgemein oder für einzelne Forderungen mit sofortiger Wirkung aufgehoben werden, wenn der Gläubiger glaubhaft macht, dass:

1. der Schuldner Vermögenswerte dem Zugriff der Gläubiger entzogen hat oder dass er Anstalten trifft, die auf eine Begünstigung einzelner Gläubiger zum Nachteil anderer oder auf eine allgemeine Benachteiligung der Gläubiger hinzielen, oder
2. der Schuldner, sofern er freiwillig Militär- oder Schutzdienst leistet, zur Erhaltung seiner wirtschaftlichen Existenz des Rechtsstillstandes nicht bedarf, oder
3. der Schuldner freiwillig Militär- oder Schutzdienst leistet, um sich seinen Verpflichtungen zu entziehen.

Art. 57e

f. Militär-, Zivil- oder Schutzdienst des gesetzlichen Vertreters

Die Bestimmungen über den Rechtsstillstand finden auch auf Personen und Gesellschaften Anwendung, deren gesetzlicher Vertreter sich im Militär-, Zivil- oder Schutzdienst befindet, solange sie nicht in der Lage sind, einen andern Vertreter zu bestellen.

Art. 58

2. Wegen Todesfalles

Für einen Schuldner, dessen Ehegatte, dessen eingetragene Partnerin oder eingetragener Partner, dessen Verwandter oder Verschwägerter in gerader Linie oder dessen Hausgenosse gestorben ist, besteht vom Todestag an während zwei Wochen Rechtsstillstand.

Art. 59

3. In der Betreibung für Erbschaftsschulden

1 In der Betreibung für Erbschaftsschulden besteht vom Todestage des Erblassers an während der zwei folgenden Wochen sowie während der für Antritt oder Ausschlagung der Erbschaft eingeräumten Überlegungsfrist Rechtsstillstand.

2 Eine zu Lebzeiten des Erblassers angehobene Betreibung kann gegen die Erbschaft gemäss Artikel 49 fortgesetzt werden.

3 Gegen die Erben kann sie nur dann fortgesetzt werden, wenn es sich um eine Betreibung auf Pfandverwertung handelt oder wenn in einer Betreibung auf Pfändung die in den Artikeln 110 und 111 angegebenen Fristen für die Teilnahme der Pfändung bereits abgelaufen sind.

Art. 60

4. Wegen Verhaftung

Wird ein Verhafteter betrieben, welcher keinen Vertreter hat, so setzt ihm der Betreibungsbeamte eine Frist zur Bestellung eines solchen. Während dieser Frist besteht für den Verhafteten Rechtsstillstand.

Art. 61

5. Wegen schwerer Erkrankung

Einem schwerkranken Schuldner kann der Betreibungsbeamte für eine bestimmte Zeit Rechtsstillstand gewähren.

Art. 62

6. Bei Epidemien oder Landesunglück

Im Falle einer Epidemie oder eines Landesunglücks sowie in Kriegszeiten kann der Bundesrat oder mit seiner Zustimmung die Kantonsregierung für ein bestimmtes Gebiet oder für bestimmte Teile der Bevölkerung den Rechtsstillstand beschliessen.

Art. 63

C. Wirkungen auf den Fristenlauf

Betreibungsferien und Rechtsstillstand hemmen den Fristenlauf nicht. Fällt jedoch für den Schuldner, den Gläubiger oder den Dritten das Ende einer Frist in die Zeit der Betreibungsferien oder des Rechtsstillstandes, so wird die Frist bis zum dritten Tag nach deren Ende verlängert. Bei der Berechnung der Frist von drei Tagen werden Samstag und Sonntag sowie staatlich anerkannte Feiertage[1] nicht mitgezählt.

1 Z.B. 1. August

IV. Zustellung der Betreibungsurkunden

Art. 64

A. An natürliche Personen

1 Die Betreibungsurkunden werden dem Schuldner in seiner Wohnung oder an dem Orte, wo er seinen Beruf auszuüben pflegt, zugestellt. Wird er daselbst nicht angetroffen, so kann die Zustellung an eine zu seiner Haushaltung gehörende erwachsene Person oder an einen Angestellten geschehen.

2 Wird keine der erwähnten Personen angetroffen, so ist die Betreibungsurkunde zuhanden des Schuldners einem Gemeinde- oder Polizeibeamten zu übergeben.

Art. 65

B. An juristische Personen, Gesellschaften und unverteilte Erbschaften

1 Ist die Betreibung gegen eine juristische Person oder eine Gesellschaft gerichtet, so erfolgt die Zustellung an den Vertreter derselben. Als solcher gilt:

1. für eine Gemeinde, einen Kanton oder die Eidgenossenschaft der Präsident der vollziehenden Behörde oder die von der vollziehenden Behörde bezeichnete Dienststelle;
2. für eine Aktiengesellschaft, eine Kommanditaktiengesellschaft, eine Gesellschaft mit beschränkter Haftung, eine Genossenschaft oder einen im Handelsregister eingetragenen Verein jedes Mitglied der Verwaltung oder des Vorstandes sowie jeder Direktor oder Prokurist;
3. für eine anderweitige juristische Person der Präsident der Verwaltung oder der Verwalter;
4. für eine Kollektivgesellschaft oder Kommanditgesellschaft jeder zur Vertretung der Gesellschaft befugte Gesellschafter und jeder Prokurist.

2 Werden die genannten Personen in ihrem Geschäftslokale nicht angetroffen, so kann die Zustellung auch an einen andern Beamten oder Angestellten erfolgen.

3 Ist die Betreibung gegen eine unverteilte Erbschaft gerichtet, so erfolgt die Zustellung an den für die Erbschaft bestellten Vertreter oder, wenn ein solcher nicht bekannt ist, an einen der Erben.

Art. 66

C. Bei auswärtigem Wohnsitz des Schuldners oder bei Unmöglichkeit der Zustellung

1 Wohnt der Schuldner nicht am Orte der Betreibung, so werden die Betreibungsurkunden der von ihm daselbst bezeichneten Person oder in dem von ihm bestimmten Lokale abgegeben.

2 Mangels einer solchen Bezeichnung erfolgt die Zustellung durch Vermittlung des Betreibungsamtes des Wohnortes oder durch die Post.

3 Wohnt der Schuldner im Ausland, so erfolgt die Zustellung durch die Vermittlung der dortigen Behörden oder, soweit völkerrechtliche Verträge dies vorsehen oder wenn der Empfängerstaat zustimmt, durch die Post.

4 Die Zustellung wird durch öffentliche Bekanntmachung ersetzt, wenn:

1. der Wohnort des Schuldners unbekannt ist;
2. der Schuldner sich beharrlich der Zustellung entzieht;
3. der Schuldner im Ausland wohnt und die Zustellung nach Absatz 3 nicht innert angemessener Frist möglich ist.

5 *Aufgehoben.*

V. Anhebung der Betreibung

Art. 67

A. Betreibungsbegehren

1 Das Betreibungsbegehren[1] ist schriftlich oder mündlich an das Betreibungsamt zu richten. Dabei sind anzugeben:

1. der Name und Wohnort des Gläubigers und seines allfälligen Bevollmächtigten sowie, wenn der Gläubiger im Auslande wohnt, das von demselben in der Schweiz gewählte Domizil. Im Falle mangelnder Bezeichnung wird angenommen, dieses Domizil befinde sich im Lokale des Betreibungsamtes;
2. der Name und Wohnort des Schuldners und gegebenenfalls seines gesetzlichen Vertreters; bei Betreibungsbegehren gegen eine Erbschaft ist anzugeben, an welche Erben die Zustellung zu erfolgen hat;
3. die Forderungssumme oder die Summe, für welche Sicherheit verlangt wird, in gesetzlicher Schweizerwährung; bei verzinslichen Forderungen der Zinsfuss und der Tag, seit welchem der Zins gefordert wird;
4. die Forderungsurkunde und deren Datum; in Ermangelung einer solchen der Grund der Forderung.

2 Für eine pfandgesicherte Forderung sind ausserdem die in Artikel 151 vorgesehenen Angaben zu machen.

3 Der Eingang des Betreibungsbegehrens ist dem Gläubiger auf Verlangen gebührenfrei zu bescheinigen.

Art. 68

B. Betreibungskosten

1 Der Schuldner trägt die Betreibungskosten. Dieselben sind vom Gläubiger vorzuschiessen. Wenn der Vorschuss nicht geleistet ist, kann das Betreibungsamt unter Anzeige an den Gläubiger die Betreibungshandlung einstweilen unterlassen.

2 Der Gläubiger ist berechtigt, von den Zahlungen des Schuldners die Betreibungskosten vorab zu erheben.

VI. Betreibung eines in Gütergemeinschaft lebenden Ehegatten

Art. 68a

A. Zustellung der Betreibungsurkunden. Rechtsvorschlag

1 Wird ein in Gütergemeinschaft[2] lebender Ehegatte betrieben, so sind der Zahlungsbefehl und alle übrigen Betreibungsurkunden auch dem andern Ehegatten zuzustellen; das Betreibungsamt holt diese Zustellung unverzüglich nach, wenn erst im Laufe des Verfahrens geltend gemacht wird, dass der Schuldner der Gütergemeinschaft untersteht.

2 Jeder Ehegatte kann Rechtsvorschlag erheben.

3 *Aufgehoben.*

Art. 68b

B. Besondere Bestimmungen

1 Jeder Ehegatte kann im Widerspruchsverfahren (Art. 106–109) geltend machen, dass ein gepfändeter Wert zum Eigengut des Ehegatten des Schuldners gehört.

1 Formulare im Internet: www.betreibung-konkurs.ch
2 Vgl. ZGB 221 ff.

2 Beschränkt sich die Betreibung neben dem Eigengut auf den Anteil des Schuldners am Gesamtgut, so kann sich überdies jeder Ehegatte im Widerspruchsverfahren (Art. 106–109) der Pfändung von Gegenständen des Gesamtgutes widersetzen.

3 Wird die Betreibung auf Befriedigung aus dem Eigengut und dem Anteil am Gesamtgut fortgesetzt, so richten sich die Pfändung und die Verwertung des Anteils am Gesamtgut nach Artikel 132; vorbehalten bleibt eine Pfändung des künftigen Erwerbseinkommens des betriebenen Ehegatten (Art. 93).

4 Der Anteil eines Ehegatten am Gesamtgut kann nicht versteigert werden.

5 Die Aufsichtsbehörde kann beim Richter die Anordnung der Gütertrennung verlangen.

VII. Betreibung bei gesetzlicher Vertretung oder Beistandschaft

Art. 68c

1. Minderjähriger Schuldner

1 Ist der Schuldner minderjährig[1], so werden die Betreibungsurkunden dem gesetzlichen Vertreter zugestellt. Im Fall einer Beistandschaft nach Artikel 325 ZGB erhalten der Beistand und die Inhaber der elterlichen Sorge[2] die Betreibungsurkunden, sofern die Ernennung des Beistands dem Betreibungsamt mitgeteilt worden ist.

2 Stammt die Forderung jedoch aus einem bewilligten Geschäftsbetrieb oder steht sie im Zusammenhang mit der Verwaltung des Arbeitsverdienstes oder des freien Vermögens durch eine minderjährige Person (Art. 321 Abs. 2, 323 Abs. 1 und 327b ZGB), so werden die Betreibungsurkunden dem Schuldner und dem gesetzlichen Vertreter zugestellt.

Art. 68d

2. Volljähriger Schuldner unter einer Massnahme des Erwachsenenschutzes

1 Ist ein Beistand oder eine vorsorgebeauftragte Person für die Vermögensverwaltung des volljährigen Schuldners zuständig und hat die Erwachsenenschutzbehörde[3] dies dem Betreibungsamt mitgeteilt, so werden die Betreibungsurkunden dem Beistand oder der vorsorgebeauftragten Person zugestellt.

2 Ist die Handlungsfähigkeit des Schuldners nicht eingeschränkt, so werden die Betreibungsurkunden auch diesem zugestellt.

Art. 68e

3. Haftungsbeschränkung

Haftet der Schuldner nur mit dem freien Vermögen, so kann im Widerspruchsverfahren (Art. 106–109) geltend gemacht werden, ein gepfändeter Wert gehöre nicht dazu.

1 Vgl. ZGB 14
2 Vgl. ZGB 296 ff.
3 Vgl. ZGB 360 ff.

VIII. Zahlungsbefehl und Rechtsvorschlag

Art. 69

A. Zahlungsbefehl
1. Inhalt

[1] Nach Empfang des Betreibungsbegehrens erlässt das Betreibungsamt den Zahlungsbefehl.

[2] Der Zahlungsbefehl enthält:

1. die Angaben des Betreibungsbegehrens;
2. die Aufforderung, binnen 20 Tagen den Gläubiger für die Forderung samt Betreibungskosten zu befriedigen oder, falls die Betreibung auf Sicherheitsleistung geht, sicherzustellen;
3. die Mitteilung, dass der Schuldner, welcher die Forderung oder einen Teil derselben oder das Recht, sie auf dem Betreibungswege geltend zu machen, bestreiten will, innerhalb zehn Tagen nach Zustellung des Zahlungsbefehls dem Betreibungsamte dies zu erklären (Rechtsvorschlag[1] zu erheben) hat;
4. die Androhung, dass, wenn der Schuldner weder dem Zahlungsbefehl nachkommt, noch Rechtsvorschlag erhebt, die Betreibung ihren Fortgang nehmen werde.

Art. 70

2. Ausfertigung

[1] Der Zahlungsbefehl wird doppelt ausgefertigt. Die eine Ausfertigung ist für den Schuldner, die andere für den Gläubiger bestimmt. Lauten die beiden Urkunden nicht gleich, so ist die dem Schuldner zugestellte Ausfertigung massgebend.

[2] Werden Mitschuldner gleichzeitig betrieben, so wird jedem ein besonderer Zahlungsbefehl zugestellt.

Art. 71

3. Zeitpunkt der Zustellung

[1] Der Zahlungsbefehl wird dem Schuldner nach Eingang des Betreibungsbegehrens zugestellt.

[2] Wenn gegen den nämlichen Schuldner mehrere Betreibungsbegehren vorliegen, so sind die sämtlichen Zahlungsbefehle gleichzeitig zuzustellen.

[3] In keinem Falle darf einem später eingegangenen Begehren vor einem frühern Folge gegeben werden.

Art. 72

4. Form der Zustellung

[1] Die Zustellung geschieht durch den Betreibungsbeamten, einen Angestellten des Amtes oder durch die Post.

[2] Bei der Abgabe hat der Überbringer auf beiden Ausfertigungen zu bescheinigen, an welchem Tage und an wen die Zustellung erfolgt ist.

Art. 73

B. Vorlage der Beweismittel

[1] Auf Verlangen des Schuldners wird der Gläubiger aufgefordert, innerhalb der Bestreitungsfrist die Beweismittel für seine Forderung beim Betreibungsamt zur Einsicht vorzulegen.

[2] Kommt der Gläubiger dieser Aufforderung nicht nach, so wird der Ablauf der Bestreitungsfrist dadurch nicht gehemmt. In einem nachfolgenden Rechtsstreit berücksichtigt jedoch der Richter beim Entscheid über die Prozesskosten den Umstand, dass der Schuldner die Beweismittel nicht hat einsehen können.

[1] Vgl. SchKG 74

Art. 74

C. Rechtsvorschlag
1. Frist und Form

1 Will der Betriebene Rechtsvorschlag erheben, so hat er dies sofort dem Überbringer des Zahlungsbefehls oder innert zehn Tagen nach der Zustellung dem Betreibungsamt mündlich oder schriftlich zu erklären.

2 Bestreitet der Betriebene die Forderung nur teilweise, so hat er den bestrittenen Betrag genau anzugeben; unterlässt er dies, so gilt die ganze Forderung als bestritten.

3 Die Erklärung des Rechtsvorschlags ist dem Betriebenen auf Verlangen gebührenfrei zu bescheinigen.

Art. 75

2. Begründung

1 Der Rechtsvorschlag bedarf keiner Begründung[1]. Wer ihn trotzdem begründet, verzichtet damit nicht auf weitere Einreden.

2 Bestreitet der Schuldner, zu neuem Vermögen gekommen zu sein (Art. 265, 265a), so hat er dies im Rechtsvorschlag ausdrücklich zu erklären; andernfalls ist diese Einrede verwirkt.

3 Vorbehalten bleiben die Bestimmungen über den nachträglichen Rechtsvorschlag (Art. 77) und über den Rechtsvorschlag in der Wechselbetreibung (Art. 179 Abs. 1).

Art. 76

3. Mitteilung an den Gläubiger

1 Der Inhalt des Rechtsvorschlags wird dem Betreibenden auf der für ihn bestimmten Ausfertigung des Zahlungsbefehls mitgeteilt; erfolgte kein Rechtsvorschlag, so ist dies auf derselben vorzumerken.

2 Diese Ausfertigung wird dem Betreibenden unmittelbar nach dem Rechtsvorschlag, und wenn ein solcher nicht erfolgt ist, sofort nach Ablauf der Bestreitungsfrist zugestellt.

Art. 77

4. Nachträglicher Rechtsvorschlag bei Gläubigerwechsel

1 Wechselt während des Betreibungsverfahrens der Gläubiger, so kann der Betriebene einen Rechtsvorschlag noch nachträglich bis zur Verteilung oder Konkurseröffnung anbringen.

2 Der Betriebene muss den Rechtsvorschlag innert zehn Tagen, nachdem er vom Gläubigerwechsel Kenntnis erhalten hat, beim Richter des Betreibungsortes schriftlich und begründet anbringen und die Einreden gegen den neuen Gläubiger glaubhaft machen.

3 Der Richter kann bei Empfang des Rechtsvorschlags die vorläufige Einstellung der Betreibung verfügen; er entscheidet über die Zulassung des Rechtsvorschlages nach Einvernahme der Parteien.

4 Wird der nachträgliche Rechtsvorschlag bewilligt, ist aber bereits eine Pfändung vollzogen worden, so setzt das Betreibungsamt dem Gläubiger eine Frist von zehn Tagen an, innert der er auf Anerkennung seiner Forderung klagen kann. Nutzt er die Frist nicht, so fällt die Pfändung dahin.

5 Das Betreibungsamt zeigt dem Schuldner jeden Gläubigerwechsel an.

1 Ausnahmen gemäss Abs. 2 und 3

Art. 78

5. Wirkungen

1 Der Rechtsvorschlag bewirkt die Einstellung der Betreibung.[1]

2 Bestreitet der Schuldner nur einen Teil der Forderung, so kann die Betreibung für den unbestrittenen Betrag fortgesetzt werden.[2]

Art. 79

D. Beseitigung des Rechtsvorschlages

1. Im Zivilprozess oder im Verwaltungsverfahren

Ein Gläubiger, gegen dessen Betreibung Rechtsvorschlag erhoben worden ist, hat seinen Anspruch im Zivilprozess[3] oder im Verwaltungsverfahren geltend zu machen. Er kann die Fortsetzung der Betreibung nur aufgrund eines vollstreckbaren Entscheids erwirken, der den Rechtsvorschlag ausdrücklich beseitigt.

Art. 80

2. Durch definitive Rechtsöffnung

a. Rechtsöffnungstitel

1 Beruht die Forderung auf einem vollstreckbaren gerichtlichen Entscheid, so kann der Gläubiger beim Richter[4] die Aufhebung des Rechtsvorschlags (definitive Rechtsöffnung) verlangen.

2 Gerichtlichen Entscheiden gleichgestellt sind:

1. gerichtliche Vergleiche und gerichtliche Schuldanerkennungen;[5]

1bis. vollstreckbare öffentliche Urkunden nach den Artikeln 347–352 ZPO;

2. Verfügungen schweizerischer Verwaltungsbehörden;[6]

3. *aufgehoben;*

4. die endgültigen Entscheide der Kontrollorgane, die in Anwendung von Artikel 16 Absatz 1 des Bundesgesetzes vom 17. Juni 2005 gegen die Schwarzarbeit getroffen werden und die Kontrollkosten zum Inhalt haben.

Art. 81

b. Einwendungen

1 Beruht die Forderung auf einem vollstreckbaren Entscheid eines schweizerischen Gerichts oder einer schweizerischen Verwaltungsbehörde, so wird die definitive Rechtsöffnung erteilt, wenn nicht der Betriebene durch Urkunden beweist, dass die Schuld seit Erlass des Entscheids getilgt oder gestundet worden ist, oder die Verjährung[7] anruft.

2 Beruht die Forderung auf einer vollstreckbaren öffentlichen Urkunde, so kann der Betriebene weitere Einwendungen gegen die Leistungspflicht geltend machen, sofern sie sofort beweisbar sind.

3 Ist ein Entscheid in einem anderen Staat ergangen, so kann der Betriebene überdies die Einwendungen geltend machen, die im betreffenden Staatsvertrag oder, wenn ein solcher fehlt, im Bundesgesetz vom 18. Dezember 1987 über das Internationale Privatrecht vorgesehen sind, sofern nicht ein schweizerisches Gericht bereits über diese Einwendungen entschieden hat.

1 Betreibungsverfahren steht still
2 Vgl. SchKG 74 Abs. 2
3 Gestützt auf eine Klage
4 Rechtsöffnungsrichter nach der Schweizerischen Zivilprozessordnung
5 Vergleiche: zweiseitige Rechtsgeschäfte; Schuldanerkennung: einseitiges Rechtsgeschäft
6 Z.B. Mehrwehrtsteuerforderung
7 Vgl. OR 127 ff.

Art. 82

3. Durch provisorische Rechtsöffnung

a. Voraussetzungen

[1] Beruht die Forderung auf einer durch öffentliche Urkunde[1] festgestellten oder durch Unterschrift bekräftigten Schuldanerkennung[2], so kann der Gläubiger die provisorische Rechtsöffnung verlangen.

[2] Der Richter spricht dieselbe aus, sofern der Betriebene nicht Einwendungen, welche die Schuldanerkennung entkräften, sofort glaubhaft macht.

Art. 83

b. Wirkungen

[1] Der Gläubiger, welchem die provisorische Rechtsöffnung erteilt ist, kann nach Ablauf der Zahlungsfrist, je nach der Person des Schuldners, die provisorische Pfändung verlangen oder nach Massgabe des Artikels 162 die Aufnahme des Güterverzeichnisses beantragen.

[2] Der Betriebene kann indessen innert 20 Tagen nach der Rechtsöffnung auf dem Weg des ordentlichen Prozesses beim Gericht des Betreibungsortes auf Aberkennung der Forderung klagen.[3]

[3] Unterlässt er dies oder wird die Aberkennungsklage abgewiesen, so werden die Rechtsöffnung sowie gegebenenfalls die provisorische Pfändung definitiv.

[4] Zwischen der Erhebung und der gerichtlichen Erledigung der Aberkennungsklage steht die Frist nach Artikel 165 Absatz 2 still. Das Konkursgericht hebt indessen die Wirkungen des Güterverzeichnisses auf, wenn die Voraussetzungen zu dessen Anordnung nicht mehr gegeben sind.

Art. 84

4. Rechtsöffnungsverfahren

[1] Der Richter des Betreibungsortes entscheidet über Gesuche um Rechtsöffnung.

[2] Er gibt dem Betriebenen sofort nach Eingang des Gesuches Gelegenheit zur mündlichen oder schriftlichen Stellungnahme und eröffnet danach innert fünf Tagen seinen Entscheid.

Art. 85

E. Richterliche Aufhebung oder Einstellung der Betreibung

1. Im summarischen Verfahren

Beweist der Betriebene durch Urkunden[4], dass die Schuld samt Zinsen und Kosten getilgt oder gestundet ist, so kann er jederzeit beim Gericht des Betreibungsortes im ersteren Fall die Aufhebung, im letzteren Fall die Einstellung der Betreibung verlangen.

Art. 85a

2. Im ordentlichen und im vereinfachten Verfahren

[1] Der Betriebene kann jederzeit vom Gericht des Betreibungsortes feststellen lassen, dass die Schuld nicht oder nicht mehr besteht oder gestundet ist.

[2] Nach Eingang der Klage hört das Gericht die Parteien an und würdigt die Beweismittel[5]; erscheint ihm die Klage als sehr wahrscheinlich begründet, so stellt es die Betreibung vorläufig ein:

1. in der Betreibung auf Pfändung oder auf Pfandverwertung vor der Verwertung oder, wenn diese bereits stattgefunden hat, vor der Verteilung;
2. in der Betreibung auf Konkurs nach der Zustellung der Konkursandrohung.

1 Z.B. Verlustschein, Grundstückkaufvertrag
2 Unterschrift muss den Betrag anerkennen
3 Aberkennungsklage
4 Im summarischen Verfahren ist nur der Urkundenbeweis zugelassen
5 Im beschleunigten Verfahren sind alle Beweise zugelassen

3 Heisst das Gericht die Klage gut, so hebt es die Betreibung auf oder stellt sie ein.

4 *Aufgehoben.*

Art. 86

F. Rückforderungsklage

1 Wurde der Rechtsvorschlag unterlassen oder durch Rechtsöffnung beseitigt, so kann derjenige, welcher infolgedessen eine Nichtschuld bezahlt hat, innerhalb eines Jahres nach der Zahlung auf dem Prozesswege den bezahlten Betrag zurückfordern.

2 Die Rückforderungsklage kann nach der Wahl des Klägers entweder beim Gerichte des Betreibungsortes oder dort angehoben werden, wo der Beklagte seinen ordentlichen Gerichtsstand hat.

3 In Abweichung von Artikel 63 des Obligationenrechts ist dieses Rückforderungsrecht von keiner andern Voraussetzung als dem Nachweis der Nichtschuld abhängig.

Art. 87

G. Betreibung auf Pfandverwertung und Wechselbetreibung

Für den Zahlungsbefehl in der Betreibung auf Pfandverwertung gelten die besondern Bestimmungen der Artikel 151–153, für den Zahlungsbefehl und den Rechtsvorschlag in der Wechselbetreibung diejenigen der Artikel 178–189.

IX. Fortsetzung der Betreibung

Art. 88

1 Ist die Betreibung nicht durch Rechtsvorschlag oder durch gerichtlichen Entscheid eingestellt worden, so kann der Gläubiger frühestens 20 Tage nach der Zustellung des Zahlungsbefehls das Fortsetzungsbegehren stellen.

2 Dieses Recht erlischt ein Jahr nach der Zustellung des Zahlungsbefehls. Ist Rechtsvorschlag erhoben worden, so steht diese Frist zwischen der Einleitung und der Erledigung eines dadurch veranlassten Gerichts- oder Verwaltungsverfahrens still.

3 Der Eingang des Fortsetzungsbegehrens wird dem Gläubiger auf Verlangen gebührenfrei bescheinigt.

4 Eine Forderungssumme in fremder Währung kann auf Begehren des Gläubigers nach dem Kurs am Tage des Fortsetzungsbegehrens erneut in die Landeswährung umgerechnet werden.

Dritter Titel: Betreibung auf Pfändung

I. Pfändung

Art. 89

A. Vollzug
1. Zeitpunkt

Unterliegt der Schuldner der Betreibung auf Pfändung, so hat das Betreibungsamt nach Empfang des Fortsetzungsbegehrens unverzüglich die Pfändung[1] zu vollziehen oder durch das Betreibungsamt des Ortes, wo die zu pfändenden Vermögensstücke liegen, vollziehen zu lassen.

1 Amtliche Beschlagnahme

Art. 90

2. Ankündigung

Dem Schuldner wird die Pfändung spätestens am vorhergehenden Tage unter Hinweis auf die Bestimmung des Artikels 91 angekündigt.

Art. 91

3. Pflichten des Schuldners und Dritter

1 Der Schuldner ist bei Straffolge verpflichtet:

1. der Pfändung beizuwohnen oder sich dabei vertreten zu lassen (Art. 323 Ziff. 1 StGB);
2. seine Vermögensgegenstände, einschliesslich derjenigen, welche sich nicht in seinem Gewahrsam[1] befinden, sowie seine Forderungen und Rechte gegenüber Dritten anzugeben, soweit dies zu einer genügenden Pfändung nötig ist (Art. 163 Ziff. 1 und 323 Ziff. 2 StGB).

2 Bleibt der Schuldner ohne genügende Entschuldigung der Pfändung fern und lässt er sich auch nicht vertreten, so kann ihn das Betreibungsamt durch die Polizei vorführen lassen.

3 Der Schuldner muss dem Beamten auf Verlangen Räumlichkeiten und Behältnisse öffnen. Der Beamte kann nötigenfalls die Polizeigewalt in Anspruch nehmen.

4 Dritte, die Vermögensgegenstände des Schuldners verwahren oder bei denen dieser Guthaben hat, sind bei Straffolge (Art. 324 Ziff. 5 StGB) im gleichen Umfang auskunftspflichtig wie der Schuldner.

5 Behörden sind im gleichen Umfang auskunftspflichtig wie der Schuldner.

6 Das Betreibungsamt macht die Betroffenen auf ihre Pflichten und auf die Straffolgen ausdrücklich aufmerksam.

Art. 92

4. Unpfändbare Vermögenswerte

1 Unpfändbar[2] sind:

1. die dem Schuldner und seiner Familie zum persönlichen Gebrauch dienenden Gegenstände wie Kleider, Effekten, Hausgeräte, Möbel oder andere bewegliche Sachen, soweit sie unentbehrlich sind;

1a. Tiere, die im häuslichen Bereich und nicht zu Vermögens- oder Erwerbszwecken gehalten werden;

2. die religiösen Erbauungsbücher und Kultusgegenstände;
3. die Werkzeuge, Geräteschaften, Instrumente und Bücher, soweit sie für den Schuldner und seine Familie zur Ausübung des Berufs notwendig sind;
4. nach der Wahl des Schuldners entweder zwei Milchkühe oder Rinder, oder vier Ziegen oder Schafe, sowie Kleintiere nebst dem zum Unterhalt und zur Streu auf vier Monate erforderlichen Futter und Stroh, soweit die Tiere für die Ernährung des Schuldners und seiner Familie oder zur Aufrechterhaltung seines Betriebes unentbehrlich sind;
5. die dem Schuldner und seiner Familie für die zwei auf die Pfändung folgenden Monate notwendigen Nahrungs- und Feuerungsmittel oder die zu ihrer Anschaffung erforderlichen Barmittel oder Forderungen;
6. die Bekleidungs-, Ausrüstungs- und Bewaffnungsgegenstände, das Dienstpferd und der Sold eines Angehörigen der Armee, das Taschengeld einer zi-

1 Erkennbare Sachherrschaft, ähnlich ZGB 919
2 Sog. Kompetenzstücke

vildienstleistenden Person sowie die Bekleidungs- und Ausrüstungsgegenstände und die Entschädigung eines Schutzdienstpflichtigen;

7. das Stammrecht der nach den Artikeln 516–520 OR bestellten Leibrenten;
8. Fürsorgeleistungen und die Unterstützungen von Seiten der Hilfs-, Kranken- und Fürsorgekassen, Sterbefallvereine und ähnlicher Anstalten;
9. Renten, Kapitalabfindung und andere Leistungen, die dem Opfer oder seinen Angehörigen für Körperverletzung, Gesundheitsstörung oder Tötung eines Menschen ausgerichtet werden, soweit solche Leistungen Genugtuung, Ersatz für Heilungskosten oder für die Anschaffung von Hilfsmitteln darstellen;

9a. die Renten gemäss Artikel 20 des Bundesgesetzes vom 20. Dezember 1946 über die Alters- und Hinterlassenenversicherung oder gemäss Artikel 50 des Bundesgesetzes vom 19. Juni 1959 über die Invalidenversicherung, die Leistungen gemäss Artikel 12 des Bundesgesetzes vom 19. März 1965 über Ergänzungsleistungen zur Alters-, Hinterlassenen- und Invalidenversicherung sowie die Leistungen der Familienausgleichskassen;

10. Ansprüche auf Vorsorge- und Freizügigkeitsleistungen gegen eine Einrichtung der beruflichen Vorsorge vor Eintritt der Fälligkeit;[1]
11. Vermögenswerte eines ausländischen Staates oder einer ausländischen Zentralbank, die hoheitlichen Zwecken dienen.

[2] Gegenstände, bei denen von vornherein anzunehmen ist, dass der Überschuss des Verwertungserlöses über die Kosten so gering wäre, dass sich eine Wegnahme nicht rechtfertigt, dürfen nicht gepfändet werden. Sie sind aber mit der Schätzungssumme in der Pfändungsurkunde vorzumerken.

[3] Gegenstände nach Absatz 1 Ziffern 1–3 von hohem Wert sind pfändbar; sie dürfen dem Schuldner jedoch nur weggenommen werden, sofern der Gläubiger vor der Wegnahme Ersatzgegenstände von gleichem Gebrauchswert oder den für ihre Anschaffung erforderlichen Betrag zur Verfügung stellt.

[4] Vorbehalten bleiben die besonderen Bestimmungen über die Unpfändbarkeit des Bundesgesetzes vom 2. April 1908 über den Versicherungsvertrag (Art. 79 Abs. 2 und 80 VVG), des Urheberrechtsgesetzes vom 9. Oktober 1992 (Art. 18 URG) und des Strafgesetzbuches (Art. 378 Abs. 2 StGB).

Art. 93

5. Beschränkt pfändbares Einkommen

[1] Erwerbseinkommen jeder Art, Nutzniessungen und ihre Erträge, Leibrenten sowie Unterhaltsbeiträge, Pensionen und Leistungen jeder Art, die einen Erwerbsausfall oder Unterhaltsanspruch abgelten, namentlich Renten und Kapitalabfindungen, die nicht nach Artikel 92 unpfändbar sind, können so weit gepfändet werden, als sie nach dem Ermessen des Betreibungsbeamten für den Schuldner und seine Familie nicht unbedingt notwendig sind.[2]

[2] Solches Einkommen kann längstens für die Dauer eines Jahres gepfändet werden; die Frist beginnt mit dem Pfändungsvollzug. Nehmen mehrere Gläubiger an der Pfändung teil, so läuft die Frist von der ersten Pfändung an, die auf Begehren eines Gläubigers der betreffenden Gruppe (Art. 110 und 111) vollzogen worden ist.

1 Pensionskassenguthaben
2 Betreibungsrechtliches Existenzminimum

3 Erhält das Amt während der Dauer einer solchen Pfändung Kenntnis davon, dass sich die für die Bestimmung des pfändbaren Betrages massgebenden Verhältnisse geändert haben, so passt es die Pfändung den neuen Verhältnissen an.

Art. 94

6. Pfändung von Früchten vor der Ernte

1 Hängende und stehende Früchte können nicht gepfändet werden:

1. auf den Wiesen vor dem 1. April;
2. auf den Feldern vor dem 1. Juni;
3. in den Rebgeländen vor dem 20. August.

2 Eine vor oder an den bezeichneten Tagen vorgenommene Veräusserung der Ernte ist dem pfändenden Gläubiger gegenüber ungültig.

3 Die Rechte der Grundpfandgläubiger auf die hängenden und stehenden Früchte als Bestandteile der Pfandsache bleiben vorbehalten, jedoch nur unter der Voraussetzung, dass der Grundpfandgläubiger selbst die Betreibung auf Verwertung des Grundpfandes eingeleitet hat, bevor die Verwertung der gepfändeten Früchte stattfindet.

Art. 95

7. Reihenfolge der Pfändung
a. Im Allgemeinen

1 In erster Linie wird das bewegliche Vermögen mit Einschluss der Forderungen[1] und der beschränkt pfändbaren Ansprüche (Art. 93) gepfändet. Dabei fallen zunächst die Gegenstände des täglichen Verkehrs in die Pfändung; entbehrlichere Vermögensstücke werden jedoch vor den weniger entbehrlichen gepfändet.

2 Das unbewegliche Vermögen wird nur gepfändet, soweit das bewegliche zur Deckung der Forderung nicht ausreicht.

3 In letzter Linie werden Vermögensstücke gepfändet, auf welche ein Arrest gelegt ist, oder welche vom Schuldner als dritten Personen zugehörig bezeichnet oder von dritten Personen beansprucht werden.

4 Wenn Futtervorräte gepfändet werden, sind auf Verlangen des Schuldners auch Viehstücke in entsprechender Anzahl zu pfänden.

4bis Der Beamte kann von dieser Reihenfolge abweichen, soweit es die Verhältnisse rechtfertigen oder wenn Gläubiger und Schuldner es gemeinsam verlangen.

5 Im übrigen soll der Beamte, soweit tunlich, die Interessen des Gläubigers sowohl als des Schuldners berücksichtigen.

Art. 95a

b. Forderungen gegen den Ehegatten, die eingetragene Partnerin oder den eingetragenen Partner

Forderungen des Schuldners gegen seinen Ehegatten, seine eingetragene Partnerin oder seinen eingetragenen Partner werden nur gepfändet, soweit sein übriges Vermögen nicht ausreicht.

Art. 96

B. Wirkungen der Pfändung

1 Der Schuldner darf bei Straffolge (Art. 169 StGB) ohne Bewilligung des Betreibungsbeamten nicht über die gepfändeten Vermögensstücke verfügen. Der pfändende Beamte macht ihn darauf und auf die Straffolge ausdrücklich aufmerksam.

2 Verfügungen des Schuldners sind ungültig, soweit dadurch die aus der Pfändung den Gläubigern erwachsenen Rechte verletzt werden, unter Vorbehalt der Wirkungen des Besitzerwerbes durch gutgläubige Dritte.[2]

1 Insbesondere Lohnforderungen
2 Vgl. ZGB 933

Art. 97

C. Schätzung. Umfang der Pfändung

1 Der Beamte schätzt die gepfändeten Gegenstände, nötigenfalls mit Zuziehung von Sachverständigen.

2 Es wird nicht mehr gepfändet als nötig ist, um die pfändenden Gläubiger für ihre Forderungen samt Zinsen und Kosten zu befriedigen.

Art. 98

D. Sicherungsmassnahmen

1. Bei beweglichen Sachen

1 Geld, Banknoten, Inhaberpapiere, Wechsel und andere indossable Papiere, Edelmetalle und andere Kostbarkeiten werden vom Betreibungsamt verwahrt.

2 Andere bewegliche Sachen können einstweilen in den Händen des Schuldners oder eines dritten Besitzers gelassen werden gegen die Verpflichtung, dieselben jederzeit zur Verfügung zu halten.

3 Auch diese Sachen sind indessen in amtliche Verwahrung zu nehmen oder einem Dritten zur Verwahrung zu übergeben, wenn der Betreibungsbeamte es für angemessen erachtet oder der Gläubiger glaubhaft macht, dass dies zur Sicherung seiner durch die Pfändung begründeten Rechte geboten ist.

4 Die Besitznahme durch das Betreibungsamt ist auch dann zulässig, wenn ein Dritter Pfandrecht an der Sache hat. Gelangt dieselbe nicht zur Verwertung, so wird sie dem Pfandgläubiger zurückgegeben.

Art. 99

2. Bei Forderungen

Bei der Pfändung von Forderungen oder Ansprüchen, für welche nicht eine an den Inhaber oder an Order lautende Urkunde besteht, wird dem Schuldner des Betriebenen angezeigt, dass er rechtsgültig nur noch an das Betreibungsamt leisten könne.

Art. 100

3. Bei andern Rechten, Forderungseinzug

Das Betreibungsamt sorgt für die Erhaltung der gepfändeten Rechte und erhebt Zahlung für fällige Forderungen.

Art. 101

4. Bei Grundstücken

a. Vormerkung im Grundbuch

1 Die Pfändung eines Grundstücks hat die Wirkung einer Verfügungsbeschränkung. Das Betreibungsamt teilt sie dem Grundbuchamt unter Angabe des Zeitpunktes und des Betrages, für den sie erfolgt ist, zum Zwecke der Vormerkung[1] unverzüglich mit. Ebenso sind die Teilnahme neuer Gläubiger an der Pfändung und der Wegfall der Pfändung mitzuteilen.

2 Die Vormerkung wird gelöscht, wenn das Verwertungsbegehren nicht innert zwei Jahren nach der Pfändung gestellt wird.

Art. 102

b. Früchte und Erträgnisse

1 Die Pfändung eines Grundstückes erfasst unter Vorbehalt der den Grundpfandgläubigern zustehenden Rechte auch dessen Früchte und sonstige Erträgnisse.

2 Das Betreibungsamt hat den Grundpfandgläubigern sowie gegebenenfalls den Mietern oder Pächtern von der erfolgten Pfändung Kenntnis zu geben.

3 Es sorgt für die Verwaltung und Bewirtschaftung des Grundstücks.

[1] Vgl. ZGB 960

Art. 103

c. Einheimsen der Früchte

1 Das Betreibungsamt sorgt für das Einheimsen der Früchte (Art. 94 und 102).

2 Im Falle des Bedürfnisses sind die Früchte zum Unterhalt des Schuldners und seiner Familie in Anspruch zu nehmen.

Art. 104

5. Bei Gemeinschaftsrechten

Wird ein Niessbrauch[1] oder ein Anteil an einer unverteilten Erbschaft, an Gesellschaftsgut oder an einem andern Gemeinschaftsvermögen gepfändet, so zeigt das Betreibungsamt die Pfändung den beteiligten Dritten an.

Art. 105

6. Kosten für Aufbewahrung und Unterhalt

Der Gläubiger hat dem Betreibungsamt auf Verlangen die Kosten der Aufbewahrung und des Unterhalts gepfändeter Vermögensstücke vorzuschiessen.

Art. 106

E. Ansprüche Dritter (Widerspruchsverfahren)

1. Vormerkung und Mitteilung

1 Wird geltend gemacht, einem Dritten stehe am gepfändeten Gegenstand das Eigentum, ein Pfandrecht oder ein anderes Recht zu, das der Pfändung entgegensteht oder im weitern Verlauf des Vollstreckungsverfahrens zu berücksichtigen ist, so merkt das Betreibungsamt den Anspruch des Dritten in der Pfändungsurkunde vor oder zeigt ihn, falls die Urkunde bereits zugestellt ist, den Parteien besonders an.[2]

2 Dritte können ihre Ansprüche anmelden, solange der Erlös aus der Verwertung des gepfändeten Gegenstandes noch nicht verteilt ist.

3 Nach der Verwertung kann der Dritte die Ansprüche, die ihm nach Zivilrecht bei Diebstahl, Verlust oder sonstigem Abhandenkommen einer beweglichen Sache (Art. 934 und 935 ZGB) oder bei bösem Glauben des Erwerbers (Art. 936 und 974 Abs. 3 ZGB) zustehen, ausserhalb des Betreibungsverfahrens geltend machen. Als öffentliche Versteigerung im Sinne von Artikel 934 Absatz 2 ZGB gilt dabei auch der Freihandverkauf nach Artikel 130 dieses Gesetzes.

Art. 107

2. Durchsetzung

a. Bei ausschliesslichem Gewahrsam des Schuldners

1 Schuldner und Gläubiger können den Anspruch des Dritten beim Betreibungsamt bestreiten, wenn sich der Anspruch bezieht auf:

1. eine bewegliche Sache im ausschliesslichen Gewahrsam des Schuldners;
2. eine Forderung oder ein anderes Recht, sofern die Berechtigung des Schuldners wahrscheinlicher ist als die des Dritten;
3. ein Grundstück, sofern er sich nicht aus dem Grundbuch ergibt.

2 Das Betreibungsamt setzt ihnen dazu eine Frist von zehn Tagen.

3 Auf Verlangen des Schuldners oder des Gläubigers wird der Dritte aufgefordert, innerhalb der Bestreitungsfrist seine Beweismittel beim Betreibungsamt zur Einsicht vorzulegen. Artikel 73 Absatz 2 gilt sinngemäss.

4 Wird der Anspruch des Dritten nicht bestritten, so gilt er in der betreffenden Betreibung als anerkannt.

5 Wird der Anspruch bestritten, so setzt das Betreibungsamt dem Dritten eine Frist von 20 Tagen, innert der er gegen den Bestreitenden auf Feststellung seines

1 Vgl. Nutzniessung

2 Klage des Dritten nach SchKG 107 Abs. 4; Klage gegen den Dritten nach SchKG 108

Anspruchs klagen kann. Reicht er keine Klage ein, so fällt der Anspruch in der betreffenden Betreibung ausser Betracht.

Art. 108

b. Bei Gewahrsam oder Mitgewahrsam des Dritten

1 Gläubiger und Schuldner können gegen den Dritten auf Aberkennung seines Anspruchs klagen, wenn sich der Anspruch bezieht auf:

1. eine bewegliche Sache im Gewahrsam oder Mitgewahrsam des Dritten;
2. eine Forderung oder ein anderes Recht, sofern die Berechtigung des Dritten wahrscheinlicher ist als diejenige des Schuldners;
3. ein Grundstück, sofern er sich aus dem Grundbuch ergibt.

2 Das Betreibungsamt setzt ihnen dazu eine Frist von 20 Tagen.

3 Wird keine Klage eingereicht, so gilt der Anspruch in der betreffenden Betreibung als anerkannt.

4 Auf Verlangen des Gläubigers oder des Schuldners wird der Dritte aufgefordert, innerhalb der Klagefrist seine Beweismittel beim Betreibungsamt zur Einsicht vorzulegen. Artikel 73 Absatz 2 gilt sinngemäss.

Art. 109

c. Gerichtsstand

1 Beim Gericht des Betreibungsortes sind einzureichen:

1. Klagen nach Artikel 107 Absatz 5;
2. Klagen nach Artikel 108 Absatz 1, sofern der Beklagte Wohnsitz im Ausland hat.

2 Richtet sich die Klage nach Artikel 108 Absatz 1 gegen eine Beklagten mit Wohnsitz in der Schweiz, so ist sie an dessen Wohnsitz einzureichen.

3 Bezieht sich der Anspruch auf ein Grundstück, so ist die Klage in jedem Fall beim Gericht des Ortes einzureichen, wo das Grundstück oder sein wertvollster Teil liegt.

4 Das Gericht zeigt dem Betreibungsamt den Eingang und die Erledigung der Klage an. … *(2. Satz aufgehoben)*

5 Bis zur Erledigung der Klage bleibt die Betreibung in Bezug auf die streitigen Gegenstände eingestellt, und die Fristen für Verwertungsbegehren (Art. 116) stehen still.

Art. 110

F. Pfändungsanschluss

1. Im Allgemeinen

1 Gläubiger, die das Fortsetzungsbegehren innerhalb von 30 Tagen nach dem Vollzug einer Pfändung stellen, nehmen an der Pfändung teil[1]. Die Pfändung wird jeweils so weit ergänzt, als dies zur Deckung sämtlicher Forderungen einer solchen Gläubigergruppe notwendig ist.

2 Gläubiger, die das Fortsetzungsbegehren erst nach Ablauf der 30-tägigen Frist stellen, bilden in der gleichen Weise weitere Gruppen mit gesonderter Pfändung.

3 Bereits gepfändete Vermögensstücke können neuerdings gepfändet werden, jedoch nur so weit, als deren Erlös nicht den Gläubigern, für welche die vorgehende Pfändung stattgefunden hat, auszurichten sein wird.

[1] Ausnahme vom Grundsatz der Zeitpriorität

Art. 111

2. Privilegierter Anschluss

1 An der Pfändung können ohne vorgängige Betreibung[1] innert 40 Tagen nach ihrem Vollzug teilnehmen:

1. der Ehegatte, die eingetragene Partnerin oder der eingetragene Partner des Schuldners;
2. die Kinder des Schuldners für Forderungen aus dem elterlichen Verhältnis und volljährige Personen für Forderungen aus einem Vorsorgeauftrag (Art. 360–369 ZGB);
3. die volljährigen Kinder und die Grosskinder des Schuldners für die Forderungen aus den Artikeln 334 und 334bis ZGB;
4. der Pfründer des Schuldners für seine Ersatzforderung nach Artikel 529 OR.

2 Die Personen nach Absatz 1 Ziffern 1 und 2 können ihr Recht nur geltend machen, wenn die Pfändung während der Ehe, der eingetragenen Partnerschaft, des elterlichen Verhältnisses oder der Wirksamkeit des Vorsorgeauftrags oder innert eines Jahres nach deren Ende erfolgt ist; die Dauer eines Prozess- oder Betreibungsverfahrens wird dabei nicht mitgerechnet. Anstelle der Kinder oder einer Person unter einer Massnahme des Erwachsenenschutzes kann auch die Kindes- und Erwachsenenschutzbehörde die Anschlusserklärung abgeben.

3 Soweit dem Betreibungsamt anschlussberechtigte Personen bekannt sind, teilt es diesen die Pfändung durch uneingeschriebenen Brief mit.

4 Das Betreibungsamt gibt dem Schuldner und den Gläubigern von einem solchen Anspruch Kenntnis und setzt ihnen eine Frist von zehn Tagen zur Bestreitung.

5 Wird der Anspruch bestritten, so findet die Teilnahme nur mit dem Recht einer provisorischen Pfändung statt, und der Ansprecher muss innert 20 Tagen beim Gericht des Betreibungsortes klagen; nutzt er die Frist nicht, so fällt seine Teilnahme dahin. … *(2. Satz aufgehoben)*

Art. 112

G. Pfändungsurkunde
1. Aufnahme

1 Über jede Pfändung wird eine mit der Unterschrift des vollziehenden Beamten oder Angestellten zu versehende Urkunde (Pfändungsurkunde[2]) aufgenommen. Dieselbe bezeichnet den Gläubiger und den Schuldner, den Betrag der Forderung, Tag und Stunde der Pfändung, die gepfändeten Vermögensstücke samt deren Schätzung sowie, gegebenenfalls, die Ansprüche Dritter.

2 Werden Gegenstände gepfändet, auf welche bereits ein Arrest gelegt ist, so wird die Teilnahme des Arrestgläubigers an der Pfändung (Art. 281) vorgemerkt.

3 Ist nicht genügendes oder gar kein pfändbares Vermögen vorhanden, so wird dieser Umstand in der Pfändungsurkunde festgestellt.

Art. 113

2. Nachträge

Nehmen neue Gläubiger an einer Pfändung teil oder wird eine Pfändung ergänzt, so wird dies in der Pfändungsurkunde nachgetragen.

Art. 114

3. Zustellung an Gläubiger und Schuldner

Das Betreibungsamt stellt den Gläubigern und dem Schuldner nach Ablauf der 30-tägigen Teilnahmefrist unverzüglich eine Abschrift der Pfändungsurkunde zu.

1 Bestreitung nach Abs. 5
2 Anhand des Pfändungsprotokolls erstellt

Art. 115

4. Pfändungsurkunde als Verlustschein

[1] War kein pfändbares Vermögen vorhanden, so bildet die Pfändungsurkunde den Verlustschein im Sinne des Artikels 149.[1]

[2] War nach der Schätzung des Beamten nicht genügendes Vermögen vorhanden, so dient die Pfändungsurkunde dem Gläubiger als provisorischer Verlustschein und äussert als solcher die in den Artikeln 271 Ziffer 5 und 285 bezeichneten Rechtswirkungen.

[3] Der provisorische Verlustschein verleiht dem Gläubiger ferner das Recht, innert der Jahresfrist nach Artikel 88 Absatz 2 die Pfändung neu entdeckter Vermögensgegenstände zu verlangen. Die Bestimmungen über den Pfändungsanschluss (Art. 110 und 111) sind anwendbar.

II. Verwertung

Art. 116

A. Verwertungsbegehren
1. Frist

[1] Der Gläubiger kann die Verwertung[2] der gepfändeten beweglichen Vermögensstücke sowie der Forderungen und der andern Rechte frühestens einen Monat und spätestens ein Jahr, diejenige der gepfändeten Grundstücke frühestens sechs Monate und spätestens zwei Jahre nach der Pfändung verlangen.

[2] Ist künftiger Lohn gepfändet worden, und hat der Arbeitgeber gepfändete Beträge bei deren Fälligkeit nicht abgeliefert, so kann die Verwertung des Anspruches auf diese Beträge innert 15 Monaten nach der Pfändung verlangt werden.

[3] Ist die Pfändung wegen Teilnahme mehrerer Gläubiger ergänzt worden, so laufen diese Fristen von der letzten erfolgreichen Ergänzungspfändung an.

Art. 117

2. Berechtigung

[1] Das Recht, die Verwertung zu verlangen, steht in einer Gläubigergruppe jedem einzelnen Teilnehmer zu.

[2] Gläubiger, welche Vermögensstücke gemäss Artikel 110 Absatz 3 nur für den Mehrerlös gepfändet haben, können gleichfalls deren Verwertung verlangen.

Art. 118

3. Bei provisorischer Pfändung

Ein Gläubiger, dessen Pfändung eine bloss provisorische ist, kann die Verwertung nicht verlangen. Inzwischen laufen für ihn die Fristen des Artikels 116 nicht.

Art. 119

4. Wirkungen

[1] Die gepfändeten Vermögensstücke werden nach den Artikeln 122–143a verwertet.

[2] Die Verwertung wird eingestellt, sobald der Erlös den Gesamtbetrag der Forderungen erreicht, für welche die Pfändung provisorisch oder endgültig ist. Artikel 144 Absatz 5 ist vorbehalten.

1 Eine fruchtlose Pfändung ergibt eine «leere Pfändungsurkunde»
2 I.d.R. Zwangsversteigerung

Art. 120

5. Anzeige an den Schuldner

Das Betreibungsamt benachrichtigt den Schuldner binnen drei Tagen von dem Verwertungsbegehren.

Art. 121

6. Erlöschen der Betreibung

Wenn binnen der gesetzlichen Frist das Verwertungsbegehren nicht gestellt oder zurückgezogen und nicht erneuert wird, so erlischt die Betreibung.

Art. 122

B. Verwertung von beweglichen Sachen und Forderungen

1. Fristen

a. Im Allgemeinen

1 Bewegliche Sachen und Forderungen werden vom Betreibungsamt frühestens zehn Tage und spätestens zwei Monate nach Eingang des Begehrens verwertet.

2 Die Verwertung hängender oder stehender Früchte darf ohne Zustimmung des Schuldners nicht vor der Reife stattfinden.

Art. 123

b. Aufschub der Verwertung

1 Macht der Schuldner glaubhaft, dass er die Schuld ratenweise tilgen kann, und verpflichtet er sich zu regelmässigen und angemessenen Abschlagzahlungen an das Betreibungsamt, so kann der Betreibungsbeamte nach Erhalt der ersten Rate die Verwertung um höchstens zwölf Monate hinausschieben.[1]

2 Bei Betreibungen für Forderungen der ersten Klasse (Art. 219 Abs. 4) kann die Verwertung um höchstens sechs Monate aufgeschoben werden.

3 Der Betreibungsbeamte setzt die Höhe und die Verfalltermine der Abschlagszahlungen fest; er hat dabei die Verhältnisse des Schuldners wie des Gläubigers zu berücksichtigen.

4 Der Aufschub verlängert sich um die Dauer eines allfälligen Rechtsstillstandes. In diesem Fall werden nach Ablauf des Rechtsstillstandes die Raten und ihre Fälligkeit neu festgesetzt.

5 Der Betreibungsbeamte ändert seine Verfügung von Amtes wegen oder auf Begehren des Gläubigers oder des Schuldners, soweit die Umstände es erfordern. Der Aufschub fällt ohne weiteres dahin, wenn eine Abschlagzahlung nicht rechtzeitig geleistet wird.

Art. 124

c. Vorzeitige Verwertung

1 Auf Begehren des Schuldners kann die Verwertung stattfinden, auch wenn der Gläubiger noch nicht berechtigt ist, denselben zu verlangen.

2 Der Betreibungsbeamte kann jederzeit Gegenstände verwerten, die schneller Wertverminderung ausgesetzt sind, einen kostspieligen Unterhalt erfordern oder unverhältnismässig hohe Aufbewahrungskosten verursachen.

Art. 125

2. Versteigerung

a. Vorbereitung

1 Die Verwertung geschieht auf dem Wege der öffentlichen Steigerung[2]. Ort, Tag und Stunde derselben werden vorher öffentlich bekanntgemacht.

2 Die Art der Bekanntmachung sowie die Art und Weise, der Ort und der Tag der Steigerung werden vom Betreibungsbeamten so bestimmt, dass dadurch die Inte-

1 Rechtswohltat für den Schuldner
2 Vgl. OR 229

ressen der Beteiligten bestmögliche Berücksichtigung finden. Die Bekanntmachung durch das Amtsblatt ist in diesem Falle nicht geboten.

3 Haben der Schuldner, der Gläubiger und die beteiligten Dritten in der Schweiz einen bekannten Wohnort oder einen Vertreter, so teilt ihnen das Betreibungsamt wenigstens drei Tage vor der Versteigerung deren Zeit und Ort durch uneingeschriebenen Brief mit.

Art. 126

b. Zuschlag, Deckungsprinzip

1 Der Verwertungsgegenstand wird dem Meistbietenden nach dreimaligem Aufruf zugeschlagen, sofern das Angebot den Betrag allfälliger dem betreibenden Gläubiger im Range vorgehender pfandgesicherter Forderungen übersteigt.[1]

2 Erfolgt kein solches Angebot, so fällt die Betreibung in Hinsicht auf diesen Gegenstand dahin.

Art. 127

c. Verzicht auf die Verwertung

Ist von vorneherein anzunehmen, dass der Zuschlag gemäss Artikel 126 nicht möglich sein wird, so kann der Betreibungsbeamte auf Antrag des betreibenden Gläubigers von der Verwertung absehen und einen Verlustschein ausstellen.

Art. 128

d. Gegenstände aus Edelmetall

Gegenstände aus Edelmetall dürfen nicht unter ihrem Metallwert zugeschlagen werden.

Art. 129

e. Zahlungsmodus und Folgen des Zahlungsverzuges

1 Die Versteigerung geschieht gegen Barzahlung.

2 Der Betreibungsbeamte kann jedoch einen Zahlungstermin von höchstens 20 Tagen gestatten. Die Übergabe findet in jedem Falle nur gegen Erlegung des Kaufpreises statt.

3 Wird die Zahlung nicht rechtzeitig geleistet, so hat das Betreibungsamt eine neue Steigerung anzuordnen, auf die Artikel 126 Anwendung findet.

4 Der frühere Ersteigerer und seine Bürgen haften für den Ausfall und allen weitern Schaden. Der Zinsverlust wird hiebei zu fünf vom Hundert berechnet.

Art. 130

3. Freihandverkauf

An die Stelle der Versteigerung kann der freihändige Verkauf treten:

1. wenn alle Beteiligten ausdrücklich damit einverstanden sind;
2. wenn Wertpapiere oder andere Gegenstände, die einen Markt- oder Börsenpreis haben, zu verwerten sind und der angebotene Preis dem Tageskurse gleichkommt;
3. wenn bei Gegenständen aus Edelmetall, für die bei der Versteigerung die Angebote den Metallwert nicht erreichten, dieser Preis angeboten wird;
4. im Falle des Artikels 124 Absatz 2.

Art. 131

4. Forderungsüberweisung

1 Geldforderungen des Schuldners, welche keinen Markt- oder Börsenpreis haben, werden, wenn sämtliche pfändende Gläubiger es verlangen, entweder der Gesamtheit der Gläubiger oder einzelnen von ihnen für gemeinschaftliche Rechnung zum Nennwert an Zahlungs Statt angewiesen. In diesem Falle treten die

[1] Sicherung des Pfandprivilegs

Gläubiger bis zur Höhe ihrer Forderungen in die Rechte des betriebenen Schuldners ein.

2 Sind alle pfändenden Gläubiger einverstanden, so können sie oder einzelne von ihnen, ohne Nachteil für ihre Rechte gegenüber dem betriebenen Schuldner, gepfändete Ansprüche im eigenen Namen sowie auf eigene Rechnung und Gefahr geltend machen. Sie bedürfen dazu der Ermächtigung des Betreibungsamtes. Das Ergebnis dient zur Deckung der Auslagen und der Forderungen derjenigen Gläubiger, welche in dieser Weise vorgegangen sind. Ein Überschuss ist an das Betreibungsamt abzuliefern.

Art. 132

5. Besondere Verwertungsverfahren

1 Sind Vermögensbestandteile anderer Art zu verwerten, wie eine Nutzniessung oder ein Anteil an einer unverteilten Erbschaft, an einer Gemeinderschaft, an Gesellschaftsgut oder an einem andern gemeinschaftlichen Vermögen, so ersucht der Betreibungsbeamte die Aufsichtsbehörde um Bestimmung des Verfahrens.

2 Die gleiche Regel gilt für die Verwertung von Erfindungen, von Sortenschutzrechten, von gewerblichen Mustern und Modellen, von Fabrik- und Handelsmarken und von Urheberrechten.

3 Die Aufsichtsbehörde kann nach Anhörung der Beteiligten die Versteigerung anordnen oder die Verwertung einem Verwalter übertragen oder eine andere Vorkehrung treffen.

Art. 132a

6. Anfechtung der Verwertung

1 Die Verwertung kann nur durch Beschwerde gegen den Zuschlag oder den Abschluss des Freihandverkaufs angefochten werden.

2 Die Beschwerdefrist von Artikel 17 Absatz 2 beginnt, wenn der Beschwerdeführer von der angefochtenen Verwertungshandlung Kenntnis erhalten hat und der Anfechtungsgrund für ihn erkennbar geworden ist.

3 Das Beschwerderecht erlischt ein Jahr nach der Verwertung.

Art. 133

C. Verwertung der Grundstücke

1. Frist

1 Grundstücke werden vom Betreibungsamt frühestens einen Monat und spätestens drei Monate nach Eingang des Verwertungsbegehrens öffentlich versteigert.

2 Auf Begehren des Schuldners und mit ausdrücklicher Zustimmung sämtlicher Pfändungs- und Grundpfandgläubiger kann die Verwertung stattfinden, auch wenn noch kein Gläubiger berechtigt ist, sie zu verlangen.

Art. 134

2. Steigerungsbedingungen
a. Auflegung

1 Die Steigerungsbedingungen sind vom Betreibungsamte in ortsüblicher Weise aufzustellen und so einzurichten, dass sich ein möglichst günstiges Ergebnis erwarten lässt.

2 Dieselben werden mindestens zehn Tage vor der Steigerung im Lokal des Betreibungsamtes zu jedermanns Einsicht aufgelegt.

Art. 135

b. Inhalt

1 Die Steigerungsbedingungen bestimmen, dass Grundstücke mit allen darauf haftenden Belastungen (Dienstbarkeiten, Grundlasten, Grundpfandrechten und vorgemerkten persönlichen Rechten) versteigert werden und damit verbundene persönliche Schuldpflichten auf den Erwerber übergehen. Der Schuldner einer überbundenen Schuld aus Grundpfandverschreibung oder aus Schuldbrief wird frei, wenn ihm der Gläubiger nicht innert einem Jahr nach dem Zuschlag erklärt,

ihn beibehalten zu wollen (Art. 832 ZGB). Fällige grundpfandgesicherte Schulden werden nicht überbunden, sondern vorweg aus dem Erlös bezahlt.

2 Die Steigerungsbedingungen stellen ferner fest, welche Kosten dem Erwerber obliegen.

Art. 136

c. Zahlungsmodus

Die Versteigerung geschieht gegen Barzahlung oder unter Gewährung eines Zahlungstermins von höchstens sechs Monaten.

Art. 137

d. Zahlungsfrist

Wenn ein Zahlungstermin gewährt wird, bleibt das Grundstück bis zur Zahlung der Kaufsumme auf Rechnung und Gefahr des Erwerbers in der Verwaltung des Betreibungsamtes. Ohne dessen Bewilligung darf inzwischen keine Eintragung in das Grundbuch vorgenommen werden. Überdies kann sich das Betreibungsamt für den gestundeten Kaufpreis besondere Sicherheiten ausbedingen.

Art. 138

3. Versteigerung
a. Bekanntmachung, Anmeldung der Rechte

1 Die Steigerung wird mindestens einen Monat vorher öffentlich bekanntgemacht.

2 Die Bekanntmachung enthält:

1. Ort, Tag und Stunde der Steigerung;
2. die Angabe des Tages, von welchem an die Steigerungsbedingungen aufliegen;
3. die Aufforderung an die Pfandgläubiger und alle übrigen Beteiligten, dem Betreibungsamt innert 20 Tagen ihre Ansprüche am Grundstück, insbesondere für Zinsen und Kosten, einzugeben. In dieser Aufforderung ist anzukündigen, dass sie bei Nichteinhalten dieser Frist am Ergebnis der Verwertung nur teilhaben, soweit ihre Rechte im Grundbuch eingetragen sind.

3 Eine entsprechende Aufforderung wird auch an die Besitzer von Dienstbarkeiten gerichtet, soweit noch kantonales Recht zur Anwendung kommt.

Art. 139

b. Anzeige an die Beteiligten

Das Betreibungsamt stellt dem Gläubiger, dem Schuldner, einem allfälligen dritten Eigentümer des Grundstücks und allen im Grundbuch eingetragenen Beteiligten ein Exemplar der Bekanntmachung durch uneingeschriebenen Brief zu, wenn sie einen bekannten Wohnsitz oder einen Vertreter haben.

Art. 140

c. Lastenbereinigung, Schätzung

1 Vor der Versteigerung ermittelt der Betreibungsbeamte die auf dem Grundstück ruhenden Lasten (Dienstbarkeiten, Grundlasten, Grundpfandrechte und vorgemerkte persönliche Rechte) anhand der Eingaben der Berechtigten und eines Auszuges aus dem Grundbuch.

2 Er stellt den Beteiligten das Verzeichnis der Lasten zu und setzt ihnen gleichzeitig eine Bestreitungsfrist von zehn Tagen. Die Artikel 106–109 sind anwendbar.

3 Ausserdem ordnet der Betreibungsbeamte eine Schätzung des Grundstückes an und teilt deren Ergebnis den Beteiligten mit.

Art. 141

d. Aussetzen der Versteigerung

1 Ist ein in das Lastenverzeichnis aufgenommener Anspruch streitig, so ist die Versteigerung bis zum Austrag der Sache auszusetzen, sofern anzunehmen ist, dass der Streit die Höhe des Zuschlagspreises beeinflusst oder durch eine vorherige Versteigerung andere berechtigte Interessen verletzt werden.

2 Besteht lediglich Streit über die Zugehöreigenschaft oder darüber, ob die Zugehör nur einzelnen Pfandgläubigern verpfändet sei, so kann die Versteigerung des Grundstückes samt der Zugehör gleichwohl stattfinden.

Art. 142

e. Doppelaufruf

1 Ist ein Grundstück ohne Zustimmung des vorgehenden Grundpfandgläubigers mit einer Dienstbarkeit, einer Grundlast oder einem vorgemerkten persönlichen Recht belastet und ergibt sich der Vorrang des Pfandrechts aus dem Lastenverzeichnis, so kann der Grundpfandgläubiger innert zehn Tagen nach Zustellung des Lastenverzeichnisses den Aufruf sowohl mit als auch ohne die Last verlangen.

2 Ergibt sich der Vorrang des Pfandrechts nicht aus dem Lastenverzeichnis, so wird dem Begehren um Doppelaufruf nur stattgegeben, wenn der Inhaber des betroffenen Rechts den Vorrang anerkannt hat oder der Grundpfandgläubiger innert zehn Tagen nach Zustellung des Lastenverzeichnisses am Ort der gelegenen Sache Klage auf Feststellung des Vorranges einreicht.

3 Reicht das Angebot für das Grundstück mit der Last zur Befriedigung des Gläubigers nicht aus und erhält er ohne sie bessere Deckung, so kann er die Löschung der Last im Grundbuch verlangen. Bleibt nach seiner Befriedigung ein Überschuss, so ist dieser in erster Linie bis zur Höhe des Wertes der Last zur Entschädigung des Berechtigten zu verwenden.

Art. 142a

4. Zuschlag. Deckungsprinzip. Verzicht auf die Verwertung

Die Bestimmungen über den Zuschlag und das Deckungsprinzip (Art. 126) sowie über den Verzicht auf die Verwertung (Art. 127) sind anwendbar.

Art. 143

5. Folgen des Zahlungsverzuges

1 Erfolgt die Zahlung nicht rechtzeitig, so wird der Zuschlag rückgängig gemacht, und das Betreibungsamt ordnet sofort eine neue Versteigerung an. Artikel 126 ist anwendbar.

2 Der frühere Ersteigerer und seine Bürgen haften für den Ausfall und allen weitern Schaden. Der Zinsverlust wird hiebei zu fünf vom Hundert berechnet.

Art. 143a

6. Ergänzende Bestimmungen

Für die Verwertung von Grundstücken gelten im Übrigen die Artikel 123 und 132a.

Art. 143b

7. Freihandverkauf

1 An die Stelle der Versteigerung kann der freihändige Verkauf treten, wenn alle Beteiligten damit einverstanden sind und mindestens der Schätzungspreis angeboten wird.

2 Der Verkauf darf nur nach durchgeführten Lastenbereinigungsverfahren im Sinne von Artikel 138 Absatz 2 Ziffer 3 und Absatz 3 und Artikel 140 sowie in entsprechender Anwendung der Artikel 135–137 erfolgen.

Art. 144

D. Verteilung

1. Zeitpunkt. Art der Vornahme

1 Die Verteilung findet statt, sobald alle in einer Pfändung enthaltenen Vermögensstücke verwertet sind.

2 Es können schon vorher Abschlagsverteilungen vorgenommen werden.

3 Aus dem Erlös werden vorweg die Kosten für die Verwaltung, die Verwertung, die Verteilung und gegebenenfalls die Beschaffung eines Ersatzgegenstandes (Art. 92 Abs. 3) bezahlt.

[4] Der Reinerlös wird den beteiligten Gläubigern bis zur Höhe ihrer Forderungen, einschliesslich des Zinses bis zum Zeitpunkt der letzten Verwertung und der Betreibungskosten (Art. 68), ausgerichtet.

[5] Die auf Forderungen mit provisorischer Pfändung entfallenden Beträge werden einstweilen bei der Depositenanstalt hinterlegt.

Art. 145

2. Nachpfändung

[1] Deckt der Erlös den Betrag der Forderungen nicht, so vollzieht das Betreibungsamt unverzüglich eine Nachpfändung und verwertet die Gegenstände möglichst rasch. Ein besonderes Begehren eines Gläubigers ist nicht nötig, und das Amt ist nicht an die ordentlichen Fristen gebunden.

[2] Ist inzwischen eine andere Pfändung durchgeführt worden, so werden die daraus entstandenen Rechte durch die Nachpfändung nicht berührt.

[3] Die Bestimmungen über den Pfändungsanschluss (Art. 110 und 111) sind anwendbar.

Art. 146

3. Kollokationsplan und Verteilungsliste

a. Rangfolge der Gläubiger

[1] Können nicht sämtliche Gläubiger befriedigt werden, so erstellt das Betreibungsamt den Plan für die Rangordnung der Gläubiger (Kollokationsplan) und die Verteilungsliste.

[2] Die Gläubiger erhalten den Rang, den sie nach Artikel 219 im Konkurs des Schuldners einnehmen würden. Anstelle der Konkurseröffnung ist der Zeitpunkt des Fortsetzungsbegehrens massgebend.

Art. 147

b. Auflegung

Der Kollokationsplan und die Verteilungsliste werden beim Betreibungsamt aufgelegt. Diese benachrichtigt die Beteiligten davon und stellt jedem Gläubiger einen seine Forderung betreffenden Auszug zu.

Art. 148

c. Anfechtung durch Klage

[1] Will ein Gläubiger die Forderung oder den Rang eines andern Gläubigers bestreiten, so muss er gegen diesen innert 20 Tagen nach Empfang des Auszuges beim Gericht des Betreibungsortes Kollokationsklage erheben.

[2] *Aufgehoben.*

[3] Heisst das Gericht die Klage gut, so weist es den nach der Verteilungsliste auf den Beklagten entfallenden Anteil am Verwertungserlös dem Kläger zu, soweit dies zur Deckung seines in der Verteilungsliste ausgewiesenen Verlustes und der Prozesskosten nötig ist. Ein allfälliger Überschuss verbleibt dem Beklagten.

Art. 149

4. Verlustschein

a. Ausstellung und Wirkung

[1] Jeder Gläubiger, der an der Pfändung teilgenommen hat, erhält für den ungedeckten Betrag seiner Forderung einen Verlustschein. Der Schuldner erhält ein Doppel des Verlustscheins.[1]

[1bis] Das Betreibungsamt stellt den Verlustschein aus, sobald die Höhe des Verlustes feststeht.

[2] Der Verlustschein gilt als Schuldanerkennung im Sinne des Artikels 82 und gewährt dem Gläubiger die in den Artikel 271 Ziffer 5 und 285 erwähnten Rechte.

1 Unterschied zu Konkursverlustschein nach SchKG 265

3 Der Gläubiger kann während sechs Monaten nach Zustellung des Verlustscheines ohne neuen Zahlungsbefehl die Betreibung fortsetzen.

4 Der Schuldner hat für die durch den Verlustschein verurkundete Forderung keine Zinsen zu zahlen. Mitschuldner, Bürgen und sonstige Rückgriffsberechtigte, welche an Schuldners Statt Zinsen bezahlen müssen, können ihn nicht zum Ersatze derselben anhalten.

5 *Aufgehoben.*

Art. 149a

b. Verjährung und Löschung

1 Die durch den Verlustschein verurkundete Forderung verjährt 20 Jahre nach der Ausstellung des Verlustscheines; gegenüber den Erben des Schuldners jedoch verjährt sie spätestens ein Jahr nach Eröffnung des Erbganges.

2 Der Schuldner kann die Forderung jederzeit durch Zahlung an das Betreibungsamt, welches den Verlustschein ausgestellt hat, tilgen. Das Amt leitet den Betrag an den Gläubiger weiter oder hinterlegt ihn gegebenenfalls bei der Depositenstelle.

3 Nach der Tilgung wird der Eintrag des Verlustscheines in den Registern gelöscht. Die Löschung wird dem Schuldner auf Verlangen bescheinigt.

Art. 150

5. Herausgabe der Forderungsurkunde

1 Sofern die Forderung eines Gläubigers vollständig gedeckt wird, hat derselbe die Forderungsurkunde zu quittieren und dem Betreibungsbeamten zuhanden des Schuldners herauszugeben.

2 Wird eine Forderung nur teilweise gedeckt, so behält der Gläubiger die Urkunde; das Betreibungsamt hat auf derselben zu bescheinigen oder durch die zuständige Beamtung bescheinigen zu lassen, für welchen Betrag die Forderung noch zu Recht besteht.

3 Bei Grundstückverwertungen veranlasst das Betreibungsamt die erforderlichen Löschungen und Änderungen von Dienstbarkeiten, Grundlasten, Grundpfandrechten und vorgemerkten persönlichen Rechten im Grundbuch.

Vierter Titel: Betreibung auf Pfandverwertung

Art. 151

A. Betreibungsbegehren

1 Wer für eine durch Pfand (Art. 37)[1] gesicherte Forderung Betreibung einleitet, hat im Betreibungsbegehren zusätzlich zu den in Artikel 67 aufgezählten Angaben den Pfandgegenstand zu bezeichnen. Ferner sind im Begehren anzugeben:

a. der Name des Dritten, der das Pfand bestellt oder den Pfandgegenstand zu Eigentum erworben hat;

b. die Verwendung des verpfändeten Grundstücks als Familienwohnung (Art. 169 ZGB) oder als gemeinsame Wohnung (Art. 14 des Partnerschaftsgesetzes vom 18. Juni 2004) des Schuldners oder des Dritten.

2 Betreibt ein Gläubiger aufgrund eines Faustpfandes, an dem ein Dritter ein nachgehendes Pfandrecht hat (Art. 886 ZGB), so muss er diesen von der Einleitung der Betreibung benachrichtigen.

1 Vgl. ZGB 793 und 884

Art. 152

B. Zahlungsbefehl
1. Inhalt. Anzeige an Mieter und Pächter

[1] Nach Empfang des Betreibungsbegehrens erlässt das Betreibungsamt einen Zahlungsbefehl nach Artikel 69, jedoch mit folgenden Besonderheiten:

1. Die dem Schuldner anzusetzende Zahlungsfrist beträgt einen Monat, wenn es sich um ein Faustpfand, sechs Monate, wenn es sich um ein Grundpfand handelt.
2. Die Androhung lautet dahin, dass, wenn der Schuldner weder dem Zahlungsbefehle nachkommt, noch Rechtsvorschlag erhebt, das Pfand verwertet werde.

[2] Bestehen auf dem Grundstück Miet- oder Pachtverträge und verlangt der betreibende Pfandgläubiger die Ausdehnung der Pfandhaft auf die Miet- oder Pachtzinsforderungen (Art. 806 ZGB), so teilt das Betreibungsamt den Mietern oder Pächtern die Anhebung der Betreibung mit und weist sie an, die fällig werdenden Miet- oder Pachtzinse an das Betreibungsamt zu bezahlen.

Art. 153

2. Ausfertigung. Stellung des Dritteigentümers des Pfandes

[1] Die Ausfertigung des Zahlungsbefehls erfolgt gemäss Artikel 70.

[2] Das Betreibungsamt stellt auch folgenden Personen einen Zahlungsbefehl zu:

a. dem Dritten, der das Pfand bestellt oder den Pfandgegenstand zu Eigentum erworben hat;
b. dem Ehegatten, der eingetragenen Partnerin oder dem eingetragenen Partner des Schuldners oder des Dritten, falls das verpfändete Grundstück als Familienwohnung (Art. 169 ZGB) oder als gemeinsame Wohnung (Art. 14 des Partnerschaftsgesetzes vom 18. Juni 2004) dient.

Der Dritte und der Ehegatte können Rechtsvorschlag erheben wie der Schuldner.

[2bis] Die in Absatz 2 genannten Personen können Rechtsvorschlag erheben wie der Schuldner.

[3] Hat der Dritte das Ablösungsverfahren eingeleitet (Art. 828 und 829 ZGB), so kann das Grundstück nur verwertet werden, wenn der betreibende Gläubiger nach Beendigung dieses Verfahrens dem Betreibungsamt nachweist, dass ihm für die in Betreibung gesetzte Forderung noch ein Pfandrecht am Grundstück zusteht.

[4] Im Übrigen finden mit Bezug auf Zahlungsbefehl und Rechtsvorschlag die Bestimmungen der Artikel 71–86 Anwendung.

Art. 153a

C. Rechtsvorschlag. Widerruf der Anzeige an Mieter und Pächter

[1] Wird Rechtsvorschlag erhoben, so kann der Gläubiger innert zehn Tagen nach der Mitteilung des Rechtsvorschlages Rechtsöffnung verlangen oder auf Anerkennung der Forderung oder Feststellung des Pfandrechts klagen.

[2] Wird der Gläubiger im Rechtsöffnungsverfahren abgewiesen, so kann er innert zehn Tagen nach Eröffnung des Entscheids Klage erheben.

[3] Hält er diese Fristen nicht ein, so wird die Anzeige an Mieter und Pächter widerrufen.

Art. 154

D. Verwertungsfristen

[1] Der Gläubiger kann die Verwertung eines Faustpfandes frühestens einen Monat und spätestens ein Jahr, die Verwertung eines Grundpfandes frühestens sechs Monate und spätestens zwei Jahre nach der Zustellung des Zahlungsbefehls verlangen. Ist Rechts-

vorschlag erhoben worden, so stehen diese Fristen zwischen der Einleitung und der Erledigung eines dadurch veranlassten gerichtlichen Verfahrens still.

2 Wenn binnen der gesetzlichen Frist das Verwertungsbegehren nicht gestellt oder zurückgezogen und nicht erneuert wird, so erlischt die Betreibung.

Art. 155

E. Verwertungsverfahren

1. Einleitung

1 Hat der Gläubiger das Verwertungsbegehren gestellt, so sind die Artikel 97 Absatz 1, 102 Absatz 3, 103 und 106–109 auf das Pfand sinngemäss anwendbar.

2 Das Betreibungsamt benachrichtigt den Schuldner binnen drei Tagen von dem Verwertungsbegehren.

Art. 156

2. Durchführung

1 Für die Verwertung gelten die Artikel 122–143b. Die Steigerungsbedingungen (Art. 135) bestimmen jedoch, dass der Anteil am Zuschlagspreis, der dem betreibenden Pfandgläubiger zukommt, in Geld zu bezahlen ist, wenn die Beteiligten nichts anderes vereinbaren. Sie bestimmen ferner, dass die Belastung des Grundstücks, die zugunsten des Betreibenden bestand, im Grundbuch gelöscht wird.

2 Vom Grundeigentümer zu Faustpfand begebene Eigentümer- oder Inhabertitel werden im Falle separater Verwertung auf den Betrag des Erlöses herabgesetzt.

Art. 157

3. Verteilung

1 Aus dem Pfanderlös werden vorweg die Kosten für die Verwaltung, die Verwertung und die Verteilung bezahlt.

2 Der Reinerlös wird den Pfandgläubigern bis zur Höhe ihrer Forderungen einschliesslich des Zinses bis zum Zeitpunkt der letzten Verwertung und der Betreibungskosten ausgerichtet.

3 Können nicht sämtliche Pfandgläubiger befriedigt werden, so setzt der Betreibungsbeamte, unter Berücksichtigung des Artikels 219 Absätze 2 und 3 die Rangordnung der Gläubiger und deren Anteile fest.

4 Die Artikel 147, 148 und 150 finden entsprechende Anwendung.

Art. 158

4. Pfandausfallschein

1 Konnte das Pfand wegen ungenügenden Angeboten (Art. 126 und 127) nicht verwertet werden oder deckt der Erlös die Forderung nicht, so stellt das Betreibungsamt dem betreibenden Pfandgläubiger einen Pfandausfallschein aus.

2 Nach Zustellung dieser Urkunde kann der Gläubiger die Betreibung, je nach der Person des Schuldners, auf dem Wege der Pfändung oder des Konkurses führen, sofern es sich nicht um eine Gült (Art. 33a SchlT ZGB) oder andere Grundlast handelt. Betreibt er binnen Monatsfrist, so ist ein neuer Zahlungsbefehl nicht erforderlich.

3 Der Pfandausfallschein gilt als Schuldanerkennung im Sinne von Artikel 82.

Fünfter Titel: Betreibung auf Konkurs

I. Ordentliche Konkursbetreibung

Art. 159

A. Konkursandrohung
1. Zeitpunkt

Unterliegt der Schuldner der Konkursbetreibung[1], so droht ihm das Betreibungsamt nach Empfang des Fortsetzungsbegehrens unverzüglich den Konkurs an.

Art. 160

2. Inhalt

1 Die Konkursandrohung enthält:

1. die Angaben des Betreibungsbegehrens;
2. das Datum des Zahlungsbefehls;
3. die Anzeige, dass der Gläubiger nach Ablauf von 20 Tagen das Konkursbegehren stellen kann;
4. die Mitteilung, dass der Schuldner, welcher die Zulässigkeit der Konkursbetreibung bestreiten will, innert zehn Tagen bei der Aufsichtsbehörde Beschwerde zu führen hat (Art. 17).

2 Der Schuldner wird zugleich daran erinnert, dass er berechtigt ist, einen Nachlassvertrag vorzuschlagen.

Art. 161

3. Zustellung

1 Für die Zustellung der Konkursandrohung gilt Artikel 72.

2 Ein Doppel derselben wird dem Gläubiger zugestellt, sobald die Zustellung an den Schuldner erfolgt ist.

3 *Aufgehoben.*

Art. 162

B. Güterverzeichnis
1. Anordnung

Das für die Eröffnung des Konkurses zuständige Gericht (Konkursgericht) hat auf Verlangen des Gläubigers, sofern es zu dessen Sicherung geboten erscheint, die Aufnahme eines Verzeichnisses aller Vermögensbestandteile des Schuldners (Güterverzeichnis)[2] anzuordnen.

Art. 163

2. Vollzug

1 Das Betreibungsamt nimmt das Güterverzeichnis auf. Es darf damit erst beginnen, wenn die Konkursandrohung zugestellt ist; ausgenommen sind die Fälle nach den Artikeln 83 Absatz 1 und 183.

2 Die Artikel 90–92 finden entsprechende Anwendung.

Art. 164

3. Wirkungen
a. Pflichten des Schuldners

1 Der Schuldner ist bei Straffolge (Art. 169 StGB) verpflichtet, dafür zu sorgen, dass die aufgezeichneten Vermögensstücke erhalten bleiben oder durch gleichwertige ersetzt werden; er darf jedoch davon so viel verbrauchen, als nach dem Ermessen des Betreibungsbeamten zu seinem und seiner Familie Lebensunterhalt erforderlich ist.

2 Der Betreibungsbeamte macht den Schuldner auf seine Pflichten und auf die Straffolge ausdrücklich aufmerksam.

1 Vgl. SchKG 39
2 Wirkungen vgl. SchKG 164

Art. 165

b. Dauer

[1] Die durch das Güterverzeichnis begründete Verpflichtung des Schuldners wird vom Betreibungsbeamten aufgehoben, wenn sämtliche betreibende Gläubiger einwilligen.

[2] Sie erlischt von Gesetzes wegen vier Monate nach der Erstellung des Verzeichnisses.

Art. 166

C. Konkursbegehren
1. Frist

[1] Nach Ablauf von 20 Tagen seit der Zustellung der Konkursandrohung kann der Gläubiger unter Vorlegung dieser Urkunde und des Zahlungsbefehls beim Konkursgerichte das Konkursbegehren stellen.

[2] Dieses Recht erlischt 15 Monate nach der Zustellung des Zahlungsbefehls. Ist Rechtsvorschlag erhoben worden, so steht diese Frist zwischen der Einleitung und der Erledigung eines dadurch veranlassten gerichtlichen Verfahrens still.

Art. 167

2. Rückzug

Zieht der Gläubiger das Konkursbegehren zurück, so kann er es vor Ablauf eines Monats nicht erneuern.

Art. 168

3. Konkursverhandlung

Ist das Konkursbegehren gestellt, so wird den Parteien wenigstens drei Tage vorher die gerichtliche Verhandlung angezeigt. Es steht denselben frei, vor Gericht zu erscheinen, sei es persönlich, sei es durch Vertretung.

Art. 169

4. Haftung für die Konkurskosten

[1] Wer das Konkursbegehren stellt, haftet für die Kosten, die bis und mit der Einstellung des Konkurses mangels Aktiven (Art. 230) oder bis zum Schuldenruf (Art. 232) entstehen.

[2] Das Gericht kann von dem Gläubiger einen entsprechenden Kostenvorschuss verlangen.

Art. 170

5. Vorsorgliche Anordnungen

Das Gericht kann sofort nach Anbringung des Konkursbegehrens die zur Wahrung der Rechte der Gläubiger notwendigen vorsorglichen Anordnungen treffen.

Art. 171

D. Entscheid des Konkursgerichts
1. Konkurseröffnung

Das Gericht entscheidet ohne Aufschub, auch in Abwesenheit der Parteien. Es spricht die Konkurseröffnung[1] aus, sofern nicht einer der in den Art. 172–173a erwähnten Fälle vorliegt.

Art. 172

2. Abweisung des Konkursbegehrens

Das Gericht weist das Konkursbegehren ab:

1. wenn die Konkursandrohung von der Aufsichtsbehörde aufgehoben ist;
2. wenn dem Schuldner die Wiederherstellung einer Frist (Art. 33 Abs. 4) oder ein nachträglicher Rechtsvorschlag (Art. 77) bewilligt worden ist;
3. wenn der Schuldner durch Urkunden beweist, dass die Schuld, Zinsen und Kosten inbegriffen, getilgt ist oder dass der Gläubiger ihm Stundung gewährt hat.

[1] Vgl. SchKG 175

Art. 173

3. Aussetzung des Entscheides
a. Wegen Einstellung der Betreibung oder Nichtigkeitsgründen

[1] Wird von der Aufsichtsbehörde infolge einer Beschwerde oder vom Gericht gemäss Artikel 85 oder 85a Absatz 2 die Einstellung der Betreibung verfügt, so setzt das Gericht den Entscheid über den Konkurs aus.

[2] Findet das Gericht von sich aus, dass im vorangegangenen Verfahren eine nichtige Verfügung (Art. 22 Abs. 1) erlassen wurde, so setzt es den Entscheid ebenfalls aus und überweist den Fall der Aufsichtsbehörde.

[3] Der Beschluss der Aufsichtsbehörde wird dem Konkursgerichte mitgeteilt. Hierauf erfolgt das gerichtliche Erkenntnis.[1]

Art. 173a

b. Wegen Einreichung eines Gesuches um Nachlass- oder Notstundung oder von Amtes wegen

[1] Hat der Schuldner oder ein Gläubiger ein Gesuch um Nachlassstundung[2] oder um Notstundung[3] eingereicht, so kann das Gericht den Entscheid über den Konkurs aussetzen.

[2] Das Gericht kann den Entscheid über den Konkurs auch von Amtes wegen aussetzen, wenn Anhaltspunkte für das Zustandekommen eines Nachlassvertrages[4] bestehen; es überweist die Akten dem Nachlassgericht.

[3] *Aufgehoben*.

Art. 173b

3bis. Verfahren der Eidgenössischen Finanzmarktaufsicht

Betrifft das Konkursbegehren eine Bank, einen Effektenhändler, ein Versicherungsunternehmen, eine Pfandbriefzentrale, eine Fondsleitung, eine Investmentgesellschaft mit variablem Kapital (SICAV), eine Kommanditgesellschaft für kollektive Kapitalanlagen oder eine Investmentgesellschaft mit festem Kapital (SICAF), so überweist das Konkursgericht die Akten an die Eidgenössische Finanzmarktaufsicht (FINMA). Diese verfährt nach den spezialgesetzlichen Regeln.

Art. 174

4. Weiterziehung

[1] Der Entscheid des Konkursgerichtes kann innert zehn Tagen mit Beschwerde nach der ZPO angefochten werden. Die Parteien können dabei neue Tatsachen geltend machen, wenn diese vor dem erstinstanzlichen Entscheid eingetreten sind.

[2] Die Rechtsmittelinstanz kann die Konkurseröffnung aufheben, wenn der Schuldner seine Zahlungsfähigkeit glaubhaft macht und durch Urkunden beweist, dass inzwischen:

1. die Schuld, einschliesslich der Zinsen und Kosten, getilgt ist;
2. der geschuldete Betrag beim oberen Gericht zuhanden des Gläubigers hinterlegt ist; oder
3. der Gläubiger auf die Durchführung des Konkurses verzichtet.

[3] Gewährt sie der Beschwerde aufschiebende Wirkung, so trifft sie gleichzeitig die zum Schutz der Gläubiger notwendigen vorsorglichen Massnahmen.

Art. 175

E. Zeitpunkt der Konkurseröffnung

[1] Der Konkurs gilt von dem Zeitpunkte an als eröffnet, in welchem er erkannt wird.

[2] Das Gericht stellt diesen Zeitpunkt im Konkurserkenntnis[5] fest.

1 Urteil
2 Vgl. SchKG 293 ff.
3 Vgl. SchKG 337 ff.
4 Vgl. SchKG 305 ff.
5 Konkursdekret (Urteil)

Art. 176

F. Mitteilung der gerichtlichen Entscheide

1 Das Gericht teilt dem Betreibungs-, dem Konkurs-, dem Handelsregister- und dem Grundbuchamt unverzüglich mit:

1. die Konkurseröffnung;
2. den Widerruf des Konkurses;
3. den Schluss des Konkurses;
4. Verfügungen, in denen es einem Rechtsmittel aufschiebende Wirkung erteilt;
5. vorsorgliche Anordnungen.

2 Der Konkurs ist spätestens zwei Tage nach Eröffnung im Grundbuch anzumerken.[1]

II. Wechselbetreibung

Art. 177

A. Voraussetzungen

1 Für Forderungen, die sich auf einen Wechsel[2] oder Check[3] gründen, kann, auch wenn sie pfandgesichert sind, beim Betreibungsamte die Wechselbetreibung verlangt werden, sofern der Schuldner der Konkursbetreibung[4] unterliegt.

2 Der Wechsel oder Check ist dem Betreibungsamte zu übergeben.

Art. 178

B. Zahlungsbefehl

1 Sind die Voraussetzungen der Wechselbetreibung vorhanden, so stellt das Betreibungsamt dem Schuldner unverzüglich einen Zahlungsbefehl zu.

2 Der Zahlungsbefehl enthält:

1. die Angaben des Betreibungsbegehrens;
2. die Aufforderung, den Gläubiger binnen fünf Tagen für die Forderung samt Betreibungskosten zu befriedigen;
3. die Mitteilung, dass der Schuldner Rechtsvorschlag erheben (Art. 179) oder bei der Aufsichtsbehörde Beschwerde wegen Missachtung des Gesetzes führen kann (Art. 17 und 20);
4. den Hinweis, dass der Gläubiger das Konkursbegehren stellen kann, wenn der Schuldner dem Zahlungsbefehl nicht nachkommt, obwohl er keinen Rechtsvorschlag erhoben hat oder sein Rechtsvorschlag beseitigt worden ist (Art. 188).

3 Die Artikel 70 und 72 sind anwendbar.

Art. 179

C. Rechtsvorschlag
1. Frist und Form

1 Der Schuldner kann beim Betreibungsamt innert fünf Tagen nach Zustellung des Zahlungsbefehls schriftlich Rechtsvorschlag erheben; dabei muss er darlegen, dass eine der Voraussetzungen nach Artikel 182 erfüllt ist. Auf Verlangen bescheinigt ihm das Betreibungsamt die Einreichung des Rechtsvorschlags gebührenfrei.

2 Mit der im Rechtsvorschlag gegebenen Begründung verzichtet der Schuldner nicht auf weitere Einreden nach Artikel 182.

3 Artikel 33 Absatz 4 ist nicht anwendbar.

1 Vgl. ZGB 960
2 Vgl. OR 990 ff.
3 Vgl. OR 1100 ff.
4 Vgl. SchKG 39

Art. 180

2. Mitteilung an den Gläubiger

[1] Der Inhalt des Rechtsvorschlags wird dem Betreibenden auf der für ihn bestimmten Ausfertigung des Zahlungsbefehls mitgeteilt; wurde ein Rechtsvorschlag nicht eingegeben, so wird dies in derselben vorgemerkt.

[2] Diese Ausfertigung wird dem Betreibenden sofort nach Eingabe des Rechtsvorschlags oder, falls ein solcher nicht erfolgte, unmittelbar nach Ablauf der Eingabefrist zugestellt.

Art. 181

3. Vorlage an das Gericht

Das Betreibungsamt legt den Rechtsvorschlag unverzüglich dem Gericht des Betreibungsortes vor. Dieses lädt die Parteien vor und entscheidet, auch in ihrer Abwesenheit, innert zehn Tagen nach Erhalt des Rechtsvorschlages.

Art. 182

4. Bewilligung

Das Gericht bewilligt den Rechtsvorschlag:

1. wenn durch Urkunden bewiesen wird, dass die Schuld an den Inhaber des Wechsels oder Checks bezahlt oder durch denselben nachgelassen oder gestundet ist;
2. wenn Fälschung des Titels glaubhaft gemacht wird;
3. wenn eine aus dem Wechselrechte hervorgehende Einrede begründet erscheint;
4. wenn eine andere nach Artikel 1007 OR zulässige Einrede geltend gemacht wird, die glaubhaft erscheint; in diesem Falle muss jedoch die Forderungssumme in Geld oder Wertschriften hinterlegt oder eine gleichwertige Sicherheit geleistet werden.

Art. 183

5. Verweigerung. Vorsorgliche Massnahmen

[1] Verweigert das Gericht die Bewilligung des Rechtsvorschlages, so kann es vorsorgliche Massnahmen treffen, insbesondere die Aufnahme des Güterverzeichnisses gemäss den Artikeln 162–165 anordnen.

[2] Das Gericht kann nötigenfalls auch dem Gläubiger eine Sicherheitsleistung auferlegen.

Art. 184

6. Eröffnung des Entscheides. Klagefrist bei Hinterlegung

[1] Der Entscheid über die Bewilligung des Rechtsvorschlags wird den Parteien sofort eröffnet.

[2] Ist der Rechtsvorschlag nur nach Hinterlegung des streitigen Betrages bewilligt worden, so wird der Gläubiger aufgefordert, binnen zehn Tagen die Klage auf Zahlung anzuheben. Kommt der Gläubiger dieser Aufforderung nicht nach, so wird die Hinterlage zurückgegeben.

Art. 185

7. Rechtsmittel

Der Entscheid über die Bewilligung des Rechtsvorschlages kann innert fünf Tagen mit Beschwerde nach der ZPO angefochten werden.

Art. 186

8. Wirkungen des bewilligten Rechtsvorschlages

Ist der Rechtsvorschlag bewilligt, so wird die Betreibung eingestellt; der Gläubiger hat zur Geltendmachung seines Anspruchs den ordentlichen Prozessweg zu betreten.

Art. 187

D. Rückforderungsklage

Wer infolge der Unterlassung oder Nichtbewilligung eines Rechtsvorschlags eine Nichtschuld bezahlt hat, kann das Rückforderungsrecht nach Massgabe des Artikels 86 ausüben.

Art. 188

E. Konkursbegehren

1 Ist ein Rechtsvorschlag nicht eingegeben, oder ist er beseitigt, nichtsdestoweniger aber dem Zahlungsbefehle nicht genügt worden, so kann der Gläubiger unter Vorlegung des Forderungstitels und des Zahlungsbefehls sowie, gegebenenfalls, des Gerichtsentscheides das Konkursbegehren stellen.

2 Dieses Recht erlischt mit Ablauf eines Monats seit der Zustellung des Zahlungsbefehls. Hat der Schuldner einen Rechtsvorschlag eingegeben, so fällt die Zeit zwischen der Eingabe desselben und dem Entscheid über dessen Bewilligung sowie, im Falle der Bewilligung, die Zeit zwischen der Anhebung und der gerichtlichen Erledigung der Klage nicht in Berechnung.

Art. 189

F. Entscheid des Konkursgerichts

1 Das Gericht zeigt den Parteien Ort, Tag und Stunde der Verhandlung über das Konkursbegehren an. Es entscheidet, auch in Abwesenheit der Parteien, innert zehn Tagen nach Einreichung des Begehrens.

2 Die Artikel 169, 170, 172 Ziffer 3, 173, 173a, 175 und 176 sind anwendbar.

III. Konkurseröffnung ohne vorgängige Betreibung

Art. 190

A. Auf Antrag eines Gläubigers

1 Ein Gläubiger kann ohne vorgängige Betreibung beim Gerichte die Konkurseröffnung verlangen:

1. gegen jeden Schuldner, dessen Aufenthaltsort unbekannt ist oder der die Flucht[1] ergriffen hat, um sich seinen Verbindlichkeiten zu entziehen, oder der betrügerische Handlungen zum Nachteile der Gläubiger begangen oder zu begehen versucht oder bei einer Betreibung auf Pfändung Bestandteile seines Vermögens verheimlicht hat;
2. gegen einen der Konkursbetreibung unterliegenden Schuldner, der seine Zahlungen eingestellt hat;[2]
3. *aufgehoben.*

2 Der Schuldner wird, wenn er in der Schweiz wohnt oder in der Schweiz einen Vertreter hat, mit Ansetzung einer kurzen Frist vor Gericht geladen und einvernommen.

Art. 191

B. Auf Antrag des Schuldners

1 Der Schuldner kann die Konkurseröffnung selber beantragen, indem er sich beim Gericht zahlungsunfähig erklärt.[3]

2 Der Richter eröffnet den Konkurs, wenn keine Aussicht auf eine Schuldenbereinigung nach den Artikeln 333 ff. besteht.

1 Vgl. SchKG 54
2 Auch für Steuern, in Konkurrenz zu SchKG 43
3 Sog. Insolvenzerklärung

Art. 192

C. Von Amtes wegen

Der Konkurs wird ohne vorgängige Betreibung von Amtes wegen eröffnet, wenn es das Gesetz so vorsieht.[1]

Art. 193

D. Gegen eine ausgeschlagene oder überschuldete Erbschaft

[1] Die zuständige Behörde benachrichtigt das Konkursgericht, wenn:

1. alle Erben die Erbschaft ausgeschlagen haben oder die Ausschlagung zu vermuten ist (Art. 566 ff. und 573 ZGB);
2. eine Erbschaft, für welche die amtliche Liquidation verlangt oder angeordnet worden ist, sich als überschuldet erweist (Art. 597 ZGB).

[2] In diesen Fällen ordnet das Gericht die konkursamtliche Liquidation an.

[3] Auch ein Gläubiger oder ein Erbe kann die konkursamtliche Liquidation verlangen.[2]

Art. 194

E. Verfahren

[1] Die Artikel 169, 170 und 173a–176 sind auf die ohne vorgängige Betreibung erfolgten Konkurseröffnungen anwendbar. Bei Konkurseröffnung nach Artikel 192 ist jedoch Artikel 169 nicht anwendbar.

[2] Die Mitteilung an das Handelsregisteramt (Art. 176) unterbleibt, wenn der Schuldner nicht der Konkursbetreibung unterliegt.

IV. Widerruf des Konkurses

Art. 195

A. Im Allgemeinen

[1] Das Konkursgericht widerruft den Konkurs und gibt dem Schuldner das Verfügungsrecht über sein Vermögen zurück, wenn:

1. er nachweist, dass sämtliche Forderungen getilgt sind;
2. er von jedem Gläubiger eine schriftliche Erklärung vorlegt, dass dieser seine Konkurseingabe zurückzieht; oder
3. ein Nachlassvertrag zustandegekommen ist.

[2] Der Widerruf des Konkurses kann vom Ablauf der Eingabefrist an bis zum Schlusse des Verfahrens verfügt werden.

[3] Der Widerruf des Konkurses wird öffentlich bekanntgemacht.

Art. 196

B. Bei ausgeschlagener Erbschaft

Die konkursamtliche Liquidation einer ausgeschlagenen Erbschaft wird überdies eingestellt, wenn vor Schluss des Verfahrens ein Erbberechtigter den Antritt der Erbschaft erklärt und für die Bezahlung der Schulden hinreichende Sicherheit leistet.

1 Bei Überschuldung, vgl. einzelne Rechtsformen
2 I.d.R. bei überschuldeten Nachlässen

Sechster Titel: Konkursrecht

I. Wirkungen des Konkurses auf das Vermögen des Schuldners

Art. 197

A. Konkursmasse
1. Im Allgemeinen

1 Sämtliches pfändbare Vermögen, das dem Schuldner zur Zeit der Konkurseröffnung gehört, bildet, gleichviel wo es sich befindet, eine einzige Masse (Konkursmasse), die zur gemeinsamen Befriedigung der Gläubiger dient.[1]

2 Vermögen, das dem Schuldner vor Schluss des Konkursverfahrens anfällt[2], gehört gleichfalls zur Konkursmasse.

Art. 198

2. Pfandgegenstände

Vermögensstücke, an denen Pfandrechte haften, werden, unter Vorbehalt des den Pfandgläubigern gesicherten Vorzugsrechtes[3], zur Konkursmasse gezogen.

Art. 199

3. Gepfändete und arrestierte Vermögenswerte

1 Gepfändete Vermögensstücke, deren Verwertung im Zeitpunkte der Konkurseröffnung noch nicht stattgefunden hat, und Arrestgegenstände fallen in die Konkursmasse.

2 Gepfändete Barbeträge, abgelieferte Beträge bei Forderungs- und Einkommenspfändung sowie der Erlös bereits verwerteter Vermögensstücke werden jedoch nach den Artikeln 144–150 verteilt, sofern die Fristen für den Pfändungsanschluss (Art. 110 und 111) abgelaufen sind; ein Überschuss fällt in die Konkursmasse.

Art. 200

4. Anfechtungsansprüche

Zur Konkursmasse gehört ferner alles, was nach Massgabe der Artikel 214 und 285–292 Gegenstand der Anfechtungsklage ist.

Art. 201

5. Inhaber- und Ordrepapiere

Wenn sich in den Händen des Schuldners ein Inhaberpapier oder ein Ordrepapier befindet, welches ihm bloss zur Einkassierung oder als Deckung für eine bestimmt bezeichnete künftige Zahlung übergeben oder indossiert worden ist, so kann derjenige, welcher das Papier übergeben oder indossiert hat, die Rückgabe desselben verlangen.

Art. 202

6. Erlös aus fremden Sachen

Wenn der Schuldner eine fremde Sache verkauft und zur Zeit der Konkurseröffnung den Kaufpreis noch nicht erhalten hat, so kann der bisherige Eigentümer gegen Vergütung dessen, was der Schuldner darauf zu fordern hat, Abtretung der Forderung gegen den Käufer oder die Herausgabe des inzwischen von der Konkursverwaltung eingezogenen Kaufpreises verlangen.

Art. 203

7. Rücknahmerecht des Verkäufers

1 Wenn eine Sache, welche der Schuldner gekauft und noch nicht bezahlt hat, an ihn abgesendet, aber zur Zeit der Konkurseröffnung noch nicht in seinen Besitz übergegangen ist, so kann der Verkäufer die Rückgabe derselben verlangen, sofern nicht die Konkursverwaltung den Kaufpreis bezahlt.

1 Ausgenommen Kompetenzstücke nach SchKG 92, vgl. SchKG 224
2 Arbeitslohn «fällt nicht an»
3 Vgl. SchKG 219

[2] Das Rücknahmerecht ist jedoch ausgeschlossen, wenn die Sache vor der öffentlichen Bekanntmachung des Konkurses von einem gutgläubigen Dritten auf Grund eines Frachtbriefes, Konnossements oder Ladescheines zu Eigentum oder Pfand erworben worden ist.

Art. 204

B. Verfügungsunfähigkeit des Schuldners

[1] Rechtshandlungen, welche der Schuldner nach der Konkurseröffnung in Bezug auf Vermögensstücke, die zur Konkursmasse gehören, vornimmt, sind den Konkursgläubigern gegenüber ungültig.

[2] Hat jedoch der Schuldner vor der öffentlichen Bekanntmachung des Konkurses einen von ihm ausgestellten eigenen oder einen auf ihn gezogenen Wechsel bei Verfall bezahlt, so ist diese Zahlung gültig, sofern der Wechselinhaber von der Konkurseröffnung keine Kenntnis hatte und im Falle der Nichtzahlung den wechselrechtlichen Regress gegen Dritte mit Erfolg hätte ausüben können.

Art. 205

C. Zahlungen an den Schuldner

[1] Forderungen, welche zur Konkursmasse gehören, können nach Eröffnung des Konkurses nicht mehr durch Zahlung an den Schuldner getilgt werden; eine solche Zahlung bewirkt den Konkursgläubigern gegenüber nur insoweit Befreiung, als das Geleistete in die Konkursmasse gelangt ist.

[2] Erfolgte jedoch die Zahlung vor der öffentlichen Bekanntmachung des Konkurses, so ist der Leistende von der Schuldpflicht befreit, wenn ihm die Eröffnung des Konkurses nicht bekannt war.

Art. 206

D. Betreibungen gegen den Schuldner

[1] Alle gegen den Schuldner hängigen Betreibungen sind aufgehoben, und neue Betreibungen für Forderungen, die vor der Konkurseröffnung entstanden sind, können während des Konkursverfahrens nicht eingeleitet werden. Ausgenommen sind Betreibungen auf Verwertung von Pfändern, die von Dritten bestellt worden sind.

[2] Betreibungen für Forderungen, die nach der Konkurseröffnung entstanden sind, werden während des Konkursverfahrens durch Pfändung oder Pfandverwertung fortgesetzt.

[3] Während des Konkursverfahrens kann der Schuldner keine weitere Konkurseröffnung wegen Zahlungsunfähigkeit beantragen (Art. 191).

Art. 207

E. Einstellung von Zivilprozessen und Verwaltungsverfahren

[1] Mit Ausnahme dringlicher Fälle werden Zivilprozesse, in denen der Schuldner Partei ist und die den Bestand der Konkursmasse berühren, eingestellt. Sie können im ordentlichen Konkursverfahren frühestens zehn Tage nach der zweiten Gläubigerversammlung, im summarischen Konkursverfahren frühestens 20 Tage nach der Auflegung des Kollokationsplanes wieder aufgenommen werden.

[2] Unter den gleichen Voraussetzungen können Verwaltungsverfahren eingestellt werden.

[3] Während der Einstellung stehen die Verjährungs- und die Verwirkungsfristen still.

[4] Diese Bestimmung bezieht sich nicht auf Entschädigungsklagen wegen Ehr- und Körperverletzungen oder auf familienrechtliche Prozesse.

II. Wirkungen des Konkurses auf die Rechte der Gläubiger

Art. 208

A. Fälligkeit der Schuldverpflichtungen

1 Die Konkurseröffnung bewirkt gegenüber der Konkursmasse die Fälligkeit sämtlicher Schuldverpflichtungen des Schuldners mit Ausnahme derjenigen, die durch seine Grundstücke pfandrechtlich gedeckt sind. Der Gläubiger kann neben der Hauptforderung die Zinsen bis zum Eröffnungstage und die Betreibungskosten geltend machen.

2 Von noch nicht verfallenen unverzinslichen Forderungen wird der Zwischenzins (Diskonto) zu fünf vom Hundert in Abzug gebracht.

Art. 209

B. Zinsenlauf

1 Mit der Eröffnung des Konkurses hört gegenüber dem Schuldner der Zinsenlauf auf.

2 Für pfandgesicherte Forderungen läuft jedoch der Zins bis zur Verwertung weiter, soweit der Pfanderlös den Betrag der Forderung und des bis zur Konkurseröffnung aufgelaufenen Zinses übersteigt.

Art. 210

C. Bedingte Forderungen

1 Forderungen unter aufschiebender Bedingung werden im Konkurs zum vollen Betrag zugelassen; der Gläubiger ist jedoch zum Bezug des auf ihn entfallenden Anteils an der Konkursmasse nicht berechtigt, solange die Bedingung nicht erfüllt ist.

2 Für Leibrentenforderungen gilt Artikel 518 Absatz 3 OR.

Art. 211

D. Umwandlung von Forderungen

1 Forderungen, welche nicht eine Geldzahlung zum Gegenstande haben, werden in Geldforderungen von entsprechendem Werte umgewandelt.

2 Die Konkursverwaltung hat indessen das Recht, zweiseitige Verträge, die zur Zeit der Konkurseröffnung nicht oder nur teilweise erfüllt sind, anstelle des Schuldners zu erfüllen. Der Vertragspartner kann verlangen, dass ihm die Erfüllung sichergestellt werde.

2bis Das Recht der Konkursverwaltung nach Absatz 2 ist jedoch ausgeschlossen bei Fixgeschäften (Art. 108 Ziff. 3 OR) sowie bei Finanztermin-, Swap- und Optionsgeschäften, wenn der Wert der vertraglichen Leistungen im Zeitpunkt der Konkurseröffnung aufgrund von Markt- oder Börsenpreisen bestimmbar ist. Konkursverwaltung und Vertragspartner haben je das Recht, die Differenz zwischen dem vereinbarten Wert der vertraglichen Leistungen und deren Marktwert im Zeitpunkt der Konkurseröffnung geltend zu machen.

3 Vorbehalten bleiben die Bestimmungen anderer Bundesgesetze über die Auflösung von Vertragsverhältnissen im Konkurs sowie die Bestimmungen über den Eigentumsvorbehalt (Art. 715 und 716 ZGB).

Art. 211a

Dbis. Dauerschuldverhältnisse

1 Ansprüche aus Dauerschuldverhältnissen können ab Konkurseröffnung als Konkursforderungen höchstens bis zum nächsten möglichen Kündigungstermin oder bis zum Ende der festen Vertragsdauer geltend gemacht werden. Der Gläubiger muss sich allfällige Vorteile, die er für diese Dauer erlangt hat, anrechnen lassen.

2 Soweit die Konkursmasse die Leistungen aus dem Dauerschuldverhältnis in Anspruch genommen hat, gelten die entsprechenden Gegenforderungen, die nach Konkurseröffnung entstanden sind, als Masseverbindlichkeiten.

3 Vorbehalten bleibt die Weiterführung eines Vertragsverhältnisses durch den Schuldner persönlich.

Art. 212

E. Rücktrittsrecht des Verkäufers

Ein Verkäufer, welcher dem Schuldner die verkaufte Sache vor der Konkurseröffnung übertragen hat, kann nicht mehr von dem Vertrage zurücktreten und die übergebene Sache zurückfordern, auch wenn er sich dies ausdrücklich vorbehalten hat.[1]

Art. 213

F. Verrechnung
1. Zulässigkeit

1 Ein Gläubiger kann seine Forderung mit einer Forderung, welche dem Schuldner ihm gegenüber zusteht, verrechnen.[2]

2 Die Verrechnung ist jedoch ausgeschlossen:

1. wenn ein Schuldner des Konkursiten erst nach der Konkurseröffnung dessen Gläubiger wird, es sei denn, er habe eine vorher eingegangene Verpflichtung erfüllt oder eine für die Schuld des Schuldners als Pfand haftende Sache eingelöst, an der ihm das Eigentum oder ein beschränktes dingliches Recht zusteht (Art. 110 Ziff. 1 OR);
2. wenn ein Gläubiger des Schuldners erst nach der Konkurseröffnung Schuldner desselben oder der Konkursmasse wird.
3. *Aufgehoben.*

3 Die Verrechnung mit Forderungen aus Inhaberpapieren ist zulässig, wenn und soweit der Gläubiger nachweist, dass er sie in gutem Glauben vor der Konkurseröffnung erworben hat.

4 Im Konkurs einer Kommanditgesellschaft, einer Aktiengesellschaft, einer Kommanditaktiengesellschaft, einer Gesellschaft mit beschränkter Haftung oder einer Genossenschaft können nicht voll einbezahlte Beträge der Kommanditsumme oder des Gesellschaftskapitals sowie statutarische Beiträge an die Genossenschaft nicht verrechnet werden.

Art. 214

2. Anfechtbarkeit

Die Verrechnung ist anfechtbar, wenn ein Schuldner des Konkursiten vor der Konkurseröffnung, aber in Kenntnis von der Zahlungsunfähigkeit des Konkursiten, eine Forderung an denselben erworben hat, um sich oder einem andern durch die Verrechnung unter Beeinträchtigung der Konkursmasse einen Vorteil zuzuwenden.[3]

Art. 215

G. Mitverpflichtungen des Schuldners
1. Bürgschaften

1 Forderungen aus Bürgschaften des Schuldners können im Konkurse geltend gemacht werden, auch wenn sie noch nicht fällig sind.

2 Die Konkursmasse tritt für den von ihr bezahlten Betrag in die Rechte des Gläubigers gegenüber dem Hauptschuldner und den Mitbürgen ein (Art. 507 OR).

1 Vgl. OR 214 Abs. 3
2 Vgl. OR 120
3 Vgl. SchKG 285 ff.

Wenn jedoch auch über den Hauptschuldner oder einen Mitbürgen der Konkurs eröffnet wird, so finden die Artikel 216 und 217 Anwendung.

Art. 216

2. Gleichzeitiger Konkurs über mehrere Mitverpflichtete

1 Wenn über mehrere Mitverpflichtete gleichzeitig der Konkurs eröffnet ist, so kann der Gläubiger in jedem Konkurse seine Forderung im vollen Betrage geltend machen.

2 Ergeben die Zuteilungen aus den verschiedenen Konkursmassen mehr als den Betrag der ganzen Forderung, so fällt der Überschuss nach Massgabe der unter den Mitverpflichteten bestehenden Rückgriffsrechte an die Massen zurück.

3 Solange der Gesamtbetrag der Zuteilungen den vollen Betrag der Forderung nicht erreicht, haben die Massen wegen der geleisteten Teilzahlungen keinen Rückgriff gegeneinander.

Art. 217

3. Teilzahlungen von Mitverpflichteten

1 Ist ein Gläubiger von einem Mitverpflichteten des Schuldners für seine Forderung teilweise befriedigt worden, so wird gleichwohl im Konkurse des letztern die Forderung in ihrem vollen ursprünglichen Betrage aufgenommen, gleichviel, ob der Mitverpflichtete gegen den Schuldner rückgriffsberechtigt ist oder nicht.

2 Das Recht zur Eingabe der Forderung im Konkurse steht dem Gläubiger und dem Mitverpflichteten zu.

3 Der auf die Forderung entfallende Anteil an der Konkursmasse kommt dem Gläubiger bis zu seiner vollständigen Befriedigung zu. Aus dem Überschusse erhält ein rückgriffsberechtigter Mitverpflichteter den Betrag, den er bei selbständiger Geltendmachung des Rückgriffsrechtes erhalten würde. Der Rest verbleibt der Masse.

Art. 218

4. Konkurs von Kollektiv- und Kommanditgesellschaften und ihren Teilhabern

1 Wenn über eine Kollektivgesellschaft und einen Teilhaber derselben gleichzeitig der Konkurs eröffnet ist, so können die Gesellschaftsgläubiger im Konkurse des Teilhabers nur den im Konkurse der Gesellschaft unbezahlt gebliebenen Rest ihrer Forderungen geltend machen. Hinsichtlich der Zahlung dieser Restschuld durch die einzelnen Gesellschafter gelten die Bestimmungen der Artikel 216 und 217.

2 Wenn über einen Teilhaber, nicht aber gleichzeitig über die Gesellschaft der Konkurs eröffnet ist, so können die Gesellschaftsgläubiger im Konkurse des Teilhabers ihre Forderungen im vollen Betrage geltend machen. Der Konkursmasse stehen die durch Artikel 215 der Konkursmasse eines Bürgen gewährten Rückgriffsrechte zu.

3 Die Absätze 1 und 2 gelten sinngemäss für unbeschränkt haftende Teilhaber einer Kommanditgesellschaft.

Art. 219

H. Rangordnung der Gläubiger

1 Die pfandgesicherten Forderungen werden aus dem Ergebnisse der Verwertung der Pfänder vorweg bezahlt.[1]

2 Hafteten mehrere Pfänder für die nämliche Forderung, so werden die daraus erlösten Beträge im Verhältnisse ihrer Höhe zur Deckung der Forderung verwendet.

1 Sog. Pfandprivileg, Kosten vgl. SchKG 262

3 Der Rang der Grundpfandgläubiger und der Umfang der pfandrechtlichen Sicherung für Zinse und andere Nebenforderungen bestimmt sich nach den Vorschriften über das Grundpfand.[1]

4 Die nicht pfandgesicherten Forderungen sowie der ungedeckte Betrag der pfandgesicherten Forderungen werden in folgender Rangordnung aus dem Erlös der ganzen übrigen Konkursmasse gedeckt:

Erste Klasse

a. Die Forderungen von Arbeitnehmern aus dem Arbeitsverhältnis, die nicht früher als sechs Monate vor der Konkurseröffnung entstanden oder fällig geworden sind, höchstens jedoch bis zum Betrag des gemäss obligatorischer Unfallversicherung maximal versicherten Jahresverdienstes.

a^{bis}. Die Rückforderungen von Arbeitnehmern betreffend Kautionen.

a^{ter}. Die Forderungen von Arbeitnehmern aus Sozialplänen, die nicht früher als sechs Monate vor der Konkurseröffnung entstanden oder fällig geworden sind.

b. Die Ansprüche der Versicherten nach dem Bundesgesetz vom 20. März 1981 über die Unfallversicherung sowie aus der nicht obligatorischen beruflichen Vorsorge und die Forderungen von Personalvorsorgeeinrichtungen gegenüber den angeschlossenen Arbeitgebern.[2]

c. Die familienrechtlichen Unterhalts- und Unterstützungsansprüche[3] sowie die Unterhaltsbeiträge nach dem Partnerschaftsgesetz vom 18. Juni 2004, die in den letzten sechs Monaten vor der Konkurseröffnung entstanden und durch Geldzahlungen zu erfüllen sind.

Zweite Klasse

a. Die Forderungen von Personen, deren Vermögen kraft elterlicher Gewalt dem Schuldner anvertraut war, für alles, was derselbe ihnen in dieser Eigenschaft schuldig geworden ist.

   Dieses Vorzugsrecht gilt nur dann, wenn der Konkurs während der elterlichen Verwaltung oder innert einem Jahr nach ihrem Ende veröffentlicht worden ist.

b. Die Beitragsforderungen nach dem Bundesgesetz vom 20. Dezember 1946 über die Alters- und Hinterlassenenversicherung, dem Bundesgesetz vom 19. Juni 1959 über die Invalidenversicherung, dem Bundesgesetz vom 20. März 1981 über die Unfallversicherung, dem Erwerbsersatzgesetz vom 25. September 1952 und dem Arbeitslosenversicherungsgesetz vom 25. Juni 1982.

c. Die Prämien- und Kostenbeteiligungsforderungen der sozialen Krankenversicherung.[4]

d. Die Beiträge an die Familienausgleichskasse.

e. *Aufgehoben.*

f. Die Einlagen nach Artikel 37a des Bankengesetzes vom 8. November 1934.

1 Vgl. ZGB 793
2 Pensionskassenbeiträge
3 Sog. Alimente
4 Grundversicherung

Dritte Klasse
Alle übrigen Forderungen.[1]

5 Bei den in der ersten und zweiten Klasse gesetzten Fristen werden nicht mitberechnet:

1. die Dauer eines vorausgegangenen Nachlassverfahrens;
2. die Dauer eines Prozesses über die Forderung;
3. bei der konkursamtlichen Liquidation einer Erbschaft die Zeit zwischen dem Todestag und der Anordnung der Liquidation.

Art. 220

I. Verhältnis der Rangklassen

1 Die Gläubiger der nämlichen Klasse haben unter sich gleiches Recht[2].

2 Die Gläubiger einer nachfolgenden Klasse haben erst dann Anspruch auf den Erlös, wenn die Gläubiger der vorhergehenden Klasse befriedigt sind.

Siebenter Titel: Konkursverfahren

I. Feststellung der Konkursmasse und Bestimmung des Verfahrens

Art. 221

A. Inventaraufnahme

1 Sofort nach Empfang des Konkurserkenntnisses[3] schreitet das Konkursamt zur Aufnahme des Inventars über das zur Konkursmasse gehörende Vermögen und trifft die zur Sicherung desselben erforderlichen Massnahmen.

2 *Aufgehoben.*

Art. 222

B. Auskunfts- und Herausgabepflicht

1 Der Schuldner ist bei Straffolge verpflichtet, dem Konkursamt alle seine Vermögensgegenstände anzugeben und zur Verfügung zu stellen (Art. 163 Ziff. 1 und 323 Ziff. 4 StGB).

2 Ist der Schuldner gestorben oder flüchtig, so obliegen allen erwachsenen Personen, die mit ihm in gemeinsamem Haushalt gelebt haben, unter Straffolge dieselben Pflichten (Art. 324 Ziff. 1 StGB).

3 Die nach den Absätzen 1 und 2 Verpflichteten müssen dem Beamten auf Verlangen die Räumlichkeiten und Behältnisse öffnen. Der Beamte kann nötigenfalls die Polizeigewalt in Anspruch nehmen.

4 Dritte, die Vermögensgegenstände des Schuldners verwahren oder bei denen dieser Guthaben hat, sind bei Straffolge im gleichen Umfang auskunfts- und herausgabepflichtig wie der Schuldner (Art. 324 Ziff. 5 StGB).

5 Behörden sind im gleichen Umfang auskunftspflichtig wie der Schuldner.

6 Das Konkursamt macht die Betroffenen auf ihre Pflichten und auf die Straffolgen ausdrücklich aufmerksam.

Art. 223

C. Sicherungsmassnahmen

1 Magazine, Warenlager, Werkstätten, Wirtschaften u. dgl. sind vom Konkursamte sofort zu schliessen und unter Siegel zu legen, falls sie nicht bis zur ersten Gläubigerversammlung unter genügender Aufsicht verwaltet werden können.

1 Kurrentforderungen
2 Prozentuale Ansprüche
3 Vgl. SchKG 171 ff.

[2] Bares Geld, Wertpapiere, Geschäfts- und Hausbücher sowie sonstige Schriften von Belang nimmt das Konkursamt in Verwahrung.

[3] Alle übrigen Vermögensstücke sollen, solange sie nicht im Inventar verzeichnet sind, unter Siegel gelegt sein; die Siegel können nach der Aufzeichnung neu angelegt werden, wenn das Konkursamt es für nötig erachtet.

[4] Das Konkursamt sorgt für die Aufbewahrung der Gegenstände, die sich ausserhalb der vom Schuldner benützten Räumlichkeiten befinden.

Art. 224

D. Kompetenzstücke

Die in Artikel 92 bezeichneten Vermögensteile werden dem Schuldner zur freien Verfügung überlassen, aber gleichwohl im Inventar aufgezeichnet.

Art. 225

E. Rechte Dritter

1. An Fahrnis

Sachen, welche als Eigentum dritter Personen bezeichnet oder von dritten Personen als ihr Eigentum beansprucht werden, sind unter Vormerkung dieses Umstandes gleichwohl im Inventar aufzuzeichnen.

Art. 226

2. An Grundstücken

Die im Grundbuch eingetragenen Rechte Dritter an Grundstücken des Schuldners werden von Amtes wegen im Inventar vorgemerkt.

Art. 227

F. Schätzung

In dem Inventar wird der Schätzungswert jedes Vermögensstückes verzeichnet.

Art. 228

G. Erklärung des Schuldners zum Inventar

[1] Das Inventar wird dem Schuldner mit der Aufforderung vorgelegt, sich über dessen Vollständigkeit und Richtigkeit zu erklären.

[2] Die Erklärung des Schuldners wird in das Inventar aufgenommen und ist von ihm zu unterzeichnen.

Art. 229

H. Mitwirkung und Unterhalt des Schuldners

[1] Der Schuldner ist bei Straffolge (Art. 323 Ziff. 5 StGB) verpflichtet, während des Konkursverfahrens zur Verfügung der Konkursverwaltung zu stehen; er kann dieser Pflicht nur durch besondere Erlaubnis enthoben werden. Nötigenfalls wird er mit Hilfe der Polizeigewalt zur Stelle gebracht. Die Konkursverwaltung macht ihn darauf und auf die Straffolge ausdrücklich aufmerksam.

[2] Die Konkursverwaltung kann dem Schuldner, namentlich wenn sie ihn anhält, zu ihrer Verfügung zu bleiben, einen billigen Unterhaltsbeitrag gewähren.

[3] Die Konkursverwaltung bestimmt, unter welchen Bedingungen und wie lange der Schuldner und seine Familie in der bisherigen Wohnung verbleiben dürfen, sofern diese zur Konkursmasse gehört.

Art. 230

I. Einstellung des Konkursverfahrens mangels Aktiven

1. Im Allgemeinen

[1] Reicht die Konkursmasse voraussichtlich nicht aus, um die Kosten für ein summarisches Verfahren zu decken, so verfügt das Konkursgericht auf Antrag des Konkursamtes die Einstellung des Konkursverfahrens.

[2] Das Konkursamt macht die Einstellung öffentlich bekannt. In der Publikation weist es darauf hin, dass das Verfahren geschlossen wird, wenn nicht innert zehn Tagen ein Gläubiger die Durchführung des Konkursverfahrens verlangt und die festgelegte Sicherheit für den durch die Konkursmasse nicht gedeckten Teil der Kosten leistet.

³ Nach der Einstellung des Konkursverfahrens kann der Schuldner während zwei Jahren auch auf Pfändung[1] betrieben werden.

⁴ Die vor der Konkurseröffnung eingeleiteten Betreibungen leben nach der Einstellung des Konkurses wieder auf. Die Zeit zwischen der Eröffnung und der Einstellung des Konkurses wird dabei für alle Fristen dieses Gesetzes nicht mitberechnet.

Art. 230a

2. Bei ausgeschlagener Erbschaft und bei juristischen Personen

¹ Wird die konkursamtliche Liquidation einer ausgeschlagenen Erbschaft mangels Aktiven eingestellt, so können die Erben die Abtretung der zum Nachlass gehörenden Aktiven an die Erbengemeinschaft oder an einzelne Erben verlangen, wenn sie sich bereit erklären, die persönliche Schuldpflicht für die Pfandforderungen und die nicht gedeckten Liquidationskosten zu übernehmen. Macht keiner der Erben von diesem Recht Gebrauch, so können es die Gläubiger und nach ihnen Dritte, die ein Interesse geltend machen, ausüben.

² Befinden sich in der Konkursmasse einer juristischen Person verpfändete Werte und ist der Konkurs mangels Aktiven eingestellt worden, so kann jeder Pfandgläubiger trotzdem beim Konkursamt die Verwertung seines Pfandes verlangen. Das Amt setzt dafür eine Frist.

³ Kommt kein Abtretungsvertrag im Sinne von Absatz 1 zustande und verlangt kein Gläubiger fristgemäss die Verwertung seines Pfandes, so werden die Aktiven nach Abzug der Kosten mit den darauf haftenden Lasten, jedoch ohne die persönliche Schuldpflicht, auf den Staat übertragen, wenn die zuständige kantonale Behörde die Übertragung nicht ablehnt.

⁴ Lehnt die zuständige kantonale Behörde die Übertragung ab, so verwertet das Konkursamt die Aktiven.

Art. 231

K. Summarisches Konkursverfahren

¹ Das Konkursamt beantragt dem Konkursgericht das summarische Verfahren, wenn es feststellt, dass:

1. aus dem Erlös der inventarisierten Vermögenswerte die Kosten des ordentlichen Konkursverfahrens voraussichtlich nicht gedeckt werden können; oder
2. die Verhältnisse einfach sind.

² Teilt das Gericht die Ansicht des Konkursamtes, so wird der Konkurs im summarischen Verfahren durchgeführt, sofern nicht ein Gläubiger vor der Verteilung des Erlöses das ordentliche Verfahren verlangt und für die voraussichtlich ungedeckten Kosten hinreichende Sicherheit leistet.

³ Das summarische Konkursverfahren wird nach den Vorschriften über das ordentliche Verfahren durchgeführt, vorbehältlich folgender Ausnahmen:

1. Gläubigerversammlungen werden in der Regel nicht einberufen. Erscheint jedoch aufgrund besonderer Umstände eine Anhörung der Gläubiger als wünschenswert, so kann das Konkursamt diese zu einer Versammlung einladen oder einen Gläubigerbeschluss auf dem Zirkularweg herbeiführen.
2. Nach Ablauf der Eingabefrist (Art. 232 Abs. 2 Ziff. 2) führt das Konkursamt die Verwertung durch; es berücksichtigt dabei Artikel 256 Absätze 2–4 und wahrt die Interessen der Gläubiger bestmöglich. Grundstücke darf es erst verwerten, wenn das Lastenverzeichnis erstellt ist.

[1] Vgl. SchKG 89 ff.

3. Das Konkursamt bezeichnet die Kompetenzstücke im Inventar und legt dieses zusammen mit dem Kollokationsplan auf.
4. Die Verteilungsliste braucht nicht aufgelegt zu werden.

II. Schuldenruf

Art. 232

A. Öffentliche Bekanntmachung

[1] Das Konkursamt macht die Eröffnung des Konkurses öffentlich bekannt, sobald feststeht, ob dieser im ordentlichen oder im summarischen Verfahren durchgeführt wird.

[2] Die Bekanntmachung enthält:

1. die Bezeichnung des Schuldners und seines Wohnortes sowie des Zeitpunktes der Konkurseröffnung;
2. die Aufforderung an die Gläubiger des Schuldners und an alle, die Ansprüche auf die in seinem Besitz befindlichen Vermögensstücke haben, ihre Forderungen oder Ansprüche samt Beweismitteln (Schuldscheine. Buchauszüge usw.) innert einem Monat nach der Bekanntmachung dem Konkursamt einzugeben;
3. die Aufforderung an die Schuldner des Konkursiten, sich innert der gleichen Frist beim Konkursamt zu melden, sowie den Hinweis auf die Straffolge bei Unterlassung (Art. 324 Ziff. 2 StGB);
4. die Aufforderung an Personen, die Sachen des Schuldners als Pfandgläubiger oder aus anderen Gründen besitzen, diese Sachen innert der gleichen Frist dem Konkursamt zur Verfügung zu stellen, sowie den Hinweis auf die Straffolge bei Unterlassung (Art. 324 Ziff. 3 StGB) und darauf, dass das Vorzugsrecht erlischt, wenn die Meldung ungerechtfertigt unterbleibt;
5. die Einladung zu einer ersten Gläubigerversammlung, die spätestens 20 Tage nach der öffentlichen Bekanntmachung stattfinden muss und der auch Mitschuldner und Bürgen des Schuldners sowie Gewährspflichtige beiwohnen können;
6. den Hinweis, dass für Beteiligte, die im Ausland wohnen, das Konkursamt als Zustellungsort gilt, solange sie nicht einen anderen Zustellungsort in der Schweiz bezeichnen.

Art. 233

B. Spezialanzeige an die Gläubiger

Jedem Gläubiger, dessen Name und Wohnort bekannt sind, stellt das Konkursamt ein Exemplar der Bekanntmachung mit uneingeschriebenem Brief zu.

Art. 234

C. Besondere Fälle

Hat vor der Liquidation einer ausgeschlagenen Erbschaft oder in einem Nachlassverfahren vor dem Konkurs bereits ein Schuldenruf stattgefunden, so setzt das Konkursamt die Eingabefrist auf zehn Tage fest und gibt in der Bekanntmachung an, dass bereits angemeldete Gläubiger keine neue Eingabe machen müssen.

III. Verwaltung

Art. 235

A. Erste Gläubigerversammlung
1. Konstituierung und Beschlussfähigkeit

[1] In der ersten Gläubigerversammlung leitet ein Konkursbeamter die Verhandlungen und bildet mit zwei von ihm bezeichneten Gläubigern das Büro.

[2] Das Büro entscheidet über die Zulassung von Personen, welche, ohne besonders eingeladen zu sein, an den Verhandlungen teilnehmen wollen.

[3] Die Versammlung ist beschlussfähig, wenn wenigstens der vierte Teil der bekannten Gläubiger anwesend oder vertreten ist. Sind vier oder weniger Gläubiger anwesend oder vertreten, so kann gültig verhandelt werden, sofern dieselben wenigstens die Hälfte der bekannten Gläubiger ausmachen.

[4] Die Versammlung beschliesst mit der absoluten Mehrheit der stimmenden Gläubiger. Bei Stimmengleichheit hat der Vorsitzende den Stichentscheid. Wird die Berechnung der Stimmen beanstandet, so entscheidet das Büro.

Art. 236

2. Beschlussunfähigkeit

Ist die Versammlung nicht beschlussfähig, so stellt das Konkursamt dies fest. Es orientiert die anwesenden Gläubiger über den Bestand der Masse und verwaltet diese bis zur zweiten Gläubigerversammlung.

Art. 237

3. Befugnisse
a. Einsetzung von Konkursverwaltung und Gläubigerausschuss

[1] Ist die Gläubigerversammlung beschlussfähig, so erstattet ihr das Konkursamt Bericht über die Aufnahme des Inventars und den Bestand der Masse.

[2] Die Versammlung entscheidet, ob sie das Konkursamt oder eine oder mehrere von ihr zu wählende Personen als Konkursverwaltung einsetzen wolle.

[3] Im einen wie im andern Fall kann die Versammlung aus ihrer Mitte einen Gläubigerausschuss wählen; dieser hat, sofern die Versammlung nichts anderes beschliesst, folgende Aufgaben:

1. Beaufsichtigung der Geschäftsführung der Konkursverwaltung, Begutachtung der von dieser vorgelegten Fragen, Einspruch gegen jede den Interessen der Gläubiger zuwiderlaufende Massregel;
2. Ermächtigung zur Fortsetzung des vom Gemeinschuldner betriebenen Handels oder Gewerbes mit Festsetzung der Bedingungen;
3. Genehmigung von Rechnungen, Ermächtigung zur Führung von Prozessen sowie zum Abschluss von Vergleichen und Schiedsverträgen;
4. Erhebung von Widerspruch gegen Konkursforderungen, welche die Verwaltung zugelassen hat;
5. Anordnung von Abschlagsverteilungen an die Konkursgläubiger im Laufe des Konkursverfahrens.

Art. 238

b. Beschlüsse über dringliche Fragen

[1] Die Gläubigerversammlung kann über Fragen, deren Erledigung keinen Aufschub duldet, Beschlüsse fassen, insbesondere über die Fortsetzung des Gewerbes oder Handels des Gemeinschuldners, über die Frage, ob Werkstätten, Magazine oder Wirtschaftsräume des Gemeinschuldners offen bleiben sollen, über die Fortsetzung schwebender Prozesse, über die Vornahme von freihändigen Verkäufen.

[2] Wenn der Gemeinschuldner einen Nachlassvertrag vorschlägt, kann die Gläubigerversammlung die Verwertung einstellen.

Art. 239

4. Beschwerde

[1] Gegen Beschlüsse der Gläubigerversammlung kann innert fünf Tagen bei der Aufsichtsbehörde Beschwerde geführt werden.

[2] Die Aufsichtsbehörde entscheidet innerhalb kurzer Frist, nach Anhörung des Konkursamtes und, wenn sie es für zweckmässig erachtet, des Beschwerdeführers und derjenigen Gläubiger, die einvernommen zu werden verlangen.

Art. 240

B. Konkursverwaltung
1. Aufgaben im Allgemeinen

Die Konkursverwaltung hat alle zur Erhaltung und Verwertung der Masse gehörenden Geschäfte zu besorgen; sie vertritt die Masse vor Gericht.

Art. 241

2. Stellung der ausseramtlichen Konkursverwaltung

Die Artikel 8–11, 13, 14 Absatz 2 Ziffern 1, 2 und 4 sowie die Artikel 17–19, 34 und 35 gelten auch für die ausseramtliche Konkursverwaltung.

Art. 242

3. Aussonderung und Admassierung

[1] Die Konkursverwaltung trifft eine Verfügung über die Herausgabe von Sachen, welche von einem Dritten beansprucht werden.

[2] Hält die Konkursverwaltung den Anspruch für unbegründet, so setzt sie dem Dritten eine Frist von 20 Tagen, innert der er beim Richter am Konkursort Klage einreichen kann. Hält er diese Frist nicht ein, so ist der Anspruch verwirkt.

[3] Beansprucht die Masse bewegliche Sachen, die sich im Gewahrsam oder Mitgewahrsam eines Dritten befinden, oder Grundstücke, die im Grundbuch auf den Namen eines Dritten eingetragen sind, als Eigentum des Schuldners, so muss sie gegen den Dritten klagen.

Art. 243

4. Forderungseinzug. Notverkauf

[1] Unbestrittene fällige Guthaben der Masse werden von der Konkursverwaltung, nötigenfalls auf dem Betreibungswege, eingezogen.

[2] Die Konkursverwaltung verwertet ohne Aufschub Gegenstände, die schneller Wertverminderung ausgesetzt sind, einen kostspieligen Unterhalt erfordern oder unverhältnismässig hohe Aufbewahrungskosten verursachen. Zudem kann sie anordnen, dass Wertpapiere und andere Gegenstände, die einen Börsen- oder einen Marktpreis haben, sofort verwertet werden.

[3] Die übrigen Bestandteile der Masse werden verwertet, nachdem die zweite Gläubigerversammlung stattgefunden hat.

IV. Erwahrung der Konkursforderungen. Kollokation der Gläubiger

Art. 244

A. Prüfung der eingegebenen Forderungen

Nach Ablauf der Eingabefrist prüft die Konkursverwaltung die eingegebenen Forderungen und macht die zu ihrer Erwahrung nötigen Erhebungen. Sie holt über jede Konkurseingabe die Erklärung des Gemeinschuldners ein.

Art. 245

B. Entscheid

Die Konkursverwaltung entscheidet über die Anerkennung der Forderungen. Sie ist hiebei an die Erklärung des Gemeinschuldners nicht gebunden.

Art. 246

C. Aufnahme von Amtes wegen

Die aus dem Grundbuch ersichtlichen Forderungen werden samt dem laufenden Zins in die Konkursforderungen aufgenommen, auch wenn sie nicht eingegeben worden sind.

Art. 247

D. Kollokationsplan
1. Erstellung

1 Innert 60 Tagen nach Ablauf der Eingabefrist erstellt die Konkursverwaltung den Plan für die Rangordnung der Gläubiger (Kollokationsplan, Art. 219 und 220).

2 Gehört zur Masse ein Grundstück, so erstellt sie innert der gleichen Frist ein Verzeichnis der darauf ruhenden Lasten (Pfandrechte, Dienstbarkeiten, Grundlasten und vorgemerkte persönliche Rechte). Das Lastenverzeichnis bildet Bestandteil des Kollokationsplanes.

3 Ist ein Gläubigerausschuss ernannt worden, so unterbreitet ihm die Konkursverwaltung den Kollokationsplan und das Lastenverzeichnis zur Genehmigung; Änderungen kann der Ausschuss innert zehn Tagen anbringen.

4 Die Aufsichtsbehörde kann die Fristen dieses Artikels wenn nötig verlängern.

Art. 248

2. Abgewiesene Forderungen

Im Kollokationsplan werden auch die abgewiesenen Forderungen, mit Angabe des Abweisungsgrundes, vorgemerkt.

Art. 249

3. Auflage und Spezialanzeigen

1 Der Kollokationsplan wird beim Konkursamte zur Einsicht aufgelegt.

2 Die Konkursverwaltung macht die Auflage öffentlich bekannt.

3 Jedem Gläubiger, dessen Forderung ganz oder teilweise abgewiesen worden ist oder welcher nicht den beanspruchten Rang erhalten hat, wird die Auflage des Kollokationsplanes und die Abweisung seiner Forderung besonders angezeigt.

Art. 250

4. Kollokationsklage

1 Ein Gläubiger, der den Kollokationsplan anfechten will, weil seine Forderung ganz oder teilweise abgewiesen oder nicht im beanspruchten Rang zugelassen worden ist, muss innert 20 Tagen nach der öffentlichen Auflage des Kollokationsplanes beim Richter am Konkursort gegen die Masse klagen.

2 Will er die Zulassung eines anderen Gläubigers oder dessen Rang bestreiten, so muss er die Klage gegen den Gläubiger richten. Heisst der Richter die Klage gut, so dient der Betrag, um den der Anteil des Beklagten an der Konkursmasse herabgesetzt wird, zur Befriedigung des Klägers bis zur vollen Deckung seiner Forderung einschliesslich der Prozesskosten. Ein Überschuss wird nach dem berichtigten Kollokationsplan verteilt.

3 *Aufgehoben.*

Art. 251

5. Verspätete Konkurseingaben

1 Verspätete Konkurseingaben können bis zum Schlusse des Konkursverfahrens[1] angebracht werden.

2 Der Gläubiger hat sämtliche durch die Verspätung verursachten Kosten zu tragen und kann zu einem entsprechenden Vorschusse angehalten werden.

1 Vgl. SchKG 268

3 Auf Abschlagsverteilungen, welche vor seiner Anmeldung stattgefunden haben, hat derselbe keinen Anspruch.

4 Hält die Konkursverwaltung eine verspätete Konkurseingabe für begründet, so ändert sie den Kollokationsplan ab und macht die Abänderung öffentlich bekannt.

5 Der Artikel 250 ist anwendbar.

V. Verwertung

Art. 252

A. Zweite Gläubigerversammlung
1. Einladung

1 Nach der Auflage des Kollokationsplanes lädt die Konkursverwaltung die Gläubiger, deren Forderungen nicht bereits rechtskräftig abgewiesen sind, zu einer zweiten Versammlung ein. Die Einladung muss mindestens 20 Tage vor der Versammlung verschickt werden.

2 Soll in dieser Versammlung über einen Nachlassvertrag verhandelt werden, so wird dies in der Einladung angezeigt.

3 Ein Mitglied der Konkursverwaltung führt in der Versammlung den Vorsitz. Der Artikel 235 Absätze 3 und 4 findet entsprechende Anwendung.

Art. 253

2. Befugnisse

1 Die Konkursverwaltung erstattet der Gläubigerversammlung einen umfassenden Bericht über den Gang der Verwaltung und über den Stand der Aktiven und Passiven.

2 Die Versammlung beschliesst über die Bestätigung der Konkursverwaltung und, gegebenen Falles, des Gläubigerausschusses und ordnet unbeschränkt alles Weitere für die Durchführung des Konkurses an.

Art. 254

3. Beschlussunfähigkeit

Ist die Versammlung nicht beschlussfähig, so stellt die Konkursverwaltung dies fest und orientiert die anwesenden Gläubiger über den Stand der Masse. Die bisherige Konkursverwaltung und der Gläubigerausschuss bleiben bis zum Schluss des Verfahrens im Amt.

Art. 255

B. Weitere Gläubigerversammlungen

Weitere Gläubigerversammlungen werden einberufen, wenn ein Viertel der Gläubiger oder der Gläubigerausschuss es verlangt oder wenn die Konkursverwaltung es für notwendig hält.

Art. 255a

C. Zirkularbeschluss

1 In dringenden Fällen, oder wenn eine Gläubigerversammlung nicht beschlussfähig gewesen ist, kann die Konkursverwaltung den Gläubigern Anträge auf dem Zirkularweg stellen. Ein Antrag ist angenommen, wenn die Mehrheit der Gläubiger ihm innert der angesetzten Frist ausdrücklich oder stillschweigend zustimmt.

2 Sind der Konkursverwaltung nicht alle Gläubiger bekannt, so kann sie ihre Anträge zudem öffentlich bekannt machen.

Art. 256

D. Verwertungsmodus

1 Die zur Masse gehörenden Vermögensgegenstände werden auf Anordnung der Konkursverwaltung öffentlich versteigert oder, falls die Gläubiger es beschliessen, freihändig verkauft.

2 Verpfändete Vermögensstücke dürfen nur mit Zustimmung der Pfandgläubiger anders als durch Verkauf an öffentlicher Steigerung verwertet werden.

3 Vermögensgegenstände von bedeutendem Wert und Grundstücke dürfen nur freihändig verkauft werden, wenn die Gläubiger vorher Gelegenheit erhalten haben, höhere Angebote zu machen.

4 Anfechtungsansprüche nach den Artikeln 286–288 dürfen weder versteigert noch sonstwie veräussert werden.

Art. 257

E. Versteigerung
1. Öffentliche Bekanntmachung

1 Ort, Tag und Stunde der Steigerung werden öffentlich bekanntgemacht.

2 Sind Grundstücke zu verwerten, so erfolgt die Bekanntmachung mindestens einen Monat vor dem Steigerungstage und es wird in derselben der Tag angegeben, von welchem an die Steigerungsbedingungen beim Konkursamte zur Einsicht aufgelegt sein werden.

3 Den Grundpfandgläubigern werden Exemplare der Bekanntmachung, mit Angabe der Schätzungssumme, besonders zugestellt.

Art. 258

2. Zuschlag

1 Der Verwertungsgegenstand wird nach dreimaligem Aufruf dem Meistbietenden zugeschlagen.

2 Für die Verwertung eines Grundstücks gilt Artikel 142 Absätze 1 und 3. Die Gläubiger können zudem beschliessen, dass für die erste Versteigerung ein Mindestangebot festgesetzt wird.

Art. 259

3. Steigerungsbedingungen

Für die Steigerungsbedingungen gelten die Artikel 128, 129, 132a, 134–137 und 143 sinngemäss. An die Stelle des Betreibungsamtes tritt die Konkursverwaltung.

Art. 260

F. Abtretung von Rechtsansprüchen

1 Jeder Gläubiger ist berechtigt, die Abtretung derjenigen Rechtsansprüche der Masse zu verlangen, auf deren Geltendmachung die Gesamtheit der Gläubiger verzichtet.

2 Das Ergebnis dient nach Abzug der Kosten zur Deckung der Forderungen derjenigen Gläubiger, an welche die Abtretung stattgefunden hat, nach dem unter ihnen bestehenden Range. Der Überschuss ist an die Masse abzuliefern.

3 Verzichtet die Gesamtheit der Gläubiger auf die Geltendmachung und verlangt auch kein Gläubiger die Abtretung, so können solche Ansprüche nach Artikel 256 verwertet werden.

VI. Verteilung

Art. 261

A. Verteilungsliste und Schlussrechnung

Nach Eingang des Erlöses der ganzen Konkursmasse und nachdem der Kollokationsplan in Rechtskraft erwachsen ist, stellt die Konkursverwaltung die Verteilungsliste und die Schlussrechnung auf.

Art. 262

B. Verfahrenskosten

1 Sämtliche Kosten für Eröffnung und Durchführung des Konkurses sowie für die Aufnahme eines Güterverzeichnisses werden vorab gedeckt.

2 Aus dem Erlös von Pfandgegenständen werden nur die Kosten ihrer Inventur, Verwaltung und Verwertung gedeckt.[1]

Art. 263

C. Auflage von Verteilungsliste und Schlussrechnung

1 Die Verteilungsliste und die Schlussrechnung werden während zehn Tagen beim Konkursamte aufgelegt.

2 Die Auflegung wird jedem Gläubiger unter Beifügung eines seinen Anteil betreffenden Auszuges angezeigt.

Art. 264

D. Verteilung

1 Sofort nach Ablauf der Auflegungsfrist schreitet die Konkursverwaltung zur Verteilung.

2 Die Bestimmungen des Artikels 150 finden entsprechende Anwendung.

3 Die den Forderungen unter aufschiebender Bedingung oder mit ungewisser Verfallzeit zukommenden Anteile werden bei der Depositenanstalt hinterlegt.

Art. 265

E. Verlustschein
1. Inhalt und Wirkungen

1 Bei der Verteilung erhält jeder Gläubiger für den ungedeckt bleibenden Betrag seiner Forderung einen Verlustschein[2]. In demselben wird angegeben, ob die Forderung vom Gemeinschuldner anerkannt oder bestritten worden ist. Im erstern Falle gilt der Verlustschein als Schuldanerkennung im Sinne des Artikels 82.

2 Der Verlustschein berechtigt zum Arrest und hat die in den Artikeln 149 Absatz 4 und 149a bezeichneten Rechtswirkungen. Jedoch kann gestützt auf ihn eine neue Betreibung nur eingeleitet werden, wenn der Schuldner zu neuem Vermögen gekommen ist. Als neues Vermögen gelten auch Werte, über die der Schuldner wirtschaftlich verfügt.

3 *Aufgehoben.*

Art. 265a

2. Feststellung des neuen Vermögens

1 Erhebt der Schuldner Rechtsvorschlag mit der Begründung, er sei nicht zu neuem Vermögen gekommen, so legt das Betreibungsamt den Rechtsvorschlag dem Richter des Betreibungsortes vor. Dieser hört die Parteien an und entscheidet; gegen den Entscheid ist kein Rechtsmittel zulässig.

2 Der Richter bewilligt den Rechtsvorschlag, wenn der Schuldner seine Einkommens- und Vermögensverhältnisse darlegt und glaubhaft macht, dass er nicht zu neuem Vermögen gekommen ist.

3 Bewilligt der Richter den Rechtsvorschlag nicht, so stellt er den Umfang des neuen Vermögens fest (Art. 265 Abs. 2). Vermögenswerte Dritter, über die der Schuldner wirtschaftlich verfügt, kann der Richter pfändbar erklären, wenn das Recht des Dritten auf einer Handlung beruht, die der Schuldner in der dem Dritten erkennbaren Absicht vorgenommen hat, die Bildung neuen Vermögens zu vereiteln.

4 Der Schuldner und der Gläubiger können innert 20 Tagen nach der Eröffnung des Entscheides über den Rechtsvorschlag beim Richter des Betreibungsortes Klage auf Bestreitung oder Feststellung des neuen Vermögens einreichen.

1 Vgl. SchKG 219
2 Unterschied zu Pfändungsverlustschein nach SchKG 149

Art. 265b

3. Ausschluss der Konkurseröffnung auf Antrag des Schuldners

Widersetzt sich der Schuldner einer Betreibung, indem er bestreitet, neues Vermögen zu besitzen, so kann er während der Dauer dieser Betreibung nicht selbst die Konkurseröffnung (Art. 191) beantragen.

Art. 266

F. Abschlagsverteilungen

1 Abschlagsverteilungen können vorgenommen werden, sobald die Frist zur Anfechtung des Kollokationsplanes abgelaufen ist.

2 Artikel 263 gilt sinngemäss.

Art. 267

G. Nicht eingegebene Forderungen

Die Forderungen derjenigen Gläubiger, welche am Konkurse nicht teilgenommen haben, unterliegen denselben Beschränkungen wie diejenigen, für welche ein Verlustschein ausgestellt worden ist.

VII. Schluss des Konkursverfahrens

Art. 268

A. Schlussbericht und Entscheid des Konkursgerichtes

1 Nach der Verteilung legt die Konkursverwaltung dem Konkursgerichte einen Schlussbericht vor.

2 Findet das Gericht, dass das Konkursverfahren vollständig durchgeführt sei, so erklärt es dasselbe für geschlossen.

3 Gibt die Geschäftsführung der Verwaltung dem Gerichte zu Bemerkungen Anlass, so bringt es dieselben der Aufsichtsbehörde zur Kenntnis.

4 Das Konkursamt macht den Schluss des Konkursverfahrens öffentlich bekannt.

Art. 269

B. Nachträglich entdeckte Vermögenswerte

1 Werden nach Schluss des Konkursverfahrens Vermögensstücke entdeckt, welche zur Masse gehörten, aber nicht zu derselben gezogen wurden, so nimmt das Konkursamt dieselben in Besitz und besorgt ohne weitere Förmlichkeit die Verwertung und die Verteilung des Erlöses an die zu Verlust gekommenen Gläubiger nach deren Rangordnung.

2 Auf gleiche Weise verfährt das Konkursamt mit hinterlegten Beträgen, die frei werden oder nach zehn Jahren nicht bezogen worden sind.

3 Handelt es sich um einen zweifelhaften Rechtsanspruch, so bringt das Konkursamt den Fall durch öffentliche Bekanntmachung oder briefliche Mitteilung zur Kenntnis der Konkursgläubiger, und es finden die Bestimmungen des Artikels 260 entsprechende Anwendung.

Art. 270

C. Frist für die Durchführung des Konkurses

1 Das Konkursverfahren soll innert einem Jahr nach der Eröffnung des Konkurses durchgeführt sein.

2 Diese Frist kann nötigenfalls durch die Aufsichtsbehörde verlängert werden.

Achter Titel: Arrest

Art. 271

A. Arrestgründe

[1] Der Gläubiger kann für eine fällige Forderung[1], soweit diese nicht durch ein Pfand[2] gedeckt ist, Vermögensstücke des Schuldners, die sich in der Schweiz befinden, mit Arrest[3] belegen lassen:

1. wenn der Schuldner keinen festen Wohnsitz[4] hat;
2. wenn der Schuldner in der Absicht, sich der Erfüllung seiner Verbindlichkeiten zu entziehen, Vermögensgegenstände beiseite schafft, sich flüchtig macht oder Anstalten zur Flucht trifft;
3. wenn der Schuldner auf der Durchreise begriffen ist oder zu den Personen gehört, welche Messen und Märkte besuchen, für Forderungen, die ihrer Natur nach sofort zu erfüllen sind;
4. wenn der Schuldner nicht in der Schweiz wohnt, kein anderer Arrestgrund gegeben ist, die Forderung aber einen genügenden Bezug zur Schweiz aufweist oder auf einer Schuldanerkennung im Sinne von Artikel 82 Absatz 1 beruht;
5. wenn der Gläubiger gegen den Schuldner einen provisorischen[5] oder einen definitiven[6] Verlustschein besitzt;
6. wenn der Gläubiger gegen den Schuldner einen definitiven Rechtsöffnungstitel besitzt.

[2] In den unter den Ziffern 1 und 2 genannten Fällen kann der Arrest auch für eine nicht verfallene Forderung verlangt werden; derselbe bewirkt gegenüber dem Schuldner die Fälligkeit der Forderung.

[3] Im unter Absatz 1 Ziffer 6 genannten Fall entscheidet das Gericht bei ausländischen Entscheiden, die nach dem Übereinkommen vom 30. Oktober 2007 über die gerichtliche Zuständigkeit und die Anerkennung und Vollstreckung von Entscheidungen in Zivil- und Handelssachen zu vollstrecken sind, auch über deren Vollstreckbarkeit.

Art. 272

B. Arrestbewilligung

[1] Der Arrest wird vom Gericht[7] am Betreibungsort oder am Ort, wo die Vermögensgegenstände sich befinden, bewilligt, wenn der Gläubiger glaubhaft macht, dass:

1. seine Forderung besteht;
2. ein Arrestgrund vorliegt;
3. Vermögensgegenstände vorhanden sind, die dem Schuldner gehören.

[2] Wohnt der Gläubiger im Ausland und bezeichnet er keinen Zustellungsort in der Schweiz, so ist das Betreibungsamt Zustellungsort.

Art. 273

C. Haftung für Arrestschaden

[1] Der Gläubiger haftet sowohl dem Schuldner als auch Dritten für den aus einem ungerechtfertigten Arrest erwachsenden Schaden. Der Richter kann ihn zu einer Sicherheitsleistung verpflichten.

1 Vgl. OR 75
2 Vgl. ZGB 793 und 884
3 Beschlagnahme wie Pfändung, vgl. SchKG 275
4 Vgl. ZGB 23
5 Vgl. SchKG 115
6 Vgl. SchKG 149 und 265
7 Arrestrichter gemäss der Schweizerischen Zivilprozessordnung

[2] Die Schadenersatzklage kann auch beim Richter des Arrestortes eingereicht werden.

Art. 274

D. Arrestbefehl

[1] Das Gericht beauftragt den Betreibungsbeamten oder einen anderen Beamten oder Angestellten mit dem Vollzug des Arrestes und stellt ihm den Arrestbefehl zu.

[2] Der Arrestbefehl enthält:

1. den Namen und den Wohnort des Gläubigers und seines allfälligen Bevollmächtigten und des Schuldners;
2. die Angabe der Forderung, für welche der Arrest gelegt wird;
3. die Angabe des Arrestgrundes;
4. die Angabe der mit Arrest zu belegenden Gegenstände;
5. den Hinweis auf die Schadenersatzpflicht des Gläubigers und, gegebenen Falles, auf die ihm auferlegte Sicherheitsleistung.

Art. 275

E. Arrestvollzug

Die Artikel 91–109 über die Pfändung gelten sinngemäss für den Arrestvollzug.

Art. 276

F. Arresturkunde

[1] Der mit dem Vollzug betraute Beamte oder Angestellte verfasst die Arresturkunde, indem er auf dem Arrestbefehl die Vornahme des Arrestes mit Angabe der Arrestgegenstände und ihrer Schätzung bescheinigt, und übermittelt dieselbe sofort dem Betreibungsamte.

[2] Das Betreibungsamt stellt dem Gläubiger und dem Schuldner sofort eine Abschrift der Arresturkunde zu und benachrichtigt Dritte, die durch den Arrest in ihren Rechten betroffen werden.

Art. 277

G. Sicherheitsleistung des Schuldners

Die Arrestgegenstände werden dem Schuldner zur freien Verfügung überlassen, sofern er Sicherheit leistet, dass im Falle der Pfändung oder der Konkurseröffnung die Arrestgegenstände oder an ihrer Stelle andere Vermögensstücke von gleichem Werte vorhanden sein werden. Die Sicherheit ist durch Hinterlegung, durch Solidarbürgschaft oder durch eine andere gleichwertige Sicherheit zu leisten.

Art. 278

H. Einsprache gegen den Arrestbefehl

[1] Wer durch einen Arrest in seinen Rechten betroffen ist, kann innert zehn Tagen, nachdem er von dessen Anordnung Kenntnis erhalten hat, beim Gericht Einsprache[1] erheben.

[2] Das Gericht gibt den Beteiligten Gelegenheit zur Stellungnahme und entscheidet ohne Verzug.

[3] Der Einspracheentscheid kann mit Beschwerde nach der ZPO angefochten werden. Vor der Rechtsmittelinstanz können neue Tatsachen geltend gemacht werden.

[4] Einsprache und Beschwerde hemmen die Wirkung des Arrestes nicht.

[1] Vgl. Anmerkung zu SchKG 17

Art. 279

I. Arrestprosequierung

[1] Hat der Gläubiger nicht schon vor der Bewilligung des Arrestes Betreibung eingeleitet oder Klage eingereicht, so muss er dies innert zehn Tagen nach Zustellung der Arresturkunde tun.

[2] Erhebt der Schuldner Rechtsvorschlag, so muss der Gläubiger innert zehn Tagen, nachdem ihm das Gläubigerdoppel des Zahlungsbefehls zugestellt worden ist, Rechtsöffnung verlangen oder Klage auf Anerkennung seiner Forderung einreichen. Wird er im Rechtsöffnungsverfahren abgewiesen, so muss er die Klage innert zehn Tagen nach Eröffnung des Urteils einreichen.

[3] Hat der Schuldner keinen Rechtsvorschlag erhoben, so muss der Gläubiger innert 20 Tagen, nachdem ihm das Gläubigerdoppel des Zahlungsbefehls zugestellt worden ist, das Fortsetzungsbegehren stellen. Wird der Rechtsvorschlag nachträglich beseitigt, so beginnt die Frist mit der rechtskräftigen Beseitigung des Rechtsvorschlags. Die Betreibung wird, je nach der Person des Schuldners, auf dem Weg der Pfändung oder des Konkurses fortgesetzt.

[4] Hat der Gläubiger seine Forderung ohne vorgängige Betreibung gerichtlich eingeklagt, so muss er die Betreibung innert zehn Tagen nach Eröffnung des Entscheids einleiten.

[5] Die Fristen dieses Artikels laufen nicht:

1. während des Einspracheverfahrens und bei Weiterziehung des Einspracheentscheides;
2. während des Verfahrens auf Vollstreckbarerklärung nach dem Übereinkommen vom 30. Oktober 2007 über die gerichtliche Zuständigkeit und die Anerkennung und Vollstreckung von Entscheidungen in Zivil- und Handelssachen und bei Weiterziehung des Entscheides über die Vollstreckbarerklärung.

Art. 280

K. Dahinfallen

Der Arrest fällt dahin, wenn der Gläubiger:

1. die Fristen nach Artikel 279 nicht einhält;
2. die Klage oder die Betreibung zurückzieht oder erlöschen lässt; oder
3. mit seiner Klage vom Gericht endgültig abgewiesen wird.

Art. 281

L. Provisorischer Pfändungsanschluss

[1] Werden nach Ausstellung des Arrestbefehls die Arrestgegenstände von einem andern Gläubiger gepfändet, bevor der Arrestgläubiger selber das Pfändungsbegehren stellen kann, so nimmt der letztere von Rechtes wegen provisorisch an der Pfändung teil.

[2] Der Gläubiger kann die vom Arreste herrührenden Kosten aus dem Erlöse der Arrestgegenstände vorwegnehmen.

[3] Im Übrigen begründet der Arrest kein Vorzugsrecht.

Neunter Titel: Besondere Bestimmungen über Miete und Pacht

Art. 282

Aufgehoben.

Art. 283

Retentionsverzeichnis

1 Vermieter und Verpächter von Geschäftsräumen können, auch wenn die Betreibung nicht angehoben ist, zur einstweiligen Wahrung ihres Retentionsrechtes (Art. 268 ff. und 299c OR) die Hilfe des Betreibungsamtes in Anspruch nehmen.

2 Ist Gefahr im Verzuge, so kann die Hilfe der Polizei oder der Gemeindebehörde nachgesucht werden.

3 Das Betreibungsamt nimmt ein Verzeichnis der dem Retentionsrecht unterliegenden Gegenstände auf und setzt dem Gläubiger eine Frist zur Anhebung der Betreibung auf Pfandverwertung an.

Art. 284

Rückschaffung von Gegenständen

Wurden Gegenstände heimlich oder gewaltsam fortgeschafft, so können dieselben in den ersten zehn Tagen nach der Fortschaffung mit Hilfe der Polizeigewalt in die vermieteten oder verpachteten Räumlichkeiten zurückgebracht werden. Rechte gutgläubiger Dritter bleiben vorbehalten. Über streitige Fälle entscheidet der Richter.

Neunter Titel^{bis}: Besondere Bestimmungen bei Trustverhältnissen

Art. 284a

A. Betreibung für Schulden eines Trustvermögens

1 Haftet für die Schuld das Vermögen eines Trusts im Sinne von Kapitel 9a des Bundesgesetzes vom 18. Dezember 1987 über das Internationale Privatrecht (IPRG), so ist die Betreibung gegen einen Trustee als Vertreter des Trusts zu richten.

2 Betreibungsort ist der Sitz des Trusts nach Artikel 21 Absatz 3 IPRG. Befindet sich der bezeichnete Ort der Verwaltung nicht in der Schweiz, so ist der Trust an dem Ort zu betreiben, an dem er tatsächlich verwaltet wird.

3 Die Betreibung wird auf Konkurs fortgesetzt. Der Konkurs ist auf das Trustvermögen beschränkt.

Art. 284b

B. Konkurs eines Trustees

Im Konkurs eines Trustees wird nach Abzug seiner Ansprüche gegen das Trustvermögen dieses aus der Konkursmasse ausgeschieden.

Zehnter Titel: Anfechtung

Art. 285

A. Grundsätze

1 Mit der Anfechtung[1] sollen Vermögenswerte der Zwangsvollstreckung zugeführt werden, die ihr durch eine Rechtshandlung nach den Art. 286–288 entzogen worden sind.

1 Vgl. SchKG 214

[2] Zur Anfechtung sind berechtigt:

1. jeder Gläubiger, der einen provisorischen[1] oder definitiven[2] Pfändungsverlustschein erhalten hat;
2. die Konkursverwaltung oder, nach Massgabe der Artikel 260 und 269 Absatz 3, jeder einzelne Konkursgläubiger.

[3] Nicht anfechtbar sind Rechtshandlungen, die während einer Nachlassstundung stattgefunden haben, sofern sie von einem Nachlassgericht oder von einem Gläubigerausschuss (Art. 295a) genehmigt worden sind.

Art. 286

B. Arten
1. Schenkungsanfechtung

[1] Anfechtbar sind mit Ausnahme üblicher Gelegenheitsgeschenke alle Schenkungen und unentgeltlichen Verfügungen, die der Schuldner innerhalb des letzten Jahres vor der Pfändung[3] oder Konkurseröffnung[4] vorgenommen hat.

[2] Den Schenkungen sind gleichgestellt:

1. Rechtsgeschäfte, bei denen der Schuldner eine Gegenleistung angenommen hat, die zu seiner eigenen Leistung in einem Missverhältnisse steht;
2. Rechtsgeschäfte, durch die der Schuldner für sich oder für einen Dritten eine Leibrente, eine Pfrund, eine Nutzniessung oder ein Wohnrecht erworben hat.

[3] Bei der Anfechtung einer Handlung zugunsten einer nahestehenden Person des Schuldners trägt diese die Beweislast[5] dafür, dass kein Missverhältnis zwischen Leistung und Gegenleistung vorliegt. Als nahestehende Personen gelten auch Gesellschaften eines Konzerns.

Art. 287

2. Überschuldungsanfechtung

[1] Die folgenden Rechtshandlungen sind anfechtbar, wenn der Schuldner sie innerhalb des letzten Jahres vor der Pfändung[6] oder Konkurseröffnung[7] vorgenommen hat und im Zeitpunkt der Vornahme bereits überschuldet war:

1. Bestellung von Sicherheiten[8] für bereits bestehende Verbindlichkeiten, zu deren Sicherstellung der Schuldner nicht schon früher verpflichtet war;
2. Tilgung einer Geldschuld auf andere Weise als durch Barschaft oder durch anderweitige übliche Zahlungsmittel;[9]
3. Zahlung einer nicht verfallenen[10] Schuld.

[2] Die Anfechtung ist indessen ausgeschlossen, wenn der Begünstigte beweist, dass er die Überschuldung des Schuldners nicht gekannt hat und auch nicht hätte kennen müssen.

[3] Die Anfechtung ist insbesondere ausgeschlossen, wenn Effekten, Bucheffekten[11] oder andere an einem repräsentativen Markt gehandelte Finanzinstrumente als Sicherheit bestellt wurden und der Schuldner sich bereits früher:

[1] Vgl. SchKG 115
[2] Vgl. SchKG 149 und 265
[3] Vgl. SchKG 89 ff.
[4] Vgl. SchKG 171 ff.
[5] Vgl. ZGB 8
[6] Vgl. SchKG 89 ff.
[7] Vgl. SchKG 171 ff.
[8] Z.B. Pfandbestellung
[9] Z.B. Eigentumsübertragung an Sachen
[10] Vgl. OR 75
[11] Bei einer Stelle verwahrte Wertpapiere und Wertrechte (vgl. OR 973a ff.)

1. verpflichtet hat, die Sicherheit bei Änderungen im Wert der Sicherheit oder im Betrag der gesicherten Verbindlichkeit aufzustocken; oder
2. das Recht einräumen liess, eine Sicherheit durch eine Sicherheit gleichen Werts zu ersetzen.

Art. 288

3. Absichtsanfechtung

1 Anfechtbar sind endlich alle Rechtshandlungen, welche der Schuldner innerhalb der letzten fünf Jahre vor der Pfändung oder Konkurseröffnung in der dem andern Teile erkennbaren Absicht vorgenommen hat, seine Gläubiger zu benachteiligen oder einzelne Gläubiger zum Nachteil anderer zu begünstigen.

2 Bei der Anfechtung einer Handlung zugunsten einer nahestehenden Person des Schuldners trägt diese die Beweislast[1] dafür, dass sie die Benachteiligungsabsicht nicht erkennen konnte. Als nahestehende Personen gelten auch Gesellschaften eines Konzerns.

Art. 288a

4. Berechnung der Fristen

Bei den Fristen der Artikel 286–288 werden nicht mitberechnet:
1. die Dauer einer vorausgegangenen Nachlassstundung;
2. bei der konkursamtlichen Liquidation einer Erbschaft die Zeit zwischen dem Todestag und der Anordnung der Liquidation;
3. die Dauer der vorausgegangenen Betreibung.

Art. 289

C. Anfechtungsklage
1. Gerichtsstand

Die Anfechtungsklage ist beim Richter am Wohnsitz des Beklagten einzureichen. Hat der Beklagte keinen Wohnsitz in der Schweiz, so kann die Klage beim Richter am Ort der Pfändung oder des Konkurses eingereicht werden.

Art. 290

2. Passivlegitimation

Die Anfechtungsklage richtet sich gegen die Personen, die mit dem Schuldner die anfechtbaren Rechtsgeschäfte abgeschlossen haben oder von ihm in anfechtbarer Weise begünstigt worden sind, sowie gegen ihre Erben oder andere Gesamtnachfolger und gegen bösgläubige Dritte. Die Rechte gutgläubiger[2] Dritter werden durch die Anfechtungsklage nicht berührt.

Art. 291

D. Wirkung

1 Wer durch eine anfechtbare Rechtshandlung Vermögen des Schuldners erworben hat, ist zur Rückgabe desselben verpflichtet. Die Gegenleistung ist zu erstatten, soweit sie sich noch in den Händen des Schuldners befindet oder dieser durch sie bereichert ist. Darüber hinaus kann ein Anspruch nur als Forderung gegen den Schuldner geltend gemacht werden.

2 Bestand die anfechtbare Rechtshandlung in der Tilgung einer Forderung, so tritt dieselbe mit der Rückerstattung des Empfangenen wieder in Kraft.

3 Der gutgläubige Empfänger einer Schenkung[3] ist nur bis zum Betrag seiner Bereicherung zur Rückerstattung verpflichtet.

1 Vgl. ZGB 8
2 Vgl. ZGB 3
3 Vgl. OR 239

Art. 292

E. Verjährung

Das Anfechtungsrecht verjährt:

1. nach Ablauf von zwei Jahren seit Zustellung des Pfändungsverlustscheins (Art. 285 Abs. 2 Ziff. 1);
2. nach Ablauf von zwei Jahren seit der Konkurseröffnung (Art. 285 Abs. 2 Ziff. 2);
3. nach Ablauf von zwei Jahren seit Bestätigung des Nachlassvertrages mit Vermögensabtretung.

Elfter Titel: Nachlassverfahren

I. Nachlassstundung

Art. 293

A. Einleitung

Das Nachlassverfahren wird eingeleitet durch:

a. ein Gesuch des Schuldners mit folgenden Beilagen: eine aktuelle Bilanz, eine Erfolgsrechnung und eine Liquiditätsplanung oder entsprechende Unterlagen, aus denen die derzeitige und künftige Vermögens-, Ertrags- oder Einkommenslage des Schuldners ersichtlich ist, sowie ein provisorischer Sanierungsplan;
b. ein Gesuch eines Gläubigers, der berechtigt wäre, ein Konkursbegehren zu stellen;
c. die Überweisung der Akten nach Artikel 173a Absatz 2.

Art. 293a

B. Provisorische Stundung
1. Bewilligung

1 Das Nachlassgericht bewilligt unverzüglich eine provisorische Stundung und trifft von Amtes wegen weitere Massnahmen, die zur Erhaltung des schuldnerischen Vermögens notwendig sind. Die provisorische Stundung kann vom Nachlassgericht auf Antrag verlängert werden.

2 Die Gesamtdauer der provisorischen Nachlassstundung darf vier Monate nicht überschreiten.

3 Besteht offensichtlich keine Aussicht auf Sanierung oder Bestätigung eines Nachlassvertrages, so eröffnet das Nachlassgericht von Amtes wegen den Konkurs.

Art. 293b

2. Provisorischer Sachwalter

1 Zur näheren Prüfung der Aussicht auf Sanierung oder Bestätigung eines Nachlassvertrages setzt das Nachlassgericht einen oder mehrere provisorische Sachwalter ein. Artikel 295 gilt sinngemäss.

2 In begründeten Fällen kann von der Einsetzung eines Sachwalters abgesehen werden.

Art. 293c

3. Wirkungen der provisorischen Stundung

1 Die provisorische Stundung hat die gleichen Wirkungen wie eine definitive Stundung.

2 In begründeten Fällen kann auf die öffentliche Bekanntmachung bis zur Beendigung der provisorischen Stundung verzichtet werden, sofern der Schutz Dritter gewährleistet ist und ein entsprechender Antrag vorliegt. In einem solchen Fall:

a. unterbleibt die Mitteilung an die Ämter;
b. kann gegen den Schuldner eine Betreibung eingeleitet, nicht aber fortgesetzt werden;

c. tritt die Rechtsfolge von Artikel 297 Absatz 4 nur und erst dann ein, wenn die provisorische Stundung dem Zessionar mitgeteilt wird;
d. ist ein provisorischer Sachwalter einzusetzen.

Art. 293d

4. Rechtsmittel

Die Bewilligung der provisorischen Stundung und die Einsetzung des provisorischen Sachwalters sind nicht anfechtbar.

Art. 294

C. Definitive Stundung
1. Verhandlung und Entscheid

1 Ergibt sich während der provisorischen Stundung, dass Aussicht auf Sanierung oder Bestätigung eines Nachlassvertrages besteht, so bewilligt das Nachlassgericht die Stundung definitiv für weitere vier bis sechs Monate; es entscheidet von Amtes wegen vor Ablauf der provisorischen Stundung.

2 Der Schuldner und gegebenenfalls der antragstellende Gläubiger sind vorgängig zu einer Verhandlung vorzuladen. Der provisorische Sachwalter erstattet mündlich oder schriftlich Bericht. Das Gericht kann weitere Gläubiger anhören.

3 Besteht keine Aussicht auf Sanierung oder Bestätigung eines Nachlassvertrages, so eröffnet das Gericht von Amtes wegen den Konkurs.

Art. 295

2. Sachwalter

1 Das Nachlassgericht ernennt einen oder mehrere Sachwalter.

2 Dem Sachwalter stehen insbesondere folgende Aufgaben zu:
a. er entwirft den Nachlassvertrag, sofern dies erforderlich ist;
b. er überwacht die Handlungen des Schuldners;
c. er erfüllt die in den Artikeln 298–302 und 304 bezeichneten Aufgaben;
d. er erstattet auf Anordnung des Nachlassgerichts Zwischenberichte und orientiert die Gläubiger über den Verlauf der Stundung.

3 Das Nachlassgericht kann dem Sachwalter weitere Aufgaben zuweisen.

Art. 295a

3. Gläubigerausschuss

1 Wo es die Umstände erfordern, setzt das Nachlassgericht einen Gläubigerausschuss ein; verschiedene Gläubigerkategorien müssen darin angemessen vertreten sein.

2 Der Gläubigerausschuss beaufsichtigt den Sachwalter; er kann ihm Empfehlungen erteilen und wird von ihm regelmässig über den Stand des Verfahrens orientiert.

3 Der Gläubigerausschuss erteilt anstelle des Nachlassgerichts die Ermächtigung zu Geschäften nach Artikel 298 Absatz 2.

Art. 295b

4. Verlängerung der Stundung

1 Auf Antrag des Sachwalters kann die Stundung auf zwölf, in besonders komplexen Fällen auf höchstens 24 Monate verlängert werden.

2 Bei einer Verlängerung über zwölf Monate hinaus hat der Sachwalter eine Gläubigerversammlung einzuberufen, welche vor Ablauf des neunten Monats seit Bewilligung der definitiven Stundung stattfinden muss. Artikel 301 gilt sinngemäss.

3 Der Sachwalter orientiert die Gläubiger über den Stand des Verfahrens und die Gründe der Verlängerung. Die Gläubiger können einen Gläubigerausschuss und einzelne Mitglieder neu einsetzen oder abberufen sowie einen neuen Sachwalter bestimmen. Artikel 302 Absatz 2 gilt sinngemäss.

Art. 295c

5. Rechtsmittel

[1] Der Schuldner und die Gläubiger können den Entscheid des Nachlassgerichts mit Beschwerde nach der ZPO anfechten.

[2] Der Beschwerde gegen die Bewilligung der Nachlassstundung kann keine aufschiebende Wirkung erteilt werden.

Art. 296

6. Öffentliche Bekanntmachung

Die Bewilligung der Stundung wird durch das Nachlassgericht öffentlich bekannt gemacht und dem Betreibungs-, dem Handelsregister- und dem Grundbuchamt unverzüglich mitgeteilt. Die Nachlassstundung ist spätestens zwei Tage nach Bewilligung im Grundbuch anzumerken.

Art. 296a

7. Aufhebung

[1] Gelingt die Sanierung vor Ablauf der Stundung, so hebt das Nachlassgericht die Nachlassstundung von Amtes wegen auf. Artikel 296 gilt sinngemäss.

[2] Der Schuldner und gegebenenfalls der antragstellende Gläubiger sind zu einer Verhandlung vorzuladen. Der Sachwalter erstattet mündlich oder schriftlich Bericht. Das Gericht kann weitere Gläubiger anhören.

[3] Der Entscheid über die Aufhebung kann mit Beschwerde nach der ZPO angefochten werden.

Art. 296b

8. Konkurseröffnung

Vor Ablauf der Stundung wird der Konkurs von Amtes wegen eröffnet, wenn:

a. dies zur Erhaltung des schuldnerischen Vermögens erforderlich ist;
b. offensichtlich keine Aussicht mehr auf Sanierung oder Bestätigung eines Nachlassvertrages besteht; oder
c. der Schuldner Artikel 298 oder den Weisungen des Sachwalters zuwiderhandelt.

Art. 297

D. Wirkungen der Stundung
1. Auf die Rechte der Gläubiger

[1] Während der Stundung kann gegen den Schuldner eine Betreibung weder eingeleitet noch fortgesetzt werden. Ausgenommen ist die Betreibung auf Pfandverwertung für grundpfandgesicherte Forderungen; die Verwertung des Grundpfandes bleibt dagegen ausgeschlossen.

[2] Für gepfändete Vermögensstücke gilt Artikel 199 Absatz 2 sinngemäss.

[3] Für Nachlassforderungen sind der Arrest und andere Sicherungsmassnahmen ausgeschlossen.

[4] Wurde vor der Bewilligung der Nachlassstundung die Abtretung einer künftigen Forderung vereinbart, entfaltet diese Abtretung keine Wirkung, wenn die Forderung erst nach der Bewilligung der Nachlassstundung entsteht.

[5] Mit Ausnahme dringlicher Fälle werden Zivilprozesse und Verwaltungsverfahren über Nachlassforderungen sistiert.

[6] Verjährungs- und Verwirkungsfristen stehen still.

[7] Mit der Bewilligung der Stundung hört gegenüber dem Schuldner der Zinsenlauf für alle nicht pfandgesicherten Forderungen auf, sofern der Nachlassvertrag nichts anderes bestimmt.

[8] Für die Verrechnung gelten die Artikel 213 und 214. An die Stelle der Konkurseröffnung tritt die Bewilligung der Stundung.

[9] Artikel 211 Absatz 1 gilt sinngemäss, sofern und sobald der Sachwalter der Vertragspartei die Umwandlung der Forderung mitteilt.

Art. 297a

2. Auf Dauerschuldverhältnisse des Schuldners

Der Schuldner kann mit Zustimmung des Sachwalters ein Dauerschuldverhältnis unter Entschädigung der Gegenpartei jederzeit auf einen beliebigen Zeitpunkt kündigen, sofern andernfalls der Sanierungszweck vereitelt würde; die Entschädigung gilt als Nachlassforderung. Vorbehalten bleiben die besonderen Bestimmungen über die Auflösung von Arbeitsverträgen.

Art. 298

3. Auf die Verfügungsbefugnis des Schuldners

1 Der Schuldner kann seine Geschäftstätigkeit unter Aufsicht des Sachwalters fortsetzen. Das Nachlassgericht kann jedoch anordnen, dass gewisse Handlungen rechtsgültig nur unter Mitwirkung des Sachwalters vorgenommen werden können, oder den Sachwalter ermächtigen, die Geschäftsführung anstelle des Schuldners zu übernehmen.

2 Ohne Ermächtigung des Nachlassgerichts oder des Gläubigerausschusses können während der Stundung nicht mehr in rechtsgültiger Weise Teile des Anlagevermögens veräussert oder belastet, Pfänder bestellt, Bürgschaften eingegangen oder unentgeltliche Verfügungen getroffen werden.

3 Vorbehalten bleiben die Rechte gutgläubiger Dritter.

4 Handelt der Schuldner dieser Bestimmung oder den Weisungen des Sachwalters zuwider, so kann das Nachlassgericht auf Anzeige des Sachwalters dem Schuldner die Verfügungsbefugnis über sein Vermögen entziehen oder von Amtes wegen den Konkurs eröffnen.

Art. 299

E. Stundungsverfahren

1. Inventar und Pfandschätzung

1 Der Sachwalter nimmt sofort nach seiner Ernennung ein Inventar über sämtliche Vermögensbestandteile des Schuldners auf und schätzt sie.

2 Der Sachwalter legt den Gläubigern die Verfügung über die Pfandschätzung zur Einsicht auf; er teilt sie vor der Gläubigerversammlung den Pfandgläubigern und dem Schuldner schriftlich mit.

3 Jeder Beteiligte kann innert zehn Tagen beim Nachlassgericht gegen Vorschuss der Kosten eine neue Pfandschätzung verlangen. Hat ein Gläubiger eine Neuschätzung beantragt, so kann er vom Schuldner nur dann Ersatz der Kosten beanspruchen, wenn die frühere Schätzung wesentlich abgeändert wurde.

Art. 300

2. Schuldenruf

1 Der Sachwalter fordert durch öffentliche Bekanntmachung (Art. 35 und 296) die Gläubiger auf, ihre Forderungen innert eines Monats einzugeben, mit der Androhung, dass sie im Unterlassungsfall bei den Verhandlungen über den Nachlassvertrag nicht stimmberechtigt sind. Jedem Gläubiger, dessen Name und Wohnort bekannt sind, stellt der Sachwalter ein Exemplar der Bekanntmachung durch uneingeschriebenen Brief zu.

2 Der Sachwalter holt die Erklärung des Schuldners über die eingegebenen Forderungen ein.

Art. 301

3. Einberufung der Gläubigerversammlung

1 Sobald der Entwurf des Nachlassvertrages erstellt ist, beruft der Sachwalter durch öffentliche Bekanntmachung eine Gläubigerversammlung ein mit dem Hinweis, dass die Akten während 20 Tagen vor der Versammlung eingesehen werden können. Die öffentliche Bekanntmachung muss mindestens einen Monat vor der Versammlung erfolgen.

2 Jedem Gläubiger, dessen Name und Wohnort bekannt sind, stellt der Sachwalter ein Exemplar der Bekanntmachung durch uneingeschriebenen Brief zu.

Art. 301a–301d

Aufgehoben.

Art. 302

F. Gläubigerversammlung

1 In der Gläubigerversammlung leitet der Sachwalter die Verhandlungen; er erstattet Bericht über die Vermögens-, Ertrags- oder Einkommenslage des Schuldners.

2 Der Schuldner ist gehalten, der Versammlung beizuwohnen, um ihr auf Verlangen Aufschlüsse zu erteilen.

3 Der Entwurf des Nachlassvertrags wird den versammelten Gläubigern zur unterschriftlichen Genehmigung vorgelegt.

4 *Aufgehoben.*

Art. 303

G. Rechte gegen Mitverpflichtete

1 Ein Gläubiger, welcher dem Nachlassvertrag nicht zugestimmt hat, wahrt sämtliche Rechte gegen Mitschuldner, Bürgen und Gewährspflichtige (Art. 216).

2 Ein Gläubiger, welcher dem Nachlassvertrag zugestimmt hat, wahrt seine Rechte gegen die genannten Personen, sofern er ihnen mindestens zehn Tage vor der Gläubigerversammlung deren Ort und Zeit mitgeteilt und ihnen die Abtretung seiner Forderung gegen Zahlung angeboten hat (Art. 114, 147, 501 OR).

3 Der Gläubiger kann auch, unbeschadet seiner Rechte, Mitschuldner, Bürgen und Gewährspflichtige ermächtigen, an seiner Stelle über den Beitritt zum Nachlassvertrag zu entscheiden.

Art. 304

H. Sachwalterbericht; öffentliche Bekanntmachung der Verhandlung vor dem Nachlassgericht

1 Vor Ablauf der Stundung unterbreitet der Sachwalter dem Nachlassgericht alle Aktenstücke. Er orientiert in seinem Bericht über bereits erfolgte Zustimmungen und empfiehlt die Bestätigung oder Ablehnung des Nachlassvertrages.

2 Das Nachlassgericht trifft beförderlich seinen Entscheid.

3 Ort und Zeit der Verhandlung werden öffentlich bekanntgemacht. Den Gläubigern ist dabei anzuzeigen, dass sie ihre Einwendungen gegen den Nachlassvertrag in der Verhandlung anbringen können.

II. Allgemeine Bestimmungen über den Nachlassvertrag

Art. 305

A. Annahme durch die Gläubiger

1 Der Nachlassvertrag ist angenommen, wenn ihm bis zum Bestätigungsentscheid zugestimmt hat:

a. die Mehrheit der Gläubiger[1], die zugleich mindestens zwei Drittel des Gesamtbetrages der Forderungen vertreten; oder

b. ein Viertel der Gläubiger, die mindestens drei Viertel des Gesamtbetrages der Forderungen vertreten.

2 Die privilegierten Gläubiger, der Ehegatte, die eingetragene Partnerin oder der eingetragene Partner des Schuldners werden weder für ihre Person noch für ihre

[1] Mehr als die Hälfte

Forderung mitgerechnet. Pfandgesicherte Forderungen zählen nur zu dem Betrag mit, der nach der Schätzung des Sachwalters ungedeckt ist.

3 Das Nachlassgericht entscheidet, ob und zu welchem Betrage bedingte Forderungen und solche mit ungewisser Verfallzeit sowie bestrittene Forderungen mitzuzählen sind. Dem gerichtlichen Entscheide über den Rechtsbestand der Forderungen wird dadurch nicht vorgegriffen.

Art. 306

B. Bestätigungsentscheid

1. Voraussetzungen

1 Die Bestätigung des Nachlassvertrages wird an folgende Voraussetzungen geknüpft:

1. Der Wert der angebotenen Leistungen muss im richtigen Verhältnis zu den Möglichkeiten des Schuldners stehen; bei deren Beurteilung kann das Nachlassgericht auch Anwartschaften des Schuldners berücksichtigen.
2. Die vollständige Befriedigung der angemeldeten privilegierten Gläubiger sowie die Erfüllung der während der Stundung mit Zustimmung des Sachwalters eingegangenen Verbindlichkeiten müssen hinlänglich sichergestellt sein, soweit nicht einzelne Gläubiger ausdrücklich auf die Sicherstellung ihrer Forderung verzichten; Artikel 305 Absatz 3 gilt sinngemäss.
3. Bei einem ordentlichen Nachlassvertrag (Art. 314 Abs. 1) müssen die Anteilsinhaber einen angemessenen Sanierungsbeitrag leisten.

2 Das Nachlassgericht kann eine ungenügende Regelung auf Antrag oder von Amtes wegen ergänzen.

Art. 306a

2. Einstellung der Verwertung von Grundpfändern

1 Das Nachlassgericht kann auf Begehren des Schuldners die Verwertung eines als Pfand haftenden Grundstückes für eine vor Einleitung des Nachlassverfahrens entstandene Forderung auf höchstens ein Jahr nach Bestätigung des Nachlassvertrages einstellen, sofern nicht mehr als ein Jahreszins der Pfandschuld aussteht. Der Schuldner muss indessen glaubhaft machen, dass er das Grundstück zum Betrieb seines Gewerbes nötig hat und dass er durch die Verwertung in seiner wirtschaftlichen Existenz gefährdet würde.

2 Den betroffenen Pfandgläubigern ist vor der Verhandlung über die Bestätigung des Nachlassvertrages (Art. 304) Gelegenheit zur schriftlichen Vernehmlassung zu geben; sie sind zur Gläubigerversammlung (Art. 302) und zur Verhandlung vor dem Nachlassgericht persönlich vorzuladen.

3 Die Einstellung der Verwertung fällt von Gesetzes wegen dahin, wenn der Schuldner das Pfand freiwillig veräussert, wenn er in Konkurs gerät oder wenn er stirbt.

4 Das Nachlassgericht widerruft die Einstellung der Verwertung auf Antrag eines betroffenen Gläubigers und nach Anhörung des Schuldners, wenn der Gläubiger glaubhaft macht, dass:

1. der Schuldner sie durch unwahre Angaben gegenüber dem Nachlassgericht erwirkt hat; oder
2. der Schuldner zu neuem Vermögen oder Einkommen gelangt ist, woraus er die Schuld, für die er betrieben ist, ohne Gefährdung seiner wirtschaftlichen Existenz bezahlen kann; oder
3. durch die Verwertung des Grundpfandes die wirtschaftliche Existenz des Schuldners nicht mehr gefährdet wird.

Art. 307

3. Weiterziehung

1 Der Entscheid über den Nachlassvertrag kann mit Beschwerde nach der ZPO angefochten werden.

[2] Die Beschwerde hat aufschiebende Wirkung, sofern die Rechtsmittelinstanz nichts anderes verfügt.

Art. 308

4. Mitteilung und öffentliche Bekanntmachung

[1] Der Entscheid über den Nachlassvertrag wird, sobald er vollstreckbar ist:

a. unverzüglich dem Betreibungs-, dem Konkurs- und dem Grundbuchamt und, sofern der Schuldner im Handelsregister eingetragen ist, unverzüglich auch dem Handelsregisteramt mitgeteilt;

b. öffentlich bekanntgemacht.

[2] Mit der Vollstreckbarkeit des Entscheids fallen die Wirkungen der Stundung dahin.

Art. 309

C. Wirkungen

1. Ablehnung

Wird der Nachlassvertrag abgelehnt, so eröffnet das Nachlassgericht den Konkurs von Amtes wegen.

Art. 310

2. Bestätigung

a. Verbindlichkeit für die Gläubiger

[1] Der bestätigte Nachlassvertrag ist für sämtliche Gläubiger verbindlich, deren Forderungen vor der Bewilligung der Stundung oder seither ohne Zustimmung des Sachwalters entstanden sind (Nachlassforderungen). Ausgenommen sind die Pfandforderungen, soweit sie durch das Pfand gedeckt sind.

[2] Die während der Stundung mit Zustimmung des Sachwalters eingegangenen Verbindlichkeiten verpflichten in einem Nachlassvertrag mit Vermögensabtretung oder in einem nachfolgenden Konkurs die Masse. Gleiches gilt für Gegenforderungen aus einem Dauerschuldverhältnis, soweit der Schuldner mit Zustimmung des Sachwalters daraus Leistungen in Anspruch genommen hat.

Art. 311

b. Dahinfallen der Betreibungen

Mit der Bestätigung des Nachlassvertrages fallen alle vor der Stundung gegen den Schuldner eingeleiteten Betreibungen mit Ausnahme derjenigen auf Pfandverwertung dahin; Artikel 199 Absatz 2 gilt sinngemäss.

Art. 312

c. Nichtigkeit von Nebenversprechen

Jedes Versprechen, durch welches der Schuldner einem Gläubiger mehr zusichert als ihm gemäss Nachlassvertrag zusteht, ist nichtig (Art. 20 OR).

Art. 313

D. Widerruf des Nachlassvertrages

[1] Jeder Gläubiger kann beim Nachlassgericht den Widerruf eines auf unredliche Weise zustandegekommenen Nachlassvertrages verlangen (Art. 20, 28, 29 OR).

[2] Die Artikel 307–309 finden sinngemässe Anwendung.

III. Ordentlicher Nachlassvertrag

Art. 314

A. Inhalt

[1] Im Nachlassvertrag ist anzugeben, wieweit die Gläubiger auf ihre Forderungen verzichten und wie die Verpflichtungen des Schuldners erfüllt und allenfalls sichergestellt werden.

[1bis] Die Nachlassdividende kann ganz oder teilweise aus Anteils- oder Mitgliedschaftsrechten an der Schuldnerin oder an einer Auffanggesellschaft bestehen.

[2] Dem ehemaligen Sachwalter oder einem Dritten können zur Durchführung und zur Sicherstellung der Erfüllung des Nachlassvertrages Überwachungs-, Geschäftsführungs- und Liquidationsbefugnisse übertragen werden.

Art. 315

B. Bestrittene Forderungen

[1] Das Nachlassgericht setzt bei der Bestätigung des Nachlassvertrages den Gläubigern mit bestrittenen Forderungen eine Frist von 20 Tagen zur Einreichung der Klage am Ort des Nachlassverfahrens, unter Androhung des Verlustes der Sicherstellung der Dividende im Unterlassungsfall.

[2] Der Schuldner hat auf Anordnung des Nachlassgerichts die auf bestrittene Forderungen entfallenden Beträge bis zur Erledigung des Prozesses bei der Depositenanstalt zu hinterlegen.

Art. 316

C. Aufhebung des Nachlassvertrages gegenüber einem Gläubiger

[1] Wird einem Gläubiger gegenüber der Nachlassvertrag nicht erfüllt, so kann er beim Nachlassgericht für seine Forderung die Aufhebung des Nachlassvertrages verlangen, ohne seine Rechte daraus zu verlieren.

[2] Artikel 307 findet sinngemäss Anwendung.

IV. Nachlassvertrag mit Vermögensabtretung

Art. 317

A. Begriff

[1] Durch den Nachlassvertrag mit Vermögensabtretung kann den Gläubigern das Verfügungsrecht über das schuldnerische Vermögen eingeräumt oder dieses Vermögen einem Dritten ganz oder teilweise abgetreten werden.

[2] Die Gläubiger üben ihre Rechte durch die Liquidatoren und durch einen Gläubigerausschuss aus. Diese werden von der Versammlung gewählt, die sich zum Nachlassvertrag äussert. Sachwalter können Liquidatoren sein.

Art. 318

B. Inhalt

[1] Der Nachlassvertrag enthält Bestimmungen über:

1. den Verzicht der Gläubiger auf den bei der Liquidation oder durch den Erlös aus der Abtretung des Vermögens nicht gedeckten Forderungsbetrag oder die genaue Ordnung eines Nachforderungsrechts;
2. die Bezeichnung der Liquidatoren und die Anzahl der Mitglieder des Gläubigerausschusses sowie die Abgrenzung der Befugnisse derselben;
3. die Art und Weise der Liquidation, soweit sie nicht im Gesetz geordnet ist, sowie die Art und die Sicherstellung der Durchführung dieser Abtretung, sofern das Vermögen an einen Dritten abgetreten wird;
4. die neben den amtlichen Blättern für die Gläubiger bestimmten Publikationsorgane.

[1bis] Die Nachlassdividende kann ganz oder teilweise aus Anteils- oder Mitgliedschaftsrechten an der Schuldnerin oder an einer Auffanggesellschaft bestehen.

[2] Wird nicht das gesamte Vermögen des Schuldners in das Verfahren einbezogen, so ist im Nachlassvertrag eine genaue Ausscheidung vorzunehmen.

Art. 319

C. Wirkungen der Bestätigung

[1] Mit der rechtskräftigen Bestätigung des Nachlassvertrages mit Vermögensabtretung erlöschen das Verfügungsrecht des Schuldners und die Zeichnungsbefugnis der bisher Berechtigten.

2 Ist der Schuldner im Handelsregister eingetragen, so ist seiner Firma der Zusatz «in Nachlassliquidation» beizufügen. Die Masse kann unter dieser Firma für nicht vom Nachlassvertrag betroffene Verbindlichkeiten betrieben werden.

3 Die Liquidatoren haben alle zur Erhaltung und Verwertung der Masse sowie zur allfälligen Übertragung des abgetretenen Vermögens gehörenden Geschäfte vorzunehmen.

4 Die Liquidatoren vertreten die Masse vor Gericht. Artikel 242 gilt sinngemäss.

Art. 320

D. Stellung der Liquidatoren

1 Die Liquidatoren unterstehen der Aufsicht und Kontrolle des Gläubigerausschusses.

2 Gegen die Anordnungen der Liquidatoren über die Verwertung der Aktiven kann binnen zehn Tagen seit Kenntnisnahme beim Gläubigerausschuss Einsprache erhoben und gegen die bezüglichen Verfügungen des Gläubigerausschusses bei der Aufsichtsbehörde Beschwerde geführt werden.

3 Im übrigen gelten für die Geschäftsführung der Liquidatoren die Artikel 8–11, 14, 34 und 35 sinngemäss.

Art. 321

E. Feststellung der teilnahmeberechtigten Gläubiger

1 Zur Feststellung der am Liquidationsergebnis teilnehmenden Gläubiger und ihrer Rangstellung wird ohne nochmaligen Schuldenruf gestützt auf die Geschäftsbücher des Schuldners und die erfolgten Eingaben von den Liquidatoren ein Kollokationsplan erstellt und zur Einsicht der Gläubiger aufgelegt.

2 Die Artikel 244–251 gelten sinngemäss.

Art. 322

F. Verwertung

1. Im Allgemeinen

1 Die Aktiven werden in der Regel durch Eintreibung oder Verkauf der Forderungen, durch freihändigen Verkauf oder öffentliche Versteigerung der übrigen Vermögenswerte einzeln oder gesamthaft verwertet.

2 Die Liquidatoren bestimmen im Einverständnis mit dem Gläubigerausschuss die Art und den Zeitpunkt der Verwertung.

Art. 323

2. Verpfändete Grundstücke

Mit Ausnahme der Fälle, in denen das Vermögen einem Dritten abgetreten wurde, können Grundstücke, auf denen Pfandrechte lasten, freihändig nur mit Zustimmung der Pfandgläubiger verkauft werden, deren Forderungen durch den Kaufpreis nicht gedeckt sind. Andernfalls sind die Grundstücke durch öffentliche Versteigerung zu verwerten (Art. 134–137, 142, 143, 257 und 258). Für Bestand und Rang der auf den Grundstücken haftenden Belastungen (Dienstbarkeiten, Grundlasten, Grundpfandrechte und vorgemerkte persönliche Rechte) ist der Kollokationsplan massgebend (Art. 321).

Art. 324

3. Faustpfänder

1 Die Pfandgläubiger mit Faustpfandrechten sind nicht verpflichtet, ihr Pfand an die Liquidatoren abzuliefern. Sie sind, soweit keine im Nachlassvertrag enthaltene Stundung entgegensteht, berechtigt, die Faustpfänder in dem ihnen gut scheinenden Zeitpunkt durch Betreibung auf Pfandverwertung zu liquidieren oder, wenn sie dazu durch den Pfandvertrag berechtigt waren, freihändig oder börsenmässig zu verwerten.

2 Erfordert es jedoch das Interesse der Masse, dass ein Pfand verwertet wird, so können die Liquidatoren dem Pfandgläubiger eine Frist von mindestens sechs Monaten setzen, innert der er das Pfand verwerten muss. Sie fordern ihn gleich-

zeitig auf, ihnen das Pfand nach unbenutztem Ablauf der für die Verwertung gesetzten Frist abzuliefern, und weisen ihn auf die Straffolge (Art. 324 Ziff. 4 StGB) sowie darauf hin, dass sein Vorzugsrecht erlischt, wenn er ohne Rechtfertigung das Pfand nicht abliefert.

Art. 325

4. Abtretung von Ansprüchen an die Gläubiger

Verzichten Liquidatoren und Gläubigerausschuss auf die Geltendmachung eines bestrittenen oder schwer einbringlichen Anspruches, der zum Massevermögen gehört, wie namentlich eines Anfechtungsanspruches oder einer Verantwortlichkeitsklage gegen Organe oder Angestellte des Schuldners, so haben sie davon die Gläubiger durch Rundschreiben oder öffentliche Bekanntmachung in Kenntnis zu setzen und ihnen die Abtretung des Anspruches zur eigenen Geltendmachung gemäss Artikel 260 anzubieten.

Art. 326

G. Verteilung
1. Verteilungsliste

Vor jeder, auch bloss provisorischen, Abschlagszahlung haben die Liquidatoren den Gläubigern einen Auszug aus der Verteilungsliste zuzustellen und diese während zehn Tagen aufzulegen. Die Verteilungsliste unterliegt während der Auflagefrist der Beschwerde an die Aufsichtsbehörde.

Art. 327

2. Pfandausfallforderungen

1 Die Pfandgläubiger, deren Pfänder im Zeitpunkt der Auflage der vorläufigen Verteilungsliste schon verwertet sind, nehmen an einer Abschlagsverteilung mit dem tatsächlichen Pfandausfall teil. Dessen Höhe wird durch die Liquidatoren bestimmt, deren Verfügung nur durch Beschwerde gemäss Artikel 326 angefochten werden kann.

2 Ist das Pfand bei der Auflegung der vorläufigen Verteilungsliste noch nicht verwertet, so ist der Pfandgläubiger mit der durch die Schätzung des Sachwalters festgestellten mutmasslichen Ausfallforderung zu berücksichtigen. Weist der Pfandgläubiger nach, dass der Pfanderlös unter der Schätzung geblieben ist, so hat er Anspruch auf entsprechende Dividende und Abschlagszahlung.

3 Soweit der Pfandgläubiger durch den Pfanderlös und allfällig schon bezogene Abschlagszahlungen auf dem geschätzten Ausfall eine Überdeckung erhalten hat, ist er zur Herausgabe verpflichtet.

Art. 328

3. Schlussrechnung

Gleichzeitig mit der endgültigen Verteilungsliste ist auch eine Schlussrechnung, inbegriffen diejenige über die Kosten, aufzulegen.

Art. 329

4. Hinterlegung

1 Beträge, die nicht innert der von den Liquidatoren festzusetzenden Frist erhoben werden, sind bei der Depositenanstalt zu hinterlegen.

2 Nach Ablauf von zehn Jahren nicht erhobene Beträge sind vom Konkursamt zu verteilen; Artikel 269 ist sinngemäss anwendbar.

Art. 330

H. Rechenschaftsbericht

1 Die Liquidatoren erstellen nach Abschluss des Verfahrens einen Schlussbericht. Dieser muss dem Gläubigerausschuss zur Genehmigung unterbreitet, dem Nachlassgericht eingereicht und den Gläubigern zur Einsicht aufgelegt werden.

2 Zieht sich die Liquidation über mehr als ein Jahr hin, so sind die Liquidatoren verpflichtet, auf Ende jedes Kalenderjahres einen Status über das liquidierte und das noch

nicht verwertete Vermögen aufzustellen sowie einen Bericht über ihre Tätigkeit zu erstatten. Status und Bericht sind in den ersten zwei Monaten des folgenden Jahres durch Vermittlung des Gläubigerausschusses dem Nachlassgericht einzureichen und zur Einsicht der Gläubiger aufzulegen.

Art. 331

I. Anfechtung von Rechtshandlungen

1 Die vom Schuldner vor der Bestätigung des Nachlassvertrages vorgenommenen Rechtshandlungen unterliegen der Anfechtung nach den Grundsätzen der Artikel 285–292.

2 Massgebend für die Berechnung der Fristen nach den Artikeln 286–288 ist anstelle der Pfändung oder Konkurseröffnung die Bewilligung der Nachlassstundung.

3 Soweit Anfechtungsansprüche der Masse zur ganzen oder teilweisen Abweisung von Forderungen führen, sind die Liquidatoren zur einredeweisen Geltendmachung befugt und verpflichtet.

V. Nachlassvertrag im Konkurs

Art. 332

1 Der Schuldner oder ein Gläubiger kann einen Nachlassvertrag vorschlagen. Die Konkursverwaltung begutachtet den Vorschlag zuhanden der Gläubigerversammlung. Die Verhandlung über denselben findet frühestens in der zweiten Gläubigerversammlung statt.

2 Die Artikel 302–307 und 310–331 gelten sinngemäss. An die Stelle des Sachwalters tritt jedoch die Konkursverwaltung. Die Verwertung wird eingestellt, bis das Nachlassgericht über die Bestätigung des Nachlassvertrages entschieden hat.

3 Der Entscheid über den Nachlassvertrag wird der Konkursverwaltung mitgeteilt. Lautet derselbe auf Bestätigung, so beantragt die Konkursverwaltung beim Konkursgerichte den Widerruf des Konkurses.

VI. Einvernehmliche private Schuldenbereinigung

Art. 333

1. Antrag des Schuldners

1 Ein Schuldner, der nicht der Konkursbetreibung[1] unterliegt, kann beim Nachlassgericht die Durchführung einer einvernehmlichen privaten Schuldenbereinigung beantragen.

2 Der Schuldner hat in seinem Gesuch seine Schulden sowie seine Einkommens- und Vermögensverhältnisse darzulegen.

Art. 334

2. Stundung. Ernennung eines Sachwalters

1 Erscheint eine Schuldenbereinigung mit den Gläubigern nicht von vornherein als ausgeschlossen, und sind die Kosten des Verfahrens sichergestellt, so gewährt das Nachlassgericht dem Schuldner eine Stundung von höchstens drei Monaten und ernennt einen Sachwalter.

1 Vgl. SchKG 39

2 Auf Antrag des Sachwalters kann die Stundung auf höchstens sechs Monate verlängert werden. Sie kann vorzeitig widerrufen werden, wenn eine einvernehmliche Schuldenbereinigung offensichtlich nicht herbeigeführt werden kann.

3 Während der Stundung kann der Schuldner nur für periodische familienrechtliche Unterhalts- und Unterstützungsbeiträge betrieben werden. Die Fristen nach den Artikeln 88, 93 Absatz 2, 116 und 154 stehen still.

4 Der Entscheid des Nachlassgerichts wird den Gläubigern mitgeteilt; Artikel 294 Absätze 3 und 4 gilt sinngemäss.

Art. 335

3. Aufgaben des Sachwalters

1 Der Sachwalter unterstützt den Schuldner beim Erstellen eines Bereinigungsvorschlags. Der Schuldner kann darin seinen Gläubigern insbesondere eine Dividende anbieten oder sie um Stundung der Forderungen oder um andere Zahlungs- oder Zinserleichterungen ersuchen.

2 Der Sachwalter führt mit den Gläubigern Verhandlungen über den Bereinigungsvorschlag des Schuldners.

3 Das Nachlassgericht kann den Sachwalter beauftragen, den Schuldner bei der Erfüllung der Vereinbarung zu überwachen.

Art. 336

4. Verhältnis zur Nachlassstundung

In einem nachfolgenden Nachlassverfahren wird die Dauer der Stundung nach den Artikeln 333 ff. auf die Dauer der Nachlassstundung angerechnet.

Zwölfter Titel: Notstundung

Art. 337

A. Anwendbarkeit

Die Bestimmungen dieses Titels können unter ausserordentlichen Verhältnissen, insbesondere im Falle einer andauernden wirtschaftlichen Krise, von der Kantonsregierung mit Zustimmung des Bundes für die von diesen Verhältnissen in Mitleidenschaft gezogenen Schuldner eines bestimmten Gebietes und auf eine bestimmte Dauer anwendbar erklärt werden.

Art. 338

B. Bewilligung

1. Voraussetzungen

1 Ein Schuldner, der ohne sein Verschulden infolge der in Artikel 337 genannten Verhältnisse ausserstande ist, seine Verbindlichkeiten zu erfüllen, kann vom Nachlassgericht eine Notstundung von höchstens sechs Monaten verlangen, sofern die Aussicht besteht, dass er nach Ablauf dieser Stundung seine Gläubiger voll wird befriedigen können.

2 Der Schuldner hat zu diesem Zwecke mit einem Gesuche an das Nachlassgericht die erforderlichen Nachweise über seine Vermögenslage zu erbringen und ein Verzeichnis seiner Gläubiger einzureichen; er hat ferner alle vom Nachlassgericht verlangten Aufschlüsse zu geben und die sonstigen Urkunden vorzulegen, die von ihm noch gefordert werden.

3 Unterliegt der Schuldner der Konkursbetreibung, so hat er überdies dem Gesuche eine Bilanz und seine Geschäftsbücher beizulegen.

4 Nach Einreichung des Gesuches kann das Nachlassgericht durch einstweilige Verfügung die hängigen Betreibungen einstellen, ausgenommen für die in Artikel 342 bezeichneten Forderungen. Es entscheidet, ob und wieweit die Zeit der Einstellung auf die Dauer der Notstundung anzurechnen ist.

Art. 339

2. Entscheid

1 Das Nachlassgericht macht die allfällig noch notwendigen Erhebungen und ordnet sodann, wenn das Gesuch sich nicht ohne weiteres als unbegründet erweist, eine Verhandlung an, zu der sämtliche Gläubiger durch öffentliche Bekanntmachung eingeladen werden: nötigenfalls sind Sachverständige beizuziehen.

2 Weist das vom Schuldner eingereichte Gläubigerverzeichnis nur eine verhältnismässig kleine Zahl von Gläubigern auf und wird es vom Nachlassgericht als glaubwürdig erachtet, so kann es von einer öffentlichen Bekanntmachung absehen und die Gläubiger, Bürgen und Mitschuldner durch persönliche Benachrichtigung vorladen.

3 Die Gläubiger können vor der Verhandlung die Akten einsehen und ihre Einwendungen gegen das Gesuch auch schriftlich anbringen.

4 Das Nachlassgericht trifft beförderlich seinen Entscheid. Es kann in der Stundungsbewilligung dem Schuldner die Leistung eine einer oder mehrerer Abschlagszahlungen auferlegen.

Art. 340

3. Beschwerde

1 Der Schuldner und jeder Gläubiger können den Entscheid mit Beschwerde nach der ZPO anfechten.

2 Zur Verhandlung sind der Schuldner und diejenigen Gläubiger vorzuladen, die an der erstinstanzlichen Verhandlung anwesend oder vertreten waren.

3 Eine vom Nachlassgericht bewilligte Notstundung besitzt Wirksamkeit bis zum endgültigen Entscheid der Rechtsmittelinstanz.

Art. 341

4. Sichernde Massnahmen

1 Das Nachlassgericht ordnet spätestens bei Bewilligung der Notstundung die Aufnahme eines Güterverzeichnisses an. Für dieses gelten die Artikel 163 und 164 sinngemäss. Das Nachlassgericht kann weitere Verfügungen zur Wahrung der Rechte der Gläubiger treffen.

2 Bei Bewilligung der Stundung kann es einen Sachwalter mit der Überwachung der Geschäftsführung des Schuldners beauftragen.

Art. 342

5. Mitteilung des Entscheides

Die Bewilligung der Stundung wird dem Betreibungsamt und, falls der Schuldner der Konkursbetreibung unterliegt, dem Konkursgerichte mitgeteilt. Sie wird öffentlich bekanntgemacht, sobald sie rechtskräftig geworden ist.

Art. 343

C. Wirkungen der Notstundung

1. Auf Betreibungen und Fristen

1 Während der Dauer der Stundung können Betreibungen gegen den Schuldner angehoben und bis zur Pfändung oder Konkursandrohung fortgesetzt werden. Gepfändete Lohnbeträge sind auch während der Stundung einzufordern. Dasselbe gilt für Miet- und Pachtzinse, sofern auf Grund einer vor oder während der Stundung angehobenen Betreibung auf Pfandverwertung die Pfandhaft sich auf diese Zinse erstreckt. Dagegen darf einem Verwertungs- oder einem Konkursbegehren keine Folge gegeben werden.

2 Die Fristen der Artikel 116, 154, 166, 188, 219, 286, 287 und 288 verlängern sich um die Dauer der Stundung. Ebenso erstreckt sich die Haftung des Grundpfandes für die Zinsen der Grundpfandschuld (Art. 818 Abs. 1 Ziff. 3 ZGB) um die Dauer der Stundung.

Art. 344

2. Auf die Verfügungsbefugnis des Schuldners
a. Im Allgemeinen

Dem Schuldner ist die Fortführung seines Geschäftes gestattet; doch darf er während der Dauer der Stundung keine Rechtshandlungen vornehmen, durch welche die berechtigten Interessen der Gläubiger beeinträchtigt oder einzelne Gläubiger zum Nachteil anderer begünstigt werden.

Art. 345

b. Kraft Verfügung des Nachlassgerichts

1 Das Nachlassgericht kann in der Stundungsbewilligung verfügen, dass die Veräusserung oder Belastung von Grundstücken, die Bestellung von Pfändern, das Eingehen von Bürgschaften, die Vornahme unentgeltlicher Verfügungen sowie die Leistung von Zahlungen auf Schulden, die vor der Stundung entstanden sind, rechtsgültig nur mit Zustimmung des Sachwalters oder, wenn kein solcher bestellt ist, des Nachlassgerichts stattfinden kann. Diese Zustimmung ist jedoch nicht erforderlich für die Zahlung von Schulden der zweiten Klasse nach Artikel 219 Absatz 4 sowie für Abschlagszahlungen nach Artikel 339 Absatz 4.

2 Fügt das Nachlassgericht der Stundungsbewilligung diesen Vorbehalt bei, so ist er in die öffentliche Bekanntmachung aufzunehmen, und es ist die Stundung im Grundbuch als Verfügungsbeschränkung anzumerken.

Art. 346

3. Nicht betroffene Forderungen

1 Die Stundung bezieht sich nicht auf Forderungen unter 100 Franken und auf Forderungen der ersten Klasse (Art. 219 Abs. 4).

2 Doch ist für diese Forderungen während der Dauer der Stundung auch gegen den der Konkursbetreibung unterstehenden Schuldner nur die Betreibung auf Pfändung oder auf Pfandverwertung möglich.

Art. 347

D. Verlängerung

1 Innerhalb der Frist nach Artikel 337 kann das Nachlassgericht auf Ersuchen des Schuldners die ihm gewährte Stundung für höchstens vier Monate verlängern, wenn die Gründe, die zu ihrer Bewilligung geführt haben, ohne sein Verschulden noch fortdauern.

2 Der Schuldner hat zu diesem Zweck dem Nachlassgericht mit seinem Gesuch eine Ergänzung des Gläubigerverzeichnisses und, wenn er der Konkursbetreibung unterliegt, eine neue Bilanz einzureichen.

3 Das Nachlassgericht gibt den Gläubigern durch öffentliche Bekanntmachung von dem Verlängerungsbegehren Kenntnis und setzt ihnen eine Frist an, binnen welcher sie schriftlich Einwendungen gegen das Gesuch erheben können. Wurde ein Sachwalter bezeichnet, so ist er zum Bericht einzuladen.

4 Nach Ablauf der Frist trifft das Nachlassgericht seinen Entscheid. Dieser unterliegt der Weiterziehung wie die Notstundung und ist wie diese bekannt zu machen.

5 Das obere kantonale Nachlassgericht entscheidet auf Grund der Akten.

Art. 348

E. Widerruf

1 Die Stundung ist auf Antrag eines Gläubigers oder des Sachwalters vom Nachlassgericht zu widerrufen:

1. wenn der Schuldner die ihm auferlegten Abschlagszahlungen nicht pünktlich leistet;

2. wenn er den Weisungen des Sachwalters zuwiderhandelt oder die berechtigten Interessen der Gläubiger beeinträchtigt oder einzelne Gläubiger zum Nachteil anderer begünstigt;
3. wenn ein Gläubiger den Nachweis erbringt, dass die vom Schuldner dem Nachlassgericht gemachten Angaben falsch sind, oder dass er imstande ist, alle seine Verbindlichkeiten zu erfüllen.

2 Über den Antrag ist der Schuldner mündlich oder schriftlich einzuvernehmen. Das Nachlassgericht entscheidet nach Vornahme der allfällig noch notwendigen Erhebungen auf Grund der Akten, ebenso die Rechtsmittelinstanz im Fall der Beschwerde. Der Widerruf der Stundung wird wie die Bewilligung bekanntgemacht.

3 Wird die Stundung nach Ziffer 2 oder 3 widerrufen, so kann weder eine Nachlassstundung noch eine weitere Notstundung bewilligt werden.

Art. 349

F. Verhältnis zur Nachlassstundung

1 Will der Schuldner während der Notstundung einen Nachlassvertrag vorschlagen, so ist der Nachlassvertragsentwurf mit allen Aktenstücken und mit dem Gutachten des Sachwalters vor Ablauf der Stundung einzureichen.

2 Nach Ablauf der Notstundung kann der Schuldner während eines halben Jahres weder eine Nachlassstundung noch eine weitere Notstundung verlangen.

3 Der Schuldner, der ein Gesuch um Notstundung zurückgezogen hat oder dessen Gesuch abgewiesen ist, kann vor Ablauf eines halben Jahres keine Notstundung mehr verlangen.

Art. 350

Aufgehoben.

Dreizehnter Titel: Schlussbestimmungen

Art. 351

A. Inkrafttreten

1 Dieses Gesetz tritt mit dem 1. Januar 1892 in Kraft.

2 Der Artikel 333 tritt schon mit der Aufnahme des Gesetzes in die eidgenössische Gesetzessammlung in Kraft.

3 Mit dem Inkrafttreten dieses Gesetzes werden alle demselben entgegenstehenden Vorschriften sowohl eidgenössischer als auch kantonaler Gesetze, Verordnungen und Konkordate aufgehoben, soweit nicht durch die folgenden Artikel etwas anderes bestimmt wird.

Art. 352

B. Bekanntmachung

Der Bundesrat wird beauftragt, gemäss den Bestimmungen des Bundesgesetzes vom 17. Juni 1874 betreffend Volksabstimmung über Bundesgesetze und Bundesbeschlüsse, die Bekanntmachung dieses Gesetzes zu veranstalten.

Schlussbestimmungen der Änderung vom 16. Dezember 1994

Art. 1

A. Ausführungsbestimmungen

Der Bundesrat, das Bundesgericht und die Kantone erlassen die Ausführungsbestimmungen.

Art. 2

B. Übergangsbestimmungen

1 Die Verfahrensvorschriften dieses Gesetzes und seine Ausführungsbestimmungen sind mit ihrem Inkrafttreten auf hängige Verfahren anwendbar, soweit sie mit ihnen vereinbar sind.

2 Für die Länge von Fristen, die vor dem Inkrafttreten dieses Gesetzes zu laufen begonnen haben, gilt das bisherige Recht.

3 Die im bisherigen Recht enthaltenen Privilegien (Art. 146 und 219) gelten weiter, wenn vor dem Inkrafttreten dieses Gesetzes der Konkurs eröffnet oder die Pfändung vollzogen worden ist.

4 Der privilegierte Teil der Frauengutsforderung wird in folgenden Fällen in einer besonderen Klasse zwischen der zweiten und der dritten Klasse kolloziert:

a. wenn die Ehegatten weiter unter Güterverbindung oder externer Gütergemeinschaft nach den Artikeln 211 und 224 ZGB in der Fassung von 1907 leben;

b. wenn die Ehegatten unter Errungenschaftsbeteiligung nach Artikel 9c des Schlusstitels zum ZGB in der Fassung von 1984 leben.

5 Die Verjährung der vor Inkrafttreten dieses Gesetzes durch Verlustschein verurkundeten Forderungen beginnt mit dem Inkafttreten dieses Gesetzes zu laufen.

Art. 3

C. Referendum

Dieses Gesetz untersteht dem fakultativen Referendum.

Art. 4

D. Inkrafttreten

Der Bundesrat bestimmt das Inkrafttreten.

Schlussbestimmung zur Änderung vom 24. März 2000

Die im bisherigen Recht enthaltenen Privilegien (Art. 146 und 219) gelten weiter, wenn vor dem Inkrafttreten dieses Gesetzes der Konkurs eröffnet, die Pfändung vollzogen oder die Nachlassstundung bewilligt worden ist.

Schlussbestimmung der Änderung vom 19. Dezember 2003

Die Privilegien des bisherigen Rechts gelten weiter, wenn vor dem Inkrafttreten dieser Änderung der Konkurs eröffnet, die Pfändung vollzogen oder die Nachlassstundung bewilligt worden ist.

Schlussbestimmung zur Änderung vom 17. Juni 2005

Die Ausführungsverordnungen des Bundesgerichts bleiben in Kraft, soweit sie dem neuen Recht inhaltlich nicht widersprechen und solange der Bundesrat nichts anderes bestimmt.

Übergangsbestimmung der Änderung vom 18. Juni 2010

Die Privilegien des bisherigen Rechts gelten weiter, wenn vor dem Inkrafttreten dieser Änderung der Konkurs eröffnet, die Pfändung vollzogen oder die Nachlassstundung bewilligt worden ist.

Übergangsbestimmung zur Änderung vom 21. Juni 2013

Wurde das Gesuch um Nachlassstundung vor dem Inkrafttreten der Änderung vom 21. Juni 2013 eingereicht, so gilt für das Nachlassverfahren das bisherige Recht.

BV

Inhaltsübersicht

Bundesverfassung der Schweizerischen Eidgenossenschaft (BV)

vom 18. April 1999 (Stand am 18. Mai 2014)
SR 101

Präambel

Im Namen Gottes des Allmächtigen!
Das Schweizervolk und die Kantone,

in der Verantwortung gegenüber der Schöpfung,

im Bestreben, den Bund zu erneuern, um Freiheit und Demokratie, Unabhängigkeit und Frieden in Solidarität und Offenheit gegenüber der Welt zu stärken,

im Willen, in gegenseitiger Rücksichtnahme und Achtung ihre Vielfalt in der Einheit zu leben,

im Bewusstsein der gemeinsamen Errungenschaften und der Verantwortung gegenüber den künftigen Generationen,

gewiss, dass frei nur ist, wer seine Freiheit gebraucht, und dass die Stärke des Volkes sich misst am Wohl der Schwachen,

geben sich folgende Verfassung:

1. Titel: Allgemeine Bestimmungen

Art. 1 Schweizerische Eidgenossenschaft

Das Schweizervolk und die Kantone Zürich, Bern, Luzern, Uri, Schwyz, Obwalden und Nidwalden, Glarus, Zug, Freiburg, Solothurn, Basel-Stadt und Basel-Landschaft, Schaffhausen, Appenzell Ausserrhoden und Appenzell Innerrhoden, St. Gallen, Graubünden, Aargau, Thurgau, Tessin, Waadt, Wallis, Neuenburg, Genf und Jura bilden die Schweizerische Eidgenossenschaft.

Art. 2 Zweck

1 Die Schweizerische Eidgenossenschaft schützt die Freiheit und die Rechte des Volkes und wahrt die Unabhängigkeit und die Sicherheit des Landes.

2 Sie fördert die gemeinsame Wohlfahrt, die nachhaltige Entwicklung, den inneren Zusammenhalt und die kulturelle Vielfalt des Landes.

3 Sie sorgt für eine möglichst grosse Chancengleichheit unter den Bürgerinnen und Bürgern.

4 Sie setzt sich ein für die dauerhafte Erhaltung der natürlichen Lebensgrundlagen und für eine friedliche und gerechte internationale Ordnung.

Art. 3 Kantone

Die Kantone sind souverän, soweit ihre Souveränität nicht durch die Bundesverfassung beschränkt ist; sie üben alle Rechte aus, die nicht dem Bund übertragen sind.

Art. 4 Landessprachen

Die Landessprachen sind Deutsch, Französisch, Italienisch und Rätoromanisch.

Art. 5 Grundsätze rechtsstaatlichen Handelns

1 Grundlage und Schranke staatlichen Handelns ist das Recht.

2 Staatliches Handeln muss im öffentlichen Interesse liegen und verhältnismässig sein.

3 Staatliche Organe und Private handeln nach Treu und Glauben.

4 Bund und Kantone beachten das Völkerrecht.

Art. 5a Subsidiarität

Bei der Zuweisung und Erfüllung staatlicher Aufgaben ist der Grundsatz der Subsidiarität zu beachten.

Art. 6 Individuelle und gesellschaftliche Verantwortung

Jede Person nimmt Verantwortung für sich selber wahr und trägt nach ihren Kräften zur Bewältigung der Aufgaben in Staat und Gesellschaft bei.

2. Titel: Grundrechte, Bürgerrechte und Sozialziele

1. Kapitel: Grundrechte

Art. 7 Menschenwürde

Die Würde des Menschen ist zu achten und zu schützen.

Art. 8 Rechtsgleichheit

1 Alle Menschen sind vor dem Gesetz gleich.

2 Niemand darf diskriminiert werden, namentlich nicht wegen der Herkunft, der Rasse, des Geschlechts, des Alters, der Sprache, der sozialen Stellung, der Lebensform, der religiösen, weltanschaulichen oder politischen Überzeugung oder wegen einer körperlichen, geistigen oder psychischen Behinderung.

3 Mann und Frau sind gleichberechtigt. Das Gesetz sorgt für ihre rechtliche und tatsächliche Gleichstellung, vor allem in Familie, Ausbildung und Arbeit. Mann und Frau haben Anspruch auf gleichen Lohn für gleichwertige Arbeit.

4 Das Gesetz sieht Massnahmen zur Beseitigung von Benachteiligungen der Behinderten vor.

Art. 9 Schutz vor Willkür und Wahrung von Treu und Glauben

Jede Person hat Anspruch darauf, von den staatlichen Organen ohne Willkür und nach Treu und Glauben behandelt zu werden.

Art. 10 Recht auf Leben und auf persönliche Freiheit

1 Jeder Mensch hat das Recht auf Leben. Die Todesstrafe ist verboten.

2 Jeder Mensch hat das Recht auf persönliche Freiheit, insbesondere auf körperliche und geistige Unversehrtheit und auf Bewegungsfreiheit.

3 Folter und jede andere Art grausamer, unmenschlicher oder erniedrigender Behandlung oder Bestrafung sind verboten.

Art. 11 Schutz der Kinder und Jugendlichen

1 Kinder und Jugendliche haben Anspruch auf besonderen Schutz ihrer Unversehrtheit und auf Förderung ihrer Entwicklung.

2 Sie üben ihre Rechte im Rahmen ihrer Urteilsfähigkeit aus.

Art. 12 Recht auf Hilfe in Notlagen

Wer in Not gerät und nicht in der Lage ist, für sich zu sorgen, hat Anspruch auf Hilfe und Betreuung und auf die Mittel, die für ein menschenwürdiges Dasein unerlässlich sind.

Art. 13 Schutz der Privatsphäre

1 Jede Person hat Anspruch auf Achtung ihres Privat- und Familienlebens, ihrer Wohnung sowie ihres Brief-, Post- und Fernmeldeverkehrs.

2 Jede Person hat Anspruch auf Schutz vor Missbrauch ihrer persönlichen Daten.

Art. 14 Recht auf Ehe und Familie

Das Recht auf Ehe und Familie ist gewährleistet.

Art. 15 Glaubens- und Gewissensfreiheit

1 Die Glaubens- und Gewissensfreiheit ist gewährleistet.

2 Jede Person hat das Recht, ihre Religion und ihre weltanschauliche Überzeugung frei zu wählen und allein oder in Gemeinschaft mit anderen zu bekennen.

3 Jede Person hat das Recht, einer Religionsgemeinschaft beizutreten oder anzugehören und religiösem Unterricht zu folgen.

4 Niemand darf gezwungen werden, einer Religionsgemeinschaft beizutreten oder anzugehören, eine religiöse Handlung vorzunehmen oder religiösem Unterricht zu folgen.

Art. 16 Meinungs- und Informationsfreiheit

1 Die Meinungs- und Informationsfreiheit ist gewährleistet.

2 Jede Person hat das Recht, ihre Meinung frei zu bilden und sie ungehindert zu äussern und zu verbreiten.

3 Jede Person hat das Recht, Informationen frei zu empfangen, aus allgemein zugänglichen Quellen zu beschaffen und zu verbreiten.

Art. 17 Medienfreiheit

1 Die Freiheit von Presse, Radio und Fernsehen sowie anderer Formen der öffentlichen fernmeldetechnischen Verbreitung von Darbietungen und Informationen ist gewährleistet.

2 Zensur ist verboten.

3 Das Redaktionsgeheimnis ist gewährleistet.

Art. 18 Sprachenfreiheit

Die Sprachenfreiheit ist gewährleistet.

Art. 19 Anspruch auf Grundschulunterricht

Der Anspruch auf ausreichenden und unentgeltlichen Grundschulunterricht ist gewährleistet.

Art. 20 Wissenschaftsfreiheit

Die Freiheit der wissenschaftlichen Lehre und Forschung ist gewährleistet.

Art. 21 Kunstfreiheit

Die Freiheit der Kunst ist gewährleistet.

Art. 22 Versammlungsfreiheit

1 Die Versammlungsfreiheit ist gewährleistet.

2 Jede Person hat das Recht, Versammlungen zu organisieren, an Versammlungen teilzunehmen oder Versammlungen fernzubleiben.

Art. 23 Vereinigungsfreiheit

1 Die Vereinigungsfreiheit ist gewährleistet.

2 Jede Person hat das Recht, Vereinigungen zu bilden, Vereinigungen beizutreten oder anzugehören und sich an den Tätigkeiten von Vereinigungen zu beteiligen.

3 Niemand darf gezwungen werden, einer Vereinigung beizutreten oder anzugehören.

Art. 24 Niederlassungsfreiheit

1 Schweizerinnen und Schweizer haben das Recht, sich an jedem Ort des Landes niederzulassen.

2 Sie haben das Recht, die Schweiz zu verlassen oder in die Schweiz einzureisen.

Art. 25 Schutz vor Ausweisung, Auslieferung und Ausschaffung

1 Schweizerinnen und Schweizer dürfen nicht aus der Schweiz ausgewiesen werden; sie dürfen nur mit ihrem Einverständnis an eine ausländische Behörde ausgeliefert werden.

2 Flüchtlinge dürfen nicht in einen Staat ausgeschafft oder ausgeliefert werden, in dem sie verfolgt werden.

3 Niemand darf in einen Staat ausgeschafft werden, in dem ihm Folter oder eine andere Art grausamer und unmenschlicher Behandlung oder Bestrafung droht.

Art. 26 Eigentumsgarantie

1 Das Eigentum ist gewährleistet.

2 Enteignungen und Eigentumsbeschränkungen, die einer Enteignung gleichkommen, werden voll entschädigt.

Art. 27 Wirtschaftsfreiheit

1 Die Wirtschaftsfreiheit ist gewährleistet.

2 Sie umfasst insbesondere die freie Wahl des Berufes sowie den freien Zugang zu einer privatwirtschaftlichen Erwerbstätigkeit und deren freie Ausübung.

Art. 28 Koalitionsfreiheit

1 Die Arbeitnehmerinnen und Arbeitnehmer, die Arbeitgeberinnen und Arbeitgeber sowie ihre Organisationen haben das Recht, sich zum Schutz ihrer Interessen zusammenzuschliessen, Vereinigungen zu bilden und solchen beizutreten oder fernzubleiben.

2 Streitigkeiten sind nach Möglichkeit durch Verhandlung oder Vermittlung beizulegen.

3 Streik und Aussperrung sind zulässig, wenn sie Arbeitsbeziehungen betreffen und wenn keine Verpflichtungen entgegenstehen, den Arbeitsfrieden zu wahren oder Schlichtungsverhandlungen zu führen.

4 Das Gesetz kann bestimmten Kategorien von Personen den Streik verbieten.

Art. 29 Allgemeine Verfahrensgarantien

1 Jede Person hat in Verfahren vor Gerichts- und Verwaltungsinstanzen Anspruch auf gleiche und gerechte Behandlung sowie auf Beurteilung innert angemessener Frist.

2 Die Parteien haben Anspruch auf rechtliches Gehör.

3 Jede Person, die nicht über die erforderlichen Mittel verfügt, hat Anspruch auf unentgeltliche Rechtspflege, wenn ihr Rechtsbegehren nicht aussichtslos erscheint. Soweit es zur Wahrung ihrer Rechte notwendig ist, hat sie ausserdem Anspruch auf unentgeltlichen Rechtsbeistand.

Art. 29a Rechtsweggarantie

Jede Person hat bei Rechtsstreitigkeiten Anspruch auf Beurteilung durch eine richterliche Behörde. Bund und Kantone können durch Gesetz die richterliche Beurteilung in Ausnahmefällen ausschliessen.

Art. 30 Gerichtliche Verfahren

1 Jede Person, deren Sache in einem gerichtlichen Verfahren beurteilt werden muss, hat Anspruch auf ein durch Gesetz geschaffenes, zuständiges, unabhängiges und unparteiisches Gericht. Ausnahmegerichte sind untersagt.

2 Jede Person, gegen die eine Zivilklage erhoben wird, hat Anspruch darauf, dass die Sache vom Gericht des Wohnsitzes beurteilt wird. Das Gesetz kann einen anderen Gerichtsstand vorsehen.

3 Gerichtsverhandlung und Urteilsverkündung sind öffentlich. Das Gesetz kann Ausnahmen vorsehen.

Art. 31 Freiheitsentzug

1 Die Freiheit darf einer Person nur in den vom Gesetz selbst vorgesehenen Fällen und nur auf die im Gesetz vorgeschriebene Weise entzogen werden.

2 Jede Person, der die Freiheit entzogen wird, hat Anspruch darauf, unverzüglich und in einer ihr verständlichen Sprache über die Gründe des Freiheitsentzugs und über ihre Rechte unterrichtet zu werden. Sie muss die Möglichkeit haben, ihre Rechte geltend zu machen. Sie hat insbesondere das Recht, ihre nächsten Angehörigen benachrichtigen zu lassen.

3 Jede Person, die in Untersuchungshaft genommen wird, hat Anspruch darauf, unverzüglich einer Richterin oder einem Richter vorgeführt zu werden; die Richterin oder der Richter entscheidet, ob die Person weiterhin in Haft gehalten oder freigelassen wird. Jede Person in Untersuchungshaft hat Anspruch auf ein Urteil innert angemessener Frist.

4 Jede Person, der die Freiheit nicht von einem Gericht entzogen wird, hat das Recht, jederzeit ein Gericht anzurufen. Dieses entscheidet so rasch wie möglich über die Rechtmässigkeit des Freiheitsentzugs.

Art. 32 Strafverfahren

1 Jede Person gilt bis zur rechtskräftigen Verurteilung als unschuldig.

2 Jede angeklagte Person hat Anspruch darauf, möglichst rasch und umfassend über die gegen sie erhobenen Beschuldigungen unterrichtet zu werden. Sie muss die Möglichkeit haben, die ihr zustehenden Verteidigungsrechte geltend zu machen.

3 Jede verurteilte Person hat das Recht, das Urteil von einem höheren Gericht überprüfen zu lassen. Ausgenommen sind die Fälle, in denen das Bundesgericht als einzige Instanz urteilt.

Art. 33 Petitionsrecht

1 Jede Person hat das Recht, Petitionen an Behörden zu richten; es dürfen ihr daraus keine Nachteile erwachsen.

2 Die Behörden haben von Petitionen Kenntnis zu nehmen.

Art. 34 Politische Rechte

1 Die politischen Rechte sind gewährleistet.

2 Die Garantie der politischen Rechte schützt die freie Willensbildung und die unverfälschte Stimmabgabe.

Art. 35 Verwirklichung der Grundrechte

1 Die Grundrechte müssen in der ganzen Rechtsordnung zur Geltung kommen.

2 Wer staatliche Aufgaben wahrnimmt, ist an die Grundrechte gebunden und verpflichtet, zu ihrer Verwirklichung beizutragen.

3 Die Behörden sorgen dafür, dass die Grundrechte, soweit sie sich dazu eignen, auch unter Privaten wirksam werden.

Art. 36 Einschränkungen von Grundrechten

1 Einschränkungen von Grundrechten bedürfen einer gesetzlichen Grundlage. Schwerwiegende Einschränkungen müssen im Gesetz selbst vorgesehen sein. Ausgenommen sind Fälle ernster, unmittelbarer und nicht anders abwendbarer Gefahr.

2 Einschränkungen von Grundrechten müssen durch ein öffentliches Interesse oder durch den Schutz von Grundrechten Dritter gerechtfertigt sein.

3 Einschränkungen von Grundrechten müssen verhältnismässig sein.

4 Der Kerngehalt der Grundrechte ist unantastbar.

2. Kapitel: Bürgerrecht und politische Rechte

Art. 37 Bürgerrechte

1 Schweizerbürgerin oder Schweizerbürger ist, wer das Bürgerrecht einer Gemeinde und das Bürgerrecht des Kantons besitzt.

2 Niemand darf wegen seiner Bürgerrechte bevorzugt oder benachteiligt werden. Ausgenommen sind Vorschriften über die politischen Rechte in Bürgergemeinden und Korporationen sowie über die Beteiligung an deren Vermögen, es sei denn, die kantonale Gesetzgebung sehe etwas anderes vor.

Art. 38 Erwerb und Verlust der Bürgerrechte

1 Der Bund regelt Erwerb und Verlust der Bürgerrechte durch Abstammung, Heirat und Adoption. Er regelt zudem den Verlust des Schweizer Bürgerrechts aus anderen Gründen sowie die Wiedereinbürgerung.

2 Er erlässt Mindestvorschriften über die Einbürgerung von Ausländerinnen und Ausländern durch die Kantone und erteilt die Einbürgerungsbewilligung.

3 Er erleichtert die Einbürgerung staatenloser Kinder.

Art. 39 Ausübung der politischen Rechte

1 Der Bund regelt die Ausübung der politischen Rechte in eidgenössischen, die Kantone regeln sie in kantonalen und kommunalen Angelegenheiten.

2 Die politischen Rechte werden am Wohnsitz ausgeübt. Bund und Kantone können Ausnahmen vorsehen.

3 Niemand darf die politischen Rechte in mehr als einem Kanton ausüben.

4 Die Kantone können vorsehen, dass Neuzugezogene das Stimmrecht in kantonalen und kommunalen Angelegenheiten erst nach einer Wartefrist von höchstens drei Monaten nach der Niederlassung ausüben dürfen.

Art. 40 Auslandschweizerinnen und Auslandschweizer

1 Der Bund fördert die Beziehungen der Auslandschweizerinnen und Auslandschweizer untereinander und zur Schweiz. Er kann Organisationen unterstützen, die dieses Ziel verfolgen.

2 Er erlässt Vorschriften über die Rechte und Pflichten der Auslandschweizerinnen und Auslandschweizer, namentlich in Bezug auf die Ausübung der politischen Rechte im Bund, die Erfüllung der Pflicht, Militär- oder Ersatzdienst zu leisten, die Unterstützung sowie die Sozialversicherungen.

3. Kapitel: Sozialziele

Art. 41

1 Bund und Kantone setzen sich in Ergänzung zu persönlicher Verantwortung und privater Initiative dafür ein, dass:

a. jede Person an der sozialen Sicherheit teilhat;
b. jede Person die für ihre Gesundheit notwendige Pflege erhält;
c. Familien als Gemeinschaften von Erwachsenen und Kindern geschützt und gefördert werden;
d. Erwerbsfähige ihren Lebensunterhalt durch Arbeit zu angemessenen Bedingungen bestreiten können;
e. Wohnungssuchende für sich und ihre Familie eine angemessene Wohnung zu tragbaren Bedingungen finden können;
f. Kinder und Jugendliche sowie Personen im erwerbsfähigen Alter sich nach ihren Fähigkeiten bilden, aus- und weiterbilden können;

g. Kinder und Jugendliche in ihrer Entwicklung zu selbstständigen und sozial verantwortlichen Personen gefördert und in ihrer sozialen, kulturellen und politischen Integration unterstützt werden.

2 Bund und Kantone setzen sich dafür ein, dass jede Person gegen die wirtschaftlichen Folgen von Alter, Invalidität, Krankheit, Unfall, Arbeitslosigkeit, Mutterschaft, Verwaisung und Verwitwung gesichert ist.

3 Sie streben die Sozialziele im Rahmen ihrer verfassungsmässigen Zuständigkeiten und ihrer verfügbaren Mittel an.

4 Aus den Sozialzielen können keine unmittelbaren Ansprüche auf staatliche Leistungen abgeleitet werden.

3. Titel: Bund, Kantone und Gemeinden

1. Kapitel: Verhältnis von Bund und Kantonen

1. Abschnitt: Aufgaben von Bund und Kantonen

Art. 42 Aufgaben des Bundes

1 Der Bund erfüllt die Aufgaben, die ihm die Bundesverfassung zuweist.

2 *Aufgehoben.*

Art. 43 Aufgaben der Kantone

Die Kantone bestimmen, welche Aufgaben sie im Rahmen ihrer Zuständigkeiten erfüllen.

Art. 43a Grundsätze für die Zuweisung und Erfüllung staatlicher Aufgaben

1 Der Bund übernimmt nur die Aufgaben, welche die Kraft der Kantone übersteigen oder einer einheitlichen Regelung durch den Bund bedürfen.

2 Das Gemeinwesen, in dem der Nutzen einer staatlichen Leistung anfällt, trägt deren Kosten.

3 Das Gemeinwesen, das die Kosten einer staatlichen Leistung trägt, kann über diese Leistung bestimmen.

4 Leistungen der Grundversorgung müssen allen Personen in vergleichbarer Weise offen stehen.

5 Staatliche Aufgaben müssen bedarfsgerecht und wirtschaftlich erfüllt werden.

2. Abschnitt: Zusammenwirken von Bund und Kantonen

Art. 44 Grundsätze

1 Bund und Kantone unterstützen einander in der Erfüllung ihrer Aufgaben und arbeiten zusammen.

2 Sie schulden einander Rücksicht und Beistand. Sie leisten einander Amts- und Rechtshilfe.

3 Streitigkeiten zwischen Kantonen oder zwischen Kantonen und dem Bund werden nach Möglichkeit durch Verhandlung und Vermittlung beigelegt.

Art. 45 Mitwirkung an der Willensbildung des Bundes

1 Die Kantone wirken nach Massgabe der Bundesverfassung an der Willensbildung des Bundes mit, insbesondere an der Rechtsetzung.

2 Der Bund informiert die Kantone rechtzeitig und umfassend über seine Vorhaben; er holt ihre Stellungnahmen ein, wenn ihre Interessen betroffen sind.

Art. 46 Umsetzung des Bundesrechts

1 Die Kantone setzen das Bundesrecht nach Massgabe von Verfassung und Gesetz um.

2 Bund und Kantone können miteinander vereinbaren, dass die Kantone bei der Umsetzung von Bundesrecht bestimmte Ziele erreichen und zu diesem Zweck Programme ausführen, die der Bund finanziell unterstützt.

3 Der Bund belässt den Kantonen möglichst grosse Gestaltungsfreiheit und trägt den kantonalen Besonderheiten Rechnung.

Art. 47 Eigenständigkeit der Kantone

1 Der Bund wahrt die Eigenständigkeit der Kantone.

2 Er belässt den Kantonen ausreichend eigene Aufgaben und beachtet ihre Organisationsautonomie. Er belässt den Kantonen ausreichende Finanzierungsquellen und trägt dazu bei, dass sie über die notwendigen finanziellen Mittel zur Erfüllung ihrer Aufgaben verfügen.

Art. 48 Verträge zwischen Kantonen

1 Die Kantone können miteinander Verträge schliessen sowie gemeinsame Organisationen und Einrichtungen schaffen. Sie können namentlich Aufgaben von regionalem Interesse gemeinsam wahrnehmen.

2 Der Bund kann sich im Rahmen seiner Zuständigkeiten beteiligen.

3 Verträge zwischen Kantonen dürfen dem Recht und den Interessen des Bundes sowie den Rechten anderer Kantone nicht zuwiderlaufen. Sie sind dem Bund zur Kenntnis zu bringen.

4 Die Kantone können interkantonale Organe durch interkantonalen Vertrag zum Erlass rechtsetzender Bestimmungen ermächtigen, die einen interkantonalen Vertrag umsetzen, sofern der Vertrag:

a. nach dem gleichen Verfahren, das für die Gesetzgebung gilt, genehmigt worden ist;
b. die inhaltlichen Grundzüge der Bestimmungen festlegt.

5 Die Kantone beachten das interkantonale Recht.

Art. 48a Allgemeinverbindlicherklärung und Beteiligungspflicht

1 Auf Antrag interessierter Kantone kann der Bund in folgenden Aufgabenbereichen interkantonale Verträge allgemein verbindlich erklären oder Kantone zur Beteiligung an interkantonalen Verträgen verpflichten:

a. Straf- und Massnahmenvollzug;
b. Schulwesen hinsichtlich der in Artikel 62 Absatz 4 genannten Bereiche;
c. kantonale Hochschulen;
d. Kultureinrichtungen von überregionaler Bedeutung;
e. Abfallbewirtschaftung;
f. Abwasserreinigung;
g. Agglomerationsverkehr;
h. Spitzenmedizin und Spezialkliniken;
i. Institutionen zur Eingliederung und Betreuung von Invaliden.

2 Die Allgemeinverbindlicherklärung erfolgt in der Form eines Bundesbeschlusses.

3 Das Gesetz legt die Voraussetzungen für die Allgemeinverbindlicherklärung und für die Beteiligungsverpflichtung fest und regelt das Verfahren.

Art. 49 Vorrang und Einhaltung des Bundesrechts

1 Bundesrecht geht entgegenstehendem kantonalem Recht vor.

2 Der Bund wacht über die Einhaltung des Bundesrechts durch die Kantone.

3. Abschnitt: Gemeinden

Art. 50

1 Die Gemeindeautonomie ist nach Massgabe des kantonalen Rechts gewährleistet.

2 Der Bund beachtet bei seinem Handeln die möglichen Auswirkungen auf die Gemeinden.

3 Er nimmt dabei Rücksicht auf die besondere Situation der Städte und der Agglomerationen sowie der Berggebiete.

4. Abschnitt: Bundesgarantien

Art. 51 Kantonsverfassungen

1 Jeder Kanton gibt sich eine demokratische Verfassung. Diese bedarf der Zustimmung des Volkes und muss revidiert werden können, wenn die Mehrheit der Stimmberechtigten es verlangt.

2 Die Kantonsverfassungen bedürfen der Gewährleistung des Bundes. Der Bund gewährleistet sie, wenn sie dem Bundesrecht nicht widersprechen.

Art. 52 Verfassungsmässige Ordnung

1 Der Bund schützt die verfassungsmässige Ordnung der Kantone.

2 Er greift ein, wenn die Ordnung in einem Kanton gestört oder bedroht ist und der betroffene Kanton sie nicht selber oder mit Hilfe anderer Kantone schützen kann.

Art. 53 Bestand und Gebiet der Kantone

1 Der Bund schützt Bestand und Gebiet der Kantone.

2 Änderungen im Bestand der Kantone bedürfen der Zustimmung der betroffenen Bevölkerung, der betroffenen Kantone sowie von Volk und Ständen.

3 Gebietsveränderungen zwischen den Kantonen bedürfen der Zustimmung der betroffenen Bevölkerung und der betroffenen Kantone sowie der Genehmigung durch die Bundesversammlung in der Form eines Bundesbeschlusses.

4 Grenzbereinigungen können Kantone unter sich durch Vertrag vornehmen.

2. Kapitel: Zuständigkeiten

1. Abschnitt: Beziehungen zum Ausland

Art. 54 Auswärtige Angelegenheiten

1 Die auswärtigen Angelegenheiten sind Sache des Bundes.

2 Der Bund setzt sich ein für die Wahrung der Unabhängigkeit der Schweiz und für ihre Wohlfahrt; er trägt namentlich bei zur Linderung von Not und Armut in der Welt, zur Achtung der Menschenrechte und zur Förderung der Demokratie, zu einem friedlichen Zusammenleben der Völker sowie zur Erhaltung der natürlichen Lebensgrundlagen.

3 Er nimmt Rücksicht auf die Zuständigkeiten der Kantone und wahrt ihre Interessen.

Art. 55 Mitwirkung der Kantone an aussenpolitischen Entscheiden

1 Die Kantone wirken an der Vorbereitung aussenpolitischer Entscheide mit, die ihre Zuständigkeiten oder ihre wesentlichen Interessen betreffen.

2 Der Bund informiert die Kantone rechtzeitig und umfassend und holt ihre Stellungnahmen ein.

3 Den Stellungnahmen der Kantone kommt besonderes Gewicht zu, wenn sie in ihren Zuständigkeiten betroffen sind. In diesen Fällen wirken die Kantone in geeigneter Weise an internationalen Verhandlungen mit.

Art. 56 Beziehungen der Kantone mit dem Ausland

1 Die Kantone können in ihren Zuständigkeitsbereichen mit dem Ausland Verträge schliessen.

2 Diese Verträge dürfen dem Recht und den Interessen des Bundes sowie den Rechten anderer Kantone nicht zuwiderlaufen. Die Kantone haben den Bund vor Abschluss der Verträge zu informieren.

3 Mit untergeordneten ausländischen Behörden können die Kantone direkt verkehren; in den übrigen Fällen erfolgt der Verkehr der Kantone mit dem Ausland durch Vermittlung des Bundes.

2. Abschnitt: Sicherheit, Landesverteidigung, Zivilschutz

Art. 57 Sicherheit

1 Bund und Kantone sorgen im Rahmen ihrer Zuständigkeiten für die Sicherheit des Landes und den Schutz der Bevölkerung.

2 Sie koordinieren ihre Anstrengungen im Bereich der inneren Sicherheit.

Art. 58 Armee

1 Die Schweiz hat eine Armee. Diese ist grundsätzlich nach dem Milizprinzip organisiert.

2 Die Armee dient der Kriegsverhinderung und trägt bei zur Erhaltung des Friedens; sie verteidigt das Land und seine Bevölkerung. Sie unterstützt die zivilen Behörden bei der Abwehr schwerwiegender Bedrohungen der inneren Sicherheit und bei der Bewältigung anderer ausserordentlicher Lagen. Das Gesetz kann weitere Aufgaben vorsehen.

3 Der Einsatz der Armee ist Sache des Bundes.

Art. 59 Militär- und Ersatzdienst

1 Jeder Schweizer ist verpflichtet, Militärdienst zu leisten. Das Gesetz sieht einen zivilen Ersatzdienst vor.

2 Für Schweizerinnen ist der Militärdienst freiwillig.

3 Schweizer, die weder Militär- noch Ersatzdienst leisten, schulden eine Abgabe. Diese wird vom Bund erhoben und von den Kantonen veranlagt und eingezogen.

4 Der Bund erlässt Vorschriften über den angemessenen Ersatz des Erwerbsausfalls.

5 Personen, die Militär- oder Ersatzdienst leisten und dabei gesundheitlichen Schaden erleiden oder ihr Leben verlieren, haben für sich oder ihre Angehörigen Anspruch auf angemessene Unterstützung des Bundes.

Art. 60 Organisation, Ausbildung und Ausrüstung der Armee

1 Die Militärgesetzgebung sowie Organisation, Ausbildung und Ausrüstung der Armee sind Sache des Bundes.

2 *Aufgehoben.*

3 Der Bund kann militärische Einrichtungen der Kantone gegen angemessene Entschädigung übernehmen.

Art. 61 Zivilschutz

1 Die Gesetzgebung über den zivilen Schutz von Personen und Gütern vor den Auswirkungen bewaffneter Konflikte ist Sache des Bundes.

2 Der Bund erlässt Vorschriften über den Einsatz des Zivilschutzes bei Katastrophen und in Notlagen.

3 Er kann den Schutzdienst für Männer obligatorisch erklären. Für Frauen ist dieser freiwillig.

4 Der Bund erlässt Vorschriften über den angemessenen Ersatz des Erwerbsausfalls.

5 Personen, die Schutzdienst leisten und dabei gesundheitlichen Schaden erleiden oder ihr Leben verlieren, haben für sich oder ihre Angehörigen Anspruch auf angemessene Unterstützung des Bundes.

3. Abschnitt: Bildung, Forschung und Kultur

Art. 61a Bildungsraum Schweiz

1 Bund und Kantone sorgen gemeinsam im Rahmen ihrer Zuständigkeiten für eine hohe Qualität und Durchlässigkeit des Bildungsraumes Schweiz.

2 Sie koordinieren ihre Anstrengungen und stellen ihre Zusammenarbeit durch gemeinsame Organe und andere Vorkehren sicher.

3 Sie setzen sich bei der Erfüllung ihrer Aufgaben dafür ein, dass allgemein bildende und berufsbezogene Bildungswege eine gleichwertige gesellschaftliche Anerkennung finden.

Art. 62 Schulwesen

1 Für das Schulwesen sind die Kantone zuständig.

2 Sie sorgen für einen ausreichenden Grundschulunterricht, der allen Kindern offen steht. Der Grundschulunterricht ist obligatorisch und untersteht staatlicher Leitung oder Aufsicht. An öffentlichen Schulen ist er unentgeltlich.

3 Die Kantone sorgen für eine ausreichende Sonderschulung aller behinderten Kinder und Jugendlichen bis längstens zum vollendeten 20. Altersjahr.

4 Kommt auf dem Koordinationsweg keine Harmonisierung des Schulwesens im Bereich des Schuleintrittsalters und der Schulpflicht, der Dauer und Ziele der Bildungsstufen und von deren Übergängen sowie der Anerkennung von Abschlüssen zustande, so erlässt der Bund die notwendigen Vorschriften.

5 Der Bund regelt den Beginn des Schuljahres.

6 Bei der Vorbereitung von Erlassen des Bundes, welche die Zuständigkeit der Kantone betreffen, kommt der Mitwirkung der Kantone besonderes Gewicht zu.

Art. 63 Berufsbildung

1 Der Bund erlässt Vorschriften über die Berufsbildung.

2 Er fördert ein breites und durchlässiges Angebot im Bereich der Berufsbildung.

Art. 63a Hochschulen

1 Der Bund betreibt die Eidgenössischen Technischen Hochschulen. Er kann weitere Hochschulen und andere Institutionen des Hochschulbereichs errichten, übernehmen oder betreiben.

2 Er unterstützt die kantonalen Hochschulen und kann an weitere von ihm anerkannte Institutionen des Hochschulbereichs Beiträge entrichten.

3 Bund und Kantone sorgen gemeinsam für die Koordination und für die Gewährleistung der Qualitätssicherung im schweizerischen Hochschulwesen. Sie nehmen dabei Rücksicht auf die Autonomie der Hochschulen und ihre unterschiedlichen Trägerschaften und achten auf die Gleichbehandlung von Institutionen mit gleichen Aufgaben.

4 Zur Erfüllung ihrer Aufgaben schliessen Bund und Kantone Verträge ab und übertragen bestimmte Befugnisse an gemeinsame Organe. Das Gesetz regelt die Zuständigkeiten, die diesen übertragen werden können, und legt die Grundsätze von Organisation und Verfahren der Koordination fest.

5 Erreichen Bund und Kantone auf dem Weg der Koordination die gemeinsamen Ziele nicht, so erlässt der Bund Vorschriften über die Studienstufen und deren Übergänge, über die Weiterbildung und über die Anerkennung von Institutionen und Abschlüssen. Zudem kann der Bund die Unterstützung der Hochschulen an einheitliche Finanzierungsgrundsätze binden und von der Aufgabenteilung zwischen den Hochschulen in besonders kostenintensiven Bereichen abhängig machen.

Art. 64 Forschung

1 Der Bund fördert die wissenschaftliche Forschung und die Innovation.

2 Er kann die Förderung insbesondere davon abhängig machen, dass die Qualitätssicherung und die Koordination sichergestellt sind.

3 Er kann Forschungsstätten errichten, übernehmen oder betreiben.

Art. 64a Weiterbildung

1 Der Bund legt Grundsätze über die Weiterbildung fest.

2 Er kann die Weiterbildung fördern.

3 Das Gesetz legt die Bereiche und die Kriterien fest.

Art. 65 Statistik

1 Der Bund erhebt die notwendigen statistischen Daten über den Zustand und die Entwicklung von Bevölkerung, Wirtschaft, Gesellschaft, Bildung, Forschung, Raum und Umwelt in der Schweiz.

2 Er kann Vorschriften über die Harmonisierung und Führung amtlicher Register erlassen, um den Erhebungsaufwand möglichst gering zu halten.

Art. 66 Ausbildungsbeiträge

1 Der Bund kann den Kantonen Beiträge an ihre Aufwendungen für Ausbildungsbeihilfen an Studierende von Hochschulen und anderen höheren Bildungsanstalten gewähren. Er kann die interkantonale Harmonisierung der Ausbildungsbeihilfen fördern und Grundsätze für die Unterstützung festlegen.

2 Er kann zudem in Ergänzung zu den kantonalen Massnahmen und unter Wahrung der kantonalen Schulhoheit eigene Massnahmen zur Förderung der Ausbildung ergreifen.

Art. 67 Förderung von Kindern und Jugendlichen

1 Bund und Kantone tragen bei der Erfüllung ihrer Aufgaben den besonderen Förderungs- und Schutzbedürfnissen von Kindern und Jugendlichen Rechnung.

2 Der Bund kann in Ergänzung zu kantonalen Massnahmen die ausserschulische Arbeit mit Kindern und Jugendlichen unterstützen.

Art. 67a Musikalische Bildung

1 Bund und Kantone fördern die musikalische Bildung, insbesondere von Kindern und Jugendlichen.

2 Sie setzen sich im Rahmen ihrer Zuständigkeiten für einen hochwertigen Musikunterricht an Schulen ein. Erreichen die Kantone auf dem Koordinationsweg keine Harmonisierung der Ziele des Musikunterrichts an Schulen, so erlässt der Bund die notwendigen Vorschriften.

3 Der Bund legt unter Mitwirkung der Kantone Grundsätze fest für den Zugang der Jugend zum Musizieren und die Förderung musikalisch Begabter.

Art. 68 Sport

1 Der Bund fördert den Sport, insbesondere die Ausbildung.

2 Er betreibt eine Sportschule.

3 Er kann Vorschriften über den Jugendsport erlassen und den Sportunterricht an Schulen obligatorisch erklären.

Art. 69 Kultur

1 Für den Bereich der Kultur sind die Kantone zuständig.

2 Der Bund kann kulturelle Bestrebungen von gesamtschweizerischem Interesse unterstützen sowie Kunst und Musik, insbesondere im Bereich der Ausbildung, fördern.

3 Er nimmt bei der Erfüllung seiner Aufgaben Rücksicht auf die kulturelle und die sprachliche Vielfalt des Landes.

Art. 70 Sprachen

[1] Die Amtssprachen des Bundes sind Deutsch, Französisch und Italienisch. Im Verkehr mit Personen rätoromanischer Sprache ist auch das Rätoromanische Amtssprache des Bundes.

[2] Die Kantone bestimmen ihre Amtssprachen. Um das Einvernehmen zwischen den Sprachgemeinschaften zu wahren, achten sie auf die herkömmliche sprachliche Zusammensetzung der Gebiete und nehmen Rücksicht auf die angestammten sprachlichen Minderheiten.

[3] Bund und Kantone fördern die Verständigung und den Austausch zwischen den Sprachgemeinschaften.

[4] Der Bund unterstützt die mehrsprachigen Kantone bei der Erfüllung ihrer besonderen Aufgaben.

[5] Der Bund unterstützt Massnahmen der Kantone Graubünden und Tessin zur Erhaltung und Förderung der rätoromanischen und der italienischen Sprache.

Art. 71 Film

[1] Der Bund kann die Schweizer Filmproduktion und die Filmkultur fördern.

[2] Er kann Vorschriften zur Förderung der Vielfalt und der Qualität des Filmangebots erlassen.

Art. 72 Kirche und Staat

[1] Für die Regelung des Verhältnisses zwischen Kirche und Staat sind die Kantone zuständig.

[2] Bund und Kantone können im Rahmen ihrer Zuständigkeit Massnahmen treffen zur Wahrung des öffentlichen Friedens zwischen den Angehörigen der verschiedenen Religionsgemeinschaften.

[3] Der Bau von Minaretten ist verboten.

4. Abschnitt: Umwelt und Raumplanung

Art. 73 Nachhaltigkeit

Bund und Kantone streben ein auf Dauer ausgewogenes Verhältnis zwischen der Natur und ihrer Erneuerungsfähigkeit einerseits und ihrer Beanspruchung durch den Menschen anderseits an.

Art. 74 Umweltschutz

[1] Der Bund erlässt Vorschriften über den Schutz des Menschen und seiner natürlichen Umwelt vor schädlichen oder lästigen Einwirkungen.

[2] Er sorgt dafür, dass solche Einwirkungen vermieden werden. Die Kosten der Vermeidung und Beseitigung tragen die Verursacher.

[3] Für den Vollzug der Vorschriften sind die Kantone zuständig, soweit das Gesetz ihn nicht dem Bund vorbehält.

Art. 75 Raumplanung

[1] Der Bund legt Grundsätze der Raumplanung fest. Diese obliegt den Kantonen und dient der zweckmässigen und haushälterischen Nutzung des Bodens und der geordneten Besiedlung des Landes.

[2] Der Bund fördert und koordiniert die Bestrebungen der Kantone und arbeitet mit den Kantonen zusammen.

[3] Bund und Kantone berücksichtigen bei der Erfüllung ihrer Aufgaben die Erfordernisse der Raumplanung.

Art. 75a Vermessung

[1] Die Landesvermessung ist Sache des Bundes.

[2] Der Bund erlässt Vorschriften über die amtliche Vermessung.

[3] Er kann Vorschriften erlassen über die Harmonisierung amtlicher Informationen, welche Grund und Boden betreffen.

Art. 75b Zweitwohnungen

1 Der Anteil von Zweitwohnungen am Gesamtbestand der Wohneinheiten und der für Wohnzwecke genutzten Bruttogeschossfläche einer Gemeinde ist auf höchstens 20 Prozent beschränkt.

2 Das Gesetz verpflichtet die Gemeinden, ihren Erstwohnungsanteilplan und den detaillierten Stand seines Vollzugs alljährlich zu veröffentlichen.

Art. 76 Wasser

1 Der Bund sorgt im Rahmen seiner Zuständigkeiten für die haushälterische Nutzung und den Schutz der Wasservorkommen sowie für die Abwehr schädigender Einwirkungen des Wassers.

2 Er legt Grundsätze fest über die Erhaltung und die Erschliessung der Wasservorkommen, über die Nutzung der Gewässer zur Energieerzeugung und für Kühlzwecke sowie über andere Eingriffe in den Wasserkreislauf.

3 Er erlässt Vorschriften über den Gewässerschutz, die Sicherung angemessener Restwassermengen, den Wasserbau, die Sicherheit der Stauanlagen und die Beeinflussung der Niederschläge.

4 Über die Wasservorkommen verfügen die Kantone. Sie können für die Wassernutzung in den Schranken der Bundesgesetzgebung Abgaben erheben. Der Bund hat das Recht, die Gewässer für seine Verkehrsbetriebe zu nutzen; er entrichtet dafür eine Abgabe und eine Entschädigung.

5 Über Rechte an internationalen Wasservorkommen und damit verbundene Abgaben entscheidet der Bund unter Beizug der betroffenen Kantone. Können sich Kantone über Rechte an interkantonalen Wasservorkommen nicht einigen, so entscheidet der Bund.

6 Der Bund berücksichtigt bei der Erfüllung seiner Aufgaben die Anliegen der Kantone, aus denen das Wasser stammt.

Art. 77 Wald

1 Der Bund sorgt dafür, dass der Wald seine Schutz-, Nutz- und Wohlfahrtsfunktionen erfüllen kann.

2 Er legt Grundsätze über den Schutz des Waldes fest.

3 Er fördert Massnahmen zur Erhaltung des Waldes.

Art. 78 Natur- und Heimatschutz

1 Für den Natur- und Heimatschutz sind die Kantone zuständig.

2 Der Bund nimmt bei der Erfüllung seiner Aufgaben Rücksicht auf die Anliegen des Natur- und Heimatschutzes. Er schont Landschaften, Ortsbilder, geschichtliche Stätten sowie Natur- und Kulturdenkmäler; er erhält sie ungeschmälert, wenn das öffentliche Interesse es gebietet.

3 Er kann Bestrebungen des Natur- und Heimatschutzes unterstützen und Objekte von gesamtschweizerischer Bedeutung vertraglich oder durch Enteignung erwerben oder sichern.

4 Er erlässt Vorschriften zum Schutz der Tier- und Pflanzenwelt und zur Erhaltung ihrer Lebensräume in der natürlichen Vielfalt. Er schützt bedrohte Arten vor Ausrottung.

5 Moore und Moorlandschaften von besonderer Schönheit und gesamtschweizerischer Bedeutung sind geschützt. Es dürfen darin weder Anlagen gebaut noch Bodenveränderungen vorgenommen werden. Ausgenommen sind Einrichtungen, die dem Schutz oder der bisherigen landwirtschaftlichen Nutzung der Moore und Moorlandschaften dienen.

Art. 79 Fischerei und Jagd

Der Bund legt Grundsätze fest über die Ausübung der Fischerei und der Jagd, insbesondere zur Erhaltung der Artenvielfalt der Fische, der wild lebenden Säugetiere und der Vögel.

Art. 80 Tierschutz

1 Der Bund erlässt Vorschriften über den Schutz der Tiere.

2 Er regelt insbesondere:

a. die Tierhaltung und die Tierpflege;
b. die Tierversuche und die Eingriffe am lebenden Tier;
c. die Verwendung von Tieren;
d. die Einfuhr von Tieren und tierischen Erzeugnissen;
e. den Tierhandel und die Tiertransporte;
f. das Töten von Tieren.

3 Für den Vollzug der Vorschriften sind die Kantone zuständig, soweit das Gesetz ihn nicht dem Bund vorbehält.

5. Abschnitt: Öffentliche Werke und Verkehr

Art. 81 Öffentliche Werke

Der Bund kann im Interesse des ganzen oder eines grossen Teils des Landes öffentliche Werke errichten und betreiben oder ihre Errichtung unterstützen.

Art. 81a Öffentlicher Verkehr

1 Bund und Kantone sorgen für ein ausreichendes Angebot an öffentlichem Verkehr auf Schiene, Strasse, Wasser und mit Seilbahnen in allen Landesgegenden. Die Belange des Schienengüterverkehrs sind dabei angemessen zu berücksichtigen.

2 Die Kosten des öffentlichen Verkehrs werden zu einem angemessenen Teil durch die von den Nutzerinnen und Nutzern bezahlten Preise gedeckt.

Art. 82 Strassenverkehr

1 Der Bund erlässt Vorschriften über den Strassenverkehr.

2 Er übt die Oberaufsicht über die Strassen von gesamtschweizerischer Bedeutung aus; er kann bestimmen, welche Durchgangsstrassen für den Verkehr offen bleiben müssen.

3 Die Benützung öffentlicher Strassen ist gebührenfrei. Die Bundesversammlung kann Ausnahmen bewilligen.

Art. 83 Nationalstrassen

1 Der Bund stellt die Errichtung eines Netzes von Nationalstrassen und deren Benützbarkeit sicher.

2 Der Bund baut, betreibt und unterhält die Nationalstrassen. Er trägt die Kosten dafür. Er kann diese Aufgabe ganz oder teilweise öffentlichen, privaten oder gemischten Trägerschaften übertragen.

3 *Aufgehoben.*

Art. 84 Alpenquerender Transitverkehr

1 Der Bund schützt das Alpengebiet vor den negativen Auswirkungen des Transitverkehrs. Er begrenzt die Belastungen durch den Transitverkehr auf ein Mass, das für Menschen, Tiere und Pflanzen sowie ihre Lebensräume nicht schädlich ist.

2 Der alpenquerende Gütertransitverkehr von Grenze zu Grenze erfolgt auf der Schiene. Der Bundesrat trifft die notwendigen Massnahmen. Ausnahmen sind nur zulässig, wenn sie unumgänglich sind. Sie müssen durch ein Gesetz näher bestimmt werden.

3 Die Transitstrassen-Kapazität im Alpengebiet darf nicht erhöht werden. Von dieser Beschränkung ausgenommen sind Umfahrungsstrassen, die Ortschaften vom Durchgangsverkehr entlasten.

Art. 85 Schwerverkehrsabgabe

1 Der Bund kann auf dem Schwerverkehr eine leistungs- oder verbrauchsabhängige Abgabe erheben, soweit der Schwerverkehr der Allgemeinheit Kosten verursacht, die nicht durch andere Leistungen oder Abgaben gedeckt sind.

2 Der Reinertrag der Abgabe wird zur Deckung von Kosten verwendet, die im Zusammenhang mit dem Landverkehr stehen.

3 Die Kantone werden am Reinertrag beteiligt. Bei der Bemessung der Anteile sind die besonderen Auswirkungen der Abgabe in Berg- und Randgebieten zu berücksichtigen.

Art. 86 Verbrauchssteuer auf Treibstoffen und übrige Verkehrsabgaben

1 Der Bund kann auf Treibstoffen eine Verbrauchssteuer erheben.

2 Er erhebt eine Abgabe für die Benützung der Nationalstrassen durch Motorfahrzeuge und Anhänger, die nicht der Schwerverkehrsabgabe unterstehen.

3 Er verwendet die Hälfte des Reinertrags der Verbrauchssteuer auf allen Treibstoffen ausser den Flugtreibstoffen sowie den Reinertrag der Nationalstrassenabgabe für folgende Aufgaben und Aufwendungen im Zusammenhang mit dem Strassenverkehr:

a. die Errichtung, den Unterhalt und den Betrieb von Nationalstrassen;
b. Massnahmen zur Förderung des kombinierten Verkehrs und des Transports begleiteter Motorfahrzeuge;
b^bis. Massnahmen zur Verbesserung der Verkehrsinfrastruktur in Städten und Agglomerationen;
c. Beiträge an die Kosten für Hauptstrassen;
d. Beiträge an Schutzbauten gegen Naturgewalten und an Massnahmen des Umwelt- und Landschaftsschutzes, die der Strassenverkehr nötig macht;
e. allgemeine Beiträge an die kantonalen Kosten für Strassen, die dem Motorfahrzeugverkehr geöffnet sind;
f. Beiträge an Kantone ohne Nationalstrassen.

3bis Er verwendet die Hälfte des Reinertrages der Verbrauchssteuer auf Flugtreibstoffen für folgende Aufgaben und Aufwendungen im Zusammenhang mit dem Luftverkehr:

a. Beiträge an Umweltschutzmassnahmen, die der Luftverkehr nötig macht;
b. Beiträge an Sicherheitsmassnahmen zur Abwehr widerrechtlicher Handlungen gegen den Luftverkehr, namentlich von Terroranschlägen und Entführungen, soweit diese Massnahmen nicht staatlichen Behörden obliegen;
c. Beiträge an Massnahmen zur Förderung eines hohen technischen Sicherheitsniveaus im Luftverkehr.

4 Reichen die Mittel für die Aufgaben und Aufwendungen im Zusammenhang mit dem Strassenverkehr oder dem Luftverkehr nicht aus, so erhebt der Bund auf den betreffenden Treibstoffen einen Zuschlag zur Verbrauchssteuer.

Art. 87 Eisenbahnen und weitere Verkehrsträger

Die Gesetzgebung über den Eisenbahnverkehr, die Seilbahnen, die Schifffahrt sowie über die Luft- und Raumfahrt ist Sache des Bundes.

Art. 87a Eisenbahninfrastruktur

1 Der Bund trägt die Hauptlast der Finanzierung der Eisenbahninfrastruktur.

2 Die Eisenbahninfrastruktur wird über einen Fonds finanziert. Dem Fonds werden folgende Mittel zugewiesen:

a. höchstens zwei Drittel des Ertrags der Schwerverkehrsabgabe nach Artikel 85;
b. der Ertrag aus der Mehrwertsteuererhöhung nach Artikel 130 Absatz 3bis;

c. 2,0 Prozent der Einnahmen aus der direkten Bundessteuer der natürlichen Personen;
d. 2300 Millionen Franken pro Jahr aus dem allgemeinen Bundeshaushalt; das Gesetz regelt die Indexierung dieses Betrags.

3 Die Kantone beteiligen sich angemessen an der Finanzierung der Eisenbahninfrastruktur. Das Gesetz regelt die Einzelheiten.

4 Das Gesetz kann eine ergänzende Finanzierung durch Dritte vorsehen.

Art. 88 Fuss- und Wanderwege

1 Der Bund legt Grundsätze über Fuss- und Wanderwegnetze fest.

2 Er kann Massnahmen der Kantone zur Anlage und Erhaltung solcher Netze unterstützen und koordinieren.

3 Er nimmt bei der Erfüllung seiner Aufgaben Rücksicht auf Fuss- und Wanderwegnetze und ersetzt Wege, die er aufheben muss.

6. Abschnitt: Energie und Kommunikation

Art. 89 Energiepolitik

1 Bund und Kantone setzen sich im Rahmen ihrer Zuständigkeiten ein für eine ausreichende, breit gefächerte, sichere, wirtschaftliche und umweltverträgliche Energieversorgung sowie für einen sparsamen und rationellen Energieverbrauch.

2 Der Bund legt Grundsätze fest über die Nutzung einheimischer und erneuerbarer Energien und über den sparsamen und rationellen Energieverbrauch.

3 Der Bund erlässt Vorschriften über den Energieverbrauch von Anlagen, Fahrzeugen und Geräten. Er fördert die Entwicklung von Energietechniken, insbesondere in den Bereichen des Energiesparens und der erneuerbaren Energien.

4 Für Massnahmen, die den Verbrauch von Energie in Gebäuden betreffen, sind vor allem die Kantone zuständig.

5 Der Bund trägt in seiner Energiepolitik den Anstrengungen der Kantone und Gemeinden sowie der Wirtschaft Rechnung; er berücksichtigt die Verhältnisse in den einzelnen Landesgegenden und die wirtschaftliche Tragbarkeit.

Art. 90 Kernenergie

Die Gesetzgebung auf dem Gebiet der Kernenergie ist Sache des Bundes.

Art. 91 Transport von Energie

1 Der Bund erlässt Vorschriften über den Transport und die Lieferung elektrischer Energie.

2 Die Gesetzgebung über Rohrleitungsanlagen zur Beförderung flüssiger oder gasförmiger Brenn- oder Treibstoffe ist Sache des Bundes.

Art. 92 Post- und Fernmeldewesen

1 Das Post- und Fernmeldewesen ist Sache des Bundes.

2 Der Bund sorgt für eine ausreichende und preiswerte Grundversorgung mit Post- und Fernmeldediensten in allen Landesgegenden. Die Tarife werden nach einheitlichen Grundsätzen festgelegt.

Art. 93 Radio und Fernsehen

1 Die Gesetzgebung über Radio und Fernsehen sowie über andere Formen der öffentlichen fernmeldetechnischen Verbreitung von Darbietungen und Informationen ist Sache des Bundes.

2 Radio und Fernsehen tragen zur Bildung und kulturellen Entfaltung, zur freien Meinungsbildung und zur Unterhaltung bei. Sie berücksichtigen die Besonderheiten des Landes und die Bedürfnisse

der Kantone. Sie stellen die Ereignisse sachgerecht dar und bringen die Vielfalt der Ansichten angemessen zum Ausdruck.

3 Die Unabhängigkeit von Radio und Fernsehen sowie die Autonomie in der Programmgestaltung sind gewährleistet.

4 Auf die Stellung und die Aufgabe anderer Medien, vor allem der Presse, ist Rücksicht zu nehmen.

5 Programmbeschwerden können einer unabhängigen Beschwerdeinstanz vorgelegt werden.

7. Abschnitt: Wirtschaft

Art. 94 Grundsätze der Wirtschaftsordnung

1 Bund und Kantone halten sich an den Grundsatz der Wirtschaftsfreiheit.

2 Sie wahren die Interessen der schweizerischen Gesamtwirtschaft und tragen mit der privaten Wirtschaft zur Wohlfahrt und zur wirtschaftlichen Sicherheit der Bevölkerung bei.

3 Sie sorgen im Rahmen ihrer Zuständigkeiten für günstige Rahmenbedingungen für die private Wirtschaft.

4 Abweichungen vom Grundsatz der Wirtschaftsfreiheit, insbesondere auch Massnahmen, die sich gegen den Wettbewerb richten, sind nur zulässig, wenn sie in der Bundesverfassung vorgesehen oder durch kantonale Regalrechte begründet sind.

Art. 95 Privatwirtschaftliche Erwerbstätigkeit

1 Der Bund kann Vorschriften erlassen über die Ausübung der privatwirtschaftlichen Erwerbstätigkeit.

2 Er sorgt für einen einheitlichen schweizerischen Wirtschaftsraum. Er gewährleistet, dass Personen mit einer wissenschaftlichen Ausbildung oder mit einem eidgenössischen, kantonalen oder kantonal anerkannten Ausbildungsabschluss ihren Beruf in der ganzen Schweiz ausüben können.

3 Zum Schutz der Volkswirtschaft, des Privateigentums und der Aktionärinnen und Aktionäre sowie im Sinne einer nachhaltigen Unternehmensführung regelt das Gesetz die im In- oder Ausland kotierten Schweizer Aktiengesellschaften nach folgenden Grundsätzen:

a. Die Generalversammlung stimmt jährlich über die Gesamtsumme aller Vergütungen (Geld und Wert der Sachleistungen) des Verwaltungsrates, der Geschäftsleitung und des Beirates ab. Sie wählt jährlich die Verwaltungsratspräsidentin oder den Verwaltungsratspräsidenten und einzeln die Mitglieder des Verwaltungsrates und des Vergütungsausschusses sowie die unabhängige Stimmrechtsvertreterin oder den unabhängigen Stimmrechtsvertreter. Die Pensionskassen stimmen im Interesse ihrer Versicherten ab und legen offen, wie sie gestimmt haben. Die Aktionärinnen und Aktionäre können elektronisch fernabstimmen; die Organ- und Depotstimmrechtsvertretung ist untersagt.

b. Die Organmitglieder erhalten keine Abgangs- oder andere Entschädigung, keine Vergütung im Voraus, keine Prämie für Firmenkäufe und -verkäufe und keinen zusätzlichen Berater- oder Arbeitsvertrag von einer anderen Gesellschaft der Gruppe. Die Führung der Gesellschaft kann nicht an eine juristische Person delegiert werden.

c. Die Statuten regeln die Höhe der Kredite, Darlehen und Renten an die Organmitglieder, deren Erfolgs- und Beteiligungspläne und deren Anzahl Mandate ausserhalb des Konzerns sowie die Dauer der Arbeitsverträge der Geschäftsleitungsmitglieder.

d. Widerhandlung gegen die Bestimmungen nach den Buchstaben a–c wird mit Freiheitsstrafe bis zu drei Jahren und Geldstrafe bis zu sechs Jahresvergütungen bestraft.

Art. 96 Wettbewerbspolitik

[1] Der Bund erlässt Vorschriften gegen volkswirtschaftlich oder sozial schädliche Auswirkungen von Kartellen und anderen Wettbewerbsbeschränkungen.

[2] Er trifft Massnahmen

a. zur Verhinderung von Missbräuchen in der Preisbildung durch marktmächtige Unternehmen und Organisationen des privaten und des öffentlichen Rechts;

b. gegen den unlauteren Wettbewerb.

Art. 97 Schutz der Konsumentinnen und Konsumenten

[1] Der Bund trifft Massnahmen zum Schutz der Konsumentinnen und Konsumenten.

[2] Er erlässt Vorschriften über die Rechtsmittel, welche die Konsumentenorganisationen ergreifen können. Diesen Organisationen stehen im Bereich der Bundesgesetzgebung über den unlauteren Wettbewerb die gleichen Rechte zu wie den Berufs- und Wirtschaftsverbänden.

[3] Die Kantone sehen für Streitigkeiten bis zu einem bestimmten Streitwert ein Schlichtungsverfahren oder ein einfaches und rasches Gerichtsverfahren vor. Der Bundesrat legt die Streitwertgrenze fest.

Art. 98 Banken und Versicherungen

[1] Der Bund erlässt Vorschriften über das Banken- und Börsenwesen; er trägt dabei der besonderen Aufgabe und Stellung der Kantonalbanken Rechnung.

[2] Er kann Vorschriften erlassen über Finanzdienstleistungen in anderen Bereichen.

[3] Er erlässt Vorschriften über das Privatversicherungswesen.

Art. 99 Geld- und Währungspolitik

[1] Das Geld- und Währungswesen ist Sache des Bundes; diesem allein steht das Recht zur Ausgabe von Münzen und Banknoten zu.

[2] Die Schweizerische Nationalbank führt als unabhängige Zentralbank eine Geld- und Währungspolitik, die dem Gesamtinteresse des Landes dient; sie wird unter Mitwirkung und Aufsicht des Bundes verwaltet.

[3] Die Schweizerische Nationalbank bildet aus ihren Erträgen ausreichende Währungsreserven; ein Teil dieser Reserven wird in Gold gehalten.

[4] Der Reingewinn der Schweizerischen Nationalbank geht zu mindestens zwei Dritteln an die Kantone.

Art. 100 Konjunkturpolitik

[1] Der Bund trifft Massnahmen für eine ausgeglichene konjunkturelle Entwicklung, insbesondere zur Verhütung und Bekämpfung von Arbeitslosigkeit und Teuerung.

[2] Er berücksichtigt die wirtschaftliche Entwicklung der einzelnen Landesgegenden. Er arbeitet mit den Kantonen und der Wirtschaft zusammen.

[3] Im Geld- und Kreditwesen, in der Aussenwirtschaft und im Bereich der öffentlichen Finanzen kann er nötigenfalls vom Grundsatz der Wirtschaftsfreiheit abweichen.

[4] Bund, Kantone und Gemeinden berücksichtigen in ihrer Einnahmen- und Ausgabenpolitik die Konjunkturlage.

[5] Der Bund kann zur Stabilisierung der Konjunktur vorübergehend auf bundesrechtlichen Abgaben Zuschläge erheben oder Rabatte gewähren. Die abgeschöpften Mittel sind stillzulegen; nach der Freigabe werden direkte Abgaben individuell zurückerstattet, indirekte zur Gewährung von Rabatten oder zur Arbeitsbeschaffung verwendet.

[6] Der Bund kann die Unternehmen zur Bildung von Arbeitsbeschaffungsreserven verpflichten; er gewährt dafür Steuererleichterungen und kann dazu auch die Kantone verpflichten. Nach der

Freigabe der Reserven entscheiden die Unternehmen frei über deren Einsatz im Rahmen der gesetzlichen Verwendungszwecke.

Art. 101 Aussenwirtschaftspolitik

1 Der Bund wahrt die Interessen der schweizerischen Wirtschaft im Ausland.

2 In besonderen Fällen kann er Massnahmen treffen zum Schutz der inländischen Wirtschaft. Er kann nötigenfalls vom Grundsatz der Wirtschaftsfreiheit abweichen.

Art. 102 Landesversorgung

1 Der Bund stellt die Versorgung des Landes mit lebenswichtigen Gütern und Dienstleistungen sicher für den Fall machtpolitischer oder kriegerischer Bedrohungen sowie in schweren Mangellagen, denen die Wirtschaft nicht selbst zu begegnen vermag. Er trifft vorsorgliche Massnahmen.

2 Er kann nötigenfalls vom Grundsatz der Wirtschaftsfreiheit abweichen.

Art. 103 Strukturpolitik

Der Bund kann wirtschaftlich bedrohte Landesgegenden unterstützen sowie Wirtschaftszweige und Berufe fördern, wenn zumutbare Selbsthilfemassnahmen zur Sicherung ihrer Existenz nicht ausreichen. Er kann nötigenfalls vom Grundsatz der Wirtschaftsfreiheit abweichen.

Art. 104 Landwirtschaft

1 Der Bund sorgt dafür, dass die Landwirtschaft durch eine nachhaltige und auf den Markt ausgerichtete Produktion einen wesentlichen Beitrag leistet zur:

a. sicheren Versorgung der Bevölkerung;
b. Erhaltung der natürlichen Lebensgrundlagen und zur Pflege der Kulturlandschaft;
c. dezentralen Besiedlung des Landes.

2 Ergänzend zur zumutbaren Selbsthilfe der Landwirtschaft und nötigenfalls abweichend vom Grundsatz der Wirtschaftsfreiheit fördert der Bund die bodenbewirtschaftenden bäuerlichen Betriebe.

3 Er richtet die Massnahmen so aus, dass die Landwirtschaft ihre multifunktionalen Aufgaben erfüllt. Er hat insbesondere folgende Befugnisse und Aufgaben:

a. Er ergänzt das bäuerliche Einkommen durch Direktzahlungen zur Erzielung eines angemessenen Entgelts für die erbrachten Leistungen, unter der Voraussetzung eines ökologischen Leistungsnachweises.
b. Er fördert mit wirtschaftlich lohnenden Anreizen Produktionsformen, die besonders naturnah, umwelt- und tierfreundlich sind.
c. Er erlässt Vorschriften zur Deklaration von Herkunft, Qualität, Produktionsmethode und Verarbeitungsverfahren für Lebensmittel.
d. Er schützt die Umwelt vor Beeinträchtigungen durch überhöhten Einsatz von Düngstoffen, Chemikalien und anderen Hilfsstoffen.
e. Er kann die landwirtschaftliche Forschung, Beratung und Ausbildung fördern sowie Investitionshilfen leisten.
f. Er kann Vorschriften zur Festigung des bäuerlichen Grundbesitzes erlassen.

4 Er setzt dafür zweckgebundene Mittel aus dem Bereich der Landwirtschaft und allgemeine Bundesmittel ein.

Art. 105 Alkohol

Die Gesetzgebung über Herstellung, Einfuhr, Reinigung und Verkauf gebrannter Wasser ist Sache des Bundes. Der Bund trägt insbesondere den schädlichen Wirkungen des Alkoholkonsums Rechnung.

Art. 106 Geldspiele

1 Der Bund erlässt Vorschriften über die Geldspiele; er trägt dabei den Interessen der Kantone Rechnung.

2 Für die Errichtung und den Betrieb von Spielbanken ist eine Konzession des Bundes erforderlich. Der Bund berücksichtigt bei der Konzessionserteilung die regionalen Gegebenheiten. Er erhebt eine ertragsabhängige Spielbankenabgabe; diese darf 80 Prozent der Bruttospielerträge nicht übersteigen. Diese Abgabe ist für die Alters-, Hinterlassenen- und Invalidenversicherung bestimmt.

3 Die Kantone sind zuständig für die Bewilligung und die Beaufsichtigung:

a. der Geldspiele, die einer unbegrenzten Zahl Personen offenstehen, an mehreren Orten angeboten werden und derselben Zufallsziehung oder einer ähnlichen Prozedur unterliegen; ausgenommen sind die Jackpotsysteme der Spielbanken;

b. der Sportwetten;

c. der Geschicklichkeitsspiele.

4 Die Absätze 2 und 3 finden auch auf die telekommunikationsgestützt durchgeführten Geldspiele Anwendung.

5 Bund und Kantone tragen den Gefahren der Geldspiele Rechnung. Sie stellen durch Gesetzgebung und Aufsichtsmassnahmen einen angemessenen Schutz sicher und berücksichtigen dabei die unterschiedlichen Merkmale der Spiele sowie Art und Ort des Spielangebots.

6 Die Kantone stellen sicher, dass die Reinerträge aus den Spielen gemäss Absatz 3 Buchstaben a und b vollumfänglich für gemeinnützige Zwecke, namentlich in den Bereichen Kultur, Soziales und Sport, verwendet werden.

7 Der Bund und die Kantone koordinieren sich bei der Erfüllung ihrer Aufgaben. Das Gesetz schafft zu diesem Zweck ein gemeinsames Organ, das hälftig aus Mitgliedern der Vollzugsorgane des Bundes und der Kantone zusammengesetzt ist.

Art. 107 Waffen und Kriegsmaterial

1 Der Bund erlässt Vorschriften gegen den Missbrauch von Waffen, Waffenzubehör und Munition.

2 Er erlässt Vorschriften über die Herstellung, die Beschaffung und den Vertrieb sowie über die Ein-, Aus- und Durchfuhr von Kriegsmaterial.

8. Abschnitt: Wohnen, Arbeit, soziale Sicherheit und Gesundheit

Art. 108 Wohnbau- und Wohneigentumsförderung

1 Der Bund fördert den Wohnungsbau, den Erwerb von Wohnungs- und Hauseigentum, das dem Eigenbedarf Privater dient, sowie die Tätigkeit von Trägern und Organisationen des gemeinnützigen Wohnungsbaus.

2 Er fördert insbesondere die Beschaffung und Erschliessung von Land für den Wohnungsbau, die Rationalisierung und die Verbilligung des Wohnungsbaus sowie die Verbilligung der Wohnkosten.

3 Er kann Vorschriften erlassen über die Erschliessung von Land für den Wohnungsbau und die Baurationalisierung.

4 Er berücksichtigt dabei namentlich die Interessen von Familien, Betagten, Bedürftigen und Behinderten.

Art. 109 Mietwesen

1 Der Bund erlässt Vorschriften gegen Missbräuche im Mietwesen, namentlich gegen missbräuchliche Mietzinse, sowie über die Anfechtbarkeit missbräuchlicher Kündigungen und die befristete Erstreckung von Mietverhältnissen.

2 Er kann Vorschriften über die Allgemeinverbindlicherklärung von Rahmenmietverträgen erlassen. Solche dürfen nur allgemeinverbindlich erklärt werden, wenn sie begründeten Minderheitsinteressen sowie regionalen Verschiedenheiten angemessen Rechnung tragen und die Rechtsgleichheit nicht beeinträchtigen.

Art. 110 Arbeit

1 Der Bund kann Vorschriften erlassen über:

a. den Schutz der Arbeitnehmerinnen und Arbeitnehmer;
b. das Verhältnis zwischen Arbeitgeber- und Arbeitnehmerseite, insbesondere über die gemeinsame Regelung betrieblicher und beruflicher Angelegenheiten;
c. die Arbeitsvermittlung;
d. die Allgemeinverbindlicherklärung von Gesamtarbeitsverträgen.

2 Gesamtarbeitsverträge dürfen nur allgemeinverbindlich erklärt werden, wenn sie begründeten Minderheitsinteressen und regionalen Verschiedenheiten angemessen Rechnung tragen und die Rechtsgleichheit sowie die Koalitionsfreiheit nicht beeinträchtigen.

3 Der 1. August ist Bundesfeiertag. Er ist arbeitsrechtlich den Sonntagen gleichgestellt und bezahlt.

Art. 111 Alters-, Hinterlassenen- und Invalidenvorsorge

1 Der Bund trifft Massnahmen für eine ausreichende Alters-, Hinterlassenen- und Invalidenvorsorge. Diese beruht auf drei Säulen, nämlich der eidgenössischen Alters-, Hinterlassenen- und Invalidenversicherung, der beruflichen Vorsorge und der Selbstvorsorge.

2 Der Bund sorgt dafür, dass die eidgenössische Alters-, Hinterlassenen- und Invalidenversicherung sowie die berufliche Vorsorge ihren Zweck dauernd erfüllen können.

3 Er kann die Kantone verpflichten, Einrichtungen der eidgenössischen Alters-, Hinterlassenen- und Invalidenversicherung sowie der beruflichen Vorsorge von der Steuerpflicht zu befreien und den Versicherten und ihren Arbeitgeberinnen und Arbeitgebern auf Beiträgen und anwartschaftlichen Ansprüchen Steuererleichterungen zu gewähren.

4 Er fördert in Zusammenarbeit mit den Kantonen die Selbstvorsorge namentlich durch Massnahmen der Steuer- und Eigentumspolitik.

Art. 112 Alters-, Hinterlassenen- und Invalidenversicherung

1 Der Bund erlässt Vorschriften über die Alters-, Hinterlassenen- und Invalidenversicherung.

2 Er beachtet dabei folgende Grundsätze:

a. Die Versicherung ist obligatorisch.
a^{bis}. Sie gewährt Geld- und Sachleistungen.
b. Die Renten haben den Existenzbedarf angemessen zu decken.
c. Die Höchstrente beträgt maximal das Doppelte der Mindestrente.
d. Die Renten werden mindestens der Preisentwicklung angepasst.

3 Die Versicherung wird finanziert:

a. durch Beiträge der Versicherten, wobei die Arbeitgeberinnen und Arbeitgeber für ihre Arbeitnehmerinnen und Arbeitnehmer die Hälfte der Beiträge bezahlen;
b. durch Leistungen des Bundes.

4 Die Leistungen des Bundes betragen höchstens die Hälfte der Ausgaben.

5 Die Leistungen des Bundes werden in erster Linie aus dem Reinertrag der Tabaksteuer, der Steuer auf gebrannten Wassern und der Abgabe aus dem Betrieb von Spielbanken gedeckt.

6 *Aufgehoben.*

Art. 112a Ergänzungsleistungen

1 Bund und Kantone richten Ergänzungsleistungen aus an Personen, deren Existenzbedarf durch die Leistungen der Alters-, Hinterlassenen- und Invalidenversicherung nicht gedeckt ist.

2 Das Gesetz legt den Umfang der Ergänzungsleistungen sowie die Aufgaben und Zuständigkeiten von Bund und Kantonen fest.

Art. 112b Förderung der Eingliederung Invalider

1 Der Bund fördert die Eingliederung Invalider durch die Ausrichtung von Geld- und Sachleistungen. Zu diesem Zweck kann er Mittel der Invalidenversicherung verwenden.

2 Die Kantone fördern die Eingliederung Invalider, insbesondere durch Beiträge an den Bau und den Betrieb von Institutionen, die dem Wohnen und dem Arbeiten dienen.

3 Das Gesetz legt die Ziele der Eingliederung und die Grundsätze und Kriterien fest.

Art. 112c Betagten- und Behindertenhilfe

1 Die Kantone sorgen für die Hilfe und Pflege von Betagten und Behinderten zu Hause.

2 Der Bund unterstützt gesamtschweizerische Bestrebungen zu Gunsten Betagter und Behinderter. Zu diesem Zweck kann er Mittel aus der Alters-, Hinterlassenen- und Invalidenversicherung verwenden.

Art. 113 Berufliche Vorsorge

1 Der Bund erlässt Vorschriften über die berufliche Vorsorge.

2 Er beachtet dabei folgende Grundsätze:

a. Die berufliche Vorsorge ermöglicht zusammen mit der Alters-, Hinterlassenen- und Invalidenversicherung die Fortsetzung der gewohnten Lebenshaltung in angemessener Weise.
b. Die berufliche Vorsorge ist für Arbeitnehmerinnen und Arbeitnehmer obligatorisch; das Gesetz kann Ausnahmen vorsehen.
c. Die Arbeitgeberinnen und Arbeitgeber versichern ihre Arbeitnehmerinnen und Arbeitnehmer bei einer Vorsorgeeinrichtung; soweit erforderlich, ermöglicht ihnen der Bund, die Arbeitnehmerinnen und Arbeitnehmer in einer eidgenössischen Vorsorgeeinrichtung zu versichern.
d. Selbstständigerwerbende können sich freiwillig bei einer Vorsorgeeinrichtung versichern.
e. Für bestimmte Gruppen von Selbstständigerwerbenden kann der Bund die berufliche Vorsorge allgemein oder für einzelne Risiken obligatorisch erklären.

3 Die berufliche Vorsorge wird durch die Beiträge der Versicherten finanziert, wobei die Arbeitgeberinnen und Arbeitgeber mindestens die Hälfte der Beiträge ihrer Arbeitnehmerinnen und Arbeitnehmer bezahlen.

4 Vorsorgeeinrichtungen müssen den bundesrechtlichen Mindestanforderungen genügen; der Bund kann für die Lösung besonderer Aufgaben gesamtschweizerische Massnahmen vorsehen.

Art. 114 Arbeitslosenversicherung

1 Der Bund erlässt Vorschriften über die Arbeitslosenversicherung.

2 Er beachtet dabei folgende Grundsätze:

a. Die Versicherung gewährt angemessenen Erwerbsersatz und unterstützt Massnahmen zur Verhütung und Bekämpfung der Arbeitslosigkeit.
b. Der Beitritt ist für Arbeitnehmerinnen und Arbeitnehmer obligatorisch; das Gesetz kann Ausnahmen vorsehen.
c. Selbständigerwerbende können sich freiwillig versichern.

3 Die Versicherung wird durch die Beiträge der Versicherten finanziert, wobei die Arbeitgeberinnen und Arbeitgeber für ihre Arbeitnehmerinnen und Arbeitnehmer die Hälfte der Beiträge bezahlen.

4 Bund und Kantone erbringen bei ausserordentlichen Verhältnissen finanzielle Leistungen.

5 Der Bund kann Vorschriften über die Arbeitslosenfürsorge erlassen.

Art. 115 Unterstützung Bedürftiger

Bedürftige werden von ihrem Wohnkanton unterstützt. Der Bund regelt die Ausnahmen und Zuständigkeiten.

Art. 116 Familienzulagen und Mutterschaftsversicherung

1 Der Bund berücksichtigt bei der Erfüllung seiner Aufgaben die Bedürfnisse der Familie. Er kann Massnahmen zum Schutz der Familie unterstützen.

2 Er kann Vorschriften über die Familienzulagen erlassen und eine eidgenössische Familienausgleichskasse führen.

3 Er richtet eine Mutterschaftsversicherung ein. Er kann auch Personen zu Beiträgen verpflichten, die nicht in den Genuss der Versicherungsleistungen gelangen können.

4 Der Bund kann den Beitritt zu einer Familienausgleichskasse und die Mutterschaftsversicherung allgemein oder für einzelne Bevölkerungsgruppen obligatorisch erklären und seine Leistungen von angemessenen Leistungen der Kantone abhängig machen.

Art. 117 Kranken- und Unfallversicherung

1 Der Bund erlässt Vorschriften über die Kranken- und die Unfallversicherung.

2 Er kann die Kranken- und die Unfallversicherung allgemein oder für einzelne Bevölkerungsgruppen obligatorisch erklären.

Art. 117a Medizinische Grundversorgung

1 Bund und Kantone sorgen im Rahmen ihrer Zuständigkeiten für eine ausreichende, allen zugängliche medizinische Grundversorgung von hoher Qualität. Sie anerkennen und fördern die Hausarztmedizin als einen wesentlichen Bestandteil dieser Grundversorgung.

2 Der Bund erlässt Vorschriften über:

a. die Aus- und Weiterbildung für Berufe der medizinischen Grundversorgung und über die Anforderungen zur Ausübung dieser Berufe;
b. die angemessene Abgeltung der Leistungen der Hausarztmedizin.

Art. 118 Schutz der Gesundheit

1 Der Bund trifft im Rahmen seiner Zuständigkeiten Massnahmen zum Schutz der Gesundheit.

2 Er erlässt Vorschriften über:

a. den Umgang mit Lebensmitteln sowie mit Heilmitteln, Betäubungsmitteln, Organismen, Chemikalien und Gegenständen, welche die Gesundheit gefährden können;
b. die Bekämpfung übertragbarer, stark verbreiteter oder bösartiger Krankheiten von Menschen und Tieren;
c. den Schutz vor ionisierenden Strahlen.

Art. 118a Komplementärmedizin

Bund und Kantone sorgen im Rahmen ihrer Zuständigkeiten für die Berücksichtigung der Komplementärmedizin.

Art. 118b Forschung am Menschen

1 Der Bund erlässt Vorschriften über die Forschung am Menschen, soweit der Schutz seiner Würde und seiner Persönlichkeit es erfordert. Er wahrt dabei die Forschungsfreiheit und trägt der Bedeutung der Forschung für Gesundheit und Gesellschaft Rechnung.

2 Für die Forschung in Biologie und Medizin mit Personen beachtet er folgende Grundsätze:

a. Jedes Forschungsvorhaben setzt voraus, dass die teilnehmenden oder gemäss Gesetz berechtigten Personen nach hinreichender Aufklärung ihre Einwilligung erteilt haben. Das Gesetz kann Ausnahmen vorsehen. Eine Ablehnung ist in jedem Fall verbindlich.

b. Die Risiken und Belastungen für die teilnehmenden Personen dürfen nicht in einem Missverhältnis zum Nutzen des Forschungsvorhabens stehen.
c. Mit urteilsunfähigen Personen darf ein Forschungsvorhaben nur durchgeführt werden, wenn gleichwertige Erkenntnisse nicht mit urteilsfähigen Personen gewonnen werden können. Lässt das Forschungsvorhaben keinen unmittelbaren Nutzen für die urteilsunfähigen Personen erwarten, so dürfen die Risiken und Belastungen nur minimal sein.
d. Eine unabhängige Überprüfung des Forschungsvorhabens muss ergeben haben, dass der Schutz der teilnehmenden Personen gewährleistet ist.

Art. 119 Fortpflanzungsmedizin und Gentechnologie im Humanbereich

[1] Der Mensch ist vor Missbräuchen der Fortpflanzungsmedizin und der Gentechnologie geschützt.

[2] Der Bund erlässt Vorschriften über den Umgang mit menschlichem Keim- und Erbgut. Er sorgt dabei für den Schutz der Menschenwürde, der Persönlichkeit und der Familie und beachtet insbesondere folgende Grundsätze:

a. Alle Arten des Klonens und Eingriffe in das Erbgut menschlicher Keimzellen und Embryonen sind unzulässig.
b. Nichtmenschliches Keim- und Erbgut darf nicht in menschliches Keimgut eingebracht oder mit ihm verschmolzen werden.
c. Die Verfahren der medizinisch unterstützten Fortpflanzung dürfen nur angewendet werden, wenn die Unfruchtbarkeit oder die Gefahr der Übertragung einer schweren Krankheit nicht anders behoben werden kann, nicht aber um beim Kind bestimmte Eigenschaften herbeizuführen oder um Forschung zu betreiben; die Befruchtung menschlicher Eizellen ausserhalb des Körpers der Frau ist nur unter den vom Gesetz festgelegten Bedingungen erlaubt; es dürfen nur so viele menschliche Eizellen ausserhalb des Körpers der Frau zu Embryonen entwickelt werden, als ihr sofort eingepflanzt werden können.
d. Die Embryonenspende und alle Arten von Leihmutterschaft sind unzulässig.
e. Mit menschlichem Keimgut und mit Erzeugnissen aus Embryonen darf kein Handel getrieben werden.
f. Das Erbgut einer Person darf nur untersucht, registriert oder offenbart werden, wenn die betroffene Person zustimmt oder das Gesetz es vorschreibt.
g. Jede Person hat Zugang zu den Daten über ihre Abstammung.

Art. 119a Transplantationsmedizin

[1] Der Bund erlässt Vorschriften auf dem Gebiet der Transplantation von Organen, Geweben und Zellen. Er sorgt dabei für den Schutz der Menschenwürde, der Persönlichkeit und der Gesundheit.

[2] Er legt insbesondere Kriterien für eine gerechte Zuteilung von Organen fest.

[3] Die Spende von menschlichen Organen, Geweben und Zellen ist unentgeltlich. Der Handel mit menschlichen Organen ist verboten.

Art. 120 Gentechnologie im Ausserhumanbereich

[1] Der Mensch und seine Umwelt sind vor Missbräuchen der Gentechnologie geschützt.

[2] Der Bund erlässt Vorschriften über den Umgang mit Keim- und Erbgut von Tieren, Pflanzen und anderen Organismen. Er trägt dabei der Würde der Kreatur sowie der Sicherheit von Mensch, Tier und Umwelt Rechnung und schützt die genetische Vielfalt der Tier- und Pflanzenarten.

9. Abschnitt: Aufenthalt und Niederlassung von Ausländerinnen und Ausländern

Art. 121 Gesetzgebung im Ausländer- und Asylbereich

1 Die Gesetzgebung über die Ein- und Ausreise, den Aufenthalt und die Niederlassung von Ausländerinnen und Ausländern sowie über die Gewährung von Asyl ist Sache des Bundes.

2 Ausländerinnen und Ausländer können aus der Schweiz ausgewiesen werden, wenn sie die Sicherheit des Landes gefährden.

3 Sie verlieren unabhängig von ihrem ausländerrechtlichen Status ihr Aufenthaltsrecht sowie alle Rechtsansprüche auf Aufenthalt in der Schweiz, wenn sie:

a. wegen eines vorsätzlichen Tötungsdelikts, wegen einer Vergewaltigung oder eines anderen schweren Sexualdelikts, wegen eines anderen Gewaltdelikts wie Raub, wegen Menschenhandels, Drogenhandels oder eines Einbruchsdelikts rechtskräftig verurteilt worden sind; oder

b. missbräuchlich Leistungen der Sozialversicherungen oder der Sozialhilfe bezogen haben.

4 Der Gesetzgeber umschreibt die Tatbestände nach Absatz 3 näher. Er kann sie um weitere Tatbestände ergänzen.

5 Ausländerinnen und Ausländer, die nach den Absätzen 3 und 4 ihr Aufenthaltsrecht sowie alle Rechtsansprüche auf Aufenthalt in der Schweiz verlieren, sind von der zuständigen Behörde aus der Schweiz auszuweisen und mit einem Einreiseverbot von 5–15 Jahren zu belegen. Im Wiederholungsfall ist das Einreiseverbot auf 20 Jahre anzusetzen.

6 Wer das Einreiseverbot missachtet oder sonstwie illegal in die Schweiz einreist, macht sich strafbar. Der Gesetzgeber erlässt die entsprechenden Bestimmungen.

Art. 121a Steuerung der Zuwanderung

1 Die Schweiz steuert die Zuwanderung von Ausländerinnen und Ausländern eigenständig.

2 Die Zahl der Bewilligungen für den Aufenthalt von Ausländerinnen und Ausländern in der Schweiz wird durch jährliche Höchstzahlen und Kontingente begrenzt. Die Höchstzahlen gelten für sämtliche Bewilligungen des Ausländerrechts unter Einbezug des Asylwesens. Der Anspruch auf dauerhaften Aufenthalt, auf Familiennachzug und auf Sozialleistungen kann beschränkt werden.

3 Die jährlichen Höchstzahlen und Kontingente für erwerbstätige Ausländerinnen und Ausländer sind auf die gesamtwirtschaftlichen Interessen der Schweiz unter Berücksichtigung eines Vorranges für Schweizerinnen und Schweizer auszurichten; die Grenzgängerinnen und Grenzgänger sind einzubeziehen. Massgebende Kriterien für die Erteilung von Aufenthaltsbewilligungen sind insbesondere das Gesuch eines Arbeitgebers, die Integrationsfähigkeit und eine ausreichende, eigenständige Existenzgrundlage.

4 Es dürfen keine völkerrechtlichen Verträge abgeschlossen werden, die gegen diesen Artikel verstossen.

5 Das Gesetz regelt die Einzelheiten.

10. Abschnitt: Zivilrecht, Strafrecht, Messwesen

Art. 122 Zivilrecht

1 Die Gesetzgebung auf dem Gebiet des Zivilrechts und des Zivilprozessrechts ist Sache des Bundes.

2 Für die Organisation der Gerichte und die Rechtsprechung in Zivilsachen sind die Kantone zuständig, soweit das Gesetz nichts anderes vorsieht.

Art. 123 Strafrecht

1 Die Gesetzgebung auf dem Gebiet des Strafrechts und des Strafprozessrechts ist Sache des Bundes.

2 Für die Organisation der Gerichte, die Rechtsprechung in Strafsachen sowie den Straf- und Massnahmenvollzug sind die Kantone zuständig, soweit das Gesetz nichts anderes vorsieht.

3 Der Bund kann Vorschriften zum Straf- und Massnahmenvollzug erlassen. Er kann den Kantonen Beiträge gewähren:

a. für die Errichtung von Anstalten;
b. für Verbesserungen im Straf- und Massnahmenvollzug;
c. an Einrichtungen, die erzieherische Massnahmen an Kindern, Jugendlichen und jungen Erwachsenen vollziehen.

Art. 123a

1 Wird ein Sexual- oder Gewaltstraftäter in den Gutachten, die für das Gerichtsurteil nötig sind, als extrem gefährlich erachtet und nicht therapierbar eingestuft, ist er wegen des hohen Rückfallrisikos bis an sein Lebensende zu verwahren. Frühzeitige Entlassung und Hafturlaub sind ausgeschlossen.

2 Nur wenn durch neue, wissenschaftliche Erkenntnisse erwiesen wird, dass der Täter geheilt werden kann und somit keine Gefahr mehr für die Öffentlichkeit darstellt, können neue Gutachten erstellt werden. Sollte auf Grund dieser neuen Gutachten die Verwahrung aufgehoben werden, so muss die Haftung für einen Rückfall des Täters von der Behörde übernommen werden, die die Verwahrung aufgehoben hat.

3 Alle Gutachten zur Beurteilung der Sexual- und Gewaltstraftäter sind von mindestens zwei voneinander unabhängigen, erfahrenen Fachleuten unter Berücksichtigung aller für die Beurteilung wichtigen Grundlagen zu erstellen.

Art. 123b Unverjährbarkeit der Strafverfolgung und der Strafe bei sexuellen und bei pornografischen Straftaten an Kindern vor der Pubertät

Die Verfolgung sexueller oder pornografischer Straftaten an Kindern vor der Pubertät und die Strafe für solche Taten sind unverjährbar.

Art. 123c Massnahme nach Sexualdelikten an Kindern oder an zum Widerstand unfähigen oder urteilsunfähigen Personen

Personen, die verurteilt werden, weil sie die sexuelle Unversehrtheit eines Kindes oder einer abhängigen Person beeinträchtigt haben, verlieren endgültig das Recht, eine berufliche oder ehrenamtliche Tätigkeit mit Minderjährigen oder Abhängigen auszuüben.

Art. 124 Opferhilfe

Bund und Kantone sorgen dafür, dass Personen, die durch eine Straftat in ihrer körperlichen, psychischen oder sexuellen Unversehrtheit beeinträchtigt worden sind, Hilfe erhalten und angemessen entschädigt werden, wenn sie durch die Straftat in wirtschaftliche Schwierigkeiten geraten.

Art. 125 Messwesen

Die Gesetzgebung über das Messwesen ist Sache des Bundes.

3. Kapitel: Finanzordnung

Art. 126 Haushaltführung

1 Der Bund hält seine Ausgaben und Einnahmen auf Dauer im Gleichgewicht.

2 Der Höchstbetrag der im Voranschlag zu bewilligenden Gesamtausgaben richtet sich unter Berücksichtigung der Wirtschaftslage nach den geschätzten Einnahmen.

3 Bei ausserordentlichem Zahlungsbedarf kann der Höchstbetrag nach Absatz 2 angemessen erhöht werden. Über eine Erhöhung beschliesst die Bundesversammlung nach Artikel 159 Absatz 3 Buchstabe c.

4 Überschreiten die in der Staatsrechnung ausgewiesenen Gesamtausgaben den Höchstbetrag nach Absatz 2 oder 3, so sind die Mehrausgaben in den Folgejahren zu kompensieren.
5 Das Gesetz regelt die Einzelheiten.

Art. 127 Grundsätze der Besteuerung

1 Die Ausgestaltung der Steuern, namentlich der Kreis der Steuerpflichtigen, der Gegenstand der Steuer und deren Bemessung, ist in den Grundzügen im Gesetz selbst zu regeln.
2 Soweit es die Art der Steuer zulässt, sind dabei insbesondere die Grundsätze der Allgemeinheit und der Gleichmässigkeit der Besteuerung sowie der Grundsatz der Besteuerung nach der wirtschaftlichen Leistungsfähigkeit zu beachten.
3 Die interkantonale Doppelbesteuerung ist untersagt. Der Bund trifft die erforderlichen Massnahmen.

Art. 128 Direkte Steuern

1 Der Bund kann eine direkte Steuer erheben:
a. von höchstens 11,5 Prozent auf dem Einkommen der natürlichen Personen;
b. von höchstens 8,5 Prozent auf dem Reinertrag der juristischen Personen;
c. *aufgehoben*.
2 Der Bund nimmt bei der Festsetzung der Tarife auf die Belastung durch die direkten Steuern der Kantone und Gemeinden Rücksicht.
3 Bei der Steuer auf dem Einkommen der natürlichen Personen werden die Folgen der kalten Progression periodisch ausgeglichen.
4 Die Steuer wird von den Kantonen veranlagt und eingezogen. Vom Rohertrag der Steuer fallen ihnen mindestens 17 Prozent zu. Der Anteil kann bis auf 15 Prozent gesenkt werden, sofern die Auswirkungen des Finanzausgleichs dies erfordern.

Art. 129 Steuerharmonisierung

1 Der Bund legt Grundsätze fest über die Harmonisierung der direkten Steuern von Bund, Kantonen und Gemeinden; er berücksichtigt die Harmonisierungsbestrebungen der Kantone.
2 Die Harmonisierung erstreckt sich auf Steuerpflicht, Gegenstand und zeitliche Bemessung der Steuern, Verfahrensrecht und Steuerstrafrecht. Von der Harmonisierung ausgenommen bleiben insbesondere die Steuertarife, die Steuersätze und die Steuerfreibeträge.
3 Der Bund kann Vorschriften gegen ungerechtfertigte steuerliche Vergünstigungen erlassen.

Art. 130 Mehrwertsteuer

1 Der Bund kann auf Lieferungen von Gegenständen und auf Dienstleistungen einschliesslich Eigenverbrauch sowie auf Einfuhren eine Mehrwertsteuer mit einem Normalsatz von höchstens 6,5 Prozent und einem reduzierten Satz von mindestens 2,0 Prozent erheben.
2 Das Gesetz kann für die Besteuerung der Beherbergungsleistungen einen Satz zwischen dem reduzierten Satz und dem Normalsatz festlegen.[1]
3 Ist wegen der Entwicklung des Altersaufbaus die Finanzierung der Alters-, Hinterlassenen- und Invalidenversicherung nicht mehr gewährleistet, so kann in der Form eines Bundesgesetzes der

1 Vom 1. Jan. 2011 bis zum 31. Dez. 2017 beträgt der Sondersatz für Beherbergungsleistungen 3.8 % (Art. 25 Abs. 4 des Mehrwertsteuergesetzes vom 12. Juni 2009 – SR 641.20).

Normalsatz um höchstens 1 Prozentpunkt und der reduzierte Satz um höchstens 0,3 Prozentpunkte erhöht werden.[1]

3bis Zur Finanzierung der Eisenbahninfrastruktur werden die Sätze um 0,1 Prozentpunkte erhöht.

4 5 Prozent des nicht zweckgebundenen Ertrags werden für die Prämienverbilligung in der Krankenversicherung zu Gunsten unterer Einkommensschichten verwendet, sofern nicht durch Gesetz eine andere Verwendung zur Entlastung unterer Einkommensschichten festgelegt wird.

Art. 131 Besondere Verbrauchssteuern

1 Der Bund kann besondere Verbrauchssteuern erheben auf:

a. Tabak und Tabakwaren;
b. gebrannten Wassern;
c. Bier;
d. Automobilen und ihren Bestandteilen;
e. Erdöl, anderen Mineralölen, Erdgas und den aus ihrer Verarbeitung gewonnenen Produkten sowie auf Treibstoffen.

2 Er kann auf der Verbrauchssteuer auf Treibstoffen einen Zuschlag erheben.

3 Die Kantone erhalten 10 Prozent des Reinertrags aus der Besteuerung der gebrannten Wasser. Diese Mittel sind zur Bekämpfung der Ursachen und Wirkungen von Suchtproblemen zu verwenden.

Art. 132 Stempelsteuer und Verrechnungssteuer

1 Der Bund kann auf Wertpapieren, auf Quittungen von Versicherungsprämien und auf anderen Urkunden des Handelsverkehrs eine Stempelsteuer erheben; ausgenommen von der Stempelsteuer sind Urkunden des Grundstück- und Grundpfandverkehrs.

2 Der Bund kann auf dem Ertrag von beweglichem Kapitalvermögen, auf Lotteriegewinnen und auf Versicherungsleistungen eine Verrechnungssteuer erheben. Vom Steuerertrag fallen 10 Prozent den Kantonen zu.

Art. 133 Zölle

Die Gesetzgebung über Zölle und andere Abgaben auf dem grenzüberschreitenden Warenverkehr ist Sache des Bundes.

Art. 134 Ausschluss kantonaler und kommunaler Besteuerung

Was die Bundesgesetzgebung als Gegenstand der Mehrwertsteuer, der besonderen Verbrauchssteuern, der Stempelsteuer und der Verrechnungssteuer bezeichnet oder für steuerfrei erklärt, dürfen die Kantone und Gemeinden nicht mit gleichartigen Steuern belasten.

Art. 135 Finanz- und Lastenausgleich

1 Der Bund erlässt Vorschriften über einen angemessenen Finanz- und Lastenausgleich zwischen Bund und Kantonen sowie zwischen den Kantonen.

2 Der Finanz- und Lastenausgleich soll insbesondere:

a. die Unterschiede in der finanziellen Leistungsfähigkeit zwischen den Kantonen verringern;
b. den Kantonen minimale finanzielle Ressourcen gewährleisten;
c. übermässige finanzielle Lasten der Kantone auf Grund ihrer geografischtopografischen oder soziodemografischen Bedingungen ausgleichen;
d. die interkantonale Zusammenarbeit mit Lastenausgleich fördern;

[1] Vom 1. Jan. 2011 bis zum 31. Dez. 2017 betragen die Mehrwertsteuersätze 8 % (Normalsatz) und 2.5 % (ermässigter Satz) (Art. 25 Abs. 1 und 2 des Mehrwertsteuergesetzes vom 12. Juni 2009 – SR 641.20).

e. die steuerliche Wettbewerbsfähigkeit der Kantone im nationalen und internationalen Verhältnis erhalten.

3 Die Mittel für den Ausgleich der Ressourcen werden durch die ressourcenstarken Kantone und den Bund zur Verfügung gestellt. Die Leistungen der ressourcenstarken Kantone betragen mindestens zwei Drittel und höchstens 80 Prozent der Leistungen des Bundes.

4. Titel: Volk und Stände

1. Kapitel: Allgemeine Bestimmungen

Art. 136 Politische Rechte

1 Die politischen Rechte in Bundessachen stehen allen Schweizerinnen und Schweizern zu, die das 18. Altersjahr zurückgelegt haben und die nicht wegen Geisteskrankheit oder Geistesschwäche entmündigt sind. Alle haben die gleichen politischen Rechte und Pflichten.

2 Sie können an den Nationalratswahlen und an den Abstimmungen des Bundes teilnehmen sowie Volksinitiativen und Referenden in Bundesangelegenheiten ergreifen und unterzeichnen.

Art. 137 Politische Parteien

Die politischen Parteien wirken an der Meinungs- und Willensbildung des Volkes mit.

2. Kapitel: Initiative und Referendum

Art. 138 Volksinitiative auf Totalrevision der Bundesverfassung

1 100 000 Stimmberechtigte können innert 18 Monaten seit der amtlichen Veröffentlichung ihrer Initiative eine Totalrevision der Bundesverfassung vorschlagen.

2 Dieses Begehren ist dem Volk zur Abstimmung zu unterbreiten.

Art. 139 Volksinitiative auf Teilrevision der Bundesverfassung

1 100 000 Stimmberechtigte können innert 18 Monaten seit der amtlichen Veröffentlichung ihrer Initiative eine Teilrevision der Bundesverfassung verlangen.

2 Die Volksinitiative auf Teilrevision der Bundesverfassung kann die Form der allgemeinen Anregung oder des ausgearbeiteten Entwurfs haben.

3 Verletzt die Initiative die Einheit der Form, die Einheit der Materie oder zwingende Bestimmungen des Völkerrechts, so erklärt die Bundesversammlung sie für ganz oder teilweise ungültig.

4 Ist die Bundesversammlung mit einer Initiative in der Form der allgemeinen Anregung einverstanden, so arbeitet sie die Teilrevision im Sinn der Initiative aus und unterbreitet sie Volk und Ständen zur Abstimmung. Lehnt sie die Initiative ab, so unterbreitet sie diese dem Volk zur Abstimmung; das Volk entscheidet, ob der Initiative Folge zu geben ist. Stimmt es zu, so arbeitet die Bundesversammlung eine entsprechende Vorlage aus.

5 Eine Initiative in der Form des ausgearbeiteten Entwurfs wird Volk und Ständen zur Abstimmung unterbreitet. Die Bundesversammlung empfiehlt die Initiative zur Annahme oder zur Ablehnung. Sie kann der Initiative einen Gegenentwurf gegenüberstellen.

Art. 139a[1]

Aufgehoben.

1 Nie in Kraft getreten

Art. 139b Verfahren bei Initiative und Gegenentwurf

1 Die Stimmberechtigten stimmen gleichzeitig über die Initiative und den Gegenentwurf ab.

2 Sie können beiden Vorlagen zustimmen. In der Stichfrage können sie angeben, welcher Vorlage sie den Vorrang geben, falls beide angenommen werden.

3 Erzielt bei angenommenen Verfassungsänderungen in der Stichfrage die eine Vorlage mehr Volks- und die andere mehr Standesstimmen, so tritt die Vorlage in Kraft, bei welcher der prozentuale Anteil der Volksstimmen und der prozentuale Anteil der Standesstimmen in der Stichfrage die grössere Summe ergeben.

Art. 140 Obligatorisches Referendum

1 Volk und Ständen werden zur Abstimmung unterbreitet:

a. die Änderungen der Bundesverfassung;

b. der Beitritt zu Organisationen für kollektive Sicherheit oder zu supranationalen Gemeinschaften;

c. die dringlich erklärten Bundesgesetze, die keine Verfassungsgrundlage haben und deren Geltungsdauer ein Jahr übersteigt; diese Bundesgesetze müssen innerhalb eines Jahres nach Annahme durch die Bundesversammlung zur Abstimmung unterbreitet werden.

2 Dem Volk werden zur Abstimmung unterbreitet:

a. die Volksinitiativen auf Totalrevision der Bundesverfassung;

a^bis *Aufgehoben.*[1]

b. die Volksinitiativen auf Teilrevision der Bundesverfassung in der Form der allgemeinen Anregung, die von der Bundesversammlung abgelehnt worden sind:

c. die Frage, ob eine Totalrevision der Bundesverfassung durchzuführen ist, bei Uneinigkeit der beiden Räte.

Art. 141 Fakultatives Referendum

1 Verlangen es 50 000 Stimmberechtigte oder acht Kantone innerhalb von 100 Tagen seit der amtlichen Veröffentlichung des Erlasses, so werden dem Volk zur Abstimmung vorgelegt:

a. Bundesgesetze;

b. dringlich erklärte Bundesgesetze, deren Geltungsdauer ein Jahr übersteigt;

c. Bundesbeschlüsse, soweit Verfassung oder Gesetz dies vorsehen;

d. völkerrechtliche Verträge, die:

   1. unbefristet und unkündbar sind;

   2. den Beitritt zu einer internationalen Organisation vorsehen;

   3. wichtige rechtsetzende Bestimmungen enthalten oder deren Umsetzung den Erlass von Bundesgesetzen erfordert.

2 *Aufgehoben.*

Art. 141a Umsetzung von völkerrechtlichen Verträgen

1 Untersteht der Genehmigungsbeschluss eines völkerrechtlichen Vertrags dem obligatorischen Referendum, so kann die Bundesversammlung die Verfassungsänderungen, die der Umsetzung des Vertrages dienen, in den Genehmigungsbeschluss aufnehmen.

2 Untersteht der Genehmigungsbeschluss eines völkerrechtlichen Vertrags dem fakultativen Referendum, so kann die Bundesversammlung die Gesetzesänderungen, die der Umsetzung des Vertrages dienen, in den Genehmigungsbeschluss aufnehmen.

[1] Nie in Kraft getreten

Art. 142 Erforderliche Mehrheiten

1 Die Vorlagen, die dem Volk zur Abstimmung unterbreitet werden, sind angenommen, wenn die Mehrheit der Stimmenden sich dafür ausspricht.

2 Die Vorlagen, die Volk und Ständen zur Abstimmung unterbreitet werden, sind angenommen, wenn die Mehrheit der Stimmenden und die Mehrheit der Stände sich dafür aussprechen.

3 Das Ergebnis der Volksabstimmung im Kanton gilt als dessen Standesstimme.

4 Die Kantone Obwalden, Nidwalden, Basel-Stadt, Basel-Landschaft, Appenzell Ausserrhoden und Appenzell Innerrhoden haben je eine halbe Standesstimme.

5. Titel: Bundesbehörden

1. Kapitel: Allgemeine Bestimmungen

Art. 143 Wählbarkeit

In den Nationalrat, in den Bundesrat und in das Bundesgericht sind alle Stimmberechtigten wählbar.

Art. 144 Unvereinbarkeiten

1 Die Mitglieder des Nationalrates, des Ständerates, des Bundesrates sowie die Richterinnen und Richter des Bundesgerichts können nicht gleichzeitig einer anderen dieser Behörden angehören.

2 Die Mitglieder des Bundesrates und die vollamtlichen Richterinnen und Richter des Bundesgerichts dürfen kein anderes Amt des Bundes oder eines Kantons bekleiden und keine andere Erwerbstätigkeit ausüben.

3 Das Gesetz kann weitere Unvereinbarkeiten vorsehen.

Art. 145 Amtsdauer

Die Mitglieder des Nationalrates und des Bundesrates sowie die Bundeskanzlerin oder der Bundeskanzler werden auf die Dauer von vier Jahren gewählt. Für die Richterinnen und Richter des Bundesgerichts beträgt die Amtsdauer sechs Jahre.

Art. 146 Staatshaftung

Der Bund haftet für Schäden, die seine Organe in Ausübung amtlicher Tätigkeiten widerrechtlich verursachen.

Art. 147 Vernehmlassungsverfahren

Die Kantone, die politischen Parteien und die interessierten Kreise werden bei der Vorbereitung wichtiger Erlasse und anderer Vorhaben von grosser Tragweite sowie bei wichtigen völkerrechtlichen Verträgen zur Stellungnahme eingeladen.

2. Kapitel: Bundesversammlung

1. Abschnitt: Organisation

Art. 148 Stellung

1 Die Bundesversammlung übt unter Vorbehalt der Rechte von Volk und Ständen die oberste Gewalt im Bund aus.

2 Die Bundesversammlung besteht aus zwei Kammern, dem Nationalrat und dem Ständerat; beide Kammern sind einander gleichgestellt.

Art. 149 Zusammensetzung und Wahl des Nationalrates

1 Der Nationalrat besteht aus 200 Abgeordneten des Volkes.

2 Die Abgeordneten werden vom Volk in direkter Wahl nach dem Grundsatz des Proporzes bestimmt. Alle vier Jahre findet eine Gesamterneuerung statt.

3 Jeder Kanton bildet einen Wahlkreis.

4 Die Sitze werden nach der Bevölkerungszahl auf die Kantone verteilt. Jeder Kanton hat mindestens einen Sitz.

Art. 150 Zusammensetzung und Wahl des Ständerates

1 Der Ständerat besteht aus 46 Abgeordneten der Kantone.

2 Die Kantone Obwalden, Nidwalden, Basel-Stadt, Basel-Landschaft, Appenzell Ausserrhoden und Appenzell Innerrhoden wählen je eine Abgeordnete oder einen Abgeordneten; die übrigen Kantone wählen je zwei Abgeordnete.

3 Die Wahl in den Ständerat wird vom Kanton geregelt.

Art. 151 Sessionen

1 Die Räte versammeln sich regelmässig zu Sessionen. Das Gesetz regelt die Einberufung.

2 Ein Viertel der Mitglieder eines Rates oder der Bundesrat können die Einberufung der Räte zu einer ausserordentlichen Session verlangen.

Art. 152 Vorsitz

Jeder Rat wählt aus seiner Mitte für die Dauer eines Jahres eine Präsidentin oder einen Präsidenten sowie die erste Vizepräsidentin oder den ersten Vizepräsidenten und die zweite Vizepräsidentin oder den zweiten Vizepräsidenten. Die Wiederwahl für das folgende Jahr ist ausgeschlossen.

Art. 153 Parlamentarische Kommissionen

1 Jeder Rat setzt aus seiner Mitte Kommissionen ein.

2 Das Gesetz kann gemeinsame Kommissionen vorsehen.

3 Das Gesetz kann einzelne Befugnisse, die nicht rechtsetzender Natur sind, an Kommissionen übertragen.

4 Zur Erfüllung ihrer Aufgaben stehen den Kommissionen Auskunftsrechte, Einsichtsrechte und Untersuchungsbefugnisse zu. Deren Umfang wird durch das Gesetz geregelt.

Art. 154 Fraktionen

Die Mitglieder der Bundesversammlung können Fraktionen bilden.

Art. 155 Parlamentsdienste

Die Bundesversammlung verfügt über Parlamentsdienste. Sie kann Dienststellen der Bundesverwaltung beiziehen. Das Gesetz regelt die Einzelheiten.

2. Abschnitt: Verfahren

Art. 156 Getrennte Verhandlung

1 Nationalrat und Ständerat verhandeln getrennt.

2 Für Beschlüsse der Bundesversammlung ist die Übereinstimmung beider Räte erforderlich.

3 Das Gesetz sieht Bestimmungen vor, um sicherzustellen, dass bei Uneinigkeit der Räte Beschlüsse zu Stande kommen über:

a. die Gültigkeit oder Teilungültigkeit einer Volksinitiative;

b. die Umsetzung einer vom Volk angenommenen Volksinitiative in Form der allgemeinen Anregung;
c. die Umsetzung eines vom Volk gutgeheissenen Bundesbeschlusses zur Einleitung einer Totalrevision der Bundesverfassung;
d. den Voranschlag oder einen Nachtrag.

Art. 157 Gemeinsame Verhandlung

1 Nationalrat und Ständerat verhandeln gemeinsam als Vereinigte Bundesversammlung unter dem Vorsitz der Nationalratspräsidentin oder des Nationalratspräsidenten, um:
a. Wahlen vorzunehmen;
b. Zuständigkeitskonflikte zwischen den obersten Bundesbehörden zu entscheiden;
c. Begnadigungen auszusprechen.

2 Die Vereinigte Bundesversammlung versammelt sich ausserdem bei besonderen Anlässen und zur Entgegennahme von Erklärungen des Bundesrates.

Art. 158 Öffentlichkeit der Sitzungen

Die Sitzungen der Räte sind öffentlich. Das Gesetz kann Ausnahmen vorsehen.

Art. 159 Verhandlungsfähigkeit und erforderliches Mehr

1 Die Räte können gültig verhandeln, wenn die Mehrheit ihrer Mitglieder anwesend ist.

2 In beiden Räten und in der Vereinigten Bundesversammlung entscheidet die Mehrheit der Stimmenden.

3 Der Zustimmung der Mehrheit der Mitglieder jedes der beiden Räte bedürfen jedoch:
a. die Dringlicherklärung von Bundesgesetzen;
b. Subventionsbestimmungen sowie Verpflichtungskredite und Zahlungsrahmen, die neue einmalige Ausgaben von mehr als 20 Millionen Franken oder neue wiederkehrende Ausgaben von mehr als 2 Millionen Franken nach sich ziehen;
c. die Erhöhung der Gesamtausgaben bei ausserordentlichem Zahlungsbedarf nach Artikel 126 Absatz 3.

4 Die Bundesversammlung kann die Beträge nach Absatz 3 Buchstabe b mit einer Verordnung der Teuerung anpassen.

Art. 160 Initiativrecht und Antragsrecht

1 Jedem Ratsmitglied, jeder Fraktion, jeder parlamentarischen Kommission und jedem Kanton steht das Recht zu, der Bundesversammlung Initiativen zu unterbreiten.

2 Die Ratsmitglieder und der Bundesrat haben das Recht, zu einem in Beratung stehenden Geschäft Anträge zu stellen.

Art. 161 Instruktionsverbot

1 Die Mitglieder der Bundesversammlung stimmen ohne Weisungen.

2 Sie legen ihre Interessenbindungen offen.

Art. 162 Immunität

1 Die Mitglieder der Bundesversammlung und des Bundesrates sowie die Bundeskanzlerin oder der Bundeskanzler können für ihre Äusserungen in den Räten und in deren Organen rechtlich nicht zur Verantwortung gezogen werden.

2 Das Gesetz kann weitere Arten der Immunität vorsehen und diese auf weitere Personen ausdehnen.

3. Abschnitt: Zuständigkeiten

Art. 163 Form der Erlasse der Bundesversammlung

1 Die Bundesversammlung erlässt rechtsetzende Bestimmungen in der Form des Bundesgesetzes oder der Verordnung.

2 Die übrigen Erlasse ergehen in der Form des Bundesbeschlusses; ein Bundesbeschluss, der dem Referendum nicht untersteht, wird als einfacher Bundesbeschluss bezeichnet.

Art. 164 Gesetzgebung

1 Alle wichtigen rechtsetzenden Bestimmungen sind in der Form des Bundesgesetzes zu erlassen. Dazu gehören insbesondere die grundlegenden Bestimmungen über:

a. die Ausübung der politischen Rechte;
b. die Einschränkungen verfassungsmässiger Rechte;
c. die Rechte und Pflichten von Personen;
d. den Kreis der Abgabepflichtigen sowie den Gegenstand und die Bemessung von Abgaben;
e. die Aufgaben und die Leistungen des Bundes;
f. die Verpflichtungen der Kantone bei der Umsetzung und beim Vollzug des Bundesrechts;
g. die Organisation und das Verfahren der Bundesbehörden.

2 Rechtsetzungsbefugnisse können durch Bundesgesetz übertragen werden, soweit dies nicht durch die Bundesverfassung ausgeschlossen wird.

Art. 165 Gesetzgebung bei Dringlichkeit

1 Ein Bundesgesetz, dessen Inkrafttreten keinen Aufschub duldet, kann von der Mehrheit der Mitglieder jedes Rates dringlich erklärt und sofort in Kraft gesetzt werden. Es ist zu befristen.

2 Wird zu einem dringlich erklärten Bundesgesetz die Volksabstimmung verlangt, so tritt dieses ein Jahr nach Annahme durch die Bundesversammlung ausser Kraft, wenn es nicht innerhalb dieser Frist vom Volk angenommen wird.

3 Ein dringlich erklärtes Bundesgesetz, das keine Verfassungsgrundlage hat, tritt ein Jahr nach Annahme durch die Bundesversammlung ausser Kraft, wenn es nicht innerhalb dieser Frist von Volk und Ständen angenommen wird. Es ist zu befristen.

4 Ein dringlich erklärtes Bundesgesetz, das in der Abstimmung nicht angenommen wird, kann nicht erneuert werden.

Art. 166 Beziehungen zum Ausland und völkerrechtliche Verträge

1 Die Bundesversammlung beteiligt sich an der Gestaltung der Aussenpolitik und beaufsichtigt die Pflege der Beziehungen zum Ausland.

2 Sie genehmigt die völkerrechtlichen Verträge; ausgenommen sind die Verträge, für deren Abschluss auf Grund von Gesetz oder völkerrechtlichem Vertrag der Bundesrat zuständig ist.

Art. 167 Finanzen

Die Bundesversammlung beschliesst die Ausgaben des Bundes, setzt den Voranschlag fest und nimmt die Staatsrechnung ab.

Art. 168 Wahlen

1 Die Bundesversammlung wählt die Mitglieder des Bundesrates, die Bundeskanzlerin oder den Bundeskanzler, die Richterinnen und Richter des Bundesgerichts sowie den General.

2 Das Gesetz kann die Bundesversammlung ermächtigen, weitere Wahlen vorzunehmen oder zu bestätigen.

Art. 169 Oberaufsicht

1 Die Bundesversammlung übt die Oberaufsicht aus über den Bundesrat und die Bundesverwaltung, die eidgenössischen Gerichte und die anderen Träger von Aufgaben des Bundes.

2 Den vom Gesetz vorgesehenen besonderen Delegationen von Aufsichtskommissionen können keine Geheimhaltungspflichten entgegengehalten werden.

Art. 170 Überprüfung der Wirksamkeit

Die Bundesversammlung sorgt dafür, dass die Massnahmen des Bundes auf ihre Wirksamkeit überprüft werden.

Art. 171 Aufträge an den Bundesrat

Die Bundesversammlung kann dem Bundesrat Aufträge erteilen. Das Gesetz regelt die Einzelheiten, insbesondere die Instrumente, mit welchen die Bundesversammlung auf den Zuständigkeitsbereich des Bundesrates einwirken kann.

Art. 172 Beziehungen zwischen Bund und Kantonen

1 Die Bundesversammlung sorgt für die Pflege der Beziehungen zwischen Bund und Kantonen.

2 Sie gewährleistet die Kantonsverfassungen.

3 Sie genehmigt die Verträge der Kantone unter sich und mit dem Ausland, wenn der Bundesrat oder ein Kanton Einsprache erhebt.

Art. 173 Weitere Aufgaben und Befugnisse

1 Die Bundesversammlung hat zudem folgende Aufgaben und Befugnisse:

a. Sie trifft Massnahmen zur Wahrung der äusseren Sicherheit, der Unabhängigkeit und der Neutralität der Schweiz.
b. Sie trifft Massnahmen zur Wahrung der inneren Sicherheit.
c. Wenn ausserordentliche Umstände es erfordern, kann sie zur Erfüllung der Aufgaben nach den Buchstaben a und b Verordnungen oder einfache Bundesbeschlüsse erlassen.
d. Sie ordnet den Aktivdienst an und bietet dafür die Armee oder Teile davon auf.
e. Sie trifft Massnahmen zur Durchsetzung des Bundesrechts.
f. Sie befindet über die Gültigkeit zu Stande gekommener Volksinitiativen.
g. Sie wirkt bei den wichtigen Planungen der Staatstätigkeit mit.
h. Sie entscheidet über Einzelakte, soweit ein Bundesgesetz dies ausdrücklich vorsieht.
i. Sie entscheidet Zuständigkeitskonflikte zwischen den obersten Bundesbehörden.
k. Sie spricht Begnadigungen aus und entscheidet über Amnestie.

2 Die Bundesversammlung behandelt ausserdem Geschäfte, die in die Zuständigkeit des Bundes fallen und keiner anderen Behörde zugewiesen sind.

3 Das Gesetz kann der Bundesversammlung weitere Aufgaben und Befugnisse übertragen.

3. Kapitel: Bundesrat und Bundesverwaltung

1. Abschnitt: Organisation und Verfahren

Art. 174 Bundesrat

Der Bundesrat ist die oberste leitende und vollziehende Behörde des Bundes.

Art. 175 Zusammensetzung und Wahl

1 Der Bundesrat besteht aus sieben Mitgliedern.

2 Die Mitglieder des Bundesrates werden von der Bundesversammlung nach jeder Gesamterneuerung des Nationalrates gewählt.

3 Sie werden aus allen Schweizerbürgerinnen und Schweizerbürgern, welche als Mitglieder des Nationalrates wählbar sind, auf die Dauer von vier Jahren gewählt.

4 Dabei ist darauf Rücksicht zu nehmen, dass die Landesgegenden und Sprachregionen angemessen vertreten sind.

Art. 176 Vorsitz

1 Die Bundespräsidentin oder der Bundespräsident führt den Vorsitz im Bundesrat.

2 Die Bundespräsidentin oder der Bundespräsident und die Vizepräsidentin oder der Vizepräsident des Bundesrates werden von der Bundesversammlung aus den Mitgliedern des Bundesrates auf die Dauer eines Jahres gewählt.

3 Die Wiederwahl für das folgende Jahr ist ausgeschlossen. Die Bundespräsidentin oder der Bundespräsident kann nicht zur Vizepräsidentin oder zum Vizepräsidenten des folgenden Jahres gewählt werden.

Art. 177 Kollegial- und Departementalprinzip

1 Der Bundesrat entscheidet als Kollegium.

2 Für die Vorbereitung und den Vollzug werden die Geschäfte des Bundesrates nach Departementen auf die einzelnen Mitglieder verteilt.

3 Den Departementen oder den ihnen unterstellten Verwaltungseinheiten werden Geschäfte zur selbstständigen Erledigung übertragen; dabei muss der Rechtsschutz sichergestellt sein.

Art. 178 Bundesverwaltung

1 Der Bundesrat leitet die Bundesverwaltung. Er sorgt für ihre zweckmässige Organisation und eine zielgerichtete Erfüllung der Aufgaben.

2 Die Bundesverwaltung wird in Departemente gegliedert; jedem Departement steht ein Mitglied des Bundesrates vor.

3 Verwaltungsaufgaben können durch Gesetz Organisationen und Personen des öffentlichen oder des privaten Rechts übertragen werden, die ausserhalb der Bundesverwaltung stehen.

Art. 179 Bundeskanzlei

Die Bundeskanzlei ist die allgemeine Stabsstelle des Bundesrates. Sie wird von einer Bundeskanzlerin oder einem Bundeskanzler geleitet.

2. Abschnitt: Zuständigkeiten

Art. 180 Regierungspolitik

1 Der Bundesrat bestimmt die Ziele und die Mittel seiner Regierungspolitik. Er plant und koordiniert die staatlichen Tätigkeiten.

2 Er informiert die Öffentlichkeit rechtzeitig und umfassend über seine Tätigkeit, soweit nicht überwiegende öffentliche oder private Interessen entgegenstehen.

Art. 181 Initiativrecht

Der Bundesrat unterbreitet der Bundesversammlung Entwürfe zu ihren Erlassen.

Art. 182 Rechtsetzung und Vollzug

1 Der Bundesrat erlässt rechtsetzende Bestimmungen in der Form der Verordnung, soweit er durch Verfassung oder Gesetz dazu ermächtigt ist.

2 Er sorgt für den Vollzug der Gesetzgebung, der Beschlüsse der Bundesversammlung und der Urteile richterlicher Behörden des Bundes.

Art. 183 Finanzen

1 Der Bundesrat erarbeitet den Finanzplan, entwirft den Voranschlag und erstellt die Staatsrechnung.

2 Er sorgt für eine ordnungsgemässe Haushaltführung.

Art. 184 Beziehungen zum Ausland

1 Der Bundesrat besorgt die auswärtigen Angelegenheiten unter Wahrung der Mitwirkungsrechte der Bundesversammlung; er vertritt die Schweiz nach aussen.

2 Er unterzeichnet die Verträge und ratifiziert sie. Er unterbreitet sie der Bundesversammlung zur Genehmigung.

3 Wenn die Wahrung der Interessen des Landes es erfordert, kann der Bundesrat Verordnungen und Verfügungen erlassen. Verordnungen sind zu befristen.

Art. 185 Äussere und innere Sicherheit

1 Der Bundesrat trifft Massnahmen zur Wahrung der äusseren Sicherheit, der Unabhängigkeit und der Neutralität der Schweiz.

2 Er trifft Massnahmen zur Wahrung der inneren Sicherheit.

3 Er kann, unmittelbar gestützt auf diesen Artikel, Verordnungen und Verfügungen erlassen, um eingetretenen oder unmittelbar drohenden schweren Störungen der öffentlichen Ordnung oder der inneren oder äusseren Sicherheit zu begegnen. Solche Verordnungen sind zu befristen.

4 In dringlichen Fällen kann er Truppen aufbieten. Bietet er mehr als 4000 Angehörige der Armee für den Aktivdienst auf oder dauert dieser Einsatz voraussichtlich länger als drei Wochen, so ist unverzüglich die Bundesversammlung einzuberufen.

Art. 186 Beziehungen zwischen Bund und Kantonen

1 Der Bundesrat pflegt die Beziehungen des Bundes zu den Kantonen und arbeitet mit ihnen zusammen.

2 Er genehmigt die Erlasse der Kantone, wo es die Durchführung des Bundesrechts verlangt.

3 Er kann gegen Verträge der Kantone unter sich oder mit dem Ausland Einsprache erheben.

4 Er sorgt für die Einhaltung des Bundesrechts sowie der Kantonsverfassungen und der Verträge der Kantone und trifft die erforderlichen Massnahmen.

Art. 187 Weitere Aufgaben und Befugnisse

1 Der Bundesrat hat zudem folgende Aufgaben und Befugnisse:

a. Er beaufsichtigt die Bundesverwaltung und die anderen Träger von Aufgaben des Bundes.
b. Er erstattet der Bundesversammlung regelmässig Bericht über seine Geschäftsführung sowie über den Zustand der Schweiz.
c. Er nimmt die Wahlen vor, die nicht einer anderen Behörde zustehen.
d. Er behandelt Beschwerden, soweit das Gesetz es vorsieht.

2 Das Gesetz kann dem Bundesrat weitere Aufgaben und Befugnisse übertragen.

4. Kapitel: Bundesgericht und andere richterliche Behörden

Art. 188 Stellung des Bundesgerichts

1 Das Bundesgericht ist die oberste rechtsprechende Behörde des Bundes.

2 Das Gesetz bestimmt die Organisation und das Verfahren.

3 Das Gericht verwaltet sich selbst.

Art. 189 Zuständigkeiten des Bundesgerichts

1 Das Bundesgericht beurteilt Streitigkeiten wegen Verletzung:

a. von Bundesrecht;
b. von Völkerrecht;
c. von interkantonalem Recht;
d. von kantonalen verfassungsmässigen Rechten;
e. der Gemeindeautonomie und anderer Garantien der Kantone zu Gunsten von öffentlich-rechtlichen Körperschaften;
f. von eidgenössischen und kantonalen Bestimmungen über die politischen Rechte.

1bis *Aufgehoben.*[1]

2 Es beurteilt Streitigkeiten zwischen Bund und Kantonen oder zwischen Kantonen.

3 Das Gesetz kann weitere Zuständigkeiten des Bundesgerichts begründen.

4 Akte der Bundesversammlung und des Bundesrates können beim Bundesgericht nicht angefochten werden. Ausnahmen bestimmt das Gesetz.

Art. 190 Massgebendes Recht

Bundesgesetze und Völkerrecht sind für das Bundesgericht und die anderen rechtsanwendenden Behörden massgebend.

Art. 191 Zugang zum Bundesgericht

1 Das Gesetz gewährleistet den Zugang zum Bundesgericht.

2 Für Streitigkeiten, die keine Rechtsfrage von grundsätzlicher Bedeutung betreffen, kann es eine Streitwertgrenze vorsehen.

3 Für bestimmte Sachgebiete kann das Gesetz den Zugang zum Bundesgericht ausschliessen.

4 Für offensichtlich unbegründete Beschwerden kann das Gesetz ein vereinfachtes Verfahren vorsehen.

Art. 191a Weitere richterliche Behörden des Bundes

1 Der Bund bestellt ein Strafgericht; dieses beurteilt erstinstanzlich Straffälle, die das Gesetz der Gerichtsbarkeit des Bundes zuweist. Das Gesetz kann weitere Zuständigkeiten des Bundesstrafgerichts begründen.

2 Der Bund bestellt richterliche Behörden für die Beurteilung von öffentlich-rechtlichen Streitigkeiten aus dem Zuständigkeitsbereich der Bundesverwaltung.

3 Das Gesetz kann weitere richterliche Behörden des Bundes vorsehen.

Art. 191b Richterliche Behörden der Kantone

1 Die Kantone bestellen richterliche Behörden für die Beurteilung von zivilrechtlichen und öffentlich-rechtlichen Streitigkeiten sowie von Straffällen.

2 Sie können gemeinsame richterliche Behörden einsetzen.

Art. 191c Richterliche Unabhängigkeit

Die richterlichen Behörden sind in ihrer rechtsprechenden Tätigkeit unabhängig und nur dem Recht verpflichtet.

1 Nie in Kraft getreten

6. Titel: Revision der Bundesverfassung und Übergangsbestimmungen

1. Kapitel: Revision

Art. 192 Grundsatz

1 Die Bundesverfassung kann jederzeit ganz oder teilweise revidiert werden.

2 Wo die Bundesverfassung und die auf ihr beruhende Gesetzgebung nichts anderes bestimmen, erfolgt die Revision auf dem Weg der Gesetzgebung.

Art. 193 Totalrevision

1 Eine Totalrevision der Bundesverfassung kann vom Volk oder von einem der beiden Räte vorgeschlagen oder von der Bundesversammlung beschlossen werden.

2 Geht die Initiative vom Volk aus oder sind sich die beiden Räte uneinig, so entscheidet das Volk über die Durchführung der Totalrevision.

3 Stimmt das Volk der Totalrevision zu, so werden die beiden Räte neu gewählt.

4 Die zwingenden Bestimmungen des Völkerrechts dürfen nicht verletzt werden.

Art. 194 Teilrevision

1 Eine Teilrevision der Bundesverfassung kann vom Volk verlangt oder von der Bundesversammlung beschlossen werden.

2 Die Teilrevision muss die Einheit der Materie wahren und darf die zwingenden Bestimmungen des Völkerrechts nicht verletzen.

3 Die Volksinitiative auf Teilrevision muss zudem die Einheit der Form wahren.

Art. 195 Inkrafttreten

Die ganz oder teilweise revidierte Bundesverfassung tritt in Kraft, wenn sie von Volk und Ständen angenommen ist.

2. Kapitel: Übergangsbestimmungen

Art. 196–197

Die Übergangsbestimmungen sind nicht abgedruckt.

Datum des Inkrafttretens: 1. Januar 2000

Schlussbestimmungen des Bundesbeschlusses vom 18. Dezember 1998

II

1 Die Bundesverfassung der Schweizerischen Eidgenossenschaft vom 29. Mai 1874 wird aufgehoben.

2 Die folgenden Bestimmungen der Bundesverfassung, die in Gesetzesrecht zu überführen sind, gelten weiter bis zum Inkrafttreten der entsprechenden gesetzlichen Bestimmungen:

a. Art. 32^quater Abs. 6 [1]

Das Hausieren mit geistigen Getränken sowie ihr Verkauf im Umherziehen sind untersagt.

[1] Vgl. BV 105

Revision der Bundesverfassung

b. Art. 36quinquies Abs. 1 erster Satz, 2 zweiter–letzter Satz und 4 zweiter Satz [1]

1 Der Bund erhebt für die Benützung der Nationalstrassen erster und zweiter Klasse auf in- und ausländischen Motorfahrzeugen und Anhängern bis zu einem Gesamtgewicht von je 3,5 Tonnen eine jährliche Abgabe von 40 Franken. …

2 … Der Bundesrat kann bestimmte Fahrzeuge von der Abgabe befreien und Sonderregelungen treffen, insbesondere für Fahrten im Grenzbereich. Dadurch dürfen im Ausland immatrikulierte Fahrzeuge nicht besser gestellt werden als schweizerische. Der Bundesrat kann für Übertretungen Bussen vorsehen. Die Kantone ziehen die Abgabe für die im Inland immatrikulierten Fahrzeuge ein und überwachen die Einhaltung der Vorschriften bei allen Fahrzeugen.

4 … Das Gesetz kann die Abgabe auf weitere Fahrzeugkategorien, die nicht der Schwerverkehrsabgabe unterstehen, ausdehnen.

c. Art. 121bis Abs. 1, 2 und Abs. 3 erster und zweiter Satz [2]

1 Beschliesst die Bundesversammlung einen Gegenentwurf, so werden den Stimmberechtigten auf dem gleichen Stimmzettel drei Fragen vorgelegt. Jeder Stimmberechtigte kann uneingeschränkt erklären:

1. ob er das Volksbegehren dem geltenden Recht vorziehe;
2. ob er den Gegenentwurf dem geltenden Recht vorziehe;
3. welche der beiden Vorlagen in Kraft treten soll, falls Volk und Stände beide Vorlagen dem geltenden Recht vorziehen sollten.

2 Das absolute Mehr wird für jede Frage getrennt ermittelt. Unbeantwortete Fragen fallen ausser Betracht.

3 Werden sowohl das Volksbegehren als auch der Gegenentwurf angenommen, so entscheidet das Ergebnis der dritten Frage. In Kraft tritt die Vorlage, die bei dieser Frage mehr Volks- und mehr Standesstimmen erzielt. …

III

Änderungen der Bundesverfassung vom 29. Mai 1874 werden von der Bundesversammlung formal an die neue Bundesverfassung angepasst. Der entsprechende Beschluss untersteht nicht dem Referendum.

IV

1 Dieser Beschluss wird Volk und Ständen zur Abstimmung unterbreitet.

2 Die Bundesversammlung bestimmt das Inkrafttreten.

[1] Vgl. BV 86 Abs. 2
[2] Vgl. BV 139b

Übrige Erlasse

Inhaltsübersicht

Bundesgesetz über die Produktehaftpflicht (Produktehaftpflichtgesetz, PrHG)

vom 18. Juni 1993 (Stand am 1. Juli 2010)
SR 221.112.944

Die Bundesversammlung der Schweizerischen Eidgenossenschaft,

gestützt auf Artikel 64 der Bundesverfassung,
nach Einsicht in die Botschaft des Bundesrates vom 24. Februar 1993,

beschliesst:

Art. 1 Grundsatz

1 Die herstellende Person (Herstellerin)[1] haftet für den Schaden, wenn ein fehlerhaftes Produkt dazu führt, dass:

a. eine Person getötet oder verletzt wird;
b. eine Sache beschädigt oder zerstört wird, die nach ihrer Art gewöhnlich zum privaten Gebrauch oder Verbrauch bestimmt und vom Geschädigten[2] hauptsächlich privat verwendet worden ist.

2 Die Herstellerin haftet nicht für den Schaden am fehlerhaften Produkt.

Art. 2 Herstellerin

1 Als Herstellerin im Sinne dieses Gesetzes gilt:

a. die Person, die das Endprodukt, einen Grundstoff oder ein Teilprodukt hergestellt hat;
b. jede Person, die sich als Herstellerin ausgibt, indem sie ihren Namen, ihr Warenzeichen oder ein anderes Erkennungszeichen auf dem Produkt anbringt;
c. jede Person, die ein Produkt zum Zweck des Verkaufs, der Vermietung, des Mietkaufs oder einer andern Form des Vertriebs im Rahmen ihrer geschäftlichen Tätigkeit einführt; dabei bleiben abweichende Bestimmungen in völkerrechtlichen Verträgen vorbehalten.

2 Kann die Herstellerin des Produkts nicht festgestellt werden, so gilt jede Person als Herstellerin, welche das Produkt geliefert hat, sofern sie dem Geschädigten nach einer entsprechenden Aufforderung nicht innerhalb einer angemessenen Frist die Herstellerin oder die Person nennt, die ihr das Produkt geliefert hat.

3 Absatz 2 gilt auch für Produkte, bei denen nicht festgestellt werden kann, wer sie eingeführt hat, selbst wenn der Name der Herstellerin angegeben ist.

Art. 3 Produkt

1 Als Produkte im Sinne dieses Gesetzes gelten:

a. jede bewegliche Sache, auch wenn sie einen Teil einer anderen beweglichen Sache oder einer unbeweglichen Sache bildet, und
b. Elektrizität.

2 *Aufgehoben.*

1 Die Personenbezeichnung ist weiblich, weil sie sich nach dem grammatischen Geschlecht des voranstehenden Substantivs richtet.
2 Da es sich um einen feststehenden Rechtsbegriff handelt, wird dem Grundsatz der sprachlichen Gleichbehandlung nicht Rechnung getragen.

Art. 4 Fehler

1 Ein Produkt ist fehlerhaft, wenn es nicht die Sicherheit bietet, die man unter Berücksichtigung aller Umstände zu erwarten berechtigt ist; insbesondere sind zu berücksichtigen:

a. die Art und Weise, in der es dem Publikum präsentiert wird;
b. der Gebrauch, mit dem vernünftigerweise gerechnet werden kann;
c. der Zeitpunkt, in dem es in Verkehr gebracht wurde.

2 Ein Produkt ist nicht allein deshalb fehlerhaft, weil später ein verbessertes Produkt in Verkehr gebracht wurde.

Art. 5 Ausnahmen von der Haftung

1 Die Herstellerin haftet nicht, wenn sie beweist, dass:

a. sie das Produkt nicht in Verkehr gebracht hat;
b. nach den Umständen davon auszugehen ist, dass der Fehler, der den Schaden verursacht hat, noch nicht vorlag, als sie das Produkt in Verkehr brachte;
c. sie das Produkt weder für den Verkauf oder eine andere Form des Vertriebs mit wirtschaftlichem Zweck hergestellt noch im Rahmen ihrer beruflichen Tätigkeit hergestellt oder vertrieben hat;
d. der Fehler darauf zurückzuführen ist, dass das Produkt verbindlichen, hoheitlich erlassenen Vorschriften entspricht;
e. der Fehler nach dem Stand der Wissenschaft und Technik im Zeitpunkt, in dem das Produkt in Verkehr gebracht wurde, nicht erkannt werden konnte.

1bis Die Ausnahme von der Haftung nach Absatz 1 Buchstabe e gilt nicht für tierische Organe, Gewebe oder Zellen oder daraus hergestellte Transplantatprodukte, die zur Transplantation auf den Menschen bestimmt sind.

2 Die Herstellerin eines Grundstoffs oder eines Teilprodukts haftet ferner nicht, wenn sie beweist, dass der Fehler durch die Konstruktion des Produkts, in das der Grundstoff oder das Teilprodukt eingearbeitet wurde, oder durch die Anleitungen der Herstellerin dieses Produkts verursacht worden ist.

Art. 6 Selbstbehalt bei Sachschäden

1 Der Geschädigte muss Sachschäden bis zur Höhe von 900 Franken selber tragen.

2 Der Bundesrat kann den Betrag gemäss Absatz 1 den veränderten Verhältnissen anpassen.

Art. 7 Solidarhaftung

Sind für den Schaden, der durch ein fehlerhaftes Produkt verursacht worden ist, mehrere Personen ersatzpflichtig, so haften sie solidarisch.

Art. 8 Wegbedingung der Haftung

Vereinbarungen, welche die Haftpflicht nach diesem Gesetz gegenüber dem Geschädigten beschränken oder wegbedingen, sind nichtig.

Art. 9 Verjährung

Ansprüche nach diesem Gesetz verjähren drei Jahre nach dem Tag, an dem der Geschädigte Kenntnis vom Schaden, dem Fehler und von der Person der Herstellerin erlangt hat oder hätte erlangen müssen.

Art. 10 Verwirkung

1 Ansprüche nach diesem Gesetz verwirken zehn Jahre nach dem Tag, an dem die Herstellerin das Produkt, das den Schaden verursacht hat, in Verkehr gebracht hat.

2 Die Verwirkungsfrist gilt als gewahrt, wenn gegen die Herstellerin binnen zehn Jahren geklagt wird.

Art. 11 Verhältnis zu anderen Bestimmungen des eidgenössischen oder kantonalen Rechts

1 Soweit dieses Gesetz nichts anderes vorsieht, gelten die Bestimmungen des Obligationenrechts.

2 Schadenersatzansprüche aufgrund des Obligationenrechts oder anderer Bestimmungen des eidgenössischen oder des kantonalen öffentlichen Rechts bleiben dem Geschädigten gewahrt.

3 Dieses Gesetz ist nicht anwendbar auf Schäden infolge eines nuklearen Zwischenfalls. Abweichende Bestimmungen in völkerrechtlichen Verträgen sind vorbehalten.

Art. 12 Änderung bisherigen Rechts

...[1]

Art. 13 Übergangsbestimmung

Dieses Gesetz gilt nur für Produkte, die nach seinem Inkrafttreten in Verkehr gebracht wurden.

Art. 14 Referendum und Inkrafttreten

1 Dieses Gesetz untersteht dem fakultativen Referendum.

2 Der Bundesrat bestimmt das Inkrafttreten.

Datum des Inkrafttretens: 1. Januar 1994

[1] Text eingefügt im Kernenergiehaftpflichtgesetz vom 18. März 1983

Bundesgesetz über den Konsumkredit (KKG)

vom 23. März 2001 (Stand am 10. Dezember 2002)
SR 221.214.1

Die Bundesversammlung der Schweizerischen Eidgenossenschaft,

gestützt auf die Artikel 97 und 122 der Bundesverfassung,
nach Einsicht in die Botschaft des Bundesrates vom 14. Dezember 1998

beschliesst:

1. Abschnitt: Begriffe

Art. 1 Konsumkreditvertrag

1 Der Konsumkreditvertrag ist ein Vertrag, durch den eine kreditgebende Person (Kreditgeberin) einer Konsumentin oder einem Konsumenten einen Kredit in Form eines Zahlungsaufschubs, eines Darlehens oder einer ähnlichen Finanzierungshilfe gewährt oder zu gewähren verspricht.

2 Als Konsumkreditverträge gelten auch:

a. Leasingverträge über bewegliche, dem privaten Gebrauch des Leasingnehmers dienende Sachen, die vorsehen, dass die vereinbarten Leasingraten erhöht werden, falls der Leasingvertrag vorzeitig aufgelöst wird;

b. Kredit- und Kundenkarten sowie Überziehungskredite, wenn sie mit einer Kreditoption verbunden sind; als Kreditoption gilt die Möglichkeit, den Saldo einer Kredit- oder Kundenkarte in Raten zu begleichen.

Art. 2 Kreditgeberin

Als Kreditgeberin gilt jede natürliche oder juristische Person, die gewerbsmässig Konsumkredite gewährt.

Art. 3 Konsumentin oder Konsument

Als Konsumentin oder Konsument gilt jede natürliche Person, die einen Konsumkreditvertrag zu einem Zweck abschliesst, der nicht ihrer beruflichen oder gewerblichen Tätigkeit zugerechnet werden kann.

Art. 4 Kreditvermittlerin

Als Kreditvermittlerin gilt jede natürliche oder juristische Person, die gewerbsmässig Konsumkreditverträge vermittelt.

Art. 5 Gesamtkosten des Kredits für die Konsumentin oder den Konsumenten

Als Gesamtkosten des Kredits für die Konsumentin oder den Konsumenten gelten sämtliche Kosten, einschliesslich der Zinsen und sonstigen Kosten, welche die Konsumentin oder der Konsument für den Kredit zu bezahlen hat.

Art. 6 Effektiver Jahreszins

Der effektive Jahreszins drückt die Gesamtkosten des Kredits für die Konsumentin oder den Konsumenten in Jahresprozenten des gewährten Kredits aus.

2. Abschnitt: Geltungsbereich

Art. 7 Ausschluss

[1] Dieses Gesetz gilt nicht für:

a. Kreditverträge oder Kreditversprechen, die direkt oder indirekt grundpfandgesichert sind;
b. Kreditverträge oder Kreditversprechen, die durch hinterlegte bankübliche Sicherheiten oder durch ausreichende Vermögenswerte, welche die Konsumentin oder der Konsument bei der Kreditgeberin hält, gedeckt sind;
c. Kredite, die zins- und gebührenfrei gewährt oder zur Verfügung gestellt werden;
d. Kreditverträge, nach denen keine Zinsen in Rechnung gestellt werden, sofern die Konsumentin oder der Konsument sich bereit erklärt, den Kredit auf einmal zurückzuzahlen;
e. Verträge über Kredite von weniger als 500 Franken oder mehr als 80 000 Franken;
f. Kreditverträge, nach denen die Konsumentin oder der Konsument den Kredit entweder innert höchstens drei Monaten oder in nicht mehr als vier Raten innert höchstens zwölf Monaten zurückzahlen muss;
g. Verträge über die fortgesetzte Erbringung von Dienstleistungen oder Leistungen von Versorgungsbetrieben, nach denen die Konsumentin oder der Konsument berechtigt ist, während der Dauer der Erbringung Teilzahlungen zu leisten.

[2] Der Bundesrat kann die Beträge gemäss Absatz 1 Buchstabe e den veränderten Verhältnissen anpassen.

Art. 8 Einschränkung

[1] Leasingverträge im Sinne von Artikel 1 Absatz 2 Buchstabe a unterstehen nur den Artikeln 11, 13–16, 17 Absatz 3, 18 Absätze 2 und 3, 19–21, 26, 29, 31–35, 37 und 38.

[2] Konti für Kredit- und Kundenkarten mit Kreditoption sowie Überziehungskredite auf laufendem Konto unterstehen nur den Artikeln 12–16, 17 Absätze 1 und 2, 18 Absätze 1 und 3, 19–21, 27, 30–35, 37 und 38.

3. Abschnitt: Form und Inhalt des Vertrags

Art. 9 Barkredite

[1] Konsumkreditverträge sind schriftlich abzuschliessen; die Konsumentin oder der Konsument erhält eine Kopie des Vertrags.

[2] Der Vertrag muss angeben:

a. den Nettobetrag des Kredits;
b. den effektiven Jahreszins oder, wenn dies nicht möglich ist, den Jahreszins und die bei Vertragsschluss in Rechnung gestellten Kosten;
c. die Bedingungen, unter denen der Zinssatz und die Kosten nach Buchstabe b geändert werden können;
d. die Elemente der Gesamtkosten des Kredits, die für die Berechnung des effektiven Jahreszinses nicht berücksichtigt worden sind (Art. 34), mit Ausnahme der bei Nichterfüllung der vertraglichen Verpflichtungen entstehenden Kosten; ist der genaue Betrag dieser Kostenelemente bekannt, so ist er anzugeben; andernfalls ist, soweit möglich, entweder eine Berechnungsmethode oder eine realistische Schätzung aufzuführen;
e. die allfällige Höchstgrenze des Kreditbetrags;
f. die Rückzahlungsmodalitäten, insbesondere den Betrag, die Anzahl und die zeitlichen Abstände oder den Zeitpunkt der Zahlungen, welche die Konsumentin oder der Konsument zur Tilgung des

Kredits und zur Entrichtung der Zinsen und sonstigen Kosten vornehmen muss, sowie, wenn möglich, den Gesamtbetrag dieser Zahlungen;

g. dass die Konsumentin oder der Konsument bei vorzeitiger Rückzahlung Anspruch auf Erlass der Zinsen und auf eine angemessene Ermässigung der Kosten hat, die auf die nicht beanspruchte Kreditdauer entfallen;
h. das Widerrufsrecht und die Widerrufsfrist (Art. 16);
i. die allfällig verlangten Sicherheiten;
j. den pfändbaren Teil des Einkommens, der der Kreditfähigkeitsprüfung zu Grunde gelegt worden ist (Art. 28 Abs. 2 und 3); Einzelheiten können in einem vom Konsumkreditvertrag getrennten Schriftstück festgehalten werden; dieses bildet einen integrierenden Bestandteil des Vertrags.

Art. 10 Verträge zur Finanzierung des Erwerbs von Waren oder Dienstleistungen

Dient der Kreditvertrag der Finanzierung des Erwerbs von Waren oder Dienstleistungen, so muss er auch folgende Angaben enthalten:

a. die Beschreibung der Waren oder Dienstleistungen;
b. den Barzahlungspreis und den Preis, der im Rahmen des Kreditvertrags zu bezahlen ist;
c. die Höhe der allfälligen Anzahlung, die Anzahl, die Höhe und die Fälligkeit der Teilzahlungen oder das Verfahren, nach dem diese Elemente bestimmt werden können, falls sie bei Vertragsschluss noch nicht bekannt sind;
d. den Namen der Eigentümerin oder des Eigentümers der Waren, falls das Eigentum daran nicht unmittelbar auf die Konsumentin oder den Konsumenten übergeht, und die Bedingungen, unter denen die Ware in das Eigentum der Konsumentin oder des Konsumenten übergeht;
e. den Hinweis auf die allfällig verlangte Versicherung und, falls die Wahl des Versicherers nicht der Konsumentin oder dem Konsumenten überlassen ist, die Versicherungskosten.

Art. 11 Leasingverträge

[1] Leasingverträge sind schriftlich abzuschliessen; der Leasingnehmer erhält eine Kopie des Vertrags.

[2] Der Vertrag muss angeben:

a. die Beschreibung der Leasingsache und ihren Barkaufpreis im Zeitpunkt des Vertragsabschlusses;
b. die Anzahl, die Höhe und die Fälligkeit der Leasingraten;
c. die Höhe einer allfälligen Kaution;
d. den Hinweis auf die allfällig verlangte Versicherung und, falls die Wahl des Versicherers nicht dem Leasingnehmer überlassen ist, die Versicherungskosten;
e. den effektiven Jahreszins;
f. den Hinweis auf das Widerrufsrecht und die Widerrufsfrist;
g. eine nach anerkannten Grundsätzen erstellte Tabelle, aus der hervorgeht, was der Leasingnehmer bei einer vorzeitigen Beendigung des Leasingvertrags zusätzlich zu den bereits entrichteten Leasingraten zu bezahlen hat und welchen Restwert die Leasingsache zu diesem Zeitpunkt hat;
h. die Elemente, die der Kreditfähigkeitsprüfung zu Grunde gelegt worden sind (Art. 29 Abs. 2); Einzelheiten können in einem vom Leasingvertrag getrennten Schriftstück festgehalten werden; dieses bildet einen integrierenden Bestandteil des Vertrags.

Art. 12 Überziehungskredit auf laufendem Konto oder Kredit- und Kundenkartenkonto mit Kreditoption

[1] Verträge, mit denen eine Kreditgeberin einen Kredit in Form eines Überziehungskredits auf laufendem Konto oder auf einem Kredit- und Kundenkartenkonto mit Kreditoption gewährt, sind schriftlich abzuschliessen; die Konsumentin oder der Konsument erhält eine Kopie des Vertrags.

[2] Der Vertrag muss angeben:

a. die Höchstgrenze des Kreditbetrags;
b. den Jahreszins und die bei Vertragsabschluss in Rechnung gestellten Kosten sowie die Bedingungen, unter denen diese geändert werden können;
c. die Modalitäten einer Beendigung des Vertrags;
d. die Elemente, die der Kreditfähigkeitsprüfung zu Grunde gelegt worden sind (Art. 30 Abs. 1); Einzelheiten können in einem vom Kredit- oder Kundenkartenvertrag getrennten Schriftstück festgehalten werden; dieses bildet einen integrierenden Bestandteil des Vertrags.

[3] Während der Vertragsdauer ist die Konsumentin oder der Konsument über jede Änderung des Jahreszinses oder der in Rechnung gestellten Kosten unverzüglich zu informieren; diese Information kann in Form eines Kontoauszugs erfolgen.

[4] Wird eine Kontoüberziehung stillschweigend akzeptiert und das Konto länger als drei Monate überzogen, so ist die Konsumentin oder der Konsument zu informieren über:

a. den Jahreszins und die in Rechnung gestellten Kosten;
b. alle diesbezüglichen Änderungen.

Art. 13 Zustimmung des gesetzlichen Vertreters

[1] Ist die Konsumentin oder der Konsument minderjährig, so bedarf der Konsumkreditvertrag zu seiner Gültigkeit der schriftlichen Zustimmung der gesetzlichen Vertreterin oder des gesetzlichen Vertreters.

[2] Die Zustimmung ist spätestens abzugeben, wenn die Konsumentin oder der Konsument den Vertrag unterzeichnet.

Art. 14 Höchstzinssatz

Der Bundesrat legt den höchstens zulässigen Zinssatz nach Artikel 9 Absatz 2 Buchstabe b fest. Er berücksichtigt dabei die von der Nationalbank ermittelten, für die Refinanzierung des Konsumkreditgeschäftes massgeblichen Zinssätze. Der Höchstzinssatz soll in der Regel 15 Prozent nicht überschreiten.

Art. 15 Nichtigkeit

[1] Die Nichteinhaltung der Artikel 9–11, 12 Absätze 1, 2 und 4 Buchstabe a, 13 und 14 bewirkt die Nichtigkeit des Konsumkreditvertrags.

[2] Ist der Konsumkreditvertrag nichtig, so hat die Konsumentin oder der Konsument die bereits empfangene oder beanspruchte Kreditsumme bis zum Ablauf der Kreditdauer zurückzuzahlen, schuldet aber weder Zinsen noch Kosten.

[3] Die Kreditsumme ist in gleich hohen Teilzahlungen zurückzuzahlen. Wenn der Vertrag keine längeren Zeitabstände vorsieht, liegen die Teilzahlungen jeweils einen Monat auseinander.

[4] Bei einem Leasingvertrag hat die Konsumentin oder der Konsument den ihr oder ihm überlassenen Gegenstand zurückzugeben und die Raten zu zahlen, die bis zu diesem Zeitpunkt geschuldet sind. Ein damit nicht abgedeckter Wertverlust geht zu Lasten der Leasinggeberin.

Art. 16 Widerrufsrecht

1 Die Konsumentin oder der Konsument kann den Antrag zum Vertragsabschluss oder die Annahmeerklärung innerhalb von sieben Tagen schriftlich widerrufen. Kein Widerrufsrecht besteht im Falle von Artikel 12 Absatz 4.

2 Die Widerrufsfrist beginnt zu laufen, sobald die Konsumentin oder der Konsument nach den Artikeln 9 Absatz 1, 11 Absatz 1 oder 12 Absatz 1 eine Kopie des Vertrags erhalten hat. Die Frist ist eingehalten, wenn die Widerrufserklärung am siebenten Tag der Post übergeben wird.

3 Ist das Darlehen bereits vor dem Widerruf des Vertrags ausbezahlt worden, so gilt Artikel 15 Absätze 2 und 3. Im Falle eines Abzahlungskaufs, einer auf Kredit beanspruchten Dienstleistung oder eines Leasingvertrags gilt Artikel 40f des Obligationenrechts.

4. Abschnitt: Rechte und Pflichten der Parteien

Art. 17 Vorzeitige Rückzahlung

1 Die Konsumentin oder der Konsument kann die Pflichten aus dem Konsumkreditvertrag vorzeitig erfüllen.

2 In diesem Fall besteht ein Anspruch auf Erlass der Zinsen und auf eine angemessene Ermässigung der Kosten, die auf die nicht beanspruchte Kreditdauer entfallen.

3 Der Leasingnehmer kann mit einer Frist von mindestens 30 Tagen auf Ende einer dreimonatigen Leasingdauer kündigen. Der Anspruch des Leasinggebers auf Entschädigung richtet sich nach der Tabelle gemäss Artikel 11 Absatz 2 Buchstabe g.

Art. 18 Verzug

1 Die Kreditgeberin kann vom Vertrag zurücktreten, wenn Teilzahlungen ausstehend sind, die mindestens 10 Prozent des Nettobetrags des Kredits beziehungsweise des Barzahlungspreises ausmachen.

2 Der Leasinggeber kann vom Vertrag zurücktreten, wenn Teilzahlungen ausstehend sind, die mehr als drei monatlich geschuldete Leasingraten ausmachen.

3 Der Verzugszins darf den für den Konsumkredit oder Leasingvertrag vereinbarten Zinssatz (Art. 9 Abs. 2 Bst. b) nicht übersteigen.

Art. 19 Einreden

Die Konsumentin oder der Konsument hat das unabdingbare Recht, die Einreden aus dem Konsumkreditvertrag gegenüber jedem Abtretungsgläubiger geltend zu machen.

Art. 20 Zahlung und Sicherheit in Form von Wechseln

1 Die Kreditgeberin darf weder Zahlungen in Form von Wechseln, einschliesslich Eigenwechseln, noch Sicherheiten in Form von Wechseln, einschliesslich Eigenwechseln und Checks, annehmen.

2 Ist ein Wechsel oder ein Check entgegen Absatz 1 angenommen worden, so kann ihn die Konsumentin oder der Konsument jederzeit von der Kreditgeberin zurückverlangen.

3 Die Kreditgeberin haftet für den Schaden, welcher der Konsumentin oder dem Konsumenten aus der Begebung des Wechsels oder Checks entstanden ist.

Art. 21 Mangelhafte Erfüllung des Erwerbsvertrags

1 Wer im Hinblick auf den Erwerb von Waren oder Dienstleistungen einen Konsumkreditvertrag mit einer anderen Person als dem Lieferanten abschliesst, kann gegenüber der Kreditgeberin alle Rechte geltend machen, die ihm gegenüber dem Lieferanten zustehen, wenn folgende Bedingungen erfüllt sind:

a. Zwischen der Kreditgeberin und dem Lieferanten besteht eine Abmachung, wonach Kredite an Kunden dieses Lieferanten ausschliesslich von der Kreditgeberin gewährt werden.

b. Die Konsumentin oder der Konsument erhält den Kredit im Rahmen dieser Abmachung.
c. Die unter den Konsumkreditvertrag fallenden Waren oder Dienstleistungen werden nicht oder nur teilweise geliefert oder entsprechen nicht dem Liefervertrag.
d. Die Konsumentin oder der Konsument hat die Rechte gegenüber dem Lieferanten erfolglos geltend gemacht.
e. Der Betrag des betreffenden Einzelgeschäfts liegt über 500 Franken.

2 Der Bundesrat kann den Betrag gemäss Absatz 1 Buchstabe e den veränderten Verhältnissen anpassen.

5. Abschnitt: Kreditfähigkeit

Art. 22 Grundsatz

Die Kreditfähigkeitsprüfung bezweckt die Vermeidung einer Überschuldung der Konsumentin oder des Konsumenten infolge eines Konsumkreditvertrags.

Art. 23 Informationsstelle für Konsumkredit

1 Die Kreditgeberinnen gründen eine Informationsstelle für Konsumkredit (Informationsstelle). Diese gemeinsame Einrichtung bearbeitet die Daten, die im Rahmen der Artikel 25–27 anfallen.

2 Die Statuten der Informationsstelle müssen vom zuständigen Departement[1] genehmigt werden. Sie regeln insbesondere:

a. die Verantwortung für die Datenbearbeitung;
b. die Kategorien der zu erfassenden Daten sowie deren Aufbewahrungsdauer, Archivierung und Löschung;
c. die Zugriffs- und Bearbeitungsberechtigungen;
d. die Zusammenarbeit mit beteiligten Dritten;
e. die Datensicherheit.

3 Die Informationsstelle gilt als Bundesorgan im Sinne von Artikel 3 Buchstabe h des Bundesgesetzes vom 19. Juni 1992 über den Datenschutz. Der Bundesrat erlässt die Vollzugsbestimmungen.

4 Vorbehältlich der Zuständigkeit gemäss Bundesgesetz vom 19. Juni 1992 über den Datenschutz untersteht die Informationsstelle der Aufsicht des Departements.

5 Der Bundesrat kann den Kreditgeberinnen eine Frist setzen, binnen der die gemeinsame Einrichtung errichtet sein muss. Kommt die Gründung der gemeinsamen Einrichtung nicht zu Stande oder wird diese später aufgelöst, so richtet der Bundesrat die Informationsstelle ein.

Art. 24 Datenzugang

1 Zugang zu den von der Informationsstelle gesammelten Daten haben ausschliesslich die diesem Gesetz unterstellten Kreditgeberinnen, soweit sie die Daten zur Erfüllung ihrer Pflichten nach diesem Gesetz benötigen.

2 Im Einzelfall haben auch die von den Kantonen bezeichneten und unterstützten Institutionen der Schuldensanierung Zugang, sofern der Schuldner zustimmt.

1 Zurzeit Eidgenössisches Justiz- und Polizeidepartement

Art. 25 Meldepflicht

1 Die Kreditgeberin muss der Informationsstelle den von ihr gewährten Konsumkredit melden.

2 Sie muss der Informationsstelle auch melden, wenn Teilzahlungen ausstehend sind, die mindestens 10 Prozent des Nettobetrags des Kredits beziehungsweise des Barzahlungspreises ausmachen (Art. 18 Abs. 1).

3 Die Informationsstelle bestimmt in ihren Statuten oder einem darauf gestützten Reglement das Nähere zu Inhalt, Form und Zeitpunkt der Meldung.

Art. 26 Meldepflicht bei Leasing

1 Bei einem Leasingvertrag meldet die Kreditgeberin der Informationsstelle:

a. die Höhe der Leasingverpflichtung;
b. die Vertragsdauer;
c. die monatlichen Leasingraten.

2 Sie muss der Informationsstelle auch melden, wenn drei Leasingraten ausstehen.

Art. 27 Meldepflicht bei Kredit- und Kundenkartenkonti

1 Hat die Konsumentin oder der Konsument dreimal hintereinander von der Kreditoption Gebrauch gemacht, so ist der ausstehende Betrag der Informationsstelle zu melden. Keine Pflicht zur Meldung besteht, wenn der ausstehende Betrag unter 3000 Franken liegt.

2 Der Bundesrat wird ermächtigt, die in Absatz 1 genannte Meldelimite von 3000 Franken mittels Verordnung periodisch der Entwicklung des schweizerischen Indexes der Konsumentenpreise anzupassen.

Art. 28 Prüfung der Kreditfähigkeit

1 Die Kreditgeberin muss vor Vertragsabschluss nach Artikel 31 die Kreditfähigkeit der Konsumentin oder des Konsumenten prüfen.

2 Die Konsumentin oder der Konsument gilt dann als kreditfähig, wenn sie oder er den Konsumkredit zurückzahlen kann, ohne den nicht pfändbaren Teil des Einkommens nach Artikel 93 Absatz 1 des Bundesgesetzes vom 11. April 1889 über Schuldbetreibung und Konkurs beanspruchen zu müssen.

3 Der pfändbare Teil des Einkommens wird nach den Richtlinien über die Berechnung des Existenzminimums des Wohnsitzkantons der Konsumentin oder des Konsumenten ermittelt. Bei der Ermittlung zu berücksichtigen sind in jedem Fall:

a. der tatsächlich geschuldete Mietzins;
b. die nach Quellensteuertabelle geschuldeten Steuern;
c. Verpflichtungen, die bei der Informationsstelle gemeldet sind.

4 Bei der Beurteilung der Kreditfähigkeit muss von einer Amortisation des Konsumkredits innerhalb von 36 Monaten ausgegangen werden, selbst wenn vertraglich eine längere Laufzeit vereinbart worden ist. Dies gilt auch für frühere Konsumkredite, soweit diese noch nicht zurückbezahlt worden sind.

Art. 29 Prüfung der Kreditfähigkeit des Leasingnehmers

1 Der Leasinggeber muss vor Vertragsabschluss die Kreditfähigkeit des Leasingnehmers prüfen.

2 Die Kreditfähigkeit ist zu bejahen, wenn der Leasingnehmer die Leasingraten ohne Beanspruchung des nicht pfändbaren Teils des Einkommens nach Artikel 28 Absätze 2 und 3 finanzieren kann oder wenn Vermögenswerte, die dem Leasingnehmer gehören, die Zahlung der Leasingraten sicherstellen.

Art. 30 Prüfung der Kreditfähigkeit bei Kredit- und Kundenkartenkonti

1 Räumt die Kreditgeberin oder das Kreditkartenunternehmen im Rahmen eines Kredit- oder Kundenkartenkontos mit Kreditoption oder eines Überziehungskredits auf laufendem Konto eine Kreditlimite ein, so prüfen sie zuvor summarisch die Kreditfähigkeit der Antragstellerin oder des Antragstellers. Sie stützen sich dabei auf deren oder dessen Angaben über die Vermögens- und Einkommensverhältnisse. Die Kreditlimite muss den Einkommens- und Vermögensverhältnissen der Konsumentin oder des Konsumenten Rechnung tragen. Dabei sind die bei der Informationsstelle vermeldeten Konsumkredite zu berücksichtigen.

2 Die Kreditfähigkeitsprüfung nach Absatz 1 ist zu wiederholen, wenn der Kreditgeber oder das Kreditkartenunternehmen über Informationen verfügt, wonach sich die wirtschaftlichen Verhältnisse der Konsumentin oder des Konsumenten verschlechtert haben.

Art. 31 Bedeutung der Angaben der Konsumentin oder des Konsumenten

1 Die Kreditgeberin darf sich auf die Angaben der Konsumentin oder des Konsumenten zu den finanziellen Verhältnissen (Art. 28 Abs. 2 und 3) oder zu den wirtschaftlichen Verhältnissen (Art. 29 Abs. 2 und 30 Abs. 1) verlassen.

2 Vorbehalten bleiben Angaben, die offensichtlich unrichtig sind oder denjenigen der Informationsstelle widersprechen.

3 Zweifelt die Kreditgeberin an der Richtigkeit der Angaben der Konsumentin oder des Konsumenten, so muss sie deren Richtigkeit anhand einschlägiger amtlicher oder privater Dokumente wie des Auszugs aus dem Betreibungsregister oder eines Lohnausweises überprüfen.

Art. 32 Sanktion

1 Verstösst die Kreditgeberin in schwerwiegender Weise gegen die Artikel 28, 29 oder 30, so verliert sie die von ihr gewährte Kreditsumme samt Zinsen und Kosten. Die Konsumentin oder der Konsument kann bereits erbrachte Leistungen nach den Regeln über die ungerechtfertigte Bereicherung zurückfordern.

2 Verstösst die Kreditgeberin gegen Artikel 25, 26 oder 27 Absatz 1 oder in geringfügiger Weise gegen die Artikel 28, 29 oder 30, so verliert sie nur die Zinsen und die Kosten.

6. Abschnitt: Berechnung des effektiven Jahreszinses

Art. 33 Zeitpunkt und Berechnungsmethode

1 Der effektive Jahreszins ist beim Abschluss des Konsumkreditvertrags nach der im Anhang 1 aufgeführten mathematischen Formel zu berechnen.

2 Die Berechnung beruht auf der Annahme, dass der Kreditvertrag für die vereinbarte Dauer gültig bleibt und dass die Parteien ihren Verpflichtungen zu den vereinbarten Terminen nachkommen.

3 Lässt der Kreditvertrag eine Anpassung der Zinsen oder anderer Kosten zu, die in die Berechnung einzubeziehen sind, jedoch zu deren Zeitpunkt nicht beziffert werden können, so beruht die Berechnung auf der Annahme, dass der ursprüngliche Zinssatz und die ursprünglichen anderen Kosten bis zum Ende des Kreditvertrags unverändert bleiben.

4 Bei Leasingverträgen wird der effektive Jahreszins auf der Grundlage des Barkaufspreises der Leasingsache bei Vertragsabschluss (Kalkulationsbasis) und bei Vertragsende (Restwert) sowie der einzelnen Tilgungszahlungen (Leasingraten) berechnet.

Art. 34 Massgebende Kosten

1 Für die Berechnung des effektiven Jahreszinses sind die Gesamtkosten des Kredits für die Konsumentin oder den Konsumenten im Sinne von Artikel 5, einschliesslich des Kaufpreises, massgebend.

2 Nicht zu berücksichtigen sind:

a. die Kosten, welche die Konsumentin oder der Konsument bei Nichterfüllung einer im Vertrag aufgeführten Verpflichtung bezahlen muss;
b. die Kosten, welche die Konsumentin oder der Konsument durch den Erwerb von Waren oder Dienstleistungen unabhängig davon zu tragen hat, ob es sich um ein Bar- oder um ein Kreditgeschäft handelt;
c. die Mitgliederbeiträge für Vereine oder Gruppen, die aus anderen als den im Kreditvertrag vereinbarten Gründen entstehen.

3 Die Überweisungskosten sowie Kosten für die Führung eines Kontos, das für die Kreditrückzahlung sowie für die Zahlung der Zinsen oder anderer Kosten dienen soll, sind nur dann zu berücksichtigen, wenn die Konsumentin oder der Konsument nicht über eine angemessene Wahlfreiheit in diesem Bereich verfügt und sie ungewöhnlich hoch sind. In die Berechnung einzubeziehen sind jedoch die Inkassokosten dieser Rückzahlungen oder Zahlungen, unabhängig davon, ob sie in bar oder in anderer Weise erhoben werden.

4 Die Kosten für Versicherungen und Sicherheiten sind so weit zu berücksichtigen, als sie:

a. die Kreditgeberin für die Kreditgewährung zwingend vorschreibt; und
b. der Kreditgeberin bei Tod, Invalidität, Krankheit oder Arbeitslosigkeit der Konsumentin oder des Konsumenten die Rückzahlung eines Betrags sicherstellen sollen, der gleich hoch oder geringer ist als der Gesamtbetrag des Kredits, einschliesslich Zinsen und anderer Kosten.

7. Abschnitt: Kreditvermittlung

Art. 35

1 Die Konsumentin oder der Konsument schuldet der Kreditvermittlerin für die Vermittlung eines Konsumkredits keine Entschädigung.

2 Die Aufwendungen der Kreditgeberin für die Kreditvermittlung bilden Teil der Gesamtkosten (Art. 5 und 34 Abs. 1); sie dürfen dem Konsumenten oder der Konsumentin nicht gesondert in Rechnung gestellt werden.

8. Abschnitt: Werbung

Art. 36

Die Werbung für Konsumkredite richtet sich nach dem Bundesgesetz vom 19. Dezember 1986 gegen den unlauteren Wettbewerb.

9. Abschnitt: Zwingendes Recht

Art. 37

Von den Bestimmungen dieses Gesetzes darf nicht zu Ungunsten der Konsumentin oder des Konsumenten abgewichen werden.

10. Abschnitt: Zuständigkeiten

Art. 38 Verhältnis zum kantonalen Recht

Der Bund regelt die Konsumkreditverträge abschliessend.

Art. 39 Bewilligungspflicht

1 Die Kantone müssen die Gewährung und die Vermittlung von Konsumkrediten einer Bewilligungspflicht unterstellen.

2 Zuständig für die Erteilung der Bewilligung ist der Kanton, in dem die Kreditgeberin oder die Kreditvermittlerin ihren Sitz hat. Hat die Kreditgeberin oder die Kreditvermittlerin ihren Sitz nicht in der Schweiz, so ist der Kanton für die Erteilung der Bewilligung zuständig, auf dessen Gebiet die Kreditgeberin oder die Kreditvermittlerin hauptsächlich tätig zu werden gedenkt. Die von einem Kanton erteilte Bewilligung gilt für die ganze Schweiz.

3 Keine Bewilligung nach Absatz 2 ist erforderlich, wenn die Kreditgeberin oder die Kreditvermittlerin:

a. dem Bankengesetz vom 8. November 1934 untersteht;
b. Konsumkredite zur Finanzierung des Erwerbs ihrer Waren oder der Beanspruchung ihrer Dienstleistungen gewährt oder vermittelt.

Art. 40 Bewilligungsvoraussetzungen

1 Die Bewilligung ist zu erteilen, wenn der Gesuchsteller:

a. zuverlässig ist und in geordneten Vermögensverhältnissen lebt;
b. die allgemeinen kaufmännischen und fachlichen Kenntnisse und Fertigkeiten besitzt, die zur Ausübung der Tätigkeit erforderlich sind;
c. über eine ausreichende Berufshaftpflichtversicherung verfügt.

2 Gesellschaften und juristischen Personen wird die Bewilligung nur erteilt, wenn alle Mitglieder der Geschäftsleitung die in Absatz 1 Buchstabe b erwähnten Kenntnisse und Fertigkeiten besitzen.

3 Der Bundesrat regelt in einer Verordnung das Nähere zu den Bewilligungsvoraussetzungen nach Absatz 2.

11. Abschnitt: Schlussbestimmungen

Art. 41 Aufhebung und Änderung bisherigen Rechts

Die Aufhebung und die Änderung bisherigen Rechts werden im Anhang 2 geregelt.

Art. 42 Referendum und Inkrafttreten

1 Dieses Gesetz untersteht dem fakultativen Referendum.

2 Der Bundesrat bestimmt das Inkrafttreten.

Datum des Inkrafttretens: 1. Jan. 2003
Art. 39 und 40: 1. Jan. 2004

Anhang 1: Formel zur Berechnung des effektiven Jahreszinses (Art. 33)

$$\sum_{K=1}^{K=m} \frac{A_K}{(1+i)^{t_K}} = \sum_{K'=1}^{K'=m'} \frac{A'_{K'}}{(1+i)^{t_{K'}}}$$

Die in der Formel verwendeten Buchstaben und Symbole haben folgende Bedeutung:

- K laufende Nummer eines Kredits,
- K' laufende Nummer einer Tilgungszahlung oder einer Zahlung von Kosten,
- A_K Betrag des Kredits mit der Nummer K,
- $A'_{K'}$ Betrag der Tilgungszahlung oder der Zahlung von Kosten mit der Nummer K',
- $\sum$ Summationszeichen,
- m laufende Nummer des letzten Kredits,
- m' laufende Nummer der letzten Tilgungszahlung oder der letzten Zahlung von Kosten,
- t_K in Jahren oder Jahresbruchteilen ausgedrückter Zeitabstand zwischen dem Zeitpunkt der Kreditvergabe mit der Nummer 1 und den Zeitpunkten der späteren Kredite mit der Nummer 2 bis m,
- $t_{K'}$ in Jahren oder Jahresbruchteilen ausgedrückter Zeitabstand zwischen dem Zeitpunkt der Kreditvergabe mit der Nummer 1 und den Zeitpunkten der Tilgungszahlung oder Zahlungen von Kosten mit der Nummer 1 bis m',
- i effektiver Zinssatz, der entweder algebraisch oder durch schrittweise Annäherungen oder durch ein Computerprogramm errechnet werden kann, wenn die sonstigen Gleichungsgrössen aus dem Vertrag oder auf andere Weise bekannt sind.

Anhang 2: Aufhebung und Änderung bisherigen Rechts (Art. 41)

Die aufgeführten Änderungen sind in den betroffenen Erlassen eingefügt worden.

Bundesgesetz über Pauschalreisen

vom 18. Juni 1993
SR 944.3

Die Bundesversammlung der Schweizerischen Eidgenossenschaft,

gestützt auf die Artikel 31^sexies und 64 der Bundesverfassung,
nach Einsicht in die Botschaft des Bundesrates vom 24. Februar 1993,

beschliesst:

1. Abschnitt: Begriffe

Art. 1 Pauschalreise

1 Als Pauschalreise gilt die im voraus festgelegte Verbindung von mindestens zwei der folgenden Dienstleistungen, wenn diese Verbindung zu einem Gesamtpreis angeboten wird und länger als 24 Stunden dauert oder eine Übernachtung einschliesst:

a. Beförderung;
b. Unterbringung;
c. andere touristische Dienstleistungen, die nicht Nebenleistungen von Beförderung oder Unterbringung sind und einen beträchtlichen Teil der Gesamtleistung ausmachen.

2 Dieses Gesetz ist auch anwendbar, wenn im Rahmen derselben Pauschalreise einzelne Leistungen getrennt berechnet werden.

Art. 2 Veranstalter, Vermittler und Konsument

1 Als Veranstalter oder Veranstalterin (Veranstalter)[1] gilt jede Person, die Pauschalreisen nicht nur gelegentlich organisiert und diese direkt oder über einen Vermittler anbietet.

2 Als Vermittler oder Vermittlerin (Vermittler)[1] gilt die Person, welche die vom Veranstalter zusammengestellte Pauschalreise anbietet.

3 Als Konsument oder Konsumentin (Konsument)[1] gilt jede Person:

a. welche eine Pauschalreise bucht oder zu buchen sich verpflichtet;
b. in deren Namen oder zu deren Gunsten eine Pauschalreise gebucht oder eine Buchungsverpflichtung eingegangen wird;
c. welcher die Pauschalreise nach Artikel 17 abgetreten wird.

2. Abschnitt: Prospekte

Art. 3

Veröffentlicht ein Veranstalter oder ein Vermittler einen Prospekt, so sind die darin enthaltenen Angaben für ihn verbindlich; sie können nur geändert werden:

1 Da die durchgehende Verwendung von Paarformen die Lesbarkeit des vorliegenden Erlasses erschwert, wird im Folgenden die männliche Personenbezeichnung als Ausdruck gewählt, der sich auf Personen beider Geschlechter bezieht.

a. durch spätere Parteivereinbarung;
b. wenn der Prospekt ausdrücklich auf die Änderungsmöglichkeit hinweist und die Änderung dem Konsumenten vor Vertragsschluss klar mitgeteilt wird.

3. Abschnitt: Information des Konsumenten

Art. 4 Vor Vertragsschluss

1 Der Veranstalter oder der Vermittler muss dem Konsumenten vor Vertragsschluss alle Vertragsbedingungen schriftlich mitteilen.

2 Die Vertragsbedingungen können dem Konsumenten auch in einer anderen geeigneten Form vermittelt werden, vorausgesetzt, dass sie ihm vor Vertragsschluss schriftlich bestätigt werden. Die Pflicht zur schriftlichen Bestätigung fällt dahin, wenn ihre Erfüllung eine Buchung oder einen Vertragsschluss verunmöglichen würde.

3 Soweit dies für die Pauschalreise von Bedeutung ist, muss der Veranstalter oder der Vermittler den Konsumenten vor Vertragsschluss schriftlich oder in einer anderen geeigneten Form allgemein informieren:

a. über die für Staatsangehörige der Staaten der EG und der EFTA geltenden Pass- und Visumserfordernisse, insbesondere über die Fristen für die Erlangung dieser Dokumente;
b. über gesundheitspolizeiliche Formalitäten, die für die Reise und den Aufenthalt erforderlich sind.

4 Staatsangehörige anderer Staaten haben Anspruch auf die Informationen nach Absatz 3 Buchstabe a, wenn sie diese unverzüglich verlangen.

Art. 5 Vor Reisebeginn

Der Veranstalter oder der Vermittler muss dem Konsumenten rechtzeitig vor dem Abreisetermin schriftlich oder in einer anderen geeigneten Form mitteilen:

a. Uhrzeiten und Orte von Zwischenstationen und Anschlussverbindungen;
b. den vom Reisenden einzunehmenden Platz;
c. Name, Adresse und Telefonnummer der örtlichen Vertretung des Veranstalters oder des Vermittlers oder, wenn eine solche Vertretung fehlt, der örtlichen Stellen, welche dem Konsumenten bei Schwierigkeiten Hilfe leisten können; fehlen auch solche Stellen, so sind dem Konsumenten auf jeden Fall eine Notrufnummer oder sonstige Angaben mitzuteilen, mit deren Hilfe er mit dem Veranstalter oder dem Vermittler Verbindung aufnehmen kann;
d. bei Auslandreisen und -aufenthalten einer minderjährigen Person Angaben darüber, wie eine unmittelbare Verbindung zu dieser Person oder den an ihrem Aufenthaltsort Verantwortlichen hergestellt werden kann;
e. Angaben über den möglichen Abschluss einer Reiserücktrittsversicherung oder einer Versicherung zur Deckung der Rückführungskosten bei Unfall oder Krankheit.

4. Abschnitt: Inhalt des Vertrages

Art. 6

1 Unabhängig von der Art der vereinbarten Leistungen muss der Vertrag angeben:

a. den Namen und die Adresse des Veranstalters und des allfälligen Vermittlers;
b. das Datum, die Uhrzeit und den Ort von Beginn und Ende der Reise;
c. die Sonderwünsche des Konsumenten, die vom Veranstalter oder vom Vermittler akzeptiert wurden;

d. ob für das Zustandekommen der Pauschalreise eine Mindestteilnehmerzahl erforderlich ist, und, gegebenenfalls, wann spätestens dem Konsumenten eine Annullierung der Reise mitgeteilt wird;
e. den Preis der Pauschalreise sowie den Zeitplan und die Modalitäten für dessen Zahlung;
f. die Frist, innert welcher der Konsument allfällige Beanstandungen wegen Nichterfüllung oder nicht gehöriger Erfüllung des Vertrags erheben muss;
g. den Namen und die Adresse des allfälligen Versicherers.

2 Je nach Art der vereinbarten Leistungen muss der Vertrag auch angeben:
a. den Bestimmungsort und, wenn mehrere Aufenthalte vorgesehen sind, deren Dauer und Termine;
b. die Reiseroute;
c. die Transportmittel, ihre Merkmale und Klasse;
d. die Anzahl der Mahlzeiten, die im Preis der Pauschalreise inbegriffen sind;
e. die Lage, die Kategorie oder den Komfort und die Hauptmerkmale der Unterbringung sowie deren Zulassung und touristische Einstufung gemäss den Vorschriften des Gaststaates;
f. die Besuche, die Ausflüge und die sonstigen Leistungen, die im Preis der Pauschalreise inbegriffen sind;
g. die Voraussetzungen einer allfälligen Preiserhöhung nach Artikel 7;
h. allfällige Abgaben für bestimmte Leistungen, wie Landegebühren, Ein- oder Ausschiffungsgebühren in Häfen und entsprechende Gebühren auf Flughäfen und Aufenthaltsgebühren, die nicht im Preis der Pauschalreise inbegriffen sind.

5. Abschnitt: Preiserhöhungen

Art. 7

Eine Erhöhung des vertraglich festgelegten Preises ist nur zulässig, wenn:
a. der Vertrag diese Möglichkeit ausdrücklich vorsieht und genaue Angaben zur Berechnung des neuen Preises enthält;
b. sie mindestens drei Wochen vor dem Abreisetermin erfolgt; und
c. sie mit einem Anstieg der Beförderungskosten, einschliesslich der Treibstoffkosten, einer Zunahme der Abgaben für bestimmte Leistungen, wie Landegebühren, Ein- oder Ausschiffungsgebühren in Häfen und entsprechende Gebühren auf Flughäfen, oder mit einer Änderung der für die Pauschalreise geltenden Wechselkurse begründet ist.

6. Abschnitt: Wesentliche Vertragsänderungen

Art. 8 Begriff

1 Als wesentliche Vertragsänderung gilt jede erhebliche Änderung eines wesentlichen Vertragspunktes, welche der Veranstalter vor dem Abreisetermin vornimmt.

2 Eine Preiserhöhung von mehr als zehn Prozent gilt als wesentliche Vertragsänderung.

Art. 9 Mitteilungspflicht

Der Veranstalter teilt dem Konsumenten so bald wie möglich jede wesentliche Vertragsänderung mit und gibt deren Auswirkung auf den Preis an.

Art. 10 Konsumentenrechte

1 Der Konsument kann eine wesentliche Vertragsänderung annehmen oder ohne Entschädigung vom Vertrag zurücktreten.

2 Er teilt den Rücktritt vom Vertrag dem Veranstalter oder dem Vermittler so bald wie möglich mit.

3 Tritt der Konsument vom Vertrag zurück, so hat er Anspruch:

a. auf Teilnahme an einer anderen gleichwertigen oder höherwertigen Pauschalreise, wenn der Veranstalter oder der Vermittler ihm eine solche anbieten kann;

b. auf Teilnahme an einer anderen minderwertigen Pauschalreise sowie auf Rückerstattung des Preisunterschieds; oder

c. auf schnellstmögliche Rückerstattung aller von ihm bezahlten Beträge.

4 Vorbehalten bleibt der Anspruch auf Schadenersatz wegen Nichterfüllung des Vertrages.

7. Abschnitt: Annullierung der Pauschalreise

Art. 11

1 Annulliert der Veranstalter die Reise vor dem Abreisetermin aus einem nicht vom Konsumenten zu vertretenden Umstand, so stehen diesem die Ansprüche nach Artikel 10 zu.

2 Der Konsument hat jedoch keinen Anspruch auf Schadenersatz wegen Nichterfüllung des Vertrages:

a. wenn die Annullierung erfolgt, weil die Anzahl der Personen, welche die Pauschalreise gebucht haben, nicht die geforderte Mindestteilnehmerzahl erreicht und die Annullierung dem Konsumenten innert der im Vertrag angegebenen Frist schriftlich mitgeteilt wurde, oder

b. wenn die Annullierung auf höhere Gewalt zurückzuführen ist. Überbuchung gilt nicht als höhere Gewalt.

8. Abschnitt: Nichterfüllung und nicht gehörige Erfüllung des Vertrages

Art. 12 Beanstandung

1 Der Konsument muss jeden Mangel bei der Erfüllung des Vertrages, den er an Ort und Stelle feststellt, so bald wie möglich schriftlich oder in einer anderen geeigneten Form gegenüber dem betreffenden Dienstleistungsträger sowie gegenüber dem Veranstalter oder dem Vermittler beanstanden.

2 Im Fall einer Beanstandung bemüht sich der Veranstalter, der Vermittler oder seine örtliche Vertretung nach Kräften um geeignete Lösungen.

Art. 13 Ersatzmassnahmen

1 Wird nach der Abreise ein erheblicher Teil der vereinbarten Leistungen nicht erbracht oder stellt der Veranstalter fest, dass er einen erheblichen Teil der vorgesehenen Leistungen nicht erbringen kann, so hat er:

a. angemessene Vorkehrungen zu treffen, damit die Pauschalreise weiter durchgeführt werden kann;

b. den dem Konsumenten daraus entstandenen Schaden zu ersetzen; die Höhe des Schadenersatzes entspricht dem Unterschied zwischen dem Preis der vorgesehenen und jenem der erbrachten Dienstleistungen.

[2] Können diese Vorkehrungen nicht getroffen werden oder lehnt sie der Konsument aus wichtigen Gründen ab, so hat der Veranstalter für eine gleichwertige Beförderungsmöglichkeit zu sorgen, mit welcher der Konsument zum Ort der Abreise zurückkehren oder an einen anderen mit ihm vereinbarten Ort reisen kann. Ausserdem hat er den dem Konsumenten daraus entstandenen Schaden zu ersetzen.

[3] Die Massnahmen dieses Artikels begründen keinen Preisaufschlag.

Art. 14 Haftung; Grundsatz

[1] Der Veranstalter oder der Vermittler, der Vertragspartei ist, haftet dem Konsumenten für die gehörige Vertragserfüllung unabhängig davon, ob er selbst oder andere Dienstleistungsträger die vertraglichen Leistungen zu erbringen haben.

[2] Der Veranstalter und der Vermittler können gegen andere Dienstleistungsträger Rückgriff nehmen.

[3] Vorbehalten bleiben die in internationalen Übereinkommen vorgesehenen Beschränkungen der Entschädigung bei Schäden aus Nichterfüllung oder nicht gehöriger Erfüllung des Vertrages.

Art. 15 Ausnahmen

[1] Der Veranstalter oder der Vermittler haftet dem Konsumenten nicht, wenn die Nichterfüllung oder die nicht gehörige Erfüllung des Vertrages zurückzuführen ist:

a. auf Versäumnisse des Konsumenten;
b. auf unvorhersehbare oder nicht abwendbare Versäumnisse Dritter, die an der Erbringung der vertraglich vereinbarten Leistungen nicht beteiligt sind;
c. auf höhere Gewalt oder auf ein Ereignis, welches der Veranstalter, der Vermittler oder der Dienstleistungsträger trotz aller gebotenen Sorgfalt nicht vorhersehen oder abwenden konnte.

[2] In den Fällen nach Absatz 1 Buchstaben b und c muss sich der Veranstalter oder der Vermittler, der Vertragspartei ist, darum bemühen, dem Konsumenten bei Schwierigkeiten Hilfe zu leisten.

Art. 16 Beschränkung und Wegbedingung der Haftung

[1] Die Haftung für Personenschäden, die aus der Nichterfüllung oder der nicht gehörigen Erfüllung des Vertrages entstehen, kann vertraglich nicht beschränkt werden.

[2] Für andere Schäden kann die Haftung vertraglich auf das Zweifache des Preises der Pauschalreise beschränkt werden, ausser bei absichtlich oder grobfahrlässig zugefügten Schäden.

9. Abschnitt: Abtretung der Buchung der Pauschalreise

Art. 17

[1] Ist der Konsument daran gehindert, die Pauschalreise anzutreten, so kann er die Buchung an eine Person abtreten, die alle an die Teilnahme geknüpften Bedingungen erfüllt, wenn er zuvor den Veranstalter oder den Vermittler innert angemessener Frist vor dem Abreisetermin darüber informiert.

[2] Diese Person und der Konsument haften dem Veranstalter oder dem Vermittler, der Vertragspartei ist, solidarisch für die Zahlung des Preises sowie für die gegebenenfalls durch diese Abtretung entstehenden Mehrkosten.

10. Abschnitt: Sicherstellung

Art. 18

1 Der Veranstalter oder der Vermittler, der Vertragspartei ist, muss für den Fall der Zahlungsunfähigkeit oder des Konkurses die Erstattung bezahlter Beträge und die Rückreise des Konsumenten sicherstellen.

2 Auf Verlangen des Konsumenten muss er die Sicherstellung nachweisen. Erbringt er diesen Nachweis nicht, so kann der Konsument vom Vertrag zurücktreten.

3 Der Rücktritt muss dem Veranstalter oder dem Vermittler vor dem Abreisetermin schriftlich mitgeteilt werden.

11. Abschnitt: Zwingendes Recht

Art. 19

Von den Bestimmungen dieses Gesetzes kann zuungunsten des Konsumenten nur dort abgewichen werden, wo dies ausdrücklich vorgesehen ist.

12. Abschnitt: Referendum und Inkrafttreten

Art. 20

1 Dieses Gesetz untersteht dem fakultativen Referendum.

2 Der Bundesrat bestimmt das Inkrafttreten.

Datum des Inkrafttretens: 1. Juli 1994

Bundesgesetz über Fusion, Spaltung, Umwandlung und Vermögensübertragung (Fusionsgesetz, FusG)

vom 3. Oktober 2003 (Stand am 1. Januar 2014)
SR 221.301

Die Bundesversammlung der Schweizerischen Eidgenossenschaft,

gestützt auf Artikel 122 Absatz 1 der Bundesverfassung,
nach Einsicht in die Botschaft des Bundesrates vom 13. Juni 2000,

beschliesst:

1. Kapitel: Gegenstand und Begriffe

Art. 1 Gegenstand

1 Dieses Gesetz regelt die Anpassung der rechtlichen Strukturen von Kapitalgesellschaften, Kollektiv- und Kommanditgesellschaften, Genossenschaften, Vereinen, Stiftungen und Einzelunternehmen im Zusammenhang mit Fusion, Spaltung, Umwandlung und Vermögensübertragung.

2 Es gewährleistet dabei die Rechtssicherheit und Transparenz und schützt Gläubigerinnen und Gläubiger, Arbeitnehmerinnen und Arbeitnehmer sowie Personen mit Minderheitsbeteiligungen.

3 Ferner legt es die privatrechtlichen Voraussetzungen fest, unter welchen Institute des öffentlichen Rechts mit privatrechtlichen Rechtsträgern fusionieren, sich in privatrechtliche Rechtsträger umwandeln oder sich an Vermögensübertragungen beteiligen können.

4 Die Vorschriften des Kartellgesetzes vom 6. Oktober 1995 betreffend die Beurteilung von Unternehmenszusammenschlüssen bleiben vorbehalten.

Art. 2 Begriffe

In diesem Gesetz gelten als:

a. *Rechtsträger:* Gesellschaften, Stiftungen, im Handelsregister eingetragene Einzelunternehmen, Kommanditgesellschaften für kollektive Kapitalanlagen, Investmentgesellschaften mit variablem Kapital und Institute des öffentlichen Rechts;

b. *Gesellschaften:* Kapitalgesellschaften, Kollektiv- und Kommanditgesellschaften, Vereine und Genossenschaften, sofern es sich nicht um Vorsorgeeinrichtungen gemäss Buchstabe i handelt;

c. *Kapitalgesellschaften:* Aktiengesellschaften, Kommanditaktiengesellschaften und Gesellschaften mit beschränkter Haftung;

d. *Institute des öffentlichen Rechts:* im Handelsregister eingetragene, organisatorisch verselbständigte Einrichtungen des öffentlichen Rechts des Bundes, der Kantone und der Gemeinden, unabhängig davon, ob sie als juristische Person ausgestaltet sind oder nicht;

e. *kleine und mittlere Unternehmen:* Gesellschaften, die keine Anleihensobligationen ausstehend haben, deren Anteile nicht an der Börse kotiert sind und die überdies zwei der nachfolgenden Grössen nicht in den zwei letzten dem Fusions-, dem Spaltungs- oder dem Umwandlungsbeschluss vorangegangenen Geschäftsjahren überschreiten:

   1. Bilanzsumme von 20 Millionen Franken,
   2. Umsatzerlös von 40 Millionen Franken,
   3. 250 Vollzeitstellen im Jahresdurchschnitt;

f. *Gesellschafterinnen und Gesellschafter:* Anteilsinhaberinnen und -inhaber, Gesellschafterinnen und Gesellschafter in der Kollektiv- und der Kommanditgesellschaft, Genossenschafterinnen und Genossenschafter ohne Anteilscheine, Mitglieder im Verein;
g. *Anteilsinhaberinnen und -inhaber:* Inhaberinnen und Inhaber von Aktien, Partizipationsscheinen oder Genussscheinen, Gesellschafterinnen und Gesellschafter von Gesellschaften mit beschränkter Haftung, Genossenschafterinnen und Genossenschafter mit Anteilscheinen;
h. *Generalversammlung:* die Generalversammlung in der Aktiengesellschaft, der Kommanditaktiengesellschaft und in der Genossenschaft; die Gesellschafterversammlung in der Gesellschaft mit beschränkter Haftung; die Versammlung der Mitglieder im Verein; die Delegiertenversammlung, soweit diese in der Genossenschaft oder im Verein nach den Statuten zuständig ist;
i. *Vorsorgeeinrichtungen:* Einrichtungen, die der Aufsicht gemäss Artikel 61 ff. des Bundesgesetzes vom 25. Juni 1982 über die berufliche Alters-, Hinterbliebenen- und Invalidenvorsorge (BVG) unterstellt sind und die als juristische Person ausgestaltet sind.

2. Kapitel: Fusion von Gesellschaften

1. Abschnitt: Allgemeine Bestimmungen

Art. 3 Grundsatz

1 Gesellschaften können fusionieren, indem:
a. die eine die andere übernimmt (Absorptionsfusion);
b. sie sich zu einer neuen Gesellschaft zusammenschliessen (Kombinationsfusion).

2 Mit der Fusion wird die übertragende Gesellschaft aufgelöst und im Handelsregister gelöscht.

Art. 4 Zulässige Fusionen

1 Kapitalgesellschaften können fusionieren:
a. mit Kapitalgesellschaften;
b. mit Genossenschaften;
c. als übernehmende Gesellschaften mit Kollektiv- und Kommanditgesellschaften;
d. als übernehmende Gesellschaften mit Vereinen, die im Handelsregister eingetragen sind.

2 Kollektiv- und Kommanditgesellschaften können fusionieren:
a. mit Kollektiv- und Kommanditgesellschaften;
b. als übertragende Gesellschaften mit Kapitalgesellschaften;
c. als übertragende Gesellschaften mit Genossenschaften.

3 Genossenschaften können fusionieren:
a. mit Genossenschaften;
b. mit Kapitalgesellschaften;
c. als übernehmende Gesellschaften mit Kollektiv- und Kommanditgesellschaften;
d. als übernehmende Gesellschaften mit Vereinen, die im Handelsregister eingetragen sind;
e. falls keine Anteilscheine bestehen, als übertragende Gesellschaften mit Vereinen, die im Handelsregister eingetragen sind.

4 Vereine können mit Vereinen fusionieren. Im Handelsregister eingetragene Vereine können überdies fusionieren:
a. als übertragende Gesellschaften mit Kapitalgesellschaften;
b. als übertragende Gesellschaften mit Genossenschaften;
c. als übernehmende Gesellschaften mit Genossenschaften ohne Anteilscheine.

Art. 5 Fusion einer Gesellschaft in Liquidation

1 Eine Gesellschaft in Liquidation kann sich als übertragende Gesellschaft an einer Fusion beteiligen, wenn mit der Vermögensverteilung noch nicht begonnen wurde.

2 Das oberste Leitungs- oder Verwaltungsorgan muss gegenüber dem Handelsregisteramt bestätigen, dass die Voraussetzung nach Absatz 1 erfüllt ist.

Art. 6 Fusion von Gesellschaften im Fall von Kapitalverlust oder Überschuldung

1 Eine Gesellschaft, deren Aktien-, Stamm- oder Genossenschaftskapital und deren gesetzliche Reserven zur Hälfte nicht mehr gedeckt sind oder die überschuldet ist, kann mit einer anderen Gesellschaft nur fusionieren, wenn diese über frei verwendbares Eigenkapital im Umfang der Unterdeckung und gegebenenfalls der Überschuldung verfügt. Diese Voraussetzung entfällt, soweit Gläubigerinnen und Gläubiger der an der Fusion beteiligten Gesellschaften im Rang hinter alle anderen Gläubigerinnen und Gläubiger zurücktreten.

2 Das oberste Leitungs- oder Verwaltungsorgan muss dem Handelsregisteramt eine Bestätigung einer zugelassenen Revisionsexpertin oder eines zugelassenen Revisionsexperten einreichen, wonach die Voraussetzungen nach Absatz 1 erfüllt sind.

2. Abschnitt: Anteils- und Mitgliedschaftsrechte

Art. 7 Wahrung der Anteils- und Mitgliedschaftsrechte

1 Gesellschafterinnen und Gesellschafter der übertragenden Gesellschaft haben Anspruch auf Anteils- oder Mitgliedschaftsrechte an der übernehmenden Gesellschaft, die unter Berücksichtigung des Vermögens der beteiligten Gesellschaften, der Verteilung der Stimmrechte sowie aller anderen relevanten Umstände ihren bisherigen Anteils- oder Mitgliedschaftsrechten entsprechen.

2 Bei der Festlegung des Umtauschverhältnisses für Anteile kann eine Ausgleichszahlung vorgesehen werden, die den zehnten Teil des wirklichen Werts der gewährten Anteile nicht übersteigen darf.

3 Gesellschafterinnen und Gesellschafter ohne Anteilscheine haben bei der Übernahme ihrer Gesellschaft durch eine Kapitalgesellschaft Anspruch auf mindestens einen Anteil.

4 Für Anteile ohne Stimmrecht an der übertragenden Gesellschaft muss die übernehmende Gesellschaft gleichwertige Anteile oder Anteile mit Stimmrecht gewähren.

5 Für Sonderrechte an der übertragenden Gesellschaft, die mit Anteils- oder Mitgliedschaftsrechten verbunden sind, muss die übernehmende Gesellschaft gleichwertige Rechte oder eine angemessene Abgeltung gewähren.

6 Die übernehmende Gesellschaft muss den Inhaberinnen und Inhabern von Genussscheinen der übertragenden Gesellschaft gleichwertige Rechte gewähren oder ihre Genussscheine zum wirklichen Wert im Zeitpunkt des Abschlusses des Fusionsvertrags zurückkaufen.

Art. 8 Abfindung

1 Die an der Fusion beteiligten Gesellschaften können im Fusionsvertrag vorsehen, dass die Gesellschafterinnen und Gesellschafter zwischen Anteils- oder Mitgliedschaftsrechten und einer Abfindung wählen können.

2 Die an der Fusion beteiligten Gesellschaften können im Fusionsvertrag auch vorsehen, dass nur eine Abfindung ausgerichtet wird.

3. Abschnitt: Kapitalerhöhung, Neugründung und Zwischenbilanz

Art. 9 Kapitalerhöhung bei der Absorptionsfusion

1 Bei der Absorptionsfusion muss die übernehmende Gesellschaft das Kapital erhöhen, soweit es zur Wahrung der Rechte der Gesellschafterinnen und Gesellschafter der übertragenden Gesellschaft erforderlich ist.

2 Die Vorschriften des Obligationenrechts (OR) über die Sacheinlagen sowie Artikel 651 Absatz 2 des OR finden bei der Fusion keine Anwendung.

Art. 10 Neugründung bei der Kombinationsfusion

Für die Neugründung einer Gesellschaft im Rahmen einer Kombinationsfusion gelten die Bestimmungen des Zivilgesetzbuches (ZGB) und des OR über die Gründung einer Gesellschaft. Keine Anwendung finden die Vorschriften über die Anzahl der Gründerinnen und Gründer bei Kapitalgesellschaften sowie die Vorschriften über die Sacheinlagen.

Art. 11 Zwischenbilanz

1 Liegt der Bilanzstichtag bei Abschluss des Fusionsvertrags mehr als sechs Monate zurück oder sind seit Abschluss der letzten Bilanz wichtige Änderungen in der Vermögenslage der an der Fusion beteiligten Gesellschaften eingetreten, so müssen diese eine Zwischenbilanz erstellen.

2 Die Erstellung der Zwischenbilanz erfolgt gemäss den Vorschriften und Grundsätzen für den Jahresabschluss unter Vorbehalt folgender Vorschriften:

a. Eine körperliche Bestandesaufnahme ist nicht notwendig.

b. Die in der letzten Bilanz vorgenommenen Bewertungen brauchen nur nach Massgabe der Bewegungen in den Geschäftsbüchern verändert zu werden; Abschreibungen, Wertberichtigungen und Rückstellungen für die Zwischenzeit sowie wesentliche, aus den Büchern nicht ersichtliche Veränderungen der Werte müssen jedoch berücksichtigt werden.

4. Abschnitt: Fusionsvertrag, Fusionsbericht und Prüfung

Art. 12 Abschluss des Fusionsvertrags

1 Der Fusionsvertrag muss von den obersten Leitungs- oder Verwaltungsorganen der an der Fusion beteiligten Gesellschaften abgeschlossen werden.

2 Er bedarf der schriftlichen Form und der Zustimmung der Generalversammlung beziehungsweise der Gesellschafterinnen und Gesellschafter der beteiligten Gesellschaften (Art. 18).

Art. 13 Inhalt des Fusionsvertrags

1 Der Fusionsvertrag enthält:

a. den Namen oder die Firma, den Sitz und die Rechtsform der beteiligten Gesellschaften, im Fall der Kombinationsfusion auch den Namen oder die Firma, den Sitz und die Rechtsform der neuen Gesellschaft;

b. das Umtauschverhältnis für Anteile und gegebenenfalls die Höhe der Ausgleichszahlung beziehungsweise Angaben über die Mitgliedschaft der Gesellschafterinnen und Gesellschafter der übertragenden Gesellschaft bei der übernehmenden Gesellschaft;

c. die Rechte, welche die übernehmende Gesellschaft den Inhaberinnen und Inhabern von Sonderrechten, von Anteilen ohne Stimmrecht oder von Genussscheinen gewährt;

d. die Modalitäten für den Umtausch der Anteile;

e. den Zeitpunkt, von dem an die Anteils- oder Mitgliedschaftsrechte Anspruch auf einen Anteil am Bilanzgewinn gewähren, sowie alle Besonderheiten dieses Anspruchs;

f. gegebenenfalls die Höhe der Abfindung nach Artikel 8;

g. den Zeitpunkt, von dem an die Handlungen der übertragenden Gesellschaft als für Rechnung der übernehmenden Gesellschaft vorgenommen gelten;
h. jeden besonderen Vorteil, der Mitgliedern eines Leitungs- oder Verwaltungsorgans oder geschäftsführenden Gesellschafterinnen und Gesellschaftern gewährt wird;
i. gegebenenfalls die Bezeichnung der Gesellschafterinnen und Gesellschafter mit unbeschränkter Haftung.

2 Bei der Fusion zwischen Vereinen finden Absatz 1 Buchstaben c–f keine Anwendung.

Art. 14 Fusionsbericht

1 Die obersten Leitungs- oder Verwaltungsorgane der beteiligten Gesellschaften müssen einen schriftlichen Bericht über die Fusion erstellen. Sie können den Bericht auch gemeinsam verfassen.

2 Kleine und mittlere Unternehmen können auf die Erstellung eines Fusionsberichts verzichten, sofern alle Gesellschafterinnen und Gesellschafter zustimmen.

3 Im Bericht sind rechtlich und wirtschaftlich zu erläutern und zu begründen:

a. der Zweck und die Folgen der Fusion;
b. der Fusionsvertrag;
c. das Umtauschverhältnis für Anteile und gegebenenfalls die Höhe der Ausgleichszahlung beziehungsweise die Mitgliedschaft der Gesellschafterinnen und Gesellschafter der übertragenden Gesellschaft bei der übernehmenden Gesellschaft;
d. gegebenenfalls die Höhe der Abfindung und die Gründe, weshalb an Stelle von Anteils- oder Mitgliedschaftsrechten nur eine Abfindung gewährt werden soll;
e. Besonderheiten bei der Bewertung der Anteile im Hinblick auf die Festsetzung des Umtauschverhältnisses;
f. gegebenenfalls der Umfang der Kapitalerhöhung der übernehmenden Gesellschaft;
g. gegebenenfalls die Nachschusspflicht, andere persönliche Leistungspflichten und die persönliche Haftung, die sich für die Gesellschafterinnen und Gesellschafter der übertragenden Gesellschaft aus der Fusion ergeben;
h. bei der Fusion von Gesellschaften mit unterschiedlichen Rechtsformen die Pflichten, die den Gesellschafterinnen und Gesellschaftern in der neuen Rechtsform auferlegt werden können;
i. die Auswirkungen der Fusion auf die Arbeitnehmerinnen und Arbeitnehmer der an der Fusion beteiligten Gesellschaften sowie Hinweise auf den Inhalt eines allfälligen Sozialplans;
j. die Auswirkungen der Fusion auf die Gläubigerinnen und Gläubiger der an der Fusion beteiligten Gesellschaften;
k. gegebenenfalls Hinweise auf erteilte und ausstehende behördliche Bewilligungen.

4 Bei der Kombinationsfusion ist dem Fusionsbericht der Entwurf der Statuten der neuen Gesellschaft beizufügen.

5 Bei der Fusion zwischen Vereinen findet diese Bestimmung keine Anwendung.

Art. 15 Prüfung des Fusionsvertrags und des Fusionsberichts

1 Die an der Fusion beteiligten Gesellschaften müssen den Fusionsvertrag, den Fusionsbericht und die der Fusion zu Grunde liegende Bilanz von einer zugelassenen Revisionsexpertin oder einem zugelassenen Revisionsexperten prüfen lassen, falls die übernehmende Gesellschaft eine Kapitalgesellschaft oder eine Genossenschaft mit Anteilscheinen ist. Sie können eine gemeinsame Revisionsexpertin oder einen gemeinsamen Revisionsexperten bestimmen.

2 Kleine und mittlere Unternehmen können auf die Prüfung verzichten, sofern alle Gesellschafterinnen und Gesellschafter zustimmen.

3 Die beteiligten Gesellschaften müssen der Revisionsexpertin oder dem Revisionsexperten alle zweckdienlichen Auskünfte und Unterlagen geben.

4 Die Revisionsexpertin oder der Revisionsexperte legt in einem schriftlichen Prüfungsbericht dar:

a. ob die vorgesehene Kapitalerhöhung der übernehmenden Gesellschaft zur Wahrung der Rechte der Gesellschafterinnen und Gesellschafter der übertragenden Gesellschaft genügt;
b. ob das Umtauschverhältnis für Anteile beziehungsweise die Abfindung vertretbar ist;
c. nach welcher Methode das Umtauschverhältnis bestimmt worden ist und aus welchen Gründen die angewandte Methode angemessen ist;
d. welche relative Bedeutung gegebenenfalls verschiedenen angewendeten Methoden für die Bestimmung des Umtauschverhältnisses beigemessen wurde;
e. welche Besonderheiten bei der Bewertung der Anteile im Hinblick auf die Festsetzung des Umtauschverhältnisses zu beachten waren.

Art. 16 Einsichtsrecht

1 Jede der an der Fusion beteiligten Gesellschaften muss an ihrem Sitz den Gesellschafterinnen und Gesellschaftern während der 30 Tage vor der Beschlussfassung Einsicht in folgende Unterlagen aller an der Fusion beteiligten Gesellschaften gewähren:

a. den Fusionsvertrag;
b. den Fusionsbericht;
c. den Prüfungsbericht;
d. die Jahresrechnungen und Jahresberichte der letzten drei Geschäftsjahre sowie gegebenenfalls die Zwischenbilanz.

2 Kleine und mittlere Unternehmen können auf das Einsichtsverfahren nach Absatz 1 verzichten, sofern alle Gesellschafterinnen und Gesellschafter zustimmen.

3 Die Gesellschafterinnen und Gesellschafter können von den beteiligten Gesellschaften Kopien der Unterlagen nach Absatz 1 verlangen. Diese müssen ihnen unentgeltlich zur Verfügung gestellt werden.

4 Jede der an der Fusion beteiligten Gesellschaften muss die Gesellschafterinnen und Gesellschafter in geeigneter Form auf die Möglichkeit zur Einsichtnahme hinweisen.

Art. 17 Veränderungen im Vermögen

1 Treten bei einer der an der Fusion beteiligten Gesellschaften zwischen dem Abschluss des Fusionsvertrags und der Beschlussfassung durch die Generalversammlung wesentliche Änderungen im Aktiv- oder im Passivvermögen ein, so muss deren oberstes Leitungs- oder Verwaltungsorgan die obersten Leitungs- oder Verwaltungsorgane der anderen beteiligten Gesellschaften darüber informieren.

2 Die obersten Leitungs- oder Verwaltungsorgane aller beteiligten Gesellschaften prüfen, ob der Fusionsvertrag abgeändert werden muss oder ob auf die Fusion zu verzichten ist; trifft dies zu, so müssen sie den Antrag auf Genehmigung zurückziehen. Andernfalls müssen sie in der Generalversammlung begründen, warum der Fusionsvertrag keiner Anpassung bedarf.

5. Abschnitt: Fusionsbeschluss und Eintragung ins Handelsregister

Art. 18 Fusionsbeschluss

1 Bei den Kapitalgesellschaften, den Genossenschaften und den Vereinen muss das oberste Leitungs- oder Verwaltungsorgan den Fusionsvertrag der Generalversammlung zur Beschlussfassung unterbreiten. Folgende Mehrheiten sind erforderlich:

a. bei Aktiengesellschaften und Kommanditaktiengesellschaften mindestens zwei Drittel der an der Generalversammlung vertretenen Aktienstimmen und die absolute Mehrheit des von ihnen vertretenen Aktiennennwerts;
b. bei einer Kapitalgesellschaft, die von einer Genossenschaft übernommen wird, die Zustimmung aller Aktionärinnen und Aktionäre oder, im Fall der Gesellschaft mit beschränkter Haftung, aller Gesellschafterinnen und Gesellschafter;
c. bei Gesellschaften mit beschränkter Haftung mindestens zwei Drittel der an der Generalversammlung vertretenen Stimmen sowie die absolute Mehrheit des gesamten Stammkapitals, mit dem ein ausübbares Stimmrecht verbunden ist;
d. bei Genossenschaften mindestens zwei Drittel der abgegebenen Stimmen oder, wenn eine Nachschusspflicht, andere persönliche Leistungspflichten oder die persönliche Haftung eingeführt oder erweitert werden, mindestens drei Viertel aller Genossenschafterinnen und Genossenschafter;
e. bei Vereinen mindestens drei Viertel der an der Generalversammlung anwesenden Mitglieder.

2 Bei Kollektiv- und bei Kommanditgesellschaften bedarf der Fusionsvertrag der Zustimmung aller Gesellschafterinnen und Gesellschafter. Der Gesellschaftsvertrag kann jedoch vorsehen, dass die Zustimmung von mindestens drei Vierteln der Gesellschafterinnen und Gesellschafter genügt.

3 Übernimmt eine Kommanditaktiengesellschaft eine andere Gesellschaft, so bedarf es zusätzlich zu den Mehrheiten nach Absatz 1 Buchstabe a der schriftlichen Zustimmung aller Gesellschafterinnen und Gesellschafter, die unbeschränkt haften.

4 Bei Aktiengesellschaften oder Kommanditaktiengesellschaften, die von einer Gesellschaft mit beschränkter Haftung übernommen werden und bei denen durch diese Übernahme eine Nachschusspflicht oder eine andere persönliche Leistungspflicht eingeführt wird, bedarf es der Zustimmung aller Aktionärinnen und Aktionäre, die davon betroffen werden.

5 Sieht der Fusionsvertrag nur eine Abfindung vor, so bedarf der Fusionsbeschluss der Zustimmung von mindestens 90 Prozent der stimmberechtigten Gesellschafterinnen und Gesellschafter der übertragenden Gesellschaft.

6 Ergibt sich für die Gesellschafterinnen und Gesellschafter der übertragenden Gesellschaft aus der Fusion eine Änderung des Zwecks der Gesellschaft und ist dafür auf Grund gesetzlicher oder statutarischer Vorschriften eine andere Mehrheit erforderlich als für den Fusionsbeschluss, so gelten für diesen beide Mehrheitserfordernisse.

Art. 19 Austrittsrecht bei der Fusion von Vereinen

1 Vereinsmitglieder können innerhalb von zwei Monaten nach dem Fusionsbeschluss frei aus dem Verein austreten.

2 Der Austritt gilt rückwirkend auf das Datum des Fusionsbeschlusses.

Art. 20 Öffentliche Beurkundung

1 Der Fusionsbeschluss bedarf der öffentlichen Beurkundung.

2 Bei der Fusion zwischen Vereinen findet diese Bestimmung keine Anwendung.

Art. 21 Eintragung ins Handelsregister

1 Sobald der Fusionsbeschluss aller an der Fusion beteiligten Gesellschaften vorliegt, müssen deren oberste Leitungs- oder Verwaltungsorgane dem Handelsregisteramt die Fusion zur Eintragung anmelden.

2 Muss die übernehmende Gesellschaft infolge der Fusion ihr Kapital erhöhen, so sind dem Handelsregisteramt zusätzlich die geänderten Statuten und die erforderlichen Feststellungen über die Kapitalerhöhung (Art. 652g OR) zu unterbreiten.

3 Die übertragende Gesellschaft wird mit der Eintragung der Fusion im Handelsregister gelöscht.

4 Diese Bestimmung findet keine Anwendung auf Vereine, die im Handelsregister nicht eingetragen sind.

Art. 22 Rechtswirksamkeit

1 Die Fusion wird mit der Eintragung ins Handelsregister rechtswirksam. In diesem Zeitpunkt gehen alle Aktiven und Passiven der übertragenden Gesellschaft von Gesetzes wegen auf die übernehmende Gesellschaft über. Artikel 34 des Kartellgesetzes vom 6. Oktober 1995 bleibt vorbehalten.

2 Die Fusion von Vereinen, die im Handelsregister nicht eingetragen sind, wird mit dem Vorliegen des Fusionsbeschlusses aller beteiligten Vereine rechtswirksam.

6. Abschnitt: Erleichterte Fusion von Kapitalgesellschaften

Art. 23 Voraussetzungen

1 Kapitalgesellschaften können unter erleichterten Voraussetzungen fusionieren, wenn:

a. die übernehmende Kapitalgesellschaft alle Anteile der übertragenden Kapitalgesellschaft besitzt, die ein Stimmrecht gewähren; oder
b. ein Rechtsträger, eine natürliche Person oder eine gesetzlich oder vertraglich verbundene Personengruppe, alle Anteile der an der Fusion beteiligten Kapitalgesellschaften besitzt, die ein Stimmrecht gewähren.

2 Besitzt die übernehmende Kapitalgesellschaft nicht alle, jedoch mindestens 90 Prozent der Anteile der übertragenden Kapitalgesellschaft, die ein Stimmrecht gewähren, so kann die Fusion unter erleichterten Voraussetzungen erfolgen, wenn den Inhaberinnen und Inhabern von Minderheitsanteilen:

a. neben Anteilsrechten an der übernehmenden Kapitalgesellschaft eine Abfindung nach Artikel 8 angeboten wird, die dem wirklichen Wert der Anteile entspricht; und
b. aus der Fusion weder eine Nachschusspflicht, eine andere persönliche Leistungspflicht noch eine persönliche Haftung erwächst.

Art. 24 Erleichterungen

1 Die an der Fusion beteiligten Kapitalgesellschaften, welche die Voraussetzungen nach Artikel 23 Absatz 1 erfüllen, müssen im Fusionsvertrag nur die Angaben nach Artikel 13 Absatz 1 Buchstaben a und f–i machen. Sie müssen weder einen Fusionsbericht (Art. 14) erstellen noch den Fusionsvertrag prüfen lassen (Art. 15) noch das Einsichtsrecht gewähren (Art. 16) noch den Vertrag der Generalversammlung zur Beschlussfassung unterbreiten (Art. 18).

2 Die an der Fusion beteiligten Kapitalgesellschaften, die die Voraussetzungen nach Artikel 23 Absatz 2 erfüllen, müssen im Fusionsvertrag nur die Angaben nach Artikel 13 Absatz 1 Buchstaben a, b und f–i machen. Sie müssen weder einen Fusionsbericht (Art. 14) erstellen noch den Fusionsvertrag der Generalversammlung zur Beschlussfassung unterbreiten (Art. 18). Das Einsichtsrecht nach Artikel 16 muss mindestens 30 Tage vor der Anmeldung der Fusion zur Eintragung ins Handelsregister gewährt werden.

7. Abschnitt: Gläubiger- und Arbeitnehmerschutz

Art. 25 Sicherstellung der Forderungen

1 Die übernehmende Gesellschaft muss die Forderungen der Gläubigerinnen und Gläubiger der an der Fusion beteiligten Gesellschaften sicherstellen, wenn diese es innerhalb von drei Monaten nach der Rechtswirksamkeit der Fusion verlangen.

2 Die an der Fusion beteiligten Gesellschaften müssen ihre Gläubigerinnen und Gläubiger im Schweizerischen Handelsamtsblatt dreimal auf ihre Rechte hinweisen. Sie können von einer Publikation absehen, wenn eine zugelassene Revisionsexpertin oder ein zugelassener Revisionsexperte bestätigt, dass keine Forderungen bekannt oder zu erwarten sind, zu deren Befriedigung das freie Vermögen der beteiligten Gesellschaften nicht ausreicht.

3 Die Pflicht zur Sicherstellung entfällt, wenn die Gesellschaft nachweist, dass die Erfüllung der Forderung durch die Fusion nicht gefährdet wird.

4 Anstatt eine Sicherheit zu leisten, kann die Gesellschaft die Forderung erfüllen, sofern die anderen Gläubigerinnen und Gläubiger nicht geschädigt werden.

Art. 26 Persönliche Haftung der Gesellschafterinnen und Gesellschafter

1 Gesellschafterinnen und Gesellschafter der übertragenden Gesellschaft, die vor der Fusion für deren Verbindlichkeiten hafteten, bleiben dafür haftbar, soweit die Verbindlichkeiten vor der Veröffentlichung des Fusionsbeschlusses begründet wurden oder deren Entstehungsgrund vor diesem Zeitpunkt liegt.

2 Die Ansprüche aus persönlicher Haftung der Gesellschafterinnen und Gesellschafter für die Verbindlichkeiten der übertragenden Gesellschaft verjähren spätestens drei Jahre nach Eintritt der Rechtswirksamkeit der Fusion. Wird die Forderung erst nach der Veröffentlichung des Fusionsbeschlusses fällig, so beginnt die Verjährung mit der Fälligkeit. Die Begrenzung der persönlichen Haftung gilt nicht für Gesellschafterinnen und Gesellschafter, die auch für die Verbindlichkeiten der übernehmenden Gesellschaft persönlich haften.

3 Bei Anleihensobligationen und anderen Schuldverschreibungen, die öffentlich ausgegeben wurden, besteht die Haftung bis zur Rückzahlung, es sei denn, der Prospekt sehe etwas anderes vor. Vorbehalten bleiben die Bestimmungen über die Gläubigergemeinschaft bei Anleihensobligationen nach den Artikeln 1157 ff. des OR.

Art. 27 Übergang der Arbeitsverhältnisse, Sicherstellung und persönliche Haftung

1 Für den Übergang der Arbeitsverhältnisse auf die übernehmende Gesellschaft findet Artikel 333 des OR Anwendung.

2 Die Arbeitnehmerinnen und Arbeitnehmer der an der Fusion beteiligten Gesellschaften können gemäss Artikel 25 die Sicherstellung ihrer Forderungen aus Arbeitsvertrag verlangen, die bis zum Zeitpunkt fällig werden, auf den das Arbeitsverhältnis ordentlicherweise beendigt werden könnte oder, bei Ablehnung des Übergangs, von der Arbeitnehmerin oder dem Arbeitnehmer beendigt wird.

3 Gesellschafterinnen und Gesellschafter der übertragenden Gesellschaft, die vor der Fusion für deren Verbindlichkeiten hafteten, bleiben für alle Verbindlichkeiten aus Arbeitsvertrag haftbar, die bis zum Zeitpunkt fällig werden, auf den das Arbeitsverhältnis ordentlicherweise beendigt werden könnte oder, bei Ablehnung des Übergangs, von der Arbeitnehmerin oder dem Arbeitnehmer beendigt wird.

Art. 28 Konsultation der Arbeitnehmervertretung

[1] Für die Konsultation der Arbeitnehmervertretung findet für die übertragende wie auch für die übernehmende Gesellschaft Artikel 333a des OR Anwendung.

[2] Die Konsultation muss vor der Beschlussfassung gemäss Artikel 18 erfolgen. Das oberste Leitungs- oder Verwaltungsorgan muss die Generalversammlung anlässlich der Beschlussfassung über das Ergebnis der Konsultation informieren.

[3] Werden die Vorschriften der Absätze 1 und 2 nicht eingehalten, so kann die Arbeitnehmervertretung vom Gericht verlangen, dass es die Eintragung der Fusion ins Handelsregister untersagt.

[4] Diese Bestimmung findet auch Anwendung auf übernehmende Gesellschaften mit Sitz im Ausland.

3. Kapitel: Spaltung von Gesellschaften

1. Abschnitt: Allgemeine Bestimmungen

Art. 29 Grundsatz

Eine Gesellschaft kann sich spalten, indem sie:

a. ihr ganzes Vermögen aufteilt und auf andere Gesellschaften überträgt. Ihre Gesellschafterinnen und Gesellschafter erhalten Anteils- oder Mitgliedschaftsrechte der übernehmenden Gesellschaften. Die übertragende Gesellschaft wird aufgelöst und im Handelsregister gelöscht (Aufspaltung); oder
b. einen oder mehrere Teile ihres Vermögens auf andere Gesellschaften überträgt. Ihre Gesellschafterinnen und Gesellschafter erhalten dafür Anteils- oder Mitgliedschaftsrechte der übernehmenden Gesellschaften (Abspaltung).

Art. 30 Zulässige Spaltungen

Kapitalgesellschaften und Genossenschaften können sich in Kapitalgesellschaften und in Genossenschaften spalten.

2. Abschnitt: Anteils- und Mitgliedschaftsrechte

Art. 31

[1] Bei der Spaltung müssen die Anteils- und Mitgliedschaftsrechte gemäss Artikel 7 gewahrt werden.

[2] Den Gesellschafterinnen und Gesellschaftern der übertragenden Gesellschaft können:

a. Anteils- oder Mitgliedschaftsrechte an allen an der Spaltung beteiligten Gesellschaften im Verhältnis ihrer bisherigen Beteiligung zugewiesen werden (symmetrische Spaltung);
b. Anteils- oder Mitgliedschaftsrechte an einzelnen oder allen an der Spaltung beteiligten Gesellschaften unter Abänderung der Beteiligungsverhältnisse zugewiesen werden (asymmetrische Spaltung).

3. Abschnitt: Kapitalherabsetzung, Kapitalerhöhung, Neugründung und Zwischenbilanz

Art. 32 Herabsetzung des Kapitals bei der Abspaltung

Wird im Zusammenhang mit der Abspaltung das Kapital der übertragenden Gesellschaft herabgesetzt, so finden die Artikel 733, 734, 788 Absatz 2 und 874 Absatz 2 des OR keine Anwendung.

Art. 33 Kapitalerhöhung

1 Die übernehmende Gesellschaft muss das Kapital erhöhen, soweit es zur Wahrung der Rechte der Gesellschafterinnen und Gesellschafter der übertragenden Gesellschaft erforderlich ist.

2 Die Vorschriften des OR über die Sacheinlagen sowie Artikel 651 Absatz 2 des OR finden bei der Spaltung keine Anwendung.

Art. 34 Neugründung

Für die Neugründung einer Gesellschaft im Rahmen einer Spaltung gelten die Bestimmungen des OR über die Gründung einer Gesellschaft. Keine Anwendung finden die Vorschriften über die Anzahl der Gründerinnen und Gründer bei Kapitalgesellschaften sowie die Vorschriften über die Sacheinlagen.

Art. 35 Zwischenbilanz

1 Liegt der Bilanzstichtag beim Abschluss des Spaltungsvertrags oder bei der Erstellung des Spaltungsplans mehr als sechs Monate zurück oder sind seit Abschluss der letzten Bilanz wichtige Änderungen in der Vermögenslage der an der Spaltung beteiligten Gesellschaften eingetreten, so müssen diese eine Zwischenbilanz erstellen.

2 Die Erstellung der Zwischenbilanz erfolgt gemäss den Vorschriften und Grundsätzen für den Jahresabschluss unter Vorbehalt folgender Vorschriften:

a. Eine körperliche Bestandesaufnahme ist nicht notwendig.
b. Die in der letzten Bilanz vorgenommenen Bewertungen brauchen nur nach Massgabe der Bewegungen in den Geschäftsbüchern verändert zu werden; Abschreibungen, Wertberichtigungen und Rückstellungen für die Zwischenzeit sowie wesentliche, aus den Büchern nicht ersichtliche Veränderungen der Werte müssen jedoch berücksichtigt werden.

4. Abschnitt: Spaltungsvertrag, Spaltungsplan, Spaltungsbericht und Prüfung

Art. 36 Spaltungsvertrag und Spaltungsplan

1 Überträgt eine Gesellschaft durch Spaltung Vermögensteile auf bestehende Gesellschaften, so schliessen die obersten Leitungs- oder Verwaltungsorgane der beteiligten Gesellschaften einen Spaltungsvertrag ab.

2 Will eine Gesellschaft durch Spaltung Vermögensteile auf neu zu gründende Gesellschaften übertragen, so erstellt ihr oberstes Leitungs- oder Verwaltungsorgan einen Spaltungsplan.

3 Der Spaltungsvertrag und der Spaltungsplan bedürfen der schriftlichen Form und der Zustimmung der Generalversammlung (Art. 43).

Art. 37 Inhalt des Spaltungsvertrags oder des Spaltungsplans

Der Spaltungsvertrag oder der Spaltungsplan enthält:

a. die Firma, den Sitz und die Rechtsform der beteiligten Gesellschaften;

b. ein Inventar mit der eindeutigen Bezeichnung, der Aufteilung und der Zuordnung der Gegenstände des Aktiv- und des Passivvermögens sowie der Zuordnung der Betriebsteile; Grundstücke, Wertpapiere und immaterielle Werte sind einzeln aufzuführen;
c. das Umtauschverhältnis für Anteile und gegebenenfalls die Höhe der Ausgleichszahlung beziehungsweise Angaben über die Mitgliedschaft der Gesellschafterinnen und Gesellschafter der übertragenden Gesellschaft bei der übernehmenden Gesellschaft;
d. die Rechte, welche die übernehmende Gesellschaft den Inhaberinnen und Inhabern von Sonderrechten, von Anteilen ohne Stimmrecht oder von Genussscheinen gewährt;
e. die Modalitäten für den Umtausch der Anteile;
f. den Zeitpunkt, von dem an die Anteils- oder Mitgliedschaftsrechte Anspruch auf einen Anteil am Bilanzgewinn gewähren, sowie alle Besonderheiten dieses Anspruchs;
g. den Zeitpunkt, von dem an die Handlungen der übertragenden Gesellschaft als für Rechnung der übernehmenden Gesellschaft vorgenommen gelten;
h. jeden besonderen Vorteil, der Mitgliedern eines Leitungs- oder Verwaltungsorgans oder geschäftsführenden Gesellschafterinnen und Gesellschaftern gewährt wird;
i. eine Liste der Arbeitsverhältnisse, die mit der Spaltung übergehen.

Art. 38 Nicht zugeordnete Vermögenswerte

[1] Ein Gegenstand des Aktivvermögens, der sich auf Grund des Spaltungsvertrags oder des Spaltungsplans nicht zuordnen lässt:
a. gehört bei der Aufspaltung allen übernehmenden Gesellschaften zu Miteigentum, und zwar im Verhältnis, in dem das Reinvermögen nach Spaltungsvertrag oder Spaltungsplan auf sie übergeht;
b. verbleibt bei der Abspaltung bei der übertragenden Gesellschaft.

[2] Absatz 1 gilt sinngemäss für Forderungen und immaterielle Rechte.

[3] Die an einer Aufspaltung beteiligten Gesellschaften haften solidarisch für Verbindlichkeiten, die sich auf Grund des Spaltungsvertrags oder des Spaltungsplans nicht zuordnen lassen.

Art. 39 Spaltungsbericht

[1] Die obersten Leitungs- oder Verwaltungsorgane der beteiligten Gesellschaften müssen einen schriftlichen Bericht über die Spaltung erstellen. Sie können den Bericht auch gemeinsam verfassen.

[2] Kleine und mittlere Unternehmen können auf die Erstellung eines Spaltungsberichts verzichten, sofern alle Gesellschafterinnen und Gesellschafter zustimmen.

[3] Im Bericht sind rechtlich und wirtschaftlich zu erläutern und zu begründen:
a. der Zweck und die Folgen der Spaltung;
b. der Spaltungsvertrag oder der Spaltungsplan;
c. das Umtauschverhältnis für Anteile und gegebenenfalls die Höhe der Ausgleichszahlung beziehungsweise die Mitgliedschaft der Gesellschafterinnen und Gesellschafter der übertragenden Gesellschaft bei der übernehmenden Gesellschaft;
d. Besonderheiten bei der Bewertung der Anteile im Hinblick auf die Festsetzung des Umtauschverhältnisses;
e. gegebenenfalls die Nachschusspflicht, andere persönliche Leistungspflichten und die persönliche Haftung, die sich für die Gesellschafterinnen und Gesellschafter aus der Spaltung ergeben;
f. die Pflichten, die den Gesellschafterinnen und Gesellschaftern in der neuen Rechtsform auferlegt werden können, sofern Gesellschaften verschiedener Rechtsformen an der Spaltung beteiligt sind;

g. die Auswirkungen der Spaltung auf die Arbeitnehmerinnen und Arbeitnehmer der an der Spaltung beteiligten Gesellschaften sowie Hinweise auf den Inhalt eines allfälliges Sozialplans;
h. die Auswirkungen der Spaltung auf die Gläubigerinnen und Gläubiger der an der Spaltung beteiligten Gesellschaften.

4 Bei der Neugründung einer Gesellschaft im Rahmen einer Spaltung ist dem Spaltungsbericht der Entwurf der Statuten der neuen Gesellschaft beizufügen.

Art. 40 Prüfung des Spaltungsvertrags oder des Spaltungsplans und des Spaltungsberichts

Für die Prüfung des Spaltungsvertrags oder des Spaltungsplans und des Spaltungsberichts gilt Artikel 15 sinngemäss.

Art. 41 Einsichtsrecht

1 Jede der an der Spaltung beteiligten Gesellschaften muss an ihrem Sitz den Gesellschafterinnen und Gesellschaftern während zweier Monate vor der Beschlussfassung Einsicht in folgende Unterlagen aller an der Spaltung beteiligten Gesellschaften gewähren:

a. den Spaltungsvertrag oder den Spaltungsplan;
b. den Spaltungsbericht;
c. den Prüfungsbericht;
d. die Jahresrechnungen und die Jahresberichte der letzten drei Geschäftsjahre sowie gegebenenfalls die Zwischenbilanz.

2 Kleine und mittlere Unternehmen können auf das Einsichtsverfahren nach Absatz 1 verzichten, sofern alle Gesellschafterinnen und Gesellschafter zustimmen.

3 Die Gesellschafterinnen und Gesellschafter können von den beteiligten Gesellschaften Kopien der Unterlagen nach Absatz 1 verlangen. Diese müssen ihnen unentgeltlich zur Verfügung gestellt werden.

4 Jede der an der Spaltung beteiligten Gesellschaften muss im Schweizerischen Handelsamtsblatt auf die Möglichkeit zur Einsichtnahme hinweisen.

Art. 42 Information über Veränderungen im Vermögen

Für die Information über Veränderungen im Vermögen gilt Artikel 17 sinngemäss.

5. Abschnitt: Spaltungsbeschluss und öffentliche Beurkundung

Art. 43 Spaltungsbeschluss

1 Die obersten Leitungs- oder Verwaltungsorgane der beteiligten Gesellschaften dürfen den Spaltungsvertrag oder den Spaltungsplan erst der Generalversammlung zur Beschlussfassung unterbreiten, wenn die Sicherstellung nach Artikel 46 erfolgt ist.

2 Für die Beschlussfassung gelten die erforderlichen Mehrheiten nach Artikel 18 Absätze 1, 3, 4 und 6.

3 Bei der asymmetrischen Spaltung müssen mindestens 90 Prozent aller Gesellschafterinnen und Gesellschafter der übertragenden Gesellschaft, die über ein Stimmrecht verfügen, zustimmen.

Art. 44 Öffentliche Beurkundung

Der Spaltungsbeschluss bedarf der öffentlichen Beurkundung.

6. Abschnitt: Gläubiger- und Arbeitnehmerschutz

Art. 45 Aufforderung an die Gläubigerinnen und Gläubiger

Die Gläubigerinnen und Gläubiger aller an der Spaltung beteiligten Gesellschaften müssen im Schweizerischen Handelsamtsblatt dreimal darauf hingewiesen werden, dass sie unter Anmeldung ihrer Forderungen Sicherstellung verlangen können.

Art. 46 Sicherstellung der Forderungen

1 Die an der Spaltung beteiligten Gesellschaften müssen die Forderungen der Gläubigerinnen und Gläubiger sicherstellen, wenn diese es innerhalb von zwei Monaten nach der Aufforderung an die Gläubigerinnen und Gläubiger verlangen.

2 Die Pflicht zur Sicherstellung entfällt, wenn die Gesellschaft nachweist, dass die Erfüllung der Forderung durch die Spaltung nicht gefährdet wird.

3 Anstatt eine Sicherheit zu leisten, kann die Gesellschaft die Forderung erfüllen, sofern die anderen Gläubigerinnen und Gläubiger nicht geschädigt werden.

Art. 47 Subsidiäre Haftung der an der Spaltung beteiligten Gesellschaften

1 Werden die Forderungen einer Gläubigerin oder eines Gläubigers von der Gesellschaft, der die Verbindlichkeiten durch den Spaltungsvertrag oder den Spaltungsplan zugeordnet wurden (primär haftende Gesellschaft), nicht befriedigt, so haften die übrigen an der Spaltung beteiligten Gesellschaften (subsidiär haftende Gesellschaften) solidarisch.

2 Subsidiär haftende Gesellschaften können nur belangt werden, wenn eine Forderung nicht sichergestellt ist und die primär haftende Gesellschaft:

a. in Konkurs geraten ist;
b. Nachlassstundung oder Konkursaufschub erhalten hat;
c. bis zur Ausstellung eines definitiven Verlustscheins betrieben worden ist;
d. den Sitz ins Ausland verlegt hat und in der Schweiz nicht mehr belangt werden kann;
e. den Sitz im Ausland verlegt hat und dadurch eine erhebliche Erschwerung der Rechtsverfolgung eingetreten ist.

Art. 48 Persönliche Haftung der Gesellschafterinnen und Gesellschafter

Für die persönliche Haftung von Gesellschafterinnen und Gesellschaftern gilt Artikel 26 sinngemäss.

Art. 49 Übergang der Arbeitsverhältnisse, Sicherstellung und persönliche Haftung

1 Für den Übergang der Arbeitsverhältnisse findet Artikel 333 des OR Anwendung.

2 Die Arbeitnehmerinnen und Arbeitnehmer der an der Spaltung beteiligten Gesellschaften können gemäss Artikel 46 die Sicherstellung ihrer Forderungen aus Arbeitsvertrag verlangen, die bis zum Zeitpunkt fällig werden, auf den das Arbeitsverhältnis ordentlicherweise beendigt werden könnte oder, bei Ablehnung des Übergangs, durch die Arbeitnehmerin oder den Arbeitnehmer beendigt wird.

3 Artikel 27 Absatz 3 findet entsprechende Anwendung.

Art. 50 Konsultation der Arbeitnehmervertretung

Die Konsultation der Arbeitnehmervertretung richtet sich nach Artikel 28.

7. Abschnitt: Eintragung ins Handelsregister und Rechtswirksamkeit

Art. 51 Eintragung ins Handelsregister

1 Sobald der Spaltungsbeschluss vorliegt, muss das oberste Leitungs- oder Verwaltungsorgan dem Handelsregisteramt die Spaltung zur Eintragung anmelden.

2 Muss die übertragende Gesellschaft infolge der Abspaltung ihr Kapital herabsetzen, so sind dem Handelsregisteramt zusätzlich die geänderten Statuten zu unterbreiten.

3 Im Falle der Aufspaltung wird die übertragende Gesellschaft mit der Eintragung der Spaltung im Handelsregister gelöscht.

Art. 52 Rechtswirksamkeit

Die Spaltung wird mit der Eintragung ins Handelsregister rechtswirksam. In diesem Zeitpunkt gehen alle im Inventar aufgeführten Aktiven und Passiven von Gesetzes wegen auf die übernehmenden Gesellschaften über. Artikel 34 des Kartellgesetzes vom 6. Oktober 1995 bleibt vorbehalten.

4. Kapitel: Umwandlung von Gesellschaften

1. Abschnitt: Allgemeine Bestimmungen

Art. 53 Grundsatz

Eine Gesellschaft kann ihre Rechtsform ändern (Umwandlung). Ihre Rechtsverhältnisse werden dadurch nicht verändert.

Art. 54 Zulässige Umwandlungen

1 Eine Kapitalgesellschaft kann sich umwandeln:

a. in eine Kapitalgesellschaft mit einer anderen Rechtsform;
b. in eine Genossenschaft.

2 Eine Kollektivgesellschaft kann sich umwandeln:

a. in eine Kapitalgesellschaft;
b. in eine Genossenschaft;
c. in eine Kommanditgesellschaft.

3 Eine Kommanditgesellschaft kann sich umwandeln:

a. in eine Kapitalgesellschaft;
b. in eine Genossenschaft;
c. in eine Kollektivgesellschaft.

4 Eine Genossenschaft kann sich umwandeln:

a. in eine Kapitalgesellschaft;
b. in einen Verein, falls sie über keine Anteilscheine verfügt und der Verein ins Handelsregister eingetragen wird.

5 Ein Verein kann sich in eine Kapitalgesellschaft oder in eine Genossenschaft umwandeln, falls er im Handelsregister eingetragen ist.

Art. 55 Sonderregelung für die Umwandlung von Kollektiv- und Kommanditgesellschaften

1 Eine Kollektivgesellschaft kann sich in eine Kommanditgesellschaft umwandeln, indem:

a. eine Kommanditärin oder ein Kommanditär in die Kollektivgesellschaft eintritt;
b. eine Gesellschafterin oder ein Gesellschafter zur Kommanditärin oder zum Kommanditär wird.

[2] Eine Kommanditgesellschaft kann sich in eine Kollektivgesellschaft umwandeln, indem:

a. alle Kommanditärinnen und Kommanditäre austreten;
b. alle Kommanditärinnen und Kommanditäre zu unbeschränkt haftenden Gesellschafterinnen und Gesellschaftern werden.

[3] Die Fortführung einer Kollektiv- oder Kommanditgesellschaft als Einzelunternehmen nach Artikel 579 des Obligationenrechts bleibt vorbehalten.

[4] Auf die Umwandlung gemäss diesem Artikel finden die Bestimmungen dieses Kapitels keine Anwendung.

2. Abschnitt: Anteils- und Mitgliedschaftsrechte

Art. 56 Wahrung der Anteils- und Mitgliedschaftsrechte

[1] Die Anteils- und Mitgliedschaftsrechte der Gesellschafterinnen und Gesellschafter sind bei der Umwandlung zu wahren.

[2] Gesellschafterinnen und Gesellschafter ohne Anteilscheine haben bei der Umwandlung ihrer Gesellschaft in eine Kapitalgesellschaft Anspruch auf mindestens einen Anteil.

[3] Für Anteile ohne Stimmrecht müssen gleichwertige Anteile oder Anteile mit Stimmrecht gewährt werden.

[4] Für Sonderrechte, die mit Anteils- oder Mitgliedschaftsrechten verbunden sind, müssen gleichwertige Rechte oder eine angemessene Abgeltung gewährt werden.

[5] Für Genussscheine sind gleichwertige Rechte zu gewähren, oder sie sind zum wirklichen Wert im Zeitpunkt der Erstellung des Umwandlungsplans zurückzukaufen.

3. Abschnitt: Gründung und Zwischenbilanz

Art. 57 Gründungsvorschriften

Bei der Umwandlung finden die Bestimmungen des ZGB und des OR über die Gründung einer entsprechenden Gesellschaft Anwendung. Keine Anwendung finden die Vorschriften über die Anzahl der Gründerinnen und Gründer bei Kapitalgesellschaften und die Vorschriften über die Sacheinlagen.

Art. 58 Zwischenbilanz

[1] Liegt der Bilanzstichtag zum Zeitpunkt der Erstattung des Umwandlungsberichts mehr als sechs Monate zurück oder sind seit Abschluss der letzten Bilanz wichtige Änderungen in der Vermögenslage der Gesellschaft eingetreten, so muss diese eine Zwischenbilanz erstellen.

[2] Die Erstellung der Zwischenbilanz erfolgt gemäss den Vorschriften und Grundsätzen für den Jahresabschluss unter Vorbehalt folgender Vorschriften:

a. Eine körperliche Bestandesaufnahme ist nicht notwendig.
b. Die in der letzten Bilanz vorgenommenen Bewertungen brauchen nur nach Massgabe der Bewegungen in den Geschäftsbüchern verändert zu werden; Abschreibungen, Wertberichtigungen und Rückstellungen für die Zwischenzeit sowie wesentliche, aus den Büchern nicht ersichtliche Veränderungen der Werte müssen jedoch berücksichtigt werden.

4. Abschnitt: Umwandlungsplan, Umwandlungsbericht und Prüfung

Art. 59 Erstellung des Umwandlungsplans

1 Das oberste Leitungs- oder Verwaltungsorgan erstellt einen Umwandlungsplan.

2 Der Umwandlungsplan bedarf der schriftlichen Form und der Zustimmung der Generalversammlung beziehungsweise der Gesellschafterinnen und Gesellschafter gemäss Artikel 64.

Art. 60 Inhalt des Umwandlungsplans

Der Umwandlungsplan enthält:

a. den Namen oder die Firma, den Sitz und die Rechtsform vor und nach der Umwandlung;
b. die neuen Statuten;
c. die Zahl, die Art und die Höhe der Anteile, welche die Anteilsinhaberinnen und -inhaber nach der Umwandlung erhalten, oder Angaben über die Mitgliedschaft der Gesellschafterinnen und Gesellschafter nach der Umwandlung.

Art. 61 Umwandlungsbericht

1 Das oberste Leitungs- oder Verwaltungsorgan muss einen schriftlichen Bericht über die Umwandlung erstellen.

2 Kleine und mittlere Unternehmen können auf die Erstellung eines Umwandlungsberichts verzichten, sofern alle Gesellschafterinnen und Gesellschafter zustimmen.

3 Im Bericht sind rechtlich und wirtschaftlich zu erläutern und zu begründen:

a. der Zweck und die Folgen der Umwandlung;
b. die Erfüllung der Gründungsvorschriften für die neue Rechtsform;
c. die neuen Statuten;
d. das Umtauschverhältnis für Anteile beziehungsweise die Mitgliedschaft der Gesellschafterinnen und Gesellschafter nach der Umwandlung;
e. gegebenenfalls die Nachschusspflicht, andere persönliche Leistungspflichten und die persönliche Haftung, die sich für die Gesellschafterinnen und Gesellschafter aus der Umwandlung ergeben;
f. die Pflichten, die den Gesellschafterinnen und Gesellschaftern in der neuen Rechtsform auferlegt werden können.

Art. 62 Prüfung des Umwandlungsplans und des Umwandlungsberichts

1 Die Gesellschaft muss den Umwandlungsplan, den Umwandlungsbericht und die der Umwandlung zu Grunde liegende Bilanz von einer zugelassenen Revisionsexpertin oder einem zugelassenen Revisionsexperten prüfen lassen.

2 Kleine und mittlere Unternehmen können auf die Prüfung verzichten, sofern alle Gesellschafterinnen und Gesellschafter zustimmen.

3 Die Gesellschaft muss der Revisionsexpertin oder dem Revisionsexperten alle zweckdienlichen Auskünfte und Unterlagen geben.

4 Die Revisionsexpertin oder der Revisionsexperte muss prüfen, ob die Voraussetzungen für die Umwandlung erfüllt sind, insbesondere, ob die Rechtsstellung der Gesellschafterinnen und Gesellschafter nach der Umwandlung gewahrt bleibt.

Art. 63 Einsichtsrecht

1 Die Gesellschaft muss an ihrem Sitz den Gesellschafterinnen und Gesellschaftern während der 30 Tage vor der Beschlussfassung Einsicht in folgende Unterlagen gewähren:

a. den Umwandlungsplan;
b. den Umwandlungsbericht;

c. den Prüfungsbericht;
d. die Jahresrechnungen und Jahresberichte der letzten drei Geschäftsjahre sowie gegebenenfalls die Zwischenbilanz.

2 Kleine und mittlere Unternehmen können auf das Einsichtsverfahren nach Absatz 1 verzichten, sofern alle Gesellschafterinnen und Gesellschafter zustimmen.

3 Die Gesellschafterinnen und Gesellschafter können von der Gesellschaft Kopien der Unterlagen nach Absatz 1 verlangen. Diese müssen ihnen unentgeltlich zur Verfügung gestellt werden.

4 Die Gesellschaft muss die Gesellschafterinnen und Gesellschafter in geeigneter Form auf die Möglichkeit zur Einsichtnahme hinweisen.

5. Abschnitt: Umwandlungsbeschluss und Eintragung ins Handelsregister

Art. 64 Umwandlungsbeschluss

1 Bei den Kapitalgesellschaften, den Genossenschaften und den Vereinen muss das oberste Leitungs- oder Verwaltungsorgan den Umwandlungsplan der Generalversammlung zur Beschlussfassung unterbreiten. Folgende Mehrheiten sind erforderlich:

a. bei Aktiengesellschaften und Kommanditaktiengesellschaften mindestens zwei Drittel der an der Generalversammlung vertretenen Aktienstimmen und die absolute Mehrheit des von ihnen vertretenen Aktiennennwerts; werden bei der Umwandlung in eine Gesellschaft mit beschränkter Haftung eine Nachschusspflicht oder andere persönliche Leistungspflichten eingeführt, die Zustimmung aller Aktionärinnen und Aktionäre, die davon betroffen werden;
b. bei der Umwandlung einer Kapitalgesellschaft in eine Genossenschaft die Zustimmung aller Gesellschafterinnen und Gesellschafter;
c. bei Gesellschaften mit beschränkter Haftung mindestens zwei Drittel der an der Generalversammlung vertretenen Stimmen sowie die absolute Mehrheit des gesamten Kapitals, mit dem ein ausübbares Stimmrecht verbunden ist;
d. bei Genossenschaften mindestens zwei Drittel der abgegebenen Stimmen oder, wenn eine Nachschusspflicht, andere persönliche Leistungspflichten oder die persönliche Haftung eingeführt oder erweitert werden, mindestens drei Viertel aller Genossenschafterinnen und Genossenschafter;
e. bei Vereinen mindestens drei Viertel der an der Generalversammlung anwesenden Mitglieder.

2 Bei Kollektiv- und bei Kommanditgesellschaften bedarf der Umwandlungsplan der Zustimmung aller Gesellschafterinnen und Gesellschafter. Der Gesellschaftsvertrag kann jedoch vorsehen, dass die Zustimmung von drei Vierteln der Gesellschafterinnen und Gesellschafter genügt.

Art. 65 Öffentliche Beurkundung

Der Umwandlungsbeschluss bedarf der öffentlichen Beurkundung.

Art. 66 Eintragung ins Handelsregister

Das oberste Leitungs- oder Verwaltungsorgan muss dem Handelsregisteramt die Umwandlung zur Eintragung anmelden.

Art. 67 Rechtswirksamkeit

Die Umwandlung wird mit der Eintragung ins Handelsregister rechtswirksam.

6. Abschnitt: Gläubiger- und Arbeitnehmerschutz

Art. 68

[1] Für die persönliche Haftung der Gesellschafterinnen und Gesellschafter findet Artikel 26 entsprechende Anwendung.

[2] Für die Haftung für Verbindlichkeiten aus Arbeitsvertrag findet Artikel 27 Absatz 3 entsprechende Anwendung.

5. Kapitel: Vermögensübertragung

1. Abschnitt: Allgemeine Bestimmungen

Art. 69

[1] Im Handelsregister eingetragene Gesellschaften, Kommanditgesellschaften für kollektive Kapitalanlagen, Investmentgesellschaften mit variablem Kapital und im Handelsregister eingetragene Einzelunternehmen können ihr Vermögen oder Teile davon mit Aktiven und Passiven auf andere Rechtsträger des Privatrechts übertragen. Wenn die Gesellschafterinnen und Gesellschafter der übertragenden Gesellschaft Anteils- oder Mitgliedschaftsrechte der übernehmenden Gesellschaft erhalten, gilt Kapitel 3.

[2] Vorbehalten bleiben die gesetzlichen und statutarischen Bestimmungen über den Kapitalschutz und die Liquidation.

2. Abschnitt: Übertragungsvertrag

Art. 70 Abschluss des Übertragungsvertrags

[1] Der Übertragungsvertrag muss von den obersten Leitungs- oder Verwaltungsorganen der an der Vermögensübertragung beteiligten Rechtsträger abgeschlossen werden.

[2] Der Übertragungsvertrag bedarf der schriftlichen Form. Werden Grundstücke übertragen, so bedürfen die entsprechenden Teile des Vertrages der öffentlichen Beurkundung. Eine einzige öffentliche Urkunde genügt auch dann, wenn Grundstücke in verschiedenen Kantonen liegen. Die Urkunde muss durch eine Urkundsperson am Sitz des übertragenden Rechtsträgers errichtet werden.

Art. 71 Inhalt des Übertragungsvertrags

[1] Der Übertragungsvertrag enthält:

a. die Firma oder den Namen, den Sitz und die Rechtsform der beteiligten Rechtsträger;
b. ein Inventar mit der eindeutigen Bezeichnung der zu übertragenden Gegenstände des Aktiv- und des Passivvermögens; Grundstücke, Wertpapiere und immaterielle Werte sind einzeln aufzuführen;
c. den gesamten Wert der zu übertragenden Aktiven und Passiven;
d. die allfällige Gegenleistung;
e. eine Liste der Arbeitsverhältnisse, die mit der Vermögensübertragung übergehen.

[2] Die Vermögensübertragung ist nur zulässig, wenn das Inventar einen Aktivenüberschuss ausweist.

Art. 72 Nicht zugeordnete Gegenstände des Aktivvermögens

Gegenstände des Aktivvermögens sowie Forderungen und immaterielle Rechte, die sich auf Grund des Inventars nicht zuordnen lassen, verbleiben beim übertragenden Rechtsträger.

3. Abschnitt: Eintragung ins Handelsregister und Rechtswirksamkeit

Art. 73

1 Das oberste Leitungs- oder Verwaltungsorgan des übertragenden Rechtsträgers muss dem Handelsregisteramt die Vermögensübertragung zur Eintragung anmelden.

2 Die Vermögensübertragung wird mit der Eintragung ins Handelsregister rechtswirksam. In diesem Zeitpunkt gehen alle im Inventar aufgeführten Aktiven und Passiven von Gesetzes wegen auf den übernehmenden Rechtsträger über. Artikel 34 des Kartellgesetzes vom 6. Oktober 1995 bleibt vorbehalten.

4. Abschnitt: Information der Gesellschafterinnen und Gesellschafter

Art. 74

1 Das oberste Leitungs- oder Verwaltungsorgan der übertragenden Gesellschaft muss die Gesellschafterinnen und Gesellschafter über die Vermögensübertragung im Anhang zur Jahresrechnung informieren. Ist keine Jahresrechnung zu erstellen, so muss über die Vermögensübertragung an der nächsten Generalversammlung informiert werden.

2 Im Anhang beziehungsweise an der Generalversammlung sind rechtlich und wirtschaftlich zu erläutern und zu begründen:

a. der Zweck und die Folgen der Vermögensübertragung;
b. der Übertragungsvertrag;
c. die Gegenleistung für die Übertragung;
d. die Folgen für die Arbeitnehmerinnen und Arbeitnehmer und Hinweise auf den Inhalt eines allfälligen Sozialplans.

3 Die Informationspflicht entfällt, falls die übertragenen Aktiven weniger als 5 Prozent der Bilanzsumme der übertragenden Gesellschaft ausmachen.

5. Abschnitt: Gläubiger- und Arbeitnehmerschutz

Art. 75 Solidarische Haftung

1 Die bisherigen Schuldner haften für die vor der Vermögensübertragung begründeten Schulden während dreier Jahre solidarisch mit dem neuen Schuldner.

2 Die Ansprüche gegen den übertragenden Rechtsträger verjähren spätestens drei Jahre nach der Veröffentlichung der Vermögensübertragung. Wird die Forderung erst nach der Veröffentlichung fällig, so beginnt die Verjährung mit der Fälligkeit.

3 Die an der Vermögensübertragung beteiligten Rechtsträger müssen die Forderungen sicherstellen, wenn:

a. die solidarische Haftung vor Ablauf der Frist von drei Jahren entfällt; oder
b. die Gläubigerinnen und Gläubiger glaubhaft machen, dass die solidarische Haftung keinen ausreichenden Schutz bietet.

4 Anstatt eine Sicherheit zu leisten, können an der Vermögensübertragung beteiligte Rechtsträger die Forderung erfüllen, sofern die anderen Gläubigerinnen und Gläubiger nicht geschädigt werden.

Art. 76 Übergang der Arbeitsverhältnisse und solidarische Haftung

1 Für den Übergang der Arbeitsverhältnisse auf den übernehmenden Rechtsträger findet Artikel 333 des OR Anwendung.

[2] Artikel 75 findet Anwendung auf alle Verbindlichkeiten aus Arbeitsvertrag, die bis zum Zeitpunkt fällig werden, auf den das Arbeitsverhältnis ordentlicherweise beendigt werden könnte oder, bei Ablehnung des Übergangs, von der Arbeitnehmerin oder dem Arbeitnehmer beendigt wird.

Art. 77 Konsultation der Arbeitnehmervertretung

[1] Für die Konsultation der Arbeitnehmervertretung findet für den übertragenden wie auch für den übernehmenden Rechtsträger Artikel 333a des OR Anwendung.

[2] Werden die Vorschriften von Absatz 1 nicht eingehalten, so kann die Arbeitnehmervertretung vom Gericht verlangen, dass es die Eintragung der Vermögensübertragung im Handelsregister untersagt.

[3] Diese Bestimmung findet auch Anwendung auf übernehmende Rechtsträger mit Sitz im Ausland.

6. Kapitel: Fusion und Vermögensübertragung von Stiftungen

1. Abschnitt: Fusion

Art. 78 Grundsatz

[1] Stiftungen können miteinander fusionieren.

[2] Die Fusion ist nur zulässig, wenn sie sachlich gerechtfertigt ist und insbesondere der Wahrung und Durchführung des Stiftungszwecks dient. Allfällige Rechtsansprüche der Destinatäre der beteiligten Stiftungen müssen gewahrt werden. Ist im Hinblick auf eine Fusion eine Zweckänderung erforderlich, so findet Artikel 86 des ZGB Anwendung.

Art. 79 Fusionsvertrag

[1] Der Fusionsvertrag muss von den obersten Organen der Stiftungen abgeschlossen werden.

[2] Der Vertrag enthält:

a. den Namen, den Sitz und den Zweck der beteiligten Stiftungen, im Fall der Kombinationsfusion auch den Namen, den Sitz und den Zweck der neuen Stiftung;
b. Angaben über die Stellung der Destinatäre mit Rechtsansprüchen in der übernehmenden Stiftung;
c. den Zeitpunkt, ab dem die Handlungen der übertragenden Stiftung als für Rechnung der übernehmenden Stiftung vorgenommen gelten.

[3] Der Fusionsvertrag bedarf der schriftlichen Form. Bei Familienstiftungen und kirchlichen Stiftungen bedarf der Fusionsvertrag der öffentlichen Beurkundung.

Art. 80 Bilanz

Die Stiftungen müssen eine Bilanz und unter den Voraussetzungen von Artikel 11 eine Zwischenbilanz erstellen.

Art. 81 Prüfung des Fusionsvertrags

[1] Die Stiftungen müssen den Fusionsvertrag sowie die Bilanzen von einer zugelassenen Revisorin oder einem zugelassenen Revisor prüfen lassen.

[2] Sie müssen der Revisorin oder dem Revisor alle zweckdienlichen Auskünfte und Unterlagen geben.

[3] Die Revisorin oder der Revisor erstellt einen Bericht, in dem insbesondere darzulegen ist, ob die allfälligen Rechtsansprüche der Destinatäre gewahrt sind und ob Forderungen von Gläubigerinnen und Gläubigern bekannt oder zu erwarten sind, zu deren Befriedigung das Vermögen der beteiligten Stiftungen nicht ausreicht.

Art. 82 Informationspflicht

Das oberste Organ der übertragenden Stiftung informiert die Destinatäre mit Rechtsansprüchen vor dem Antrag an die Aufsichtsbehörde über die geplante Fusion und deren Auswirkungen auf ihre Rechtsstellung. Bei Familienstiftungen und kirchlichen Stiftungen erfolgt die Information vor dem Fusionsbeschluss.

Art. 83 Genehmigung und Vollzug der Fusion

1 Bei Stiftungen, die der Aufsicht des Gemeinwesens unterstehen, beantragen die obersten Stiftungsorgane bei der zuständigen Aufsichtsbehörde die Genehmigung der Fusion. Im Antrag ist schriftlich darzulegen, dass die Voraussetzungen für die Fusion erfüllt sind. Mit dem Antrag sind der Aufsichtsbehörde die von der zugelassenen Revisorin oder dem zugelassenen Revisor geprüften Bilanzen der beteiligten Stiftungen sowie der Revisionsbericht einzureichen.

2 Zuständig ist die Aufsichtsbehörde der übertragenden Stiftung. Bei mehreren übertragenden Stiftungen muss jede Aufsichtsbehörde der Fusion zustimmen.

3 Die Aufsichtsbehörde erlässt nach Prüfung des Begehrens die entsprechende Verfügung und meldet im Fall der Zustimmung die Fusion zur Eintragung in das Handelsregister an.

4 Für die Rechtswirksamkeit der Fusion gilt Artikel 22 Absatz 1.

Art. 84 Beschluss und Vollzug der Fusion bei Familienstiftungen und kirchlichen Stiftungen

1 Bei Familienstiftungen und kirchlichen Stiftungen wird die Fusion mit der Zustimmung der obersten Stiftungsorgane der beteiligten Stiftungen zum Fusionsvertrag rechtswirksam. Bei kirchlichen Stiftungen, die nach öffentlichem Recht der Aufsicht eines Gemeinwesens unterstehen, gilt Artikel 83 sinngemäss.

2 Jeder Destinatär mit Rechtsanspruch und jedes Mitglied des obersten Stiftungsorgans, das dem Beschluss nicht zugestimmt hat, kann den Fusionsbeschluss wegen Fehlens der Voraussetzungen innert dreier Monate nach Beschluss gerichtlich anfechten.

Art. 85 Gläubiger- und Arbeitnehmerschutz

1 Die Aufsichtsbehörde oder, bei Familienstiftungen und kirchlichen Stiftungen, das oberste Stiftungsorgan der übertragenden Stiftung hat vor Erlass der Verfügung beziehungsweise vor dem Beschluss die Gläubigerinnen und Gläubiger der an der Fusion beteiligten Stiftungen im Schweizerischen Handelsamtsblatt dreimal darauf hinzuweisen, dass sie unter Anmeldung ihrer Forderungen Sicherstellung verlangen können. Die Destinatäre mit Rechtsansprüchen haben keinen Anspruch auf Sicherstellung.

2 Die Aufsichtsbehörde oder, bei Familienstiftungen und kirchlichen Stiftungen, das oberste Stiftungsorgan kann von einer Aufforderung an die Gläubigerinnen und Gläubiger absehen, wenn auf Grund des Berichts der zugelassenen Revisorin oder des zugelassenen Revisors keine Forderungen bekannt oder zu erwarten sind, zu deren Befriedigung das Stiftungsvermögen der beteiligten Stiftungen nicht ausreicht.

3 Im Falle einer Aufforderung an die Gläubigerinnen und Gläubiger findet Artikel 25 Anwendung.

4 Der Arbeitnehmerschutz richtet sich nach den Artikeln 27 und 28.

2. Abschnitt: Vermögensübertragung

Art. 86 Grundsatz

1 Die im Handelsregister eingetragenen Stiftungen können ihr Vermögen oder Teile davon mit Aktiven und Passiven auf andere Rechtsträger übertragen.

2 Artikel 78 Absatz 2 findet sinngemäss Anwendung. Der Übergangsvertrag richtet sich nach den Artikeln 70–72, der Gläubiger- und Arbeitnehmerschutz nach den Artikeln 75–77.

Art. 87 Genehmigung und Vollzug der Vermögensübertragung

1 Bei Stiftungen, die der Aufsicht des Gemeinwesens unterstehen, beantragen die obersten Stiftungsorgane bei der zuständigen Aufsichtsbehörde die Genehmigung der Vermögensübertragung. Im Antrag ist schriftlich darzulegen, dass die Voraussetzungen für die Vermögensübertragung erfüllt sind.

2 Zuständig ist die Aufsichtsbehörde der übertragenden Stiftung.

3 Die Aufsichtsbehörde erlässt nach Prüfung des Begehrens die entsprechende Verfügung. Nach Eintritt der Rechtskraft der zustimmenden Verfügung meldet sie die Vermögensübertragung zur Eintragung in das Handelsregister an.

4 Die Eintragung ins Handelsregister und die Rechtswirksamkeit richten sich nach Artikel 73.

7. Kapitel: Fusion, Umwandlung und Vermögensübertragung von Vorsorgeeinrichtungen

1. Abschnitt: Fusion

Art. 88 Grundsatz

1 Vorsorgeeinrichtungen können miteinander fusionieren.

2 Die Fusion von Vorsorgeeinrichtungen ist nur zulässig, wenn der Vorsorgezweck und die Rechte und Ansprüche der Versicherten gewahrt bleiben.

3 Die Bestimmungen des Stiftungsrechts (Art. 80 ff ZGB) und des BVG bleiben vorbehalten.

Art. 89 Bilanz

Die beteiligten Vorsorgeeinrichtungen müssen eine Bilanz und unter den Voraussetzungen von Artikel 11 eine Zwischenbilanz erstellen.

Art. 90 Fusionsvertrag

1 Der Fusionsvertrag muss von den obersten Leitungsorganen der beteiligten Vorsorgeeinrichtungen abgeschlossen werden.

2 Der Fusionsvertrag enthält:

a. den Namen oder die Firma, den Sitz und die Rechtsform der beteiligten Vorsorgeeinrichtungen, im Fall der Kombinationsfusion auch den Namen oder die Firma, den Sitz und die Rechtsform der neuen Vorsorgeeinrichtung;
b. Angaben über die Rechte und Ansprüche der Versicherten bei der übernehmenden Vorsorgeeinrichtung;
c. den Zeitpunkt, von dem an die Handlungen der übertragenden Vorsorgeeinrichtung als für Rechnung der übernehmenden Vorsorgeeinrichtung vorgenommen gelten.

3 Der Fusionsvertrag bedarf der schriftlichen Form.

Art. 91 Fusionsbericht

1 Die obersten Leitungsorgane der Vorsorgeeinrichtungen müssen einen schriftlichen Bericht über die Fusion erstellen. Sie können den Bericht auch gemeinsam verfassen.

2 Im Bericht sind zu erläutern und zu begründen:

a. der Zweck und die Folgen der Fusion;
b. der Fusionsvertrag;
c. die Auswirkungen der Fusion auf die Rechte und Ansprüche der Versicherten.

Art. 92 Prüfung des Fusionsvertrags

1 Die beteiligten Vorsorgeeinrichtungen müssen den Fusionsvertrag, den Fusionsbericht und die Bilanz von ihren Kontrollstellen sowie von einer anerkannten Expertin oder einem anerkannten Experten für die berufliche Vorsorge prüfen lassen. Sie können eine gemeinsame Expertin oder einen gemeinsamen Experten bestimmen.

2 Die beteiligten Vorsorgeeinrichtungen müssen den mit der Prüfung betrauten Personen alle zweckdienlichen Auskünfte und Unterlagen geben.

3 Die Revisionsstelle und die Expertin oder der Experte für die berufliche Vorsorge erstellen einen Bericht, in dem darzulegen ist, ob die Rechte und Ansprüche der Versicherten gewahrt sind.

Art. 93 Informationspflicht und Einsichtsrecht

1 Die zuständigen Organe der Vorsorgeeinrichtung haben spätestens bis zum Zeitpunkt der Gewährung des Einsichtsrechts gemäss Absatz 2 die Versicherten über die geplante Fusion und deren Auswirkungen zu informieren. Sie haben die Versicherten in geeigneter Form auf die Möglichkeit der Einsichtnahme hinzuweisen.

2 Die beteiligten Vorsorgeeinrichtungen müssen an ihrem Sitz während der 30 Tage vor dem Antrag an die Aufsichtsbehörde den Versicherten Einsicht in den Fusionsvertrag und in den Fusionsbericht gewähren.

Art. 94 Fusionsbeschluss

1 Die Fusion bedarf der Zustimmung des obersten Leitungsorgans und, bei einer Genossenschaft, überdies der Generalversammlung. Für die erforderlichen Mehrheiten gilt Artikel 18 Absatz 1 Buchstabe d.

2 Bei Vorsorgeeinrichtungen des öffentlichen Rechts bleibt Artikel 100 Absatz 3 vorbehalten.

Art. 95 Genehmigung und Vollzug der Fusion

1 Die obersten Leitungsorgane der Vorsorgeeinrichtungen beantragen bei der zuständigen Aufsichtsbehörde die Genehmigung der Fusion.

2 Zuständig ist die Aufsichtsbehörde der übertragenden Vorsorgeeinrichtung.

3 Die Aufsichtsbehörde prüft, ob die Voraussetzungen einer Fusion gegeben sind, und erlässt eine Verfügung. Die Aufsichtsbehörde kann weitere für die Prüfung der Voraussetzungen erforderliche Belege verlangen.

4 Nach Eintritt der Rechtskraft der zustimmenden Verfügung meldet die Aufsichtsbehörde die Fusion zur Eintragung in das Handelsregister an.

5 Für die Rechtswirksamkeit der Fusion gilt Artikel 22 Absatz 1.

Art. 96 Gläubiger- und Arbeitnehmerschutz

1 Die Aufsichtsbehörde hat vor Erlass der Verfügung die Gläubigerinnen und Gläubiger der an der Fusion beteiligten Vorsorgeeinrichtungen im Schweizerischen Handelsamtsblatt dreimal darauf hinzuweisen, dass sie unter Anmeldung ihrer Forderungen Sicherstellung verlangen können.

2 Die Aufsichtsbehörde kann von einer Aufforderung an die Gläubigerinnen und Gläubiger absehen, wenn keine Forderungen bekannt oder zu erwarten sind, zu deren Befriedigung das freie Vermögen der beteiligten Vorsorgeeinrichtungen nicht ausreicht.

3 Im Falle einer Aufforderung an die Gläubigerinnen und Gläubiger können diese innerhalb von zwei Monaten nach der Veröffentlichung im Schweizerischen Handelsamtsblatt von der übernehmenden Vorsorgeeinrichtung die Sicherstellung ihrer Forderungen verlangen. Die Versicherten haben keinen Anspruch auf Sicherstellung.

4 Die Pflicht zur Sicherstellung entfällt, wenn die Vorsorgeeinrichtung nachweist, dass die Erfüllung der angemeldeten Forderung durch die Fusion nicht gefährdet ist. Artikel 25 Absatz 4 findet Anwendung. Im Streitfall entscheidet die Aufsichtsbehörde.

5 Der Arbeitnehmerschutz richtet sich nach den Artikeln 27 und 28.

2. Abschnitt: Umwandlung

Art. 97

1 Vorsorgeeinrichtungen können sich in eine Stiftung umwandeln.

2 Die Umwandlung von Vorsorgeeinrichtungen ist nur zulässig, wenn der Vorsorgezweck und die Rechte und Ansprüche der Versicherten gewahrt bleiben.

3 Die Artikel 89–95 finden sinngemäss Anwendung.

3. Abschnitt: Vermögensübertragung

Art. 98

1 Vorsorgeeinrichtungen können ihr Vermögen oder Teile davon mit Aktiven und Passiven auf andere Vorsorgeeinrichtungen oder Rechtsträger übertragen.

2 Artikel 88 Absatz 2 findet sinngemäss Anwendung. Die Artikel 70–77 finden Anwendung.

3 Vermögensübertragungen im Rahmen einer Teil- oder Gesamtliquidation bedürfen der Genehmigung der Aufsichtsbehörde, wenn dies im Recht der beruflichen Vorsorge vorgesehen ist.

8. Kapitel: Fusion, Umwandlung und Vermögensübertragung unter Beteiligung von Instituten des öffentlichen Rechts

Art. 99 Zulässige Fusionen, Umwandlungen und Vermögensübertragungen

1 Institute des öffentlichen Rechts können:

a. ihr Vermögen durch Fusion auf Kapitalgesellschaften, Genossenschaften, Vereine oder Stiftungen übertragen;

b. sich in Kapitalgesellschaften, Genossenschaften, Vereine oder Stiftungen umwandeln.

2 Institute des öffentlichen Rechts können durch Vermögensübertragung ihr Vermögen oder Teile davon auf andere Rechtsträger übertragen oder das Vermögen oder Teile davon von anderen Rechtsträgern übernehmen.

Art. 100 Anwendbares Recht

1 Auf die Fusion von privatrechtlichen Rechtsträgern mit Instituten des öffentlichen Rechts, auf die Umwandlung solcher Institute in Rechtsträger des Privatrechts und auf die Vermögensübertragung unter Beteiligung eines Rechtsträgers des öffentlichen Rechts finden die Vorschriften dieses Gesetzes sinngemäss Anwendung. Bei der Fusion und der Umwandlung nach Artikel 99 Absatz 1 kann

das öffentliche Recht für den beteiligten Rechtsträger des öffentlichen Rechts abweichende Vorschriften vorsehen. Die Artikel 99–101 finden jedoch in jedem Fall Anwendung, ausgenommen für konzessionierte Verkehrs- und Infrastrukturunternehmen, soweit das öffentliche Recht eine abweichende Regelung vorsieht.

2 Institute des öffentlichen Rechts müssen in einem Inventar die Gegenstände des Aktiv- und des Passivvermögens, die von der Fusion, der Umwandlung oder der Vermögensübertragung erfasst werden, eindeutig bezeichnen und bewerten. Grundstücke, Wertpapiere und immaterielle Werte sind einzeln aufzuführen. Das Inventar muss von einer zugelassenen Revisionsexpertin oder einem zugelassenen Revisionsexperten geprüft werden, sofern nicht in anderer Weise sichergestellt ist, dass die Erstellung und die Bewertung des Inventars den anerkannten Rechnungslegungsgrundsätzen entsprechen.

3 Die Beschlussfassung des Rechtsträgers des öffentlichen Rechts zur Fusion, Umwandlung oder Vermögensübertragung richtet sich nach den öffentlich-rechtlichen Vorschriften und Grundsätzen des Bundes, der Kantone und der Gemeinden.

Art. 101 Verantwortlichkeit von Bund, Kantonen und Gemeinden

1 Durch Fusionen, Umwandlungen und Vermögensübertragungen von Instituten des öffentlichen Rechts dürfen keine Gläubigerinnen und Gläubiger geschädigt werden. Der Bund, die Kantone und die Gemeinden müssen Vorkehrungen treffen, damit Ansprüche im Sinne der Artikel 26, 68 Absatz 1 und 75 erfüllt werden können.

2 Für Schäden, welche auf mangelhafte Vorkehrungen zurückzuführen sind, haften Bund, Kantone und Gemeinden nach den für sie massgebenden Vorschriften.

9. Kapitel: Gemeinsame Vorschriften

1. Abschnitt: Ausführungsbestimmungen

Art. 102

Der Bundesrat erlässt Vorschriften über:

a. die Einzelheiten der Eintragung ins Handelsregister und die einzureichenden Belege;

b. die Einzelheiten der Eintragung ins Grundbuch und die einzureichenden Belege.

2. Abschnitt: Handänderungsabgaben

Art. 103

Die Erhebung von kantonalen und kommunalen Handänderungsabgaben ist bei Umstrukturierungen im Sinne von Artikel 8 Absatz 3 und Artikel 24 Absätze 3 und 3quater des Bundesgesetzes vom 14. Dezember 1990 über die Harmonisierung der direkten Steuern der Kantone und Gemeinden ausgeschlossen. Kostendeckende Gebühren bleiben vorbehalten.

3. Abschnitt: Anmeldung beim Grundbuchamt

Art. 104

1 Der übernehmende Rechtsträger oder, im Falle der Umwandlung, der Rechtsträger, der seine Rechtsform ändert, muss alle Änderungen, die sich für das Grundbuch aus der Fusion, der Spaltung oder der Umwandlung ergeben, innert dreier Monate vom Eintritt der Rechtswirksamkeit an beim Grundbuchamt anmelden, sofern nicht die kürzere Frist nach Absatz 2 gilt.

2 Der übernehmende Rechtsträger muss den Übergang des Eigentums an einem Grundstück umgehend nach Eintritt der Rechtswirksamkeit beim Grundbuchamt anmelden, wenn:

a. bei einer Fusion von Vereinen oder von Stiftungen der übertragende Rechtsträger nicht im Handelsregister eingetragen ist;
b. das Grundstück durch Abspaltung auf ihn übergegangen ist;
c. das Grundstück durch Vermögensübertragung auf ihn übergegangen ist.

3 In den Fällen nach Absatz 2 Buchstaben a und b bedarf es als Ausweis für die Eigentumsübertragung für das Grundbuch einer öffentlichen Urkunde über die Tatsache, dass das Eigentum an den Grundstücken auf den übernehmenden Rechtsträger übergegangen ist.

4 Die Urkundsperson, welche eine Feststellungsurkunde nach Absatz 3 oder eine öffentliche Urkunde nach Artikel 70 Absatz 2 errichtet, ist namens des übernehmenden Rechtsträgers zur Anmeldung bei den Grundbuchämtern befugt.

4. Abschnitt: Überprüfung der Anteils- und Mitgliedschaftsrechte

Art. 105

1 Wenn bei einer Fusion, einer Spaltung oder einer Umwandlung die Anteils- oder Mitgliedschaftsrechte nicht angemessen gewahrt sind oder die Abfindung nicht angemessen ist, kann jede Gesellschafterin und jeder Gesellschafter innerhalb von zwei Monaten nach der Veröffentlichung des Fusions-, des Spaltungs- oder des Umwandlungsbeschlusses verlangen, dass das Gericht eine angemessene Ausgleichszahlung festsetzt. Für die Festsetzung der Ausgleichszahlung gilt Artikel 7 Absatz 2 nicht.

2 Das Urteil hat Wirkung für alle Gesellschafterinnen und Gesellschafter des beteiligten Rechtsträgers, sofern sie sich in der gleichen Rechtsstellung wie die Klägerin oder der Kläger befinden.

3 Die Kosten des Verfahrens trägt der übernehmende Rechtsträger. Wenn besondere Umstände es rechtfertigen, kann das Gericht die Kosten ganz oder teilweise den Klägerinnen und Klägern auferlegen.

4 Die Klage auf Überprüfung der Wahrung der Anteils- oder Mitgliedschaftsrechte hindert die Rechtswirksamkeit des Fusions-, des Spaltungs- oder des Umwandlungsbeschlusses nicht.

5. Abschnitt: Anfechtung von Fusionen, Spaltungen, Umwandlungen und Vermögensübertragungen durch Gesellschafterinnen und Gesellschafter

Art. 106 Grundsatz

1 Sind die Vorschriften dieses Gesetzes verletzt, so können Gesellschafterinnen und Gesellschafter der beteiligten Rechtsträger, die dem Beschluss über die Fusion, die Spaltung oder die Umwandlung nicht zugestimmt haben, den Beschluss innerhalb von zwei Monaten nach der Veröffentlichung im Schweizerischen Handelsamtsblatt anfechten. Wenn keine Veröffentlichung erforderlich ist, beginnt die Frist mit der Beschlussfassung.

2 Gesellschafterinnen und Gesellschafter können den Beschluss auch anfechten, wenn er vom obersten Leitungs- oder Verwaltungsorgan gefasst wurde.

Art. 107 Folgen eines Mangels

1 Kann ein Mangel behoben werden, so räumt das Gericht den betroffenen Rechtsträgern dazu eine Frist ein.

2 Wird ein Mangel innerhalb der angesetzten Frist nicht behoben oder kann er nicht behoben werden, so hebt das Gericht den Beschluss auf und ordnet die erforderlichen Massnahmen an.

6. Abschnitt: Verantwortlichkeit

Art. 108

1 Alle mit der Fusion, der Spaltung, der Umwandlung oder der Vermögensübertragung befassten Personen sind sowohl den Rechtsträgern als auch den einzelnen Gesellschafterinnen und Gesellschaftern sowie den Gläubigerinnen und Gläubigern für den Schaden verantwortlich, den sie durch absichtliche oder fahrlässige Verletzung ihrer Pflichten verursachen. Die Verantwortung der Gründerinnen und Gründer bleibt vorbehalten.

2 Alle mit der Prüfung der Fusion, der Spaltung oder der Umwandlung befassten Personen sind sowohl den Rechtsträgern als auch den einzelnen Gesellschafterinnen und Gesellschaftern sowie Gläubigerinnen und Gläubigern für den Schaden verantwortlich, den sie durch absichtliche oder fahrlässige Verletzung ihrer Pflichten verursachen.

3 Die Artikel 756, 759 und 760 des OR finden Anwendung. Im Fall des Konkurses einer Kapitalgesellschaft oder einer Genossenschaft gelten die Artikel 757, 764 Absatz 2, 827 und 920 des OR sinngemäss.

4 Die Verantwortlichkeit der Personen, die für ein Institut des öffentlichen Rechts tätig sind, richtet sich nach dem öffentlichen Recht.

10. Kapitel: Schlussbestimmungen

Art. 109 Änderung bisherigen Rechts

Die Änderung bisherigen Rechts wird im Anhang geregelt.

Art. 110 Übergangsbestimmung

Dieses Gesetz findet Anwendung auf Fusionen, Spaltungen, Umwandlungen und Vermögensübertragungen, die nach seinem Inkrafttreten beim Handelsregister zur Eintragung angemeldet werden.

Art. 111 Referendum und Inkrafttreten

1 Dieses Gesetz untersteht dem fakultativen Referendum.

2 Der Bundesrat bestimmt das Inkrafttreten.

3 Artikel 103 tritt fünf Jahre nach den übrigen Bestimmungen dieses Gesetzes in Kraft.

Datum des Inkrafttretens:
Art. 103: 1. Juli 2009
alle übrigen Bestimmungen: 1. Juli 2004

Anhang: Änderung bisherigen Rechts (Art. 109)

Die aufgeführten Änderungen sind in den betroffenen Erlassen eingefügt worden.

Bundesgesetz über die Zulassung und Beaufsichtigung der Revisorinnen und Revisoren (Revisionsaufsichtsgesetz, RAG)

vom 16. Dezember 2005 (Stand am 1. Januar 2015)
SR 221.302

Die Bundesversammlung der Schweizerischen Eidgenossenschaft,

gestützt auf die Artikel 95 Absatz 1, 122 Absatz 1 und 123 Absatz 1 der Bundesverfassung, nach Einsicht in die Botschaft des Bundesrates vom 23. Juni 2004,

beschliesst:

1. Abschnitt: Gegenstand und Begriffe

Art. 1 Gegenstand und Zweck

[1] Dieses Gesetz regelt die Zulassung und die Beaufsichtigung von Personen, die Revisionsdienstleistungen erbringen.

[2] Es dient der ordnungsgemässen Erfüllung und der Sicherstellung der Qualität von Revisionsdienstleistungen.

[3] Spezialgesetzliche Vorschriften bleiben vorbehalten.

Art. 2 Begriffe

In diesem Gesetz gelten als:

a. *Revisionsdienstleistungen:*
   1. Prüfungen und Bestätigungen, die nach bundesrechtlichen Vorschriften durch eine zugelassene Revisorin, einen zugelassenen Revisor, eine zugelassene Revisionsexpertin, einen zugelassenen Revisionsexperten oder ein staatlich beaufsichtigtes Revisionsunternehmen vorgenommen werden müssen,
   2. Prüfungen, die nach Artikel 24 Absatz 1 Buchstabe a des Finanzmarktaufsichtsgesetzes vom 22. Juni 2007 (FINMAG) durch eine zugelassene Prüfgesellschaft vorgenommen werden;

b. *Revisionsunternehmen:* im Handelsregister eingetragene Einzelunternehmen, Personengesellschaften oder juristische Personen, die Revisionsdienstleistungen erbringen;

c. *Gesellschaften des öffentlichen Interesses:*
   1. Publikumsgesellschaften im Sinne von Artikel 727 Absatz 1 Ziffer 1 des Obligationenrechts (OR),
   2. Beaufsichtigte im Sinn von Artikel 3 FINMAG, die eine nach Artikel 9a des vorliegenden Gesetzes zugelassene Prüfgesellschaft mit einer Prüfung nach Artikel 24 FINMAG beauftragen müssen.

2. Abschnitt: Allgemeine Bestimmungen über die Zulassung zur Erbringung von Revisionsdienstleistungen

Art. 3 Grundsatz

1 Natürliche Personen und Revisionsunternehmen, die Revisionsdienstleistungen im Sinne von Artikel 2 Buchstabe a erbringen, bedürfen einer Zulassung.

2 Natürliche Personen werden unbefristet, Revisionsunternehmen für die Dauer von fünf Jahren zugelassen.

Art. 4 Voraussetzungen für Revisionsexpertinnen und Revisionsexperten

1 Eine natürliche Person wird als Revisionsexpertin oder Revisionsexperte zugelassen, wenn sie die Anforderungen an Ausbildung und Fachpraxis erfüllt und über einen unbescholtenen Leumund verfügt.

2 Die Anforderungen an Ausbildung und Fachpraxis erfüllen:

a. eidgenössisch diplomierte Wirtschaftsprüferinnen und Wirtschaftsprüfer;
b. eidgenössisch diplomierte Treuhandexpertinnen und Treuhandexperten, Steuerexpertinnen und Steuerexperten sowie Expertinnen und Experten in Rechnungslegung und Controlling, je mit mindestens fünf Jahren Fachpraxis;
c. Absolventinnen und Absolventen eines Universitäts- oder Fachhochschulstudiums in Betriebs-, Wirtschafts- oder Rechtswissenschaften an einer schweizerischen Hochschule, Fachleute im Finanz- und Rechnungswesen mit eidgenössischem Fachausweis sowie Treuhänderinnen und Treuhänder mit eidgenössischem Fachausweis, je mit mindestens zwölf Jahren Fachpraxis;
d. Personen, die eine den in den Buchstaben a, b oder c aufgeführten vergleichbare ausländische Ausbildung abgeschlossen haben, die entsprechende Fachpraxis aufweisen und die notwendigen Kenntnisse des schweizerischen Rechts nachweisen, sofern ein Staatsvertrag mit dem Herkunftsstaat dies so vorsieht oder der Herkunftsstaat Gegenrecht hält.

3 Der Bundesrat kann weitere gleichwertige Ausbildungsgänge zulassen und die Dauer der notwendigen Fachpraxis bestimmen.

4 Die Fachpraxis muss vorwiegend auf den Gebieten des Rechnungswesens und der Rechnungsrevision erworben worden sein, davon mindestens zwei Drittel unter Beaufsichtigung durch eine zugelassene Revisionsexpertin oder einen zugelassenen Revisionsexperten oder durch eine ausländische Fachperson mit vergleichbarer Qualifikation. Fachpraxis während der Ausbildung wird angerechnet, wenn diese Voraussetzungen erfüllt sind.

Art. 5 Voraussetzungen für Revisorinnen und Revisoren

1 Eine natürliche Person wird als Revisorin oder Revisor zugelassen, wenn sie:

a. über einen unbescholtenen Leumund verfügt;
b. eine Ausbildung nach Artikel 4 Absatz 2 abgeschlossen hat;
c. eine Fachpraxis von einem Jahr nachweist.

2 Die Fachpraxis muss vorwiegend auf den Gebieten des Rechnungswesens und der Rechnungsrevision erworben worden sein, dies unter Beaufsichtigung durch eine zugelassene Revisorin oder einen zugelassenen Revisor oder durch eine ausländische Fachperson mit vergleichbarer Qualifikation. Fachpraxis während der Ausbildung wird angerechnet, wenn diese Voraussetzungen erfüllt sind.

Art. 6 Voraussetzungen für Revisionsunternehmen

1 Ein Revisionsunternehmen wird als Revisionsexperte oder als Revisor zugelassen, wenn:

a. die Mehrheit der Mitglieder seines obersten Leitungs- oder Verwaltungsorgans sowie seines Geschäftsführungsorgans über die entsprechende Zulassung verfügt;

b. mindestens ein Fünftel der Personen, die an der Erbringung von Revisionsdienstleistungen beteiligt sind, über die entsprechende Zulassung verfügt;
c. sichergestellt ist, dass alle Personen, die Revisionsdienstleistungen leiten, über die entsprechende Zulassung verfügen;
d. die Führungsstruktur gewährleistet, dass die einzelnen Mandate genügend überwacht werden.

2 Finanzkontrollen der öffentlichen Hand werden als Revisionsunternehmen zugelassen, wenn sie die Anforderungen nach Absatz 1 erfüllen. Die Zulassung als staatlich beaufsichtigte Revisionsunternehmen ist nicht möglich.

3. Abschnitt: Besondere Bestimmungen über die Zulassung zur Erbringung von Revisionsdienstleistungen für Gesellschaften des öffentlichen Interesses

Art. 7 Grundsatz

1 Revisionsunternehmen, die Revisionsdienstleistungen für Gesellschaften des öffentlichen Interesses erbringen, bedürfen einer besonderen Zulassung und stehen unter staatlicher Aufsicht (staatlich beaufsichtigte Revisionsunternehmen).

2 Andere Revisionsunternehmen werden auf Gesuch hin ebenfalls als staatlich beaufsichtigte Revisionsunternehmen zugelassen, wenn sie die gesetzlichen Voraussetzungen erfüllen.

Art. 8[1]

Art. 9 Voraussetzungen

1 Revisionsunternehmen werden zur Erbringung von Revisionsdienstleistungen für Gesellschaften des öffentlichen Interesses zugelassen, wenn sie:
a. die Voraussetzungen für die Zulassung als Revisionsexperten erfüllen;
b. gewährleisten, dass sie die rechtlichen Pflichten einhalten;
c. für die Haftungsrisiken ausreichend versichert sind.

2 Die Aufsichtsbehörde kann die Zulassung eines Revisionsunternehmens auf der Grundlage einer ausländischen Zulassung erteilen, wenn die Anforderungen dieses Gesetzes erfüllt sind.

Art. 9a Voraussetzungen für die Zulassung zur Prüfung nach den Finanzmarktgesetzen

1 Ein Revisionsunternehmen wird als Prüfgesellschaft für Prüfungen nach Artikel 2 Buchstabe a Ziffer 2 zugelassen, wenn es:
a. nach Artikel 9 Absatz 1 zugelassen ist;
b. für diese Prüfungen ausreichend organisiert ist; und
c. keine andere nach den Finanzmarktgesetzen (Art. 1 Abs. 1 FINMAG) bewilligungspflichtige Tätigkeit ausübt.

2 Eine Person wird zur Leitung von Prüfungen nach Artikel 2 Buchstabe a Ziffer 2 (leitende Prüferin oder leitender Prüfer) zugelassen, wenn sie:
a. als Revisionsexpertin oder -experte nach Artikel 4 zugelassen ist; und
b. das nötige Fachwissen und die nötige Praxiserfahrung für die Prüfung nach den Finanzmarktgesetzen (Art. 1 Abs. 1 FINMAG) aufweist.

1 Noch nicht in Kraft

[3] Für die Zulassung nach Absatz 2 Buchstabe a kann in Abweichung von Artikel 4 Absatz 4 auch Fachpraxis aus Prüfungen nach Artikel 24 Absatz 1 Buchstaben a und b FINMAG angerechnet werden.

[4] Der Bundesrat kann erleichterte Voraussetzungen vorsehen für die Zulassung von Prüfgesellschaften sowie von leitenden Prüferinnen und Prüfern zur Prüfung von der Eidgenössischen Finanzmarktaufsicht (FINMA) direkt unterstellten Finanzintermediären nach Artikel 2 Absatz 3 des Geldwäschereigesetzes vom 10. Oktober 1997 (GwG).

[5] Der Bundesrat legt die zur Wahrung des Berufsgeheimnisses notwendigen Massnahmen für Anwältinnen und Anwälte beziehungsweise Notarinnen und Notare als leitende Prüferinnen oder leitende Prüfer bei der GwG-Kontrolle von Anwältinnen und Anwälten beziehungsweise Notarinnen und Notaren sowie die besonderen Voraussetzungen für deren Zulassung fest.

Art. 10

Aufgehoben.

4. Abschnitt: Pflichten staatlich beaufsichtigter Revisionsunternehmen

Art. 11 Unabhängigkeit

[1] Über die allgemeinen gesetzlichen Vorschriften zur Unabhängigkeit der Revisionsstelle hinaus (Art. 728 OR) müssen staatlich beaufsichtigte Revisionsunternehmen bei der Erbringung von Revisionsdienstleistungen für Gesellschaften des öffentlichen Interesses folgende Grundsätze einhalten:

a. Die jährlichen Honorare aus Revisions- und anderen Dienstleistungen für eine einzelne Gesellschaft und die mit ihr durch einheitliche Leitung verbundenen Gesellschaften (Konzern) dürfen 10 Prozent ihrer gesamten Honorarsumme nicht übersteigen.
b. Treten Personen, die in einer Gesellschaft eine Entscheidfunktion innehatten oder in leitender Stellung in der Rechnungslegung tätig waren, in ein Revisionsunternehmen über und übernehmen sie dort eine leitende Stellung, so darf dieses während zwei Jahren ab Übertritt keine Revisionsdienstleistungen für diese Gesellschaft erbringen.
c. Treten Personen, die in einer Gesellschaft in der Rechnungslegung mitgewirkt haben, in ein Revisionsunternehmen über, so dürfen sie während zwei Jahren ab Übertritt keine Revisionsdienstleistungen für diese Gesellschaft leiten.

[2] Eine Gesellschaft des öffentlichen Interesses darf keine Personen beschäftigen, die während der zwei vorausgegangenen Jahre Revisionsdienstleistungen für diese Gesellschaft geleitet haben oder im betreffenden Revisionsunternehmen eine Entscheidfunktion inne hatten.

Art. 12 Sicherung der Qualität

[1] Die staatlich beaufsichtigten Revisionsunternehmen treffen alle Massnahmen, die zur Sicherung der Qualität ihrer Revisionsdienstleistungen notwendig sind.

[2] Sie stellen eine geeignete Organisation sicher und erlassen insbesondere schriftliche Weisungen über:

a. die Anstellung, die Aus- und Weiterbildung, die Beurteilung, die Zeichnungsberechtigung und das gebotene Verhalten der Mitarbeiterinnen und Mitarbeiter;
b. die Annahme neuer und die Weiterführung bestehender Aufträge für Revisionsdienstleistungen;
c. die Überwachung der Massnahmen zur Sicherung der Unabhängigkeit und der Qualität.

[3] Sie gewährleisten bei den einzelnen Revisionsdienstleistungen insbesondere:

a. die sachgerechte Zuteilung der Aufgaben;
b. die Überwachung der Arbeiten;

c. die Einhaltung der massgebenden Vorschriften und Standards zur Prüfung und zur Unabhängigkeit;
d. eine qualifizierte und unabhängige Nachkontrolle der Prüfungsergebnisse.

Art. 13 Zutrittsgewährung

1 *Aufgehoben.*

2 Staatlich beaufsichtigte Revisionsunternehmen müssen der Aufsichtsbehörde jederzeit Zutritt zu ihren Geschäftsräumen gewähren.

Art. 14 Meldungen an die Aufsichtsbehörde

1 Staatlich beaufsichtigte Revisionsunternehmen müssen die Zulassungsunterlagen jedes Jahr jeweils per 30. Juni aktualisieren und bis zum 30. September bei der Aufsichtsbehörde einreichen. Unverändert gültige Unterlagen müssen nicht erneut eingereicht werden.

2 *Aufgehoben.*

5. Abschnitt: Zulassung und Aufsicht

Art. 15 Zulassung und Registrierung

1 Die Aufsichtsbehörde entscheidet auf Gesuch hin über die Zulassung von:

a. Revisorinnen und Revisoren;
b. Revisionsexpertinnen und Revisionsexperten;
c. staatlich beaufsichtigten Revisionsunternehmen.
d. Prüfgesellschaften sowie von leitenden Prüferinnen und Prüfern zur Prüfung nach den Finanzmarktgesetzen (Art. 1 Abs. 1 FINMAG) gemäss Artikel 9a.

1bis Sie kann die Zulassung auf die Erbringung bestimmter Arten von Revisionsdienstleistungen für bestimmte Gesellschaften des öffentlichen Interesses beschränken.

2 Sie führt ein Register über die zugelassenen natürlichen Personen und Revisionsunternehmen. Das Register ist öffentlich und wird auf dem Internet publiziert. Der Bundesrat regelt den Inhalt des Registers.

3 Die registrierten natürlichen Personen und Revisionsunternehmen müssen der Aufsichtsbehörde jede Änderung von eingetragenen Tatsachen mitteilen.

Art. 15a Auskunfts- und Meldepflicht

1 Folgende Personen und Unternehmen müssen der Aufsichtsbehörde alle Auskünfte erteilen und Unterlagen herausgeben, die diese für die Erfüllung ihrer Aufgaben benötigt:

a. die zugelassenen natürlichen Personen und Revisionsunternehmen;
b. die natürlichen Personen, die Mitglied im obersten Leitungs- und Verwaltungsorgan oder im Geschäftsführungsorgan eines Revisionsunternehmens sind und nicht über eine Zulassung der Aufsichtsbehörde verfügen;
c. die Mitarbeiterinnen und Mitarbeiter des Revisionsunternehmens und alle Personen, die von diesem für Revisionsdienstleistungen beigezogen werden;
d. die geprüften Gesellschaften;
e. alle Gesellschaften, die mit der geprüften Gesellschaft einen Konzern bilden und deren Jahresrechnungen konsolidiert werden müssen, sowie deren Revisionsstellen.

2 Die Personen und Unternehmen nach Absatz 1 Buchstaben a und b müssen der Aufsichtsbehörde überdies unverzüglich schriftlich Vorkommnisse melden, die für die Zulassung oder die Aufsicht relevant sind.

Art. 16 Überprüfung staatlich beaufsichtigter Revisionsunternehmen

1 Die Aufsichtsbehörde unterzieht die staatlich beaufsichtigten Revisionsunternehmen mindestens alle drei Jahre einer eingehenden Überprüfung.

1bis Staatlich beaufsichtigte Revisionsunternehmen, die ausschliesslich Prüfdienstleistungen für Unternehmen nach Artikel 9a Absatz 4 erbringen, werden von der Aufsichtsbehörde alle fünf Jahre überprüft. Die Aufsichtsbehörde kann den Überprüfungszyklus in begründeten Fällen verlängern.

1ter Bei Verdacht auf Verstösse gegen rechtliche Pflichten nimmt die Aufsichtsbehörde unabhängig von den Überprüfungszyklen nach den Absätzen 1 und 1bis eine entsprechende Überprüfung vor.

2 Sie überprüft:

a. die Richtigkeit der Angaben in den Zulassungsunterlagen;
b. die Einhaltung der rechtlichen Pflichten, der von ihr anerkannten Standards zur Prüfung und Qualitätssicherung sowie der Berufsgrundsätze, Standesregeln und gegebenenfalls des Kotierungsreglements;
c. die Qualität der erbrachten Revisionsdienstleistungen durch einzelne Stichproben;
d. die Einhaltung und Umsetzung der von ihr erteilten Anweisungen.

3 Sie erstellt zuhanden des obersten Leitungs- oder Verwaltungsorgans des Revisionsunternehmens einen schriftlichen Bericht über das Ergebnis der Überprüfung.

4 Stellt sie Verstösse gegen rechtliche Pflichten fest, so erteilt sie dem staatlich beaufsichtigten Revisionsunternehmen einen schriftlichen Verweis, gibt Anweisungen zur Wiederherstellung des ordnungsgemässen Zustands und setzt ihm dafür eine Frist von höchstens zwölf Monaten. Aus wichtigen Gründen kann sie die Frist angemessen verlängern.

Art. 16a Standards zur Prüfung und Qualitätssicherung

1 Die staatlich beaufsichtigten Revisionsunternehmen müssen sich bei der Erbringung von Revisionsdienstleistungen nach Artikel 2 Buchstabe a Ziffer 1 an Standards zur Prüfung und Qualitätssicherung halten.

2 Die Aufsichtsbehörde bezeichnet die anwendbaren national oder international anerkannten Standards. Bestehen keine Standards oder sind diese unzureichend, so kann sie eigene Standards erlassen oder bestehende Standards ergänzen oder abändern.

Art. 17 Entzug der Zulassung

1 Erfüllt eine zugelassene natürliche Person oder ein zugelassenes Revisionsunternehmen die Zulassungsvoraussetzungen der Artikel 4–6 oder 9a nicht mehr, so kann die Aufsichtsbehörde die Zulassung befristet oder unbefristet entziehen. Sofern die Zulassungsvoraussetzungen wiederhergestellt werden können, ist der Entzug vorher anzudrohen. Sie erteilt einen schriftlichen Verweis, wenn der Entzug der Zulassung unverhältnismässig ist.

2 Erfüllt ein staatlich beaufsichtigtes Revisionsunternehmen die Zulassungsvoraussetzungen nicht mehr oder verletzt es die rechtlichen Pflichten wiederholt oder in grober Weise, so kann ihm die Aufsichtsbehörde die Zulassung befristet oder unbefristet entziehen. Der Entzug ist vorher anzudrohen; dies gilt nicht bei groben Verstössen gegen das Gesetz.

3 Die Aufsichtsbehörde informiert die betroffenen Gesellschaften und die Börse über den Entzug der Zulassung.

4 Während der Dauer des befristeten Entzugs unterliegt die betroffene natürliche Person oder das betroffene Revisionsunternehmen weiterhin den Auskunfts- und Meldepflichten gemäss Artikel 15a.

Art. 18 Massnahmen gegenüber natürlichen Personen, die für staatlich beaufsichtigte Revisionsunternehmen tätig sind

Verletzt eine natürliche Person, die für ein staatlich beaufsichtigtes Revisionsunternehmen tätig ist, die rechtlichen Pflichten, so erteilt ihr die Aufsichtsbehörde einen schriftlichen Verweis. Bei wiederholten oder groben Verstössen kann ihr die Aufsichtsbehörde die Ausübung ihrer Tätigkeit befristet oder unbefristet verbieten und gegebenenfalls die Zulassung nach Artikel 17 Absatz 1 entziehen.

Art. 19 Information der Öffentlichkeit

1 Die Aufsichtsbehörde veröffentlicht jährlich einen Bericht über ihre Tätigkeit und Praxis.

2 Über laufende und abgeschlossene Verfahren informiert sie nur, wenn dies aus Gründen überwiegender öffentlicher oder privater Interessen erforderlich ist.

Art. 20 Beizug von Drittpersonen

1 Die Aufsichtsbehörde kann zur Erfüllung ihrer Aufgaben Drittpersonen beiziehen.

2 Die beauftragten Drittpersonen müssen vom staatlich beaufsichtigten Revisionsunternehmen und von Gesellschaften, für die dieses Revisionsdienstleistungen erbringt, unabhängig sein.

3 Sie haben über Feststellungen, die sie im Rahmen ihrer Tätigkeit machen, das Geheimnis zu wahren.

Art. 21 Finanzierung

1 Die Aufsichtsbehörde erhebt für ihre Verfügungen, Überprüfungen und Dienstleistungen Gebühren.

2 Zur Deckung der Aufsichtskosten, die nicht durch Gebühren gedeckt sind, erhebt die Aufsichtsbehörde von den staatlich beaufsichtigten Revisionsunternehmen eine jährliche Aufsichtsabgabe. Diese wird auf der Grundlage der Kosten des Rechnungsjahres erhoben und trägt der wirtschaftlichen Bedeutung der staatlich beaufsichtigten Revisionsunternehmen Rechnung.

3 Der Bundesrat regelt die Einzelheiten, insbesondere die Gebührenansätze, die Bemessung der Aufsichtsabgabe und deren Aufteilung auf die beaufsichtigten Revisionsunternehmen.

6. Abschnitt: Amts- und Rechtshilfe

Art. 22 Spezialgesetzliche Aufsichtsbehörden

1 Die Aufsichtsbehörde und die spezialgesetzlichen Aufsichtsbehörden müssen einander alle Auskünfte erteilen und Unterlagen übermitteln, die sie für die Durchsetzung der jeweiligen Gesetzgebung benötigen. Sie koordinieren ihre Aufsichtstätigkeiten, um Doppelspurigkeiten zu vermeiden.

2 Sie informieren sich gegenseitig über hängige Verfahren und Entscheide, die für die jeweilige Aufsichtstätigkeit von Belang sein können.

Art. 23 Börsen

1 Die Börse und die Aufsichtsbehörde koordinieren ihre Aufsichtstätigkeiten, um Doppelspurigkeiten zu vermeiden.

2 Sie informieren sich gegenseitig über hängige Verfahren und Entscheide, die für die jeweilige Aufsichtstätigkeit von Belang sein können.

3 Können Sanktionen der Aufsichtsbehörde bei Verstössen gegen die Artikel 7 und 8 nicht durchgesetzt werden, so ergreift die Börse die erforderlichen Sanktionen.

Art. 24 Strafverfolgungsbehörden

1 Die Aufsichtsbehörde und die Strafverfolgungsbehörden müssen einander alle Auskünfte erteilen und Unterlagen übermitteln, die sie für die Durchsetzung dieses Gesetzes benötigen.

2 Die Strafverfolgungsbehörde darf von der Aufsichtsbehörde erhaltene Auskünfte und Unterlagen nur im Rahmen des Strafverfahrens verwenden, für das Rechtshilfe gewährt wurde. Sie darf Auskünfte und Unterlagen nicht an Dritte weitergeben.

3 Erhält die Aufsichtsbehörde in Ausübung ihrer dienstlichen Pflichten Kenntnis von strafbaren Handlungen, so benachrichtigt sie die zuständigen Strafverfolgungsbehörden.

4 Die Strafverfolgungsbehörden melden der Aufsichtsbehörde sämtliche Verfahren, die im Zusammenhang mit einer von einem staatlich beaufsichtigten Revisionsunternehmen erbrachten Revisionsdienstleistung stehen; sie übermitteln ihr die Urteile und die Einstellungsbeschlüsse. Zu melden sind insbesondere Verfahren, die folgende Bestimmungen betreffen:

a. die Artikel 146, 152, 153, 161, 166, 251, 253–255 und 321 des Strafgesetzbuches;
b. Artikel 47 des Bankengesetzes vom 8. November 1934;
c. Artikel 43 des Börsengesetzes vom 24. März 1995.

Art. 25 Zivilgerichte

Die kantonalen Zivilgerichte und das Bundesgericht melden der Aufsichtsbehörde sämtliche Verfahren betreffend die Revisionshaftung (Art. 755 OR) im Zusammenhang mit einer von einem staatlich beaufsichtigten Revisionsunternehmen erbrachten Revisionsdienstleistung und stellen ihr die Urteile sowie andere Entscheide zu, welche ein solches Verfahren abschliessen.

Art. 26 Zusammenarbeit mit ausländischen Revisionsaufsichtsbehörden

1 Die Aufsichtsbehörde kann zur Durchsetzung dieses Gesetzes ausländische Revisionsaufsichtsbehörden um Auskünfte und Unterlagen ersuchen.

2 Sie darf ausländischen Revisionsaufsichtsbehörden nicht öffentlich zugängliche Auskünfte und Unterlagen übermitteln, sofern diese Behörden:

a. die übermittelten Informationen ausschliesslich zur direkten Beaufsichtigung von Personen und Unternehmen verwenden, die Revisionsdienstleistungen erbringen;
b. an das Amts- oder Berufsgeheimnis gebunden sind, wobei Vorschriften über die Öffentlichkeit von Verfahren und die Orientierung der Öffentlichkeit über solche Verfahren vorbehalten bleiben;
c. die Informationen nur auf Grund einer Ermächtigung in einem Staatsvertrag oder mit vorgängiger Zustimmung der Aufsichtsbehörde an Behörden und an Organe weiterleiten, die im öffentlichen Interesse liegende Aufsichtsaufgaben wahrnehmen und an das Amts- und Berufsgeheimnis gebunden sind.

3 Die Aufsichtsbehörde verweigert die Zustimmung, wenn die Informationen an Strafbehörden oder an Behörden und Organe mit verwaltungsrechtlichen Sanktionsbefugnissen weitergeleitet werden sollen und die Rechtshilfe in Strafsachen wegen der Art der Tat ausgeschlossen wäre. Die Aufsichtsbehörde entscheidet im Einvernehmen mit dem Bundesamt für Justiz.

4 Der Bundesrat ist im Rahmen von Absatz 2 befugt, die Zusammenarbeit mit ausländischen Revisionsaufsichtsbehörden in Staatsverträgen zu regeln.

Art. 27 Grenzüberschreitende Prüfungshandlungen

1 Die Aufsichtsbehörde kann zur Durchsetzung dieses Gesetzes ausländische Revisionsaufsichtsbehörden um die Vornahme von Prüfungshandlungen im Ausland ersuchen. Auf Grund einer Ermächtigung in einem Staatsvertrag oder mit vorgängiger Zustimmung der ausländischen Revisionsaufsichtsbehörde kann sie Prüfungshandlungen im Ausland selbst vornehmen.

2 Auf Ersuchen ausländischer Revisionsaufsichtsbehörden kann die Aufsichtsbehörde für diese Prüfungshandlungen im Inland vornehmen, wenn der ersuchende Staat Gegenrecht hält. Artikel 26 Absätze 2 und 3 finden entsprechende Anwendung.

3 Auf Grund einer Ermächtigung in einem Staatsvertrag oder mit vorgängiger Zustimmung der Aufsichtsbehörde können ausländische Revisionsaufsichtsbehörden Prüfungshandlungen in der Schweiz selbst vornehmen, wenn der ersuchende Staat Gegenrecht hält. Artikel 26 Absätze 2 und 3 findet entsprechende Anwendung.

4 Die Aufsichtsbehörde kann die ausländische Revisionsaufsichtsbehörde bei deren Aufsichtshandlungen in der Schweiz begleiten. Die betroffene Person oder das betroffene Unternehmen kann eine solche Begleitung verlangen.

4bis Für Prüfungshandlungen für ausländische Aufsichtsbehörden (Abs. 2) und die Begleitung ausländischer Aufsichtsbehörden bei deren Aufsichtshandlungen in der Schweiz (Abs. 4) verfügt die Aufsichtsbehörde gegenüber dem betroffenen Revisionsunternehmen und den betroffenen geprüften Unternehmen über dieselben Befugnisse wie gegenüber den staatlich beaufsichtigten Revisionsunternehmen und den von diesen geprüften Unternehmen.

5 Der Bundesrat ist im Rahmen der Absätze 2 und 3 befugt, die Zusammenarbeit mit ausländischen Revisionsaufsichtsbehörden in Staatsverträgen zu regeln.

7. Abschnitt: Organisation der Aufsichtsbehörde

Art. 28 Aufsichtsbehörde

1 Die Aufsicht nach diesem Gesetz obliegt der Eidgenössischen Revisionsaufsichtsbehörde (Aufsichtsbehörde).

2 Die Aufsichtsbehörde ist eine öffentlich-rechtliche Anstalt mit eigener Rechtspersönlichkeit. Sie übt die Aufsicht unabhängig aus (Art. 38).

3 Sie ist in ihrer Organisation sowie in ihrer Betriebsführung selbstständig und führt eine eigene Rechnung.

4 Die Aufsichtsbehörde wird nach betriebswirtschaftlichen Grundsätzen geführt.

5 Sie ist im Bereich dieses Gesetzes zur Beschwerde an das Bundesgericht berechtigt.

Art. 29 Organe

Die Organe der Aufsichtsbehörde sind:

a. der Verwaltungsrat;
b. die Geschäftsleitung;
c. die Revisionsstelle.

Art. 30 Verwaltungsrat

1 Der Verwaltungsrat ist das oberste Leitungsorgan. Er besteht aus höchstens fünf fachkundigen und von der Revisionsbranche unabhängigen Mitgliedern.

2 Die Mitglieder werden für eine Amtsdauer von vier Jahren gewählt. Jedes Mitglied kann zweimal wiedergewählt werden.

3 Der Bundesrat wählt die Mitglieder des Verwaltungsrates und bestimmt die Präsidentin oder den Präsidenten.

4 Die Mitglieder des Verwaltungsrates müssen ihre Aufgaben und Pflichten mit aller Sorgfalt erfüllen und die Interessen der Aufsichtsbehörde in guten Treuen wahren.

5 Der Bundesrat kann ein Mitglied oder mehrere Mitglieder des Verwaltungsrates aus wichtigen Gründen abberufen.

[6] Er legt die Entschädigungen der Mitglieder des Verwaltungsrates fest. Für das Honorar der Mitglieder des Verwaltungsrates und die weiteren mit diesen Personen vereinbarten Vertragsbedingungen gilt Artikel 6a Absätze 1–4 des Bundespersonalgesetzes vom 24. März 2000 (BPG).

Art. 30a Aufgaben des Verwaltungsrates

Der Verwaltungsrat hat folgende Aufgaben:

a. Er erlässt das Organisationsreglement der Aufsichtsbehörde.
b. Er erlässt die strategischen Ziele der Aufsichtsbehörde, unterbreitet sie dem Bundesrat zur Genehmigung und erstattet ihm jährlich Bericht über deren Erreichung.
c. Er erlässt die der Aufsichtsbehörde delegierten Verordnungen.
d. Er trifft die organisatorischen Vorkehren zur Wahrung der Interessen der Aufsichtsbehörde sowie zur Verhinderung von Interessenkonflikten.
e. Er schliesst den Anschlussvertrag mit der Pensionskasse des Bundes (PUBLICA) ab und unterbreitet ihn dem Bundesrat zur Genehmigung.
f. Er regelt die Zusammensetzung, das Wahlverfahren und die Organisation des paritätischen Organs für das Vorsorgewerk.
g. Er entscheidet über die Begründung, die Änderung und die Auflösung des Arbeitsverhältnisses mit der Direktorin oder dem Direktor; die Begründung und die Auflösung des Arbeitsverhältnisses mit der Direktorin oder dem Direktor bedürfen der Genehmigung durch den Bundesrat.
h. Er entscheidet auf Antrag der Direktorin oder des Direktors über die Begründung, die Änderung und die Auflösung des Arbeitsverhältnisses der weiteren Mitglieder der Geschäftsleitung.
i. Er beaufsichtigt die Geschäftsleitung.
j. Er sorgt für ein der Aufsichtsbehörde angepasstes internes Kontrollsystem und Risikomanagement.
k. Er bestimmt die Verwendung der Reserven.
l. Er verabschiedet das Budget.
m. Er erstellt und verabschiedet für jedes Geschäftsjahr einen Geschäftsbericht; er unterbreitet den revidierten Geschäftsbericht dem Bundesrat zur Genehmigung; gleichzeitig stellt er dem Bundesrat Antrag auf Entlastung und veröffentlicht den Geschäftsbericht nach der Genehmigung.

Art. 31 Geschäftsleitung

[1] Die Geschäftsleitung ist das operative Organ. Sie steht unter der Leitung einer Direktorin oder eines Direktors.

[2] Sie hat insbesondere folgende Aufgaben:

a. Sie führt die Geschäfte.
b. Sie erlässt die Verfügungen nach Massgabe des Organisationsreglements des Verwaltungsrates.
c. Sie erarbeitet die Entscheidgrundlagen des Verwaltungsrates.
d. Sie berichtet dem Verwaltungsrat regelmässig, bei besonderen Ereignissen ohne Verzug.
e. Sie vertritt die Aufsichtsbehörde gegen aussen.
f. Sie entscheidet über die Begründung, die Änderung und die Auflösung der Arbeitsverhältnisse der Angestellten der Aufsichtsbehörde; vorbehalten bleibt Artikel 30a Buchstaben g und h.

g. Sie kann in internationalen Organisationen und Gremien mitwirken, die Angelegenheiten der Revisionsaufsicht behandeln.
h. Sie erfüllt alle Aufgaben, die dieses Gesetz nicht einem anderen Organ zuweist.

Art. 32 Revisionsstelle

1 Die Eidgenössische Finanzkontrolle ist die externe Revisionsstelle.

2 Für die Revisionsstelle und die Revision sind die Bestimmungen des Aktienrechts sinngemäss anzuwenden.

Art. 33 Personal

1 Die Aufsichtsbehörde stellt ihr Personal privatrechtlich an.

2 *Aufgehoben.*

3 Für den Lohn der Direktorin oder des Direktors sowie der Angehörigen des geschäftsleitenden Kaders und des weiteren Personals, das in vergleichbarer Weise entlöhnt wird, sowie für die weiteren mit diesen Personen vereinbarten Vertragsbedingungen findet Artikel 6a Absätze 1–4 BPG entsprechende Anwendung.

Art. 33a Pensionskasse

1 Die Geschäftsleitung und das übrige Personal sind bei PUBLICA nach den Bestimmungen der Artikel 32a–32m BPG versichert.

2 Die Aufsichtsbehörde ist Arbeitgeberin nach Artikel 32b Absatz 2 BPG.

Art. 34 Amtsgeheimnis

1 Die Angestellten und Mitglieder der Organe sind zur Verschwiegenheit über amtliche Angelegenheiten verpflichtet.

2 Die Pflicht zur Verschwiegenheit bleibt nach Beendigung des Arbeitsverhältnisses oder der Zugehörigkeit zu einem Organ der Aufsichtsbehörde bestehen.

3 Die Angestellten und die Mitglieder der Organe der Aufsichtsbehörde dürfen sich ohne Ermächtigung der Aufsichtsbehörde bei Einvernahmen und in Gerichtsverfahren als Partei, Zeuginnen und Zeugen oder Sachverständige nicht über Wahrnehmungen äussern, die sie bei der Erfüllung ihrer Aufgaben gemacht haben und die sich auf ihre amtlichen Aufgaben beziehen.

Art. 34a Anzeigepflichten, Anzeigerechte und Schutz

1 Die Angestellten sind verpflichtet, alle von Amtes wegen zu verfolgenden Verbrechen oder Vergehen, die auf behördeninternen Sachverhalten basieren und die sie bei ihrer amtlichen Tätigkeit festgestellt haben oder ihnen gemeldet worden sind, ihren Vorgesetzten, dem Verwaltungsrat, der Eidgenössischen Finanzkontrolle oder den Strafverfolgungsbehörden anzuzeigen.

2 Die Anzeigepflicht entfällt für Personen, die nach den Artikeln 113 Absatz 1, 168 und 169 der Strafprozessordnung zur Aussage- oder Zeugnisverweigerung berechtigt sind.

3 Die Angestellten sind berechtigt, andere Unregelmässigkeiten, die sie bei ihrer behördeninternen amtlichen Tätigkeit festgestellt haben oder die ihnen gemeldet worden sind, ihren Vorgesetzten, dem Verwaltungsrat oder der Eidgenössischen Finanzkontrolle zu melden.

4 Wer in guten Treuen eine Anzeige oder Meldung erstattet hat, darf deswegen nicht in seiner beruflichen Stellung benachteiligt werden.

5 Die Anzeigepflicht bei behördenexternen Sachverhalten richtet sich nach Artikel 24 Absatz 3.

Art. 34b Geschäftsbericht

1 Der Geschäftsbericht enthält den Tätigkeitsbericht (Art. 19 Abs. 1), die Jahresrechnung und den Revisionsbericht.

2 Die Jahresrechnung setzt sich zusammen aus der Bilanz, der Erfolgsrechnung und dem Anhang.

Art. 35 Rechnungswesen

1 Der Voranschlag und die Jahresrechnung der Aufsichtsbehörde werden unabhängig vom Voranschlag und von der Rechnung des Bundes geführt.

2 Auf die Rechnungslegung sind die Bestimmungen zur kaufmännischen Buchführung und Rechnungslegung nach OR sinngemäss anzuwenden.

3 Die Aufsichtsbehörde bildet die für die Ausübung ihrer Aufsichtstätigkeit erforderlichen Reserven im Umfang von höchstens einem Jahresbudget.

Art. 36 Tresorerie

1 Die Aufsichtsbehörde verfügt beim Bund über ein Kontokorrent und legt die überschüssigen Gelder beim Bund zu Marktzinsen an.

2 Der Bund gewährt der Aufsichtsbehörde für deren Aufbau sowie zur Sicherstellung ihrer Zahlungsfähigkeit Darlehen zu Marktzinsen.

Art. 36a Verantwortlichkeit

1 Die Verantwortlichkeit der Aufsichtsbehörde, ihrer Organe, ihres Personals sowie der von der Aufsichtsbehörde beigezogenen Drittpersonen richtet sich unter Vorbehalt von Absatz 2 nach dem Verantwortlichkeitsgesetz vom 14. März 1958.

2 Die Aufsichtsbehörde haftet nur, wenn:

a. sie wesentliche Amtspflichten verletzt hat; und
b. Schäden nicht auf Pflichtverletzungen einer Revisorin, eines Revisors, einer Revisionsexpertin, eines Revisionsexperten oder eines Revisionsunternehmens zurückzuführen sind.

2bis Die Verantwortlichkeit der nach Artikel 24 Absatz 1 Buchstabe a des FINMAG beauftragten Prüfgesellschaften richtet sich nach den Bestimmungen des Aktienrechts (Art. 752–760 OR).

Art. 37 Steuerbefreiung

Die Aufsichtsbehörde ist von jeder Besteuerung durch den Bund, die Kantone und die Gemeinden befreit.

Art. 38 Fachliche Unabhängigkeit und Aufsicht

1 Die Aufsichtsbehörde erfüllt ihre Aufgaben fachlich unabhängig.

2 Sie untersteht der administrativen Aufsicht des Bundesrats. Dieser übt seine Aufsicht insbesondere aus durch:

a. die Wahl und die Abberufung der Mitglieder des Verwaltungsrates und von dessen Präsidentin oder Präsidenten;
b. die Genehmigung der Begründung und der Auflösung des Arbeitsverhältnisses mit der Direktorin oder mit dem Direktor;
c. die Genehmigung des Anschlussvertrags mit PUBLICA;
d. die Genehmigung des Geschäftsberichts;
e. die Genehmigung der strategischen Ziele;
f. die jährliche Überprüfung der Erreichung der strategischen Ziele;
g. die Entlastung des Verwaltungsrates.

3 Die Aufsichtsbehörde erörtert mit dem Bundesrat regelmässig ihre strategischen Ziele und die Erfüllung ihrer Aufgaben.

8. Abschnitt: Strafbestimmungen

Art. 39 Übertretungen

1 Mit Busse bis zu 100 000 Franken wird bestraft, wer verstösst gegen:

a. die Grundsätze zur Unabhängigkeit nach Artikel 11 sowie nach Artikel 728 des OR;
b. die Meldepflichten nach Artikel 15a Absatz 2;
c. die Mitteilungspflicht nach Artikel 15 Absatz 3;
d. eine Ausführungsbestimmung zu diesem Gesetz, deren Übertretung vom Bundesrat für strafbar erklärt wird;
e. eine Verfügung oder Massnahme der Aufsichtsbehörde, die unter Hinweis auf die Strafdrohung dieses Artikels erlassen wurde.

2 Wird die Tag fahrlässig begangen, so ist die Strafe Busse bis zu 50 000 Franken.

3 Die Aufsichtsbehörde verfolgt und beurteilt diese Widerhandlungen nach den Vorschriften des Bundesgesetzes vom 22. März 1974 über das Verwaltungsstrafrecht.

4 Die Verfolgung von Übertretungen verjährt nach sieben Jahren.

Art. 39a Widerhandlungen in Geschäftsbetrieben

Von der Ermittlung der strafbaren Personen nach Artikel 39 kann Umgang genommen und an ihrer Stelle der Geschäftsbetrieb zur Bezahlung der Busse verurteilt werden, wenn:

a. die Ermittlung der Personen, die nach Artikel 6 des Bundesgesetzes vom 22. März 1974 über das Verwaltungsstrafrecht strafbar sind, Untersuchungsmassnahmen bedingt, welche im Hinblick auf die verwirkte Strafe unverhältnismässig wären; und
b. für die Widerhandlungen gegen die Bestimmungen dieses Gesetzes eine Busse von höchstens 20 000 Franken in Betracht fällt.

Art. 40 Vergehen

1 Mit Freiheitsstrafe bis zu drei Jahren oder Geldstrafe wird bestraft, wer:

a. eine Revisionsdienstleistung ohne die erforderliche Zulassung oder trotz Verbot zur Ausübung seiner Tätigkeit erbringt;
a bis. im Revisionsbericht, im Prüfbericht oder in der Prüfbestätigung zu wesentlichen Tatsachen falsche Angaben macht oder wesentliche Tatsachen verschweigt;
b. der Aufsichtsbehörde den Zutritt zu seinen Geschäftsräumlichkeiten nicht gewährt (Art. 13 Abs. 2), ihr die verlangten Auskünfte nicht erteilt oder die verlangten Unterlagen nicht herausgibt (Art. 15a Abs. 1) oder ihr gegenüber falsche oder unvollständige Angaben macht;
c. als staatlich beaufsichtigtes Revisionsunternehmen gegen die Pflichten zur Dokumentation und zur Aufbewahrung verstösst (Art. 730c OR);
d. während oder nach Beendigung der Tätigkeit als von der Aufsichtsbehörde beauftragte Drittperson (Art. 20) ein Geheimnis offenbart, das ihr in dieser Eigenschaft anvertraut worden ist oder das sie in dieser Eigenschaft wahrgenommen hat; vorbehalten bleiben die eidgenössischen und kantonalen Bestimmungen über die Zeugnispflicht und die Auskunftspflicht gegenüber einer Behörde.

2 Wird die Tat fahrlässig begangen, so ist die Strafe Busse bis zu 100 000 Franken.

3 Strafverfolgung und Beurteilung sind Sache der Kantone.

9. Abschnitt: Schlussbestimmungen

Art. 41 Vollzug

Der Bundesrat erlässt die Ausführungsbestimmungen. Er kann die Aufsichtsbehörde ermächtigen, weitere Ausführungsbestimmungen zu erlassen.

Art. 42 Änderung bisherigen Rechts

Die Änderung bisherigen Rechts wird im Anhang geregelt.

Art. 43 Übergangsbestimmungen

1 Erfüllt eine natürliche Person oder ein Revisionsunternehmen die Aufgaben einer Revisionsstelle, so gelten die Vorschriften dieses Gesetzes, sobald auf die zu prüfende juristische Person die neuen Vorschriften zur Revisionsstelle vom 16. Dezember 2005 Anwendung finden.

2 Erbringen natürliche Personen oder Revisionsunternehmen andere Revisionsdienstleistungen, so findet das neue Recht mit Inkrafttreten dieses Gesetzes Anwendung.

3 Natürliche Personen und Revisionsunternehmen, die bis vier Monate nach Inkrafttreten dieses Gesetzes bei der Aufsichtsbehörde ein Gesuch um Zulassung als Revisorin, Revisor, Revisionsexpertin, Revisionsexperte oder staatlich beaufsichtigtes Revisionsunternehmen einreichen, dürfen bis zum Entscheid über die Zulassung Revisionsdienstleistungen im Sinne von Artikel 2 Buchstabe a erbringen. Die Aufsichtsbehörde bestätigt der Gesuchstellerin oder dem Gesuchsteller schriftlich die fristgerechte Einreichung des Gesuchs. Sie macht der Börse Mitteilung über die eingereichten Gesuche um Zulassung als staatlich beaufsichtigtes Revisionsunternehmen.

4 Fachpraxis, die bis zwei Jahre nach Inkrafttreten dieses Gesetzes unter der Beaufsichtigung von Personen erworben wurde, welche die Voraussetzungen nach der Verordnung vom 15. Juni 1992 über die fachlichen Anforderungen an besonders befähigte Revisoren erfüllen, gilt als Fachpraxis im Sinne von Artikel 4.

5 Fachpraxis, die bis zwei Jahre nach Inkrafttreten dieses Gesetzes unter der Beaufsichtigung von Personen erworben wurde, welche die Voraussetzungen an die Ausbildung nach Artikel 4 Absatz 2 erfüllen, gilt als Fachpraxis im Sinne von Artikel 5.

6 Die Aufsichtsbehörde kann in Härtefällen auch Fachpraxis anerkennen, die den gesetzlichen Anforderungen nicht genügt, sofern eine einwandfreie Erbringung von Revisionsdienstleistungen auf Grund einer langjährigen praktischen Erfahrung nachgewiesen wird.

Art. 43a Übergangsbestimmungen zur Änderung vom 20. Juni 2014

1 Revisionsdienstleistungen, für deren Durchführung das neue Recht eine Zulassung der Aufsichtsbehörde vorschreibt, dürfen bis ein Jahr nach Inkrafttreten der Änderung vom 20. Juni 2014 noch mit der Zulassung der FINMA nach bisherigem Recht durchgeführt werden.

2 Die Aufsichtsbehörde übernimmt alle Verfahren der FINMA, die gegen Prüfgesellschaften, die Prüfungen nach den Finanzmarktgesetzen (Art. 1 Abs. 1 FINMAG) durchführen, sowie gegen leitende Prüferinnen und leitende Prüfer solcher Prüfungen eröffnet wurden und die bei Inkrafttreten der Änderung vom 20. Juni 2014 noch nicht rechtskräftig entschieden sind.

Art. 44 Übergangsbestimmung zum Rechtsschutz

Bis zum Inkrafttreten des Verwaltungsgerichtsgesetzes vom 17. Juni 2005 wird der Rechtsschutz in Ergänzung zu den allgemeinen Bestimmungen über die Bundesrechtspflege wie folgt geregelt: Die Rekurskommission EVD beurteilt Beschwerden gegen Verfügungen der Aufsichtsbehörde.

Art. 45 Referendum und Inkrafttreten

1 Dieses Gesetz untersteht dem fakultativen Referendum.

2 Der Bundesrat bestimmt das Inkrafttreten.

Datum des Inkrafttretens:	1. September 2007
Artikel 28, 29, 30 Absätze 1, 2, 3 Buchstaben a–c und e sowie 4, 31, 32, 33 Absätze 1 und 3, 34, 35 Absätze 1 und 2, 36, 37 und 38 Absatz 1:	1. November 2006
Art. 8:	später

Anhang: Änderung bisherigen Rechts (Art. 42)

Die aufgeführten Änderungen sind in den betroffenen Erlassen eingefügt worden.

Verordnung gegen übermässige Vergütungen bei börsenkotierten Aktiengesellschaften (VegüV)

vom 20. November 2013 (Stand am 1. Januar 2014)
SR 221.331

Der Schweizerische Bundesrat,

gestützt auf die Artikel 95 Absatz 3 und 197 Ziffer 10 der Bundesverfassung,

verordnet:

1. Abschnitt: Geltungsbereich

Art. 1

1 Die Bestimmungen dieser Verordnung finden Anwendung auf Aktiengesellschaften nach den Artikeln 620–762 des Obligationenrechts (OR), deren Aktien an einer Börse im In- oder Ausland kotiert sind (Gesellschaft).

2 Sie geht widersprechenden Bestimmungen des OR vor. Das Recht öffentlich-rechtlicher Körperschaften, Vertreter in den Verwaltungsrat abzuordnen oder abzuberufen (Art. 762 OR), bleibt bestehen.

2. Abschnitt: Generalversammlung

(Art. 698 Abs. 2 OR)

Art. 2

Die Generalversammlung hat die folgenden unübertragbaren Befugnisse:

1. die Wahl des Präsidenten des Verwaltungsrates;
2. die Wahl der Mitglieder des Vergütungsausschusses;
3. die Wahl des unabhängigen Stimmrechtsvertreters;
4. die Abstimmung über die Vergütungen des Verwaltungsrates, der Personen, die vom Verwaltungsrat ganz oder zum Teil mit der Geschäftsführung betraut sind (Geschäftsleitung) und des Beirates.

3. Abschnitt: Verwaltungsrat

Art. 3 Wahl und Amtsdauer der Mitglieder des Verwaltungsrates

(Art. 710 OR)

1 Die Generalversammlung wählt die Mitglieder des Verwaltungsrates einzeln.

2 Die Amtsdauer endet mit dem Abschluss der nächsten ordentlichen Generalversammlung. Wiederwahl ist möglich.

Art. 4 Wahl und Amtsdauer des Verwaltungsratspräsidenten

(Art. 712 OR)

1 Die Generalversammlung wählt ein Mitglied des Verwaltungsrates zu dessen Präsidenten.

2 Die Amtsdauer endet mit dem Abschluss der nächsten ordentlichen Generalversammlung. Wiederwahl ist möglich.

3 Die Generalversammlung ist berechtigt, den Präsidenten des Verwaltungsrates abzuberufen.

4 Ist das Amt des Präsidenten vakant, so ernennt der Verwaltungsrat für die verbleibende Amtsdauer einen neuen Präsidenten. Die Statuten können andere Regeln zur Behebung des Organisationsmangels vorsehen.

Art. 5 Unübertragbare Aufgabe

(Art. 716a Abs. 1 OR)

Der Verwaltungsrat hat die unübertragbare und unentziehbare Aufgabe, den Vergütungsbericht zu erstellen.

Art. 6 Übertragung der Geschäftsführung

(Art. 716b Abs. 1 OR)

1 Die Statuten können den Verwaltungsrat ermächtigen, die Geschäftsführung nach Massgabe eines Organisationsreglements ganz oder zum Teil an einzelne Mitglieder oder an andere natürliche Personen zu übertragen.

2 Die Vermögensverwaltung kann unter den Voraussetzungen nach Absatz 1 auch an juristische Personen übertragen werden.

4. Abschnitt: Vergütungsausschuss

(Art. 716a Abs. 2 OR)

Art. 7

1 Die Generalversammlung wählt die Mitglieder des Vergütungsausschusses einzeln.

2 Wählbar sind nur Mitglieder des Verwaltungsrates.

3 Die Amtsdauer endet mit dem Abschluss der nächsten ordentlichen Generalversammlung. Wiederwahl ist möglich.

4 Ist der Vergütungsausschuss nicht vollständig besetzt, so ernennt der Verwaltungsrat für die verbleibende Amtsdauer die fehlenden Mitglieder. Die Statuten können andere Regeln zur Behebung des Organisationsmangels vorsehen.

5 Die Statuten bestimmen die Grundsätze über die Aufgaben und Zuständigkeiten des Vergütungsausschusses.

5. Abschnitt: Unabhängiger Stimmrechtsvertreter

Art. 8 Wahl und Amtsdauer

1 Die Generalversammlung wählt den unabhängigen Stimmrechtsvertreter.

2 Wählbar sind natürliche oder juristische Personen oder Personengesellschaften.

3 Die Unabhängigkeit darf weder tatsächlich noch dem Anschein nach beeinträchtigt sein; Artikel 728 Absätze 2–6 OR ist sinngemäss anwendbar.

4 Die Amtsdauer endet mit dem Abschluss der nächsten ordentlichen Generalversammlung. Wiederwahl ist möglich.

5 Die Generalversammlung kann den unabhängigen Stimmrechtsvertreter auf das Ende der Generalversammlung abberufen.

[6] Hat die Gesellschaft keinen unabhängigen Stimmrechtsvertreter, so ernennt der Verwaltungsrat einen solchen für die nächste Generalversammlung. Die Statuten können andere Regeln zur Behebung des Organisationsmangels vorsehen.

Art. 9 Erteilung von Vollmachten und Weisungen

(Art. 689a OR)

[1] Der Verwaltungsrat stellt sicher, dass die Aktionäre die Möglichkeit haben, dem unabhängigen Stimmrechtsvertreter:

1. zu jedem in der Einberufung gestellten Antrag zu Verhandlungsgegenständen Weisungen zu erteilen;
2. zu nicht angekündigten Anträgen zu Verhandlungsgegenständen sowie zu neuen Verhandlungsgegenständen gemäss Artikel 700 Absatz 3 OR allgemeine Weisungen zu erteilen;
3. auch elektronisch Vollmachten und Weisungen zu erteilen.

[2] Vollmachten und Weisungen können nur für die kommende Generalversammlung erteilt werden.

Art. 10 Pflichten des unabhängigen Stimmrechtsvertreters

[1] Der unabhängige Stimmrechtsvertreter ist verpflichtet, die ihm von den Aktionären übertragenen Stimmrechte weisungsgemäss auszuüben.

[2] Hat er keine Weisungen erhalten, so enthält er sich der Stimme.

Art. 11 Unzulässige institutionelle Stimmrechtsvertretung

(Art. 689c und 689d OR)

Die Organ- und die Depotstimmrechtsvertretung nach den Artikeln 689c und 689d OR sind unzulässig.

6. Abschnitt: Statutenbestimmungen

(Art. 626 und 627 OR)

Art. 12

[1] Die Statuten müssen Bestimmungen enthalten über:

1. die Anzahl der zulässigen Tätigkeiten der Mitglieder des Verwaltungsrates, der Geschäftsleitung und des Beirates in den obersten Leitungs- oder Verwaltungsorganen von Rechtseinheiten, die verpflichtet sind, sich ins Handelsregister oder in ein entsprechendes ausländisches Register eintragen zu lassen, und die nicht durch die Gesellschaft kontrolliert werden oder die Gesellschaft nicht kontrollieren;
2. die maximale Dauer der Verträge, die den Vergütungen für die Mitglieder des Verwaltungsrates und der Geschäftsleitung zugrunde liegen, und die maximale Kündigungsfrist für unbefristete Verträge; Dauer und Kündigungsfrist dürfen höchstens ein Jahr betragen;
3. die Grundsätze über die Aufgaben und Zuständigkeiten des Vergütungsausschusses;
4. die Einzelheiten zur Abstimmung der Generalversammlung über die Vergütungen nach Artikel 18 Absätze 1, 2 erster Satz und 3.

[2] Der Aufnahme in die Statuten bedürfen zu ihrer Verbindlichkeit Bestimmungen über:

1. die Höhe der Darlehen, Kredite und Vorsorgeleistungen ausserhalb der beruflichen Vorsorge für die Mitglieder des Verwaltungsrates, der Geschäftsleitung und des Beirates;
2. die Grundsätze über die erfolgsabhängigen Vergütungen an die Mitglieder des Verwaltungsrates, der Geschäftsleitung und des Beirates;
3. die Grundsätze über die Zuteilung von Beteiligungspapieren, Wandel- und Optionsrechten an Mitglieder des Verwaltungsrates, der Geschäftsleitung und des Beirates;

4. die Ermächtigung zur Übertragung der Geschäftsführung;
5. den Zusatzbetrag für die Vergütungen von Mitgliedern der Geschäftsleitung, die nach der Abstimmung der Generalversammlung über die Vergütungen ernannt werden;
6. die Einzelheiten über das weitere Vorgehen bei einer Ablehnung der Vergütungen durch die Generalversammlung nach Artikel 18 Absätze 2 zweiter Satz und 3;
7. abweichende Regelungen über die Ernennung des Präsidenten des Verwaltungsrates (Art. 4 Abs. 4), eines Mitglieds des Vergütungsausschusses (Art. 7 Abs. 4) und des unabhängigen Stimmrechtsvertreters (Art. 8 Abs. 6);
8. Vergütungen an Mitglieder des Verwaltungsrates, der Geschäftsleitung und des Beirates für Tätigkeiten in Unternehmen, die durch die Gesellschaft direkt oder indirekt kontrolliert werden (Art. 21 Ziff. 2).

7. Abschnitt: Vergütungsbericht

Art. 13 Allgemeine Bestimmungen

(Art. 663b^{bis}, 696, 958c, 958d Abs. 2–4, 958e Abs. 1 und 958f OR)

[1] Der Verwaltungsrat erstellt jährlich einen schriftlichen Vergütungsbericht mit den Angaben gemäss den Artikeln 14–16. Dieser ersetzt die Angaben im Anhang zur Bilanz nach Artikel 663b^{bis} OR.

[2] Die Vorgaben zur Rechnungslegung nach den Artikeln 958c, 958d Absätze 2–4 und 958f OR finden für den Vergütungsbericht entsprechend Anwendung.

[3] Für die Bekanntgabe und die Veröffentlichung des Vergütungsberichts sowie des Berichts der Revisionsstelle nach Artikel 17 gelten die Vorschriften über den Geschäftsbericht (Art. 696 und 958e Abs. 1 OR).

Art. 14 Vergütungen an den Verwaltungsrat, die Geschäftsleitung und den Beirat

(Art. 663b^{bis} Abs. 1, 2 und 4 OR)

[1] Im Vergütungsbericht sind alle Vergütungen anzugeben, welche die Gesellschaft:

1. direkt oder indirekt an gegenwärtige Mitglieder des Verwaltungsrates ausgerichtet hat;
2. direkt oder indirekt an gegenwärtige Mitglieder der Geschäftsleitung ausgerichtet hat;
3. direkt oder indirekt an gegenwärtige Mitglieder des Beirates ausgerichtet hat;
4. direkt oder indirekt an frühere Mitglieder des Verwaltungsrates, der Geschäftsleitung und des Beirates ausgerichtet hat, sofern sie in einem Zusammenhang mit der früheren Tätigkeit als Organ der Gesellschaft stehen oder nicht marktüblich sind; ausgenommen sind Leistungen der beruflichen Vorsorge.

[2] Als Vergütungen gelten insbesondere:

1. Honorare, Löhne, Bonifikationen und Gutschriften;
2. Tantiemen, Beteiligungen am Umsatz und andere Beteiligungen am Geschäftsergebnis;
3. Dienst- und Sachleistungen;
4. die Zuteilung von Beteiligungspapieren, Wandel- und Optionsrechten;
5. Antrittsprämien;
6. Bürgschaften, Garantieverpflichtungen, Pfandbestellungen zugunsten Dritter und andere Sicherheiten;
7. der Verzicht auf Forderungen;
8. Aufwendungen, die Ansprüche auf Vorsorgeleistungen begründen oder erhöhen;
9. sämtliche Leistungen für zusätzliche Arbeiten.

[3] Die Angaben zu den Vergütungen umfassen:
1. den Gesamtbetrag für den Verwaltungsrat und den auf jedes Mitglied entfallenden Betrag unter Nennung des Namens und der Funktion des betreffenden Mitglieds;
2. den Gesamtbetrag für die Geschäftsleitung und den höchsten auf ein Mitglied entfallenden Betrag unter Nennung des Namens und der Funktion des betreffenden Mitglieds;
3. den Gesamtbetrag für den Beirat und den auf jedes Mitglied entfallenden Betrag unter Nennung des Namens und der Funktion des betreffenden Mitglieds;
4. gegebenenfalls den gesamten Zusatzbetrag für die Geschäftsleitung nach Artikel 19 und den auf jedes Mitglied entfallenden Betrag unter Nennung des Namens und der Funktion des betreffenden Mitglieds.

Art. 15 Darlehen und Kredite an den Verwaltungsrat, die Geschäftsleitung und den Beirat

(Art. 663b^bis Abs. 3 und 4 OR)

[1] Im Vergütungsbericht sind anzugeben:
1. die Darlehen und Kredite, die den gegenwärtigen Mitgliedern des Verwaltungsrates, der Geschäftsleitung und des Beirates gewährt wurden und noch ausstehen;
2. die Darlehen und Kredite, die früheren Mitgliedern des Verwaltungsrates, der Geschäftsleitung und des Beirates zu nicht marktüblichen Bedingungen gewährt wurden und noch ausstehen.

[2] Die Angaben zu den Darlehen und Krediten umfassen:
1. den Gesamtbetrag für den Verwaltungsrat und den auf jedes Mitglied entfallenden Betrag unter Nennung des Namens und der Funktion des betreffenden Mitglieds;
2. den Gesamtbetrag für die Geschäftsleitung und den höchsten auf ein Mitglied entfallenden Betrag unter Nennung des Namens und der Funktion des betreffenden Mitglieds;
3. den Gesamtbetrag für den Beirat und den auf jedes Mitglied entfallenden Betrag unter Nennung des Namens und der Funktion des betreffenden Mitglieds.

Art. 16 Vergütungen, Darlehen und Kredite an nahestehende Personen

(Art. 663b^bis Abs. 3 Ziff. 3 und Abs. 5)

[1] Im Vergütungsbericht sind gesondert anzugeben:
1. die nicht marktüblichen Vergütungen, welche die Gesellschaft direkt oder indirekt an Personen ausgerichtet hat, die den in Artikel 14 Absatz 1 genannten Personen nahestehen;
2. die Darlehen und Kredite, die Personen, die den in Artikel 15 Absatz 1 genannten Personen nahestehen, zu nicht marktüblichen Bedingungen gewährt wurden und noch ausstehen.

[2] Die Namen der nahestehenden Personen müssen nicht angegeben werden.

[3] Im Übrigen finden die Vorschriften über die Angaben zu Vergütungen, Darlehen und Krediten an Mitglieder des Verwaltungsrates, der Geschäftsleitung und des Beirates Anwendung.

Art. 17 Prüfung durch die Revisionsstelle

(Art. 728a und 728b OR)

Die Revisionsstelle prüft, ob der Vergütungsbericht dem Gesetz und dieser Verordnung entspricht. Artikel 728b OR findet entsprechend Anwendung.

8. Abschnitt: Abstimmung der Generalversammlung über die Vergütungen

Art. 18 Vergütungen an den Verwaltungsrat, die Geschäftsleitung und den Beirat

[1] Die Generalversammlung stimmt über die Vergütungen ab, die der Verwaltungsrat, die Geschäftsleitung und der Beirat direkt oder indirekt von der Gesellschaft erhalten.

[2] Die Statuten regeln die Einzelheiten zur Abstimmung. Sie können das weitere Vorgehen bei einer Ablehnung der Vergütungen durch die Generalversammlung regeln.

[3] Mindestens die folgenden Regeln müssen eingehalten werden:

1. Die Generalversammlung stimmt jährlich über die Vergütungen ab.
2. Die Generalversammlung stimmt gesondert über den Gesamtbetrag der Vergütungen des Verwaltungsrates, der Geschäftsleitung und des Beirates ab.
3. Die Abstimmung der Generalversammlung hat bindende Wirkung.

Art. 19 Zusatzbetrag für die Geschäftsleitung

[1] Für den Fall, dass die Generalversammlung über die Vergütungen der Geschäftsleitung prospektiv abstimmt, können die Statuten einen Zusatzbetrag vorsehen für die Vergütungen von Mitgliedern der Geschäftsleitung, die nach der Abstimmung ernannt werden.

[2] Der Zusatzbetrag darf nur verwendet werden, wenn der von der Generalversammlung beschlossene Gesamtbetrag der Vergütungen der Geschäftsleitung bis zur nächsten Abstimmung der Generalversammlung nicht ausreicht für die Vergütungen der neuen Mitglieder.

[3] Die Generalversammlung stimmt nicht über den verwendeten Zusatzbetrag ab.

9. Abschnitt: Unzulässige Vergütungen

Art. 20 Unzulässige Vergütungen in der Gesellschaft

Folgende Vergütungen für Mitglieder des Verwaltungsrates, der Geschäftsleitung und des Beirates sind unzulässig:

1. Abgangsentschädigungen, die vertraglich vereinbart oder statutarisch vorgesehen sind; nicht als Abgangsentschädigungen gelten Vergütungen, die bis zur Beendigung der Vertragsverhältnisse (Art. 12 Abs. 1 Ziff. 2) geschuldet sind;
2. Vergütungen, die im Voraus ausgerichtet werden;
3. Provisionen für die Übernahme oder Übertragung von Unternehmen oder Teilen davon durch die Gesellschaft oder durch Unternehmen, die durch die Gesellschaft direkt oder indirekt kontrolliert werden;
4. Darlehen, Kredite, Vorsorgeleistungen ausserhalb der beruflichen Vorsorge und erfolgsabhängige Vergütungen, die in den Statuten nicht vorgesehen sind;
5. die Zuteilung von Beteiligungspapieren, Wandel- und Optionsrechten, die in den Statuten nicht vorgesehen ist.

Art. 21 Unzulässige Vergütungen im Konzern

Unzulässig sind Vergütungen an Mitglieder des Verwaltungsrates, der Geschäftsleitung und des Beirates für Tätigkeiten in Unternehmen, die durch die Gesellschaft direkt oder indirekt kontrolliert werden, sofern diese Vergütungen:

1. unzulässig wären, wenn sie direkt von der Gesellschaft ausgerichtet würden;
2. in den Statuten der Gesellschaft nicht vorgesehen sind; oder
3. von der Generalversammlung der Gesellschaft nicht gutgeheissen worden sind.

10. Abschnitt: Stimm- und Offenlegungspflicht für Vorsorgeeinrichtungen

Art. 22 Stimmpflicht

1 Vorsorgeeinrichtungen, die dem Freizügigkeitsgesetz vom 17. Dezember 1993 (FZG) unterstellt sind, müssen in der Generalversammlung der Gesellschaft das Stimmrecht der von ihnen gehaltenen Aktien zu angekündigten Anträgen ausüben, welche die folgenden Punkte betreffen:

1. Wahl der Mitglieder des Verwaltungsrates, des Präsidenten des Verwaltungsrates, der Mitglieder des Vergütungsausschusses und des unabhängigen Stimmrechtsvertreters (Art. 3, 4, 7 und 8);
2. Statutenbestimmungen nach Artikel 12;
3. Abstimmungen nach den Artikeln 18 und 21 Ziffer 3.

2 Sie müssen im Interesse ihrer Versicherten abstimmen.

3 Sie dürfen sich der Stimme enthalten, sofern dies dem Interesse der Versicherten entspricht.

4 Das Interesse der Versicherten gilt als gewahrt, wenn das Stimmverhalten dem dauernden Gedeihen der Vorsorgeeinrichtung dient. Das oberste Organ der Vorsorgeeinrichtung muss die Grundsätze festlegen, die das Interesse der Versicherten bei der Ausübung des Stimmrechts konkretisieren.

Art. 23 Offenlegungspflicht

(Art. 86b des BG vom 25. Juni 1982 über die berufliche Alters-, Hinterlassenen- und Invalidenvorsorge)

1 Vorsorgeeinrichtungen, die dem FZG unterstellt sind, müssen mindestens einmal jährlich in einem zusammenfassenden Bericht ihren Versicherten gegenüber Rechenschaft darüber ablegen, wie sie ihrer Stimmpflicht nach Artikel 22 nachgekommen sind.

2 Folgen die Vorsorgeeinrichtungen den Anträgen des Verwaltungsrates nicht oder enthalten sie sich der Stimme, so müssen sie ihr Stimmverhalten im Bericht detailliert offenlegen.

11. Abschnitt: Strafbestimmungen

Art. 24 Strafbarkeit der Mitglieder des Verwaltungsrates, der Geschäftsleitung und des Beirates

1 Mit Freiheitsstrafe bis zu drei Jahren und Geldstrafe wird bestraft, wer als Mitglied des Verwaltungsrates, der Geschäftsleitung oder des Beirates wider besseres Wissen Vergütungen nach Artikel 20 Ziffern 1–3 oder Artikel 21 Ziffer 1 in Verbindung mit Artikel 20 Ziffer 1–3 ausrichtet oder bezieht.

2 Mit Freiheitsstrafe bis zu drei Jahren oder Geldstrafe wird bestraft, wer als Mitglied des Verwaltungsrates wider besseres Wissen:

1. die Geschäftsführung entgegen Artikel 6 ganz oder zum Teil an eine juristische Person überträgt;
2. eine Depot- oder eine Organstimmrechtsvertretung einsetzt (Art. 11); oder
3. verhindert, dass:
   a. die Generalversammlung jährlich und einzeln die Mitglieder und den Präsidenten des Verwaltungsrates, die Mitglieder des Vergütungsausschusses sowie den unabhängigen Stimmrechtsvertreter wählen kann (Art. 3, 4, 7 und 8),
   b. die Generalversammlung über die Vergütungen, die der Verwaltungsrat für sich, die Geschäftsleitung und den Beirat festgelegt hat, abstimmen kann (Art. 18),
   c. die Aktionäre dem unabhängigen Stimmrechtsvertreter elektronisch Vollmachten und Weisungen erteilen können (Art. 9 Abs. 1 Ziff. 3), oder
   d. die Statuten die Bestimmungen nach Artikel 12 Absatz 1 Ziffer 1 und 2 enthalten.

3 Für die Berechnung einer Geldstrafe ist das Gericht nicht an die maximale Höhe des Tagessatzes nach Artikel 34 Absatz 2 erster Satz des Strafgesetzbuchs gebunden; die kapitalisierte Summe der Geldstrafe darf jedoch das Sechsfache der Jahresvergütung, die zum Zeitpunkt der Tat mit der betroffenen Gesellschaft vereinbart ist, nicht übersteigen.

Art. 25 Strafbarkeit bei Vorsorgeeinrichtungen

Mitglieder des obersten Organs oder mit der Geschäftsführung betraute Personen einer dem FZG unterstellten Vorsorgeeinrichtung, welche die Stimmpflicht nach Artikel 22 oder die Offenlegungspflicht nach Artikel 23 wider besseres Wissen verletzen, werden mit Geldstrafe bis zu 180 Tagessätzen bestraft.

12. Abschnitt: Übergangsbestimmungen

Art. 26 Anwendbares Recht im Allgemeinen

1 Die Artikel 1–4 des Schlusstitels des Zivilgesetzbuchs gelten für diese Verordnung, soweit die folgenden Bestimmungen nichts anderes vorsehen.

2 Diese Verordnung wird mit ihrem Inkrafttreten auf alle bestehenden Gesellschaften anwendbar.

Art. 27 Anpassung von Statuten und Reglementen

1 Statuten und Reglemente, die dieser Verordnung nicht entsprechen, müssen spätestens an der zweiten ordentlichen Generalversammlung nach Inkrafttreten dieser Verordnung angepasst werden.

2 Vorsorgeeinrichtungen, die dem FZG unterstellt sind, müssen innerhalb eines Jahres ab Inkrafttreten dieser Verordnung ihre Reglemente und ihre Organisation den Artikeln 22 und 23 anpassen.

Art. 28 Anpassung von altrechtlichen Arbeitsverträgen

Die im Zeitpunkt des Inkrafttretens dieser Verordnung bestehenden Arbeitsverträge sind innerhalb von zwei Jahren ab Inkrafttreten dieser Verordnung anzupassen. Nach Ablauf dieser Frist sind die Vorschriften dieser Verordnung auf alle Arbeitsverträge anwendbar.

Art. 29 Wahl des Verwaltungsrates und des Vergütungsausschusses

1 Die Artikel 3, 4 und 7 gelten ab der ersten ordentlichen Generalversammlung nach Inkrafttreten dieser Verordnung.

2 Bis zur statutarischen Festlegung der Grundsätze über die Aufgaben und Zuständigkeiten des Vergütungsausschusses (Art. 12 Abs. 1 Ziff. 3) werden diese durch den Verwaltungsrat bestimmt.

Art. 30 Unabhängiger Stimmrechtsvertreter

1 Der Verwaltungsrat bestimmt für die erste Generalversammlung nach Inkrafttreten dieser Verordnung den unabhängigen Stimmrechtsvertreter, sofern ein solcher nicht bereits durch die Generalversammlung gewählt wurde.

2 Die elektronische Erteilung von Vollmachten und Weisungen an den unabhängigen Stimmrechtsvertreter muss spätestens für die zweite ordentliche Generalversammlung nach Inkrafttreten dieser Verordnung möglich sein.

Art. 31 Vergütungsbericht und Abstimmung der Generalversammlung über die Vergütungen

1 Die Vorschriften zum Vergütungsbericht gelten vom Geschäftsjahr an, das gleichzeitig mit dem Inkrafttreten dieser Verordnung oder danach beginnt.

2 Die Vorschriften zur Abstimmung der Generalversammlung über die Vergütungen der Mitglieder des Verwaltungsrates, der Geschäftsleitung und des Beirates gelten ab der zweiten ordentlichen Generalversammlung nach Inkrafttreten dieser Verordnung.

3 Der Verwaltungsrat bestimmt die Einzelheiten zur Abstimmung der Generalversammlung (Art. 12 Abs. 1 Ziff. 4), sofern diese an der zweiten ordentlichen Generalversammlung nach Inkrafttreten dieser Verordnung noch nicht in den Statuten geregelt sind.

Art. 32 Stimm- und Offenlegungspflicht

Vorsorgeeinrichtungen, die dem FZG unterstellt sind, müssen spätestens ab dem ersten Tag des Kalenderjahres, das nach dem Inkrafttreten dieser Verordnung beginnt, ihre Stimmrechte ausüben und offenlegen, wie sie gestimmt haben.

13. Abschnitt: Inkrafttreten

Art. 33

Diese Verordnung tritt am 1. Januar 2014 in Kraft.

Verordnung über die Miete und Pacht von Wohn- und Geschäftsräumen (VMWG)

vom 9. Mai 1990 (Stand am 1. Juli 2014)
SR 221.213.11

Der Schweizerische Bundesrat,

gestützt auf Artikel 253a Absatz 3 des Obligationenrechts (OR),

verordnet:

Art. 1 Geltungsbereich

(Art. 253a Abs. 1 OR)

Als Sachen, die der Vermieter dem Mieter zusammen mit Wohn- und Geschäftsräumen zum Gebrauch überlässt, gelten insbesondere Mobilien, Garagen, Autoeinstell- und Abstellplätze sowie Gärten.

Art. 2 Ausnahmen

(Art. 253, Abs. 2, 253b Abs. 2 und 3 OR)

1 Für luxuriöse Wohnungen und Einfamilienhäuser mit sechs oder mehr Wohnräumen (ohne Anrechnung der Küche) gilt der 2. Abschnitt des Achten Titels des OR (Art. 269–270e) nicht.

2 Für Wohnungen, deren Bereitstellung von der öffentlichen Hand gefördert wurde und deren Mietzinse durch eine Behörde kontrolliert werden, gelten nur die Artikel 253–268b, 269, 269d Absatz 3, 270e und 271–273c OR sowie die Artikel 3–10 und 20–23 dieser Verordnung.

Art. 3 Koppelungsgeschäfte

(Art. 254 OR)

Als Koppelungsgeschäft im Sinne von Artikel 254 OR gilt insbesondere die Verpflichtung des Mieters, die Mietsache, Möbel oder Aktien zu kaufen oder einen Versicherungsvertrag abzuschliessen.

Art. 4 Nebenkosten im Allgemeinen

(Art. 257a OR)

1 Erhebt der Vermieter die Nebenkosten aufgrund einer Abrechnung, muss er diese jährlich mindestens einmal erstellen und dem Mieter vorlegen.

2 Erhebt er sie pauschal, muss er auf Durchschnittswerte dreier Jahre abstellen.

3 Die für die Erstellung der Abrechnung entstehenden Verwaltungskosten dürfen nach Aufwand oder im Rahmen der üblichen Ansätze angerechnet werden.

Art. 5 Anrechenbare Heizungs- und Warmwasserkosten

(Art. 257b Abs. 1 OR)

1 Als Heizungs- und Warmwasserkosten anrechenbar sind die tatsächlichen Aufwendungen, die mit dem Betrieb der Heizungsanlage oder der zentralen Warmwasseraufbereitungsanlage direkt zusammenhängen.

2 Darunter fallen insbesondere die Aufwendungen für:

a. die Brennstoffe und die Energie, die verbraucht wurden;
b. die Elektrizität zum Betrieb von Brennern und Pumpen;

c. die Betriebskosten für Alternativenergien;
d. die Reinigung der Heizungsanlage und des Kamins, das Auskratzen, Ausbrennen und Einölen der Heizkessel sowie die Abfall- und Schlackenbeseitigung;
e. die periodische Revision der Heizungsanlage einschliesslich des Öltanks sowie das Entkalken der Warmwasseranlage, der Boiler und des Leitungsnetzes;
f. die Verbrauchserfassung und den Abrechnungsservice für die verbrauchsabhängige Heizkostenabrechnung sowie den Unterhalt der nötigen Apparate;
g. die Wartung;
h. die Versicherungsprämien, soweit sie sich ausschliesslich auf die Heizungsanlage beziehen;
i. die Verwaltungsarbeit, die mit dem Betrieb der Heizungsanlage zusammenhängt.

3 Die Kosten für die Wartung und die Verwaltung dürfen nach Aufwand oder im Rahmen der üblichen Ansätze angerechnet werden.

Art. 6 Nicht anrechenbare Heizungs- und Warmwasserkosten

(Art. 257b Abs. 1 OR)

Nicht als Heizungs- und Warmwasseraufbereitungskosten anrechenbar sind die Aufwendungen für:

a. die Reparatur und Erneuerung der Anlagen;
b. die Verzinsung und Abschreibung der Anlagen.

Art. 6a Energiebezug von einer ausgelagerten Zentrale

Bezieht der Vermieter Heizenergie oder Warmwasser aus einer nicht zur Liegenschaft gehörenden Zentrale, die nicht Teil der Anlagekosten ist, kann er die tatsächlich anfallenden Kosten in Rechnung stellen.

Art. 7 Nicht vermietete Wohn- und Geschäftsräume

(Art. 257b Abs. 1 OR)

1 Die Heizungskosten für nicht vermietete Wohn- und Geschäftsräume trägt der Vermieter.

2 Sind keine Geräte zur Erfassung des Wärmeverbrauchs der einzelnen Verbraucher installiert und wurden nicht vermietete Wohn- und Geschäftsräume nachweisbar nur soweit geheizt, als dies zur Verhinderung von Frostschäden notwendig ist, muss der Vermieter nur einen Teil der Heizungskosten übernehmen, die nach dem normalen Verteilungsschlüssel auf Wohn- und Geschäftsräume entfallen. Dieser Teil beträgt in der Regel:

a. ein Drittel für Zwei- bis Dreifamilienhäuser;
b. die Hälfte für Vier- bis Achtfamilienhäuser;
c. zwei Drittel für grössere Gebäude sowie für Büro- und Geschäftshäuser.

Art. 8 Abrechnung

(Art. 257b OR)

1 Erhält der Mieter mit der jährlichen Heizungskostenrechnung nicht eine detaillierte Abrechnung und Aufteilung der Heizungs- und Warmwasseraufbereitungskosten, so ist auf der Rechnung ausdrücklich darauf hinzuweisen, dass er die detaillierte Abrechnung verlangen kann.

2 Der Mieter oder sein bevollmächtigter Vertreter ist berechtigt, die sachdienlichen Originalunterlagen einzusehen und über den Anfangs- und Endbestand von Heizmaterialien Auskunft zu verlangen.

Art. 9 Kündigungen

(Art. 266l Abs. 2 OR)

1 Das Formular für die Mitteilung der Kündigung im Sinne von Artikel 266l Absatz 2 OR muss enthalten:

a. die Bezeichnung des Mietgegenstandes, auf welchen sich die Kündigung bezieht;
b. den Zeitpunkt, auf den die Kündigung wirksam wird;
c. den Hinweis, dass der Vermieter die Kündigung auf Verlangen des Mieters begründen muss;
d. die gesetzlichen Voraussetzungen der Anfechtung der Kündigung und der Erstreckung des Mietverhältnisses (Art. 271–273 OR);
e. das Verzeichnis der Schlichtungsbehörden und ihre örtliche Zuständigkeit.

2 Die Kantone sorgen dafür, dass in den Gemeinden Formulare in genügender Zahl zur Verfügung stehen. Sie können zu diesem Zweck eigene Formulare in den Gemeindekanzleien auflegen.

Art. 10 Offensichtlich übersetzter Kaufpreis

(Art. 269 OR)

Als offensichtlich übersetzt im Sinne von Artikel 269 OR gilt ein Kaufpreis, der den Ertragswert einer Liegenschaft, berechnet auf den orts- oder quartierüblichen Mietzinsen für gleichartige Objekte, erheblich übersteigt.

Art. 11 Orts- und quartierübliche Mietzinse

(Art. 269a Bst. a OR)

1 Massgeblich für die Ermittlung der orts- und quartierüblichen Mietzinse im Sinne von Artikel 269a Buchstabe a OR sind die Mietzinse für Wohn- und Geschäftsräume, die nach Lage, Grösse, Ausstattung, Zustand und Bauperiode mit der Mietsache vergleichbar sind.

2 Bei Geschäftsräumen kann der Vergleich im Sinne von Artikel 269a Buchstabe a OR mit den quartierüblichen Quadratmeterpreisen gleichartiger Objekte erfolgen.

3 Ausser Betracht fallen Mietzinse, die auf einer Marktbeherrschung durch einen Vermieter oder eine Vermietergruppe beruhen.

4 Amtliche Statistiken sind zu berücksichtigen.

Art. 12 Kostensteigerungen

(Art. 269a Bst. b OR)

1 Als Kostensteigerungen im Sinne von Artikel 269a Buchstabe b OR gelten insbesondere Erhöhungen des Hypothekarzinssatzes, der Gebühren, Objektsteuern, Baurechtszinse, Versicherungsprämien sowie Erhöhungen der Unterhaltskosten.

2 Aus Handänderungen sich ergebende Kosten gelten als Teil der Erwerbskosten und nicht als Kostensteigerungen.

Art. 12a Referenzzinssatz für Hypotheken

1 Für Mietzinsanpassungen aufgrund von Änderungen des Hypothekarzinssatzes gilt ein Referenzzinssatz. Dieser stützt sich auf den vierteljährlich erhobenen, volumengewichteten Durchschnittszinssatz für inländische Hypothekarforderungen und wird durch kaufmännische Rundung in Viertelprozenten festgesetzt.

2 Das Eidgenössische Departement für Wirtschaft, Bildung und Forschung (WBF) gibt den Referenzzinssatz vierteljährlich bekannt.

3 Das WBF kann für den technischen Vollzug der Datenerhebung und die Berechnung des Durchschnittszinssatzes für inländische Hypothekarforderungen Dritte beiziehen.

4 Es erlässt Bestimmungen über die technische Definition, Erhebung und Veröffentlichung des Durchschnittszinssatzes für inländische Hypothekarforderungen gemäss Absatz 1[1]. Die Banken müssen dem WBF die notwendigen Daten melden.

Art. 13 Hypothekarzinse

(Art. 269a Bst. b OR)

1 Eine Hypothekarzinserhöhung von einem Viertel Prozent berechtigt in der Regel zu einer Mietzinserhöhung von höchstens:

a. 2 Prozent bei Hypothekarzinssätzen von mehr als 6 Prozent;

b. 2,5 Prozent bei Hypothekarzinssätzen zwischen 5 und 6 Prozent;

c. 3 Prozent bei Hypothekarzinssätzen von weniger als 5 Prozent.

Bei Hypothekarzinssenkungen sind die Mietzinse entsprechend herabzusetzen oder die Einsparungen mit inzwischen eingetretenen Kostensteigerungen zu verrechnen.

2 Bei Zahlungsplänen im Sinne von Artikel 269a Buchstabe d und Rahmenmietverträgen im Sinne von Artikel 269a Buchstabe f OR gelten bei Hypothekarzinsänderungen stattdessen die für solche Fälle vereinbarten Regelungen.

3 Wird unter Verzicht auf Quartierüblichkeit und Teuerungsausgleich dauernd mit der reinen Kostenmiete gerechnet, so kann der Mietzins bei Hypothekarzinserhöhungen im Umfang der Mehrbelastung für das gesamte investierte Kapital erhöht werden.

4 Bei Mietzinsanpassungen infolge von Hypothekarzinsänderungen ist im übrigen zu berücksichtigen, ob und inwieweit frühere Hypothekarzinsänderungen zu Mietzinsanpassungen geführt haben.

Art. 14 Mehrleistungen des Vermieters

(Art. 269a Bst. b OR)

1 Als Mehrleistungen im Sinne von Artikel 269a Buchstabe b OR gelten Investitionen für wertvermehrende Verbesserungen, die Vergrösserung der Mietsache sowie zusätzliche Nebenleistungen. Die Kosten umfassender Überholungen gelten in der Regel zu 50–70 Prozent als wertvermehrende Investitionen.

2 Als Mehrleistungen gelten auch die folgenden energetischen Verbesserungen:

a. Massnahmen zur Verminderung der Energieverluste der Gebäudehülle;

b. Massnahmen zur rationelleren Energienutzung;

c. Massnahmen zur Verminderung der Emissionen bei haustechnischen Anlagen;

d. Massnahmen zum Einsatz erneuerbarer Energien;

e. der Ersatz von Haushaltgeräten mit grossem Energieverbrauch durch Geräte mit geringerem Verbrauch.

3 Als Mehrleistung kann nur der Teil der Kosten geltend gemacht werden, der die Kosten zur Wiederherstellung oder Erhaltung des ursprünglichen Zustandes übersteigt.

3bis Förderbeiträge, die für wertvermehrende Verbesserungen gewährt werden, sind vom Betrag der Mehrleistungen abzuziehen.

4 Mietzinserhöhungen wegen wertvermehrender Investitionen und energetischer Verbesserungen sind nicht missbräuchlich, wenn sie den angemessenen Satz für Verzinsung, Amortisation und Unterhalt der Investition nicht überschreiten.

5 Mietzinserhöhungen wegen wertvermehrender Investitionen und energetischer Verbesserungen dürfen erst angezeigt werden, wenn die Arbeiten ausgeführt sind und die sachdienlichen Belege vorliegen. Bei grösseren Arbeiten sind gestaffelte Mietzinserhöhungen nach Massgabe bereits erfolgter Zahlungen zulässig.

[1] Vgl. Zinssatzverordnung vom 22. Januar 2008 (SR 221.213.111)

Art. 15 Bruttorendite
(Art. 269a Bst. c OR)

1 Die Bruttorendite im Sinne von Artikel 269a Buchstabe c OR wird auf den Anlagekosten berechnet.

2 Ausser Betracht fallen offensichtlich übersetzte Land-, Bau- und Erwerbskosten.

Art. 16 Teuerungsausgleich
(Art. 269a Bst. e OR)

Zum Ausgleich der Teuerung auf dem risikotragenden Kapital im Sinne von Artikel 269a Buchstabe e OR darf der Mietzins um höchstens 40 Prozent der Steigerung des Landesindexes der Konsumentenpreise erhöht werden.

Art. 17 Indexierte Mietzinse
(Art. 269b OR)

1 Haben die Parteien für die Miete einer Wohnung einen indexierten Mietzins vereinbart, darf die jeweilige Mietzinserhöhung die Zunahme des Landesindexes der Konsumentenpreise nicht übersteigen.

2 Bei einer Senkung des Landesindexes ist der Mietzins entsprechend anzupassen.

3 Mietzinserhöhungen gestützt auf den Landesindex der Konsumentenpreise können unter Einhaltung einer Frist von mindestens 30 Tagen auf ein Monatsende angekündigt werden.

4 Ein Mietvertrag ist im Sinne von Artikel 269b OR für fünf Jahre abgeschlossen, wenn der Vertrag durch den Vermieter für die Dauer von mindestens fünf Jahren nicht gekündigt werden kann.

Art. 18 Unvollständige Mietzinsanpassung

Macht der Vermieter die ihm zustehende Mietzinsanpassung nicht vollständig geltend, hat er diesen Vorbehalt in Franken oder in Prozenten des Mietzinses festzulegen.

Art. 19 Formular zur Mitteilung von Mietzinserhöhungen und anderen einseitigen Vertragsänderungen
(Art. 269d OR)

1 Das Formular für die Mitteilung von Mietzinserhöhungen und anderen einseitigen Vertragsänderungen im Sinne von Artikel 269d OR muss enthalten:

a. Für Mietzinserhöhungen:
   1. den bisherigen Mietzins und die bisherige Belastung des Mieters für Nebenkosten;
   2. den neuen Mietzins und die neue Belastung des Mieters für Nebenkosten;
   3. den Zeitpunkt, auf den die Erhöhung in Kraft tritt;
   4. die klare Begründung der Erhöhung. Werden mehrere Erhöhungsgründe geltend gemacht, so sind diese je in Einzelbeträgen auszuweisen;
   5. bei Mehrleistungen die Angabe, ob der Vermieter Förderbeiträge für wertvermehrende Verbesserungen erhält.

b. Für andere einseitige Vertragsänderungen:
   1. die Umschreibung dieser Forderung;
   2. den Zeitpunkt, auf den sie wirksam wird;
   3. die klare Begründung dieser Forderung.

c. Für beide Fälle:
   1. die gesetzlichen Voraussetzungen der Anfechtung;
   2. das Verzeichnis der Schlichtungsbehörden und ihre örtliche Zuständigkeit.

[1bis] Erfolgt die Begründung in einem Begleitschreiben, so hat der Vermieter im Formular ausdrücklich darauf hinzuweisen.

[2] Die Absätze 1 und 1bis gelten ferner sinngemäss, wenn der Vermieter den Mietzins einem vereinbarten Index anpasst oder ihn aufgrund der vereinbarten Staffelung erhöht. Bei indexgebundenen Mietverhältnissen darf die Mitteilung frühestens nach der öffentlichen Bekanntgabe des neuen Indexstandes erfolgen. Bei gestaffelten Mietzinsen darf die Mitteilung frühestens vier Monate vor Eintritt jeder Mietzinserhöhung erfolgen. Die Kantone können als rechtsgenügendes Formular in diesem Fall die Kopie der Mietzinsvereinbarung bezeichnen.

[3] Die Absätze 1 und 1bis sind sinngemäss anzuwenden, wenn die Kantone im Sinne von Artikel 270 Absatz 2 des Obligationenrechts die Verwendung des Formulars beim Abschluss eines neuen Mietvertrags obligatorisch erklären.

[4] Die Kantone sorgen dafür, dass in den Gemeinden Formulare in genügender Zahl zur Verfügung stehen. Sie können zu diesem Zweck eigene Formulare in den Gemeindekanzleien auflegen.

Art. 20 Begründungspflicht des Vermieters

(Art. 269d Abs. 2 und 3 OR)

[1] Bei Mietzinserhöhungen wegen Kostensteigerungen oder wegen wertvermehrenden Verbesserungen des Vermieters kann der Mieter verlangen, dass der geltend gemachte Differenzbetrag zahlenmässig begründet wird. Die 30-tägige Anfechtungsfrist wird dadurch nicht berührt.

[2] Im Schlichtungsverfahren kann der Mieter verlangen, dass für alle geltend gemachten Gründe der Mietzinserhöhung die sachdienlichen Belege vorgelegt werden.

Art. 21 Aufgaben der Schlichtungsbehörden

(Art. 201 und 208 ZPO)

[1] Die Schlichtungsbehörden haben im Schlichtungsverfahren eine Einigung der Parteien anzustreben, die sich auf das gesamte Mietverhältnis (Höhe des Mietzinses, Dauer des Vertrags, Kündigungsfrist usw.) erstreckt.

[2] Die Schlichtungsbehörden sind verpflichtet, Mieter und Vermieter ausserhalb eines Anfechtungsverfahrens, insbesondere vor Abschluss eines Mietvertrags, zu beraten. Sie haben namentlich Mietern und Vermietern behilflich zu sein, sich selbst ein Urteil darüber zu bilden, ob ein Mietzins missbräuchlich ist.

[3] Die Schlichtungsbehörden können einzelne Mitglieder oder das Sekretariat mit der Beratung betrauen.

Art. 22 Zusammensetzung der Schlichtungsbehörden

(Art. 200 Abs. 1 ZPO)

Die Kantone sind verpflichtet, die Zusammensetzung der Schlichtungsbehörden und deren Zuständigkeit periodisch zu veröffentlichen.

Art. 23 Berichterstattung über die Schlichtungsbehörden und Bekanntgabe richterlicher Urteile

[1] Die Kantone haben dem WBF halbjährlich über die Tätigkeit der Schlichtungsbehörden Bericht zu erstatten. Aus dem Bericht müssen die Zahl der Fälle, der jeweilige Grund der Anrufung sowie die Art der Erledigung ersichtlich sein.

[2] Die Kantone haben die zuständigen kantonalen richterlichen Behörden zu verpflichten, ein Doppel der Urteile über angefochtene Mietzinse und andere Forderungen der Vermieter dem WBF zuzustellen.

[3] Das WBF sorgt für deren Auswertung und Veröffentlichung in geeigneter Form.

Art. 24 Vollzug

Das WBF ist mit dem Vollzug beauftragt.

Art. 25 Aufhebung bisherigen Rechts

Die Verordnung vom 10. Juli 1972 über Massnahmen gegen Missbräuche im Mietwesen wird aufgehoben.

Art. 26 Übergangsbestimmungen

[1] Die Vorschriften über den Schutz vor missbräuchlichen Mietzinsen und andern missbräuchlichen Forderungen des Vermieters bei der Miete von Wohn- und Geschäftsräumen sind anwendbar auf Anfangsmietzinse oder Mietzinserhöhungen, die mit Wirkung auf einen Zeitpunkt nach dem 1. Juli 1990 festgelegt oder mitgeteilt werden.

[2] Wurde eine Mietzinserhöhung vor dem 1. Juli 1990, aber mit Wirkung auf einen Zeitpunkt danach mitgeteilt, so beginnt die Frist für die Anfechtung (Art. 270b OR) am 1. Juli 1990 zu laufen. Für die Anfechtung eines Anfangsmietzinses, der vor dem 1. Juli 1990, aber mit Wirkung auf einen Zeitpunkt danach festgelegt wurde, gilt die Frist gemäss Artikel 270 OR.

[3] Mietverhältnisse mit indexierten oder gestaffelten Mietzinsen, die nach dem 1. Juli 1990 beginnen, unterstehen dem neuen Recht; Mietverhältnisse mit indexierten oder gestaffelten Mietzinsen, die vor dem 1. Juli 1990 begonnen haben aber erst später enden, unterstehen dem alten Recht.

[4] Basiert der Mietzins am 1. Juli 1990 auf einem Hypothekarzinsstand von weniger als 6 Prozent, so kann der Vermieter auch später für jedes Viertelprozent, das unter diesem Stand liegt, den Mietzins um 3,5 Prozent erhöhen.

Art. 27 Inkrafttreten

Diese Verordnung tritt am 1. Juli 1990 in Kraft.

Schlussbestimmung der Änderung vom 26. Juni 1996

Die Vereinbarung einer vollen Indexierung nach Artikel 17 Absatz 1 vor dem Inkrafttreten dieser Verordnungsänderung ist möglich, soweit sie erst nach dem Inkrafttreten wirksam wird.

Übergangsbestimmungen der Änderung vom 28. November 2007

[1] Bis zur erstmaligen Veröffentlichung des hypothekarischen Referenzzinssatzes gilt für Mietzinsanpassungen aufgrund von Veränderungen des Hypothekarzinssatzes das bisherige Recht.

[2] Ansprüche auf Senkung oder Erhöhung des Mietzinses aufgrund von Hypothekarzinsänderungen, die vor der Veröffentlichung des Referenzzinssatzes nach Absatz 1 erfolgt sind, können auch nach diesem Zeitpunkt geltend gemacht werden.

Handelsregisterverordnung (HRegV)

vom 17. Oktober 2007 (Stand am 1. Januar 2012)
SR 221.411

Der Schweizerische Bundesrat,

gestützt auf die Artikel 929, 929a, 931 Absatz 2bis, 936, 936a und 938a des Obligationenrechts (OR) sowie auf Artikel 102 des Fusionsgesetzes vom 3. Oktober 2003 (FusG),

verordnet:

1. Titel: Allgemeine Bestimmungen

1. Kapitel: Zweck und Begriffe

Art. 1 Zweck

Das Handelsregister dient der Konstituierung und der Identifikation von Rechtseinheiten. Es bezweckt die Erfassung und Offenlegung rechtlich relevanter Tatsachen und gewährleistet die Rechtssicherheit sowie den Schutz Dritter im Rahmen zwingender Vorschriften des Zivilrechts.

Art. 2 Begriffe

Im Sinne dieser Verordnung gelten als:

a. *Rechtseinheit:*
   1. Einzelunternehmen (Art. 934 Abs. 1 und 2 OR),
   2. Kollektivgesellschaften (Art. 552 ff. OR),
   3. Kommanditgesellschaften (Art. 594 ff. OR),
   4. Aktiengesellschaften (Art. 620 ff. OR),
   5. Kommanditaktiengesellschaften (Art. 764 ff. OR),
   6. Gesellschaften mit beschränkter Haftung (Art. 772 ff. OR),
   7. Genossenschaften (Art. 828 ff. OR),
   8. Vereine (Art. 60 ff. des Zivilgesetzbuches, ZGB),
   9. Stiftungen (Art. 80 ff. ZGB),
   10. Kommanditgesellschaft für kollektive Kapitalanlagen (Art. 98 ff. des Kollektivanlagengesetzes vom 23. Juni 2006, KAG),
   11. Investmentgesellschaft mit festem Kapital (SICAF; Art. 110 ff. KAG),
   12. Investmentgesellschaft mit variablem Kapital (SICAV; Art. 36 ff. KAG),
   13. Institute des öffentlichen Rechts (Art. 2 Bst. d FusG),
   14. Zweigniederlassungen (Art. 935 OR);

b. *Gewerbe:* eine selbstständige, auf dauernden Erwerb gerichtete wirtschaftliche Tätigkeit;

c. *Rechtsdomizil:* die Adresse, unter der die Rechtseinheit an ihrem Sitz erreicht werden kann, mit folgenden Angaben: Strasse, Hausnummer, Postleitzahl und Ortsnamen.

2. Kapitel: Handelsregisterbehörden

Art. 3 Handelsregisterämter

Die Führung der Handelsregisterämter obliegt den Kantonen. Sie gewährleisten eine fachlich qualifizierte Handelsregisterführung. Es steht ihnen frei, das Handelsregister kantonsübergreifend zu führen.

Art. 4 Kantonale Aufsichtsbehörden

1 Die Kantone bestimmen die Aufsichtsbehörde, die mit der administrativen Aufsicht über das Handelsregisteramt betraut ist.

2 Erfüllen Registerführerinnen oder Registerführer oder deren Mitarbeiterinnen oder Mitarbeiter ihre Aufgaben nicht ordnungsgemäss, so trifft die kantonale Aufsichtsbehörde von Amtes wegen oder auf Antrag des Bundes die erforderlichen Massnahmen. In schweren oder wiederholten Fällen sind die betroffenen Personen ihres Amtes zu entheben.

3 Die Anfechtung von Verfügungen des Handelsregisteramtes richtet sich nach Artikel 165.

Art. 5 Oberaufsicht durch den Bund

1 Das Eidgenössische Justiz- und Polizeidepartement übt die Oberaufsicht über die Handelsregisterführung aus.

2 Das Eidgenössische Amt für das Handelsregister (EHRA) im Bundesamt für Justiz ist insbesondere zur selbstständigen Erledigung folgender Geschäfte ermächtigt:

a. den Erlass von Weisungen im Bereich des Handelsregisters und des Firmenrechts, die sich an die kantonalen Handelsregisterbehörden richten;
b. die Prüfung der Rechtmässigkeit und die Genehmigung der kantonalen Eintragungen in das Tagesregister;
c. die Durchführung von Inspektionen;
d. die Stellung von Anträgen gemäss Artikel 4 Absatz 2;
e. die Beschwerdeführung an das Bundesgericht gegen Entscheide des Bundesverwaltungsgerichts und der kantonalen Gerichte.

3. Kapitel: Aufbau und Inhalt des Handelsregisters

Art. 6 Aufbau des Handelsregisters

1 Das Handelsregister besteht aus dem Tagesregister, dem Hauptregister, den Anmeldungen und Belegen.

2 Das Tagesregister ist das elektronische Verzeichnis aller Einträge in chronologischer Reihenfolge.

3 Das Hauptregister ist der elektronische Zusammenzug aller rechtswirksamen Einträge im Tagesregister geordnet nach Rechtseinheit.

Art. 7 Inhalt des Handelsregisters

Das Tages- und das Hauptregister enthalten Einträge über:

a. die Rechtseinheiten;
b. nicht kaufmännische Prokuren (Art. 458 Abs. 3 OR);
c. das Haupt von Gemeinderschaften (Art. 341 Abs. 3 ZGB).

Art. 8 Tagesregister

1 Alle ins Handelsregister einzutragenden Tatsachen werden in das Tagesregister aufgenommen.

2 Das Handelsregisteramt erstellt die Einträge aufgrund der Anmeldung und der Belege oder aufgrund eines Urteils oder einer Verfügung oder nimmt diese von Amtes wegen vor.

[3] Das Tagesregister enthält:
a. die Einträge;
b. die Nummer und das Datum des Eintrags;
c. das Identifikationszeichen der Person, die die Eintragung vorgenommen oder angeordnet hat und die Angabe des Handelsregisteramtes;
d. die Gebühren der Eintragung;
e. die Liste der Belege, die der Eintragung zugrunde liegen.

[4] Die Einträge im Tagesregister werden fortlaufend nummeriert. Die Zählung beginnt mit jedem Kalenderjahr neu zu laufen. Bereits zugeteilte Nummern nicht rechtswirksam gewordener Einträge dürfen im selben Kalenderjahr nicht erneut verwendet werden.

[5] Die Einträge im Tagesregister dürfen nachträglich nicht verändert werden und bleiben zeitlich unbeschränkt bestehen.

Art. 9 Hauptregister

[1] Einträge im Tagesregister sind nach der Genehmigung durch das EHRA ins Hauptregister zu übernehmen. Die Übernahme muss spätestens am Tag der Veröffentlichung im Schweizerischen Handelsamtsblatt erfolgen.

[2] Das Hauptregister enthält für jede Rechtseinheit folgende Angaben:
a. alle Einträge ins Tagesregister gemäss Artikel 8 Absatz 3 Buchstaben a und b;
b. das Datum der erstmaligen Eintragung der Rechtseinheit in das Handelsregister;
c. die Nummer des Eintrags im Tagesregister;
d. das Datum und die Nummer der Ausgabe des Schweizerischen Handelsamtsblattes, in der die Eintragung publiziert wurde;
e. der Verweis auf einen allfälligen früheren Eintrag auf einer Karteikarte oder im Firmenverzeichnis;
f. das Datum der Löschung im Handelsregister.

[3] Die Löschung einer Rechtseinheit ist im Hauptregister deutlich sichtbar zu machen.

[4] Die Einträge im Hauptregister dürfen nachträglich nicht verändert werden und bleiben zeitlich unbeschränkt bestehen. Vorbehalten bleibt die Vornahme von rein typografischen Korrekturen ohne Einfluss auf den materiellen Gehalt. Die Vornahme entsprechender Korrekturen ist zu protokollieren.

[5] Das Hauptregister muss durch elektronische Wiedergabe und auf einem Papierausdruck jederzeit sichtbar gemacht werden können.

4. Kapitel: Öffentlichkeit des Handelsregisters

Art. 10 Öffentlichkeit des Hauptregisters

Die Einträge im Hauptregister, die Anmeldungen und die Belege sind öffentlich. Die Einträge im Tagesregister werden mit der Genehmigung durch das EHRA öffentlich. Nicht öffentlich ist die mit der Eintragung zusammenhängende Korrespondenz.

Art. 11 Einsichtnahme und Auszüge

[1] Auf Verlangen gewähren die Handelsregisterämter Einsicht in das Hauptregister, in die Anmeldung und in die Belege und erstellen:
a. beglaubigte Auszüge über die Einträge einer Rechtseinheit im Hauptregister;
b. Kopien von Anmeldungen und von Belegen.

2 Vor der Veröffentlichung einer Eintragung im Schweizerischen Handelsamtsblatt dürfen Auszüge nur ausgestellt werden, wenn die Eintragung durch das EHRA genehmigt ist.

3 *Aufgehoben.*

4 Für die Einsichtnahme sowie für die Auszüge, die Kopien von Anmeldungen und Belegen und die Bescheinigungen ist eine Gebühr zu entrichten. Keine Gebühr ist zu entrichten, wenn die Auszüge, Kopien und Bescheinigungen zu amtlichem Gebrauch bestimmt sind.

5 Das EHRA sorgt durch eine Weisung für eine einheitliche Struktur und Darstellung der Auszüge. Dabei ermöglicht es den Kantonen, kantonale Wappen und Symbole zu verwenden. Es kann Vorschriften zur Sicherheit der Auszüge erlassen.

6 Ist eine Rechtseinheit nicht eingetragen, so bescheinigt dies das Handelsregisteramt auf Verlangen.

Art. 12 Elektronisches Angebot

1 Die Kantone stellen die Einträge im Hauptregister für Einzelabfragen im Internet unentgeltlich zur Verfügung.

2 Bei Abweichungen gehen die im Hauptregister eingetragenen Tatsachen den elektronisch abgerufenen Daten vor.

3 Die Daten müssen nach bestimmten Suchkriterien abrufbar sein. Das EHRA erlässt eine Weisung dazu.

5. Kapitel: Beglaubigungen durch das Handelsregisteramt

Art. 12a

1 Das Handelsregisteramt ist befugt, von Anmeldungen, Belegen oder sonstigen Dokumenten in Papierform oder in elektronischer Form beglaubigte Kopien auf Papier zu erstellen.

2 Es ist zudem befugt, beglaubigte elektronische Kopien zu erstellen von:

a. Anmeldungen, Belegen oder sonstigen Dokumenten in Papierform oder in elektronischer Form;
b. eigenhändigen Unterschriften auf Papier.

3 Die elektronischen Kopien müssen mit einer qualifizierten elektronischen Signatur unterzeichnet sein, die auf einem qualifizierten Zertifikat einer anerkannten Anbieterin von Zertifizierungsdiensten im Sinne des Bundesgesetzes vom 19. Dezember 2003 über die elektronische Signatur (ZertES) beruht.

4 Auf den beglaubigten Kopien ist der Hinweis anzubringen:

a. dass es sich um eine mit dem Originaldokument übereinstimmende Kopie handelt;
b. ob das Originaldokument auf Papier oder in elektronischer Form vorlag;
c. dass die qualifizierte elektronische Signatur gültig ist, sofern das Dokument ursprünglich in elektronischer Form eingereicht wurde.

6. Kapitel: Elektronischer Geschäftsverkehr

Art. 12b Zulässigkeit von elektronischen Eingaben und anwendbares Recht

Soweit diese Verordnung nichts Abweichendes bestimmt, richtet sich der elektronische Geschäftsverkehr im Handelsregister nach den Artikeln 130 Absatz 2 und 143 Absatz 2 der Zivilprozessordnung (ZPO) und nach der Verordnung vom 18. Juni 2010 über die elektronische Übermittlung im Rahmen von Zivil- und Strafprozessen sowie von Schuldbetreibungs- und Konkursverfahren.

Art. 12c Übermittlung

1 Elektronische Eingaben an die Handelsregisterämter können neben den Zustellplattformen gemäss den Artikeln 2 und 4 der Verordnung vom 18. Juni 2010 über die elektronische Übermittlung im Rahmen von Zivil- und Strafprozessen sowie von Schuldbetreibungs- und Konkursverfahren auch über entsprechende Internetseiten des Bundes oder der Kantone erfolgen, sofern diese:

a. die Vertraulichkeit (Verschlüsselung) gewährleisten; und
b. eine mit einem Zertifikat und einem Zeitstempel einer anerkannten Anbieterin von Zertifizierungsdiensten signierten Quittung über die Eingabe ausstellen.

2 Das EHRA kann die Abwicklung und Automatisierung des elektronischen Geschäftsverkehrs regeln, namentlich in Bezug auf Formulare, Datenformate, Datenstrukturen, Geschäftsprozesse und alternative Übermittlungsverfahren.

Art. 12d Qualifizierte Zertifikate

1 Qualifizierte Zertifikate mit einem Pseudonym nach Artikel 7 Absatz 1 Buchstabe c ZertES dürfen weder bei Eingaben noch bei Zustellungen der Handelsregisterämter verwendet werden.

2 Die für Beglaubigungen und für den elektronischen Geschäftsverkehr von den Handelsregisterämtern verwendeten qualifizierten Zertifikate müssen folgende Elemente nach Artikel 7 Absatz 2 Buchstabe a ZertES enthalten:

a. den Namen und Vornamen sowie die offizielle Funktionsbezeichnung der Zertifikatinhaberin oder des Zertifikatinhabers;
b. die Bezeichnung der Organisation und den Kantonsnamen.

3 Eine anerkannte Anbieterin von Zertifizierungsdiensten darf ein qualifiziertes Zertifikat nur ausstellen, wenn der Kanton die offizielle Funktionsbezeichnung der Zertifikatsinhaberin oder des Zertifikatinhabers und die Bezeichnung der Organisation bestätigt.

4 Das EHRA kann in einer Weisung Ausführungsbestimmungen erlassen.

Art. 12e Elektronische Auszüge

Die Bestimmungen dieses Kapitels finden entsprechend Anwendung auf die Zustellung von beglaubigten elektronischen Auszügen aus dem Tages- oder Hauptregister.

7. Kapitel: Zentralregister und Zefix

Art. 13 Zentralregister

1 Das EHRA führt ein Zentralregister sämtlicher Rechtseinheiten, die in den Hauptregistern der Kantone eingetragen sind. Das Zentralregister dient der Unterscheidung und dem Auffinden der eingetragenen Rechtseinheiten.

2 Das EHRA führt auf Verlangen schriftliche Recherchen zu Firmen und Namen im Zentralregister durch. Es erhebt für Auskünfte an Private eine Gebühr.

Art. 14 Zentraler Firmenindex (Zefix)

1 Die öffentlichen Daten des Zentralregisters sind im elektronischen Abrufverfahren über die Internetdatenbank Zefix für Einzelabfragen unentgeltlich zugänglich. Elektronisch abgerufene Daten entfalten keine Rechtswirkungen.

2 Das EHRA kann Daten, die im Zentralregister enthalten sind, in elektronischer Form Behörden von Bund, Kantonen und Gemeinden sowie Institutionen, die mit dem Vollzug der Sozialversicherungsgesetzgebung betraut sind, zugänglich machen, wenn diese Behörden diese Daten für die Erfüllung ihrer öffentlichen Aufgaben benötigen. Diese Dienstleistung ist unentgeltlich.

[3] Das Eidgenössische Justiz- und Polizeidepartement bestimmt:
a. die Daten, die ins Zentralregister aufgenommen werden;
b. die Daten des Zentralregisters, die öffentlich sind;
c. den Inhalt der gesamten Datenbestände, die Behörden zugänglich gemacht werden können;
d. die Bedingungen und die Modalitäten für den Zugang zu den Datenbeständen.

2. Titel: Eintragungsverfahren

1. Kapitel: Anmeldung und Belege

1. Abschnitt: Anmelde- und Belegprinzip

Art. 15

[1] Die Eintragung ins Handelsregister beruht auf einer Anmeldung; vorbehalten bleibt die Eintragung aufgrund eines Urteils oder einer Verfügung eines Gerichts oder einer Behörde oder von Amtes wegen.

[2] Die einzutragenden Tatsachen sind zu belegen. Dem Handelsregisteramt müssen die dazu erforderlichen Belege eingereicht werden.

[3] Ist für die Eintragung in das Handelsregister eine Frist vorgeschrieben, so gilt diese als gewahrt, wenn die Anmeldung und die erforderlichen Belege den rechtlichen Anforderungen genügen und:
a. die Anmeldung und die erforderlichen Belege am letzten Tag der Frist beim Handelsregisteramt eingereicht oder zu dessen Handen der Schweizerischen Post übergeben werden; oder
b. dem Absender bestätigt wurde, dass die elektronische Anmeldung und die erforderlichen elektronischen Belege spätestens am letzten Tag der Frist eingegangen sind.

2. Abschnitt: Anmeldung

Art. 16 Inhalt, Form und Sprache

[1] Die Anmeldung muss die Rechtseinheit klar identifizieren und die einzutragenden Tatsachen angeben oder auf die entsprechenden Belege einzeln verweisen.

[2] Die Anmeldung kann auf Papier oder in elektronischer Form eingereicht werden.

[3] Elektronische Anmeldungen müssen den Vorgaben der Artikel 12b–12d genügen.

[4] Die Anmeldungen sind in einer der Amtssprachen des Kantons abzufassen, in dem die Eintragung erfolgt.

Art. 17 Anmeldende Personen

[1] Die Anmeldung erfolgt durch die betroffene Rechtseinheit und muss von folgenden Personen unterzeichnet sein:
a. bei Einzelunternehmen: von der Inhaberin oder vom Inhaber (Art. 934 OR);
b. bei der Kollektiv- oder Kommanditgesellschaft: von allen Gesellschafterinnen und Gesellschaftern (Art. 552 Abs. 2, 594 Abs. 3 OR);
c. bei juristischen Personen: von zwei Mitgliedern des obersten Leitungs- oder Verwaltungsorgans oder von einem Mitglied mit Einzelzeichnungsberechtigung (Art. 931a OR);
d. bei der Kommanditgesellschaft für kollektive Kapitalanlagen: von einer zur Vertretung berechtigten natürlichen Person für jede unbeschränkt haftende Gesellschafterin;
e. bei Instituten des öffentlichen Rechts: von den Personen, die nach öffentlichem Recht zuständig sind (Art. 931a OR);

f. bei der nicht kaufmännischen Prokura: von der Geschäftsfrau oder vom Geschäftsherrn (Art. 458 Abs. 3 OR);
g. bei der Gemeinderschaft: vom Haupt der Gemeinderschaft (Art. 341 Abs. 3 ZGB).
h. bei der Zweigniederlassung von Rechtseinheiten mit Sitz im In- oder im Ausland: von einer zeichnungsberechtigten Person, die am Sitz der Hauptniederlassung oder der Zweigniederlassung im Handelsregister eingetragen ist;
i. bei der Löschung einer Rechtseinheit: von den Liquidatorinnen und Liquidatoren (Art. 589, 619, 746, 764 Abs. 2, 826 Abs. 2, 913 OR; Art. 58 ZGB).

2 Die Anmeldung kann zudem durch die betroffenen Personen selbst erfolgen:
a. bei der Löschung von Mitgliedern der Organe und der Löschung von Vertretungsbefugnissen (Art. 938b OR);
b. bei der Änderung von Personenangaben gemäss Artikel 119 Absatz 1 Buchstaben a–f;
c. bei der Löschung des Rechtsdomizils gemäss Artikel 117 Absatz 3.

3 Haben Erbinnen oder Erben eine Eintragung anzumelden, so können an ihrer Stelle auch Willensvollstreckerinnen, Willensvollstrecker, Erbschaftsliquidatorinnen oder Erbschaftsliquidatoren die Anmeldung vornehmen.

Art. 18 Unterzeichnung

1 Die Anmeldung muss von den Personen nach Artikel 17 unterzeichnet sein. Die Unterzeichnung durch eine Vertreterin oder einen Vertreter ist nicht zulässig.

2 Die Anmeldung auf Papier ist beim Handelsregisteramt zu unterzeichnen oder mit den beglaubigten Unterschriften einzureichen. Eine Beglaubigung ist nicht erforderlich, wenn die Unterschriften schon früher in beglaubigter Form für die gleiche Rechtseinheit eingereicht wurden. Bestehen begründete Zweifel an der Echtheit einer Unterschrift, so kann das Handelsregisteramt eine erneute Beglaubigung verlangen.

3 Unterzeichnen die anmeldenden Personen die Anmeldung beim Handelsregisteramt, so haben sie ihre Identität durch einen gültigen Pass oder eine gültige Identitätskarte nachzuweisen.

4 Elektronische Anmeldungen müssen mit einer qualifizierten elektronischen Signatur, die auf einem qualifizierten Zertifikat und einem Zeitstempel einer nach dem ZertES anerkannten Anbieterin basiert, unterzeichnet sein. Unter Vorbehalt von Artikel 21 müssen die eigenhändigen Unterschriften der Personen, welche die Anmeldung unterzeichnen, nicht hinterlegt werden.

5 Ist eine rechtskonforme Unterzeichnung einer Anmeldung aus zwingenden Gründen nicht möglich und sind die Voraussetzungen für das Verfahren von Amtes wegen nach Artikel 152 nicht erfüllt, so kann die kantonale Aufsichtsbehörde auf Antrag der Rechtseinheit oder des Handelsregisteramts die Vornahme einer Eintragung anordnen.

Art. 19 Eintragung aufgrund eines Urteils oder einer Verfügung

1 Ordnet ein Gericht oder eine Behörde die Eintragung von Tatsachen in das Handelsregister an, so reicht die anordnende Stelle dem Handelsregisteramt das Urteil oder die Verfügung ein. Das Urteil oder die Verfügung darf erst eingereicht werden, wenn es oder sie vollstreckbar geworden ist. Artikel 176 Absatz 1 des Bundesgesetzes vom 11. April 1889 über Schuldbetreibung und Konkurs (SchKG) bleibt vorbehalten.

2 Das Handelsregisteramt nimmt die Eintragung unverzüglich vor.

3 Enthält das Dispositiv des Urteils oder der Verfügung unklare oder unvollständige Anordnungen über die einzutragenden Tatsachen, so muss das Handelsregisteramt die anordnende Stelle um schriftliche Erläuterung ersuchen.

4 Die Genehmigung der Eintragungen durch das EHRA bleibt vorbehalten.

3. Abschnitt: Belege

Art. 20 Inhalt, Form und Sprache

1 Die Belege sind im Original oder in beglaubigter Kopie einzureichen. Beglaubigte Kopien können auf Papier oder in elektronischer Form eingereicht werden.

2 Die Belege müssen rechtskonform unterzeichnet sein. Belege in elektronischer Form müssen mit einer qualifizierten elektronischen Signatur unterzeichnet sein, die auf einem qualifizierten Zertifikat einer anerkannten Anbieterin von Zertifizierungsdiensten im Sinne des Bundesgesetzes vom 19. Dezember 2003 über die elektronische Signatur (ZertES) beruht.

3 Werden Belege in einer Sprache eingereicht, die nicht als Amtssprache des Kantons gilt, so kann das Handelsregisteramt eine Übersetzung verlangen, sofern dies für die Prüfung oder für die Einsichtnahme durch Dritte erforderlich ist. Soweit nötig, kann es die Übersetzerin oder den Übersetzer bezeichnen. Die Übersetzung gilt diesfalls ebenfalls als Beleg.

Art. 21 Unterschriften

1 Wird eine zeichnungsberechtigte Person zur Eintragung in das Handelsregister angemeldet, so muss sie ihre eigenhändige Unterschrift nach Massgabe einer der nachfolgenden Modalitäten beim Handelsregisteramt hinterlegen:

a. Sie zeichnet die Unterschrift beim Handelsregisteramt.
b. Sie reicht dem Handelsregisteramt die Unterschrift als Beleg ein:
   1. auf Papier von einer Urkundsperson beglaubigt;
   2. elektronisch eingelesen und von einer Urkundsperson beglaubigt; oder
   3. elektronisch eingelesen und von ihr selbst bestätigt.

2 Zeichnet sie die Unterschrift beim Handelsregisteramt, so muss sie ihre Identität durch einen gültigen Pass oder eine gültige Identitätskarte nachweisen. Das Handelsregisteramt beglaubigt die Unterschrift gegen Gebühr.

3 Um die elektronisch eingelesene Unterschrift selbst zu bestätigen, versieht die zeichnungsberechtigte Person diese mit einer Erklärung, dass sie diese als ihre eigene anerkennt, und signiert sie mit einer qualifizierten elektronischen Signatur, die auf einem qualifizierten Zertifikat einer nach dem ZertES anerkannten Anbieterin basiert.

Art. 22 Statuten und Stiftungsurkunden

1 Ins Handelsregister wird als Datum der Statuten der Tag eingetragen, an dem:

a. die Gründerinnen und Gründer die Statuten angenommen haben; oder
b. das zuständige Organ der Gesellschaft die letzte Änderung der Statuten beschlossen hat.

2 Ins Handelsregister wird als Datum der Stiftungsurkunde der Tag eingetragen, an dem:

a. die öffentliche Urkunde über die Errichtung der Stiftung erstellt wurde;
b. die Verfügung von Todes wegen errichtet wurde; oder
c. die Stiftungsurkunde durch das Gericht oder eine Behörde geändert wurde.

3 Werden die Statuten oder die Stiftungsurkunde geändert oder angepasst, so muss dem Handelsregisteramt eine vollständige neue Fassung der Statuten oder der Stiftungsurkunde eingereicht werden.

4 Die Statuten von Aktiengesellschaften, Kommanditaktiengesellschaften, Gesellschaften mit beschränkter Haftung, Investmentgesellschaften mit festem Kapital und Investmentgesellschaften mit variablem Kapital sowie die Stiftungsurkunde müssen von einer Urkundsperson beglaubigt werden. Die Statuten von Genossenschaften und Vereinen müssen von einem Mitglied der Verwaltung beziehungsweise des Vorstandes unterzeichnet sein.

Art. 23 Protokolle über die Fassung von Beschlüssen

1 Beruhen einzutragende Tatsachen auf Beschlüssen oder Wahlen von Organen einer juristischen Person und bedarf der Beschluss nicht der öffentlichen Beurkundung, so muss das Protokoll beziehungsweise ein Protokollauszug über die Beschlussfassung oder ein Zirkularbeschluss als Beleg eingereicht werden.

2 Protokolle oder Protokollauszüge müssen von der Protokollführerin oder vom Protokollführer sowie von der Vorsitzenden oder vom Vorsitzenden des beschliessenden Organs unterzeichnet werden, Zirkularbeschlüsse von allen Personen, die dem Organ angehören.

3 Ein Protokoll oder ein Protokollauszug des obersten Leitungs- oder Verwaltungsorgans ist nicht erforderlich, sofern die Anmeldung an das Handelsregisteramt von sämtlichen Mitgliedern dieses Organs unterzeichnet ist. Ein Protokoll oder ein Protokollauszug der Gesellschafterversammlung von Gesellschaften mit beschränkter Haftung ist ebenfalls nicht erforderlich, sofern die Anmeldung an das Handelsregisteramt von sämtlichen im Handelsregister eingetragenen Gesellschaftern unterzeichnet ist.

Art. 24 Bestehen von Rechtseinheiten

1 Nimmt eine einzutragende Tatsache auf eine im schweizerischen Handelsregister eingetragene Rechtseinheit Bezug, so muss deren Bestehen nicht belegt werden. Das mit der Eintragung dieser Tatsache betraute Handelsregisteramt überprüft das Bestehen der Rechtseinheit durch Einsichtnahme in die kantonale Handelsregisterdatenbank nach Artikel 12.

2 Das Bestehen einer Rechtseinheit, die nicht im schweizerischen Handelsregister eingetragen ist, muss durch einen aktuellen beglaubigten Auszug aus dem ausländischen Handelsregister oder durch eine gleichwertige Urkunde belegt werden.

Art. 24a Identifikation von natürlichen Personen

1 Die Identität der im Handelsregister eingetragenen natürlichen Personen muss auf der Grundlage eines gültigen Passes oder einer gültigen Identitätskarte oder einer Kopie eines gültigen Passes oder einer gültigen Identitätskarte geprüft werden. Das Handelsregisteramt darf zur Erfassung der für die Identifikation der Person erforderlichen Angaben nach Artikel 24b eine Kopie des vorgelegten Dokuments erstellen.

2 Der Nachweis der Identität von natürlichen Personen kann auch in einer öffentlichen Urkunde oder in einer Unterschriftsbeglaubigung erbracht werden, sofern diese die Angaben nach Artikel 24b enthält.

3 Verfügt eine natürliche Person mit einer ausländischen Staatsangehörigkeit über keinen gültigen Pass oder keine gültige Identitätskarte oder ist das eingereichte Dokument nicht lesbar, so kann ihre Identität auf der Grundlage des gültigen schweizerischen Ausländerausweises geprüft werden.

4 Allfällig erstellte Kopien von Ausweisdokumenten unterstehen nicht der Öffentlichkeit des Handelsregisters nach den Artikeln 10–12 und werden bei den Korrespondenzakten aufbewahrt. Sie können vernichtet werden, sobald der Tagesregistereintrag über die Eintragung der natürlichen Person rechtswirksam geworden ist.

Art. 24b Angaben zur Identifikation

1 Zur Identifikation der natürlichen Personen werden auf der Grundlage des Ausweisdokuments die folgenden Angaben im Handelsregister erfasst:

a. der Familienname;
b. gegebenenfalls der Ledigname;
c. alle Vornamen in der richtigen Reihenfolge;
d. das Geburtsdatum;

e. das Geschlecht;
f. die politische Gemeinde des Heimatortes, oder bei ausländischen Staatsangehörigen, die Staatsangehörigkeit;
g. die Art, die Nummer und das Ausgabeland des Ausweisdokuments.

2 Zusätzlich werden folgende Angaben im Handelsregister erfasst:
a. allfällige Ruf-, Kose- oder Künstlernamen;
b. die politische Gemeinde des Wohnsitzes, oder bei einem ausländischen Wohnsitz, der Ort und die Landesbezeichnung.

3 Die Publizität dieser Angaben richtet sich nach Artikel 119 Absatz 1.

Art. 25 Ausländische öffentliche Urkunden und Beglaubigungen

1 Im Ausland errichtete öffentliche Urkunden und Beglaubigungen müssen mit einer Bescheinigung der am Errichtungsort zuständigen Behörde versehen sein, die bestätigt, dass sie von der zuständigen Urkundsperson errichtet worden sind. Unter Vorbehalt abweichender Bestimmungen von Staatsverträgen ist zudem eine Beglaubigung der ausländischen Regierung und der zuständigen diplomatischen oder konsularischen Vertretung der Schweiz beizufügen.

2 Muss nach schweizerischem Recht eine öffentliche Urkunde erstellt und als Beleg beim Handelsregisteramt eingereicht werden, so kann das Handelsregisteramt den Nachweis verlangen, dass das ausländische Beurkundungsverfahren dem öffentlichen Beurkundungsverfahren in der Schweiz gleichwertig ist. Es kann dazu ein Gutachten verlangen und den Gutachter bezeichnen.

2. Kapitel: Grundsätze für die Eintragung

Art. 26 Wahrheitsgebot, Täuschungsverbot und öffentliches Interesse

Die Eintragungen in das Handelsregister müssen wahr sein und dürfen weder zu Täuschungen Anlass geben noch einem öffentlichen Interesse widersprechen.

Art. 27 Änderung von Tatsachen

Ist eine Tatsache im Handelsregister eingetragen, so muss auch jede Änderung dieser Tatsache eingetragen werden (Art. 937 OR).

Art. 28 Prüfungspflicht des Handelsregisteramts

Bevor das Handelsregisteramt eine Eintragung vornimmt, muss es prüfen, ob die Voraussetzungen des Gesetzes und der Verordnung erfüllt sind. Insbesondere muss es prüfen, ob die Anmeldung und die Belege den vom Gesetz und der Verordnung verlangten Inhalt aufweisen und keinen zwingenden Vorschriften widersprechen.

Art. 29 Sprache

Die Eintragung in das Handelsregister erfolgt in der Sprache der Anmeldung gemäss Artikel 16 Absatz 4. Ist die Anmeldung in rätoromanischer Sprache abgefasst, so erfolgt die Eintragung zudem in deutscher oder italienischer Sprache.

Art. 30 Antrag auf Eintragung zusätzlicher Tatsachen

1 Tatsachen, deren Eintragung weder im Gesetz noch in der Verordnung vorgesehen ist, werden auf Antrag in das Handelsregister aufgenommen, wenn:
a. die Eintragung dem Zweck des Handelsregisters entspricht; und
b. an der Bekanntgabe ein öffentliches Interesse besteht.

2 Die Vorschriften über die Anmeldung und die Belege sind entsprechend anwendbar.

3. Kapitel: Prüfung, Genehmigung und Publikation der Eintragung

Art. 31 Übermittlung ans EHRA

Die kantonalen Handelsregisterämter übermitteln dem EHRA ihre Einträge elektronisch am Werktag, an dem diese ins Tagesregister aufgenommen wurden.

Art. 32 Prüfung und Genehmigung durch das EHRA

1 Das EHRA prüft die Einträge und genehmigt sie, sofern sie die Voraussetzungen des Gesetzes und der Verordnung erfüllen. Es teilt seine Genehmigung dem kantonalen Handelsregisteramt elektronisch mit.

2 Eine Einsichtnahme in die Anmeldung und in die Belege erfolgt nur ausnahmsweise, soweit dafür ein besonderer Anlass besteht.

3 Die Prüfungspflicht des EHRA entspricht derjenigen des Handelsregisteramts.

4 Das EHRA übermittelt die genehmigten Einträge elektronisch dem Schweizerischen Handelsamtsblatt.

Art. 33 Verweigerung der Genehmigung

1 Verweigert das EHRA die Genehmigung, so begründet es diesen Entscheid summarisch und teilt ihn dem kantonalen Handelsregisteramt mit. Diese Mitteilung ist eine nicht selbstständig anfechtbare Zwischenverfügung.

2 Wenn die Verweigerung der Genehmigung auf Mängeln beruht, die nicht durch das kantonale Handelsregisteramt behoben werden können, so übermittelt dieses den ablehnenden Entscheid den Personen, die die Anmeldung eingereicht haben. Es räumt ihnen Gelegenheit zur schriftlichen Stellungnahme zuhanden des EHRA ein.

3 Genehmigt das EHRA die Eintragung nachträglich, so informiert es das kantonale Handelsregisteramt. Dieses übermittelt die Eintragung erneut elektronisch.

4 Verweigert das EHRA die Genehmigung endgültig, so erlässt es eine beschwerdefähige Verfügung.

Art. 34 Rechtswirksamkeit der Eintragungen

Die Eintragungen ins Tagesregister werden mit der Genehmigung durch das EHRA rückwirkend auf den Zeitpunkt der Eintragung in das Tagesregister rechtswirksam.

Art. 35 Publikation

1 Die Eintragungen werden innert zwei Werktagen nach deren Übermittlung durch das EHRA im Schweizerischen Handelsamtsblatt publiziert.

2 Die kantonalen Handelsregisterämter haben unentgeltlichen Zugang auf die elektronische Ausgabe des Schweizerischen Handelsamtsblatts und erhalten zudem auf Anfrage kostenlos ein Abonnement des Schweizerischen Handelsamtsblatts.

3 Die Kantone können die Eintragungen ins Tagesregister nach der Publikation im Schweizerischen Handelsamtsblatt zusätzlich in anderen Publikationsorganen veröffentlichen. Sie dürfen für diese Publikationen jedoch keine Gebühren erheben.

3. Titel: Rechtsformspezifische Bestimmungen für die Eintragung

1. Kapitel: Einzelunternehmen

Art. 36 Eintragungspflicht und freiwillige Eintragung

1 Natürliche Personen, die ein nach kaufmännischer Art geführtes Gewerbe betreiben und während eines Jahres Roheinnahmen von mindestens 100 000 Franken (Jahresumsatz) erzielen, sind

verpflichtet, ihr Einzelunternehmen ins Handelsregister eintragen zu lassen. Gehören einer Person mehrere Einzelunternehmen, so ist deren Umsatz zusammenzurechnen.

2 Die Pflicht zur Eintragung entsteht, sobald verlässliche Zahlen über den Jahresumsatz vorliegen.

3 Eine Pflicht zur Eintragung aufgrund anderer Vorschriften bleibt vorbehalten.

4 Natürliche Personen, die ein Gewerbe betreiben und die nicht zur Eintragung verpflichtet sind, haben das Recht, ihr Einzelunternehmen eintragen zu lassen.

Art. 37 Anmeldung und Belege

Mit der Anmeldung zur Eintragung eines Einzelunternehmens müssen nur Belege eingereicht werden, wenn:

a. die einzutragenden Tatsachen nicht aus der Anmeldung hervorgehen;
b. dies aufgrund anderer Vorschriften erforderlich ist.

Art. 38 Inhalt des Eintrags

Bei Einzelunternehmen müssen im Handelsregister eingetragen werden:

a. die Firma und die Unternehmens-Identifikationsnummer;
b. der Sitz und das Rechtsdomizil;
c. die Rechtsform;
d. der Zweck;
e. die Inhaberin oder der Inhaber des Einzelunternehmens;
f. die zur Vertretung berechtigten Personen.

Art. 39 Löschung

1 Gibt die Inhaberin oder der Inhaber eines Einzelunternehmens die Geschäftstätigkeit auf oder überträgt sie oder er das Geschäft auf eine andere Person oder Rechtseinheit, so muss sie oder er die Löschung des Einzelunternehmens anmelden.

2 Ist die Inhaberin oder der Inhaber eines Einzelunternehmens verstorben, so muss eine Erbin oder ein Erbe die Löschung zur Eintragung anmelden.

3 Zusammen mit der Löschung muss der Löschungsgrund im Handelsregister eingetragen werden.

4 Wird in den Fällen nach den Absätzen 1 und 2 die Geschäftstätigkeit weitergeführt und sind die Voraussetzungen nach Artikel 36 Absatz 1 erfüllt, so ist die neue Inhaberin oder der neue Inhaber zur Anmeldung des Unternehmens verpflichtet. Dieses erhält eine neue Unternehmens-Identifikationsnummer.

2. Kapitel: Kollektiv- und Kommanditgesellschaft

Art. 40 Anmeldung und Belege

Mit der Anmeldung zur Eintragung einer Kollektiv- oder Kommanditgesellschaft müssen nur Belege eingereicht werden, wenn:

a. die einzutragenden Tatsachen nicht aus der Anmeldung hervorgehen;
b. dies aufgrund anderer Vorschriften erforderlich ist.

Art. 41 Inhalt des Eintrags

1 Bei Kollektivgesellschaften müssen ins Handelsregister eingetragen werden:

a. die Firma und die Unternehmens-Identifikationsnummer;
b. der Sitz und das Rechtsdomizil;
c. die Rechtsform;
d. der Zeitpunkt des Beginns der Gesellschaft;

e. der Zweck;
f. die Gesellschafterinnen und Gesellschafter;
g. die zur Vertretung berechtigten Personen.

2 Bei Kommanditgesellschaften müssen ins Handelsregister eingetragen werden:
a. die Firma und die Unternehmens-Identifikationsnummer;
b. der Sitz und das Rechtsdomizil;
c. die Rechtsform;
d. der Zeitpunkt des Beginns der Gesellschaft;
e. der Zweck;
f. die unbeschränkt haftenden Gesellschafterinnen und Gesellschafter (Komplementärinnen und Komplementäre);
g. die beschränkt haftenden Gesellschafterinnen und Gesellschafter (Kommanditärinnen und Kommanditäre) unter Hinweis auf den jeweiligen Betrag ihrer Kommanditsumme;
h. falls die Kommanditsumme ganz oder teilweise in Form einer Sacheinlage geleistet wird: deren Gegenstand und Wert;
i. die zur Vertretung berechtigten Personen.

3 Für Kollektivgesellschaften oder Kommanditgesellschaften, die kein nach kaufmännischer Art geführtes Gewerbe betreiben, entspricht der Zeitpunkt des Beginns der Gesellschaft dem Zeitpunkt der Eintragung ins Tagesregister.

Art. 42 Auflösung und Löschung

1 Wird eine Kollektiv- oder Kommanditgesellschaft zum Zweck der Liquidation aufgelöst, so müssen die Gesellschafterinnen und Gesellschafter die Auflösung zur Eintragung ins Handelsregister anmelden (Art. 574 Abs. 2 OR).

2 Mit der Anmeldung zur Auflösung müssen keine weiteren Belege eingereicht werden. Vorbehalten bleibt die Hinterlegung der Unterschriften von Liquidatorinnen oder Liquidatoren, die nicht Gesellschafter sind.

3 Bei der Auflösung der Gesellschaft müssen ins Handelsregister eingetragen werden:
a. die Tatsache, dass die Gesellschaft aufgelöst wurde;
b. die Firma mit dem Liquidationszusatz;
c. die Liquidatorinnen und Liquidatoren.

4 Nach Beendigung der Liquidation haben die Liquidatorinnen und Liquidatoren die Löschung der Gesellschaft anzumelden (Art. 589 OR).

5 Zusammen mit der Löschung muss der Löschungsgrund im Handelsregister eingetragen werden.

3. Kapitel: Aktiengesellschaft

1. Abschnitt: Gründung

Art. 43 Anmeldung und Belege

1 Mit der Anmeldung der Gründung einer Aktiengesellschaft zur Eintragung müssen dem Handelsregisteramt folgende Belege eingereicht werden:
a. die öffentliche Urkunde über den Errichtungsakt;
b. die Statuten;
c. ein Nachweis, dass die Mitglieder des Verwaltungsrates ihre Wahl angenommen haben;
d. gegebenenfalls ein Nachweis, dass die gesetzlich vorgeschriebene Revisionsstelle ihre Wahl angenommen hat;

e. das Protokoll des Verwaltungsrates über seine Konstituierung, über die Regelung des Vorsitzes und über die Erteilung der Zeichnungsbefugnisse;
f. bei Bareinlagen: eine Bescheinigung, aus der ersichtlich ist, bei welchem Bankinstitut die Einlagen hinterlegt sind, sofern das Bankinstitut in der öffentlichen Urkunde nicht genannt wird;
g. im Fall von Artikel 117 Absatz 3: die Erklärung der Domizilhalterin oder des Domizilhalters, dass sie oder er der Gesellschaft ein Rechtsdomizil am Ort von deren Sitz gewährt;
h. die Erklärung der Gründerinnen und Gründer, dass keine anderen Sacheinlagen, Sachübernahmen, Verrechnungstatbestände oder besonderen Vorteile bestehen, als die in den Belegen genannten.

2 Für Angaben, die bereits im Errichtungsakt festgehalten sind, ist kein zusätzlicher Beleg erforderlich.

3 Bestehen Sacheinlagen, Sachübernahmen, beabsichtigte Sachübernahmen, Verrechnungstatbestände oder besondere Vorteile, so müssen zusätzlich folgende Belege eingereicht werden:
a. die Sacheinlageverträge mit den erforderlichen Beilagen;
b. die Sachübernahmeverträge mit den erforderlichen Beilagen;
c. der von allen Gründerinnen und Gründern unterzeichnete Gründungsbericht;
d. die vorbehaltlose Prüfungsbestätigung eines staatlich beaufsichtigten Revisionsunternehmens, einer zugelassenen Revisionsexpertin, eines zugelassenen Revisionsexperten, einer zugelassenen Revisorin oder eines zugelassenen Revisors.

Art. 44 Errichtungsakt

Die öffentliche Urkunde über den Errichtungsakt muss enthalten:
a. die Personenangaben zu den Gründerinnen und Gründern sowie gegebenenfalls zu deren Vertreterinnen und Vertreter;
b. die Erklärung der Gründerinnen und Gründer, eine Aktiengesellschaft zu gründen;
c. die Bestätigung der Gründerinnen und Gründer, dass die Statuten festgelegt sind;
d. die Erklärung jeder Gründerin und jedes Gründers über die Zeichnung der Aktien unter Angabe von Anzahl, Nennwert, Art, Kategorie und Ausgabebetrag sowie die bedingungslose Verpflichtung, eine dem Ausgabebetrag entsprechende Einlage zu leisten;
e. die Tatsache, dass die Mitglieder des Verwaltungsrates gewählt wurden und die entsprechenden Personenangaben;
f. die Tatsache, dass die Revisionsstelle gewählt wurde, beziehungsweise den Verzicht auf eine Revision;
g. die Feststellung der Gründerinnen und Gründer, dass:
    1. sämtliche Aktien gültig gezeichnet sind,
    2. die versprochenen Einlagen dem gesamten Ausgabebetrag entsprechen,
    3. die gesetzlichen und statutarischen Anforderungen an die Leistung der Einlagen erfüllt sind;
h. die Nennung aller Belege sowie die Bestätigung der Urkundsperson, dass die Belege ihr und den Gründerinnen und Gründern vorgelegen haben;
i. die Unterschriften der Gründerinnen und Gründer.

Art. 45 Inhalt des Eintrags

1 Bei Aktiengesellschaften müssen ins Handelsregister eingetragen werden:
a. die Tatsache, dass es sich um die Gründung einer neuen Aktiengesellschaft handelt;
b. die Firma und die Unternehmens-Identifikationsnummer;
c. der Sitz und das Rechtsdomizil;
d. die Rechtsform;

e. das Datum der Statuten;
f. falls sie beschränkt ist: die Dauer der Gesellschaft;
g. der Zweck;
h. die Höhe des Aktienkapitals und der darauf geleisteten Einlagen sowie Anzahl, Nennwert und Art der Aktien;
i. gegebenenfalls die Stimmrechtsaktien;
j. falls ein Partizipationskapital ausgegeben wird: dessen Höhe und die darauf geleisteten Einlagen sowie Anzahl, Nennwert und Art der Partizipationsscheine;
k. im Fall von Vorzugsaktien oder Vorzugspartizipationsscheinen: die damit verbundenen Vorrechte;
l. bei einer Beschränkung der Übertragbarkeit der Aktien oder der Partizipationsscheine: ein Verweis auf die nähere Umschreibung in den Statuten;
m. falls Genussscheine ausgegeben werden: deren Anzahl und die damit verbundenen Rechte;
n. die Mitglieder des Verwaltungsrates;
o. die zur Vertretung berechtigten Personen;
p. falls die Gesellschaft keine ordentliche oder eingeschränkte Revision durchführt: ein Hinweis darauf sowie das Datum der Erklärung des Verwaltungsrates gemäss Artikel 62 Absatz 2;
q. falls die Gesellschaft eine ordentliche oder eingeschränkte Revision durchführt: die Revisionsstelle;
r. das gesetzliche Publikationsorgan sowie gegebenenfalls weitere Publikationsorgane;
s. die in den Statuten vorgesehene Form der Mitteilungen des Verwaltungsrates an die Aktionärinnen und Aktionäre.

2 Bestehen Sacheinlagen, Sachübernahmen, Verrechnungstatbestände oder besondere Vorteile, so sind zusätzlich folgende Tatsachen einzutragen:
a. die Sacheinlage unter Angabe des Datums des Vertrags, des Gegenstands und der dafür ausgegebenen Aktien;
b. die Sachübernahme oder die beabsichtigte Sachübernahme unter Angabe des Datums des Vertrags, des Gegenstands und der Gegenleistung der Gesellschaft;
c. die Verrechnung unter Angabe des Betrages der zur Verrechnung gebrachten Forderung sowie die dafür ausgegebenen Aktien;
d. der Inhalt und der Wert der besonderen Vorteile gemäss näherer Umschreibung in den Statuten.

3 Leistet eine Aktionärin oder ein Aktionär eine Sacheinlage, deren anzurechnender Wert die Einlagepflicht übersteigt und für die die Gesellschaft neben den ausgegebenen Aktien eine Gegenleistung gewährt, so ist im Umfang dieser Gegenleistung eine Sachübernahme im Handelsregister einzutragen (gemischte Sacheinlage und Sachübernahme).

2. Abschnitt: Ordentliche Kapitalerhöhung

Art. 46 Anmeldung und Belege

1 Eine ordentliche Erhöhung des Aktienkapitals muss innerhalb von drei Monaten nach dem Beschluss der Generalversammlung beim Handelsregisteramt zur Eintragung angemeldet werden. Anmeldungen, die nach dieser Frist eingereicht werden, werden abgewiesen.

2 Mit der Anmeldung müssen dem Handelsregisteramt folgende Belege eingereicht werden:
a. die öffentliche Urkunde über den Beschluss der Generalversammlung;
b. die öffentliche Urkunde über die Feststellungen des Verwaltungsrates und über die Statutenänderung;

c. die angepassten Statuten;
d. der von einem Mitglied des Verwaltungsrates unterzeichnete Kapitalerhöhungsbericht;
e. bei Bareinlagen eine Bescheinigung, aus der ersichtlich ist, bei welchem Bankinstitut die Einlagen hinterlegt sind, sofern das Bankinstitut in der öffentlichen Urkunde nicht genannt wird;
f. gegebenenfalls der Prospekt;
g. die Erklärung der Personen, die die Eintragung anmelden, dass keine anderen Sacheinlagen, Sachübernahmen, Verrechnungstatbestände oder besonderen Vorteile bestehen, als die in den Belegen genannten.

³ Bestehen Sacheinlagen, Sachübernahmen, Verrechnungstatbestände oder besondere Vorteile oder wird die Kapitalerhöhung durch Umwandlung von Eigenkapital liberiert, so müssen zusätzlich folgende Belege eingereicht werden:

a. die Sacheinlageverträge mit den erforderlichen Beilagen;
b. soweit sie bereits vorliegen: die Sachübernahmeverträge mit den erforderlichen Beilagen;
c. die vorbehaltslose Prüfungsbestätigung eines staatlich beaufsichtigten Revisionsunternehmens, einer zugelassenen Revisionsexpertin, eines zugelassenen Revisionsexperten, einer zugelassenen Revisorin oder eines zugelassenen Revisors;
d. bei einer Liberierung durch Umwandlung von frei verwendbarem Eigenkapital: die genehmigte Jahresrechnung oder der Zwischenabschluss sowie der Revisionsbericht einer zugelassenen Revisorin oder eines zugelassenen Revisors.

⁴ Werden die Bezugsrechte eingeschränkt oder aufgehoben, so muss eine vorbehaltslose Prüfungsbestätigung eines staatlich beaufsichtigten Revisionsunternehmens, einer zugelassenen Revisionsexpertin, eines zugelassenen Revisionsexperten, einer zugelassenen Revisorin oder eines zugelassenen Revisors eingereicht werden.

Art. 47 Öffentliche Urkunden

¹ Die öffentliche Urkunde über den Beschluss der Generalversammlung muss folgende Angaben enthalten:

a. den Nennbetrag oder gegebenenfalls den maximalen Nennbetrag, um den das Aktienkapital erhöht werden soll, und den Betrag der darauf zu leistenden Einlagen;
b. die Anzahl oder gegebenenfalls die maximale Anzahl sowie den Nennwert und die Art der Aktien, die neu ausgegeben werden;
c. den Ausgabebetrag oder gegebenenfalls die Ermächtigung des Verwaltungsrates, diesen festzusetzen;
d. den Beginn der Dividendenberechtigung;
e. die Art der Einlagen;
f. im Fall von Sacheinlagen: deren Gegenstand und Bewertung, den Namen der Einlegerin oder des Einlegers sowie die ihr oder ihm zukommenden Aktien;
g. im Fall von Sachübernahmen: deren Gegenstand, den Namen der Veräussererin oder des Veräusserers sowie die Gegenleistung der Gesellschaft;
h. im Fall von besonderen Vorteilen: deren Inhalt und Wert sowie die Namen der begünstigten Personen;
i. gegebenenfalls die Stimmrechtsaktien;
j. im Fall von Vorzugsaktien: die damit verbundenen Vorrechte;
k. gegebenenfalls die Beschränkung der Übertragbarkeit der Aktien;
l. die Zuweisung nicht ausgeübter oder entzogener Bezugsrechte und gegebenenfalls die Einschränkung oder Aufhebung des Bezugsrechts.

2 Die öffentliche Urkunde über die Feststellungen des Verwaltungsrates und über die Statutenänderung muss festhalten, dass:
a. sämtliche Aktien gültig gezeichnet sind;
b. die versprochenen Einlagen dem gesamten Ausgabebetrag entsprechen;
c. die Einlagen entsprechend den Anforderungen des Gesetzes, der Statuten und des Generalversammlungsbeschlusses geleistet wurden;
d. die Belege der Urkundsperson und dem Verwaltungsrat vorgelegen haben. Diese Belege sind einzeln aufzuführen.

Art. 48 Inhalt des Eintrags

1 Bei einer ordentlichen Erhöhung des Aktienkapitals müssen ins Handelsregister eingetragen werden:
a. die Bezeichnung als ordentliche Kapitalerhöhung;
b. das Datum der Änderung der Statuten;
c. der Betrag des Aktienkapitals nach der Kapitalerhöhung;
d. der Betrag der auf das Aktienkapital geleisteten Einlagen nach der Kapitalerhöhung;
e. Anzahl, Nennwert und Art der Aktien nach der Kapitalerhöhung;
f. gegebenenfalls die Stimmrechtsaktien;
g. im Fall von Vorzugsaktien: die damit verbundenen Vorrechte;
h. gegebenenfalls die Beschränkung der Übertragbarkeit der Aktien;
i. falls die Erhöhung durch Umwandlung von frei verwendbarem Eigenkapital erfolgt: ein Hinweis darauf.

2 Bestehen Sacheinlagen, Sachübernahmen, Verrechnungstatbestände oder besondere Vorteile, so gilt Artikel 45 Absätze 2 und 3 sinngemäss.

3. Abschnitt: Genehmigte Kapitalerhöhung

Art. 49 Ermächtigungsbeschluss der Generalversammlung

1 Mit der Anmeldung zur Eintragung des Generalversammlungsbeschlusses über eine genehmigte Kapitalerhöhung müssen dem Handelsregisteramt folgende Belege eingereicht werden:
a. die öffentliche Urkunde über den Beschluss der Generalversammlung betreffend die Ermächtigung des Verwaltungsrates;
b. die angepassten Statuten.

2 Die Statuten müssen folgende Angaben enthalten (Art. 650 Abs. 2, 651 Abs. 2 und 3 OR):
a. den Nennbetrag des genehmigten Kapitals und den Betrag der darauf zu leistenden Einlagen;
b. die Anzahl, den Nennwert und die Art der Aktien;
c. gegebenenfalls die Stimmrechtsaktien;
d. im Fall von Vorzugsaktien: die damit verbundenen Vorrechte;
e. gegebenenfalls die Beschränkung der Übertragbarkeit der Aktien;
f. im Fall von besonderen Vorteilen: deren Inhalt und Wert sowie die Namen der begünstigten Personen;
g. die Zuweisung nicht ausgeübter oder entzogener Bezugsrechte und gegebenenfalls die Einschränkung oder Aufhebung des Bezugsrechts.

3 Im Handelsregister müssen eingetragen werden:
a. ein Hinweis auf das genehmigte Kapital gemäss näherer Umschreibung in den Statuten;
b. das Datum des Beschlusses der Generalversammlung über die Änderung der Statuten.

Art. 50 Erhöhungsbeschluss und Feststellungen des Verwaltungsrates

[1] Mit der Anmeldung zur Eintragung des Beschlusses des Verwaltungsrates über eine Erhöhung des Aktienkapitals müssen dem Handelsregisteramt die Belege nach Artikel 46 eingereicht werden; anstelle der öffentlichen Urkunde über den Beschluss der Generalversammlung ist der Beschluss des Verwaltungsrates betreffend die Erhöhung des Aktienkapitals einzureichen.

[2] Der Erhöhungsbeschluss des Verwaltungsrates muss dem Beschluss der Generalversammlung entsprechen und folgenden Inhalt haben:

a. den Nennbetrag, um den das Aktienkapital erhöht wird;
b. die Anzahl der neuen Aktien;
c. den Ausgabebetrag;
d. die Art der Einlagen;
e. im Fall von Sacheinlagen: deren Gegenstand und Bewertung, den Namen der Einlegerin oder des Einlegers sowie die ihr oder ihm zukommenden Aktien;
f. im Fall von Sachübernahmen: deren Gegenstand, den Namen der Veräussererin oder des Veräusserers sowie die Gegenleistung der Gesellschaft;
g. im Falle einer Verrechnung: die Angabe des Betrages der zur Verrechnung gebrachten Forderung sowie die dafür ausgegebenen Aktien;
h. die Anpassung des Nennbetrags des genehmigten Kapitals beziehungsweise die Streichung der Bestimmung über die genehmigte Kapitalerhöhung in den Statuten.

[3] Die öffentliche Urkunde über die Statutenänderung und über die Feststellungen des Verwaltungsrates muss die Angaben gemäss Artikel 47 Absatz 2 enthalten.

[4] Wird die Kapitalerhöhung beim Handelsregister nach Ablauf der Dauer der Ermächtigung des Verwaltungsrates angemeldet, so darf die Kapitalerhöhung nicht eingetragen werden.

[5] Für den Inhalt des Eintrags gilt Artikel 48 sinngemäss.

[6] Wird das Aktienkapital während der Dauer der Ermächtigung des Verwaltungsrates nicht bis zur Höhe des Nennbetrags erhöht, so muss die Gesellschaft die Streichung der Statutenbestimmung über die genehmigte Kapitalerhöhung beim Handelsregisteramt zur Eintragung anmelden.

4. Abschnitt: Bedingte Kapitalerhöhung

Art. 51 Gewährungsbeschluss der Generalversammlung

[1] Mit der Anmeldung zur Eintragung des Beschlusses der Generalversammlung über eine bedingte Kapitalerhöhung müssen dem Handelsregisteramt folgende Belege eingereicht werden:

a. die öffentliche Urkunde über den Gewährungsbeschluss der Generalversammlung;
b. die angepassten Statuten.

[2] Die Statuten müssen folgende Angaben enthalten (Art. 653b OR):

a. den Nennbetrag des bedingten Kapitals;
b. die Anzahl, den Nennwert und die Art der Aktien;
c. die maximale Anzahl von Aktien, die bei der Ausübung des Wandels- oder Optionsrechts ausgegeben werden;
d. gegebenenfalls die Stimmrechtsaktien;
e. im Fall von Vorzugsaktien: die damit verbundenen Vorrechte;
f. gegebenenfalls die Beschränkung der Übertragbarkeit der Aktien;
g. den Kreis der Personen, denen ein Wandels- oder Optionsrecht zusteht;
h. die Aufhebung oder die Einschränkung der Bezugsrechte der Aktionärinnen und Aktionäre.

3 Ins Handelsregister müssen eingetragen werden:
a. ein Hinweis auf das bedingte Kapital gemäss näherer Umschreibung in den Statuten;
b. das Datum des Beschlusses der Generalversammlung über die Änderung der Statuten.

Art. 52 Feststellungen und Statutenänderung durch den Verwaltungsrat

1 Mit der Anmeldung zur Eintragung der Beschlüsse des Verwaltungsrates betreffend die Feststellungen über die Ausübung von Wandel- und Optionsrechten und betreffend die Anpassung der Statuten müssen dem Handelsregisteramt folgende Belege eingereicht werden:
a. die öffentliche Urkunde über die Beschlüsse des Verwaltungsrates;
b. die angepassten Statuten;
c. die Prüfungsbestätigung eines staatlich beaufsichtigten Revisionsunternehmens, einer zugelassenen Revisionsexpertin oder eines zugelassenen Revisionsexperten.

2 Die öffentliche Urkunde über die Beschlüsse des Verwaltungsrates muss dem Beschluss der Generalversammlung entsprechen und folgende Angaben enthalten:
a. die Feststellungen des Verwaltungsrates über:
    1. Anzahl, Nennwert und Art der neu ausgegebenen Aktien,
    2. gegebenenfalls die Stimmrechtsaktien,
    3. im Fall von Vorzugsaktien, die damit verbundenen Vorrechte,
    4. gegebenenfalls die Beschränkung der Übertragbarkeit der Aktien,
    5. die Höhe des Aktienkapitals am Schluss des Geschäftsjahres oder zum Zeitpunkt der Prüfung;
b. die Beschlüsse des Verwaltungsrates über die Änderung der Statuten betreffend:
    1. die Höhe des Aktienkapitals und dessen Liberierung,
    2. den Betrag des noch verbleibenden bedingten Kapitals;
c. die Feststellung der Urkundsperson, dass die Prüfungsbestätigung die verlangten Angaben enthält (Art. 653g OR).

3 Für den Inhalt des Eintrags gilt Artikel 48 sinngemäss.

Art. 53 Aufhebung der Statutenbestimmung über die bedingte Kapitalerhöhung

1 Sind die Wandel- oder Optionsrechte erloschen, so muss die Gesellschaft die Anpassung der Statuten beim Handelsregisteramt zur Eintragung anmelden.

2 Mit der Anmeldung müssen dem Handelsregisteramt folgende Belege eingereicht werden:
a. die öffentliche Urkunde über den Beschluss des Verwaltungsrates betreffend die Aufhebung der Statutenbestimmung;
b. der Bericht eines staatlich beaufsichtigten Revisionsunternehmens, einer zugelassenen Revisionsexpertin oder eines zugelassenen Revisionsexperten;
c. die angepassten Statuten.

3 Die öffentliche Urkunde muss folgende Angaben enthalten:
a. den Beschluss des Verwaltungsrates über die Aufhebung der Statutenbestimmung betreffend die bedingte Kapitalerhöhung;
b. die Feststellung der Urkundsperson, dass der Revisionsbericht die erforderlichen Angaben enthält.

4 Ins Handelsregister müssen eingetragen werden:
a. das Datum der Änderung der Statuten;
b. ein Hinweis, dass die Bestimmung über die bedingte Kapitalerhöhung infolge der Ausübung oder des Erlöschens der Wandel- oder Optionsrechte aufgehoben wurde.

5. Abschnitt: Nachträgliche Leistung von Einlagen

Art. 54

1 Mit der Anmeldung zur Eintragung einer nachträglichen Leistung von Einlagen auf das Aktienkapital müssen dem Handelsregisteramt folgende Belege eingereicht werden:

a. die öffentliche Urkunde über die Beschlüsse des Verwaltungsrates zur Änderung der Statuten und zu seinen Feststellungen;
b. die angepassten Statuten;
c. bei Bareinlagen: eine Bescheinigung, aus der ersichtlich ist, bei welchem Bankinstitut die Einlagen hinterlegt sind, sofern das Bankinstitut in der öffentlichen Urkunde nicht genannt wird;
d. bei einer Liberierung durch Umwandlung von frei verwendbarem Eigenkapital:
    1. die genehmigte Jahresrechnung oder der Zwischenabschluss,
    2. der Revisionsbericht einer zugelassenen Revisorin oder eines zugelassenen Revisors,
    3. der öffentlich beurkundete Beschluss der Generalversammlung, wonach die freien Reserven dem Verwaltungsrat zur Nachliberierung zur Verfügung gestellt werden,
    4. ein Bericht des Verwaltungsrates, der von einem Mitglied unterzeichnet ist,
    5. eine vorbehaltslose Prüfungsbestätigung eines staatlich beaufsichtigten Revisionsunternehmens, einer zugelassenen Revisionsexpertin, eines zugelassenen Revisionsexperten, einer zugelassenen Revisorin oder eines zugelassenen Revisors;
e. bei Sacheinlagen, bei Sachübernahmen und bei Verrechnung:
    1. ein Bericht des Verwaltungsrates, der von einem Mitglied unterzeichnet ist,
    2. eine vorbehaltslose Prüfungsbestätigung eines staatlich beaufsichtigten Revisionsunternehmens, einer zugelassenen Revisionsexpertin, eines zugelassenen Revisionsexperten, einer zugelassenen Revisorin oder eines zugelassenen Revisors,
    3. gegebenenfalls die Sacheinlageverträge mit den erforderlichen Beilagen und die Sachübernahmeverträge mit den erforderlichen Beilagen;
f. die Erklärung der Personen, die die Eintragung anmelden, dass keine anderen Sacheinlagen, Sachübernahmen, Verrechnungstatbestände oder besondere Vorteile bestehen als die in den Belegen genannten.

2 Die öffentliche Urkunde über die nachträgliche Leistung von Einlagen muss folgende Angaben enthalten:

a. die Feststellung, dass die nachträglichen Einlagen entsprechend den Anforderungen des Gesetzes, der Statuten oder des Beschlusses des Verwaltungsrates geleistet wurden;
b. gegebenenfalls den Beschluss des Verwaltungsrates über die Aufnahme der erforderlichen Bestimmungen zu Sacheinlagen und Sachübernahmen in die Statuten;
c. den Beschluss des Verwaltungsrates über die Statutenänderung betreffend die Höhe der geleisteten Einlagen;
d. die Nennung aller Belege und die Bestätigung der Urkundsperson, dass die Belege ihr und dem Verwaltungsrat vorgelegen haben.

3 Im Handelsregister müssen eingetragen werden:

a. das Datum der Änderung der Statuten;
b. der neue Betrag der geleisteten Einlagen.

4 Bestehen Sacheinlagen, Sachübernahmen oder Verrechnungstatbestände, so gelten die Artikel 43 Absatz 3 und 45 Absätze 2 und 3 sinngemäss. Werden die Einlagen nachträglich durch Umwandlung von frei verwendbarem Eigenkapital geleistet, so bedarf es eines Hinweises darauf.

6. Abschnitt: Herabsetzung des Aktienkapitals

Art. 55 Ordentliche Kapitalherabsetzung

1 Mit der Anmeldung zur Eintragung einer Herabsetzung des Aktienkapitals müssen dem Handelsregisteramt folgende Belege eingereicht werden:

a. die öffentliche Urkunde über den Beschluss der Generalversammlung betreffend:
   1. die Feststellung über das Ergebnis des Prüfungsberichts,
   2. die Art und Weise der Durchführung der Kapitalherabsetzung,
   3. die Anpassung der Statuten;

b. die öffentliche Urkunde über die Einhaltung der gesetzlichen Bestimmungen betreffend (Art. 734 OR):
   1. die Aufforderungen an die Gläubigerinnen und Gläubiger,
   2. die Anmeldefrist,
   3. die Erfüllung oder Sicherstellung der Forderungen;

c. der Prüfungsbericht eines staatlich beaufsichtigten Revisionsunternehmens, einer zugelassenen Revisionsexpertin oder eines zugelassenen Revisionsexperten;

d. die angepassten Statuten.

2 Der Prüfungsbericht muss bestätigen, dass die Forderungen der Gläubigerinnen und Gläubiger nach der Herabsetzung des Aktienkapitals noch voll gedeckt sind.

3 Im Handelsregister müssen eingetragen werden:

a. die Bezeichnung als Herabsetzung des Aktienkapitals;
b. das Datum der Änderung der Statuten;
c. die Angabe, ob die Herabsetzung durch Reduktion des Nennwerts oder durch Vernichtung von Aktien erfolgt;
d. der Herabsetzungsbetrag;
e. die Verwendung des Herabsetzungsbetrages;
f. der Betrag des Aktienkapitals nach der Herabsetzung;
g. der Betrag der Einlagen nach der Kapitalherabsetzung;
h. Anzahl, Nennwert und Art der Aktien nach der Herabsetzung.

4 Hat die Gesellschaft eigene Aktien zurückgekauft und vernichtet, so findet das Kapitalherabsetzungsverfahren Anwendung. Die Herabsetzung des Aktienkapitals und der Zahl der Aktien ist auch dann ins Handelsregister einzutragen, wenn ein entsprechender Betrag in die Passiven der Bilanz gestellt wird.

Art. 56 Kapitalherabsetzung im Fall einer Unterbilanz

1 Wird durch die Herabsetzung des Aktienkapitals eine Unterbilanz beseitigt, so müssen dem Handelsregisteramt mit der Anmeldung zur Eintragung folgende Belege eingereicht werden:

a. die öffentliche Urkunde über den Beschluss der Generalversammlung betreffend:
   1. die Feststellung über das Ergebnis des Prüfungsberichts,
   2. die Art und Weise der Durchführung der Kapitalherabsetzung,
   3. die Anpassung der Statuten;

b. die angepassten Statuten;

c. der Prüfungsbericht eines staatlich beaufsichtigten Revisionsunternehmens, einer zugelassenen Revisionsexpertin oder eines zugelassenen Revisionsexperten.

[2] Der Prüfungsbericht muss bestätigen, dass:
a. die Forderungen der Gläubigerinnen und Gläubiger nach der Herabsetzung des Aktienkapitals voll gedeckt sind;
b. der Betrag der Kapitalherabsetzung den Betrag der durch Verluste entstandenen Unterbilanz nicht übersteigt (Art. 735 OR).

[3] Ins Handelsregister müssen eingetragen werden:
a. die Tatsache, dass das Aktienkapital zur Beseitigung einer Unterbilanz herabgesetzt wurde;
b. das Datum der Änderung der Statuten;
c. die Angabe, ob die Herabsetzung durch Reduktion des Nennwerts oder durch Vernichtung von Aktien erfolgt;
d. der Herabsetzungsbetrag;
e. der Betrag des Aktienkapitals nach der Herabsetzung;
f. der Betrag der Einlagen nach der Kapitalherabsetzung;
g. Anzahl, Nennwert und Art der Aktien nach der Herabsetzung.

Art. 57 Herabsetzung und gleichzeitige Wiedererhöhung des Kapitals auf den bisherigen oder einen höheren Betrag

[1] Wird zusammen mit der Herabsetzung des Aktienkapitals eine Wiedererhöhung auf den bisherigen oder einen höheren Betrag beschlossen, so müssen dem Handelsregisteramt mit der Anmeldung zur Eintragung folgende Belege eingereicht werden:
a. die öffentliche Urkunde über den Beschluss der Generalversammlung;
b. die für eine ordentliche Kapitalerhöhung erforderlichen Belege;
c. die Statuten, falls sie geändert werden.

[2] Ins Handelsregister müssen eingetragen werden:
a. die Tatsache, dass das Aktienkapital herabgesetzt und gleichzeitig wieder erhöht wurde;
b. der Betrag, auf den das Aktienkapital herabgesetzt wird;
c. die Angabe, ob die Herabsetzung durch Reduktion des Nennwerts oder durch Vernichtung von Aktien erfolgt;
d. falls das Aktienkapital über den bisherigen Betrag erhöht wurde: der neue Betrag;
e. Anzahl, Nennwert und Art der Aktien nach der Kapitalerhöhung;
f. der neue Betrag der geleisteten Einlagen;
g. gegebenenfalls die Stimmrechtsaktien;
h. im Fall von Vorzugsaktien: die damit verbundenen Vorrechte;
i. gegebenenfalls die Beschränkung der Übertragbarkeit der Aktien;
j. falls die Statuten geändert wurden: deren neues Datum.

[3] Wird das Aktienkapital zum Zwecke der Sanierung auf null herabgesetzt und anschliessend wieder erhöht, so muss im Handelsregister die Vernichtung der bisher ausgegebenen Aktien eingetragen werden.

[4] Bestehen anlässlich der Kapitalerhöhung Sacheinlagen, Sachübernahmen, Verrechnungstatbestände oder besondere Vorteile, so gelten die Artikel 43 Absatz 3 und 45 Absätze 2 und 3 sinngemäss. Erfolgt die Wiedererhöhung des Aktienkapitals durch Umwandlung von frei verwendbarem Eigenkapital, so finden die Artikel 46 Absatz 3 Buchstabe d und 48 Absatz 1 Buchstabe i Anwendung.

Art. 58 Herabsetzung und gleichzeitige Wiedererhöhung des Kapitals auf einen tieferen als den bisherigen Betrag

Wird zusammen mit der Herabsetzung des Aktienkapitals eine Wiedererhöhung auf einen Betrag beschlossen, der unter dem Betrag des bisherigen Aktienkapitals liegt, so richtet sich die Herabsetzung nach den Artikeln 55 und 56. Artikel 57 findet ergänzende Anwendung.

Art. 59 Herabsetzung der Einlagen

Werden die auf das Aktienkapital geleisteten Einlagen herabgesetzt, so gelten die Bestimmungen dieser Verordnung über die Herabsetzung des Aktienkapitals sinngemäss.

7. Abschnitt: Partizipationskapital

Art. 60

Für die Erhöhung und Herabsetzung des Partizipationskapitals sowie für die nachträgliche Leistung von Einlagen auf das Partizipationskapital gelten die Bestimmungen über das Aktienkapital sinngemäss.

8. Abschnitt: Besondere Bestimmungen zur Revision und zur Revisionsstelle

Art. 61 Eintragung der Revisionsstelle

1 Eine Revisionsstelle darf nur in das Handelsregister eingetragen werden, wenn sie eine ordentliche oder eine eingeschränkte Revision durchführt.

2 Das Handelsregisteramt klärt durch Einsichtnahme in das Register der Eidgenössischen Revisionsaufsichtsbehörde ab, ob die Revisionsstelle zugelassen ist.

3 Eine Revisionsstelle darf nicht eingetragen werden, wenn Umstände vorliegen, die den Anschein der Abhängigkeit erwecken.

Art. 62 Verzicht auf eine eingeschränkte Revision

1 Aktiengesellschaften, die weder eine ordentliche noch eine eingeschränkte Revision durchführen, müssen dem Handelsregisteramt mit der Anmeldung zur Eintragung des Verzichts eine Erklärung einreichen, dass:

a. die Gesellschaft die Voraussetzungen für die Pflicht zur ordentlichen Revision nicht erfüllt;
b. die Gesellschaft nicht mehr als zehn Vollzeitstellen im Jahresdurchschnitt hat;
c. sämtliche Aktionärinnen und Aktionäre auf eine eingeschränkte Revision verzichtet haben.

2 Diese Erklärung muss von mindestens einem Mitglied des Verwaltungsrats unterzeichnet sein. Kopien der massgeblichen aktuellen Unterlagen wie Erfolgsrechnungen, Bilanzen, Jahresberichte, Verzichtserklärungen der Aktionärinnen und Aktionäre oder das Protokoll der Generalversammlung müssen der Erklärung beigelegt werden. Diese Unterlagen unterstehen nicht der Öffentlichkeit des Handelsregisters nach den Artikeln 10–12 und werden gesondert aufbewahrt.

3 Die Erklärung kann bereits bei der Gründung abgegeben werden.

4 Das Handelsregisteramt kann eine Erneuerung der Erklärung verlangen.

5 Soweit erforderlich, passt der Verwaltungsrat die Statuten an und meldet dem Handelsregisteramt die Löschung oder die Eintragung der Revisionsstelle an.

9. Abschnitt: Auflösung und Löschung

Art. 63 Auflösung

1 Wird eine Aktiengesellschaft durch Beschluss der Generalversammlung zum Zweck der Liquidation aufgelöst, so muss die Auflösung zur Eintragung ins Handelsregister angemeldet werden.

2 Mit der Anmeldung müssen dem Handelsregisteramt folgende Belege eingereicht werden:

a. die öffentliche Urkunde über den Auflösungsbeschluss der Generalversammlung und gegebenenfalls die Bezeichnung der Liquidatorinnen und Liquidatoren und deren Zeichnungsberechtigung;
b. ein Nachweis, dass die Liquidatorinnen und Liquidatoren ihre Wahl angenommen haben.

3 Ins Handelsregister müssen eingetragen werden:

a. die Tatsache der Auflösung;
b. das Datum des Beschlusses der Generalversammlung;
c. die Firma mit dem Liquidationszusatz;
d. die Liquidatorinnen und Liquidatoren;
e. gegebenenfalls Änderungen betreffend die eingetragenen Zeichnungsberechtigungen;
f. gegebenenfalls eine Liquidationsadresse;
g. gegebenenfalls der Hinweis, dass die statutarische Übertragungsbeschränkung der Aktien oder der Partizipationsscheine aufgehoben und der entsprechende Eintrag im Handelsregister gestrichen wird.

4 Die Bestimmungen über die Eintragungen von Amtes wegen bleiben vorbehalten.

Art. 64 Widerruf der Auflösung

1 Widerruft die Generalversammlung ihren Auflösungsbeschluss, so muss der Widerruf der Auflösung zur Eintragung ins Handelsregister angemeldet werden.

2 Mit der Anmeldung müssen dem Handelsregisteramt folgende Belege eingereicht werden:

a. die öffentliche Urkunde über den Beschluss der Generalversammlung;
b. der Nachweis der Liquidatorinnen und Liquidatoren, dass mit der Verteilung des Vermögens noch nicht begonnen wurde;

3 Im Handelsregister müssen eingetragen werden:

a. die Tatsache des Widerrufs der Auflösung;
b. das Datum des Beschlusses der Generalversammlung;
c. die Firma ohne den Liquidationszusatz;
d. die erforderlichen Änderungen bei den eingetragenen Personen;
e. bei einer Beschränkung der Übertragbarkeit der Aktien oder der Partizipationsscheine: ein Verweis auf die nähere Umschreibung in den Statuten.

Art. 65 Löschung

1 Mit der Anmeldung der Löschung der Gesellschaft zur Eintragung müssen die Liquidatorinnen und Liquidatoren den Nachweis erbringen, dass die Aufforderungen an die Gläubigerinnen und Gläubiger im Schweizerischen Handelsamtsblatt nach Massgabe des Gesetzes durchgeführt wurden.

2 Wird die Löschung einer Aktiengesellschaft im Handelsregister angemeldet, so macht das Handelsregisteramt den Steuerbehörden des Bundes und des Kantons Mitteilung. Die Löschung darf erst vorgenommen werden, wenn ihr diese Behörden zugestimmt haben.

3 Im Handelsregister müssen eingetragen werden:

a. die Tatsache der Löschung;
b. der Löschungsgrund.

4. Kapitel: Kommanditaktiengesellschaft

Art. 66 Anmeldung und Belege

1 Mit der Anmeldung der Gründung einer Kommanditaktiengesellschaft zur Eintragung müssen dem Handelsregisteramt folgende Belege eingereicht werden:

a. die öffentliche Urkunde über den Errichtungsakt;
b. die Statuten;
c. das Protokoll der Verwaltung über ihre Konstituierung, über die Regelung des Vorsitzes und gegebenenfalls über die Erteilung der Zeichnungsbefugnisse an Dritte;
d. ein Nachweis, dass die Mitglieder der Aufsichtsstelle ihre Wahl angenommen haben;
e. bei Bareinlagen: eine Bescheinigung, aus der ersichtlich ist, bei welchem Bankinstitut die Einlagen hinterlegt sind, sofern das Bankinstitut in der öffentlichen Urkunde nicht genannt wird;
f. im Fall von Artikel 117 Absatz 3: die Erklärung der Domizilhalterin oder des Domizilhalters, dass sie oder er der Gesellschaft ein Rechtsdomizil am Ort von deren Sitz gewährt;
g. die Erklärung der Gründerinnen und Gründer, dass keine anderen Sacheinlagen, Sachübernahmen, Verrechnungstatbestände oder besonderen Vorteile bestehen, als die in den Belegen genannten.

2 Für Angaben, die bereits im Errichtungsakt festgehalten sind, ist kein zusätzlicher Beleg erforderlich.

3 Bestehen Sacheinlagen, Sachübernahmen, Verrechnungstatbestände oder besondere Vorteile, so gilt Artikel 43 Absatz 3 sinngemäss.

Art. 67 Errichtungsakt

Die öffentliche Urkunde über den Errichtungsakt muss folgende Angaben enthalten:

a. die Personenangaben zu den Gründerinnen und Gründern sowie gegebenenfalls zu deren Vertreterinnen und Vertretern;
b. die Erklärung der Gründerinnen und Gründer, eine Kommanditaktiengesellschaft zu gründen;
c. die Festlegung der Statuten und die Nennung der Mitglieder der Verwaltung in den Statuten;
d. die Erklärung der beschränkt haftenden Gründerinnen und Gründer über die Zeichnung der Aktien unter Angabe von Anzahl, Nennwert, Art, Kategorien und Ausgabebetrag der Aktien sowie die bedingungslose Verpflichtung, eine dem Ausgabebetrag entsprechende Einlage zu leisten;
e. die Feststellung der Gründerinnen und Gründer, dass:
   1. sämtliche Aktien gültig gezeichnet sind,
   2. die versprochenen Einlagen dem gesamten Ausgabebetrag entsprechen,
   3. die gesetzlichen und statutarischen Anforderungen an die Leistung der Einlage erfüllt sind;
f. die Wahl der Mitglieder der Aufsichtstelle;
g. die Nennung aller Belege sowie die Bestätigung der Urkundsperson, dass die Belege ihr und den Gründerinnen und Gründern vorgelegen haben;
h. die Unterschriften der Gründerinnen und Gründer.

Art. 68 Inhalt des Eintrags

1 Bei Kommanditaktiengesellschaften müssen ins Handelsregister eingetragen werden:

a. die Tatsache, dass es sich um die Gründung einer neuen Kommanditaktiengesellschaft handelt;
b. die Firma und die Unternehmens-Identifikationsnummer;

c. der Sitz und das Rechtsdomizil;
d. die Rechtsform;
e. das Datum der Statuten;
f. die Dauer der Gesellschaft, sofern sie beschränkt ist;
g. der Zweck;
h. die Höhe des Aktienkapitals und der darauf geleisteten Einlagen sowie Anzahl, Nennwert und Art der Aktien;
i. gegebenenfalls die Stimmrechtsaktien;
j. falls die Gesellschaft ein Partizipationskapital hat: dessen Höhe, die Höhe der darauf geleisteten Einlagen sowie Anzahl, Nennwert und Art der Partizipationsscheine;
k. im Fall von Vorzugsaktien oder Vorzugspartizipationsscheinen: die damit verbundenen Vorrechte;
l. bei einer Beschränkung der Übertragbarkeit der Aktien oder der Partizipationsscheine: ein Verweis auf die nähere Umschreibung in den Statuten;
m. falls Genussscheine ausgegeben werden: deren Anzahl und die damit verbundenen Rechte;
n. die Mitglieder der Verwaltung unter Angabe ihrer Eigenschaft als unbeschränkt haftende Gesellschafterinnen oder Gesellschafter;
o. die zur Vertretung berechtigten Personen;
p. die Mitglieder der Aufsichtstelle;
q. falls die Gesellschaft keine ordentliche oder eingeschränkte Revision durchführt: ein Hinweis darauf sowie das Datum der Erklärung der Verwaltung gemäss Artikel 62 Absatz 2;
r. falls die Gesellschaft eine ordentliche oder eingeschränkte Revision durchführt: die Revisionsstelle;
s. das gesetzliche Publikationsorgan sowie gegebenenfalls weitere Publikationsorgane;
t. die in den Statuten vorgesehene Form der Mitteilungen der Verwaltung an die Gesellschafterinnen und Gesellschafter.

2 Bestehen Sacheinlagen, Sachübernahmen, Verrechnungstatbestände oder besondere Vorteile, so gilt Artikel 45 Absätze 2 und 3 sinngemäss.

Art. 69 Änderungen in der Zusammensetzung der Verwaltung

1 Verändert sich die Zusammensetzung der Verwaltung, so müssen mit der Anmeldung folgende Belege eingereicht werden:
a. eine öffentliche Urkunde über den Beschluss der Generalversammlung zur Änderung der Statuten;
b. die angepassten Statuten;
c. gegebenenfalls die Zustimmung aller bisherigen unbeschränkt haftenden Gesellschafterinnen und Gesellschafter.

2 Wird einem Mitglied der Verwaltung die Geschäftsführungs- und Vertretungsbefugnis entzogen, so müssen ins Handelsregister eingetragen werden:
a. das Datum des Entzugs;
b. die betroffene Person;
c. die Tatsache, dass mit dem Entzug der Geschäftsführungs- und Vertretungsbefugnis die unbeschränkte Haftung der betroffenen Person für die künftig entstehenden Verbindlichkeiten der Gesellschaft entfällt;
d. falls die Statuten geändert wurden: deren neues Datum;
e. die geänderte Firma, sofern diese angepasst werden muss (Art. 947 Abs. 4 OR).

Art. 70 Anwendung der Bestimmungen über die Aktiengesellschaft

Soweit sich aus Gesetz und Verordnung nichts anderes ergibt, gelten die Bestimmungen dieser Verordnung über die Aktiengesellschaft.

5. Kapitel: Gesellschaft mit beschränkter Haftung

1. Abschnitt: Gründung

Art. 71 Anmeldung und Belege

1 Mit der Anmeldung der Gründung einer Gesellschaft mit beschränkter Haftung zur Eintragung müssen dem Handelsregisteramt folgende Belege eingereicht werden:

a. die öffentliche Urkunde über den Errichtungsakt;
b. die Statuten;
c. falls die Funktion der Geschäftsführerinnen und Geschäftsführer auf einer Wahl beruht: der Nachweis, dass die betroffenen Personen die Wahl angenommen haben;
d. gegebenenfalls ein Nachweis, dass die gesetzlich vorgeschriebene Revisionsstelle ihre Wahl angenommen hat;
e. gegebenenfalls der Beschluss der Gründerinnen und Gründer oder, soweit die Statuten dies vorsehen, der Beschluss der Geschäftsführerinnen und Geschäftsführer über die Regelung des Vorsitzes der Geschäftsführung;
f. gegebenenfalls der Beschluss der Gründerinnen und Gründer oder, soweit die Statuten dies vorsehen, der Beschluss der Geschäftsführerinnen und Geschäftsführer über die Ernennung weiterer zur Vertretung berechtigter Personen;
g. bei Bareinlagen: eine Bescheinigung, aus der ersichtlich ist, bei welchem Bankinstitut die Einlagen hinterlegt sind, sofern das Bankinstitut in der öffentlichen Urkunde nicht genannt wird;
h. im Fall von Artikel 117 Absatz 3: die Erklärung der Domizilhalterin oder des Domizilhalters, dass sie oder er der Gesellschaft ein Rechtsdomizil am Ort von deren Sitz gewährt;
i. die Erklärung der Gründerinnen und Gründer, dass keine anderen Sacheinlagen, Sachübernahmen, Verrechnungstatbestände oder besonderen Vorteile bestehen, als die in den Belegen genannten.

2 Für Angaben, die bereits in der öffentlichen Urkunde über den Errichtungsakt festgehalten sind, ist kein zusätzlicher Beleg erforderlich.

3 Bestehen Sacheinlagen, Sachübernahmen, Verrechnungstatbestände oder besondere Vorteile, so gilt Artikel 43 Absatz 3 sinngemäss.

Art. 72 Errichtungsakt

Die öffentliche Urkunde über den Errichtungsakt muss folgende Angaben enthalten:

a. die Personenangaben zu den Gründerinnen und Gründern sowie gegebenenfalls zu deren Vertreterinnen und Vertretern;
b. die Erklärung der Gründerinnen und Gründer, eine Gesellschaft mit beschränkter Haftung zu gründen;
c. die Bestätigung der Gründerinnen und Gründer, dass die Statuten festgelegt sind;
d. die Erklärung jeder Gründerin und jedes Gründers über die Zeichnung der Stammanteile unter Angabe von Anzahl, Nennwert, Kategorien und Ausgabebetrag;
e. die Feststellung der Gründerinnen und Gründer, dass:
    1. sämtliche Stammanteile gültig gezeichnet sind,

2. die Einlagen dem gesamten Ausgabebetrag entsprechen,
3. die gesetzlichen und gegebenenfalls die statutarischen Anforderungen an die Leistung der Einlage erfüllt sind,
4. sie die statutarischen Nachschuss- oder Nebenleistungspflichten übernehmen;

f. falls die Geschäftsführerinnen und Geschäftsführer gewählt wurden: einen Hinweis darauf und die entsprechenden Personenangaben;
g. die Tatsache, dass die Revisionsstelle gewählt wurde, beziehungsweise den Verzicht auf eine Revision;
h. die Nennung aller Belege sowie die Bestätigung der Urkundsperson, dass die Belege ihr und den Gründerinnen und Gründern vorgelegen haben;
i. die Unterschriften der Gründerinnen und Gründer.

Art. 73 Inhalt des Eintrags

[1] Bei Gesellschaften mit beschränkter Haftung müssen ins Handelsregister eingetragen werden:

a. die Tatsache, dass es sich um die Gründung einer neuen Gesellschaft mit beschränkter Haftung handelt;
b. die Firma und die Unternehmens-Identifikationsnummer;
c. der Sitz und das Rechtsdomizil;
d. die Rechtsform;
e. das Datum der Statuten;
f. falls sie beschränkt ist: die Dauer der Gesellschaft;
g. der Zweck;
h. die Höhe des Stammkapitals;
i. die Gesellschafterinnen und Gesellschafter unter Angabe der Anzahl und des Nennwerts ihrer Stammanteile;
j. bei Nachschusspflichten: ein Verweis auf die nähere Umschreibung in den Statuten;
k. bei statutarischen Nebenleistungspflichten unter Einschluss statutarischer Vorhand-, Vorkaufs- und Kaufsrechte: ein Verweis auf die nähere Umschreibung in den Statuten;
l. gegebenenfalls die Stimmrechtsstammanteile;
m. im Fall von Vorzugsstammanteilen: die damit verbundenen Vorrechte;
n. falls die Regelung der Zustimmungserfordernisse für die Übertragung der Stammanteile vom Gesetz abweicht: ein Verweis auf die nähere Umschreibung in den Statuten;
o. falls Genussscheine ausgegeben werden: deren Anzahl und die damit verbundenen Rechte;
p. die Geschäftsführerinnen und Geschäftsführer;
q. die zur Vertretung berechtigten Personen;
r. falls die Gesellschaft keine ordentliche oder eingeschränkte Revision durchführt: ein Hinweis darauf sowie das Datum der Erklärung der Geschäftsführung gemäss Artikel 62 Absatz 2;
s. falls die Gesellschaft eine ordentliche oder eingeschränkte Revision durchführt: die Revisionsstelle;
t. das gesetzliche Publikationsorgan sowie gegebenenfalls weitere Publikationsorgane;
u. die in den Statuten vorgesehene Form der Mitteilungen der Geschäftsführerinnen und Geschäftsführer an die Gesellschafterinnen und Gesellschafter.

[2] Bestehen Sacheinlagen, Sachübernahmen, Verrechnungstatbestände oder besondere Vorteile, so gilt Artikel 45 Absätze 2 und 3 sinngemäss.

2. Abschnitt: Erhöhung des Stammkapitals

Art. 74 Anmeldung und Belege

1 Eine Erhöhung des Stammkapitals muss innerhalb von drei Monaten nach dem Beschluss der Gesellschafterversammlung beim Handelsregisteramt zur Eintragung angemeldet werden. Anmeldungen, die nach dieser Frist eingereicht werden, werden abgewiesen.

2 Mit der Anmeldung müssen dem Handelsregisteramt folgende Belege eingereicht werden:

a. die öffentliche Urkunde über den Beschluss der Gesellschafterversammlung;
b. die öffentliche Urkunde über die Feststellungen der Geschäftsführerinnen und Geschäftsführer und über die Statutenänderung;
c. die angepassten Statuten;
d. der von einer Geschäftsführerin oder einem Geschäftsführer unterzeichnete Kapitalerhöhungsbericht;
e. bei Bareinlagen: eine Bescheinigung, aus der ersichtlich ist, bei welchem Bankinstitut die Einlagen hinterlegt sind, sofern das Bankinstitut in der öffentlichen Urkunde nicht genannt wird;
f. die Erklärung der Personen, die die Eintragung anmelden, dass keine anderen Sacheinlagen, Sachübernahmen, Verrechnungstatbestände oder besonderen Vorteile bestehen, als die in den Belegen genannten.

3 Bestehen Sacheinlagen, Sachübernahmen, Verrechnungstatbestände oder besondere Vorteile oder wird die Erhöhung des Stammkapitals durch Umwandlung von Eigenkapital liberiert, so gilt Artikel 46 Absatz 3 sinngemäss.

4 Werden die Bezugsrechte eingeschränkt oder aufgehoben, so gilt Artikel 46 Absatz 4 sinngemäss.

Art. 75 Öffentliche Urkunden

1 Die öffentliche Urkunde über den Beschluss der Gesellschafterversammlung muss folgende Angaben enthalten:

a. den Nennbetrag oder gegebenenfalls den maximalen Nennbetrag, um den das Stammkapital erhöht werden soll;
b. die Anzahl oder gegebenenfalls die maximale Anzahl sowie den Nennwert der Stammanteile, die neu ausgegeben werden sollen;
c. den Ausgabebetrag oder die Ermächtigung der Geschäftsführerinnen und Geschäftsführer, diesen festzusetzen;
d. den Beginn der Dividendenberechtigung;
e. die Art der Einlagen;
f. im Fall von Sacheinlagen: deren Gegenstand und Bewertung, den Namen der Einlegerin oder des Einlegers sowie die ihr oder ihm zukommenden Stammanteile;
g. im Fall von Sachübernahmen: deren Gegenstand, den Namen der Veräussererin oder des Veräusserers sowie die Gegenleistung der Gesellschaft;
h. im Fall von besonderen Vorteilen: deren Inhalt und Wert sowie die Namen der begünstigten Personen;
i. gegebenenfalls die Stimmrechtsstammanteile;
j. im Fall von Vorzugsstammanteilen: die damit verbundenen Vorrechte;
k. eine vom Gesetz abweichende Regelung der Zustimmungserfordernisse für die Übertragung der Stammanteile;
l. mit den neu auszugebenden Stammanteilen verbundene Nachschuss- oder Nebenleistungspflichten unter Einschluss statutarischer Vorhand-, Vorkaufs- oder Kaufsrechte;

m. die Zuweisung nicht ausgeübter oder entzogener Bezugsrechte und gegebenenfalls die Einschränkung oder Aufhebung des Bezugsrechts.

[2] Die öffentliche Urkunde über die Feststellungen der Geschäftsführerinnen und Geschäftsführer und über die Statutenänderung muss festhalten, dass:

a. sämtliche Stammanteile gültig gezeichnet sind;
b. die Einlagen dem gesamten Ausgabebetrag entsprechen;
c. die Einlagen entsprechend den Anforderungen des Gesetzes, der Statuten und des Gesellschafterversammlungsbeschlusses geleistet wurden;
d. die Zeichnerinnen und Zeichner allfällige statutarische Nachschuss- oder Nebenleistungspflichten, Konkurrenzverbote, Vorhand-, Vorkaufs- und Kaufsrechte sowie Konventionalstrafen übernehmen;
e. die Belege der Urkundsperson und den Geschäftsführerinnen und den Geschäftsführern vorgelegen haben. Die Belege sind einzeln aufzuführen.

Art. 76 Inhalt des Eintrags

[1] Bei einer Erhöhung des Stammkapitals müssen ins Handelsregister eingetragen werden:

a. das Datum der Änderung der Statuten;
b. der Betrag des Stammkapitals nach der Kapitalerhöhung;
c. Anzahl und Nennwert der Stammanteile nach der Kapitalerhöhung;
d. die Änderungen im Bestand der Gesellschafterinnen und Gesellschafter;
e. gegebenenfalls die Stimmrechtsstammanteile;
f. im Fall von Vorzugsstammanteilen: die damit verbundenen Vorrechte;
g. bei Nachschusspflichten: ein Verweis auf die nähere Umschreibung in den Statuten;
h. bei statutarischen Nebenleistungspflichten unter Einschluss statutarischer Vorhand-, Vorkaufs- und Kaufsrechte: ein Verweis auf die nähere Umschreibung in den Statuten;
i. bei einer vom Gesetz abweichende Regelung der Zustimmungserfordernisse für die Übertragung der Stammanteile: ein Verweis auf die nähere Umschreibung in den Statuten;
j. falls die Erhöhung durch Umwandlung von frei verwendbarem Eigenkapital erfolgt ist: ein Hinweis darauf.

[2] Bestehen Sacheinlagen, Sachübernahmen, Verrechnungstatbestände oder besondere Vorteile, so gilt Artikel 45 Absätze 2 und 3 sinngemäss.

3. Abschnitt: Herabsetzung des Stammkapitals

Art. 77 Ordentliche Herabsetzung des Stammkapitals

Soweit dieser Abschnitt nichts anderes bestimmt, gilt Artikel 55 für die Herabsetzung des Stammkapitals sinngemäss.

Art. 78 Herabsetzung des Stammkapitals im Fall einer Unterbilanz

[1] Wird durch die Herabsetzung des Stammkapitals eine Unterbilanz beseitigt, so müssen dem Handelsregisteramt mit der Anmeldung zur Eintragung folgende Belege eingereicht werden:

a. die öffentliche Urkunde über den Beschluss der Gesellschafterversammlung betreffend:
    1. die Feststellung über das Ergebnis des Prüfungsberichts,
    2. die Art und Weise der Durchführung der Kapitalherabsetzung,
    3. die Anpassung der Statuten;
b. die angepassten Statuten;

c. der Prüfungsbericht eines staatlich beaufsichtigten Revisionsunternehmens, einer zugelassenen Revisionsexpertin oder eines zugelassenen Revisionsexperten.

2 Der Prüfungsbericht muss bestätigen, dass:

a. die Forderungen der Gläubigerinnen und Gläubiger nach der Kapitalherabsetzung voll gedeckt sind;
b. der Betrag der Herabsetzung des Stammkapitals die durch Verluste entstandene Unterbilanz nicht übersteigt;
c. die Gesellschafterinnen und Gesellschafter die in den Statuten vorgesehenen Nachschüsse voll geleistet haben.

3 Ins Handelsregister müssen eingetragen werden:

a. die Tatsache, dass das Stammkapital zur Beseitigung einer Unterbilanz herabgesetzt wurde;
b. das Datum der Änderung der Statuten;
c. die Angabe, ob die Herabsetzung durch Reduktion des Nennwerts oder durch Vernichtung von Stammanteilen erfolgt;
d. der Herabsetzungsbetrag;
e. der Betrag des Stammkapitals nach der Herabsetzung;
f. Anzahl und Nennwert der Stammanteile nach der Herabsetzung des Stammkapitals;
g. die Änderungen im Bestand der Gesellschafterinnen und Gesellschafter.

Art. 79 Herabsetzung und gleichzeitige Wiedererhöhung des Stammkapitals auf den bisherigen oder einen höheren Betrag

1 Wird zusammen mit der Herabsetzung des Stammkapitals eine Wiedererhöhung auf den bisherigen oder einen höheren Betrag beschlossen, so müssen dem Handelsregisteramt folgende Belege eingereicht werden:

a. die öffentliche Urkunde über den Beschluss der Gesellschafterversammlung;
b. die für eine Kapitalerhöhung erforderlichen Belege;
c. die Statuten, falls sie geändert werden müssen.

2 Falls die Statuten Nachschüsse vorsehen, muss der Prüfungsbericht bestätigen, dass die Gesellschafterinnen und Gesellschafter diese voll geleistet haben.

3 Ins Handelsregister müssen eingetragen werden:

a. die Tatsache, dass das Stammkapital herabgesetzt und gleichzeitig wieder erhöht wird;
b. der Betrag, auf den das Stammkapital herabgesetzt wird;
c. die Angabe, ob die Herabsetzung durch Reduktion des Nennwerts oder durch Vernichtung von Stammanteilen erfolgt;
d. falls das Stammkapital über den bisherigen Betrag erhöht wurde: der neue Betrag;
e. Anzahl und Nennwert der Stammanteile nach der Kapitalerhöhung;
f. die Änderungen im Bestand der Gesellschafterinnen und Gesellschafter;
g. gegebenenfalls die Stimmrechtsstammanteile;
h. im Fall von Vorzugsstammanteilen: die damit verbundenen Vorrechte;
i. bei Nachschusspflichten: ein Verweis auf die nähere Umschreibung in den Statuten;
j. bei statutarischen Nebenleistungspflichten unter Einschluss statutarischer Vorhand-, Vorkaufs- und Kaufsrechte: ein Verweis auf die nähere Umschreibung in den Statuten;
k. bei einer vom Gesetz abweichenden Regelung der Zustimmungserfordernisse für die Übertragung der Stammanteile: ein Verweis auf die nähere Umschreibung in den Statuten;
l. falls die Statuten geändert wurden: deren neues Datum.

4 Wird das Stammkapital zum Zwecke der Sanierung auf null herabgesetzt und anschliessend wieder erhöht, so müssen die Vernichtung der bisher ausgegebenen Stammanteile und allfällige

Änderungen im Bestand der Gesellschafterinnen und Gesellschafter ins Handelsregister eingetragen werden.

5 Bestehen anlässlich der Kapitalerhöhung Sacheinlagen, Sachübernahmen, Verrechnungstatbestände oder besondere Vorteile, so gelten die Artikel 45 Absätze 2 und 3 sinngemäss. Erfolgt die Wiedererhöhung des Stammkapitals durch Umwandlung von frei verwendbarem Eigenkapital, so finden die Artikel 74 Absatz 3 und 76 Absatz 1 Buchstabe j Anwendung.

Art. 80 Herabsetzung und gleichzeitige Wiedererhöhung des Stammkapitals auf einen tieferen als den bisherigen Betrag

Wird zusammen mit der Herabsetzung des Stammkapitals eine Wiedererhöhung auf einen Betrag beschlossen, der unter dem Betrag des bisherigen Stammkapitals liegt, so richtet sich die Herabsetzung nach den Artikeln 77 und 78. Artikel 79 findet ergänzende Anwendung.

Art. 81 Herabsetzung oder Aufhebung der Nachschusspflicht

Für die Herabsetzung oder die Aufhebung einer statutarischen Nachschusspflicht gilt Artikel 77 sinngemäss.

4. Abschnitt: Übertragung von Stammanteilen

Art. 82

1 Die Gesellschaft muss sämtliche Übertragungen von Stammanteilen zur Eintragung in das Handelsregister anmelden, unabhängig davon, ob die Übertragungen auf vertraglicher Grundlage oder von Gesetzes wegen erfolgen.

2 Dem Handelsregisteramt müssen eingereicht werden:

a. ein Beleg, dass der Stammanteil auf die neue Gesellschafterin oder den neuen Gesellschafter übertragen wurde;
b. falls die Statuten nicht auf die Zustimmung der Gesellschafterversammlung zur Übertragung des Stammanteils verzichten: ein Beleg für diese Zustimmung.

3 Die Erwerberin oder der Erwerber darf nur ins Handelsregister eingetragen werden, wenn lückenlos nachgewiesen wird, dass der Stammanteil von der eingetragenen Gesellschafterin oder vom eingetragenen Gesellschafter auf die Erwerberin oder den Erwerber übergegangen ist.

5. Abschnitt: Revision, Revisionsstelle, Auflösung und Löschung

Art. 83

Für die Revision, für die Revisionsstelle, für die Auflösung, für den Widerruf der Auflösung und für die Löschung der Gesellschaft mit beschränkter Haftung gelten die Bestimmungen über die Aktiengesellschaft sinngemäss.

6. Kapitel: Genossenschaft

Art. 84 Anmeldung und Belege

1 Mit der Anmeldung der Gründung einer Genossenschaft zur Eintragung müssen dem Handelsregisteramt folgende Belege eingereicht werden:

a. das Protokoll der konstituierenden Versammlung;
b. die von einem Mitglied der Verwaltung unterzeichneten Statuten;
c. ein Nachweis, dass die Mitglieder der Verwaltung ihre Wahl angenommen haben;

d. gegebenenfalls ein Nachweis, dass die gesetzlich vorgeschriebene Revisionsstelle ihre Wahl angenommen hat;
e. bei Bestellung zur Vertretung berechtigter Personen: der entsprechende Beschluss der konstituierenden Versammlung oder der Verwaltung;
f. im Fall von Artikel 117 Absatz 3: die Erklärung der Domizilhalterin oder des Domizilhalters, dass sie oder er der Gesellschaft ein Rechtsdomizil am Ort von deren Sitz gewährt;
g. die Erklärung der Gründerinnen und Gründer, dass keine anderen Sacheinlagen und Sachübernahmen bestehen, als die in den Belegen genannten;
h. falls die Statuten eine persönliche Haftung oder Nachschusspflicht vorsehen: das von einem Mitglied der Verwaltung unterzeichnete Verzeichnis der Genossenschafterinnen und Genossenschafter.

2 Für Angaben, die bereits im Protokoll der konstituierenden Versammlung festgehalten sind, ist kein zusätzlicher Beleg erforderlich.

3 Bestehen Sacheinlagen oder Sachübernahmen, so müssen zusätzlich folgende Belege eingereicht werden:
a. die Sacheinlageverträge mit den erforderlichen Beilagen;
b. Sachübernahmeverträge mit den erforderlichen Beilagen;
c. der von allen Gründerinnen und Gründern unterzeichnete Gründungsbericht.

Art. 85 Protokoll der konstituierenden Versammlung

Das Protokoll der konstituierenden Versammlung muss folgende Angaben enthalten:
a. die Personenangaben zu den Gründerinnen und Gründern sowie zu deren Vertreterinnen und Vertretern;
b. die Erklärung der Gründerinnen und Gründer, eine Genossenschaft zu gründen;
c. die Bestätigung der Gründerinnen und Gründer, dass die Statuten festgelegt sind;
d. gegebenenfalls die Tatsache, dass der schriftliche Bericht der Gründerinnen und Gründer über Sacheinlagen oder Sachübernahmen der Versammlung bekannt gegeben und von dieser beraten wurde;
e. die Wahl der Mitglieder der Verwaltung sowie die entsprechenden Personenangaben;
f. die Tatsache, dass die Revisionsstelle gewählt wurde, beziehungsweise den Verzicht auf eine Revision;
g. die Unterschriften der Gründerinnen und Gründer.

Art. 86 Besondere Voraussetzungen der Eintragung

Eine Rechtseinheit wird nur als Genossenschaft eingetragen, wenn:
a. mindestens sieben Genossenschafterinnen und Genossenschafter an der Gründung beteiligt sind (Art. 831 Abs. 1 OR), beziehungsweise mindestens drei Genossenschaften an der Gründung eines Genossenschaftsverbandes beteiligt sind (Art. 921 OR);
b. der statutarische Zweck:
    1. in der Hauptsache in der Förderung oder Sicherung bestimmter wirtschaftlicher Interessen der Mitglieder in gemeinsamer Selbsthilfe liegt (Art. 828 OR), oder
    2. gemeinnützig ausgerichtet ist.

Art. 87 Inhalt des Eintrags

1 Bei Genossenschaften müssen ins Handelsregister eingetragen werden:
a. die Tatsache, dass es sich um die Gründung einer neuen Genossenschaft handelt;
b. die Firma und die Unternehmens-Identifikationsnummer;
c. der Sitz und das Rechtsdomizil;

d. die Rechtsform;
e. das Datum der Statuten;
f. falls sie beschränkt ist: die Dauer der Gesellschaft;
g. der Zweck;
h. der Nennwert allfälliger Anteilscheine;
i. im Fall von Beitrags- oder Leistungspflichten der Genossenschafterinnen und Genossenschafter: ein Verweis auf die nähere Umschreibung in den Statuten;
j. im Fall einer persönlichen Haftung oder einer Nachschusspflicht der Genossenschafterinnen und Genossenschafter: ein Verweis auf die nähere Umschreibung in den Statuten;
k. die Mitglieder der Verwaltung;
l. die zur Vertretung berechtigten Personen;
m. falls die Gesellschaft keine ordentliche oder eingeschränkte Revision durchführt: ein Hinweis darauf sowie das Datum der Erklärung der Verwaltung gemäss Artikel 62 Absatz 2;
n. falls die Gesellschaft eine ordentliche oder eingeschränkte Revision durchführt: die Revisionsstelle;
o. das gesetzliche Publikationsorgan sowie gegebenenfalls weitere Publikationsorgane;
p. die in den Statuten vorgesehene Form der Mitteilungen der Verwaltung an die Genossenschafterinnen und Genossenschafter.

2 Bestehen anlässlich der Gründung Sacheinlagen oder Sachübernahmen, so gilt Artikel 45 Absatz 2 Buchstaben a und b und Absatz 3 sinngemäss.

Art. 88 Verzeichnis der Genossenschafterinnen und Genossenschafter

1 Die Verwaltung muss mit der Mitteilung über den Eintritt oder den Austritt einer Genossenschafterin oder eines Genossenschafters nach Artikel 877 Absatz 1 OR ein von einem Mitglied der Verwaltung unterzeichnetes aktualisiertes Verzeichnis der Genossenschafterinnen und Genossenschafter einreichen, dies vorzugsweise in elektronischer Form.

2 Es erfolgt keine Eintragung in das Handelsregister; die Mitteilungen und das Verzeichnis stehen jedoch zur Einsichtnahme offen.

3 Die Mitteilung durch Genossenschafterinnen und Genossenschafter sowie durch ihre Erbinnen und Erben nach Artikel 877 Absatz 2 OR bleibt vorbehalten.

Art. 89 Revision, Revisionsstelle, Auflösung und Löschung

Für die Revision, für die Revisionsstelle, für die Auflösung, für den Widerruf der Auflösung und für die Löschung der Genossenschaft gelten die Bestimmungen über die Aktiengesellschaft sinngemäss.

7. Kapitel: Verein

Art. 90 Anmeldung und Belege

1 Mit der Anmeldung zur Eintragung eines Vereins müssen dem Handelsregisteramt folgende Belege eingereicht werden:

a. ein Protokoll der Vereinsversammlung über:
   1. die Annahme der Statuten,
   2. die Wahl der Mitglieder des Vorstandes,
   3. die Wahl der Revisionsstelle, sofern der Verein revisionspflichtig ist;
b. die von einem Mitglied des Vorstandes unterzeichneten Statuten;

c. die Erklärung der Mitglieder des Vorstandes und gegebenenfalls der Revisionsstelle, dass sie die Wahl annehmen;
d. bei Bestellung zur Vertretung berechtigter Personen: der entsprechende Beschluss der Vereinsversammlung oder des Vorstandes;
e. im Fall von Artikel 117 Absatz 3: die Erklärung der Domizilhalterin oder des Domizilhalters, dass sie oder er dem Verein ein Rechtsdomizil am Ort von dessen Sitz gewährt;
f. falls die Statuten eine persönliche Haftung oder Nachschusspflicht der Mitglieder vorsehen: das Verzeichnis der Mitglieder.

2 Für Angaben, die bereits im Protokoll der Vereinsversammlung festgehalten sind, ist kein zusätzlicher Beleg erforderlich.

Art. 91 Besondere Voraussetzung der Eintragung

Eine Rechtseinheit wird nur als Verein ins Handelsregister eingetragen, wenn sie nicht zugleich einen wirtschaftlichen Zweck verfolgt und ein nach kaufmännischer Art geführtes Gewerbe betreibt.

Art. 92 Inhalt des Eintrags

Bei Vereinen müssen ins Handelsregister eingetragen werden:
a. der Name und die Unternehmens-Identifikationsnummer;
b. der Sitz und das Rechtsdomizil;
c. die Rechtsform;
d. falls belegt: das Datum der Gründung;
e. das Datum der Statuten;
f. falls sie beschränkt ist: die Dauer des Vereins;
g. der Zweck;
h. die Mittel, wie Mitgliederbeiträge, Erträge aus dem Vereinsvermögen oder aus der Vereinstätigkeit und Schenkungen;
i. im Fall einer persönlichen Haftung oder einer Nachschusspflicht der Mitglieder des Vereins: ein Verweis auf die nähere Umschreibung in den Statuten;
j. *aufgehoben*;
k. die Mitglieder des Vorstandes;
l. die zur Vertretung berechtigten Personen;
m. falls der Verein eine ordentliche oder eingeschränkte Revision durchführt: die Revisionsstelle.

Art. 93 Auflösung und Löschung

Für die Auflösung, den Widerruf der Auflösung und für die Löschung des Vereins gelten die Bestimmungen über die Aktiengesellschaft sinngemäss.

8. Kapitel: Stiftung

Art. 94 Anmeldung und Belege

1 Mit der Anmeldung der Errichtung einer Stiftung müssen dem Handelsregisteramt folgende Belege eingereicht werden:
a. die Stiftungsurkunde beziehungsweise ein beglaubigter Auszug aus der Verfügung von Todes wegen;
b. ein Nachweis über die Ernennung der Mitglieder des obersten Stiftungsorgans und der zur Vertretung berechtigten Personen;

c. das Protokoll des obersten Stiftungsorgans über die Bezeichnung der Revisionsstelle beziehungsweise die Verfügung der Aufsichtsbehörde, wonach die Stiftung von der Pflicht zur Bezeichnung einer Revisionsstelle befreit ist;
d. die Erklärung der Mitglieder des obersten Stiftungsorgans und gegebenenfalls der Revisionsstelle, dass sie die Wahl annehmen;
e. im Fall von Artikel 117 Absatz 3: die Erklärung der Domizilhalterin oder des Domizilhalters, dass sie oder er der Stiftung ein Rechtsdomizil am Ort von deren Sitz gewährt.
f. falls die Stiftung der Durchführung der beruflichen Vorsorge dient: die Verfügung der Aufsichtsbehörde über die Aufsichtsübernahme.

2 Für Angaben, die bereits in der Stiftungsurkunde oder in der Verfügung von Todes wegen festgehalten sind, ist kein zusätzlicher Beleg erforderlich.

Art. 95 Inhalt des Eintrags

1 Bei Stiftungen müssen ins Handelsregister eingetragen werden:

a. die Tatsache, dass es sich um die Errichtung einer Stiftung handelt;
b. der Name und die Unternehmens-Identifikationsnummer;
c. der Sitz und das Rechtsdomizil;
d. die Rechtsform;
e. das Datum der Stiftungsurkunde beziehungsweise das Datum der Verfügung von Todes wegen;
f. der Zweck;
g. bei einem Vorbehalt der Zweckänderung durch die Stifterin oder den Stifter: ein Verweis auf die nähere Umschreibung in der Stiftungsurkunde;
h. *aufgehoben*;
i. die Mitglieder des obersten Stiftungsorgans;
j. die zur Vertretung berechtigten Personen;
k. die Stiftungsaufsichtsbehörde, sobald sie die Aufsicht übernommen hat;
l. falls die Stiftung keine ordentliche oder eingeschränkte Revision durchführt: ein Hinweis darauf sowie das Datum der Befreiungsverfügung der Aufsichtsbehörde;
m. falls die Stiftung eine ordentliche oder eingeschränkte Revision durchführt: die Revisionsstelle.
n. falls die Stiftung der Durchführung der beruflichen Vorsorge dient: die Aufsichtsbehörde gemäss Artikel 61 des Bundesgesetzes vom 25. Juni 1982 über die berufliche Alters-, Hinterlassenen- und Invalidenvorsorge.

2 Bei kirchlichen Stiftungen und Familienstiftungen werden nur die Angaben nach Absatz 1 Buchstaben b–j ins Handelsregister eingetragen.

Art. 96 Informationsaustausch zwischen Handelsregisteramt und Stiftungsaufsichtsbehörde

1 Das Handelsregisteramt teilt die Errichtung der Stiftung der Stiftungsaufsichtsbehörde mit, die nach den Umständen zuständig erscheint. Es sendet ihr eine Kopie der Stiftungsurkunde oder der Verfügung von Todes wegen sowie einen Auszug aus dem Handelsregister.

2 Die Aufsichtsbehörde meldet die Übernahme der Aufsicht dem Handelsregisteramt zur Eintragung an oder überweist die Mitteilung über die Errichtung der Stiftung umgehend der zuständigen Behörde.

Art. 97 Änderungen, Aufhebung und Löschung

[1] Betrifft eine Verfügung einer Behörde eine Tatsache, die im Handelsregister einzutragen ist, so muss diese Behörde die Änderung beim Handelsregisteramt anmelden und die erforderlichen Belege einreichen. Dies betrifft insbesondere:

a. die Befreiung der Stiftung von der Pflicht zur Bezeichnung einer Revisionsstelle;
b. den Widerruf der Befreiung nach Buchstabe a;
c. die Änderung des Zwecks und der Organisation der Stiftung;
d. Verfügungen gemäss dem FusG;
e. die Aufhebung der Stiftung zum Zwecke der Liquidation;
f. die Feststellung des Abschlusses der Liquidation.

[2] Falls die zuständige Behörde eine Liquidation angeordnet hat, gelten für die Aufhebung und die Löschung der Stiftung die Bestimmungen über die Auflösung und Löschung der Aktiengesellschaft sinngemäss.

9. Kapitel: Kommanditgesellschaft für kollektive Kapitalanlagen

Art. 98 Anmeldung und Belege

Mit der Anmeldung zur Eintragung einer Kommanditgesellschaft für kollektive Kapitalanlagen müssen dem Handelsregisteramt folgende Belege eingereicht werden:

a. der Gesellschaftsvertrag;
b. gegebenenfalls ein Nachweis, dass die gesetzlich vorgeschriebene Revisionsstelle ihre Wahl angenommen hat.

Art. 99 Inhalt des Eintrags

Bei Kommanditgesellschaften für kollektive Kapitalanlagen müssen ins Handelsregister eingetragen werden:

a. die Tatsache, dass es sich um die Gründung einer neuen Kommanditgesellschaft für kollektive Kapitalanlagen handelt;
b. die Firma und die Unternehmens-Identifikationsnummer;
c. der Sitz und das Rechtsdomizil;
d. die Rechtsform;
e. das Datum des Gesellschaftsvertrags;
f. die Dauer der Gesellschaft;
g. der Zweck;
h. der Betrag der gesamten Kommanditsumme;
i. falls die Kommanditsumme ganz oder teilweise in Form einer Sacheinlage geleistet wird, deren Gegenstand und Wert;
j. die Firma, der Sitz und die Unternehmens-Identifikationsnummer der unbeschränkt haftenden Gesellschafterinnen und die für diese handelnden natürlichen Personen;
k. die zur Vertretung berechtigten Personen;
l. die Tatsache, dass die Prüfung nach KAG durchgeführt wird;
m. die zugelassene Prüfgesellschaft;

Art. 100 Auflösung und Löschung

Für die Auflösung und die Löschung gilt Artikel 42 sinngemäss.

10. Kapitel: Investmentgesellschaft mit festem Kapital (SICAF)

Art. 101

1 Bei Investmentgesellschaften mit festem Kapital müssen ins Handelsregister eingetragen werden:

a. die Tatsache, dass es sich um die Gründung einer neuen Investmentgesellschaft mit festem Kapital handelt;
b. die Firma und die Unternehmens-Identifikationsnummer;
c. der Sitz und das Rechtsdomizil;
d. die Rechtsform;
e. das Datum der Statuten;
f. falls sie beschränkt ist: die Dauer der Gesellschaft;
g. der Zweck;
h. die Höhe des Aktienkapitals unter Hinweis auf die Tatsache, dass die Einlagen vollständig geleistet sind;
i. Anzahl, Nennwert und Art der Aktien;
j. bei einer Beschränkung der Übertragbarkeit der Aktien: ein Verweis auf die nähere Umschreibung in den Statuten;
k. die Mitglieder des Verwaltungsrates;
l. die zur Vertretung berechtigten Personen;
m. die Tatsache, dass die Prüfung nach KAG durchgeführt wird;
n. die zugelassene Prüfgesellschaft;
o. das gesetzliche und die weiteren Publikationsorgane;
p. die in den Statuten vorgesehene Form der Mitteilungen des Verwaltungsrates an die Aktionärinnen und Aktionäre.

2 Im Übrigen gelten die Bestimmungen über die Aktiengesellschaft sinngemäss.

11. Kapitel: Investmentgesellschaft mit variablem Kapital (SICAV)

Art. 102 Anmeldung und Belege

1 Mit der Anmeldung zur Eintragung einer Investmentgesellschaft mit variablem Kapital müssen dem Handelsregisteramt folgende Belege eingereicht werden:

a. die öffentliche Urkunde über den Errichtungsakt;
b. die Statuten;
c. ein Nachweis, dass die Mitglieder des Verwaltungsrates ihre Wahl angenommen haben;
d. ein Nachweis, dass die gesetzlich vorgeschriebene Prüfgesellschaft ihre Wahl angenommen hat;
e. das Protokoll des Verwaltungsrates über seine Konstituierung, über die Regelung des Vorsitzes und über die Erteilung der Zeichnungsbefugnisse;
f. im Fall von Artikel 117 Absatz 3: die Erklärung der Domizilhalterin oder des Domizilhalters, dass sie oder er der Investmentgesellschaft ein Rechtsdomizil am Ort von deren Sitz gewährt.

2 Für Angaben, die bereits im Errichtungsakt festgehalten sind, ist kein zusätzlicher Beleg erforderlich.

Art. 103 Errichtungsakt

Die öffentliche Urkunde über den Errichtungsakt muss folgende Angaben enthalten:

a. die Personenangaben zu den Gründerinnen und Gründern sowie zu deren Vertreterinnen und Vertretern;

b. die Erklärung der Gründerinnen und Gründer, eine Investmentgesellschaft mit variablem Kapital zu gründen;
c. die Bestätigung der Gründerinnen und Gründer, dass die Statuten festgelegt sind;
d. die Tatsache, dass die Mitglieder des Verwaltungsrates gewählt wurden, und die entsprechenden Personenangaben;
e. die Tatsache, dass die Prüfgesellschaft gewählt wurde, und die entsprechenden Personenangaben;
f. die Nennung aller Belege und die Bestätigung der Urkundsperson, dass die Belege ihr und den Gründerinnen und Gründern vorgelegen haben;
g. die Unterschriften der Gründerinnen und Gründer.

Art. 104 Inhalt des Eintrags

Bei Investmentgesellschaften mit variablem Kapital müssen ins Handelsregister eingetragen werden:
a. die Tatsache, dass es sich um die Gründung einer neuen Investmentgesellschaft mit variablem Kapital handelt;
b. die Firma und die Unternehmens-Identifikationsnummer;
c. der Sitz und das Rechtsdomizil;
d. die Rechtsform;
e. das Datum der Statuten;
f. falls sie beschränkt ist: die Dauer der Gesellschaft;
g. der Zweck;
h. die Art der Aktien;
i. bei einer Beschränkung der Übertragbarkeit der Aktien, insbesondere bei einer Einschränkung des Anlegerkreises auf qualifizierte Anlegerinnen und Anleger: ein Verweis auf die nähere Umschreibung in den Statuten;
j. im Fall verschiedener Kategorien von Anlegeraktien: die damit verbundenen Rechte mit einem Verweis auf die nähere Umschreibung in den Statuten;
k. die Mitglieder des Verwaltungsrates;
l. die zur Vertretung berechtigten Personen;
m. die Tatsache, dass die Prüfung nach KAG durchgeführt wird;
n. die zugelassene Prüfgesellschaft;
o. das gesetzliche sowie die weiteren Publikationsorgane;
p. die in den Statuten vorgesehene Form der Mitteilungen des Verwaltungsrates an die Aktionärinnen und Aktionäre.

Art. 105 Auflösung und Löschung

Für die Auflösung und die Löschung gelten die Artikel 63 und 65 sinngemäss.

12. Kapitel: Institut des öffentlichen Rechts

Art. 106 Anmeldung und Belege

[1] Mit der Anmeldung zur Eintragung eines Instituts des öffentlichen Rechts müssen dem Handelsregisteramt folgende Belege eingereicht werden:
a. Hinweise auf die massgebenden Rechtsgrundlagen und auf die Beschlüsse des für die Errichtung zuständigen Organs nach dem öffentlichen Recht;
b. gegebenenfalls die Statuten;

c. die Verfügungen, Protokolle oder Protokollauszüge über die Ernennung der Mitglieder des obersten Leitungs- oder Verwaltungsorgans und der zur Vertretung berechtigten Personen sowie gegebenenfalls über die Bezeichnung einer Revisionsstelle;
d. die Erklärungen der Mitglieder des obersten Leitungs- oder Verwaltungsorgans und gegebenenfalls der Revisionsstelle, dass sie ihre Wahl annehmen;
e. im Fall von Artikel 117 Absatz 3: die Erklärung der Domizilhalterin oder des Domizilhalters, dass sie oder er dem Institut des öffentlichen Rechts ein Rechtsdomizil am Ort von dessen Sitz gewährt.

2 Für Angaben, die bereits in andern Unterlagen festgehalten sind, ist kein zusätzlicher Beleg erforderlich.

Art. 107 Inhalt des Eintrags

Bei Instituten des öffentlichen Rechts müssen ins Handelsregister eingetragen werden:

a. die Bezeichnung und die Unternehmens-Identifikationsnummer;
b. der Sitz und das Rechtsdomizil;
c. die Rechtsform;
d. die Bezeichnung der massgeblichen Rechtsgrundlagen des öffentlichen Rechts sowie das Datum der Beschlüsse des für die Errichtung zuständigen Organs gemäss öffentlichem Recht;
e. falls bekannt: das Datum der Errichtung des Instituts des öffentlichen Rechts;
f. falls Statuten bestehen: deren Datum;
g. der Zweck;
h. im Fall eines Dotationskapitals: dessen Höhe;
i. bei besonderen Haftungsverhältnissen: ein Verweis auf die nähere Umschreibung in den Belegen, Rechtsgrundlagen oder Beschlüssen des für die Gründung zuständigen Organs;
j. die Organisation;
k. die Mitglieder des obersten Leitungs- oder Verwaltungsorgans;
l. die zur Vertretung berechtigten Personen;
m. gegebenenfalls die Revisionsstelle.

Art. 108 Anwendbares Recht

Die Bestimmungen dieser Verordnung über die Rechtsformen des Privatrechts gelten auf die Institute des öffentlichen Rechts im Übrigen sinngemäss.

13. Kapitel: Zweigniederlassung

1. Abschnitt: Zweigniederlassung einer Rechtseinheit mit Sitz in der Schweiz

Art. 109 Anmeldung und Belege

Mit der Anmeldung zur Eintragung einer Zweigniederlassung einer Rechtseinheit mit Sitz in der Schweiz müssen dem Handelsregisteramt folgende Belege eingereicht werden:

a. das Protokoll oder der Protokollauszug über die Bestellung der Personen, die nur für die Zweigniederlassung vertretungsberechtigt sind;
b. im Fall von Artikel 117 Absatz 3: die Erklärung der Domizilhalterin oder des Domizilhalters, dass sie oder er der Zweigniederlassung am Ort von deren Sitz ein Rechtsdomizil gewährt.

Art. 110 Inhalt des Eintrags

1 Bei der Zweigniederlassung müssen ins Handelsregister eingetragen werden:

a. die Firma beziehungsweise der Name, die Unternehmens-Identifikationsnummer, die Rechtsform und der Sitz der Hauptniederlassung;
b. die Firma beziehungsweise der Name, die Unternehmens-Identifikationsnummer, der Sitz und das Rechtsdomizil der Zweigniederlassung;
c. die Tatsache, dass es sich um eine Zweigniederlassung handelt;
d. der Zweck der Zweigniederlassung, sofern er enger gefasst ist als der Zweck der Hauptniederlassung;
e. die Personen, die zur Vertretung der Zweigniederlassung berechtigt sind, sofern ihre Zeichnungsberechtigung nicht aus dem Eintrag der Hauptniederlassung hervorgeht.

2 Bei der Hauptniederlassung müssen ins Handelsregister eingetragen werden:

a. die Unternehmens-Identifikationsnummer der Zweigniederlassung;
b. der Sitz der Zweigniederlassung.

Art. 111 Koordination der Einträge von Haupt- und Zweigniederlassung

1 Das Handelsregisteramt am Sitz der Zweigniederlassung muss das Handelsregisteramt am Sitz der Hauptniederlassung über die Neueintragung, die Sitzverlegung oder die Löschung der Zweigniederlassung informieren. Das Handelsregisteramt am Sitz der Hauptniederlassung nimmt die erforderlichen Eintragungen von Amtes wegen vor.

2 Das Handelsregisteramt am Sitz der Hauptniederlassung muss das Handelsregisteramt am Sitz der Zweigniederlassung über Änderungen informieren, die eine Änderung der Eintragung der Zweigniederlassung erfordern, insbesondere über Änderungen der Rechtsform, der Firma beziehungsweise des Namens, des Sitzes, die Auflösung oder die Löschung. Das Handelsregisteramt am Sitz der Zweigniederlassung nimmt die erforderlichen Eintragungen von Amtes wegen vor.

Art. 112 Fusion, Spaltung, Umwandlung und Vermögensübertragung

1 Im Fall einer Fusion, einer Spaltung, einer Umwandlung oder einer Vermögensübertragung bleiben die Einträge von Zweigniederlassungen bestehen, wenn nicht deren Löschung angemeldet wird.

2 Ergeben sich aus einer Fusion, einer Spaltung, einer Umwandlung oder einer Vermögensübertragung Änderungen, die in der Eintragung von Zweigniederlassungen zu berücksichtigen sind, so müssen die entsprechenden Tatsachen beim Handelsregisteramt angemeldet werden. Die Anmeldung hat im Fall einer Fusion oder einer Spaltung durch die übernehmende Rechtseinheit zu erfolgen.

2. Abschnitt: Zweigniederlassung einer Rechtseinheit mit Sitz im Ausland

Art. 113 Anmeldung und Belege

1 Mit der Anmeldung zur Eintragung einer Zweigniederlassung einer Rechtseinheit mit Sitz im Ausland müssen dem Handelsregisteramt folgende Belege eingereicht werden:

a. ein beglaubigter aktueller Auszug aus dem Handelsregister am Sitz der Hauptniederlassung oder, falls der Auszug keine genügenden Angaben enthält oder keine dem Handelsregister vergleichbare Institution besteht, ein amtlicher Nachweis darüber, dass die Hauptniederlassung nach den geltenden Bestimmungen des massgeblichen ausländischen Rechts rechtmässig besteht;
b. bei juristischen Personen ein beglaubigtes Exemplar der geltenden Statuten oder des entsprechenden Dokumentes der Hauptniederlassung;

c. das Protokoll oder der Protokollauszug des Organs der Hauptniederlassung, das die Errichtung der Zweigniederlassung beschlossen hat;
d. das Protokoll oder der Protokollauszug über die Bestellung der für die Zweigniederlassung vertretungsberechtigten Personen;
e. im Fall von Artikel 117 Absatz 3: die Erklärung der Domizilhalterin oder des Domizilhalters, dass sie oder er der Zweigniederlassung ein Rechtsdomizil am Ort von deren Sitz gewährt.

2 Ist in der Schweiz bereits eine Zweigniederlassung derselben Rechtseinheit im Handelsregister eingetragen, so findet Absatz 1 Buchstaben a und b keine Anwendung.

Art. 114 Inhalt des Eintrags

1 Bei Zweigniederlassungen von Rechtseinheiten mit Sitz im Ausland müssen ins Handelsregister eingetragen werden:
a. die Firma beziehungsweise der Name, die Rechtsform und der Sitz der Hauptniederlassung sowie gegebenenfalls ein Hinweis auf deren Registrierung und Unternehmens-Identifikationsnummer;
b. Höhe und Währung eines allfälligen Kapitals der Hauptniederlassung sowie Angaben zu den geleisteten Einlagen;
c. die Firma beziehungsweise der Name, die Unternehmens-Identifikationsnummer, der Sitz und das Rechtsdomizil der Zweigniederlassung;
d. die Tatsache, dass es sich um eine Zweigniederlassung handelt;
e. der Zweck der Zweigniederlassung;
f. die Personen, die zur Vertretung der Zweigniederlassung berechtigt sind.

2 Für die Formulierung des Zwecks der Zweigniederlassung gilt Artikel 118 Absatz 1.

Art. 115 Löschung

1 Hat der Geschäftsbetrieb der Zweigniederlassung aufgehört, so muss die Löschung der Zweigniederlassung zur Eintragung angemeldet werden.

2 Wird die Löschung der Zweigniederlassung zur Eintragung ins Handelsregister angemeldet, so macht das Handelsregisteramt den Steuerbehörden des Bundes und des Kantons Mitteilung. Die Löschung darf erst vorgenommen werden, wenn diese Behörden zugestimmt haben.

3 Zusammen mit der Löschung muss der Löschungsgrund ins Handelsregister eingetragen werden.

4. Titel: Rechtsformübergreifende Bestimmungen für die Eintragung

1. Kapitel: Unternehmens-Identifikationsnummer, Sitz-, Zweck- und Personenangaben sowie Hinweis auf die vorangehende Eintragung

Art. 116 Unternehmens-Identifikationsnummer

1 Hat eine Rechtseinheit keine Unternehmens-Identifikationsnummer, so wird ihr diese spätestens anlässlich der Eintragung in das Tagesregister zugeteilt.

2 Die Unternehmens-Identifikationsnummer identifiziert eine Rechtseinheit dauerhaft. Sie ist unveränderlich.

3 Die Unternehmens-Identifikationsnummer einer gelöschten Rechtseinheit darf nicht neu vergeben werden. Die frühere Unternehmens-Identifikationsnummer wird wieder zugeteilt, wenn:
a. eine gelöschte Rechtseinheit auf Anordnung eines Gerichts wieder ins Handelsregister eingetragen wird (Art. 164);
b. ein gelöschtes Einzelunternehmen auf Antrag der Inhaberin oder des Inhabers erneut zur Eintragung ins Handelsregister angemeldet wird;

c. ein gelöschtes Einzelunternehmen im Rahmen eines Verfahrens von Amtes wegen zur Eintragung ins Handelsregister verpflichtet wird (Art. 152).

4 Bei einer Absorptionsfusion behält die übernehmende Rechtseinheit ihre bisherige Unternehmens-Identifikationsnummer. Bei der Kombinationsfusion erhält die entstehende Rechtseinheit eine neue Unternehmens-Identifikationsnummer.

5 Entsteht bei der Spaltung eine neue Rechtseinheit, so erhält sie eine neue Unternehmens-Identifikationsnummer. Die übrigen an einer Spaltung beteiligten Rechtseinheiten behalten ihre bisherige Unternehmens-Identifikationsnummer.

6 Bei der Fortführung des Geschäfts einer Kollektiv- oder Kommanditgesellschaft als Einzelunternehmen gemäss Artikel 579 OR bleibt die Unternehmens-Identifikationsnummer unverändert.

Art. 117 Sitz, Rechtsdomizil sowie weitere Adressen

1 Als Sitz wird der Name der politischen Gemeinde eingetragen.

2 Zudem wird das Rechtsdomizil gemäss Artikel 2 Buchstabe c eingetragen.

3 Verfügt eine Rechtseinheit über kein Rechtsdomizil an ihrem Sitz, so muss im Eintrag angegeben werden, bei wem sich das Rechtsdomizil an diesem Sitz befindet (c/o-Adresse). Mit der Anmeldung zur Eintragung ist eine Erklärung der Domizilhalterin oder des Domizilhalters einzureichen, dass sie oder er der Rechtseinheit ein Rechtsdomizil an deren Sitz gewährt.

4 Neben der Angabe von Sitz und Rechtsdomizil kann jede Rechtseinheit weitere in der Schweiz gelegene Adressen im Handelsregister ihres Sitzes eintragen lassen.

Art. 118 Zweckangaben

1 Die Rechtseinheiten müssen ihren Zweck so umschreiben, dass ihr Tätigkeitsfeld für Dritte klar ersichtlich ist.

2 Für die Eintragung kann das Handelsregisteramt die Umschreibung des Zwecks der Rechtseinheit:

a. unverändert aus den Statuten oder der Stiftungsurkunde übernehmen; oder
b. auf den wesentlichen Inhalt verkürzen und in Bezug auf die nicht eingetragenen Angaben mit einem Hinweis auf die Statuten oder die Stiftungsurkunde ergänzen.

Art. 119 Personenangaben

1 Einträge zu natürlichen Personen müssen die folgenden Angaben enthalten:

a. den Familiennamen;
b. mindestens ein ausgeschriebener Vorname oder, sofern dies für die Identifikation der Person erforderlich ist, alle Vornamen;
c. auf Verlangen, Ruf-, Kose- oder Künstlernamen;
d. die politische Gemeinde des Heimatortes, oder bei ausländischen Staatsangehörigen, die Staatsangehörigkeit;
e. die politische Gemeinde des Wohnsitzes, oder bei einem ausländischen Wohnsitz, der Ort und die Landesbezeichnung;
f. falls belegt, schweizerische oder gleichwertige ausländische akademische Titel;
g. die Funktion, die die Person in der Rechtseinheit wahrnimmt;
h. die Art der Zeichnungsberechtigung oder der Hinweis, dass die Person nicht zeichnungsberechtigt ist.

2 Die Schreibweise des Familiennamens, Ledignamens und der Vornamen richtet sich nach dem Ausweisdokument, auf dessen Grundlage die Angaben zur Person erhoben wurden (Art. 24b). Es dürfen nur lateinische Buchstaben verwendet werden.

3 Werden Rechtseinheiten als Inhaberinnen einer Funktion bei einer anderen Rechtseinheit eingetragen, so muss dieser Eintrag die folgenden Angaben enthalten:

a. die Firma, der Name oder die Bezeichnung in der im Handelsregister eingetragenen Fassung;
b. die Unternehmens-Identifikationsnummer;
c. der Sitz;
d. die Funktion.

Art. 120 Leitungs- oder Verwaltungsorgane

Einzelunternehmen, Handelsgesellschaften, juristische Personen sowie Institute des öffentlichen Rechts dürfen als solche nicht als Mitglied der Leitungs- oder Verwaltungsorgane oder als Zeichnungsberechtigte in das Handelsregister eingetragen werden. Vorbehalten bleibt Artikel 98 KAG sowie die Eintragung von Liquidatorinnen, Liquidatoren, Revisorinnen, Revisoren, Konkursverwalterinnen, Konkursverwaltern oder Sachwalterinnen und Sachwaltern.

Art. 121 Revisionsstelle

Wo eine Revisionsstelle eingetragen werden muss, wird nicht eingetragen, ob es sich dabei um ein staatlich beaufsichtigtes Revisionsunternehmen, eine zugelassene Revisionsexpertin, einen zugelassenen Revisionsexperten, eine zugelassene Revisorin oder einen zugelassenen Revisor handelt.

Art. 122 Hinweis auf die vorangehende Eintragung

Jeder Eintrag im Tagesregister muss einen Hinweis auf die Veröffentlichung des vorangehenden Eintrags der betreffenden Rechtseinheit im Schweizerischen Handelsamtsblatt enthalten; anzugeben sind:
a. das Ausgabedatum;
b. die Meldungsnummer der elektronischen Veröffentlichung.

2. Kapitel: Sitzverlegung

1. Abschnitt: In der Schweiz

Art. 123 Eintragung am neuen Sitz

1 Verlegt eine Rechtseinheit ihren Sitz in einen anderen Registerbezirk, so muss sie sich am neuen Sitz zur Eintragung anmelden.

2 Mit der Anmeldung zur Eintragung der Sitzverlegung müssen dem Handelsregisteramt folgende Belege eingereicht werden:
a. die beglaubigten Statuten des bisherigen Sitzes;
b. falls bei juristischen Personen die Statuten geändert werden müssen: der Beschluss über die Änderung sowie ein beglaubigtes Exemplar der neuen Statuten;
c. die beglaubigten Unterschriften der anmeldenden Personen.

3 Das Handelsregisteramt am neuen Sitz ist für die Prüfung der Sitzverlegung und der Belege zuständig. Es informiert das Handelsregisteramt des bisherigen Sitzes über die vorzunehmende Eintragung.

4 Das Handelsregisteramt am bisherigen Sitz übermittelt dem Handelsregisteramt am neuen Sitz im Hinblick auf die Eintragung der Sitzverlegung sämtliche im Hauptregister vorhandenen elektronischen Daten. Sie werden ins Hauptregister aufgenommen, aber weder im Tagesregister eingetragen noch im Schweizerischen Handelsamtsblatt publiziert.

5 Am neuen Sitz müssen folgende Angaben ins Handelsregister eingetragen werden:
a. die Firma oder der Name und die Unternehmens-Identifikationsnummer;
b. die Tatsache der Sitzverlegung unter Angabe des Ortes des bisherigen und des neuen Sitzes;
c. das Rechtsdomizil am neuen Sitz;

d. falls die Statuten geändert wurden: deren neues Datum.

6 Werden die Einträge im Register des neuen Sitzes in einer anderen Sprache als im Register des alten Sitzes vorgenommen, so müssen alle zu veröffentlichenden Tatsachen in der neuen Sprache eingetragen werden.

Art. 124 Eintragung am bisherigen Sitz

1 Die Sitzverlegung und die Löschung am bisherigen Sitz müssen am gleichen Tag ins Tagesregister eingetragen werden. Die Handelsregisterämter müssen ihre Eintragungen aufeinander abstimmen.

2 Die Löschung am bisherigen Sitz wird ohne weitere Prüfung eingetragen.

3 Am bisherigen Sitz müssen folgende Angaben ins Handelsregister eingetragen werden:

a. die Tatsache, dass die Rechtseinheit infolge Sitzverlegung im Handelsregister am neuen Sitz eingetragen wurde unter Angabe des Ortes des neuen Sitzes;
b. die neue Firma beziehungsweise der neue Name, falls diese geändert wurden;
c. die Tatsache, dass die Rechtseinheit im Handelsregister des bisherigen Sitzes von Amtes wegen gelöscht wird.

Art. 125 Übermittlung der Belege

Das Handelsregisteramt des bisherigen Sitzes übermittelt dem Handelsregisteramt am neuen Sitz sämtliche Belege zu den Eintragungen, die am bisherigen Sitz vorgenommen wurden.

2. Abschnitt: Verlegung des Sitzes einer ausländischen Rechtseinheit in die Schweiz

Art. 126

1 Unterstellt sich eine ausländische Rechtseinheit gemäss den Vorschriften des Bundesgesetzes vom 18. Dezember 1987 über das Internationale Privatrecht (IPRG) durch eine Sitzverlegung schweizerischem Recht, so gelten für die Eintragung in das Handelsregister die Bestimmungen über die Eintragung einer neu gegründeten Rechtseinheit.

2 Zusätzlich zu den für die Eintragung der Rechtseinheit erforderlichen Belegen müssen die Anmeldenden dem Handelsregisteramt die folgenden besonderen Belege einreichen:

a. einen Nachweis des rechtlichen Bestehens der Rechtseinheit im Ausland;
b. einen Nachweis über die Zulässigkeit der grenzüberschreitenden Sitzverlegung im ausländischen Recht oder eine Bewilligung des Eidgenössischen Justiz- oder Polizeidepartementes gemäss Absatz 4;
c. einen Nachweis, dass die Anpassung an eine schweizerische Rechtsform möglich ist;
d. einen Nachweis, dass die Rechtseinheit den Mittelpunkt ihrer Geschäftstätigkeit in die Schweiz verlegt hat;
e. im Falle einer Kapitalgesellschaft: den Bericht einer zugelassenen Revisionsexpertin oder eines zugelassenen Revisionsexperten, der belegt, dass das Kapital der Gesellschaft nach schweizerischem Recht gedeckt ist.

3 Zusätzlich zu den erforderlichen Angaben bei der Eintragung einer neu gegründeten Rechtseinheit müssen ins Handelsregister eingetragen werden:

a. das Datum des Beschlusses, mit dem sich die Rechtseinheiten nach den Vorschriften des IPRG schweizerischem Recht unterstellt;
b. die Firma oder der Name, die Rechtsform und der Sitz vor der Sitzverlegung in die Schweiz;
c. die ausländische Behörde, die für die Registrierung zuständig war, bevor die Rechtseinheit ihren Sitz in die Schweiz verlegt hat.

[4] Erteilt das Eidgenössische Justiz- und Polizeidepartement eine Bewilligung gemäss Artikel 161 Absatz 2 IPRG, so muss die entsprechende Verfügung dem Handelsregisteramt als Beleg eingereicht werden.

3. Abschnitt: Verlegung des Sitzes einer schweizerischen Rechtseinheit ins Ausland

Art. 127

[1] Verlegt eine schweizerische Rechtseinheit gemäss den Vorschriften des IPRG ihren Sitz ins Ausland, so müssen die Anmeldenden zusätzlich zu den für die Löschung der Rechtseinheit erforderlichen Belegen dem Handelsregisteramt die folgenden Belege einreichen:

a. ein Nachweis, dass die Rechtseinheit im Ausland weiter besteht;
b. der Bericht einer zugelassenen Revisionsexpertin oder eines zugelassenen Revisionsexperten, welcher bestätigt, dass die Forderungen der Gläubigerinnen und Gläubiger im Sinne von Artikel 46 FusG sichergestellt oder erfüllt worden sind oder dass die Gläubigerinnen und Gläubiger mit der Löschung einverstanden sind.
c. der Beschluss des zuständigen Organs, mit dem sich die Rechtseinheit nach den Vorschriften des IPRG ausländischem Recht unterstellt.

[2] Wird die Verlegung des Sitzes einer schweizerischen Rechtseinheit ins Ausland im Handelsregister angemeldet, so macht das Handelsregisteramt den Steuerbehörden des Bundes und des Kantons Mitteilung. Die Löschung darf erst vorgenommen werden, wenn diese Behörden zugestimmt haben.

[3] Ins Handelsregister müssen eingetragen werden:

a. das Datum des Beschlusses des zuständigen Organs, mit dem sich die Rechtseinheit nach den Vorschriften des IPRG ausländischem Recht unterstellt;
b. die Firma oder der Name, die Rechtsform und der Sitz nach der Sitzverlegung ins Ausland;
c. die ausländische Behörde, die für die Registrierung zuständig ist, nachdem die Rechtseinheit ihren Sitz ins Ausland verlegt hat;
d. das Datum des Revisionsberichts, der bestätigt, dass die Vorkehrungen zum Schutz der Gläubigerinnen und Gläubiger erfüllt worden sind;
e. die Tatsache, dass die Rechtseinheit gelöscht wird.

3. Kapitel: Umstrukturierungen

1. Abschnitt: Zeitpunkt der Anmeldung und der Eintragung

Art. 128 Zeitpunkt der Anmeldung

Rechtseinheiten dürfen Fusionen, Spaltungen, Umwandlungen und Vermögensübertragungen erst zur Eintragung ins Handelsregister anmelden, wenn die von Gesetzes wegen erforderlichen Zustimmungen anderer Behörden vorliegen. Dies gilt insbesondere für den Fall, dass die Umstrukturierung die Anforderungen eines zu meldenden Zusammenschlusses gemäss Artikel 9 des Kartellgesetzes vom 6. Oktober 1995 erfüllt oder einer Bewilligung durch die Aufsichtsbehörde gemäss den Artikeln 3 und 5 des Versicherungsaufsichtsgesetzes vom 17. Dezember 2004 bedarf.

Art. 129 Zeitpunkt der Eintragung

[1] Die Umstrukturierungen müssen bei allen beteiligten Rechtseinheiten am gleichen Tag ins Tagesregister eingetragen werden.

2 Befinden sich nicht alle Rechtseinheiten im selben Registerbezirk, so müssen die Handelsregisterämter ihre Eintragungen aufeinander abstimmen.
3 Diese Bestimmung gilt auch für die Eintragung einer Sacheinlage oder Sachübernahme, die mittels einer Vermögensübertragung durchgeführt wird.

2. Abschnitt: Fusion von Rechtseinheiten

Art. 130 Anmeldung und zuständiges Handelsregisteramt

1 Jede an der Fusion beteiligte Rechtseinheit muss die sie betreffenden Tatsachen selber zur Eintragung in das Handelsregister anmelden (Art. 21 Abs. 1 FusG), und zwar in einer der Amtssprachen des betroffenen Handelsregisteramts.
2 Befinden sich nicht alle an der Fusion beteiligten Rechtseinheiten im selben Registerbezirk, so ist das Handelsregisteramt am Ort der übernehmenden Rechtseinheit für die Prüfung der Fusion und sämtlicher Belege zuständig. Es informiert die Handelsregisterämter am Sitz der übertragenden Rechtseinheiten über die vorzunehmende Eintragung und übermittelt ihnen die sie betreffenden Anmeldungen. Die Löschung der übertragenden Rechtseinheiten ist ohne weitere Prüfung einzutragen.
3 Sämtliche Belege und elektronische Daten zu den Eintragungen der übertragenden Rechtseinheiten sind nach deren Löschung an das Handelsregisteramt am Sitz der übernehmenden Rechtseinheit zu übermitteln und zu den Akten der übernehmenden Rechtseinheit zu nehmen.

Art. 131 Belege

1 Mit der Anmeldung zur Eintragung der Fusion müssen die beteiligten Rechtseinheiten die folgenden Belege einreichen:
a. den Fusionsvertrag (Art. 12 und 13 FusG);
b. die Fusionsbilanzen der übertragenden Rechtseinheiten, gegebenenfalls die Zwischenbilanzen (Art. 11 FusG);
c. die Fusionsbeschlüsse der beteiligten Rechtseinheiten, soweit erforderlich, öffentlich beurkundet (Art. 18 und 20 FusG);
d. die Prüfungsberichte der beteiligten Rechtseinheiten (Art. 15 FusG);
e. bei einer Absorptionsfusion: soweit erforderlich die Belege für eine Kapitalerhöhung (Art. 9 und 21 Abs. 2 FusG);
f. bei der Fusion einer Rechtseinheit in Liquidation: die von mindestens einem Mitglied des obersten Leitungs- oder Verwaltungsorgans unterzeichnete Bestätigung nach Artikel 5 Absatz 2 FusG;
g. bei der Fusion von Rechtseinheiten mit Kapitalverlust oder Überschuldung: die Bestätigung nach Artikel 6 Absatz 2 FusG;
h. bei einer Kombinationsfusion: die für die Neugründung einer Rechtseinheit erforderlichen Belege (Art. 10 FusG).

2 Bei Fusionen von kleinen und mittleren Unternehmen können die fusionierenden Rechtseinheiten anstelle des Belegs nach Absatz 1 Buchstabe d eine von mindestens einem Mitglied des obersten Leitungs- oder Verwaltungsorgans unterzeichnete Erklärung einreichen, wonach sämtliche Gesellschafterinnen und Gesellschafter auf die Erstellung des Fusionsberichts oder auf die Prüfung verzichten und die Rechtseinheit die Anforderungen nach Artikel 2 Buchstabe e FusG erfüllt. In der Erklärung ist anzugeben, auf welche Unterlagen wie Erfolgsrechnungen, Bilanzen, Jahresberichte, Verzichtserklärungen oder das Protokoll der Generalversammlung sie sich stützt.
3 Bei erleichterten Fusionen von Kapitalgesellschaften (Art. 23 FusG) müssen die beteiligten Gesellschaften anstelle der Belege nach Absatz 1 Buchstaben c und d die Auszüge aus den

Protokollen der obersten Leitungs- oder Verwaltungsorgane über die Genehmigung des Fusionsvertrages einreichen, sofern der Fusionsvertrag nicht von allen Mitgliedern dieser Organe unterzeichnet ist. Soweit dies nicht aus den anderen Belegen hervorgeht, müssen sie zudem nachweisen, dass die Gesellschaften die Voraussetzungen von Artikel 23 FusG erfüllen.

Art. 132 Inhalt des Eintrags

1 Bei der übernehmenden Rechtseinheit müssen ins Handelsregister eingetragen werden:

a. die Firma oder der Name, der Sitz sowie die Unternehmens-Identifikationsnummer der an der Fusion beteiligten Rechtseinheiten;
b. das Datum des Fusionsvertrages und der Fusionsbilanz und gegebenenfalls der Zwischenbilanz;
c. der gesamte Wert der übertragenen Aktiven und Passiven;
d. gegebenenfalls die den Gesellschafterinnen und Gesellschaftern der übertragenden Gesellschaft zugesprochenen Anteils- oder Mitgliedschaftsrechte sowie eine allfällige Ausgleichszahlung (Art. 7 FusG);
e. gegebenenfalls die Abfindung (Art. 8 FusG);
f. gegebenenfalls die durch die Fusion bedingte Kapitalerhöhung;
g. im Falle von Kapitalverlust oder von Überschuldung: der Hinweis auf die Bestätigung des zugelassenen Revisionsexperten (Art. 6 Abs. 2 FusG);
h. bei der Kombinationsfusion: die für die Eintragung einer neuen Rechtseinheit erforderlichen Angaben.

2 Bei der übertragenden Rechtseinheit müssen ins Handelsregister eingetragen werden:

a. die Firma oder der Name, der Sitz sowie die Unternehmens-Identifikationsnummer der an der Fusion beteiligten Rechtseinheiten;
b. die Tatsache, dass die Rechtseinheit infolge Fusion gelöscht wird (Art. 21 Abs. 3 FusG).

3. Abschnitt: Spaltung von Kapitalgesellschaften und Genossenschaften

Art. 133 Anmeldung und zuständiges Handelsregisteramt

1 Jede an der Spaltung beteiligte Gesellschaft muss die sie betreffenden Tatsachen selber zur Eintragung in das Handelsregister anmelden (Art. 51 Abs. 1 FusG), und zwar in einer der Amtssprachen des betroffenen Handelsregisteramts.

2 Befinden sich nicht alle an der Spaltung beteiligten Gesellschaften im selben Registerbezirk, so ist das Handelsregisteramt am Ort der übertragenden Gesellschaft für die Prüfung der Spaltung und sämtlicher Belege zuständig. Es informiert die Handelsregisterämter am Sitz der übernehmenden Gesellschaften über die vorzunehmenden Eintragungen und übermittelt ihnen die sie betreffenden Anmeldungen sowie beglaubigte Kopien der massgeblichen Belege. Die Spaltung wird bei den übernehmenden Gesellschaften ohne weitere Prüfung eingetragen.

Art. 134 Belege

1 Mit der Anmeldung zur Eintragung der Spaltung müssen die beteiligten Gesellschaften folgende Belege einreichen:

a. den Spaltungsvertrag (Art. 36 Abs. 1 und 37 FusG) oder den Spaltungsplan (Art. 36 Abs. 2 und 37 FusG);
b. die öffentlich beurkundeten Spaltungsbeschlüsse der beteiligten Gesellschaften (Art. 43 und 44 FusG);
c. die Prüfungsberichte der beteiligten Gesellschaften (Art. 40 FusG);

d. bei der übertragenden Gesellschaft: soweit erforderlich, die Belege für eine Kapitalherabsetzung (Art. 32 i.V.m. 51 Abs. 2 FusG);
e. bei der übernehmenden Gesellschaft: soweit erforderlich, die Belege für eine Kapitalerhöhung (Art. 33 FusG);
f. bei der neu eingetragenen übernehmenden Gesellschaft: die für die Neugründung erforderlichen Belege (Art. 34 FusG);
g. falls dies nicht aus anderen Belegen hervorgeht: den Nachweis, dass die Gläubigerschutzbestimmungen nach Artikel 45 FusG erfüllt sind.

2 Bei Spaltungen von kleinen und mittleren Unternehmen können die beteiligten Gesellschaften anstelle des Belegs nach Absatz 1 Buchstabe c eine von mindestens einem Mitglied des obersten Leitungs- oder Verwaltungsorgans unterzeichnete Erklärung einreichen, wonach sämtliche Gesellschafterinnen und Gesellschafter auf die Erstellung des Spaltungsberichts oder auf die Prüfung verzichten und die Gesellschaft die Anforderungen nach Artikel 2 Buchstabe e FusG erfüllt. In der Erklärung ist anzugeben, auf welche Unterlagen wie Erfolgsrechnungen, Bilanzen, Jahresberichte, Verzichtserklärungen oder das Protokoll der Generalversammlung sie sich stützt.

Art. 135 Inhalt des Eintrags

1 Bei den übernehmenden Gesellschaften müssen ins Handelsregister eingetragen werden:
a. die Firma, der Sitz sowie die Unternehmens-Identifikationsnummer der an der Spaltung beteiligten Gesellschaften;
b. das Datum des Spaltungsvertrages beziehungsweise des Spaltungsplans;
c. der gesamte Wert der gemäss Inventar übertragenen Aktiven und Passiven;
d. die den Gesellschafterinnen und Gesellschaftern der übertragenden Gesellschaft zugesprochenen Anteils- oder Mitgliedschaftsrechte sowie eine allfällige Ausgleichszahlung (Art. 37 Bst. c FusG);
e. gegebenenfalls die durch die Spaltung bedingte Kapitalerhöhung;
f. gegebenenfalls die für die Eintragung einer neuen Gesellschaft erforderlichen Angaben.

2 Im Fall einer Aufspaltung müssen bei der übertragenden Gesellschaft ins Handelsregister eingetragen werden:
a. die Firma, der Sitz sowie die Unternehmens-Identifikationsnummer aller an der Aufspaltung beteiligten Gesellschaften;
b. die Tatsache, dass die Gesellschaft infolge Aufspaltung gelöscht wird (Art. 51 Abs. 3 FusG).

3 Im Falle einer Abspaltung müssen bei der übertragenden Gesellschaft ins Handelsregister eingetragen werden:
a. die Firma, der Sitz sowie die Unternehmens-Identifikationsnummer aller an der Abspaltung beteiligten Gesellschaften;
b. gegebenenfalls die durch die Abspaltung bedingte Kapitalherabsetzung.

4. Abschnitt: Umwandlung von Gesellschaften

Art. 136 Anmeldung und Belege

1 Mit der Anmeldung zur Eintragung der Umwandlung (Art. 66 FusG) müssen dem Handelsregisteramt folgende Belege eingereicht werden:
a. der Umwandlungsplan (Art. 59 und 60 FusG);
b. die Umwandlungsbilanz, gegebenenfalls die Zwischenbilanz (Art. 58 FusG);
c. der öffentlich beurkundeten Umwandlungsbeschluss (Art. 64 und 65 FusG);
d. der Prüfungsbericht (Art. 62 FusG);

e. soweit nach den Umständen erforderlich: dieselben Belege wie bei der Neugründung der neuen Rechtsform (Art. 57 FusG).

2 Bei Umwandlungen von kleinen und mittleren Unternehmen kann das oberste Leitungs- oder Verwaltungsorgan anstelle des Belegs nach Absatz 1 Buchstabe d eine von mindestens einem Mitglied unterzeichnete Erklärung einreichen, wonach sämtliche Gesellschafterinnen und Gesellschafter auf die Erstellung des Umwandlungsberichts oder auf die Prüfung verzichten und die Gesellschaft die Anforderungen nach Artikel 2 Buchstabe e FusG erfüllt. In der Erklärung ist anzugeben, auf welche Unterlagen wie Erfolgsrechnungen, Bilanzen, Jahresberichte, Verzichtserklärungen oder das Protokoll der Generalversammlung sie sich stützt.

Art. 137 Inhalt des Eintrags

Bei einer Umwandlung müssen ins Handelsregister eingetragen werden:

a. die Firma oder der Name sowie die Rechtsform vor und nach der Umwandlung;
b. bei juristischen Personen, das Datum der neuen Statuten;
c. das Datum des Umwandlungsplans, der Umwandlungsbilanz und gegebenenfalls der Zwischenbilanz;
d. der gesamte Wert der Aktiven und Passiven;
e. die den Gesellschafterinnen und Gesellschaftern zugesprochenen Anteils- oder Mitgliedschaftsrechte;
f. die weiteren Angaben, die für die neue Rechtsform notwendig sind.

5. Abschnitt: Vermögensübertragung

Art. 138 Anmeldung und Belege

Mit der Anmeldung zur Eintragung der Vermögensübertragung muss die übertragende Rechtseinheit folgende Belege einreichen:

a. den Übertragungsvertrag (Art. 71 FusG);
b. die Auszüge aus den Protokollen der obersten Leitungs- oder Verwaltungsorgane der beteiligten Rechtseinheiten über den Abschluss des Übertragungsvertrages (Art. 70 Abs. 1 FusG), sofern der Übertragungsvertrag nicht von allen Mitgliedern dieser Organe unterzeichnet ist.

Art. 139 Inhalt des Eintrags

Bei der übertragenden Rechtseinheit müssen ins Handelsregister eingetragen werden:

a. die Firma oder der Name, der Sitz sowie die Unternehmens-Identifikationsnummer der an der Vermögensübertragung beteiligten Rechtseinheiten;
b. das Datum des Übertragungsvertrages;
c. der gesamte Wert der gemäss Inventar übertragenen Aktiven und Passiven;
d. die allfällige Gegenleistung.

6. Abschnitt: Fusion und Vermögensübertragung von Stiftungen

Art. 140 Fusion

1 Mit der Anmeldung zur Eintragung der Fusion (Art. 83 Abs. 3 FusG) muss die Aufsichtsbehörde der übertragenden Stiftung dem Handelsregisteramt am Sitz der übernehmenden Stiftung folgende Belege einreichen:

a. die Verfügung über die Genehmigung der Fusion (Art. 83 Abs. 3 FusG);
b. den Fusionsvertrag, soweit erforderlich, öffentlich beurkundet (Art. 79 FusG);

c. die Fusionsbilanzen der übertragenden Stiftungen, gegebenenfalls die Zwischenbilanzen (Art. 80 FusG);
d. den Prüfungsbericht (Art. 81 FusG);
e. die Belege für die Errichtung einer Stiftung bei einer Kombinationsfusion.

2 Bei Fusionen von Familienstiftungen und kirchlichen Stiftungen muss die übernehmende Stiftung anstelle der Verfügung der Aufsichtsbehörde die Fusionsbeschlüsse der obersten Stiftungsorgane der beteiligten Stiftungen einreichen (Art. 84 Abs. 1 FusG).

3 Für den Inhalt des Eintrags der Fusion gilt Artikel 132 sinngemäss. Zusätzlich wird das Datum der Verfügung der Aufsichtsbehörde über die Genehmigung der Fusion eingetragen.

Art. 141 Vermögensübertragung

1 Mit der Anmeldung zur Eintragung der Vermögensübertragung (Art. 87 Abs. 3 FusG) muss die Aufsichtsbehörde der übertragenden Stiftung dem Handelsregisteramt folgende Belege einreichen:
a. die Verfügung über die Genehmigung der Vermögensübertragung;
b. den Übertragungsvertrag.

2 Bei Vermögensübertragungen von Familienstiftungen und kirchlichen Stiftungen muss die übertragende Stiftung anstelle der Verfügung der Aufsichtsbehörde die Auszüge aus den Protokollen der obersten Leitungs- oder Verwaltungsorgane der beteiligten Rechtsträger über den Abschluss des Übertragungsvertrages einreichen.

3 Für den Inhalt des Eintrags der Vermögensübertragung gilt Artikel 139 sinngemäss. Zusätzlich wird das Datum der Verfügung der Aufsichtsbehörde über die Genehmigung der Vermögensübertragung eingetragen.

7. Abschnitt: Fusion, Umwandlung und Vermögensübertragung von Vorsorgeeinrichtungen

Art. 142 Fusion

1 Mit der Anmeldung zur Eintragung der Fusion (Art. 95 Abs. 4 FusG) muss die Aufsichtsbehörde der übertragenden Vorsorgeeinrichtung dem Handelsregisteramt am Sitz der übernehmenden Vorsorgeeinrichtung folgende Belege einreichen:
a. den Fusionsvertrag (Art. 90 FusG);
b. die Fusionsbilanzen der übertragenden Vorsorgeeinrichtungen, gegebenenfalls die Zwischenbilanzen (Art. 89 FusG);
c. die Prüfungsberichte der beteiligten Vorsorgeeinrichtungen (Art. 92 FusG);
d. die Fusionsbeschlüsse der beteiligten Vorsorgeeinrichtungen (Art. 94 FusG);
e. die Verfügung der Aufsichtsbehörde über die Genehmigung der Fusion (Art. 95 Abs. 3 FusG);
f. die Belege für die Neugründung bei einer Kombinationsfusion.

2 Für den Inhalt des Eintrags der Fusion gilt Artikel 132 sinngemäss. Zusätzlich wird das Datum der Verfügung der Aufsichtsbehörde über die Genehmigung der Fusion eingetragen.

Art. 143 Umwandlung

1 Mit der Anmeldung zur Eintragung der Umwandlung (Art. 97 Abs. 3 FusG) muss die Aufsichtsbehörde dem Handelsregisteramt die Belege nach Artikel 136 sowie die Verfügung über die Genehmigung der Umwandlung einreichen.

2 Für den Inhalt des Eintrags der Umwandlung gilt Artikel 137 sinngemäss. Zusätzlich ist das Datum der Verfügung der Aufsichtsbehörde einzutragen.

Art. 144 Vermögensübertragung

1 Für die Anmeldung und die Belege bei der Vermögensübertragung gilt Artikel 138 sinngemäss.
2 Für den Inhalt des Eintrags der Vermögensübertragung gilt Artikel 139 sinngemäss.

8. Abschnitt: Fusion, Umwandlung und Vermögensübertragung von Instituten des öffentlichen Rechts

Art. 145

1 Auf die Fusion von privatrechtlichen Rechtseinheiten mit Instituten des öffentlichen Rechts, auf die Umwandlung solcher Institute in Rechtseinheiten des Privatrechts und auf die Vermögensübertragung unter Beteiligung eines Instituts des öffentlichen Rechts gelten die Vorschriften dieser Verordnung sinngemäss.
2 Mit der Anmeldung zur Eintragung der Fusion, der Umwandlung und der Vermögensübertragung muss das Institut des öffentlichen Rechts dem Handelsregisteramt einreichen:
a. die für eine Fusion, eine Umwandlung oder eine Vermögensübertragung vorgeschriebenen Belege, sofern sie aufgrund der sinngemässen Anwendung des FusG (Art. 100 Abs. 1 FusG) erforderlich sind;
b. das Inventar (Art. 100 Abs. 2 FusG);
c. den Beschluss oder andere Rechtsgrundlagen des öffentlichen Rechts, auf die sich die Fusion, Umwandlung oder Vermögensübertragung stützt (Art. 100 Abs. 3 FusG).
3 Die Handelsregistereintragung muss einen Hinweis auf das Inventar sowie auf den Beschluss oder die anderen Rechtsgrundlagen enthalten.

9. Abschnitt: Grenzüberschreitende Umstrukturierungen

Art. 146 Fusion

1 Mit der Anmeldung zur Eintragung einer Fusion vom Ausland in die Schweiz (Art. 163a IPRG) sind dem Handelsregisteramt zusätzlich zu den Belegen nach Artikel 131 einzureichen:
a. der Nachweis über das rechtliche Bestehen der übertragenden Rechtseinheit im Ausland;
b. ein Nachweis über die Zulässigkeit der grenzüberschreitenden Fusion im ausländischen Recht;
c. der Nachweis der Kompatibilität der fusionierenden Rechtseinheiten.
2 Mit der Anmeldung zur Eintragung der Löschung der übertragenden Rechtseinheit bei einer Fusion von der Schweiz ins Ausland (Art. 163b IPRG) sind dem Handelsregisteramt zusätzlich zu den Belegen nach Artikel 131 einzureichen:
a. der Nachweis über das rechtliche Bestehen der übernehmenden Rechtseinheit im Ausland;
b. ein Nachweis über die Zulässigkeit der grenzüberschreitenden Fusion im ausländischen Recht;
c. der Bericht, der Nachweis und die Bestätigung nach Artikel 164 IPRG.
d. die Zustimmung der Steuerbehörden des Bundes und des Kantons, wonach die Rechtseinheit im Handelsregister gelöscht werden darf.
3 Der Inhalt des Eintrags richtet sich nach Artikel 132. Zusätzlich muss im Eintrag darauf hingewiesen werden, dass es sich um eine grenzüberschreitende Fusion nach den Vorschriften des IPRG handelt.

Art. 147 Spaltung und Vermögensübertragung

Für die grenzüberschreitende Spaltung und die grenzüberschreitende Vermögensübertragung gelten die Artikel 133–135, 138, 139 sowie 146 sinngemäss.

10. Abschnitt: Übertragbarkeit bei Spaltung und Vermögensübertragung

Art. 148

Bei Spaltungen und Vermögensübertragungen lehnt das Handelsregisteramt die Eintragung insbesondere dann ab, wenn die erfassten Gegenstände offensichtlich nicht frei übertragbar sind.

4. Kapitel: Eintragungen von besonderen Vertretungsverhältnissen und von Beschlüssen der Gläubigerversammlung von Anleihensobligationen

Art. 149 Nichtkaufmännische Prokura

1 Wird für ein nicht eintragungspflichtiges Gewerbe eine Prokuristin oder ein Prokurist bestellt, so meldet die Vollmachtgeberin oder der Vollmachtgeber die Prokura zur Eintragung in das Handelsregister an.

2 Der Eintrag enthält:

a. die Personenangaben zur Vollmachtgeberin oder zum Vollmachtgebers;
b. die Personenangaben zur Prokuristin oder zum Prokuristen;
c. die Art der Zeichnungsberechtigung.
d. die Unternehmens-Identifikationsnummer der nichtkäufmännischen Prokura.

3 Die Vollmachtgeberin oder der Vollmachtgeber hat auch die Änderungen und Löschungen anzumelden. Der Eintrag der nicht kaufmännischen Prokura wird von Amtes wegen gelöscht, wenn:

a. die Vollmachtgeberin oder der Vollmachtgeber in Konkurs fällt;
b. die Vollmachtgeberin oder der Vollmachtgeber gestorben und seit ihrem oder seinem Tod ein Jahr verflossen ist und die Erbinnen und Erben zur Löschung nicht angehalten werden können; oder
c. die Prokuristin oder der Prokurist gestorben ist und die Vollmachtgeberin oder der Vollmachtgeber nicht zur Löschung angehalten werden kann.

4 Bei Konkurs der Vollmachtgeberin oder des Vollmachtgebers erfolgt die Löschung, sobald das Handelsregisteramt von der Konkurseröffnung Kenntnis erhält.

Art. 150 Haupt der Gemeinderschaft

1 Das Haupt einer Gemeinderschaft hat sich zur Eintragung ins Handelsregister anzumelden.

2 Als Beleg ist eine beglaubigte Kopie des Gemeinderschaftsvertrags einzureichen. Dieser enthält Angaben über:

a. die Zusammensetzung der Gemeinderschaft;
b. das Haupt der Gemeinderschaft;
c. den Ausschluss der übrigen Mitglieder der Gemeinderschaft von der Vertretung.

3 Der Eintrag enthält:

a. die Bezeichnung der Gemeinderschaft;
b. das Datum ihrer Errichtung;
c. die Adresse der Gemeinderschaft;
d. die Personenangaben zum Haupt.
e. die Unternehmens-Identifikationsnummer der Gemeinderschaft.

4 Für die Anmeldung zur Löschung ist das Haupt der Gemeinderschaft zuständig.

Art. 151 Beschlüsse der Gläubigerversammlung von Anleihensobligationen

1 Urkunden über die Beschlüsse der Gläubigerversammlung von Anleihensobligationen müssen beim Handelsregisteramt zur Aufbewahrung eingereicht werden.

2 Die Einreichung ist bei der Schuldnerin oder beim Schuldner ins Handelsregister einzutragen.

5. Titel: Eintragungen von Amtes wegen

1. Kapitel: Fehlende oder unrichtige Eintragung

Art. 152 Bei Verletzung der Eintragungspflicht

1 Das Handelsregisteramt muss eine Eintragung von Amtes wegen vornehmen, wenn:

a. die zur Anmeldung verpflichteten Personen dieser Pflicht nicht nachkommen; oder

b. eine Eintragung den Tatsachen oder der Rechtslage nicht oder nicht mehr entspricht und die zur Anmeldung verpflichteten Personen die Änderung oder die Löschung nicht zur Eintragung anmelden.

2 Das Handelsregisteramt fordert die zur Anmeldung verpflichteten Personen auf, die Anmeldung innert 30 Tagen vorzunehmen oder zu belegen, dass keine Eintragung erforderlich ist. Es weist dabei auf die massgebenden Vorschriften, die erforderlichen Belege und die Rechtsfolgen der Verletzung dieser Pflicht hin.

3 Diese Mitteilung wird zugestellt:

a. mit einem eingeschriebenen Brief an die Adresse des zur Eintragung verpflichteten Gewerbes oder an das Rechtsdomizil der Rechtseinheit; oder

b. nach den Bestimmungen über den elektronischen Geschäftsverkehr.

3bis Kann das Handelsregisteramt die zur Anmeldung verpflichteten Personen oder die Rechtseinheit nicht erreichen, so veröffentlicht es die Aufforderung im Schweizerischen Handelsamtsblatt.

4 Bei Einzelunternehmen genügt als Nachweis dafür, dass keine Eintragung erforderlich ist, eine Bestätigung der Steuerbehörden, wonach der für die Eintragungspflicht massgebliche Jahresumsatz nicht erreicht wird.

5 Besteht eine Eintragungspflicht, so erlässt das Handelsregisteramt eine Verfügung über:

a. die Eintragungspflicht;

b. den Inhalt des Eintrags;

c. die Gebühren;

d. gegebenenfalls die Ordnungsbusse gemäss Artikel 943 OR.

6 Das Handelsregisteramt eröffnet den Betroffenen seine Verfügung. Hat das Handelsregisteramt das Verfahren auf Anzeige Dritter eingeleitet, so teilt es diesen seinen Entscheid über die Eintragungspflicht mit.

Art. 153 Bei gelöschtem Rechtsdomizil

1 Hat eine Rechtseinheit oder deren Domizilhalter die Löschung des Rechtsdomizils angemeldet, so veröffentlicht das Handelsregisteramt eine Aufforderung im Schweizerischen Handelsamtsblatt, wonach die Rechtseinheit innert 30 Tagen ein neues Rechtsdomizil am Ort des Sitzes zur Eintragung anzumelden hat. Die Aufforderung weist auf die massgebenden Vorschriften und die Rechtsfolgen der Verletzung dieser Pflicht hin.

2 Verfügt die Rechtseinheit über weitere im Handelsregister eingetragene Adressen nach Artikel 117 Absatz 4 oder hat sie der elektronischen Eröffnung von Mitteilungen nach den Bestimmungen über den elektronischen Geschäftsverkehr zugestimmt, so muss das Handelsregisteramt das

oberste Leitungs- oder Verwaltungsorgan der Rechtseinheit vor der Veröffentlichung der Aufforderung nach Absatz 1 auffordern, ein neues Rechtsdomizil zur Eintragung anzumelden.

3 Die Aufforderung nach Absatz 2 wird zugestellt:

a. mit einem eingeschriebenen Brief an die im Handelsregister eingetragenen weiteren Adressen der Rechtseinheit; oder
b. nach den Bestimmungen über den elektronischen Geschäftsverkehr.

Art. 153a Bei Mitteilung eines angeblich fehlenden Rechtsdomizils durch Dritte

1 Wird dem Handelsregisteramt von Dritten mitgeteilt, dass eine Rechtseinheit angeblich über kein Rechtsdomizil mehr verfügen sollte, so fordert es das oberste Leitungs- oder Verwaltungsorgan der Rechtseinheit auf, innert 30 Tagen ein neues Rechtsdomizil am Ort des Sitzes zur Eintragung anzumelden oder zu bestätigen, dass das eingetragene Rechtsdomizil noch gültig ist. Die Aufforderung weist auf die massgebenden Vorschriften und die Rechtsfolgen der Verletzung dieser Pflicht hin.

2 Die Aufforderung wird zugestellt:

a. mit einem eingeschriebenen Brief an das im Handelsregister eingetragene Rechtsdomizil sowie an allfällige im Handelsregister eingetragene weitere Adressen der Rechtseinheit; oder
b. nach den Bestimmungen über den elektronischen Geschäftsverkehr.

3 Wird innert dieser Frist keine Anmeldung oder keine Bestätigung eingereicht, so veröffentlicht das Handelsregisteramt die Aufforderung im Schweizerischen Handelsamtsblatt. Die Aufforderung weist auf die massgebenden Vorschriften und die Rechtsfolgen der Verletzung dieser Pflicht hin.

Art. 153b Verfügung des Handelsregisteramtes

1 Leistet die Rechtseinheit der im Schweizerischen Handelsamtsblatt publizierten Aufforderung innert Frist keine Folge, so erlässt das Handelsregisteramt eine Verfügung über:

a. die Auflösung der juristischen Person und der Personengesellschaft beziehungsweise die Löschung des Einzelunternehmens und der Zweigniederlassung;
b. die Einsetzung der Mitglieder des obersten Leitungs- oder Verwaltungsorgans als Liquidatorinnen und Liquidatoren;
c. den weiteren Inhalt des Eintrags im Handelsregister;
d. die Gebühren;
e. gegebenenfalls die Ordnungsbusse gemäss Artikel 943 OR.

2 Das Handelsregisteramt eröffnet seine Verfügung:

a. nach Massgabe des kantonalen Rechts oder nach den Bestimmungen über den elektronischen Geschäftsverkehr an:
    1. die in der Schweiz wohnhafte Inhaberin oder den in der Schweiz wohnhaften Inhaber eines Einzelunternehmens,
    2. die in der Schweiz wohnhaften Liquidatorinnen oder Liquidatoren einer Personengesellschaft oder einer juristischen Person, oder
    3. die in der Schweiz wohnhaften zur Vertretung der Zweigniederlassung berechtigten Personen;
b. zudem durch Publikation der Verfügung im Schweizerischen Handelsamtsblatt, wenn nicht alle unter Buchstaben a genannten Personen einen Wohnsitz in der Schweiz haben.

3 Wird innerhalb von drei Monaten nach der Eintragung der Auflösung einer juristischen Person oder einer Personengesellschaft der gesetzliche Zustand wieder hergestellt, indem das neue Rechtsdomizil rechtskonform zur Eintragung angemeldet wird, so kann das Handelsregisteramt die Auflösung widerrufen.

Art. 153c Fehlendes Rechtsdomizil bei Stiftungen und bei Rechtsformen gemäss KAG

Die Artikel 153–153b finden keine Anwendung auf Stiftungen, die der Aufsicht eines Gemeinwesens unterstellt sind, sowie auf Kommanditgesellschaften für kollektive Kapitalanlagen, auf Investmentgesellschaften mit festem Kapital und auf Investmentgesellschaften mit variablem Kapital. Bei fehlendem Rechtsdomizil erstattet das Handelsregisteramt der Aufsichtsbehörde eine entsprechende Meldung.

Art. 154 Bei Mängeln in der gesetzlich zwingenden Organisation

1 Weist eine Personengesellschaft, eine juristische Person oder eine Zweigniederlassung eines Unternehmens mit Sitz im Ausland Mängel in der gesetzlich zwingend vorgeschriebenen Organisation auf, so fordert das Handelsregisteramt das oberste Leitungs- oder Verwaltungsorgan der Rechtseinheit auf, innert 30 Tagen den rechtmässigen Zustand wiederherzustellen und die entsprechende Eintragung anzumelden. Es weist dabei auf die massgebenden Vorschriften und die Rechtsfolgen der Verletzung dieser Pflicht hin.

2 Diese Mitteilung wird zugestellt:

a. mit einem eingeschriebenen Brief an das Rechtsdomizil der Personengesellschaft, der juristischen Person oder der Zweigniederlassung; oder

b. nach den Bestimmungen über den elektronischen Geschäftsverkehr.

2bis Kann das Handelsregisteramt die Personengesellschaft, die juristische Person oder die Zweigniederlassung nicht erreichen, so veröffentlicht es die Aufforderung im Schweizerischen Handelsamtsblatt.

3 Wird der rechtmässige Zustand innert Frist nicht wiederhergestellt, so stellt das Handelsregisteramt dem Gericht beziehungsweise der Aufsichtsbehörde den Antrag, die erforderlichen Massnahmen zu ergreifen (Art. 941a OR). Dem Handelsregisteramt werden keine Kostenvorschüsse und keine Verfahrenskosten auferlegt.

4 Ordnet das Gericht eine Eintragung an, so findet Artikel 19 Anwendung.

Art. 155 Bei Rechtseinheiten ohne Geschäftstätigkeit und ohne Aktiven

1 Weist eine Rechtseinheit keine Geschäftstätigkeit mehr auf und hat sie keine verwertbaren Aktiven mehr, so fordert das Handelsregisteramt das oberste Leitungsoder Verwaltungsorgan der Rechtseinheit auf, innert 30 Tagen die Löschung anzumelden oder mitzuteilen, dass die Eintragung aufrechterhalten bleiben soll. Das Handelsregisteramt weist dabei auf die massgebenden Vorschriften und die Rechtsfolgen der Verletzung dieser Pflicht hin.

1bis Die Aufforderung wird zugestellt:

a. mit eingeschriebenem Brief an das Rechtsdomizil der Rechtseinheit; oder

b. nach den Bestimmungen über den elektronischen Geschäftsverkehr.

2 Wird innerhalb dieser Frist keine Mitteilung eingereicht oder werden keine Gründe für die Aufrechterhaltung der Eintragung geltend gemacht, so veranlasst das Handelsregisteramt einen dreimaligen Rechnungsruf im Schweizerischen Handelsamtsblatt, in dem Gesellschafterinnen und Gesellschafter sowie Gläubigerinnen und Gläubiger aufgefordert werden, innert 30 Tagen ein begründetes Interesse an der Aufrechterhaltung der Eintragung der Rechtseinheit schriftlich mitzuteilen.

3 Wird innert 30 Tagen seit der letzten Publikation des Rechnungsrufs kein Interesse an der Aufrechterhaltung der Eintragung geltend gemacht, so löscht das Handelsregisteramt die Rechtseinheit im Handelsregister (Art. 938a Abs. 1 OR).

4 Wird ein Interesse an der Aufrechterhaltung der Eintragung geltend gemacht, so überweist das Handelsregisteramt die Angelegenheit dem Gericht zum Entscheid (Art. 938a Abs. 2 OR). Dem Handelsregisteramt werden keine Kostenvorschüsse und keine Verfahrenskosten auferlegt.

5 Ordnet das Gericht die Löschung an, so findet Artikel 19 Anwendung.

Art. 156 Zeitpunkt der Eintragung von Amtes wegen

Das Handelsregisteramt nimmt eine Eintragung von Amtes wegen vor, sobald seine Verfügung vollstreckbar geworden ist. Im Eintrag ist ausdrücklich darauf hinzuweisen, dass die Eintragung von Amtes wegen erfolgt ist.

Art. 157 Ermittlung der Eintragungspflicht und von Änderungen eingetragener Tatsachen

1 Die Handelsregisterämter müssen eintragungspflichtige Gewerbe ermitteln und Einträge feststellen, die mit den Tatsachen nicht mehr übereinstimmen; sie müssen die erforderlichen Eintragungen, Änderungen und Löschungen herbeiführen.

2 Zu diesem Zweck sind die Gerichte und Behörden des Bundes, der Kantone, der Bezirke und der Gemeinden verpflichtet, den Handelsregisterämtern über eintragungspflichtige Gewerbe und Tatsachen, die eine Eintragungs-, Änderungs- oder Löschungspflicht begründen könnten, auf Anfrage schriftlich und kostenlos Auskunft zu erteilen. Sie müssen auch bei der Feststellung der Identität von natürlichen Personen nach Artikel 24a und 24b mitwirken.

3 Die Steuerbehörden müssen ihre Auskunft auf folgende Angaben beschränken:

a. das Bestehen von Kollektiv- und Kommanditgesellschaften sowie von Vereinen;
b. das Erreichen der Umsatzgrenze, die für die Eintragungspflicht von Einzelunternehmen massgebend ist.

4 Mindestens alle drei Jahre haben die Handelsregisterämter die Gemeinde- oder Bezirksbehörden zu ersuchen, ihnen von neu gegründeten Gewerben oder von Änderungen eingetragener Tatsachen Kenntnis zu geben. Sie übermitteln dazu eine Liste der ihren Amtskreis betreffenden Einträge.

2. Kapitel: Konkurs, Nachlassstundung und Nachlassvertrag mit Vermögensabtretung

Art. 158 Meldung und Eintragung des Konkurses

1 Im Zusammenhang mit Konkursverfahren meldet das Gericht oder die Behörde dem Handelsregisteramt:

a. die Konkurseröffnung;
b. Verfügungen, in denen einem Rechtsmittel aufschiebende Wirkung erteilt wird;
c. den Widerruf des Konkurses;
d. die Einstellung mangels Aktiven;
e. die Wiederaufnahme des Konkursverfahrens;
f. den Abschluss des Konkursverfahrens;
g. vorsorgliche Anordnungen.

2 Das Handelsregisteramt muss die entsprechende Eintragung unverzüglich nach Eingang der Meldung des Gerichts oder der Behörde in das Handelsregister vornehmen.

3 Wird eine Stiftung infolge Konkurs aufgehoben, so darf die Löschung erst vorgenommen werden, wenn die Aufsichtsbehörde bestätigt, dass sie kein Interesse mehr daran hat, dass die Eintragung aufrechterhalten bleibt.

Art. 159 Inhalt des Eintrags des Konkurses

1 Wird der Konkurs über eine Rechtseinheit eröffnet, so müssen folgende Angaben ins Handelsregister eingetragen werden:

a. die Tatsache, dass der Konkurs eröffnet wurde;

b. das Datum und der Zeitpunkt des Konkurserkenntnisses;
c. bei Personengesellschaften und juristischen Personen: die Firma beziehungsweise der Name mit dem Liquidationszusatz.

2 Wird einem Rechtsmittel die aufschiebende Wirkung erteilt oder der Konkurs widerrufen, so müssen folgende Angaben ins Handelsregister eingetragen werden:
a. die Tatsache, dass einem Rechtsmittel aufschiebende Wirkung erteilt beziehungsweise der Konkurs widerrufen wurde;
b. das Datum der Verfügung;
c. bei Personengesellschaften und juristischen Personen: die Firma beziehungsweise der Name ohne den Liquidationszusatz.

3 Wird das Konkursverfahren mangels Aktiven eingestellt, so müssen folgende Angaben ins Handelsregister eingetragen werden:
a. die Tatsache, dass der Konkurs mangels Aktiven eingestellt wurde;
b. das Datum der Einstellungsverfügung.

4 Wird das Konkursverfahren wieder aufgenommen, so müssen folgende Angaben ins Handelsregister eingetragen werden:
a. die Tatsache, dass das Konkursverfahren wieder aufgenommen wurde;
b. das Datum der Wiederaufnahmeverfügung;
c. bei Personengesellschaften und juristischen Personen: die Firma beziehungsweise der Name mit dem Liquidationszusatz.

5 Eine Rechtseinheit wird von Amtes wegen gelöscht, wenn:
a. bei der Einstellung des Konkursverfahrens mangels Aktiven innert drei Monaten nach der Publikation der Eintragung gemäss Absatz 3 kein begründeter Einspruch erhoben wurde oder, im Falle eines Einzelunternehmens, der Geschäftsbetrieb aufgehört hat;
b. das Konkursverfahren durch Entscheid des Gerichts abgeschlossen wird.

6 Ins Handelsregister müssen eingetragen werden:
a. die Tatsache, dass kein begründeter Einspruch gegen die Löschung erhoben wurde, beziehungsweise das Datum des Abschlusses des Konkursverfahrens;
b. die Löschung der Rechtseinheit.

Art. 160 Nachlassstundung

1 Das Gericht meldet dem Handelsregisteramt die Bewilligung der Nachlassstundung und reicht ihm das Dispositiv seines Entscheides ein.

2 Das Handelsregisteramt nimmt die Eintragung unverzüglich nach Eingang der Meldung vor.

3 Ins Handelsregister müssen eingetragen werden:
a. das Datum der Bewilligung und die Dauer der Nachlassstundung;
b. die Personenangaben zur Sachwalterin oder zum Sachwalter;
c. falls das Nachlassgericht angeordnet hat, dass gewisse Handlungen nur unter Mitwirkung der Sachwalterin oder des Sachwalters rechtsgültig vorgenommen werden können, oder die Sachwalterin oder der Sachwalter ermächtigt wird, die Geschäftsführung anstelle des Schuldners zu übernehmen: ein Hinweis darauf.

4 Wird der Nachlassvertrag abgelehnt oder die Nachlassstundung widerrufen (Art. 295 Abs. 5 und 298 Abs. 3 SchKG), so muss diese Tatsache ins Handelsregister eingetragen werden.

Art. 161 Nachlassvertrag mit Vermögensabtretung

1 Das Gericht meldet dem Handelsregisteramt die Bestätigung eines Nachlassvertrages mit Vermögensabtretung (Art. 308 SchKG) und reicht ihm folgende Belege ein:
a. eine Kopie des Nachlassvertrags;

b. das Dispositiv des Entscheides.

2 Das Handelsregisteramt nimmt die Eintragung unverzüglich nach Eingang der Meldung vor.

3 Ins Handelsregister müssen eingetragen werden:

a. das Datum der Bestätigung des Nachlassvertrages;
b. die Firma beziehungsweise der Name mit dem Zusatz «in Nachlassliquidation»;
c. die Liquidatorin oder der Liquidator;
d. die Löschung der Zeichnungsberechtigungen von Personen, die im Handelsregister eingetragen und zur Vertretung der Rechtseinheit befugt sind.

4 Wird die Liquidation beendet, so meldet die Liquidatorin oder der Liquidator die Löschung der Rechtseinheit an.

5 Zusammen mit der Löschung muss der Löschungsgrund ins Handelsregister eingetragen werden.

6. Titel: Rechtsbehelfe und Rechtsmittel

Art. 162 Registersperre

1 Auf schriftlichen Einspruch Dritter nimmt das Handelsregisteramt die Eintragung ins Tagesregister vorläufig nicht vor (Registersperre).

2 Es informiert die Rechtseinheit über die Registersperre. Es gewährt der Einsprecherin oder dem Einsprecher Einsicht in die Anmeldung und in die Belege, sofern das Gericht dies anordnet.

3 Das Handelsregisteramt nimmt die Eintragung vor, wenn:

a. die Einsprecherin oder der Einsprecher dem Handelsregisteramt nicht innert zehn Tagen nachweist, dass sie oder er dem Gericht ein Gesuch um Erlass einer vorsorglichen Massnahme gestellt hat; oder
b. das Gericht das Gesuch um Erlass einer vorsorglichen Massnahme rechtskräftig abgelehnt hat.

4 Das Gericht entscheidet im summarischen Verfahren unverzüglich über die Registersperre. Es übermittelt dem Handelsregisteramt eine Kopie des Entscheids.

5 Erheben Dritte Einsprache gegen eine Eintragung, die bereits ins Tagesregister aufgenommen wurde, so sind sie an das Gericht zu verweisen.

Art. 163 Frist und Belege bei der Registersperre

1 Die Frist nach Artikel 162 Absatz 3 Buchstabe a beginnt:

a. mit der Einreichung des Einspruchs beim Handelsregisteramt; oder
b. am Datum des Poststempels, falls der Einspruch per Post eingereicht wird.

2 Sie ist gewahrt, wenn der Nachweis spätestens bis um 17.00 Uhr am letzten Tag der Frist beim Handelsregisteramt eingeht.

3 Der Nachweis ist erbracht, wenn die Einsprecherin oder der Einsprecher dem Handelsregisteramt folgende Belege einreicht:

a. das ans Gericht adressierte Gesuch um Erlass einer vorsorglichen Massnahme; und
b. die Aufgabebestätigung der Schweizerischen Post oder die Empfangsbestätigung des Gerichts.

Art. 164 Wiedereintragung

1 Das Gericht kann auf Antrag die Wiedereintragung einer gelöschten Rechtseinheit ins Handelsregister anordnen, sofern glaubhaft gemacht wird, dass:

a. nach Abschluss der Liquidation der gelöschten Rechtseinheit Aktiven vorliegen, die noch nicht verwertet oder verteilt worden sind;
b. die gelöschte Rechtseinheit in einem Gerichtsverfahren als Partei teilnimmt;

c. die Wiedereintragung der gelöschten Rechtseinheit für die Bereinigung eines öffentlichen Registers erforderlich ist; oder
d. die Wiedereintragung für die Beendigung des Konkursverfahrens der gelöschten Rechtseinheit erforderlich ist.

2 Zum Antrag ist berechtigt, wer ein schutzwürdiges Interesse an der Wiedereintragung der gelöschten Rechtseinheit hat.

3 Bestehen Mängel in der rechtmässigen Organisation der Rechtseinheit, so muss das Gericht zusammen mit der Anordnung der Wiedereintragung die erforderlichen Massnahmen ergreifen.

4 Das Handelsregisteramt nimmt die Wiedereintragung auf Anordnung des Gerichts vor. Die gelöschte Rechtseinheit wird als in Liquidation befindlich eingetragen. Weiter muss die Liquidatorin oder der Liquidator sowie die Liquidationsadresse angegeben werden.

5 Entfällt der Grund für die Wiedereintragung, so muss die Liquidatorin oder der Liquidator die Löschung der Rechtseinheit beim Handelsregisteramt zur Eintragung anmelden.

Art. 165 Kantonale Rechtsmittel

1 Verfügungen der kantonalen Handelsregisterämter können angefochten werden.

2 Jeder Kanton bezeichnet ein oberes Gericht als einzige Beschwerdeinstanz.

3 Beschwerdeberechtigt sind Personen und Rechtseinheiten:

a. deren Anmeldung abgewiesen wurde;
b. die von einer Eintragung von Amtes wegen unmittelbar berührt sind.

4 Beschwerden gegen Entscheide der kantonalen Handelsregisterämter sind innert 30 Tagen nach der Eröffnung der Entscheide zu erheben.

5 Die kantonalen Gerichte teilen ihre Entscheide unverzüglich dem kantonalen Handelsregisteramt sowie dem EHRA mit.

7. Titel: Aktenaufbewahrung, Aktenherausgabe, Datensicherheit

Art. 166 Aufbewahrung von Anmeldungen, Belegen und Korrespondenz

1 Anmeldungen und Belege sind während 30 Jahren nach der Eintragung in das Tagesregister aufzubewahren. Die Statuten von Rechtseinheiten und die Stiftungsurkunden müssen jedoch immer in einer aktuellen Form vorliegen.

2 Wird eine Rechtseinheit im Handelsregister gelöscht, so dürfen die Anmeldungen, Belege und allfällige Mitgliederverzeichnisse zehn Jahre nach der Löschung vernichtet werden.

3 Auf den Anmeldungen und Belegen müssen das Datum und die Nummer der Eintragung ins Tagesregister vermerkt werden.

4 Die mit Eintragungen zusammenhängenden Korrespondenzen sind zehn Jahre aufzubewahren.

5 Schreibt das Gesetz oder die Verordnung vor, dass beim Handelsregisteramt Unterlagen zu hinterlegen sind, die nicht als Belege gelten, so sind sie mit der Unternehmens-Identifikationsnummer der betreffenden Rechtseinheit zu versehen und mit deren Belegen aufzubewahren.

6 Anmeldungen, Belege oder sonstige Dokumente in Papierform können zwecks Aufbewahrung vom Handelsregisteramt elektronisch eingelesen und nach Artikel 12a Absatz 2 Buchstabe a beglaubigt werden. Gebundene Papierdokumente dürfen zertrennt werden, um sie elektronisch einzulesen. Unter Vorbehalt von anders lautenden Bestimmungen des kantonalen Rechts können die Originale auf Papier vernichtet werden.

Art. 167 Herausgabe von Akten in Papierform

1 Folgende Behörden können schriftlich verlangen, dass ihnen Originale von Aktenstücken der kantonalen Handelsregisterämter in Papierform herausgegeben werden:

a. das Gericht;
b. die Untersuchungsrichterin oder der Untersuchungsrichter;
c. die Staatsanwaltschaft;
d. die kantonale Aufsichtsbehörde;
e. das EHRA;
f. die eidgenössischen Aufsichtsbehörden im Bereich der Banken- und Finanzmarktaufsicht.

2 Die Behörde bestätigt den Empfang. Sie gibt die Originale spätestens nach Abschluss des Verfahrens, für das sie benötigt werden, zurück.

3 Sind die Aktenstücke nicht elektronisch archiviert, so ist anstelle des Originals eine beglaubigte Kopie des herausgegebenen Aktenstücks zusammen mit der Empfangsbestätigung aufzubewahren.

4 Anstelle der Herausgabe von Originalen können die berechtigten Stellen die Zustellung von beglaubigten Kopien verlangen.

Art. 168 Herausgabe von Akten in elektronischer Form

Von Akten in elektronischer Form dürfen nur beglaubigte Kopien herausgegeben werden.

Art. 169 Datensicherheit

1 Die elektronischen Systeme für das Tages- und das Hauptregister sowie für das Zentralregister müssen folgende Anforderungen erfüllen:

a. Die aufgenommenen Daten müssen in Bestand und Qualität langfristig erhalten bleiben.
b. Das Format der Daten muss vom Hersteller bestimmter elektronischer Systeme unabhängig sein.
c. Die Sicherung der Daten muss nach anerkannten Normen und entsprechend dem aktuellen Stand der Technik erfolgen.
d. Es muss eine Dokumentation zum Programm und zum Format vorliegen.

2 Die Kantone und der Bund müssen die folgenden Massnahmen für die Funktionsfähigkeit und die Sicherheit ihrer elektronischen Systeme vorsehen:

a. Sie gewährleisten den Datenaustausch zwischen den Systemen.
b. Sie sichern die Daten periodisch auf dezentralen Datenträgern.
c. Sie warten die Daten und die elektronischen Systeme.
d. Sie regeln die Zugriffsberechtigungen auf die Daten und die elektronischen Systeme.
e. Sie sichern die Daten und die elektronischen Systeme gegen Missbrauch.
f. Sie sehen Massnahmen zur Behebung technischer Störungen der elektronischen Systeme vor.

3 Das EHRA kann das Datenaustauschverfahren sowie die Form, den Inhalt und die Struktur der übermittelten Daten in einer Weisung regeln. Das EHRA kann zudem Form, Inhalt und Struktur der Daten bestimmen, die Dritten zur Verfügung gestellt werden.

8. Titel: Schlussbestimmungen

1. Kapitel: Revisionsstelle

Art. 170

Das EHRA kann zur Durchsetzung der neuen Bestimmungen zur Revisionsstelle:

a. Daten der kantonalen Handelsregisterämter anfordern;
b. mit der Eidgenössischen Revisionsaufsichtsbehörde zusammenarbeiten und mit dieser Daten austauschen;
c. Weisungen erlassen, insbesondere die Handelsregisterämter verpflichten, bestimmte Tatsachen an die Eidgenössische Revisionsaufsichtsbehörde zu melden.

2. Kapitel: Weisungen, Kreisschreiben und Mitteilungen

Art. 171

Alle Weisungen, Kreisschreiben und Mitteilungen des Eidgenössischen Justiz- und Polizeidepartements und des EHRA, die gestützt auf die Handelsregisterverordnung vom 7. Juni 1937 erlassen wurden, werden aufgehoben. Davon ausgenommen sind:

a.–b. *aufgehoben*;

c. die Richtlinien des EHRA vom 13. Januar 1998 für die kantonalen Handelsregisterämter über den Erwerb von Grundstücken durch Personen im Ausland;

d. die Mitteilung des EHRA vom 15. August 2001 an die kantonalen Handelsregisterbehörden betreffend Sacheinlage und Sachübernahme;

e. die Weisung des EHRA vom 12. Oktober 2007 an die kantonalen Handelsregisterbehörden betreffend die Eintragung von Finanzkontrollen der öffentlichen Hand im Handelsregister.

3. Kapitel: Aufhebung und Änderung bisherigen Rechts

Art. 172

Die Aufhebung und die Änderung bisherigen Rechts werden im Anhang geregelt.

4. Kapitel: Übergangsbestimmungen

Art. 173 Anwendbares Recht

1 Tatsachen, die nach dem Inkrafttreten dieser Verordnung beim Handelsregisteramt zur Eintragung angemeldet werden, unterstehen neuem Recht.

2 Tatsachen, die vor dem Inkrafttreten dieser Verordnung beim Handelsregisteramt zur Eintragung angemeldet werden, unterstehen altem Recht.

3 Tatsachen, die in Anwendung des neuen Rechts vor dem Inkrafttreten dieser Verordnung beim Handelsregisteramt zur Eintragung angemeldet werden, dürfen erst nach dem Inkrafttreten des neuen Rechts ins Handelsregister eingetragen werden.

Art. 174 Verzicht auf eine eingeschränkte Revision

Der Verzicht auf eine eingeschränkte Revision nach Artikel 62 darf erst ins Handelsregister eingetragen werden, wenn ein Mitglied des Verwaltungsrates schriftlich bestätigt, dass die Revisionsstelle die Jahresrechnung für das Geschäftsjahr, welches vor dem Inkrafttreten des neuen Rechts begonnen hat, geprüft hat (Art. 7 der UeB der Änderung des OR vom 16. Dez. 2005, GmbH-Recht sowie Anpassungen im Aktien-, Genossenschafts-, Handelsregister- und Firmenrecht).

Art. 175 Elektronische Anmeldungen und Belege

Die Handelsregisterämter müssen spätestens fünf Jahre nach Inkrafttreten dieser Verordnung Anmeldungen und Belege in elektronischer Form entgegennehmen können.

Art. 175a

Die Handelsregisterämter müssen spätestens ab dem 1. Januar 2013 die für die Identifikation der natürlichen Personen erforderlichen Angaben nach Artikel 24b erfassen.

Art. 176 Firmenrecht

Ergänzt das kantonale Handelsregisteramt die Firma einer Aktiengesellschaft oder einer Genossenschaft gestützt auf Artikel 2 Absatz 4 der Übergangsbestimmungen der Änderung des Obligationenrechts vom 16. Dezember 2005 von Amtes wegen, ohne dass die Rechtseinheit ihre Statuten entsprechend angepasst hat, so weist es jede weitere Anmeldung zur Eintragung einer Änderung der Statuten ab, solange diese in Bezug auf die Firma nicht angepasst wurden.

Art. 177 Geschäftsbezeichnungen und Enseignes

Im Handelsregister eingetragene Geschäftbezeichnungen und Enseignes werden innert zwei Jahren nach Inkrafttreten dieser Verordnung von Amtes wegen aus dem Hauptregister gestrichen. Eine Genehmigung durch das EHRA sowie eine Publikation im Schweizerischen Handelsamtsblatt sind nicht erforderlich. Bestehende Hinweise auf Enseignes in der Zweckumschreibung bleiben unverändert eingetragen.

Art. 178 Altrechtliches Firmenverzeichnis

Das Firmenverzeichnis nach Artikel 14 der Handelsregisterverordnung in der Fassung vom 6. Mai 1970 ist aufzubewahren.

Art. 179 Unterlagen über die besondere Befähigung der Revisorinnen und Revisoren

Im Handelsregister eingetragene Hinweise auf die Hinterlegung von Unterlagen über die besondere Befähigung der Revisorinnen und Revisoren nach Artikel 86a Absatz 2 der Handelsregisterverordnung in der Fassung vom 9. Juni 1992 werden ein Jahr nach Inkrafttreten dieser Verordnung von Amtes wegen aus dem Hauptregister gestrichen. Eine Genehmigung durch das EHRA sowie eine Publikation im Schweizerischen Handelsamtsblatt sind nicht erforderlich. Die Unterlagen sind bis zum 1. Januar 2018 aufzubewahren.

Art. 180 Verfahren betreffend Eintragungen von Amtes wegen

Verfahren betreffend Eintragungen von Amtes wegen, die vor dem Inkrafttreten dieser Verordnung eingeleitet wurden, richten sich nach den Vorschriften des alten Rechts.

Art. 181 Ausgestaltung der kantonalen Rechtsmittel

Die Kantone haben ihr Rechtsmittelverfahren gegen Verfügungen des Handelsregisteramtes innert zwei Jahren nach dem Inkrafttreten dieser Verordnung an die Vorgaben von Artikel 165 anzupassen.

5. Kapitel: Inkrafttreten

Art. 182

Diese Verordnung tritt am 1. Januar 2008 in Kraft.

Anhang: Aufhebung und Änderung bisherigen Rechts (Art. 172)

Die aufgeführten Änderungen sind in den betroffenen Erlassen eingefügt worden.

Register

Die Verweise beziehen sich auf Artikel von ZGB, OR, SchKG und BV. Die übrigen Erlasse sind nicht referenziert.

A

A

A

B

B C D E

C

D

E

F

G

H

I

J

K

L

M

N

O

P

Q

R

P Q R

S

T

W

Z

Anita Sigg, Hans Brunner, Roland Hofmann

Unternehmensnachfolge
Beratung, Steuerung, Lösungskonzept

2013, 240 Seiten, broschiert
ISBN 978-3-280-07307-0

Die Nachfolge in Unternehmen ist immer eine komplexe Herausforderung, besonders in KMUs und Familienunternehmen. Dieser Praxisleitfaden liefert die Grundlagen für eine professionelle Beratung und Steuerung des gesamten Nachfolgeprozesses. Die unterschiedlichen Blickwinkel des abtretenden Unternehmers und des übernehmenden Nachfolgers und auch psychologische Aspekte sind integriert im ganzheitlichen Lösungskonzept. Der gesamte Nachfolgeprozess wird thematisch aufbereitet und mit Checklisten und konkreten Umsetzungsvorschlägen ergänzt:

- Klärung der Ausgangskonstellationen und Visionen
- Einkommens- und Vermögensgestaltung
- Rechtliche Instrumente der Nachfolgeplanung
- Steuerrechtliche Aspekte
- Unternehmensbewertung
- Finanzierungsvarianten
- Strategie- und Führungsthemen